스펄전설교전집
시편III

스펄전설교전집 10

스펄전설교전집
시편 III

역자 + 박문재

Charles Haddon Spurgeon

크리스챤
다이제스트

국립중앙도서관 출판시도서목록(CIP)

스펄전설교전집. 10, 시편Ⅲ / [저자: 찰스 스펄전] ;
역자: 박문재. -- 고양 : 크리스챤다이제스트, 2013
  p. ;   cm

원표제: Treasury of the Bible
원저자명: Charles Haddon Spurgeon
영어 원작을 한국어로 번역
ISBN 978-89-447-2210-3 94230 :₩35000
ISBN 978-89-447-2200-4(세트) 94230

시편[詩篇]
설교집[設敎集]
기독교[基督敎]

233.32-KDC5
223.2-DDC21   CIP2013020865

차례

시
편
III

제
95
장
—

자연이 주는 교훈들

—

"새들이 그 속에 깃들임이여 학은 잣나무로 집을 삼는도다
높은 산들은 산양을 위함이여 바위는 너구리의 피난처로
다." — 시 104:17-18

이 시편은 그 전체가 자연의 노래, 곧 외부 성소에서 만유가 하나님을 경배
하며 부르는 찬송입니다. 오늘날의 시대에서 일부 사람들은 자연에 신경을 쓰지
않는 것이 깊은 영성의 증표라고 생각해 왔습니다. 나는 어떤 경건한 사람이 세
상에서 가장 유명한 강들 중의 하나를 따라 배를 타고 항해해 내려가면서 그림
같이 아름다운 풍광에 마음을 뺏겨서 성경을 묵상하는 마음이 흐트러질까봐 눈
을 감고 그 강을 여행했다고 쓴 글을 보고서 마음이 아팠던 기억이 납니다. 어떤
사람들이 그 글을 읽었다면 그 경건한 사람의 영성이 깊다고 생각했을지 모르겠
지만, 내게는 그 사람이 말도 안 되는 어처구니없는 모습을 보인 것으로 여겨집
니다. 사람들 중에는 이 정도의 경지에 도달해야 자기가 하나님의 은혜 가운데
서 성장했다고 생각하는 분들이 있을 것입니다. 하지만 내게는 그런 사람들이
제정신이 아닌 사람들로 보입니다. 하나님이 지으신 것들을 멸시한다면, 그것은
일정 정도 하나님 자신을 멸시하는 것이 아니고 무엇이겠습니까? 성경은 "가난
한 자를 조롱하는 자는 그를 지으신 주를 멸시하는 자요"(잠 17:5)라고 말씀합니
다. 그리고 조물주를 멸시하는 것은 명백히 죄입니다. 하나님이 창조주시라는
것을 하찮게 여기는 것은 범죄입니다. 우리 친구들이 우리가 만든 것들을 칭찬

할 만한 가치가 없는 것으로 여기고 자신들에게 유익이 되는 것이 아니라 해로운 것으로 여긴다면, 우리 중에서 그것을 큰 영광이라고 생각하는 사람은 아무도 없을 것입니다. 그들이 우리가 만든 것을 보고서는 해롭다고 여겨서 그것을 보지 않고 눈을 딴 데로 돌리고서 지나쳐 버린다면, 우리는 그들이 우리를 존중하고 있다고 여기지 않을 것입니다. 이렇게 어떤 사람이 만든 것을 멸시하는 것은 그 사람 자신을 멸시하는 것과 다름없습니다. 다윗은 "여호와는 자신께서 행하시는 일들로 말미암아 즐거워하시리로다"(시 104:31)라고 말합니다. 하나님께서 자신이 만드신 것들을 즐거워하시고 기뻐하신다면, 하나님과 친밀한 사귐을 갖고 있는 자들도 하나님이 만드신 것들을 즐거워하고 기뻐하는 것이 합당하지 않겠습니까? "여호와께서 행하시는 일들이 크시오니 이를 즐거워하는 자들이 다 기리는도다"(시 111:2). 여러분은 조물주를 멸시하는 일이 없도록 하기 위해서라도 하나님이 지으신 것들을 멸시하지 마십시오.

물질적인 세계의 아름다운 것들을 위험시하는 이러한 편견을 보면, 나는 옛적에 베드로에게 유대교의 잔재가 여전히 망령처럼 남아 있어서 발생했던 사건이 생각납니다. 네 귀퉁이가 묶인 보자기 같이 생긴 그릇이 위로부터 자기 앞으로 내려오면서, "베드로야 일어나 잡아먹어라"는 소리가 들렸을 때, 베드로는 "주여 그럴 수 없나이다 속되고 깨끗하지 아니한 것을 내가 결코 먹지 아니하였나이다"라고 대답하였습니다(행 10:13-14). 베드로는 하늘로부터 소리가 여러 차례에 걸쳐 들려오고 나서야, 비로소 "하나님께서 깨끗하게 하신 것을 네가 속되다 하지 말라"(행 10:15)는 교훈을 온전히 배울 수 있었습니다. 그리스도께서는 이미 모든 것을 정하게 하셨는데도 불구하고, 유대인들은 이러저러한 것은 부정하다고 생각합니다. 마찬가지로, 어떤 그리스도인들은 자연을 부정하다고 여기는 것 같습니다. 공중의 새와 바다의 물고기, 찬란한 일출과 일몰, 눈 덮인 알프스 산, 태고의 삼림들, 신비한 빙하, 끝없이 펼쳐진 대양 — 하나님께서는 이미 이런 것들을 정하게 하셨기 때문에 그것들을 "속되다" 하지 않으십니다. 구주께서 죽으신 골고다 언덕은 바로 이 땅 위에 있고, 구주께서는 담장 안에서나 지붕 아래에서가 아니라 골고다 언덕 위에서 자신의 희생 제사를 드리심으로써, 이 세계를 만물이 하나님의 영광을 선포하는 성전으로 만드셨습니다. 온통 하나님의 찬란한 영광으로 빛나는 가운데 천사들이 하나님을 대면하여 보는 곳이 위층이라면, 이 세계는 아래층에 해당합니다. 그리고 이 아래층에도 하나님의 영광이 없지 않습니다. 왜냐하면, 그리스도 예수 안에서 우리는 하나님을 보았고, 지금도 여전히 하나님과 사귀며 교제하고 있기 때문입니다.

　내가 보기에는, 자연을 연구하기를 꺼리거나 그 아름다운 것들을 보기를 피하고자 하는 사람들은 자신의 영성이 약하다는 것을 의식하고 있는 것입니다. 은둔자들과 수도자들이 삶의 시험들을 당하지 않기 위해서 폐쇄적인 삶을 사는 것을 보았을 때, 어리석은 자들은 "그런 사람들은 은혜가 깊은 사람들임에 틀림 없어"라고 말하였습니다. 그러나 그렇지 않습니다. 그런 사람들은 자기가 깊은 은혜 속에 들어가지 못한 것을 알기 때문에 그 은혜마저 떠내려갈까봐 두려워하는 것입니다. 그들은 겁쟁이들처럼 전쟁터에서 도망을 쳐서 은밀한 곳으로 숨어들어 문을 걸어 잠갔습니다. 왜냐하면, 그들은 자신의 칼이 예루살렘에서 나는 진짜 강철로 만들어지지 않았음을 알고, 그들이 용감하게 싸울 수 있는 자들이 아님을 알았기 때문입니다. 수도원이라는 곳은 사람들이 겸손이라는 헛된 겉모습과 드높은 거룩함이라는 허울로 그들 자신의 연약함을 덮고자 애쓰는 곳이기 때문에, 수도원에 있다는 것은 사실은 자신이 연약하다고 고백하는 것이나 다름 없습니다. 우리가 받은 은혜가 깊다면, 우리는 세상을 정면으로 바라보고서, 거기에 해악이 있다고 할지라도 그런 해악에 물들지 않고 오직 거기에서 선한 것들만을 이끌어낼 수 있습니다. 하지만 우리의 경건이나 신앙의 주된 부분이 허구적인 것이라면, 우리는 깊은 영성을 사모하는 체하며 외식하는 자가 되거나, 적어도 하나님이 지으신 것들을 보면서 하나님과 더 깊은 교제를 가질 수 있을 정도로 충분한 은혜 속에 있지 않기 때문에 그렇게 하지 않으려 합니다. 자연 그 자체는 우리를 악하게 만들 수도 없고 하나님으로부터 멀어지게 할 수도 없습니다. 창조주께서 그 손으로 지으신 것들이 우리 영혼에 선한 감화를 주지 못하는 것을 우리가 발견한다면, 우리는 무엇보다도 먼저 우리 자신 속에 어떤 결함이 있는 것은 아닌지 의심해 보는 것이 마땅합니다.

　게다가, 하나님께서 자신의 뜻을 가장 분명하게 계시하시기 위하여 우리에게 두 번째로 성경책을 주셨다면, 하나님께서 우리에게 첫 번째로 주신 것이 바로 자연이라는 책이기 때문에, 형제들은 안심하셔도 됩니다. 그런데 우리가 두 번째 책은 존중하고 귀하게 여기면서도 첫 번째 책의 가치를 인정하지 않는다면, 그것이 말이 되겠습니까? 밀턴(Milton)의 「복낙원」은 그가 처음에 쓴 「실낙원」에 비해 질이 좀 떨어지는 것은 분명합니다. 그러나 영원하신 하나님이 지으신 것들은 모두 다 명품이기 때문에 그것들 중에서 다른 것들에 비해 질이 떨어지는 것은 하나도 없습니다. 자연과 계시 간에는 그 어떤 갈등도 없습니다. 단지 어리석은 자들만이 그렇게 생각하는 것입니다. 지혜로운 자들에게는 자연은 계시를 예시해 주고 확증해 줍니다. 이삭이 그랬듯이 나는 저녁 나절에 들녘을 걸으면서 곡식이 익어 추수하게 된 논에서, 내가 하나님의 말씀을 읽으면 만났던 바로 그 하나님, 즉 씨 뿌릴 때와 추수할 때를 정하시고 그치지 않게 하시겠다고 약속하셨던 그 동일한 하나님을 만납니다. 또한, 나는 밤하늘을 바라보면서, 별들을 하나하나 그 이름을 부르시며 상한 마음을 싸매 주시는 바로 그 동일한 하나님을 떠올립니다. 창조의 책이나 계시의 책 중 그 어느 한 쪽을 무시한다면, 그것이 말이 되는 일이겠습니까? 나는 내 평생에 이 둘 모두를 기뻐하고 즐거워할 것입니다.

그러므로 이 아침에 우리는 하나님이 지으신 것들 속을 거닐며 찬송하고 경배하는 가운데 오늘의 본문을 썼을 것이 틀림없는 다윗을 본받아야 합니다. 우리도 다윗과 함께 거닐면서, "새들"과 "학," "산양"과 "너구리" 속에서 정말 우리가 배울 것이 하나도 없는 것인지를 살펴볼 필요가 있습니다.

1. 첫째로, 하나님께서는 각각의 장소에 거기에 적합한 생명체를 준비해 두셨습니다.

하나님은 "잣나무"에는 "학"을 두셨고, "높은 언덕"에는 "산양"이나 "영양"을 두셨으며, "바위"에는 "너구리"나 "산토끼"를 두셨습니다. 하나님은 자신이 지으신 세계의 거의 모든 곳을 이런저런 피조물의 거처가 되게 하고자 하셨습니다. 땅에서는 무수한 무리들이 하나님께서 주시는 양식을 기다립니다. 바다와 관련해서는, 시편 기자가 "거기에는 크고 넓은 바다가 있고 그 속에는 생물 곧 크고 작은 동물들이 무수하니이다"(시 104:25)라고 찬송합니다. 시내에 그늘을 만들어 주는 나무들에서는 "새들"이 노래합니다. 높이 솟은 잣나무 위에서는 "학들"이 말없이 자신의 둥지를 짓습니다. 아직 사람의 발길이 닿지 않은 절벽들에서는 "영양"이 뾰족하게 튀어나온 바위들 위를 이리저리 뛰어다닙니다. 사람의 소리가 들리지 않는 저 후미진 곳에서는 "마못"과 "쥐"와 "토끼"(히브리어 본문은 이 짐승들 중 하나를 의미합니다)가 "바위들" 속에 자신의 거처를 마련합니다. 이러한 사실들이 우리에게 무엇을 가르치고 있는지는 분명합니다. 또한, 우리는 영적인 세계를 이루고 있는 모든 부분들에도 하나님께서는 거기에 합당한 영적 생명체를 마련해 두셨다는 것을 발견합니다. "세대마다 성인(聖人)들이 있는 법"이라는 격언을 잠시 생각해 보십시오. 첫 세대에는 하나님과 동행하였던 거룩한 사람들이 있었고, 황금시대가 지나가고 모든 사람들이 타락하였을 때에도 거기에 하나님의 사람 노아가 있었습니다. 그 후에 사람들이 지면에서 또다시 번성하고 죄가 차고 넘쳤을 때에 우스 땅의 욥이 있었고, 아브라함과 이삭과 야곱이 약속에 의해 그들에게 주어진 땅에서 장막 안에 거하고 있었습니다. 여러분이 세계사의 어느 시기를 손가락으로 가리키더라도, 거기에는 반드시 하나님이 계셨고, 또한 하나님이 준비해 두신 어떤 생명체가 현존해 있었습니다. 가장 황무한 시대들 속에서조차도 하나님에 의해 거듭난 생명들이 있었습니다. 아합 시대를 예로 들어 봅시다. 고독했던 엘리야는 비통해하며, "오직 나만 남았거늘 그들이 내 생명을 찾아 빼앗으려 하나이다"(왕상 19:14)라고 탄식했습니다. 하지만 우리는 "내가 이스라엘 가운데에 칠천 명을 남기리니 다 바알에게 무릎을 꿇지 아니하고 다 바알에게 입 맞추지 아니한 자니라"(왕상 19:18)라고 말씀하시는 "세미한 음성"을 듣습니다. 하나님께서는 아무리 악한 시대에도 자기가 택하신 남은 자들을 두시고, 그들로 하여금 진리의 깃발을 들게 하십니다. 이스라엘에서 빛이 거의 꺼졌고, 형식주의로 인해서 유대 민족의 신앙의 해가 빛을 잃었을 때에도 시므온과 안나는 메시아가 오실 것을 기다리고 있었습니다. 그리스도의 이름을 입 밖으로 내기만 해도 죽임을 당했던 무시무시한 박해의 시대에도 여전히 성도들이 있었습니다. 아니, 압제가 심한 시대일수록 하나님께서는 그 절박한 시대를 믿음으로 능히 감당해낼 수 있는 신앙의 영웅들을 내셨습니다. 시련이 강할수록 믿음의 사람들은 더 강해집니다. 하나님의 교회는 저 전설 속의 동물인 불도마뱀(salamander)처럼 불길 가운데서 도리어 더욱 흥왕하였고, 자신을 삼키려고 위협하는 불길을 먹고 사는 듯이 보였습니다. 하나님께서는 생명체가 살 수 없을 것 같은 가파른 절벽들 위에 "산양들"을 두시는 것과 마찬가지로, 박해의 낭떠러지 위에 있는 사람들을 붙들어 주셔서, 그들의 발이 사슴의 발 같게 하시고, 높은 곳을 딛고 서 있는 그들을 존귀하게 하십니다. 하나님께서는 성도들이 압제와 박해를 당하게 될 때에 그들에게서 하늘에 속한 담대함이 빛을 발하게 하심으로써, 마귀로 하여금 하나님이 연약한 사람들 속에 어떤 힘과 능력을 두실 수 있는지를 볼 수 있게 하십니다. 또한, 아리우스주의(Arianism)가 광분하여 날뛰던 시절 같이 이단들이 기승을 부리는 때들이 있었는데, 그럴 때에도 성도들은 신앙을 지키며 살아갔고, 하나님께서는 그런 비상상황에서도 담대하게 믿음을 지킬 자들을 예비해 놓으셨습니다. 그때에 아타나시우스(Athanasius)는 홀로 일어나서 이렇게 말했습니다: "나는 예수 그리스도가 참 하나님이시라는 것을 압니다. 온 세상이 그 반대를 믿는다고 할지라도, 나, 아타나시우스는 온 세상에 맞설 것입니다." 사데 교회는 "살았다 하는 이름은 가졌으나 죽은 자"(계 3:1)였지만, 하나님께서는 "사데에 그 옷을 더럽히지 아니한 자 몇 명이 네게 있어 흰 옷을 입고 나와 함께 다니리니 그들은 합당한 자인 연고라"(계 3:4)고 말씀하셨습니다. 이러한 하나님의 미쁘심은 우리에게 위로가 되지 않습니까? 과거에 미쁘게 행하셨던 하나님은 현재에도 미쁘시고 장래에도 미쁘실 것입니다. 교회의 장래의 운명에 대해서 암울한 생각을 버리십시오. 이 시대를 악한 시대라고 통탄하며 장차 끔찍한 재앙이 있을 것이라고 예언하는 자들에게 동조하여 그들과 함께 울지 마십시오. 사람들은 우리가 위기를 맞고 있다고 말하지만, 우리는 20년 전에도 위기였음을 기억합니다. 그리고 나이 드신 분들에게 물어보면, 지난 50년 동안에 위기가 아니었던 해가 없었다고 우리에게 말해줄 것입니다. 실상은 무엇입니까? 사람들이 말하는 그런 위기는 존재하지 않는다는 것입니다. 위기는 지나갔습니다. 왜냐하면, 그리스도께서 "이제 이 세상에 대한 심판이 이르렀으니 이 세상의 임금이 쫓겨나리라"(요 12:31)고 말씀하셨기 때문입니다. 예수께서 골고다에 오르셔서 피 흘리시며 죽으셨을 때, 교회와 이 세상의 위기는 지나갔습니다. 진리가 승리하였고 그리스도께서 승리하셨다는 데에는 단 한 점의 의심도 있을 수 없습니다. 때가 어둡고 밤이 점점 더 깊어간다고 할지라도, 바위에 너구리를 두시고 높은 산에 산양을 두시며 높은 나무에 학을 두시는 하나님께서 각각의 시대 속에 자신의 이름에 영광을 돌릴 신앙의 사람들을 두실 것임을 믿으십시오.

하나님께서는 모든 시대에만 그렇게 하시는 것이 아니라, 사람들이 있는 모든 곳에도 그렇게 하십니다. 사람들이 무리를 이루고 살아가는 각계각층의 집단들 속으로 들어가 보십시오. 여러분은 어느 곳에서나 거기에 적합하게 참된 기독교 신앙을 받아들여서 신앙생활을 하고 있는 사람들을 만날 수 있습니다. 왕들 가운데서도 하나님을 경외하는 삶을 살아서 이 땅에서만이 아니라 천국에서도 면류관을 쓰게 된 사람들이 종종 있어 왔습니다. 한 나라를 다스림에 있어서 만왕의 왕께 순종하는 사람보다 왕으로서 더 좋은 자격요건을 갖춘 사람은 있을 수 없습니다. 왕궁을 나와서 초가집으로 발길을 돌려보십시오. 거기에는 즐거움과 위로라고는 찾아보려고 해도 찾아볼 수 없을 것 같이 보이지만, 여러분은 십자가에 못 박히신 바로 그분으로 인해서 그 가난한 집에도 즐거움과 위로가 넘쳐나는 것을 보게 될 것입니다. 부유함에서 오는 위험들을 성별하셔서 제거하시는 분도, 가난함에서 오는 슬픔과 괴로움을 위로하실 수 있으신 분도 오직 그리스도 한 분뿐입니다. 여러분이 원하신다면, 장사하고 사업 하느라 눈코 뜰 새 없이 바쁜 사람들을 찾아가 보십시오. 거기에 그리스도의 사랑에 대하여 묵상하는 것이 없다면, 그들의 지끈거리는 두통을 고쳐 줄 수 있는 것은 없습니다. 시간이 많아 여유롭게 살아가는 사람들에게로 가 보십시오. 여러분은 그들에게도 예수 그리스도의 복음을 묵상하는 것만큼 달콤함과 평안함을 가져다주는 것은 아무것도 없다는 것을 알게 되실 것입니다. 하나님이여, 모든 영광을 받으소서! "일 때문에 신앙을 가질 수 없습니다"라고 말하는 사람이 아무도 없기를 바랍니다. 만일 여러분이 하는 일 때문에 정말 신앙을 가질 수 없는 것이 사실이라면, 여러분은 그 일에서 손을 떼는 것이 마땅합니다. 왜냐하면, 하나님께서 여러분에게 그 일을 허락하셨는데, 그 일로 인해서 여러분이 신앙을 가질 수 없게 되는 것은 불가능하기 때문입니다. 저 높은 절벽 위에서도 산양들은 안전하게 발을 딛고 살아가는 것과 마찬가지로, 성도들은 죄악이 가득한 이 도시의 어두운 바위 틈새들 속에서도 존귀하게 살아갈 수 있습니다. 또한, 바위들 가운데 살아가는 너구리들과 마찬가지로, 그리스도인들도 유익하고 복된 삶을 살아갈 수 있습니다. 믿는 자는 사방으로 박해를 당하여도 버린 바 되지 않을 것이고, 악한 자들의 행실로 말미암아 그의 마음이 아프고 괴롭다고 할지라도, 의로운 롯처럼 자신의 신앙을 지켜나갈 수 있습니다. 하나님께서 모든 곳에 생명체를 두시고 살아가게 하시는 것과 마찬가지로, 성도들로 하여금 모든 자리와 모든 일 속에서 영적인 삶을 살아갈 수 있게 해주십니다. 하나님의 은혜 가운데 살아가기 힘든 환경에 놓여 있는 분들이 계시다면, 바로 이 말씀 속에서 위로를 받으십시오.

또한, 여러분은 **모든 교회** 속에서 영적인 생명을 발견할 수 있습니다. 아주 편협한 신앙인들은 자기가 속한 교단에서 신앙생활을 하는 사람들만이 진정으로 경건한 사람들이라고 생각합니다. 그들은 이렇게 말합니다: "내 생각은 정통이고, 나와 틀린 다른 사람들의 생각은 이단이다. 모든 선한 사람들은 오직 벧엘로

가야 하고 다른 곳으로 가면 안 되며, 소알에서 예배를 드려야 하고, 이런저런 찬송가를 불러야 한다. '쉽볼렛'이라고 발음할 수 없어서 '십볼렛'이라 발음하는 자들은 잡아다가 요단 나루턱에서 죽이는 것(사 12:6)이 마땅하다. 지금은 화형을 집행하는 것이 관행인 시대가 아니기 때문에 그런 자들을 산 채로 화형시킬 수는 없지만, 그들의 영혼을 정죄하여 영원한 멸망에 내어주는 것이 합당하다. 이런 벌은 최선책이라고 할 수는 없지만, 아주 무자비해 보이지도 않기 때문에 차선책으로 적당하다." 교회에는 규례나 교리에 있어서 심각한 오류가 존재하기 때문에 하나님의 진정한 자녀들은 교회에 존재하지 않는다고 생각하는 사람들이 많습니다. 사랑하는 형제들이여, 이러한 냉혹한 생각은 잘 알지 못하는 데서 나옵니다. 쥐 한 마리가 내내 상자 안에서 살다가 어느 날 상자 귀퉁이로 기어올라서 주위를 둘러보게 되었습니다. 상자는 넓은 광에 있었을 뿐이지만, 쥐는 그 광이 아주 넓은 것을 보고 놀라서 "세상은 정말 넓구나!"라고 소리쳤습니다. 만일 편협한 신앙인들이 단 한 번이라도 상자에서 나와서 자신의 주위를 둘러보기만 한다면, 그들은 하나님의 은혜가 미치는 영역이 그들이 상상한 것보다 훨씬 더 넓다는 것을 발견하게 될 것입니다. 이 초장들이 양들이 있기에 아주 적합한 곳이라는 것은 사실이지만, 저 산꼭대기에는 산양들이 목자장이신 하나님에 의해서 길러지고 있습니다. 풀들로 덮인 이 평지가 가축들에게 최선의 곳이라는 것은 사실이지만, 만유의 주이신 하나님께서는 숲속에서도 자신의 짐승들을 키우고 계시고, 바위들 가운데서도 너구리들을 키우고 계십니다. 여러분이 여러분 자신에게는 보이지 않지만 하나님께서는 보시는 이런 생명체들을 발견하기 전까지는, 여러분은 제대로 보는 것이 아닙니다. 너구리에게는 사람이 자기를 보는 것이 아니라 하나님이 자기를 보고 계시다는 것이 훨씬 더 중요합니다. 마찬가지로, 하나님의 자녀에게는 자기가 하나님의 자녀라는 것을 자신의 형제들이 알아주는 것보다 아버지 되시는 하나님이 알아주시는 것이 무한히 더 중요합니다. 나의 형제가 내가 그리스도인이라는 것을 믿지 않는다고 해도, 그 형제는 여전히 나의 형제일 수밖에 없습니다. 그 형제는 나를 불친절하게 대할지 모르지만, 내가 하나님의 자녀이고 그 형제도 하나님의 자녀라면, 두 사람 간의 형제의 유대는 끊어질 수 없습니다. 나는 믿음에서 떨어져나간 교회들 속에도 하나님께서 감추어 둔 자들이 있다는 것을 생각하면 마음이 좋습니다. 오류들을 가차 없이 버리고, 성상을 파괴하는 망치를 들고서 온 땅을 두루 다니며 하나님께서 우리에게 주신 힘을 다해 모든 교회의 우상들을 박살내는 것은 여러분과 내가 해야 할 일이긴 하지만, 우리는 그리스도의 양 무리에 속한 양은 그 어떤 양이라도 다 먹여야 하고, 하나님의 백성에 속한 형제가 아무리 잘못 생각하고 있다고 할지라도, 그 형제를 뜨거운 사랑으로 보듬는 것이 마땅합니다. 하나님께서는 자연 속에서 모든 곳에 거기에 적합한 생명체를 두신 것과 마찬가지로, 영적으로 우리 눈에 이상해 보이는 곳들에도 영적인 생명을 두셨습니다. 우리가 하나님의 택함 받은 자를 결코 찾아볼 수 없겠다고 생각하는 곳들에도 하나님은 거기에 자신이 택하신 자들을 두십니다.

또한, 우리는 **모든 도시에서** 하나님의 백성을 발견할 수 있습니다. 여러분 중에 저 멀리 땅 끝으로 가고 있는 분들이 계시다면, 이 말씀은 그분들에게 위로가 될 것입니다. 하나님께서는 모든 곳에 자신의 택함 받은 자를 두고 계십니다. 높은 바위들 위에는 "산양들"이 있고, 돌들 사이에는 "너구리들"이 있으며, 나무들 위에는 "학들"이 있습니다. 여러분이 가고 싶은 곳으로 가 보십시오. 거기에서 여러분은 하나님의 이름을 부르는 사람들을 만나게 될 것입니다. 만약에 여러분이 아직까지 회심한 사람이 없는 곳으로 보내심을 받았다면, 낙심하지 마시고, 이렇게 말하십시오: "아직은 죄 속에 감추어져 있는 하나님이 택하신 자들을 발견해 내기 위해서 내가 보내심을 받았구나. 주님께서 자신의 핏값으로 사셨지만 아직도 감추어져 있는 사람들을 찾아내는 도구로 나를 사용하시기 위하여 여기로 보내신 것이구나." 여러분이 우상 숭배를 하는 도시로 가게 되었다면, 여러분은 "내가 이 도시에 내가 택한 사람들을 많이 두었다"고 말씀하시는 하나님의 음성을 듣게 될 것입니다. 그러므로 여러분은 밖으로 나가서 복음을 전하고 예수의 사랑을 전함으로써 그들이 누구인지를 찾아내려고 애쓰십시오. 여러분은 머지않아 여러분의 수고가 헛되지 않아서, 여러분과 마찬가지로 구주를 사랑하고 하나님의 진리를 기뻐하는 사람들을 발견하게 될 것입니다. 이곳은 험한 바위여서 산양이 없을 것이라고 생각하지 마십시오. 잣나무는 있지만 학은 없을 것이라고 생각하거나, 시냇가에 나무들은 있는데 새들은 없을 것이라고 생각하지 마십시오. 하나님이 거하시는 곳에서는 옛적의 조상들과 마찬가지로 하나님과 동행하는 사람들이 있다는 것을 발견하게 되기를 기대하십시오.

나는 첫 번째 대지를 마치면서, 모든 곳에는 거기에 적합한 생명체가 있다는 말을 다시 한 번 해두고 싶습니다.

2. 둘째로, 피조물마다 자신에게 합당한 자리가 있습니다.

본문은 이것을 우리에게 분명하게 가르칩니다. 새들이 있어야 할 자리는 레바논의 백향목 위에 있는 둥지들이고, 학들이 있어야 할 자리는 잣나무 위이며, 산양들이 있어야 할 자리는 높은 산들이고, 너구리들이 있어야 할 곳은 바위들입니다. 이 각각의 피조물들은 바로 그 자리에 있을 때에 가장 아름다워 보입니다. 동물원에 가서 인위적인 환경 속에 놓여 있는 가엾은 동물들을 보십시오. 우리는 거기에 있는 동물들 속에서 그 동물들이 원래 있어야 할 곳에 있었을 때의 모습을 찾아보기 힘듭니다. 우리 안에 갇혀 지내는 사자는 거친 숲에서 살아가는 사자와는 아주 판이하게 다른 피조물입니다. 울타리 안에 갇혀 있는 학들은 불쌍해 보입니다. 우리는 그런 학들이 지붕이나 잣나무 꼭대기에 있는 학들과 동일한 새라는 것을 생각하기 힘듭니다. 모든 피조물은 자기 자리에 있을 때에 가장 아름답습니다. 이제 그러한 진리를 여러분 자신에게 적용해 보십시오. 각 사람에게는 하나님께서 **섭리를 통해 정해 주신** 자리가 있는데, 한 그리스도인이 어떤 자리에 있을 때에 가장 아름다워 보인다면, 바로 그 자리가 하나님이 정해 주신 자리입니다. 그 자리는 그 사람에게 가장 잘 맞고, 그 사람은 그 자리에 가장 잘 맞습니다. 만일 여러분이 그 사람의 자리를 바꾸어서 다른 자리로 옮겨줄 수 있어서 그렇게 한다면, 그 사람은 이전보다 절반도 행복하지 않고 절반도 유익을 끼치지 못하며, 자신의 원래의 모습의 절반도 보여줄 수 없습니다. 학을 높은 산에 두거나, 산양을 잣나무 꼭대기에 두어 보십시오. 얼마나 기괴한 모습이겠습니까! 만일 여러분이 지난 20년 동안 노동자로 살면서 늘 영적인 삶을 살아왔던 나의 사랑하는 형제를 런던 시장 자리에 앉혔다고 합시다. 그러면, 여러분은 그 형제를 완전히 망친 것입니다. 오랫동안 은혜롭게 설교를 잘 들어 왔던 어떤 형제에게 설교를 한 번 시켜 보십시오. 그러면, 그 형제는 근심 가운데 있게 될 것입니다. 자기 자리가 아닌 곳에 있는 사람은 자신에게 유익하지 않습니다. 만일 여러분이 보기에 그 자리가 그 사람에게 유익해 보인다면, 여러분은 그 사람에게 감춰진 진짜 모습을 보지 못하고 그의 겉모습만을 보고 있는 것입니다. 하나님께서 나를 어떤 자리에 두셨다면, 그 자리는 내게 가장 좋은 자리입니다. 우리는 우리 자신이 있는 자리에 대하여 불만이 생기고 불평이 나올 때마다, 이 진리를 기억해야 합니다. 우리가 품는 불만은 전적으로 이기적인 것인데도, 우리는 만일 우리가 다른 자리에 있다면 하나님께 더 큰 영광을 돌릴 수 있을 것이라

고 잘못 생각하기 때문에 불평하고 불만을 품게 됩니다. 이러한 종류의 불만은
아주 교묘해서 속아 넘어가기가 아주 쉽기 때문에 정말 조심해야 합니다. "만일
내가 다른 자리에 있다면, 하나님을 위하여 더 많은 일을 할 수 있을 텐데!"라고
부르짖는 것은 어리석은 일입니다. 사실, 여러분이 다른 자리로 옮겨간다면, 여
러분은 거기에서 지금 할 수 있는 것만큼도 하나님을 위해 일할 수 없게 될 것입
니다. 내가 확신하건대, 만일 산양이 잣나무로 자리를 옮긴다면, 높은 산 위에 있
을 때보다도 훨씬 더 하나님의 지혜로우심을 드러내지 못하게 될 것입니다. 여
러분도 사실은 다른 어느 자리에서보다도 지금 있는 자리에서 하나님의 은혜를
가장 잘 드러낼 수 있습니다. 젊은 그리스도인들은 "나는 단지 도제에 불과해.
만일 내가 장인(匠人)이라면, 하나님께 더 큰 영광을 돌릴 수 있을 텐데"라고 말
합니다. 하지만 여러분이 도제로 있을 때에 하나님께 영광을 돌릴 수 없다면, 장
인이 되어서도 하나님께 영광을 돌리지 못할 것입니다. 여러분은 "내 가게는 너
무 작아서 장사해서 버는 돈이 얼마 되지 않기 때문에, 헌금을 조금밖에 할 수 없
고, 선한 일을 할 여력도 거의 없습니다"라고 말할지 모릅니다. 하나님의 분명한
섭리가 확인되기 전에는 지금 여러분이 있는 자리를 떠나는 것에 신중해야 합니
다. 자신이 있던 자리에서 떠남으로써 둥지를 잃고 떠도는 새 같은 신세가 된 사
람들이 많습니다. 여러분에게 어느 자리가 가장 좋은지는 하나님이 여러분보다
더 잘 아십니다. 여러분 자신의 생각을 버리고, 절대 주권을 지니신 하나님의 뜻
에 순복하십시오. 비록 우리가 어느 자리에 있을지에 대한 선택권이 우리에게
있는 경우에라도, 하나님께서는 우리보다 우리가 있어야 할 자리를 무한히 더
잘 아십니다.

나의 사랑하는 친구들이여, 자리와 관련해서 각각의 생명체는 하나님의 섭
리에 의해서 자기에게 가장 적합한 자리에 있는 것과 마찬가지로, 경험과 관련해
서도 마찬가지입니다. 하나님께서는 그 어떤 피조물도 정확히 똑같이 만들지 않
았습니다. 여러분이 한 나무에 나 있는 잎사귀들을 따서 서로 비교해 보면, 잎사
귀의 결이 정확히 서로 똑같은 것을 결코 발견하지 못할 것입니다. 그리스도인
들의 경험과 관련해서도 우리는 동일하게 말할 수 있습니다. 어떤 한 그리스도
인이 살면서 경험하는 것은 어떤 점에서이든 다른 모든 그리스도인이 경험하는
것과 다릅니다. 한 가족에서 모든 자녀들이 다 아버지를 닮을 수는 있지만, 그런
자녀들이라고 해도 모든 점에서 다 똑같은 것은 아닙니다. 하나님의 자녀들의

경우에도 그들은 모두 어느 정도 그리스도를 닮아 있지만, 그렇다고 해서 그들이 모두 서로 정확히 똑같은 것은 아닙니다. 여러분 중에는 존 번연(John Bunyan)의 전기를 읽고서, '아, 내가 존 번연과 똑같은 경험을 한다면, 내가 하나님의 자녀라는 것을 확실히 알 수 있을 텐데'라고 생각한 분들이 있을 것입니다. 하지만 그런 생각은 어리석은 것입니다. 우리 잡지들 속에 실려 있는 전기들은 많은 경우 유익보다는 해로움이 더 많습니다. 왜냐하면, 그 전기들을 읽은 그리스도인들은 즉시 이런 반응을 보이기 쉽기 때문입니다: "내가 정확히 그렇게 느낀 적이 있나? 내가 정확히 그렇게 느꼈던가? 나는 그렇게 느낀 적이 없으니 버림받은 자임에 틀림없어." 여러분은 자신이 죄인이고 그리스도가 구주시라는 것을 느꼈습니까? 여러분은 자기 자신을 부인하고 오직 그리스도만을 바라보고 계십니까? 그렇다면, 여러분과 똑같은 길을 걸은 사람이 단 한 사람도 없다고 할지라도, 여러분은 옳은 길에 서 있는 것입니다. 여러분의 경험이 독특해서 다른 모든 사람들과 다르다고 할지라도, 그 경험에는 아무런 문제가 없습니다. 하나님께서는 산양을 너구리와 똑같게 만들지 않으셨고, 학을 다른 어떤 새와 똑같이 만들지도 않으셨습니다. 하나님은 산양이나 너구리나 학을 그들이 각각 있어야 할 자리에 적합하게 만드셨습니다. 마찬가지로, 하나님께서는 다른 사람들이 아니라 오직 여러분만이 하나님의 어떤 영광을 드러내게 하시기 위하여 거기에 적합한 경험을 여러분으로 하여금 하게 하시는 것입니다. 어떤 사람들은 즐거움과 기쁨이 가득한 삶을 살아가는 경험을 하고, 어떤 이들은 고난으로 점철된 삶을 살아가는 경험을 합니다. 소수의 사람들은 일생 동안 순탄하고 무난한 삶을 살아가는 경험을 합니다. 많은 사람들은 높이 솟아올랐다가 다시 깊은 구덩이로 곤두박질치는 삶을 살아가는 경험을 합니다. 이러한 다양한 경험들은 모두 다 똑같이 하나님의 동일한 사랑과 인자하심을 분명하게 증언하는 것들이기 때문에, 우리는 어떤 삶을 경험하든 그 삶을 그대로 받아들이고 그 안에서 기뻐하고 즐거워하는 것이 마땅합니다.

우리가 위에서 말한 것은 각 사람의 개성에 대해서도 그대로 적용됩니다. 각각의 피조물은 자신에게 적합한 자리가 있고, 나는 하나님께서 각 사람이 있어야 할 자리에 맞춰서 거기에 적합한 성품과 개성을 각 사람에게 주신다고 믿습니다. 나도 종종 지금의 나와는 다른 기질과 성품을 가졌으면 좋겠다고 생각합니다만, 그랬다가도 제정신으로 돌아오면 내게서 죄악된 것 외에는 그 어떤 것도 바꾸고 싶지 않다고 생각하게 됩니다. 마르틴 루터(Martin Luther)는 자기도 멜란히톤(Melanchton)처럼 점잖고 온유했으면 좋겠다고 생각했을지도 모릅니다. 그러나 만일 그랬더라면, 우리에게는 종교개혁 같은 것은 없었을 것입니다. 멜란히톤은 분명히 종종 자기가 루터처럼 투지가 넘쳤으면 좋겠다고 생각했을지 모르지만, 만일 그의 생각대로 그가 루터처럼 거친 사람이 되었다면, 루터는 자기를 가장 온유하게 위로해 줄 자를 잃어버리게 되었을 것입니다. 베드로는 만일 그가 너무 거칠고 투박하지 않았더라면 더 나았을 것이라고 생각했을지 모르고, 요한은 좀 더 강한 의지를 지니고 있었더라면 더 나았을 것이라고 생각했을지 모릅니다. 그러나 하나님께서는 베드로와 요한을 가장 좋은 모습으로 지으신 것이기 때문에, 베드로가 요한이 되기를 원하거나 요한이 베드로가 되기를 열망한다면, 그것은 정말 어리석은 짓입니다.

사랑하는 형제들이여, 중요한 것은 여러분의 신앙 안에서 여러분 자신의 본래의 모습이 되는 것입니다. 다른 사람이 지닌 좋은 점들을 위조해서 모방하려고 하지 말고, 여러분의 경험을 다른 사람의 감정에 맞춰 재단하려 하지 말며, 여러분이 동경하는 어떤 선한 사람과 같이 보이기 위해서 여러분의 성품이나 인품을 위장하려 하지 마십시오. 대신에, 여러분은 새 사람으로 만드신 하나님께 그가 의도하신 성품이 여러분에게서 나오게 하시고, 그가 어떤 은사를 주셨든지 그 은사가 여러분 속에서 강하게 드러나게 해주시라고 기도하십시오. 하나님께서 여러분에게 영웅적인 담대함을 주셔서 치열한 싸움 속으로 달려가게 하시기로 하셨다면, 여러분은 그 담대함을 사용하여 일하는 것이 합당합니다. 또는, 하나님께서 여러분으로 하여금 병원에 누워서 고통을 감내하게 하고자 하셨다면, 여러분은 자신 속에서 인내의 온전한 열매를 맺는 것이 합당합니다. 그러나 무엇보다도 먼저, 하나님께서 마치 학을 잣나무에 적합하게 하시고 잣나무를 학이 살기에 적합하게 하시며, 산양을 높은 산에 적합하게 하시고 높은 산을 산양이 살기에 적합하게 하신 것처럼 여러분을 그의 뜻대로 빚어 주시라고 기도하십시오. 하나님께서는 여러분이 있어야 할 자리를 찾아 주실 것입니다. 그리고 하나님이 여러분을 위해 마련해 놓으신 자리를 찾으십시오. 거기에서 하나님의 이름은 가장 큰 영광을 받게 되실 것이고, 거기에서 여러분은 가장 안전하게 될 것입니다.

3. 셋째로, 하나님은 자신이 지으신 각각의 생명체에게 피난처를 주십니다.

새들은 나무들로 날아들고, 학들은 잣나무로 날아듭니다. 산양들은 높은 산으로 가고, 너구리는 바위로 향합니다. 크든 작든 모든 생명체들에게는 자신의 피난처가 있습니다. 하나님께서 이렇게 각각의 생명체에게 피난처를 주셔서 그것을 의지해서 행복하게 살도록 하셨다면, 우리는 조금만 생각해 보아도, 하나님께서 사람의 영혼에게도 거처를 주지 않으셨을 리가 없다는 것을 알게 됩니다. 여기에는 하나님의 중요한 진리가 담겨 있습니다. 왜냐하면, 모든 사람은 분명히 위험에 처해 있고, 생각이 있는 사람이라면 누구나 다 그 사실을 알기 때문입니다. "나의 하나님, 주께서는 너구리에게도 바위라는 피난처를 주시는데, 내 영혼이 피할 바위는 없는 것입니까? 주께서 사람을 지으셨을 때에는 사람에게도 분명히 피난처를 주셨을 것임에 틀림없습니다. 산토끼로 하여금 바위 틈새를 피난처로 삼게 하신 하나님께서는 사람에게도 피난처가 있게 하셨을 것이 분명합니다." 여러분과 내가 우리의 내면의 삶을 살펴보면 이 세상에 있는 그 어떤 것도 우리의 영원히 죽지 않을 영혼을 만족시켜 줄 수 없다는 것을 느끼지 않을 수 없기 때문에, 하나님께서 우리의 영혼을 위해 피난처를 준비해 놓으신 것이 분명합니다. 우리의 사업이 크게 성공했고, 몸도 건강하다고 합시다. 그런데 조용한 때에 곰곰이 생각해 보면, 이 모든 것에도 불구하고, 우리는 해 아래에서 발견될 수 없는 그 어떤 것에 대한 갈망을 느낍니다. 여러분은 빵으로는 절대로 만족시켜 줄 수 없는 굶주림, 곧 무한하신 분을 향한 갈망과, 강물을 다 끌어와서도 절대로 끌 수 없는 어떤 목마름을 느끼신 적이 없습니까? 나는 지금 그리스도인으로서가 아니라 한 명의 사람으로서 말하자면, 여러분은 여러분의 존재 전체를 떨게 만드는 두려움으로 인한 싸늘한 떨림들을 느끼신 적이 없습니까? 우리의 마음은 이렇게 질문합니다: "나는 영원히 살게 되어 있는 것일까? 내가 죽어 내 몸이 썩을 때에도 나는 여전히 계속해서 존재해 있게 되는 것일까? 나는 존재의 강 위에 띄워져 있는 한 척의 배이고, 끝없는 신비한 바다를 향하여 항해해 가고 있는 것인가? 그렇다면, 그 바다라는 것은 도대체 무엇이지? 그 바다는 잔잔할까, 아니면 풍랑으로 요동칠까?" 또는, 비유를 바꿔서 말해 보자면, 우리의 심령은 이렇게 말합니다: "나는 잠자게 될 것인데, 그 죽음의 잠 속에서 어떤 꿈들을 꾸게 될까?" 여러분은 이 모든 것들을 느꼈을 때에 속으로 이렇게 말했을 것입니다: "내가 다시는 두려워 떨지 않을 수 있는 피난처가 있었으면 얼마나 좋을까!

나의 채워지지 않는 갈망들을 채워 줄 어떤 것을 내가 붙잡을 수 있었으면 얼마나 좋을까! 내가 딛고 있는 곳들이 내 발 아래에서 무너져 내리는 것을 더 이상 겪지 않도록, 나의 발이 견고하게 디딜 수 있는 바위가 있으면 얼마나 좋을까! 나를 영원히 부요하게 해줄 보화를 내가 확실히 알고 소유하고 있다면 얼마나 좋을까!' 여러분이 이러한 갈망들을 지니고 있다면, 분명히 그 갈망들을 충족시켜 줄 어떤 것이 마련되어 있을 것임에 틀림없습니다. "학"은 어떤 종류의 둥지를 지어야 하는지를 본능적으로 알고 있습니다. 그 둥지는 너무 커서 작은 나무 위에는 지을 수가 없기 때문에, 학에게는 큰 나무가 필요합니다. 하나님께서는 어떤 나무를 위하여 학을 지으셨고, 동시에 학을 위해서 어떤 나무를 지으셨기 때문에, 세상의 어딘가에는 학이 필요로 하는 나무가 존재합니다. 여기에 산양이 있는데, 여러분이 산양을 평지에 있는 초장에 갖다놓으면, 산양은 행복하지 않습니다. 산양을 푸른 풀로 가득한 초장에 데려다놓으면, 산양은 그 초장을 멀뚱멀뚱 바라다보며 파리해져갈 뿐입니다. 산양의 작은 발들은 바위와 절벽들을 가로지르라고 있는 것이기 때문에, 산양의 그런 발들에 적합한 바위들과 절벽들이 존재합니다. 산양들에게는 알프스 산이 필요한데, 이것은 사실에 의해서 증명됩니다. 작은 너구리는 돌들 사이에서가 아니면 그 어디에서도 살 수 없습니다. 너구리들은 바위 틈새에 자신을 숨기기를 좋아합니다. 그런데 안심하십시오. 세상에는 너구리들을 위한 바위들이 반드시 존재하니까요. 마찬가지로, 나의 목마름, 나의 간절한 열망, 나의 신비한 본능들과 관련해서도, 분명히 어딘가에는 하나님이 계시고, 어딘가에는 천국이 있으며, 어딘가에는 대속이 있고, 어딘가에는 나의 공허함을 채워 줄 충만함이 있습니다. 사람에게 피난처가 필요하다면, 그런 피난처는 틀림없이 있습니다. 나는 여러분에게 그 피난처가 무엇인지를 보여주고자 합니다.

    사랑하는 자들이여, 사람에게는 자신이 저지른 죄과에 대하여 느끼는 가책으로부터 벗어날 피난처가 있습니다. 우리가 두려워하는 것은 우리가 죄를 지었기 때문입니다. 우리는 우리를 지으신 이의 법을 어겼기 때문에 두려워합니다. 그러나 우리를 지으신 이는 하늘에서 이 땅으로 오셨습니다. 하나님께서 보내신 메시아, 곧 예수 그리스도께서는 우리가 절대로 감당할 수 없는 하나님 아버지의 의로우신 진노를 대신 감당하시기 위하여 이 땅에 오셔서 사람이 되셨습니다. 그리고 예수를 믿는 자는 누구든지 예수의 저 사랑의 상처들 속에서 온전한 안식을 발견하게 됩니다. 그리스도께서 나를 위하여 고난을 당하셨기 때문에, 나의 죄책은 다 제거되었습니다! 나의 대속자께서는 나를 대신해서 내가 받을 벌을 다 담당하셨습니다. 그러므로 나는 "너희는 위로하라 내 백성을 위로하라 너희는 예루살렘의 마음에 닿도록 말하며 그것에게 외치라 그 노역의 때가 끝났고 그 죄악이 사함을 받았느니라 그의 모든 죄로 말미암아 여호와의 손에서 벌을 배나 받았느니라 할지니라"(사 40:1-2)고 말씀하시는 음성을 듣게 됩니다. 예수를 믿는 자들은 장래의 두려움들에 대해서도 그들의 아버지가 되시는 하나님 안에서 피난처를 발견합니다. 그리스도를 믿는 자들은 이렇게 말합니다: "이제 내게는 현재에 관한 두려움도 없고 장래에 관한 두려움도 없다. 재난에 재난이 이어지고, 세상이 부서지며, 만유 전체가 무너져 내린다고 해도, 나는 영원하신 하나님의 날개 아래에서 안전할 것이 틀림없다. 내게는 모든 일이 합력해서 선을 이룰 것이다. 왜냐하면, 내가 하나님을 사랑하고, 그의 뜻대로 부르심을 받았기 때문이다." 이것은 얼마나 복된 피난처입니까! 작은 너구리들은 바위 틈새 속에서 정말 편안함을 느끼는 것과 마찬가지로, 우리도 하나님께서 우리를 양자로 삼으셨다는 진리 속으로 온전히 들어가 있을 때에 말로 다할 수 없는 평안으로 충만하게 됩니다. 우리가 현재적으로 겪는 슬픔과 고통, 근심과 걱정과 관련해서는 우리 안에 거하시는 보혜사 성령이 계십니다. 우리가 성령께로 피하면 그 위로하심이 너무나 강력하고 차고 넘쳐서, 우리는 괴로움 속에서 평안을 느끼며, 당혹스러워하면서도 결코 절망하지 않게 됩니다. 형제들이여, 그리스도의 대속하심, 하나님이 우리의 아버지가 되신다는 것, 보혜사 성령의 내주는 사람을 위한 피난처입니다. 하나님께서 우리 모두가 그 피난처를 발견하게 해주시기를 빕니다.

4. 넷째로, 각각의 생명체에게는 고유한 피난처가 있습니다.

새에게는 나무가 있고, 학에게는 나무들 중에서 특별한 잣나무가 있으며, 영양이나 산양에게는 높은 산이 있고, 너구리나 산토끼에게는 바위가 있습니다. 어떤 생명체이든, 하나님께서 지으신 생명체에게는 자기에게 가장 적합한 피난처가 주어집니다. 아마도 여러분은 내게 이렇게 반문할 것입니다: "그렇다면, 사람에게도 각 사람에게 고유한 피난처가 있습니까? 당신은 인간에게는 오직 하나의 피난처가 있다고 말하지 않았습니까?" 내가 각 사람에게 고유한 피난처가 있다고 말하지 않았다면, 나는 지금 과연 그러하다고 분명하게 말하고자 합니다. 하늘 아래에서나 하늘에서나 여자에게서 태어난 모든 사람을 위한 피난처는 단 하나이지만, 그럼에도 불구하고 각 사람에게 꼭 맞는 피난처가 있습니다. 그리스도 예수라는 피난처는 온갖 부류의 죄인들과 온갖 부류의 고난당하는 자들에게 꼭 맞습니다. 그리스도는 마치 다른 사람들이 아니라 바로 나를 구원하시기 위하여 오신 것처럼 내게 꼭 맞는 구주이십니다. 그러나 그리스도는 그로 인하여 속량함을 받은 한 사람 한 사람에게 기가 막히게 꼭 맞는 구속주이시기도 합니다. 그러므로 복음을 즉시 받아들여서 믿는 저 순수하고 남을 잘 믿는 본성을 지닌 사람들을 위한 피난처는 그리스도 예수 안에 있다는 것을 주목하십시오. 그런 사람들은 나무로 날아가서 거기에 둥지를 짓고 노래하기 시작하는 작은 새들과 같습니다. 그런 사람들은 지극히 평범한 부류의 그리스도인들이지만, 어떤 점들에서는 최고의 그리스도인들입니다. 그들은 복음을 듣자마자, 복음이 하나님의 말씀임을 믿고 받아들여서 노래하기 시작합니다. 예수 그리스도는 바로 그런 사람들에게 아주 꼭 맞는 피난처가 되십니다. 그리스도는 천부께서 날마다 먹이시며 기르시는 저 택함 받은 새들을 위한 피난처이십니다.

그러나 좀 더 지성을 갖춘 사람들은 특별한 토대가 있어야 비로소 둥지를 틀고 거기에 평안히 거할 수 있습니다. 이런 부류의 사람들은 학과 같이 특별한 토대를 필요로 하고, 바로 그 토대를 복음 속에서 발견합니다. 그런 사람들은 좀 더 심하게 의심하고 혼란스러워하기 때문에, 그들이 기댈 수 있는 하나님의 실질적인 진리들이 그들에게 필요합니다. 그들은 성경 속에서 잣나무 같은 가르침들과 백향목 같은 신앙원리들을 발견하고서, 거기에서 쉼을 얻습니다. 오늘 우리 중 많은 사람들이 하나님이 거짓말을 하실 수 없기 때문에 결코 변할 수 없는 진리들에 의지해서 쉼을 얻고 있습니다. 우리는 그리스도께서 우리를 대속하셨다는 사실을 의지하고, 그 속죄가 완전하다는 사실을 의지합니다. 어떤 사람은 하나님의 은혜와 관련된 하나의 큰 신앙원리를 붙잡고, 어떤 사람은 또 다른 신앙원리를 붙잡습니다. 그리고 하나님께서는 생각과 고민이 많은 심령들이 믿고 의지하기에 적합한, 요동하거나 변할 수 없는 강력하고 영원한 신앙원리들을 자신의 말씀 속에서 계시해 놓으시기를 기뻐하셨습니다. 게다가, 하나님의 교회에는 놀라운 추론 능력을 지닌 사람들이 있어서, 그런 사람들은 산양처럼 바위투성이의 험로들과 높은 곳들을 좋아해서 그 길들을 택하여 가지만, 결국 그리스도께로 가서 그를 믿고 의지할 때에 성경 속에서 그들이 납득할 수 있는 토대를 발견하게 됩니다. 어떤 사람이 아무리 생각이 많고 깊으며 고상한 것을 사랑한다고 할지라도, 그는 택정하심에 관한 교리, 예정론과 관련된 온갖 신비들, 사도 바울이 전한 깊고 놀라운 가르침들 속에서 반드시 평안을 발견하게 됩니다. 여러분이 사람들만이 아니라 천사들조차도 당혹스러워 했던 하나님의 저 깊은 신비들을 기뻐하는 마음을 지니고 있다면, 여러분은 복음 속에서 평안을 발견하게 되어 있을 뿐만 아니라, 더 나아가 안심하게 될 것입니다.

여러분이 그리스도 안에 있다면, 여러분은 가장 심오한 묵상을 위하여 선하고 확실하며 안전한 재료를 갖게 될 것입니다. 아마도 여러분은 산양처럼 담대하고 용감하며 사고가 깊기보다는, 너구리 같은 작은 동물처럼 아주 겁이 많아서 두려워 떠는 사람들일 것입니다. 누가 손뼉이라도 치면, 너구리는 늘 겁이 많아서 쏜살같이 도망치고 맙니다. 그러나 너구리들에게도 피난처가 있습니다. 그러니까 하나님의 은혜는 아주 겁이 많고 두려워 떠는 사람들에게 꼭 맞는 피난처입니다. 우리 중 어떤 사람들에게는 "두려워 말라 내가 너와 함께 함이니라 낙심하지 말라 내가 네 하나님이 됨이니라"는 말씀이 기쁘고 즐거운 피난처가 되고, 어떤 사람들에게는 "내게 오는 자는 내가 결코 내쫓지 아니하리라"(요 6:37)는 말씀이 피난처가 됩니다. 두려움에 떨던 수많은 심령들이 하나님께서 우리의 수준에 맞춰 주신 말씀 속에서 자신의 피난처를 발견해 왔습니다. 우리가 어느 한 말씀 속에서 피난처를 발견할 수 없을 때, 성경은 약속들로 가득하다는 것은 우리에게 얼마나 큰 복입니까! 마치 성령께서 하나님이 복 주시고자 하시는 모든 사람들의 생각과 마음의 습성에 맞춰서 하나님의 생각과 말씀들을 온갖 형태로 빚으신 것처럼, 성경 속에는 각양각색의 생각이나 마음에 맞춰서 주어진 것 같이 보이는 약속들이 있습니다. 두려워 떠는 심령들이여, 여러분이 예수께 속한 자라고 말하는 것이 많이 두렵다고 할지라도, 예수께 나아와서 그를 의지하십시오. 그리고 창에 찔려 패인 예수의 옆구리에 숨으십시오. 그러면 여러분은 안전합니다.

5. 다섯째로, 각각의 생명체마다 자신의 피난처를 사용합니다.

우리가 마지막 살펴보아야 할 것은 바로 이것입니다. 즉, 학들은 잣나무에 둥지를 틀고, 산양은 높은 산을 오르며, 너구리는 바위 틈새에 숨는 것에서 알 수 있듯이, 각각의 생명체는 자신의 고유한 피난처를 활용한다는 것입니다. 나는 이러한 생명체들 중 어떤 것이 자신의 피난처를 소홀히 하거나 무시했다는 말을 들어 본 적이 없습니다. 그들은 자신의 자연적인 거처를 사랑합니다. 그러나 나는 사람들이 자신의 하나님을 소홀하거나 무시했다는 말은 많이 들어 왔습니다. 나는 그리스도를 잊고 살아온 여자들을 알고 있습니다. 우리는 그런 여자들을 "어리석은 양들"이라고 말하지만, 그 양들이 우리에 대해서 모든 것을 알게 된다면, 그들은 우리가 그들을 어리석다고 하는 것을 이상히 여길 것입니다. 자신의 피난처인 바위 구멍으로 들어가고자 하지 않아서 위험에 처한 너구리가 있다면, 우리는 그 너구리를 미련하다고 할 것입니다. 그러나 자신의 구주를 찾고자 하지 않아서 위험에 빠져 있는 영혼은 정신 나간 사람입니다. 내가 정신 나갔다고 말하는 것이 너무 심한 말이 아니냐고요? 전혀 아닙니다. 정신 나갔다는 것은 제정신에서 벗어났다는 것인데, 구주를 소홀히 하고 무시한 사람이 보여준 저 광기와 광분함을 표현하는 데에는 그런 말로도 부족합니다.

나는 오늘의 본문에 나오는 생명체들 중 어떤 것이 하나님이 그들에게 마련해 주신 피난처를 무시하고 멸시했다는 말을 들어 본 적이 없습니다. 새들은 나무들에 만족하고, 학들은 잣나무에 만족하며, 너구리는 바위 구멍에 만족합니다. 그러나 슬프게도 사람들은 그리스도를 멸시합니다! 하나님은 친히 죄인들의 피난처가 되어 주셨는데도, 죄인들은 그들의 하나님을 멸시합니다. 하나님의 아들께서는 자신의 옆구리를 열고 자신의 마음을 여서서, 심령들로 하여금 그 붉은 틈새로 들어와서 그 곳을 피난처로 삼아 쉬라고 하시는데도, 심령들은 하나님의 아들을 보고 눈물을 흘리기는커녕, 오랜 시간 동안 그 피난처로 들어가기를 거절합니다. 사람들이 이렇게 그들 자신과 그들의 하나님에 대하여 괴물이 되어 버린 것을 보았을 때에 우리가 느끼는 괴로움과 슬픔을 제대로 표현할 말이 과연 있을까요? 소도 자기 주인을 알고, 나귀도 주인의 구유를 압니다. 그러나 사람들은 하나님을 알지 못합니다. 학은 자신의 잣나무를 알고, 산양은 자신이 있어야 할 높은 곳에 있는 험한 바위들을 알며, 너구리는 자신의 거처인 바위 틈새들을 알지만, 죄인은 자신의 죄를 사해 주신 그리스도를 알지 못합니다. 사람이여, 도대체 당신에게 무슨 일이 벌어진 것입니까? 당신은 어떤 이상한 고모라의 포도주를 마셨기에 이렇게 잔뜩 취해서 제정신이 아니게 되어 버렸습니까?

또한, 나는 학이 잣나무를 찾았을 때에 거기에 자신의 둥지를 틀 권리에 대하여 이의를 제기했다는 말을 들어 본 적이 없습니다. 그리고 나는 너구리가 자기가 바위 구멍 속으로 숨어들어가는 것에 대하여 의문을 제기했다는 말도 들어본 적이 없습니다. 만일 이런 생명체들이 하나님이 섭리를 통해 그들에게 마련해 주신 것들을 자기가 사용할 권리가 있는 것인지에 대하여 늘 의심하고 걱정했더라면, 그들은 곧 이 땅에서 사라지고 없었을 것입니다. 학은 '아, 여기 잣나무가 있네'라고 속으로 말하며, 자신의 짝과 상의합니다. 수컷 학이 "이 잣나무가 우리 새끼들을 키우기에 적합한 둥지를 짓는 데 적당할 것 같소?"라고 말했을 때, 암컷 학이 "그래요"라고 대답하면, 즉시 재료들을 모아서 둥지를 짓는 일이 시작됩니다. 학들에게는 "우리가 여기에 둥지를 지어도 괜찮을까?"라고 주저하며 숙고하는 일은 절대로 없습니다. 학들은 나뭇가지들을 가져와서 둥지를 지을 뿐입니다. 마찬가지로, 산양은 높은 절벽 위에서 "내가 여기에 있어도 되나?"라고 묻지 않습니다. 산양은 어딘가에 있어야 하고, 그에게 가장 적합한 곳은 높은 절벽 위입니다. 그래서 그는 높은 절벽 위로 뛰어오릅니다.

이렇게 이 말 못하는 생명체들은 그들의 하나님이 그들에게 마련해 주신 것들을 알지만, 죄인들은 그들의 구주께서 마련해 주신 것들을 깨닫지 못합니다. 그들은 쓸데없이 의심을 품고서, "내가 이래도 괜찮을까?"라거나 "이건 나를 위해 마련된 것이 아닐 거야"라거나 "이것이 나를 위한 것일 수 없어"라거나 "그것이 나를 위한 것이라고 하기에는 너무 과분하잖아"라고 말합니다. 그 누구도 학들에게 "너희가 잣나무에 둥지를 지어도, 그 둥지를 허물 자는 아무도 없을 것이다"라고 말한 적이 없고, 그 어떤 영감 받은 말씀도 너구리에게 "너희가 바위 틈새로 숨는다고 해도, 아무도 너희를 거기에서 쫓아내지 않을 것이다"라고 말한 적이 없습니다. 만일 그런 말이 명시적으로 있었다면, 학들이나 너구리들은 갑절의 확신을 갖게 되었을 것입니다.

반면에, 하나님께서는 죄인들을 위하여 그들이 진정으로 필요로 하는 그런 구주이신 그리스도를 마련해 놓으신 것에서 그치지 않으시고, 거기에 "내게 오는 자는 내가 결코 내쫓지 아니하리라"(요 6:37)거나 "원하는 자는 값없이 생명수를 받으라"(계 22:17)는 격려의 말씀까지 덧붙여 놓으셨습니다. 사랑하는 형제들이여, 죄인들의 죄를 사하시고 그들에게 오라 하시며 그들을 환영하시는 하나님의 너그러우심을 거부하며 밖에 그냥 서 있지 마십시오. 지금 예수 앞으로 나아와서 그를 믿고 구원을 얻으십시오. 하나님께서는 여러분에게 꼭 필요한 것들을 준비해 놓으시고 여러분에게 오라고 하십니다. 하나님이 여러분에게 오라고 청하고 계시기 때문에, 여러분은 와서 여러분을 위해 하나님이 준비해 놓으신 것을 취하십시오. "성령과 신부가 말씀하시기를 오라 하시는도다 듣는 자도 오라 할 것이요 목마른 자도 올 것이요 또 원하는 자는 값없이 생명수를 받으라 하시더라"(계 22:17). 믿는다는 것은 그리스도를 의지하는 것이고, 그리스도의 고난을 의지하는 것이며, 그리스도의 대속을 의지하는 것이고, 구원을 위하여 오직 그리스도만을 의지하는 것입니다. 하나님께서 그리스도를 인하여 여러분으로 하여금 그런 믿음을 가질 수 있게 해주시기를 기원합니다. 아멘.

제
96
장
—

거기에는 배들이 다닌다

—

"그 곳에는 배들이 다니며" ― 시 104:26

일전에 나는 영국 해협을 바라보며 바닷가를 거닐고 있었습니다. 이때에 영국 해협을 따라 내려오는 배들에게 좋지 않은 바람이 불어서, 그 배들이 해변과 굿윈이라 하는 모래톱(the Goodwins) 사이에 수많은 배들이 정박하는 일이 벌어졌습니다. 내 기억으로는 백 척이 넘는 배들이 바람의 방향이 바뀌기를 기다리고 있었습니다. 갑자기 바람의 방향이 좀 더 좋은 쪽으로 바뀌었고, 새들이 날개를 펴서 날아가듯이 모든 배들이 일제히 돛을 올리고 사라지기 시작하는 모습은 흥미로운 광경이었습니다. 모든 배들이 웅장함 함대처럼 일제히 돛을 올리고 남쪽으로 항해하며 사라져가는 모습은 흔치 않은 광경이어서 백 마일(160km)이나 여행해서 볼 만한 것이었습니다. 그런 모습을 보았을 때에 우리의 입에서는 자연스럽게 "그 곳에는 배들이 다니며"라는 찬탄이 나올 수밖에 없습니다. 다윗이 과연 우리의 연안을 수많은 큰 배들이 지나가는 것과 같은 그런 광경을 본 적이 있었는지는 매우 의심스럽기는 하지만, 어쨌든 시편 기자가 그런 광경을 보았다면, 그는 시간을 내어서 그 사실을 기록할 가치가 있다고 생각했을 것입니다. 분명히 다윗은 지금 우리가 보는 것과 같이 아주 큰 배들이 무리 지어 지나가는 모습을 보지는 못했을 것입니다.

배들과 바다로부터 우리가 배울 수 있는 첫 번째 교훈은 세계의 모든 부분이 어떤 의도를 가지고 만들어졌다는 것입니다. 물론, 육지는 "가축을 위한 풀과 사람

을 위한 채소"(시 104:14)를 냅니다. 그렇다면, 저 드넓은 바다는 도대체 무슨 의
도로 만들어진 것입니까? 바다에는 씨를 뿌릴 수도 없고, 바다를 초장으로 바꾸
는 것도 불가능합니다. 저 짠물로 이루어진 이랑들로부터는 사람들이 수확할 수
있는 것이 없습니다. 바다는 씨 뿌리는 자에게 씨를 주지도 않고 먹는 자에게 빵
을 주지도 않으며, 육지의 많은 부분들처럼 가축 떼로 바다를 뒤덮을 수도 없습
니다. 감사할 줄 모르는 대양은 자기 위에 던져진 모든 것을 가차 없이 삼키고서
는 열매나 꽃 같은 그 어떤 것도 돌려주지 않습니다. 세계의 아주 큰 부분이 쓸모
없이 버려진 것입니까? 다윗은 그렇지 않다는 듯이 "그 곳에는 배들이 다니며"라
고 말하고, 우리도 그렇게 말합니다. 바다는 사람들로 하여금 항해하게 해주고,
게다가 많은 종류의 엄청난 수의 물고기들을 수확하게 해줌으로써, 사람들에게
유익을 끼칩니다. 게다가, 사람의 몸에 피가 꼭 필요하듯이, 이 세계에도 그 지표
면에 막대한 양의 물이 계속해서 흐르는 것이 꼭 필요합니다. 헤아릴 수 없이 많
은 물이 한데 모여 있어서 끊임없이 밀려왔다가 빠져나가는 것과 그 형태와 막
대한 양 자체가 하나님의 지혜를 보여주는 놀라운 예입니다. 큰 바다에 있는 물
의 양이나 바다의 넓이는 적정한 수준을 늘 유지하기 때문에, 바다에는 단 한 방
울의 물도 많거나 적지 않으며, 바다의 넓이도 조금이라도 더 넓거나 좁지 않고,
적정한 균형과 비례가 유지됩니다. 만일 그 균형이 깨졌을 때, 작은 꽃이 피는 것
과 백향목이 웅장하게 성장하는 것에 어떤 영향을 줄지는 우리가 상상하기 힘듭
니다. 수많은 풀잎에 맺히는 작은 이슬방울과 끝없이 펼쳐진 큰 바다 간에는 오
직 무한한 지혜를 지니신 분만이 조율할 수 있는 관계와 비례가 존재합니다. 또
한, 큰 바다의 신선함은 사람들의 생명과 건강을 촉진시키는 경향을 지니고 있
다는 것도 기억해 두십시오. 바다가 있다는 것은 좋은 일입니다. 만일 바다가 없
다면, 육지는 병들어서 그 거민들을 삼켜 버릴 것입니다. 하나님께서 지으신 것
들 중에는 쓸데없는 것이 하나도 없습니다. 무지한 자들은 소용돌이치는 깊은
바다를 보고서는, 그것을 엄청난 무질서요 혼돈의 어머니요 폭풍들을 일으키는
온상이라고 판단합니다. 그러나 좀 더 잘 알게 되면, 우리는 계시의 말씀이 이미
이전에 선포했던 것, 즉 하나님께서 그의 지혜로 만물을 지으셨다는 것을 깨닫
습니다.

그러나 큰 바다는 사랑하는 연인들이나 친구들을 갈라놓고 애타게 하며 걱
정하게 하는 것이 아닙니까? 많은 아내들이 저 먼 태평양에 나가 있는 남편을 생

각하고, 많은 어머니들은 바다에 나간 아들을 걱정합니다. 그들은 지구의 대부분에 이렇게 깊은 심연을 두어서 사랑하는 사람들을 잔인하게 갈라놓는 것은 잘못된 것이라고 생각할지도 모르고, 지난 세월에 많은 사람들이 분명히 그렇게 생각하였습니다. 장차 있게 될 새 땅의 뛰어난 점들을 비유적으로 묘사하는 글 속에서 우리는 거기에는 더 이상 바다가 없을 것이라는 말을 듣습니다. 하지만 바다가 사람들을 서로 갈라놓는다고 생각하는 것은 큰 착각입니다. 도리어, 바다는 인류를 하나로 묶는 역할을 합니다. 왜냐하면, "그 곳에는 배들이 다니기" 때문입니다. 바다는 여러 나라들을 훨씬 더 수월하게 서로 교류하게 해주는 대로입니다. 만일 바다가 없고 오직 황량한 사막들이나 높이 솟은 험준한 산들만이 있었다면, 나라들은 서로 교류하기가 훨씬 더 어려웠을 것입니다. 바다는 우리가 하나님의 계획들을 잘 이해하지 못하는 일들 중의 하나입니다. 왜냐하면, 우리는 하나님의 계획들을 표면적으로만 판단하기 때문입니다. 바다가 겉보기에는 사람들을 갈라놓는 것처럼 보일지라도 사실은 여러 나라들을 하나로 묶는 역할을 하는 것과 마찬가지로, 어떤 일들을 우리가 보는 관점이나 생각은 하나님의 섭리에 의한 계획과는 딴판인 경우가 많습니다. 모든 일이 합력하여 선을 이루어가고 있는데도, 우리는 "이 모든 것들이 나를 대적하는구나"라고 말합니다. 우리가 저주라고 생각하는 것이 사실은 하나님의 심오한 계획 속에서는 우리에게 차고 넘치는 복인 경우가 많고, 우리가 자신의 일생 중에서 겪은 불행한 일들로 꼽는 것들이 사실은 하나님이 우리에게 베푸신 최고의 은혜들인 경우가 많습니다. 눈에 보이는 대로 생각하거나, 마음의 변덕스러운 감정을 따라 판단하지 마십시오. 하늘에 계신 우리의 크신 아버지의 결코 변할 수 없으신 선하심을 흔들림 없이 믿으십시오! 어린아이가 바다와 관련한 하나님의 계획이나 의도를 오해하듯이, 여러분도 여러분 자신을 무한하신 이를 판단하는 자로 세운다면 섭리 속에서의 하나님의 계획들을 오해하게 될 것입니다:

> "연약한 지각으로 하나님을 판단하지 말고,
> 하나님을 의지하여 그의 은혜를 구하세요.
> 하나님의 찡그리시는 섭리 뒤에는
> 웃으시는 얼굴이 감춰져 있답니다."

하지만 우리가 다룰 주제는 바다의 용도들에 관한 것이 아니라, 아주 간단한 한 가지 사실, 즉 "그 곳에는 배들이 다닌다"는 것입니다.

1. 첫째로, 우리는 배들이 다니는 것을 봅니다.

오늘 본문은 "그 곳에는 배들이 다니며"라고 말씀합니다. 배들은 바다로 다니게 하기 위하여 만들어집니다. 조선소에 영원히 놓아 두거나, 부두에 묶어 두기 위해서 배를 만드는 것은 아닙니다. 만일 배를 만들어서 강가에 버려 두어 썩게 한다면, 그 배는 아무 쓸모도 없는 오래된 폐선으로 여겨질 것입니다. 그러나 배는 항해를 위해서 만들어지는 것이고, 배가 다니는 것을 볼 때에 여러분은 여러분 자신도 항해하도록 지음 받았다는 사실을 기억하게 됩니다. 그리스도인들의 활동은 영혼이 은혜를 받았을 때의 결과이고, 그렇게 은혜를 받아서 활동하게 하시는 것이 하나님의 계획이자 뜻입니다. 나는 여러분을 진수시킬 수 있기를 얼마나 바라는지 모릅니다! 여러분은 회심하였지만, 그런데도 불구하고 별 쓸모가 없습니다. 여러분은 아주 조용히 꼼짝도 않고 무기력하게 여러 달 동안 부두에 묶여 있습니다. 우리는 브루넬(Brunel, 1806-1859, 영국의 위대한 토목기술자)이 "대동방호"를 진수시키기 위하여 골몰했던 것과 같은 그런 정도로 여러분을 진수시키기 위하여 애를 쓰고 있습니다. 나는 막아놓은 것을 떼어내고 버팀기둥들을 제거하며 기름칠을 해서 여러분을 진수시키려 무진 애를 썼지만, 여러분을 움직이기 위해서는 수압 펌프가 필요합니다. 언제쯤이나 여러분은 자신이 항해해야 하겠다고 느끼고, "바다를 일상적으로 다니는" 것을 배우게 될까요? 그것은 대단한 진수식이 될 것입니다. 많은 사람들이 무기력하게 널부러져 있는데, 나는 그런 사람들에게 "깊은 데로 가라"(눅 5:4)는 그리스도의 말씀을 모토로 주고 싶습니다. 배들은 다니고 있는데, 여러분은 언제쯤 다니게 될까요?

배들은 앞으로 나아가다가 마침내 시야에서 사라집니다. 배들은 순풍을 만나면 날아가듯이 나아가서 아주 신속하게 사라집니다. 우리의 인생도 머지않아 그렇게 될 것입니다. 우리의 인생은 신속하게 날아가서 결국 사라지는 배들과 같습니다. 우리는 우리 자신이 언제까지나 이대로 머물러 있을 것이라고 생각하지만, 사실은 계속해서 앞으로 앞으로 움직여가고 있습니다. 우리가 이 예배당의 장의자에 아주 조용히 앉아 있을 때에도, 시간의 천사는 우리를 그의 날개들 사이에 태워서 우리가 생각하는 것보다 더 빠른 속도로 날아가고 있습니다. 이 천사의 강력한 날개가 한 번 진동할 때마다 시간은 째깍째깍 가고, 이 천사는 밤이나 낮이나 결코 쉬지 않고 우리를 태우고 계속해서 날아갑니다. 우리는 활시위를 떠난 화살만큼 빠르게 늘 목표지점을 향하여 신속하게 날아가고 있습니다. 시간은 짧고, 우리의 인생은 더 짧습니다! 각 사람은 "내 인생이 이렇게 짧구나!"라고 말하지 않을 수 없습니다. 자기가 무덤에 얼마나 가까이 와 있는지를 아는 사람은 아무도 없습니다. 만일 우리가 그것을 볼 수 있다면, 아마도 무덤은 바로 우리 코 앞에 와 있을 것입니다. 나는 우리가 그것을 볼 수 있었으면 좋겠습니다. 왜냐하면, 무덤이 자신의 코 앞에서 입을 쩍 벌리고 있는 모습을 보면, 정신이 번쩍 들어서 자신의 삶을 깊이 생각하게 될 사람들도 있을 것이기 때문입니다.

> "일분일초, 단 한순간도 예외없이
> 나로 저 천국에 발을 딛고 살아가게 하소서.
> 그렇지 않으면, 나는 지옥 속에 갇힐 수밖에 없다네."

"그 곳에는 배들이 다니고," 여러분도 다닙니다! 여러분은 결코 한 곳에 머물러 있지 않습니다. 여러분은 늘 독수리처럼, 아니 본문의 표현을 빌리면, 빠른 배처럼 신속하게 날아다니고 있지만, "사람들은 모든 사람이 다 죽지만 자기만은 죽지 않는다고 생각합니다." 여기에서 가장 나이 많으신 어르신께서는 십중팔구 자기가 자신보다 더 젊은 사람들보다 더 오래 살 것이라고 생각하고 계실 것입니다. 우리 중에서 가장 빨리 죽게 될 사람은 죽는다는 것을 꿈에도 생각하지 않은 바로 그 사람일 것입니다. 세상을 떠날 시각이 가장 가까운 사람은 아마도 자기가 세상을 떠날 것이라는 생각을 조금도 하지 않는 바로 그 사람일 것입니다. 요나가 탔던 배가 광풍을 만나 침몰 직전에 있었을 때에 다른 모든 사람들은 깨어서 각자의 신에게 기도하고 있었지만, 정작 광풍을 불러일으킨 장본인이었던 요나는 태평하게 잠자고 있었던 것과 마찬가지로, 회중 가운데서 모든 사람이 깨어서 자신의 장래를 생각하는데도 정작 내일이면 뜨는 해를 보지 못하게 될 그 사람은 태평합니다. 여러분은 배들을 볼 때에 여러분 자신의 죽음을 생각해야 합니다.

배들이 다니는 것은 할 일이 있어서입니다. 물론, 극소수의 배들은 재미삼아서 여기저기를 다니지만, 대부분의 배들은 해야 할 중요한 일들이 있습니다. 그런 배들에게는 일정이 정해져 있어서 어느 날짜에는 어느 항구에 도착해 있어야 합니다. 이것은 우리가 확고하고 진지하고 무게 있는 목적을 가지고서 인생이라는 항해를 해나가야 한다는 것을 가르쳐 줍니다. 제가 여러분에게 이렇게 물어도 되겠습니까? "여러분에게는 할 일이 있으십니까? 그리고 그 일은 정말 해야 할 가치가 있는 일입니까?" 여러분은 항해를 하고 있기는 하지만, 꼭 해야 할 어떤 중요한 일도 없이 단지 재미삼아, 요트를 타고 바람 부는 대로 여기저기 나비처럼 유람을 다니고 있습니까? 여러분은 무거운 짐을 싣고 석탄을 캐는 광부처럼 온통 숯 검댕이 같이 하고 있고, 거기에는 아름다운 것이나 신속한 것이 없을 수 있지만, 결국 중요한 것은 여러분의 항해의 실제적인 결과입니다. 사랑하는 친구여, 당신은 지금 무엇을 하고 있습니까? 당신은 지금까지 무엇을 해왔습니까? 그리고 당신은 앞으로 무엇을 할 생각입니까? 나는 여기에 있는 모든 젊은이들이 바로 자기 자신에 대해 곰곰이 생각해 보기를 바랍니다. 여기에 있는 젊은이들이여, 분명히 여러분은 단지 옷 입고 밥 먹기 위해서 이 세상에 보내심을 받은 것이 아닙니다. 하나님께서 여러분을 이 땅에 보내신 것은 틀림없이 어떤 목적이 있으시기 때문입니다. 사람은 다른 동물들에 비해서 고귀한 피조물인데, 하나님께서 그런 고귀한 존재를 만드셨을 때에는 분명히 어떤 목적이 있는 것입니다. 그렇다면, 여러분은 무엇을 위해서 지음 받은 것인가요? 단지 즐기기 위해서일까요? 그럴 리가 없습니다! 여러분은 분명히 "시골집에서 태어난 나비"도 아니고, 피조세계의 공백을 메우기 위해서 지음 받은 것도 아닙니다. 또한, 여러분은 해악을 끼치기 위해서 지음 받은 것일 수도 없습니다. 만일 여러분이 이 세상에서 단지 수풀에서 기어다니다가 행인을 물어 상처를 입히는 뱀 같은 존재라면, 그것은 불행한 일일 것입니다. 아니, 여러분은 어떤 중요한 목적을 위해 지음 받은 것이 분명합니다. 그런데 그것이 무엇일까요? 여러분은 하나님이 여러분을 지으신 목적에 부응하는 삶을 살고 있습니까? 우리는 하나님의 영광을 위하여 지음 받았습니다. 이것에 못 미치는 어떤 목적은 영원히 죽지 않을 존재에 합당한 목적이 될 수 없습니다. 우리는 하나님의 영광을 위하여 살아 왔습니까? 우리는 지금 그런 목적을 추구하는 삶을 살고 있습니까? 그렇지 않다면, 나는 여러분에게 배들이 일이 있어서 항해하는 것과 마찬가지로, 사람도 확고하고 가치 있는 목적을 가지고 삶을 살아야 한다는 것을 깊이 묵상해 보시라고 권하고 싶습니다. 나는 젊은이들에게만 이런 말을 하고자 하는 것이 아니라, 40년을 허송세월한 분들에게는 더욱더 진지하게 이 말씀을 드리고 싶습니다. 내가 "친구들이 여, 나는 이 세상에서 오직 나 자신만을 위하여 살아 왔고, 그 외에 다른 어떤 중 요한 목적도 없이 살아 왔습니다"라고 말할 수밖에 없다면, 어떻게 오늘 밤 이 회중에 감히 설 수 있겠습니까? 만일 그것이 사실이라면, 나는 너무나 부끄러워 서 쥐구멍이라도 찾아서 들어가고 싶은 심정이 되고 말 것입니다. 어떤 사람이 자신은 입에 담기에도 창피한 그런 목적을 가지고 인생을 살아 왔다고 느끼거나, 자기는 단지 많은 돈을 벌기 위해서, 또는 인생에서 출세하기 위해서, 또는 즐기기 위해서 살아 왔을 뿐이고, 하나님을 섬기는 삶을 살고자 하는 마음을 한 번도 가진 적이 없었다고 고백할 수밖에 없다면, 나는 그 사람에게 이제는 깨어 서 정신을 차리고 제발 사람에게 합당한 가치 있는 고상한 목적을 가지고 살아 가시라고 말할 것입니다. 하나님과 영원히 찬송 받으실 성령께서 영원하신 빛과 우리를 죽기까지 사랑하신 예수의 사랑의 빛 가운데서 여러분에게 그러한 목적 을 알게 해주시기를 빕니다. 그래서 여러분이 정신을 차리고 깨어나서 정말 중 요한 목적을 깨닫고 그 목적을 추구하는 삶을 살게 되시기를 빕니다. "그 곳에는 배들이 다니지만," 그 배들은 결코 한가하게 빈둥거리는 것이 아니라, 일을 하기 위해 다니는 것입니다.

하지만 이러한 배들은 그들이 해야 할 일이 무엇이든지 간에 변덕스러운 바 다 위를 항해합니다. 오늘 바다가 푸른 풀밭처럼 잔잔하고 고요하다면, 배들은 아 주 조금씩 앞으로 전진해 나아갑니다. 내일 산들바람이 불어서 돛을 가득 채우 면, 배들은 미끄러지듯 유쾌하게 앞으로 나아갑니다. 아마도 밤이 되기 전에 그 산들바람은 강풍으로 바뀌고, 그 강풍은 폭풍이 될지도 모릅니다. 선원들은 언 제 산들바람이 강풍이나 폭풍으로 바뀌는지를 예의주시하지 않으면 안 됩니 다. 왜냐하면, 폭풍에 대비하기 위해서는 배를 견고하게 할 필요가 있기 때문입니 다. 폭풍이 일 때면 바다는 구름과 뒤섞이고 구름은 바다와 뒤섞입니다. 배는 파 랑의 최고점에서 하늘까지 올랐다가 엄청난 파도 사이에 깊게 파인 저 심연으로 곤두박질치고, 선원들은 술 취한 사람들처럼 몸을 가누지 못하고 이리저리 비틀 거립니다. 이제 폭풍우는 지나갔고, 아마도 내일은 언제 그랬냐는 듯이 바다가 다시 잔잔해질 것입니다. "그 곳에는 배들이 다니며." "속임이 가득한 잔잔한 바 다처럼 거짓되다"라는 속담이 있듯이, 바다는 변덕스러움의 상징입니다. 여러분 은 "배들은 바다로 다니지만, 나는 단단한 육지에 거하지 않느냐"고 말합니다.

아, 선생이여, 바다니 육지니 너무 따지지 마십시오. 저 기우는 달 아래에 견고한 것은 아무것도 없으니까요. "견고한 땅"(라틴어로 terra firma — 테라 피르마)이라는 말이 있지만, "견고한 땅"이라는 것이 도대체 어디에 있습니까? 영원히 제자리에 있는 요동하지 않는 바위가 어디 있습니까? 이 세상에서 영원한 것을 기대하는 사람은 분명히 없을 것입니다. 영원한 것을 가지고 있다고 생각하는 사람이 있을지도 모르지만, 그런 생각은 망상입니다. 부자였다가 거렁뱅이로 몰락하고, 존귀한 자리에서 욕된 자리로 떨어지며, 권세를 부리던 자에서 종으로 전락하는 일이 비일비재합니다. "내 산은 영원히 견고히 서 있으니, 내가 결코 요동하지 않을 것이다"라고 말할 사람이 누가 있겠습니까? 그렇게 말하는 사람은 어리석은 자들처럼 말하는 것입니다. 인생은 항해이고, 심지어 그리스도께서 함께 타고 계신다고 하여도 여전히 폭풍이 불고 풍랑이 일어나는 항해입니다. 인생이라는 항해 가운데서 여러분은 "선생님이여 우리가 죽게 된 것을 돌보지 아니하시나이까"(막 4:38)라고 말해야 할지도 모릅니다. 그러므로 풍파들이 있을 것을 예상하십시오. 이 땅에 속한 것들은 어느 것이든 너무 굳게 붙잡지 마십시오. 하나님을 의지하고서 늘 깨어 있으십시오. 내일 무슨 일이 있을지를 누가 알겠습니까? "그 곳에는 배들이 다닙니다."

2. 둘째로, 배들은 어떻게 다닙니까?

우리가 두 번째로 살펴볼 것은 배들은 어떻게 가는 것이냐 하는 것입니다. 무엇이 배들로 하여금 가게 만듭니까? 거기에는 그리스도인들을 위한 교훈들이 있습니다. 오늘날 우리는 증기선들이 다니는 것을 당연시하지만, 다윗이 살던 시대에는 증기선이 없었기 때문에, 다윗이 증기로 다니는 배들을 생각했을 리가 없습니다. 그렇다면, 배들은 어떻게 다닙니까? 배들은 바람을 의지해서 다닙니다. 순풍이 불지 않는다면, 배들은 앞으로 나아갈 수 없습니다. 우리가 가야 할 항구가 천국이라면, 찬송 받으실 성령의 바람이 우리에게 불어오지 않는다면, 우리는 그 항구에 다다를 수 없습니다. 성령은 자신이 원하는 대로 부는데, 우리에게는 성령의 바람이 필요합니다. 하늘의 바람이 우리를 내몰아서 바다로 나가게 할 때까지, 우리는 멸망의 항구를 빠져나와 천국으로 항해할 수 없습니다. 우리가 영적인 삶이라는 큰 바다로 나왔다고 할지라도, 성령의 순풍이 우리에게 불어오지 않는다면, 우리는 앞으로 전진할 수 없습니다. 우리가 하나님의 영을 의존하는 정도는 선원들이 산들바람을 의지하는 정도보다 더 큽니다. 우리는 이것을 알기 때문에 이렇게 부르짖어야 합니다:

> "하늘의 산들바람이여, 더 이상 멈춰 서 있지 마시고,
> 내 돛들을 가득 채워 내 길이 속하게 하소서."

우리를 낮추시는 하나님의 진리인 "나를 떠나서는 너희가 아무것도 할 수 없음이라"(요 15:5)라는 말씀은 아무리 역설해도 지나침이 없을 것입니다. 이 말씀은 우리 자신을 의지하는 자만심을 억제해 주고 우리로 하여금 오직 성령만을 높이도록 해줍니다. 우리가 성령을 높이지 않는다면, 성령께서는 우리를 높여주지 않으실 것입니다. 그러므로 우리가 철저하게 성령을 의지하여 살 수밖에 없다는 사실을 기쁜 마음으로 인정합시다.

그러나 바람만 있다고 해서 배가 갈 수 있는 것은 아니고, 선원들은 돛들을 잘 펴고 조종해서 바람을 잘 받게 하는 등과 같이 자신들이 해야 할 일들을 부지런히 해야 합니다. 동일한 바람이 부는데도, 어떤 배는 멀리까지 가는 반면에, 어떤 배는 조금밖에 가지 못합니다. 왜냐하면, 약간의 바람이나 역풍조차도 이용하기 위해서 어느 정도의 수고를 했느냐에 따라 배가 나아가는 정도가 달라지기 때문입니다. 모든 돛을 다 펴야 할 때가 있고, 오직 일부만 펴야 할 때가 있습니다. 그때그때마다 돛들을 조종하는 수고가 필요합니다. 돛을 일부만 펴야 할 때에 모든 돛을 다 펴면, 배가 앞으로 잘 나아가지 못하게 될 수 있습니다. 이렇게 배 위에서 선원들이 해야 할 일이 많습니다. 배들은 저절로 가고, 선원들은 그저 배 위에 가만히 앉아서 놀고 먹는 것이라고 생각하는 사람들이 있을 것입니다. 그러나 여러분이 건장한 몸으로 선원이 되어서 바다에 나가본 경험이 있는 분이라면, 편안한 삶을 살기 위해서는 절대로 선원이 되어서는 안 된다는 것을 깨달았을 것입니다. 마찬가지로, 우리는 하나님의 영을 의지해서 살아가게 되어 있지만, 성령께서는 우리를 가만히 두시는 것이 아니라 끊임없이 움직이고 행하게 만드십니다. 어떤 그리스도인이 가만히 앉아서 "하나님의 영께서 모든 일을 다 하실 거야"라고 말하고 있다면, 여러분은 하나님의 영이 전혀 일하지 않으신다는 것을 발견하게 될 것입니다. 그런 경우에 성령께서 행하시는 유일한 역사는 그 사람이 게으름뱅이여서 가난하게 될 것이라는 확신을 그 사람에게 주시는 것

뿐일 것입니다. 하나님의 영은 사람들로 하여금 진실한 마음으로 열심을 품고서 적극적으로 살아가게 만듭니다. 성령께서는 "우리 속에서 역사하셔서 그의 기쁘신 뜻을 따라 행하고자 하는 마음을 주시고 그렇게 행하게 하십니다." 우리는 돛을 잘 조종해서 순풍을 잘 받게 하는 등 해야 할 일들이 많기 때문에, 인생이라는 항해에서 앞으로 잘 전진해 가기 위해서는 우리가 얻을 수 있는 모든 힘을 다 얻어야 합니다. 어떤 신앙인들은 "하나님께서 자기 백성을 구원하실 것"이라고 말하고 팔짱을 끼고 있습니다. 나는 하나님께서 그런 사람들을 결코 구원하시지 않으실 것 같아서 걱정입니다. 그들은 장차 택함 받은 자들의 많은 수가 교회로 들어왔을 때에 좋은 일이 있게 될 것이라고 기대만 하고서는, 복음을 전파하는 일에는 팔짱을 낀 채로 아무것도 하지 않습니다. 그런 사람들은 다른 사람들이 부지런히 움직이는 것을 보면, "왜 그렇게 부산을 떨어!"라고 말하며 도리어 핀잔을 줍니다. 그들은 하나님께서 자기 백성을 잘 챙겨 주실 것이라고 말합니다. 나도 그 말 자체에는 동의하지만, 하나님께서 그런 말을 하는 자들을 잘 챙겨 주실 것 같지는 않습니다. 왜냐하면, 하나님의 백성들은 하나님과 영혼들에 대하여 열심을 갖고 있는 것이 당연한 까닭에 결코 그런 식으로 말하지 않기 때문입니다. 여러분은 하나님께서 다윗에게 하신 말씀을 기억하십니까? "뽕나무 꼭대기에서 걸음 걷는 소리가 들리거든 곧 공격하라 그 때에 여호와가 너보다 앞서 나아가서 블레셋 군대를 치리라"(삼하 5:24). 하나님은 "그때에 너는 가만히 앉아서 하나님이 하시리라고 말하라"고 하지 않으셨습니다. 다윗은 천사들이 블레셋 군대와 싸우기 위해서 나무들 꼭대기로 오느라고 나뭇잎들을 사각사각 밟는 소리와 바람이 스치는 소리가 나는 것을 들었을 때에 스스로 떨쳐 일어나야 했습니다. 이렇게 하나님의 영이 교회 속에서 역사하시기 위하여 임하실 때, 그리스도인들은 가만히 앉아 있는 것이 아니라 떨쳐 일어나야 합니다. "그 곳에는 배들이 다닙니다." 배들은 바람을 의지해서 다니지만, 선원들은 부지런히 움직여야 합니다. 그렇지 않으면, 바람은 그냥 스쳐가는 바람이 되고, 배들은 앞으로 나아가지 못하게 될 것입니다. 형제들이여, 우리는 여기에서 성령을 의지하는 것과 우리 자신이 열심히 움직이는 것이 하나가 되어 있는 모습을 봅니다. 믿음은 선한 일들을 행하는 것을 통해서 자신의 존재를 드러냅니다.

　"그 곳에는 배들이 다닙니다." 그런데 배들은 어떻게 갑니까? 배가 가려면, 조타장치가 있어서, 사람이 그 장치를 조종해서 방향과 길을 잡아가야 합니다. 조타장치는 작은 물건이지만, 배를 지배합니다. 조타장치를 어느 방향으로 돌리면, 배가 그 방향으로 움직입니다. 그리스도인들이여, 여러분의 동기와 목적이 늘 올바른지를 점검하십시오. 여러분이 사랑하고 좋아하는 것이 바로 배를 움직이는 조타장치와 같습니다. 여러분의 생각과 행동은 여러분의 사랑이 있는 곳을 지향하게 됩니다. 여러분이 세상을 사랑한다면, 여러분은 세상과 함께 떠내려가게 될 것입니다. 그러나 아버지 하나님의 사랑이 여러분 속에 있다면, 여러분의 배는 하나님과 신령한 것들을 향하여 나아가게 될 것입니다. 그리스도께서 여러분의 조타장치를 잡으셔서 여러분을 온전한 평화의 항구로 이끌어가시게 하십시오.

배가 조타장치에 의해서 방향을 잡고 나아가게 될 때, **조타장치를 조종하는 사람은 지도와 불빛을 의지해서 방향을 가늠합니다.** "그 곳에는 배들이 다니지만," 배는 저절로 가는 것이 아니라, 배를 조종할 수 있는 지혜가 필요합니다. 생각을 해야 하고, 지식과 경험이 있어야 합니다. 갑판 위에는 밤에 등대나 다른 배들에서 나오는 불빛을 감지하기 위한 눈이 있어야 합니다. 사려깊은 두뇌는 "저 불빛의 남서쪽, 또는 북쪽으로 방향을 잡아 가지 않으면 암초에 걸리게 되고 말거야"라고 말합니다. 또한, 생각이 있는 눈은 단지 바다 앞쪽에 무엇이 있는지를 관찰하는 것에서 나아가, 지도를 보고 별들을 관찰하며 달의 모습을 주시하느라 바쁩니다. 아무리 좋은 배라도 언제든지 부지불식 간에 좌초될 수 있기 때문에, 선장은 자신의 배가 현재 정확히 어느 위치에 있고, 어디로 가고 있는지에 늘 신경을 씁니다. 마찬가지로, 사랑하는 형제들이여, 우리가 천국에 무사히 도달하고자 한다면, 성경을 부지런히 제대로 상고하여야 합니다. 우리는 성령이 우리에게 경고하거나 우리를 인도하시는 모든 불빛을 예의주시해야 하고, 위로부터의 인도하심과 지도하심을 구하여야 합니다. 왜냐하면, 배들이 저절로 가는 것이 아닌 것과 마찬가지로, 그리스도인들은 날마다 상황을 주시하며 기도하고 하늘을 우러러 "하나님, 나를 평탄한 길로 인도하소서"라고 기도하지 않는다면 천국에 다다를 수 없게 될 것이기 때문입니다.

큰 바다 위를 항해하는 배는 믿음의 삶이 어떤 것인지를 놀라울 정도로 잘 보여주는 것으로 보입니다. 선원들 앞에는 그 어떤 길도 없고 이정표도 없지만, 그들은 자신들의 배가 정해진 항로를 따라 잘 가서 목적지에 도달하게 될 것을 확신합니다. 망망한 대해에는 신호등도 없고 불빛도 없기 때문에, 그들은 오직 하늘에 고정되어 있는 빛들만을 의지합니다. 배가 지나가면서 그 어떤 흔적도 남기지 않는 이 거친 광야 같은 바다에서 선원들에게는 그들이 천체 법칙에 의거해서 계산한 것들만이 확실한 지침들입니다. 영국 해군 역사상 가장 과학적인 해군 장교들 중의 한 사람으로 꼽히는 베질 홀(Basil Hall, 1788-1844)은 자신이 겪은 흥미로운 사건을 들려줍니다. 한 번은 그가 멕시코 서안에 있는 산 블라스(San Blas)를 출항하여 89일에 걸쳐 8,000마일을 항해한 후에 리오 데 자네이루(Rio de Janeiro) 연안에 이르렀는데, 도중에 태평양을 통과하고 케이프 혼(Cape Horn)을 돌아 남대서양을 건너면서 그 어디에도 상륙하지 않았고 미국의 포경선 한 척을 제외하고는 배를 전혀 보지 못했다고 합니다. 그는 일주일이면 리오 데 자네이루에 닿을 수 있는 곳까지 왔을 때에 달의 모습을 관찰해서 자신의 배의 현재 위치를 파악하고 나서, 현재 있는 곳과 목적지 간의 최단거리를 알아보고자 할 때에 사용되어 온 일반적인 항해 원칙들을 적용해서 배를 조종해 나갔습니다. 그의 계산상으로 리오 데 자네이루의 해안에서 15 내지 20마일 되는 지점에 도착했을 때가 새벽 4시였기 때문에, 그는 동이 틀 때를 기다렸다가, 짙은 안개를 뚫고서 해안으로 조심스럽게 접근해 나갔습니다. 배가 미끄러져나가면서, 선원들은 항구의 입구 한쪽에 높게 솟아 있는 거대한 슈가 로프 바위(Sugar Loaf Rock)를 보는 호사를 누렸지만, 그 바위와의 거리가 너무 가까워서, 항구로 들어가기 위해서는 한 치의 오차도 용납되지 않는 상황이었습니다. 이 항구는 그들이 수많은 바다들을 건너고 무수한 조류들 및 광풍들을 헤치고서 거의 석 달만에 처음으로 보는 육지였습니다. 갑판에 있던 모든 선원들은 환호성을 질렀고, 함장에게 진심으로 기쁜 인사를 건넸습니다. 마찬가지로, 우리도 많은 세월 동안 믿음의 항해를 계속해 나가서, 마침내 바로 눈앞에 있는 진주문들을 보는 가운데 한 치의 오차도 없이 천국의 "미항"(행 27:8)에 도달하게 되었을 때, 그 기쁨을 어떻게 말로 다 표현할 수 있겠습니까! 우리의 구원의 배의 함장이신 그리스도여, 모든 영광을 받으소서! 우리 인생의 칙칙한 안개가 다 걷히고, 우리가 천국의 불빛을 보게 될 때, 우리는 모든 것이 잘 된 것입니다.

다시 한 번 말하지만, 배들은 어떻게 갑니까? 배들은 바람을 의지해서, 조타 장치와 지도의 도움을 받아 나아가는 것이지만, 어떤 배들이 다른 배들보다 더 잘 가는 것은 그 배들이 잘 지어졌기 때문입니다. 바람이 동일하게 부는 데도, 어떤 배가 다른 배보다 더 빠르게 잘 가는 것은 바로 그런 이유 때문입니다. 마찬가지로, 하나님의 은혜로 말미암아 어떤 그리스도인이 잘 지어지는 것은 복된 일입니다.

교인들 중에는 좀 이상하게 지어져서 물살을 제대로 잘 가르지 못할 것처럼 보이는 분들이 있습니다. 성령조차도 그런 분들을 잘 움직일 수가 없습니다. 그들은 결국에는 천국의 항구에 들어가기는 하겠지만, 아마도 어려움을 많이 겪으며 천신만고 끝에 들어가게 될 것입니다. 달팽이도 노아의 방주에 들어갔습니다. 나는 종종 달팽이가 어떻게 방주에 들어갈 수 있었는지 의아해합니다. 아마도 달팽이는 그 날 새벽에 아주 일찍 일어났을 것임에 틀림없습니다. 달팽이도 사냥개와 마찬가지로 노아의 방주에 들어갔듯이, 우리가 천국에 가보면, 도대체 어떻게 천국에 들어갔는지를 오직 하늘만이 알 수 있는 그런 그리스도인들이 많이 있을 것입니다. 왜냐하면, 신령한 삶에서 그 어떤 진보도 보이지 않는 묘한 그리스도인들이 있기 때문입니다. 그런 사람들과 이 땅에서 15분을 함께 사느니 차라리 천국에서 그들과 영원히 사는 편이 더 나을 것입니다. 하나님께서는 어떤 그리스도인들의 심령을 다른 사람들보다 더 온전하게 빚으셔서, 그들로 하여금 솔직하고 담백한 성품과 따뜻한 마음과 열심 있는 기질과 너그러운 마음을 갖게 하심으로써, 성령의 바람이 불 때에 그 바람을 아주 잘 받게 하시는 것으로 보입니다.

나는 일부 선한 사람들이 점차적으로 짧은 시간에 "대동방호"(Great Eastern)처럼 물 아래에서 폐선이 되어 버린 것은 아닌가 생각하게 됩니다. 그들은 조개류들로 뒤덮여서 갈 수가 없습니다. 배 밑바닥에 조개류들이 많이 들러붙어 있으면, 배가 항해하는 데 큰 지장을 받습니다. 나는 그렇게 조개류들로 뒤덮여 있는 많은 그리스도인들을 알고, 오늘 밤 이 자리에서 한 사람 한 사람 호명할 수도 있지만, 그렇게 하지 않을 뿐입니다. 그들은 어떤 은밀한 죄 때문에, 또는 하나님을 사랑하는 것보다 이 세상에 속한 것들을 더 사랑하기 때문에 앞으로 나아가지를 못합니다. 그들을 조금 손질하거나 씻어서 조개류들을 떼어낼 필요가 있습니다. 그것은 힘든 과정이기는 하지만, 하나님께 속한 배들 중에서 일부는 그런 과정을 거칩니다. 항해하는 데에 지장이 되는 것들을 제거하지 않으면, 어떻게 그 배들이 천국을 향해 항해해 나갈 수 있겠습니까? 건강하던 사람이 병을 얻어 병상에 누워 있게 되었을 때나, 부자로 잘 살았던 사람이 전 재산을 잃었을 때에 그 조개류들이 떨어져 나갑니다. 우리가 사랑하거나 지극히 아끼던 사람을 잃었을 때, 우리의 마음은 아프지만, 우리에게 붙어 있던 조개류들이 제거되어 우리는 깨끗해집니다. 그런 아픔들을 겪고나서 우리가 바다로 나아갔을 때에 우리는 수월하게 항해를 하게 되지만, 어째서 그런 것인지 그 이유를 거의 알지 못합니다. 그러나 그것은 하나님께서 우리에게 인생의 시련들을 주셔서 우리로 하여금 그를 섬기기에 더 적합하게 만드신 것입니다.

이것이 배들이 항해하는 방식입니다. 배들의 항해와 관련해서 많은 신비들이 있는 것과 마찬가지로, 우리의 항해에도 많은 신비들이 존재합니다. 하나님께서는 그의 영의 산들바람을 일으키셔서 우리로 가게 하십니다. 하나님께서 우리로 하여금 순풍을 타고 신나고 신속하게 전진해 나아갈 수 있게 해주시고, 그리스도 예수께서 우리 영혼의 조타석에 앉으시게 함으로써 천국으로 가는 항해가 멋진 항해가 되게 해주시기를 빕니다.

3. 셋째로, 배들은 신호를 보냅니다.

이 배들이 바다로 나아가는 것을 보고 있을 때, 나는 우연히 로이드 선급협회의 지부 가까이에 있었는데, 배들이 지나갈 때마다 협회 사람이 깃발을 흔들고, 배들은 거기에 화답을 하는 것을 보았습니다. 내 생각에는, 협회 사람은 그 배들의 이름이 무엇이고 어떤 화물을 싣고 있으며 행선지가 어디인지 등등을 알려고 깃발 신호를 통해서 질문들을 하는 것 같았습니다. 마찬가지로, 나는 오늘 밤 로이드 선급협회에 속한 사람 역할을 자처해서 깃발을 흔들며 여러분에게 이것저것을 질문하고자 합니다. 그러므로 세 번째 대지는 배들이 그러하듯이, 우리도 여러 가지 신호를 보낸다는 것입니다.

우리의 첫 번째 질문은 당신의 주인, 즉 선주는 누구냐는 것입니다. "그 곳에는 배들이 다니는데," 당신의 주인은 누구입니까? 당신이 대답하지 않아도, 나는 추측할 수 있습니다. 겉으로 거룩한 체하는 위선자들도 일부 있지만, 그들은 거룩하게 살아가는 사람들이 아닙니다. 그들은 심지어 성찬식에도 참여하지만, 그들이 마시는 잔은 마귀의 잔입니다. 그들은 우리와 함께 거룩한 찬송을 부르지만, 그들이 부르는 것은 음탕한 노래입니다. 나는 그런 사람에게 "당신은 썩은 배이고, 왕이신 예수께 속하지 않은 자입니다!"라고 말하고 싶습니다. 예수께 속한 배들은 그 목재들이 다 튼튼합니다. 물론, 그 배들도 완전한 것은 아니어서, 내가 앞에서 이미 말했듯이, 흔히 조개류들로 뒤덮여 있지만, 그래도 여전히 튼튼합니다. 하나님께서는 자신에게 속한 배들을 튼튼한 목재로 지으시기 때문에, 우리가 진실하고 올바르지 않다면, 우리의 주인은 그리스도가 아니라 사탄입니다.

어떤 자들이 자신을 위장하고 있는 외식하는 자들인지는 그들이 무엇을 가장하고 어떤 가면을 쓰고 있는지를 보면 압니다.

저기에도 또 한 척의 배가 있는데, 훌륭한 배입니다. 보십시오. 그 배는 새롭게 칠해서 깔끔하고 깨끗합니다. 그 배에서는 잘못된 것을 전혀 찾아볼 수 없습니다. 돛들은 아주 하얗습니다. 여러분의 눈에 많은 깃발들이 보입니까? 망원경으로 그 배의 이름을 한 번 보십시오. 그 배에는 큰 글자로 "자기의"(Self-righteousness) 호라고 선명하게 씌어 있습니다. 아, 나는 이제 알았습니다. 그 배의 선주는 주 예수 그리스도가 아닙니다. 왜냐하면, 그리스도께 속한 모든 배에는 붉은 십자가 깃발이 펄럭이고, 자기를 과시하는 "자기의"라는 깃발은 걸려 있을 수가 없기 때문입니다. 하나님의 모든 백성들은 자기가 주권적인 은혜에 의해서 구원을 받아야 한다는 것을 인정합니다. 그들은 그들 자신의 의 같은 것은 배 밑바닥에 가라앉아 있는 더러운 물로 취급해서 배 밖으로 뿜어내 버립니다. 저기에도 또 한 척의 배가 있는데, 모든 돛들이 다 펴져 있고 깃발들도 다 바람에 펄럭이고 있습니다. 그 배는 참으로 눈부십니다! 그 배는 자랑스럽다는 듯이 뽐내며 바다 위를 미끄러지듯 달립니다. 그 배의 이름은 "교만"(The Pride) 호이고, "자만심"의 항구에서 왔으며, 선장 이름은 "무지"입니다. 나는 그 배가 어디를 더 자주 다니는지를 알지 못하지만, 종종 여기를 가로지르곤 합니다. 그 배가 여기에 모습을 보인다고 하여도 우리 주 예수께 속한 배가 아니라는 것은 확실하고, 그런 사실이 내게는 전혀 이상하지 않습니다. 그 배의 자랑거리가 돈이든 인격이든 지위든 재능이든, 그 배는 악한 자에게서 온 것이고, 그 배는 결코 예수 그리스도의 소유가 아닙니다. 여러분이 그리스도께 속하려면 여러분에게서 모든 교만을 제거하여야 합니다. 하나님께서 우리로 하여금 마음이 겸손한 자들이 되게 해주시기를 빕니다. 나는 오늘 밤 이 자리에서 내 눈에 보이는 몇 척의 배들을 더 언급할 수 있지만, 그렇게 하지 않고, 여기에 계신 신사숙녀 분들이 자기 자신에게 이렇게 물어보셨으면 합니다: "나는 가슴에 손을 얹고서, '나는 그리스도께서 그의 보배 피로 값 주고 사신 것이니, 내 자신의 것이 아니라, 내 속에 있는 목재나 돛대나 밧줄이나 못을 비롯한 모든 것이 다 그리스도의 것'이라고 진심으로 말할 수 있나?' 우리 중에 우리의 머리털 한 오라기나 우리의 피 한 방울조차도 다 그리스도의 것이라고 말할 수 있는 사람들이 있게 하셨으니, 그리스도의 이름이 찬송을 받으시기를 원하나이다. 우리와 우리가 가진 모든 것은 다윗의 아들 그리스도 예수의 것입니다!

　나는 여기에 주 예수 그리스도께서 선주가 되시는 배들이 많이 있기를 소망합니다. 그들은 자신의 주인을 고백하기를 결코 부끄러워해서는 안 됩니다. 올바른 일을 하고 있어서 거리낄 것이 없는 배는 자신이 누구의 배인지 신호를 보내는 것을 결코 부끄러워하지 않는 법입니다. 바다 연안에서 밀수를 하거나 해적질을 하는 배에 타고 있는 선원들은 신호를 보내려 하지 않을 것이지만, 정직한 일을 하고 있는 배들은 기꺼이 신호를 보냅니다. 그러므로 형제들이여, 누가 여러분 속에 있는 소망에 관한 이유를 묻거든 온유함과 두려움으로 기꺼이 대답하십시오(벧전 3:15). 여러분의 행동 속에서 행여라도 여러분이 예수를 부끄러워하는 듯한 모습을 절대로 보이지 말고, 도리어 어느 바다를 항해하든 이렇게 적힌 깃발을 늘 휘날리며 다니십시오: "그리스도는 나의 주인이시고, 나는 그분의 소유이고, 오직 그분을 위해 산다. 그분의 욕은 내가 짊어지고, 그분의 존귀는 내가 지키리라."

　우리의 다음 질문은 여러분이 싣고 있는 짐은 어떤 짐이냐 하는 것입니다. "그곳에는 배들이 다니는데," 도대체 그 배들은 무엇을 실어 나르고 있는 것입니까? 우리는 저 멀리 바다에 떠있는 배들을 보고서는 그것을 알 수 없고, 단지 어떤 배들은 짐을 그리 많이 싣고 있지 않구나 하는 정도만 짐작할 수 있을 뿐입니다. 저기 멋진 쌍돛대 범선을 보십시오. 척 봐도 그 배는 많은 짐을 싣고 있지 않은 것을 알 수 있습니다. 그 배가 수면 위로 높이 떠서 가는 것을 보니 짐이 가벼운 것이 분명합니다. 명성이 자자한 사람들, 아주 중요한 인물들, 저 높이 떠다니는 사람들에게는 아무것도 없는 경우가 많습니다. 그들에게 많은 것이 실려 있다면, 그들은 수면 밑으로 좀 더 깊이 가라앉아 있을 것입니다. 우리가 오늘 아침에 말했듯이, 하나님의 은혜를 더 많이 받은 사람일수록 하나님 앞에서 더 납작 엎드리게 됩니다. 그렇다면, 형제들이여, 여러분은 어떤 짐을 싣고 있습니까? 여러분이 수면 밑으로 좀 더 깊이 가라앉아 있는 것이 아주 귀한 짐을 싣고 있어서가 아니라 혹시 쓸데없는 바닥짐이 많아서가 아닙니까? 나는 어떤 그리스도인들에게 뭔가가 있는 것 같아서 거기에 승선해 보았습니다. 그러나 그들에게서 나는 귀한 것들을 발견할 수 없었습니다. 그들에게는 수많은 고민들이 있어서, 그들은 늘 그 고민들을 여러분에게 늘어놓습니다. 내가 만나보러 종종 들르곤 하는 어떤 나이 드신 분이 있습니다. 우리가 대화를 시작하면, 그분은 늘 관절염에 관한 애기만 합니다. 다른 이야기는 없습니다. 그분은 관절염을 뛰어넘을 수 없는 것입니다. 그분의 바닥짐이 너무 무겁습니다. 또 다른 나의 친구가 있는데, 그는 농부입니다. 그와 대화를 하면, 그는 늘 날씨 얘기뿐입니다. 그 형제도 바닥짐이 너무 많습니다. 장사하시는 분들은 그리스도인이라고 해도 늘 경기가 안 좋아서 장사가 안 된다는 말만 합니다. 나는 그분들이 그런 바닥짐을 꺼내서 바다에 던져 버리고 뭔가 더 좋은 짐을 가득 실었으면 좋겠습니다. 그런 바닥짐은 실어나를 가치조차 없는 것들이니까요! 물론, 바닥짐이 필요한 때도 종종 있지만, 찬송과 기도, 선한 소망들, 거룩한 가르침들, 구제의 일들, 따뜻한 격려 같은 짐들을 실어 나르는 편이 훨씬 더 좋습니다.

어떤 배들이 실어 나르는 짐이 화약인 경우도 있습니다. 우리는 그들에게 접근하면 위험을 느낍니다. 그들은 곧잘 사람들을 오해하고 화를 냅니다. 나는 그런 분들이 붉은 십자가의 깃발을 달고 다님으로써 선실을 넓게 썼으면 좋겠습니다.

선하고 좋은 짐들을 싣고 다니는 것은 좋은 일입니다. 젊은이들이여, 하나님의 말씀을 공부하십시오. 경험을 통해서 가르침을 받을 수 있게 해 달라고 기도하시고, 어디를 가든지 하나님이 여러분 자신의 영혼으로 하여금 소중하게 여기도록 만드신 귀한 것들을 실어 날라서, 다른 사람들이 그것들을 통해서 부요함을 얻게 해 달라고 기도하십시오. 거대한 배들이 식민지들로 가는 승객들을 싣는 모습은 흥미로운 광경입니다. 나는 그들을 보면서, "하나님께서 그 배들을 지켜 주셔서 아무런 해도 입지 않게 하시고, 그 배들이 가고자 하는 항구에 무사히 도착하게 해주소서"라고 기도할 수밖에 없습니다. 나는 우리 형제들 중에서 하나님이 복 주셔서 자신이 예수께로 인도한 많은 복된 영혼들을 자신의 배에 싣고 있는 모습을 볼 때마다 우리에게 더 많은 영혼들을 주시기를 하나님께 기도합니다. 나의 사역을 통해서 복음을 받은 승객들이 내 배의 갑판과 선실에 가득한 것을 볼 때마다 나는 하나님께 감사합니다. 하나님께서는 그들을 이 배에 승선시키셨고, 내가 죽기 전까지 내 입술에서 나온 복음을 듣고 하나님께 감사할 자들을 내게 수천 명 더 주실 것을 나는 믿습니다. 하나님께서 우리를, 수많은 영혼들을 싣고서 애곡함이 없게 될 영광의 나라를 향하여 항해하는 이민선들이 되게 해주시기를 빕니다. 물론, 우리는 단지 천한 도구들일 뿐이지만, 하나님께서 영광된 일들을 행하시는 도구로 우리를 사용하실 때에 하나님을 영화롭게 해드리는 것이 그의 도구들에게도 덧입혀집니다. "그 곳에는 배들이 다니며." 우리는 사람들을 죽일 총을 실어 나르는 전함이 아니라, 평화의 좋은 소식을 땅 끝까지 실어 나르는 전도선입니다.

　우리의 마지막 신호는 배들의 행선지가 어디냐는 질문을 던집니다. 배들은 어디로 갑니까? 전날에 영국 해협을 기분 좋게 내려갔던 그 배들은 지금 어디에 있습니까? 지금 막 영국 해협을 통과한 모든 선한 배들은 일 년 후에는 어디에 있을까요? 나는 여러분 각자가 어느 항구를 향하여 가고 있는지를 알기 위해서 여러분 모두를 예의주시하고 있습니다. 여러분 중에는 평화의 항구를 향해 가고 있는 사람들이 있습니다. 그런 분들은 순풍을 타고 신속하게 물살을 가르며 가고 있고, 주 예수의 호위 아래 항해를 계속하고 있습니다. 나도 그런 분들과 보조를 맞춰 가고자 애를 쓰고 있습니다. 나는 여러분이 주님의 선단에 속한 다른 배들과 함께 무리를 지어 항해하기를 바라지만, 혹시라도 망망대해에 다른 배는 보이지 않고 오직 여러분의 배만이 항해해 나가고 있다고 할지라도, 찬송 받으실 하나님께서 여러분을 지켜 주시고 보호해 주시기를 빕니다! 우리가 그리스도를 태우고서 하나님의 영광이라는 보험을 든 채로 영생을 향하여 나아가고 있다면, 우리는 하나님의 이름을 송축하는 것이 마땅합니다.

　그러나 슬프고 애석하게도 행선지로 정해진 항구를 향해 나아가다가 암초에 걸려 좌초되는 배들도 많습니다. 어떤 이들은 영혼을 죽이는 죄를 저지르고서 신속하게 멸망해가고, 어떤 이들은 좋은 곳에 가려다가 모래톱에 걸려 멸망합니다. 그들은 천국을 향해 가는 것처럼 보였지만, 사실은 하나님께 속한 배들이 아니었습니다. 모래톱은 매우 위험하지만, 사실 아주 작고 부드럽고 유연한 것들이 모여 있는 덩어리일 뿐입니다. 그런데도 많은 배들이 암초와 마찬가지로 모래톱에 걸려 좌초됩니다. 이렇게 겉보기에는 그리 나쁜 것 같지도 않고 아무런 해악도 없을 것 같이 보여서 감쪽같이 속아 넘어가기 쉬운 악한 길들과 습관들이 있습니다. 그것들은 암초들처럼 엄청나고 무시무시한 것들이 아니지만, 모래알 같은 시험들에 빠져서 헤어나오지 못하고 죽어가는 영혼들이 많습니다. 사랑하는 형제들이여, 여러분은 그런 길로 가고 있지 않기를 바랍니다. 하나님께서 여러분에게 은혜를 주셔서 작은 죄들을 피할 수 있게 하시면, 여러분은 암초 같은 큰 죄들도 얼마든지 피할 수 있게 되리라는 것을 믿으시기 바랍니다. 우리가 그리스도의 소유라면, 우리는 우리의 항해를 끝까지 마칠 수 있게 될 것입니다. 만일 우리가 단순한 모험가들일 뿐이어서 결국 주제넘고 무모한 짓을 감행하다가 멸망하고 만다면, 그것은 참으로 불행한 일일 것입니다.

바다로 나간 배들 중에는 **침몰하는 배들**도 있습니다. 우리는 어째서인지는 모르지만 그들에 관한 소식을 더 이상 들을 수 없습니다. 우리는 어느 날짜에 분명히 그들이 바다로 나가는 것을 보았지만, 그 이후로 그들에 관한 소식이 끊겼습니다. 어떻게 된 일일까요? 나는 이 교회의 지체들 중 일부도 망망대해 속으로 가라앉아 버린 것을 압니다. 나는 그런 일이 일어나리라고는 생각하지도 못했는데, 그런 일이 일어났습니다. 그들이 어떻게 그렇게 되었는지, 나는 단지 추측만 할 수 있을 뿐입니다. 그들은 바다를 항해하기에 적합한 배들인 듯이 보였지만, 사실은 철저히 썩어 있었던 것이 틀림없습니다. 형제들이여, 어떤 이들은 그들의 영혼이 은밀한 죄에 꼭 붙들려서 지옥의 깊은 곳으로 끌려 내려가지만, 나는 하나님께서 여러분을 지켜 주셔서 그런 식으로 침몰하지 않게 해주시기를 빕니다.

또한, 나는 바다 위에서 끝없이 떠도는 **표류하는 배들**도 있다는 것을 압니다. 그런 사람들은 교회들의 희망이었지만 부주의한 삶에 자신을 내어맡긴 사람들입니다. 그들은 하나님의 백성과 함께 착실하게 예배를 드리며, 신앙생활에 큰 열심이 있는 것으로 보입니다. 하지만 지금 바로 이 순간에 그들은 야한 싸구려 술집에 앉아 있거나, 이 저녁에 입에 담기도 민망한 악들을 저지르며 시간을 보내고 있을 것입니다. 정말 끔찍한 일입니다! 많은 사람들이 항해를 시작할 때에는 그리스도께 속한 배들로 보이지만, 시간이 흐르면서 뭔가 설명할 수 없는 이상하고 말도 안 되는 이유 때문에 항해를 완전히 포기해 버립니다. 몇 해가 지나서 우리가 우연히 그들을 보게 되었을 때에는, 그들은 선장도 없고 선원들도 없고 조타장치도 없이 끝없이 표류하며 다른 사람들에게 위험이 되고 그들 자신도 비참한 그런 모습을 하고 있을 것입니다. 하나님께서 여러분을 그렇게 되지 않도록 지켜 주시기를 빕니다. 여러분이 비록 20년 동안 이 교회의 지체로 신앙생활을 해왔다고 할지라도, 하나님께서 여러분이 절망에 빠져 무서운 죄들을 저지르지 않게 해주시기를 빕니다. 왜냐하면, 사람들에게는 제정신이 아닌 때가 찾아와서 이제까지의 자신의 삶을 송두리째 뒤엎어 버리고 그 훌륭하던 인품이 난파선처럼 되어 버리는 경우가 종종 있기 때문입니다. 진정으로 거듭난 자들의 경우에는 하나님께서 그들을 지켜 주셔서 그렇게 되지 않게 해주실 것이지만, 아주 독실한 신자인 것 같은 사람이 사실은 전혀 거듭나지 않은 사람인 경우가 얼마나 많았습니까!

나보다 먼저 출항한 배들 중에서 일부는 도대체 어디로 간 것일까요? 내 눈앞에는 멋진 선단이 있습니다. 형제들이여, 나는 우리 모두가 천국의 저 아름다운 항구에 다다라서 하나님의 선단에 합류할 수 있게 되기를 바랍니다. 우리 모두가 그렇게 되는 날은 얼마나 멋진 날이 되겠습니까! 여러분이 그 항구로 들어설 때에 내게 손을 흔들어 주겠지요? 여러분은 나를 알아보겠지요? 나는 여기 계신 한 분 한 분이 그 항구의 어디에 있는지 다 찾아 나설 것입니다. 그리고 나는 우리가 서로를 알아보게 될 것을 믿어 의심치 않습니다. 우리는 지난 20년 동안 함께 험한 바다를 헤쳐 왔고, 그동안의 기상도 꽤 청명한 날씨였습니다. 여러분도 그렇게 생각하지 않으십니까? 우리는 깊은 바다에서 하나님의 역사들과 기이한 일들을 보아 왔습니다. 나는 우리가 지금처럼 이렇게 함께 저 복된 항구에 다다라서 거기에서 영원토록 함께 살게 되기를 소망합니다. 그때에 우리는 우리를 거기로 데려다주신 분, 곧 해군참모총장이신 주 예수께 모든 영광을 돌리게 될 것입니다. 나는 기어코 천국에 다다라서 그리스도를 찬송할 것이고, 그 일이 이루어지기까지는 천국 문이 닫히는 일은 결코 없을 것입니다. 나는 노래할 것이고, 그리스도의 이름을 찬송할 것입니다. 나는 이전에 설교를 하고 나서 이 교회의 회중 중에서 절반이나 되는 분들이 내게 시비를 걸었던 때를 기억합니다. 왜냐하면, 그때 나는 이렇게 말했기 때문입니다:

"그때에 나는 무리 중에서 가장 큰 소리로 노래하리니
주권자의 은혜를 큰 소리로 칭송하는 노래가
천국의 모든 거처들에 울려 퍼지리."

내가 설교를 마치고 내려오자, 어떤 분이 내게 이렇게 말했습니다: "목사님이 가장 큰 소리로 노래할 수 없으실 겁니다. 왜냐하면, 제가 목사님보다 하나님께 더 큰 빚을 졌으니까요." 그때에 나는 하나님의 백성은 누구나 다 똑같이 그렇게 말할 수밖에 없다는 것을 알았습니다. 우리 각자는 천국에 다다를 때에 정말 그렇게 하게 될 것입니다. 우리는 하나님을 찬송하는 일에서 낙원의 새들과 겨루고자 할 것이고, 우리 중 누가 우리를 구속하신 은혜를 가장 큰 소리로 찬송할 수 있는지 알아보고자 할 것입니다. 그 날이 이를 때까지 우리는 주 예수를 의지하고 그의 명령에 순종하는 것이 마땅합니다. 왜냐하면, 그분은 우리의 선장이시고, 그의 명령을 행하는 것이 우리의 본분이기 때문입니다.

그러나 여러분 중에서 사해(the Dead Sea)에 영원히 닻을 내리게 될 사람들이 있을까 두렵습니다. 이것은 단순한 우려 이상의 것입니다. 사해의 물결은 불이고, 그 곳은 모든 배에게 감옥이며, 거기에서 모든 승객은 지옥을 맛봅니다. 우리는 지옥에 한 시간 동안 있는 것을 무엇에 비할 수 있을까요? 나는 여러분이 이것을 숙고해 보실 수 있기를 바랍니다. 하루 동안 절망에 빠져 지내는 것을 무엇에 비할 수 있을까요? 여러분에게 치통이 몇 분 동안만 계속되어도, 여러분은 너무 괴롭고 힘들어서 거기에서 어떻게든 빠져 나오려고 안간힘을 쓸 것입니다. 그렇다면, 여러분이 단지 아주 짧은 시간이라도 지옥에 있게 되었다면, 여러분은 어떨 것 같습니까? 여러분은 자신의 머리를 백 번이라도 조아리며 철저히 자신을 낮추어서라도 거기에서 벗어나고자 하지 않겠습니까? 형제들이여, 나는 여러분에게 하나님을 진노하시게 하지 말 것을 부탁드립니다. 지옥으로 내려가지 마십시오. 형제여, 저 검은 깃발을 끌어내리십시오. 그 깃발을 끌어내리고, 여러분의 옛 주인을 버리십시오. 그리고 그리스도께 여러분의 주인이 되어 주시기를 청하십시오. 십자가의 붉은 깃발을 올리고, 여러분 자신을 예수께 드리십시오. 그렇게 하지 않으면, 여러분의 항해는 칠흑 같은 절망의 포구에 다다르는 것으로 끝이 나고, 여러분이 지은 죄들로 인하여 거기에서 영원토록 고통을 받게 될 것입니다. 하나님께서 우리에게 은혜를 베푸셔서, 우리로 하여금 심판의 해협을 통과하여 영원한 저주의 포구로 들어가지 않게 해주시기를 빕니다. 여러분은 신호를 담당한 사람들로부터 "멸망으로 향하여 가는 배가 지나간다"는 말을 결코 듣지 않게 되시기를 바랍니다. 우리는 우리 모두가 함께 선단을 이루어 항해하여 천국으로 나아가는 모습을 보고서 사람들이 "저기 천국으로 향하는 배들이 간다"는 말을 듣게 되기를 바랍니다. 그런 말을 듣는 배들 중에는 망망대해에서 표류하다가 멸망의 포구로 들어가는 배가 단 한 척도 없을 것입니다. 주 예수 그리스도를 믿으십시오. 그러면 모든 것이 형통할 것입니다. 그러나 주 예수 그리스도를 거부하고 배척하면, 잘되는 것이 하나도 없을 것입니다. 하나님께서 그 사랑하심으로 말미암아 여러분으로 하여금 오늘 밤 올바른 선택을 할 수 있게 해주시기를 빕니다. 아멘.

제
97
장

—

하나님이 찾아오심

—

"주의 구원으로 나를 돌보사" — 시 106:4

이것은 어떻게 찬송하는지를 아는 사람이 드린 기도입니다. 그는 이 시편을 "할렐루야"로 시작합니다: "할렐루야 여호와께 감사하라 그는 선하시며 그 인자하심이 영원함이로다"(1절). 찬송으로 가득한 마음으로부터 우러나오는 기도보다 더 순전하고 신령하며 더 하늘에 속한 기도는 없습니다. 기도는 천국의 공기를 들이마시는 것이고, 찬송은 천국의 공기를 다시 내쉬는 것이라는 말을 나는 여러분에게 귀가 따갑게 얘기했습니다. 기도와 찬송은 그리스도인으로서의 최고의 삶을 이루는 것이기 때문에, 기도만 하고 찬송은 전혀 하지 않는 사람은 아직 영적으로 온전히 건강한 것이 아닙니다. 이 두 가지가 서로 조화를 이룰 때에 그는 진정으로 건강한 그리스도인이 됩니다. 그런 사람은 "여호와께 감사하라 그는 선하시며 그 인자하심이 영원함이로다"라고 부르짖다가도, 그 직후에 "여호와여 주의 백성에게 베푸시는 은혜로 나를 기억하시며"(4절)라고 기도합니다. 나의 사랑하는 형제여, 당신은 혹시 찬송을 게을리하다가 기도의 힘을 잃어버린 것은 아닙니까? 우리가 하나님께 받은 은혜들에 대하여 감사하고 찬송하지 않는다면, 어떻게 또다시 하나님께로 가서 은혜를 주시라고 간구할 수 있겠습니까? 하나님께서 우리의 기도들을 이미 응답해 주셨는데도, 우리가 그 일들에 대하여 감사하지 않았고, 그런데도 불구하고 또다시 하나님께로 나아가서 우리의 기도를 들어주시라고 한다면, 그것은 정말 뻔뻔스럽고 악한 태도가 아니겠습니까?

그럴 때에 하나님께서 우리에게 "지난 번에 내가 네 기도를 응답해 주었는데도 내게 감사하지 않은 네게 이번에도 내가 네 기도에 응답해 주어야 하느냐?"고 말씀하지 않으시기를 빕니다. 그러므로 우리는 우리의 기도가 진심으로 하나님을 찬송하는 마음에서 우러나오는 기도가 되도록 유념하는 것이 마땅합니다.

다음으로, 우리가 주목할 것은 이 기도는 성도들이 복되다는 것을 아는 사람이 드린 기도였다는 것입니다. 3절에서 그는 "정의를 지키는 자들과 항상 공의를 행하는 자는 복이 있도다"라고 말합니다. 내가 이 말을 소개하는 이유는 본문의 기도는 대체로 죄인, 즉 성도로서 마땅히 갖추어야 할 인품을 온전히 갖추지는 못했다고 느낀 사람의 기도이기 때문입니다. 사랑하는 자들이여, 만일 우리가 좀 더 성도답게 살아간다면, 우리의 기도는 훨씬 더 힘 있게 될 것이고, 우리 자신도 훨씬 더 행복해질 것입니다. 우리가 하나님과 더 가까이 동행하고 정의를 지키며 항상 공의를 행한다면, 지금 우리가 겪는 시련들과 환난들, 그리고 실망하는 일들이 많이 줄어들게 될 것입니다. 시편 기자는 우리에게 이스라엘 자손이 광야에서 어떤 괴로움들을 겪었는지에 대하여 말해 주지만, 그 괴로움들은 그들의 죄로 말미암은 것들이었습니다. 만일 그들이 하나님 앞에서 올바르게 행하기만 하였더라면, 그들이 겪은 괴로움들 중 절반은 겪지 않아도 되었을 것입니다. 마찬가지로, 그들의 후기 역사에서 만일 그들이 먼저 그들의 죄악들의 포로가 되지 않았더라면, 그들은 결코 그들의 원수들에게 포로로 끌려가지 않아도 되었을 것입니다. 만일 그들이 하나님께 그들에게 명하신 대로 행하기만 하였더라면, 그들의 평화는 강물처럼 넘쳤을 것이고, 그들 중 한 사람이 천 명의 원수를 쫓아내 버렸을 것이며, 그들 중 두 사람이 만 명과 맞서 싸울 수 있었을 것입니다. 사실, 만일 하나님의 자녀가 정신을 차리고 깨어서 하나님과 동행하는 삶을 살기만 한다면, 그가 이미 현세에서 누릴 수 있는 복은 거의 끝이 없을 것입니다. 사랑하는 친구들이여, 여러분과 내가 방황하는 삶을 살아왔기 때문에 "깊은 곳에서" 우리의 기도를 드릴 수밖에 없다고 느낀다면, 나는 우리가, 하나님께서는 올바르게 행하는 자들, 지난날보다 더 조심해서 살아감으로써 어그러진 길로 행하는 자들보다는 하나님과 더 가까이에서 살아가는 자들에게 평강과 안식과 기쁨을 주신다는 사실을 잊어버리지 않은 것이라고 믿습니다.

자, 이제 본문으로 돌아가서, 기도 자체를 살펴보도록 하겠습니다. 내가 새롭게 말할 것은 없지만, "주의 구원으로 나를 돌보사"(KJV에는 "오, 주의 구원으로 나를 찾아 주소서")라고 기도했던 시편 기자가 보여주는 하나님의 아주 단순한 몇몇 진리들을 제시해 보고자 합니다.

1. 첫째로, 시편 기자는 구원을 놓고 기도합니다.

우리가 가장 먼저 생각해 볼 것은 시편 기자가 여기에서 구원을 위하여 기도한다는 사실입니다. "구원"이라는 말은 얼마나 놀랍고 기이한 말입니까! 와츠(Watts) 목사님은 구원에 대하여 이렇게 노래했습니다:

> "구원! 그 말이
> 　온 땅에 메아리치게 하소서!"

왜냐하면, 구원이라는 말 속에는 온 땅에 거하는 모든 사람들이 들어야 할 어떤 것이 들어 있기 때문입니다. 구원은 모든 사람에게 필요한 유일한 것이고, 구원이 사람들에게 주어졌을 때에는 현세와 내세에서 영원토록 무수한 은혜들이 함께 주어집니다. 사실, 모든 선한 것들이 "구원"이라는 이 한 단어 속에 다 들어 있습니다. 우리가 이 시편을 읽었을 때, 여러분은 아마도 시편 기자가 이 시편에서 구원에 관하여 무엇이라고 노래하는지를 알아차렸을 것입니다. 먼저, 그는 하나님께서 이스라엘 백성을 애굽에서 구원하셨다고 말합니다. 애굽에서 그들은 포로들과 노예들이었던 민족이었습니다. 하나님께서는 강한 손과 편 팔로 역사하셔서 그들을 포로 된 집에서 건져 내셨습니다. 그들은 하나님의 기이한 일들을 이해하지 못했지만, 그럼에도 불구하고 하나님께서는 그들을 구원하셨습니다. 이것은 여러분과 나도 기뻐하고 즐거워하는 구원, 즉 피 뿌림에 의한 구원, 유월절 어린 양으로 말미암은 구원, 하나님의 강한 손과 편 팔에 의해서 이루어진 구원, 하나님의 신실하심과 자비하심과 권능을 드러내신 구원입니다. 우리가 이 구원이 무엇을 의미하는지를 경험적으로 알고 있다면, 우리는 하나님을 송축하는 것이 마땅합니다. 그리고 우리가 그렇지 않다면, "오, 주의 구원으로 나를 찾아 주소서"가 우리 각자의 기도가 되어야 합니다.

인류의 타락이 가져온 최악의 결과들 중 하나는 사람이 영적으로 죽어 있어서 생명을 위해 기도하지 않는다는 것입니다. 그러나 여기에 성령의 충분한 감화 아래 있어서 자기에게 영적인 생명이 필요하다는 것을 아는 사람이 있다면,

그 사람은 지금 즉시 "오, 주의 구원으로 나를 찾아 주소서"라고 기도하기 시작할 수 있습니다. 여러분이 아직 죄의 짐을 느끼지 못하였고, 우리의 죄 짐을 지신 분을 제대로 알지 못하며, 여전히 죄의 노예로 살아간다고 할지라도, 여러분은 이 기도를 해야 할 필요가 있습니다. 여러분이 자신의 모습이 현재의 이런 모습이어서는 안 된다는 것을 알고, 현재의 모습으로는 사나 죽으나 자신이 영원히 멸망 받게 될 것임을 알고 있다면, 여러분 속에 있는 모든 열망과 온 마음을 다해서 하나님께 "오, 주의 구원으로 나를 찾아 주소서"라고 기도하십시오.

오, 가엾은 심령이여, 당신은 기도하기 시작하자마자 살아나기 시작합니다. 아마도 당신에게는 기도할 힘이 거의 없을 것입니다. 사실, 당신의 기도는 갓 태어난 아기가 처음으로 내는 저 연약한 울음소리보다 나을 것이 없을 것이지만, 그래도 그것은 생명의 증표이고, 하나님께서는 우리의 신음소리조차 들으십니다. 우리의 눈에서 소리 없이 떨어지는 눈물들은 여호와의 귀에 듣기 좋은 음악이 됩니다. 왜냐하면, 하나님께서는 그 눈물이 무엇을 의미하는지를 아시기 때문입니다. 나는 여기에 계신 분들 중에서 영적으로 기도할 수 없는 분들이 계신다면, 그분들에게 까마귀 새끼들처럼 기도하시라고 권해 드리고 싶습니다. 왜냐하면, 까마귀 새끼들이 둥지에서 배가 고파 울 때, 하나님께서는 그 울음소리를 들으시고 그들의 허기를 채워 주시는 분이시기 때문입니다. 여러분에게 자신의 기도가 저 보잘것없는 한 마리 새의 울음소리나 저 한 마리 들짐승의 우는 소리보다 나은 것이 없다는 생각이 들지라도, 계속해서 부르짖으시고 계속해서 기도하십시오. 마귀의 술수는 여러분으로 하여금 어떻게든 기도를 못하게 만드는 것입니다. 마귀는 여러분에게 기도해 보아야 하나님이 듣지도 않으신다고 말할 것입니다. 그러나 내가 분명히 말씀드리건대, 우리가 섬기는 자비로우시고 은혜로우신 하나님께서는 우리가 괴롭고 비참해서 우는 소리와 우리의 내면의 슬픔에서 우러나오는 흐느낌을 반드시 들으시는 분입니다. 이곳의 어딘가에는, 지금까지 별 생각 없이 충동적으로 아무렇게나 인생을 살아왔지만 지금 "오, 주의 구원으로 나를 찾아 오소서"라고 기도하기 시작하고자 하는 심령들이 있을 것이라고 나는 생각합니다.

이 시편을 읽어나가다 보면, 시편 기자는 이스라엘 백성이 홍해에서 건짐을 받았다고 말하며, 하나님께서 베풀어 주신 두 번째 구원을 노래합니다. 홍해의 물결이 그들 앞에서 넘실거리고, 뒤에서는 바로가 애굽의 모든 병거들과 기병들을 끌고 바짝 뒤쫓아 오고 있는 상황에서, 그들은 어떻게 이 곤경을 벗어나야 할지를 몰랐습니다. 겁을 잔뜩 먹은 가엾은 이스라엘 백성들이여! 그들의 귀에는 강제노역장에서 십장들이 휘두르는 채찍 소리가 들리는 듯하였고, 이전보다 더 나쁜 일이 그들에게 곧 닥칠 것이라는 불안감과 공포가 그들에게 밀려왔으며, 그들은 압제자들의 칼에 의해 그들이 피 흘리며 꼼짝없이 죽게 될 것이라고 느꼈을 것입니다. 그들은 엄청난 불안감으로 인해서 공황 상태로 빠져들었지만, 우리는 본문에서 이런 글을 읽게 됩니다: "그러나 여호와께서는 자기의 이름을 위하여 그들을 구원하셨으니 … 이에 홍해를 꾸짖으시니 곧 마르니 그들을 인도하여 바다 건너가기를 마치 광야를 지나감 같게 하사 그들을 그 미워하는 자의 손에서 구원하시며 그 원수의 손에서 구원하셨고."

아마도 지금 이 말씀을 듣고 계시는 분들 중에는 자신의 죄가 너무나 뼈저리게 느껴져서 거의 절망 상태로 빠져드는 분들도 있을 것입니다. 그들은 이 말씀을 통해서 그들의 양심이 깨어나는 것이 하나님이 그들에게 은혜를 주고 계신 증거라고 믿기보다는 하나님이 그들을 정죄하시는 증거라고 믿고 두려워합니다. 그들은 자신의 죄의 무게에 눌려 찌부러지고 있습니다. 그들은 거기에서 빠져 나올 수 있다는 소망을 거의 품을 수가 없습니다. 그러나 가엾은 영혼이여, 이것이 당신의 서글픈 상태라면, 당신은 이렇게 기도할 수 있을 것이라고 나는 믿습니다: "'오, 주의 구원으로 나를 찾아 주소서.' 오, 하나님이여, 홍해가 내 앞에 넘실거리고, 바위들이 양쪽에서 나를 험상궂게 노려보며, 내 죄가 내 뒤를 쫓아와 나를 죽이고자 하나이다. '오, 주의 구원으로 나를 찾아 주소서.' 하나님이여, 오셔서 내 죄악의 홍해를 마르게 하소서. 오셔서 나의 대적들을 멸하셔서 나로 이 시편 기자와 같이 '그들의 대적들은 물로 덮으시매 그들 중에서 하나도 살아남지 못하였도다'라고 노래하게 하소서. '오, 주의 구원으로 나를 찾아 주소서.'"

여러분은 하나님께서 이스라엘 백성에게 어떻게 하셨는지를 알고, 또한 하나님께서 홍해의 물을 원래대로 돌이키셔서, 애굽 왕 바로와 그의 모든 군대를 삼켜 버리게 하신 것을 압니다. 그때에 미리암은 소고를 치며 나왔고, 이스라엘의 모든 여인들은 그녀의 뒤를 따라 나와서, 애굽의 말들과 거기에 탄 자들을 바닷속에 던져 버리신 하나님의 영광스러운 승리를 찬송하였습니다. 나는 늘 이일을 묵상하기를 좋아합니다. "깊은 물이 그들을 덮으니"(출 15:5) "그들 중에서 하나도 살아남지 못하였도다"(시 106:11)는 그들이 노래한 가장 기쁜 가사들 중의 하나였습니다. 마찬가지로, 사랑하는 자들이여, 여러분과 내가 하나님께 우리를 불쌍히 여겨 주시라고 부르짖었을 때, 하나님께서는 우리 구주 예수 그리스도로 말미암아 그 부르짖음에 응답해 주셨습니다. 그때에 우리는 우리의 죄들이 깊은 바닷속으로 던져지는 것을 보았고, 기꺼이 춤추고 싶을 정도로 기뻐서 "깊은 물이 그들을 덮으니 그들 중에서 하나도 살아 남지 못하였도다"라고 노래하였습니다. 우리의 경험은 다른 사람들에게 격려가 될 것임에 틀림없습니다. 절망 중에 있는 영혼들이여, 여러분이 구멍 속으로 들어가서 감히 머리를 밖으로 내밀 엄두를 내지 못하는 쥐 같다고 할지라도, 이제 나오십시오. 아무 걱정 하지 마시고 용기를 내어 나오십시오. 지금의 모습 그대로 "오, 주의 구원으로 나를 찾아 주소서"라고 기도하십시오. 그러면, 여러분은 빛과 자유 속으로 나오게 될 것이고, 하나님을 기뻐하며 즐거워하게 될 것입니다.

　　사랑하는 친구들이여, 여러분과 나는 거기에서 한 걸음 더 나아갔을 수 있습니다. 우리는 우리의 죄악된 본성으로 말미암은 파멸로부터 구원을 얻고, 죄를 깨달았을 때에 우리를 엄습하였던 절망으로부터 구원을 받아서, 이제는 우리속에서 올라오는 부패들과 싸우고 있습니다. 우리가 태어날 때부터 우리 속에 있는 죄는 우리 영혼의 깊은 곳에 자리 잡고 있지만, 그 깊은 바다의 원천들은 최근에 우리 안에서 무너졌을 것입니다. 이제 우리는 죄를 짓기만 하면 괴롭습니다. 심지어 죄라는 말만 들어도 신경이 곤두섭니다. 우리가 전혀 죄 짓지 않고 살아갈 수 있다면 얼마나 좋겠습니까! 사랑하는 자들이여, 지금 여러분이 죄에 맞서 싸우고 있다면, 여러분이 지존자에게 드릴 기도는 "오, 주의 구원으로 나를 찾아주소서"가 되어야 합니다. 여러분 앞에 있는 시험이 어떤 것이든, 하나님께서는 지금 즉시 여러분의 심령 속에 오셔서 그 시험을 끝장내실 수 있으십니다. 그 시험이라는 것이 불신앙입니까? 하나님은 여러분의 믿음을 강하게 해주실 수 있으십니다. 그것이 탐욕입니까? 하나님은 여러분을 그 가증스러운 것에서 건지셔서 자족하는 마음을 주실 수 있으십니다. 그것이 분노입니까? 하나님은 아주 온유하게 오셔서 여러분을 사랑으로 채우실 수 있으십니다. 여러분이 싸우고 있는 악이 무엇이든, 하나님은 여러분을 도우셔서 그 악을 이기게 하실 수 있으십니다. 그러면, 여러분은 "우리를 사랑하시는 이로 말미암아 넉넉히 이기게"(롬 8:37) 될 것입니다. 나는 죄와 싸우고 있는 모든 신자들, 우리의 내면에서 두 본성이 주도권을 놓고 서로 싸우고 있음을 느끼는 모든 사람들, 다윗의 집이 이길까, 아니면 사울의 집이 이길까를 놓고 종종 의심하게 되는 모든 사람들에게 이 기도를 드리시라고 간곡하게 권합니다. 나의 형제들이여, 하나님께서 자신의 참된 백성과 함께 하신다는 것을 의심하지 마십시오. 여러분을 살리신 하나님께서는 여러분 속에 있는 새 생명도 지켜 주실 것입니다. 새 생명은 하나님으로부터 온 것이고 결코 죽을 수 없기 때문에, 여러분은 죄와 사망과 음부를 이기게 될 것입니다. 단지 여러분의 영혼 깊은 곳에서 "오, 주의 구원으로 나를 찾아 주소서"라고 부르짖는 것을 잊지 마십시오. 그럴 때에 여러분은 죄의 권세로부터 구원받는다는 것이 어떤 구원인지를 증명하게 될 것입니다.

또한, 우리는 본문 속에서 또 다른 의미를 찾아볼 수 있습니다. 왜냐하면, 이 시편에서 이스라엘 자손이 원수들에 의해서 큰 곤경에 처하게 되었을 때에 하나님께서 찾아오셔서 그들을 원수들의 손에서 구원하신 것에서 볼 수 있듯이, 구원은 큰 환난에서 건짐을 받는 것을 의미하기 때문입니다. 사랑하는 친구들이여, 여러분도 마찬가지로 지금 큰 곤경에 처해 있을 수 있습니다. 그것은 물질적인 곤경일 수도 있고, 정신적인 곤경일 수도 있으며, 영적인 곤경일 수도 있습니다. 여러분이 고통을 겪는 것이 몸이든 마음이든 영혼이든, 하나님께서는 여러분을 어떻게 건져야 할지를 아십니다. 성경은 "의인은 고난이 많으나 여호와께서 그의 모든 고난에서 건지시는도다"(시 34:19)라고 말씀하시기도 하고, "하나님은 우리에게 구원의 하나님이시라 사망에서 벗어남은 주 여호와로 말미암거니와"(시 68:20)라고 말씀하시기도 합니다. 여러분이 큰 곤경에 처해서 자신의 처지가 너무나 비참하여, 마치 자신이 바다 밑바닥까지 내려가고 영원한 산들의 뿌리까지 다다라서 땅의 빗장들에 의해서 영원히 갇혀 버리게 되었다고 느낀 요나 같다고 생각되더라도, 요나를 그 깊은 물에서 건지신 하나님께서는 여러분도 얼마든지 건져 올리실 수 있으십니다. 바퀴가 어떻게 돌아가는지를 보십시오. 지금 가장 낮게 내려간 바퀴살은 곧 가장 높은 곳에 있게 됩니다. 오늘 밤에 떠있던 별들도 내일 낮 동안에는 그 자리에서 내려와서 해질녘까지 내내 우리 눈에 보이지 않을 것이지만, 이내 다시 밤이 찾아왔을 때에는 다시 한 번 저 높은 하늘에 있는 자신의 정해진 자리에 있게 될 것입니다. 마찬가지로, 여러분도 언제까지나 낮아져 있지 않을 것입니다. 여러분은 다시 우뚝 서서, 원수들을 향하여 "나의 대적이여 나로 말미암아 기뻐하지 말지어다 나는 엎드러질지라도 일어날 것이요"(미 7:8)라고 말하게 될 것입니다. 성경은 "주께서 말씀하시기를 내가 그들을 바산에서 돌아오게 하며 바다 깊은 곳에서 도로 나오게 하고"(시 68:22)라고 말씀합니다. 그러므로 나는 온갖 시련과 환난을 겪는 분들에게 오늘 본문에 나오는 것처럼 "오, 주의 구원으로 나를 찾아 주소서"라고 기도하시기를 권합니다. 왜냐하면, 이 기도는 여러분이 겪는 시련과 환난이 무엇이든 거기로부터 건짐을 받는 길을 보여주고, 특히 너무나 중요한 구원의 문제를 다루기 때문입니다.

2. 둘째로, 시편 기자는 하나님의 찾아오심을 구합니다.

이제 우리는 본문에 아주 분명하게 나타나 있는 두 번째의 것을 잠깐 생각해 보고자 하는데, 그것은 하나님의 찾아오심에 관한 것입니다: "오, 주의 구원으로 나를 찾아 주소서." 여러분은 신문에서 사람들이 "하나님이 찾아오심으로써 죽었다"("하나님의 벌을 받아 죽었다"는 의미)는 글을 읽곤 합니다. 종종 이런 말은 검시 과정을 마무리할 때에 검시관이 내리는 최종 평결입니다. 그러나 여기에 하나님이 찾아오셔서 살게 된 사람이 있습니다. 가장 선하고 참된 삶은 하나님이 찾아오시는 것을 통해서, 즉 하나님이 구원을 가지고 찾아오심으로써 살게 된 삶이라는 것을 아는 것은 대단히 복된 일입니다. 나는 오늘 본문의 표현방식에 감탄합니다. 본문에서 시편 기자는 "오, 나를 구원하소서"라고 하지 않습니다. 사실 그렇게 기도해도 그것은 합당한 간구가 될 것입니다. 또한, "오, 내게 구원을 보내소서"라고 하지도 않습니다. 이런 기도도 그럭저럭 괜찮은 기도일 것입니다. 하지만 시편 기자의 간구는 이런 것입니다: "주여, 친히 오시옵소서. 내게 친히 오심으로써 내게 필요한 구원을 가져다주십시오. 오, 주의 구원을 가지고서 나를 찾아 주소서." 이것은 얼마나 복된 기도입니까! "오, 나를 찾아 주소서! 주여, 나를 찾아 주소서!" 이런 기도를 드리려면 꽤 믿음이 좋아야 합니다. 왜냐하면, 우리는 겸손한 마음에 "주여, 주께서 내 집에 오시는 것을 내가 감당할 수 없나이다"라고 기도하고자 할 것이기 때문입니다. 그러나 믿음과 어린아이 같은 영혼은 우리에게 이렇게 기도하라고 가르칩니다: "주여, 나를 찾아 주소서. 주께서 주의 백성을 찾아 주신다는 말을 내가 들었습니다. 주여, 나를 찾아 주소서. 나는 주의 백성들 중 한 사람이, 주께서 그의 집에 찾아오셔서 온 밤을 그와 함께 지내시며 그를 이루 말할 수 없이 기쁘게 해주셨다고 말한 것을 들은 적이 있습니다. 오, 주여, 주께서 주의 백성에게 지니신 은총으로 나를 기억하시고, 주의 구원을 가지고 나를, 이 나를 찾아 주소서. 주께서는 너무나 크셔서 하늘들의 하늘이라도 주를 담을 수 없지만, 나는 주께서 모든 겸손하고 통회하는 심령에 거하신다는 것을 압니다. 주여, 나를 찾아오셔서 내 안에 거하소서." 나는 이것이야말로 진정으로 복된 기도라고 생각합니다.

시편 기자는 하나님께서 이렇게 자신을 낮추실 것임을 알고 있다는 것을 주목하십시오. "오, 주의 구원으로 나를 찾아오소서. 주여, 주께서 나를 찾아 주지 않으시면, 나는 구원 받을 수 없습니다. 구원 받은 자로서의 나를 찾아 오시는 것이 아니라, 주의 구원을 가지고 나를 찾아 주소서. 주께서 내게 오실 때까지는 나는 멸망 받을 자일 수밖에 없습니다. 오, 주여, 오시옵소서. 구주로서 나를 찾아오소서. 영혼을 치유하는 의사로 나를 찾아오소서. 내가 병들었나이다. 주의 자비하심으로 나를 찾아오시고, 주의 은혜와 온유하심으로 나를 찾아 주소서. 크고 영화로우신 주여, 나를 찾아오시기를 간구하나이다. 주를 영접하기에 너무나 형편 없는 곳이었던 베들레헴의 외양간과 거기에 있던 황소들, 볏짚들과 구유를 생각하셔서, 나를 찾아오소서. 주께서 그렇게 낮고 낮은 곳으로 임하셨을 때에 천사들이 노래하였듯이, 주께서 나를 찾아오시면, 내 심령은 한층 더 기쁘고 감사하는 마음으로 노래하리이다. 이것은 주께서 자신을 극히 낮추시는 일이 될 것이지만, '오, 주의 구원으로 나를 찾아 주소서.'"

또한, 하나님이 우리를 친히 찾아 주시는 것은 우리의 고통을 함께 하는 것입니다. "오, 나를 찾아 주소서. 나는 갇힌 자이지만, 그래도 주여, 나를 찾아 주소서. 나는 발을 절고 매우 약합니다. 주여, 내게는 주의 집으로 나를 데려다줄 다리가 없사오니, 주여, 내 집에 오시옵소서. 오, 나를 찾아 주소서. 내 마음이 너무나 무거운 짐을 지고 있습니다. 내가 소원하고 원하는 것들은 이루어지지 않고, 내 기도들은 잘 응답되지 않습니다. 오, 나를 찾아오소서. 내가 주께 갈 수 없사오니, 내 하나님이여, 주께서 내게 와 주옵소서." 이것은 자신이 철저하게 무력하고 자기에게 아무런 힘도 없다는 것을 아는 자가 드리는 감미로운 기도라고 나는 느낍니다. "오, 주의 구원으로 나를 찾아 주소서." 나는 이 기도 속에서 자신을 철저히 낮추시는 하나님과 우리의 고통에 함께 하시는 하나님을 봅니다.

그러나 이 기도 속에는 그런 것들보다 한층 더 귀한 것이 들어있는데, 그것은 친교입니다: "오, 주의 구원으로 나를 찾아 주소서." 이것은 신사 분들과 숙녀 분들이 반나절을 함께 돌아다니며 친구들에게 칭찬이 적힌 작은 마분지 조각들을 나누어 주는 이른바 칭찬을 위한 방문보다 더 귀합니다. 나는 이런 방문이 우정을 확인해 주는 대단한 증표라고 믿지만, 여러분과 나는 그런 인위적인 방법으로 행하지 않습니다. 우리는 누군가를 방문할 때에 단순히 어떤 의식이나 관습에 의해서가 아니라 정말 그를 사랑하고 아껴서 사랑하는 친구를 방문하는 것입니다. 이 얼마나 기쁘고 즐거운 방문입니까! 나는 내게 방문 요청을 한 사랑하는 친구들을 직접 집으로 찾아가서 만나는 기회가 종종 있는데, 그럴 때마다 그 친구들은 마치 흑인들이 영국의 탐험가 파크(Mungo Park, 1771-1806)의 방문을 받았을 때와 거의 비슷하게 행복해하는 것을 그들이 나를 맞는 태도를 보고 알게 됩니다. 흑인들은 이 백인이 자신들이 사는 곳을 찾아온 그 날을 그들이 이 땅에 생존을 시작한 날로 여겼다고 합니다. 여러분들도 여러분을 너무나 사랑하는 친구들이 있을 것입니다. 여러분이 그런 친구들의 집을 찾아가면, 그들은 언제까지라도 여러분을 자신의 집에 붙잡아 두고 싶어 합니다. 와츠 목사님은 일주일 정도 머물기 위해서 애브니 파크(Abney Park)에 사는 토머스 애브니 경의 집에 갔다가, 거기에서 평생을 지내야 했다고 합니다. 결국, 목사님은 그 집에서 결코 나올 수 없었고, 죽은 후에도 애브니 파크에 묻혔습니다. 또한, 토머스 경도 거기에 묻혀서, 이 두 친구는 죽은 후에도 서로에게서 떨어지지 않았습니다. 그들은 한 번 함께 한 후에는 결코 떨어지고자 하지 않았습니다. 이것이 바로 우리가 주님으로부터 원하는 종류의 방문입니다. 그러므로 우리는 "오, 주여, 나를 찾아오시되, 짧은 시간 머물다 가시는 것이 아니라 영원토록 나와 함께 하소서"라고 기도하는 것이 마땅합니다.

어떤 사람들은 "하나님께 우리에게 오셔서 영원히 함께 해주시라고 청하는 것은 너무 당돌한 요구"라고 말합니다. 그런 분들은 내가 하는 말을 정말 잘 들으십시오. 여러분도 잘 아는 한 교회가 있었습니다. 그 교회는 라오디게아 교회였는데, 그리스도께서는 그 교회 때문에 자신의 마음이 아프다고 말씀하셨습니다. 그런데 그런 후에 그리스도께서 무엇이라고 말씀하셨는지 아십니까? "볼지어다 내가 문 밖에 서서 두드리노니 누구든지 내 음성을 듣고 문을 열면 내가 그에게로 들어가 그와 더불어 먹고 그는 나와 더불어 먹으리라"(계 3:20). 우리는 이 구절을 그리스도께서 죄인들을 부르시고 계신다고 말할 때에 그 증거 본문으로 흔히 사용하고, 물론 그렇게 사용하는 것이 온당하지 않은 것은 아닐 것입니다. 그러나 이 구절의 원래의 의미는 이런 것입니다. 라오디게아 교회에서 하나님의 백성들은 은혜를 많이 잃어버려서 결국 차갑지도 뜨겁지도 않게 되어 버렸습니다. 그러자 그리스도께서는 그들의 미지근한 신앙을 고칠 수 있는 처방을 내놓으셨는데, 그것은 바로 자기가 그들을 찾아가시겠다는 것, 즉 그들에게 가서 그들과 더불어 먹겠다는 것이었습니다. 우리의 찬송 받으실 주님께서 차갑지도 않고 뜨겁지도 않던 라오디게아 교인들을 기꺼이 찾아가고자 하셨다면, 나는 주님이 차갑고 냉랭한 우리에게도 기꺼이 찾아오실 것이라고 믿습니다. 또한, 주님은 뜨거운 우리에게도 오시고자 하실 것입니다. 주님은 미지근한 자들보다는 뜨거운 자들에게 오시고자 하실 것입니다. 그러므로 우리는 이렇게 기도하는 것이 합당합니다: "주여, 오시옵소서. 지체하지 마시옵소서. 지금 주의 구원으로 나를 찾아오소서." 그리고 형제들이여, 이렇게 해서 주님이 우리를 찾아오시면, 우리는 토머스 애브니 경이 와츠 목사님에게 했던 것 같이 해야 합니다. 즉, 우리는 우리를 찾아오신 주님을 절대로 보내드려서는 안 된다는 것입니다. 주님은 엠마오로 가는 길에서 그러셨던 것처럼 짐짓 자리를 일어나셔서 떠나려고 하실 것이지만, 엠마오로 가던 두 제자가 그랬던 것처럼 "우리와 함께 유하사이다 때가 저물어가고 날이 이미 기울었나이다"(눅 24:29)라고 말하며 주님을 붙잡는 것이 지혜로운 일입니다. 그런데도 주님이 "아니다, 나는 가야 한다"라고 말씀하시면, 우리는 "아니다"라는 말씀을 주님의 확고한 결심으로 받아들여서는 안 되고, 엠마오로 가던 두 제자가 그랬듯이, 주님을 "강권하여" 가시지 못하게 하여야 합니다. 여러분이 주님을 보내드리고자 한다면, 주님은 가실 것이지만, 여러분은 절대로 그렇게 해서는 안 됩니다. 아마도 주님은 "날이 새려 하니 나로 가게 하라"고 말씀하실 것입니다. 그러나 그때에도 여러분은 야곱이 했던 대로 "가게 하지 아니하겠나이다"라고 말해야 합니다(창 32:26). 물론, "당신이 내게 축복하지 아니하면"이라는 단서를 붙일 필요는 없지만, 이렇게 말해야 합니다: "나는 주님을 절대로 가게 하지 아니하고, 밤이나 낮이나 계속해서 붙들어 둘 것입니다. 주님은 나를 떠나시지 못하실 것입니다." 이런 의미로 여러분이 오늘의 본문처럼 "오, 주의 구원으로 나를 찾아 주소서"라고 기도할 수 있다면, 여러분은 정말 복 받게 되실 것입니다.

3. 셋째로, 시편 기자는 자기 자신에 관한 기도를 드린다는 사실입니다.

이제 우리는 오늘 본문에 나오는 세 번째의 것을 아주 간단하게 살펴보고자 하는데, 그것은 본문에 나오는 기도가 개인적인 기도의 성격을 띠고 있다는 것

입니다: "오, 주의 구원으로 나를 찾아 주소서." 우리는 서로를 위해서 기도하여야 합니다. 우리는 그리스도의 교회 전체의 평안과 형통을 위하여 기도하여야 하지만, 우리의 모든 열망이 하나님께 "오, 주의 구원으로 나를 찾아 주소서"라고 부르짖는 쪽으로 모아져야 할 때들이 있습니다.

시편 기자의 이 간구는 자신의 절박함을 보여줍니다. 그는 이렇게 말한 것과 같습니다: "주여, 주께서 찾아 주시는 것이 다른 그 누구보다도 내게 더 간절합니다. 주께서 나를 찾아 주시지 않는다면, 나는 영원히 멸망 받아 비참한 자가 되고 말 것입니다. '오, 주의 구원으로 나를 찾아 주소서.'" 여러분은 사실 절박한데 마치 아무렇지도 않은 듯이 행하는 것은 정말 지혜롭지 못한 일입니다. 여러분이 너무나 간절한 소원이 있어서 아무리 과장한다고 해도 과장이 될 수 없을 때에 여러분의 그 간절함을 절대로 축소시키지 마시기를 바랍니다. 여러분이 하나님 앞에 나아갔을 때, 여러분 자신이 별 죄를 짓지 않은 자인 것처럼 보이려 하지 마십시오. 여러분은 자신이 실제로 지은 죄보다 자신의 죄를 더 크게 보이려고 하지는 않겠지만, 여러분의 검고 악한 모습을 있는 그대로 다 하나님께 아뢰고서, "오, 주의 구원으로 나를 찾아 주소서"라고 부르짖는 것이 가장 지혜로운 일입니다.

또한, 본문의 기도를 살펴보면, 시편 기자는 자신의 무가치함을 인정하는 것으로 보입니다. 그는 마치 하나님께서 다른 사람들을 찾아 가시는 것은 다 그럴 만한 이유가 있어서이겠지만, 자신은 정말 무가치한 자이기 때문에, 큰 소리로 있는 힘을 다해서 부르짖지 않으면 하나님이 찾아 주시지 않을 것이라고 느끼는 것처럼 기도합니다: "오, 주여, 나를 찾아 주소서. 나를 구원하시기 위하여 찾아 주소서. 꼭 구원 받지 않으면 안 될 영혼이 있다면, 그것이 바로 내 영혼입니다. 절망으로 말미암아 쓰러지기 직전에 있는 죄인이 있다면, 그것이 바로 이 죄인입니다. 주여, 주의 구원으로 나를 찾아 오소서."

또한, 이 기도는 시편 기자가 일편단심으로 바라는 것이 무엇인지를 보여줍니다: "오, 주의 구원으로 나를 찾아 주소서." 시편 기자는 자신의 모든 생각과 모든 소원, 아니 자신의 목숨 자체를 이 기도 속에 쏟아붓는 것처럼 보입니다. 우리는 그의 이러한 간절함과 일편단심을 본받는 것이 마땅합니다. 나의 사랑하는 친구여, 당신은 어떻습니까? 나는 이 자리에도 이런 기도를 할 수 있는 사람이 있을 것이라고 확신합니다. "오, 나를 찾아 주소서." 여러분이 나이 들어가고 있다면,

"오, 나를 찾아 주소서"라고 기도하는 것이 좋을 것입니다. 여러분이 병들었음을 느끼고, 의사가 여러분의 심장에 뭔가 문제가 있다고 말해 주었다면, "오, 나를 찾아 주소서"라고 기도하는 것이 좋습니다. 여러분은 자신의 영혼이 매우 연약하다고 느낍니까? 그렇다면, 오늘 밤 여러분 자신의 문제를 놓고서 기도하기를 주저하지 마십시오. 세리가 "하나님이여 불쌍히 여기소서 나는 죄인이로소이다"(눅 18:13)라고 기도한 것 속에는 이기적인 것이 전혀 없습니다. 어떤 사람이 그런 식으로 자기 자신을 위해 기도하는 것은 이기적인 것이라고 말한다면, 그가 물에 빠져 익사하게 되었을 때에 어떻게 기도하겠느냐고 그에게 물어보십시오. 과연 그 사람이 자기가 헤엄쳐 나오거나 사람들이 던져준 구명대를 붙잡는 것이 이기적이라고 말할까요? 만일 당신이 불 속에 있어서 타죽게 생겼어서 불을 피해서 창문을 깨고 나오려고 한다면, 과연 당신을 이기적이라고 할 사람이 있을까요?

여러분의 영혼이 위험에 처해 있을 때, 무엇보다도 먼저 여러분의 영혼이 구원 받고자 하는 것이 이기적인 것이라면, 나는 그런 이기심을 쌍수를 들어 환영할 것입니다. 여러분 자신의 영혼이 멸망 받게 되었다면, 여러분이 다른 사람들을 구원하기 위해 무엇을 할 수 있겠습니까? 여러분이 멸망한다면, 여러분은 주위 사람들에게 어떤 유익을 끼칠 수 있겠습니까? 거룩한 사랑은 자기 자신에게서부터 시작되어야 합니다. 나는 자기 자신의 영혼을 가장 먼저 돌보지 않는 자는 다른 사람들의 영혼을 진정으로 돌보는 자일 수 없다고 믿습니다. 여러분이 "오, 주의 구원으로 나를 찾아 주소서"라고 기도하지 않는다면, 여러분은 "오, 주의 구원으로 내 아내를 찾아 주시고, 주의 구원으로 내 아이들을 찾아 주소서"라고 기도할 수 없다고 나는 믿습니다. 그러므로 자기 자신에 관한 기도가 응답될 때까지 자신에 관한 기도에 집중하십시오. 그 기도가 응답되었을 때, 여러분은 여러분 자신을 위해서 기도했을 때의 그 간절함으로 다른 모든 사람들을 위해 기도할 수 있게 될 것입니다.

4. 넷째로, 시편 기자의 기도는 구체적인 기도라는 것입니다.

이제 마쳐야 할 시간입니다. 우리는 본문 속에서 한 가지만 더 살펴보고자 하는데, 그것은 이 기도가 지닌 구체성에 관한 것입니다: "오, 주의 구원으로 나를 찾아 주소서." 시편 기자가 이 시편에서 기도하고 있는 구원은 전능자의 은혜로 말미암아 이루어지는 구원, 영원한 사랑에서 나온 구원입니다.

사랑하는 친구들이여, 나는 여러 번의 구원에 관한 얘기를 들어 왔습니다. 얼마 전에 나는 한 여성이 자기는 이미 여섯 번이나 구원을 받았지만 자기에게 별 유익이 없었다고 말했다는 얘기를 들었습니다. 그녀는 구원에 대하여 요란하게 선전하는 여러 모임들과 단체들에 다녔고, 거기에서 여섯 번이나 "구원"을 받았지만, 자기가 무엇이 더 나아졌는지를 모르겠다는 것입니다. 여러분은 그런 식으로 여섯 번이 아니라 육천 번을 "구원" 받을 수 있지만, 그래도 나아지는 것은 하나도 없을 것입니다. 왜냐하면, 그런 것은 하나님의 구원이 아니기 때문입니다.

시편 기자는 "오, 주의 구원으로 나를 찾아 주소서"라고 기도했고, 이것은 참된 구원이자 근본적인 변화, 그리고 철저한 은혜의 역사를 의미하는 것이었습니다. 하나님의 구원은 예수의 보배 피로 온전히 깨끗하게 되는 것과 마음을 새롭게 하는 초자연적인 역사, 그리고 죽은 자를 살리셔서 새 생명을 주시는 부활의 역사를 포함합니다. 따라서 여러분이 "오, 주의 구원으로 나를 찾아 주소서"라고 기도할 때, 그것은 짝퉁 구원이 아니라 참된 구원을 주시라고 하나님께 청하는 것입니다.

또한, 이 구원은 온전한 구원이어서 사람을 죄를 사랑하는 것으로부터 구원합니다. 이 구원은 단지 사람을, 술 취하는 것, 거짓말하는 것, 도둑질하는 것, 더러운 것에서만 구원해 주는 것이 아니라, 그런 외적인 행위들과 아울러 내면의 악들로부터도 구원해 줍니다. 이 구원은 하나님의 은혜가 사람의 본성의 모든 부분에 역사해서 철저히 새로워지게 하는 것입니다. 하나님께서 여러분과 나로 하여금 하나님의 은혜의 역사가 아닌 어떤 구원으로는 결코 만족하지 않게 해주시기를 빕니다. 여러분도 로울랜드 힐(Rowland Hill) 목사님에 관한 일화를 아실 것입니다. 이 목사님이 런던의 뉴 커트(New Cut) 거리 근방을 가고 있는데, 한 술 취한 사람이 비틀거리며 그에게 다가와서 이렇게 말하더랍니다: "힐 목사님, 만나서 반갑습니다. 저는 목사님의 회심자들 중 한 사람입니다." 그러자 목사님의 대답은 이랬습니다: "그래요, 당신은 나의 회심자들 중 한 분일 것입니다. 만일 당신이 주님의 회심자들 중 한 사람이었다면, 이렇게 술에 취해 다니지는 않을 테니까요." 우리는 우리의 회심자들 중 너무나 많은 분들을 천국이 아닌 다른 모든 곳에서 만납니다. 그러나 사람으로 인해 회심한 것으로 만족하는 자들에게는 화가 있을 것입니다! 우리에게 필요한 것은 하나님이 친히 찾아오시는 것입니다. 그래서 우리는 시편 기자와 마찬가지로 "오, 주의 구원으로 나를 찾아 주소서"라고 기도합니다.

　마지막으로 중요한 것은, 하나님의 구원은 **영원한 구원**이라는 것입니다. 우리는 여러 분파들 속에서 종종 오직 일시적인 구원에 관하여 듣습니다. 나는 하루는 하나님의 자녀였다가 다음 날에는 마귀의 자녀가 되는 사람들에 대하여 많이 들어 왔습니다. 일시적인 구원은 야바위 구원이기 때문에, 나는 그런 구원은 전할 가치도 없고 받아들일 가치도 없다고 믿습니다. 그러나 하나님의 구원은 영원한 구원이기 때문에 전할 가치도 있고 받아들일 가치도 있습니다. 한 나이드신 성직자가 한 번은 그가 성도들의 견인, 즉 하나님께서 자신이 택하신 백성의 믿음을 끝까지 지켜 주실 것임을 믿느냐는 질문을 받았답니다. 그러자 그는 이렇게 대답했습니다: "나는 그 문제에 대해서 잘은 모르지만, 하나님께서는 일단 선한 일을 시작하신 후에는 이루시기까지 행해 나가신다는 것을 믿기 때문에 성도들의 견인에 관한 가르침도 참되다는 것을 굳게 믿습니다." 하나님의 참되심과 미쁘심은 성도들의 견인에 대해서도 그대로 적용되기 때문에, 성도들은 하나님의 보호하심 속에서 끝까지 믿음을 지켜 구원을 이루게 될 것입니다. 만일 성령께서 어떤 사람의 심령을 새롭게 하셨는데, 그 사람이 다시 거듭나기 이전의 상태로 되돌아가 버린다면, 성령의 역사는 결국 무효가 되어 버리는 것이 아니겠습니까? 그러므로 그 사람이 어떻게 하는 것이 합당하겠습니까?

　어떤 사람은 "그 사람이 다시 태어날 수 있을 것입니다"라고 말합니다. 무엇이라고요? 거듭난 사람이 어떻게 또 계속해서 거듭나고 거듭난다는 말입니까? 성경에 그런 가르침을 보증해 주는 말씀이 어디에 나옵니까? 나는 그렇게 믿지 않습니다! 만약 어떤 사람의 심령을 새롭게 하신 성령의 역사가 무효가 되었다면, 그런 사람에게는 이런 본문에 해당할 것입니다: "한 번 빛을 받고 하늘의 은사를 맛보고 성령에 참여한 바 되고 하나님의 선한 말씀과 내세의 능력을 맛보고도 타락한 자들은 다시 새롭게 하여 회개하게 할 수 없나니"(히 6:4-6). 왜냐하면, 하나님의 지극히 크신 역사가 이미 그들에게 베풀어졌는데도, 그들이 거기에서 떨어져 나간다면, 그들에게는 더 이상 아무것도 행해질 수 없기 때문입니다. 그러나 사도는 이렇게 엄숙한 선언을 한 후에, "사랑하는 자들아 우리가 이같이 말하나 너희에게는 이보다 더 좋은 것 곧 구원에 속한 것이 있음을 확신하노라"(히 4:9)고 말합니다. 그러므로 사랑하는 친구들이여, 하나님께서 여러분을 구원하시면, 여러분은 영원토록 구원을 받은 것입니다. 하나님이 여러분 속에서 은혜의 역사를 시작하셨다면, 그 역사는 어김없이 영광으로 끝나게 될 것입니다.

> "하나님께서는 모든 필요한 은혜를 부어 주실 것이고,
> 또한, 그 은혜에 영광의 관을 씌워 주실 것입니다!
> 하나님께서는 모든 것을 우리에게 주시고,
> 정직한 영혼들에게 진정으로
> 복된 것들을 하나도 빼놓지 않으실 것입니다."

"주여, 주의 구원으로 나를 찾아 주소서. 다른 사람들은 자기가 좋아하는 이런저런 구원을 찾겠지만, 나만은 주의 구원으로 찾아 주소서! 주께서 나의 기도를 들어주시면, 그 역사가 영원히 잘 이루어질 것입니다." 사랑하는 친구들이여, 여러분 자신을 위해 "오, 주의 구원으로 나를 찾아 주소서"라고 기도하십시오. "주 예수를 믿으라 그리하면 네가 구원을 받으리라"(행 16:31). "믿고 세례를 받는 사람은 구원을 얻을 것이요 믿지 않는 사람은 정죄를 받으리라"(막 16:16). 하나님께서 여러분 모두를 이끄셔서 우리 주 예수 그리스도로 말미암아 지금 즉시 그의 큰 구원을 받아들이게 해주시기를 빕니다. 아멘.

제
98
장

—

사람들은 왜 구원을 받는가?

—

**"그러나 여호와께서는 자기의 이름을 위하여 그들을 구원하
셨으니" ― 시 106:8**

피조세계 속에서 하나님이 지으신 것들을 바라보고 있노라면, 생각이 있는
심령들에게는 창조의 철학과 과학에 대한 단서를 얻기 위해서 반드시 먼저 해결
해야 할 두 가지 질문이 즉시 떠오르게 됩니다. 첫 번째 질문은 창조자에 대한 질
문입니다: "누가 이 모든 것들을 만들었을까?" 두 번째 질문은 목적 또는 의도에
관한 질문입니다: "이 모든 것들은 어떤 목적을 위해 창조되었는가?" "누가 이 모
든 것들을 만들었을까?"라는 첫 번째 질문은 정직한 양심과 올바른 마음을 지닌
사람이라면 쉽게 대답할 수 있는 질문입니다. 왜냐하면, 그런 사람은 눈을 들어
저 멀리 있는 별들을 볼 때에 그 별들 속에 황금 글자로 "하나님"이라는 단어가
씌어 있는 것을 보게 되고, 아래로 바다 물결들을 볼 때에 정직하게 귀를 열어 들
어보면 물결들마다 "하나님"을 선포하는 것을 듣게 되며, 산봉우리들로 눈을 향
하면 그 산들이 위엄 있는 침묵의 언어로 "우리를 만드신 이는 하나님이십니다"
라고 말하는 것을 듣게 되기 때문입니다. 또한, 우리가 산에서 물줄기가 쏴쏴 하
며 흘러내려오거나, 육중한 눈덩이들이 굴러 내려오거나, 가축들이 낮은 소리로
울거나, 새들이 노래하거나, 자연의 온갖 소리를 귀 기울여 들을 때면, 우리는 이
첫 번째 질문에 대하여 다음과 같은 대답을 듣게 됩니다: "하나님이 우리를 지으
신 분이십니다. 하나님께서 우리를 지으셨고, 우리가 우리 자신을 지은 것이 아

님니다."

창조의 의도에 관한 두 번째 질문, 즉 "이 모든 것들이 왜 지음 받았는가?"라는 질문은 성경을 떠나서는 대답하기가 쉽지 않습니다. 그러나 우리가 성경을 펼쳐보면, 첫 번째 질문에 대한 대답이 "하나님"인 것과 마찬가지로 두 번째 질문에 대한 대답도 동일하다는 사실을 발견합니다. "하나님의 영광을 위하여, 하나님의 존귀하심과 그의 기뻐하심을 위하여"가 그 대답입니다. 이 대답 이외의 그 어떤 다른 대답도 이치에 맞을 수 없습니다. 사람들이 그 어떤 다른 대답을 내놓으며 아무리 멋진 설명을 곁들인다고 하여도, 이 대답 이외의 다른 대답은 결코 옳을 수 없습니다. 우리가 피조물들이 하나도 존재하지 않았고 오직 세대들을 지으신 권능의 조물주께서 "나뿐이라 나 외에 다른 이가 없도다"(사 47:8)라는 말씀처럼 처음도 없고 끝도 없이 홀로 영원히 하나님으로서 영광 가운데 거하셨을 때를 잠시라도 생각한다면, "하나님께서 피조물들을 존재하게 하신 이유가 무엇일까?"라는 질문에 대해서 "하나님은 자신의 기뻐하심과 자신의 영광을 위하여 그것들을 지으셨다"는 대답 외에 그 어떤 다른 대답이 있을 수 없다는 것을 우리는 알게 됩니다. 우리는 하나님께서 만물들을 자신이 지으신 생명체들을 위하여 만드셨다고 말할 수도 있을 것입니다. 그러나 우리는 하나님께서 만물들을 자신이 지으신 생명체들을 위해 만드셨다고 하는데, 그 "생명체들"이라는 것이 존재하지 않았지 않느냐고 반문할 수 있습니다. 우리는 이제 그 대답 자체는 옳다고 인정합니다. 하나님은 자신의 생명체들을 위하여 곡식을 수확하는 것이 있게 하셨고, 자신의 생명체들을 빛과 햇빛으로 복 주시기 위하여 궁창에 해를 걸어 놓으셨습니다. 하나님은 이 땅에 있는 자신의 생명체들의 어둠을 비춰 주시기 위하여 달로 하여금 밤에 자신의 경로를 따라 걷도록 명하셨습니다. 그러나 만물의 기원으로 되돌아가 보면, 하나님께서 만물을 창조하신 목적에 대한 가장 근본적인 대답은 "만물은 하나님의 기뻐하심을 위하여 존재하고 세움을 입었다"는 것입니다. "하나님께서는 만물을 자신을 위하여 친히 만드셨습니다."

피조세계와 관련된 역사들에 적용되는 이러한 원칙은 구원의 역사들에도 그대로 적용됩니다. 여러분의 눈을 높이, 그러니까 하늘의 마루 위에서 반짝이는 저 별들보다 더 높이 들어서, 빛보다 더 희고 깨끗한 옷을 입은 영들이 자신의 영광의 빛으로 저 별들을 비추고 있는 곳을 바라보십시오. 구속함을 받은 자들이 그들의 합창으로 하나님의 보좌를 기뻐하는 찬송으로 둘러싸고서는, "저 영광을 입은 자들을 구원하신 이가 누구이며, 무슨 목적으로 구원하셨는가?'라고 묻고 있는 바로 그곳을 바라보십시오. 우리는 앞서의 질문에 대하여 대답했던 것과 동일한 대답을 할 수밖에 없습니다: "하나님께서 그들을 구원하셨고, '자기의 이름을 위하여' 구원하셨습니다." 오늘의 본문은 구원에 관한 두 가지 큰 질문들, 즉 "누가 사람들을 구원하셨고, 왜 구원하시는가?'라는 질문들에 대한 대답입니다: "여호와께서는 자기의 이름을 위하여 그들을 구원하셨습니다."

내가 이 아침에 바로 이 주제에 대하여 살펴보고자 합니다. 하나님께서 우리 각자가 이 말씀을 듣고 유익을 얻게 하시고, 우리를 "하나님의 이름을 위하여" 구원 받을 자들 가운데서 발견될 수 있게 해주시기를 빕니다. 누구나 다 알기 쉽게, 오늘의 본문을 문자 그대로 보면, 본문 속에는 네 가지가 나옵니다. 첫째는 영화로우신 구주에 관한 것입니다: "여호와께서는 그들을 구원하셨으니." 둘째는 은총을 받은 사람들에 관한 것입니다: "여호와께서는 그들을 구원하셨으니." 셋째는 하나님이 그들을 구원하신 이유에 관한 것입니다: "자기의 이름을 위하여." 넷째, 이 구원의 역사와 관련해서 넘어야 할 어떤 장애물이 있었다는 것입니다. 오늘의 본문의 맨 처음에 나오는 "그러나"는 그들의 구원을 위해서 제거되어야 했던 어떤 어려움이 있었음을 보여줍니다. 오늘 우리가 살펴볼 네 가지는 구주, 구원 받은 자들, 그 이유, 제거된 장애물입니다.

1. 첫째로, 영화로우신 구주가 계십니다.

본문에서 "그"는 누구입니까(히브리어 본문에는 이렇게 "그는"이라는 대명사로 되어 있음 — 역주)? 아마도 이 설교를 듣고 계시는 분들 중에서 다수는 "아, 그거야, 주 예수 그리스도가 사람들의 구주이시죠"라고 대답할 것입니다. 맞습니다, 나의 친구들이여! 그러나 정확히 다 맞은 것은 아닙니다. 예수 그리스도는 구주이시지만, 성부 하나님이나 성령 하나님도 마찬가지로 구주이십니다. 하나님의 진리에 무지한 어떤 사람들은 성부 하나님이라고 하면 사랑은 없고 오직 진노와 분노와 공의로만 가득 하신 위대한 존재라고 생각합니다. 그런 사람들은 성령 하나님에 대해서도 성부와 성자로부터 나오는 어떤 감화력 정도로 생각합니다. 그런 생각들은 완전히 잘못 생각하고 있는 것입니다. 성자께서 나를 구속하신 것은 맞지만, 성자를 보내셔서 나를 위해 죽게 하신 것도 성부이시고, 순전히 자신의 은혜로 말미암아 영원하신 택정함 가운데서 나를 택하신 것도 성부이십니다.

성부 하나님은 그리스도로 말미암아 나의 죄를 지우시고 나를 양자로 삼아 자신의 권속으로 받아들이셨습니다. 성자는 성부 없이 우리를 구원하실 수 없고, 성부는 성자 없이 우리를 구원하실 수 없습니다. 성령에 대해서 말하자면, 성자가 우리를 구속하신다면, 우리를 거듭나게 하시는 이는 성령이 아니고 누구입니까? 성령은 우리를 그리스도 안에서 새로운 피조물이 되게 하시고, 우리에게 산 소망을 주시며, 우리의 심령을 깨끗하게 하시고, 우리의 영혼을 거룩하게 하셔서, 마침내 우리를 지존자의 보좌 앞에 흠 없고 점 없는 자들로 드리셔서 사랑하는 자로 말미암아 열납되게 하십니다. 여러분이 "구주"라고 말할 때, 그 말 속에는 삼위일체 하나님이 계신다는 것을 기억하십시오. "구주"는 성부와 성자와 성령이라는 세 위격을 한 이름 안에 포괄하는 말입니다! 여러분은 성부 없이 성자만으로 구원받을 수 없고, 성자 없이 성부만으로 구원받을 수 없으며, 성령 없이 성부와 성자만으로 구원받을 수 없습니다. 그러나 삼위일체 하나님은 창조 사역에서 하나이시듯이, 구원 사역에서도 하나가 되셔서 우리의 구원을 위하여 함께 일하십니다. 바로 이 하나님께 영원무궁토록 영광을 돌립니다. 아멘.

그러나 우리가 여기에서 주목할 것은 이 하나님은 구원이 전적으로 자신이 하신 일이라고 말씀하신다는 것입니다: "그러나 여호와께서는 그들을 구원하셨으니." 그렇다면, 모세는 뭘 했다는 말입니까? 모세여, 당신은 그들을 구원하지 않았습니까? 당신은 홍해 위에 지팡이를 들어서 그 바다를 둘로 갈라지게 하지 않았습니까? 당신이 하늘을 우러러 기도했기 때문에, 개구리 떼들이 몰려오고, 파리 떼들이 몰려왔으며, 물들이 피로 변하였고, 우박이 애굽 땅을 덮친 것이 아닙니까? 모세여, 당신은 분명히 그들의 구원자가 아니었습니까? 그리고 아론이여, 당신도 하나님께서 열납하신 황소들을 제물로 드렸고, 광야에서 모세와 함께 그들을 인도하지 않았습니까? 그러니, 당신도 그들의 구원자가 아니었습니까? 모세와 아론은 이렇게 대답합니다: "아닙니다. 우리는 그저 도구들일 뿐이었고, 그들을 구원하신 이는 여호와이셨습니다. 하나님께서는 모든 영광이 자신의 이름에 돌아가고 우리에게는 전혀 돌아가지 않게 하시는 방식으로 우리를 사용하셨습니다." 그렇다면, 이스라엘이여, 당신들은 강하고 힘 있는 다른 민족과 싸워 이겼으니, 당신들이 스스로를 구원한 것이 아닙니까? 아마도 홍해가 마른 것도 당신들 자신의 거룩함 때문이었을지도 모릅니다. 홍해의 큰 물들이 성도들의 경건에 깜짝 놀라 그대로 우뚝 서 버리는 바람에 홍해의 밑바닥이 드러난 것일

지도 모릅니다. 그러니, 이스라엘이 자신을 구원한 것일 수 있습니다. 하지만 하
나님의 말씀은 결코 그렇게 말하지 않습니다. 이스라엘 백성들이 그들 자신을
구원한 것도 아니고, 모세나 아론 같은 지도자들이 그들을 구속한 것도 아니었
습니다. 오직 여호와 하나님께서 그들을 구원하셨습니다. 그런데도 이것에 대해
시비를 거는 사람들이 있습니다. 그들은 사람들은 스스로를 구원한다고 생각하
거나, 적어도 제사장들과 설교자들이 사람들이 스스로를 구원하는 것을 도울 수
있다고 생각합니다. 물론, 설교자는 하나님 아래에서 사람들의 주의를 환기시키
고 경고하고 깨어나게 하는 도구로 사용될 수 있습니다. 그러나 설교자는 아무
것도 아니고, 하나님만이 모든 것입니다! 천사 같은 입을 지닌 설교자에게서 흘
러나오는 아주 강력한 청산유수 같은 말들도 성령을 떠나서는 아무것도 아닙니
다. 바울이나 아볼로나 게바는 아무것도 아닙니다. 오직 하나님만이 구원받는
자들의 수를 더하실 수 있으시기 때문에, 모든 영광은 하나님의 것이 되어야 마
땅합니다. 우리는 "나는 모 목사님으로 인하여 회심한 자입니다"라거나 "나는 존
경하는 어느 목사님을 보고 회심한 자입니다"라고 말하는 사람들을 종종 만납니
다. 당신이 그런 식으로 말한다면, 나는 당신에게 당신이 천국에 가게 될 것이라
는 소망을 줄 수 없습니다. 오직 하나님으로 말미암아 회심한 자들만이 천국에
갈 수 있기 때문입니다! 사람으로 인해서 개종한 자들이 아니라 하나님으로 말
미암아 속량함을 받은 자들이어야 합니다. 어떤 사람을 우리의 견해를 받아들이
도록 회심시키는 것은 가치 없는 일이지만, 우리가 어떤 사람을 우리 주 하나님
에게로 회심시키는 수단이 되는 것은 정말 가치 있는 일입니다.

　　나는 얼마 전에 아일랜드에서 목회하시는 한 침례교 목사님으로부터 편지
한 통을 받았습니다. 거기에서 그 목사님은 나에게 아일랜드로 한 번 건너와 주
시라고 간절하게 청하였는데, 그 이유가 아일랜드에서는 침례교의 교세가 약해
서 얕잡아보는 경향이 있으니, 내가 그 곳을 방문하면, 사람들이 침례교인들을
좀 더 존중해 주게 될 것이라는 것이었습니다. 나는 그 목사님에게 그런 이유라
면 내가 길 건너편으로 가는 것조차 사절할 것인데, 아일랜드로 건너가는 것은
더더욱 하지 않을 것이라고 답장을 썼습니다. 그런 이유로는 내가 아일랜드로
건너갈 일은 결코 없을 것이라고 말이죠! 만일 내가 거기로 가서 사람들을 그리
스도께로 인도하는 수단으로 쓰임 받아서 하나님의 은혜로 말미암아 사람들이
회심하게 된다면, 나는 그들이 어느 교단에 속할지는 그들 자신이 하나님의 진

리에 비추어 어느 교단이 가장 그 진리에 가까운지를 성령의 인도하심을 받아 스스로 나중에 결정하게 할 것입니다. 형제들이여, 만일 내가 여러분 모두를 침례교인으로 만들 수는 있겠지만, 그렇게 했을 때에 여러분이 침례교인이 되어서 더 좋아질 것은 아무것도 없을 것입니다.

만약 내가 여러분 모두를 그런 식으로 회심시킨다면, 그러한 회심은 여러분으로 하여금 깨끗하게 되게 하기는커녕 더 많은 흠들이 있게 할 것이고 여러분을 성도가 아니라 외식하는 자들로 바꾸어놓게 될 것입니다. 나는 그러한 도매금으로 이루어지는 회심을 보아 왔고, 그런 회심을 만들어 내기 위해 부흥운동가들이 일어났습니다. 그들은 벽력같은 설교를 해서 한 번에 많은 사람들을 무릎 꿇립니다. 사람들은 그런 부흥사를 보고서 "정말 대단한 하나님의 사자야!" "한 번의 설교를 저렇게 많은 사람들을 회심시키다니"라고 말합니다. 그러나 그가 회심시킨 사람들이 한 달 후에 어떤 모습인지를 한 번 살펴보십시오. 그들 중 어떤 사람들은 선술집에 앉아 있고, 어떤 사람들은 욕을 하며 돌아다니며, 그 중에 다수는 건달과 사기꾼으로 살아가고 있을 것입니다. 그 이유는 간단합니다! 그들은 하나님으로 말미암아 회심한 자들이 아니라, 단지 사람으로 말미암아 회심한 자들이기 때문입니다. 형제들이여, 회심이 제대로 이루어지려면, 하나님으로 말미암은 회심이 되어야 합니다. 하나님이 회심시키신 것이 아닌 회심은 계속해서 지속될 수도 없고 내세에 아무런 유익도 될 수 없습니다.

어떤 사람들은 "목사님, 그런데, 사람들이 스스로 회심해야 하는 것이 아닙니까?"라고 반문합니다. 물론, 사람들이 마음을 고쳐먹고 회심하는 것은 좋은 일입니다. 사람들이 스스로 회심하는 것은 비일비재하게 일어납니다. 그러나 사람들이 스스로 회심했다면, 또한 자신의 회심을 언제라도 무효로 돌릴 수도 있지 않겠습니까? 오늘 스스로 회심한 사람이 내일 그 회심을 무효로 돌리는 일은 아주 흔한 일입니다! 자신의 손으로 매듭을 묶었으니 그 매듭을 푸는 것도 자신의 손으로 할 수 있습니다. 여러분은 스스로 열두 번도 더 회심할 수 있지만, "육으로 난 것은 육"이기 때문에 "하나님의 나라를 볼 수 없다"(요 3:3, 6)는 것을 기억하여야 합니다. 오직 "영으로 난 것"만이 "영"이기 때문에, 신령한 것들만 들어갈 수 있는 천국에 이르러서 마침내 지존자의 보좌 앞에 서게 될 것입니다. 이러한 대권은 오직 하나님만 가지고 계십니다. 하나님이 창조주가 아니라고 말하는 사람은 누구든지 불신자입니다. 하나님이 만물을 지으신 절대적인 창조주이시라는 이 가르침을 훼손하는 사람이 있다면, 우리는 그가 누구든지 즉시 그에게 야유를 퍼부어 끌어내릴 것입니다. 하지만 사람들이 스스로 회심할 수 있다고 말하며 하나님으로 말미암는 회심을 부정하는 자는 최악의 불신자이고 더욱 뻔뻔스러운 자입니다. 오늘의 본문은 오직 크신 여호와, 즉 성부와 성자와 성령께서 "자기의 이름을 위하여 그들을 구원하셨다"고 말씀합니다.

지금까지 나는 첫 번째로 영화로우신 구주에 관한 진리를 분명하게 제시하고자 했습니다.

2. 둘째로, 은총을 받은 사람들이 있습니다.

본문은 "여호와께서는 그들을 구원하셨으니"라고 말씀하는데, 하나님의 은총을 받은 사람들은 도대체 누구였습니까? 여러분은 이렇게 말할 것입니다: "그들은 세상에서 가장 존경 받을 만한 사람들이었을 것입니다. 그들은 기도도 많이 하고 사랑도 많으며 거룩해서 하나님의 은총을 받을 자격이 충분한 사람들이었을 것입니다. 그래서 그들이 선하였기 때문에, 하나님이 그들을 구원하신 것이겠지요." 그것은 여러분의 생각이고, 나는 여러분에게 모세가 그들에게 대하여 무엇이라고 말하였는지를 들려드리고자 합니다: "우리의 조상들이 애굽에 있을 때 주의 기이한 일들을 깨닫지 못하며 주의 크신 인자를 기억하지 아니하고 바다 곧 홍해에서 거역하였나이다 그러나 여호와께서는 자기의 이름을 위하여 그들을 구원하셨으니"(7-8절). 7절을 보십시오. 거기에는 그들이 어떤 사람들인지가 나와 있습니다. 먼저, 그들은 어리석고 우둔한 사람들이었습니다: "우리의 조상들이 애굽에 있을 때 주의 기이한 일들을 깨닫지 못하며." 다음으로, 그들은 감사할 줄 모르는 배은망덕한 사람들이었습니다: "주의 크신 인자를 기억하지 아니하고." 셋째로, 그들은 하나님의 화를 돋우는 사람들이었습니다: "바다 곧 홍해에서 거역하였나이다." 바로 이런 사람들을 하나님께서는 값없이 은혜를 주셔서 구원하셨습니다! 은혜가 풍성하신 하나님께서 자신을 낮추셔서 자신의 품에 품으시고 새롭게 하시는 자들은 바로 이런 사람들입니다.

먼저, 그들은 어리석고 우둔한 사람들이었습니다. 하나님께서는 자신의 복음을 언제나 지혜롭고 분별 있는 자들에게만 주시는 것이 아니라 어리석은 자들에게도 주십니다:

"하나님은 어리석은 자들을 취하셔서
　자기가 죽기까지 그들을 사랑하신
　놀라운 일들을 알게 하십니다."

　　지금 내가 전하는 말씀을 듣고 계시는 분들이여, 여러분 중에 제대로 배울 수 없는 환경에서 자라나서 글을 읽거나 쓸 수 없을 뿐만 아니라 자신의 이름조차 쓸 수 없는 분들이 계신다고 하여도, 그들은 그런 이유 때문에 자기가 구원받을 수 없을 것이라고 생각하지 마시기 바랍니다. 하나님의 은혜는 얼마든지 그런 분들을 구원하셔서 빛을 비춰 주실 수 있으십니다! 나와 동역하시는 한 목사님이 전에 어떤 사람에 관한 얘기를 들려주었는데, 그 사람은 자신이 사는 마을에서 "멍청이"라 불렸고, 사람들은 그의 머리가 늘 멍청한 것으로 생각했기 때문에, 그가 뭘 이해하리라고는 꿈에도 생각하지 않았습니다. 그런데 어느 날 그가 복음을 듣게 되었습니다. 그는 늘 술에 취해 살아갔지만, 무엇이 악한 것인지를 알 정도의 극히 평범한 분별력은 지니고 있었습니다. 하나님께서는 그의 심령에 말씀이 들어가도록 하셨고, 그는 사람이 바뀌게 되었습니다. 가장 놀라운 변화는 신앙으로 말미암아 그에게 잠재되어 있던 능력들이 계발되기 시작했다는 것입니다. 그는 자기가 무엇을 위해 살아가야 하는지 인생의 목적을 알게 되었고, 자기가 할 수 있는 것들을 하려고 하기 시작하였습니다. 먼저, 그는 자신의 구주의 이름을 읽고 쓰기를 바랐기 때문에 성경을 읽고자 하였습니다. 많은 시행착오를 거쳐서 마침내 그는 성경 한 장을 읽을 수 있었습니다. 그런 후에, 그는 기도회에 참석해서 기도하고자 하였습니다. 그것은 말하는 연습이었습니다. 그는 대여섯 단어를 더듬거리며 기도한 후에 자리에 앉았습니다. 그러나 집에서 가족과 함께 계속해서 기도한 결과, 그는 다른 형제들처럼 기도할 수 있게 되었고, 꾸준히 노력해서 마침내 설교자가 되었습니다. 놀랍게도, 그는 갑자기 강단에서 설교하는 목회자들 가운데서도 극히 드물게 발견되는 깊은 이해력과 사고력을 갖게 되었습니다. 하나님의 은혜가 그의 타고난 능력들을 계발시키는 놀라운 일이 벌어진 것입니다. 그 은혜는 그에게 인생의 목적을 주어서 경건한 마음으로 확고하게 그 목표에 집중하게 함으로써 그에게 있던 모든 자원들을 다 끌어내어 만개하게 만든 것입니다. 여러분은 아무것도 모른다고, 무지하다고 절망할 필요가 없습니다. 하나님께서는 그들을 구원하셨습니다. 결코 그들이 잘나서가 아니었습니다. 그들에게는 구원 받을 만한 자격이 하나도 없었습니다. 하나님께서는 그들의 지혜를 보시고서 그들을 구원하신 것이 아니었습니다. 그들은 하나님의 이적들의 의미를 이해하지 못할 정도로 무지하였지만, "여호와께서는 자기의 이름을 위하여 그들을 구원하셨습니다."

또한, 그들은 정말 배은망덕한 사람들이었지만, 하나님은 그들을 구원하셨다는 것을 주목하십시오. 하나님께서는 그들을 무수히 구원하셨고, 그들을 위해 놀라운 이적들을 베푸셨지만, 그들은 계속해서 거역하고 반역하였습니다. 이것은 지금 이 자리에서 말씀을 듣고 있는 여러분의 모습이기도 합니다. 여러분은 무덤 입구까지 갔다가 건짐을 받은 적이 많습니다. 하나님께서는 여러분에게 집과 일용할 양식과 필요한 것들을 공급해 주셨고, 이 시간까지 지켜 주셨습니다. 그러나 여러분은 얼마나 배은망덕한 삶을 살아 왔습니까! 이사야는 "소는 그 임자를 알고 나귀는 그 주인의 구유를 알건마는 이스라엘은 알지 못하고 나의 백성은 깨닫지 못하는도다"(사 1:3)라고 말했습니다. 하나님으로부터 받은 은총들을 얘기하자면 일 년이라도 부족할 것인데도 하나님을 위해 한 것이 아무것도 없는 사람들이 얼마나 많습니까? 그들은 그들을 위해 일하지 않는 말을 키우고 싶어 하지 않을 것입니다. 아니, 자기가 키우는 개가 주인을 알아보지 못하면, 사람들은 당장 그 개를 갖다 버릴 것입니다. 그러나 하나님은 그렇게 하지 않으십니다. 하나님께서는 그들을 날이면 날마다 지켜 주시고 보호해 주셨지만, 그들은 늘 하나님을 거역했고, 하나님을 위해서는 아무것도 하지 않았습니다. 하나님은 떡을 그들의 입에 넣어 주시고 그들을 양육하시며 그들의 힘을 키워 주셨지만, 그들은 하나님께 도전하고 하나님의 이름을 욕하며 하나님이 정하신 안식일을 범하는 데에 자신의 힘을 썼습니다. "그럼에도 불구하고 여호와께서는 그들을 구원하셨습니다." 이런 부류의 사람들이 구원을 받은 것입니다. 나는 오늘 이 자리에서도 그런 분들이 하나님의 은혜와 새롭게 하시는 성령의 강력한 능력으로 말미암아 구원받게 되기를 소망합니다. "그럼에도 불구하고 여호와께서는 그들을 구원하셨습니다." 그들에게는 칭찬 받을 만한 것이 아무것도 없었고, 오직 그들의 배은망덕함으로 인하여 마땅히 버림받을 이유들만이 있었지만, "그럼에도 불구하고 여호와께서는 그들을 구원하셨습니다."

또한, 그들은 하나님의 화를 돋우는 사람들이었습니다. 본문에서는 그들이 "바다 곧 홍해에서 거역하였나이다"라고 말합니다. 이 세상에는 하나님의 화를 돋우는 사람들이 얼마나 많습니까? 만일 하나님이 사람 같으셨다면, 우리 중에 오늘 이 자리에 있을 사람이 누가 있겠습니까? 우리는 한두 번 화가 나면 금세 주먹이 나 갑니다. 어떤 사람들은 조금만 건드려도 버럭 화를 내고, 좀 더 차분하고 침착한 사람들은 화를 참고 참다가 마침내 "모든 것에는 한계가 있는 법이기 때문에, 내 가 참는 것도 한계가 있으니, 당신이 그만 하지 않으면 내가 당신을 그만 하게 만 들겠소"라고 말합니다. 만일 하나님께서도 그렇게 하셨다면, 우리는 지금 어디 에 있겠습니까? 하나님께서 이렇게 말씀하시는 것이 당연합니다: "나의 생각은 너희 생각과 같지 않다. 나는 하나님이기 때문에 변함이 없다. 그렇지 않았다면, 너희 야곱의 자손들은 이미 소멸되고 말았으리라." 그들은 하나님의 화를 돋우 는 사람들이었지만, "그럼에도 불구하고 여호와께서는 그들을 구원하셨습니다." 여러분은 하나님의 화를 돋우는 일들만을 해왔습니까? 용기를 내십시오. 여러분 이 회개하기만 한다면, 하나님께서는 여러분을 구원하시겠다고 약속하셨습니 다. 더 나아가, 이 아침에 하나님께서는 여러분으로 하여금 회개하게 하시고, 회 개하는 자들에게 죄 사함을 주실 것입니다. 왜냐하면, 하나님은 자신의 화를 돋 우는 자들도 "자기의 이름을 위하여" 구원하시기 때문입니다.

　이 설교를 듣는 분들 중에는 이렇게 말하는 분들도 있을 것입니다: "목사님, 그것은 우리에게 죄를 부추겨서 벌을 받게 하고자 하는 것이 아닙니까? 목사님 은 마치 세상에서 가장 악한 자들을 앞에 놓고 말씀하시는 것처럼 그런 사람들 도 구원받을 수 있다고 말씀하고 계시는 것이니까요!" 그러면, 여러분에게 한 가 지만 물어보겠습니다. "내가 세상에서 가장 악한 자들에게 말씀을 전하고 있다 고 한다면, 여러분은 그런 자들입니까, 그런 자들이 아닙니까?" 여러분은 아마도 "우리는 그런 자들이 아니고, 세상에서 가장 존경 받을 만하고 선한 자들에 속합 니다"라고 말할지도 모릅니다. 그렇다면, 나는 여러분에게 말씀을 전할 필요가 없습니다. 왜냐하면, 여러분은 자기에게는 하나님의 그 어떤 말씀도 필요하지 않다고 생각하고 있는 것이니까요. 주님께서는 "건강한 자에게는 의사가 쓸 데 없고 병든 자에게라야 쓸 데 있느니라"(막 2:17)고 말씀하십니다. 그러나 내가 죄 를 부추기는 말을 하고 있다고 주장하는 이 가련한 사람들은 하나님의 말씀을 들을 필요가 없다고 합니다. 나는 여러분에게 작별인사를 하고 떠나겠습니다. 여러분은 자신의 복음을 고수하십시오. 하지만 나는 여러분이 그러한 복음으로 과연 천국으로 가는 길을 발견하게 될지 심히 의심스럽습니다. 아니, 나는 여러분이 가련한 죄인으로 나아와서 하나님의 말씀을 듣고 그리스도를 영접함으로써 하나님께서 "자기의 이름을 위하여" 여러분을 구원하시지 않는다면, 여러분은 결코 천국에 갈 수 없을 것임을 압니다. 그러나 나는 여러분에게 작별을 고하고 나의 길을 계속해서 가겠습니다. 여러분은 내가 사람들에게 죄를 부추긴다고 말하지만, 사실 나는 사람들에게 죄에서 돌이키라고 권하는 것입니다. 나는 하나님께서 자기의 화를 돋우는 사람들을 구원하셨다고 말하긴 했지만, 그렇게 구원받은 그들에게 이전처럼 여전히 하나님의 화를 돋우라고 말하지는 않았습니다. 나는 하나님께서 악한 자들을 구원하셨다고 말하긴 했지만, 그들에게 이전처럼 계속해서 죄를 지으라고 말하지는 않았습니다.

여러분은 "구원받았다"는 말의 의미를 압니다. 나는 그 말의 의미를 얼마 전 아침 예배 때에 설명한 바 있습니다. "구원받았다"는 말은 단지 천국으로 가게 되었다는 것만을 의미하는 것이 아니라, 그 사람들이 그들의 죄로부터 구원을 받았다는 것을 의미합니다. 그것은 하나님께서 그들에게 새 마음과 새 영과 새 삶을 주셨다는 것을 의미합니다. 그것은 하나님께서 그들을 새 사람으로 만드셨다는 것을 의미합니다. 그런데도 그리스도께서 세상에서 가장 악한 자들을 취하셔서 성도들로 만드신다고 말하는 것 속에 사람들에게 죄를 부추기는 어떤 내용이 있다는 생각이 듭니까? 그런 것이 있다고 해도, 나는 전혀 그것을 볼 수가 없습니다. 나는 단지 하나님께서 이 회중 가운데서 가장 악한 자들을 취하셔서 살아 계신 하나님의 성도들로 만드셔서, 그들의 삶이 이전보다 훨씬 덜 방탕한 삶이 되게 하시기를 빌 뿐입니다. 죄인들이여, 나는 여러분에게 죄가 아니라 회개를 권하는 것입니다. 죄인들이여, 천국의 성도들도 한때는 여러분처럼 악한 자들이었습니다. 여러분이 술주정뱅이이거나 욕하는 자이거나 추악한 자입니까? 천국의 성도들 중 어떤 사람들도 한때 그랬습니다. 그러나 그들은 씻음을 받았고 거룩하게 하심을 받았습니다. 여러분의 옷이 검고 더럽습니까? 천국의 성도들에게 그들의 옷도 더럽고 검은 적이 있었느냐고 물어보십시오. 그들은 "그렇고 말고요, 하지만 우리가 우리 옷을 깨끗하게 빨았지요"라고 대답할 것입니다. 만일 그들의 옷이 더럽고 검지 않았더라면, 씻음을 받을 필요가 없었을 것입니다. "우리는 옷을 깨끗하게 빨았고, '어린 양의 피에 그 옷을 씻어 희게 하였습니다'(계 7:14)." 그러므로 죄인들이여, 그들도 더럽고 검었다가 구원을 받았는데, 왜 여러분이라고 해서 안 되겠습니까?

"주의 거저 베푸시는 긍휼하심의 풍성하신 것을 모르는가?
그러니 내 영혼아, 내게도 그 긍휼을 베푸소서라고 말하라.
우리 예수께서 십자가 위에서 돌아가셨으니,
내 영혼아, 내게도 그 은혜를 주시라고 말하라."

자신의 죄를 뉘우치고 참회하는 자들이여, 담대하십시오. 하나님께서 여러분에게 은혜를 주실 것입니다. "그럼에도 불구하고 여호와께서는 자기의 이름을 위하여 그들을 구원하셨습니다."

3. 셋째로, 우리가 살펴볼 것은 구원의 이유에 관한 것입니다.

본문은 "여호와께서 자기의 이름을 위하여 그들을 구원하셨으니"라고 말씀합니다. 하나님께서 사람을 구원하시는 이유는 오직 "자기의 이름을 위하여"일 뿐이고, 다른 이유는 없습니다. 죄인 속에는 그로 하여금 구원을 받게 해줄 수 있는 어떤 자격이나 하나님으로 하여금 은혜를 베푸시지 않을 수 없게 만드는 그 어떤 것이 전혀 없습니다. 하나님께서 사람들을 구원하시는 이유는 오직 하나님의 마음속에서만 찾을 수 있습니다. 어떤 사람은 "나는 아주 정직하게 살아 왔기 때문에 하나님이 나를 구원하시는 것이 마땅합니다"라고 말합니다. 하나님께서는 그런 사람에게는 결단코 구원을 베풀지 않으실 것입니다. 또 어떤 사람은 "내가 아주 재능이 많기 때문에 하나님은 나를 구원하실 거야"라고 말합니다. 하나님께서는 그렇게 말하는 사람도 구원하지 않으실 것입니다. 당신의 재능이라고요? 그런 말을 하는 당신은 콧물을 질질 흘리는 코흘리개이거나 아무것도 모르고 기고만장해하는 백치일 것입니다. 왜냐하면, 당신의 재능이라는 것은 한때 하나님의 보좌 앞에서 시립하고 서 있었던 저 천사의 재능에 비하면 아무것도 아니기 때문입니다. 그 천사는 범죄해서 무저갱으로 영원히 던져졌습니다. 만일 하나님께서 사람들을 그들의 재능을 보시고서 구원하신다면, 사탄도 구원을 받아야 합니다. 왜냐하면, 사탄도 대단한 재능을 지니고 있기 때문입니다. 여러분의 도덕성과 선함은 단지 더러운 넝마에 불과한 것들이기 때문에, 하나님께서는 여러분이 행하는 그 어떤 것을 보시고서 여러분을 구원하시는 일도 절대로 없을 것입니다. 만일 하나님께서 우리에게 뭔가를 요구하시거나 기대하신다면, 우리 중에는 구원 받을 사람이 아무도 없을 것입니다. 그러므로 우리는 전적으로 하나님의 소관인 그 어떤 이유들로 인해서 구원을 받지 않으면 안 됩니다. 우리의 구원의 모든 근거는 하나님 자신의 품 속에 있습니다. "자기의 이름을 위하여" 우리를 구원하시는 하나님이여, 우리가 하나님의 이름을 송축하나이다. 그렇다면, "자기의 이름을 위하여"라는 것은 무엇을 의미합니까? 나는 하나님의 이름은 하나님 자신, 하나님의 성품들, 하나님의 본성을 의미한다고 생각합니다. 하나님께서는 자신의 본성상, 그리고 자신의 성품상 사람들을 구원하셨습니다. 우리는 거기에 하나님의 이름이 "그리스도 안에" 있다는 것도 포함시킬 수 있을 것입니다. 따라서 하나님께서는 하나님의 이름이신 그리스도를 위하여 우리를 구원하십니다. 그렇다면, "자기의 이름을 위하여"가 무엇을 의미하는지를 다시 한 번 정리해 보겠습니다. 나는 그것이 다음과 같은 것들을 의미한다고 생각합니다.

먼저, 하나님께서 그들을 구원하신 것은 자신의 본성을 나타내시기 위한 것이었다는 것입니다. 하나님은 그 존재 자체가 온통 사랑이셨고, 그것을 나타내고자 하셨습니다. 하나님은 해와 달과 별들을 만드시고, 웃고 있는 푸른 땅 위에 꽃들을 흐드러지게 뿌려놓으심으로써 그 사랑을 보여주셨습니다. 하나님은 공기가 사람들의 몸에 향긋하게 느껴지고 햇빛이 사람들의 눈을 시원하게 해주도록 하심으로써 그 사랑을 보여주셨습니다. 하나님은 우리가 입을 옷과 땅 속에 매장된 연료를 주셔서 겨울에도 우리를 따뜻하게 해주시지만, 한층 더 분명하게 자신을 계시하고자 하셨습니다: "어떻게 하면 내가 한없는 사랑으로 그들을 사랑한다는 것을 보여줄 수 있을까? 내가 내 아들을 죽음에 내어주어 세상에서 가장 악한 자들을 구원함으로써 나의 본성을 나타내리라." 하나님께서는 실제로 그렇게 하셨고, 그렇게 하심으로써 자신의 능력과 공의와 사랑, 자신의 신실하심과 참되심을 나타내셨습니다. 하나님은 구원의 큰 역사를 통해서 자신의 전부를 나타내셨습니다. 말하자면, 구원 역사는 하나님께서 사람들에게 자신의 모습을 보이시기 위하여 걸어 나오신 발코니와 같았습니다. 구원의 발코니에서 하나님께서는 사람들의 영혼을 구원하심으로써 자기 자신을 나타내십니다.

또한, 하나님께서 사람들을 구원하신 것은 "자기의 이름"을 신원하시기 위한 것이었습니다. 어떤 이들은 하나님이 잔인하시다고 말합니다. 그들은 악하게도 하나님을 폭군이라 부릅니다. 하나님께서는 이렇게 말씀하십니다: "아, 그렇게 말들을 하는구나. 그러나 나는 세상에서 가장 악한 죄인들을 구원해서 내 이름을 신원하리라. 내 이름에 붙은 오명을 씻으리라. 그 녹을 제거하리라. 그들이 더러운 거짓말쟁이들이 아니라면, 이제 더 이상 그런 말을 할 수 없게 하리라. 왜냐하면, 내가 차고 넘치는 긍휼을 사람들에게 베풀 것이기 때문이다. 내가 내 이름에서 그러한 오명을 제거할 때, 그들은 나의 큰 이름이 사랑이라는 것을 알게 되리라." 또한, 이렇게 말씀하셨습니다: "내가 내 이름을 위하여, 즉 이 사람들이 내 이름을 사랑하게 하기 위하여 이 일을 하리라. 내가 세상에서 가장 선한 자들을 취하여 구원한다면, 그들이 내 이름을 사랑하리라는 것을 나는 안다. 그러나 내가 세상에서 가장 악한 자들을 취하여 구원한다면, 그들이 나를 얼마나 더 사랑하겠는가! 내가 땅 위에서 쓰레기 같은 자들을 데려다가 나의 자녀로 삼는다면, 그들이 얼마나 더 나를 사랑하겠는가! 그때에 그들은 내 이름을 놓지 않으려 할 것이다. 그들은 내 이름을 음악보다 더 감미롭다고 여길 것이다. 내 이름은 그들에게 동방의 상인들이 가져오는 '나드 향품' 또는 '나드 기름'보다 더 귀하게 될 것이다. 그들은 내 이름을 정금보다 더 소중히 여기게 될 것이다. 많은 죄를 사함 받은 자가 자신이 많은 빚을 진 것을 알아서 나를 가장 사랑할 것이다." 이것이 하나님께서 흔히 세상에서 가장 악한 자들을 택하셔서 자신의 자녀로 삼으시는 이유입니다. 옛 저술가는 이렇게 말합니다: "천국의 모든 조각물들은 매듭들로 이루어져 있었습니다. 하나님의 성전은 백향목들로 지어진 성전인데, 그 백향목들은 하나님께서 그것들을 베시기 전에는 모두 매듭투성이의 나무들이었습니다." 하나님이 세상에서 가장 악한 자들을 택하신 것은 그런 자들에게 자신의 이름을 두시는 자신의 솜씨를 나타내시기 위한 것입니다. 성경은 "이것이 여호와의 기념이 되며 영영한 표징이 되어 끊어지지 아니하리라"(사 55:13)고 말합니다. 사랑하는 자들이여, 여러분이 어떤 사람이든, 여러분이 꼭 깊이 숙고할 가치가 있는 것이 있는데, 그것은 우리가 구원 받았다면 그것은 우리 자신의 이름이 아니라 하나님의 이름을 위하여 구원 받은 것이기 때문에 그 구원은 순전히 하나님을 위한 것이라는 사실입니다.

그러므로 구원과 관련해서 모든 사람은 다 평등하고 차별이 있을 수 없습니다. 이 동산으로 들어오기 위해서는 누구나 암호를 대야 하는데, 그 암호가 어떤 이름을 말하는 것이라고 가정해 봅시다. 그런 경우에 거기로 들어오고자 하는 사람은 신분이나 지위를 막론하고 오직 그 이름을 대야만 들어올 수 있습니다. 왕도 그 이름을 말해야만 들어올 수 있고, 누더기 옷을 입은 거지도 그 이름을 말해야만 들어올 수 있습니다. 왜냐하면, 그 이름을 대야만 들어올 수 있다는 것이 법이고, 거기에는 그 어떤 차별도 있을 수 없기 때문입니다. 그러므로 현숙하고 품행이 단정한 저 숙녀분도 그 이름을 대야 하고, 마찬가지로 다락방이나 골방에 살며 더러운 옷을 걸치고 있는 당신도 그 이름을 대기만 하면, 그 즉시 문은 활짝 열릴 것입니다. 왜냐하면, 천하에 다른 이름이 아니라 오직 그리스도의 이름을 대는 자는 누구든지 구원을 얻게 되어 있기 때문입니다. 이것은 도덕군자들의 교만을 무너뜨리고, 자기의에 충만하여 한껏 높아져 있는 자들을 끌어내려서, 우리 모두를 똑같은 죄인으로서 하나님 앞에 서게 하여 그의 긍휼하심을 받게 만듭니다. 우리가 구원을 받는 것은 오직 "하나님의 이름을 위하여"이고, 그것만이 이유입니다.

4. 넷째로, 제거되어야 할 장애물에 관한 것입니다.

내가 여러분을 너무 오랫동안 붙들어두고 있기는 하지만, 오늘의 본문에 나오는 "그러나"(KJV에는 "그럼에도 불구하고")라는 말이 내포하고 있는 제거되어야 할 장애물에 대하여 마지막으로 살펴보고 설교를 마무리하고자 합니다. 나는 이 네 번째 대지는 비유를 사용하는 방식으로 조금 흥미롭게 전개해 나갈 것입니다.

옛적에 "긍휼"이 "사랑"이라는 무리에 의해서 둘러싸인 가운데 눈처럼 흰 보좌에 앉아 있었습니다. 한 죄인이 "긍휼" 앞에 끌려나왔고, "긍휼"은 그 죄인을 구원하고자 했습니다. 전령관이 나팔을 불었고, 세 번 큰 소리로 나팔을 분 후에, "하늘과 땅과 음부여, 내가 너희를 오늘 '긍휼'의 보좌 앞으로 호출하노니, 너희는 와서 이 죄인이 왜 구원받아서는 안 되는지 그 이유를 고하도록 하라"고 말하였습니다. 거기에는 죄인이 공포에 질려 떨며 서 있었습니다. 그는, "긍휼"의 법정으로 몰려들어서 분노에 찬 눈으로 "그를 구원해서는 안 되고, 그는 멸망을 피하지 못할 것이며, 반드시 멸망에 처해져야 합니다"라고 말할 수많은 대적들이 있다는 것을 알고 있었습니다.

나팔이 울려 퍼졌고, "긍휼"은 자신의 보좌에 침착하게 앉아 있었는데, 그때에 한 험상궂은 얼굴을 한 자가 걸어 들어왔습니다. 그의 머리는 빛으로 덮여 있었고, 그의 목소리는 우레 같았으며, 그의 눈에서는 번개가 번쩍였습니다. "긍휼"은 "당신은 누굽니까?"라고 물었고, 그는 "나는 하나님의 법이요"라고 대답했습니다. "당신은 무슨 말을 하려고 하는 거요?" "내가 할 말은 이거요." 그는 양면에 글자가 쓰인 돌판을 들어 올리며 말했습니다: "이 철면피 같은 자가 여기에 씌어 있는 십계명을 어겼소. 여기 하나님의 법에 '범죄하는 그 영혼은 죽으리라'(겔 18:4)고 씌어 있으니, 내가 요구하는 것은 그 자의 피요. 그 자는 죽어야 하오, 그렇지 않으면 공의가 죽고 마오." 그 가련한 죄인은 부들부들 떨었고, 그의 무릎도 떨려서 서로 부딪쳤으며, 그의 뼈와 골수는 마치 불 앞에서 녹아내리는 얼음처럼 그의 속에서 녹았습니다. 그는 대경실색해서 온 몸이 떨렸습니다. 그는 이미 벼락이 자기에게 떨어지기 시작하는 것이라고 생각하였습니다. 그는 번개가 자신의 영혼 속으로 뚫고 들어오는 것을 보고 있다고 생각했습니다. 지옥이 자기 앞에서 입을 크게 벌리고 있는 듯하였고, 그는 자신이 그 속으로 영원히 던져질 것이라고 생각하였습니다.

"긍휼"은 웃으며 이렇게 말했습니다: "율법이여, 내가 당신에게 대답하죠. 이 가련한 사람은 사실 죽어 마땅한 자요. 공의는 그를 죽이기를 요구하고 있으니, 당신의 주장이 옳소." 여러분, 두려워 벌벌 떨고 있는 저 죄인이 보이십니까! 그러나 그 죄인은 이렇게 항변합니다: "오늘 나와 함께 여기에 오신 분이 계시는데, 그분은 나의 왕 나의 주이십니다. 그의 이름은 예수신데, 그분이 여러분에게, 내가 진 빚을 그가 어떻게 다 갚으셔서 나를 무죄 방면시키실 것인지를 말씀하실 것입니다." 그런 후에, 예수께서 이렇게 말씀하셨습니다: "긍휼이여, 내가 당신께 한 가지 청이 있소. 나를 잡아서 가두고, 내 등을 채찍질하고 나서 십자가에 못 박아 죽이시오. 피가 내 손과 발에서 흐르게 하고, 나를 무덤으로 내려가게 하시오. 그렇게 해서 모든 죄인들이 빚진 것들을 내가 다 갚게 해주시오. 내가 모든 죄인들을 대신해서 죽으리다." 그러자 율법이 나와서 구주를 채찍질하고 십자가에 못 박고 나서, 완전히 만족한 듯이 아주 밝은 얼굴을 하고 돌아와 다시 "긍휼"의 보좌 앞에 섰습니다. 긍휼이 "율법이여, 아직도 할 말이 있소?"라고 묻자, 율법은 "공평한 천사여, 아무것도 없소이다"라고 대답했습니다. "무엇이라고요? 율법의 계명들 중 그 어느 것으로도 이 죄인을 단죄하지 않겠다고요?" "단 한 계명도 적용할 게 없소. 예수께서 그 죄인을 대신해서 모든 율법을 다 지키셨고, 그 죄인의 불순종에 대한 벌도 다 받으셨소. 그러니 이제 나는 그 죄인을 단죄하는 것이 아니라, 도리어 그 죄인을 무죄방면해 줄 것을 공의의 율법에 의거하여 요구하는 바이오."

긍휼은 "죄인은 여기에 서 있고, 율법은 내 보좌에 앉으시오. 나와 당신이 이제 또 다른 호출 신호를 보낼 것이오"라고 말했고, 또다시 나팔 소리가 울려 퍼

졌습니다: "이 죄인을 무죄방면해 주어서는 안 될 이유를 말할 자는 모두 다 여기로 오시오." 그러자 죄인을 자주 괴롭혔던 자, 율법보다는 목소리가 크지는 않았지만 그래도 날카롭고 찌르는 듯한 목소리를 지닌 자가 등장했습니다. 그의 속삭이는 듯한 음성은 마치 단도로 찌르는 것 같이 매서웠습니다. 긍휼이 "당신은 누구요?"라고 묻자, 그는 이렇게 말했습니다: "나는 양심이오. 이 죄인은 처벌받아야 하오. 그는 하나님의 법을 너무나 많이 어겼기 때문에 벌을 받아야만 하오. 나는 이 자의 처벌을 요구하는 바이오. 나는 이 자가 처벌 받을 때까지, 아니 그 후에도 결코 그에게 쉼을 주지 않을 것이오. 그가 죽은 후에도 무덤까지라도 쫓아가서 이루 말할 수 없이 큰 고통으로 그를 핍박할 것이오." 긍휼은 양심을 제지하며 그 말하는 것을 중간에서 끊고서 "내 말 좀 들어보시오"라고 말하며, 우슬초에 피를 묻혀서 양심에게 뿌린 후에 이렇게 말했습니다: "양심이여, 내 말을 들어보시오. 하나님의 아들 예수 그리스도의 피가 우리를 모든 죄에서 깨끗하게 한다는 걸 알고 계시오? 그런데도 아직 할 말이 있소?" 양심은 이렇게 대답했습니다: "아니요, 아무 할 말도 없소. 그의 불의가 가려졌으니, 그는 정죄로부터 자유롭소. 이후로는 내가 그를 괴롭히지 않을 것이오. 나는 우리 주 예수 그리스도의 피로 말미암아 그에게 선한 양심이 될 것이오."

　　세 번째 나팔 소리가 울려 퍼졌고, 깊은 굴 속으로부터 검고 음침하게 생긴 악령이 눈에는 증오를 가득 품고 이마에는 지옥의 시퍼런 엄위를 새기고서 으르렁거리며 나타났습니다. "이 죄인에 대하여 할 말이 있소?"라는 질문을 받고서, 그는 이렇게 대답했습니다: "두말 하면 잔소리요. 이 자는 지옥과 동맹을 맺었고 무덤과 언약을 맺었소. 여기에 그의 손으로 서명한 증서가 있소. 이 자는 술 취해 발작해서 하나님께 자기 영혼을 멸해 달라고 요구하였고, 다시는 하나님께 돌아가지 않겠다고 맹세했소. 자, 이것이 이 자가 지옥과 맺은 계약서요." 긍휼은 "어디 봅시다"라고 말했기 때문에, 그 계약서는 긍휼에게 넘겨졌고, 그 음침하게 생긴 악령은 험상궂은 얼굴로 마치 잡아먹을 듯이 그 죄인을 노려보았습니다. 얼마 있다가, 긍휼이 말했습니다: "이 사람은 여기에 서명할 권한이 없소. 그리고 다른 이의 재산에 서명해서 그 재산을 넘기는 것은 무효요. 이 사람은 오래 전에 이미 다른 이가 값을 주고 샀소. 그는 이미 자신의 것이 아니오. 사망과의 언약은 무효이고, 지옥과의 동맹도 무효요. 그러니 사탄이여, 가보시오." 사탄이 말했습니다: "아니요, 내게는 또 할 말이 남아 있소. 저 자는 늘 나의 친구였소. 그는 언제나 내가 속삭이는 말들을 잘 들었죠. 그는 복음을 비웃었고 하늘의 지존자를 조소했소. 나는 지옥으로 돌아가서 나의 죄책을 짊어지고서 영원히 거기에서 살아야 하는데, 저 자의 죄는 사함 받는다는 것이 말이나 되는 소리요?' 긍휼이 말했습니다: "이 악한 자야, 떠나가라. 그가 한 이 일들은 아직 거듭나지 않은 때에 저질렀던 것이다. 여기 '그러나'라는 말씀 한 마디에 그의 모든 잘못들은 다 제거되었다. 이 거짓말을 밥 먹듯이 하는 악한 자야, 너 말고는 모든 죄인은 다 사함 받을 것이니, 너는 지옥으로 돌아가서 거기에서나 실컷 네 울분을 풀어라."

긍휼은 미소를 지으며 그 죄인을 보고서, "죄인이여, 이제 마지막 나팔을 불 차례요"라고 말했습니다. 하지만 마지막 나팔 소리가 울려 퍼졌으나, 아무도 나타나지 않았습니다. 그런 후에, 그 죄인은 일어섰고, 긍휼이 "죄인이여, 하늘이든 땅이든 음부이든 당신을 정죄할 자가 있느냐고 직접 물으시오"라고 요청했습니다. 그러자 그 죄인은 큰 소리로 "누가 능히 하나님께서 택하신 자들을 고발하리요"(롬 8:33)라고 소리쳤습니다. 그가 지옥을 들여다보았더니, 사탄이 거기에서 그를 묶은 쇠사슬을 물어뜯고 있었습니다. 그가 땅 위를 보았더니, 땅은 조용했습니다. 그 죄인은 믿음을 힘입어서 하늘까지 올라가서, "누가 능히 하나님께서 택하신 자들을 고발하리요"라고 외쳤습니다. "하나님이신가요?" "아니다, 하나님께서는 너를 의롭다 하신다." "그리스도신가요?" "아니다, 그는 너를 위해 죽으신 분이 아니던가." 그러자 그 죄인은 돌아서서 기쁜 소리로 "누가 우리를 우리 주 그리스도 예수 안에 있는 하나님의 사랑에서 끊으리요"(cf. 롬 8:39)라고 외쳤습니다. 한때 정죄 받았던 그 죄인은 긍휼에게로 다시 돌아왔습니다. 그는 긍휼 앞에 무릎을 꿇고서, 긍휼이 그를 끝까지 지켜 주고 그를 하나님께 합당한 자가 되게 해준다면 이후로는 영원히 긍휼의 곁을 떠나지 않겠다고 맹세했습니다. 나팔 소리는 더 이상 울려 퍼지지 않았고, 오직 천사들이 기뻐하였고 하늘에 기쁨이 가득하였습니다. 왜냐하면, 그 죄인이 구원받았기 때문입니다.

여러분이 보셨듯이, 나는 내가 말하고자 하는 것을 한 번 극화해 보았습니다. 사람들이 이 방법을 무엇이라고 부르든, 나는 그런 것에는 신경 쓰지 않고, 단지 이 방법이 사람들의 귀를 붙잡아 두는 좋은 방법이었기를 바랄 뿐입니다. 오늘의 본문에서 "그러나" 또는 "그럼에도 불구하고"로 표현된 장애물은 제거되었습니다. 죄인들이여, 여러분에게 있어서 무엇 때문에 "그럼에도 불구하고"라는 말이 붙어야 하든, 그것 때문에 여러분에 대한 구주의 사랑이 약해지거나 줄어드는 일은 결코 없습니다. 그것이 무엇이든 여러분에 대한 구주의 사랑은 어제나 오늘이나 영원토록 동일하십니다.

> "죄 많은 영혼이여, 와서
> 그리스도께 피하여 너의 상처를 고침 받으라.
> 오늘은 영광스러운 복음의 날.
> 이 날에 값없이 거저 주시는 은혜가 차고 넘치니
> 죄인이여, 예수께 나아오라, 지금 나아오라."

무릎을 꿇고서 울며 통회자복 하십시오. 그리스도의 십자가를 바라보시고, 여러분 대신 죽으신 그분을 보십시오. 그분을 믿음으로 영원히 사십시오. 여러분이 거의 마귀이고, 흉악무도한 죄악 가운데서 뒹굴던 사람이라고 할지라도, 지금, 바로 지금 예수께서는 이렇게 말씀하십니다: "네게 내가 필요하다는 것을 네가 알았다면, 내게로 오라. 내가 네게 은혜를 베풀리라. 그리고 우리 하나님께로 나아오라. 왜냐하면, 그는 죄 사하시기를 기뻐하시는 분이기 때문이다."

제
99
장

—

하나님께서 자신의
언약을 기억하심

—

"그러나 여호와께서 그들의 부르짖음을 들으실 때에 그들의
고통을 돌보시며 그들을 위하여 그의 언약을 기억하시고 그
크신 인자하심을 따라 뜻을 돌이키사" — 시 106:44-45

이 시편은 아주 세심하고 주의 깊게 읽어볼 필요가 있습니다. 이 시편은 하나님의 옛 백성이 겪은 많은 환난들을 언급하지만, 그들이 당한 환난들이 그들의 반역과 죄악의 결과였다는 것을 분명하게 밝힙니다. 하나님의 백성이 겪는 모든 환난이 다 그런 것은 아닙니다. 성경은 "무릇 내가 사랑하는 자를 책망하여 징계하노니"(계 3:19)라고 말하고, "무릇 열매를 맺는 가지는 더 열매를 맺게 하려 하여 그것을 깨끗하게 하시느니라"(요 15:2)고 말합니다. 하지만 오늘날에 이르기까지 하나님의 종들이 불순종으로 인해서 매 맞는 일이 허다합니다. 하나님께서는 "내가 땅의 모든 족속 가운데 너희만을 알았나니 그러므로 내가 너희 모든 죄악을 너희에게 보응하리라"(암 3:2)고 말씀하셨기 때문에, 그들은 자신의 죄로 인해서 징계를 받는 것입니다. 하나님의 자녀가 죄를 지으면 징계를 받지 않고 그냥 넘어갈 수는 없습니다. 징계의 회초리는 언약 속에 들어 있기 때문에, 우리가 언약 가운데 있다면, 하나님께서는 반드시 그 언약대로 행하십니다. "만일 그의 자손이 내 법을 버리며 내 규례대로 행하지 아니하며 내 율례를 깨뜨리

며 내 계명을 지키지 아니하면 내가 회초리로 그들의 죄를 다스리며 채찍으로 그들의 죄악을 벌하리로다"(시 89:30-32).

옛적에 이스라엘 백성이 겪은 참상은 그들이 저지른 죄악들의 결과라는 것은 의심의 여지가 없었습니다. 그들은 순종하면 눈에 보이는 상을 받고 불순종하면 즉시 이 세상에서 벌을 받는 그러한 경륜 아래에서 살았습니다. 그러므로 우리는 당연히 이스라엘 백성이 자신들이 죄를 지으면 어떻게 될 줄을 뻔히 알면서도 그들 자신의 잘못으로 환난을 당하게 되었다면, 하나님께서 그들을 그 환난 가운데 그대로 두시는 것이 마땅하다고 생각할 것입니다. 그들이 환난을 자초한 것이 아닙니까? 하지만 우리 하나님은 긍휼과 자비가 풍성하신 분이기 때문에, 이스라엘 백성이 그들의 죄의 결과로 고통을 겪으며 하나님께 부르짖기 시작하자마자, "여호와께서 그들의 부르짖음을 들으실 때에 그들의 고통을 돌보셨습니다." 그때에 하나님께서 그들에게 이렇게 말씀하셨어도 그들은 할 말이 없었을 것입니다: "너희가 세운 신들에게로 가라. 너희가 만든 송아지 우상에게로 가서 너희의 괴로움을 하소연하라. 너희가 묻곤 했던 죽은 자들이나 너희가 너희의 아들과 딸들을 희생 제물로 바친 저 잔인한 신들에게 가서 도와 달라고 요청하라." 그러나 하나님께서는 그들에게 그렇게 의로우신 분노로 대하지 않으시고, 그들에 대하여 지극히 인자하시고 자비로우셨습니다! 내가 오늘의 본문 말씀을 다시 한 번 봉독하겠습니다. 이 말씀은 이루 말할 수 없이 감미롭습니다: "그럼에도 불구하고 여호와께서 그들의 부르짖음을 들으실 때에 그들의 고통을 돌보시며." 어린 아이의 울음소리는 그 부모에게 아주 강력한 무언가를 지니고 있습니다. 하나님은 모든 아버지들 중에서 가장 인자하신 아버지이신 까닭에 자신의 자녀들이 울며 부르짖는 것을 그냥 듣고만 계실 수 없으신 분입니다.

> "하나님은 그를 경외하며 섬기는 자들을
> 불쌍히 여기시듯이,
> 자신의 사랑하는 자녀들에게
> 아버지로서 불쌍히 여기는 마음을 지니고 계신다네."

이 자리에 계신 분들 중에 자신의 잘못으로 인해서 곤경에 빠져서 심하게 고통 받는 분들이 있다면, "그럼에도 불구하고" 하나님께 부르짖으십시오. 여러분이 환난을 겪는 것이 여러분이 저지른 죄악 때문이라고 할지라도, 여러분은 환난 가운데서 하나님께 부르짖을 수 있고, 하나님은 여러분을 그 환난에서 건져주실 것입니다. 여러분을 상하게 하신 분의 손에 매달리십시오. 그러면 그 손이 여러분을 다시 싸매 주실 것입니다. 뉘우치고 회개하며 하나님께 나아가십시오. 그러면 하나님께서는 그 인자하심 가운데서 여러분에게 다시 돌아오실 것입니다.

하나님의 백성들이 그들 자신의 죄로 말미암아 환난 가운데 있을 때, 하나님께서 그들을 이렇게 대하시고 그들의 부르짖음을 들으신 숨겨진 이유가 무엇이었습니까? 그 숨겨진 이유는 바로 "그들을 위하여 그의 언약을 기억하신" 것입니다. 하나님께서 만일 그들의 죄와 고통만을 보셨다면, 그들에게서 그들을 불쌍히 여길 만한 그 어떤 것도 찾으실 수 없었을 것입니다. 그들은 그런 환난과 고통을 받아 마땅한 자들이었고, 또한 하나님께서 그들에게서 자신의 회초리를 거두신다면, 그들은 또다시 동일한 악을 저지를 것이 뻔하였습니다. 하나님께서 그들을 심판하시든 긍휼을 베푸시든, 그들은 자신의 길을 고치려 하지 않을 것이었습니다. 그들은 잠시는 자기 자신을 낮추겠지만, 이내 곧 다시 교만해질 것입니다. 하나님께서는 그들에게 그 어떤 희망적인 것도 보실 수 없으셨고, 그에게 자비를 구하던 과거보다 더 나은 모습을 장차 그들에게서 기대할 수도 없으셨습니다. 이런 상황에서, 하나님께서 그들에 대한 징계를 멈추실 이유가 어디 있으며, 그들에게 인자하심과 온유하심을 또다시 보이실 이유가 어디 있었겠습니까? 이런 때에 하나님은 "그들은 자신들의 우상들에게로 넘겨주고 가만히 놓아두어서, 그들의 결국이 어떠한지를 보리라"고 말씀하시는 것이 마땅하지 않았겠습니까? 하나님의 공의에 의한 심판을 가로막기에 충분한 단 한 가지 이유가 있었는데, 그것은 "그들을 위하여 그의 언약을 기억하셨다"는 것입니다. 하나님께서는 죄악을 저지르는 이스라엘 백성 속에서 긍휼을 베푸실 만한 그 어떤 이유도 찾으실 수 없으셨고 그들에게서 그 어떤 소망도 보실 수 없으셨지만, 그들에게 긍휼을 베푸셔야 할 동기와 이유를 다른 곳에서 찾으실 수 있으셨습니다. 즉, 하나님은 옛적에 그들의 조상 아브라함과 언약을 맺으시면서, "내가 네게 큰복을 주고 … 또 네 씨로 말미암아 천하 만민이 복을 받으리니"(창 22:17-18)라고 말씀하신 것을 기억하셨습니다. 하나님께서는 한 번 입 밖으로 내신 약속을 철회하시는 법이 없습니다. 그래서 하나님은 그들의 부르짖음을 들으셨을 때에 그

들의 고통을 돌아보셨습니다. 하나님께서는 기꺼이 긍휼을 베푸시고자 하실 뿐
만 아니라, 그 이유조차도 스스로 발견해 내시고 만들어 내신다는 것이 너무나
놀랍지 않습니까? 우리가 우리에게서 하나님의 은혜를 구할 만한 그 어떤 근거
도 발견하지 못한다고 해도, 하나님은 어떻게 해서든지 우리에게 긍휼을 베푸실
이유를 스스로 찾아 내신다는 것입니다. 하나님의 마음속에는 스스로 긍휼을 베
풀 이유를 찾아내서 솟아나오는 샘이 있어서 늘 긍휼이 차고 넘칩니다! 피조물
속에는 하나님의 긍휼하심을 청할 만한 그 어떤 근거나 이유가 없지만, 언약 속
에는 그런 근거가 차고 넘칩니다. 하나님은 죄를 범한 자들 속에서는 자신이 긍
휼을 베풀어야 할 그 어떤 이유도 찾으실 수 없지만, 하나님 자신 속에서 그 이유
를 찾아내십니다. 즉, 하나님은 자신이 그들과 맺은 언약을 기억하시고, 자기의
이름을 위하여 죄 범한 자들에게 긍휼을 베푸십니다.

　　본문에서는 "그들의 언약을 기억하셨다"고 말씀하고 있지 않다는 것을 주목
하십시오. 이스라엘 백성은 시내 산 자락에 서서, "여호와께서 명령하신 대로 우
리가 다 행하리이다"(출 19:8)라고 말하였습니다. 그들은 무시무시한 우렛소리
앞에서 두려워 떨면서 자원해서, 열심으로, 서둘러서, 그리고 큰 소리로 화답하여
하나님과 언약을 맺었습니다. 하지만 그래 놓고서 그들은 금세 그 언약을 깨뜨
렸습니다. 불과 며칠만에 그들은 살아 계신 하나님을 떠나서, 풀을 먹는 황소 우
상 앞에 엎드렸습니다. 하나님은 이 일을 자신의 마음에 둔다면 그들이 멸망당
하게 될 것이었기 때문에 그들의 그러한 잘못과 배신행위를 잊어버리시고 자신
의 등 뒤로 던져 버리셨습니다. 그리고 그가 기억하신 것은 "그의 언약"이었습니
다: "그럼에도 불구하고 여호와께서는 그들을 위하여 그의 언약을 기억하셨습니
다." 이것은 이 언약이 순전히 은혜의 언약이었음을 증명해 주고 있지 않습니까?
여러분도 이것을 아시겠습니까? 이스라엘 백성은 그들 자신의 죄로 말미암아 환
난과 고통 가운데 있었습니다. 만일 그 언약이 선한 일에 대해서는 상을 주고 악
한 일에 대해서는 벌을 내릴 것이라고 정한 행위 언약이었다면, 하나님께서 그
언약을 더 분명하게 기억하실수록, 그들은 더욱더 자신들의 죄로 인하여 벌 받
는 것을 면치 못하게 되었을 것입니다. 그러나 하나님께서 이 언약을 기억하시
고 그들의 죄를 벌하시기를 그치셨다는 사실은 이 언약이 전적으로 은혜 언약이
었음을 보여줍니다. 그렇지 않습니까? 시내 산 언약보다 훨씬 이전에 성경에서
"영원한 언약"이라 부르는 은혜 언약이 맺어졌습니다. 이 언약은 낙원의 문 앞에

서 아담에게 주어진 저 첫 약속을 통해 사람들에게 알려지게 되었고, 나중에 하나님이 노아와 맺으신 언약 및 아브라함, 이삭, 야곱에게 주신 약속을 통해서 더 분명하게 계시되었습니다. 하나님께서는 아브라함에게 "내가 내 언약을 나와 너 및 네 대대 후손 사이에 세워서 영원한 언약을 삼고 너와 네 후손의 하나님이 되리라"(창 17:7)고 말씀하셨습니다. 이 동일한 언약은 모세를 비롯한 거룩한 자들에게 주신 약속들을 통해서 더 자세하게 계시된 후에, 하나님이 자기 백성 가운데서 높이셔서 택하신 그의 종 다윗과 맺으신 언약에서 새롭게 주어졌습니다: "나는 내가 택한 자와 언약을 맺으며 내 종 다윗에게 맹세하기를 내가 네 자손을 영원히 견고히 하며 네 왕위를 대대에 세우리라"(시 89:3-4). 그때 이후로는 하나님께서 선지자들과 사도들, 특히 그의 독생자를 통해 우리에게 약속들을 주셨습니다. 이 모든 다양한 형태의 언약과 약속들은 하나님이 그의 사랑하시는 아들 안에서 사람들과 맺으신 단 하나의 영원한 언약, 곧 "만사를 구비하게 하고 견고하게 하는" 언약을 이런저런 모양으로 가리키는 것들이었습니다. 하나님께서는 바로 이 영원한 언약을 기억하시고, 장차 그리스도 안에서 베푸실 은혜를 생각하셔서 자신의 마음을 바꾸시고 그들을 환난으로 멸하시는 것을 중단하실 수 있으셨습니다. 하나님께서는 "그 크신 인자하심을 따라 뜻을 돌이키신" 것입니다.

사랑하는 형제들이여, 나는 이 아침에 하나님께서 이렇게 언약을 기억하시는 것이야말로 하나님과 언약 관계 속에 있는 우리 모두에게 모든 소망의 근거라는 것을 보여드리고자 합니다. 여러분이 지금 복음을 받아들였든 아직 받아들이지 않았든, 하나님이 자신의 언약을 기억하신다는 것은 우리 모두에게 소망의 근거가 됩니다. 하나님은 자신의 율법을 따라 여러분의 죄로 인하여 여러분을 진노하심으로 대하실 수밖에 없지만, 여러분의 부르짖음을 들으시고 참작하실 수 있는 길을 스스로 마련하신 것입니다. 하나님께서 자신의 언약을 기억하시면 여러분의 범죄들을 다 그냥 넘어가시고, 여러분을 자신의 사랑의 품으로 돌아온 자녀들로 받으실 수 있으십니다.

1. 첫째로, 언약이 존재합니다.

하나님께서 어떤 언약이 아무리 필요하셔도 그런 언약이 존재하지도 않는데 언약을 기억하실 수는 없습니다. 만일 그 언약이 퇴짜를 맞거나 폐기된 것이라면, 하나님은 그 언약을 기억하실 이유가 없습니다. 은혜 언약이 결렬되거나 폐기되었다면, 이스라엘 백성은 도리어 더 준엄하고 가혹한 벌을 받아 절망에 빠지게 되었을 것입니다. 하지만 사랑의 하나님은 "내 언약을 깨뜨리지 아니하고 내 입술에서 낸 것은 변하지 아니하리로다"(시 89:34)라고 하신 말씀대로 그 언약을 유효한 것으로 여기시고 기억하셨습니다.

　사랑하는 자들이여, 이 언약은 그 본질상 영원합니다. 임종 시에 다윗은 "내 집이 하나님 앞에 이같지 아니하냐 하나님이 나와 더불어 영원한 언약을 세우사 만사에 구비하고 견고하게 하셨으니"(삼하 23:5)라고 말했습니다. 이 언약은 본질상 처음부터, "땅이 생기기 전부터" 영원한 언약이었습니다. 왜냐하면, 이 언약은 하나님의 택하신 자들을 위하여 성부 하나님과 성자 하나님 간에 맺어진 언약이기 때문입니다. 또한, 이 언약은 기간과 관련해서도 영원한 언약입니다. 왜냐하면, 만물이 여전히 이 언약의 지배를 받고 있고, 세상 끝날까지 그럴 것이기 때문입니다. "내가 내 언약을 나와 너 및 네 대대 후손 사이에 세워서 영원한 언약을 삼고 너와 네 후손의 하나님이 되리라"(창 17:7). "여호와께서 이와 같이 말씀하시니라 너희가 능히 낮에 대한 나의 언약과 밤에 대한 나의 언약을 깨뜨려 주야로 그 때를 잃게 할 수 있을진대 내 종 다윗에게 세운 나의 언약도 깨뜨려 그에게 그의 자리에 앉아 다스릴 아들이 없게 할 수 있겠으며"(렘 33:20). 하나님께서 땅과 맺으신 씨 뿌리는 때와 수확하는 때에 관한 언약이 깨뜨려질 수 없는 것과 마찬가지로, 이 은혜 언약도 깨뜨려질 수 없다는 것입니다. 만유 속에서 영속적인 모든 것과 하나님 안에 있는 영속적인 모든 것을 통해서 우리는 은혜 언약이 확고하고 요동할 수 없는 것으로서 언제나 존재해 왔던 것처럼 오늘도 존재한다는 것을 알게 됩니다. 왜냐하면, "온갖 좋은 은사와 온전한 선물이 다 위로부터 빛들의 아버지께로부터 내려오는데" "그는 변함도 없으시고 회전하는 그림자도 없으시고"(약 1:17), "하나님의 약속은 얼마든지 그리스도 안에서 예가 되니 그런즉 그로 말미암아 우리가 아멘 하여 하나님께 영광을 돌리게 되며"(고후 1:20), 천지는 없어질지언정 "율법의 일점일획"은 "결코 없어지지 아니하고 다 이룰"(마 5:18) 것이기 때문입니다. 그래서 하나님께서는 이렇게 말씀하십니다: "산들이 떠나며 언덕들은 옮겨질지라도 나의 자비는 네게서 떠나지 아니하며 나의 화평의 언약은 흔들리지 아니하리라 너를 긍휼히 여기시는 여호와께서 말씀하셨느니라"(사 54:10). 하나님은 자신의 언약 속에 있는 영원하고 불변한 약속들을 기억하십니다.

은혜 언약이 영원한 것은 당연합니다. 왜냐하면, 이 언약은 하나님께서 앞날을 미리 다 내다보시고 숙고하셔서 맺으신 것이기 때문입니다. 두 사람이 계약을 맺었는데, 나중에 한 사람이 그 계약에서 벗어나고자 한다면, 그는 자기가 너무 경솔하게, 또는 강압에 의해서, 또는 뭔가를 착각하거나 꼬드김에 넘어가서 합의한 것이라고 항변할 수 있습니다. 그는 이러한 이유들 중의 어느 한 가지를 거론하며 그 언약의 실행에 반대하고, 자신의 말을 지키지 못한 것을 정당화하고자 할 수 있습니다. 하지만 하나님은 그런 종류의 이유를 제시하면 언약의 무효를 주장하실 수 없습니다. 왜냐하면, 하나님께서는 자신의 선하시고 기뻐하시는 뜻을 따라 자신이 먼저 제안해서 그 언약을 맺으신 것이기 때문입니다. 그 언약은 하나님 자신의 마음에 있는 사랑으로 말미암아 그의 무한한 지성의 지혜로우신 계획을 따라 그 어떤 구속(拘束)도 없이 자원하셔서 맺으신 언약입니다. 하나님은 현세에서나 영원한 세계 속에서 일어날 모든 것을 다 알고 계십니다. 하나님은 그리스도 예수를 믿는 자는 누구든지 영생을 얻게 될 것이라고 약속하셨을 때에 그리스도 예수를 믿는 자들이 얼마든지 잘못할 수 있는 피조물들이고 죄를 저지를 것임을 알고 계셨습니다. 하나님께서는 신자들이 어떠할지를 이미 다 아시고 이 언약을 맺으신 것입니다. 하나님은 아브라함을 자신의 벗으로 택하셨을 때에 아브라함과 그의 자손들이 어떤 실패와 잘못들을 저지를지를 알고 계셨습니다. 하나님은 처음부터 그 끝이 어떠할지를 아셨고, 광야에서 40년 동안 그들이 어떤 일들을 행하여 그의 진노를 불러일으킬지를 미리 내다보셨으며, 그들이 가나안 땅에 와서는 어떻게 그를 진노하시게 할지를 아신 상태에서 그들을 자기 백성으로 삼으셨습니다. 마찬가지로, 하나님은 자신의 택하신 자들이 저지를 온갖 불신앙과 미지근한 신앙, 그들이 다시 죄로 빠져 들어가게 되리라는 것, 그들이 이기적이고 어리석다는 것 등등을 모두 다 미리 아셨으면서도, 그들을 속량하시고 그들에게 약속들을 주셨습니다. 하나님은 자신이 은혜로 택하신 자들에게 속으신 것이 결코 아닙니다. 이사야 48:4에서 하나님께서 무엇이라 하시는지 들어 보십시오: "내가 알거니와 너는 완고하며 네 목은 쇠의 힘줄이요 네 이마는 놋이라." 또한, 8절을 보십시오: "이는 네가 정녕 배신하여 모태에서부터 네가 배역한 자라 불린 줄을 내가 알았음이라." 사람들의 사랑은 눈 먼 사랑이지만, 하나님의 사랑은 모든 것을 다 아시고 하시는 사랑입니다:

"하나님은 내가 타락 가운데서 엉망진창이 되어 있는 것을 보셨습니다.
그런데도 이 모든 것에도 불구하고 나를 사랑하셨습니다."

하나님께서는 그의 은혜로 말미암아 나를 부르신 바로 그날에 이미 오늘 내가 어떤 모습일지를 알고 계셨습니다. 내가 장차 저지르게 될 온갖 잘못과 어리석은 짓들이 하나님의 눈 앞에 선명하게 다 보였지만, 그 모든 것에도 불구하고 하나님은 내게 믿음을 주시고, 믿음으로 말미암아 우리 주 그리스도 예수 안에 있는 영생을 주시기로 작정하셨습니다.

사랑하는 친구들이여, 성경 속에 있는 모든 약속은 언약의 일부입니다. 지금 신자와 하나님 간에 존재하는 언약은 "당신은 하나님을 당신의 하나님으로 삼고, 하나님은 당신을 자기 백성으로 삼으시며, 하나님은 당신에게 자신의 약속들을 주시고, 당신은 그 약속들을 믿고 의지한다"는 것입니다. 하나님께서는 현세에서 당신을 복 주실 것이고 내세에서 당신을 온전하게 하실 것입니다. 이러한 언약은 당신에게 그럴 만한 자격이 있어서가 아니라 전적으로 하나님의 크신 사랑으로 말미암아 맺어집니다. 이러한 언약을 맺으실 때에 하나님은 처음부터 자신이 무엇을 하고 계시는지를 알고 계셨음이 분명합니다. 하나님은 자신이 의도하신 대로 행하시고 말씀하셨으며, 거기에는 한 치의 오차도 없었습니다. 하나님은 확고한 의지를 가지고, "그들은 내 백성이 되고 나는 그들의 하나님이 되리라"(겔 11:20)고 말씀하셨습니다. 하나님께서는 우리가 그를 믿은 그 날에 우리에게 우리가 결코 망하지 않을 것이고 우리를 그의 손에서 빼앗을 자가 아무도 없을 것임을 보장해 주셨습니다. 이 언약은 하나님이 모든 것을 미리 다 내다보시고 심사숙고하신 끝에 맺어진 것이기 때문에, 이 언약을 취소하거나 철회할 이유는 있을 수 없습니다. "이스라엘의 지존자는 거짓이나 변개함이 없으시니 그는 사람이 아니시므로 결코 변개하지 않으심이니이다"(삼상 15:29).

또한, 이 언약과 관련해서 하나님의 모든 자녀가 기뻐할 수밖에 없는 것이 하나 있는데, 그것은 이 언약은 가장 엄숙한 방식으로 인쳐지고 재가되었다는 것입니다. 하나님께서 아브라함과 언약을 맺으실 때에 아브라함이 희생제물을 잡아서 둘로 쪼개어 놓았고, 하나님께서는 "타는 횃불"(창 15:17)의 형상으로 그 쪼개진 제물 사이로 지나가셨습니다. 이렇게 이 언약은 엄숙한 희생제사 의식을 거쳐서 맺어졌습니다. 그러나 하나님께서 우리와 언약을 맺으실 때에 주신 인침은 훨씬 더 보배로운 것이었습니다. 하나님은 자신의 품 속에서 독생자를 꺼내서 자기 백성에게 주셔서 언약이 되게 하셨습니다. 하나님의 독생자는 영원한 언약을 이루시기 위하여 죽으셨습니다. 바울은 "영원한 언약의 피"(히 13:20)라고 말하고 있고, 우리는 성찬의 식탁에 나아갈 때에 우리 주님께서 "이 잔은 내 피로 세우는 새 언약이니"(눅 22:20)라고 말씀하시는 것을 듣습니다. 예수께서는 자신의 피 뿌림을 통해 언약을 세우시고 하늘로 올라가셨습니다. 그런데도 하나님께서 피 흘리신 독생자에게 하신 약속을 부인하실 수 있으시겠으며 그 약속을 나 몰라라 하시겠습니까? "나의 의로운 종이 자기 지식으로 많은 사람을 의롭게 하며 또 그들의 죄악을 친히 담당하리로다"(사 53:11). 이러한 약속들이 휴지조각이 될 수 있겠습니까? 그것은 불가능합니다! 그런 생각을 하는 것조차 하나님을 모독하는 일이 될 것입니다. 우리의 보증이시고 희생제물이신 하나님의 독생자의 죽음을 통해서 너무나 엄숙하게 맺어진 언약은 결코 폐기되거나 무시되거나 변개될 수 없습니다.

나의 사랑하는 형제들이여, 이 언약은 그 속에 하나님의 영광을 담고 있는 까닭에 영원히 유효하리라는 것을 온전히 확신할 수 있습니다. 하나님께서는 왜 그리스도 예수를 믿는 믿음으로 말미암아 사람들을 구원하시겠다고 약속하셨습니까? 그것은 천사들과 정사들과 권세들에게 그의 눈부신 사랑과 풍성한 은혜가 어떤 것인지를 보여주시기 위한 것이었습니다. 그런 까닭에, 하나님은 세상에서 가장 악한 자들을 택하셔서, 그들을 통해서 자신의 오래 참으심과 죄 사하시는 지극한 사랑을 보여주셨습니다. 하나님은 악하기 짝이 없는 자들과 중대한 유혹들에 쉽게 넘어가는 자들을 택하셔서, 그들을 성령으로 거듭나게 하시고 은혜로 붙들어 주심으로써 자신의 큰 능력을 보여주셨습니다. 우리는 현세에서와 영원토록 하나님의 영광을 증언할 증인들입니다. 하나님께서는 친히 "이 백성은 내가 나를 위하여 지었나니 나를 찬송하게 하려 함이니라"(사 43:21)고 말씀하지 않으셨습니까? 하나님께서 자신의 영광스러운 사랑을 나타내고자 하시는 것이 이 언약의 목적입니다. 즉, "죄가 더한 곳에 은혜가 더욱 넘치게"(롬 5:20) 하고자 하시는 것입니다. 하나님은 자신의 참되심과 신실하심, 오래 참으심과 인자하심, 그리고 자신의 권능을 모든 세대에게 보여주고자 하시는 것입니다. 그것은 하나님께서 하늘과 땅을 놀라게 하셔서 온 만유가 한 목소리로 이렇게 찬송하게 하시기 위한 것입니다: "주와 같은 신이 어디 있으리이까 주께서는 죄악과 그 기업에 남은 자의 허물을 사유하시며 인애를 기뻐하시므로 진노를 오래 품지 아니하시나 이다"(미 7:18).

　하나님은 창조나 섭리보다도 은혜 언약을 통해서 더 큰 영광을 받으십니다. 사실, 창조와 섭리는 단지 하나님, 곧 이스라엘의 찬송 중에 거하시는 하나님이 짓고 계시는 큰 집을 위한 임시적인 발판들에 불과합니다. 하나님은 자신의 말씀을 깨뜨릴 수 없으시고, 자신의 계획들을 무효화시키실 수 없으시며, 자신의 약속들을 잊으실 수 없으십니다. 그런 일은 아예 생각조차 하지 마십시오! 하나님의 면류관의 보석들은 바로 은혜의 언약을 온전히 이루시는 것입니다.

　또한, 하나님께서 언약을 깨뜨리신다는 것은 불가능합니다. 여러분과 내가 하나님의 어떤 약속이 이루어지지 않을까봐 노심초사하며 두려워 떤다면, 그것은 하나님의 참되심과 신실하심과 변함없으심을 의심함으로써 하나님을 비방하는 것입니다. 하나님께서 언제 변덕을 부리신 적이 있습니까? 하나님께서 언제 거짓을 행하신 적이 있습니까? 거짓말을 하실 수 없으신 하나님께서 자기보다 더 큰 자가 없기 때문에 자신의 이름을 걸고 손을 들어 맹세하시며 우리에게 큰 위로의 약속을 주시고 나서, 그 약속을 지키지 않으신 적이 있습니까? 절대로 그런 일은 있을 수 없습니다! 형제들이여, 과거에는 여호와의 참되심을 의심하는 것은 상상도 못할 일이었습니다. 그런데 우리가 하나님을 의심하거나 그의 언약을 불신해서야 되겠습니까? 오늘의 본문은 하나님의 언약에 대한 커다란 불신의 한 예를 보여줍니다. 하나님이 택하셔서 자신의 기업으로 삼으신 이스라엘 백성은 끊임없이 하나님의 진노를 불러일으켰습니다. 나는 시편 106편에 묘사된 것보다 더 광범위하게 저질러진 죄를 상상할 수 없습니다. 하나님이 택하신 자녀들이 다른 민족들보다 더 타락하였고, 그들의 하나님을 버리고 다른 신들을 따라갔습니다. 여러분은 어떤 민족이 자신의 신들을 바꿨다는 얘기를 들어 보았습니까? 그렇지만 이스라엘은 한두 번도 아니고 무수히 유일하게 참되시고 살아 계신 하나님을 제멋대로 떠나 버렸습니다. 그런데도 하나님께서는 그들의 배신과 변절을 이유로 자신의 언약을 깨뜨리신 것이 아니라 그들을 불쌍히 여기셨습니다. 하나님은 그들이 자신들의 죄의 결과로 극심한 고통 가운데 있는 것을 보셨을 때에 자신의 언약을 기억하시고 그 언약으로 인하여 그들을 건져 주셨습니다. 이것으로부터 나는 자기 백성을 구원하시겠다는 하나님의 언약은 무슨 일이 있어도 반드시 지켜질 것이라는 결론을 얻습니다. "우리는 미쁨이 없을지라도 주는 항상 미쁘시니 자기를 부인하실 수 없으시리라"(딤후 2:13). 자신의 죄악의 엄청난 무게에도 불구하고 하나님을 믿고 의지하는 자들은 하나님이 죄 사하심에 관한 자신의 말씀에 대하여 신실하시다는 것을 발견하게 될 것입니다. 하나님은 그를 믿고 의지하는 죄인들에 대하여 자신의 말씀을 지키실 것이고, 그들은 구원을 얻게 될 것입니다. 이 언약이 여전히 존재한다는 것은 정말 놀라운 일입니다!

2. 둘째로, 우리는 이 언약을 너무도 자주 잊어버립니다.

이스라엘 자손들은 그들의 하나님과 맺은 언약을 까맣게 잊어버렸습니다. 엘리야는 "이스라엘 자손이 주의 언약을 버렸다"(왕상 19:10, 14)고 하나님께 고소했습니다. 그들은 전쟁의 날에 궁수를 낭패당하게 만드는 속이는 활 같이 그들의 하나님에 대하여 거짓되게 행하여, 하나님이 그들을 택하여 세우신 저 큰 목적을 이루기에 아무 쓸데가 없게 되어 버렸습니다. 우리도 이스라엘 자손들처럼 아무짝에도 쓸데없게 되어 버린 것은 아닙니까?

오늘날에도 하나님의 백성들은 신령한 일들에 별 관심이 없이 언약을 잊어버리고 살아간다는 책망을 받아 마땅하지 않습니까? 나의 형제들이여, 여러분은 자기 자신을 하나님과 엄숙한 언약을 맺은 자들, 그 언약을 맺을 때에 하나님으로부터 "나는 네 방패요 너의 지극히 큰 상급이니라(창 15:1) 나는 전능한 하나님이라 너는 내 앞에서 행하여 완전하라"(창 17:1)는 말씀을 받은 자들로 생각해 왔습니까? 여러분은 하나님과 언약 관계 속에 있는 자라는 신분을 따라 살아 왔습니까? 여러분은 내가 흔히 그래 왔듯이 이 언약이 하나님께서 놀라울 정도로 자신을 낮추시고 우리에게 복 주신 것임을 깨닫고 감격했다가도 금세 여러분이 하나님께 크게 빚진 것을 잊어버리고 오직 세상일에 골몰해 살아오신 것은 아닙니까? 여러분은 하나님의 언약을 잊어버리고서는 괜히 여러분의 하나님을 의심하며 살아오신 것은 아닙니까? 하늘과 땅이 즐거워하고 기뻐할 때, 시온은 "여호와께서 나를 버리시며 주께서 나를 잊으셨다"(사 49:14)고 말했고, 그런 비방 섞인 고소에 대하여 하나님께서는 슬픔이 섞인 간절함으로 이렇게 반문하셨습니다: "여인이 어찌 그 젖 먹는 자식을 잊겠으며 자기 태에서 난 아들을 긍휼히 여기지 않겠느냐 그들은 혹시 잊을지라도 나는 너를 잊지 아니할 것이라 내가 너를 내 손바닥에 새겼고 너의 성벽이 항상 내 앞에 있나니"(사 49:15-16). 우리는 그리스도 예수를 믿는 자들은 누구나 하나님과 언약 관계에 있고, 하나님은 그들을 선 대하시는 것을 결코 그치지 않으실 것이라고 약속하셨다는 사실을 깨달아야 하 고, 악한 부주의 속에서 건성으로 넘겨 버려서는 안 됩니다. 이 언약은 혼인 언약 으로 묘사할 때에 가장 잘 묘사될 수 있습니다. 그래서 호세아서에서는 "내가 네 게 장가들어 영원히 살되 공의와 정의와 은총과 긍휼히 여김으로 네게 장가들며 진실함으로 네게 장가들리니 네가 여호와를 알리라"(2:19-20)고 말씀합니다. 나 의 형제들이여, 혼인 서약에서 남자가 여자의 손가락에 반지를 끼워 주며 서로 에 대하여 자신의 것이라고 말하는 것과 마찬가지로, 하나님께서는 여러분에게 믿음을 주심으로써 여러분의 손가락에 혼인 반지를 끼워 주시며 "나는 너희의 것이고 너희는 나의 것"임을 보여주시면서, "다른 남자를 따르지 말라 나도 네게 그리하리라"(호 3:3)고 오늘 여러분에게 말씀하십니다. 이때에 우리의 대답은 "여호와 우리 하나님이시여 주 외에 다른 주들이 우리를 관할하였사오나 우리는 주만 의지하고 주의 이름을 부르리이다"(사 26:13)가 되어야 합니다. 언약 가운 데 있는 자들이여, 천사들이 여러분을 경이로워하는 눈으로 바라보고 있습니다! 천사들은 여러분을 하늘의 총애를 받는 자들로 여기는데도, 여러분은 그러한 사 실을 잊어버리고, 마치 하나님과 여러분 간에 아무런 언약도 없다는 듯이 살아 갑니다.

또한, 종종 우리는 이스라엘 백성이 그랬듯이 **음행**의 죄를 저지르거나 지극 히 즐겁고 기쁜 의무들을 가볍게 여기고 행하지 않음으로써 그 언약으로부터 떠 나갑니다. 나는 또다시 이스라엘의 이야기로 되돌아갈 필요조차 없습니다. 여러 분은 이 시편 속에서 그들이 어떻게 범죄하였는지를 볼 수 있습니다. 그들은 하 나님과 맺은 언약을 도외시하고, 하나님의 온갖 계명들을 다 어겼습니다. 우리 는 이와 동일한 죄를 저질러 오지 않았습니까? 우리 각 사람이 자신의 얼굴을 손 으로 감싸며 이렇게 고백하는 일이 없기를 바랍니다: "나의 하나님, 주께서는 내 가 마치 주와 언약을 맺지 않은 자처럼 행한 적이 얼마나 비일비재했는지를 아 십니다. 나는 나 자신을 온전히 주께 드려서 주를 섬기며 사는 대신에, 내 자신이 주인 되어서 살아 왔습니다. 나는 종종 그리스도께 속한 자가 아니라 세상 사람 처럼 행해 왔습니다." 이 모든 일로 인해서 부끄러워하고 당혹스러워 하십시오. 그런 후에, 언약이 여전히 건재하고, 하나님께서 자신의 은혜로우신 약속들을 철회하지 않으신 것을 감사하고 찬양하십시오. 하나님께서는 "그러나 내가 너의 어렸을 때에 너와 세운 언약을 기억하고 너와 영원한 언약을 세우리라"(겔 16:60)고 말씀하십니다. 이 말씀을 들을 때에 우리의 마음속에서는 회개라는 수확이 이루어져야 마땅하고, 하나님에 대한 강렬한 사랑이 불타올라서 이 날 이후로 늘 성결한 삶을 살아가는 것이 마땅합니다.

이스라엘 백성은 또 다른 이유, 즉 그들의 슬픔이 너무 커서 그들의 하나님을 잊어버렸습니다. 사람이 큰 슬픔을 당하게 되면 정신이 아득해져서 위로 받을 수 있는 최고의 원천들을 잊어버립니다. 작은 타격은 큰 고통을 야기하지만, 사람이 아주 심각하고 큰 타격을 당하게 되면, 의식 자체가 희미해져서 고통을 느끼지 못한다는 말을 나는 자주 들었습니다. 마찬가지로, 극심한 괴로움들은 사람에게서 지각을 빼앗아 버려서 그로 하여금 위로를 받을 수 있는 수단을 잊어버리게 만듭니다. 하나님의 징계의 회초리 아래 있는 사람들은 고통과 아픔만 느끼고, 고치시고 싸매 주시겠다는 하나님의 약속은 잊어버립니다. 이스라엘 백성은 하나님께서 환난으로 찾아오셨을 때에 그들의 슬픔과 절망이 너무 커서 하나님의 언약을 기억할 수 없었습니다. 우리는 어떻습니까? 이 순간에도 깊은 슬픔으로 인해서 귀가 둔해지고 마음도 둔해진 분들이 계실 것입니다. 큰 재난을 당한 사람들은 먹는 것조차 잊어버리지 않습니까? 아, 나의 형제여! 당신에게는 환난만 보이고 하나님은 아예 보이지도 않습니까? 당신에게 드리워진 짙은 슬픔이 하늘과 땅의 모든 빛을 다 가려 버렸습니까? 내가 당신에게 주님은 여전히 당신과 언약 관계 속에 계시기 때문에 당신에게 슬픔도 주시지만 긍휼도 베푸실 것임을 일깨우는 주님의 사자가 될 수는 없겠습니까? 주님은 "하나님을 사랑하는 자 곧 그의 뜻대로 부르심을 입은 자들에게는 모든 것이 합력하여 선을 이루느니라"(롬 8:28)고 말씀하셨고, 또한 "네가 물 가운데로 지날 때에 내가 너와 함께 할 것이라 강을 건널 때에 물이 너를 침몰하지 못할 것이며 네가 불 가운데로 지날 때에 타지도 아니할 것이요 불꽃이 너를 사르지도 못하리니"(사 43:2)라고 말씀하셨습니다. 이러한 말씀들을 믿고 의지하십시오. 그러면 하나님께서는 당신을 지켜 주실 것입니다. "네 짐을 여호와께 맡기라 그가 너를 붙드시고 의인의 요동함을 영원히 허락하지 아니하시리로다"(시 55:22). "주께서 인생으로 고생하게 하시며 근심하게 하심은 본심이 아니시고"(애 3:33), 사랑으로 바로잡으시고 징계하시는 것임을 기억하십시오. 그러므로 눈물을 닦고 머리에 기름을 바르며 얼굴을 씻고 담대함을 가지십시오. 왜냐하면, 하나님께서는 당신의 마음에 힘을 주실 것이기 때문입니다.

> "이 말씀들은 얼마나 즐겁고 기쁜 말씀들인가!
> 그 달콤함을 누가 알 수 있을까?
> 현세에서와 영원에 이르기까지
> 이 말씀들은 의인들과 함께 한다네."

여러분이 어둠 속에서도 나이팅게일처럼 노래하고, 용광로 속에서도 다니엘과 그 친구들처럼 하나님을 찬송할 수 있게 되기를 바랍니다. 여러분이 욥처럼 "그가 나를 죽이실지라도 나는 그를 의지하리라"(욥 13:15 KJV, 한글개역개정에는 "그가 나를 죽이시리니 내가 희망이 없노라")고 외치는 자들이 되기를 바랍니다. 이것이 여러분이 해야 할 것인데, 여러분이 하나님께서 결코 잊지 않으시는 저 언약을 기억한다면, 그렇게 하기가 훨씬 쉬워질 것입니다. 여러분은 왜 언약을 잊어버리고 사시는 것입니까? 언약을 다시 한 번 기억하시고, 하박국처럼 "비록 무화과나무가 무성하지 못하며 포도나무에 열매가 없으며 감람나무에 소출이 없으며 밭에 먹을 것이 없으며 우리에 양이 없으며 외양간에 소가 없을지라도 나는 여호와로 말미암아 즐거워하며 나의 구원의 하나님으로 말미암아 기뻐하리로다"(3:17-18)라고 노래하십시오. 언약에 따라 하나님께서는 여러분에게 모든 것이 되어 주실 것입니다. 언약은 여러분이 친구나 재산을 잃지 않게 해주겠다거나 병에 걸리지 않게 해주겠다고 약속하고 있는 것이 아니고, 하나님이 여러분에게 모든 것이 되어 주실 것이라고 약속하고 있습니다. 언약에 정해진 것을 따라 하나님께 구하십시오: "이것을 너희에게 이르는 것은 너희로 내 안에서 평안을 누리게 하려 함이라 세상에서는 너희가 환난을 당하나 담대하라 내가 세상을 이기었노라"(요 16:33). 여러분이 환난을 당하고 있다면, 주님께서 약속하신 주님 안에서의 "평안"을 누리게 될 때까지 구하십시오. 그런데 슬프게도 하나님의 백성들은 이 언약을 잊어버리고 살아갑니다! 이것에 대해서는 이 정도로 해두겠습니다.

3. 셋째로, 하나님께서는 자신의 언약을 기억하십니다.

우리는 언약을 잊고 살지만, 하나님은 그의 언약을 늘 기억하십니다: "그들을 위하여 그의 언약을 기억하시고." 이 말씀을 무엇을 의미하는 것입니까? 사랑하는 자들이여, 언약이 늘 하나님의 마음에 있는 것은 당연합니다. 왜냐하면, 무한히 지혜로우신 하나님은 그 어떤 것도 잊어버리실 수 없으시기 때문입니다. 그러나 본문은 단지 그런 의미가 아니라, 하나님께서 자신의 언약을 꼭 지키신다는 의미입니다. 이스라엘 백성이 하나님의 진노하심을 격발시켰다고 할지라도, 하나님은 자신의 언약을 기억하시고, 그 언약 속에서 그들의 죄를 사하시고 그들에게 긍휼을 베푸실 이유를 찾으십니다. 하나님께서는 그들의 홍수 같은 죄들을 자신의 홍수 같은 신실하심으로 대하십니다: "그러나 그들을 위하여 그의 언약을 기억하시고." 하나님이 언약을 기억하신다는 것은 그 언약을 따라 실제로 행하신다는 것입니다. 이 경우에 그것은 "그 크신 인자하심을 따라 뜻을 돌이키시는" 것으로 나타났습니다. 하나님께서는 앞서 그들을 치셨지만, 지금은 그 회초리를 치우십니다. 하나님은 자기 백성이 그들을 포로로 끌고 간 모든 자들로부터 불쌍히 여김을 받게 하셨습니다. 하나님은 그들의 고통을 덜어 주시고 건져 주시기 위하여 임하셨습니다. 환난 가운데 있는 친구들이여, 이것이 바로 여러분이 낮아지고 통회하는 믿음으로 하나님께 나아가 울며 부르짖을 때에 하나님께서 여러분에게 행하실 일입니다. 하나님은 여러분을 위하여 언약을 기억하시고, 스가랴서에서 "또 너로 말할진대 네 언약의 피로 말미암아 내가 네 갇힌 자들을 물 없는 구덩이에서 놓았나니"(9:11)라고 말씀하신 대로 여러분에게 언약에 정해진 것을 행하실 것입니다.

친구들이여, 하나님은 자신의 언약을 기억하실 수밖에 없습니다. 왜냐하면, 하나님은 그 언약을 성사시키기 위하여 자신이 얼마 만한 대가를 치르셨는지를 결코 잊으실 수 없으시기 때문입니다. 하나님께서 천지를 창조하실 때에는 아무런 대가도 치르지 않으셨습니다. 하나님이 말씀하시자 그대로 되었기 때문입니다. 열방들을 다스리실 때에도 아무런 대가를 치르지 않으십니다. 전능하신 하나님은 그저 큰 물 위에 평안히 앉아 계시고 왕으로 영원히 앉아 계시면 됩니다. 그러나 사람과 언약을 맺으시고 그 언약을 실행하시기 위해서는 하나님의 가장 소중한 분신, 자신의 독생자, 영원하신 아들, 하나님의 사랑하는 자를 십자가에서 죽게 하는 대가를 치르지 않으면 안 되셨습니다. 그렇게 했을 때에만 그 언약은 영원히 견고해질 수 있었기 때문입니다. 사람과 언약을 맺으시는 일은 하나님께 결코 작은 일이 아니었습니다. 나는 사람들이 이 언약을 비웃는 말을 하는 것을 듣곤 합니다. 사실, 유명한 자들은 그 누구도 이 언약에 대해 설교하지 않지만, 이 언약은 설교 주제들 중에서 가장 위대하고 장엄한 주제입니다. 하나님 편에서 이것은 놀라운 일입니다. 왜냐하면, 하나님께서는 이 언약을 이루시고 영원히 견고하게 하시기 위하여 자신의 사랑하시는 아들로 하여금 피 흘리게 하셔야 했기 때문입니다: "여호와께서 그에게 상함을 받게 하시기를 원하사 질고를 당하게 하셨은즉"(사 53:10).

하나님께서 얼마나 기꺼이 이 언약을 지키려 하시는지를 보십시오. 여러분은 하나님이 이 언약을 지키시기를 얼마나 기뻐하시는지를 확신할 수 있습니다. 왜냐하면, 하나님은 자기 자녀들이 부르짖자마자 그 즉시 그들을 위하여 자신의 언약을 기억하시기 때문입니다. 그들은 단지 환난 가운데서 괴롭고 힘들어서 부르짖는 것일 뿐인데도, 그들이 지난날 저지른 죄악들을 나무라시며 그들에게 울음을 뚝 그치라고 위협하시는 것이 아니라, 곧바로 자신의 언약을 기억하십니다. 사람이 어떤 일을 쉽게 기억해 낼 수 있다는 것은 그 일을 생각하는 것이 그에게 기쁜 일이라는 증거입니다. 우리는 하나님께서 자기 자녀들의 아주 연약한 부르짖음을 들으시고도 자신의 언약을 기억하시는 것을 보고서, 하나님의 마음 속에 이 은혜 언약이 아주 소중히 자리 잡고 있음을 확신할 수 있습니다.

하지만 나는 하나님이 자신의 언약을 기억하시는 가장 중요한 이유는 자기가 누구와 그 언약을 맺으셨는지를 기억하시기 때문이라고 생각합니다. 어떤 사람이 외국에 나가 한동안 살았고, 거기에서 한 친구를 사귀어서 수년을 함께 즐거운 시간을 보냈고, 그런 후에 다시 영국으로 돌아와서 사업을 하며 살아가면서도 그 친구를 잊지 못하였습니다. 그는 그 친구와 의형제를 맺고서, 그 친구의 가족을 돌보아 주기로 약속하였기 때문에, 얼마 있다가 그 친구의 아들인 청년을 자신의 회사에 취직시켰습니다. 그는 그 청년을 가르치고 도와서 잘 되도록 할 작정이었습니다. 그는 그 친구에게 "자네 아이를 내게 맡기게, 내가 잘 돌봐 줄게"라고 철석같이 약속했었습니다. 그 청년이 런던으로 와서 자기 아버지의 친구의 회사에 취직했고, 그의 앞날은 모든 면에서 아주 밝았습니다. 그러나 슬프게도 그 청년은 행실이 별로 좋지 않아서 온갖 악행과 어리석은 일들을 저질렀고, 자기 아버지의 친구의 마음을 아프게 하였습니다. 그 청년의 아버지의 친구는 '이 청년은 내가 도와줄 가치도 없는 자이고 내게 짐만 되니 쫓아 내버려야겠다'고 속으로 생각하였지만, 친구를 생각해서 이 청년에게 모질게 하지를 못하였습니다. 그는 청년을 자기 사무실로 불러서 부탁하기도 하고 설득하기도 합니다: "내가 회사 사람들 중에서 그 누구보다도 너에 대해서 많이 참아 온 것을 너도 알거야. 그게 다 네 아버지를 봐서 그렇게 한 것인데, 네 아버지와의 약속만 없었더라면, 난 너를 오래 전에 이미 해고하였을 거야." 어느 날 그는 도저히 참을 수가 없어서, "내가 진짜 그 아이를 해고하고 말겠어, 그렇게 해야 해"라고 소리칩니다. 그러나 그는 그 청년의 아버지를 생각하고 그 친구와 너무나 사이좋게 지냈던 지난날을 기억하고서 이번에도 차마 그 청년을 모질게 대하지 못해서, '내가 내 친구와 한 약속을 생각해서 다시 한 번 참자'라고 속으로 말합니다. 나는 하나님과 아브라함의 자손들 간에도 그랬을 것이라고 확신합니다. 이스라엘 백성은 끊임없이 반역하고 배신했지만, 하나님께서는 자신의 친구 아브라함을 기억하셨습니다. 하나님께서 그들을 심하게 벌하고자 하실 때마다 저 신실한 친구 아브라함이 지존자의 명령에 순종하여 자신의 독자 이삭을 바치기 위하여 칼을 드는 장면이 눈앞에 선하게 떠올랐습니다. 아브라함의 저 믿음으로 말미암은 순종의 행위가 생생하게 떠오를 때에 하나님께서는 속으로 이렇게 말씀하십니다: '내가 그의 자손을 다시 한 번 불쌍히 여기리라. 그들은 호흡이 있는 자들 중에서 가장 무가치하고 나의 화를 돋구는 자들이긴 하지만, 나는 내 친구 아브라함과 언약을 맺었기 때문에, 그들을 불쌍히 여기리라.' 사실 크신 하나님께서는 여러분과 나에 대하여 자주 "내가 그들을 멸하리라"고 말씀하십니다. 그러나 그런 후에 하나님은 십자가에 달리신 자신의 사랑하는 아들을 생각하시고, 그럴 때마다 저 큰 슬픔의 날에 밤새도록 울려 퍼졌던 "나의 하나님, 나의 하나님, 어찌하여 나를 버리셨나이까"(마 27:46)라는 아들의 목소리가 귓가에 쟁쟁합니다. 하나님의 크신 마음은 그의 아들의 죽음을 생각하실 때에 움직이셔서 우리를 불쌍히 여기시게 됩니다. 예수 안에는 우리의 죄악들로 인한 모든 잘못을 다 제거하기에 충분한 공로가 있습니다.

크신 하나님은 아브라함을 생각하실 때에 죽은 사람을 생각하시는 것이 결코 아닙니다. 우리 구주께서는 "하나님은 죽은 자의 하나님이 아니요 산 자의 하나님이시라"(막 12:27)고 말씀하셨습니다. 아브라함은 하나님과 함께 있고, 하나님은 아브라함의 자손들이 자신의 진노를 불러일으킬 때마다 자신의 살아 있는 친구인 아브라함을 보시고 자신의 진노를 억누르셨습니다. 또한, 예수도 살아 계십니다! 주님은 높은 곳으로 올라가셔서 하나님의 오른편에 앉아 계십니다.

하나님께서는 우리를 보시고 우리의 죄악들에 대하여 넌더리가 나실 때마다 자신의 사랑하는 아들의 온전한 순종을 기억하시고 그 아들의 의로운 행위로 인하여 기뻐하십니다. 왜냐하면, 예수께서는 율법을 높이고 그 존귀함을 드러내셨기 때문입니다. 그래서 하나님께서는 예수와 맺으신 언약을 생각하셔서, 우리를 위하여 자신의 언약을 기억하시고 우리의 부르짖음을 들으십니다. 이 얼마나 크신 은혜입니까! 하나님 아버지께서는 자신이 은혜 언약을 맺은 이가 자신의 사랑하는 아들이고, 그 아들은 그의 영원한 기쁨이요 즐거움이라는 사실을 생각하셔서, 우리를 불쌍히 여기시는 것입니다! 그러므로 우리는 "우리 방패이신 하나님이여 주께서 기름 부으신 자의 얼굴을 살펴 보옵소서"(시 84:9)라고 기도하지 않을 수 있겠습니까? 또는, 우리의 찬송을 인용해서 표현하자면, 우리는 이렇게 말하지 않겠습니까?

> "하나님은 예수를 보신 후에 죄인을 보시고,
> 　예수의 상처들을 통해서 나를 보신다네."

주 예수 그리스도는 은혜 언약의 실체이시고 인침이십니다. 하나님께서 은혜 언약을 기억하시는 이유는 그리스도를 기억하시기 때문입니다.

4. 넷째로, 우리도 언약을 기억하는 것이 마땅합니다.

이제 우리는 마지막으로 네 번째 대지를 살펴볼 것인데, 여기에서 말하고자 하는 것은 아주 중요한 것임을 여러분도 느끼시게 될 것이라고 나는 확신합니다. 네 번째 대지는 하나님께서 우리를 위하여 자신의 언약을 기억하신다면, 우리도 언약을 기억하는 것이 마땅하다는 것입니다. 여러분은 하나님과 언약 관계 속에 있기 때문에, 그 거룩한 약속을 기억하고 실제의 삶 속에서 누리며 거기에 따라 살아가야 합니다. 여러분이 하나님과 맺은 언약은 무엇입니까? 그 언약의 일부는 이런 것입니다: "나는 전능한 하나님이라 너는 내 앞에서 행하여 완전하라"(창 17:1). 이것은 초기에 주어진 압축된 형태의 언약인데, 여호와 전능한 하나님이 자기 자신을 우리의 분깃으로 내어주셨기 때문에 우리는 하나님께 순복하고 온전한 순종 가운데서 하나님 앞에서 행하라는 것입니다. 또한, 언약은 이렇게 표현되기도 합니다: "나는 그들의 하나님이 되고 그들은 내 백성이 되리라"

(겔 37:27). 사랑하는 자들이여, 하나님을 여러분의 하나님으로 삼으십시오. 이 것은 하나님을 여러분의 모든 것으로 삼는 것을 의미합니다. "나는 가난해"라고 말하지 마십시오. 결코 그렇지 않습니다. 왜냐하면, 하나님이 여러분의 것인 까 닭에 모든 것이 여러분의 것이기 때문입니다. "나는 약해"라고 말하지 마십시오. 결코 그렇지 않습니다. 전능하신 하나님이 여러분의 것입니다. 여러분이 약할 그 때에 여러분은 강합니다. "그러나 내게는 지혜가 없습니다"라고도 말하지 마 십시오. 주 예수께서 우리에게 하나님의 지혜요 의로움이요 거룩함이 되신 것이 아닙니까? 하나님을 가진 사람은 모든 것을 가진 것입니다. 여러분은 여러분의 하나님을 가볍게 여기시고 이스라엘의 거룩하신 이를 제한하고자 하십니까? 자, 여러분의 모든 것을 하나님 안에서 발견하십시오. 하나님을 그가 말씀하신 그대 로 받아들이는 것이 이 언약에서 여러분이 해야 할 몫입니다. 하나님은 자기 자 신을 여러분에게 모두 주셨습니다. 그런 하나님을 그대로 영접하십시오. 다윗은 "하나님이 나와 더불어 영원한 언약을 세우사 만사에 구비하고 견고하게 하셨으 니 나의 모든 구원과 나의 모든 소원을 어찌 이루지 아니하시랴"(삼하 23:5)고 말 하지 않았습니까? 이것이 하나님의 자녀들의 분깃이자 기업입니다. "무릇 사람 을 믿으며 육신으로 그의 힘을 삼고 마음이 여호와에게서 떠난 그 사람은 저주 를 받을 것이라"(렘 17:5). 여러분 자신을 언약에 내맡기고 그 안에서 안식을 발 견하십시오. 여러분의 온 마음을 다하여 이렇게 노래하십시오:

> "나를 천국까지 안전하게 인도하실 이께서
> 여기 이 땅에서도 모든 복을 내게 베풀어 주실 것이라.
> 그리스도께서 부요하신데 내가 가난할 수 있겠으며,
> 내게 더 필요한 것이 있을 수 있겠는가."

"여호와는 나의 목자시니 내게 부족함이 없으리로다 그가 나를 푸른 풀밭에 누이시며 쉴 만한 물 가로 인도하시는도다"(시 23:1-2). 언약을 지키며 하나님을 우리의 모든 것이 되시게 하는 자들에게는 복된 결과가 이루어집니다.

이 언약에 의하면, 오직 우리 하나님만을 믿고 의지하는 것이 우리의 의무 입니다. 여러분이 오직 하나님만으로 만족할 수 없다면, 여러분은 하나님을 여 러분의 하나님으로 받아들인 것이 아닙니다. 아브라함은 하나님을 위하여 모든 것을 버렸습니다. 그는 자기가 한 번도 가본 적이 없던 땅으로 갔고, 한 번도 밟아보지 못한 길을 걸었습니다. 그랬을 때에 하나님께서는 그에게 "아브람아 두려워하지 말라 나는 네 방패요 너의 지극히 큰 상급이니라"(창 15:1)고 말씀하셨습니다. 아브라함은 대적들 가운데 있었고, 만일 신비한 보호하심이 "방패"처럼 그를 두르지 않았더라면, 그는 그들에 의해 죽었을 것이지만, "나의 기름 부은 자를 손대지 말며 나의 선지자들을 해하지 말라"(시 105:15)는 하나님의 말씀이 그의 방패가 되었습니다. 아브라함은 자신의 하나님 외에는 그 어떤 방패도 없었지만, 세상에서 그 어떤 사람보다도 더 안전하게 거하였습니다. 하나님께서는 그에게 "나는 네 방패요 너의 지극히 큰 상급이니라"고 말씀하셨고, 실제로 그랬습니다! 한 번은 아브라함이 자기에게는 상속자가 없고 자기 집을 맡은 청지기가 자신의 유일한 상속자라고 탄식하였습니다. 그러자 하나님께서는 그에게 상속자를 약속하셨고, "나는 너의 지극히 큰 상급이니라"고 말씀하셨습니다. 아브라함의 기쁨이자 면류관은 자신의 상속자가 아니라 자신의 하나님이었습니다. 그는 이 사실을 알고 있었기 때문에 하나님이 명하시면 언제든지 자신의 상속자를 포기할 준비가 되어 있었습니다. 사랑하는 자들이여, 이것이 하나님께서 여러분에게 원하시는 것입니다. 눈에 보이는 것들을 의지하지 마십시오. 귀에 들리는 것을 의지하지 마십시오. 지존자의 장막의 비밀한 곳, 믿음의 지각으로만이 알 수 있는 그 곳에서 살아가십시오. "보이지 아니하는 자를 보는 것 같이 하여 참으십시오"(히 11:27). 눈에 보이지 않는 실체를 꿰뚫어 보시고, 육신의 모든 지각에 의해 분별되는 그림자들은 그냥 간과하십시오. 살아 계신 하나님을 의지하여 살아가십시오. 그러면 여러분은 이 언약의 비밀을 아는 것입니다. 여러분의 심령은 평안히 거하게 될 것이고, 여러분의 후손들은 이 땅을 물려받게 될 것입니다. 여러분의 심령은 골수와 기름진 것으로 만족할 것이고, 여러분은 기쁜 입술로 하나님을 찬송하게 될 것입니다.

끝으로, 이 언약을 지키며 살아가기 위해서는 여러분 자신을 온전히 하나님께 드려야 합니다. "너희는 먼저 그의 나라와 그의 의를 구하라"(마 6:33). 오직 하나님의 영광을 위하여 사십시오. 여러분의 하나님 외에는 다른 그 어떤 목표도 갖지 마십시오. 형제들이여, 하나님께서 여러분에게 많은 것을 주시면, 여러분은 더욱더 자신을 성결하게 하는 것으로 하나님께 영광을 돌리십시오. 하나님께서 여러분에게서 무엇을 가져가시면, 그 손실 아래에서 참고 인내함으로써 하나님께 영광을 돌리십시오. 여러분이 어디에 있든지, 늘 온 마음과 목숨을 다해 하나님을 사랑하고 이웃을 내 몸과 같이 사랑하는 것을 목표로 삼으십시오. 그러면 여러분은 형통하게 될 것이고 복을 받게 될 것입니다. 왜냐하면, 하나님께서는 여러분을 위하여 자신의 언약을 기억하실 것이기 때문입니다.

나는 이 자리에 계신 아직 회심하지 않으신 분들이 이 언약에 참여하고 싶어하게 되기를 원합니다. 여러분에게 그런 마음이 생겼다면, 그 소원 자체가 하나님의 은혜의 선물입니다. 주 예수 그리스도를 믿으십시오. 그러면 여러분은 하나님과의 언약 관계 속으로 들어간 것입니다. 주 예수를 믿는 믿음을 가진 사람은 믿는 자들의 아버지이신 하나님의 자녀이기 때문에, 하나님이 아브라함 및 그의 영적인 자손들과 맺으신 언약에 참여하게 된 것입니다. 이 가엾은 돌 같은 심령들의 주이시여, 예수를 인하여 아브라함에게 자녀들을 더하여 주옵소서. 아멘.

제
100
장

—

자유롭게 된 자들을 위한 노래와
묶인 자들을 위한 소망

—

"흑암과 사망의 그늘에서 인도하여 내시고 그들의 얽어 맨
줄을 끊으셨도다 여호와의 인자하심과 인생에게 행하신 기
적으로 말미암아 그를 찬송할지로다 그가 놋문을 깨뜨리시
며 쇠빗장을 꺾으셨음이로다." — 시 107:14-16

이 아침에 나의 간절한 소원과 기도는 본문에 묘사된 상태에 있는 분들이
거기에서 나와 온전한 구속을 받게 되는 것입니다. 그들은 너무나 오랫동안 갇
혀 있었고, 이제 포로 된 자들에게 자유를 알리는 나팔 소리가 울려 퍼집니다. 예
수께서는 "놋문"을 깨뜨리시고 "쇠 빗장"을 꺾으시기 위하여 이 세상에 오셨습니
다. 결박 가운데 있는 자들을 위한 나의 기도가 응답되기를 빕니다. 나는 지금
"낙심"의 지하감옥에 갇혀 있는 분들 중에서 일부는 나의 기도에 "아멘"으로 화
답하실 것이라고 믿습니다. 그들이 속으로 기도하고 우리가 밖으로 소리를 내어
기도한다면, 주 예수 그리스도께서 친히 오셔서 그 감옥 문을 열어 주심으로써,
머지않아 희년이 선포될 것입니다.

물론, 오늘의 본문은 문자적으로는 사람들에 의해서 감금된 죄수들에 대한
것입니다. 사람들은 이 땅을 얼마나 서글픈 세상으로 만들어 왔습니까! 사람들
의 악이 넘치고 감옥들도 차고 넘쳤습니다. 마치 자유롭게 사는 사람들을 눈 뜨

고 볼 수 없다는 듯이, 사람들은 감옥들과 쇠사슬들을 고안해 냅니다. 폭군들이 그들에게 대항하는 자들을 꼴 보기 싫다고 묻어 버린 저 산 자들의 무덤들에 서 있노라면, 우리의 피는 들끓어 오릅니다. 야수들 중에서 가장 잔인한 야수라고 할지라도 사람들이 자신의 동류인 사람들에게 하는 것과 같은 그런 잔인한 짓을 그들의 동류에게 행하지는 않을 것입니다. 우리는 감옥에 갇혔을 때의 두려움과 고통을 보면 자유롭게 되었을 때의 기쁨을 알 수 있습니다. 하나님께서 자신의 섭리에 의한 질서 속에서 흔히 압제당하는 자들을 위해 피할 길을 내신다는 것은 하나님께 영광이 됩니다. 하나님은 잔인한 왕조들을 무너뜨리시고, 폭군들을 그 권좌에서 쫓아내신 후에, 갇힌 자들에게 오셔서 그들을 풀어 주십니다. 이렇게 자유를 얻은 자들은 "여호와의 인자하심과 인생에게 행하신 기적으로 말미암아 그를 찬송하게" 됩니다.

그러나 이 시편 속에 나오는 여러 장면들은 영적인 상태들을 묘사하기 위한 것들입니다. 이 시편 전체를 푸는 열쇠는 2절입니다: "여호와의 속량을 받은 자들은 이같이 말할지어다." 여기에서 말하고자 하는 건짐은 "속량"을 통해서 우리에게 주어지는 건짐, 골고다에서 드려진 희생제사로 말미암아 우리에게 주어지는 건짐입니다. 우리는 우리를 위하여 자신의 자유를 버리시고 우리를 자유롭게 해주시기 위하여 자신이 결박당하시고 십자가에 못 박히시는 것에 동의하신 이의 보배 피로 말미암아 속량함을 받습니다. 감사하는 것으로 가득한 나의 마음은 그리스도께서 겟세마네 동산에서 잡히실 때에 "나를 찾거든 이 사람들이 가는 것은 용납하라"(요 18:8)고 하신 말씀을 또다시 듣는 것 같습니다. 그가 자신이 결박당하는 것에 동의하신 것은 그를 믿는 모든 자들에게 자유를 주시기 위한 것이었습니다.

나는 하나님이 주시는 힘을 따라 본문을 영적으로 전하려고 노력할 것인데, 우리는 세 개의 대지로 나눠서 본문을 살펴볼 것입니다. 첫 번째는, 본문이 말하는 은총 받은 자들은 누구냐 하는 것이고, 두 번째는, 이 주목할 만한 건짐이 어떻게 이루어졌느냐는 것이며, 세 번째는, 그 건짐에 의해서 어떤 일들이 일어나게 될 것인가 하는 것입니다. 본문은 우리에게 어떻게 해야 하는지를 말해 줍니다: "여호와의 인자하심으로 말미암아 그를 찬송할지로다."

1. 첫째로, 이 은총을 받은 사람들은 누구입니까?

여러분이 이 시편을 읽어보면 알 수 있듯이, 이 은총 받은 자들은 죄 범한 자들
이었습니다: "사람이 흑암과 사망의 그늘에 앉으며 곤고와 쇠사슬에 매임은 하나
님의 말씀을 거역하며 지존자의 뜻을 멸시함이라"(10-11절). 죄악된 자들이여,
이 말씀을 듣고 용기를 내십시오. 왜냐하면, 하나님께서는 아예 아는 체도 하지
않으실 것 같은 그런 자들을 위해 큰 기적들을 베푸신 것이기 때문입니다. 그들
이 하나님께 반역해서 감옥에 갇히게 된 것이라면, 여러분은 하나님이 그들을
그냥 감옥에 내버려 두실 것이라고 생각할 것입니다. 그런데도 반역자들은 헤아
릴 수 없이 크신 은혜로 말미암은 역사로 인해 자유를 얻게 됩니다. 구속주께서
는 사람들을 위해 하나님으로부터 선물들을 받으셨는데, 그 선물들은 "반역자들
을 위해서도 받으신"(시 68:18 KJV, 한글개역개정에는 "반역자들로부터도 받으시니") 것
입니다. 이 사람들은 하나님의 말씀을 멸시한 자들이었는데, 그들에게 자유를
주는 복음이라는 것이 있었을까요? 있었습니다. 여호와께서 풍성하신 은혜 가운
데 은혜의 이적들을 베푸신 것은 바로 그들을 위한 것이었습니다.

　　시편 기자가 이 시편에서 묘사하고 있는 자들은 명백한 죄악들을 행하여 죄
를 범한 자들이었습니다. 그들은 지존자의 명령에 맞서 실제로 반역을 행하였습
니다. 그들의 반역은 단지 한 번 감정이 격해져서 저지른 일회성의 행위가 아니
었습니다. 그들의 일생 전체가 악한 반역의 연속이었습니다. 그들은 어린 시절
부터 어그러진 길로 잘못 나갔고, 청년 때는 하나님을 진노하시게 하였으며, 성
인이 되어서는 더욱더 하나님께 불순종하였습니다. 그들은 자신들을 지으신 이
요 은인이요 주님이신 하나님을 대놓고 적대하였습니다. 지금 이 말씀을 듣고
있는 분들 중에도 많은 분들이 자기도 사랑의 하나님을 거슬러 의도적으로 범죄
해 왔다고 고백할 수밖에 없을 것입니다. 그들은 하나님께 얼굴이 아니라 등을
돌렸고, 하나님의 종들이 된 것이 아니라 반역자들이 되어 살았습니다.

　　이 시편에 묘사된 자들은 그들의 삶만이 아니라 그들의 마음에도 악이 가득
하였습니다. 왜냐하면, 그들은 "지존자의 뜻을 멸시하였기"(11절) 때문입니다.
아마도 그들은 성경의 가르침을 배척하였고, 하나님이 계시하신 것들을 조소하
였을 것입니다. 그들은 자신의 생각을 버리고 전혀 틀림이 없는 무오한 가르침
을 받아들이기를 거부하였고, 자신들의 생각이 하나님의 생각보다 더 낫다고 여
겼습니다. 지존자의 계획과 뜻은 하나님으로부터 나온 것이었기 때문에 고상함
을 지니고 있었지만, 그들은 그들 자신의 거창한 생각들이 지존자의 뜻보다 더

고상하다고 여겨서 멸시한 것입니다. 어떤 사람들은 그 어떤 가르침이라도 성경의 가르침보다는 더 받아들일 만하다고 여깁니다. 그런 사람들은 하나님을 의심하는 자들이 말하는 것은 기쁘게 잘 경청하지만, 여호와 하나님께서 말씀하시는 것은 들으려 하지 않습니다. 그들은 하나님의 교훈과 명령과 약속 등과 같은 하나님의 뜻은 다 내팽개치고, 오직 그들 자신의 교만에서 나온 생각만을 따라갑니다.

그러나 사람들의 양심이 깨어나서 자신의 그러한 실제적이고 정신적인 죄를 깨닫게 되면, 그들은 낙심하고 절망합니다. 그들은 손과 마음으로 다 범죄하였기 때문에, 죄를 자각했을 때에 크게 낙심하게 됩니다. 이 말씀을 듣고 계시는 분들 중에서 자신이 저질러 온 죄악들로 인해 괴로워하고 계시는 분이 있습니까? 여러분이 괴로워하는 것이 이상합니까? 여러분은 악한 길로 행하였는데도 거기에서 행복할 것이라고 기대했습니까? 여러분은 "여호와께서 말씀하시되 악인에게는 평강이 없다 하셨느니라"(사 48:22)는 말씀을 들어본 적이 없습니까? 여러분은 "악인은 평온함을 얻지 못하고 그 물이 진흙과 더러운 것을 늘 솟구쳐 내는 요동하는 바다와 같다"(사 57:20)는 것을 알지 못합니까? 여러분은 지금 자신의 어리석음의 가시나무들에 붙잡혀 옴짝달싹 못하고 있는데도 아무렇지도 않은 것입니까? 성경은 "네가 이를 자취함이 아니냐"(렘 2:17)고 말씀하십니다. 이것들은 다 "죄의 삯"(롬 6:23)이 아닙니까? 그래도 여러분이 아직은 저 무시무시한 "삯"의 선금 정도만을 받은 것에 대하여 하나님께 감사합니다. 그러나 죄는 지독한 고용주라는 것을 명심하십시오. 죄와 괴로움은 본질상 서로 붙어 있어서 절대로 떨어지지 않습니다. 죄악의 씨를 뿌리는 자들은 반드시 괴로움을 거두게 됩니다. 악의 강은 반드시 진노의 바다로 흘러들어갑니다. 죄 지은 자는 자기 대신에 벌을 받으신 구주를 자신의 보증으로 세우지 않는 한 벌을 받을 수밖에 없습니다.

그러므로 본문에서 자유를 얻은 자들은 죄 지은 자들로서 본질상 하나님이 개입하셔서 풀려나게 해주실 만한 자들이 아니었습니다. 의도적으로 죄 지은 자들이여, 자기 자신을 정죄하고 자신의 잘못들을 시인하고 있는 자들이여, 이것을 잘 들으십시오. 이것은 바로 여러분을 위한 복음입니다. 하나님께서는 스스로 자승자박한 자들을 자유롭게 해주십니다. 이것은 정말 값없이 거저 주어지는 은혜입니다. 이 자유를 주시는 놀라운 사랑의 역사는 무죄한 자들을 그 곤경에서 건져 주시는 것이 아니라, 하나님께 반역한 죄 범한 자들을 건져 주시는 것입니다. "그리스도 예수께서 죄인을 구원하시려고 세상에 임하셨다"(딤전 1:15).

한 걸음 더 나아가서, 우리는 이 사람들이 멸망 받게 되어 있던 자들이었다는 것을 알게 됩니다. 왜냐하면, 그들은 "흑암과 사망의 그늘에 앉아" 있었기 때문입니다. 이것은 그들이 사형선고를 받고 감옥에 갇혀서 사형집행을 기다리고 있던 자들임을 의미합니다. 그들은 이미 사형선고를 받았기 때문에 빛을 바랄 수 없었고 거기에서 빠져나올 그 어떤 소망도 있을 수 없었습니다. 그 어디에서도 한 줄기 희미한 소망이라도 붙잡을 수 있는 길이 없었습니다. 그들은 얼마 안 있어서 끌려 나가 처형을 당하여, 음습하고 무시무시한 죽음의 그림자가 그들의 영혼에 임하게 될 것이 틀림없었습니다. 이 아침에 이 말씀을 듣고 있는 분들 가운데 그런 분이 계십니까? 나의 친구여, 나는 이 자리에 앉아서 자기가 죽게 되었다고 느끼는 당신에게 충분히 공감할 수 있습니다. 나도 내게 사형선고가 내려졌다는 것을 느낀 적이 있으니까요. 나는 하나님의 아들을 믿지 않았기 때문에 내 자신이 "벌써 심판을 받았다"(요 3:18)는 것을 알았습니다. 나는 뉴게이트(Newgate)에 살고 있던 정죄 받은 자들에게 교수대로 나갈 시간이 다 되었다는 신호를 보내기 위해 치는 성 세펄커(St. Sepulcher) 교회의 종소리를 들을 때마다 "벌써 심판을 받은 것이니라"는 말씀이 내 귀에 얼마나 쟁쟁했는지를 기억합니다. 영원한 진노의 그림자가 우리의 마음에 드리울 때, 그 두려움은 이루 말할 수가 없습니다. 왜냐하면, 하나님이 판단하시고 정죄하시고 벌하실 때에 하나님은 의로우시다는 것을 우리의 양심이 확실하게 증언하기 때문입니다. "사망의 그늘"이 자기에게 드리우는 것을 느낄 때, 불신자들의 주장들은 침묵하게 되고, 기고만장한 항변들도 자취를 감추며, 사람의 마음은 "범죄하는 그 영혼은 죽으리라"(겔 18:4)고 선언하는 하나님의 법이 의롭다는 것에 동의하게 됩니다. 이렇게 자신이 정죄 받은 상태에 있었던 때를 기억하는 나의 형제들이여, 지금 그런 상태에 있는 분들을 위하여 나와 함께 기도합시다. 왜냐하면, 그들은 우리의 공감과 사랑을 필요로 하기 때문입니다. 이 말씀을 들으면서 자신의 양심에 자기가 정죄 받은 것을 느끼는 분들은 용기를 내고 소망을 가지십시오. 왜냐하면, 여러분은 여호와께서 그의 은혜로 말미암아 자유롭게 해주고 싶어 하시는 사람들에 속해 있기 때문입니다. 그러한 정죄 받아 죽게 된 사람들이 바로 오늘의 본문이 하나님께서 "흑암과 사망의 그늘에서 인도하여 내셨다"고 노래하는 자들이었습니다. 값없는 긍휼하심을 필요로 하는 것은 바로 여러분의 정죄 받은 상태이고, 하나님께서는 자신의 한없으신 은혜로 여러분의 필요를 채워 주십니다. 정죄 받아 죽게 된 자들에게 이 아침에 주 하나님께서 그리스도 예수 안에서 값없이 거저 죄 사함을 베풀어 주실 것입니다. 내가 이렇게 큰 확신으로 담대하게 선포하는 것은 사랑의 하나님을 믿기 때문입니다. 하나님은 죄인들을 위한 기도를 기꺼이 들어주실 것이고, 여러분은 지금 엄청난 폭풍으로 여러분을 위협하는 저 먹장구름 아래에서 벗어나게 될 것입니다. 여러분은 정죄 받아 죽을 날을 기다리며 갇혀 있는 감옥에서 나오되, 처형을 위해서가 아니라 죄 사하심과 방면을 위해 거기에서 나오게 될 것입니다. 여호와 하나님의 이름이 찬송을 받으시기를 원하나이다. 하나님은 우리의 범죄를 그냥 지나가시는데, 그의 아들의 속죄로 말미암아 그렇게 하시는 것이기 때문에, 그것은 의롭고 정당한 일입니다.

다음으로, 이 사람들은 묶여 있던 자들이었습니다. 왜냐하면, 그들은 "곤고와 쇠사슬"에 묶여서 "흑암과 사망의 그늘에 앉아" 있었기 때문입니다. 그들의 환난과 "곤고"는 "쇠사슬" 같이 단단하고 냉혹해서, 그들은 그것을 끊을 수 없었습니다. "쇠사슬"은 그들의 심령 속으로 파고들어갔고, 거기에 슨 녹은 그들의 살을 먹고 피를 중독시켰습니다. 그들은 안으로는 "곤고"와 밖으로는 "쇠사슬," 이렇게 이중으로 묶여 있었습니다. 어떤 사람이 자기가 죽게 되었다는 것을 느끼는데 그 멸망에서 빠져나갈 길이 없다는 것을 아는 것은 정말 끔찍한 일입니다. 악한 습성은 마치 쇠사슬처럼 사람을 옭아매기 때문에 거기에서 빠져나오기 힘듭니다. 빠져나오고 싶어도 죄의 속박에서 벗어나는 것은 불가능합니다. 그는 죄의 노예가 되었는데 거기에서 빠져나올 길이 없습니다. 그래서 그는 "나의 하나님, 어떻게 해야 합니까?"라고 부르짖습니다. 그가 몸부림치면 칠수록 쇠사슬은 더욱 그를 강하게 조여 옵니다. 악에서 벗어나고자 하면 할수록, 자기가 얼마나 죄의 노예가 되어 있는지가 더 분명하게 확인될 뿐입니다. 본문에 나오는 "곤고와 쇠사슬"이라는 두 단어의 조합은 얼마나 끔찍한 조합인지 모릅니다! 이 속박은 정신적인 것임과 동시에 육신적인 것이기도 합니다. 노예가 된 영혼과 타락한 육신은 서로에 대하여 영향을 미치고 상호작용을 하면서, 몸부림치는 가련한 존재를 마치 쇠 그물망처럼 더욱더 조여 옵니다. 그가 자신의 죄들을 깨뜨리고 빠져나오는 것은 불가능합니다. 그는 더 나은 삶으로 나아갈 수 없습니다. 이 자리에 계신 분들 중에도 이런 분들이 계실 것입니다. 여러분은 빠져나오려고 몸부림치지만, 여러분을 조이고 있는 쇠사슬을 끊어낼 수 없습니다. 여러분은 날이면 날마다 큰 괴로움을 겪으며 편할 날이 없지만, 그런데도 진척은 조금도 없습니다. 여러분은 평안을 발견하고자 애를 쓰지만, 평안은 오지 않습니다. 여러분은 악한 습성들로부터 벗어나려고 무진 애를 쓰지만, 그 습성들은 여러분을 꼭 붙잡고 놓아주지 않습니다. 이렇게 묶여 있는 친구들이여, 내가 여러분에게 좋은 소식을 전하고자 하는데, 그것은 예수 그리스도께서 묶인 자들을 풀어 주시기 위하여 이 땅에 오셨다는 것입니다. "그가 놋문을 깨뜨리시며 쇠빗장을 꺾으셨음이로다." 사람이 아무리 애쓰고 통곡해도 끊을 수 없었던 죄의 사슬을 하나님은 끊으시고 거기로부터 사람들을 자유롭게 하실 수 있으십니다. 여러분은 자유롭고자 하십니까? 하나님은 감옥 문을 활짝 열어주실 것입니다. 그 악한 습성이 아무리 끈질기고 그 악한 정욕이 아무리 사납게 날뛴다고 하여도, 하나님께서는 거기에서 여러분을 건져주실 수 있으십니다. 여러분이 하나님의 아들 예수 그리스도를 믿기만 한다면, 그의 은혜는 여러분의 쇠사슬을 끊을 수 있는 망치입니다. 예수께서 "그를 놓아주어 가게 하라"고 말씀하시면, 어떤 귀신도 여러분을 붙잡아둘 수 없습니다. 그리스도의 석방지휘서는 만유에 다 통하기 때문에, 그가 여러분을 자유롭게 하시면, 여러분은 참으로 자유롭게 될 것입니다.

한 걸음 더 나아가서, 이 사람들은 기진맥진한 사람들이었습니다. 왜냐하면, 본문은 그들에 대하여 "그가 고통을 주어 그들의 마음을 겸손하게 하셨으니"(12절)라고 말씀하기 때문입니다. 이런 일이 모든 사람에게 동일한 정도로 일어나는 것은 아니지만, 우리 중에는 정말 모든 힘이 다 빠지고 녹초가 될 정도로 기진맥진하게 된 분들이 있을 것입니다. 우리의 마음은 높아져 있어서, 하나님께서는 우리의 마음을 낮추실 필요가 있기 때문에 여러 가지 통로들을 통해서 우리를 낮추십니다. 어떤 사람들에게는 이 세상에서 하는 일들이 잘 안 되게 하는 방법을 사용하십니다. 이전에는 그들이 하는 일들마다 다 잘 되었는데 이제는 하는 일들마다 틀어지고 제대로 되지를 않습니다. 어떤 사람들의 경우에는 부유하게 살던 삶을 궁핍한 삶으로 전락하게 만드시는 방법을 사용하십니다. 건강도 안 좋아지기 시작하고, 튼튼하고 담대했던 사람들이 병들고 유약한 자들로 변합니다. 이런 것들을 통해서 교만한 심령들이 유순해지는 경우가 비일비재하게 일어납니다. 꼭 외적인 어려움이나 환난이 아니더라도, 내적인 고민을 통해서 마음을 낮추기도 하십니다. 그런 사람들은 안식할 수 없어서 평안을 구하기 위해 온갖 세상적인 방법들을 다 써봅니다. 극장에도 가보고, 인생을 한량처럼 살아가는 친구들과 어울려 시시덕거리기도 하고, 춤 추러 가기도 하고, 여러 가지 악에 빠져봅니다. 그러나 그런다고 해서 그들의 죄 짐이 떨쳐내지는 것이 아닙니다. 죄 짐은 제거되지 않습니다. 사자가 덮쳐왔을 때에 기린이 자기 어깨에 들러붙은 원수인 사자를 떨쳐내기 위하여 질풍 같이 광야를 질주하지만 결코 그 사자를 떨쳐낼 수 없는 것과 마찬가지로, 죄인이 자기에게 들러붙은 죄를 떨쳐내려고 무슨 짓을 해도 죄는 떨어지지 않습니다. 회심하지 않은 자들이 스스로 안식을 얻고자 하면 점점 더 지쳐갈 뿐입니다. 그들은 마치 불 속에서 빠져나오려는 듯이 무척 애를 쓰지만 결국 헛수고만 할 뿐입니다. 울려고 해도 눈물이 나오지 않습니다. 돌 같이 굳어 버린 마음에 무슨 감정이 있겠습니까? 그들은 할 수 있다면 눈물을 하염없이 흘리고 싶고 기도도 계속해서 올리고 싶지만, 그렇게 되지를 않습니다. 율법의 채찍 소리가 나면, 그들은 다시 자신의 일로 돌아가야 합니다. 그러나 일을 하면 할수록 허무감만 더할 뿐입니다. 수렁에 빠진 자가 허우적거리며 몸부림을 칠수록 더욱더 깊이 수렁에 빠져 들어가는 것과 마찬가지로, 죄의 수렁에 빠진 자들은 거기에서 나오려고 하면 할수록 더욱더 깊이 가라앉습니다. 나는 아무리 필사적으로 애를 써도 아무 소용이 없는 여러분의 저 끔찍한 몸부림을 잘 압니다. 하나님께서 여러분에게 고통과 괴로움을 주셔서 여러분의 마음을 낮추고 계시는데, 여러분은 지금까지 당한 고통으로는 부족하십니까? 여러분은 "수고하고 무거운 짐 진 자들아 다 내게로 오라 내가 너희를 쉬게 하리라"(마 11:28)라는 저 사랑의 말씀이 기억나지 않습니까? 얼마나 달콤한 약속의 말씀입니까! 여러분은 그 말씀을 믿고 그 말씀이 여러분에게 이루어지게 하고 싶지 않습니까? 여러분은 예수께 나아와서 그가 주시는 쉼을 얻고 싶지 않습니까? 나는 여러분이 바로 지금 예수께로 나아오시기를 바랍니다. 나는 성령께서 여러분으로 하여금 예수께로 나아가도록 해주시기를 빕니다. 주님께서는 여러분을 이끌어서 지치고 고단한 삶에서 건지셔서 하나님의 백성을 위해 예비된 달콤한 안식으로 인도하시기 위하여 능력으로 이 땅에 오셨습니다. 가엾은 비둘기들이여, 멀리 날아가려 하지 말고 노아에게로 돌아오십시오. 예수께서 이 말씀을 하실 당시의 사람들도 여러분만큼이나 지치고 고단한 사람들이었지만, 예수께서는 그들에게 안식을 주셨습니다. 그런데 예수께서 여러분에게 안식을 주시지 않을 이유가 어디 있겠습니까? 악하거나 추방당하거나 묶이거나 무거운 짐을 진 자들이라고 할지라도, 아직 소망이 있습니다. 왜냐하면, 주님께서는 얼마든지 여러분을 자유롭게 하실 수 있기 때문입니다.

또한, 이 사람들은 기가 죽은 사람들이었습니다: "그들이 엎드러져도 돕는 자가 없었도다." 그들은 이렇게 말했습니다: "우리는 이제 더 이상 갈 수 없어요. 아무리 애를 써 봐도 소용이 없습니다. 우리는 하나님의 진노를 피할 수 없지만 견딜 수도 없어요. 우리는 벼랑 끝에 서 있습니다. 우리가 더 나아지려고 아무리 애를 써도 소용이 없어요. 이젠 절망이고, 우리는 포기할 수밖에 없습니다." 본문은 "그들이 엎드러졌다"고 말씀합니다. 이것이 그들의 힘이 다 소진되었음을 보여줍니다. 포로가 연자 맷돌을 돌려서 곡식을 갈다가 이제는 힘이 다해서 단 한 바퀴도 더 돌릴 수가 없게 된 것입니다. 채찍으로 맞아도 한 걸음도 더 걸어가지 못하고 마치 목숨이 떠나가는 사람처럼 혼절해 버립니다. 그들은 "힘이 다했다"는 것을 인정하지 않을 수 없습니다. 이것은 언제나 사실이었지만, 그들이 늘 그렇게 느낀 것은 아니었습니다. 그러나 마침내 그들은, 한 걸음만 더 걸으면 천국이 그들의 것이고 한 번만 더 선행을 하면 지옥을 피할 수 있다고 할지라도 그렇게 할 수 없는 지경에 도달했습니다. 그들이 그토록 자랑하던 자유의지가 지닌 힘은 도대체 어디로 간 것입니까? 오늘 본문에 나오는 구원의 말씀은 이렇게 자신의 힘이 다 소진되어 엎드러진 자들, 바로 여러분에게 주어진 것입니다. 주 예수께서는 자기 발 앞에 엎드러진 자들을 일으켜 세우시기를 기뻐하십니다. 주님은 역전시키기의 명수이십니다: "권세 있는 자를 그 위에서 내리치셨으며 비천한 자를 높이셨고"(눅 1:52). 하나님은 교만이라는 독수리 날개를 타고 높이 날아오르는 자에게는 보응하셔서 끌어내리시지만, 자신을 낮추어 티끌에 앉아 있는 자는 높이실 것입니다. 엎드러져서 예수의 발 앞에 있는 티끌에 누워 있는 자는 영생의 입구에 누워 있는 것입니다. 하나님은 약한 자들에게는 힘을 주시고 능력이 없는 자들에게는 능력을 더하십니다. 나는 여러분 중에서 어떤 분이 자신의 약함을 인정하는 것을 들을 때에 정말 기쁩니다. 왜냐하면, 주 예수께서 그 사람 속에 그의 능력을 나타내실 때가 가까웠기 때문입니다.

이 사람들은 도와줄 자가 아무도 없는 자들이었습니다: "그들이 엎드러져도 돕는 자가 없었도다." "돕는 자가 없었다"는 것이 도대체 무엇입니까? "신은 스스로 돕는 자들을 돕는다"는 격언이 있습니다. 이 격언 속에는 일종의 진리가 들어 있긴 하지만, 나는 감히 훨씬 더 큰 하나님의 진리로 그 진리를 가리고자 합니다: "하나님은 스스로 도울 수 없는 자들을 도우십니다"(하나님은 스스로 어찌 할 수 없는 자들을 도우신다는 것 — 역주). 여러분을 도울 자가 아무도 없을 때, 하나님께서 여러분을 도우십니다. "돕는 자가 없었도다" — 사제나 목회자나 기도하는 아내나 기도하시는 어머니나 그 누구도 어찌 할 수 없었습니다! 그 사람은 사람이 돕는다고 될 일이 아니라는 것을 알았습니다. 그의 침상은 그가 다리를 뻗고 누울 수 있을 정도보다 더 짧았고, 그의 이불은 그의 몸 전체를 덮기에 작았습니다. 이제 그는 길르앗에 유향이 있고 그 곳에 의사가 있어도 그런 유향과 의사는 그에게 도움이 되지 않는다는 것을 알고서, 자신을 고쳐줄 유향과 의사를 구하기 위해 더 높은 곳을 바라보았습니다. 그의 상처를 치유하기 위한 유향은 하늘로부터 와야 했습니다. 왜냐하면, 이 땅에는 도움 될 것이 전혀 없었기 때문입니다. 이것은 자기의(self-righteousness)의 무덤에 놓기에 아주 적절한 비문입니다! 또한, 이것은 사제 제도, 타고난 권리로 교인됨, 성례주의에 대하여 울리는 조종입니다. 양심은 "도울 자가 없다"는 것을 압니다. 이것이 여러분의 경우입니까? 그렇다면, 여러분은 하나님께서 자신의 은혜로 말미암아 기이한 일을 행하실 바로 그 대상이기 때문에, 하나님은 곧 여러분을 거기에서 건지셔서 빛과 평안으로 행하게 하실 것입니다.

이 사람들과 관련해서 딱 한 가지 좋은 점이 있었는데, 그것은 그들이 마침내 기도하기 시작했다는 것입니다: "이에 그들이 그 환난 중에 여호와께 부르짖으매." 그것은 들어줄 만한 그런 기도가 아니었고, 날카롭고 째지는 소리가 나서 음악처럼 듣기 좋은 기도도 아니었으며, 고통 속에서 나온 것이어서 기분 좋은 기도도 아니었습니다. 그들은 큰 고통 중에 있는 자처럼 "부르짖었습니다." 그들은 어머니를 잃어버린 아이처럼 큰 소리로 울었습니다. 그들은 상처를 입고 너무 고통스러워서 울부짖는 가엾은 짐승처럼 "부르짖었습니다." 여러분이 부르짖기는 하는데, 그 부르짖음이 너무 보잘것없다고 느끼십니까? 나는 그것을 압니다. 그리고 나는 여러분이 그런 식으로 말하는 것을 듣는 것이 기쁩니다. 왜냐하면, 여러분이 자신의 부르심을 보잘것없다고 느낄수록, 하나님께서는 그 부르짖음을 더 크게 생각해 주실 것이기 때문입니다. 여러분은 자신이 기도를 잘했다고 느낍니까? 그렇다면, 여러분은 아무런 가치도 없는 기도를 한 것입니다. 여러분이 자기가 단지 더듬거리며 거의 신음소리처럼 자신이 원하는 것들을 제대로 표현하지도 못한 그런 기도를 했다고 생각한다면, 여러분은 제대로 기도한 것이고, 진리의 주님이 여러분을 만나 주실 수 있는 제대로 된 토대 위에 서 있게 된 것입니다. "그들이 부르짖으매." 그들이 부르짖은 것에 무슨 칭찬할 만한 것이 있었을까요? 그렇지 않았습니다. 그들은 어쩔 수 없이 그렇게 한 것뿐이니까요. 그들은 만일 다른 길이 있었더라면 그때조차도 그렇게 하나님께 부르짖고자 하지 않았을 것입니다. 그들은 그들의 마음이 아주 낮아져서 엎드러질 정도가 되고 나서야 부르짖었습니다. 사람이 엎드러져서 무릎을 꿇게 되었다면, 그것은 잘된 일입니다. 나의 사랑하는 자들이여, 여러분이 무엇을 하든 안 하든 상관 없이 은밀하게 하나님께 은혜를 주시라고 부르짖고 계십니까? 그렇다면, 여러분이 곤경에서 벗어나 자유를 얻게 될 것은 하나님이 살아 계시는 것만큼이나 확실한 일입니다. 기도하는 사람은 결코 지옥에 떨어지지 않습니다. 기도 속에는 이 순례길을 가는 동안에 그때그때마다 복을 받게 해주고, 암울한 때에 소망의 문을 열어 주는 그 무엇이 있습니다. 그런데 부르짖는 사람이 어디에 있습니까? 기도하는 사람이 어디에 있습니까? 바로 그런 사람들에 대하여 오늘의 본문은 여호와께서 그들을 "흑암과 사망의 그늘에서 인도하여 내시고 그들의 얽어 맨 줄을 끊으셨도다"고 말씀합니다.

　　하나님께서 지금까지 내가 전한 것들을 복 주셔서, 여러분 중에 자기 자신을 거울로 보는 것처럼 들여다보고서, 하나님이 전에 여러분 같은 다른 사람들을 구원하셨듯이 지금은 여러분을 구원하실 것이라는 소망을 갖게 되는 사람들이 생겨나도록 해주시기를 빕니다. 여러분이 본문 속에서 여러분 자신을 본다면, 이 말씀의 위로가 자기에게 주어진 것을 그대로 믿으시기 바랍니다. 본문을 보면서도, "이 말씀은 다른 사람에게나 해당되겠지"라고 말하지 마십시오. 죄에 묶여서 어쩔 줄 모르고 절망에 빠져 들어가는 죄인들이여, 그리스도께서는 바로 그런 자들을 위하여 십자가에 달리셨습니다. 여러분은 자신에게 온 편지를 보았다면 열어 보려고 하지 않겠습니까? 나는 그럴 것입니다. 일전에 한 가난한 여성에게 어떤 친구가 약간의 돈을 동봉한 편지를 부쳤는데, 그 여성은 그 편지를 뜯어보지도 않고 그냥 거울 뒤에 두고서, 너무나 돈이 궁해서 약간의 돈을 빌리기 위해 바로 그 친구를 찾아갔습니다. 그러자 그 친구는 "내가 어제 편지로 돈을 보냈는데"라고 말했고, 그제야 그 여성은 자기가 거울 뒤에 놓아둔 그 편지가 생각이 났습니다. 마찬가지로, 하나님의 편지들을 거울 뒤에 놓아 두고서 그들에게 주어진 약속을 사용하지 않는 사람들이 많습니다. 수고하고 무거운 짐 진 자들은 모두 나아와서 우리 주님의 사랑을 맛보시고, 그 사랑을 값없이 거저 받으 서서 하늘의 안식으로 충만하시기를 빕니다.

2. 둘째로, 이 건지시는 역사가 어떻게 이루어졌습니까?

우리가 이 질문에 답하는 동안에 성령께서 우리와 함께 운행하시기를 기원 합니다. 자유를 얻은 자들은 자기가 어떻게 자유를 얻었는지를 간증하는 것이 마땅합니다. 내 이야기를 먼저 하겠습니다. 예수께서 나 대신에 죽으셨다는 말 씀은 내가 지금까지 들은 것들 중에서 가장 좋은 소식이었습니다. 사람들이 내 게 나를 사랑하시는 이가 계시다는 것과 그가 나를 사랑하여 나를 건지시기 위 하여 자기 목숨을 기꺼이 버리셨다는 말을 해주기 전까지, 나는 아무런 구원의 소망도 없이 절망에 빠져서 비참한 상태로 거의 죽기 직전의 모습으로 앉아 있 었습니다. 그가 내가 받을 죽음의 형벌을 대신 받으셨다는 것은 정말 너무나 놀 라운 얘기였습니다. 그들은 영광의 주께서 사람들을 구원하시기 위하여 사람이 되셨고, 내가 그를 믿기만 하면, 그가 나 대신에 고난을 당하셔서 나의 모든 죄를 다 지워 버리셨다는 것을 알게 될 것이라고 말해 주었습니다. 나는 그 말을 듣고 많이 놀라고 이상하게 여겼지만, 그런 너무나 이상한 이야기를 사람이 만들어낼 수는 없을 것이라고 느꼈습니다. 하나님께서 친히 나의 본성을 취하셔서 주 예 수 그리스도라는 인격으로 나의 죗값을 대신 치르시기 위하여 나를 위해 고난 받으시고 그 모든 죄를 지워 버리셨다는 것은 도저히 만들어낸 이야기일 수 없 었습니다. 나는 그 복된 소식을 들었고, 그 소식을 듣기만 해도 그 속에는 어떤 위로가 있었습니다. 그리고 나는 그것을 믿었고 생명줄처럼 여기고서 그것을 꼭 붙잡았습니다. 그러자 나는 살아나기 시작하였습니다. 나는 오늘 하나님의 이 진리를 믿고, 나의 모든 소망이 거기에 있습니다. 여러분 중에 내가 그리스도의 대속의 희생제사에 대하여 열심을 내는 것을 이상히 여기는 분들이 있다면, 그 런 분들은 깊이 생각할 필요가 없습니다. 틀림없이 여러분은 자신의 아내와 자 녀들을 지키기 위해 온 힘을 다할 것입니다. 그런데 내게는 이 진리가 나의 아내 와 자녀보다 더 소중합니다. 이 진리는 나의 모든 것입니다. 만일 그리스도께서 나를 위해 죽지 않으셨다면, 나는 영원히 저주 받아 지옥에 떨어질 자입니다. 이 것은 내가 가장 약하게 표현한 말입니다. 만일 나의 구속주께서 십자가 위에서 자신의 몸으로 내 죄를 담당하지 않으셨다면, 나는 무한히 비참하고 참담한 곳에서 내 몸으로 나의 모든 죄를 담당해야 할 것입니다. 내게는 예수의 대속 제사 외에는 그 어디에도 단 한 줄기의 소망도 없습니다. 그러므로 나는 하나님의 이 진리를 버릴 수 없습니다. 내가 그 진리를 버린다는 것은 내 생명을 포기한 것과 같습니다. 나는 하나님의 아들이 나를 자유롭게 해주시기 위하여 내 대신에 고난을 당하셨다는 것을 들었을 때에 그 말씀을 믿었고, "그렇다면, 내가 여기 '흑암과 사망의 그늘에' 앉아 있을 이유가 없네"라고 내 자신에게 말했습니다. 나는 무기력함을 떨쳐 버리고 일어나서 나의 감옥에서 나왔고, 밖으로 나와서 걸을 때에 빛이 내 주위에 비치며 나를 묶고 있던 쇠사슬들은 끊어져서 철그렁 하며 땅바닥으로 떨어지며 소리를 냈습니다. 그 소리가 얼마나 영롱하고 아름다운 음악소리 같던지요! 나를 그토록 오랫동안 옭아매며 괴롭게 하였던 바로 그것들이 지금 내게 기쁨을 가져다주었습니다. 내가 절대로 열릴 수 없을 것이라고 생각하였던 바로 그 쇠로 된 문이 저절로 내게 열리는 것을 나는 발견했습니다. 나는 그것이 꿈인지 생시인지 믿을 수 없었습니다. 그것은 너무나 놀라워 보였습니다. 나는 꿈꾸고 있는 것이라고 생각했습니다. 하지만 그 순간 나는 찬 밤공기가 내게 익숙한 거리를 따라 불어오는 것을 느끼고서, 내가 꿈꾸고 있는 것이 아님을 확실히 알았습니다. 나는 이렇게 말했습니다: "그래, 나는 아직 이 땅에 있고, 이것은 꿈이 아니라 현실이야. 나는 절망에서 벗어났고 저주로부터 건짐을 받은 거야." 이상이 내가 자유를 얻게 된 과정입니다. 나는 나의 구속주이신 예수를 믿었습니다. 이 자리에 계신 여러분들이여, 오늘 여러분 중에서 많은 분들이 이 이야기를 서로 다른 방식으로 얘기하겠지만, 내용은 다 동일할 것입니다.

여러분은 나를 따라서 성경에서 말씀하고 있는 것들을 세부적으로 살펴보시면서, 다윗으로부터 하나님께서 포로들을 어떻게 자유롭게 해주셨는지를 배우시기 바랍니다.

첫째는, 우리의 구원은 하나님께서 친히 하신 일이었다는 것입니다. 본문의 말씀을 경청해 보십시오: "그가 (그들을) 흑암과 사망의 그늘에서 인도하여 내시고"(한글개역개정에는 "그가"가 번역되지 않음 — 역주). 활자공이여, "그가"를 대문자로 해주십시오. 인쇄소에 특별히 큰 활자가 있습니까? 그렇다면, 이 단어를 가장 큰 글자로 조판해 주십시오: "그가 (그들을) 흑암과 사망의 그늘에서 인도하여 내시고." 또, 16절을 읽겠습니다: "그가 놋문을 깨뜨리시며." 하나님께서 천사를 보내셔서 우리를 자유롭게 해주신 것입니까? 아닙니다. "그가" 친히 자신의 사랑하는 아들의 모습으로 오셨습니다. 주 예수 그리스도께서는 우리가 지은 엄청난 죄의 빚을 갚으신 다음에는, 우리로 하여금 전적으로 우리 자신의 자유의지로 복음을 받아들이고 감옥에서 스스로 나오도록 내버려 두셨습니까? 아니요, 그렇지 않습니다. 성령께서 오셔서 우리를 감화시키셔서 우리로 하여금 주의 권능의 날에 복음을 받아들이고자 하게 하셨습니다. "그가," "그가," "그가," 우리를 위해서 모든 일을 다 하셨고, 우리 안에서 모든 일을 다 하셨습니다. "그가 (그들을) 흑암과 사망의 그늘에서 인도하여 내셨습니다." "인생들아 여호와를 찬송할지어다 그가 놋문을 깨뜨리시며 쇠빗장을 꺾으셨음이로다." 그것은 여호와께서 하신 일이고, 우리 눈에 놀랍고 기이합니다. 삼위일체 하나님께서 행하지 않으신 구원이라는 것은 무가치한 것입니다. 한 영혼을 구원하기 위해서는 성부와 성자와 성령이 필요합니다. 삼위일체 하나님 외에는 그 어떤 이도 포로 된 심령을 죄와 사망과 음부의 쇠사슬로부터 건져낼 수 없습니다. 여호와께서 친히 우리를 구원하십니다.

둘째는, 오직 하나님께서 홀로 그 일을 행하셨다는 것입니다: "그가 놋문을 깨뜨리시며." 하나님이 갇힌 자들을 자유롭게 하심에 있어서 그 일을 도울 자는 아무도 없었습니다. 우리 주 예수께서는 포도즙 틀을 밟으셨을 때에 홀로 그렇게 하셨습니다. 하나님의 영이 우리에게 임하셔서 우리 안에서 역사하셔서 영생을 이루어 내실 때, 그는 그 일을 홀로 하셨습니다. 하나님이 사용하시는 도구들은 생명의 말씀을 전달하는 데에 사용될 뿐이고, 말씀으로 인한 생명은 전적으로 하나님에게서 옵니다. 성경은 하나님을 가리켜 "그가 자기의 뜻을 따라 진리의 말씀으로 우리를 낳으셨느니라"(약 1:18)고 말씀합니다. 하나님, 오직 홀로 하나님만이 우리의 영적인 생명의 원천이십니다. 하나님이 우리를 구원하시는 역사에 참여해서 그 영광을 조금이라도 나누어 가질 수 있는 이는 아무도 없습니다. 포로 된 자들이여, 여러분은 누군가가 여러분을 도와주기를 바라고 계십니까? "도울 자가 아무도 없다"는 것을 기억하십시오. "구원은 여호와께 속하였나이다"(욘 2:9). "땅의 모든 끝이여 내게로 돌이켜 구원을 받으라 나는 하나님이라 다른 이가 없느니라"(사 45:22)는 말씀을 기억하십시오. 즉, 하나님 외에는 구원의 역사를 일으킬 자가 아무도 없다는 것입니다. 오, 심령들이여, 여러분의 심령이 그리스도 예수와 상관이 있고자 한다면, 그 심령은 시작도, 중간도, 끝도 다 그리스도로 채워져야 합니다. 여러분의 심령이 다 그리스도로 채워져서, 하나부터 열까지 여러분의 심령 구석구석이 다 그리스도로 채워져 있어야 합니다. 오직 그리스도만이 홀로 이 일을 하셨습니다.

    또한, 하나님께서 하신 일은 하나님 자신의 인자하심으로 말미암아 된 일이었다는 것을 주목하십시오. 왜냐하면, 시편 기자는 "여호와의 인자하심으로 말미암아 그를 찬송할지로다"라고 말하기 때문입니다. 하나님의 인자하심은 이 시편의 1절에서 말씀하고 있듯이 긍휼 또는 자비의 형태로 나타났습니다: "여호와께 감사하라 그는 선하시며 그 자비하심이 영원함이로다"(한글개역개정에는 "자비하심"이 "인자하심"으로 되어 있음 — 역주). 그것은 "자비하심"이었음에 틀림없습니다. 왜냐하면, 그 복을 받은 자들은 비참한 곤경에 처해 있긴 했지만 거기에서 건짐을 받을 자격이 없는 자들이었기 때문입니다. 그들은 행위로도 범죄하고 생각으로도 범죄한 자들이었습니다. 그들은 하나님의 말씀을 거역하였고, 지존자의 뜻을 멸시하였습니다. 그런데도 하나님께서는 그들에게 오셔서 그들을 자유롭게 해 주셨습니다. 여러분과 나는 거지에게 먹을 것이나 돈을 주고자 할 때에 먼저 "그 거지가 이런 것들을 받을 만한 사람인가"를 따져보지 않습니까? 그런데 하나님은 전혀 자격이 없는 자들에게 자신의 은혜를 주십니다. 우리는 우리에게 요구할 권리를 가진 자들에게 그들이 요구하는 것을 주지만, 하나님께서는 자기에게 그 어떤 것도 요구할 수 없는 자들을 기억하십니다. "그렇지만 그 사람들을 부르짖었지 않습니까!"라고 말하는 사람이 있을 것입니다. 물론, 나도 그 점을 압니다. 그러나 하나님께서 먼저 그들에게 환난을 주셔서 그들의 마음을 괴롭게 하지 않으셨다면, 그들은 결코 부르짖지도 않았을 것입니다. 기도는 하나님을 향한 호소임과 동시에 하나님으로부터의 선물입니다. 하나님의 긍휼하심을 구하는 기도조차도 사람이 먼저 자원해서 그렇게 하는 것이 아니라 하나님의 역사의 결과라는 것입니다. 기도의 배후에도 하나님의 은혜가 자리하고 있고, 기도의 토대에도 하나님의 은혜가 자리하고 있습니다. 만일 하나님께서 그들에게 역사하셔서 그들을 기도하도록 몰고 가지 않으셨다면, 이 갇힌 자들은 기도할 생각조차 하지 않았을 것입니다.

     "먼저 자원해서 주 앞으로 나오고자 하는
      죄인은 아무도 없다네.
      주의 은혜는 지극히 풍성하시고 값없이 주어지며

모든 것을 주관하신다네."

하나님께서는 다른 사람들에게도 그렇게 하셨기 때문에, 나는 여러분에게도 그렇게 하실 것이라는 소망을 갖고 있습니다. 나의 주께서 그 크신 선하심으로 말미암아 여러분을 구원하러 오실 것을 나는 믿습니다. 소망의 토대는 여러분의 선함이 아니라 하나님의 선하심입니다. 하나님이 여러분을 복 주시는 동기는 여러분의 공로에 있는 것이 아니라 하나님 자신의 긍휼히 여기시는 마음에 있습니다. 하나님께서 우리를 긍휼히 여기시는 것을 기뻐하신다는 것을 기억할 때마다 나는 얼마나 기쁜지 모릅니다. 자기 백성의 남은 자들의 죄를 사하시고 그들의 범죄를 그냥 넘어가시는 것은 하나님의 기쁨입니다.

또한, 우리는 이 큰 구원을 살펴보는 동안에 하나님은 이 구원을 지극히 완벽하게 이루셨다는 것을 보게 됩니다. 하나님께서는 무엇을 하셨습니까? 하나님은 그들을 "흑암"에서 인도하여 내셨습니다. 그것은 그들에게 빛을 주는 일이었습니다. 그러나 쇠사슬에 묶인 자가 그 상태에서 빛을 본다고 해서 더 나아지는 것은 별로 없습니다. 왜냐하면, 그가 빛으로 나가면, 쇠사슬에 묶인 자신의 모습이 더 잘 보일 것이기 때문입니다. 그래서 본문은 "사망의 그늘에서"라는 어구를 덧붙입니다. 하나님께서는 그들에게 빛과 더불어서 생명도 주셨다는 것입니다. "사망의 그늘"은 이제 사라졌습니다. 사망의 그늘은 이제 더 이상 그들의 영혼들 위에 어른거릴 수 없습니다. 그러나 사람이 빛과 생명을 얻었다고 해도, 그가 여전히 속박 상태에 있다면, 그는 생명을 얻어 살아났기 때문에 자신의 속박 상태를 더욱더 생생하게 느끼게 될 것이고, 빛을 받았기 때문에 더욱더 자유를 갈망하게 될 것입니다. 그래서 본문은 "그들의 얽어 맨 줄을 끊으셨도다"를 덧붙이는데, 이것은 자유를 의미합니다. 하나님께서는 그들에게 빛과 생명과 자유, 이 세 가지를 주셨습니다. 하나님은 어떤 일이든 어설프게 하시는 법이 없습니다. 하나님께서 구원 역사를 시작하신 후에 아직 다 끝나지도 않았는데, "내가 네게 해줄 것은 이제 충분히 다 했으니 이제 여기서 끝내야 하겠다"고 말씀하시는 일은 없습니다. 사랑하는 영혼들이여, 하나님께서 여러분의 감옥으로 찾아오신다면, 단지 여러분의 지하 감옥에 빛을 밝히시는 것 — 이것도 대단한 일이지만 — 으로 끝내지 않으십니다. 아울러, 하나님께서는 여러분의 영혼을 살리셔서 생명을 주시지만, 거기에서 끝나는 것도 아닙니다. 하나님은 여러분의 쇠사슬을 끊으시고 데리고 나오셔서, 그리스도께서 여러분을 위하여 준비해 두신 바로 그 자유를 주십니다. 이렇게 하나님께서는 우리를 자유롭게 하시는 역사를 완벽하게 이루십니다. 하나님이여, 그 역사를 지금 행하시옵소서! 바로 지금 이 순간에 이 사람들에게 역사하셔서 예수를 믿게 하옵소서!

여러분이 아주 주의 깊게 봐두어야 할 것이 하나 더 있는데, 그것은 하나님께서 이 일을 하실 때에는 그 결과가 영원히 지속된다는 것입니다. "그들의 얽어 맨 줄을 끊으셨도다." 옛날에 죄인들을 쇠사슬로 묶어놓았던 때에는 어떤 죄수를 감옥에서 석방하게 된 경우에는 대장장이가 와서 그 쇠사슬을 끊어서 벽에 걸어 놓았습니다. 여러분은 옛날 감옥에 가서 쇠사슬과 족쇄들이 감옥의 벽에 걸려 있는 것을 보신 적이 있습니까? 그것들은 죄수가 또다시 들어올 때에 사용하기 위한 것이었습니다. 하지만 오늘의 본문은 그런 경우와는 다릅니다. 왜냐하면, 본문은 하나님께서 "그들의 얽어 맨 줄"을 단순히 끊어서 다음에 다시 사용하기 위해 벽에 걸어 놓는다고 말하는 것이 아니라, 완전히 박살을 내서 산산조각으로 만들어 버리셨다고 말하고 있기 때문입니다. 하나님의 자녀들이여, 이 점을 명심하십시오! 여러분은 전에는 "놋문"과 "쇠빗장" 안에 갇혀 있었고, 마귀는 하나님께서 여러분을 언젠가는 또다시 거기에 가두실 것이라고 생각합니다. 그러나 하나님이 여러분을 다시 가두시는 일은 결코 일어나지 않습니다. 왜냐하면, 하나님께서는 "놋문을 깨뜨리셨기" 때문입니다. 놋문이 부서졌기 때문에, 흑암의 모든 권세들은 우리를 가두어 둘 수 없습니다. 사탄은 하나님이 우리를 다시 가두실 것이라고 생각하지만, "쇠빗장"도 두 동강이 나 버렸습니다. 우리를 가두기 위해 필요한 것들이 이제 다 사라져 버린 것입니다. 내 마음은 나를 어떤 장면으로 이끌어가고, 내 눈 앞에 그 장면이 생생하게 펼쳐집니다. 이스라엘의 영웅 삼손이 가사의 성벽 안에 갇혀 있는 모습이 보입니다. 블레셋 사람들은 "이제 삼손은 우리의 포로가 될 것"이라고 뻐기며 좋아합니다. 삼손은 자정 때까지 잠을 자고 난 후에 일어났습니다. 그는 자기가 성 안에 갇혀 있는 것을 발견하고서 성문으로 갔습니다. 성문은 굳게 닫힌 채 빗장이 걸려 있었지만, 그런 것이 삼손을 가로막을 수는 없습니다. 이스라엘의 영웅은 성문으로 가서 양쪽 기둥을 자신의 큰 어깨로 들어올렸고, 땅에 깊이 박힌 채 세워져 있던 성문 구조물 전체가 순식간에 와르르 무너져 내렸습니다. "삼손이 밤중까지 누워 있다가 그 밤중에 일어나 성 문짝들과 두 문설주와 문빗장을 빼어 가지고 그것을 모두 어깨에 메고 헤브론 앞산 꼭대기로 가니라"(삿 16:3). 우리는 이 일 속에서 우리 주 예수 그리스도께서 죽은 자 가운데서 살아나셨을 때에 하신 일이 무엇인지를 볼 수 있습니다. 주님은 우리를 포로로 잡고 있던 모든 것, 즉 "성 문짝들과 두 문설주와 문빗장"을 모두 다 해치워 버리셨습니다. 그는 "사로잡혔던 자들을 사로잡으셨습니다"(엡 4:8).

우리 주님은 우리를 갇힌 곳에서 이끌어 내실 때에, "그들이 다시는 갇히는 일이 없도록, 내가 모든 조치를 다 완벽하게 해놓으리라"고 속으로 말씀하시고, "놋문"을 깨뜨리시고 "쇠빗장"을 두 동강 내신 것입니다. 그런데 어떻게 하나님의 자녀가 죄의 성인 가사에 또다시 갇히는 일이 일어날 수 있겠습니까? 하나님께서 우리의 죄를 영원히 제거하셨는데, 어떻게 우리가 또다시 정죄를 받게 되겠습니까? 절대로 그럴 수 없습니다. 우리가 얻은 자유는 영원한 자유입니다. 우리는 우리가 묶이고 갇히는 것을 다시는 보지 않게 될 것입니다. 사랑하는 심령들이여, 나는 여러분이 이러한 사실을 굳게 붙드시기를 바랍니다. 죄를 범하여 멸망 받아 죽게 된 자들이여, 죄로 인하여 기진맥진하여 쓰러지기 일보 직전인 자들이여, 여러분을 위한 영원한 구원이 준비되어 있다는 사실을 기억하십시오. 그 구원은 오늘 여러분을 구원하였다가 내일은 다시 갇히게 만드는 그런 구원이 아니라, 여러분을 하나님 안에서 영원히 자유인이 되게 해줄 그런 구원입니다. 여러분이 예수가 그리스도이심을 믿기만 한다면, 여러분이 여러분을 구원하실 예수를 믿기만 한다면, 여러분은 구원 받게 될 것입니다. 그것은 절반의 구원이 아니라 온전한 구원입니다. "믿고 세례를 받는 사람은 구원을 얻을 것이요"(막 16:16). 이 구원은 우리가 지옥으로 가는 것을 그냥 놓아둘 수 없습니다. 예수께서는 "내가 그들에게 영생을 주노니 영원히 멸망하지 아니할 것이요 또 그들을 내 손에서 빼앗을 자가 없느니라"(요 10:28)고 말씀하십니다. "그가 놋문을 깨뜨리시며 쇠빗장을 꺾으셨음이로다." 하나님이여, 가련한 심령들을 도우사 오늘 이 노래를 부르게 하시고 바로 이 순간에 영원한 구원을 받게 하옵소서!

3. 셋째로, 이렇게 구원 받은 자들은 무엇을 해야 합니까?

나는 실제적인 질문을 하는 것으로 말씀을 맺고자 하는데, 그것은 오늘의 본문에서 구원을 받아 자유를 얻게 된 자들로 나오는 사람들은 이제 무엇을 해야 하는가 하는 것입니다. 나는 여러분에게 무엇을 하라고 말하고 싶지 않고, 여러분이 본능적으로 그것을 알게 되시기를 바랍니다. 나는 기꺼이 미리암처럼 소고를 치며 선두로 나가서 다음과 같은 노래를 선창하며, 이스라엘의 모든 아들과 딸들에게 나를 따라 노래하라고 기쁜 소리로 외칠 것입니다: "너희는 여호와를 찬송하라 그는 높고 영화로우심이요 그의 포로 된 자들을 이끌어 내시고 그의 백성을 자유롭게 하셨음이라." 자유를 얻은 영혼은 자연스럽게 여호와 하나님을 찬송하고자 하는 마음을 갖게 됩니다. 그래서 시편 기자는 "여호와의 인자하심으로 말미암아 그를 찬송할지로다"라고 말합니다.

먼저, 하나님께서 여러분을 자유롭게 하셨다면, 그것을 기록하십시오. 다윗이 그것을 어떻게 기록했는지를 보십시오. 그것을 여러분의 일기에 기록하십시오. 친구들이 그것을 읽을 수 있도록 기록하십시오. "여호와께서 우리를 위하여 큰 일을 행하셨다"(시 126:3)고 말하십시오.

그것을 다 기록했다면, 하나님을 찬송하십시오. 온 마음을 다해 하나님을 찬송하십시오. 여러분 한 사람 한 사람이 하나님을 찬송하십시오. 날마다 하나님을 찬송하십시오. 그렇게 찬송을 하고 계신다면, 이제는 다른 사람들에게도 함께 찬송하자고 하십시오. 하나님을 찬송하는 오라토리오를 부르기 위해서는 많은 사람들에 의한 합창이 필요합니다. 나는 몇 년 전에 어떤 사람이 내게 아주 거창한 집회를 인도해 달라고 부탁하면서 그 집회와 관련된 계획서를 주었는데, 거기에는 내가 설교하기 전에 할렐루야 합창이 있을 것이라고 되어 있었습니다. 그 집회에서 찬양을 인도하기로 되어 있던 친구가 내게 와서는 내가 그 사람을 용서해 줄 수 있는지를 물었습니다. 내가 무슨 일이냐고 하니까, 그 친구는 그 집회를 주관하는 쪽에서 자기에게 사람을 보내 그 쪽에는 할렐루야 합창을 할 수 있는 인원이 한 명도 없다고 말하면서 자기가 그 합창을 해주면 좋겠다는 말을 했다는 것입니다. 나는 그에게 나는 괜찮으니 당신이 혼자 할렐루야 합창을 할 수 있다면 내게 양해를 구할 필요는 없다고 대답했습니다. 그러면서 우리는 웃음지었고, 마침내 폭소를 터뜨렸습니다. 이런 얘기를 진지하게 하는 것이 너무 웃겼던 것입니다. 사람이 자기가 혼자 충분히 하나님을 찬송할 수 있다고 생각하는 것은 할렐루야 합창을 혼자 하려고 시도하는 것과 흡사합니다. 시편 기자는 여기에서 "오"라는 감탄사를 붙여서, "오, 사람들은 주를 찬송할지로다"(한글 개역개정에는 "오, 사람들은"이 생략되어 있음 — 역주)라고 말한 것으로 되어 있습니다만, "사람들은"은 히브리어 본문에는 없고, 번역자가 덧붙인 것입니다. 따라서 시편 기자가 말하고 한 것은 이런 것입니다: "오, 천사들이여! 오, 그룹들과 스랍들은 주를 찬송할지로다. 오, 호흡이 있는 모든 피조물들은 주의 인자하심으로 말미암아 그를 찬송할지로다." 사실 이 정도로는 충분하지 않습니다. "큰 산들과 작은 산들이여, 주 앞에서 큰 소리로 찬송할지로다. 삼림의 모든 나무들아, 손뼉을 치며 찬송할지로다. 바다와 세상에 충만한 것들과 거기에 거하는 모든 것들아, 큰 소리로 주를 찬송할지로다." 다윗은 자기 혼자만 찬송하기에는 너무나 큰 이 거룩한 역사를 보고서 어떻게 말로 표현하기가 힘들어 "오"라는 감탄사를 연발하며, 다른 모든 피조물들에게도 주를 찬송하라고 강권하지 않으면 견딜 수 없었던 것입니다.

이제 말씀을 끝맺고자 합니다. 나의 형제들이여, 구원 받은 형제들이여, 하나님을 찬송하십시오. 하나님께서 여러분에게 후하게 베풀어 주신 복들을 가지고서 하나님을 찬송하십시오. 앞에서 나는 그 복을 세 가지로 설명했습니다. 먼저, 여러분에게 주신 빛으로 주를 찬송하십시오. 여러분이 더 많이 알게 될수록 더 많이 보게 되고 더 많이 깨닫게 되어서, 모든 것이 찬송으로 바뀌게 됩니다. 다음으로, 여러분에게 주신 생명으로 주를 찬송하십시오. 여러분의 육체적인 생명과 정신적인 생명과 영적인 생명, 이렇게 온갖 종류의 생명으로, 그리고 심지어 영생까지 다 동원해서 주를 찬송하십시오. 세 번째로, 우리에게는 자유가 주어졌습니다. 우리에게 주어진 자유로 주를 찬송하게 하십시오. 성전 앞에서 앉아 구걸하던 사람이 하나님의 은혜로 일어나 걷게 되자 걸으며 뛰며 하나님을 찬송하였던 것 같이 여러분도 그렇게 하십시오. 하나님께서 여러분을 자유롭게 하시고 그런 자유를 누리게 하신 것은 그를 찬송하게 하시기 위한 것입니다. 사람들이 여러분에게 찬송할 시간을 주지 않는다면, 무단으로 이탈해서라도 하나님을 찬송하십시오. 그곳이 어디이든 어디에서나 하늘의 허가를 받아 하나님을 찬송하십시오. 세상 사람들은 한밤중에도 길거리에서 시끄럽게 술의 신 바쿠스(Bacchus)와 미의 신 비너스(Venus)를 노래합니다. 그런데 우리가 그들과 마찬가지로 공개적으로 대놓고 하나님을 찬송하지 못할 이유가 어디 있겠습니까? 우리는 하나님을 찬송하여야 합니다. 우리는 하나님을 찬송하고자 합니다. 우리는 하나님을 찬송합니다! 우리는 하나님을 영원무궁토록 찬송할 것입니다.

하나님이 바꾸어 놓으신 마음과 하나님이 열어 주신 입술과 하나님이 살려 주신 생명들로 그를 찬송하십시오. 얼마 후면 여러분은 이 즐겁고 기쁜 단어를 말할 수 없게 될 수도 있으니, 지금 하나님을 마음껏 기뻐하고 즐거워할 수 있을 때에 그렇게 하십시오. 절망으로 인하여 닫혀 있던 우리의 입술을 열어 주신 하나님을 바로 그 입술을 가지고 찬송하십시오. 하나님이 여러분에게 맡겨 주신 모든 달란트를 동원해서 그를 찬송하십시오. 여러분에게 생각할 힘이 있고 말할 수 있는 힘이 조금이라도 있다면, 하나님을 찬송하십시오. 여러분이 노래할 수 있는 한, 하나님을 찬송하십시오. 여러분에게 건강과 힘이 있는 한, 하나님을 찬송하십시오. 여러분의 몸을 이루고 있는 모든 지체들을 총동원해서 하나님을 찬송하십시오. 전에 죄의 종이었던 그 지체들이 이제는 하나님을 섬기는 의의 도구들이 되게 하십시오. 여러분에게 주신 물질로 하나님을 찬송하십시오. 여러분의 금과 은과 동이 하나님을 찬송하게 하십시오. 여러분이 가지고 있는 모든 것과 여러분의 존재 전체, 여러분이 앞으로 있기를 소망하는 모든 것으로 하나님을 찬송하십시오. 여러분의 모든 것을 제단 위에 드리십시오. 여러분의 모든 것을 번제로 올려드리십시오. 여러분이 가지고 있는 모든 영향력으로 하나님을 찬송하십시오. 하나님께서 여러분을 "사망의 그늘"에서 건지셨다면, 베드로의 경우와 마찬가지로 여러분이 겪었던 "그늘"이 다른 사람들을 고치시는 하나님의 능력의 도구가 되게 하십시오. 다른 사람들에게 하나님을 찬송하도록 가르치십시오. 여러분의 모범을 통해서 그들에게 감화를 주십시오. 여러분의 집을 위로부터 아래까지 온통 찬송으로 채우시고, 모든 방을 열렬한 기도의 향기로 진동하게 하십시오. 여러분의 집을 종탑이 되게 하시고, 여러분 자신은 하나님의 어린 양을 큰 소리로 찬송하는 종소리를 영원토록 울려 퍼지게 하는 종이 되십시오. 그가 여러분의 죄를 짊어지셨으니, 여러분은 그의 찬송을 담당하는 것이 마땅합니다. 그가 여러분을 위해 죽으셨으니, 여러분이 그를 위해 사는 것이 마땅합니다. 그가 여러분의 기도들을 들어주셨으니, 여러분은 그로 하여금 여러분의 찬송을 들으시게 하는 것이 마땅합니다. 우리 모두 "하나님과 어린 양에게 할렐루야"라고 노래합시다. 일어서서 한 마음과 한 목소리로 이렇게 노래합시다:

> "모든 복의 근원이신 하나님을 찬송하라.
>   해 아래 있는 모든 피조물들아, 하나님을 찬송하라.
>   하늘에 있는 모든 것들아, 성부와 성자와 성령 하나님을 찬송하라."

제
101
장
—

그리스도의 병원으로의 심방

—

"미련한 자들은 그들의 죄악의 길을 따르고 그들의 악을 범하기 때문에 고난을 받아 그들은 그들의 모든 음식물을 싫어하게 되어 사망의 문에 이르렀도다 이에 그들이 그들의 고통 때문에 여호와께 부르짖으매 그가 그들의 고통에서 그들을 구원하시되 그가 그의 말씀을 보내어 그들을 고치시고 위험한 지경에서 건지시는도다 여호와의 인자하심과 인생에게 행하신 기적으로 말미암아 그를 찬송할지로다 감사제를 드리며 노래하여 그가 행하신 일을 선포할지로다."

— 시 107:17-22

병원을 심방하는 것은 매우 유익한 일입니다. 다른 사람들이 병들어 고생하는 것을 보면 내가 건강하다는 것에 대하여 감사하게 됩니다. 감사하는 마음을 늘 간직하는 것은 정말 좋은 일입니다. 왜냐하면, 감사하지 않는 것은 영적으로 병들어 있는 것이어서 우리의 심령에 해악을 끼쳐서 힘을 약화시키기 때문입니다. 또한, 우리는 병원을 심방하면서 다른 사람들을 불쌍히 여기고 그들의 고통에 공감하며 동참하는 법을 배우게 되는데, 이것도 우리에게 큰 유익이 됩니다. 우리의 마음을 부드럽게 해주는 것은 무엇이든지 다 소중하고 가치 있는 것입니다. 오늘날 우리는 다른 무엇보다도 우리의 마음을 굳어지게 하고 완악하게 만드는 우리 주변의 모든 것들에 맞서 싸워야 합니다. 늘 건강하고 형통하는 사람이 가난하고 고통 받는 사람들의 마음에 공감하고 함께 아파하는 것은 쉬운 일이 아닙니다. 긍휼이 풍성하신 우리의 대제사장이신 그리스도께서도 우리와 같은 육신을 입으셔서 우리의 아픔과 슬픔을 친히 체휼하심으로써 우리의 고통을 함께 아파하는 법을 배우셨습니다. 환난당하는 자들의 고통을 눈으로 보게 되면, 돌 같은 마음을 가진 자도 대부분의 경우에는 마음이 움직이게 되어 있습니다. 우리가 병원을 심방해서 좀 더 부드럽고 온유한 심령을 가지고 돌아왔다면, 병원은 우리에게 요양소 내지 휴양소가 된 것입니다.

오늘은 내가 여러분을 병원으로 데려가고자 합니다. 병원은 성막 주변의 아주 즐겁고 기쁜 저 많은 고상한 기관들 중의 하나는 아닐 것이지만, 우리는 여러분을 그리스도의 병원으로 데려가고자 합니다. 병원을 프랑스어로는 '오텔 디외'(Hotel Dieu)라고 하는데, 이것은 "하나님의 관저"라는 뜻입니다. 나는 여러분을 잠시 병동들로 안내할 것인데, 여러분이 병동을 둘러보는 동안에 여러분 자신이 고침을 받는다면 여러분이 영적인 질병으로부터 건짐을 받았다는 것에 대하여 감사함을 느끼게 되고, 지금도 여전히 시름시름 앓으며 죽어가는 영혼들을 불쌍히 여기는 마음이 강렬하게 우러나오게 될 것이라고 믿습니다. 우리의 구주께서는 예루살렘을 보시고서는 불쌍히 여기시는 마음에 통곡하시며 쉴 새 없이 눈물을 흘리셨는데, 하나님께서 우리도 모두 그렇게 되게 해주시기를 빕니다. 또한, 하나님께서 우리가 너무나 큰 죄악 가운데 있으면서도 회개하지 않는 자들, 특히 하나님의 병원에 입원해 있는 환자들을 볼 때에 소망과 걱정이 교차되는 가운데 간절한 마음으로 그들에게 복음을 전할 수 있게 해주시기를 빕니다.

우리는 이제 시편 기자와 함께 영적인 질병을 앓고 있는 환자들이 입원해 있는 병동으로 가겠습니다.

1. 첫째로, 우리는 환자들의 이름과 병명을 알게 됩니다.

우리는 이 병원의 병동에 갔을 때에 모든 병상의 앞머리에는 환자의 이름과 병명이 적힌 팻말이 붙어 있는 것을 봅니다. 그런데 우리는 모든 환자가 하나의 가족에 속하여 있다는 사실에 놀라고, 모두가 다 한 이름으로 불린다는 사실에 더 놀랍니다. 그 이름은 유명하거나 존경할 만한 그런 이름과는 거리가 멀고, 아무도 갖고 싶어 하지 않는 이름이며, 대부분의 사람들은 자기를 그런 이름으로 부르면 불 같이 화를 낼 그런 이름인데, 그 이름은 바로 "미련한 자"입니다. 하나님의 병원에 입원해 있는 모든 사람은 다 예외 없이 "미련한 자"입니다. 왜냐하면, 모든 죄인은 "미련한 자들"이기 때문입니다. 성경, 특히 다윗은 흔히 악인들을 가리킬 때에 "미련한 자들"이라고 부릅니다. 죄는 어리석고 미련한 짓인 까닭에, 다윗이 악인들을 이렇게 부르는 것은 잘못된 것이 아닙니다.

죄는 연약한 우리가 전능자와 맞서는 것이기 때문에 분명히 미련한 것입니다. 어떤 싸움을 꼭 싸워야 한다면, 지혜로운 사람은 자기에게 승산이 있는 상대를 골라 싸울 것입니다. 그러나 지존자와 맞서 싸우는 자는 마치 나방이 불과 싸우거나 초원의 마른 풀이 불에 도전하는 것과 같아서 대단히 미련한 짓을 저지르는 것입니다. 죄악된 인간인 여러분이 그러한 싸움에서 승자가 될 가능성은 제로입니다. 여러분이 하나님을 대적하여 반역의 무기를 드는 것은 정말 지혜롭지 못한 일입니다. 또한, 여러분이 대적하는 분은 무한히 선하신 분이어서 그에게 대적하는 것은 의롭고 이롭고 칭찬할 만한 모든 것에 대한 도전이요 폭력이기도 하기 때문에, 그 미련함은 더욱 배가됩니다. 하나님은 사랑이십니다. 그런데 어떻게 내가 무한한 사랑이신 분을 대적할 수 있습니까? 하나님은 복들을 흩어 나누어 주시는 분이십니다. 그런데 어떻게 내가 그런 하나님의 원수가 될 수 있습니까? 만일 하나님이 행하시는 일들이 우리를 비참하게 하고 불행하게 하는 일들이고 그의 길은 저주의 길이라면, 내가 하나님의 뜻을 거역하고 대적한다고 해도, 어느 정도 변명할 구실이라도 있을 것입니다. 그러나 지극히 선하시고 인자하시며 은혜에 풍성하신 하나님, 그런 하나님의 원수가 되고자 하는 것은 악한 일일 뿐만 아니라 미련한 일입니다.

> "모든 선한 것에 대해서는 대적하거나 눈을 감아 버리고
> 모든 악한 것에 이끌리는 것이 우리의 마음이라면,
> 우리의 마음은 얼마나 끔찍한 어둠에 덮여 있는 것이고,
> 우리의 의지는 또 얼마나 완악한 것일까요!"

게다가, 하나님의 법들은 우리에게 지극히 이로운 것이기 때문에, 우리가 하나님께 반역하는 것은 우리 자신에 대하여 원수가 되는 것입니다. 하나님의 법들은 위험 신호들입니다. 빙판 위에서 사람들의 생명을 보호하는 일을 하는 이들이 종종 여기저기에 "위험"이라고 쓰인 경고표지를 세워놓아서 거기를 건너

고자 하는 모든 사람을 위해 안전한 길을 남겨 두는 것과 마찬가지로, 하나님께 서는 우리에게 안전한 모든 것을 자유롭게 누리도록 남겨 두시고, 오직 우리에 게 해로운 것들만을 금지하셨습니다. 내가 내 손을 불 속에 넣는 것을 금지하는 법이 있다면, 내게 그런 법이 필요하다는 것 자체가 유감스러운 일이지만, 내가 그 법을 속박이나 짐이라고 생각한다면, 그것은 천 배나 더 유감스러운 일이 될 것입니다. 하나님의 명령들은 우리를 해롭게 하기 위하여 우리에게 어떤 것을 금하는 것이 아닙니다. 도리어, 그 명령들을 지키는 것이 우리 자신의 거룩한 복 을 지키는 것이고, 그 명령들을 깨뜨리는 것은 우리 자신의 영혼과 몸에 온갖 해 악을 자초하는 것입니다. 만일 우리가 온전하다면, 우리 스스로가 나서서 만들 고 스스로 알아서 지킬 그런 법을 우리가 깨뜨린다는 것이 도대체 말이 됩니까? 결코 우리를 착취하거나 억압하지 않고 도리어 늘 우리를 가장 잘되는 쪽으로 이끄는 그런 법에 맞서서 반역한다는 것이 도대체 말이 되는 일입니까? 죄인들 은 악의 길은 멸망으로 이어질 것이라는 하나님의 말씀을 듣고도 자신은 죄를 저질러도 그 해악이 별로 크지 않을 것이라는 망상에 사로잡혀서 악을 행하기 때문에 "미련한 자들"입니다. 죄인들은 죄는 달콤한 맛의 거품 속에 사망과 지옥 의 찌꺼기를 숨기고 있는 잔이라는 경고를 들었음에도 불구하고, 처음의 달콤한 맛에 끌려서 그 치명적인 찌꺼기가 자기에게는 별 해를 끼치지 않을 것이라고 믿습니다. 하나님께서는 사람들에게 거짓말을 하시는 것이기 때문에 그가 경고 한 말씀들은 실제로는 이루어지지 않을 것이라고 제멋대로 생각하는 사람들이 얼마나 많습니까? 그렇지만 모든 죄는 반드시 그 보응을 받게 되리라는 것을 명 심하십시오. 하나님은 의로우셔서 죄 범한 자들을 결코 그냥 두지 않으십니다. 현세의 삶에서조차도 많은 사람들이 그들이 젊은 시절에 정욕을 따라 행했던 일 들의 결과물을 그들 자신의 뼛속에서 느끼고 있습니다. 그들은 자신들의 범죄들 로 인한 상처들을 무덤까지 지니고 가게 될 것입니다. 그리고 지옥에는, 죄가 결 코 없어지지 않는 끔찍한 해악이고 그들에게 영원한 멸망을 가져다준 무한한 저 주라는 것을 영원토록 증명해 줄 자들이 차고 넘칩니다.

　　죄인들은 죄를 벌하시겠다는 하나님의 말씀이 참되다는 것을 의심하고, 도 리어 죄를 범하면 즐거움을 얻을 수 있을 것이라는 망상을 붙잡는다는 점에서 "미련한 자들"입니다. 하나님은 죄를 지으면 쓴 맛을 보게 될 것이라고 말씀하시 지만, 죄인들은 죄가 쓰디쓸 것임을 부인하고 도리어 달콤할 것이라고 확신합니다. 미련한 자들이여, 죄 속에서 즐거움을 찾고자 하는 것은 시체안치소에서 살아 있는 사람을 찾고자 샅샅이 뒤지는 것과 같고, 바닷속 깊은 곳으로 뛰어들어가 거기에서 불길의 근원을 찾고자 하는 것과 같습니다. 하나님을 대적하는 것 속에서는 절대로 복을 찾을 수 없습니다. 여러분 이전에 이미 수많은 사람들이 그런 식으로 즐거움과 복을 찾아 나섰다가 모두 다 실망했습니다. 이 쓸데없는 탐색에 뛰어들어 멸망을 자초하는 자들은 미련한 자들일 수밖에 없습니다. 죄인들은 하나님의 진노로 말미암은 급박한 위험 속에 그대로 머물러 있다는 점에서 지독하게 미련한 자들입니다. 위험이 코 앞에 닥쳐 있는데도 아무렇지도 않은 듯 편안하게 있으면서 피할 길이 있다는 말을 코웃음 치는 것, 세상을 사랑하고 구주를 싫어하는 것, 현재의 덧없는 삶을 좋아하여 영원한 삶을 멸시하는 것, 천국의 보화들을 버리고 사막의 모래를 택하는 것, 이 모든 것은 우리가 미련하다고 생각할 수 있는 일들 중에서 가장 미련한 일입니다.

모든 죄인이 다 미련한 자들이지만, 온갖 부류의 미련한 자들이 있습니다. 어떤 이들은 학식이 있지만 미련한 자들입니다. 회심하지 않는 사람들은 그들이 어떤 교육을 받았고 어떤 것들을 알고 있든 단지 미련한 자들일 뿐입니다. 글자를 읽지 못하는 무식한 사람이나 모든 지식에 정통한 배운 사람이나 둘 다 그리스도를 알지 못한다면, 두 사람의 차이는 미미합니다. 아니, 사실 이 경우에 학자들의 미련함이 무식한 사람의 미련함보다 더하다고 할 수 있습니다. 일반적으로 학식이 있지만 미련한 자들은 미련한 자들 중에서도 최악의 부류에 속합니다. 왜냐하면, 그들은 제대로 진상을 안다면 웃음거리가 될 수밖에 없을 그런 이론들을 고안해 내고, 가공의 권위를 멍청하게 숭배하는 것이 아니라 일반상식으로 분별한다면 만유로부터 조롱과 야유를 받을 수밖에 없는 그런 사변들을 만들어 내기 때문입니다. 대학에도 미련한 자들이 있고, 초가집에도 미련한 자들이 있습니다.

또한, 아무 생각 없이 살아가는 미련한 자들이 있고, 생각을 많이 하며 살아가는 데도 미련한 자들이 있습니다. 어떤 이들은 두 손으로 부지런히 탐욕스럽게 죄를 짓습니다. "짧은 인생 즐겁게 살자"가 그들의 모토입니다. 반면에, 이른바 "지혜롭게" 살아가는 미련한 자들은 좀 더 천천히 느리게 살아가지만, 여전히 하나님을 위해 살아가지는 않습니다. 그들은 재물에 대한 탐욕에 굶주려 있어서, 흔히 마치 달 아래에 우리가 보유할 가치가 있는 어떤 것이 있기라도 한다는 듯이 금은을 참된 보화로 여기고 쌓아갑니다. 이러한 "지혜롭고 존경할 만한" 죄인들도 아무 생각 없이 허랑방탕하게 살아가는 죄인들과 똑같이 그들 자신이 멸망으로 치닫고 있음을 발견하게 됩니다. 이 두 부류의 미련한 자들은 둘 다 똑같이 구주를 찾고 만나야 합니다. 그렇지 않으면, 그들은 지독하게 미련한 짓을 저지르는 것입니다. 또한, 젊은 미련한 자들이 있는 것과 마찬가지로, 나이 많은 미련한 자들도 있습니다. 수없이 죄를 경험하고도 여전히 또 죄라는 불에 발을 담궈서 화상을 입는 사람들이 있습니다. 불에 덴 적이 있는 아이들은 불을 무서워하지만, 불에 덴 적이 있는 죄인들은 죄를 보면 또다시 놀고 싶어 합니다. 흰 머리는 영광의 면류관임에 틀림없지만, 미련한 자들의 모자일 때도 아주 많습니다. 젊은 죄인들 중에는 그들의 영혼에 이슬이 내릴 때에 하나님을 섬기는 데에 힘을 쓰지 않고 방탕하게 한창때를 허비함으로써 일찍부터 맛볼 수 있는 경건의 기쁨, 가장 달콤한 것일 뿐만 아니라 나머지 인생을 더욱 달콤하게 해줄 그런 경건으로 인한 기쁨을 놓치는 사람들이 많은데, 그런 사람들은 미련한 자들입니다. 그러나 한 발은 지옥의 입구에 걸쳐 놓고 하나님과 그리스도 없이 살아가면서 영원 세계를 가지고 장난치는 사람은 도대체 어떤 사람입니까?

이상으로 나는 하나님의 병원에 입원한 사람들의 이름에 대해서 알아보았습니다. 내가 한 가지 덧붙이고 싶은 것은 그 병원에 입원해서 치료를 받는 사람들은 누구나 다 "미련한 자"라는 이름이 옳다는 것을 인정한다는 것입니다. 구원받은 영혼들은 자신들이 본질상 미련한 자들이라는 것을 느끼게 되기 때문에, 사람들이 자신의 이름을 쓸 수 있고 기꺼이 그 이름을 큰 글자로 쓰면서 이렇게 말하는 것을 주저하지 않게 되는 것이 치료과정의 한 단계입니다: "이것이 내 이름입니다! 이 세상에서 미련한 자가 있다면, 그건 바로 나입니다. 나는 지금까지 살아 계신 하나님을 희롱하며 가지고 놀았습니다." 이러한 고백은 참됩니다. 왜냐하면, 영원하신 하나님과 나의 영혼을 희롱하며 가지고 노는 것은 완전히 미친 짓이기 때문입니다. 사람들은 무엇을 가지고 놀 때에 보통은 별 것 아닌 사소한 것들을 가지고 놉니다. 모자나 종을 가지고 희롱하며 노는 사람은 자신의 하나님과 자신의 영혼, 그리고 하늘과 영원 세계를 가지고 희롱하며 노는 사람에 비하면 지혜로운 자입니다. 이것은 모든 미련한 짓 중에서 가장 미련한 짓입니다. 그렇지만 하나님의 병원에 입원하게 되었을 때, 죄인들은 자기가 정말 미련한 자였고, 자기가 한 짓들은 다 너무나 미련한 짓들이었다는 것을 느끼게 됩니다. 그들은 하나님의 무한하신 긍휼이 개입하지 않으면 자신은 본질상 미련한 자로 태어나서 미련한 자로 살아 왔고 미련한 자로 죽게 될 것이기 때문에 그리스도께서 자신의 지혜가 되어 주시지 않으면 안 된다고 고백하게 됩니다.

2. 둘째로, 그들의 고통과 환난의 원인에 대해 살펴보겠습니다.

본문은 "미련한 자들은 그들의 죄악의 길을 따르고 그들의 악을 범하기 때문에 고난을 받아"라고 말씀합니다. 의사는 통상적으로 자신이 치료하고자 하는 환자의 질병의 근원과 원인을 찾아내고자 애씁니다. 마찬가지로, 본문에서는 죄로 말미암아 고통을 당하게 된 영혼들, 하나님의 섭리로 양심의 가책으로 말미암아, 또는 성령의 치심으로 말미암아 괴로움을 겪는 영혼들과 관련해서 그들의 고통과 슬픔의 근원은 그들이 저지른 죄악 때문이라고 가르칩니다. 그리고 본문에서 이 죄악들은 복수형으로 언급됩니다: "미련한 자들은 그들의 범법들과 그들의 죄악들로 인하여 고통을 당한다." 우리는 얼마나 많은 죄악들을 저질러 왔습니까? 누가 그 죄악들을 셀 수 있을까요? 셀 수 있다고 하는 사람이 있다면, 그 사람으로 하여금 먼저 자신의 머리카락의 수를 셀 수 있는지 한 번 세어보게 하십시오. 죄들은 다양하기 때문에, 본문은 죄들을 "범법들과 죄악들"이라고 표현합니다. 우리는 모두 똑같은 죄를 짓는 것도 아니고, 어떤 사람이 언제나 똑같은 죄를 짓는 것도 아닙니다. 말로 짓는 죄, 생각으로 짓는 죄, 행위로 짓는 죄가 있고, 하나님에 대한 죄, 사람들에 대한 죄, 우리의 몸에 대한 죄, 우리의 심령에 대한 죄, 복음에 대한 죄, 율법에 대한 죄, 일상적인 의무들과 관련된 죄, 안식일과 관련된 죄가 있습니다. 온갖 종류의 이러한 죄들이 바로 우리의 고통과 고난의 근원이자 뿌리입니다. 또한, 우리는 범법에서 그치지 않고 거기에 죄악들을 더함으로써, 우리의 죄는 더욱 가중됩니다. 사람들은 그저 범법하는 죄인에서 그치는 것이 아니라, 탐욕스럽게 죄악을 좋아하고 추구하여 자신의 멸망을 재촉합니다. 그들은 결코 반역하는 것만으로 만족하지 않고, 갈수록 그 반역의 정도를 더해 갑니다. 돌이 언덕 아래로 구를 때에 점점 더 가속이 되는 것과 마찬가지로, 죄인들도 죄악을 행하는 데에 점점 가속이 붙습니다.

아마도 지금 내가 전하는 말씀을 듣고 계시는 분들 중에는 하나님의 병원에 이제 막 입원하신 분들도 있을 것입니다. 나는 한 가지 예를 들어 보겠습니다. 여러분이 지독하게 가난하다고 합시다. 여러분의 가난은 방탕한 삶의 습관들의 열매입니다. 가난은 흔히 술 취함, 게으름, 부정직 등이 직접적인 원인인 경우가 많습니다. 모든 가난이 이러한 원인들로부터 오는 것은 아닙니다. 감사하게도 세상에서 대단히 훌륭한 사람들인데도 가난한 이들이 많이 있고, 그들 중 상당수는 하나님을 올바르게 제대로 섬기고 있습니다. 그러나 나는 지금 가난한 자들 중에서도 범법함과 죄악들로 인해서 곤궁하게 된 경우들을 다루고 있습니다. 얼마 전까지만 해도 남부럽지 않게 살다가 이제는 자신이 입고 있는 옷 외에는 아무것도 남아 있지 않게 된 그런 사람들이 종종 나를 찾아옵니다. 그런데 그들이 가난하게 된 것은 전적으로 방탕하게 생활했기 때문입니다. 그들은 하나님의 병원에 입원할 필요가 있는 사람들입니다.

또한, 영적인 질병은 또 다른 종류의 비참한 모습으로 나타나기도 합니다. 어떤 죄들은 육신 자체에 지옥을 미리 예고해 주는 그런 고통들을 가져다줍니다. 그러한 사람들은 자신이 저지른 끔찍한 죄로 인해서 수치를 당하기는 하겠지만 어쨌든 하나님의 병원에 입원할 수 있습니다. 런던이라는 이 대도시에도 하나님이 보시기에 너무나 끔찍한 삶을 살아와서 자신의 현재 처지를 차마 말할 수조차 없는 사람들이 얼마나 많은지 모릅니다. 하나님께서 그들을 불쌍히 여기셔서 그의 병원에 입원시키시고 그의 풍성하신 은혜로 말미암아 그들을 고치시기를 빕니다.

죄로 인해 초래된 비참함은 정신적인 것으로 나타나는 경우가 많습니다. 많은 사람들이 죄로 인하여 아주 낮아지고 심지어 절망하게 됩니다. 양심이 그들을 찌릅니다. 사망과 지옥에 대한 공포가 그들을 끈질기게 괴롭힙니다. 예수를 믿기 전에 나의 상태가 그랬었습니다. 그때에 가련하고 미련한 자였던 나는 나의 범법과 죄악들로 말미암아 내 영혼이 심하게 눌리고 낮아져 있었기 때문에 낮에는 나의 죄악들에 대한 벌을 생각하고 괴로워하였고 밤에는 그렇게 벌을 받는 꿈을 꾸며 악몽에 시달렸습니다. 아침에는 마음에 무거운 짐이 얹혀 있는 것처럼 눌린 채 눈을 떴는데, 그 짐은 내가 치워 버릴 수도 없었고 떨쳐내 버릴 수도 없는 것이었습니다. 나의 이 모든 괴로움과 슬픔의 근원은 바로 죄였습니다. 나의 죄, 나의 죄, 나의 죄 ― 이것이 바로 나를 끊임없이 괴롭히는 원흉이었습니다. 나는 내 영혼이 젊고 한창때인 시절에 그랬습니다. 나는 세상이 줄 수 있는 온갖 위로들과 낙들을 가지고 있었고, 함께 웃으며 얘기할 친구들도 있었지만, 다 소용이 없었습니다. 나는 한적한 곳에서 혼자 성경을 뒤적거려보고, 백스터

(Baxter)의 「회심하지 않은 자들에게 고함」(*Call to the Unconverted*), 조셉 얼라 인(Joseph Alleine, 1634 · 1668년, 영국의 청교도 목회자이자 저술가)의 「회심하지 않은 자들에 대한 경고」(*An Alarm to the Unconverted*) 등과 같은 책들을 읽곤 했습 니다. 그럴 때마다 나는 마치 율법이 자신의 열 마리 커다란 검은 말들로 쟁기를 끌고 왔다 갔다 하면서 내 영혼을 점점 더 깊이 갈아엎고 부수고 깊은 이랑을 만 들어 내고 있는 것을 느꼈습니다. 그리고 이 모든 것은 다 나의 죄 때문이었습니 다. 우리는 종교재판이 저지른 잔인한 일들과, 사람들이 잔인하게 순교자들의 주리를 틀고 불로 지지고 온갖 고문을 한 것에 대해서 읽었지만, 나는 우리의 양 심이 우리를 그 고문대에 올려놓고 고문을 하는 것보다 더 고통스러운 고문과 형벌은 없을 것이라고 감히 단언합니다.

지금까지 우리는 "미련한 자들"이 어떤 사람들인지, 그리고 그들의 질병의 근본적인 원인이 무엇인지를 살펴보았습니다.

3. 셋째로, 질병은 점점 더 진전되어 갑니다.

본문에서는 그들이 식욕을 잃고 아무것도 먹을 수 없는 자들처럼 "그들의 모든 음식물을 싫어하게 되어 사망의 문에 이르렀도다"고 말씀합니다. 즉, 그들 의 병이 점점 악화되어서, 그들은 무엇을 먹고자 하는 욕구조차도 없어지게 되 고, 결국 사망에 넘겨지기 직전의 상태가 되었다는 것입니다.

죄로 인한 질병이 차차 끔찍한 고통으로 발전해서, 그들이 거의 그 어떤 것 에서도 위로나 낙을 발견할 수 없게 된 사람들은 이 말씀이 어떤 말씀인지가 마 음에 와 닿을 것입니다. 그런 분들은 전에는 극장에 가는 것이 즐거웠지만, 지금 은 거기에 가도 자신의 비참함만을 느낄 뿐입니다. 그들은 사람들과 어울려 놀 면서 유머로 한바탕 사람들을 웃기기도 하며 재미있게 지냈지만, 지금은 그 어 떤 농담이나 유머도 할 수가 없습니다. 사람들은 여러분이 슬럼프에 빠져 우울 하다고 말합니다. 그러나 그 어떤 알 수 없는 화살이 여러분의 가슴속에 박혀 있 다는 것을 그들은 모르지만 여러분 자신은 압니다. 여러분은 예배를 드리러 교 회에도 가지만, 거기에서도 아무런 위로도 발견하지 못합니다. 하나님의 성도들 에게 유익하고 도움이 되는 그런 양식은 여러분에게는 전혀 맞지 않아서 유익하 지도 않고 도움이 되지도 않습니다. 여러분의 심령은 "애석하게도 나는 그런 양 식을 먹을 자격이 없구나!"라고 소리칩니다. 불경건한 자들을 책망하는 우렛소리 같은 설교를 들을 때마다, 여러분은 "아, 저건 나를 두고 하시는 말씀이야"라는 것을 느끼지만, "너희는 위로하라 내 백성을 위로하라"(사 40:1)는 말씀을 들을 때는 "아, 저건 내게 하시는 말씀이 아니야"라고 단정해 버립니다. 심지어 죄인들을 초대하는 말씀을 들어도, 여러분은 속으로 이렇게 말합니다: "그러나 나는 내 자신이 죄인이라는 것조차 느낄 수 없어. 나는 그리스도께로 갈 수 있는 그런 자가 아니야. 나는 버림받은 자임에 틀림없어." 여러분의 영혼은 온갖 종류의 음식을 다 거부하고 싫어합니다. 그 음식이 하나님의 부엌에서 나온 것이라고 할지라도 말입니다. 여러분은 세상이 차려주는 진수성찬도 싫을 뿐만 아니라, 그리스도께서 차려 주시는 골수와 기름진 것도 싫습니다. 우리 중 많은 사람도 전에는 여러분과 똑같이 그랬습니다.

　　본문은 "사망의 문에 이르렀도다"라는 말씀을 덧붙입니다. 우리의 영혼은 극도의 괴로움과 슬픔에 빠져서 거의 죽을 지경이 되어 이제는 더 이상 버틸 수가 없겠구나 하고 느낍니다. 나도 전에 한 번은 내 영혼이 너무나 괴로워서, 욥이 했던 말을 인용해서 "내 마음이 뼈를 깎는 고통을 겪으니 차라리 숨이 막히는 것과 죽는 것을 택하리이다"(7:15)라고 부르짖었던 기억이 납니다. 왜냐하면, 죄짐을 진 영혼의 비참함은 이루 말할 수 없이 커서 도저히 견뎌내기가 힘들기 때문입니다. 모든 사람이 다 똑같이 엄청난 가책을 겪는 것은 아니지만, 어떤 사람들에게 있어서 그러한 양심의 가책은 영혼을 짓눌러서 거의 무덤 입구까지 데려다 놓습니다. 나의 친구들이여, 그런 상태에 있는 여러분은 아마도 그 어떤 소망도 볼 수 없어서 이렇게 말할 것입니다: "내게는 그 어떤 소망도 있을 수 없어. 나는 '사망과 언약하였고 스올과 맹약하였다'(사 28:15). 소망은 물 건너가 버렸어. 몇 년 전에 내게 기회가 있었지. 그때에 나는 하나님의 나라에 가까웠지만, 쟁기를 손에 잡고 뒤를 돌아본 자처럼 나는 영생을 얻을 가치가 없는 자라는 것을 내 자신이 입증해 버렸어."

　　고통과 괴로움 가운데 있는 심령들이여, 나는 여러분을 위한 하나님의 메시지를 가지고 여러분에게 보내심을 받은 자인데, 그 메시지를 들어 보십시오: "너희가 사망과 더불어 세운 언약이 폐하며 스올과 더불어 맺은 맹약이 서지 못하리니 내가 노략물을 강한 자에게서 도로 빼앗으며 승리자에게 사로잡힌 자를 건져내리라"(cf. 사 28:18; 49:24). 여러분은 여러분의 힘을 회복시켜 줄 바로 그 음식을 싫어할 수 있지만, 사람의 마음을 아시는 하나님께서는 여러분의 입맛을 돌아오게 하실 뿐만 아니라 더 좋게 하셔서 그 악한 변덕을 고치는 법을 아십니다. 하나님은 여러분을 사망의 입구에서 데려오셔서 천국의 문 앞에 데려다 놓는 법을 아십니다. 이상으로 우리는 죄악으로 인한 고통과 환난이 얼마나 지독할 정도로 발전될 수 있는지를 살펴보았습니다.

> "우리의 아름다움과 우리의 힘은 다 사라지고,
> 우리는 사망 가까이 와 있다네.
> 그러나 주 예수 그리스도께서는 그의 전능하신 숨을 불어넣으셔서
> 죽은 자들을 다시 살려내신다네."

4. 넷째로, 하나님의 병원에서는 의사의 개입이 있습니다.

이제 우리의 질병에 전기가 마련되는데, 그것은 의사의 개입입니다: "이에 그들이 그들의 고통 때문에 여호와께 부르짖으매 그가 그들의 고통에서 그들을 구원하시되 그가 그의 말씀을 보내어 그들을 고치고 위험한 지경에서 건지시는도다." 선한 의사는 참된 치유자입니다. 의사가 언제 개입하게 되는지를 주목해 보십시오: "그들이 그들의 고통 때문에 여호와께 부르짖으매." 그들이 부르짖을 때, 의사가 왔습니다! 본문은 분명히 그들이 부르짖었기 때문에 의사이신 하나님이 오셨다고 말하고 있고, 그것도 맞는 말씀이기는 하지만, 나는 이 말씀을 좀 더 깊이 들여다보면 의사이신 하나님이 오셨기 때문에 그들이 부르짖은 것이라고 말하는 것이 더 적절하다는 것을 느낍니다. 왜냐하면, 어떤 영혼이 하나님께 진심으로 부르짖게 되었을 때마다, 사실 하나님께서는 그 영혼에 이미 복을 주셔서 그렇게 부르짖을 수 있게 하시는 것이기 때문입니다. 만일 하나님께서 먼저 여러분을 가르치시지 않았다면, 여러분은 기도를 시작할 수조차 없었을 것입니다. 어떤 영혼이 하나님 앞에 엎드려 긍휼하심을 베풀어 주시라고 부르짖을 정도로 충분한 믿음을 갖고 있다면, 하나님은 이미 그 영혼을 찾아오셔서 고치시고 계시는 것입니다. 나는 여러분이 기도하는 것을 볼 때에 비로소 여러분 속에서 하나님의 은혜가 역사하고 계시는 것을 알게 됩니다. 만일 바울이 "기도하는" 것을 보지 못하였다면, 아나니아는 바울이 이미 회심하였다는 사실을 믿지 못하였을 것입니다(행 9:11).

본문이 말하고 있는 기도가 어떤 종류의 기도인지를 주목하십시오. 그것은

기도책에서 가져온 기도도 아니었고, 즉석에서 한 것이든 아니면 미리 써와서 한 것이든 청산유수처럼 줄줄 읊는 기도도 아니었습니다. 그 기도는 울며 부르짖는 기도였습니다. 우리는 어린아이들에게 어떻게 울어야 하는지를 가르칠 필요가 없습니다. 갓난아이가 맨 처음 하는 것이 우는 것인 것에서 알 수 있듯이, 우리는 태어나자마자 어떻게 우는지를 알기 때문에, 우는 법을 가르쳐줄 선생은 필요하지 않습니다. 학교 선생님들은 런던의 아이들에게 가르칠 것이 아주 많지만, 우는 법을 가르칠 필요는 전혀 없습니다. 영적인 부르짖음은 영적으로 갓 태어난 우리의 영혼이 자기에게 필요한 것을 표현하는 방식입니다. "기도는 어떻게 하는 거죠?"라고 묻는 사람들이 있습니다. 형제들이여, 여러분의 마음을 쏟아 놓으십시오. 그릇을 거꾸로 엎어서, 거기에 있던 내용물이 마지막 한 톨까지 다 쏟아져 나오게 하십시오. 어떤 사람들은 "그러나 난 기도를 할 수가 없어요"라고 말합니다. 그렇다면, 여러분이 도저히 기도할 수 없다고 하나님께 아뢰고, 여러분이 기도할 수 있게 도와주시라고 청하십시오. 그러면 여러분은 이미 기도한 것입니다. 어떤 사람들은 "나는 내가 제대로 기도했다는 생각이 안 들어요"라고 말합니다. 그렇다면, 하나님 앞에 여러분이 죄악으로 인해 영적으로 무감각해졌다는 것을 고백하시고, 여러분의 마음을 부드럽게 해주시라고 청하십시오. 그러면 여러분의 심령은 이미 조금 부드러워진 것입니다. "나는 내가 제대로 기도했다는 생각이 안 들어요"라고 말하는 분들은 보통 느낌을 가장 우위에 놓는 분들입니다. 느낌이 오든 안 오든 부르짖으십시오. 여러분이 죄로 인해 병든 영혼이라면, 여러분이 부르짖는 것 외에는 여러분의 병을 고칠 수 있는 방법이 없습니다. 여러분의 부르짖음을 들으시는 하나님께서는 그 부르짖음이 무엇을 의미하는지를 아십니다. 의사가 마음의 갈등을 겪은 후에 전쟁터로 가는 것은 부상당한 병사들의 신음소리가 들리는 듯하여 후방에 그대로 있는 것이 마음에 걸리기 때문입니다. 그는 병사의 부르짖음을 들었을 때에 "이 병사가 프랑스인이야 독일인이야, 도대체 무얼 해 달라는 거지?"라고 묻지 않습니다. 부르짖음은 훌륭한 프랑스어가 되기도 하고 유창한 독일어가 되기도 합니다. 부르짖음은 만국 공통의 언어입니다. 의사는 부르짖음을 알아듣고 병든 사람을 돌봅니다. 죄인들이여, 여러분이 어떤 언어를 사용하든, 여러분의 언어가 거칠든 세련되었든, 그것이 여러분의 마음에서 나온 언어일 때에는 하나님은 통역 없이 여러분이 무엇을 말하고자 하는지를 다 알아들으십니다.

우리는 앞에서 의사가 언제 개입했는지를 보았기 때문에, 이제 다음으로는 의사가 무엇을 했는지를 살펴보겠습니다. 그는 그들을 그들의 고통에서 구하였고 그들을 고쳤으며 그들의 멸망에서 건져냈습니다. 오, 하나님의 무한하신 긍휼하심이여! 하나님은 우리의 모든 죄가 사함 받았음을 우리의 마음에 나타내시고, 성령의 능력으로 우리의 모든 연약함들을 제거하십니다. 영혼들이여, 여러분이 지금 이 순간 사망의 문턱에 있다고 할지라도, 하나님은 바로 지금 여러분을 멋지게 거기에서 건져내실 수 있으십니다. 죄 짐으로 인하여 고통 가운데 있는 가엾은 여러분의 영혼이 이 시간에 너무나 기뻐서 펄쩍펄쩍 뛴다면, 그것은 기적이라고 하겠지만, 하나님께서 지금 긍휼하심 가운데서 여러분을 찾아오시면, 여러분은 그렇게 될 것입니다. 내 자신이 겪었던 것으로 다시 한 번 돌아가 보겠습니다. 내가 모든 의욕을 잃고 절망에 빠져 헤매고 있던 것에서 빠져 나오게 된 것은 일순간이었습니다. 나는 그저 예수 그리스도의 말씀을 믿었고 그의 대속제사를 의지했을 뿐인데, 내 심령의 밤은 지나갔습니다. 어둠은 지나가 버렸고 참된 빛이 비쳤습니다! 날이 새기 전의 여명은 길지 않습니다. 해는 순식간에 떠오릅니다. 어둠은 날아가 버리고 빛이 지배합니다. 하나님의 구속 받은 자들 중에서 많은 사람들이 그런 경험을 합니다. 그들의 근심과 염려는 한순간에 아름다움으로 변하고, 그들의 무거웠던 영혼은 찬송의 옷을 입게 됩니다. 믿음은 모든 것을 일순간에 바꿔놓는 놀라운 개혁자입니다! 여러분은 지금 여러분이 살든 죽든 우리 구주 예수 그리스도의 보배 피와 그 공로를 믿고 거기에 여러분 자신을 다 걸지 않으시겠습니까? 여러분은 하나님의 아들 앞으로 나아오셔서 여러분의 영혼을 그 아들에게 의탁하지 않으시렵니까? 여러분이 그렇게 하는 순간, 여러분은 구원받은 것입니다. 여러분의 죄가 아무리 많다고 하여도 이제 다 사함 받은 것입니다. 옛적에 애굽 사람들이 일순간에 홍해에 빠져 깊음이 그들을 덮으매 한 사람도 남김없이 다 익사했던 것과 마찬가지로, 여러분은 우리 주 예수 그리스도를 믿는 순간 모세의 지팡이보다 더 강력한 지팡이를 들어올린 것입니다. 강물과 같은 속죄의 피가 그 강력한 힘으로 여러분의 모든 원수들을 덮쳐서 다 익사시켜 버렸기 때문에, 여러분의 죄들은 예수의 피 속에서 익사합니다. 하나님께서 우리의 부르짖음에 응답하셔서 우리를 우리의 현재의 환난과 고통, 그리고 우리에게 장차 닥칠 멸망으로부터 건지실 때, 그것은 우리에게 얼마나 큰 기쁨이겠습니까!

그러나 이런 일이 어떻게 일어나게 되는 것입니까? 시편 기자는 "그가 그의 말씀을 보내어 그들을 고치시고 위험한 지경에서 건지시는도다"라고 말합니다. 하나님께서 언어를 사용하실 때에 그 언어가 얼마만한 권능을 지니게 되는지를 보십시오! 성경에서 "말씀"은 가장 윗자리에 있고, 삼위일체 하나님과 동등한 반열에 두어집니다. 이것은 "말씀"이 하나님과 같은 존재임을 보여줍니다. "태초에 말씀이 계시니라"(요 1:1). 아니, "말씀"은 하나님 자신입니다. 왜냐하면, 요한은 곧 이어서 "이 말씀은 곧 하나님이시니라"고 말하고 있기 때문입니다. 우리의 소망은 "말씀," 즉 성육신하신 '로고스,' 영원하신 말씀입니다. 어떤 의미에서는 우리의 구원은 전적으로 하나님께서 그 말씀을 보내서서 육신이 되게 하시고 우리 가운데 거하게 하심으로 말미암아 이루어졌다고 할 수 있습니다. 그는 우리를 구원하시고 치유하시는 분이십니다. 왜냐하면, 그가 채찍에 맞음으로 우리가 나음을 입었기 때문입니다. 그러나 여기에서 "말씀"이라는 표현은 하나님의 말씀인 복음을 가리키는 것으로 이해하는 것이 가장 좋을 것입니다. 흔히 성경을 읽으면 괴롭던 심령들이 치유함을 받게 되기도 하고, 동일한 말씀도 사랑의 마음과 살아 있는 입술에서 나왔을 때에 더 큰 효과를 발휘하기 때문에 설교를 들을 때에 치유를 받기도 합니다. 복음을 그저 단순하게 전하는 것일 뿐이라도 그 능력은 엄청나서, 온 세상에 있는 모든 능력을 다 합쳐도 복음의 능력과는 상대가 되지 못합니다. 오늘날 사람들은 이 나라가 로마로 넘어가면 복음의 빛은 꺼지게 될 것이라고 말하지만, 나는 그런 경고의 예언들을 믿지 않습니다. 또한, 나는 「도킹의 전투」(1871년에 영국 작가 Chesney가 쓴 공상과학소설)를 믿지도 않고, 교황 피우스 9세(Pius the Ninth)의 승리를 믿지도 않습니다. 우리의 성경과 강단과 하나님만 그대로 남겨 두십시오. 그러면 우리는 승리하게 될 것입니다. 모든 목회자들이 그 어떤 화려하고 그럴 듯한 수사도 다 집어치우고 오직 복음만을 있는 그대로 전한다면, 우리는 저절로 큰 승리를 거두게 될 것입니다. 사람들이 너무나 쓸데없이 화려하게 장식된 칼집을 던져 버리고서 오직 복음의 검만을 빼든다면, 그 검은 자신이 얼마나 날카롭고 예리한지를 스스로 증명할 것입니다. 하나님께서 자신의 종들로 하여금 단순한 복음의 진리를 직설적인 언어로 전하여 사람들로 하여금 알아들을 수 있고 간직할 수 있게 하신다면, 그 복음은 오랫동안 시름시름 앓다가 죽게 될 병든 영혼들을 고칩니다.

하지만 하나님께서 보내시지 않으면, 성경에 있는 하나님의 말씀이든 사역자들이 전하는 하나님의 말씀이든 그 어떤 것도 영혼을 치유할 수 없습니다: "그가 그의 말씀을 보내어." 영원하신 성령께서 그 능력으로 말씀을 붙드셔서 사용하실 때에 그 말씀은 권능의 말씀이 됩니다. 그럴 때에 우리 속에서 은혜의 역사로 이루어진 이적들은 친구들을 놀라게 하고 원수들을 당혹스럽게 만듭니다. 하나님께서 지금 즉시 그의 말씀을 모든 죄인에게 보내셔서 그 말씀이 그들의 구원이 되게 하시기를 빕니다. "너희는 귀를 기울이고 내게로 나아와 들으라 그리하면 너희의 영혼이 살리라"(사 55:3). "믿음은 들음에서 나며 들음은 그리스도의 말씀으로 말미암았느니라." 믿음은 영혼이 필요로 하는 모든 것을 가져다줍니다. 우리가 믿음을 갖게 될 때에 그리스도와 연결되어서 우리의 구원이 보장됩니다.

5. 다섯째로, 고침 받은 자들이 보이는 행실은 무엇입니까?

우리가 마지막으로 살펴볼 것은 그들이 고침을 받은 후에 그 결과로 어떤 것들을 행하였느냐 하는 것입니다.

먼저, 그들은 하나님의 인자하심을 찬송하였습니다. 한 영혼이 갇힌 곳에서 건짐을 받았을 때에 드리는 찬송은 얼마나 특별하고 보기 드문 찬송이겠습니까! 우리가 저 끔찍한 구덩이와 수렁에서 건짐을 받은 직후에 드리는 새 노래들은 이 세상에서 가장 감미로운 음악입니다. 여러분은 참새를 새장에 가두어 두었다가 나중에 그런 식으로 자유를 빼앗는 것이 잔인한 일이라는 생각이 들어서 새장을 정원으로 가져가 문을 열어 참새를 놓아준 적이 있습니까? 그런 후에, 여러분이 오랫동안 새장에 갇혔다가 놓여난 참새가 부르는 노랫소리를 들어볼 수 있었다면, 여러분은 그 노랫소리가 온 숲속에서 들려오는 새들의 노랫소리 중에서 가장 아름다운 음악이라는 것을 알았을 것입니다. 하나님이 자유롭게 해주신 덕분으로 한 가련한 영혼이 절망의 지하 감옥에서 나왔을 때에 그 영혼은 어떤 노래들을 부르겠습니까! 하나님께서는 그런 음악을 듣고 싶어 하십니다. 하나님이 저 옛적에 하신 말씀, 곧 "내가 너를 위하여 네 청년 때의 인애와 네 신혼 때의 사랑을 기억하노니 곧 씨 뿌리지 못하는 땅, 그 광야에서 나를 따랐음이니라"(렘 2:2)는 말씀을 기억하십시오. 하나님은 새로 자유롭게 된 영혼들이 따뜻한 마음으로 진심에서 부르는 찬송들을 좋아하십니다. 사랑하는 친구들이여, 여러분이 이 시간에 자유롭게 된다면, 하나님께서는 여러분에게서 그런 찬송들을 듣게 되실 것입니다.

이렇게 고침 받은 자들이 특히 하나님의 인자하심을 찬송하였다는 것을 주목하십시오. 하나님이 그들 같은 사람들을 구원하셨다는 것은 정말 대단한 인자하심일 수밖에 없습니다. 그들은 죽음의 문턱 가까이 갔다가 구원을 받은 것이니까요! 그들은 하나님이 베푸신 긍휼을 기이히 여겨 놀라서, "인생에게 행하신 기적"에 대하여 노래하였습니다. 우리 같은 사람들이 우리의 죄악으로부터 구속을 받았다는 것은 정말 놀랍고 기이한 일이기 때문에, 우리의 구속주는 "기묘자"라 불리고, 자신의 풍성하신 은혜를 나타내기를 기뻐하십니다.

그들의 찬송 속에서 그들은 모든 것을 하나님께 돌리고 있는 것을 주목하십시오. 그들은 하나님의 "기적," 곧 그의 기이하고 놀라운 역사를 찬송합니다. 구원은 처음부터 끝까지 하나님이 하시는 일입니다. 또한, 그들의 찬송은 포괄적입니다. 즉, 그들은 "인생에게 행하신 하나님의 기이한 일들로 말미암아" 하나님을 찬송함으로써, 그들 자신에 대한 하나님의 사랑만이 아니라 다른 사람들에게 베푸신 사랑에 대해서도 하나님을 찬송합니다.

또한, 그들이 이러한 찬송만을 드린 것이 아니라 아울러 "감사제"도 드렸다는 것을 잊지 마십시오: "감사제를 드리며"(22절). 지옥으로 떨어지는 것에서 건짐을 받은 죄인은 어떤 제사를 드리는 것이 마땅하겠습니까? 그가 뿔과 발굽이 있는 황소로 제사를 드릴까요? 아닙니다. 그는 자신의 마음을 드려야 합니다. 그는 자기 자신, 그리고 자신의 시간과 달란트, 자신의 심령과 물질을 드리는 것이 마땅합니다. 그는 "나의 하나님이여, 주께서 내 영혼을 구원하셨사오니 나의 모든 것을 취하십시오"라고 소리치는 것이 마땅합니다. 주께서는 여러분을 위해 자신의 목숨을 내어놓으셨는데, 여러분은 주를 위해 여러분 자신의 목숨을 내어놓으려 하지 않으십니까? 주께서는 엄청난 대가를 치르고 여러분을 사셨으니, 여러분은 자신의 모든 것이 주의 것이라고 고백하십시오. 여러분의 물질도 주께 드리십시오. 주께서 여러분을 형통하게 하시면, 여러분은 주의 교회와 가난한 자들에게 후히 나누어줌으로써 자신이 정말로 주의 것임을 증명하십시오.

고침 받은 자들은 제사와 아울러 "노래"도 드리기 시작하였습니다. 왜냐하면, 이 제사는 "감사제"였기 때문입니다. 여러분 중에서 죄 사함을 받은 분들은 이전보다 더 큰 소리로 노래하시기 바랍니다. 우리 중에서 구덩이로 내려가다가 건짐을 받은 분들은 하나님을 찬송하는 찬양대로 들어가서 할 수 있는 한 자주 그 목소리로 노래하고, 우리의 마음속에서는 늘 하나님을 찬송하시기를 빕니다.

또한, 감사하는 자들은 감사제를 드리고 노래를 드리는 것 외에도, 하나님이 그들을 위해 행하신 일들을 즐거이 선포합니다: "기쁨으로 그가 행하신 일을 선포할지로다"(KJV). 죄 사함을 받은 자들은 하나님께서 그들에게 베푸신 긍휼을 교회에 알려야 합니다. 하나님이 자신의 감춰진 백성을 찾아내고 계신다는 것을 하나님의 백성들로 알게 하여야 합니다. 목회자에게 와서 말하십시오. 목회자는 자기로 말미암아 영혼들이 예수께로 돌아왔다는 것을 알 때보다 더 기쁜 때는 없습니다. 이것은 우리의 상급입니다. 구원 받은 여러분은 우리의 기쁨의 면류관입니다. 나는 사람들로부터 편지를 받거나 직접 만나서 "내가 목사님이 언제 하신 설교를 듣고 마음의 평안을 얻었습니다"라거나 "목사님의 설교를 읽을 때, 하나님이 내 영혼에 복을 주셨습니다"라는 말을 들을 때만큼 기쁜 때가 없다는 것을 진심으로 말할 수 있습니다. 많은 영혼들을 영원한 진노로부터 구원할 수만 있다면 자신의 목숨이라도 기꺼이 내어놓을 자세가 되어 있지 않다면, 그 사람은 그리스도의 참된 일꾼이 아닙니다. 우리는 그 일을 위해 살아갑니다. 우리가 그 일을 제대로 해내지 못한다면, 우리의 삶은 실패입니다. 목회자가 영혼들을 하나님께로 인도하지 못한다면, 그런 목회자를 어디에다 쓰겠습니까? 이 일을 위해 우리는 여러분을 어떻게 해서든지 하나님께로 이끌어서 하나님의 긍휼하심으로 말미암아 구원을 받게 하려고 애를 쓰고 수고합니다.

여러분이 회심하였다면 그 사실을 숨겨서는 안 됩니다. 어떤 사람이 목회자의 도움으로 거의 죽게 된 상황에서 벗어나 생명을 얻게 되었는데, 그 목회자에게 그가 큰 도움이 되었다는 말을 해줌으로써 힘을 얻게 해주지 않는다면, 그것은 무자비한 일입니다. 왜냐하면, 하나님의 종에게는 낙심될 일들도 많아서 의기소침해지기가 쉽기 때문입니다. 그런데 구원 받은 자들로부터 감사하다는 말을 듣는 것은 목회자의 무거운 마음을 시원하게 해주는 기가 막힌 강장제들 중의 하나입니다. 그런 말을 들을 때만큼 목회자의 마음이 시원해지는 때는 없습니다. 하나님께서 여러분에게 은혜를 주셔서 우리를 위하여, 교회를 위하여, 세상을 위하여 하나님의 사랑을 선포할 수 있게 해주시기를 빕니다. 죄인들은 여러분이 은혜를 받았다는 사실을 듣고 알아야 합니다. 그들은 그런 말을 들었을 때에 구원을 찾고자 하는 마음이 생길 수 있습니다. 한 환자가 다른 사람들에게 자신이 어떤 의사에게서 고침을 받았다는 사실을 말했을 때, 사람들은 그 의사를 찾게 됩니다. 여러분이 온갖 음식을 먹기 싫어하고 사망의 문턱에까지 갔었는데 예수의 병원에 입원했다가 고침을 받았다는 것을 여러분의 이웃들에게 말하십시오. 아마도 여러분과 똑같은 처지나 상태에 있던 가련한 영혼들은 "이것이 하나님께서 내게 주시는 메시지구나"라고 말할 것입니다.

　　무엇보다도, 하나님께서 예수를 인하여 인자하시다는 것을 널리 알리십시오. 하나님은 여러분으로부터 높임을 받으실 만한 분이십니다. 여러분은 하나님이 주시는 복을 받고서도, 아홉 나병환자들처럼 하나님께 아무런 찬송도 드리지 않으실 것입니까? 여러분은 무리 속에 있다가 주님의 옷자락을 만지고 고침을 받은 여인처럼 그런 식으로 고침을 받고서도, 그 사실을 알리지도 않고 그냥 몰래 빠져 나가려고 하십니까? 그렇다면, 나는 주님께서 "내게 손을 댄 자가 있도다"(눅 8:46)라고 말하심으로써, 여러분이 꼼짝없이 우리 모두에게 사실을 고하며 이렇게 말하게 해주시기를 기도합니다: "내 영혼은 몹시 병들었지만, 나의 찬송 받으실 주님을 만지고서 구원을 받았습니다. 나는 이 사실을 알려서, 주님의 은혜에 영광과 찬송을 돌립니다. 사람들이 듣든 안 듣든, 나는 이 사실을 알릴 것입니다. 나는 내 능력이 닿는 데까지 이 사실을 온 세상에 알려 울려 퍼지게 하여, 주님의 구원하시는 은혜를 찬송하고 영광을 돌릴 것입니다."

제
102
장

—

옛적부터 내려온 오래된 치료법

—

"그가 그의 말씀을 보내어 그들을 고치시고" ― 시 107:20

자연적인 질병은 하나님의 능력이 아니고는 치료되지 않습니다. 아무리 박학다식하고 유능한 의사의 솜씨도 자연의 하나님이 그 치료에 함께 하지 않으시면 아무 소용이 없습니다. 여러분 중에 최근에 질병으로부터 회복된 분들이 계신다면, 나는 그분들에게 "하나님의 인자하심과 인생에게 행하신 기적으로 말미암아" 하나님을 찬송하시기를 당부드립니다. 여러분의 힘들었던 밤들을 기억하시고, 여러분의 고통스러웠던 날들을 기억하시며, 괴로움 속에서 여러분의 영혼이 한 맹세들을 떠올리시고, 여러분이 행한 맹세를 지키지 않음으로써 하나님을 우롱하는 일이 없도록 조심하십시오. 여러분이 병상에서 했던 약속들을 여러분이 건강해진 날에 반드시 지키시기 바랍니다. 감사의 노래가 여러분의 마음에서 여러분의 입술로 올라오게 하시고, 하나님이 큰 은혜를 주셔서 지켜 주신 여러분의 생명을 하나님을 섬기는 데에 헌신하십시오. 그렇게 하는 것이 마땅합니다. 하나님께서 여러분을 도우셔서 그렇게 하게 해주시기를 빕니다. 하지만 이 시편은 영적인 일들에 대해 말하고자 하는 것이기 때문에, 오늘 밤 나는 본문을 마음의 질병들에 적용해서 말씀을 드리고자 합니다. 이 자리에 계신 분들 중에는 질병들 중에서 가장 지독한 질병인 마음의 병을 앓고 있는 분들도 계실 것이고, 우리 중에는 그러한 마음의 병을 최고로 치유받은 분들도 많을 것입니다. 그런 분들은 오늘 밤 내가 이 보배로운 사실, 즉 "그가 그의 말씀을 보내어 그들을 고치셨다"는 사실에 대하여 말씀을 전할 때에 하나님을 찬송할 수 있을 것입니다.

나는 이 병자가 처한 극한적인 상태에 대해 간단하게 설명한 후에, 단순한 치료법을 좀 길게 설명하고자 합니다: "그가 그의 말씀을 보내어 그들을 고치시고."

1. 첫째로, 이 병자의 극한적인 상태를 살펴보겠습니다.

나는 병자들이 자신의 모습을 거울에 비추어 보듯이 이 말씀을 통해 비추어 보고서, "이것이 나의 모습"이라고 말하게 되기를 소망합니다. 이 병자와 관련해서 이 시편이 첫 번째로 말하고 있는 것은 그가 "미련한 자"라는 것입니다. 17절을 보십시오: "미련한 자들은 그들의 죄악의 길을 따르고 그들의 악을 범하기 때문에 고난을 받아." 어떤 사람을 "미련한 자"라고 부르는 것은 모욕이지만, 나는 과연 자기 자신을 "미련한 자"라고 부르지 않고서도 구원을 받은 사람이 있을 것인지가 의문입니다. 자신의 죄를 깨달은 사람은 이렇게 말합니다: "여러분은 나를 큰 소리로 미련한 자라 부르십시오. 그것이 내 모습이니까요." 우리는 종종 날 때부터 미련한 자라는 말을 합니다만, 사실 그것이 자신의 죄를 깨달은 사람이 자기 자신에 대하여 느끼는 것입니다. 그는 자기가 태어날 때부터 미련한 자였고, 자신의 본성 자체가 미련하다는 것을 알게 됩니다. 왜냐하면, 그는 지금까지 쓴 것을 달다고 했고 단 것을 쓰다고 하고, 어둠을 빛이라 하고 빛을 어둠이라 하며 살아왔음을 깨닫게 되기 때문입니다. 그는 단지 가끔씩이 아니라 본성적으로 늘 미련한 선택을 해 왔음을 알게 됩니다. 그는 자기 마음속에 "하나님이 없다"고 한 저 미련한 자들 중의 한 사람이었습니다. 왜냐하면, 그는 사실상 전혀 하나님을 생각하지 않고 살아 왔기 때문입니다. 그는 덧없는 현재를 선택하고 영원한 미래는 망각한 채 살아온 저 미련한 자들 중의 한 사람이었습니다. 미련함에 얽혀 있는 사람을 고치는 것은 어려운 일입니다. 솔로몬은 "미련한 자를 곡물과 함께 절구에 넣고 공이로 찧을지라도 그의 미련은 벗겨지지 아니하느니라"(잠 27:22)고 말합니다. 미련함을 벗겨내는 방법치고, 이것은 좀 너무 하다 싶을 정도로 우악스러운 방법이긴 하지만, 그렇게 해도 미련함은 고쳐지지 않습니다. 미련함은 절구에 넣고 아무리 찧고 찧어도 여전히 남아 있습니다. 사람이 자신의 영적인 병을 진정으로 보게 되었을 때에도 자기가 바로 그런 미련한 자라는 것, 즉 미련함이 자신의 존재 속에 깊이 아로새겨져 있는 그런 미련한 자라고 느낍니다. "아이의 마음에는 미련한 것이 얽혀 있고"(잠 22:15), 죄인의 삶 속에도 미련함이 얽혀 있습니다.

이 사람은 미련한 짓을 해왔습니다. 그는 미련한 자일 뿐만 아니라, 늘 미련한 짓을 해왔습니다. 왜냐하면, 본문은 "미련한 자들은 자신들의 범법으로 인하여, 그리고 자신들의 죄악들로 인하여 고통을 당한다"(한글개역개정에는 "미련한 자들은 그들의 죄악의 길을 따르고 그들의 악을 범하기 때문에 고난을 받아"로 되어 있음 — 역주)고 말하고 있기 때문입니다. 여기에서 "범법"은 정해진 한계를 깨뜨리고서 그 이상으로 나아가는 것을 의미합니다. 지극히 의로우시고 능력이 많으신 하나님의 정해 주신 한계를 깨뜨리고 짓밟아서 벌을 자초하는 사람은 "미련한 자"입니다! "죄악"은 공평함이 결여되어 있고 진실함이 결여되어 있으며 올바름이 결여되어 있고 정직함이 결여되어 있는 것을 의미합니다. 하나님을 속여먹고자 하는 자는 분명히 "미련한 자"입니다! 모든 것을 다 아시는 하나님, 불꽃 같은 눈으로 모든 불공평하고 부정직한 것들을 남김없이 다 찾아내시는 하나님을 어떻게 속여먹을 수 있단 말입니까? 그런데도 자기는 그렇게 할 수 있다고 일순간이라도 생각했다면, 그는 자기가 "미련한 자"이고 미련하게 행하였다는 것을 보여주는 것입니다. 나는 이것이 이 자리에 계신 분들 중에서 어떤 분에게 해당된다고 말하고자 하는 것은 아니지만, 만약 어떤 분이 그렇게 느낀다면, 그는 하나님으로부터 곧 복을 받게 될 것입니다. 왜냐하면, 하나님께서 당신에게 당신 자신이 어떤 사람인지를 보여주셨다면, 이제 곧 당신에게 하나님 자신도 보여주실 것이기 때문입니다. 하나님이 당신이 본성적으로 미련한 자이고 실제적으로도 미련한 자라는 것을 보여주셨다면, 이제 곧 당신을 지혜의 학교로 데려가서서 당신에게 올바른 길을 가르쳐 주실 것입니다. 여러분이 보셨듯이, 이 병자의 병은 대단히 악성이어서 고치기가 매우 힘듭니다.

이 시편은 그가 모든 식욕을 잃어버리는 지경에 이르렀다는 것을 보여줍니다: "그들은 그들의 모든 음식물을 싫어하게 되어"(18절). 어떤 병에 걸린 사람은 모든 음식물에 대한 식욕을 잃어버립니다. 그 어떤 진수성찬을 갖다 주어도, 그는 음식이라면 꼴도 보기 싫어합니다. 나도 나의 죄로 말미암아 괴로워하던 시절에 그런 경험을 했습니다. 나는 내가 겪었던 일을 말씀드리는 것이지만, 나 말고도 많은 사람들이 그런 경험을 했을 것임을 압니다. 왜냐하면, 우리의 회심의 경험은 세부적인 면에서는 서로 다르다고 할지라도, 주된 부분에서는 놀라울 정도로 똑같기 때문입니다. 우리가 병들어 있을 때에는 모든 것이 다 싫습니다. 만나는 소화가 잘 되어서 싫고, 빵은 소화가 잘 안 되어서 싫으며, 포도주는 얼얼해서 싫고, 물은 차가워서 싫습니다. 내가 그런 영적 상태에 있을 때에는 어떤 음식을 가져다주어도 먹기가 싫습니다. 의심할 여지 없이 여러분도 마찬가지입니다. 우리의 영혼은 복음의 초대에 대하여 "예수 그리스도께서 나를 초대하실 리가 없어"라고 말합니다. 우리의 마음은 말씀의 약속들에 대하여 "그 약속들은 다른 모든 사람들에게는 해당되지만 나만은 해당될 수 없어"라고 말합니다. 어떤 사람이 가장 감미롭고 부드러운 사랑의 메시지들을 전한다고 해도, 죄책감 가운데 있는 영혼은 온갖 종류의 음식을 다 싫어합니다. 그런 영혼은 모든 위로를 싫어하고, 위로 받는 것 자체를 거절합니다. 그런 경우에 여러분은 자신의 영혼을 위로하고자 하더라도, 영혼 속에서 황량하고 스산한 생각이 올라와서 이렇게 말합니다: "그런 위로가 내게는 가당치 않아. 나는 나의 죄악 가운데서 죽어 마땅해. 나는 너무나 어처구니없이 미련한 짓을 하며 살아왔고, 하나님은 나를 내 마음의 정욕에 내버려 두셨으니, 이제 나는 하나님이 사람들을 심판하시는 그 날에 꼼짝없이 멸망 받게 될 거야."

　　시편 기자는 계속해서 이 병자에 대하여 그가 "사망의 문에 이르렀도다"라고 말합니다. 어떤 영혼들은 자기가 머지않아 완전히 멸망당하게 될 것이라고 느낀다는 것을 나는 압니다. 그들은 그 어떤 평안이나 안식이나 행복이나 위로도 없이 살아왔고, 그렇게 살아온 세월이 오래 되었기 때문에, 땅이 입을 벌려서 그들을 삼켜 버리지 않는 것이 오히려 이상하다고 느낍니다. 그들은 밤에는 끔찍한 악몽을 꾸느라 제대로 잠을 잘 수 없고, 낮에는 귀에서 끔찍한 소리가 들려서 쉴 수가 없습니다. 그들은 진노하신 하나님, 심판대, 지존자께서 악인들을 치시기 위하여 뽑으신 저 무시무시한 칼을 생각합니다. 나는 여러분 중에 이런 상태에 있는 분들이 많다고 말하는 것이 아니지만, 단지 여러분 중에 그런 분이 계신다면, 오늘 밤 내가 전하는 긍휼의 말씀은 바로 그분을 위한 것입니다. 왜냐하면, 본문은 "그가 그의 말씀을 보내어 그들을 고치셨다"고 말하기 때문입니다. 앞에서 말한 그러한 미련한 자들, 지금까지 미련한 짓을 행하며 살아온 자들, 그 영혼이 온갖 음식을 다 싫어하는 자들, 사망의 문턱에까지 이른 자들 ─ 바로 그런 사람들에게 하나님께서는 그의 말씀을 보내셨고 그들을 고치셨습니다! 무한한 긍휼을 지니신 하나님께서는 오늘 이 자리에 있는 그 누구에게도 그렇게 하실 수 있으시고, 또한 나는 하나님이 그렇게 하시기를 빕니다.

이 병자에게 한 가지 희망적인 모습이 있다면, 그것은 그가 기도하기 시작하였다는 것입니다: "이에 그들이 그들의 고통 때문에 여호와께 부르짖으매"(19절). 만일 그의 기도가 글로 기록할 수 있는 것이었다면, 그것은 별로 좋은 기도가 아니었을 것입니다. 정말 기도다운 기도는 여러분이 읽을 수 없습니다. 왜냐하면, 부르짖음은 기록하거나 읽을 수 있는 것이 아니기 때문입니다. 속기사가 그 기도를 받아 적으려고 해도 단 한 글자도 기록할 수 없습니다. 울며 부르짖는 것은 혀가 개입할 수 없는 심령 자체의 언어입니다. 이 자리에 기도하고 싶은 데도 기도할 수 없는 분, 하나님 앞에서 자기를 구원해 달라고 신음하는 분, 오직 눈물로밖에는 말할 수 없는 분, 자신의 영혼이 소리 없이 괴로워하는 것이 자신의 유일한 언어인 그런 분이 있습니까? 바로 당신이 울며 부르짖을 수 있는 사람입니다! 그러므로 온 힘을 다해서 하나님께 부르짖으십시오. 그런 당신에 대해서 본문은 "그가 그의 말씀을 보내어 그들을 고치셨다"고 말합니다.

이상으로 우리는 병자의 상태를 간단하게 살펴보았는데, 아마 이것으로 충분할 것입니다. 화가도 종종 어떤 대상을 목탄으로 간단히 스케치하는 것으로 끝내곤 합니다. 마찬가지로, 나도 영적인 병을 앓고 있는 병자를 몇 마디 말로 간단하게 스케치해 보았습니다. 나는 이제 좀 더 긴 시간을 들여서 그러한 병자를 고칠 수 있는 놀랍도록 단순한 치료법을 설명하고자 합니다: "그가 그의 말씀을 보내어 그들을 고치셨고."

2. 둘째로, 그런 병자를 고치는 치료법은 간단합니다.

의사도, 대단히 악성이고 중증인 병을 만나게 될 때에는 종종 잠시 생각을 해야 하는 일이 생깁니다. 아마도 그는 처방하기 전에 의학 서적들을 뒤져보거나, 이전의 치료 기록들을 살펴보거나, 다른 의사와 상의해야 할 수도 있을 것입니다. 왜냐하면, 이러한 희귀한 질병을 고치기 위해서는 지금까지 써보지 않은 어떤 치료법을 사용할 필요가 있기 때문입니다. 그러나 나는 여러분이 이 시편에 나와 있는 사례가 대단히 악성이긴 하지만 그 병을 고치기 위해서 어떤 새로운 치료법이 필요한 것은 아니었다는 것을 아시기 바랍니다. 그 병을 고치는 데에는 옛 치료법으로 충분했습니다. 무한하신 하나님께서 하실 일은 그의 말씀을 보내서서 그들을 고치시는 것이 전부였습니다. 옛 치료법으로 사용된 하나님의 말씀에 의해서 이전에도 수많은 미련한 자들이 고침을 받았고, 지금도 여전히 미련한 자들은 그런 방식으로 고침을 받을 수 있습니다. 이렇게 오래 전부터 하나님의 말씀은 수많은 미련한 자들을 고쳐서 사망의 문턱에서 건져내어 왔습니다. 그러한 끔찍한 상태에 처한 사람들을 건져내는 데에는 하나님의 말씀 외에 다른 것이 필요하지 않았습니다. 죄로 병들고 죄를 사모하는 영혼들을 고치기 위해서, 내가 어떤 새로운 복음을 전하는 것도 아니고, 어떤 새로운 것을 말하는 것도 아닙니다. 옛적부터 내려온 오래된 복음으로 모든 영적인 병을 고치시는 하나님께 감사를 드립니다! 죄로 인한 병들은 여러 가지 모습으로 새롭게 발전하고, 죄악의 질병들은 기괴한 모습을 띠고 갑자기 나타나기도 하지만, 옛적부터 사용되어 온 치료법은 그 모든 병들을 다 치료할 수 있습니다. 하나님은 치료약을 새롭게 조제하실 필요가 없습니다. 아주 오래 전부터 사람들을 고쳐 왔던 바로 그 간단한 방법이 지금도 여전히 사람들을 치료하는 데에 유효합니다. "그가 그의 말씀을 보내어 그들을 고치시고."

　오늘의 본문이 말씀하고자 하는 것은 우리가 세 가지로 요약해 볼 수 있습니다. 첫째는, 하나님께서 성육신한 말씀이신 그리스도를 보내셨다는 것인데, 이것은 이 치료법의 핵심입니다. 둘째는, 하나님께서 계시된 말씀인 성경을 보내셨다는 것인데, 이것은 사람들의 영적인 병을 치료하는 수단 또는 통로가 됩니다. 셋째는, 하나님께서 성령을 통해서 능력의 말씀을 보내셨다는 것인데, 이것은 이 치료법을 적용하는 것과 관련되어 있습니다. 우리는 이 세 가지에 대하여 말하지 않으면 안 됩니다. 이것들은 모두 다 필수적입니다. 한 하나님 안에 삼위일체 하나님이 계시듯이, 사람들을 구원하시는 한 말씀 안에 세 가지 말씀이 있습니다.

　먼저, 이 치료법의 핵심을 살펴보겠습니다. 사랑하는 친구들이여, 하나님께서는 죄인을 고치실 때에 말씀이 육신이 되어 우리 가운데 거하신 그리스도를 통해서 그렇게 하십니다. 요한복음 1장에서 그리스도에 대하여 "태초에 말씀이 계시니라 이 말씀이 하나님과 함께 계셨으니 이 말씀은 곧 하나님이시니라 그가 태초에 하나님과 함께 계셨고 만물이 그로 말미암아 지은 바 되었으니 지은 것이 하나도 그가 없이는 된 것이 없느니라"(1:1-3)고 말씀하고 있는 것처럼, 하나님의 말씀이라 불리는 그리스도 자신과 그의 사역과 공로 속에 모든 치료의 능력이 있습니다.

여러분의 질병이 무엇이든, 하나님의 말씀이신 예수 그리스도는 그 병을 고치실 수 있습니다. 그는 죄로 인하여 받게 될 보응을 없애실 수 있습니다. 한 영혼이 어떤 죄책을 짊어졌든, 그리스도께서는 그 죄인 대신에 죄를 짊어지시고 하나님 앞에서 그 죄를 대속하십니다. 이렇게 해서 우리가 지은 모든 죄가 다 지워집니다. 여러분이 아무리 많은 죄를 지었어도, 그 죄들이 아무리 흉악무도하다고 할지라도, 예수 그리스도께서 여러분에게 오시고 여러분이 그를 영접하는 순간, 그 모든 죄는 다 지워집니다:

> "여러분의 죄가 이전에 지옥처럼 시꺼멓다고 해도
> 온데간데없이 사라져 버릴 것이라네.
> 그 죄들은 풀어져서 바다 밑으로 가라앉아
> 다시는 보이지 않게 될 것이라네."

죄로 인한 보응도 이렇게 치료될 수 있습니다.

또한, 여러분의 양심은 아마도 여러분의 삶에 대한 죄의 영향력 때문에 괴로워할 것입니다. 그리스도께서는 그런 필요도 충족시켜 주실 수 있습니다. 그는 여러분이 죄 짓는 것을 고치실 수 있습니다. 여러분이 과거에 지은 죄들을 사함 받을 수 있다고 할지라도 이전처럼 계속해서 죄를 지을 수밖에 없다면, 여러분은 그런 생각만 해도 견딜 수 없을 것입니다. 병든 자들이여, 여러분의 죄만이 아니라 여러분의 미련함도 고칠 수 있는 길이 마련되어 있습니다. 여러분의 삶의 죄악들만이 아니라 여러분의 마음의 죄악도 고칠 방법이 있다는 것입니다. 예수 그리스도께서는 여러분의 모든 것을 다 올바르게 바로잡으실 수 있습니다. 시계의 톱니바퀴들이 고장 나면, 그리스도는 그 모든 것들을 만드신 분이시기 때문에 그것들이 제대로 작동하도록 다 고쳐 놓으실 수 있습니다. 그는 각각의 톱니바퀴를 구성하고 있는 하나하나의 톱니를 바로잡으셔서, 여러분의 영과 혼과 몸, 즉 여러분 전체를 거룩하게 하실 것입니다. 예수 그리스도는 하나님으로부터 오셔서 우리에게 "의로움"만이 아니라 "거룩함"도 되십니다. 그는 삶의 무서운 해악들과 죄의 열매와 권세를 둘 다 고치실 수 있습니다.

여러분은 자신의 심령 깊은 곳에서 고통을 겪고 있다고 말할지도 모릅니다.

그럴지라도, 크신 의사이신 하나님께서는 여러분이 죄로 인하여 눌리는 것을 말씀으로 고치실 수 있습니다. 죄의식이 여러분의 뼈를 갉아먹어 왔습니다. 여러분은 죄의식이 여러분에게서 모든 담력을 앗아가 버린 것 같다고 느낍니다. 여러분은 지금 자기가 거의 사람이 아닌 것 같이 느낍니다. 왜냐하면, 죄가 여러분을 약화시켜서 물처럼 연약하게 만들어 버렸기 때문입니다. 우리 주 예수 그리스도께서는 그것도 고치실 수 있습니다. 그는 눌리는 것과 의기소침해진 것, 그리고 절망까지 다 제거하실 수 있습니다. 여러분은 자신을 저주받은 자라고 느끼셨을 지도 모르고, 음부와 맹약하였고 사망과 언약을 맺은 자라고 느끼셨을 지도 모르지만, 우리 주 예수 그리스도께서 그의 못 박히신 손으로 여러분을 한 번 만져주시기만 하면, 여러분의 영혼은 기뻐 뛰게 될 것입니다. 우리를 "기가 막힐 웅덩이와 수렁에서 끌어올리시고 우리의 발을 반석 위에 두사 우리의 걸음을 견고하게 하시는"(시 40:2) 것이 바로 그리스도께서 하시는 일입니다. 예수께서 여러분에게 오시면, 여러분을 짓눌러 왔던 의기소침함은 어느새 기쁨으로 변해 있게 됩니다. 그는 여러분에게서 베옷과 재를 벗겨 주시고, 다시는 그런 것들을 입지 않아도 되게 해주실 수 있습니다. 그는 여러분을 기쁨으로 둘러 주시고 여러분의 귀와 목에 보석을 박아 주실 수 있습니다. 마치 신랑이 자신의 신부를 고운 장식물들로 치장해 주듯이, 그리스도께서는 여러분을 그렇게 치장해 주실 수 있습니다. 여러분은 그리스도께서 가장 의기소침해 있는 죄인에게 일순간에 큰 기쁨을 주실 수 있다는 것을 아마 모르실 것입니다.

여러분이 죄가 여러분에게 온갖 해악을 다 가해서, 마치 죄가 여러분 전체를 구석구석 다 중독시킨 것 같고, 여러분의 본성 전체가 다 고장이 나 있어서, 비록 고침을 받는다고 할지라도 그 상처들은 영원히 없어지지 않을 것이고, 그 부러진 뼈들을 무덤까지 가지고 갈 것 같다고 느낀다고 할지라도, 나는 여러분에게 그리스도의 능력에 대해 말씀을 전하고자 합니다. 그리스도께서는 그런 상처들까지 다 제거하실 수 있다고 말입니다. 우리 주님에게는 여러 가지 다양한 기름들과 치료약들이 있으셔서 그런 것들까지도 다 고치실 수 있습니다. 그는 자신이 이 땅에 계실 때에 사람들의 몸에 대하여 행하셨던 치유 사역을 지금은 사람들의 영혼에 대하여 행하고자 하십니다. 그가 이 땅에 계실 때에 한 무리의 맹인들이 그를 찾아 왔습니다. 그들은 육신의 눈이 멀어 사물을 볼 수 없는 사람들이었습니다. 마찬가지로, 여러분은 마음의 눈이 멀어 진실을 제대로 알 수 없게 된 사람들입니다. 여러분은 죄가 여러분의 판단력과 분별력을 어둡게 하였다고 말하는 것이 맞습니다. 주님은 진흙에 침을 뱉어서 맹인들의 눈에 바르시고 "실로암 못에 가서 씻으라"(요 9:7)고 말씀하셨고, 맹인들은 그 말씀대로 가서 실로암 못에 가서 씻었더니 시력이 돌아와 보게 되었습니다. 종종 그리스도께서는 사람들의 눈을 만지셨고, 그럴 때에 그 눈에서 비늘들이 떨어져서, 그들이 보게 되기도 하였습니다. 그가 여러분의 영혼을 만져 주시면 여러분은 더 이상 쓴 것을 달다고 하고 어둠을 빛이라고 하는 일이 없어집니다. 그는 여러분의 마음의 눈을 밝히셔서 보게 하실 수 있습니다.

> "그는 우리에게 오셔서 마음의 빛을 다시 찾게 하셔서
> 칠흑같이 어두운 밤의 장막에서 벗어나게 하시고
> 눈 먼 자들의 눈동자에
> 천상의 빛을 부어 주시네."

여러분 중에 이렇게 말하는 분들이 있을 것입니다: "나는 아주 잘 볼 수 있지만, 그렇게 행할 수 없을 뿐입니다. 나는 내가 무엇을 해야 하는지를 알고 있지만, 그렇게 행하지 못할 뿐입니다. 나는 무엇이 옳은 일인지를 알지만, 실제로는 옳지 못한 일을 합니다. 나는 원하지만, 할 수가 없습니다." 나는 그렇게 말하는 분들도 예수께로 초대합니다. 예수께서는 여러분이 잃어버린 힘도 회복시켜 주실 수 있습니다. 우리의 사랑하는 주님이 이 땅에 계실 때, 손 마른 사람이 있었는데, 주님은 그 손들에게 쭉 펴라고 명령하셨고, 그 손들은 회복되었습니다. 온 몸이 마비되어 움직일 수 없어서 침상에 누워서 살아야만 했던 사람들도 있었지만, 주님은 그들에게 걸으라고 명하셨습니다. 베데스다 연못가에 여러 해 동안 누워만 있고 물이 동할 때에 연못 속으로 들어갈 수가 없었던 사람이 있었습니다. 여러분이 하나님의 명령들이라는 연못에 들어가지는 않고 그 옆에 누워 있는 것과 같이, 그 사람도 연못가에 누워만 있었습니다. 그러자 그리스도께서 그에게 "일어나 네 자리를 들고 걸어가라"(요 5:8)고 말씀하셨고, 그는 그렇게 했습니다. 회개할 수 있는 힘, 믿을 수 있는 힘, 죄를 떨쳐 버릴 수 있는 힘, 거룩함 가운데 행할 수 있는 힘 등등과 같이 여러분이 잃어버렸던 모든 힘을 우리 주님은 여러분에게 돌려 주실 수 있습니다. 여러분이 이 기도하는 집에 앉아 있는 바로 이 시간

에, 그리스도께서는 여러분에게 그 모든 힘을 돌려 주실 수 있습니다. 무수히 많은 각색 병자들이 몰려들었을 때에 그리스도께서 그 중의 단 한 가지 병에 대해서라도 저것을 어떻게 고치나 당혹스러워하시거나 단 한 명의 병자라도 돌려보내신 적이 있습니까? 사람이 걸리는 병들 중에서 불치병이라고 하는 병들은 전부는 아니라고 할지라도 거의 전부를 주님께서는 다루셨고, 그때에 단 한 번이라도 병을 고치는 데에 실패하신 적이 있습니까? 주님께서 "이 병은 내 능력으로는 안 되겠다"고 말씀하신 적이 단 한 번이라도 있었습니까? 여러분도 아시듯이, 주님은 죽은 자들도 다시 살려내셨습니다. 나사로는 무덤에서 썩어가기 시작하였는데도, 주님은 그를 다시 살리셨습니다. 나사로는 죽어서 사흘 동안 무덤 속에 있었지만, 수의로 동여매진 상태로 거기에서 다시 살아 나왔습니다. 그러니 우리 주님이 하실 수 없는 일이 어디 있겠습니까?

　　여러분 중에 자기는 악으로 가득 차서 마치 자기 속에 마귀가 들어 있는 것 같다고 느끼는 분이 있다면, 나는 그분에게도 그리스도를 소개합니다. 그는 마귀를 쫓아내실 수 있습니다. 또한, 여러분 중에 분노가 가득해 툭 하면 화가 나는 분이나, 정욕을 주체할 수 없거나, 술을 아무리 마셔도 또 마시고 싶어지는 분이나 하나님을 욕하는 것이 오래되어 습관이 된 분이 있어서, 자기가 마귀 같이 된 것은 아닌가 생각하는 분들이 있습니까? 여기로 나아오십시오. 주님의 저 권능 있으신 음성을 들을 수 있도록 가까이 나아오시면, 여러분은 "더러운 귀신아 그 사람에게서 나오라 다시 들어가지 말라"(막 5:8; 9:25)는 음성을 듣게 될 것입니다. 그리스도께서는 여러분 같은 사람들도 얼마든지 깨끗하게 하실 수 있습니다.

　　예수 그리스도께서 오시는 곳마다, 그는 사람들을 온전하게 해주시는 하나님의 말씀입니다. 그래서 나는 오늘 밤 여러분에게 여러분이 다른 사람들을 구원하고자 한다면 예수 그리스도를 전하시라고 말씀드립니다. 왜냐하면, 예수 그리스도는 "그들을 고치시는 말씀"이시기 때문입니다. 여러분이 구원 받고자 한다면, 예수 그리스도를 바라보십시오. 다른 것은 바라보지 마시고 오직 예수 그리스도만 바라보십시오. 여러분의 눈을 오직 예수 그리스도에게로 고정하시고 그를 믿고 의지하십시오. 여러분이 확실히 그를 믿고 의지한다면, 여러분은 온전해질 것입니다. 오늘의 본문에 "그가 그의 말씀을 보내어 그들을 고치시고"라고 기록되어 있는 것은 바로 여러분을 고치시기 위한 것입니다. 여러분이 무슨 병에 걸렸든 그리스도께서 고치시지 못할 병은 없습니다. 예수 그리스도 안에는 여러분 각 사람이 지닌 독특한 병을 고치는 데에 딱 들어맞는 약들이 있습니다. 여러분이 지금 오직 그를 믿기만 한다면, 그는 여러분을 구원하실 수 있고 구원하고자 하십니다.

시간이 너무 빨리 흘러가서, 내가 말씀을 좀 짧게 전해야 하겠습니다. 우리가 두 번째로 살펴볼 것은 **치료의 도구**에 대한 것입니다: "그가 그의 말씀을 보내어 그들을 고치시고." 즉, 하나님께서는 하나님의 말씀인 계시의 책, 곧 이 성경을 보내셨습니다. 사람들을 고치는 것은 성경이 아니라 그리스도이시지만, 성경은 약이 들어 있는 병을 감싸고 있는 포장지입니다. 우리가 약을 발견하려면 그 포장지를 뜯고 펼쳐야 합니다. 사랑하는 영혼들이여, 여러분이 병들어 있다면, 여러분의 병을 고칠 약은 이 책 어딘가에 있다는 것을 명심하십시오. 이 책 속에는 죄로 인하여 병든 모든 영혼들을 고칠 수 있는 약이 다 들어 있습니다.

여러분은 **어떤 교훈**, 즉 하나님께서 여러분에게 행하라고 하신 어떤 교훈을 그동안 소홀히 해왔을지 모릅니다. 나는 어떤 한 교훈을 통해서 그리스도께로 나아오게 된 많은 영혼들을 알고 있습니다. 하나님의 법은 흔히 사람들을 그리스도께로 데려다주는 학교 선생님이고, 그렇게 해서 나아오게 된 사람들은 그리스도 안에서 평안과 안식을 발견합니다.

하지만 훨씬 더 많은 사람들은 "누구든지 목마르거든 내게로 와서 마시라"(요 7:37)는 것과 같은 **초대의 말씀**을 듣고 그리스도께로 나아옵니다. 이 말씀이 여러분에게 해당되지 않습니까? 여러분은 목마르지 않습니까? 지난 주일 밤에는 "수고하고 무거운 짐 진 자들아 다 내게로 오라 내가 너희를 쉬게 하리라"(마 11:28)라는 감미로운 초대가 있었고, 그것은 무수한 사람들을 고치는 수단이 되었습니다.

또한, 어떤 분들은 "미쁘다 모든 사람이 받을 만한 이 말이여 그리스도 예수께서 죄인을 구원하시려고 세상에 임하셨다 하였도다"(딤전 1:15) 같은 약속의 말씀이나 우리에게 큰 격려가 되는 말씀, 또는 "인자가 온 것은 잃어버린 자를 찾아 구원하려 함이니라"(눅 19:10) 같은 감미로운 말씀을 듣고 그리스도께로 나아옵니다. 위대한 의사이신 그리스도께서는 그런 말씀들을 상처 입은 영혼을 위한 치료약으로 사용하십니다.

교훈들, 약속들, 초대의 말씀들, 복음의 말씀들 — 이러한 것들이 성경 속에 다 있습니다. 질병은 아주 많은 모습으로 나타나기 때문에 약도 많은 형태로 조제되지만, 이 거룩한 책 속에는 살아 있는 하나님의 말씀이 있고, 성령의 역사를 통해서 그 말씀은 여러분의 영혼에 평안을 가져다줍니다. 그러므로 나는 여러분에게 이 책을 값으로 따질 수 없이 귀한 것으로 소중히 여기시고, "주여, 말씀이 내 영혼에 역사하게 하소서"라고 기도하며 읽고 또 읽으며, 말씀이 칼처럼 여러분을 찌르더라도 그 말씀에 여러분의 마음을 열고, 여러분을 고치기 위하여 말씀이 여러분의 상처들을 드러내는 것을 받아들이시기를 바랍니다. 이렇게 여러분의 마음을 열어 말씀의 빛을 받을 때에 여러분은 눈이 열려 보게 되실 것이고, 말씀의 위로들을 받을 때에 여러분은 기뻐하고 즐거워하게 될 것입니다. 여러분의 심령의 대문들을 다 활짝 열어서, 이 말씀의 모든 부분이 다 여러분의 심령 속으로 들어가게 하십시오.

다른 사람들에게 말씀을 전하는 분들은 하나님의 말씀을 많이 인용하여 전하십시오. 로버트 맥체인(Robert McCheyne, 1813-1843, 스코틀랜드) 목사님이 자신의 경험을 얘기하신 것을 들어보십시오. 그는 회심이 일어난 경우에는 거의 언제나 어김없이 자신이 설교 중에서 인용했던 성경 본문 때문이었다고 말합니다. 나도 거의 모든 경우에 그렇다고 믿습니다. 또한, 맥체인 목사님은 "일반적으로 하나님께서 복 주시는 것은 우리 자신의 말이 아니라 하나님의 말씀입니다"라고 말하는데, 나도 그렇다고 확신합니다.

설교를 듣는 분들은 이 일에 있어서 선택권을 가지고 있다면, 성경을 많이 인용하는 설교를 자주 들으십시오. 그렇게 하면, 여러분은 그런 설교들에서 더 많은 복을 얻게 되실 것입니다. 하나님의 말씀 자체로 가득한 책들을 읽으시고, 그런 후에 말씀 자체를 읽으십시오. 그러나 말씀을 읽은 것만으로 구원을 받게 될 것이라고는 생각하지 마십시오. 그것은 불가능합니다. 왜냐하면, 여러분은 그리스도로 말미암아서만 구원을 받게 되기 때문입니다. 그리스도께서는 이 땅에 계실 때에 사람들에게 "너희가 성경에서 영생을 얻는 줄 생각하고 성경을 연구하거니와 이 성경이 곧 내게 대하여 증언하는 것이니라"(요 5:39)고 말씀하셨습니다. 그러나 여러분은 읽는 것만으로는 구원 받지 못한다고 할지라도, 성경을 읽고 또 읽는 가운데 구원 받을 수는 있습니다. 왜냐하면, 여러분이 하나님의 보배로운 말씀을 읽거나 듣고 있는 동안에, 하나님께서는 그 거룩한 책의 면면들에 감춰져 있는 그의 진리와 빛과 생명을 여러분에게 보내실 수 있기 때문입니다: "그가 그의 말씀을 보내어 그들을 고치시고." 신학박사들이여, 우리는 여러분이 새로운 복음을 고안해내기를 원하지 않습니다. 우리는 옛적부터 우리에게 있는 하나님의 말씀을 원합니다. 시 같은 아름다운 언어를 구사하고 놀라운 수사학을 사용하여 그 황금 입으로 설교하는 친구들이여, 만일 당신들이 하나님의 말씀을 우리에게 주지 않는다면, 우리에게는 당신들이나 당신들의 입이 필요하지 않습니다. 우리에게는 오직 성경에 계시된 하나님의 말씀만이 필요합니다. 루터와 칼빈, 위클리프와 후스 이전에도 위대한 설교자들이 있었고, 그들은 많은 무리 앞에서 설교하였지만, 영혼들을 구원하지 못했습니다. 그것은 그들이 말을 잘하지 못했거나 그들의 말이 매력적이지 않았기 때문이 아니라, 그들은 이 성경 속에 담겨 있는 이야기, 십자가에 못 박혀 돌아가신 주님의 이야기를 하지 않았기 때문이었습니다. 우리는 하나님의 말씀을 전해야 합니다. "너는 말씀을 전파하라 때를 얻든지 못 얻든지 항상 힘쓰라"(딤후 4:2). 왜냐하면, "그가 그의 말씀을 보내어 그들을 고치셨다"는 말씀은 지금도 여전히 유효하기 때문입니다.

시간이 얼마 남지 않았지만, 우리는 본문이 우리에게 말씀하고자 하는 세 번째의 내용을 살펴보지 않을 수 없는데, 그 세 번째는 치료의 구체적인 적용에 관한 것입니다. 십자가에 달리신 예수 그리스도께서는 그를 배척하고 거부하는 사람들까지 구원하지는 않습니다. 그리고 이 성경책은 성령이 그 능력으로 영혼에게 말씀하실 때까지는 그 누구도 구원하지 못합니다. 그러므로 성령의 역사가 있을 때에 성경은 또 다른 의미에서의 하나님의 말씀이 됩니다. 옛적에 하나님께서 말씀하실 때에 그 말씀이 그대로 이루어져서, 하나님이 "빛이 있으라"고 하셨을 때에 빛이 있었던 것과 마찬가지로, 하나님이 먼저 구체적으로 사람들을 부르시지 않으면, 사람들은 하나님께로 나아갈 수 없습니다. 살아 있는 말씀이 살아 계신 하나님의 입에서 나와야 합니다. 그렇지 않으면, 성경은 단지 죽은 문자에 불과합니다. 성령이 능력으로 역사하셔서 하나님의 진리를 드러내시지 않으면, 사람들은 예수께서 죽으신 것이 자기와 무슨 상관이 있느냐며 그리스도로부터 등을 돌릴 것입니다. 사랑하는 자들이여, 고침을 받은 여러분은 성령의 은밀하고 신비스러운 능력의 역사로 인해 자기가 고침을 받게 되었다는 것을 알고 있기 때문에 성령께 영광을 돌려야 한다는 것도 알고 있을 것입니다. 그런 까닭에, 여러분은 사람들을 그리스도께로 인도하고자 할 때에 늘 성령께 영광을 돌리고 성령을 높여야 합니다. 영혼들을 고치시는 그의 모든 능력으로 인하여 성령을 찬송하고 성령을 전적으로 의지하여야 한다는 것을 잊지 마십시오. 하나님의 영의 역사 없이 구원을 받을 수 있는 그런 믿음은 세상에 없습니다. 성령께서 역사하지도 않았는데, 사람들이 그 눈을 들어 십자가에 달리신 그리스도를 보게 되는 일은 일어나지 않습니다.

나는 이 점에 대해서 두세 마디만 간단히 하려고 합니다. 여러분 중에는 "성령께서 내게 역사하셔서 말씀해 주시면 좋겠습니다"라고 말하는 분들이 있을 것입니다. 속지 마십시오! 성령께서는 지금 여러분에게 말씀하고 계십니다. 어떤 영혼이 기도하면서 하나님의 말씀을 신실하게 전하면, 그 말씀에 성령이 역사하십니다. 그럴 때에도 사람들이 말씀을 거부하고 배척할 수 있지만, 옛적에 하나님의 사람이 "너희도 너희 조상과 같이 항상 성령을 거스르는도다"(행 7:51)라고 말했듯이, 그런 자들은 그렇게 함으로써 자신의 죄를 더할 뿐입니다.

이제 나는 성령이 무엇을 하지 않으시는지를 설명하겠습니다. 여러분은 오직 그리스도에 대하여 들음으로써 구원을 얻을 수 있기 때문에, 성령께서는 여러분에게 새로운 구원의 길로 데려가거나, 또 다른 구주를 계시하지 않습니다. 여러분이 하나님의 말씀을 읽고 듣는데도 구원을 받지 못한다고 해서, 성령께서 다른 수단을 사용하실 가능성은 없습니다. 성령은 아브라함이 나사로가 그 문 앞에서 구걸하며 누워 있던 바로 그 부자의 다섯 형제들에 대하여 말하였던 것과 동일한 말씀을 하십니다: "모세와 선지자들에게 듣지 아니하면 비록 죽은 자 가운데서 살아나는 자가 있을지라도 권함을 받지 아니하리라"(눅 16:31). 여러분은 가만히 앉아서 "내게 표적과 기사들을 보여주지 않으면, 나는 믿지 않을 것이다"라고 말해서는 안 됩니다. 여러분에게는 구주께서 우리를 위해 죽으셨다가 죽은 자 가운데서 다시 살아나신 바로 그 표적 외에는 그 어떤 표적이나 기사도 주어지지 않을 것입니다. 여러분이 이 큰 기사 외에 또 다른 표적을 원한다면, 그것은 여러분이 구주를 믿기를 거부한다는 것을 보여주는 것입니다.

그러므로 여러분은 이것을 알아야 합니다. 성령께서 사람들을 그리스도께로 인도하실 때, 사람들은 그들을 이끌고 계시는 분이 성령이시라는 사실을 알지 못한다는 것입니다. 그들은 그 사실을 꿈에도 생각하지 못합니다. 그들은 자신이 생각하고 곰곰이 생각하고 판단하고 결정해서 믿은 것이라고 여깁니다. 그들은 자신이 자유롭게 생각하고 행할 수 있는 자들이라고 믿습니다. 하지만 나중에 그들은 성령께서 이 모든 과정을 인도하셨다는 것을 깨닫습니다. 만약 여러분이 성령께서 역사하시는 것을 느끼고 그 일을 행하시는 것이 성령이시라는 것을 알 때까지는 자기는 믿지 않겠다고 마음먹는다면, 여러분은 영원히 기다려도 결코 믿음을 가질 수 없게 될 것입니다. 왜냐하면, 그런 경험은 여러분에게 결코 주어지지 않을 것이기 때문입니다. 누구든 예수 그리스도를 알게 되기 전에는 성령께서 자기 속에서 역사하신다는 것을 의식적으로 알 수 있는 사람은 아무도 없습니다. 성자로 말미암지 않고는 그 누구도 성부께로 올 수 없는 것과 마찬가지로, 예수 그리스도를 알기 전에는 성령께서 자신의 영혼에 역사하고 계신다는 것을 깨닫거나 알 수 있는 사람은 아무도 없습니다.

그렇다면, 성령께서 여러분을 위해 하시는 일은 무엇입니까? 성령께서는 내가 많은 경우에 바라는 것들을 지금 하고 계십니다. 즉, 성령께서는 여러분에게 믿고자 하는 마음을 주시고, 여러분이 처한 위험을 알게 하시며, 여러분으로 하여금 그 치료법을 깨닫게 하시고, 하나님이 여러분을 고치시기 위하여 마련해 놓으신 것을 받아들이도록 하기 위하여 여러분을 온유하고 부드럽게 인도하시는 일을 하십니다.

누군가는 "그게 전부인가요?"라고 물을 것입니다. 사랑하는 자들이여, 그것이 "전부"입니다. 하지만 그것은 정말 대단한 역사입니다. 내가 아는 것은 나는 그런 일을 할 수 없다는 것입니다. 그리고 세상의 모든 목회자들과 사역자들이 다 힘을 합친다고 해도, 위에서 내가 성령의 역사라고 말한 것들, 즉 여러분이 별 것 아니라고 생각하는 그 성령의 역사를 할 수가 없습니다. 만일 내가 여러분이 이곳으로부터 스코틀랜드의 최북단에 있는 존 오그로츠(John o'Groats) 마을까지 맨발로 걸어간다면 여러분 모두가 구원을 받을 수 있을 것이라고 선포하도록 보내심을 받았다면 당장 오늘 밤부터 북쪽으로 가는 그 길에는 사람들이 구름 떼처럼 몰려들 것이라고 나는 확신합니다. 사람들은 구원을 받기 위해서라면 그런 종류의 어떤 일이라도 행하고자 할 것입니다. 그들에게 그렇게 하라고 설득할 필요조차 없을 것입니다. 그러나 우리가 사람들에게 주 예수 그리스도를 믿어야 구원을 받을 수 있다고 말한다면, 그것은 아주 단순하고 아주 쉬운 일이지만, 사람들이 자신의 교만한 마음을 버리고 그런 식으로 구원 받는 것에 대하여 동의하기 위해서는, 하나님의 놀라운 역사가 먼저 선행되지 않으면 안 됩니다. 사람들이 새 생명과 새로운 빛으로 나아오고자 하는 마음을 먹기 위해서는, 먼저 하나님이 그들에게 그렇게 하고자 하는 마음을 주지 않으면 안 됩니다. 당신이 지금 예수 그리스도 앞으로 나아오셨습니까? 당신은 지금 이 순간에 "나는 예수를 믿습니다"라고 말할 수 있다고 느끼십니까? 사랑하는 형제여, 여러분을 그렇게 고백하도록 지금까지 이끌어 오신 것은 바로 성령이십니다. 성령이 당신 속에 계십니다! 당신은 이 사실에 대하여 그 어떤 의문도 품을 필요가 없습니다. 하나님께서 말씀을 보내셔서 당신을 고치신 것이니까요. 하나님이 당신을 지금 까지 인도해 오신 것이기 때문에, 당신은 이렇게 고백하는 것이 마땅합니다:

> "주께서 저주 받은 나무에 달리셔서 숨도 제대로 쉬지 못하시고
>   피 흘리시며 근심하시는 것을 내가 보오니,
>   주께서 나를 위해 고난 받으신 것을 생각할 때에
>   내 마음이 찢어지는 것 같습니다."

　여러분은 이제 잘 나갈 때나 잘 나가지 못할 때나 주님을 의지하십니까? 여 러분은 십자가 위에서 피 흘리신 주님을 의지하십니까? 그렇다면, 그것은 성령 의 역사입니다. 성령이 아니고는 그 누구도 그 일을 하실 수 없습니다.

　어떤 사람은 이렇게 말할 것입니다: "그런 일은 별 것 아닌 일 같아서, 나라 도 그런 일쯤은 할 수 있을 것 같습니다." 그러나 그 별 것 아닌 것 같아 보이는 일이 사실은 엄청난 일입니다. 엘리사가 "너는 가서 요단 강에 몸을 일곱 번 씻 으라 네 살이 회복되어 깨끗하리라"(왕하 5:10)고 말했을 때, 그 일은 별 것 아닌 일 같아서 도리어 행하기가 힘든 일이었습니다. 그래서 나아만 장군의 종들이 "선지자가 당신에게 큰 일을 행하라 말하였더면 행하지 아니하였으리이까 하물 며 당신에게 이르기를 씻어 깨끗하게 하라 함이리이까"(왕하 5:13)라고 조언하 였던 것입니다. 그러나 선지자 엘리사가 명한 일은 하찮은 일처럼 보였지만 사 실은 엄청난 결과를 가져올 일이었습니다. 만일 우리의 복음이 사람들에게 어떤 힘든 것을 요구하였다면, 도리어 사람들은 복음을 쉽게 받아들였을 것입니다. 그러나 복음은 별 것 아닌 것 같고 쉬운 일 같기 때문에, 사람들이 복음을 받아들 이기가 힘듭니다. 그래서 우리로 하여금 복음을 받아들이게 하려면, 강한 능력 이 개입되어야 합니다. 나는 내가 여러분에게 말씀을 전하는 동안에 주 예수 그 리스도께서 영원히 찬송 받으실 성령, 즉 그리스도 자신의 능력의 말씀을 여러 분에게 보내셔서 여러분을 그에게로 이끄시기를 기도하고 있습니다. 그리스도

를 만나셔서 살아나시기를 바랍니다.

　여러분은 병들어 있습니까? 그리스도는 병자들을 고치시기 위한 바로 그 목적으로 이 땅에 오신 의사이십니다. 여러분은 울며 부르짖고 있습니까? 그리스도는 병든 심령들이 울며 부르짖는 곳에 늘 오시는 분이십니다. 여러분은 하나님이 정하신 방법으로 구원을 받고자 하십니까? 여러분은 하나님께서 여러분에 대하여 원하시는 대로 여러분에게 행하시기를 원하십니까? 여러분은 자신의 판단과 생각을 다 내려놓고, "무슨 일이 있어도 나는 다가올 진노에서 구원 받기만을 원합니다"라고 말하고 있습니까? 여러분은 지금 마음문을 활짝 열고서 예수 그리스도를 여러분의 주로 영접하고자 하십니까? 그렇다면, 성령께서는 지금 여러분에게 오셔서 여러분을 고치고 계시는 것입니다. 성령께서는 여러분 속에서 역사하고 계십니다. 성령께서는 이미 여러분을 고치셨습니다. 오직 피 흘려 돌아가신 하나님의 어린 양을 믿고 의지하십시오! 그것으로 충분합니다. 그것으로 다 된 것입니다. 모든 영광을 하나님의 어린 양께 돌리십시오. 그것으로 충분합니다. 우리를 이 구원으로 이끌어 오신 성령께 모든 영광을 돌리십시오. 아멘. 아멘.

제
103
장

—

그들이 바라는 항구

—

"여호와께서 그들이 바라는 항구로 인도하시는도다."
— 시 107:30

오늘의 본문의 원래 맥락을 자세하게 살펴보면, 본문은 섭리를 통한 하나님의 은혜들, 특히 아주 위험한 때에 우리의 생명을 안전하게 지켜 주시는 것과 관련된 주목할 만한 은혜들을 결코 잊어서는 안 된다는 것을 우리에게 분명하고도 강력하게 일깨워 줍니다.

여러분이 바다에서 폭풍을 만났거나 그 밖의 다른 이유로 죽음의 문턱까지 갔다가 기적적으로 건짐을 받았다면, 여러분은 자신의 생명을 구해 주시고 연장시켜 주신 하나님께 여러분의 일생을 바치는 것이 마땅하지 않겠습니까? 여러분은 하나님께서 그 어떤 목적이나 의도도 없이 여러분을 그런 위험으로 내모신 것이라고 생각합니까? 과연 하나님께서 아무런 목적이나 의도 없이 여러분의 생명을 연장시켜 주신 것일까요? 여러분이 지금까지 그런 것들에 대하여 감사하지 않았다면, 지금이라도 제발 하나님께서 자기에게 아무 쓸모 없는 여러분의 생명을 자신의 너그러우심으로 인하여 건져 주시고 연장시켜 주신 것에 대하여, 여러분도 이제 여러분의 좁았던 마음을 너그럽게 하여 마음 문을 활짝 열고서 하나님이 그렇게 하신 목적 또는 의도를 생각하고, 자신이 과거에 지은 죄를 회개하고 지금부터는 거룩한 소원을 갖게 되시기를 바랍니다. 이와 같이 많은 사람들이 모인 집회에는 거의 죽게 되었다가 병상에서 회복한 분들이나 육지와 바다에서 간발의 차이로 목숨을 건진 분들이 있기 마련입니다. 여러분을 향하신 하나님의 인자하심과 기이하고 놀라운 역사들을 인하여 하나님을 찬송하십시오. 골고다 십자가 앞으로 나아가서 여러분의 남은 생애를 사람들을 지키시고 보호하시는 이를 섬기는 일에 헌신하십시오.

그러나 오늘 저녁에 우리는 하나님의 그러한 중요한 진리들을 기억하는 가운데, 본문을 또 다른 목적을 위해 사용하고자 합니다. 왜냐하면, 본문에서 말하고 있는 바다에서의 항해는 모든 사람들의 영혼의 삶 속에서 일어나고 있는 영적인 항해에 대한 아주 탁월한 모형이자 설명이라고 할 수 있기 때문입니다. 먼저, 우리는 본문은 죄인의 영혼이 고난의 바다에서 표류하다가 은혜로우신 선장을 만나 믿음으로 그 선장의 인도를 받아 마침내 자신이 바라던 평화의 항구에 다다르는 것을 설명하는 것으로 해석할 수 있습니다. 다음으로, 우리는 성도가 인생의 모든 환난을 헤쳐 나가서 모든 폭풍과 위험들로부터 영원히 벗어나서 안식하게 될 새 예루살렘이라는 그가 바라던 항구에 도달하는 것과 관련해서 본문을 아주 짤막하게 살펴볼 것입니다.

1. 첫째로, 영혼의 항해자로서의 죄인에 관해 살펴보겠습니다.

우리가 본문을 보았을 때에 맨 먼저 드는 생각은 죄인에게는 항구가 있다는 것입니다. 사람의 영혼은 저 멀리 바다에 떠 있어서 폭풍을 만나 침몰하기 쉬운데, 폭풍을 만났을 때에 전속력으로 달려서 항구에 기착하지 않으면 침몰을 피하기 어렵습니다. 그런데 폭풍에 시달리고 좌초의 위험에 처한 영혼들을 위한 항구가 마련되어 있습니다. 그것은 폭풍에 내몰린 죄인들이 피신할 항구인데, 그 항구는 바로 영혼이 믿음으로 말미암아 받아들이게 되는 그리스도 예수이십니다. 내가 그리스도를 항구에 비유하는 이유는 그리스도를 피난처로 삼은 사람들이 누리는 평안 때문입니다. 죄인들이여, 여러분이 있는 곳은 거칠고 깜깜하며 사나운 곳입니다. 그러나 참된 신자가 있는 곳에는 평안, 곧 "모든 지각에 뛰어난 하나님의 평강"(빌 4:7)이 있습니다. 그것은 그의 배가 여러분의 배와 다르기 때문이 아닙니다. 만일 그가 이전처럼 여러분이 지금 있는 곳에 있다면, 그도 여전히 여러분과 똑같은 위험에 처해 있게 될 것이고 똑같은 해악을 겪게 될 것입니다. 그러나 그는 지금 "그리스도 안에" 있고, 여러분은 그렇지 않습니다. 그리스도께서는 폭풍을 항구로 바꿔놓으셨고, 위험을 안전함과 잔잔한 확신으로 바꿔

놓으셨습니다. 여러분이 믿음이 가져다주는 평안을 알기만 한다면, 여러분이 환난과 고통 중에서 하나님께 부르짖게 되고, 하나님께서는 여러분을 그의 사랑하는 아들이자 구주이신 예수 그리스도께로 인도하실 날이 멀지 않은 것입니다.

　　또한, 내가 예수 그리스도를 항구라고 부르는 이유는 그리스도 안에 있는 모든 영혼에게 존재하는 안전함 때문입니다. 배들은 모래톱이나 유사(流砂), 또는 바위가 많은 해안을 만났을 때에 좌초되거나 침몰하지만, 항구에 있을 때에는 좌초되거나 침몰되는 일이 없습니다. 항구에 있는 배들은 아무리 광풍이 거세게 몰아닥쳐도 안전하고 온전히 평안하고, 그 어떤 물결도 그 평안을 방해하지 못합니다. 오늘 밤 여러분은 큰 위험 속에 있습니다. 여러분은 곧 지옥에 있게 될지도 모르고, 지금 당장 하나님의 진노가 여러분에게 임할 수도 있습니다. 왜냐하면, 지금 여러분에게는 "하나님이 없고," 따라서 "세상에서 소망이 없기"(엡 2:12) 때문입니다. 그러나 그리스도인들은 그런 위험 속에 있지 않습니다. 영혼을 위태롭게 하는 모든 위험의 근원은 죄인데, 그리스도인들은 죄 사함을 받은 사람들이기 때문입니다. 또한, 그들에게는 죽음이라는 것은 영원히 살게 될 관문에 불과한 까닭에, 그들은 죽음을 두려워할 필요도 없습니다. 그들은 자신의 모든 짐과 염려를 그들을 돌보시고 그들의 짐을 대신 지시는 분이신 그리스도께 다 맡겼기 때문에 이 세상에서의 환난도 두려워할 필요가 없습니다. 그들은 영원히 변치 않을 하나님의 진리에 토대를 둔 평강을 지니고 있습니다. 그것은 자기에게 폭풍은 절대로 오지 않을 것이라고 막연히 기대하는 거짓 평안이 아니라, 폭풍이 올지라도 자신의 배는 항구에 있어 안전하기 때문에 두려워할 필요가 없다는 것을 아는 참되고 확실한 평안입니다.

　　또한, 내가 그리스도를 항구라고 부르는 이유는 우리가 그에게로 갔을 때에 배들이 항구에서 하는 바로 그 일, 곧 짐을 내리는 일을 시작하기 때문입니다. 우리는 우리라는 배에 얼마나 많은 시꺼먼 죄악의 짐들을 싣고 다녔으며, 또 우리의 배에는 얼마나 많은 슬픔과 두려움, 어리석음과 의심의 짐들이 많았습니까! 그러나 우리가 예수께로 갔을 때, 우리는 그 모든 짐들을 다 우리의 배에서 내리게 됩니다. 우리는 "그리스도를 얻고 그 안에서 발견되기" 위하여, 우리가 전에는 귀하다고 생각했던 것들을 이제는 "배설물"과 쓰레기로 여겨서 배 밖으로 던져 버립니다(빌 3:8-9). 전에 우리의 영혼을 위협하였던 그런 쓰레기 같은 짐들에서 벗어나는 것은 얼마나 복된 일입니까!

"내 모든 죄를 예수 앞에 내려놓는다네,
  흠 없으신 하나님의 어린 양 앞에!
  주께서는 그 모든 죄를 자신이 담당하시고,
  우리를 저 저주 받은 죄짐으로부터 자유롭게 해주신다네."

이것은 우리의 믿음이 우리를 위해 무엇을 하는지를 보여줍니다. 우리의 믿음은 우리의 모든 죄와 의심과 두려움과 염려를 우리 죄를 짊어지신 예수 그리스도께 다 맡기고, 우리를 자유롭게 해줍니다.

또한, 내가 그리스도를 항구라 부르는 이유는 배가 항구에 들어갔을 때에는 다시 짐을 싣기 시작하기 때문입니다. 흔히 항구는 이전의 항해의 목적지일 뿐만 아니라, 새로운 항해의 출발지이기도 합니다. 이것은 우리의 영혼의 항해에 있어서는 더더욱 그러합니다.

믿는 영혼은 예수 그리스도께로 갔을 때에 기쁨, 사랑, 특권, 거룩함, 즐거움, 참된 교제 같은 너무나 귀하고 좋은 물건들을 싣기 시작합니다! 왜냐하면, 우리는 그리스도 안에서 끝도 없이 차고 넘치는 은혜와 복을 받게 되기 때문입니다. 우리가 그리스도께로 갔을 때, 이 끝도 없이 많은 보화들이 전부 우리의 것이 됩니다. 어느 하나 부족한 것이 없으시고 모든 것에 충족하신 하나님이 인간이 되신 그리스도 예수 안에서 우리에게 계시됩니다. 배들이 금은보화와 향품을 싣는 아라비아의 항구처럼, 영혼은 모든 것에 풍성하신 구속주로부터 값으로 따질 수 없는 지극히 보배로운 선물들을 받습니다. 아직도 여전히 거칠고 쉼이 없는 죄의 바다, 그리고 폭풍 같은 불만족과 두려움 속에서 항해하는 분들이여, 여러분의 죄들을 다 내려놓고 그 대신에 그리스도의 충만한 은혜를 받아서 평안하고 안전하며 행복할 수 있는 항구에 다다르고 싶지 않습니까?

선원들이여, 여러분은 "나는 기꺼이 그런 항구에 가고 싶긴 한데, 어떻게 가야 하고, 거기에 가려면 얼마를 지불해야 하나요?"라고 물을 것이라고 나는 생각합니다. 죄인들이여, 거기는 값없이 거저 주어지는 곳이기 때문에, 그 항구에 들어가기 위해서 여러분이 지불해야 할 것은 아무것도 없습니다. 이 항구로 들어온 모든 배들 중에서 이 항구의 주인이 받을 만한 것을 하나라도 가지고 들어온 배는 결코 없었습니다. 모든 배들이 이 항구에서 많은 좋은 것들을 싣고 나갔지만, 이 항구로 들어올 때에 그들이 그 어떤 가치 있는 것을 가지고 들어온 일은 한 번도 없었습니다. 그리스도께서는 여러분에게 그 어떤 관세도 청구하지 않으실 것이기 때문에 마음 놓고 이 항구로 들어오십시오. 이 항구는 여기에 닻을 내리고자 하는 모든 죄인에게 값없이 활짝 열려 있습니다. 거기에는 당신을 위한 공간도 있습니다. 그 안에는 아주 많은 배들이 들어와 정박해 있지만, 당신을 위한 공간은 늘 마련되어 있습니다. 당신은 내게 이 항구 앞에 전에는 차단막이 있었다고 말하고자 하십니까? 맞습니다. 그러나 지금은 그 차단막은 깨끗이 다 치워져 있습니다. 아무리 육중하고 거대한 배도 다 들어올 수 있습니다. 당신의 죄가 진홍빛처럼 붉다고 할지라도, 그 죄들은 양털처럼 희게 될 것이고, 주홍빛처럼 붉다고 할지라도 눈보다 더 희게 될 것입니다(사 1:18). 당신의 배는 죄 짐을 너무 많이 실고 있어서 선체가 깊게 가라앉아 있는데도 이 항구에 기항할 수 있겠느냐고요? 걱정하지 마십시오. 이 항구의 수심은 매우 깊습니다. 당신의 배가 산더미 같은 짐을 싣고 들어오더라도, 그 모든 것을 다 감당할 수 있을 정도로 이 항구는 깊고 넓습니다. 끝도 없이 깊으신 하나님의 은혜와 지혜와 사랑이 그런 당신의 배를 수용할 수 있을지 걱정하지 마십시오. 당시의 배가 들어올 수 있도록 늘 공간이 마련되어 있습니다. 어떤 항구들은 밀물 때에만 열려 있어서, 썰물 때가 되어 수심이 얕아지면, 배들이 항구로 들어오다가 암초나 쓰레기 더미에 걸릴 수 있지만, 이 항구는 그럴 염려가 없습니다:

> "복음 은혜의 복된 문은
>   밤이나 낮이나 열려 있다네."

어떤 영혼들은 하나님의 복을 받아 아주 어릴 때에 이 항구로 들어왔지만, 어떤 영혼들은 하나님의 자비하심으로 마지막 순간에 이 항구에 들어옵니다. 젊은이들이여, 인생의 항해를 시작할 때에 바로 이 복된 항구로 들어와서 하나님으로부터 힘과 안전과 평안을 받아 항해하는 복을 누리기를 빕니다.

어쨌든 나는 여러분이 아무리 절망 가운데 있다고 할지라도, 하나님께서 여러분에게 이 항구로 향하고자 하는 의지를 주신다면, 여러분은 그렇게 할 수 있고, 의심할 여지 없이 이 항구가 여러분을 받아들이기 위해 활짝 열려 있는 것을 발견하게 될 것입니다. 그리스도 예수는 영혼들을 위한 참된 항구이고, 그를 믿고 의지하는 사람들은 온전한 평안과 안전을 얻게 됩니다.

이 주제는 아름답고 매력적인 주제이지만, 우리는 이 주제에 더 이상 머물 수는 없고, 본문이 말하고 있는 "그들이 바라는 항구"를 살펴보지 않으면 안 됩니다. 나는 우리 모두가 과연 그리스도 예수를 우리가 "바라는 항구"라고 생각하는지 잘 모르겠습니다. 그리스도는 항구인 것은 맞지만, 정말 그는 여러분이 바라는 항구입니까? 가슴에 손을 얹고, 여러분이 그리스도를 깊이 바라는지를 한 번 생각해 보시기 바랍니다. 여러분 중에 한 사람도 그리스도를 아직 알지 못한다고 할지라도, 여러분이 진정으로 그리스도를 바란다면, 내가 그런 회중 앞에서 말씀을 전하는 것은 소망이 있습니다. 여러분이 그런 회중이라면, 여러분은 내가 불을 붙일 때에 금방 불붙게 될 마른 풀 같고, 잘 준비된 토양과 같을 것입니다. 나는 그저 씨를 뿌리면 되고, 여러분은 옥토와 같아서 그 씨를 받아 백배의 결실을 하게 될 것입니다. 여러분 중에는 그리스도를 바라지 않는 분들이 있다면, 그 이유는 무엇입니까? 그러나 나는 이 항구를 바라는 사람들을 쉽게 찾아낼 수 있다고 생각합니다. 그들은 이런 사람들입니다. 선원들은 바람이 사나울 때에 항구에 가기를 바라게 됩니다. 여러분은 자신에게 불어오는 섭리의 바람이 거세고 사납다고 느끼십니까? 인생의 시험들이 너무 강하게 여러분을 압박하고 있습니까? 여러분이 지난날에 지은 죄들을 생각할 때마다 거세고 사나운 바람이 여러분의 심령을 때립니까? 그러나 얼마 전만 해도 여러분은 아주 편안하게 항해했습니다. 왜냐하면, 모든 것이 여러분에게 순조로웠기 때문입니다. 바다는 물방아용 저수지와 같아서, 지금은 여러분에게 산더미 같은 파도가 거세게 치고, 사나운 바람이 몰아칩니다. 나는 여러분이 바로 지금 구주를 바라게 되기를 소망합니다. 세상과 그 모든 소요에 대하여 신물이 난 지금이 여러분이 구주와 그가 주시는 평안을 바라고 갈망할 때입니다. 선원들은 자신이 헤쳐나갈 수 없을 것 같을 정도로 기상이 악화되면 항구로 돌아가고 싶어 합니다. 갑판장은 "등대 불빛을 볼 수 있다면 얼마나 좋을까"라고 말하고, 선장은 "곧 거센 폭풍이 몰려올 것 같으니 우리가 지금 항구에 있다면 얼마나 좋을까"라고 말합니다. 죄인들이여, 여러분을 침몰시킬 폭풍이 곧 몰려오게 될 것이 여러분의 눈에는 보이지 않습니까? 여러분은 사는 것이 더 두렵고, 죽는 것은 두렵지 않습니까? 인생의 폭풍들과 시련들이 여러분을, 헛된 세상이 줄 수 있는 것보다 더 나은 것을 바라고 갈망하도록 몰아가지 않습니까? 여러분은 내세를 생각할 때에 두렵지 않습니까? 나는 그리스도가 여러분의 고단한 영혼이 바라는 항구이기를 소망합니다.

특히, 자신의 배에 구멍이 나서 물이 스며들어올 때에 선원들은 더욱더 항구에 있기를 바랍니다. 그들은 "우리가 계속해서 물을 퍼내는데도 물이 계속해서 불어나니 이 배가 곧 가라앉겠어"라고 말합니다. 여러분은 자신의 영혼이 항해하기에 부적절한 상태가 되어서 함께 깊은 바닷속으로 가라앉아 버릴 것 같다고 느낍니까? 여러분은 자신의 영혼이 가라앉고 있다고 느끼거나 염려하기 시작하고 있습니까? 그렇다면, 우리 주 예수 그리스도는 분명히 여러분이 "바라는 항구"가 되어 주실 것입니다. 자기가 멸망 받게 될 것을 아는 죄인은 반드시 구원을 얻게 되어 있습니다. 우리 하나님께서 여러분에게 여러분이 멸망 받게 될 것임을 알게 해주시기를 빕니다.

　　"죄인임을 아는 자는 이미 거룩한 자라네.
　　　성령께서 친히 역사하셔서 그것을 알게 하셨기 때문이라네."

진정으로 깨어난 죄인은 자기가 침몰하기 직전임을 압니다. 자기 배를 항구에 대지 않으면 가라앉고 말 것임을 알지 못한다면, 그 누가 자신의 배를 항구로 몰아가겠습니까! 나는 하나님께서 여러분으로 하여금 자신이 가라앉고 있다는 것을 알게 하셔서 안전한 항구인 그리스도께로 향하지 않을 수 없게 하시기를 기도합니다. 그리고 선원이 병들었을 때에도, 그는 항구로 가고자 할 것입니다. 그는 자기가 죽을 것 같다고 느낄 때에 "내가 무사히 항구에 도착했으면 좋겠다"고 말합니다. 여러분은 자신의 마음이 병들었음을 느낍니까? 여러분 속에서 영혼이 자꾸 뒤척여서, 여러분이 술 취한 사람처럼 어지럽고 휘청거리고 있습니까? 그렇다면, 여러분은 항구를 바라게 될 것이고, 하나님께서는 여러분에게 복 주셔서 반드시 항구에 다다르게 해주실 것입니다. 항구에 다다르기를 원했지만 거기에 도달하지를 못하고 깊은 바닷속으로 가라앉은 선원들이 많습니다. 그러나 인생의 바다에서는 간절한 마음으로 그리스도를 바라고 사모하며 구했는데도 그에게 다다르지 못한 사람은 아무도 없었습니다. 죄인들이여, 나는 여러분에 대하여 소망을 가지고 있습니다. 왜냐하면, 여러분이 그리스도를 바란다면, 그리스도께서 여러분보다 더욱더 여러분을 바라시기 때문입니다.

우리는 선장에 대해서 말을 해야 하기 때문에 여기에서 멈출 수는 없습니다. 그들은 어떻게 항구에 다다르게 됩니까? 그것은 선장이 그들을 항구로 인도하

기 때문입니다. 본문은 하나님에 대하여 말씀하고 있습니다: "여호와께서 그들
이 바라는 항구로 인도하시는도다." 우리는 구원의 바다를 항해하는 일을 주관
하시는 분에 대해서 아무것도 모릅니다. 그 항구로 들어가는 것은 인간의 솜씨
나 기술로는 불가능합니다. 전에 어떤 젊은 여자가 "나는 그리스도인입니다"라
고 말하자, 목사님이 "당신은 언제 그리스도인이 되셨나요?"라고 물었습니다. 그
러자 그 여자는 "목사님, 확실히는 알지 못하겠지만, 제가 세례를 받았을 때가
아닌가 싶습니다"라고 대답하였습니다. 대부분의 그리스도인들이 그런 생각을
갖고 있습니다. 그러나 하나님께서는 그리스도인들이 생각하는 것과는 판이하
게 다른 방식으로 그들을 "그들이 바라는 항구"로 인도하십니다. 위대한 선장이
신 성령께서 우리 영혼에 친히 승선하실 때, 우리의 마음은 안전한 항구를 향하
여 나아가게 됩니다. 그러나 하나님께서 친히 우리의 영혼을 그의 영광스러운
구속하심의 잔잔한 항구로 인도하지 않으시면, 우리의 영혼이라는 배는 물이 들
어와 썩거나 암초에 부딪쳐 좌초되거나 바다 깊은 곳으로 침몰하게 됩니다: "여
호와께서 인도하시는도다." 사랑하는 여러분, 여러분 중에는 "항구가 있고, 나는
뭍을 향해 가기를 원하지만, 역풍이 불어서, 항구로 향하려고 애를 쓸수록 항구
는 내게서 더욱더 멀어지는 것처럼 느껴집니다"라고 말하는 분들이 있을 것입니
다. 그러나 여러분이 바라는 항구이신 분은 여러분을 그 항구로 인도하시는 선
장이기도 하십니다. 여러분은 회개가 되지 않는다고 말합니다. 그가 주실 것이
니, 그에게 구하십시오. 여러분은 믿음이 없다고 말합니다. 그가 주실 것이니, 그
에게 구하십시오. 하나님께서 여러분에게 은혜를 주셔서, 여러분을 주님께로 인
도하고 결국에는 천국으로 인도해 줄 믿음을 여러분에게 주시기를 빕니다. 여러
분은 자신의 배에서 아무리 애를 쓰고 수고하여도 뭍에 계시는 주님께 다다를
수 없습니다. 오직 주님께서 물 위를 걸으셔서 여러분을 만나러 오실 때에 여러
분은 주님을 만나게 됩니다. 주님은 "내니 두려워하지 말라"(요 6:20)고 말씀하
십니다.

　　주님을 바라는 여러분, 절망하지 마시고 의심하지 마십시오. 여러분이 고통
스럽다는 신호를 계속해서 보내시고, 기도의 총을 계속해서 쏘십시오. 그러면
주님이 반드시 오실 것입니다. 전에 여러분으로 하여금 많은 폭풍을 만나게 하
셨다가 거기에서 건져내시곤 하셨던 선장 되시는 주님께서는 결국 여러분을 항
구로 안전하게 인도하실 것입니다. 주님은 인생이라는 바다를 잘 아시는 선장이

십니다.

> "주님은 어떤 것들이 강력한 시험들인지를 아신다네.
> 그 모든 것들을 다 친히 겪으셨기 때문이라네."

그리스도께서는 지금 여러분이 처해 있는 것과 같이 아주 나쁜 상황에 있던 수많은 배들을 항구로 인도하신 분입니다. 그는 배를 아주 잘 다루시는 분이십니다. 그는 삼위일체 하나님이 발행하신 자격증을 갖고 계십니다: "하나님의 영이 내게 임하셨으니, 하나님께서 내게 기름을 부어 나로 하여금 좌초 위기에 있는 가련한 선원들을 평강의 항구로 인도하는 바로 이 일을 하게 하셨도다." 여러분 자신을 그의 손에 맡기십시오. 그로 하여금 여러분의 배에 승선하게 하십시오. 그러면 그는 여러분의 배를 안전하게 인도하셔서, 여러분이 바라는 항구의 잔잔하고 고요한 물에 곧 다다르게 하실 것입니다.

이제 나는 내가 특히 강조하고자 하는 대목에 이르렀는데, 그것은 그들이 어떻게 항구로 들어가게 되느냐 하는 것입니다. 그들은 그들이 바라는 항구로 인도되고, 선장이 그들을 그 항구로 인도하는 것이지만, 그들은 어떻게 해서 인도를 받게 되는 것입니까? 본문은 "여호와께서 그들을 그들이 바라는 항구로 인도하시는도다"라고 말합니다. 항구로 가는 길은 늘 순탄한 길인 것은 아닙니다. 어떤 사람들은 마치 폭풍을 한 번도 겪지 않은 것처럼 그리스도께로 인도됩니다. 물론, 폭풍을 바라거나 구하여야 한다고 말하는 것이 아닙니다. 여러분이 항구에 안전하게 다다르기만 한다면, 거기에 어떻게 다다르게 되었는지는 중요하지 않습니다. 여러분이 그리스도를 믿고 의지하고 있다면, 낙심이라는 수렁에 한 번도 빠진 적이 없다고 해서 걱정할 필요는 없습니다. 존 번연(John Bunyan)의 전기를 읽어 보십시오. 여러분은 그가 여러 해 동안 많은 괴로움을 겪으며 수없이 넘어졌다가 일어나는 일을 반복했다는 것을 알게 될 것입니다. 아마도 여러분은 그런 경험에 거의 공감이 되지 않을 것이지만, 여러분이 그리스도를 진심으로 믿고 의지하고 있다면, 그런 것은 중요하지 않습니다. 배가 항구에 다다랐고 무사히 거기에 닻을 내리게 되었다면, 그 배가 항구로 오는 과정에서 폭풍을 만났느냐, 아니면 순풍을 타고 별 일 없이 다다르게 되었느냐 하는 것은 별로 중요하지 않습니다. 중요한 것은 "항구에 안전하게 안착하는 것"입니다. 그렇지만 우리는 흔히 폭풍을 헤쳐나가는 과정을 거쳐서 그리스도의 구원의 항구에 다다르게 됩니다. 오늘의 본문이 속한 대목을 한 번 읽어보면, 여러분은 그런 일이 비일비재하게 일어난다는 것을 알게 될 것입니다: "그들이 하늘로 솟구쳤다가 깊은 곳으로 내려가나니 그 위험 때문에 그들의 영혼이 녹는도다 그들이 이리저리 구르며 취한 자 같이 비틀거리니 그들의 모든 지각이 혼돈 속에 빠지는도다 이에 그들이 그들의 고통 때문에 여호와께 부르짖으매 그가 그들의 고통에서 그들을 인도하여 내시고 광풍을 고요하게 하사 물결도 잔잔하게 하시는도다 그들이 평온함으로 말미암아 기뻐하는 중에 여호와께서 그들이 바라는 항구로 인도하시는도다"(26-30절). 그들은 큰 괴로움을 겪게 되지만, 그 괴로움은 그들을 기도하지 않을 수 없게 몰아가고, 그 기도가 응답되어서, 그들은 그리스도를 얻게 됩니다. 나는 내가 괴로움과 고통으로 죽을 지경에 있다가 믿음으로 말미암아 평안을 얻게 된 것을 하나님께 감사합니다. 내가 그리스도를 만나기 전, 나는 수많은 날들을 그런 고통과 괴로움 속에서 지냈습니다. 신기하게도 나는 오늘 오후에 그리스도 안에서 사랑하는 한 친구와 신령한 일들에 대하여 얘기를 나눌 때, 우리는 영혼들을 얻는 데에 가장 유용하게 쓰임 받은 사람들 중 대부분은 처음에 괴로움과 고통 속에서 어렵게 그리스도를 만나게 된 사람들이었다는 말을 나누었습니다. 대체로 목회자가 은혜 교리를 견고하게 붙잡을 수 있기 위해서는 목회자 자신이 깊고 고통스러운 경험을 하는 것이 절대적으로 필요한 것으로 보입니다. 하지만 우리는 거센 풍랑에 이리저리 비틀거리는 것 자체가 항구인 것이 아니고, 폭풍우 자체가 항구인 것은 아니라는 사실을 결코 잊어서는 안 됩니다. 죄의식이 사람을 구원하는 것도 아니고, 양심이 느끼는 두려움들이 사람을 의롭게 하는 것도 아닙니다. "주 예수를 믿으라 그리하면 네가 구원을 얻으리라"(행 16:31). 이것은 우리 모두에게 대단한 메시지입니다. 예수를 믿고 의지하십시오. 바로 그것이 여러분을 항구로 인도해 줍니다. 하나님께서 여러분을 항구로 인도해 주시기를 빕니다. 거기에서 우리는 함께 노래하게 될 것이고, "여호와의 인자하심과 인생에게 행하신 기적으로 말미암아 그를 찬송하게"(21절) 될 것입니다.

나는 여러분 중에 대다수를 저 위에 있는 항구에서 만나기를 소망합니다. 그렇게 되기 전에, 지금 여기 죄로 인하여 고통하는 이 땅 가운데서 여러분 중 아주 많은 분들이 그리스도의 항구에 있게 되는 것은 대단한 복이요 특권입니다! 오늘 밤 우리가 선장이시고 항구를 지으신 분이며, 폭풍을 친히 담당하시는 분이신 우리의 왕을 송축하고 찬양할 때에 우리 모두가 폭풍과 거센 풍랑으로부터 구원을 받아 그리스도 안에서 안전한 피난처를 발견하게 되기를 바랍니다.

이제 우리는 잠시 본문을 신자들에게 적용해 보겠습니다.

2. 둘째로, 진정한 성도는 영혼의 항해자입니다.

우리는 천국을 우리의 본향이라고 말하곤 합니다만, 오늘 밤 우리가 천국을 우리의 항구라고 말한다고 해서, 이 두 가지가 서로 다른 것은 아닙니다. 옛적에 사람들은 흔히 교회를 배라는 상징을 사용하여 묘사하곤 했는데, 교회의 상징으로 이것보다 더 나은 것은 없어 보입니다. 배가 바다 위에 떠있듯이, 우리는 본향으로 가는 여정 가운데 있습니다. 교회라는 배의 머리는 약속의 땅을 향해 있습니다. 우리는 내세의 땅에 있는 "행복한 자들의 섬," 그 물결이 영원히 잔잔하고 거친 파도가 더 이상 치지 않는 섬에 다다르기를 소망합니다. 우리 영혼이 다다를 저 위의 항구에는 우리가 이 땅에 살면서 은혜로 얻은 우리의 지각에 뛰어난 평강조차도 뛰어넘는 평강, 그 어떤 폭풍으로도 깨뜨릴 수 없고 안으로는 그 어떤 회오리바람도 없고 밖으로는 그 어떤 거센 폭풍도 없는 그런 평강이 있습니다. 거기에는 놀랄 일도 없고, 재물을 잃거나 아내가 병들거나 아이들이 죽거나 머리가 아프거나 마음이 괴로울 일도 없을 것입니다. 거기에는 인생의 바다에서 우리를 비틀거리게 하였던 온갖 폭풍들이 없을 것입니다.

이 항구는 최종목적지이기 때문에, 이 항구에 들어온 배는 다른 곳을 향하여 또다시 항해할 일이 없습니다. 이 항구에 있는 배는 난파될 일이 없고, 좋은 것들을 많이 채워서 더 좋은 모습으로 변화됩니다. 거기에서는 더 이상 죽는 것이 없습니다. 왜냐하면, "이 썩을 것이 썩지 아니할 것을 입겠고 이 죽을 것이 죽지 아니함을 입을"(고전 15:53) 것이기 때문입니다. 이 항구에 들어온 배는 그 항구 안에서 계속해서 항해를 하게 될 것입니다. 왜냐하면, 이 영원한 항구는 무한히 넓어서, 우리는 그 안에서 계속해서 영원히 항해하게 될 것이고, 언제나 동일한 바다, 곧 우리의 잔잔한 영혼을 괴롭게 할 환난의 파도나 죄나 슬픔의 폭풍이 없는 바다에 있게 될 것입니다. 거기에서는 배가 녹이 슬거나 구멍이 뚫려 물이 새어 들어오거나 배가 고장 나는 일이 없을 것입니다. 배의 아무리 튼튼한 목재들도 다 갉아먹는 바다의 좀이나 동록 같이 우리를 계속해서 갉아먹었던 죄는 영원히 사라지게 될 것입니다. 그렇습니다, 아주 영원히!

사랑하는 친구들이여, 나는 그 항구에 대하여 깊이 묵상하는 것을 좋아해서 자주 그렇게 합니다. 그 항구는 여러분이 바라는 항구가 아닐지 모르지만 내게 는 분명히 내가 "바라는 항구"입니다. 여러분이 내게 왜 그 항구를 바라느냐고 묻는다면, 내가 대답할 수 있는 것은 우리는 인생을 항해하면서 폭풍의 위험들 을 만날 수밖에 없는데 우리의 형편없는 배로는 그 폭풍들을 이겨내기가 불가능 하다는 것을 알기 때문에 나는 그러한 시련들이 없는 곳에서 영원히 살기를 간 절히 소망한다는 것입니다. 또한, 나는 다른 어떤 것보다도 특히 내가 거기에 가 면 나보다 먼저 간 나의 많은 친구들을 거기에서 만날 수 있을 것이기 때문에 그 항구에 가고자 합니다.

앞으로 여러 해 동안은 내가 위대한 선장이신 그리스도를 섬기는 것이 내게 맡겨진 본분이지만, 하늘에 계신 내 주님이 가지신 두루마리에는 내가 존경하고 몹시 보고 싶은 분들의 이름이 적혀 있습니다. 로울랜드 힐(Rowland Hill, 1744-1833, 영국의 비국교회 설교자) 목사님이 한 번은 한 성도의 임종을 지켜보기 위해서 케임브리지에서 20km쯤 되는 곳에 가서서, 그 성도에게 이렇게 말했답니다: "권 사님이 나보다 먼저 천국에 가시면, 거기에 계신 분들께 이 보잘것없고 늙은 로 울랜드가 거기로 가고 있다고 전해 주십시오. 거기에 가시거든, 특히 구주의 품 에 기대어 최후의 만찬을 함께 했던 요한과 존 칼빈과 존 번연에게 내가 사랑한 다고 하더라고 전해 주십시오." 우리는 거기에 있는 많은 분들을 만나서 그분들 과 친밀한 교제를 나누기를 원하는 것이 당연합니다. 우리는 오늘 밤에 친교의 잔을 나누며, 먼저 그 곳으로 가신 친구들을 위하여 축배를 듭시다. 우리는 뭍을 떠나 항해한 지가 꽤 오래 되어서, 이제는 뭍에 남겨 둔 사람들은 잊어버리고 우 리보다 먼저 저 항구로 들어간 분들을 생각하게 됩니다. 우리는 우리보다 먼저 본향으로 간 친구들을 생각할 때에 우리도 하루 빨리 본향으로 가기를 소망합니 다. 거기에는 혈연적으로 우리와 가까운 분들이 계시기 때문에, 우리는 거기에 서 아버지, 어머니, 아내, 자녀를 볼 수 있습니다. 이 땅에서 여러분에게 소중했 던 사람들이 천상의 해변에서 여러분이 거기로 오는 것을 보며 손을 흔들 것입 니다. 그러니 그 곳이 여러분이 "바라는 항구"인 것은 당연한 일입니다. 생명의 요단 강 저편에는 나의 영적인 자녀들이 많이 있습니다. 내가 더듬거리며 전한 말씀들 속에서 구주의 이름을 알게 되고, 이 많은 회중 가운데서 자신을 드러내 시는 천상의 구주의 아름다움들을 보게 된 분들이 많습니다. 나는 그들이 그들의 영적인 아버지인 나를 환영할 것임을 알기 때문에, 하루 빨리 그들과 만나 영원히 함께 살고 싶습니다.

그러나 그 곳이 내가 "바라는 항구"인 가장 중요한 이유는 인간인 어머니에게서 태어났지만 참 하나님이신 주님이 거기에 계시기 때문입니다.

> "우리는 그의 얼굴을 본 적이 없지만
> 끊임없이 그를 경배하고 찬송합니다!
> 아버지 하나님의 옆에 계신, 슬픔과 간고를 많이 겪으신 이,
> 사랑의 사람이시자 십자가에 못 박히신 이를!'

바람이여, 불고 불어라! 너무 빨리 달려서 돛들이 다 갈기갈기 찢어진다고 해도, 배야 씽씽 달려라! 내가 "바라는 항구"에 무사히 다다르기만 한다면, 배야 순풍을 타고 쏜살 같이 달려라. 이럴 때에 우리는 이 항해에서 우리가 만나는 온갖 폭풍들에 대해서도 도리어 감사하게 될 것입니다. 왜냐하면, 그 폭풍들로 인해서 우리의 배는 우리가 "바라는 항구"에 더욱 빨리 다다를 수 있게 될 것이기 때문입니다.

나의 사랑하는 형제들이여, 여러분은 이제 그 항구를 "바라게" 되었습니까? 우리가 언제나 그 항구를 "바라고" 사모하는 것은 아닙니다. 우리는 그 항구를 향하여 곧바로 달려가지 않고, 거기로 곧장 가기 싫어서 바다 위에서 이리저리 배회하는 술수를 씁니다. 우리가 이 땅에 속한 것들에 의해서 미혹되고 속아 넘어간다면, 그것은 정말 이상한 일이 아니겠습니까!

> "내가 사모하고 기다리는 것이 거기 있고,
> 나의 모든 소망이 주께 있사오니,
> 언제나 주께서 영광의 문을 열어 주셔서
> 나를 주께로 데려가시려나이까?'

우리가 바라고 사모하는 구주의 얼굴을 영광 중에 뵙는 것보다 더 좋은 어떤 것이 여기 이 땅에 있어서, 우리로 하여금 항해를 잠시 멈추거나 지체하게 할 수 있단 말입니까? 나는 우리 중에 종종 다음과 같은 분들이 있을 것이라고 생각

합니다:

> "우리가 사모하는 땅에 가고 싶어서
> 우리의 목마른 영혼이 기절할 지경입니다.
> 성도들이 받게 될 저 유업,
> 하늘의 저 예루살렘에 대한 사모함으로!"

　여러분이 보시다시피, 우리는 서론에서 말하였던 주제들, 즉 항구와 우리가 "바라는 항구", 그리고 선장이라는 주제를 차례차례 살펴보고 있습니다. 내가 과연 내가 "바라는 항구"에 다다르게 될까요? 나는 너무나 험한 물길과 거기에서 만나게 되는 수없는 어려움들과 위험들 때문에 내가 과연 항구에 도달할 수 있을지 절망하게 될지도 모르지만, 나의 선장 되시는 그리스도께서는 그 길을 잘 아십니다. 그리스도께서는 친히 그 길을 우리보다 먼저 가신 분입니다. 내가 그를 절대적으로 믿고서 나라는 배를 전적으로 주께 맡기기만 한다면, 그는 나를 위해서도 대신 그 길을 찾아 주셔서 반드시 저 항구에 다다르게 해주실 것입니다. 게다가, 한 가지 더 이점이 있는데, 그것은 그는 바람과 파도를 다스리시는 주님이시라는 것입니다. 그래서 나는 안심하고 "무엇을 선택하시고 명령하시든 모든 것을 그의 절대주권에 다 맡길" 수 있습니다. 왜냐하면, 그는 분명히 나를 안전하게 본향으로 인도하실 것이기 때문입니다.

　그러나 우리가 바라는 항구로 들어가기 위해서는 여러분의 생각도 필요합니다. 나의 그리스도인 형제들이여, 여러분은 지금 망망한 바다 위에서 이리 흔들리고 저리 흔들리고 있습니다. 여러분은 "과연 하나님이 나에게 무슨 일을 하실까"라고 생각하며 오늘 밤 이곳에 오셨습니다. 여러분 중에서 오래된 선원들은 바다에서 폭풍이 친다고 하여도 놀라거나 당황하지 않아야 합니다. 여러분은 바다가 변하여 육지가 될 것이라고 생각하셨습니까? 여러분은 거센 물결과 파도를 만나지 않고 저 먼 해안에 도달할 수 있을 것이라고 기대하셨습니까? 선원이 된 지 얼마 되지 않은 분들은 그런 생각이나 기대를 할 수도 있을 것입니다. 그러나 바다에서 잔뼈가 굵고 머리가 희어진 분들은 그렇게 생각하거나 기대해서는 안 됩니다. 지금까지 여러분이 바다로 나갔을 때에 그 바다는 언제나 잔잔했습니까? 그런데 왜 여러분은 지금 그 바다가 청명하고 잔잔하기를 기대하십니까?

존 번연(John Bunyan)이 지은 시(詩) 중에 이런 것이 있습니다:

> "그리스도인이 누리는 편안함은 오래 가지 못한다네.
> 하나의 괴로움이 지나가면,
>   또 다른 괴로움이 뒤따라와서 그를 붙잡기 때문이라네."

　여러분도 그렇게 생각해야 하지 않겠습니까? 나 같으면, 내 생각을 빨리 바꿀 것입니다. 여러분의 항해 일지를 한 번 펼쳐 보시고서, 그 수많은 날들 중에서 바다가 잔잔했던 날이 얼마나 되는지를 세어 보십시오. 내가 장담하건대, 그런 날은 별로 많지 않았을 것입니다. 바다에서 오랜 세월을 지내다 보니 이제 다른 사람들이 넘어져도 똑바로 서 있을 수 있게 된 노련한 선원들이여, 여러분은 물방아용 저수지처럼 잔잔한 바다보다도 거센 풍랑이 이는 바다에 더 익숙해져 있지 않습니까? 그런데도 여러분은 아직도 바다가 여러분을 위해 늘 잔잔하기를 바라시겠습니까? 여러분과 약속의 땅 가나안 사이에는 폭풍들이 적지 않게 있습니다. 이곳과 영원한 안식 사이에는 여러분이 만나야 할 환난들이 있습니다. 그러나 "여호와께서 그들이 바라는 항구로 인도하시는도다." 만일 바다가 늘 잔잔하다면, 아마도 그들은 결코 그 항구에 다다르지 못할 것입니다. 왜냐하면, 세상의 안락함의 물결에 미혹되고 속아서 그들은 결국 영원한 멸망의 폭포로 떨어져 버리고 말게 될 것이기 때문입니다. 만일 거센 바람이나 폭풍, 구름과 태풍, 우레와 번개가 없다면, 아마도 배는 결코 항구에 다다르지 못하게 될 것입니다. 이 땅의 바다들 위에 떠있는 배들은 폭풍의 도움 없이도 그들의 항구에 도달할 수 있겠지만, 우리는 그렇지 못합니다. 이것을 쿠퍼(Cowper)의 말을 빌려 표현해 본다면 이렇습니다:

> "슬픔과 괴로움의 길, 오직 그 길만이
>   우리를 저 슬픔과 괴로움이 없는 땅으로 인도한다네."

　내가 끝으로 하고자 하는 말은 "여호와께서 그들이 바라는 항구로 인도하신다"는 것입니다. 만일 여러분의 심령과 삶 속에 그리스도께서 승선해 계시지 않는다면, 이것은 여러분에게 해당되지 않습니다. 여러분이 그 항구로 가기를 바라지 않을 때에는 여러분의 뜻과 의지에 반해서 강제적으로 여러분을 그 항구로 데려가는 일은 결코 일어나지 않을 것입니다. 그렇다면, 그리스도께서는 어떤 사람들을 거기로 인도하시는 것일까요? 본문과 그 문맥이 그것을 말해 줍니다. 본문은 "그들의 고통 때문에 여호와께 부르짖으매 그가 그들의 고통에서 그들을 인도하여 내시고"(28절)라고 말하고 있기 때문에, 그리스도께서 그 항구로 인도하시는 사람들은 자신의 고통 때문에 하나님께 부르짖는 사람들입니다. 여러분은 부르짖고 계십니까? 여러분은 하나님께 여러분의 고통에서 건져 주시고 구해 주시라고 간절히 부르짖고 계십니까? "부르짖는다"는 단어는 여기에서 아주 적절하고 의미심장한 단어입니다. 왜냐하면, "부르짖는" 것이야말로 기도를 위한 참된 방법이기 때문입니다. 하나님께서 주시는 감동을 따라 하나님께 부르짖으십시오!

목사님이 어떤 회심한 소녀에게 회심하기 전에 했던 기도와 지금 하는 기도가 어떻게 달라졌느냐고 묻자, 그 소녀는 "목사님, 전에는 어머니께서 가르쳐 주신 대로 기도하였는데, 지금은 하나님이 감동하셔서 가르쳐 주신 대로 기도합니다"라고 대답했답니다. 이것은 아주 중요하고 복된 차이입니다! 여러분은 어린아이들이 우는 것을 보기도 하고 듣기도 하였을 것입니다. 어린아이들이 어떻게 울던가요? 어린아이들은 온 몸으로 웁니다. 자기가 너무나 원하는 것이 있을 때에 어린아이들은 단지 목구멍으로 우는 것이 아니라, 다리와 손과 눈 등 온 몸을 동원해서 웁니다. 어린아이들은 그들의 본성 전체로 우는 것입니다. 바로 그것이 기도의 올바른 방식입니다. 여러분은 자신의 마음속에 있는 것을 다 표현할 수가 없어서 그저 울고 부르짖으며 몸부림치는 것이고, 하나님은 여러분의 마음속을 보십니다: "여호와여 주는 겸손한 자의 소원을 들으셨사오니"(시 10:17).

한 가엾은 호텐토트 족 사람이 큰 괴로움이 있어서 네덜란드인 스승에게 가서, 자신의 마음이 너무 무거워서 기도해야 하겠는데, 어떻게 기도해야 하느냐고 물었습니다. 그 네덜란드인 스승은 그것을 알지 못하였고 그에게 말해줄 수도 없었습니다. 그러나 그 호텐토트 사람이 케이프타운에 있는 어떤 곳에 갔을 때에 설교자가 바리새인의 기도에 대한 성경 본문을 봉독하는 소리를 들었습니다. 그는 그것을 듣고서 이렇게 속으로 말했습니다: '이 사람은 선한 사람이야. 나는 그 사람처럼 기도할 수 없어. 그런 기도는 내게 어울리지 않아. 나는 그렇게 기도할 수 없어.' 곧이어, 설교자는 계속해서 세리의 기도에 대한 성경 본문을 봉

독했습니다: "하나님이여 불쌍히 여기소서 나는 죄인이로소이다"(눅 18:13). 그
것을 들은 그 호텐토트 사람은 '이 사람은 나쁜 사람이니, 하나님이 그 기도를 듣
지 않으실 거야'라고 생각했습니다. 하지만 이어서 설교자가 "내가 너희에게 이
르노니 이에 저 바리새인이 아니고 이 사람이 의롭다 하심을 받고 그의 집으로
내려갔느니라"(14절)는 말씀을 읽었을 때, 그 사람은 이렇게 생각했습니다: '그
렇다면, 나는 이 나쁜 사람처럼 기도해야 하겠다. 하나님이 그의 기도를 들으셨
으니 분명히 내 기도도 들으실 거야.' 얼마 후에 그는 "바위와 산과 강과 나무들
이여, 하나님께서 내 기도를 들으시고 내 죄를 다 없이 하셔서 내 영혼이 너무나
행복하다고 하나님께 전해 주시오"라고 말할 수 있었습니다.

여러분이 하나님께 부르짖고 싶은데 어떻게 해야 할지를 모르겠다면, 나는
여러분에게 저 세리와 같이 "하나님이여 불쌍히 여기소서 나는 죄인이로소이다"
라고 기도하시기를 권합니다. 하나님의 보좌 앞에서 그 기도로 여러분의 마음을
쏟아놓으십시오. 그러면 언젠가 여러분은 "여호와께서 그들이 바라는 항구로 인
도하신" 자들의 무리 중에 속해 있게 될 것이고, 예수 안에서 "주와 함께 영원히"
안식을 얻게 될 것입니다.

제
104
장
—

하나님께서 말씀하셨다! 기뻐하라!

—

**"하나님이 그의 성소에서 말씀하시되 내가 기뻐하리라 내가
세겜을 나누며 숙곳 골짜기를 측량하리라." ― 시 108:7**

하나님께서는 전에 자기 백성에 대해서 "그들이 부르기 전에 내가 응답하겠고 그들이 말을 마치기 전에 내가 들을 것이며"(사 65:24)라고 약속하셨습니다. 오늘의 본문은 하나님께서 그 약속의 말씀을 따라 자신의 성도들에게 행하신 예들 중의 하나를 보여주는 본문입니다. 앞 절에서 다윗은 "우리에게 응답하사 오른손으로 구원하소서"라고 기도합니다. 그는 하나님께서 그의 기도에 응답하시기를 기다리고 있지만, 하나님은 이미 응답하셨다고 믿습니다. 사실상, 그는 자기 자신에게 "나는 응답을 기다리고 있지만, 하나님께서는 이미 내게 응답하셨어"라고 말하고 있는 것입니다. 믿는 자들의 간구는 하나님께 올려드리기 전에 실제로는 이미 응답되어 있는 경우가 비일비재합니다. 그들에게 유일하게 필요한 것은 하나님이 그들의 눈을 열어 주셔서 그들로 하여금 그들이 부르기 전에 하나님이 이미 그들의 간구에 응답하셨음을 보게 해주시는 것뿐입니다. 그리스도 안에서 형제 된 자들이여, 어떤 의미에서 여러분의 모든 기도, 즉 응답되어야 할 여러분의 기도들은 이미 응답된 것입니다. 왜냐하면, 하나님께서 우리에게 그리스도를 주셨을 때에 이미 모든 것을 주신 것인 까닭에, 여러분이 하나님께 올바르게 구한 것이 무엇이든 그것은 이미 여러분에게 이루어진 것이기 때문입니다. 믿음의 중요한 부분은, 여러분이 기도로 구한 것은 무엇이든지 다 받은 줄

로 믿는 것입니다. 그러면 실제로 그것은 여러분에게 주어지게 될 것입니다. 이 것은 복된 철학이고, 우리 모두가 그 철학을 배울 수 있습니다. 흔히 우리가 하나 님께 부르짖으며 우리의 간구에 대한 응답을 기다리고 있을 때, 더 예리한 관찰력과 더 민감하고 재빠른 영적 감수성으로 우리 주위를 둘러보기만 한다면, 우리는 우리가 구하고 있는 것을 이미 받았다는 것을 알게 됩니다. 여러분 중에는 아마도 "하나님의 백성들은 기도하기도 전에 이미 응답을 받는다던데, 우리가 그런 백성이었으면 얼마나 좋을까!'라고 말하는 분들이 있을 것입니다. 그렇다 면, 성경책을 펴 보십시오. 여러분은 거기에서 하나님께서 여러분이 하나님의 아들, 우리의 주님이자 구주이신 예수 그리스도를 믿고 있기만 한다면 여러분이 자기 백성이라고 말씀하신 것을 보게 될 것입니다. 하나님께서는 이미 여러분에 게 가장 확실한 증언의 말씀을 통해서 여러분이 그리스도께 속한 사람들이라는 가장 분명한 증거를 주신 것입니다. 여러분이 아직도 안심이 되지 않아서 좀 더 확실한 말씀을 원하신다면, 다시 성경책을 펴 보십시오. 왜냐하면, 여러분에게 꼭 필요한 하나님의 말씀이 바로 거기에 있기 때문입니다. 그 말씀을 찾아내십 시오. 왜냐하면, 나는 이 복된 책 속에 있는 하나님의 계시에 대하여 진정으로 이 렇게 말할 수 있기 때문입니다:

> "하나님께서 당신에게 해주실 수 있는 말씀 중에서
> '피난처이신 예수께로 피한 너여'라는 말씀보다
> 더 확실하고 분명한 말씀이 어디 있을까?'

그래서 내가 실제적으로 해드릴 수 있는 말은 여러분이 오랫동안 기도해 온 것이 있다면, 아마도 여러분은 그것을 이미 받으셨고, 하나님께서는 여러분이 그것을 놓고 계속해서 더 오래 기도하기를 원하시는 것이 아니라, 옛적에 모세 에게 하셨던 말씀을 여러분에게도 해주고자 하시는 것일 가능성이 크다는 것입 니다: "'너는 어찌하여 내게 부르짖느냐 이스라엘 자손에게 명령하여 앞으로 나 아가게 하라'(출 14:15). 너는 네가 구하고 있는 복을 이미 받은 줄로 믿고, 그 믿 음을 가지고서 앞으로 나아가라. 그것을 놓고 기도할 때는 이미 지나갔고, 지금 은 믿음으로 그 복을 취하고 사용해서 내게 찬송과 영광을 돌릴 때니라." 마찬가 지로, 오늘의 본문 속에서 다윗도 기도를 계속하다가, 불현듯 자기가 구해온 것을 이미 받았다는 것을 기억하게 된 것으로 보입니다. 그래서 그는 자리를 털고 일어나 확신과 기쁨에 차서 이렇게 외칩니다: "하나님이 그의 거룩하심 가운데서 말씀하셨으니 내가 기뻐하리라 내가 세겜을 나누며 숙곳 골짜기를 측량하리라"(한글개역개정에는 "하나님이 그의 성소에서 말씀하시되 내가 기뻐하리라 내가 세겜을 나누며 숙곳 골짜기를 측량하리라").

1. 첫째로, 하나님의 말씀은 믿음의 토대가 됩니다.

본문에는 세 가지가 분명하게 나오는데, 그 중 첫 번째는 모든 믿음의 토대는 하나님의 말씀이라는 것입니다: "하나님이 그의 거룩하심 가운데서 말씀하셨으니." 하나님이 말씀하셨다는 사실은 우리의 믿음의 확실한 기초입니다.

내가 그리스도인이 된 초기부터 지금까지, 이것은 내게 너무나 소중한 하나님의 진리였습니다: "하나님이 말씀하셨으니." 하나님께서는 우리 앞에 단지 여러 가지 역사들만을 베푸시는 것이 아닙니다. 하나님의 역사들은 종종 상형문자 같아서 해독하기 어렵습니다. 그래서 하나님께서는 영원한 침묵 속에서 묻혀 버릴 수도 있는 그의 역사들이 지닌 의미들을 어린아이조차도 알아들을 수 있는 말씀으로 우리에게 말씀해 주시곤 하셨습니다. 믿지 않는 자들은 옛적에도 그랬듯이 지금도 여전히 이렇게 말합니다: "'조상들이 잔 후로부터 만물이 처음 창조될 때와 같이 그냥 있다'(벧후 3:4). 하나님이 계신다고 해도 하나님과 사람들 간에는 너무나 큰 간격이 있는데, 어떻게 우리가 하나님에 대하여 어떤 것을 알 수 있겠는가?' 당신들이 하나님께서 자신의 영감으로 된 말씀 속에서 당신들에게 주신 계시를 믿지 않는다면, 당신들의 말대로 그 큰 간격은 당신들과 하나님 간에 늘 있게 될 것입니다. 당신들이 끝끝내 하나님께서 성경을 통해서 당신들에게 말씀하시는 것에 귀를 기울이지 않는다면, 당신들은 하나님이 장차 우렛소리 같은 진노의 음성으로 말씀하시며 죄 범한 자들을 자신의 심판대 앞에 불러 세우실 저 두려운 날이 될 때까지 그의 음성을 결코 듣지 못할 것입니다.

"하나님이 그의 거룩하심 가운데서 말씀하셨습니다." 그러므로 우리는 말 못하는 신을 섬기는 것이 아님을 감사하는 것이 마땅합니다. 하나님께서는 에덴 동산에서 우리의 첫 조상들이 범죄하였을 때에도 말씀하셨고, 뱀에게도 "내가 너로 여자와 원수가 되게 하고 네 후손도 여자의 후손과 원수가 되게 하리니 여자의 후손은 네 머리를 상하게 할 것이요 너는 그의 발꿈치를 상하게 할 것이니라"(창 3:15)고 말씀하셨습니다. 하나님이 자기 아들에 관한 바로 이 큰 약속의 말씀을 하셨을 때, 그것은 세상에 주시는 소망의 메시지였습니다. 그때 이후로 하나님께서는 자신의 종들을 통해서 "여러 부분과 여러 모양으로" 사람들에게 말씀하셨고, 마지막에는 그의 "아들"로 말씀하셨는데, 그 모든 것들이 우리가 지금 가지고 있는 이 복된 성경책에 다 기록되어 있습니다. 그리고 이 성경책은 우리를 향하신 은혜와 사랑의 메시지이기 때문에, 우리는 "하나님이 말씀하셨다"는 사실을 알았을 때에 즉시 기뻐하고 즐거워하는 것이 마땅합니다. 죄인들이여, 여러분은 하나님의 은혜를 구하고 있고, 하나님은 여러분에게 한 마디 말씀도 하지 않는 것 같이 보일 수 있습니다. 그러나 이미 "하나님이 말씀하셨고," 여러분의 간구에 대한 응답은 그의 말씀 속에 이미 기록되어 있습니다. 만일 아담이 범죄하였을 때에 하나님께서 우리의 반역한 인류로부터 돌아서서서, "내가 지금부터 시작해서 너희의 죄악들을 불과 칼로 벌하게 될 그 날에 이르기까지 너희와는 말 한 마디 하지 않겠다"고 하셨다고 할지라도, 사실 우리는 하나님께 불평은커녕 변명할 말조차 없었을 것입니다. 하나님이 그렇게 하셨을지라도, 우리는 하나님이 불의하시다거나 가혹하시다고 결코 항변할 수 없었을 것입니다. 그러나 그때 이후로도 계속해서 "하나님은 말씀해 오셨습니다." 하나님이 우리에게 침묵하셨다면, 그것은 우리에게 사망이었을 것이지만, 하나님은 하나님의 말씀이신 그리스도, 하나님의 위대한 로고스이신 그리스도, 하나님이 사람들로 하여금 알아듣게 하실 수 있는 방식으로 자신의 심정을 충분히 전달하실 수 있는 유일한 음성이신 그리스도를 통해 말씀해 오셨습니다. 우리의 믿음의 토대는 하나님이 자기 아들을 통해 우리에게 말씀하신 것들이기 때문에, 만일 하나님이 말씀하지 않으셨다면, 우리의 믿음은 그 어떤 토대도 갖지 못했을 것입니다. 그래서 "하나님이 말씀하셨다"는 사실은 우리의 기쁨일 수밖에 없습니다.

　나는 우리가 하나님의 말씀을 더욱더 온전히 알게 되고, 우리의 확신이 하나님의 말씀 가운데서 우리에게 계시하신 것들에 더 깊이 뿌리를 박게 되기를 바라지만, 어쨌든 우리 중 많은 분들은 하나님이 말씀하신 것들을 적어도 어느 정도는 알고 있을 것이라고 나는 믿습니다. 여러분이 하나님의 말씀을 믿고 확신할 수 있는 이유는 무엇입니까? 그것은 분명히 하나님은 말씀하신 것들을 그대로 행하신다는 것을 여러분이 알고 있기 때문일 것입니다. 하나님이 천지를 창조하신 것도 그의 말씀을 통해서였고, 그 천지를 오늘날까지 유지하고 계시는 것도 그의 말씀을 통해서입니다. 바울이 히브리서에서 말하고 있듯이, 하나님이 "또한 번"(히 12:26-27) 말씀하시게 되면, 그가 창조하신 것들이 다 헌 옷처럼 낡아져서 무로 돌아가게 될 것입니다. 그래서 우리의 옛 찬송가 100장은 우리에게 이렇게 일깨워 줍니다:

> "주께서는 창조하실 수도 있으시고
> 멸하실 수도 있으시다네."

　하나님이 말씀하셨다는 것과 사람이 말했다는 것은 전혀 다릅니다. 사람들은 어떤 것을 하겠다고 말해 놓고서 말로 그치는 일이 비일비재합니다. 어떤 사람이 말했다고 해도, 여러분은 과연 그 사람의 일하는 손이 그 사람의 말한 혀를 따라갈지는 결코 확신할 수 없습니다. 사람들은 약속은 신속하게 하지만, 약속을 실행하는 것에서도 늘 신속한 것은 아닙니다. 사람들이 한 약속을 곧이곧대로 믿지 말라고 우리에게 충고해 주는 많은 속담과 격언들이 있습니다. 그러나 우리는 하나님이 하신 약속들은 곧이곧대로 믿어야 합니다. "그가 말씀하시매 이루어졌으며 명령하시매 견고히 섰도다"(시 33:9). 사랑하는 형제들이여, 환난 날에 여러분을 도우시겠다거나, 시험을 받을 때에 여러분을 지켜 주시겠다거나, 어려운 곤경에서 여러분을 건져 주시겠다거나, 필요할 때마다 은혜를 베풀어 주시겠다고 하신 하나님의 약속이 있다면, 그 약속은 이미 이루어진 것이나 마찬가지입니다. 왜냐하면, 하나님의 말씀은 때가 되면 반드시 이루어지기 때문입니다. 그러므로 여러분은 하나님의 약속의 말씀을 읽었을 때에는 자기 자신에게 "하나님이 말씀하셨으니 이미 이루어진 것이로구나"라고 말하시기를 부탁드립니다. 어떤 돈 많은 사람이 여러분에게 수표를 준다면, 여러분은 이미 그에게서 받을 돈을 다 받았다고 생각하지 않습니까? 하지만 사실 그 사람은 여러분에게 현금을 한 푼도 주지 않았는데도 말입니다. 그 사람은 지폐나 금화나 은화 같은 것을 여러분에게 주지 않은 것은 사실이지만, 여러분이 그가 서명한 수표는 현금과 마찬가지이니 그는 이미 지불한 것이라고 말하는 것은 옳습니다. 하나님의 말씀이 사람이 한 말보다 못할 리가 있겠습니까? 하나님이 하신 말씀이 지닌 신용은 사람들이 한 말이 지닌 신용과는 비교할 수조차 없습니다. 그러므로 여러분에게 믿음이 있다면, 하나님이 약속하신 것들을 지금 즉시 그대로 믿으십시오.

　또한, 하나님께서는 자기가 말씀하신 것을 뒤집는 법이 결코 없습니다. "하나님은 사람이 아니시니 거짓말을 하지 않으시고 인생이 아니시니 후회가 없으시도다"(민 23:19). 하나님께서는 자기가 공적으로 말씀하신 것을 사적으로 뒤집지 않으십니다. 하나님은 친히 이렇게 말씀하셨습니다: "나는 감추어진 곳과 캄캄한 땅에서 말하지 아니하였으며 야곱 자손에게 너희가 나를 혼돈 중에서 찾으라고 이르지 아니하였노라"(사 45:19). 하나님이 예정해 놓으신 것들을 기록한 저 봉인된 두루마리에 어떤 것들이 적혀 있다고 할지라도, 거기에는 하나님이 공개적으로 계시하신 것들을 기록한 이 성경책에 적혀 있는 것들과 모순되는 것은 하나도 있을 수 없습니다. 하나님을 찾는 영혼들에게 흔히 두려움을 주는 저 택정함에 관한 가르침과 관련해서도 우리에게 감춰진 하나님의 비밀한 계획 중에서 성경책에 기록된 하나님의 분명한 약속들과 어긋나는 것은 단 하나도 있을 수 없기 때문에, 우리는 하나님의 비밀한 계획을 알지 못한다고 해서 불안해하거나 두려워할 필요가 없습니다. 하나님은 성경책에서는 "그렇다"고 말씀하시고서는, 비밀한 계획 속에서는 "그렇지 않다"고 하시는 그런 분이 아닙니다. 하나님이 오늘 "그렇다"고 말씀하신다면, 내일이 되어 "그렇지 않다"고 말씀하시는 것은 불가능합니다. 하나님은 오래 전에 친히 이렇게 말씀하셨습니다: "나 여호와는 변하지 아니하나니 그러므로 야곱의 자손들아 너희가 소멸되지 아니하느니라"(말 3:6). 하나님의 입에서 한 번 나온 말씀은 영영토록 변치 않을 것입니다.

　그러므로 이것은 믿음을 위한 얼마나 견고한 토대입니까! 첫째로, "하나님이 말씀하셨다면," 그가 말씀하신 것은 이미 이루어진 것이나 다름없습니다. 둘째로, "하나님이 말씀하셨다면," 그가 말씀하신 것은 결코 뒤집어질 수 없습니다. 당신이 회개하는 죄인이고, 성경 속에 회개하는 죄인에게 주어진 약속이 있다면, 그 약속은 당신에게 틀림없이 이루어집니다! 당신이 믿는 영혼이고, 성경 속에 믿는 영혼에게 약속된 복이 있다면, 그 복은 당신의 것입니다. 하나님께서 당신이 그에게 짐을 맡기면 그가 당신을 붙들어 주시겠다고 약속하셨고, 당신이 풀무불 속에 던져질지라도 머리카락 하나 상하게 하지 않겠다고 약속하셨다면, 하나님은 반드시 그렇게 하실 것입니다. 왜냐하면, 하나님은 자신의 약속을 식언한 적이 없으셨고, 앞으로도 결코 식언하지 않으실 것이기 때문입니다. 천지는 없어지겠지만, 하나님의 말씀은 일점일획이라도 그대로 다 이루어질 것입니다. 여호와의 뜻이 반드시 이루어지리라는 것은 결코 변개될 수 없도록 정해진 것인데, 그가 인생들에게 약속하신 모든 것은 일점일획까지 다 이루시리라는 것이 그의 뜻입니다. 우리의 믿음이 바로 그와 같은 토대 위에 있다는 것이 얼마나 복된 일입니까!

본문은 "하나님이 그의 거룩하심 가운데서 말씀하셨다"고 하는데, 우리가 하나님의 약속을 믿는 것과 관련해서 가장 큰 어려움이 하나님의 거룩하심에 있는 경우가 종종 있습니다. 예를 들어, 예수를 믿는 심령에 대한 죄 사함의 약속이 있는데, 우리는 공의로우시고 준엄하시며 엄격하신 하나님을 떠올립니다. 우리는 마음 깊은 곳에서 공의로우신 하나님을 경외하기 때문에, "공의로우신 하나님이 어떻게 경건하지 않은 자를 의롭다고 하실 수 있겠는가?"라고 자문합니다. 또한, 우리는 종종 하나님의 온전한 순결하심을 생각합니다. 하나님은 너무나 순결하셔서 그가 보시기에 하늘들도 더럽고 천사들조차도 그 앞에서는 더러운 존재일 것이라고 우리는 생각합니다. 우리는 종종 하나님의 흠 하나도 없으신 순결하심을 생각할 때에 마치 우리가 그 앞에서 녹아져서 흔적도 없이 사라져 버릴 것 같아 두려워 떨면서 이렇게 말하곤 합니다: "이렇게 거룩하신 하나님이 욥의 말대로 그가 입으신 옷들조차도 혐오할 우리 같은 죄인들을 정말 받아주시겠는가? 하나님께서 우리를 그의 오른편으로 데려가 영화롭게 하셔서 천국의 신민들로 삼고자 하신다는 것이 과연 정말일 수 있을까?" 그렇습니다. 하나님께서는 정말 진심으로 그렇게 하고자 하십니다. 하지만 하나님의 순결하심을 생각할 때에 우리는 과연 그런 일이 가능할 수 있을지에 대하여 의문을 품게 됩니다. 다윗의 기쁨은 하나님이 "이새의 줄기에서 난 싹"(사 11:1)에 대하여 말씀하실 때에 "그의 거룩하심 가운데서," 즉 그의 완벽하게 순전하신 본성을 가지고 말씀하셨다는 것이었습니다. 하나님은 다윗이 그때에 어떤 사람이라는 것도 다 아셨고, 앞으로의 그의 모습에 관한 모든 것도 다 아셨지만, 그런 다윗과 "영원한 언약을 세우사 만사에 구비하고 견고하게 하시는"(삼하 23:5) 것을 자신의 무한하신 온전하심과 합치하는 것으로 보셨습니다. 사랑하는 형제들이여, 하나님이 그리스도와 그의 영원한 분깃이 될 사람들을 주시겠다는 언약을 맺으셨을 때, 그리고 너무나 엄청난 약속들이어서 우리가 지금으로서는 그 온전한 가치를 헤아릴 수조차 없는 그런 지극히 크고 보배로운 복을 그 언약에서 약속하셨을 때, 하나님께서는 자신이 하고 있는 일이 무엇을 의미하는지를 잘 알고 계셨고, 여러분의 죄악됨과 그의 거룩하심 때문에 여러분이 의심하고 두려워할 것을 다 아시면서도 그렇게 하셨습니다. 그리고 지금 하나님께서는 그의 온전한 순결하심과 공의로우심을 조금도 해치지 않으시면서, "그의 거룩하심 가운데서" 저 가련한 멸망 받을 죄인들에게 "말씀하셨고," 그의 아들 예수 그리스도를 믿는 모든 자들을 구원하시겠다고 말씀하셨습니다. 또한, 하나님께서는 그의 가엾은 불완전한 자녀들에게 "그의 거룩하심 가운데서 말씀하셨고," 그가 그들을 복 주시겠고, 그들에게 복 주기 위하여 그들을 결코 떠나지 않을 것이라고 말씀하셨습니다. 하나님이 자기 백성과 맺으신 언약은 이것입니다: "새 영을 너희 속에 두고 새 마음을 너희에게 주되 너희 육신에서 굳은 마음을 제거하고 부드러운 마음을 줄 것이며 또 내 영을 너희 속에 두어 너희로 내 율례를 행하게 하리니 너희가 내 규례를 지켜 행할지라 내가 너희 조상들에게 준 땅에서 너희가 거주하면서 내 백성이 되고 나는 너희 하나님이 되리라"(겔 36:26-28). 하나님께서는 "그의 거룩하심 가운데서 말씀하신" 이 모든 것을 그의 놀랍고 기이하신 성품과 경배 받으실 만한 영광스러운 온전하심들을 하나도 해침이 없게 하시는 가운데 이루실 것입니다.

2. 둘째로, 우리가 살펴볼 것은 믿음으로 인한 기쁨에 대한 것입니다.

본문은 "하나님이 그의 거룩하심 가운데서 말씀하시니 내가 기뻐하리라"고 말합니다. 여러분 중에 지금 마음이 무거운 분들이 있습니까? 그렇다면, 나는 다윗이 본문에 나오는 말을 했을 때의 그 마음과 심정을 여러분이 지니게 되시기를 바랍니다. 여러분은 "하나님이 그의 거룩하심 가운데서 말씀하셨다"는 것을 기뻐하는 것이 마땅합니다. 여러분은 하나님이 여러분에게 말씀하셨다는 것을 느끼고 알게 된다면 그때는 정말 기뻐하게 될 것입니다: "하나님이 말씀하시니 내가 기뻐하리라."

믿음으로 인한 이러한 기쁨은 하나님이 말씀하셨다는 사실 자체에 대한 기쁨이라는 것을 주목하십시오. 아직 우리를 위해 그 어떤 것도 행해진 것이 없더라도, 하나님이 말씀하셨다는 사실 자체가 우리의 마음을 기쁘게 합니다. 하나님의 모든 약속은 믿음으로 제대로 보기만 한다면 우리의 마음을 뛸듯이 기쁘게 만들 것입니다. 어떤 약속이 지금 당장 여러분에게 필요한 것이 아니라고 해도, 마찬가지로 기뻐하십시오. 왜냐하면, 그 약속이 언젠가는 여러분에게 필요하게 될 것이기 때문입니다. 어떤 약속이 특히 여러분을 위한 것이 아니라고 하더라도 다른 누군가를 위한 것임이 분명합니다. 그러므로 "하나님이 말씀하셔서" 다른 누군가의 필요를 충족시켜 주신 것에 대하여 기뻐하십시오. 하나님이 약속하신 복이 지금으로서는 여러분에게 너무 과분하다고 느껴지십니까? 그렇더라도 기뻐하십시오. 왜냐하면, 여러분에게 은혜들이 점점 쌓여서 여러분이 영적으로 성장해서 그 복을 받게 될 날이 올 것이기 때문입니다. 하나님이 약속하신 은혜가 여러분이 오래 전에 누린 것인 경우에도, 지난날에 "하나님이 말씀하셔서" 여러분이 그 은혜를 누렸다는 사실을 기뻐하십시오. "하나님이 말씀하셨다"는 것이 우리의 찬송의 주제라면, 이 복된 성경책 속에는 우리가 찬송해야 할 것들이 차고 넘칩니다. 우리는 창세기의 첫 페이지를 펼치자마자, 하나님이 천지를 어떻게 창조하셨는지를 알고서 기뻐하지 않을 수 없게 됩니다. 여러분은 모든 페이지의 모든 행을 읽을 때마다 내내 이렇게 찬송할 수밖에 없습니다: "'하나님이 그의 거룩하심 가운데서 말씀하시니 내가 기뻐하리라.' 이것이 온 종일 내 기쁨의 주제가 되고, 밤의 경점들에도 나는 하나님의 말씀을 기뻐하리라."

앞에서 내가 말했듯이, 이 기쁨은 하나님의 약속이 실제로 이루어지기 전에 우리에게 임합니다. 그것은 믿음에 의거한 기쁨입니다. 여러분은 아직 그 약속이 여러분의 눈 앞에서 이루어지는 것을 보지는 못했지만 여러분의 믿음에는 이미 이루어진 것을 알기 때문에 기뻐하기 시작합니다. 하나님이 여러분을 위해 예비해 놓으신 온갖 좋은 것들을 인하여 하나님을 찬송하십시오. 어떤 사람이 지은 다음과 같은 아름다운 찬송을 여러분의 입술로 노래하십시오:

> "'새 노래'가 내 입에 있네.
>   내가 오랫동안 좋아하던 노래라네.
>   내가 아직 맛보지 않은 모든 은혜로 인하여
>   주께 영광 돌리네."

여러분이 병 중에 있다면, 병이 나았을 때에 여러분이 누리게 될 건강을 인하여 하나님을 찬송하십시오. 여러분이 우울할 때에는 하나님이 그 얼굴빛을 여러분에게 다시 드시게 될 날에 여러분이 누리게 될 기쁨을 인하여 하나님을 찬송하십시오. 여러분이 그리스도인 친구의 무덤에 갔을 때에는 그 친구를 다시 만나게 될 것을 인하여 하나님을 찬송하십시오. 여러분이 진주문들 안에서 여러분을 기다리고 있는 기쁨들을 아직 볼 수 없다고 할지라도, 하나님이 그를 사랑하는 자들을 위하여 예비해 놓으신 모든 것을 인하여 하나님을 찬송하기 시작하십시오. 영원한 미래로부터 그 기쁨들을 빌려 오십시오. 여러분은 그렇게 할 수 있고 그렇게 하는 것이 마땅합니다. 장래에 여러분을 위해 준비된 차고 넘치는 무한한 기쁨을 가져오셔서 조금 일찍 누리십시오. 여러분의 사자들을 요단 저편으로 보내셔서 여러분을 위하여 에스골 골짜기에 열려 있는 포도들을 조금 가져오게 하십시오. 여러분은 그렇게 해도 됩니다. 왜냐하면, 그것들은 여러분의 것이고, 여러분은 아직 나타나지 않은 지극한 복들 중 일부를 지금 여기에서 맛보는 것이 허락되어 있기 때문입니다. 하나님께서는 그의 종들에게 그가 다가올 수많은 세월 동안과 영원토록 그들을 위해 행하실 큰 일들에 대하여 "말씀하셨습니다." 하나님은 "내가 결코 너희를 버리지 아니하고 너희를 떠나지 아니하리라"(히 13:5)고 말씀하셨습니다. 하나님은 "나 있는 곳에 나를 섬기는 자도 거기 있으리니"(요 12:26)라고 말씀하셨습니다. 그러므로 내 영혼이 아직 어둡고 메마르고 황무한 땅에 거한다고 할지라도, "하나님이 말씀하셨고," 하나님은 자신의 약속을 이루시는 분이시기 때문에, 내 마음은 기뻐하는 것이 마땅합니다. 다윗은 이 시편의 11절에서 "하나님이여 주께서 우리를 버리지 아니하셨나이까"라고 말합니다. 그러니까 그는 하나님으로부터 버림받은 자들 중의 한 사람이었지만, "하나님이 그의 거룩하심 가운데서 말씀하셨으니 내가 기뻐하리라"고 말하고 있는 것입니다.

　아마도 이 자리에는 공적으로 열심히 수고하였지만 별 성공을 거두지 못한 것 같이 느껴지는 사역자도 계실 것입니다. 나의 형제여, 당신은 당신이 돌본 영혼들이 "무기를 갖추며 활을 가졌으나 전쟁의 날에 물러간"(시 78:9) 에브라임 자손 같이 행하였기 때문에 크게 낙심해 있을지 모릅니다. 그러나 당신은 자기 자신을 낙심에 내어맡겨서도 안 되고, 우울하고 참담한 심령 상태로 빠져 들어가서도 안 됩니다. 당신은 이렇게 말해야 합니다: "'하나님이 그의 거룩하심 가운데서 말씀하셨으니 내가 기뻐하리라.' 내가 지금은 내가 수고한 것에 걸맞는 열매를 거두지 못했지만, 하나님이 '눈물을 흘리며 씨를 뿌리는 자는 기쁨으로 거두리로다'(시 126:5)라고 말씀하셨으니, 나는 그렇게 될 줄로 믿습니다. 왜냐하면, 나는 눈물을 흘리며 씨를 뿌려 왔고, 무수히 눈물을 흘리고 기도하며 그 나라의 선한 씨를 뿌려왔기 때문입니다. 그러므로 지금은 내가 버림받은 자들 중의 한 사람 같아 보이고, 내가 수고한 것의 열매를 거의 거두지 못한 것 같아 보여도, '하나님이 그의 거룩하심 가운데 말씀하셨으니 내가 기뻐하리이다.'"

이 자리에는 또 다른 방식으로 어려움을 겪고 있는 형제나 자매가 있을 것입니다. 사랑하는 친구여, 당신은 은혜의 방편들을 지금은 예전처럼 잘 누리지 못하고 있을 수 있습니다. 당신은 그렇게 변해 버린 자신을 탓하는데, 당신이 그렇게 하는 것은 옳고 합당합니다. 당신은 전에는 복된 경험들을 했지만 지금은 하지 못하고 있습니다. 당신은 일 년 전에는 주님과의 복된 만남들을 가지곤 했었는데, 지금은 그렇지 못합니다. 당신은 모든 잘못이 자신에게 있다는 것을 압니다. 하지만 믿음은 감정이나 느낌에 의해 좌지우지되는 것이 결코 아니고, 우리의 확신은 우리의 내적인 상태에 따라 달라지는 것이 아님을 기억하십시오. 만일 우리의 믿음과 확신이 그런 것이라면, 그것은 끊임없이 그 모양을 바꾸는 모래 위에 지은 집과 같습니다. 그런데도 당신이 그런 상태에 있다면, 지금은 당신이 믿음을 발휘해서 이렇게 말할 때입니다: "나는 버림 받은 자 같고, 하나님의 말씀이 지금은 내 마음에 위로가 되지 못한다고 할지라도, 그리고 내가 성도가 아니라 죄인이라고 할지라도, '하나님이 말씀하셨으니,' 나는 하나님이 믿음을 가진 죄인들에게 그렇게 말씀하신 것을 믿고서 '기뻐할' 것입니다."

또한, 다윗은 이 시편을 쓸 당시에 사람을 의지하는 것이 헛되다는 것을 이미 깨닫고 있었다는 것을 주목하십시오. 그는 12절에서 "우리를 도와 대적을 치게 하소서 사람의 구원은 헛됨이니이다"라고 말합니다. "나의 가장 친한 친구도 배신자로 밝혀졌습니다. 나와 함께 떡을 먹던 자는 나를 향하여 자신의 발꿈치를 들었습니다. 내게서 얻을 것이 하나도 없는 때일지라도 결코 나를 버리지 않을 것이고 나를 떠나지 않을 것이라고 호언장담했던 자들도 모두 다 나를 떠났습니다. 나는 '사람은 다 거짓말쟁이이지만, 하나님은 그의 거룩하심 가운데서 말씀하시니 내가 기뻐하리라'고 서슴지 않고 말할 수 있습니다." 친구들이 가을에 떠나 버리는 제비들처럼 떠나가거나, 여름이 끝나고 시들어 버리는 나뭇잎들처럼 떨어져나갈 때에도 하나님을 기뻐할 수 있는 것이 큰 믿음입니다. 이것이 "비록 무화과나무가 무성하지 못하며 포도나무에 열매가 없으며 감람나무에 소출이 없으며 밭에 먹을 것이 없으며 우리에 양이 없으며 외양간에 소가 없을지라도 나는 여호와로 말미암아 즐거워하며 나의 구원의 하나님으로 말미암아 기뻐하리로다"(합 3:17-18)라고 노래했던 하박국의 믿음이었습니다. 이러한 믿음은

「천로역정」에 나오는 "여차 하면 그만 둘 사람"(Ready-to-Halt)이라는 이름을 지닌 자로 하여금 어떤 장애물이 있어도 지침이 없이 주의 길을 달려가게 할 수 있습니다. 형제들이여, 여러분이 사용하는 법을 알고 있기만 한다면, 여기에 여러분을 위한 독수리 날개가 있는데, 그것은 "하나님이 말씀하셨으니"라는 날개입니다. 여러분이 하나님께 가서 "하나님이 말씀하신 대로 해주십시오"라고 말한다면, 여러분의 심령은 기도에서 얼마나 큰 힘을 얻게 되겠습니까! 또한, "하나님이 말씀하셨으니"라는 칼은 원수에게 얼마나 예리하고 날카로운 비수가 되겠습니까! "성경에 기록되었으되"라는 말씀은 옛 로마와 그 일곱 개의 산(로마 가톨릭 교회를 상징)을 두려워 떨게 만드는 말씀입니다. 하나님의 이 위대한 진리를 기쁨으로 움켜 쥐십시오. 그러면 난쟁이가 거인이 되고, 우리 중 가장 연약한 자가 다윗처럼 되며, 다윗의 집은 하나님의 천사처럼 될 것입니다.

3. 셋째로, 본문의 후반부는 믿음의 행위를 보여줍니다.

다윗은 "하나님이 그의 거룩하심 가운데서 말씀하셨으니 내가 기뻐하리라 내가 세겜을 나누며 숙곳 골짜기를 측량하리라"고 말합니다. 즉, "하나님께서 내게 이 지역들을 내 나라의 일부로 주셨으니, 내가 가서 그 지역들을 접수하겠다"는 것입니다. 어떤 사람들이 지닌 믿음은 이런 것입니다: "하나님이 큰 복을 약속하셨으니 우리는 가서 잠이나 자자." 그들의 철학은 이런 것입니다: "하나님의 약속은 반드시 이루어질 것이기 때문에 우리는 그 일에 대해서는 신경 쓰지 말고 그저 먹고 마시며 편안히 기다리면 된다. 하나님께는 늘 그의 백성이 있을 것이고, 하나님은 자신이 뜻하신 일들과 작정하신 일들을 반드시 이루실 것이다. 그 일들은 반드시 이루어질 것이기 때문에, 우리가 할 수 있는 최선은 아무것도 하지 않는 것이다! 하나님이 거둘 것이 있게 하겠다고 말씀하셨으니, 우리는 씨를 뿌릴 필요가 없고 그저 침상에서 편안히 누워 자며 빈둥거리고 있으면 된다." 이것은 많은 사람들이 기독교에 도입한 일종의 운명론입니다. 그들은 하나님의 영원하신 뜻과 복된 약속들을 그들이 아무 일도 하지 않는 근거로 삼습니다. 그러나 제대로 된 하나님의 자녀들은 절대로 그렇게 하지 않습니다. 그들은 팔을 걷어 부치고 허리띠를 고쳐 매며, "하나님이 그의 거룩하심 가운데서 말씀하셨으니 나는 기뻐하리라 내가 세겜을 나누며 숙곳 골짜기를 측량하리라"고 말합니다.

여러분이 하나님의 말씀을 보다가 하나님이 여러분에게 "말씀하신" 것을 읽을 때마다, 여러분은 그 약속을 자신의 것으로 만들어야 한다는 것을 명심하십시오. 하나님이 여러분에게 위로를 약속하셨다고 합시다. 그러면 여러분은 그 위로가 자신에게 없는데도 거기에 만족하고서 가만히 있어서는 안 됩니다. 하나님이 여러분에게 믿음의 기쁨과 평안을 약속하셨다고 합시다. 그러면 여러분은 그 기쁨과 평안을 누리게 될 때까지 가만히 있어서는 안 됩니다. 하나님이 여러분에게 온전한 성결함과 악의 세력으로부터의 온전한 건지심을 약속하셨다고 합시다. 그러면 여러분은 모든 악으로부터 건짐을 받게 될 때까지는 만족해서는 안 됩니다. "아, 이것은 나의 체질상의 죄이고, 저것은 나의 기질 때문에 어쩔 수 없이 짓게 되는 죄야"라고 결코 말하지 마십시오. 형제들이여, 하나님께서 여러분에게 여러분의 원수들에 대한 승리를 약속하셨다면, 여러분은 여러분의 발로 그 원수들의 목을 밟고 여러분에게 굴복시킬 때까지는 결코 만족해서는 안 됩니다. 어떤 그리스도인들은 영적으로 그들의 수입이 하루에 100파운드가 될 수 있는데도 겨우 한 페니로 살아가는 것으로 만족합니다. 그런 사람들은 왕 같이 살 수 있는데도, 거지처럼 굶주리고 있는 것입니다. 여러분은 믿음으로 하나님의 지극히 크고 보배로운 약속들을 붙잡아서 선한 것들을 차고 넘치게 가질 수 있는데도, 그렇게 하지는 않고, 불신앙의 중풍에 걸려서 손발을 떨며 하나님이 여러분의 바로 코 앞에 놓아 두신 것조차도 취하지를 못합니다. "숙곳 골짜기"가 저기에 있는데, 여러분은 그 곳을 차지해서 측량하려고 들지를 않습니다. 저기에 "세겜"이 있는데, 여러분은 그 곳을 나누려 하지 않습니다. 그런데 그 두 곳은 하나님이 여러분에게 주신 땅들입니다. 우리가 하나님이 약속하신 것들을 믿음으로 붙잡고 약속을 지키시는 하나님을 믿는다면, 우리는 진정으로 우리의 것으로 주신 모든 복들을 다 차지할 때까지는 결코 쉬지 않을 것입니다. 모든 젊은 그리스도인들은 회심하여 교회에 들어오게 되었을 때에 이렇게 스스로 다짐하여야 합니다: "이제 나는 단지 그저 그렇고 그런 그리스도인이 되기를 원하지 않는다. 나 자신은 아무것도 아니고, 아무것도 아닌 것보다 더 못한 존재이지만, 하나님이 내게 준비하신 복이 있다면, 나는 그 모든 복들을 반드시 얻고 말리라. 내가 다른 사람들보다 더 친밀하게 하나님과 동행할 수 있다면, 나는 꼭 그렇게 하리라. 내가 다른 사람들보다 그리스도를 더 닮을 수 있다면, 나는 반드시 그렇게 하리라. 나는 하나님을 의지해서 '세겜을 나누며 숙곳 골짜기를 측량하리라.' 하나님께서 내게 취하라고 허락하신 것이라면, 내가 그것을 취하지 않을 이유가 어디 있겠는가?' 만일 하나님께서 여러분에게 먼저 성이나 버킹엄 궁을 아무 때라도 가서 거기에 있는 것들 중에서 마음에 드는 것들을 다 가져와도 좋고 거기에서 왕자로서 대접을 받게 될 것이라고 하셨다면, 나는 누가 여러분에게 거기에 가야 하지 않겠느냐고 조언할 필요도 없이 여러분이 쏜살같이 거기로 달려가게 될 것이라고 장담합니다. 만일 여러분에게 그런 특권이 주어진다면, 여러분은 그 특권을 반드시 활용할 것입니다. 그런데 왕이 계시는 궁정에 기도의 문들이 늘 여러분에게 열려 있고, 교제의 문이 여러분에게 결코 닫히는 법이 없습니다. 만왕의 왕이신 예수께서 여러분을 자기에게 오라고 초대하실 뿐만 아니라, 거기에 머무르며 결코 떠나지 말아 달라고 강권하시는데도, 여러분은 한 달 동안도 그리스도와 함께 교제를 나누고자 하지 않습니다. 가끔씩 하늘의 만나를 조금 맛보기는 하지만 보통은 애굽의 부추와 마늘과 양파를 먹고 살아가는 굶주린 신앙인들처럼 더 이상 살지 마십시오.

　　우리에게 하나님을 믿는 믿음이 있다면, 우리는 하나님이 우리에게 주셔서 우리의 것이 된 모든 것을 차지해야 하고, 또한 우리가 실제로 차지하고 있는 것들이 무엇인지를 알아야 합니다. 다윗이 여기에서 자신의 여러 가지 소유들을 언급하는 것을 우리가 보는 것은 즐거운 일입니다: "내가 세겜을 나누며 숙곳 골짜기를 측량하리라 길르앗이 내 것이요 므낫세도 내 것이며 에브라임은 내 머리의 투구요 유다는 나의 규이며 모압은 내 목욕통이라 에돔에는 내 신발을 벗어 던질지며 블레셋 위에서 내가 외치리라"(7-9절). 여러분은 "나는 그것들이 도대체 어떤 것들인지를 잘 알지를 못해서 별로 흥미가 없습니다"라고 말할지도 모릅니다. 그러나 다윗은 그것들을 잘 알고 있었고, 그래서 관심도 많았습니다. 그는 세겜을 보았고, 그 곳이 차지할 만한 가치가 있는 곳이라는 것을 알았습니다. "길르앗"과 "므낫세"를 비롯해서 여기에 언급된 곳들은 여러분에게는 별 관심이 없는 곳들일지라도 다윗에게는 아주 중요했던 곳들이었습니다. 하나님의 자녀가 자신의 영적인 보화들을 바라보며 그 하나하나를 언급할 때, 그가 그것들을 언급한다는 것 자체가 그것들이 그에게 중요하고 그가 그것들에 관심을 갖고 있다는 것을 보여주는 것입니다. 성경 속에서 자신의 분깃을 갖고 있지 않은 사람들에게 성경은 지루한 책일 뿐입니다. 세상에서 자기와 아무 상관도 없는 것을 읽는 것만큼 지루하고 따분한 것은 없습니다. 그러나 여러분의 나이 든 삼촌이 여러분에게 막대한 유산을 물려주기 위해서 임종 전에 유언을 한다면, 여러분은 다른 어떤 사람들의 말보다도 그 삼촌의 말을 경청하게 될 것입니다. 여러분은 혹시나 그 삼촌이 하는 말을 놓치는 부분이 있을까봐 몸을 앞으로 기울이고 귀를 쫑긋 세워서 들을 것이고, 여러분에게 유산을 물려 주고자 하는 그 삼촌의 말보다 더 달콤한 말을 들은 적이 없다고 느낄 것입니다. 마찬가지로, 어떤 사람이 "하나님이 말씀하신" 것들을 알게 되고, 하나님이 이 복된 책에 그 사람을 위한 자신의 뜻을 기록해 놓으셨다는 것을 알게 된다면, 성경책에 기록된 모든 말씀이 그 사람에게 음악과 같을 것이고, 그 사람은 거기에 나오는 가장 놀라운 말씀들 중 일부를 뽑아내서 이렇게 말할 것입니다: "거듭남이 내 것이요 의롭다 하심이 내 것이며 양자됨이 내 것이고 거룩하게 하심이 내 것이며 그리스도와 하나 됨이 내 것이고 부활이 내 것이며 영생이 내 것이다. 그래, 모든 것이 내 것이다!' 그리고 그는 거룩한 기름 부음을 받아 적어도 그의 심령 속에서 그 하나하나를 깊이 묵상할 것입니다.

여러분이 하나님께서 여러분에게 어떤 것들을 주셨는지를 안다면, 여러분은 그 모든 것을 사용하여야 합니다. 다윗은 무엇이라고 말합니까? "모압은 내 목욕통이라 에돔에는 내 신발을 벗어 던질" 것이라고 말합니다. 동방 사람들은 밖에서 들어와서 피곤할 때에 자신의 신발을 한 종에게 던진 후에 발을 내밀면, 또 다른 종이 흐르는 물로 그의 발을 씻어 줍니다. 그래서 다윗은 "내가 모압과 에돔을 나의 발을 씻어 줄 종들로 삼을 것"이라고 말하고 있는 것입니다. 그리스도 인들이여, 여러분에게 참된 믿음이 있고, 여러분이 하나님을 위하여 진정으로 일하고자 한다면, 이렇게 말하십시오: "나는 이런저런 복들을 가지고 있는데, 이모든 복을 하나님의 영광을 위하여 사용하리라. 나는 하나님이 양자 삼으신 자이고, 그의 자녀이다. 그러므로 나는 하나님께 간구해서, 내 아버지 하나님으로부터 내가 얻을 수 있는 모든 것을 얻어서 그를 섬기는 데에 사용하리라. 나는 의롭다 하심을 얻었고 하나님과 화목하게 되었다. 그러므로 나는 그 화목함을 힘입어서 앞으로 나아가, 다른 사람들로 하여금 그리스도인이 어떤 지극한 복을 알고 있는지를 볼 수 있게 하리라. 또한, 나는 그리스도 안에서 거룩함을 입었다. 그러므로 나는 그것을 사용해서 참된 성도가 되어, 내 인생이 그리스도를 닮은 흠 없고 거룩하며 은혜 가득한 삶이 되게 하리라. 하나님의 은혜를 힘입어서 나는 하나님이 내게 주신 모든 특권들을 하나도 남김없이 다 취하여 사용하리라."

또한, 다윗은 하나님을 믿는 믿음으로 충만한 영을 보여줄 뿐만 아니라, 적극적으로 행동하는 영을 보여줍니다. 왜냐하면, 그는 이렇게 말하기 때문입니다: "하나님께서 내게 에돔을 주셨으니 내가 그것을 취하리라. 거기에는 페트라 (Petra)라는 바위 요새가 있어서, 그 곳은 높은 절벽의 바위 틈새에 지어진 독수리의 둥지와 같다. 그 곳을 점령하여 취할 용사가 누구인가? 그 골짜기에 있는 사나운 에돔 사람들은 분명히 그 바위 요새로 진군해 오는 자들을 죽일 것이 분명하다. 그러니 '누가 나를 이끌어 견고한 성읍으로 인도해 들이며 누가 나를 에돔으로 인도할꼬'(10절)." 이것은 적극적으로 행동하여 정복하고자 하는 영이 다윗에게 있었음을 보여줍니다. 그런 후에, 그는 "하나님이여 주께서 우리의 군대들과 함께 나아가지 아니하시겠나이까"(11절 KJV, 한글개역개정에는 "아니하시나이다"로 되어 있음 — 역주)라는 말을 덧붙입니다. 즉, 그는 "주께서는 말씀하신 대로 이루시는 분이신 것을 내가 알고, 주께서 에돔을 내게 주시겠다고 말씀하셨으니, 우리를 반드시 승리로 이끄실 것임을 내가 안다"는 것입니다. 마찬가지로, 하나님의 말씀을 믿는 믿음을 가진 사람은 누구나 적극적으로 행동하는 사람이 되어야 합니다. 형제들이여, 나는 여러분 중에서 지금 하나님을 위하여 어떤 행동을 하고 있는 분이 얼마나 될지 궁금합니다. 특히, 여러분은 자신의 심령 속에 있는 바위 같은 죄악들, 거의 난공불락인 것처럼 보이는 그런 죄들을 맹렬히 공격하는 데에 적극적으로 나서야 합니다. 여러분은 구주의 이름인 "예수"가 "자기 백성을 그들의 죄에서 구원할 자"(마 1:21)라는 의미인 것을 알 것입니다. 그러므로 그 이름의 능력을 힘입어 일어나서 여러분이 깊이 품고 있는 죄와 여러분의 체질적인 죄를 죽이십시오. 여러분의 심령 속에 숨어 있는 모든 악을 다 죽일 때까지는 결코 쉬지 마십시오.

또한, 여러분이 자신의 동료들 가운데서 어떤 할 일이 있는지도 생각해 보십시오. "땅과 거기에 충만한 것과 세계와 그 가운데에 사는 자들은 다 여호와의 것"(시 24:1)인데도, 아직도 수많은 사람들이 여전히 흑암과 사망의 그늘 속에 앉아 있습니다. 여러분 중에서 지금도 여전히 주 예수 그리스도를 대적하여 반역하고 있는 저 "견고한 요새들"을 쳐부수러 올라가기에 충분한 진취적인 믿음을 지닌 분이 있습니까? 여러분 중에 누가 길거리를 다니는 사람들을 그리스도께로 데려올 자가 없습니까? 바로 그것이 에돔을 정복하는 일입니다. 여러분 중에 런던의 빈민가와 부랑자들의 소굴로 찾아가서 세상에서 가장 가난한 자들과 악한 자들을 그리스도께로 인도할 만한 진취적인 믿음을 지닌 사람이 없습니까? 여러분은 주 예수 그리스도께서 저 바위 같이 견고한 성, 도둑들이 우글거리고 하나님을 욕하는 소리가 일상언어가 되어 있으며, 하나님을 모독하는 말들이 공기조차 더럽히고 있는 저 어두운 곳을 여러분에게 주실 수 있으시다고 믿을 만한 확신을 갖고 있습니까? 여러분은 그러한 행동을 감행하기에 충분한 "담력"을 가지고 있습니까? 여러분 중에서 그런 것을 시도할 만한 강건한 믿음을 갖고 있는 분이 있습니까? 그렇다면, 여러분은 "누가 나를 에돔으로 인도할꼬"라고 말한 후에 이렇게 기도하는 것을 잊지 마십시오: "오, 하나님, 주께서 그렇게 해주시지 않으시겠습니까? 주께서 말씀하셨사오니, 주께서 주의 백성을 통해 행하셔서, 모든 육체가 하나님의 구원을 볼 수 있게 해주시지 않으시겠습니까?" 하나님의 자녀는 누구나 다 이렇게 말해야 합니다: "오, 나의 아버지, 나는 비록 연약하고 힘이 없지만, 내가 주께서 주시는 능력으로 주를 섬긴다면, 나의 그러한 연약함은 내게 아무런 방해도 되지 않을 것입니다. 주께서 주의 거룩하심 가운데서 말씀하셨사오니, 내가 기뻐하고, 주의 이름으로 원수를 이기고 주를 위해 노략물을 가져오겠나이다."

다윗은 13절에서 "우리가 하나님을 의지하고 용감히 행하리니 그는 우리의 대적들을 밟으실 자이심이로다"라고 말합니다. 그러므로 여러분이 하나님을 믿는다면, 하나님의 원수들을 노략하는 일을 서두르십시오. 담대하십시오. 여러분이 진정으로 전능하신 이와 연결되어 있다면, 그것을 증명하십시오! 만군의 여호와께서 여러분과 함께 하시고 야곱의 하나님이 여러분의 피난처라는 것을 말로 하지 마시고 행동으로 보여주십시오. 하나님의 팔이 여러분과 함께 한다면, 하나님이 쳐부수시는 것처럼 쳐부수십시오. 하나님이 여러분을 통해서 말씀하신다면, 하나님이 말씀하시는 것처럼 말하십시오. 하나님의 이름으로 담대히 앞으로 나아가십시오. 깃발을 드십시오. 연약한 자일 뿐인 나의 메시지가 여러분으로 하여금 하나님의 말씀을 믿는 믿음으로 떨쳐 일어나게 하여서, 원수의 견고한 요새를 격파하고, 저 견고한 여리고의 성벽을 무너뜨리게 할지 누가 알겠습니까? 하나님께서 그의 이름을 위하여 그렇게 되게 해주시기를 빕니다. 아멘.

제
105
장

—

자원하는 백성과
변하실 수 없는 지도자

—

"주의 권능의 날에 주의 백성이 거룩한 옷을 입고 즐거이 헌
신하니 새벽이슬 같은 주의 청년들이 주께 나오는도다."
— 시 110:3

　　지금까지 성경에서 내가 이 구절만큼 그 의미와 맥락을 찾아내는 데에 애를
먹은 구절은 없었습니다. 처음에 이 구절을 한 번 쭉 읽어 보면 아주 쉬운 것처럼
보일 수 있습니다. 그러나 세심하게 하나하나 뜯어보면 이 구절에 나오는 단어
들을 한데 조합해서 어떤 이해 가능한 의미로 엮어내는 것이 쉽지 않다는 것을
발견하게 됩니다. 나는 내가 가지고 있는 모든 주석서들을 꺼내서 그것들이 이
구절을 어떻게 해석하고 있는지를 살펴보았는데, 모든 주석서들은 나름대로의
해석을 제시하고 있기는 했지만, 단 한 사람도, 심지어 길(Gill) 박사님조차도 이
구절 전체를 유기적으로 설명하고 있지 않았습니다. 나는 옛 역본들을 찾아보고
내 능력이 닿는 한에서 모든 수단을 총동원해서 이 구절의 의미를 찾아내려고
했지만, 결국 처음 시작할 때보다도 더 뭐가 뭔지 모르게 된 나 자신을 발견했습
니다. 가장 지혜로운 주석자들 중의 한 분이자 가정에서 읽기에 최고의 주석서
를 쓴 매튜 헨리(Matthew Henry)는 이 구절을 이렇게 읽습니다: "주의 권능의 날
에 주의 백성이 거룩함의 아름다움들로 자원하여 나아오리라. 새벽의 태로부터

주께서는 주의 젊음의 이슬을 갖고 계시나이다." 그는 이것이 적절한 번역이라고 말하고 있지는 않지만, 이런 식으로 이 구절을 설명합니다. 그는 하반절인 "주께서는 주의 젊음의 이슬을 갖고 계시나이다"가 "새벽의 모태로부터," 즉 인생의 아주 이른 시기에 젊은이들이 예수 그리스도께 헌신하게 되는 것을 의미하는 것으로 설명합니다. 그러나 이 하반절은 그런 의미가 아닙니다! "새벽"이라는 단어 뒤에는 콜론이라는 구두점이 있습니다. 게다가, 일반적으로 주석자들은 "주의 백성이 자원하리니 주께서는 주의 젊음의 이슬을 갖고 계시나이다"로 읽고 있지만, 본문은 그렇게 되어 있지 않고, 하반절은 하나님께서 그리스도를 향하여 "너는 네 젊음의 이슬을 갖고 있다"라고 말씀하고 있는 것입니다. 우리는 이 절의 연결 관계를 철저하게 살펴보고 이 시편의 의도를 파악하려고 할 때에만 이 구절의 의미를 알 수 있게 됩니다. 그러나 그렇게 해서 의미를 이해했다고 할지라도, 우리는 우리가 이해한 것이 옳기를 바라긴 하지만, 그것이 과연 성령께서 의도하셨던 것인지에 대해서는 여러분 각자의 판단에 맡길 것입니다. 이 시편은 일종의 대관식 시편입니다. 그리스도께서는 자신의 보좌에 앉으라는 명령을 받습니다: "너는 내 오른쪽에 앉아 있으라"(1절). "규"가 그리스도의 손에 주어집니다: "여호와께서 시온에서부터 주의 권능의 규를 내보내시리니"(2절). 그런 다음에, "주의 백성이 어디 있는가?"라는 질문이 제기됩니다. 왜냐하면, 신민들이 없는 왕은 이미 왕이 아닐 것이기 때문입니다. 왕권을 충실하게 해줄 신민들이 없다면, 왕이라는 최고의 직함은 공허한 것이 될 뿐입니다. 그렇다면, 그리스도께서는 만물 안에서 만물을 충만하게 하시는 자의 충만을 어디에서 발견하게 되실까요? 우리의 관심은 그리스도께서 왕이시냐 아니냐 하는 문제가 아닙니다. 우리는 그가 왕이시라는 것을 압니다. 그는 창조와 섭리의 주이십니다. 우리의 관심은 그의 신민들에 관한 것입니다. 흔히 우리는 "주여, 우리는 어디에서 주의 신민들을 발견하게 될까요?"라고 묻습니다. 우리가 완악한 마음을 지닌 자들에게 말씀을 전하고 마른 뼈들에게 예언할 때, 우리의 불신앙은 종종 이렇게 말합니다: "우리는 어디에서 그리스도를 위한 자녀들을 발견하게 될까요? 우리는 어디에서 주의 제국의 신민들을 구성할 사람들을 찾게 될까요?" 우리의 이러한 근심은 오늘의 본문에 나오는 "너의 권능의 날에 네 백성이 거룩함의 아름다움들 속에서 새벽의 태로부터 자원하리라"는 구절과 그 다음으로 주어진 "너는 네 젊음의 이슬을 갖게 되리라"는 약속에 의해서 씻은 듯이 사라지게 됩니다. 이 구절들이 여기에 있는 것은 하나님의 믿는 백성의 근심과 염려를 덜어주고, 그들로 하여금 그리스도께서 장차 왕이 되실 때에 그에게 무수한 신민들이 반드시 있게 될 것임을 알게 해주기 위한 것입니다.

본문에는 첫 번째로 주의 백성에 관한 약속이 나오고, 두 번째로는 그리스도 자신에 관한 약속이 나오는데, 그가 늘 변함없이 강건하고 늘 새로우며 권능이 많으시리라는 것이다.

1. 첫째로, 그리스도의 백성에 관하여 주어진 약속을 살펴보겠습니다.

본문은 "너의 권능의 날에 네 백성이 거룩함의 아름다움들 속에서 새벽의 태로부터 자원하리라"고 말씀합니다. 여기에는 때에 관한 약속이 있고("너의 권능의 날에"), 백성에 관한 약속이 있으며("네 백성"), 백성의 성향에 관한 약속이 있고("네 백성이 자원하리라"), 백성이 어떤 모습일지에 관한 약속이 있습니다("네 백성이 거룩함의 아름다움들 속에서 자원하리라"). 여기에는 주의 백성들이 이끌림을 받아 나오게 될 모습을 보여주는 장엄한 비유가 있고, 새벽의 태로부터 이슬방울들로서 신비스럽게 등장할 것이라는 매우 대담한 은유가 있습니다. 우리는 그 과정은 알지 못하지만, 그들은 하나님에 의해서 만들어집니다: "너의 권능의 날에 네 백성이 거룩함의 아름다움들 속에서 자원하리라." 그들은 새벽의 태로부터 나오게 될 것입니다.

1) 여기에는 때에 관한 약속이 있습니다. 그리스도께서는 날마다 자기 백성을 모으시는 것이 아니라, 특정한 날, 곧 그의 권능의 날에 자기 백성을 모으신다는 것입니다. 영혼들을 얻는 것은 우리가 우리 자신에게 대단한 힘과 능력이 있다고 느끼는 그런 날이 아닙니다. 안타깝게도, 하나님의 종들은 종종 자기가 능력 있고 충분히 유창하게 말씀을 선포했다는 느낌이 와서 스스로 만족할 때까지 말씀을 전하고, 그럴 때에 죄인들이 틀림없이 구원 받았을 것이라는 느낌도 받게 됩니다. 그러나 우리에게 권능이 있는 날에 사람들이 그리스도께로 모여올 것이라는 약속은 본문에 없습니다. 또한, 사람들에게 하나님을 찾고자 하는 큰 능력과 말씀을 듣는 힘이 있는 것 같이 보이는 때가 있습니다. 그러나 열렬하고 뜨거운 감정이 지배하고 사람들에게 어떤 능력이 있어 보이는 그런 날이 하나님이 자기 백성을 모으실 날이 될 것이라는 약속도 본문에 없습니다. 하나님의 백성이 모여오는 때는 설교자나 청중에게 어떤 능력이 있는 날이 아니라 "주의 권

능의 날"입니다.

그렇다면, 언제가 하나님의 권능의 날입니까? 그것은 하나님께서 자신의 능력을 사역자에게 부어 주셔서 그의 말씀 선포를 통해 하나님의 자녀들이 모여오는 날입니다.

사랑하는 자들이여, 살아 계신 하나님께서 세우신 종이 말씀을 전할 때에 자신의 입을 열어서 말씀들이 그 입으로부터 흘러나가게 하는 것 외에는 아무것도 하지 않을 때들이 있습니다. 그는 거의 생각할 필요조차 없고, 생각들이 저절로 떠올라 그 생각들을 따라 말씀을 전하면서, 그가 말씀을 전할 때에 권능도 함께 나가고 있다는 것을 느낍니다. 또한, 그 말씀을 듣는 사람들도 그것을 알아차리고, 그 중 어떤 사람들은 거대한 망치 아래 앉아서 가슴을 얻어맞는 느낌을 받게 되고, 어떤 사람들은 하나님의 진리가 자기도 모르게 자신의 가슴속으로 들어와서 자신의 모든 불신앙을 제거해 버려서 자기가 그 복된 능력을 도저히 거부할 수 없다고 느끼게 되기도 합니다. 하나님의 자녀들은 종종 어떤 저항할 수 없는 능력과 감화력이 하나님의 말씀과 함께 들어오는 것을 발견합니다. 전에도 그들은 그 목회자의 설교들을 들어 왔고, 그때마다 덕 세움을 받고 유익을 얻고서 기뻐하곤 하였지만, 그 날은 특별한 뭔가가 있어서, 한 말씀 한 말씀이 그들의 옥토에 뿌려지고, 한 말씀 한 말씀이 그들의 심령을 타격합니다! 전에는 이렇게 말씀이 화살이 되어 그들의 심장 한복판에 꽂히는 일은 없었고, 여호와께서 시내 산이나 골고다 언덕에서 말씀하시는 것 같이 한 마디 한 마디가 그들의 폐부를 찌르는 일은 없었습니다. 여러분은 그런 때들을 경험해 보신 적이 있습니까? 여러분이 하나님의 집에 서 있거나 앉아 있을 때에 그런 때들을 느낀 적이 있습니까? 바로 그런 때들이 하나님께서 자기 자신을 나타내셔서 자신의 자녀들에게 빛을 비쳐 주심으로써 자기 백성을 모으시고 가련한 죄인들로 하여금 자원하게 만드시는 때들입니다. 또한, 각각의 죄인의 심령마다 권능의 날이 다릅니다. 왜냐하면, 우리의 회중에게 일반적으로 권능이 임한 날에도 어떤 죄인들은 회개의 눈물을 흘리며 통회 자복하는 일이 일어나지만, 어떤 죄인들은 아무것도 느끼지 못하고 무감각하게 꼼짝도 하지 않고 그냥 앉아 있기 때문입니다. 동일한 권능의 날인데도, 너무나 기뻐서 펄쩍펄쩍 뛰며 어쩔 줄 모르는 사람들도 있지만, 무지의 족쇄에 묶여서 사망의 잠을 자고 있는 사람들도 있습니다. 하나님께서 성령을 물 붓듯이 부어 주셔서, 어떤 심령들은 가장자리까지 가득 성령의 충만함을 받아서 터져 버릴 것 같은 사람들이 있는가 하면, 하늘의 촉촉한 단비를 단 한 방울도 받지 못해서 심령이 메마른 채 그대로 있는 사람들도 있습니다. 하나님의 권능의 날은 주님이 "삭개오야 속히 내려오라"(눅 19:5)고 말씀하셨을 때에 삭개오가 하늘의 권능을 받은 것처럼 우리의 영혼이 인격적으로 권능을 받는 날입니다. 그 날은 사람의 이성으로 뭔가를 깨닫는 날이 아니라, 전능하신 하나님께서 우리의 마음에 능력으로 역사하시는 날입니다. 그 날은 단지 지적으로 뭔가를 알게 되고 교훈을 받게 된 날이 아니라, 하나님이 우리의 심령 속으로 들어오셔서 권능의 손으로 우리의 의지를 비트셔서 그의 뜻대로 변화시키심으로써 우리로 하여금 의롭게 판단하고 올바르게 생각하게 하셔서 우리의 영혼을 자기에게로 이끄시는 날입니다. 여러분은 하나님이 각 사람의 심령 속에서 역사하시는 능력이 어떤 능력인지를 생각해 본 적이 있습니까? 그것과 비견될 수 있는 능력은 결코 없습니다. 어떤 사람이 힘 있게 떨어지는 폭포를 그대로 얼어붙으라고 명할 수 있습니까? 만일 정말 그 사람의 명령을 따라 폭포가 얼어붙었다면, 그 사람은 하나님께서 우리의 심령 속에서 역사하셔서 죄의 홍수에게 그치라고 명하셔서 그치게 하시는 것의 절반 정도의 이적을 행한 것이라고 할 수 있을 것입니다. 만일 내가 에트나 화산에게 그 불길과 연기를 내뿜는 것을 그치고 즉시 잠잠하라고 명해서 그렇게 되었다고 해도, 나는 하나님께서 불과 연기를 내뿜는 우리의 영혼에게 그치라고 명하셔서 그대로 되는 것에 비하면 아무것도 아닙니다. 영원하신 하나님께서 한 죄인을 그의 잘못된 길에서 돌이키시기 위하여 행하시는 능력은 천지를 창조하시거나 온 만유를 붙드실 때에 사용하시는 능력보다 더 큽니다. 하나님의 권능의 날에 하나님의 백성은 자원하게 될 것입니다!

사랑하는 자들이여, 우리도 장차 예수 그리스도께서 다스리시게 될 권능의 날을 기다립니다. 나는 "주의 권능의 날"이라는 어구는 우리 중 가장 연약한 자가 다윗처럼 용맹하게 되고 다윗이 주의 천사처럼 될 날이 다가오고 있다는 것을 말씀해주고 있는 것이라고 봅니다. 모든 가난하고 무지한 사역자가 권능으로 말씀을 전할 날, 하나님의 모든 자녀가 하나님을 아는 지식으로 충만하게 될 날이 다가오고 있다는 것입니다. 우리는 그리스도께서 오셔서 하나님을 아는 지식을 아주 급속도로 널리 퍼뜨리셔서 마치 물이 바다를 덮음 같이 그 지식이 땅을 덮게 될 복된 날을 소망합니다. 우리는 흔히 지금은 우리의 수고가 헛되고 우리의 힘을 쓸데없이 소모하는 것이라고 할지라도, 언제까지나 그렇지는 않을 것이라는 말을 하기를 좋아합니다. 성령의 새로운 바람이 교회의 모든 돛들을 채워서, 교회가 쏜살같이 달려 나가게 될 날, 사역자의 연약한 손이 강력해져서 성령의 검을 휘두르는 가장 담대한 그리스도의 전사의 손이 될 날이 올 것입니다. 그리스도의 모든 말씀이 죄악된 세상에 부어지는 향유가 되어서 온 세상에 그 향기를 퍼뜨리게 될 날, 우리가 말씀을 전할 때마다 반드시 열매를 거두게 될 날, 비와 눈이 하늘에서 내려서 땅을 촉촉이 적시듯이 우리가 전하는 말씀이 공허한 메아리가 되는 것이 아니라 사람들의 심령을 촉촉이 적시게 될 날이 올 것입니다. 이미 뿌려져서 싹이 난 말씀들은 우상들을 부수고 모든 거짓된 신앙들을 무너뜨리는 열매를 맺어서 하나님을 영화롭게 할 것입니다. 하나님의 권능의 날은 참으로 복된 날이 될 것입니다. 그리스도인들이여, 그런데도 왜 여러분은 그 날이 속히 오기를 기도하지 않으십니까? 왜 여러분은 하나님께서 자기 백성에게 권능을 주시고 그리스도께서 속히 오셔서 자기 백성으로 하여금 자원하게 하시기를 구하지 않습니까?

오늘의 본문에 나오는 "주의 권능의 날에"는 다른 식으로 번역되기도 하는데, 칼빈(Calvin)은 "그들의 군대를 모을 때에"라고 번역합니다. 또 어떤 이는 "주께서 되돌아보시는 날에"라고 번역하기도 합니다. 여러분은 종종 "만일 큰 싸움이 일어난다면, 그리스도를 위해 싸울 사람들이 과연 있을까요?"라고 말합니다. 겁 많은 신자들은 이렇게 말합니다: "나는 박해가 일어날까 두렵습니다. 만일 박해가 일어난다면, 하나님의 진리를 위해 싸울 용감한 자들은 거의 없을 것이고, 목회자들 중에서도 담대히 나가서 그리스도의 복음을 전하는 이는 거의 없을 것입니다." 겁 많은 신자들이여, 결코 그렇지 않습니다. 그리스도의 백성들은 하나님이 군대를 모으시는 날에 자원하게 될 것입니다. 하나님께서 싸우셔야 할 싸움이 있는데, "내게는 군사가 아무도 없구나"라고 말씀하실 일은 결코 없습니다. 하나님께서 치열한 전투를 치러야 하시는데, 하나님의 군대가 부족한 경우는 있을 수 없습니다. 옛적에 스가랴 선지자는 이렇게 말했습니다: "내가 눈을 들어 본즉 네 개의 뿔이 보이기로 이에 내게 말하는 천사에게 묻되 이들이 무엇이니이까 하니 내게 대답하되 이들은 유다와 이스라엘과 예루살렘을 흩뜨린 뿔이니라 그 때에 여호와께서 대장장이 네 명을 내게 보이시기로 내가 말하되 그들이 무엇하러 왔나이까 하니 대답하여 이르시되 그 뿔들이 유다를 흩뜨려서 사람들이 능히 머리를 들지 못하게 하니 이 대장장이들이 와서 그것들을 두렵게 하고 이전의 뿔들을 들어 유다 땅을 흩뜨린 여러 나라의 뿔들을 떨어뜨리려 하느니라 하시더라"(슥 1:18-21). 하나님께서는 그 뿔들을 잘라 버리고 자신의 집을 세우시는 데에 충분한 수의 사람들이 있었는데, 그들은 하나님께서 행하고자 하시는 일을 위해 준비된 네 명의 "대장장이들"이었습니다. 싸울 때가 다가올 때마다 하나님께서는 자기 사람들을 발견하실 것입니다! 전투가 시작되려 할 때마다 하나님께서는 자신의 진리를 위해 용맹스럽게 싸울 사람들을 발견하실 것입니다. 하나님이 자기 교회를 돌보지 않으시면 어쩌나 하고 절대로 염려하지 마십시오: "하나님이 싸우시는 날에 주의 백성이 자원하리라." 여러분은 어떤 대단한 일을 하려고 계획하면서, '세상을 복음화시킬 멋진 계획이 있는데, 이 일을 할 사람들이 과연 있을까?'라고 속으로 생각하고 있습니까? 여러분의 그런 의구심에 대한 대답이 여기 있습니다: "하나님이 군대를 모으시는 날에 주의 백성이 자원하리라." 주일학교 선생님들 중에는 그들의 교회에서 구역을 심방할 선생님이 부족하다고 하소연하는 분들이 있습니다. 그러니까 그들은 하나님의 백성이 충분하지 않다고 탄식하는 것이지만, 하나님께서 군대를 모으시는 날에 주의 백성은 자원하게 되어 있습니다. 우리는 복음을 전할 사역자들이 부족하다고 탄식해 왔습니다. 왜 그렇습니까? 그들에게 주의 성령이 충만히 부어지지 않고 있기 때문입니다. 주의 성령이 충만히 부어진다면, 하나님이 군대를 모으시는 날에 그 싸움에 필요한 주의 백성이 자원하게 될 것이고, 그들은 늘 싸움을 위해 준비된 자원하는 심령을 갖고 있을 것입니다. 그들은 "나는 혈육과 상의해야 해"라고 말하지 않습니다. 그리스도의 깃발이 세워지면, 그들은 무조건 거기로 달려갑니다. 싸움이 벌어지면, 그들은 칼을 뽑은 채로 거기로 나아갑니다. 그들은 즉시 싸울 준비가 되어 있습니다. 그들은 하나님이 군대를 모으시는 날에 그 소집에 응할 준비가 항상 되어 있습니다. 사랑하는 자들이여, 싸움을 두려워하지 마시고, 원정을 두려워하지 마십시오. 우리가 금과 은을 빼앗기게 될 것이라고 생각하지 마십시오: "은금은 내 것이요 삼림의 짐승들과 뭇 산의 가축이 다 내 것이며"(왕상 20:3; 시 50:10). 여러분의 계획이 아무리 원대한 것이라고 할지라도, 그 계획이 실제로는 이루어지지 못할 것이라고 생각하지 마십시오. 하나님께서 소집하실 때에 하나님의 백성들이 자원해서 나아오게 될 것입니다. 우리는 하나님의 이 진리를 굳게 믿습니다. 그러나 우리는 하나님의 날을 기다려야 합니다. 우리는 하나님의 날을 위해 기도하여야 합니다 우리는 그 날을 소망하여야 합니다.

우리는 그 날을 위해 수고하여야 합니다. 그리고 그 날이 왔을 때, 하나님께서는 자기 백성이 자신들의 마땅한 본분을 따라 자원하는 것을 발견하시게 될 것입니다.

2) 다음으로, 여기에는 백성에 관한 약속이 있습니다: "주의 권능의 날에 주의 백성이 자원하리라." 이것은 그리스도께는 늘 백성이 있을 것이라는 약속입니다. 아무리 암울한 시절에도 그리스도께 속한 교회는 늘 있었고, 앞으로도 더 암울한 때가 오더라도 그리스도께 속한 교회는 여전히 있을 것입니다. 엘리야여, 당신의 불신앙은 어리석은 것이었습니다. 당신은 "나만 남았는데 내 목숨도 찾나이다"(왕상 19:10)라고 말했습니다. 엘리야여, 당신이 틀렸습니다. 하나님께서 그 땅의 여러 동굴들에 칠십 인의 선지자들을 숨겨 두셨습니다. 여러분도 종종 불신앙에 빠져서 "나만 남았습니다"라고 탄식할 수 있습니다. 하지만 여러분에게 볼 눈이 있고, 여러분이 조금만 돌아다녀 본다면, 하나님의 백성이 곳곳에 남아 있는 것을 보고 여러분의 마음이 기뻐하게 될 것입니다. 하나님께서 도처에 자신의 권속을 두신 곳을 볼 때마다 내 마음은 너무나 기쁩니다. 우리는 어디를 가든 진정으로 참된 심령들, 늘 기도로 살아가는 사람들을 보게 됩니다. 나는 나로 하여금 내가 가는 곳마다 그 수가 많지는 않지만 이스라엘의 슬픔을 보고 탄식하고 신음하는 소수의 사람들로 이루어진 교회를 볼 수 있게 하시는 하나님을 송축합니다. 모든 교회마다 그들의 주님을 찾아 나서며 기꺼이 영접할 준비가 되어 있는 정말 진지하고 진실한 한 무리의 사람들, 하나님의 임재로 말미암아 그들의 영혼이 깨어나게 해 달라고 부르짖는 한 무리의 택함 받은 사람들이 있습니다. 그러니 너무 슬퍼하지 마십시오. 하나님께는 그의 백성이 있고, 그들은 자원하는 심령을 가지고 있습니다! 하나님의 권능의 날이 임하게 될 때, 하나님의 백성이 모여오지 않으면 어쩌나 걱정할 필요가 없습니다. 사람들의 신앙이 바닥인 시절이 있을 수 있지만, 하나님의 배가 앞으로 나아가지 못할 정도로 그렇게 신앙이 바닥인 때는 결코 없었습니다. 신앙이 아무리 바닥이라고 할지라도, 마귀는 그리스도의 교회라는 강을 결코 마른 땅처럼 건널 수는 없습니다. 그 강에는 늘 풍부한 물이 흐르고 있습니다. 하나님께서 우리에게 은혜를 주셔서, 도처에 하나님의 백성이 있다는 것을 믿고서 그들을 찾아나설 수 있도록 해주시기를 빕니다. 왜냐하면, 우리에게는 "주의 권능의 날에 주의 백성이 자원하리라"는 약속이 있기 때문입니다.

3) 다음으로, 우리가 살펴볼 것은 하나님의 백성의 **성향**에 대한 것입니다. 하나님의 백성은 "자원하는" 백성입니다. 애덤 클라크(Adam Clarke, 1760-1832, 영국의 감리교 목사이자 성서주석가)는 이렇게 말합니다: "그동안 이 구절은 아주 심하게 왜곡되게 해석되어 왔다. 즉, 이 구절은 하나님의 은혜가 택함 받은 자들의 심령에 저항할 수 없을 정도로 역사하여 그들로 하여금 그리스도를 자신의 구주로 자원하여 받아들이게 하는 것을 의미하는 것으로 해석되어 왔다." 그는 이렇게 말하며 그러한 해석을 철저하게 폐기합니다. 사랑하는 애덤 클라크여, 우리는 당신이 한 말과 관련해서 당신에게 아주 큰 신세를 졌습니다. 하지만 우리는 본문이 "아주 심하게 왜곡되게 해석되어" 왔다고 생각하지 않습니다. 우리는 그동안 신학자들이, 하나님께서 사람들로 하여금 자원하도록 역사하시는 것을 보여주는 데에 이 본문을 사용해온 것은 지극히 적절한 것이었다고 믿습니다. 왜냐하면, 우리는 성경을 제대로 읽을 때에 사람들은 본성적으로 자원할 수 없는 존재라는 것을 알게 되기 때문입니다. 당신이 정말 좋아하겠지만 사실은 당신의 입맛에는 별로 맞지 않을 본문이 여기 있습니다: "너희가 영생을 얻기 위하여 내게 오기를 원하지 아니하는도다"(요 5:40). 그리고 우리가 당신과 당신의 형제들에게 들려주고 싶은 또 하나의 본문이 있습니다: "나를 보내신 아버지께서 이끌지 아니하시면 아무도 내게 올 수 없으니"(요 6:44). 당신이 이러한 본문들을 기억한다면, 우리는 오늘의 본문이 그런 것을 가르치고 있지 않다고 하더라도, 당신은 적어도 이 가르침에 대하여는 어느 정도 존중하는 마음을 가질 수 있을 것이라고 생각합니다. 그러나 사실은 오늘의 본문도 하나님의 권능의 날에 그의 백성들이 자원하게 될 것이라고 말씀하고 있습니다. 우리가 영어로 된 이 본문을 영어를 사용하는 평범한 사람들의 입장에서 읽기만 하여도, 우리는 이 본문이 하나님께서 그의 권능의 날에 기꺼이 자원할 백성을 만들어 내실 것이라는 약속이라는 것을 알게 됩니다. 그 어떤 사람도 본성적으로는 자원할 수 없다는 사실을 감안할 때, 우리는 이 본문으로부터 사람들로 하여금 하나님의 권능의 날에 자원하게 만드는 하나님의 어떤 은혜의 역사가 있을 수밖에 없다는 결론을 얻습니다. 우리는 당신이 이것을 정당한 논리라고 생각할 것인지에 대해서는 모르겠습니다. 그러나 우리는 그렇다고 생각합니다. 우리는 논리가 없다는 비난을 들어 왔지만, 그 점에 대해 특히 유감스러운 감정을 갖고 있는 것은 아닙니다. 왜냐하면, 우리는 논리가 아니라 사람들이 "교조주의"(dogmatism)라 부르는 것을

따르기 때문입니다. 이 교조주의가 옳다는 것을 증명하시는 분은 그리스도의 몫이고, 그것을 전하는 것은 우리의 몫입니다. 증명하는 일은 그리스도의 일이기 때문에, 우리가 할 일은 우리 자신이 하나님의 말씀 속에서 알게 된 것들을 선포할 뿐입니다. 하나님의 백성은 자원하는 백성이 되어야 합니다. 우리는 자원하느냐 하지 않느냐를 보고서 그 사람이 하나님의 자녀인지 아닌지를 분별할 수 있습니다.

나는 수도 없이 반복해서 여러분에게 말씀을 전합니다. 여러분에게 지옥에 대해서 전하고, 지옥에서 벗어나시라고 권합니다. 또한, 그리스도에 대하여 전하며, 그리스도를 바라보라고 권합니다. 그러나 여러분은 그렇게 하기를 자원하지 않습니다. 그렇다면, 나는 여러분의 그런 태도로부터 어떤 결론을 내려야 합니까? 하나님의 권능의 날이 아직 오지 않았거나 여러분이 하나님의 백성이 아니거나, 이 둘 중의 하나일 것입니다. 내가 하나님의 권능으로 말씀을 전하고 그 말씀이 성령의 기름 부음과 함께 여러분에게 전해지는데도, 여러분이 꿈쩍도 하지 않고 예수 그리스도 앞에 나아와 엎드릴 생각을 전혀 하지 않는다면, 나는 무엇이라고 말해야 하겠습니까? 나는 그런 분들은 하나님의 백성이 아닐 것이라고 생각하게 됩니다. 왜냐하면, 하나님의 권능의 날에 그의 백성이라면 마땅히 자원하여 주권자의 은혜에 순복하며 오직 그들의 구원을 위하여 십자가에 달리신 중보자의 손에 자신을 맡길 것이기 때문입니다. 다시 한 번 묻겠습니다. 무엇이 그들로 하여금 자원하게 만들었습니까? 그들의 의지와 뜻을 돌려놓은 것은 하나님의 그 어떤 은혜였다는 것이 틀림없지 않습니까? 사람의 의지가 전적으로 자유로워서 스스로 올바르게 행할 수도 있고 잘못 행할 수도 있는 것이라면, 나는 나의 친구들인 여러분에게 이렇게 묻고 싶습니다: 만일 그것이 사실이라면, 여러분은 바로 이 순간에 하나님의 도움 없이 왜 스스로 하나님 앞에 나아오지 않는 것입니까? 여러분이 그렇게 하지 못하는 것은 여러분의 힘으로는 스스로 자원할 수 없기 때문이고, 그래서 하나님의 권능의 날에 그의 백성이 자원하게 되리라는 약속이 필요했던 것입니다.

나는 오늘의 본문이 단지 그들이 구원받기 위하여 자원하여 나아오는 것만이 아니라 구원받은 후에 자원하여 행하는 것에도 적용된다고 생각합니다. 만일 어떤 목회자가 주일에 설교하고 나서는, 월요일 밤에 있는 기도회에는 나오기 싫어서 집에 있으려고 하고, 목요일에 있는 강해설교 시간에는 너무나 하기 싫은 일을 억지로 하는 듯한 태도로 임한다면, 여러분은 그 목회자를 어떻게 생각하시겠습니까? 분명히 여러분은 그 목회자는 하나님의 사람이 아니라고 생각할 것입니다. 왜냐하면, 그가 하나님의 사람이라면 이 모든 일에 자원하여 기쁜 마음으로 행할 것이기 때문입니다. 마찬가지로, 어떤 사람들은 하나님의 집에 올 때에 마치 노예가 채찍에 맞으러 가는 양 나오기 싫은데 억지로 나오고, 예배가 끝나면 너무 시원하다는 듯이 기뻐서 재빨리 성전을 빠져나갑니다. 그러나 하나님의 백성은 그렇지 않습니다:

> "사람들이 알지 못하는 기쁨을 안고 성전으로 올라가,
> 　거룩한 지파들이 모여드네."

　그들은 자원하는 백성입니다. 그들은 자원하는 마음으로 모입니다. 하나님의 교회는 서로의 도움을 필요로 합니다. 어떤 사람이 남들로부터 욕을 먹지 않을 정도로만 최소한으로 신앙생활을 한다면, 여러분은 그가 자기 속에 그리스도인의 영이 있음을 보여주고 있지 못하다고 생각할 것입니다. 왜냐하면, 그 사람에게는 자원하는 마음이 없기 때문입니다. 그러나 그리스도의 백성은 자원하는 백성입니다. 그들은 모든 일을 자원해서 합니다. 왜냐하면, 그들은 어떤 강제에 의해서가 아니라 오직 은혜로 움직이는 사람들이기 때문입니다. 나는 우리가 어떤 강제에 의해서 어쩔 수 없어서가 아니라 자원해서 행할 때에 모든 일들을 지금보다 훨씬 더 잘 할 수 있을 것이라고 확신합니다. 하나님께서는 자기 백성이 자원해서 그를 섬기는 것을 좋아하십니다. 자원하는 마음이야말로 복음의 핵심입니다. 자원하는 백성은 하나님께서 자신의 종으로 삼고 싶어 하시는 자들입니다. 하나님께서는 자신의 보좌를 섬길 노예들을 원하시는 것이 아니라, 그의 권능의 날에 즐거움과 기쁨 가운데서 자원하는 참된 심령들을 원하십니다.

　4) 우리에게는 이 본문 전체를 다 살펴볼 시간이 없기는 하지만, 하나님의 백성들의 성향과 아울러서 그들이 어떤 모습을 지닌 사람들인지도 간단하게나마 살펴볼 필요가 있습니다. "주의 권능의 날에 주의 백성이 자원할" 것인데, 그들은 "거룩함의 아름다운 것들 속에서" 자원하게 될 것입니다. 이것은 그들이 어떤 옷을 입게 될지를 보여줍니다. 그들은 단지 담대함만을 옷 입는 것이 아니라, 거룩함의 아름다움들로 옷 입게 되리라는 것입니다. 왜냐하면, 거룩함은 자신의

아름다움들과 보석들과 진주들을 가지고 있기 때문입니다. 그렇다면, 그 "아름다움들"은 도대체 무엇을 말하는 것일까요? 그들은 그리스도로부터 전가된 의와 하나님이 나누어 주신 은혜의 거룩함의 아름다움들로 옷 입게 될 것입니다. 하나님의 백성이라고 해도 그들 자체로는 기형적인 사람들일 수밖에 없기 때문에, 그들의 아름다움은 외부로부터 주어지지 않으면 안 됩니다. 아름다움의 기준은 거룩함입니다. 천사가 하늘에서 내려와서 이 땅의 피조물들 중에서 가장 아름다운 것을 가져다가 하나님께 드려야 한다면, 그는 이 땅의 장미꽃을 따다가 하나님께 드리지 않을 것이고, 백합화를 가져가지도 않을 것입니다. 천사는 하나님의 자녀가 지닌 아름다운 성품을 하나님께 가져갈 것입니다. 천사는 자기를 부인하는 신앙의 영웅이나 신앙으로 활활 타오르고 있는 제자를 발견했을 때에 "크신 하나님, 여기에 아름다운 존재가 있사오니, 주께서 찾으시는 바로 그 아름다움입니다"라고 탄성을 발하며, 바로 그 사람을 하나님께로 데려갈 것입니다. 우리는 길을 걷다가 동상이나 조각물 같은 것들을 보면 감탄하며 "야, 아름다움이 여기에 있네"라고 말하지만, 참된 아름다움은 그리스도인에게 있고, 그것은 거룩함의 아름다움입니다! 젊은이들이여, 여러분은 아름다움을 원합니다. 그러나 여러분은 이 땅의 모든 아름다움은 여러분에게 아무런 유익도 줄 수 없다는 것을 압니까? 여러분은 결국 죽을 수밖에 없고 수의를 입은 채 무덤 속으로 들어갈 수밖에 없기 때문입니다:

> "시간이 흐르면 꽃 같던 당신의 모습은 온데간데없이 사라지고
> 죽음이 당신을 무덤으로 끌고 갈 것이라네."

그러나 여러분에게 거룩함의 아름다움들이 있다면, 그것들은 점점 더 아름다워져서 천사들의 아름다움과 같이 되어서, 여러분은 온전히 구주의 의만을 덧입은 채로 구주 앞에 서게 될 것입니다. 하나님의 백성들은 자원하여 나아와서, "거룩함의 아름다움들"을 덧입은 채 정렬해 있는 거룩한 백성이 될 것입니다.

5) 본문에는 대담한 은유가 나오는데, 우리는 이제 마지막으로 그 은유를 살펴보아야 합니다. 본문은 "주의 권능의 날에 주의 백성이 거룩함의 아름다움들 속에서 자원하리라(KJV)"고 말씀합니다. 이제 여기까지는 우리가 알겠는데, 그렇다면 그 다음에 나오는 "새벽의 태로부터(KJV)"라는 어구는 무엇을 의미하는

것일까요? 주석자들은 "하나님의 백성이 그들의 인생의 아주 이른 시기부터 자원하게 될 것"임을 나타내는 것이라고 말합니다. 그렇지 않습니다. 이 어구는 그런 의미가 아닙니다. 여기에는 대담하고 탁월한 비유가 사용되고 있습니다. 이 어구는 "하나님의 백성이 어디로부터 오게 되는 것인가?"라는 질문에 대한 대답입니다. 하나님의 백성은 어떤 식으로 데려와지는 것입니까? 하나님의 백성은 어떤 통로를 통해서 오게 되는 것입니까? 하나님의 백성이 자원하는 일이 어떤 식으로 이루어지는 것입니까? 이런 질문에 대한 대답은 아주 간단합니다. 여러분은 땅 위에서 반짝거리는 새벽이슬들을 보신 적이 있을 것입니다. 그럴 때에 여러분은 이렇게 묻지 않았습니까? "이 이슬들이 도대체 어디에서 온 것이지? 이 이슬들이 도대체 어떻게 해서 이렇게 무수히 도처에 흩뿌려져서 저렇게 영롱하게 반짝이고 있는 것이지?" 그때에 자연이 여러분의 질문에 이렇게 답해 주었을 것입니다: "그것들은 새벽의 태로부터 왔답니다." 마찬가지로, 하나님의 백성들도 새벽이슬처럼 마치 "새벽의 태로부터" 온 것인 양 소리 없이 신비하고 신성하게 나아오게 되리라는 것입니다.

　　철학은 이슬의 기원을 밝혀내려고 애를 써왔고, 이런저런 추측을 내놓아 왔습니다. 그러나 동방 사람들에게 가장 큰 수수께끼들 중의 하나는 이슬이 누구의 태로부터 왔느냐는 것이었습니다: "이 진주 같은 방울들의 어머니는 누구일까?" 이렇게 하나님의 백성은 신비하게 나아오게 될 것입니다. 옆에서 보고 있던 자들은 이렇게 말할 것입니다: "저 사람의 설교 속에는 별것이 없었어. 나는 정말 훌륭한 웅변을 듣고 싶다고 생각했고, 정말 훌륭한 설교를 듣고 싶었는데. 그런데 이 사람은 수많은 사람들에게 구원의 통로가 되어 왔어. 나는 이 사람보다 더 지성적이고 멋지게 설교하는 수많은 설교자들을 보아 왔는데, 어떻게 해서 이 사람이 하는 설교를 듣고서 이 많은 심령들이 회심을 하게 된 것이지?" 왜냐구요? 그들은 "새벽의 태로부터" 신비하게 나아왔기 때문입니다. 다시 한 번 말씀드리지만, 이슬방울들은 누가 만들었습니까? 왕들이 일어나서 홀을 잡고 자신의 군대로 하여금 북을 두드리게 해서 구름으로 하여금 눈물을 흘리게 하거나 울게 만들어서 땅에 이슬들이 내린 것입니까? 아니면, 막강한 군대가 진군해서 하늘로 하여금 자신의 다이아몬드들을 이 땅에 마구 흩뿌리게 만든 것입니까? 그렇지 않습니다. 하나님께서 새벽이 다가오고 있다는 기쁜 소식을 자연의 귀에 대고 속삭이실 때에 자연이 그 소식을 듣고 기뻐서 눈물을 흘리며 울어서 생기는 것이 새벽이슬입니다. 하나님께서 그 일을 하십니다. 하나님은 그 일을 하시기 위해 우레나 번개 등과 같은 것들을 사용하시는 것도 아니고, 친히 하십니다. 이것이 하나님의 백성이 구원받는 방법입니다. 이슬들은 "새벽의 태로부터" 옵니다. 하나님이 모든 이슬들을 부르시고 복 주시고 그 수를 헤아리시고 온 지면에 흩으셔서 세상을 새롭게 하십니다. 이렇게 이슬들은 "새벽의 태로부터" 나옵니다. 여러분은 새벽에 무수한 이슬방울들이 지면에 있는 것을 보았을 때에 "도대체 이 많은 것들이 어디에서 온 것이지?"라고 속으로 물었을 것입니다. 우리는 대답합니다. 자연의 태는 무수한 것들을 동시에 낳을 수 있다고 말이죠. 마찬가지로, 하나님의 자녀들은 "새벽의 태로부터" 올 것입니다. 그 어떤 몸부림치는 소리나 고통이나 소리 지르는 것이나 괴로워하는 것이 들리지 않습니다. 모든 것이 은밀하게 진행됩니다. 그들은 그렇게 "새벽의 태로부터" 나올 것입니다.

이 비유는 너무나 아름다워서 말로 어떻게 표현할 수가 없습니다. 여러분이 어느 날 해가 하늘로부터 햇빛을 쏘기 시작하는 새벽에 들판에 나가 서서 온통 이슬들로 뒤덮여 반짝거리는 들판을 바라볼 때에 "이것들이 다 어디로부터 왔지?"라고 물을 수밖에 없는데, 그때에 대답은 그것들은 "새벽의 태로부터" 왔다는 것입니다. 마찬가지로, 여러분이 무수한 심령들이 구원을 받아서 너무나 신비롭고 조용하고 신성하게 나아오는 것을 볼 때, 여러분은 그들을 새벽이슬에 비유할 수밖에 없습니다. 여러분은 "그들은 모두 어디로부터 왔지?"라고 묻게 되고, 그 물음에 대한 대답은 그들은 "새벽의 태로부터" 왔다는 것입니다.

2. 둘째로, 그리스도께 주어진 또 다른 약속이 있습니다.

본문의 두 번째 부분은 대단히 감미롭기 때문에, 우리는 이 부분에 대하여 얼마간 시간을 들여서 살펴보지 않으면 안 됩니다. 우리는 앞에서 본문 속에서 하나님께서 그리스도께 그의 백성에 관하여 주신 약속을 살펴보았고, 그렇게 함으로써 교회에 대한 우리의 염려도 사라지게 되었습니다. 이제 우리가 살펴볼 것은 그리스도께 주어진 또 하나의 약속에 대한 것인데, 본문은 그것에 대하여 "네게는 네 젊음의 이슬이 있으리라(KJV)"고 말씀합니다. 신자들이여, 이것은 복음이 형통할 수밖에 없는 근거가 되는 말씀입니다. 그리스도께는 그의 젊음의 이슬이 있으리라는 것입니다! 예수 그리스도께서는 개인적으로 그의 젊음의 이슬을 갖게 되실 것이라는 것입니다. 어떤 지도자들은 젊은 시절에 군대를 이끌고 전투할 때에 우렁찬 목소리와 강건한 신체로 자신의 부하들에게 용기를 불어넣어 줍니다. 그러나 나이 든 늙은 전사는 머리가 희끗희끗해지고 노쇠하기 시작해서 더 이상 군대를 이끌고 전투를 수행할 수 없습니다. 그런데 예수 그리스도는 그렇지 않습니다. 그에게는 여전히 그의 젊음의 이슬이 있습니다. 젊었을 때에 군대를 이끌고 전투를 수행하셨던 바로 그 그리스도께서는 지금도 여전히 군대를 이끌고 전투를 벌이십니다. 자신의 말씀으로 죄인들을 쳤던 그의 팔도 여전해서, 힘이 부족해 떨리는 일은 전혀 없습니다. 자신의 친구들을 기쁜 표정으로 바라보시고 자신의 대적들에 대해서는 준엄하고 위엄 있는 표정으로 주시하시던 그의 눈은 모세와 같이 전혀 희미해짐이 없이 여전해서, 그 눈이 우리를 지금도 바라보고 계십니다. 그리스도께서는 그의 젊음의 이슬이 그대로 있습니다. 그리스도께서 그의 젊음 속에서 전능하신 능력으로 충만하셔서 "만물 위에 계셔서 세세에 찬양을 받으실 하나님"(롬 9:5)이시라는 사실을 생각하는 것은 우리에게 기쁨을 줍니다. 예수 그리스도는 예나 지금이나 동일하십니다. 그는 나이 들어 늙은 그리스도도 아니고, 이제 한물 간 그리스도도 아니며, 여전히 젊었을 때의 그 모습 그대로 우리의 지도자이십니다! 그는 영원토록 젊습니다. 이슬과 같은 신선함이 그에게는 늘 존재합니다. 사람들은 목회자들에 대하여 "젊은 시절에는 정말 신선했는데, 이제 나이가 들어가시니까 진부해지기 시작하시네"라고 말하곤 합니다. 그리스도께서는 그런 일이 결코 일어나지 않습니다. 그는 늘 그의 젊음의 이슬을 지니고 계십니다. 그가 이 땅에 계실 때에 사람들은 "그 사람이 말하는 것처럼 말한 사람은 이때까지 없었나이다"(요 7:46)라고 말했는데, 그가 다시 오셔서 말씀하실 때에도 이전처럼 그렇게 말씀하실 것입니다. 그에게는 그의 젊음의 이슬이 있습니다.

또한, 가르침과 관련해서도 그리스도께서는 그의 젊음의 이슬을 가지고 계십니다. 일반적으로 어떤 종교가 시작될 때에는 아주 요란하지만 세월이 가면 쇠락합니다. 마호메트가 시작한 이슬람교를 보십시오. 이슬람교는 초창기 100여 년 동안에는 온 세상과 모든 나라들을 다 뒤집어 엎어버릴 것처럼 위협적이었습니다. 그러나 한때 그렇게 날카로웠던 이슬람교의 칼날은 지금 어디에 있습니까? 이슬람교의 대적들을 진멸하고자 했던 자원하는 손들이 지금은 어디에 있습니까? 왜냐하면, 마호메트가 시작한 종교는 이제 한물 간 종교가 되어 버렸기 때문입니다. 지금에 와서는 이슬람교에 관심을 갖는 사람은 아무도 없습니다. 소파에 앉아서 다리를 꼬고 입에는 곰방대를 문 터키인의 모습이 오늘날 늙고 쇠약해진 이슬람교를 가장 잘 표현해 주는 이미지입니다. 그러나 기독교는 예루살렘의 구유에서 시작된 이래로 늘 신선하고 활력이 넘칩니다. 바울이 아테네에서, 베드로가 예루살렘에서 복음을 전할 때처럼, 지금도 기독교는 그 모습 그대로 강건하고 힘 있고 활기 있습니다. 기독교는 한물 간 노쇠한 종교가 아닙니다. 거의 2천년이라는 세월이 흘렀지만, 기독교는 조금도 노쇠하게 되지 않았습니다. 기독교가 시작된 이래로 얼마나 많은 종교들이 부침을 거듭해 왔습니까? 얼마나 많은 종교들이 하룻밤 사이에 버섯처럼 일어났다가 얼마 안 있어 시들어 버렸습니까? 그러나 기독교는 처음 시작할 때나 지금이나 늘 새롭지 않습니까? 여러분 중에서 나이 드신 분들께 한 번 여쭈어 보겠습니다. 여러분이 젊은 시절에 주님을 만나서 주님을 믿는 신앙이 정말 달콤하고 귀하다는 것을 알았는데, 이제 와 보니 이 신앙이 별 쓸데없다는 생각이 드십니까? 어떻습니까, 그리스도께서 젊음의 이슬을 이제는 가지고 계시지 않은 것 같습니까? 결코 그렇지 않습니다. 여러분은 이렇게 말할 것입니다: "향기로운 예수님, 내가 처음으로 주님의 손을 만지던 그 날, 내가 주님과 혼인하던 그 날, 나는 주님이 너무나 사랑스러우시다고 생각했습니다. 주님은 이 세상의 친구와 같지 않아서 결코 낡아지거나 노쇠해지지 않으셨습니다. 주님은 예나 지금이나 젊으십니다. 주님의 이마에는 세월의 주름이 없습니다. 주님의 눈은 침침해지지 않았습니다. 주님의 머리카락은 세월을 따라 희어지신 것이 아니라 여전히 까마귀처럼 검습니다. 내가 주님을 알아온 이 모든 세월에도 불구하고, 주님은 여전히 조금도 변하지 않으셨고 조금도 요동하지 않으셨습니다." 사랑하는 자들이여, 여러분은 우리가 낡아빠지고 한물 간 것을 전하는 것이 아니라 젊음의 이슬을 늘 지니고 있는 신앙을 전하고 있는 것이라는 사실이 우리가 주님의 나라를 전파할 때에 얼마나 큰 힘이 되는지를 아십니까? 오순절에 3천 명을 구원할 수 있었던 바로 그 복음은 오늘날에도 3천 명을 구원할 수 있습니다. 나는 옛적부터 내려오는 오래된 교훈을 전하지만, 그 교훈은 하늘에서 처음 내려온 그때처럼 지금도 새롭고 신선합니다. 내게는 오래된 검이 있는데, 그것은 녹슨 검이 아닙니다. 그 검은 수많은 가지들을 자르는 데에 사용되어 왔지만, 그 검이 약함을 보여주는 단 한 점의 흠집도 거기에 없습니다. 칼날도 예리하고, 칼등에 새겨진 글귀도 선명하며, 칼의 금속 자체도 예전과 마찬가지로 광채를 발합니다. 그 검은 지혜의 모루에서 처음 만들어졌을 때와 똑같이 여전히 새 것입니다. 복음은 처음 시작되었을 때와 똑같이 지금도 동일한 성령이 함께 합니다. 옛적에 베드로가 성령의 충만함을 입어 말씀을 전하였던 것과 마찬가지로, 지금도 수많은 베드로들이 그렇게 하고 있습니다. 왜냐하면, 하나님께서 그들에게도 베드로의 경우와 동일한 기름 부음을 주시기 때문입니다. 옛적에 바울이 말씀을 전했던 것과 똑같이, 지금도 수많은 바울들이 그렇게 하고 있습니다. 옛적에 디모데가 주의 말씀을 가지고 가르친 것과 똑같이, 지금도 수많은 디모데들이 그렇게 하고 있습니다. 왜냐하면, 동일한 성령께서 역사하시기 때문입니다. 나는 그리스도의 백성들이 이러한 사실, 즉 그리스도께서는 그의 젊음의 이슬을 지니고 계신다는 사실을 믿지 않을까 걱정입니다. 그들은 위대한 부흥의 시기는 지나갔다고 생각합니다. 그들은 독실한 믿음을 지녔던 조상들 같은 사람들을 우리가 지금 어디에서 찾아볼 수 있겠느냐고 말합니다. 그들은 "내 아버지여 내 아버지여 이스라엘의 병거와 그 마병이여"(왕하 2:12)라고 소리치며, 그런 것들이 다 어디로 가버린 것이냐며 울부짖습니다. 그들은 이제는 그 누구도 엘리야 같이 능력의 외투를 입지 못할 것이라고 아쉬워합니다. 우리는 이제 다시는 그토록 크고 기이한 역사들을 결코 보지 못하게 될 것이라고 말합니다. 오, 어리석은 불신앙이여! 그리스도께서는 여전히 그의 젊음의 이슬을 지니고 계십니다. 그리스도는 이 땅에 계셨을 때에나 지금이나 성령을 한량없이 가지고 계십니다. 그는 옛적에 그 성령을 무수한 사람들에게 나누어 주셨던 것과 똑같이 지금도 그렇게 하고 계시고 앞으로도 그렇게 하실 것입니다. 복음이 그 젊음의 이슬을 여전히 갖고 있다면, 오늘날의 사람들이 복음에 대하여 시들해하기 시작하는 것은 어찌된 영문이냐고 물을 사람이 반드시 있을 것입니다. 사랑하는 자들이여, 그것은 복음이 이슬의 형태로 그들에게 다가오지 않았기 때문입니다. 우리는 사람들로부터 복음에는 기름진 것이 없고 온통 메마른 것뿐이라는 말을 자주 듣지 않습니까? 골수가 빠져버린 마른 뼈들 같다고 말이죠. 이러한 마른 뼈들은 옛 것들을 연구해서 각각의 뼈가 어느 부정한 짐승의 것인지를 찾아내기를 좋아하는 철학적이고 사변적인 신학자들에게는 아주 좋은 것이겠지만, 하나님의 자녀들에게는 아무짝에도 쓸모가 없는 것입니다. 왜냐하면, 뼈는 양식이 될 수 없기 때문입니다. 우리에게는 기름진 것이 가득하고 향기로운 복음이 필요합니다. 하나님의 백성이 그런 복음을 갖게 될 때, 그들은 결코 복음을 시들해하지 않게 됩니다. 그들은 그런 복음 속에서 이슬 같은 신선함이 계속해서 유지되는 것을 발견하게 됩니다.

그리스도께서 그의 젊음의 이슬을 지니고 계신다면, 그의 일꾼들인 우리는 정말 큰 열심으로 그의 말씀을 선포하는 것이 마땅한 일일 것입니다. 말씀을 힘 있게 전하기 위해서 가장 필요한 것은 강한 믿음입니다. 우리가 낡아빠지고 한 물 가서 별 힘도 없는 복음을 전하고 있다고 생각한다면, 우리는 복음을 열심으로 선포할 수 없습니다. 그러나 우리가 그 모습과 힘이 처음이나 지금이나 똑같이 강력하고 왕성한 복음을 전하고 있다고 생각한다면, 우리는 그 복음을 큰 열심과 담대함으로 전하는 것이 마땅합니다. 이전처럼 지금도 뜨거운 열심을 지닌 심령들, 사도들처럼 주님의 복음을 굳게 믿는 심령들이 우리 가운데 있게 하신 것에 대하여 하나님을 송축합니다! 지금도 여전히 십자가 앞으로 모여드는 선하고 참된 자들이 있습니다. 아둘람 동굴에 모였던 다윗의 사람들과 마찬가지로 지금도 십자가 군기로 모여드는 용사들이 있습니다. 그리스도께는 늘 증인들이 있어 왔고, 지금도 있습니다. 그리스도는 그의 젊음의 이슬을 여전히 지니고 계십니다. 지금은 어둠 속에 감춰져 있던 자들이 해뜨기 전의 이슬처럼 온 지면을 적시고 모든 수풀에서 반짝이며 모든 나무를 아름답게 장식하고 모든 마을을 밝히며 모든 초장을 즐겁게 하고 작은 산들로 기뻐 노래하게 만들 때가 올 것입니다. 그리스도인들이여, 그렇게 되도록 해주시라고 기도하십시오! 그리스도께 그의 권능의 날에 그의 백성이 자원하게 하시고, 그가 늘 그의 젊음의 이슬을 유지하시도록 기도하십시오.

> "향기로운 왕이시여, 승리하셔서 말을 타고 당당히 나아오셔서
> 온 세상에 대하여 순종하라 명하소서."

찬송 받으실 하나님, 주께서 예전이나 지금이나 동일하시다는 것, "그는 만물 위에 계셔서 세세에 찬양을 받으실 하나님"(롬 9:5)이시라는 것을 증명하옵소서. 그리스도인들이여, 일어나서 여러분의 늘 젊으신 왕을 위하여 싸우십시오. 전사들이여, 일어나십시오. 여러분의 칼을 칼집에서 빼들고 여러분의 왕을 위해 싸우십시오. 왜냐하면, 그리스도의 군기는 예나 지금이나 늘 새로운 군기이기 때문입니다. 그리스도께서는 늘 새로우시고 늘 젊으십니다. 여러분의 젊음의 열정이 여러분을 두르게 하십시오. 나이 드신 그리스도인들이여, 다시 한 번 새롭

게 시작하시고, 여러분의 젊은 날들이 다시 한 번 오게 하십시오. 왜냐하면, 그리스도께서 그의 젊음의 이슬을 가지고 계신다면, 여러분도 젊음의 활기로 그를 섬기는 것이 합당하기 때문입니다. 일어나십시오. 이제 여러분의 잠에서 깨어나, 그리스도께 새로운 젊음을 선사하시고, 그를 처음 만났던 그 날에 가졌던 그 열심을 그를 향하여 품으려고 애쓰십시오. 하나님께서 많은 죄인들에게 자원하는 마음을 주셔서, 그들로 하여금 그의 발 앞에 엎드리게 하시기를 빕니다. 왜냐하면, 하나님께서는 그의 권능의 날에 그들이 자원하게 될 것이라고 약속하셨기 때문입니다.

제
106
장

—

그리스도의 젊음의 이슬

—

"새벽이슬 같은 주의 청년들이 주께 나오는도다" ("주께서는
주의 젊음의 이슬을 가지셨나이다" -KJV)
— 시 110:3

여러분은 아침 일찍 정원을 걸었을 때에 여름날 아침이 언제나 대지에 주는 저 독특한 신선함과 아름다움을 보았을 것입니다. 마치 기나긴 어둠의 밤이 지난 후에 다시 해를 보는 것이 기뻐서 우는 것처럼 꽃들의 눈에 맺혀 있는 눈물 같은 이슬방울들이 햇빛 가운데서 빛나고 있는 모습을 여러분은 분명히 보았을 것입니다. 다른 어느 때보다도 새벽에는 푸르른 식물들은 에메랄드 빛깔보다 더 생생하게, 모든 "아름다운 것"들은 더욱더 아름답게 보입니다. 그런 후에, 여러분이 정오쯤에 다시 밖에 나가 보았다면, 모든 것이 메마르고 먼지투성이인 듯이 보였을 것입니다. 왜냐하면, 그때는 해가 떠서 그 타는 듯한 열기로 이슬을 증발시켜 버리고, 새벽의 신선함은 떠나가고 정오의 건조함이 거기에 자리 잡고 있는 때이기 때문입니다. 이것은 바로 이 아랫 세상에 있는 모든 것들에 대한 묘사임과 아울러 우리 자신에 대한 묘사이기도 합니다. 우리가 많은 사물들을 처음으로 볼 때에는 그것들은 이슬을 머금고 빛을 발하지만, 조금 시간이 흐르면 신선함은 사라지고 찬란함도 흩어져 버립니다. 우리는 잠시 즐거움을 느꼈지만, 그것이 허망했음을 느낍니다. 여러분은 온갖 종류의 지식에 매달려서 많은 책들을 읽고 저술하였고 거기에서 상당한 즐거움을 느꼈지만, 오래지 않아 많은 책

들을 읽고 쓰는 것이 한이 없고 많은 공부가 육체만 피곤하게 할 뿐임을 알게 됩니다.

땅에 속한 모든 것은 아침에는 반짝 이슬을 가지고 있지만, 정오가 되면 그 신선함과 시원함은 사라지고 뜨거운 열기만이 남습니다. 사랑하는 자들이여, 성령의 기름 부음을 받은 우리도 이것과 흡사한 경험을 하지 않습니까? 우리가 처음 회심했을 때에는 우리의 잎들은 이슬을 머금고 반짝거렸습니다. 우리는 소리 높여 하나님을 찬양할 수 있었고, 하나님의 법궤 앞에서 뛸듯이 기뻐할 수 있었습니다. 우리보다 앞서 신앙의 삶을 살았던 사람들이 표현하였던 그 모든 기쁨들은 우리가 느끼는 기쁨에 비하면 아무것도 아닌 것처럼 보였습니다. 하나님의 말씀은 우리에게 너무나 향기롭고 기름져서, 우리는 날마다 말씀의 잔치 속에서 배불리 먹을 수 있었고, 온 밤을 지새우며 말씀을 읽고 들어도 전혀 피곤하거나 지칠 줄을 몰랐습니다. 우리는 하나님의 계명들을 따라 지칠 줄 모르고 달렸고, 독수리의 날개를 달고 높이 날아올랐으며, 아무리 높이 날아올라도 거기가 높다는 생각이 들지 않아서 계속해서 더 높이 날아올랐습니다. 그러나 사랑하는 자들이여, 시간이 흐르면서, 처음에 우리가 지녔던 우리의 젊음의 아침의 이러한 신선함은 많이 사라지고 흩어져서, 적어도 우리가 처음에 지녔던 그 놀라운 것들의 일부는 구름과 같고 새벽이슬과 같다는 것이 증명되지 않았습니까? 우리는 어떤 것들에서는 분명히 성장하였다고 믿지만, 어떤 것들에서는 퇴보했다는 것을 시인하지 않을 수 없습니다. 우리 자신을 아는 지식에 있어서는 우리가 깊어졌다고 느끼지만, 그리스도를 기뻐하는 것과 그리스도께 우리 자신을 온전히 드리는 숭고한 헌신에 있어서는 우리가 퇴보하였고, 우리의 젊음의 지극한 복, 새벽이슬의 복을 지금 우리는 갖고 있지 못한다는 생각이 종종 듭니다.

오늘의 본문은 우리 주 예수 그리스도에 대하여 그가 그의 젊음의 이슬을 가지고 있다고 말합니다. 우리는 이 시편이 예수 그리스도에 대하여 말씀하고 있다는 것을 확신합니다. 왜냐하면, 그리스도께서는 바리새인들과 논쟁하시면서 이 시편의 첫 번째 절을 인용하시고서 그것을 자기 자신에게 적용하셨기 때문입니다: "내가 네 원수들로 네 발판이 되게 하기까지 너는 내 오른쪽에 앉아 있으라"(1절). 따라서 이 시편의 3절도 그리스도를 가리키고 있다는 것은 의심의 여지가 없습니다: "주의 권능의 날에 주의 백성이 거룩함의 아름다움들 속에서 새벽의 태로부터 자원하리니 주는 주의 젊음의 이슬을 가졌나이다"(KJV). 그러므로 우리는 그리스도가 우리 자신과 땅에 속한 모든 것과 대비되는 분이시라는 것을 살펴보았기 때문에, 이제는 예수 그리스도는 처음의 이슬, 즉 그의 젊음의 신선함과 밝음을 늘 가지고 계셨고, 앞으로도 늘 가지고 계실 것이라는 본문의 달콤한 가르침을 하나님의 도우심을 따라 살펴보는 것으로 들어가고자 합니다. 나는 먼저 이러한 사실을 설명하는 것으로 시작해서, 다음으로는 그 이유들을 살펴보고, 마지막으로는 이것이 주는 교훈들을 살펴보겠습니다.

1. 첫째로, 그리스도께서는 그의 젊음의 이슬을 가지고 계신다는 사실 자체를 살펴보겠습니다.

먼저, 나는 그리스도 자신에 관하여 말해 보고자 합니다. 그리스도께서 옛적의 신선함과 생기와 힘을 모두 다 고스란히 가지고 계신다는 것은 엄연한 사실이 아닙니까? 그의 출입은 아주 오래되어서 영원 전까지 거슬러 올라갑니다. 그런데 보십시오. 그는 지금도 여전히 사람들에게 선포되는 그의 말씀과, 사람들 속에서 역사하시는 성령의 역사 속에서 매일매일 우리 가운데 출입하십니다. 여전히 그는 구원의 병거를 타고 오시고, 금 촛대들 사이를 거니십니다. 그런데 우리가 어떻게 그가 그의 젊음의 힘을 잃어버리셨다고 생각할 수 있겠습니까? 그의 발걸음이 비틀거리던가요? 그의 팔이 노쇠해서 떨리고 마비되어가는 것을 우리가 느끼기 시작하였나요? 그의 위엄 있는 이마에 세월의 흔적이 새겨지거나 주름이 져 있던가요? 사도 요한은 밧모 섬에서 그리스도를 보았을 때에 이렇게 묘사했습니다: "그의 머리와 털의 희기가 흰 양털 같고 눈 같으며 그의 눈은 불꽃 같고"(계 1:14). 이것은 그가 모든 세대를 사시고 영영토록 사시는 분임을 나타냅니다. 그렇지만 아가서에 나오는 연인은 그리스도에 대하여 이렇게 말합니다: "머리털은 고불고불하고 까마귀 같이 검구나"(아 5:11, KJV에는 "그의 머리털은 많고 까마귀 같이 검구나"). 이것은 그가 모든 세대를 사시고 영영토록 사시는 분임에도 불구하고 젊음의 힘을 그대로 간직하고 계신다는 것을 보여줍니다. 그리스도께서는 지금 당장이라도 우리 앞에 나타나셔서 자기 자신에 대하여 우리에게 이렇게 반문하실 것 같습니다: "너희는 내 귀가 둔해서 들을 수 없고 내 팔이 짧아서 구원할 수 없다고 생각하는 것이냐? 나는 어제나 오늘이나 동일하지 않더냐? 내가 만유의 창조주가 아니더냐? 내가 말씀으로 아무것도 없는 것에서 만유를 만들어 내어서 지금도 여전히 만유를 붙들고 있지 않느냐? 나는 교회의 구속주가 아니냐? 내가 나의 피로 교회를 샀고, 내 피로 구속한 자들을 지금도 여전히 능력으로 붙들고 있는 것이 아니냐? 나는 이 땅에 있을 때에 통곡과 탄식함으로 내 아버지 앞에 기도를 올렸고, 지금도 그때와 동일한 간절함과 그때보다 더 큰 능력으로 내 아버지의 보좌 앞에서 내 백성을 변호하고 있는 것이 아니냐?"

　　이러한 신선함은 그리스도 자신에만 국한된 것이 아닙니다. 여러분이 그의 가르침 속에 계시된 그리스도를 생각해 보아도, 그것은 마찬가지입니다. 그리스도께서는 지금도 우리 가운데 계십니다. 그때는 육신을 입으시고 우리 가운데 계셨지만, 지금은 가르침을 입으시고 우리 가운데 계십니다. 은혜의 가르침들은 어떤 의미에서는 그리스도의 몸이라고 할 수 있습니다. 우리는 종종 하나님의 몸체에 대해서 말하지만, 우리가 하나님의 참된 몸체가 무엇인지를 알고자 한다면, 우리는 칼빈이나 드와이트(Dwight)나 존 길(John Gill) 등이 하나님의 요체에 대하여 쓴 책들이 아니라 그리스도가 바로 하나님의 몸체라는 것을 알아야 합니다. 성육신 하신 그리스도는 하나님이 육신을 입으신 것으로서 하나님의 몸체이셨습니다. 그러나 성육신하신 그리스도께서 말과 행위로 하나님이 누구이신지를 보여주셨다는 의미에서, 그의 말과 행위를 담고 있는 복음도 바로 하나님의 몸체입니다. 즉, 전에는 성육신 하신 그리스도가 하나님의 몸체이셨다면, 그리스도께서 죽으시고 부활하신 이후에는 하나님의 몸체는 복음이기 때문에, 하나님은 복음의 가르침을 입으시고 우리 가운데 오신다는 것입니다. 이 복음은 늘 새롭습니다. 사랑하는 자들이여, 다른 많은 주제들은 어느 정도 얘기하다 보면 다 고갈되고 말지만, 복음이 고갈되었다는 말을 여러분은 들어본 적이 있습니까? 여러분 중에는 하나님의 집을 드나든 지가 3-40년이 되신 분들도 계시는데, 그분들이 복음 이외에 다른 뭔가 새로운 것이 자신에게 필요하다고 느낀 적이 있습니까? 여러분은 복음 설교를 들은 후에 성전을 나가면서 "거기에 뭔가가 더 보충되었으면 좋겠다"고 말한 적이 있습니까? 결코 그렇지 않았을 것입니다. 하나님의 진리가 선포되는 것을 들을 때마다, 여러분은 이렇게 말하지 않았습니까? "이것은 어릴 적부터 내게 은혜로 주어진 나의 양식이었고, 세월이 흘러서 선한 것과 악한 것을 분별할 수 있게 된 지금도 나의 양식이지. 이것은 내가 요단 저편의 그 나라에서 먹게 될 때까지 이 광야 길을 걷는 동안 내내 나의 양식이 될 것이다."

　　나는 자주 어떤 사람이 날이면 날마다, 그리고 매 주마다 수많은 사람들을

모아서 자신이 말하는 것을 듣게 할 수 있다는 것은 정말 놀라운 일이라고 생각
하곤 합니다. 나는 복음 이외의 그 어떤 다른 주제를 가지고는 그 어떤 사람도 그
렇게 할 수 없다고 믿습니다. 나는 저 위대하고 강력한 웅변가였던 가우(Gough)
를 아주 존경하지만, 그가 아무리 능력이 있다고 할지라도 만일 영국의 강단에
서 일주일에 두 번씩 매주 금주 강연을 한다면 21년 동안 변함없이 많은 회중을
끌어 모을 수는 없을 것입니다. 그러나 기독교 목회자는 십자가에 못 박히신 그
리스도라는 오직 한 가지 주제를 21년 동안 전하면서도 회중을 끌어 모을 수 있
고, 만일 그가 므두셀라처럼 오래 살아서 예수 그리스도와 그가 십자가에 못 박
힌 것을 계속해서 설교한다고 해도, 여전히 하나님의 백성들이 그의 설교를 듣
기 위해 모여올 것이고, 다른 신선한 주제를 갈망하는 법이 없을 것입니다. 어떤
위대한 역사가가 강좌를 열어서 매주마다 역사에 관한 두 번의 강의를 해나간다
면, 처음에는 회중이 많이 모여들겠지만 시간이 흐를수록 그 수는 급속하게 점
점 줄어들게 될 것입니다. 우리는 그 한 예를 런던에서 보아 왔습니다. 어떤 사람
이 재미있는 강연을 천 번을 했는데, 언제나 많은 사람들이 모여들었지만, 그들
은 매번 이전에 왔던 사람들이 아니라 새로 온 사람들이었답니다. 그가 동일한
주제를 수백 또는 수천 번 강의하는 것을 계속해서 들을 필요가 있다고 생각한
사람은 아무도 없었다는 것입니다. 앨버트 스미스(Albert Smith)가 몽블랑에 대
하여 강의하는 것도 한두 번 들었을 때는 재미있을 것이지만, 그 동일한 주제의
강연을 수십 또는 수백 번을 들으라고 한다면, 그것은 정말 참기 어려운 고문이
될 것입니다. 우리가 동일한 주제를 수없이 듣는다면 틀림없이 지겨워하게 될
것입니다. 그러나 기독교 목회자는 그리스도 예수, 십자가, 가시 면류관, 손과 발
과 옆구리의 피 흘리신 상처에 관한 동일한 주제를 처음 강대상에 섰을 때부터
마지막으로 강대상을 떠날 때까지 계속해서 전할 수 있고, 사람들은 복음이 그
젊음의 이슬을 가지고 있어서 늘 신선하고 새롭다고 한결 같이 말할 수 있습니
다.

또한, 오늘의 본문은 성경 속에 계시된 그리스도에 대하여 특히 적절합니다. 사람
들이 쓴 다른 수많은 귀중한 책들이 있지만, 그 책들이 아무리 귀중하다고 해도,
여러분은 그 책들을 대여섯 번만 읽으면 더 이상 읽을 필요를 느끼지 못하게 됩
니다. 내가 성경 다음으로 가장 귀하게 여기는 책은 존 번연(John Bunyan)의 「천
로역정」(*Pilgrim's Progress*)입니다. 나는 아마 그 책을 백 번 정도 정독했을 것입

니다. 그 책은 내가 결코 질리지 않을 것 같은 책인데, 그 비밀은 그 책이 또 다른 형태의 성경이라는 데에 있습니다. 존 번연의 「천로역정」은 복음이라는 이 동일한 샘에서 길어 올린 하늘의 생수이지만, 그럴지라도 여러분은 결국에는 그 책에도 질리게 될 것이고, 이렇게 말하게 될 것입니다: "나는 이 책이 담고 있는 모든 것을 다 알게 되었기 때문에, 내게는 다른 무언가가 더 필요해. 이 책에는 그리스도인의 순례 경험에 관한 것들이 담겨 있고, 나는 그것이 옳다는 것을 알고 그것을 기뻐한다. 하지만 나는 거기에서 더 앞으로 나아가고 싶다." 이렇게 해서 여러분의 마음은 뭔가 다른 것을 갈망하게 될 것입니다. 그러나 성경을 읽어 보십시오. 이상한 말 같지만, 성경은 읽으면 읽을수록 여러분에게 더 많은 만족감을 가져다줄 것입니다. 여러분이 성경을 읽기 시작할 때에는 아마도 철저한 성경 학도가 되기 위해서는 50여권의 다른 책들이 여러분에게 필요할 것이지만, 성경을 더 잘 깨닫게 될 수록 여러분의 장서는 점점 줄어들어서 마침내 이렇게 말하게 될 것입니다: "지난날들을 내가 다시 살 수 있다면, 내가 연구하고 싶은 것은 오직 성경뿐이야. 나는 이 한 권의 책을 깨닫는 데에 나의 모든 힘을 쏟고 싶어." 여러분은 다른 모든 책들의 밑바닥까지 도달할 수 있습니다. 여러분이 처음에 그 책들 속으로 뛰어들 때에는 그 책들이 아주 깊고 심오한 듯이 보이지만, 파고들수록 점점 더 얕아 보이고, 결국에는 그 밑바닥을 볼 수 있게 됩니다. 그러나 하나님의 말씀의 경우에는 우리가 그 속으로 뛰어들 때마다 그 깊이는 점점 더 깊어집니다! 성경 본문을 처음 읽을 때에는 여러분의 무지한 자만심으로 인하여 마치 그 온전한 의미를 다 안 것처럼 느껴집니다. 그러나 그 본문을 다시 보면, 여러분은 그 본문이 지닌 한 가지 의미는 알았지만 그 온전한 의미는 파악하지 못했다는 것을 발견하게 됩니다. 그래서 또다시 뛰어들고 또다시 뛰어드는 일을 계속해서 반복합니다. 그런데 여러분이 그 본문 속으로 뛰어들 때마다 그 본문이 지닌 의미는 점점 더 멀어지고, 성경을 도무지 알 수 없다고 느끼게 됩니다. 성경은 점점 더 넓어지고 깊어지고, 끊임없이 우리의 더 큰 관심을 불러일으킵니다. 성경은 그런 매력이 있기 때문에, 성경을 읽는 사람은 그 의미를 온전히 알았다고 결코 느낄 수 없습니다. 여러분은 노르웨이 해안에 있는 큰 소용돌이를 일으키며 흐르는 바닷물에 대해서 들어보셨겠지만, 성경은 어떤 의미에서 그 큰 소용돌이 물과 같습니다. 노르웨이 해안의 큰 소용돌이에서 멀리 떨어져 있는 배들에도 그 물결이 끌어당기는 힘이 감지됩니다. 그 힘은 그리 크지 않지만,

배의 진로를 바꾸어놓을 정도는 됩니다. 그러나 배가 그 소용돌이에 가까이 다가갈수록, 그 힘은 점점 강해져서, 배는 그 물결에 휩쓸리게 되고, 마침내 그 소용돌이를 따라 엄청난 속도로 돌다가 깊은 바닷속으로 빠져듭니다. 좀 더 고차원적이고 좋은 의미에서 성경도 마찬가지입니다. 여러분이 성경에 가까이 다가가고 성경을 더 주의 깊게 연구하며 더 게걸스럽게 그 내용물들을 삼킬수록, 여러분은 성경이라는 소용돌이 속으로 점점 더 빨려 들어가게 되고, 결국에는 성경의 밝은 영광 속으로 삼켜져서, 오직 거룩한 말씀 속에서 우리에게 계시된 그리스도 예수 안에 있는 하나님의 사랑이라는 이 헤아릴 수 없는 지극한 복의 높이와 깊이를 알고자 하는 열망 이외의 다른 어떤 갈망도 여러분에게서 사라지게 됩니다. 따라서 우리는 성경에 대하여 "주께서는 주의 젊음의 이슬을 가졌나이다"라고 진정으로 말할 수 있습니다.

또한, 나는 그리스도와 관련 있는 모든 것이 늘 젊고 새롭다는 말을 덧붙이고자 합니다. 그가 누워 계시는 향기로운 침상들은 늘 푸르고, 그가 심으신 나무들은 결코 시들지 않아서 늘 시절을 따라 충실한 열매들을 냅니다. 그가 계시는 곳에서는 모든 것이 살아 있습니다. 왜냐하면, 그는 생명이시고, 그 안에는 사망이라는 것이 전혀 없기 때문입니다. 그는 생명이시기 때문에 늘 신선함으로 충만해 계십니다. 그러므로 그는 가시는 곳마다 생명력을 퍼뜨리십니다. 우리가 그를 따라 장차 생수의 근원으로 가게 되고, 하나님께서 우리의 눈에서 모든 눈물을 씻어 주실 때, 우리는 이 모든 것을 아주 잘 알게 될 것입니다.

2. 둘째로, 이러한 신선함의 이유는 무엇입니까?

우리가 두 번째로 묻고자 하고 살펴보고자 하는 것은 그리스도 예수와 그의 복음, 그의 말씀, 그와 관련된 모든 것들이 늘 그토록 신선하고 새로운 이유는 무엇인가 하는 것입니다. 이 거룩한 것들 위에는 왜 늘 이슬이 그대로 맺혀 있는 것입니까?

먼저, 나는 자신의 심령 속에 그리스도를 모시고 있는 것이 무엇인지를 알지 못하는 사람은 이 거룩한 것들이 너무나 밋밋해서 지루하게 될 것임을 말해 두고자 합니다. 우리가 어떤 것을 지루해하는 이유는 일반적으로 그것이 변화가 없고 늘 똑같기 때문입니다. 많은 설교자들이 너무나 선한 것들로 이루어진 중요한 메시지를 전하지만, 그들의 설교를 앉아서 듣는 것이 고역인 이유는 그들이 단조로운 어조로 말씀을 전하기 때문입니다. 그들은 마치 종을 치듯이 한 단어 한 단어를 항상 단조롭게 전합니다. 사람의 귀는 변화를 좋아하고 단조로움을 견딜 수 없어 합니다. 우리 모든 사람들에게 마찬가지입니다. 단조로운 것은 그 어떤 것도 그 신선함을 오래 유지하지 못합니다. 노래가 아무리 감미롭다고 할지라도, 우리가 동일한 곡조로 된 노래를 밤낮으로 매일 듣는다면, 우리는 그것이 천사장의 노래라 할지라도 반드시 질리게 될 것이고, 결국에는 오리가 꽥꽥거리는 소리처럼 시끄럽게만 들리게 될 것입니다. 무엇이든 반복될수록 사람들의 흥미를 끄는 힘은 약해집니다. 그러나 그리스도와 관련해서는 그 어떤 단조로움이나 똑같은 것의 반복을 걱정할 필요가 없습니다. 여러분이 그리스도를 수천 번 바라보아도, 그리스도는 그때마다 다른 아름다움을 여러분에게 보여줍니다.

여러분이 구약성경을 읽게 되면 거기에서 아주 다양한 형태로 그리스도를 만날 수 있습니다. 그리스도는 유월절 어린 양으로도 나타나시고 도피염소로도 나타나십니다. 어떤 때는 엄청난 힘으로 일하는 황소로 나타나시고, 어떤 때는 유순하고 오래 참는 어린 양으로도 나타나시고, 어떤 때는 순결함으로 가득한 비둘기로 나타나십니다. 여러분은 피 뿌림 속에서도, 분향 속에서도, 물로 가득한 물두멍 속에서도, 아론의 싹 난 지팡이 속에서도, 만나로 가득한 금향로 속에서도 그리스도를 뵈올 수 있습니다. 또한, 그리스도께서는 법궤 안에서는 자신의 마음속에 율법을 가지신 모습으로 나타나시고, 법궤 위에서는 시은좌의 영광의 황금빛으로도 나타나셔서, "내가 여기 있다"고 말씀하십니다. 여러분은 구약의 모든 모형 속에서 그리스도를 볼 수 있고, 그토록 수많은 서로 다른 형태의 그리스도를 보면서, "이 모든 것 속에는 늘 새롭고 신선한 것이 있습니다"라고 말할 수 있습니다. 내가 너무나 영화로우신 분을 지극히 비천한 것에 비유하자면, 그리스도는 만화경과 같습니다. 여러분이 만화경 속을 들여다보면 볼 때마다 빛깔이 달라지고 새로운 모양이 나타나는 것과 마찬가지로, 우리 주 예수 그리스도를 볼 때마다 여러분은 늘 그리스도 안에서 새로운 아름다움을 발견하게 됩니다.

여러분이 그리스도를 여러 가지 다양한 모형을 통해서 보는 것을 다 마쳤다면, 이제는 그리스도를 직접 공식적으로 보십시오. 여러분은 대제사장으로서 그리스도께서 지니신 모든 영광을 다 볼 시간도 없을 것입니다. 여러분은 그의 흘

러내리는 옷과 빛나는 흉패에서 거의 눈을 떼기 어려웠을 것이고, 그 옷에 촘촘
히 달린 방울들이 울리는 소리를 들어 왔을 것이며, 그 옷에 수놓아진 석류들의
아름다움을 보아 왔지만, 그런 것들을 아직 충분히 볼 수 없었습니다. 그런데도
여러분이 보아야 할 것이 또 있는데, 그것은 그리스도께서 왕으로 나아오시는
모습입니다. 여러분이 그의 머리에 있는 많은 면류관들을 보느라 넋을 잃고 있
을 때, 그리스도께서는 선지자의 모습으로 여러분에게 다가오십니다. 여러분이
선지자로서의 그리스도를 제대로 경배하고 찬양하기도 전에, 그리스도께서는
중보자, 목자장, 우리 구원의 대장, 교회의 머리, 영존하시는 아버지, 평강의 왕
으로 여러분에게 다가오십니다. 여러분이 계속해서 그리스도를 보고 있노라면,
그리스도 안에 놀라울 정도의 다양함이 존재한다는 것을 알게 됩니다. 여러분은
그리스도에게서 이 땅에 태어나신 하나님의 독생자, 하나님께서 우리에게 주신
아들의 모습을 봅니다. 그가 이 세상에 오실 때, 여러분은 그가 하나님이심을 알
고, 그의 신성을 찬양하느라 넋을 잃습니다. 또한, 여러분은 그리스도가 사람이
시라는 것을 알고서, 우리와 같은 뼈와 우리와 같은 살을 지니신 그리스도의 모
습을 볼 때에 너무나 놀랍고 경이로워서 말을 못하고 그냥 서 있게 됩니다. 다른
모든 것이 우리에게 그 신선함을 잃는 이유는 그것들이 변화무쌍하지 못하기 때
문입니다. 여러분은 어떤 전시회에 갔다가 놀람과 흥분을 감추지 못했지만, 시
간이 좀 흐르고 나면 거기에서 진부함을 느끼게 됩니다. 그러나 그리스도께는
그런 진부함이 결코 없으시기 때문에, 여러분의 마음속에서 그리스도는 늘 그의
젊음의 이슬을 가지고 계시는 것입니다.

그리스도께서 그의 젊음의 이슬을 늘 가지고 계시는 또 다른 이유가 있는
데, 그것은 그의 **탁월하심** 때문입니다. 오늘 나는 어떤 신사 분을 만나러 들어갔다
가 탁자 위에 아주 다양한 물건들이 놓여 있는 것을 보았습니다. 나는 그것들이
무엇인지 궁금해서 그분에게 물어 보았습니다. 그러자 그분은 애굽과 이스라엘
땅과 세계 각지의 중요한 곳들을 막대한 돈을 들여서 입체영상으로 찍었는데,
탁자 위에 있는 것들이 바로 그 슬라이드들이라고 말해 주면서, 내게 성경과 관
련된 아주 흥미로운 한두 가지 슬라이드를 보여주었습니다. 그것들은 정말 예술
작품처럼 대단히 뛰어났습니다. 그분이 "목사님, 나는 이 슬라이드들을 아무리
봐도 질리지가 않습니다"라고 말하길래, 나는 이렇게 말했습니다: "나도 그 마음
을 아주 잘 이해합니다. 이것들은 아주 뛰어나서 이 한 장의 슬라이드만을 요모

조모로 뜯어보는 데에도 30분은 족히 걸릴 것이고, 그런 다음에 또 다른 슬라이드를 볼 수 있으니 말입니다. 이 슬라이드들은 너무나 아름다워서 마치 진본 같습니다." 그러나 나는 속으로 이렇게 생각했습니다: '이것들은 대단히 뛰어난 것들이기는 하지만, 내가 내 친구를 일 년 내내 불러서 그것들을 보게 하면, 분명히 그는 그것들은 너무 많이 봐서 이젠 질렸으니 뭐 다른 것은 없냐고 내게 물을 것이다.' 그 친구는 그것들을 너무 많이 봐서 그것들에서 더 이상 그 어떤 신선함도 느낄 수 없게 될 것입니다. 그러나 그 신사가 그것들을 그렇게 자주 볼 수 있었던 이유는 그것들이 아주 뛰어난 것들이었기 때문이라는 것을 주목하십시오. 만일 그것들이 형편없는 그림들이었거나, 훌륭한 솜씨로 만들어진 것이 아니었다면, 그 신사는 얼마 되지 않아서 이내 그것들에 싫증을 느끼게 되었을 것입니다. 자연 속에도 사람들이 여러 번 반복해서 보아도 늘 경이로움을 느끼는 그런 풍광들이 있습니다. 그리고 그 이유는 그것들이 아주 아름답기 때문입니다. 어떤 것들은 처음에는 대단한 것처럼 보였다가도, 좀 더 자세히 들여다보면 그것들 속에 특별히 찬탄할 만하거나 뛰어난 것이 없어서 신선함을 잃어버리는 경우도 있습니다. 그러나 그리스도 예수는 늘 지극히 탁월하시기 때문에 그의 젊음의 이슬을 늘 가지고 계십니다.

형제들이여, 여러분은 처음에 그리스도를 맛보았을 때에 감미롭다고 생각했습니다. 여러분은 그 후로 그를 더 잘 알게 되고 그가 선하시다는 것을 알게 되면서 지금은 그가 한층 더 감미롭다는 것을 알게 되었습니다. 그러나 여러분은 그의 감미로움을 결코 다 알 수는 없습니다. 왜냐하면, 여러분은 그의 감미로움을 점점 더 많이 체험하고 알게 될 수는 있어도, 그 전부를 체험하거나 알게 될 수는 없기 때문입니다. 아마도 천국에 가서도 여러분은 그리스도의 감미로움을 다 알 수 없을 것입니다. 여러분은 여러분에 대한 그의 사랑이 얼마나 큰지를 안다고 생각할지 모르겠지만, 그 사랑은 우리의 지식을 뛰어넘고 우리가 결코 알 수 없는 사랑이라는 것을 기억하십시오. 여러분은 그의 신실하심을 충분히 알았다고 생각할지 모릅니다. 그러나 여러분은 그의 신실하심의 진면목을 앞으로도 더욱더 실감해 나가게 될 것입니다. 여러분이 지금 구주에 대하여 체험하고 아는 것들은 앞으로 체험하고 알아야 할 것들에 비하면 아무것도 아닙니다. 여러분은 지금 보병이신 그리스도를 체험하고 있다면, 곧 기병이신 그리스도를 체험하게 될 것입니다. 여러분은 지금 평화로운 땅에서 그리스도를 체험하고 있다면, 곧 물살이 사나운 요단 강 에서 그리스도를 체험하게 될 것입니다. 여러분은 그리스도를 체험하면 할수록, 그리스도가 정말 탁월하셔서 계속해서 체험할 가치가 있으신 분임을 더욱더 실감하게 될 것입니다. 그리스도의 탁월함이 점점 더 분명해질 것이기 때문에, 여러분은 그리스도를 보면 볼수록 그에게 끊임없이 이렇게 말하게 될 것입니다: "주는 주의 젊음의 이슬을 가지고 계십니다. 나는 주님이 점점 더 굉장하시다는 것을 발견합니다. 사람 중에서 가장 아름다우신 주님은 매일매일 점점 더 아름다워지십니다. 하늘의 양식이신 주님은 시간 시간마다 내 입에 점점 더 달콤합니다. 주님은 전에는 꿀로 만든 과자 같았지만, 지금은 천사들의 양식보다 더 달콤합니다. 생수이신 주님은 내 혀에 점점 더 시원하고 나의 갈증을 풀어 주셔서 새 힘이 나게 하십니다. 나는 주님을 알게 되자마자 사랑하였지만, 지금은 더 주님을 사랑합니다. 나는 전에도 주님을 기뻐하였지만, 지금은 더욱더 기뻐합니다."

나는 여러분과 내가 보아 왔던 것들 중에서 아무리 뛰어난 것이라고 해도 시간이 흐르면 우리가 그것이 지닌 뛰어난 것들을 속속들이 다 알게 될 것이기 때문에 결국에는 더 이상 신선함을 느끼지 못하게 될 것임을 분명히 압니다. 그러나 그리스도께서는 하나님이시기 때문에 그의 신선함을 잃어버리지 않으십니다. 하나님 외의 모든 것은 시간이 지나면 신선함을 잃을 수밖에 없습니다. 하나님께서 우리의 관심과 흥미를 불러일으키시기 위하여 우주 전체를 우리에게 주신다고 가정해 봅시다. 하나님께서 "내가 너희에게 너희가 영원히 관심을 가질 것들로 내가 창조한 것들을 주리라"고 말씀하셨다고 가정해 봅시다. 나의 사랑하는 친구들이여, 사람이 여러 해를 경이로움과 찬탄 속에서 살게 하는 데에는 꽃 하나만으로도 충분하다고 식물학자들은 우리에게 말합니다. 꽃 하나를 보고도 사람은 경이로움을 느끼며 몇 해를 살 수 있다는 말입니다. 들에 핀 꽃 하나 속에 담겨 있는 솜씨와 지혜만을 보고도 사람은 그토록 오랫동안 경이로워하게 됩니다. 그런데 그러한 놀라운 비밀들로 가득한 이 세상의 모든 꽃과 모든 피조물들, 모든 거대한 바위들이 우리가 영원히 연구하고 흥미를 가질 대상들이라고 생각해 보십시오. 나는 시간이 지나면 사람이 이 세상에 대한 모든 지식을 다 얻을 것이라고 생각할 수 있다고 봅니다. 물론, 그렇게 하려면 수만 년의 시간이 걸릴 것입니다. 그렇지만 나는 사람이 이 세상에 있는 온갖 고상하고 대단한 것들을 다 철저하게 살피고 연구한 후에, 마침내 이렇게 말하게 될 수도 있다고 생각합니

다: "드디어 나는 이 땅에 있는 자연의 모든 비밀을 알았다. 나는 모든 암석이 들려주는 역사를 다 해독해내었다. 나는 모든 진리의 광산으로 깊이 파고 들어가서, 거기에 숨겨진 온갖 은밀한 보화들을 다 캐냈다. 그러나 내게는 앞으로 살펴보아야 할 별들이 있다." 사람이 별에서 별로 이동하면서, 무한한 것 같은 우주에 숨겨져 있는 하나님의 모든 기이한 일들을 다 찾아냈다고 합시다. 이 모든 별들에 사람들이 살고 있고 새롭고 기이한 일들로 온통 가득 차 있다고 상상해 봅시다. 이것은 대단한 것입니다. 그렇지만 우리는 수많은 세월이 흐른 후에는 그러한 모든 기이한 것들도 다 바닥이 날 것이라고 생각할 수 있습니다. 사람이 지금은 무지몽매하다고 할지라도 결국에는 그 많은 지식들을 섭렵하여 성장해서 마침내 하나님이 지으신 모든 것들의 온갖 신비와 비밀들에 대하여 이렇게 말하는 일이 얼마든지 일어날 수 있습니다: "나는 그 모든 것들을 다 알게 되었다. 나는 모든 경이로운 것들의 비밀을 다 밝혀냈고, 하나님의 지혜의 모든 보고를 다 캐내었다." 그러나 사랑하는 자들이여, 예수 그리스도는 무한한 지식의 보고입니다. 그리스도 안에는 하나님의 모든 비밀이 다 들어 있어서, 우리가 영원토록 배우고 익혀도 그것들을 결코 다 알 수 없습니다. 그리스도는 하나님이시기 때문에 그의 젊음의 이슬을 영원토록 가지고 계실 것이고, 가지고 계실 수밖에 없습니다. 지식의 날개는 모든 시공간을 다 날아다닌다고 할지라도 결국에는 한계에 도달할 수밖에 없습니다. 지혜의 배는 끝도 없이 펼쳐져 있는 듯한 망망한 대해를 항해하여 그 누구도 가보지 못한 바다를 지난다고 하여도 결국에는 항구에 도달할 수밖에 없습니다. 그러나 여러분이 어떤 사람에게 그리스도를 연구 대상으로 주고 그의 관심과 궁금증을 불러일으킬 대상으로 주어 보십시오. 그러면 여러분은 결코 과녁에 도달하지 못할 화살을 쏜 것입니다. 그 화살은 계속해서 날아가서 결코 멈추지 못하고 영원토록 날아가게 될 것입니다. 여러분은 그 사람에게 밑바닥 자체가 없는 바닷속으로 뛰어들라고 한 것입니다. 여러분은 그 사람을 노아의 방주처럼 상륙할 육지가 없는 상태에서 바다 위로 진수시킨 것입니다. 그 사람은 계속해서 나아가도, 그 항해의 끝에 결코 도달할 수 없습니다. 그리스도는 하나님이시고 무궁무진하신 분이기 때문에 그 사람에게 영원토록 늘 관심을 불러일으킬 수밖에 없습니다.

　그리스도께서 그의 젊음의 이슬을 늘 가지고 계시는 또 하나의 이유는 그는 **우리의 본성의 모든 갈망들을 다 충족시켜 주시기 때문입니다.** 누가 나를 사람이 만든 놀라운 것들로 가득한 곳으로 데리고 들어갔다고 해봅시다. 그것들이 아무리 흥미로운 것들이라고 할지라도, 내가 그것들을 보고 또 보다 보면 어느새 그것들에 질리게 되는 이유가 무엇입니까? 그것들은 오직 나의 눈만을 잠시 만족시켜 주기 때문입니다. 또, 정말 감미로운 음악이 있다고 합시다. 그 음악은 나의 귀를 잠시 만족시켜 줄 것입니다. 결국 내가 그 음악에 질리는 이유는 무엇입니까? 내게는 배고프거나 목마른 것 같은 또 다른 갈망이 있기 때문입니다. 또, 내 앞에 정말 진수성찬이 차려져 있어서, 내가 그 앞에 앉아서 그 음식들을 먹고 보며 감미로운 소리들을 듣는다고 합시다. 그런데 그 음식들이 아무리 진수성찬이라고 할지라도, 결국에는 내가 그것들에 질리는 이유는 무엇입니까? 그것은 그것들이 나의 다른 욕구들은 채워 주지 못하기 때문입니다. 또, 내가 솔로몬과 같이 되어서, 나의 눈과 귀와 열정들을 기쁘게 해줄 수 있는 모든 것을 가지고 있다고 합시다. 그런데도 결국에는 내가 그것들에 질리는 이유는 무엇입니까? 그렇습니다. 솔로몬도 결국에는 그런 것들에 질려서, "헛되고 헛되며 헛되고 헛되니 모든 것이 헛되도다"(전 1:2)라고 말했습니다. 왜입니까? 그것은 솔로몬 속에는 그 모든 것들로도 채워질 수 없었던 다른 욕구들이 있었기 때문이었습니다. 솔로몬의 마음은 지식에 굶주려 있었고, 그는 담장에 있는 우슬초로부터 레바논의 백향목에 이르기까지 만물에 대하여 배우고 익힘으로써 그 욕구를 충족시켰습니다. 그렇지만 그에게는 여전히 충족되지 못한 것이 한 가지 있었는데, 그것은 그의 영혼이었습니다. 영원히 죽지 않는 그의 영혼은 자신의 하나님과의 교제를 갈망하고 있었습니다. 단순한 정신적인 양식보다 더 높은 차원의 양식에 대한 굶주림과 목마름이 있었습니다. 그의 마음은 마실 포도주와 먹을 양식으로 만족할 수 없었습니다. 왜냐하면, 그의 마음은 지식을 원하였기 때문입니다. 그의 영혼은 단순한 지식으로는 만족할 수 없었습니다. 왜냐하면, 그의 영혼은 그런 것보다 더 높은 차원의 것, 즉 영화롭게 된 자들이 먹는 천상의 양식을 원하였습니다. 그의 영혼은 하나님과의 교제를 갈망하고 있었습니다. 그래서 솔로몬은 땅에 속한 모든 것들은 그런 욕구를 충족시켜 줄 수 없었기 때문에 "헛된 것들"이라고 느꼈습니다.

내게 그리스도를 주십시오. 그러면 내 속에서는 그리스도 외에 다른 어떤 것에 대한 욕구도 없게 됩니다. 왜냐하면, 그리스도는 모든 것이시기 때문입니다. 우리가 어떤 선하고 유익한 것을 원한다고 할지라도, 그것들은 다 그리스도 안에 있습니다. 우리의 마음이 그리스도로 충만한 데도 그 어떤 다른 것을 원한 다는 것은 있을 수 없는 일입니다. 우리가 천국에 다다르게 될 날에, 우리는 황금 으로 된 수금, 금면류관, 황금 거리에 대하여 많은 얘기를 합니다만, 나는 그 모 든 수금과 면류관과 거리는 "그리스도"라는 이 한 단어에 다 들어 있다는 것을 발견하게 될 것이라고 생각합니다. 우리가 진정으로 그리스도를 갖게 될 때, 우 리는 그리스도 외에는 우리가 원할 수 있는 것이 아무것도 없다는 것을 느끼게 됩니다. 마실 것이 있는 사람은 먹을 것을 원하지만, 그리스도를 마시는 사람은 그리스도를 먹는 것이기도 합니다. 먹을 것이 있는 사람은 입을 옷을 원하지만, 그리스도를 먹는 사람은 그리스도로 옷 입는 것이기도 합니다. 입을 옷이 있는 사람은 자신을 치장해 줄 뭔가를 원하지만, 그리스도의 의로 옷 입은 사람은 천 국 궁정의 옷과 온갖 신성의 보석들로 치장된 옷을 입는 것입니다. 자신을 치장 한 사람은 자신을 깨끗이 씻어서 아름답게 해줄 뭔가를 원합니다. 그러나 그리 스도의 의로 옷 입고 하나님의 은혜로 치장한 사람은 한 점의 흠도 없이 깨끗이 씻음을 받고 온전히 깨끗해진 사람입니다. 깨끗해진 사람은 자기가 계속해서 깨 끗하기를 원합니다. 그리스도를 가진 사람은 늘 깨끗합니다. 사랑하는 친구들이 여, 그리스도 안에 있지 않은 죄인들은 자신의 욕구들을 끊임없이 채우려도 해 도 채울 수가 없지만, 성도들은 그리스도 안에서 충족되지 않는 욕구가 하나도 없습니다. 우리는 우리가 필요로 하고 원하는 많은 것들이 그리스도 안에 없다 고 생각하지만, 사실은 우리가 원하고 필요로 하는 것들 중에서 그리스도 안에 없는 것은 하나도 없습니다. 왜냐하면, "그 안에는 신성의 모든 충만이 육체로 거하시기"(골 2:9) 때문입니다. "신성의 모든 충만"은 인성이 원하는 모든 것을 충만히 채워 주고도 남습니다. "아버지께서는 모든 충만으로 예수 안에 거하게" (골 1:19) 하셨습니다. "모든 충만"이 우리의 욕구들과 필요들을 다 채워 줄 수 없 다면, 무엇이 그것들을 채워 줄 수 있겠습니까? 그러므로 우리가 결코 그리스도 에게 질리지 않는 이유는 우리의 마음의 모든 갈망이 그리스도 안에서 다 만족 함을 얻기 때문입니다.

    이제 나는 그리스도께서 늘 그의 젊음의 이슬을 가지고 계시는 또 다른 이 유를 마지막으로 한 가지만 더 말씀드리고자 합니다. 우리가 그리스도에게 절대 로 질리지 않는 이유는 우리가 그리스도에 대하여 가지고 있는 필요와 욕구는 결코 그 칠 수 없기 때문입니다. 나는 이 땅에 사는 동안에 죄 짓는 것을 결코 그치지 못할 것입니다. 그러므로 내게는 나의 모든 죄책들을 다 씻어줄 보배 피로 가득한 샘이 늘 필요합니다. 내가 이 땅에 있는 한, 나의 양심은 끊임없이 나를 고소할 것입니다. 그러므로 내게는 아버지 하나님 앞에서 나를 변호해 주실 대언자이신 "의로우신 예수 그리스도"(요일 2:1)가 늘 필요합니다. 나는 이 땅에 사는 동안에 결코 환난으로부터 자유롭지 못할 것입니다. 그러므로 내게는 이스라엘의 위로 자이신 그리스도가 늘 필요합니다. 나는 이 땅에 사는 동안에 나의 연약함을 결코 벗어 버리지 못할 것입니다. 그러므로 나는 나의 힘이신 그리스도 없이는 절대로 살아갈 수가 없습니다. 나는 이 땅에 살아가는 동안에 어느 정도 다시 죄에 빠지는 일을 결코 그칠 수 없을 것입니다. 그러므로 나는 내 영혼을 회복시키시고 그의 이름을 위하여 나를 의의 길로 인도하시는 그를 사랑하기를 결코 그칠 수 없습니다.

여러분은 아마도 사막을 횡단하고 있던 한 무리의 여행자들에 관한 이야기를 들어보셨을 것입니다. 그들은 준비했던 물이 다 떨어져서 도대체 어디에서 물을 구해야 할지 막막하기만 했습니다. 그러나 며칠을 여행한 끝에 그들은 마침내 아주 더러운 물을 만났고, 그들이 탄 낙타들이 그 물로 뛰어들어서 물을 한층 더 더럽혀 놓았습니다. 그렇지만 이 가엾은 여행자들은 메마른 사막을 물도 없이 여행하느라 너무나 목이 말라서 물보다 흙이 더 많은 흙탕물을 마셨고, 그 물이 지금까지 그들이 맛보았던 그 어떤 포도주보다 더 달콤하다고 느꼈습니다. 그러나 그들이 자신의 갈증을 다 해소한 후에도 과연 그렇게 생각했을까요? 그때에도 그들은 그 물이 달콤하다고 말했을까요? 아닙니다. 갈증이 다 가신 후에야 그들은 자신들이 마셨던 것이 무엇인지를 알았고, 다시 타는 듯한 갈증이 찾아오기 전에는 누가 그들을 죽인다고 해도 그 물을 다시 마실 수는 없었습니다. 그리스도인들은 이 땅에서 살아가는 동안에는 그리스도께서 그들과 함께 하지 않으면 늘 굶주림의 고통이 있고 영적인 목마름의 고통이 있기 때문에, 그 갈망이 그리스도를 늘 그들에게 달콤하게 만듭니다. 우리가 이 땅에 살아가는 동안에 늘 주님에 대한 목마름이 있기 때문에, 우리 주님은 그의 젊음의 이슬을 늘 가지고 있을 수밖에 없습니다. 미련한 자들은 종종 온갖 양식을 다 거부하는 법이기 때문에, 우리가 잠시 그런 목마름을 잊어버린다고 하더라도, 그 목마름은 다시 돌아오게 되어 있고, 우리는 비둘기의 날개를 가지고 생수 되시는 그리스도께로 다시 날아가고, "사슴이 시냇물을 찾기에 갈급함 같이"(시 42:1) 온 힘을 다해 다시 저 서늘한 물로 달려가게 됩니다. 왜냐하면, 그렇게 해서 그 물을 마시지 않으면 죽게 되기 때문입니다. 그러므로 사랑하는 자들이여, 우리는 우리가 늘 그리스도를 필요로 하기 때문에 그는 늘 우리에게 신선할 것임을 다시 한 번 깨닫게 됩니다.

"그러나 천국에서는 그리스도가 우리에게 필요하지 않을 것이잖아요"라고 말하는 사람이 있습니다. 누가 당신에게 그렇게 말했습니까? 당신에게 그렇게 말한 사람은 분명히 당신을 잘못 이끈 것입니다. 천국에서는 그리스도가 필요하지 않다고요? 사랑하는 자들이여, 만일 여러분이 그리스도를 천국에서 끌어내 버릴 수 있어서 정말 그렇게 했다면, 모든 성도들이 있었던 그 천국은 이제 지옥이 되어 버리고 맙니다. 그들에게는 어떤 의미에서는 천국에서 그리스도가 "필요하지" 않습니다. 왜냐하면, 그리스도는 늘 그들과 함께 있을 것인 까닭에, 스코틀랜드 사람들이 "필요로 하다"라고 했을 때의 그런 의미로는 그들에게 그리스도가 필요하지 않을 것이기 때문입니다. 그러나 천국에서도 그들에게는 늘 그리스도가 필요합니다. 왜냐하면, 그리스도는 천국의 요체요 핵심이기 때문입니다. 천국에서 나를 깨끗하게 하는 데에 그리스도가 필요하지 않다고 할지라도, 내가 그리스도와 교제하는 것은 필요합니다. 천국에서는 나의 죄를 씻어 줄 그의 피가 필요하지 않다고 할지라도, 내가 그리스도께 영광을 돌리고 하나님을 송축하기 위하여 찬송의 제사를 드리는 것은 필요합니다. 천국에서 내가 그리스도께 기도할 필요는 없을지라도, 나는 그리스도를 찬송할 필요가 있습니다. 천국에서는 나의 죄를 사해 주실 그리스도는 필요하지 않다고 할지라도, 나를 감싸 주실 그리스도는 필요합니다. 천국에서는 목자장으로서의 그리스도는 필요하지 않다고 할지라도, 내가 기쁨과 즐거움으로 영원히 섬길 나의 남편, 제사장, 왕이신 그리스도가 필요합니다.

3. 셋째로, 이 진리로부터 우리가 배워야 할 교훈들은 무엇입니까?

이 진리가 우리에게 주는 첫 번째 교훈은 이것은 설교하는 자들에 대한 경고의 메시지라는 것입니다. 사랑하는 형제들이여, 강대상에서 말씀을 전하는 우리는 한 순간이라도 복음이 낡아 빠지고 한물 간 교훈이 되었다는 생각을 품어서는 결코 안 된다는 것을 명심하여야 합니다. 복음은 여전히 그 젊음의 이슬을 지니고 있습니다. 시대에 맞는 복음이라는 말 자체가 터무니없는 말입니다. 사람들은 휫필드(Whitefield, 1714-1770, 복음전도자)가 설교한 방식, 존 버리지(John Berridge, 1716-1793, 영국의 부흥전도자)가 설교한 방식, 로울랜드 힐(Rowland Hill, 1744-1833, 영국의 대중전도자)이 설교한 방식이 모두 다 잘못되었다고 말합니다. 많은 죄인들이 그들의 사역을 통해서 회심하였지만, 여러분이 아시듯이, 당시의 죄인들은 동일한 종류의 설교를 필요로 하지 않는 오늘날의 죄인들과 달랐습니다. 어떤 사람들은 마귀가 더 진화했다고 말하지만, 나는 마귀가 더 교묘한 방법을 개발했다는 점에서 더 악해졌다고 말하고 싶습니다. 사람들은 죄인들도 많이 개화되었기 때문에 설교자들이 지난날과 같이 불같이 격렬한 말씀을 전할 필요는 없다고 말합니다. 사람들은 그리스도께서 전하신 것과 같은 단순한 설교가 오늘날의 사람들에게는 필요하지 않다고 말합니다. 하지만 우리가 알아야 할 것은 19세기 사람들도 십자가에 못 박히신 그리스도를 아는 단순한 지식 정도는 시시하게 여길 정도로는 박식하였다는 것입니다. 복음의 단순성에 비하면, 그들의 박식함은 말로 표현할 수 없을 정도였습니다. 언제나 그렇게 인간의 지식은 아주 저 멀리 앞서 갔고, 십자가는 인간의 그러한 지식에서 한참이나 뒤떨어져 있었습니다.

나의 사랑하는 형제들이여, 사람들이 하는 말을 한시라도 믿지 마십시오. 여러분이 영국인들을 잠에서 깨어나게 하고자 한다면, 옛날식의 오래된 복음을 그대로 전하십시오. 여러분이 수많은 사람들로 성전을 가득 메우기를 원한다면, 여러분이 전해야 할 것은 예수 그리스도 안에 있는 하나님의 진리, 어제나 오늘이나 영원토록 동일한 그 진리입니다. 여러분이 설교하는 방식은 그때그때의 사정에 따라 달라질 수 있지만, 여러분이 전해야 할 주제는 늘 동일하고, 그것은 신선하고 영광스러운 복음을 단순하게 전하는 것입니다. 복음을 온전하고 순전하게 전한다면, 우리는 복음 속에서 오순절 때의 그 젊음을 다시 보게 될 것입니다. 나는 일부 설교자들이 왜 복음을 모호하게 전하는 것을 좋아하는지 그 이유를 아는데, 그것은 그렇게 할 때에 사람들이 그런 복음을 좋아하는 까닭에 설교자가 대중적인 인기를 얻을 수 있기 때문입니다. 어떤 사람들은 그들이 이해할 수 없는 말을 전하는 사람의 설교를 듣기 좋아하고, 어떤 사람들은 그들이 어떻게 해서 겨우 이해할 수 있는 말을 전하는 사람의 설교를 들을 때에 우쭐함과 자부심을 느낍니다. 왜냐하면, 설교자가 그들에게 "여러분은 매우 똑똑한 분들이어서, 나는 여러분에게 똑똑한 사람들만이 알아들을 수 있는 설교를 하지 않을 수 없다"고 말하는 것처럼 느끼기 때문입니다. 그래서 그들은 설교자가 그들을 높이 평가해 주고 대단히 똑똑한 사람들로 취급해 주는 것에 대하여 만족감을 느낍니다. 그러나 여러분이 어떤 단순소박하고 퉁명스러운 설교자, 복음을 있는 그대로 단순하게 전하는 설교자, 말씀을 전할 때에 말을 잘 하고자 하는 것은 장미나 백합화를 그릴 때에 온갖 치장을 다하고자 하는 것처럼 어리석은 짓이라고 믿는 설교자가 전하는 복음을 들을 때에는 속으로 이런 생각이 들게 됩니다: '설교자가 나를 완전히 무시하는구만! 저 사람이 말하는 투를 보면, 우리 회중들을 마치 촌뜨기나 청소부 정도로 취급하는군. 그가 말하는 것은 그저 십자가에 관한 밋밋한 이야기뿐이고, 그 속에 우리 수준에 맞는 이야기는 하나도 없어.' 나는 하나님의 은혜로 말미암아 우리의 강대상에서 여러분의 수준이나 입맛에 맞는 것은 결코 가르쳐지거나 선포되는 일은 없을 것임을 믿습니다. 나는 우리 각자가 사도 바울이 했던 말을 할 수 있기를 바랍니다: "내가 너희 중에서 예수 그리스도와 그가 십자가에 못 박히신 것 외에는 아무것도 알지 아니하기로 작정하였음이라 내가 너희 가운데 거할 때에 약하고 두려워하고 심히 떨었노라 내 말과 내 전도함이 설득력 있는 지혜의 말로 하지 아니하고 다만 성령의 나타나심과 능력으로 하여 너희 믿음이 사람의 지혜에 있지 아니하고 다만 하나님의 능력에 있게 하려 하였노라"(고전 2:2-5). 보통 사람들의 지성으로는 알아들을 수 없을 정도로 거의 천사 같은 언변과 아주 유려하고 유창한 웅변을 동원하여 말씀을 전하는 것보다 복음의 단순한 진리들을 있는 그대로 분명하게 전할 때에 성령이 더 강하게 역사한다는 것을 믿으십시오. 이것은 강대상을 맡은 사람들에게 주어진 교훈입니다.

　두 번째 교훈은 여기 계신 각 사람이 자기 자신을 잘 살펴보라는 당부입니다. 사랑하는 친구들이여, 여러분은 복음에 대한 관심이 이전보다 덜해졌습니까? 여러분은 복음이 여러분에게 밋밋해졌고 그리스도조차도 여러분에게 신선함을 잃은 것으로 느껴집니까? 그리스도를 신선하게 느끼는 것이 여러분에게서 엷어졌다고 해서, 그리스도 자신이 그의 신선함을 실제로 잃어버리신 것은 결코 아닙니다. 이럴 때에 여러분이 스스로에게 물어야 할 것은 이것입니다: "내가 올바른 그리스도를 만났는가? 내가 만난 그리스도가 그의 신선함을 잃었다면, 나는 잘못된 그리스도, 내 자신이 만들어 내거나 고안해 낸 그리스도를 만났을 가능성이 높지 않은가? 왜냐하면, 진짜 그리스도는 늘 신선하고 늘 흥미로우며 늘 새롭기 때문이다. 나는 잘못된 진리를 붙잡은 것이거나 잘못된 방식으로 진리를 붙잡은 것은 아닌가?' 나는 "잘못된 진리"라고 말했습니다. 내가 뭔가 모순되는 말을 한 것입니까? 그렇지만 이것이 바로 이 시대의 자화상입니다. 한 사람은 "예"라고 말하고, 또 한 사람은 "아니요"라고 말합니다. 사람들은 자기는 옳고 다른 사람이 잘못됐다고 말하는 것은 무자비한 짓이라고 말하지만, 나는 두 사람이 다 옳다고 말하거나 "예"와 "아니요"가 서로 합치될 수 있다고 말하는 것이 어떻게 가능할 수 있는지를 모르겠습니다. "예"와 "아니요"를 한데 묶어서 한 길로 가게 만들 수 있는 사람은 똑똑한 사람입니다. 그러나 사실인즉은, 여러분이 복음에 대한 관심을 잃어버렸다면, 여러분이 받아들인 복음이 올바른 복음이 아니거나, 여러분은 아예 복음을 받아들인 것이 아니라는 것입니다. 여러분이 그리스도에 대한 관심을 잃어버렸다면, 그것은 여러분이 관심을 가진 것이 하나님께서 보내신 그리스도가 아니기 때문입니다. 그리스도 안에서의 여러분의 이전의 열심과 이전의 기쁨이 사라졌다면, 여러분은 뭔가 착각을 했던 것일 가능성이 매우 큽니다. 그런 때에는 여러분은 자신이 만세반석 위에 집을 짓고 있다고 생각했는데 사실은 모래 위에 집을 짓고 있는 것이 되지 않도록 하기 위해서 자기 자신을 아주 철저하고 진지하게 살펴보는 것이 마땅합니다.

　　나는 이제 마지막으로 한 단어만 첨가하고 싶은데, 그것은 열망이라는 단어입니다. 그리스도께서 그의 젊음의 이슬을 가지고 계시기 때문에, 나의 사랑하는 친구들이여, 주 예수 그리스도를 섬기는 우리는 우리도 그렇다는 것을 세상에 나타내 보이기를 열망하여야 합니다. 옛적에 그리스도의 젊음의 이슬은 그의 백성으로 하여금 그를 열렬히 사랑하게 만들었기 때문에, 그들은 그를 위하여 기꺼이 죽고자 하였고, 모든 재물을 다 그에게 바쳤으며, 수치와 욕을 담당하는 삶을 살았고, 죽음의 고통을 기꺼이 감수하고자 하였습니다. 이제 우리는 기독교가 그 옛적의 활기를 잃지 않았다는 것, 경건한 자손들이 아직 이 땅에 남아 있다는 것, 교회의 팔이 시들지 않았다는 것을 세상에 증명해 보여주어야 합니다. 또한, 우리는 그리스도께서 옛적에 자기 백성을 거룩하게 하셨듯이 지금도 자기 백성을 거룩하게 하고 계신다는 것을 세상에 증명해 보여주어야 합니다. 그리스도에 대한 신앙이 사람들을 그에게 헌신하게 하였고, 그의 복음에 열심을 내게 하였으며, 기꺼이 주를 위해 죽고 주를 위해 살게 만들었던 것과 마찬가지로, 그 신앙은 지금도 사람들을 그렇게 만들 수 있습니다. 우리의 신앙의 힘을 매일매일의 삶 속에서 나타냄으로써 우리의 신앙이 그 힘을 잃지 않았다는 것을 온 세상에 증명하여 보여주는 것은 여러분과 나의 몫입니다. 저 고귀한 순교자들의 무리와 저 영광스러운 신앙인들의 무리를 본받으십시오. 저 값지고 귀한 무리들인 선지자들과 사도들 같이 살려고 하십시오. 여러분이 그들처럼 거룩하고 헌신된 삶을 살게 될 때, 온 세상은 이렇게 말하게 될 것입니다: "이 사람들에게 기독교의 젊음의 이슬이 있는 것을 보니, 그들은 그리스도와 동행하며 살고 있는 것이 분명하구나. 그들이 초기 그리스도인들과 똑같은 것을 보니, 옛적의 신앙이 낡아지거나 진부해져서 결국에는 없어져 버릴 것이라는 생각이 틀렸다는 것을 확실히 알겠구나."

제
107
장

—

하나님의 역사들을 기억함

—

"그의 기적을 사람이 기억하게 하셨으니 여호와는 은혜로우
시고 자비로우시도다 여호와께서 자기를 경외하는 자들에
게 양식을 주시며 그의 언약을 영원히 기억하시리로다."
— 시 111:4-5

하나님의 역사들은 그것들이 하나님이 하시는 일들이기 때문에 경이롭고 기이할 수밖에 없지만, 그렇다고 해서 잠시 경이로움을 불러일으켰다가 며칠 지나면 잊히는 그런 역사들이 아닙니다. 그래서 시편 기자는 "그의 기적을 사람이 기억하게 하셨으니"라고 말합니다. 우리는 하나님이 베풀어 주신 지극히 큰 은혜들을 금방 잊어버리고서, 하나님의 은혜만이 아니라 역사들도 "까맣게 잊어버리고 감사하지 않는" 채로 살아가는 경우가 너무나 많습니다. 우리가 과거에 그래 왔다면, 이 시편을 묵상하기 전에 우리는 먼저 하나님의 은혜와 역사들을 잊어버리고 살아온 우리 자신을 책망하고, 성령께 우리로 하여금 하나님의 경이롭고 기이한 역사들을 이전보다 더 잘 기억하게 해주시도록 구하는 것이 마땅합니다.

오늘 우리가 다룰 주제는 두 가지입니다. 첫 번째는, 사람들로 하여금 그의 기이한 역사들을 기억하게 하시는 것이 하나님의 뜻이라는 것이고, 두 번째는, 그러한 기이한 역사들을 늘 기억하며 살아가는 것이 우리에게 지혜로운 일이라는 것입니다.

1. 첫째로, 사람들에게 자신의 기이한 역사들을 기억하게 하시는 것은

하나님의 뜻입니다.

하나님께서는 자신의 이러한 뜻이 관철될 수 있도록 조치를 취해 오셨습니다. 먼저, 하나님은 사람들이 보기에 그의 역사들이 너무나 대단하고 엄청나서 도저히 잊어버릴 수 없게 하십니다. 하나님께서는 자신의 높이 든 손과 펴신 팔로 자기 백성을 위하여 구속의 역사를 행하시기 위하여 자신의 은밀한 거처에서 나오셨을 때에 대단한 권능으로 놀라운 일들을 행하심으로써 인간의 역사 전체가 그 일들에 대한 소식으로 크게 들썩거리게 하셨습니다. 하나님께서 이스라엘을 압제하던 애굽의 군대를 치시고 큰 구원으로 자기 백성을 데리고 나오셨을 때, 하나님이 애굽에서 하신 일을 이스라엘이 잊어버린다는 것이 과연 가능할 수 있겠습니까? 하나님께서 홍해의 물줄기를 거대한 벽처럼 세우셔서 자신의 구속함을 받은 이스라엘 백성으로 하여금 바다를 마치 육지처럼 지나게 하시고, 추격해 오던 애굽 왕 바로와 그 모든 군대를 그 물로 덮으셔서 마치 물속에 던져진 납덩이처럼 가라앉게 하셨을 때, 이스라엘 백성이 홍해에서 벌어졌던 그 놀랍고 기이한 광경을 어떻게 잊을 수 있었겠습니까? 그밖에도 가나안을 정복하는 과정에서, 그리고 다윗의 삶 속에서도 많은 사건들이 있었고, 그 사건들은 아주 특별한 일들이어서 하나님의 옛 백성의 기억 속에 영원히 각인될 수밖에 없었습니다. 그리고 여러분과 나는 우리를 위한 하나님의 수많은 역사들에 대해서도 그것들은 너무나 대단한 것들이어서 우리가 잊어버린다는 것은 도저히 불가능하다고 말할 수 있습니다. 사랑하는 형제들이여, 여러분이 회심하였던 때를 기억하십니까? 아마도 여러분은 누가 보아도 분명한 큰 죄인이었을 것이고, 그런 여러분에게 일어난 변화는 너무나 현저한 것이어서, 여러분은 그 일이 일어난 때를 쉽게 기억할 수 있습니다. 여러분이 그러한 변화가 여러분에게 일어났다는 사실을 잊어버리게 만들려고 사탄이 별 수를 다 써도 아무 소용이 없을 정도로 그 일은 여러분에게 각인되어 있을 것입니다. 나의 형제들이여, 여러분은 여러분의 죄짐이 여러분의 무겁던 마음에서 제거되었을 때가 언제인지를 기억하고 있지 않습니까? 나는 내 자신의 이름을 잊어버릴 수 있고 내 아들의 이름을 잊어버릴 수도 있지만, 내가 나의 사랑하는 주님, 나의 구주께 이렇게 노래하기 시작하였던 그 날은 그 어떤 일이 있어도 결코 잊을 수 없습니다:

"이제 주의 진노가 내게서 떠나갔으니

내가 주를 날마다 찬송하리라."

그 일은 너무나 놀랍고 기이하며 아주 특별한 일이었기 때문에 절대로, 절대로, 절대로 잊어버릴 수가 없습니다. 하나님이 "그의 기적을 사람이 기억하게 하신" 것은 그 일들이 너무나 놀랍고 기이한 일들이기 때문입니다. 절대 은혜이신 분이 여러분에게 행하신 일들을 깊이 묵상하여 그 자비의 지극히 크심을 알게 되고, 그것을 찬양하십시오. 왜냐하면, 여러분이 하나님의 은혜를 제대로 찬양할수록 거기에 비례해서 그 은혜가 여러분의 기억에 일생 동안 깊이 박혀 있게 될 것이기 때문입니다.

다음으로, 하나님이 그의 놀랍고 기이한 역사들을 사람들로 하여금 기억하게 하신 것은 그가 그 역사들을 베푸신 사람들 때문입니다. 많은 사람들은 하나님의 은총에 관한 말들을 들어도 그것이 자기에게 필요하다는 것을 알지 못하기 때문에 금방 잊어버립니다. 그러나 어떤 사람이 영적으로 몹시 갈급한 심령 상태에 있고, 그럴 때에 하나님의 은혜가 그에게 주어진다면, 그는 분명히 그 일을 똑똑히 기억할 것입니다. 여러분이 아시듯이, 이스라엘 백성은 애굽에서 노예 민족으로 있었기 때문에, 벽돌 가마에서 노예로 일하면서 압제자들의 채찍을 맞아가며 매일 할당된 벽돌을 만들어 내어야 했고, 심지어 벽돌을 만드는 데에 필요한 짚조차도 없이 벽돌을 만들어 내어야 했던 가련한 노예의 삶을 살았습니다. 이렇듯 애굽 왕 바로의 폭정이 도저히 견딜 수 없는 지경에 이르렀을 바로 그때에 하나님께서 그들을 건지셨기 때문에, 그들은 자신들이 어떻게 구원을 받았는지를 잊을 수 없었을 것입니다! 그들이 애굽의 압제에서 해방된 그 날은 그들의 민족의 달력에서 한 해를 시작하는 날이 될 정도였습니다. 왜냐하면, 애굽에서 압제받으며 살아야 했던 이 가련한 이스라엘 백성에게 그 날은 마치 죽은 자들이 다시 살아난 날과 같았기 때문입니다. 오늘날에도 하나님께서는 영적으로 애굽에서 압제 받던 이스라엘과 비슷한 상태에 있는 사람들을 건져 내시기 위하여 그의 긍휼하심 가운데서 개입하십니다. 여러분은 한나가 어떻게 찬송하였는지를 기억하고 계실 것입니다: "가난한 자를 진토에서 일으키시며 빈궁한 자를 거름더미에서 올리사 귀족들과 함께 앉게 하시며 영광의 자리를 차지하게 하시는도다"(삼상 2:8). 그 "거름더미"는 "빈궁한 자"가 하나님의 은혜를 기억하는 것을 도울 것입니다. 그 "빈궁한 자"는 이렇게 말할 것입니다: "내가 쓰레기처럼 버려졌던 지난날을 어떻게 잊을 수 있을까? 내가 생각해도, 나는 쓰레기더미에 던져져야 마땅한 썩어빠지고 쓸데없고 무익한 자였어. 그런데 하나님께서 갑자기 내게 나타나셔서 나를 들어 자기 백성의 귀인들 중에 앉히셨지! 내가 어떻게 그 일을 잊을 수 있겠어? 교량이 그 장식물들을 잊고, 나의 오른손이 자기가 한 일을 잊을지 몰라도, 내 영혼은 하나님께서 '나를 기가 막힐 웅덩이와 수렁에서 끌어올리시고 내 발을 반석 위에 두사 내 걸음을 견고하게 하신'(시 40:2) 것을 결코 잊을 수 없지." 우리 중에는 인간성이 파괴되어서 그 갈라진 틈들이 우리 밑에서 입을 벌리고 삼키려 해서 곧 삼켜져 버릴 것 같은 그런 인생을 살았던 분들이 있습니다. 그러나 우리는 환난 중에 하나님께 부르짖었고, 하나님은 우리를 잔잔한 항구로 인도하셨습니다. 그런데 우리가 어떻게 하나님의 놀랍고 기이한 역사들을 잊을 수 있겠습니까? 우리는 지독하게 병들어 있었습니다. 우리의 영혼은 온갖 음식을 다 거부하였고, 우리는 점점 무덤으로 끌려가 그 문턱까지 이르게 되었습니다. 그러나 사망이 우리를 정면으로 노려보며 금방이라도 삼켜 버리려 할 바로 그때에 선하신 의사이신 하나님께서 오셔서 우리를 우리의 모든 질병으로부터 회복시켜 주셨습니다. 사랑하는 형제들이여, 하나님께서 자신을 여러분에게 나타내셨을 때에 여러분 중에서 많은 분들이 바로 그와 같은 곤경 속에 있었을 것입니다. 여러분이 처해 있던 곤경과 비참한 상태는 그런 것이었기 때문에, 하나님이 여러분에게 행하신 일을 여러분이 잊는다는 것은 너무나 비열하고 배은망덕한 짓이라서, 나는 그런 일이 가능하다는 것을 도저히 믿을 수가 없습니다. 분명히 여러분은 하나님이 여러분에게 행하신 역사를 여러분이 기억하는 것이 마땅하다고 느낄 것입니다. 여인이 자신의 젖먹이 아기를 잊을지언정, 여러분은 여러분의 주 하나님께서 여러분을 위해 행하신 저 놀랍고 기이한 역사들을 절대로 잊어서는 안 됩니다.

또한, 하나님께서는 그가 행하신 놀랍고 기이한 역사들을 사람들로 기억하게 하시기 위하여 그것들을 성경에 기록해 두시는 조치를 취하셨습니다. 모세의 다섯 권의 책, 즉 소위 모세 오경은 하나님께서 세계사의 아주 초창기에 자기 백성을 위하여 행하신 놀랍고 기이한 역사들을 하나님의 감동을 따라 기록해 놓은 책입니다. 하나님은 그가 행하신 일들을 기록해 두어서 장래의 모든 세대들이 읽을 수 있도록 하시기 위하여 사람들을 성령으로 감동시키셔서 기록하게 하시는 세심한 조치를 취하신 것입니다. 이 복된 책은 사람들로 하여금 하나님께서 행하신 놀랍고 기이한 일들을 모든 세대에서 기억하게 하기 위한 바로 그 목적을 위하여 기록되었습니다. 성경책은 우리를 향하신 하나님의 영원하신 사랑에 관한 유일무이한 이야기를 우리에게 들려줍니다. 또한, 성경책은 그리스도께서 베들레헴에서 태어나심으로써 나타나게 된 하나님의 성육신된 사랑에 관한 놀랍고 기이한 이야기를 우리에게 들려주고, 그리스도께서 어떻게 죽으셨고, 어떻게 다시 살아나셨으며, 어떻게 지금 천국의 하나님 보좌 앞에서 우리의 대언자로서 우리를 위해 변호해 주고 계시는지를 우리에게 들려줍니다. 우리는 하나님께서 이 거룩한 책의 면면들 속에 자신의 놀랍고 기이한 역사들을 기록하셔서 우리로 그 역사들을 기억하신 것에 대하여 더욱더 하나님을 송축하는 것이 마땅합니다. 사랑하는 자들이여, 여러분도 마찬가지로 하나님께서 여러분을 위해 어떤 은혜의 역사를 행하실 때마다 그 역사를 꼭 기억하는 것이 마땅합니다. 하나님께서 자기 백성에게 베푸신 은혜들을 사람이 다 기록할 수 없기 때문에, 그 은혜들 중 많은 부분이 이 땅에 알려져 있지 않습니다. 일기를 매일 적는 사람은 과장된 경건으로 흐르기가 쉽습니다. 왜냐하면, 사람은 무언가를 매일 적어야 한다고 생각하게 되면 사실이 아닌 것도 사실처럼 생각되어서 과장되거나 잘못 적기가 아주 쉽기 때문입니다. 그러나 우리가 하나님에게서 받은 특별한 은혜들을 기록하는 것은 우리 세대와 다음 세대들에 대한 우리의 의무라고 나는 생각합니다. 만일 성도들의 전기 속에 기록된 하나님의 놀랍고 기이한 구원의 역사들이 당시에 기록되지 않았다면, 우리는 큰 손실을 입었을 것입니다. 우리가 체험한 일들 중에서 기록해 둘 가치가 있다고 여겨지는 것들은 비록 모든 사람들이 볼 수 있는 형태는 아니라고 하여도 적어도 우리가 속한 작은 무리들이 볼 수 있는 형태로는 기록해 두어서, 우리의 후손들이나 친구들이 하나님의 은혜에 대한 우리의 개인적인 체험들을 읽고서 위로를 받을 수 있게 하는 것이 마땅합니다. "그의 기적을 사람이 기억하게 하셨으니." 우리는 하나님의 이 큰 뜻을 따라서 하나님이 우리에게 베푸신 큰 은혜에 대한 기억을 보존하는 것이 마땅합니다.

또한, 하나님께서는 사람들로 하여금 그의 놀랍고 기이한 역사들을 기억하도록 하시기 위하여 자기 백성에게 그들의 자녀를 가르쳐서 그가 그들을 위하여 행한 일들을 기억하게 하라고 명하셨습니다. 즉, 하나님은 성령의 감동을 따라 기록된 책 외에도 자기 백성의 자녀들의 머리도 자신의 놀랍고 기이한 일들이 기록된 책들로 활용하고자 하신 것입니다. 유대인 아버지들은 그들의 자녀들을 한데 불러모아서, 어떻게 하나님이 그들을 애굽에서 데리고 나오셨는지, 어떻게 광야 길을 인도하여 통과하게 하셨는지, 어떻게 가나안 땅을 그들에게 주셔서 그들의 소유가 되게 하셨는지를 자녀들에게 들려주라는 명령을 받았습니다. 하나님께서 그들을 위해 어떤 일들을 하셨는지에 관한 놀랍고 기이한 이야기를 그들의 자녀들과 손자들에게 가르치는 것이 그들에게 주어진 본분이었습니다. 우리는 하나님께서 우리에게 행하신 큰 역사들에 대한 기억을 대대로 전하는 데에 관심을 가져야 합니다. 하나님이 여러분을 위해 어떤 역사들을 베풀어 주셨는지를 다른 사람들에게 전할 수 없다면 여러분 자신의 자녀들에게 전하십시오. 저녁나절 벽난로 주위에 모여 앉아 여러분이 자녀들에게 하나님께서 여러분에게 행하신 일들을 들려주면, 자녀들은 단지 흥미로워할 뿐만 아니라, 거기에서 교훈과 감명을 받을 것입니다. 여러분이 들려주는 그 이야기는 책으로 썼을 때에는 사람들이 흥미를 갖지 않을 수도 있겠지만, 그런 것을 신경 쓰지 마십시오. 왜냐하면, 여러분의 가족은 그 이야기에 분명히 흥미를 갖게 될 것이기 때문입니다! 그러므로 여러분은 가족에게 그 이야기를 반드시 들려주어야 합니다. 나의 조부께서 목회를 하시면서 처음에 힘들었던 일들과 그때마다 하나님께서 개입하셔서 그 일들을 해결해 주신 일들에 대하여 들려주신 이야기 중에서 수많은 흥미로운 사건들이 지금 이 순간에도 내 기억에 생생합니다. 나의 조부께서는 그 일들을 기록하셔서 책으로 남기셔도 되셨을 것인데 그렇게 하지는 않으셨습니다. 아마도 나의 조부께서는 자신의 손자의 머리가 살아 있는 책이 되어서, 자기가 그에게 들려주었던 것들을 훗날에 자기 손자가 다른 사람들에게 들려주게 될지를 아셨던 것 같습니다. 어쨌든 나는 모든 그리스도인들에게 하나님이 그들에게 행하신 놀랍고 기이한 역사들을 최선을 다해 기억하고, 그들이 경험한 하나님의 은혜들을 그들의 자녀들에게 들려주어서 그 기억이 보존될 수 있게 하기를 간곡히 부탁드립니다. 칠십 년의 세월을 살아서 이제는 머리가 희어져 있는 분들은 영원하신 하나님께서 여러분을 위해 행하신 일들을 여러분의 자녀들과 손자들에게 다 들려줄 때까지는 절대로 이 세상을 떠나지 마셔서, 하나님의 인자하심에 관한 여러분의 모든 즐거운 기억들이 여러분의 관과 함께 무덤에 묻혀 버리는 일이 없게 하시기 바랍니다.

또한, 하나님께서는 그의 놀랍고 기이한 역사들을 사람들로 하여금 기억하게 하시기 위하여, 몇몇 규례들을 제정하셔서 그 역사들이 자기 백성의 마음속에 늘 생생하게 보존될 수 있게 하셨습니다. 애굽에서 건짐을 받은 기억을 잊어버리지 않도록 하기 위해서, 하나님은 이스라엘 백성에게 유월절이라는 중요한 절기를 해마다 지키게 하셨습니다. 하나님이 자기 백성을 종 되었던 집에서 데리고 나오시던 그 밤에 유월절 어린 양의 피가 발라진 집은 모두 안전하였습니다. 그래서 이스라엘은 그 후로 하나님께서 "내가 피를 볼 때에 너희를 넘어가리니"(출 12:13)라고 말씀하셨던 바로 그 밤을 기억하며 유월절을 지켰습니다. 여러분이 아시듯이, 우리의 찬송 받으실 구속주께서는 "너희가 이를 행하여 나를 기념하라"(눅 22:19)고 말씀하시며 성찬 예식을 제정하셨는데, 이것은 이 성찬 예식을 통하여 십자가에 못 박히신 그리스도를 마치 어제 일처럼 우리 눈 앞에 보여줌으로써 우리로 하여금 기독교 신앙에서 아주 중요한 대속의 사건을 늘 생생하게 기억하게 하기 위한 것이었습니다. 우리가 다른 것은 다 잊어버린다고 하여도, 겟세마네와 가바다("돌을 깐 뜰," 요 19:13)와 골고다를 잊어서는 절대로 안 됩니다. 사랑하는 자들이여, 여러분은 이 거룩한 기념 예식을 마음을 다해 지켜야 합니다. 지금 이 자리에 그리스도를 진정으로 믿는 참된 신자들인데도 "너희가 이를 행하여 나를 기념하라"는 주님의 명령에 불순종해 온 분들이 있다면, 나는 그분들에게 더 이상 불순종하지 마시라고 엄숙하게 권면하고자 합니다. 사랑하는 자들이여, 그런 분들은 커다란 특권을 놓치고 있는 것임과 아울러서, 주님의 명령에 따른 이 지극히 거룩한 의무를 행하지 않는 불순종을 저지르고 있다는 것을 알아야 합니다. 만일 그리스도를 진정으로 믿는 여러분이 주님의 상에 앉지 않는 것이 합당한 것이라면, 나를 비롯해서 하나님의 모든 종들도 그렇게 했을 것이고, 결국 그 어디에서도 성찬은 거행되지 않게 되었을 것입니다. 그렇게 해서, 우리 구주께서 하나님의 지혜로 사람들로 하여금 대속의 역사를 기억하도록 하시기 위하여 제정하신 성찬 예식은 사라지게 되었을 것입니다. 여러분 중에는 자기는 등록 교인이 아니어서 그런 것이라고 말하는 분들도 있을 것입니다. 거기에 대한 나의 대답은 당신이 참된 그리스도인이라면, 비록 교회에 등록하지 않았다고 할지라도, 이 땅에 있는 눈에 보이는 그리스도의 교회의 지체임에 틀림없다는 것입니다. 왜냐하면, 만일 당신이 그리스도의 교회의 지체가 되지 않을 권리가 있다면, 나를 비롯해서 하나님의 모든 백성도 지체가 되지 않을 권리가 있는 것이 될 것이고, 결국 하나님의 교회는 이 세상에서 하나의 조직으로 존재하기를 그치게 될 것이기 때문입니다. 만일 그렇게 된다면, 누가 말씀의 사역을 감당하겠습니까? 만일 하나님의 모든 백성이 하나님의 영적인 성전을 이루는 살아 있는 돌들이 되는 것이 아니라 모래알처럼 뿔뿔이 흩어진다면, 누가 하나님의 전에서 규례들을 지켜나가겠습니까? "그의 기적을 사람이 기억하게 하셨으니." 그러므로 여러분은 하나님의 그 거룩하신 뜻을 받들어서, 하나님이 제정하신 모든 규례들을 지켜야 합니다. 여러분은 세례(침례)를 통해서 여러분이 그리스도와 함께 죽고 다시 살아나는 것임을 기억하는 것이 마땅하고, 성찬 예식에 참여함으로써 그리스도께서 오실 때까지 그의 죽으심을 기억하는 것이 마땅합니다.

이상으로 나는 여러분에게 하나님께서 그의 놀랍고 기이한 역사들을 사람들로 기억하게 하시기 위하여 어떻게 하셨는지를 보여드렸고, 하나님의 모든 백성의 기억은 하나님이 베풀어 주신 은혜들에 대한 기억으로 가득해야 한다는 것을 여러분의 마음과 양심에 각인시켜 드리고자 하였습니다. 하나님이 옛적에 행하신 일들을 성경의 기록 속에서 부지런히 연구하십시오. 그리스도께서 이 땅에 계시던 나날로부터 오늘날에 이르기까지 하나님이 어떤 일들을 행해 오셨는지를 교회사를 통해서 배우십시오. 그러나 특히 하나님이 여러분을 위해 행하신 일들을 기억하시고, "하나님을 경외하는 여러분이여, 하나님이 내게 어떤 일들을 행해 오셨는지를 내가 이제 선포하리니, 모두 다 나아와서 내 말을 들으십시오"라고 자주 말하십시오. 그리고 하나님의 지극히 크신 은혜에 대한 여러분의 기억을 쏟아놓으십시오. 하나님의 자녀들은 입을 다물고 있어서는 안 됩니다. 세상 사람들은 그들의 거짓 신들을 찬양하느라 아주 시끄럽게 요란법석을 떱니다. 그들은 자주 깊은 밤에 바쿠스나 마르스 신 같은 이교의 신들에 대한 찬가를 큰 소리로 불러서 우리의 잠을 깨우고 밤 시간을 끔찍하게 만들어 버립니다. 그런데 하나님의 자녀들이 침묵함으로써 하나님께서 베풀어 주신 은혜들을 묻어 버리고 사람들의 기억에서 잊혀지게 하여 사람들이 감사할 기회조차 주지 않는 것이 과연 합당한 일이겠습니까? 하나님의 은혜로운 역사들을 크게 써서 여러분의 대문과 담벼락들에다 붙여놓으셔서 모든 사람으로 보게 하십시오. 여러분이 어디를 가든지 그 기쁜 소식을 널리 알리십시오. 듣기 싫어하는 사람들의 귀에도 반복해서 이렇게 말하십시오: "'여호와는 은혜로우시고 자비로우시도다.' 그것은 나의 경험으로 증명되었기 때문에, 나는 그 일을 확신 있게 말할 수 있습니다." 그것은 사실이고, 사실을 제시하는 것은 불신자들의 의심과 사탄의 시험들을 잠재우는 데에 최고의 논증이 됩니다. 여러분 앞에 회의론자들이 있다면, 하나님이 여러분에게 행하신 일들을 그들에게 말해 준 후에, 과연 불신앙이 그들을 위해 그런 놀랍고 기이한 일들을 해낼 수 있겠느냐고 물으십시오. 과부이신 분들은 자신의 어린 자녀들에게, 여러분이 하나님께 여러분의 고민들을 가지고 갔더니 하나님께서 여러분을 도우셔서 하나님이 계신다는 것을 알게 된 이야기를 들려주십시오. 여러분과 여러분의 가족이 큰 곤경 가운데 있을 때에 하나님을 의지했고, 하나님께서는 여러분을 그 곤경에서 건져주신 이야기를 사람들에게 들려주십시오. 여러분이 병들었거나 가난 속에 있었을 때에 하나님께 부르짖어서 하나님이 여러분을 도우시는 것을 보고서, 기도를 들으시는 하나님이 계신다는 것을 알게 되었다고 사람들에게 말해 주십시오. 이루 말할 수 없는 기쁨으로 하나님을 기뻐하고 있고, 너무나 행복해서 그 큰 기쁨을 거의 주체할 수 없다고 느끼는 적이 한두 번이 아니라고 말해 주시고, 하나님은 여전히 그의 얼굴빛을 자기 백성에게 비추신다고 말해 주십시오. 그들이 여러분을 비웃는다고 할지라도, 여러분은 그들만큼 정직하기 때문에 여러분이 그들의 말을 믿어야 하듯이 그들도 여러분의 말을 믿어야 한다고 말하십시오. 그들이 사변적인 논리를 들어 얘기하면, 여러분은 자신의 경험을 그들에게 말해 주십시오. 그들이 잘못된 것들을 얘기하면, 여러분은 사실들을 말해 주십시오. 그러면 여러분은 예수 안에 있는 진리를 지키는 용맹스러운 군사들이 될 것입니다.

2. 둘째로, 하나님의 이러한 놀랍고 기이한 역사들을 기억하는 것이 우리에게 지혜로운 일입니다.

하나님의 역사들을 기억하는 것이 우리의 지혜가 되는 이유는 그것들에 대한 기억이 다방면으로 우리의 마음에 유익을 끼치게 되기 때문입니다.

첫째, 그것은 우리에게 하나님의 은혜와 자비하심에 대한 확신을 강화시켜 줍니다. 오늘의 본문의 하반절을 읽어 보십시오: "여호와는 은혜로우시고 자비로우시도다." 하나님은 죄악된 자들에게 놀랍고 기이한 역사들을 행하시는 까닭에 "은혜로우시고," 연약하고 슬퍼하는 자들에게 놀랍고 기이한 역사들을 행하시는 까닭에 "자비로우십니다." 우리가 하나님의 놀랍고 기이한 역사들을 늘 기억하고 있다면, 우리의 경험이 이 본문이 참되다는 것을 증명해 줄 것입니다. 하나님께서는 죄악된 이스라엘에게 얼마나 은혜로우셨습니까! 그들이 하나님을 거슬러 반역하고 불평하였을 때, 하나님은 여전히 그들에게 큰 기적들을 베풀어 주셨습니다. 하나님은 하늘로부터 만나를 내리셔서 그들을 먹이셨고, 그들에게 먹을 고기를 주셨으며, 불 기둥과 구름 기둥으로 그들을 인도하셨습니다. 하나님은 그들이 죄를 지어도 자신의 은혜를 거두지 않으시고 계속해서 그들을 사랑하셨습니다. 사랑하는 자들이여, 하나님은 여러분의 죄를 사하시고, 여러분의 신실하지 못한 행위들을 눈감아 주시고, 여러분을 오래 참아 주셨으니, 여러분의 삶 자체가 하나님이 여러분에게 지극히 은혜로우셨고 지금도 은혜로우시다는 것을 증명해 주는 것이 아닙니까? 여러분의 삶이 그랬기 때문에, 여러분이 두려움에 떠는 가엾은 죄인을 만났을 때에 그 사람에게 "하나님이 지금까지 내게 늘 은혜를 베풀어 주셨기 때문에 나는 하나님이 지극히 은혜로우신 분임을 압니다"라고 말할 수 있게 된 것임을 여러분이 스스로 깨닫게 되시기를 바랍니다. 여러분이 양심의 가책으로 괴로워하는 사람에게 그리스도께서 그 괴로움을 없애 주실 수 있다고 말해 줄 수 있는 것은 그리스도께서 여러분에게도 그렇게 해주셨기 때문입니다. 여러분은 여러분의 큰 죄가 그리스도의 위대한 속죄 역사로 말미암아 제거되었다는 것을 알고 직접 그렇게 경험하였기 때문에, 죄 짐을 지고서 쓰러져가는 사람들에게 이렇게 말해 주어서 그들을 위로할 수 있습니다: "하나님께서는 나를 위해 이 모든 일을 하셨습니다. 부끄럽게도 나는 내가 자주 하나님을 근심하게 해드렸다는 것을 고백하지 않을 수 없지만, 하나님께서는 나를 떠나거나 버리지 않으셨습니다. 내가 나의 잘못으로 하나님의 얼굴빛을 잃어버렸을 때조차도 나의 잘못을 뉘우치고 통회자복하자마자, 하나님께서는 내게 다시 빛을 비쳐 주셨습니다. 하나님께서는 나를 지극한 은혜로 대해 주셨고, 내게 놀라울 정도로 은혜로우셨습니다." 이와 같은 간증은 다른 사람들에게 큰 격려가 되고 힘이 될 것입니다. 그들은 하나님께서 여러분을 위해 행하신 일들을 들을 때에 성령의 인도하심을 받아서 그들에게 동일한 은혜를 베풀어 주실 하나님께로 향하게 될 것입니다.

또한, 하나님이 여러분에게 보여주신 자비로우심도 기억하십시오. 시편 기자가 "아버지가 자식을 긍휼히 여김 같이 여호와께서는 자기를 경외하는 자를 긍휼히 여기시나니"(시 103:13)라고 말한 것처럼, 여러분 자신의 삶이 여러분에게 하나님이 그를 의지하는 자들에 대하여 얼마나 인자하시고 온유하신지를 보여주었을 것입니다. 나는 내 심령이 무섭게 눌리고 극심한 고통 중에 있던 때에 이 본문을 읊조리며 내 자신을 하나님께 맡긴 기억이 납니다. 그때에 나는 "오, 하나님이여, 나는 주의 자녀입니다. 만일 내 자녀가 지금의 나처럼 이렇게 고통스러워한다면, 나는 그의 고통을 없애 줄 수 있고, 또한 그렇게 하고자 할 것입니다. 주는 나의 아버지이십니다. 그러니 나의 고통을 없애 주시거나 나의 연약한 심령에 힘을 주셔서 이 모든 고통을 이겨낼 수 있게 해주심으로써 주께서 나의 아버지가 되신다는 것을 증명해 주십시오." 내가 하나님 앞에서 이렇게 호소했을 때, 나의 몸과 마음이 놀라울 정도로 편해졌던 것을 나는 지금도 기억합니다. 그러므로 나는 하나님이 지극히 자비로우신 분이라는 것을 확신 있게 말할 수 있습니다. 왜냐하면, 나는 그것을 직접 경험으로 확인했기 때문입니다. 나는 예전의 나처럼 낙심하며 의기소침해 있는 모든 분을 초대합니다. 여러분 중에는 다른 사람이 건져줄 수 없는 마음의 큰 고통과 괴로움을 겪고 계시는 분들이 있을 것입니다. 사람들은 그런 분들을 보면, 예민하게 반응하고 걸핏 하면 화를 낸다고 비웃습니다. 그러나 나는 여러분에게 하나님은 결코 여러분을 비웃지 않으실 것임을 보증할 수 있습니다. 하나님은 여러분의 말 못할 심정들에 대해서 다 알고 계십니다. 그러므로 나는 여러분에게 하나님 앞으로 나아가시라고 강력히 권합니다. 왜냐하면, 우리 중 많은 사람들이 경험을 통해서 "여호와는 은혜로우시고 자비로우시도다"는 것을 알고 있기 때문입니다. 어머니가 자녀들을 위로하듯이, 하나님은 여러분을 위로해 주실 것입니다. 하나님은 상한 갈대를 꺾으시거나 꺼져가는 심지를 끄지 않으시는 분입니다. 그러므로 여러분의 연약한 모습 그대로를 가지고 깊이 통회 자복하는 가운데 하나님 앞으로 나아가십시오. 그러면 여러분은 예수의 품 속에서 어머니의 마음, 곧 사람의 마음으로는 도저히 도달할 수 없는 지극히 자애로우신 마음을 발견하게 될 것입니다. 바로 지금 이 시간에 여러분의 하나님께로 피하십시오. 그리스도 안에서 형제 된 분들이여, 우리의 경험 자체가 우리로 하여금 여러분에게 그렇게 하도록 강권하고 있지 않습니까? 만일 우리가 이 예배 시간을 우리의 경험을 서로 나누는 간증 시간으로 바꿀 수 있다면, 여러분 중에서 하나님의 놀랍고 기이한 역사들을 경험한 많은 분들이 일어나서 "정말 그렇다"고 간증하지 않겠습니까? 여러분은 분명히 "정말 하나님은 은혜의 하나님이시고, 지극히 은혜로우시고 자비로우신 분이시다"라고 말하지 않겠습니까?

하나님의 놀랍고 기이한 역사들을 기억하는 것이 우리의 마음에 미치는 다

음 효과는 우리로 하여금 우리를 향하신 하나님의 너그러우시고 후히 주시고 지극히 관
대하심을 평생토록 깊이 마음에 새기고 고백하게 만든다는 것입니다. 시편 기자가 5절
에서 "여호와께서 자기를 경외하는 자들에게 양식을 주시며"라고 말하고 있는
것을 주목하십시오. 이스라엘 백성이, 광야에서조차도 하나님이 그들에게 풍성
한 양식을 내려 주셨다는 것을 기억하였던 것과 마찬가지로, 우리도 하나님의
그러한 역사를 기억할 때, 우리는 우리 하나님을 떠나서는 단 한시도 살아갈 수
없을 정도로 가련하고 빈약한 피조물들이라는 것을 생각하지 않을 수 없게 될
것입니다. 만일 하나님이 우리를 먹여 살리지 않으셨다면, 우리는 지금 살아 있
지 못했을 것입니다. 자연적이고 본성적인 상태로 있는 우리는 얼마나 가련하고
빈약한 존재입니까! 나는 어떤 사람이 부자가 된 자기 친구에 대해 말하는 것을
들었는데, 그는 악하고 시기하는 마음으로 "그 친구가 속옷을 딱 한 벌 가지고
있었던 때에 내가 그 친구에게 '네 어머니는 네게 속옷이 한 벌도 없었던 때를 기
억하고 계셔'라고 말해 주었던 일이 기억나네요"라고 말했습니다. 큰 부자들이
자랑하는 것은 늘 있는 일입니다. 사람들은 자기가 가지고 있는 것들을 자랑하
고, 가난한 자들에 대해서는 멸시 받아 마땅한 자들인 것처럼 얘기합니다. 하지
만 지금 살아 있는 사람들 중에서 하나님 덕분에 자신의 코에 숨이 붙어 있는 것
이 아닌 사람은 단 한 사람도 없습니다. 우리는 모든 것을 하나님께 빚지고 있습
니다. 우리의 영적인 삶의 과정을 뒤돌아볼 때에도 우리는 "여호와께서 자기를
경외하는 자들에게 양식을 주셨다"고 말하지 않을 수 없습니다. 우리는 우리의
영혼에 필요한 일용할 양식을 하나님으로부터 받아 왔습니다. 현세에 속한 일들
에서나 영적인 일들에서나 우리는 하나님의 집 대문 앞에 앉아 있는 거지들이기
때문에 오로지 하나님의 자비하심과 관용하심에 전적으로 의지해서 살아왔습니
다. 우리는 하늘의 양식을 단 한 조각도 우리 자신의 힘으로 마련할 수 없었습니
다. 우리가 일생을 살아가면서 육적으로나 영적으로 가지게 된 모든 것은 모두
다 하나님이 우리에게 주신 것입니다. 하나님께서는 자기 백성에게 한두 번이
아니라 일생에 걸쳐서 양식을 주십니다. 하나님은 여러분의 몸에 자양분을 공급
해줄 육적인 양식과, 여러분의 영혼에게 필요한 영적인 양식을 끊임없이 여러분
에게 주셨습니다. 여러분이 이 세상에 태어난 날로부터 지금에 이르기까지 얼마
나 많은 양식을 먹었는지를 세어 본 적이 있습니까? 여러분이 지금까지 하나님
으로부터 받은 영적인 양식이 얼마나 많았는지를 생각해 본 적이 있습니까? 솔

로몬이 자신의 식솔들에게 먹일 하루 분 양식이 엄청난 것을 보고서 시바 여왕이 깜짝 놀랐습니다. 그러나 그리스도께서는 여러분에게 얼마나 놀랍고 기이한 양식을 주셨습니까! 그는 영적으로 여러분에게 여러분이 먹을 그의 살과 여러분이 마실 그의 피를 주셨습니다. 그는 그의 부요하신 은혜를 차고 넘치게 여러분에게 주어 오셨고, 때가 되면 그의 부요하신 영광도 여러분에게 주실 것입니다. 여러분이 하나님을 절대적으로 의지하지 않으면 살아갈 수 없는 존재라는 것을 깨닫고서, 하나님이 여러분에게 필요한 모든 것들을 끊임없이 공급해 주셨기 때문에 여러분이 첫 날부터 지금에 이르기까지 아무것도 부족함이 없이 살아올 수 있었다는 것을 똑똑히 알기 위해서라도, 여러분은 하나님의 놀랍고 기이한 역사들을 꼭 기억하여야 합니다. 지금까지 계속해서 하나님께서는 원수의 목전에서 여러분 앞에 상을 차려 주셨고, 여러분을 푸른 초장에 누이시며 잔잔한 물가로 인도하셨습니다.

또한, 하나님이 여러분을 어떤 상황에서 먹이셨는지도 기억하십시오. 하나님께서 광야에서 여러분에게 상을 차려 주신 것은 정말 놀라운 이적이었듯이, 여러분의 일용할 양식이 떨어지지 않게 하신 것도 놀라운 이적이었습니다. 여러분의 지난날들을 한 번 뒤돌아 보십시오. 그때에 여러분의 형편이 얼마나 어려웠습니까! 그런데도 하나님께서는 여러분에게 꼭 필요한 것들은 다 채워 주셨습니다. 여러분은 아침에 일어나면 어디에서 아침 끼니를 해결해야 할지를 알지 못하는 어린 새들과 같았던 적이 한두 번이 아니었습니다. 그러나 여러분은 아침 끼니를 해결하기 전이라도 어린 새들처럼 노래하기 시작하시기를 바랍니다. 왜냐하면, 하나님은 여러분에게 이미 양식을 주셨기 때문입니다. 나는 겨울에 울새들이 앙상한 나뭇가지에 앉아서 노래하는 모습을 보는 것을 좋아합니다. 모든 새들이 노래하는 봄날에 노래하는 것은 아주 쉬운 일입니다. 그러나 앙상한 나뭇가지에 앉아 있는데도 하나님을 찬송하는 것은 결코 쉬운 일이 아닙니다. 그렇지만 여러분은 그래야 합니다. 왜냐하면, 하나님께서는 여러분을 지금까지 계속해서 먹여 오셨기 때문입니다. 그렇지 않습니까? 여러분은 하나님께서 옛적에 "그의 양식은 공급되고 그의 물은 끊어지지 아니하리라"(사 33:16)고 약속하신 것을 알고 있습니까? 여러분은 그 약속이 여러분의 삶 속에서 이루어진 것을 계속해서 경험해 왔습니다. 아마 여러분은 종종 교회에 출석해도 여러분의 영혼이 제대로 양식을 먹지 못해서 거의 굶주리다시피 했던 적도 있었고, 어디에서 여러분이 성장하는 데 필요한 영적인 양식을 얻어야 할지 막막했던 적도 있었을 것입니다. 그렇지만 여러분은 여전히 살아 있습니다. 왜냐하면, 주 예수께서 친히 여러분을 먹여 오셨기 때문입니다. 여러분의 영혼은 "떡으로만"이 아니라 "하나님의 입으로부터 나오는 모든 말씀"(마 4:4)에서 자양분을 공급 받아 왔습니다. 그러므로 바로 이 시간에 하나님을 송축하고 그의 거룩하신 이름을 찬송하십시오. 하나님께서 여러분에게 베푸신 크신 은혜를 꼭 기억하고 절대로 잊어버리지 마십시오.

그러므로 사랑하는 형제들이여, 여러분이 지금까지 많은 양식들을 다양하게 공급받아 왔다는 것을 기억하십시오: "여호와께서 자기를 경외하는 자들에게 양식을 주시며." 하나님은 여러분에게 온갖 종류의 양식을 주어 오셨습니다. 여러분이 어렸을 때에는 말씀의 간단한 가르침들을 먹었습니다. 그러나 그 시절이 지나자, 하나님께서는 여러분이 그리스도 예수 안에서 "장성한 자"가 되게 하시기 위하여 "단단한 음식"을 주셨습니다(히 5:14). 하나님은 그때그때 상황에 맞춰 여러분에게 꼭 맞는 양식을 공급해 주셨습니다. 여러분의 영적인 성장 단계에 따라 여러분이 필요로 하는 것이 다르기 때문에 모든 목회 사역이 늘 여러분의 필요를 충족시켜 줄 수 있는 것은 아닙니다. 그래서 여러분은 이런저런 목회자의 설교를 들었을 때에 유익을 얻을 수 없었을 수도 있지만, 하나님께서는 친히 그의 말씀으로 여러분을 먹이셨습니다. 여러분이 새벽에 성경의 어떤 장을 읽으면서 최고로 좋은 양식을 먹을 수 있었던 적이 한두 번이 아니었습니다. 어떤 때는 그 장의 모든 절이 마치 여러분을 위해 특별히 기록된 것처럼 느껴질 때도 있었고, 어떤 때는 여러분의 사랑하는 아버지께서 여러분에게 쓰신 연애편지가 방금 도착한 것처럼 그 장에 나오는 말씀들이 아직 채 잉크도 마르지 않은 듯이 느껴질 때도 있었습니다. 이런 식으로 하나님께서는 "자기를 경외하는" 여러분에게 양식을 주신 적이 얼마나 많았습니까! 자기가 약속하신 모든 것들 중에서 좋은 것은 단 하나도 빼지 않고 우리에게 베풀어 주시는 하나님의 거룩하신 이름이 찬송을 받으시기를 원하나이다! 여러분에게 어떤 것이 부족했던 적이 있습니까? 하나님이 여러분에게 광야 같고 황무지 같으셨던 적이 있었습니까? 아닙니다. 여러분은 늘 젖과 꿀이 흐르는 땅에서 살면서 배불리 먹었습니다. 이것을 잊지 마시고, 이 이야기를 사람들에게 말하십시오. 여러분의 가련한 이웃들에게 말해 주시고, 얕은 물에 있는 가난한 성도들에게 말해 주십시오. 어떤 사정으로 말씀의 양식을 먹을 수 없는 하나님의 자녀들에게 그것을 말해 주십시오. 그들의 천부께서 결코 그들로 굶어 죽게 하지 않으실 것이라고 그들에게 말해 주십시오. 까마귀와 제비를 먹이시는 하나님께서 자기 자녀들이 굶어 죽도록 내버려 두시는 일은 결코 없을 것이기 때문입니다.

하나님의 은혜에 대한 기억으로부터 우리가 배울 수 있는 것이 또 하나 있습니다. 하나님께서 그의 놀랍고 기이한 역사들을 사람들로 기억하게 하시는 것은 우리에게 그의 신실하심과 미쁘심을 확신하게 하시기 위한 것입니다. 오늘의 본문의 마지막 구절에서 다윗은 여호와께서는 "그의 언약을 영원히 기억하시리로다"라고 말합니다. 하나님께서는 아브라함과 맺으신 언약을 결코 잊으시지 않으셨습니다. 하나님이 이스라엘을 멸하려 하시다가 그 언약을 기억하시고서 진노를 거두신 적이 한두 번이 아니었습니다. 여러분은 하나님께서 자신의 독생자와 맺으신 언약, 하나님이 친히 맺으시고 인치시고 재가하신 "만사에 구비된"(삼하 23:5) 다윗과의 언약, 자신의 사랑하는 아들의 희생제사에 의해서 확증된 언약, 그리스도의 피로 맺으셨고 영영토록 유효할 언약을 잊으실 것이라고 생각하는 것입니까? 결코 그럴 수 없습니다. 하나님이 친히 하신 맹세를 어기신다는 것은 있을 수 없는 일입니다. 하나님은 거짓말을 하실 수 없는 분이기 때문에 자기가 약속하신 것들을 반드시 이루십니다: "하나님은 사람이 아니시니 거짓말을 하지 않으시고 인생이 아니시니 후회가 없으시도다 어찌 그 말씀하신 바를 행하지 않으시며 하신 말씀을 실행하지 않으시랴"(민 23:19). 우리의 삶의 모든 과거 역사는 하나님이 신실하시고 끝까지 신실하시리라는 것을 보여줍니다. 나는 하나님이 신실하시지 않다는 것을 확증해 주는 경험을 한 하나님의 자녀를 단 한 사람도 만나본 적이 없습니다. 하나님께서는 "너희는 나의 증인"(사 43:12)이라고 말씀하셨습니다. 만일 하나님이 나를 비롯해서 여러분 중 많은 분들을 증인석에 세우시고서 증언하라고 하신다면, 우리의 증언은 지극히 간단명료하고 분명할 것입니다. 우리는 "하나님은 그의 언약을 영원토록 지키시는 분이십니다"라고 증언할 것입니다. 하나님은 다윗과 다윗의 주에게 하신 맹세를 결코 잊지 않으십니다. 그러므로 여러분은 조금도 흔들림 없이 하나님을 믿고 의지하는 가운데 전진하십시오. 의심하거나 낙심하지 말고, 더욱더 하나님을 기뻐하며 의지하십시오.

하나님이 행하신 놀랍고 기이한 역사들을 기억할 때에 우리가 얻을 수 있는 마지막 유익은 우리로 하여금 하나님을 찬송할 수 있게 해준다는 것입니다. 이 시편 은 "할렐루야"(1절)로 시작해서, "여호와를 찬양함이 영원히 계속되리로다"(10 절)로 끝납니다. 사랑하는 자들이여, 하나님께서 그의 큰 은혜를 사람으로 기억 하게 하시는 것은 우리로 하여금 영원히 하나님을 찬양하게 하시기 위한 것입니 다. 그러므로 우리는 지금 즉시 그렇게 하기 시작하는 것이 마땅합니다. 이 괴롭 고 슬픈 세상으로부터 벗어나려고 하지 마시고, 다만 하나님의 은혜를 기억하십 시오. 그러면 여러분은 하나님을 찬양할 수 있게 될 것입니다. 여러분이 지금은 그 어디를 둘러보아도 기뻐할 이유를 찾을 수 없다면, 하나님이 지난날에 여러 분에게 베풀어 주신 은혜들을 생각하십시오. 앞날의 모든 것이 암울해 보인다 면, 여러분이 지나온 모든 발걸음들마다 하나님이 여러분을 어떻게 도우셨는지 를 기억하십시오. 바로 이 시간에 하나님께 감사의 찬송을 드리십시오. 여러분 의 찡그린 얼굴과 주름진 이마를 펴십시오. 여러분의 눈꺼풀이 축 처진 채로 그 냥 두지 마십시오. 그렇게 하는 대신에, 여러분의 심령 속에서 이렇게 말하십시 오: "하나님께서는 그의 종들에게 자신이 말씀하신 바를 따라 행해 오셨습니다. 그러므로 우리는 '정직한 자들의 모임과 회중 가운데에서 전심으로 여호와께'(1 절) 찬송할 것입니다." 내가 여러분에게 하나님을 찬송하시라고 기회 있을 때마 다 권면하는 이유는 우리가 곧 천국에 있게 될 것인 까닭에 거기에서 영원히 부 를 노래를 이 땅에서 부지런히 연습해 둘 필요가 있다고 느끼기 때문입니다.

　나는 아직 회심하지 않은 분들에게 말씀드립니다. 사랑하는 친구들이여, 우 리는 우리의 경험에 비추어서 여러분에게, 하나님을 섬기는 것은 복된 일이라고 확실하게 말씀드릴 수 있습니다. 하나님은 정말 선하신 주이십니다. 천하에 그 와 같으신 분이 없습니다. 하나님은 자신의 종들이 영원토록 복 받게 하십니다. 하나님은 결코 그들을 떠나거나 버리지 않으십니다. 그러므로 하나님 앞으로 나 아오셔서 그를 믿고 의지하십시오. 하나님의 날개 아래 숨으십시오. 그러면, 여 러분도 우리와 마찬가지로 "여호와는 미쁘시고 그 인자하심이 영원하나이다"라 고 말할 수 있게 될 것입니다. 하나님께서 그리스도를 인하여 여러분에게 복 주 시기를 빕니다. 아멘.

제
108
장

—

거름 더미에서 보좌로

—

"가난한 자를 먼지 더미에서 일으키시며 궁핍한 자를 거름
더미에서 들어 세워 지도자들 곧 그의 백성의 지도자들과
함께 세우시며" — 시 113:7-8

지극히 높으신 하나님의 크심과 엄위하심은 우리가 도저히 상상할 수조차
없습니다. 아주 큰 믿음을 지니고서 대단히 신령한 상태에 있었던 사람들도 그
들의 상상력을 아무리 크게 펼쳐 보아도 하나님의 위대하심을 제대로 알 수가
없다고 느꼈습니다. 비록 인간이 천문학의 연구를 통해서 인간의 지성이 지닌
능력을 뛰어넘는 사실들을 계속해서 밝혀오긴 했지만, 그럼에도 불구하고 우리
의 지성을 총동원해서 우주를 파악해 보고자 해도 우주의 진면목을 이해하는 데
에는 우리는 여전히 역부족이라고 느낄 수밖에 없습니다. 우리의 사고와 이성과
오성, 그리고 심지어 상상력조차도 하나님이 지으신 피조 세계의 놀랍고 신기한
것들 중의 하나인 저 끝없이 펼쳐진 광대하기 그지없는 우주 공간을 바라보면
당혹감을 느끼게 됩니다. 그렇지만 사람의 눈으로 지금까지 보아 왔거나 사람의
정신으로 추측해 온 모든 경이로운 것들은 하나님의 길들 중에서 단지 일부에
불과할 뿐입니다. 우리는 끝없는 창조의 찬송시 중에서 겨우 1절만을 들은 것뿐
입니다. 우리는 조물주의 거대한 모자이크 작품 중에서 단지 돌 하나만을 본 것
일 뿐입니다. 물 한 방울 속에 있는 모기의 애벌레의 원자 하나가 저 큰 바다를
도저히 알 수 없듯이, 우리도 우주 전체를 도저히 알 수가 없습니다. 바닷가 모래

더미 위를 기어가는 한 마리 개미가 바다의 경계를 이루는 이 모래알들을 다 헤아렸다고 자랑할 수 없는 것과 마찬가지로, 아무리 박식한 사람이라도 하나님의 광대한 피조 세계를 다 안다는 것은 꿈도 꿀 수 없습니다. 그런데 더 기가 막힌 것은 만일 우리가 하나님의 광대한 피조 세계를 다 알았다고 해도, 그것은 마치 밀턴(Milton)이 자신의 원대한 마음과 지성을 표현하기 위해 쓴 한 줄의 글을 안 것과 같아서 눈에 보이지 않으시는 전능하신 하나님의 극히 일부만을 안 것에 지나지 않는다는 사실입니다. 하나님께서 창조하시기로 작정하신 모든 것을 다 만드셨고, 우리가 하나님이 지으신 모든 것을 다 보았다고 해도, 하나님 속에는 현재의 피조세계 말고도 다른 피조 세계들을 무한대로 창조하실 수 있는 능력이 존재한다는 것입니다. 토기장이는 그가 만든 토기보다 훨씬 큰 것과 마찬가지로, 하나님은 그가 행하시는 모든 역사들보다 무한히 더 크십니다. 하나님은 만물을 채우시지만, 만물은 하나님을 채울 수 없습니다. 하나님은 무한을 담고 계시고, 영원을 담고 계십니다. 그러나 무한이나 영원조차도 하나님을 담을 수 없습니다.

> "크신 하나님, 주는 지극히 무한하시나이다!
> 거기에 비하면, 우리는 얼마나 무가치한 벌레들인지요!"

시편 기자가 하나님께서 "스스로 낮추사 천지를 살피신다"(6절)고 노래한 것은 너무나 적절합니다. 영존하시는 이의 명령을 수행하기 위하여 불의 날개로 번개 같이 날아 움직이는 저 그룹과 스랍 같은 위엄 있는 존재들도 하나님이 자신을 낮추셔서 그들을 보려고 하지 않으시면 감히 하나님을 볼 수 없습니다. 우리는 "하늘과 모든 하늘의 하늘"(신 10:14)조차도 하나님의 것이라고 노래하고, 그 영화로운 곳이 하나님의 거처라고 말하고, 그것은 물론 사실입니다. 그러나 모든 하늘의 하늘조차 하나님을 담을 수 없고, 하늘의 영들도 하나님에 비하면 아무것도 아닙니다. 그러므로 하나님께서 인생들을 찾아오시는 것이 얼마나 스스로를 낮추시는 것인지를 생각해 보십시오. 나의 형제들이여, 이것은 허리를 굽혀 자기를 낮춘다는 것이 무엇인지를 잘 보여줍니다! 그것은 무한하신 이의 보좌로부터 내려오셔서 흙으로 지어진 사람의 허름한 거처로 오시는 것입니다. 하나님께서 오시면, 여러분은 벌레 같은 우리 인간들은 신분의 고하를 막론하고 모두 다 하나님 앞에서 아무것도 아니고 경멸 받을 만한 존재들에 불과하다는 것을 그 즉시 알게 될 것입니다. 하나님께서 이 땅에 임하시면, 왕들도 하나님과 짝할 수 없습니다. 하나님 앞에서 왕들의 영화와 권세는 휴지로 만들어진 모조품에 지나지 않습니다. 하나님 앞에서 왕들은 어린아이들이 궁정 놀이를 하는 것과 같은데, 하나님께서 가난한 자들이 아니라 왕들과 어울리시는 것이 자신의 위엄에 더 어울린다고 생각하시겠습니까? 왕이 누구입니까? 왕은 면류관을 쓴 벌레에 지나지 않습니다. 왕이 누구입니까? 사람은 먼지요 재일 뿐이기 때문에, 왕은 그러한 먼지와 재 더미에서 조금 윗자리에 있는 먼지와 재일 뿐입니다. 그러므로 하나님께서는 그 숨이 코에 있는 사람들로부터 높임을 받는 자들을 아무것도 아닌 것으로 여기십니다.

> "하나님은 거만한 왕들의 성루를
> 거룩하신 멸시하심으로 쳐다보지도 않으신다네."

하나님께서는 두려움을 불러일으키는 그의 병거를 타시고 하늘로부터 강림하심으로써 그가 비천한 상태에 있는 사람들을 찾아오시는 것이 얼마나 놀라운 겸비인지를 깨닫게 하십니다. 하나님이 왕궁에 찾아가시는 것이나 거름 더미에 찾아가시는 것은 어느 것이나 똑같이 자신을 지극히 낮추시는 일입니다. 하나님께서 은혜와 긍휼을 베푸시기 위하여 자신을 지극히 낮추셔서 왕궁에도 찾아가시고 가난한 초가집과 악의 소굴에도 찾아가십니다. 인생들 중에서 지극히 비천한 자라고 느끼는 여러분, 용기를 내십시오. 하늘에서 다스리시는 하나님께서는 그 누구도 멸시하지 않으십니다.

본문은 "가난한 자를 먼지 더미에서 일으키시며 궁핍한 자를 거름 더미에서 들어 세워"라고 말하는데, 인류 역사상 이런 일은 하나님의 섭리 가운데서 비일비재하게 일어났습니다. 하나님은 인간사를 섭리해 나가는 과정에서 특히 사람들의 지위를 뒤바꿔 놓으시는 일들을 하십니다. 인류 역사는 아주 높은 자리에 있던 사람들이 지극히 비천해지고 아주 비천했던 사람들이 지극히 높아지는 많은 사례들을 보여줍니다. "나중 된 자로서 먼저 될 자도 있고 먼저 된 자로서 나중 될 자도 있느니라"(눅 13:30)는 말씀은 옳고, 솔로몬은 "내가 보았노니 종들은 말을 타고 고관들은 종들처럼 땅에 걸어 다니는도다"(전 10:7)라고 말했습니다.

이와 같은 일들이 오늘날에도 일어나서, 왕들은 보좌를 버리고 도망쳤고, 가난에 허덕이며 살아오던 사람들이 권좌에 올랐습니다. 하나님께서는 그의 섭리 가운데서 흔히 혈통과 세습을 비웃으시고, 인간의 본성이 자랑하고 뽐내는 온갖 명예와 존엄을 더럽히시고 먹칠해 버리십니다. 하나님께서 역사하시면, 시궁창에서 살다가 왕궁의 보좌에 오르는 것은 쉬운 일입니다.

이 아침에 내가 자세하게 다루고자 하는 것은 하나님의 섭리에 대한 것이 아닙니다. 오늘의 본문은 하나님께서 은혜로 행하시는 일들을 특별히 부각시키고 있습니다. 우리는 본문 속에서 다른 무엇보다도 하나님이 사람들을 철저히 낮추시는 주권적인 역사에 대해서 보게 됩니다. 하나님은 "세상의 천한 것들과 멸시 받는 것들과 없는 것들을 택하사 있는 것들을 폐하려"(고전 1:28) 하십니다. 하나님은 사람들로부터 멸시받고 배척받을 만한 자들을 그를 위하여 일할 자들로 택하십니다. 즉, 하나님은 자신의 증거 장막을 "해달의 가죽"으로 덮으시고, 사람의 손으로 다듬지 않은 돌들을 고르셔서 그의 제단을 위한 재료들로 사용하시며, 그가 불로 나타나실 장소로 수풀을 택하시고, 목동을 그의 마음에 합한 자로 삼으십니다. 이렇게 사람들 가운데서 멸시를 받는 사람들과 사물들이 하나님으로부터 큰 존귀함을 얻는 일은 비일비재합니다.

이 아침에 우리는 본문 속에서 하나님이 택하시는 자들과 관련해서 다음과 같은 것들을 살펴볼 필요가 있습니다. 첫째는, 그런 자들은 어디에서 발견되는가 하는 것이고, 둘째는, 하나님께서 어떻게 그들을 그들의 비천한 상태로부터 택하시는가 하는 것이며, 셋째는, 하나님이 어떻게 그들을 들어올려 높이시는가 하는 것이고, 넷째는, 하나님이 그들을 어디에 가져다놓으시는가 하는 것입니다.

이것은 하나님의 어떤 자녀가 거름 더미에서 보좌로 나아가는 여정에 관한 이야기가 될 것입니다. 소설가들은 우리의 담벼락들을 선정적인 책 제목들로 도배를 하고 있습니다. 이 시대의 그러한 병적인 열망과 야심조차도 충족시켜 줄 수 있는 책제목이 여기에 있습니다. "거름 더미에서 보좌로"는 여러분의 관심을 끌기에 충분한 주제이고 늘 새롭게 사람들의 관심을 불러일으킬 수 있는 주제입니다. 그런데도 만약 내가 이 주제로 여러분의 관심을 끌지 못한다면, 그것은 전적으로 내 잘못일 것입니다. 그렇지만 오늘의 본문이 하나님의 모든 백성이 경험하는 하나님의 들어올리시는 역사에 관한 정확한 묘사라는 것에 대하여 우리는 하나님께 감사합니다. 하나님께서는 거름 더미에 있던 수많은 사람들을 그의 은혜와 궁휼의 팔로 들어올리리서서 결국 그의 백성의 "지도자들" 가운데 앉히십니다.

1. 첫째로, 하나님이 만나러 오실 때에 택하신 자들은 어디에 있습니까?

나는 하나님이 우리에 대하여 역사하실 때에 시작하시는 바로 그 지점에서 오늘의 본문에 대한 설명을 시작해 볼까 합니다. 본문에서 사용된 표현이 가장 먼저 보여주는 것은 하나님이 택하신 자들 중 다수는 사회적으로 지극히 비천한 처지에 놓여 있다는 것입니다. 절대주권적 은혜를 베푸시는 하나님께 속한 백성은 인간 사회의 각계각층에 다 퍼져 있습니다. 만일 천국에 올라서 하늘의 영들이 된 우리들이 이 땅에서의 우리의 신분의 흔적을 지니고 있다고 한다면, 우리는 이렇게 말하게 될 것입니다: "왕들이 드문드문 보이고, 소수의 귀족들과 왕족들이 보이네. 저기에는 현자들과 부자들, 그리고 유명인사들로 이루어진 작은 무리가 있군. 그런데 대다수는 이 세상에서 이름도 없이 가난한 자들로 살아갔지만 믿음에 있어서는 부요하고 주님께서는 잘 아시는 사람들이로구나." 하나님께서 어떤 사람의 신분이나 직위, 또는 부자인지 가난한 자인지를 따져서 그런 이유로 어떤 사람을 택하심에서 제외하는 일은 결코 없습니다. 우리가 다음과 같이 말한다면, 그것은 아마 틀리지 않을 것입니다:

> "은혜는 귀인에게도 주어지고
> 가난한 자에게도 그 몫이 있다네.
> 우리 죽을 인생은 은혜를 못 받아
> 절망 속에 죽어갈 수밖에 없었다는 평계를 댈 수 없다네."

하나님께서 택하신 자들 중 다수는 단지 일꾼들 가운데서만이 아니라 땀 흘리고 수고하는 가장 가난한 계층의 사람들 가운데서도 발견된다는 것은 두말 할 필요도 없는 엄연한 사실입니다! 그런 사람들 중에는 하루 종일 땀 흘려 일해도 자신의 몸과 영혼을 지킬 수 있을 정도의 양식도 얻지 못하지만, 하늘의 양식을 늘 차고 넘치게 배불리 먹어 온 사람들도 있습니다. 그런 사람들 중에는 세상적으로 볼 때에는 여기저기 기운 아주 초라한 옷을 걸치고 있지만, 하나님과 천사들이 보기에는 성도들 중에서 가장 밝은 빛을 발하는 영광스러운 옷을 입고 있는 사람들이 많습니다. "그러나 내가 너희에게 말하노니 솔로몬의 모든 영광으로도 입은 것이 이 꽃 하나만 같지 못하였느니라"(마 6:29). 지금까지 그리스도인들의 전기 가운데 가장 감동적인 것들 중 일부는 가난한 자들의 연대기로부터 발췌된 비천한 자들의 삶에 관한 기록들이었습니다. 「젊은 농장 노동자」(The Young Cottager)와 「목장 노동자의 딸」(The Dairyman's Daughter)을 읽어 보지 않은 사람이 어디 있습니까? 자선병원의 병상에 누워서 살아가는 사람들, 질병 때문에 일해서 양식을 얻을 기회를 박탈당하고 오직 자선에 의지해서 일용할 양식을 얻는 저 하나님의 성도들을 심방할 때에 우리 중에 그들의 순수하고 진실한 믿음으로 인해서 큰 기쁨을 맛보지 않은 사람이 누가 있습니까? 가난하게 살아가는 분들이여, 이 아침에 여러분이 이 곳에 앉아 있긴 하지만, 마치 여러분이 하나님을 예배하는 곳에 있을 자격이 없는 듯한 느낌이 들지도 모릅니다. 그러나 나는 가난은 여러분이 복음을 영접하는 데에 아무런 방해가 되지 않고, 도리어 주님께서는 자신의 복음이 가난한 자들에게 전파되는 것을 특별히 기뻐하신다는 것을 기억하시기를 간절히 부탁드립니다. 여러분은 이 세상에서 아무것도 가진 것이 없을 수 있고, 여러분의 몸과 마음을 의지할 땅 한 조각도 가지고 있지 않을 수도 있습니다. 여러분은 해마다 죽을 힘을 다해 온갖 역경과 싸우며 살아 왔는데도, 마치 가난이 운명인 양 여러분에게 끈질기게 들러붙어 있을 수 있습니다. 나는 여러분의 가난을 상찬하지도 않고 나무라지도 않습니다. 왜냐하면, 우리가 부자로 살든 가난한 자로 살든 그런 것들은 본질상 도덕적으로 선하거나 악한 것이 아니기 때문입니다. 다만 내가 간절히 바라는 것은 여러분이 자신의 환경으로 인해서 하나님 앞에서 여러분의 영적인 유익을 얻는 문제에 있어서 낙심하게 되지 않는 것입니다. 여러분이 거지라면 거지로서 하나님 앞에 나아오십시오. 여러분에게 걸칠 옷이 허름한 누더기 옷뿐이라면 그 옷을 걸치고 하나님 앞에 나아오십시오. "오호라 너희 모든 목마른 자들아 물로 나아오라 돈 없는 자도 오라 너희는 와서 사 먹되 돈 없이, 값없이 와서 포도주와 젖을 사라"(사 55:1).

본문에 나오는 표현은 단지 사회적 신분이나 계층을 말하고 있는 것이 아닙니다. 거기에 영적인 의미가 있다는 것은 의심의 여지가 없습니다. 거름 더미는 사람들이 쓰레기를 버리는 곳입니다. 사람들은 어떤 물건을 사용하다가 더 이상 사용할 수 없게 되었을 때에 쓰레기로 내버립니다. 그 물건은 아직 원래의 용도로 사용될 수 있을 때에는 중고로 팔려서 사용되기도 하지만, 결국 아무 짝에도 소용이 없게 되어서, 쇠붙이처럼 팔 수도 없게 되어, 결국 쓰레기가 되어 거름 더미에 버려지게 됩니다. 하나님의 택함 받은 백성은 자기 자신이 아무 짝에도 쓸모가 없는 쓰레기 같은 자여서 버려질 수밖에 없다고 느끼는 적이 한두 번이 아닙니다. 사랑하는 친구들이여, 여러분이 자기 자신이 철저히 무가치하다는 것을 깨달으셨다면, 여러분도 똑같은 처지에 있게 된 것입니다. 여러분이 하늘로부터 받은 빛으로 여러분 자신을 보았을 때, 자신이 그대로 꽤 괜찮다고 생각했던 여러분의 망상은 다 무너지고 말았습니다. 여러분은 전에는 자기가 상당히 괜찮은 사람이라고 여겼지만, 지금은 여러분이 죽어 없어져도, 그것은 마치 썩은 과일을 거름 더미에 던져 버리거나 넓은 삼림 속에서 한 나무에서 낙엽이 떨어지는 것과 같아서, 천지는 말할 것도 없고 세상도 거들떠보지도 않을 것임을 알게 되었습니다. 이제는 여러분이 보아도 자기는 아무 짝에도 소용이 없는 자입니다. 여러분은 짠 맛을 잃어버린 소금처럼 되어 버렸습니다. 여러분은 하나님께 영광을 돌리고 싶어도 그렇게 할 수 없고, 여러분의 그러한 소원은 간절하지도 않습니다. 여러분은 간절하게 기도하고 싶어도 그렇게 할 수 없고, 감사하는 마음으로 찬송하고 싶어도 그렇게 되지가 않습니다. 여러분이 자신의 지난날의 삶을 되돌아보면 진심으로 부끄러운 것뿐입니다. 여러분은 어두운 골방 한 구석에서 이렇게 울며 기도합니다: "하나님, 나는 이 세상에서 정말 쓸모없고 무가치한 자가 되어 버렸습니다. 나는 오직 이 땅을 더럽히는 거추장스러운 존재일 뿐입니다! 나는 아무 짝에도 쓸데없는 무익한 종이 되어 버렸습니다!" 여러분은 전에는 자신의 가족이나 조국에 유용한 사람이었고, 그것에 대하여 자부심도 가지고 있었습니다. 그러나 이제 여러분이 하나님의 빛 아래에서 여러분 자신을 살펴보았을 때, 여러분을 지으신 하나님께 지금까지 영광을 돌린 적이 없었고, 그 인자하심과 은혜로써 여러분을 지켜 주셨던 하나님께 감사할 줄도 몰랐던 자신의 모습을 깨닫고서, 자기 자신이 정말 무가치한 자요 쓰레기 같은 자라는 것을 느낍니다. 이제 여러분은 자신이 너무나 무가치한 자라는 것을 깨달았기 때문에, 만일 하나님께서 여러분을 거름 더미에 던져 버리신다고 해도, "나는 쓰레기와 배설물 같이 무가치한 자이니, 나를 내버리십시오!"라고 말하고 싶은 심정이 되었습니다. 하나님이 여러분을 거름 더미에 던져 버리신다고 해도, 여러분은 거기에 대해 아무런 할 말이 없을 것입니다. 나의 사랑하는 친구들이여, 여러분이 자기 자신에 대하여 이렇게 생각하고 느낄 때에 여러분은 참담한 심정이 되겠지만,

사실 이런 모습은 여러분의 심령이 매우 건강하다는 것을 보여주는 증표입니다. 우리가 우리 자신을 아무것도 아니라고 생각할 때, 하나님께서는 우리를 높이시고 존귀를 더해 주십니다. "하나님이 교만한 자를 물리치시고 겸손한 자에게 은혜를 주신다"(약 4:6). 상한 갈대 같은 여러분, 하나님은 결코 여러분을 꺾지 않으십니다. 꺼져가는 심지 같은 여러분, 하나님은 여러분을 결코 꺼버리지 않으십니다. 여러분이 거름 더미에 던져져야 마땅한 자들이라고 할지라도, 긍휼에 풍성하신 하나님께서는 자애로우신 사랑으로 여러분을 일으켜 세우셔서 자기 백성의 지도자들 가운데 두실 것입니다.

또한, 거름 더미는 멸시 받는 곳입니다. "멸시"는 자신의 먹잇감을 보고 비웃으며, "너는 내가 너를 거름 더미에서 본다고 해도 정말 거들떠보고 싶지도 않은 자로구나"라고 말합니다. 세상은 어떤 사람들을 비웃으며, "그들은 아무것도 아닌 자들이기 때문에, 그들에게는 거름 더미도 과분해"라고 말합니다. 이 자리에 계신 분들 중에는 가족으로부터 멸시를 받고 살아가고 있는 분들도 있을 것입니다. 여러분의 형제나 자매들은 다 똑똑하고 능력이 있는데, 여러분은 그렇지 못해서 가족들로부터 무시를 당하고, 기대할 가치조차 없는 멍청이로 취급받고 있을지도 모릅니다. 여러분은 인생에서 남들처럼 성공을 하지 못해서, 사회에서 큰 성공을 거둔 사람들로부터 멸시를 받으며 살고 있을지도 모릅니다. 이 아침에 여러분은 자기는 멸시를 받아도 싸다고 느끼고 있을지도 모릅니다. 여러분은 속으로 이렇게 말해 왔습니다: "너는 나를 멸시하지만, 나의 실상을 제대로 안다면 더욱더 멸시하게 될 거야. 너는 나를 아무것도 아닌 자로 여기지만, 나는 그것보다 더 못난 자야. 너는 조금은 감정적으로 나를 욕하지만, 만일 나의 악하고 속이는 마음을 본다면, 그때에는 진짜로 욕하게 될 거야." 사람들로부터 멸시를 받고 있는 분들에게 내가 한 가지 해주고 싶은 말은, 사람들로부터 멸시 받는 자들은 흔히 주님의 관심을 받았다는 것입니다. 여러분의 부모는 여러분을 못마땅해 하고, 사회는 여러분을 비웃으며, 여러분은 스스로 자기는 멸시 받고 비웃음 당해 마땅한 자라고 생각할지라도, 용기를 가지고 담대하십시오. 왜냐하면, 하나님께서는 왕궁을 찾아가지는 않으셔도 거름 더미를 찾아가셔서, 거기에서 시름시름 야위어가는 비천하고 온유한 자들을 티끌에서 들어올리실 것이기 때문입니다.

다음으로 내가 하는 말은 아마도 거름 더미에 있는 사람들에게 더 큰 위로가 될 것인데, 그것은 거름 더미는 더럽고 역겨운 것들을 두는 곳과 같다는 것입니다. 우리는 냄새가 고약하고 더러운 것을 보면, "이것은 악취가 나서 집에 둘 수 없으니 쓰레기로 버려서 깨끗이 치워 버려야 하겠다"고 말합니다. 어떤 것이 불쾌하고 역겨우며 부패하게 되면, 우리는 그것을 당장 치워 버리고자 합니다. 우리가 어떤 사람에 대하여 이렇게 말해서는 정말 안 되는 일이지만, 실제로는 그렇게 말할 수밖에 없는 것이 현실입니다. 사람들 중에는 정말 추악한 죄들을 저지르는 자들이 있습니다. 그들의 죄악들은 너무나 사악해서, 모든 품위 있는 사람들의 눈과 귀에 몹시 거슬리고, 거룩하신 하나님은 그들의 그런 행위들을 진노하심과 혐오하심으로 바라보십니다. 어떤 죄인들은 너무나 악해서 그들과 관련된 모든 사람들에게 해를 끼칩니다. 그들은 자기와 어울리는 사람들에게 죄를 감염시킵니다. 그들의 행실은 아주 악해서 그들이 살고 있는 곳을 죄로 물들입니다. 그런 자들은 너무나 부패하고 추악하며 악취가 나기 때문에, 악취가 나도 아무렇지도 않은 거름 더미만이 그들이 있어야 할 곳입니다. 그러나 나의 주님의 사랑이 얼마나 큰 지를 보십시오. 주님은 흔히 허리를 구푸려서, 사람들이 포기하고 버린 자들을 거름 더미에서 구해 내셨습니다. 이전에는 라합 같은 기생이었고 다윗 같은 간음하는 자였으며 므낫세 같은 우상 숭배자였다가 어린 양의 피로 말미암아 그 옷이 희게 씻음을 받은 사람들은 나는 천국에서 많이 보게 될 것입니다. 오늘도 하나님의 보좌 앞에는 중생하기 전에는 강도였고 술주정뱅이였으며 하나님을 욕했던 자들이 하나님을 모시며 서 있습니다. 죄인들 중의 괴수였지만 지금은 성도들 가운데 지극히 밝은 빛을 지닌 많은 사람들이 천국의 뜰을 밟습니다. 사랑하는 자들이여, 그리스도의 복음이 과거에는 큰 죄인들을 구원하였지만, 지금은 도덕적으로 제대로 된 사람들만을 구원한다고 결코 생각하지 마시기를 간곡히 부탁드립니다. 그리스도께서는 도덕적으로 올바른 자들도 복음으로 초대하시기 때문에, 우리는 그런 사람들에게도 복음을 증거하는 일을 결코 소홀히 하지 않지만, 부도덕한 사람들과 관련해서도 마찬가지입니다. 주님은 의사로서 이 땅에 오셨습니다. 그는 의인이 아니라 죄인을 불러서 회개시키기 위하여 오셨습니다. 그는 건강한 자들이 아니라 병든 자들을 고치시기 위하여 오셨습니다. 이 자리에 계신 여러분, 여러분이 죄로 인하여 중병이 들어서 머리 전체가 병들고 마음 전체가 피곤하며, 머리끝부터 발끝까지 성한 곳이 한 곳도 없이 온통 상한 것과 곪아터진 것뿐이라고 할지라도, 우리 주님은 사랑이시기 때문에 자신의 몸을 구푸려서 여러분을 고치실 것입니다. 여러분이 강도 짓을 하고 정욕을 채우거나 심지어 살인을 하고 정욕을 채우며 손에 피를 묻히고 흉악한 범죄를 저지르며 살아 왔다고 하더라도, 예수의 심장으로부터 흘러나온 저 거룩한 피에 목욕을 하면, 여러분의 "모든 죄와 모독"(마 12:31)은 다 씻음을 받을 수 있습니다. 예수를 믿는 자는 누구나 모세 율법에 비추어서는 결코 의로울 수 없었던 모든 것들에서 의롭다 하심을 얻게 됩니다. 고상하고 세련된 마음을 지닌 사람들은, 내가 부패하여 악취 나는 것들을 거름 더미에서 건지시는 하나님에 대하여 말하면서 너무나 지저분한 표현을 사용하고 있다고 생각할지 모르겠지만, 사실 죄에 비하면 그런 표현은 너무나 깨끗한 것입니다. 왜냐하면, 우리의 눈으로 차마 볼 수 없고 우리의 코로 차마 냄새 맡기조차 힘든 온갖 더럽고 역겨우며 악취 나는 것들도 죄에 비하면 아무것도 아니기 때문입니다. 만유 가운데서 가장 더럽고 역거운 것은 죄입니다. 하나님께서 지옥의 불이 끊임없이 영영토록 타오르게 하시는 것도 바로 이 더럽고 악취 나는 죄 때문입니다. 죄가 있는 한 "도벳"도 있을 수밖에 없습니다. 프랑스의 어느 마을들에서는 콜레라 때문에 큰 불을 계속해서 지펴 놓았다고 합니다. 콜레라 때문에 마을 안에 큰 불을 계속해서 지필 수밖에 없었다면, 죄로 인해서는 얼마나 큰 불을 지펴 놓아야 하겠습니까? 하나님께서는 강한 불길이 영원토록 타올라 이것으로 인하여 사람들이 고통 받게 할 수밖에 없습니다. 왜냐하면, 오직 그러한 끔찍하고 무시무시한 형벌을 통해서만 죄는 더 이상 퍼지지 않고 억제될 수 있기 때문입니다. 죄는 끔찍한 해악이고 치명적인 독입니다. 그렇지만 죄인들이여, 여러분이 죄악으로 가득 차서 악취가 진동한다고 할지라도, 하나님께서는 그의 무한하신 긍휼하심 가운데서 그리스도 예수로 말미암아 여러분을 그러한 악취 나는 곳에서 들어올리셔서 마침내 그의 나라에서 별처럼 빛나게 하실 수 있습니다.

　또한, 거름 더미는 영적으로 정죄의 장소라고 할 수 있습니다. 여기에 어떤 음식이 있다고 합시다. 알뜰한 주부는 그 어떤 것도 낭비하려고 하지 않지만, 그 음식이 먹을 수 없게 된 경우에는 다른 그 어떤 것에도 쓸모가 없습니다. 그래서 그 주부는 마침내 그 음식이 아무 소용이 없게 된 것을 보고서, "이 음식은 거름 더미에 갖다 버려야 하겠다"고 그 음식에 대하여 정죄의 선고를 내리게 됩니다. 느부갓네살은 여호와 하나님에 관한 자신의 기억될 만한 포고에서 여호와 하나님을 욕하는 자는 누구든지 능지처참을 행하고 그 사람의 집을 거름 더미로 만들겠다고 말합니다. 그러므로 거름 더미와 정죄 간에는 서로 연관관계가 있습니다. 이 아침에 이 설교를 들으시는 분들 가운데는 자신이 정죄의 선고 아래 있다고 느끼는 분들이 계실 것입니다. 여러분은 양심의 가책을 무수히 받아 왔고, 그렇게 해서는 안 된다는 양심의 가르침을 수없이 받아 왔습니다. 그런데도 여러분은 빛과 진리를 거슬러 범죄해 왔기 때문에, 이제는 여러분 자신의 범죄는 도저히 용서 받을 수 없는 지경에 이르렀다고 생각하게 됩니다. 이 아침에 나의 목소리가 그런 분들의 귀에는 무시무시하고 끔찍한 소리로 들릴 것입니다. 분명히 내가 전하는 말씀은 파산한 죄인들의 채무가 다 탕감되었음을 알리는 희년의 날에 울려 퍼지는 은(銀) 나팔 소리 같은 지극히 기쁜 소식임에도 불구하고, 그런 분들에게는 마치 그들의 파멸을 선포하는 목소리처럼 들립니다. 가련한 죄인들이여, 여러분이 정죄를 받아서 "그 자를 거름 더미로 보내라"거나 "그 자를 지옥의 불구덩이로 보내라"는 준엄한 선고를 들었다고 할지라도, 나는 여호와의 이름으로 여러분에게 이 아침에 하나님께서 하시는 이 말씀을 들으시라고 강력히 권합니다: "가난한 자를 먼지 더미에서 일으키시며 궁핍한 자를 거름 더미에서 들어 세워 지도자들 곧 그의 백성의 지도자들과 함께 세우시며." 이것에 대하여 여러분은 무엇이라고 말하겠습니까? 하나님께서 이 아침에 여러분의 죄를 사하고자 하신다면 어떻게 하시겠습니까? 하나님께서 이 아침에 여러분을 그의 자녀로 삼으시고자 하신다면 어떻게 하시겠습니까? 하나님께서 이 아침에 여러분에게 영원히 시들지 않는 생명의 면류관을 주시고자 하신다면 어떻게 하시겠습니까? 여러분은 "하나님께서 그렇게 해주시기만 하신다면, 나는 하나님을 사랑하고 송축할 것입니다"라고 말합니다. 죄인들이여, 여러분이 주 예수의 피가 여러분의 모든 죄를 다 깨끗하게 하셨다는 것을 지금 믿기만 한다면, 하나님은 그렇게 하실 것입니다. 나는 여러분에게 골고다의 속죄 제사를 믿으시기를 예수의 죽으심을 의지해서 부탁드립니다. 여러분이 그렇게 하기만 한다면, 죄로 죽었던 여러분은 다시 살아나서 예수의 대속의 사랑을 찬송하게 될 것입니다.

나는 첫 번째 대지를 마치기 전에, 지금 방금 내게 떠오른 생각을 여러분에게 말씀드리고자 하는데, 그것은 **거름 더미에 놓여 있는 것은 다른 역겨운 것들과 접촉되어 있다**는 것입니다. 그러므로 본문은 지금까지 악한 사람들과 어울려 살아온 자들을 가리킨다고 볼 수 있습니다. 성전의 문들이 열려 있을 때에는 정기적으로 예배에 참석한 적이 없는 사람들이 가끔 호기심에서 이 성전에 들어오는

데, 그분들은 복음을 받아들일 가능성이 아주 큰 그런 사람들이라고 나는 말할
수 있습니다. 아주 오랫동안 나를 비롯한 여러 목회자들의 설교를 들어온 사람
들은 새롭게 복음을 받아들일 가망성이 희박합니다. 왜냐하면, 우리는 너무나
자주 여러분에게 호소해 왔고, 하나님의 진리를 끊임없이 여러분 앞에 제시하였
던 까닭에, 여러분이 복음을 받아들일 것이었으면 이미 진작 받아들였을 것이라
고 여겨서 여러분을 거의 포기하다시피 하고 있다고 할 수 있기 때문입니다. 그
러나 태어나서 처음으로 복음을 듣게 된 사람들이 종종 이 성전에 들어오고, 그
들 중 상당수는 싸구려 선술집이나 도박장 같은 아주 악하고 지저분한 곳들을
드나들며 살아왔던 사람들이어서 하나님을 욕할 때 외에는 예수의 이름을 거의
들어 본 적이 없는 사람들이고, 욕하고 저주할 때 외에는 지극히 높으신 하나님
을 생각해 본 적이 없는 사람들입니다. 친구들이여, 우리는 그런 분들이 이 자리
에 온 것을 기뻐합니다. 여러분은 거름 더미에서 살아 왔고 지금도 거기에서 살
고 있습니다. 여러분은 세리들 및 창기들과 함께 살아 왔습니다. 여러분은 나쁜
친구들과 어울려서 살아 왔습니다. 여러분은 교양 있고 세련된 사람들 사이에서
양육을 받은 적이 없습니다. 반대로, 여러분은 토기들 사이에 있었고 산울타리
들 가운데 거하였습니다. 그리스도께서 우리에게 데려오라고 하신 사람들이 바
로 여러분 같은 사람들입니다: "빨리 길과 산울타리 가로 나가서 사람을 강권하
여 데려다가 내 집을 채우라"(눅 14:21, 23). "가난한 자들과 몸 불편한 자들과 맹
인들과 저는 자들"은 초청에 응해서 잔치 자리에 앉아 배불리 먹었지만, 처음에
청함을 받은 자들은 오기를 거부하였습니다! 그러므로 이 자리에 하나님의 성소
에 발을 들여놓은 적이 거의 없고 속되고 속이는 자들 가운데서 살아온 분들이
계신다면, 나는 그분들을 잔치에 초청하니, 제발 예수 그리스도께로 돌이키십시
오. 영원하신 성령께서 여러분을 오늘 변화시키셔서 하나님의 택함 받은 자들
가운데 있게 하시기를 빕니다. 그러나 도덕적으로 훌륭한 삶을 살아 왔고 하나
님의 말씀을 여러 해 동안 들어온 분들에게 내가 그런 초청을 해야 한다면, 그것
은 내게 정말 비참한 일이고, 또한 그런 분들 중에서 일부는 자신의 죄 가운데서
영원히 멸망 받을 수 있다는 것을 나는 엄중하게 경고합니다. 왜냐하면, 나는 하
나님의 말씀을 듣고도 행하지 않는 사람들, 말씀을 경청하기는 하지만 그 능력
을 경험하지 못한 사람들, 기쁜 소식을 알기는 알지만 진심으로 그것을 받아들
이지는 않는 사람들보다 세리와 창기들이 먼저 천국에 들어가게 될 것이라고 말

할 수밖에 없기 때문입니다.

　이상으로 나는 하나님의 백성들 중 일부가 어디에서 발견되는지에 대하여 말씀드렸습니다만, 사실 어떤 의미에서는 하나님의 모든 백성이 오직 거기에서만 발견된다고 말할 수 있습니다. 왜냐하면, 모든 사람은 아담의 타락이라는 거름 더미 위에 있고, 자만심과 자기의와 타락과 죄와 부패라는 거름 더미 위에 있기 때문입니다. 그러나 절대주권적인 은혜를 베푸시는 하나님께서는 멸망의 더미에서 썩어가는 그들에게 찾아오셔서 능력의 은혜를 통해서 그들을 건지십니다.

2. 둘째로, 하나님께서는 어떻게 그들을 거름 더미로부터 일으키십니까?

　우리가 두 번째로 살펴보고자 하는 것은 하나님께서 거름 더미에 있는 자들을 어떻게 일으켜 세우시느냐 하는 것입니다: "궁핍한 자를 거름 더미에서 들어 세워." 그것은 죽은 자를 다시 살리는 것과 마찬가지이기 때문에, 오직 "영원하신 팔"(신 33:27)을 가지신 하나님만이 그 일을 하실 수 있습니다. 죄인을 그의 본성적인 타락 상태로부터 들어올리시는 것은 전능자의 묘기입니다. 그 일은 모두 하나님의 힘으로 충만한 말씀으로 말미암아 성령의 능력으로 이루어집니다. 이 역사는 어느 정도 다음과 같은 과정을 따라 일어납니다. 하나님께서 궁핍한 죄인을 들어올리시는 역사를 시작하실 때에 가장 먼저 하시는 것은 그 죄인에게서 소원들을 불러일으키는 것입니다. 그러면, 그 사람은 자기가 지금까지 있었던 자리와 지금까지의 자신의 모습에 만족하지 못하게 됩니다. 지금까지 그 사람은 자기가 있는 거름 더미가 그토록 더러운 곳인지 그 실상을 알지 못했었습니다. 영적인 삶의 첫 번째 징후는 멸망 가운데 있는 자신의 상태를 보고 끔찍하게 여김과 동시에 거기로부터 벗어나고자 하는 간절한 소원이 생기는 것입니다. 이 말씀을 듣고 계시는 여러분, 여러분은 그런 상태까지 왔습니까? 여러분은 여러분이 온통 잘못되었다고 느낍니까? 여러분은 여러분의 현재의 상태로부터 구원받기를 소원합니까? 여러분이 "나는 괜찮고 잘 지내고 있다"고 말하면서, 여러분은 다른 사람들처럼 그렇게 상태가 나쁘지 않다고 자랑하는 마음이 여러분 속에 있는 동안에는, 여러분에게는 아무런 소망도 없습니다. 하나님께서는 이미 스스로 자기 자신을 들어올려 높아져 있는 사람들을 들어올리시지 않습니다. 그러나 여러분의 현재의 상태가 전적인 타락과 파멸의 상태라는 것을 느끼고서, 거기로부터 벗어나고자 하는 소원이 시작된다면, 하나님께서는 이미 여러분 밑에 지렛대를 넣으셔서 여러분을 들어올리고 계시는 것입니다. 하나님께서는 여러분을 일으켜 세우시는 역사를 시작하신 것입니다. 일반적으로 다음 단계의 징후는 그런 사람에게는 죄가 더 이상 달콤하게 느껴지지 않는다는 것입니다. 하나님께서 여러분에게 역사하기 시작하시면, 여러분은 그리스도가 여러분의 영혼의 기쁨이라는 것을 발견하기 이전에, 이미 죄로 인한 기쁨이 여러분에게서 떠나가게 됩니다. 죄의 잠에서 깨어난 영혼은 죄의 무거움을 느끼게 되기 때문에 죄 속에서 즐거움을 발견할 수 없습니다. 예수를 믿는 믿음이 없이는 죄의 해악을 분명하게 그리고 복음적으로 인식할 수는 없지만, 죄의 잠에서 깨어난 죄인의 양심은 일부 죄들의 끔찍할 정도로 더럽고 추악한 모습을 인식하고서 그 죄들을 버리지 않을 수 없게 됩니다. 그래서 그동안 드나들던 선술집으로 가는 발길을 끊습니다. 오만한 자의 자리에 앉지 않습니다. 육신의 소욕들을 버립니다. 그렇게 한다고 해서 그런 것들이 죄인을 거름 더미에서 들어올려주는 것은 아니지만, 그런 것들은 하나님께서 은혜의 역사를 시작하셨음을 보여주는 증표들입니다. 그런 사람들에게는 죄는 점점 쓰고 은혜는 점점 달콤합니다. 나의 친구들이여, 하나님께서 여러분으로 하여금 세상의 달콤한 독들로부터 젖을 떼게 해주시고 여러분을 그리스도 예수 안에 감춰진 참된 즐거움들로 인도해 주시기를 빕니다. 또한, 어떤 사람이 자기의가 자신에게 아무런 도움도 되지 않는다는 것을 느끼기 시작했다면, 그것은 하나님이 그 사람을 거름 더미로부터 들어올리시고 계신다는 것을 보여주는 또 하나의 복된 증표입니다. 그런 사람은 기도를 할 때에 진정으로 회개하기 위하여 기도하고, 하나님의 전으로 가되 외적인 형식을 의지하지 않습니다. 어떤 사람에게서 자기 자신을 의지하던 것이 완전히 끊어졌다면, 그것은 좋은 일입니다. 그 사람은 여전히 거름 더미 위에 있기는 하겠지만, 나는 그 사람이 머지않아 거기에서 벗어나게 될 것이라고 확신합니다. 왜냐하면, 여러분과 여러분 자신이 서로 싸우고 있다는 것은 하나님과 여러분 자신이 화목한 관계로 들어서기 시작하였다는 것을 보여주는 것이기 때문입니다. 여러분이 전에는 아름다운 비단옷으로 보였던 저 거미집 같은 자기의(自己義)를 꿰뚫어볼 수 있게 되었을 때, 여러분이 전에는 진짜 금화라고 여겼던 저 가짜 동전을 미워할 수 있게 되었을 때, 여러분이 도랑 속에서 허우적거리고 있는 모습이 여러분에게 보여서 여러분 자신이 혐오스러울 때, 여러분은 영원한 구원으로 구원 받게 될 날이 머지않은 것입니다. 이제 거름 더미로부터 진정으로 들어올려질 때가 왔습니다. 저 가난하고 죄악 되며 멸망에 처해 있고 무가치한 자는 예수 그리스도께서 죄인들을 구원하러 이 세상에 오셨다는 복음을 듣고, 다음과 같이 말하는 듯한 표정으로 예수 그리스도를 바라보게 됩니다: "주여, 주는 나의 마지막 의지처입니다. 주께서 나를 구원해 주시지 않으시면, 나는 멸망 받아 죽게 될 것입니다. 나 스스로는 어떻게 할 수가 없으니, 주께서 반드시 나를 구원해 주셔야 합니다. 주의 온전한 의를 얻기 위해서 내가 할 수 있는 것은 아무것도 없습니다. 나의 속량을 이루기 위해서 내가 할 수 있는 것은 아무것도 없습니다. 전적으로 오직 주께서 나를 속량해 주지 않으시면, 주의 대속 제사는 내게 무용지물이 되고 맙니다. 주여, 나는 물에 빠져서 물속으로 가라앉고 있는 자입니다. 나는 그렇게 죽음으로 빠져 들어가면서 주를 붙잡습니다. 주의 긍휼하심을 인하여 나를 구원하소서!'

> "나의 모든 도움은 주께 있사옵고,
> 나는 오직 주만 의지하오니,
> 아무런 방비도 없는 나의 머리를
> 주의 날개 그늘로 덮어 주소서."

한 영혼이 이 지점까지 도달했다면, 그는 거름 더미에서 나온 것입니다. 죄인이 이렇게 예수 그리스도를 믿고 의지하는 순간, 그의 죄들은 다 사함 받고 없어집니다. 하나님께서는 그 모든 죄를 다 지워 버리신 것입니다. 그 죄들은 온데간데없이 사라져 버렸습니다. 그는 이제 더 이상 하나님 앞에서 죄인이 아닙니다. 그는 예수 그리스도의 대속으로 말미암아 무죄한 자로 하나님 앞에 서게 되었고, 예수 그리스도의 의로 말미암아 의롭다 하심을 얻게 되었습니다. 그는 구원 받은 사람이 되었습니다! 그는 베옷을 벗고 잿더미에서 일어나 활보하며 그를 온전히 자유롭게 해준 그리스도의 보배 피로 말미암은 은혜를 찬송하게 됩니다. 하나님께서는 이렇게 각 사람의 심령에 주어지는 자신의 독생자로 말미암은 선물을 통해서 자신의 택함 받은 자들을 그들의 멸망 받아 마땅한 상태로부터 일으켜 세우십니다. 하나님께서는 그들로 하여금 그들의 상태가 거름 더미였다는 것을 볼 수 있게 하시고, 그것을 스스로 벗어 버릴 수 없다는 것을 알게 하시며, 그들에게 그리스도를 보이시고, 그들로 하여금 그리스도의 보배 피를 믿게 이끄셔서 건짐을 받게 하십니다.

3. 셋째로, 하나님께서는 그들을 어떻게 일으켜 세우십니까?

비천함에서 건져 주시는 것만도 복된 일이긴 하지만, 하나님은 거기에서 그치지 않으시는데, 이것을 인하여 여호와를 찬송합니다! 오, 하나님의 사랑은 참으로 깊고도 넓습니다! 하나님께서 우리가 있는 자리로 내려오셔도, 그것은 하나님의 여정의 절반밖에 되지 않습니다. 나머지 절반의 여정은 하나님이 우리를 그가 계시는 곳으로 데려가시는 것입니다. 우리가 거름 더미에서 건짐을 받는다면, 그 후에 우리가 우리 아버지의 집에서 하인으로 산다고 해도, 복되고 감사한 일입니다. 그러나 여호와의 무한하신 사랑은 거기에서 만족하지 못합니다. 하나님은 자기 백성을 들어올리셔서 그들로 모든 평범한 기쁨을 누리게 하시는 것으로 만족하지 못하시기 때문에, 그들을 독수리의 날개에 실어서 계속해서 들어올리셔서 "지도자"의 자리에 앉히시고 그와 함께 다스리게 하십니다. 이제 우리는 우리의 찬송 받으실 하나님께서 어떻게 자기 백성을 사람들의 일반적인 수준으로부터 들어올리셔서 "지도자들"의 반열에 올려놓으시는지를 잠깐 살펴보겠습니다.

먼저, 그들은 온전한 칭의를 통해서 들어올려집니다. 이 아침에 이 자리에 계신 모든 그리스도인들은 자신의 과거의 삶이 어떠했든지 간에 바로 이 순간에는 예수 그리스도로 말미암아 하나님이 보시기에 온전한 사람들입니다. 그리스도의 흠 없으신 의는 그를 믿는 죄인들에게 전가되기 때문에, 그들은 이 아침에 "사랑하는 아들 안에서 받아들여진 자들"로 하나님 앞에 서 있는 것입니다. 사랑하는 자들이여, 이 점을 깊이 헤아리고 묵상하십시오. 가난하고 궁핍하지만 믿음을 지닌 죄인들인 여러분은 이 시간 그리스도 예수로 말미암아 마치 죄를 지은 적이 없었던 것처럼, 즉 마치 여러분이 하나님의 지극히 의로운 율법의 모든 행위를 한 치의 실패도 없이 다 온전히 행해온 것처럼 하나님 앞에 받아들여져서 지금 여기에 있다는 것입니다. 이것이 "지도자들" 가운데 앉아 있는 것이 아니고 무엇이겠습니까? 온전한 칭의는 신자들에게 높으면서도 안전한 보좌, 영화로우면서도 행복한 보좌를 마련해 줍니다. 여러분은 황족들인데도, 그 사실을 전혀 모르는 분들도 있습니다. 신자들은 "누가 능히 하나님께서 택하신 자들을 고발하리요 의롭다 하신 이는 하나님이시니 누가 정죄하리요"(롬 8:33-34)라고 말할 수 있지만, 이 세상의 황족이라고 해도 그렇게 말할 수는 없을 것입니다. 궁정에서 귀족들과 황족들과 왕들과 가이사들과 함께 앉아 있다고 해도, 그런 것은 하나님의 백성의 "지도자들"로 세움을 받는 것과는 비교가 될 수 없습니다. 왜냐하면, 마치 촛불을 햇빛과 비교할 수 없는 것과 마찬가지로, 세상의 왕들의 영광은 온전히 의롭다 하심을 얻은 영혼의 영광에 비하면 아무것도 아니기 때문입니다.

다음으로, 거름 더미에서 건짐 받은 하나님의 자녀들은 믿음의 온전한 확신을 얻습니다. 그들은 자기가 구원 받았다는 것을 확신합니다. 그들은 욥과 같이 "내가 알기에는 나의 대속자가 살아 계시니"(욥 19:25)라고 말할 수 있습니다. 그들이 하나님의 자녀인지 아닌지에 대하여 그들에게는 아무런 의문도 없습니다. 성령이 그들의 영과 더불어서 그들이 하나님에게서 났다는 것을 증언해 주기 때문입니다. 그리스도는 그들의 맏형이시고, 하나님은 그들의 아버지이시며, 그들은 양자의 영을 받았기 때문에 하나님을 "아빠 아버지"라 부릅니다. 그들은 자신이 안전하다는 것을 압니다. 그들은 "현재 일이나 장래 일이나 능력이나 높음이나 깊음이나 다른 어떤 피조물이라도 우리를 우리 주 그리스도 예수 안에 있는 하나님의 사랑에서 끊을 수 없으리라"(롬 8:38-39)는 것을 확신합니다. 나는 지각이 있는 모든 분께 이것이 지도자들 가운데 앉는 것인지 아닌지를 물어보고 싶습니다. 사랑하는 자들이여, 나는 세상의 왕의 보좌에 앉기 위해서라면 한 푼의 돈도 내고자 하지 않겠지만, 늘 믿음의 온전한 확신을 누릴 수 있다면 내가 가진 모든 것을 천 번이라도 내놓을 용의가 있습니다. 믿음의 온전한 확신은 백합화가 만발한 수산 궁이나 레바논 삼림의 나무들로 지은 솔로몬의 왕궁(왕상 7:2)이 줄 수 있는 것보다 더한 기쁨입니다. 하나님의 사랑을 늘 느끼며 살아간다는 것은 생명 자체보다 더 좋습니다. 그것은 하늘에 있는 온전한 천국을 여기 이 땅에서 부분적으로 맛보는 것입니다. 나의 사랑하는 이가 나의 것이고 내가 그의 것임을 아는 것, 그가 나를 사랑하셔서 나를 위해 자신을 내어주신 것을 아는 것은 여러 제국들의 후계자가 되는 것보다 훨씬 더 좋습니다.

한 걸음 더 나아가서, 은혜 가운데 있는 하나님의 자녀들은 예수 그리스도와 면담하는 것이 허락됩니다. 우리는 에녹과 같이 하나님과 동행합니다. 자녀가 아버지의 손을 잡고 걸으며 사랑이 가득한 눈길을 서로 주고받듯이, 택하신 백성들은 그들의 아버지이신 하나님과 지극히 친밀한 가운데 서로를 사랑하고 신뢰하면서 동행하고, 자신의 속마음을 다 터놓고 얘기하며, 아버지의 인자하신 입으로부터 그의 사랑의 비밀들을 듣습니다. 그들은 행복한 사람들입니다. 왜냐하면, 그들은 천사들보다 더 친밀하게 예수와 교제하기 때문입니다. 우리는 그의 몸, 그의 살과 뼈를 이루는 지체들입니다. 우리는 그와 혼인하였고, 그는 신실하심과 의로우심 가운데서 우리의 남편이 되셨습니다. 우리는 그에게 그의 살과 피보다 더 귀한 존재들입니다. 그는 우리 중 아무도 멸망하지 않도록 하시기 위하여 자신의 살과 피를 내어주고 죽으셨습니다. 우리를 그의 손에서 빼앗을 자는 아무도 없습니다. 이것이 지도자들 가운데 앉는 것이 아니고 무엇이겠습니까? 거기에 비하면 세상의 왕들이 앉아 있는 자리는 아무것도 아닙니다. 우리는 절대주권적인 은혜가 우리를 들어올려 놓은 저 탁월한 자리에서 세상의 왕들의 부귀영화와 그 권세를 멸시합니다. 세상의 왕들로 하여금 면류관을 쓰고 자주옷을 입으며 왕으로서의 온갖 영화로 치장해 보라고 하십시오. 우리의 영혼이 예수와 함께 앉아서 그와 더불어서 왕과 제사장으로 다스리게 되었을 때, 세상의 왕의 영화는 일고의 가치도 없는 것입니다. 예수와의 교제는 왕들의 왕관에서 빛나는 그 어떤 보석보다도 더 값진 보석입니다. 주님과 하나 되는 것은 이 세상의 모든 면류관을 다 합친 것보다 더 찬란하고 아름다운 면류관입니다.

　이것이 전부가 아닙니다. 하나님이 택하신 사람들은 온전한 칭의를 얻고 믿음의 온전한 확신을 갖게 되며 그리스도와 교제하게 되는 것과 아울러서 성령의 거룩하게 하시는 은총을 입습니다. 성령 하나님은 모든 그리스도인 안에 거하십니다. 그리스도인은 아무리 비천하다고 할지라도 하나님이 거하시는 걸어다니는 성전입니다. 성령 하나님은 우리 안에 거하시고, 우리는 성령 하나님 안에 거합니다. 성령은 그리스도인의 일상의 행위들을 거룩하게 하시기 때문에, 그리스도인은 모든 것을 하나님께 하듯 합니다. 그들은 그리스도에 대하여 살아 있고 세상 이득에 대하여 죽은 자들입니다. 사랑하는 자들이여, 여러분이 성령의 거룩하게 하시는 감화력을 느낀다면, 여러분은 지도자들 가운데 앉아 있는 것입니다. 나의 하나님께서 내가 성령이 나의 부패함을 이기시고 내 영혼으로 하여금 거룩함으로 나아가지 않을 수 없게 만드시는 것을 늘 느낄 수 있게 해주실 때의 그 기쁨은 세상 지도자가 되는 기쁨과는 비교할 수도 없는 그런 기쁨입니다. 예수 그리스도 안에서 형제된 나의 사랑하는 이들이여, 나는 여러분이 어느 때든지 죄에 빠질 때마다 그 일이 여러분을 더욱더 낮춘다는 것을 증언할 수 있을 것이라고 확신합니다. 죄에 빠졌을 때에 여러분은 거름 더미의 그 고약한 악취를 또다시 냄새 맡게 되고, 그런 냄새를 맡고 있으니 차라리 죽겠다는 심정이 됩니다. 그러나 성령이 여러분으로 하여금 죄를 이기고 그리스도께서 사셨던 것처럼 살게 해주실 때, 여러분은 그리스도 예수 안에서 거룩하게 되는 특권을 부여받은 자신이 왕의 자리에 있고, 왕보다 더한 특권을 부여받고 있다고 느끼게 됩니다.

또한, 많은 성도들은 자기가 거룩하게 되어 가는 복만이 아니라 유익한 자가 되는 복도 받습니다. 모든 유익한 사람은 지도자의 반열에 있는 사람이라는 것을 기억하십시오. 이 말은 과장이 아니라 엄연한 사실입니다. 다른 사람들에게 복을 가져다주는 자는 사람들 가운데서 진정한 "지도자"입니다. 여러분의 입술에서 주옥 같은 말들이 나온다면, 여러분은 동화를 얘기해줌에 있어서 "지도자"가 될 것이지만, 그 입술이 사람들의 영혼에게 예수를 만나는 복을 준다면, 여러분은 진정한 "지도자"가 됩니다. 나의 형제들이여, 주린 자를 먹여 주고 헐벗은 자를 입혀 주며 넘어진 자를 다시 일으켜 세워 주고 무지한 자를 가르쳐 주며 낙심해 있는 자를 즐겁게 해 주고 요동하는 자에게 영감을 불어넣어 주며 성도들을 하나님의 우편으로 인도하는 것은 별이나 리본이나 신분이나 명예가 결코 줄 수 없는 광채를 덧입는 것입니다. 이것은 성령이 여러분에게 각자의 믿음의 분량을 따라 주는 특권입니다. 전에는 해악을 저지르며 살았던 여러분이 지금은 덕을 세우는 데에 일조를 하게 된 것입니다. 전에는 자신의 지체들을 불의에 내어주고 죄의 종노릇을 했던 여러분이 지금은 자신의 그 동일한 지체들을 의에 내어주고 의의 종이 되어서 하나님의 찬송과 영광이 되게 하고 있습니다. 그 어떤 왕도 거룩함과 사랑과 열심 가운데 거하는 참된 존귀를 우리에게 줄 수 없습니다.

또한, 하나님께서는 자기 백성을 또 다른 의미에서 들어올리십니다. 즉, 하나님은 그들을 거룩하게 하시고 유익한 자가 되게 하실 뿐만 아니라, 그들에게 **기쁨의 기름**을 부어 주시기도 하십니다. 오, 그리스도인이 되는 기쁨이여! 나는 세상은 우리를 비참하고 불쌍한 사람들로 생각한다는 것을 압니다. 여러분이 역사책을 읽어 보시면, 그 저자들은 기사(騎士)들은 당당하고 즐거우며 기쁨에 넘치는 사람들이었다고 말하는 반면에, 가엾은 청교도들은 정말 비참한 자들이었다고 말합니다. 그 저자들은 청교도들은 사람들이 크리스마스를 즐겁게 보내는 모습을 보고 속된 것이라 여겨 욕하였고, 시합들과 스포츠들을 혐오했으며, 너무

나 비참한 모습으로 세상을 떠돌아다닌 것으로 묘사했는데, 청교도들은 이 땅에
서 충분히 고통을 당한 사람들이기 때문에, 만일 그런 사람들이 죽어서 지옥에
간다면, 그것은 정말 불쌍한 일이라는 생각이 들 정도로 청교도들을 그렇게 묘
사했습니다. 그러나 그 저자들이 한 이런 말들은 모두 다 진실이 아니고, 적어도
많이 왜곡된 묘사입니다. 왜냐하면, 지금과 마찬가지로 그때에도 외식하는 자들
이 있었고, 청교도라고 자처하며 외식했던 그런 자들은 고뇌하는 슬픈 얼굴을
하고 다녔지만, 청교도들 중에는 세상이 주는 기쁨과는 비할 수 없을 정도로 크
고 거룩한 기쁨 가운데서 살아갔던 사람들이 훨씬 더 많았기 때문입니다. 그 기
쁨은 온갖 외식과 위선으로 영국의 왕좌에 오른 저 냉혹한 난봉꾼 주위에서 시
시덕거리던 저 가련하고 어리석은 기사들이 결코 이해할 수도 없고 상상도 할
수 없었던 그런 기쁨입니다. 기사들은 솥단지 아래에서 가시나무들이 불에 타면
서 내는 요란한 소리 같이 와자지껄하게 희희낙락했던 것에 불과했던 반면에,
청교도들의 가슴속에는 그 어떤 것으로도 잠재울 수 없는 깊고 깊은 기쁨이 자
리 잡고 있었습니다.

> "거만하고 힘 있는 자들의 무리가 높은 자리에 앉아서
>   하나님의 성도들을 죽였을지라도,
>   누가 그 무리를 짓밟았는가."

전쟁터에서 말을 타고 돌아오며 그들로 영광스러운 승리를 하게 하신 하나
님을 찬송하는 자들의 저 강력하고 깊은 기쁨은 궁정에서 웃고 떠들며 희희낙락
하는 자들의 웃음소리와는 비교도 되지 않는 것이었습니다. 그들은 스스로를
"용사들"이라 불렀고 실제로도 그랬습니다. 그들은 강철 같은 마음을 지니고 있
어서, 위험한 날에도 의기소침하지 않았고, 햇빛 아래에서 창칼이 번득일 때에
도 결코 기쁨을 잊지 않았습니다. 청교도들이 실제로 어떤 모습이었든지 간에,
예수를 믿는 우리가 사람들 중에서 가장 행복한 자들이라는 나의 말을 믿으십시
오. 우리 중에는 심령이 많이 눌리는 사람들도 있고, 많은 시련을 겪으며 극도로
빈궁한 사람들도 있기 때문에 겉보기에 행복하지 않게 보일 수도 있지만, 내적
으로 우리의 심령 속에 자리 잡고 있는 참된 기쁨을 능가할 기쁨은 그 어디에도
없다는 나의 말을 믿으십시오. 나는 거짓말하기 위해서가 아니라 진실을 말하기

위해서 이 자리에 서 있습니다. 나는 내일 개처럼 죽어야 한다고 해도, 내 마음의 기쁨과 평안을 하늘 아래 이 세상에 있는 그 어떤 사람의 처지와도 바꾸지 않을 것입니다. 그리스도인이라는 것, 그 사실을 아는 것, 그 잔을 다 마시는 것, 택함 받았다는 것을 아는 것, 자신의 소명을 깨달은 것으로 인하여 우리가 십 분간 누리는 평안과 지극한 복은 죄악된 세상에서 백 년 동안 온갖 방탕함으로 쾌락과 즐거움을 누린다고 해도 결코 따라올 수 없는 것입니다:

> "확실하고 변치 않고 기쁨과 영원한 즐거움은
> 시온의 자녀들 외에는 아는 자가 없다네."

나는 오늘의 본문이 하나님께서 우리를 "지도자들" 가운데 두신다고 말씀하고 있는 것을 읽을 때에 세상의 통치자들을 말하고 있는 것이라고 생각하지 않습니다. 만일 우리가 그런 식으로 해석한다면, 그것은 아주 불완전한 해석이 되고 말 것입니다. 왜냐하면, 하나님께서는 우리를 이 세상의 모든 왕들이나 통치자들보다 훨씬 더 높이 들어올리시기 때문입니다. 본문은 "지도자들 곧 그의 백성의 지도자들과 함께 세우시며"라고 말함으로써, 이 말씀의 진정한 의미가 무엇인지를 잘 보여줍니다. 즉, 하나님께서는 거름 더미에 앉아 있던 자들을 들어올리셔서 세상의 통치자들과는 혈통 자체가 완전히 다른 지도자들로 세우신다는 것입니다. 그들은 또 다른 세계의 지도자들이고, 하나님은 자기 백성을 그런 자들 중에 앉게 하십니다.

4. 넷째로, 하나님께서 자기 백성을 두시는 곳은 어디입니까?

우리가 마지막으로 살펴보아야 할 것은 하나님이 그들을 거름 더미에서 들어올리셔서 어디에 두시느냐 하는 것입니다. 본문은 "지도자들 가운데" 두신다고 말합니다. 이 점에 대해서는 우리가 이미 살펴보긴 했지만, 여기에서는 그것의 또 다른 면을 살펴보고자 합니다. "지도자들 가운데"라는 것은 택함 받은 자들의 무리 가운데라는 것입니다. 누구나 다 저 아름다운 무리에 속할 수 있는 것이 아닙니다. 그것은 마치 가난한 농부가 귀족 사회에 들어갈 수 없는 것과 마찬가지입니다. 귀족 혈통은 좁은 통로를 따라 흐르기 때문에, 일반적이고 평범한 혈통을 지닌 자는 그 통로로 들어갈 수 없습니다. 참된 그리스도인들은 소수의 선택 받은 무리 가운데서 살아갑니다. 잘 들어보십시오! "우리의 사귐은 아버지와 그의 아들 예수 그리스도와 더불어 누림이라"(요일 1:3). 선택 받은 자들의 무리들 중에서도 이것과 비견될 수 있는 것은 없습니다. 우리는 "택하신 족속이요 왕 같은 제사장들이요 거룩한 나라요 그의 소유가 된 백성"(벧전 2:9)입니다. 우리가 "이른 곳"은 시내 산이 아니라, "시온 산과 살아 계신 하나님의 도성인 하늘의 예루살렘과 천만 천사와 하늘에 기록된 장자들의 모임과 교회와 만민의 심판자이신 하나님과 및 온전하게 된 의인의 영들과 새 언약의 중보자이신 예수와 및 아벨의 피보다 더 나은 것을 말하는 뿌린 피"(히 12:22-24)입니다. 이것은 선택받은 무리입니다.

다음으로, 그들은 **궁정에서 하나님을 알현**할 수 있습니다. 세상에서도 우리 같은 평민들은 왕을 멀리서 바라보아야 하지만, 귀족들이나 지도자들은 왕을 면전에서 알현할 수 있듯이, 하나님의 자녀들은 하늘의 왕께 자유롭게 나아갈 수 있습니다. 궁정에서 우리가 지닌 특권들은 최고의 것들입니다. 잘 들어 보십시오! "이는 그로 말미암아 우리 둘이 한 성령 안에서 아버지께 나아감을 얻게 하려 하심이라"(엡 2:18). 또한, 사도는 "우리는 긍휼하심을 받고 때를 따라 돕는 은혜를 얻기 위하여 은혜의 보좌 앞에 담대히 나아갈 것이니라"(히 4:16)고 말합니다. 이렇게 우리는 특별히 선택받은 무리에 속하여 하나님의 나라에서 왕을 알현합니다.

또한, 다음으로 우리가 생각해 볼 것은 귀족들이나 통치자들은 아주 **부유**합니다. 그러나 세상의 지도자들의 부유함은 믿는 자들의 부요함에 비하면 아무것도 아닙니다. 왜냐하면, "누구든지 사람을 자랑하지 말라 만물이 다 너희 것임이라 바울이나 아볼로나 게바나 세계나 생명이나 사망이나 지금 것이나 장래 것이나 다 너희의 것이요 너희는 그리스도의 것이요 그리스도는 하나님의 것"(고전 3:21-23)이기 때문입니다. "자기 아들을 아끼지 아니하시고 우리 모든 사람을 위하여 내주신 이가 어찌 그 아들과 함께 모든 것을 우리에게 주시지 아니하겠느냐"(롬 8:32).

또한, 지도자들에게는 **특별한 권세**가 주어집니다. 지도자에게는 영향력이 있습니다. 그는 자신의 영역 안에서 통치권을 행사합니다. 그리고 하나님께서는 우리를 그의 왕들과 제사장들로 삼으셨기 때문에(계 1:6), 우리는 영원토록 다스리게 되어 있습니다. 우리는 잉글랜드나 스코틀랜드나 아일랜드의 왕이 아니지만, 우리에게는 삼중적인 통치권이 있습니다. 즉, 우리는 영과 혼과 몸을 다스립니다. 우리는 시간에 속한 나라와 영원에 속한 나라를 다스립니다. 우리는 현세에서도 다스리고, 내세에서도 다스립니다. 왜냐하면, 우리는 영원토록 다스리게 되어 있기 때문입니다.

또한, 지도자에게는 **특별한 존귀**가 따릅니다. 사람들은 누구나 다 지도자를 보고자 하고, 그를 섬기는 것을 기뻐합니다. 어떤 사람이 왕국에서 가장 높은 사람이라면, 그는 그 나라의 지도자로서 존경을 한 몸에 받을 것입니다. 사랑하는 자들이여, 하나님께서 자기가 그들을 "함께 일으키사 그리스도 예수 안에서 함께 하늘에 앉히셨다"(엡 2:6)고 말씀하시는 것을 잘 들으십시오. 따라서 그리스도의 십자가에 참여한 우리는 그의 영광과 존귀에도 참여하게 됩니다. 바울은 박해의 거름 더미로부터 건짐을 받았지만, 영광에 있어서는 그 누구에게도 뒤지지 않습니다. 여러분은 죄인들 중의 괴수였을지라도, 그리스도께서 그의 나라 가운데서 오실 때에 그 누구에게 뒤지지 않은 대접을 받게 될 것입니다. 그리스도께서는 이 땅에서 여러분을 부르셔서 그의 보배 피로 구속하셨듯이, 내세에서도 여러분을 부르셔서 그와 함께 지도자들 가운데 앉아서 영원토록 다스리게 하실 것입니다. 하나님께서 예수로 말미암아 내가 이 시간에 전한 말씀에 복 주시기를 빕니다. 아멘.

제
109
장
—

새해를 위한 올바른 방향설정

—

"우리는 이제부터 영원까지 여호와를 송축하리로다 할렐루야"
— 시 115:18

    교회의 지체들이 올바른 마음 상태에 있다면, 그들에 대한 목회자의 사역은 지휘관이 자신의 군대를 지휘하는 것만큼이나 그리 어렵지 않을 것이라는 말이 있는데, 그 말은 옳습니다. 어떤 군대의 지휘관이나 장군은 말을 잘하려고 애쓰지 않고, 그저 간단명료하게 명령을 전달하고서, 스스로 앞장서서 군대를 이끕니다. 마찬가지로, 신자들의 마음이 하나님이 보시기에 올바르다면, 목회자는 그들의 관심을 끌기 위해서 예화들을 들거나 그들을 설득하기 위해서 근거들을 자세히 들 필요가 없고, 그저 지금 이 때에 해야 할 일이 무엇인지를 알려 주고서, 성령의 도우심을 힘입어 신속하게 그 일을 행하고자 할 것입니다.

    우리는 오늘 밤 우리의 상태가 바로 그런 것이기를 소망해야 합니다. 하나님께서 우리로 그렇게 되게 해주시기를 빕니다. 특히, 오늘의 본문에서 우리에게 가르치고 있는 우리의 본분과 관련해서 우리의 마음 상태가 그래야 합니다. 나는 그저 내 주님의 이름으로 명령을 내릴 것이고, 그러면 성령께서 우리 모두의 심령 속에서 역사하셔서 우리 각자로 하여금 "우리는 이제부터 영원까지 여호와를 송축할 준비가 되어 있나이다 할렐루야"라고 고백하게 하실 것이라고 믿습니다.

    우리가 이 시편을 읽는 동안에 여러분은 이 시편 속에, 자신의 숭배자들에게 아무것도 해줄 수 없는 이교의 신들에 대한 신랄한 풍자가 한 대목 나오는 것을 보았을 것입니다. 이러한 우상들은 생명의 기관들과 감각 기관들을 외적으로는 그럴 듯하게 갖추고 있긴 하지만, 그 기관들 속에는 생명도 없고 능력도 없습니다. 그들의 입은 말할 수 없고, 그들의 눈을 볼 수 없으며, 그들의 귀는 들을 수 없고, 그들의 코는 냄새를 맡을 수 없으며, 그들의 손은 놀릴 수 없고, 그들의 발은 걸을 수 없습니다. 그러나 이 시편은 우리 하나님에 대해서는 하늘에 계시면서 무엇이든지 자신의 뜻대로 행해 오신 살아 계신 하나님이라고 선포합니다. 그렇기 때문에, 살아 계신 하나님은 산 자들이 살아 있는 방식으로 섬기고 예배하는 것이 마땅합니다. 이것은 우리가 결코 잊어서는 안 되는 기독교 예배의 원칙들 중의 하나입니다. 우리는 하나님을 예배하는 장소로 알려져 있는 곳으로 단지 몸만 가서 하나님 앞에 보이기만 해서는 안 되고, 우리의 살아 있는 존재 자체, 그리고 우리의 영혼과 마음을 드려서 하나님을 예배하여야 합니다. 그것이 기도이든 찬송이든 말씀의 선포이든 복음 메시지를 듣는 것이든, 우리는 우리의 모든 생명을 드려서 그렇게 하여야 합니다. 여러분의 찬송은 생명으로 가득 차 있어야 하고, 여러분의 기도도 생명으로 가득 차 있어야 하며, 하나님의 진리의 말씀에 대한 사역도 살아 계신 하나님의 입에서 나오는 생생한 말씀을 선포하는 것이어야 합니다. 또한, 우리가 복음을 듣는 동안에는 우리의 마음의 귀가 살아 있어야 합니다. 그리스도인들이 단지 습관적으로 예배를 드린다면, 그것은 마치 타타르족(the Tartars)이 물방아를 돌리는 것과 마찬가지로 물방아 위에 자신의 기도를 올려놓고서 바람이 부는 대로 돌아가게 만드는 것과 같아서 하나님께 결코 열납될 수 없습니다. 우리가 사람의 방언과 천사의 방언을 하고, 예배 가운데 가장 아름답고 장엄한 음악이 들어가고, 사람의 생각으로 고안해 낼 수 있는 온갖 매력적인 것들을 예배 속에 다 동원한다고 할지라도, 우리의 예배 속에 참된 생명이 빠져 있다면, 그런 예배는 우리에게 그 어떤 유익도 있을 수 없고 하나님께 그 어떤 영광도 돌릴 수 없습니다. "하나님은 죽은 자의 하나님이 아니요 산 자의 하나님이시라"(막 12:27)는 말씀은 죽은 자들에게만이 아니라 죽은 예배에도 적용될 수 있는 말씀입니다. 하나님께서 그의 긍휼하심 가운데서 예배들에 생명의 부활의 역사를 일으켜 주시기를 빕니다. 하나님께서 사람들이 살아 있는 심령으로 예배를 드릴 수 있게 해주시기를 빕니다. 왜냐하면, 그런 심령이 없다면, 하나님은 사람들의 손으로 바치는 죽은 제사를 열납하지 않으실 것이기 때문입니다. 살아 계신 하나님은 산 자들이 살아 있는 방식으로 예배드리는 것을 받으시는 것이 마땅합니다.

또한, 우리는 이 시편 속에서 이교의 우상들과 관련해서 "우상들을 만드는 자들과 그것을 의지하는 자들이 다 그와 같으리로다"(8절))라는 말씀이 참된 것과 마찬가지로, 이 말씀은 하나님을 섬기는 우리에게도 그대로 적용됩니다. 즉, 하나님이 살아 계시기 때문에 그의 백성도 산 자들일 수밖에 없고, 하나님은 찬송 받으실 분이시기 때문에 그의 백성은 복된 백성일 수밖에 없습니다. 하나님은 이루 말할 수 없는 은총들로 우리를 복 주셨고, 지금도 계속해서 복 주고 계십니다. 하나님이 우리에게 끊임없이 주고 계시는 복의 수효를 우리가 다 헤아리는 것은 불가능합니다. 그러므로 다윗은 "내 영혼아 여호와를 송축하라 내 속에 있는 것들아 다 그의 거룩한 이름을 송축하라"(시 103:1)고 말합니다. 하나님이 자신의 은총으로 여러분을 높이시면, 여러분은 찬송으로 하나님을 높여드리는 것이 마땅합니다. 하나님이 여러분에게 많은 복들을 주셔서 부요하게 하시면, 동방박사들이 그들의 황금과 유향과 몰약을 가져다가 새로 나신 왕의 발 앞에 공물로 바쳤듯이, 여러분은 그 복들을 가져다가 하나님의 발 앞에 드리는 것이 마땅합니다. 찬송 받으시기에 합당하신 하나님을 찬송하십시오! 이것보다 더 앞뒤가 잘 맞는 일이 어디 있겠습니까? 메아리가 목소리에 화답하는 것과 마찬가지로, 하나님께서 우리에게 복을 주시면 우리는 하나님을 찬송하는 것으로 화답하는 것이 옳습니다. 그래서 바울은 "찬송하리로다 하나님 곧 우리 주 예수 그리스도의 아버지께서 그리스도 안에서 하늘에 속한 모든 신령한 복을 우리에게 주시되 곧 창세 전에 그리스도 안에서 우리를 택하사"(엡 1:3-4)라고 말합니다. 그러므로 이것은 오늘 밤 우리에게 임해야 할 역사이고, 지금부터 영원까지 우리에게서 계속되어야 할 역사입니다. 그렇게만 된다면, 우리는 살아 계신 하나님에 대하여 산 자들로서 살아가고, 현세와 내세에서 하나님을 찬송하게 될 것입니다.

우리로 하여금 찬송하게 하고자 하는 분명한 의도를 지닌 오늘의 본문 속에서 우리는 첫 번째로 "그러나"(한글개역개정에는 번역되지 않음 — 역주)라는 단어가 보여주는 서글픈 기억을 살펴볼 것이고, 두 번째로는 "우리는 여호와를 송축하리로다"라는 어구에서 볼 수 있는 **복된 결단**을 살펴볼 것이며, 세 번째로는 "이제부터"라는 어구가 보여주고 있는 즉각적인 결단을 살펴볼 것이고, 네 번째로는 "영원까지 … 할렐루야"라는 어구에서 볼 수 있는 영원토록 지속되는 결단에 대해서 살펴보겠습니다.

1. 첫째로, 본문에는 서글픈 기억에 대한 흔적이 있습니다.

본문의 의미를 제대로 이해하려면 앞 절을 살펴보아야 하기 때문에 이 두 절을 한데 붙여서 읽어 보겠습니다: "죽은 자들은 여호와를 찬양하지 못하나니 적막한 데로 내려가는 자들은 아무도 찬양하지 못하리로다 우리는 이제부터 영원까지 여호와를 송축하리로다 할렐루야."

이 서글픈 기억은 한때 우리와 함께 하나님을 찬송하였고 지난 해까지만 해도 그 거룩하신 이름을 기뻐하였던 사람들 중의 일부가 죽은 자들이 되어 버린 것에 관한 기억입니다. 나의 형제들이여, 한 해가 지나가면 죽음이 만들어 놓은 공백들이 우리 가운데서 생겨나게 됩니다. 우리는 보내기 싫다고 생각하였지만, 천국에서 필요로 한 어떤 사람들이 우리 곁을 떠나갑니다. 그들을 데려가신 분은 그들에 대하여 우리보다 더 큰 권리를 가지고 계신 분이고, 그분의 기도는 우리의 기도보다 역사하는 힘이 큽니다. 우리는 "아버지 하나님, 주께서 우리에게 주신 자들이 우리가 있는 곳에 우리와 함께 있게 하시기를 원합니다"라고 기도했지만, 예수께서는 "아버지여 내게 주신 자도 나 있는 곳에 나와 함께 있어 아버지께서 창세 전부터 나를 사랑하시므로 내게 주신 나의 영광을 그들로 보게 하시기를 원하옵나이다"(요 17:24)라고 기도하셨습니다. 그래서 그들은 주님께로 갔습니다. 주님은 그들에 대한 모든 권한을 가지고 계시기 때문에, 우리는 "그분은 주님이시니, 주님께서 보시기에 좋으신 대로 행하시기를 바라나이다"라고 말할 수밖에 없습니다. 그러나 우리에게서 떠나간 사람들은 비록 죽었더라도 그들의 거룩한 삶에 대한 회상을 통해 말하는 것은 가능할지라도 이 세상에서 하나님을 찬송할 수는 없습니다. 그들에 대한 기억은 타오르는 향처럼 향기롭고 은은하고 잔잔한 향을 남깁니다. 하지만 "죽은 자들은 여호와를 찬양하지 못하나니 적막한 데로 내려가는 자들은 아무도 찬양하지" 못합니다. 물론, 그들은 천국에서 하나님을 찬양하고 있습니다. 그들은 천국의 찬양대에 더해져서 천국에 울려 퍼지는 찬양에 힘을 보태고 있습니다. 그들은 천국에서 하나님의 영원하신 보좌 앞에서 새롭게 찬양대원들이 되긴 했지만, 어쨌든 이 곳에서 우리의 찬양에 힘을 보탤 수는 없습니다. 그들의 몸은 녹색의 뗏장 아래 적막한 무덤 속에서 잠자고 있습니다. 나는 모든 회중을 어느 정도 알고 있고 여러분은 그 중 일부만을 알고 있기 때문에, 내 눈이 성전의 구석구석을 한 번 둘러보면 그 공백들을 더 잘 알 수 있습니다. 내가 성전을 둘러볼 때, 예수의 이름이 언급될 때마다 그 눈이 기쁨으로 가득 차 오르곤 했던 한 사람이 앉았던 자리가 내 눈에 들어옵니다. 그분이 정말 감격하여 눈물을 흘리며 주님을 찬송하던 모습이 내 눈에 선한데, 이제는 이 자리에서 다시는 볼 수가 없고, 그가 부르는 찬송을 들을 수도 없게 되었습니다. 그분이 무덤으로 눕게 된 지는 불과 며칠밖에 되지 않았습니다. 그는 육신에 관한 한 적막한 데로 내려갔습니다. 또, 이 자리에 늘 모습을 보였던 또 한 분의 사랑하는 일꾼이 지금은 우리의 눈에 보이지 않습니다. 그분은 그리스도를 위한 일이 있는 곳에는 늘 거기에 있었습니다. 우리는 그분도 적막한 무덤 속에 누이고 왔습니다. 우리 교회의 교인들 중에서 한 해에 세상을 떠나는 분이 대략 70~80분 정도 됩니다. 그러니까 주님의 이름으로 세례를 받고서 하나님의 백성에 속하여 교회의 교제 속으로 들어오지는 않았지만 하나님을 사랑했던 분들 외에도 우리 교회에 정식으로 등록한 교인들만 해도 한 해에 70~80분이 세상을 떠난다는 말입니다. 그들은 하늘에 있는 큰 무리에게로 가셨습니다. 그 무리에 비하면, 이 세상에 있는 무리는 아주 작은 무리일 뿐입니다. 그렇다면, 이것은 우리에게 무엇을 말해 주고 있는 것입니까? 와츠(Watts) 박사는 "무덤들로부터 들려오는 구슬픈 소리에 귀를 기울이십시오"라고 말했는데, 나는 그 말을 그대로 따라하고 싶지 않습니다. 나는 우리가 무덤들로부터 너무나 많은 구슬픈 소리들을 듣고 있다고 생각합니다. 그러나 나는 무덤들로부터 생기 있고 간절한 소리를 듣는데, 그 소리는 이렇게 말합니다: "형제들이여, 하나님께 찬송의 노래를 끊임없이 드리십시오. 그 노래가 끊어지지 않게 하십시오. 우리의 목소리는 여러분 가운데서 끊어졌습니다. 그러므로 여러분은 이 땅의 찬양대에서 우리의 빈자리를 메우기 위하여 더 크고 감미로운 소리로 하나님을 찬송하십시오."

　　본향으로 간 성도들이 많으면 많을수록, 이 땅에서 하나님을 찬송하는 성도들의 수는 줄어듭니다. 최근에 교회로 들어온 분들, 돌아가신 분들의 빈자리를 메우기 위하여 새롭게 세례를 받은 분들은 큰 소리로 하나님의 이름을 열렬히 찬송하십시오. 형제들이여, 사망이 우리의 지체들을 데려가면, 우리는 하나님의 도우심을 힘입어서 이전보다 갑절로 우리 주님을 섬기고 찬양함으로써 교회의 실질적인 힘을 배가시킴으로써 사망에 대하여 멋진 복수를 해주어야 합니다. "사망이여, 너는 늘 내 옆에서 찬송하던 내 형제를 쳤으니, 나는 이전보다 갑절로 내 목소리를 높이리라. 내가 두 사람 몫의 찬송을 할 것이고, 또 빈자리에는 또 한 형제가 들어올 것이다. 그렇게 해서 이전에 두 사람이 했던 찬송이 이제는 세 사람의 찬송이 될 것이다. 사망은 그리스도의 교회에 손실을 주고 해악을 끼치고자 했지만, 하나님은 이 땅에서도 승자가 되실 것이고 하늘에서도 승자가 되실 것이다." 나의 형제들이여, 그들은 한 사람씩 차례로 본향으로 떠나갑니다. 일전에 한 형제가 "이렇게 많은 믿음 좋은 분들이 떠나가는데, 과연 우리가 그들과 함께 했던 때보다 더 잘 할 수 있을까?"라고 말했듯이, 교회의 기둥이자 힘이었던 분들, 아주 유익한 일꾼이자 기도에 힘이 있었던 분들, 매우 거룩한 삶을 살았던 분들이 본향으로 떠나갑니다. 한 분이 그렇게 떠나갈 때마다, 우리는 제자들이 죽은 나사로에 대하여 했던 말처럼 우리도 "주여 잠들었으면 낫겠나이다"(요 11:12)라고 말하고, 거기에 도마가 했던 "우리도 주와 함께 죽으러 가자"(16절)는 말도 덧붙이고 싶은 심정이 되기 쉽습니다. 그러나 나의 마음은 그런 것과는 달리 이렇게 말하고 싶습니다: "많은 사람들이 본향으로 간다면, 우리는 이 큰 싸움을 싸워야 하니 이 땅에 머물게 해 달라고 기도합시다. 그리고 우리 군대 중의 일부가 선한 싸움을 싸운 후에 이제 칼과 방패 대신에 종려나무 가지와 수금을 들게 되었다면, 우리 남은 자들은 만군의 주 하나님께 이 싸움의 날에 우리에게 힘을 주셔서 이 싸움 속에서 우리에게 주어진 임무를 다 마침과 아울러 다른 사람들을 전도하여 새롭게 군사들로 불러서 그리스도께서 승리하실 그 날까지 이 복된 싸움이 계속될 수 있게 해놓을 때까지는 우리를 데려가지 마시라고 온 힘을 다해서 기도합시다."

그러므로 우리는 우리 가운데서 더 이상 하나님을 찬송할 수 없게 된 많은 죽은 자들을 생각할 때에 지금부터 영원까지 더욱더 큰 소리로 하나님을 찬양하여야 하겠다는 결심을 굳게 하는 것이 마땅합니다.

하지만 내 마음속에 또 하나의 생각이 떠오르는데, 그것은 다른 사람들이 본향으로 갔다면, 우리 자신도 머지않아 거기로 가게 되리라는 것입니다. "죽은 자들은 여호와를 찬양하지 못하나니 적막한 데로 내려가는 자들은 아무도 찬양하지 못하리로다." 형제들이여, 우리가 복음을 전하도록 부르심을 받았다고 할지라도, 그렇게 할 수 있는 시간은 얼마 없습니다. 영혼들을 얻기 위하여 우리가 사용할 수 있는 시간은 결코 무한대로 주어진 것이 아닙니다. 우리는 우리에게 주어진 일을 빨리 해야 합니다. 그렇지 않으면 결코 그 일을 할 수 없게 되고 말 것입니다. 선생들이여, 여러분은 어린아이들을 빨리 그리스도께로 인도하여야 합니다. 왜냐하면, 여러분은 천년만년 살면서 어린아이들을 그리스도께로 인도할 수 있는 것이 결코 아니기 때문입니다. 여러분은 곧 세상을 떠날 것이기 때문에 그들을 지금 즉시 예수께로 인도하지 않으면, 그럴 기회가 여러분에게서 사라지게 될 것입니다. 주님을 사랑하는 모든 그리스도인들은 오직 이 땅에서만 할 수 있는 거룩한 일들을 부지런히 행하여야 합니다. 왜냐하면, 천사들은 헐벗은 자들을 입힐 수 없고 굶주린 자들을 먹일 수 없기 때문입니다. 그 어떤 천사도 가난한 자들을 위하여 옷을 지어 주었던 "도르가"(행 9:39)가 될 수 없습니다. 그러한 일들은 오직 이 세상에서만 할 수 있는 일들입니다. 이런 식으로 하나님을 찬양하는 것은 오직 현세에서만 가능한 일입니다. 영원의 세계에서 할 일들은 따로 있고, 이런 일들은 현세에서 해야 할 일들이기 때문에, 우리는 이 땅에 살아 있는 한 그런 일들에 힘써야 합니다. 이 땅에서 하나님의 교회를 지키고, 전투하는 교회가 전열을 잘 갖추어 싸움을 수행하여 이곳에서 하나님을 영화롭게 하는 것은 우리가 지금 당장에 해야 할 일들입니다. 왜냐하면, "밤이 오리니 그 때는 아무도 일할 수 없기"(요 9:4) 때문입니다. 나는 우리 모두가 계속해서 죽어가고 있는 사람들이라는 것을 더 실감하게 되시기를 바랍니다. 우리가 영원의 병거 바퀴 소리를 들을 수 있다면 우리의 발걸음을 더욱 재촉하게 될 수밖에 없습니다. 여러분이 하늘에 속한 망원경을 통해서 최후의 심판대, 천국의 백보좌, 거기에 모여 있는 큰 무리, 재판장이신 하나님 앞에 여러분 각자가 제출해야 할 결산 장부를 볼 수 있다면, 여러분 중에는 지금과는 완전히 다른 삶을 살게 될 사람들이 생겨나게 될 것입니다. 하나님께서 우리를 도우셔서 그렇게 하게 해주시기를 빕니다. 우리는 우리 위에 구름처럼 드리워져 있는 본문의 "그러나"(헬라어 본문에는 18절의 맨 처음에 나오지만 한글개역개정에서는 번역되지 않은 단어 — 역주)를 보고서 정신이 들고 깨어나서, 지금 즉시 지극히 높으신 이를 송축하고 찬양하는 이 즐거운 일을 시작하는 것이 마땅합니다.

2. 둘째로, 우리가 살펴볼 것은 복된 결단에 관한 것입니다.

본문은 "죽은 자들은 여호와를 찬양하지 못하나니 적막한 데로 내려가는 자들은 아무도 찬양하지 못하리로다 우리는 이제부터 영원까지 여호와를 송축하리로다"라고 말합니다. "우리가 여호와를 송축하는" 것은 그것이 우리가 지음 받은 목적이기 때문입니다. 그것은 우리 존재의 꽃입니다. 우리가 하나님을 찬송하고 송축할 때, 우리는 가장 행복해지고, 하나님이 그의 은혜로 말미암아 우리 속에 두신 것들을 꽃 피울 수 있습니다.

우리는 우리의 노래로 하나님을 송축합니다. 우리는 지금까지 해왔던 것보다 더 자주 하나님을 찬송하는 노래를 드려야 합니다. 형제들이여, 여러분은 여러분이 힘이 닿는 데까지 최대한으로 하나님을 찬송하고 있습니까? 여러분은 일하면서도 찬송하고 집에서도 찬송하며 침상에서도 찬송합니까? 내가 알고 있는 어떤 분들은 늘 찬송하며 살아 왔습니다. 내가 아는 어떤 노인 분은 길거리를 걸으면서도 늘 찬송을 흥얼거리는 것으로 자신이 살고 있는 마을에서 유명하였는데, 내가 그분을 안다는 것 자체가 내게는 기쁨이었습니다. 그는 아주 오래 전부터 믿음 생활을 해온 감리교인이었습니다. 그는 길거리를 걸어갈 때에 늘 어떤 영광스러운 찬송을 흥얼거리곤 하였고, 잠자리에 들어서도 계속해서 찬송하였으며, 아침에 눈을 뜨자마자 찬송하기 시작하였습니다. 그의 인생은 온통 찬송으로 도배가 되어 있었습니다. 세상 사람들이 자신들이 좋아하는 노래를 끊임없이 하며 살아간다는 것을 여러분도 잘 아십니다. 그들이 밤중에 길거리에서 큰 소리로 노래하며 시끄럽게 해서, 우리가 밤에 편안히 잘 수 없는 일도 비일비재합니다. 세상 사람들이 고모라의 노래를 부르는 동안에, 우리는 시온의 노래를 늘 불러야 합니다. 우리는 이제까지보다 훨씬 더 자주 우리의 노래들로 하나님을 찬양하는 것이 마땅합니다.

다음으로, 우리는 일상적인 대화 속에서 하나님에 대하여 말하면서 하나님을 찬양하여야 합니다. 여러분 중에는 하나님의 이름을 나쁘게 말하는 분들이 종종 있는데, 절대로 그렇게 하지 마십시오. 그런 분들은 하나님의 섭리에 대하여 불평하기도 하고, 하나님이 보내신 환난들에 화를 내기도 하며, 온갖 종류의 일들에 대하여 불만을 토로하기도 합니다. 그러나 여러분이 하나님을 사랑한다면 오늘 밤부터는 하나님의 이름에 대하여 좋게 말함으로써 그를 송축하시기 바랍니다. 모든 일에 있어서 하나님을 송축하십시오. 안 좋은 일들이 있어도 하나님을 송축하시고, 감기가 걸려도 하나님을 송축하시고, 가난하고 병이 들어도 하나님을 송축하십시오. 여러분은 "그렇게 하기는 정말 어려울 것 같은데요"라고 말할 것입니다. 물론, 어려운 일입니다. 그러나 그것은 즐거운 일이고 좋은 일입니다.

왜냐하면, 여러분이 그렇게 했을 때에 하나님께서는 영광을 받으시고 여러분은 위로를 받게 될 것이기 때문입니다.

　여러분의 심령으로 하나님을 찬송하십시오. 찬송 받으시기에 합당하신 위로자이신 하나님께서 여러분을 도우셔서, 여러분의 마음을 평안하고 늘 변함없게 하시고 여러분의 기질을 다스려 유순하게 하시며 그의 뜻에 온전히 순복하게 하심으로써, 여러분이 그렇게 하는 것을 굴복이나 굴종으로 느끼는 것이 아니라, 도리어 하나님이 그의 기쁘신 뜻대로 여러분에게 무엇을 하시든지 그것을 기쁨으로 여기게 하시기를 빕니다. 우리의 마음이 일부러 애써서가 아니라 마치 꽃이 자연스럽게 향기를 뿜어내듯이 하나님을 찬송하고, 우리의 영혼이 어떤 과제로서가 아니라 마치 새들이 노래하는 것처럼 저절로 우러나와서 하나님을 찬송하게 되었다면, 그것은 지극히 복된 일입니다. 여러분은 새들이 일부러 노래하려고 애를 쓰는 것을 본 적이 있습니까? 새들은 봄이 와서 파릇파릇한 싹이 나고 푸른 잎이 돋기 전에도 앙상한 가지 위에 앉아서 노래하고, 서리가 내리고 눈이 오는 와중에도 노래하며, 봄날 아침에는 창조주를 찬송하는 노래로 우리의 잠을 깨웁니다. 모든 새들이 그렇게 합니다. 날개 달린 찬양대원들인 새들은 그렇게 하여야 한다는 말을 들어서가 아니라 그렇게 노래하는 것이 그들의 큰 기쁨인 까닭에 하나님을 찬송하고 송축합니다. 우리가 하나님을 늘 찬송하는 어린 새들이라면 얼마나 좋겠습니까! 우리가 하나님의 사랑의 빛 속에서 늘 빛을 발하는 이슬방울들이라면 얼마나 좋겠습니까! 나는 종종 백합화들을 보면서, 그 꽃들은 하나님을 어떻게 예배하고 있을까 생각해 보곤 합니다. 백합화들은 설교를 연구하지도 않고 찬송을 지어내지도 않으며 운을 맞추지도 않고 심지어 생각도 하지 않지만, 그 자리에 가만히 있어서 그들 자신의 모습을 드러내 보이고 감미로운 향기를 공중으로 발산하는 방법으로 하나님을 섬깁니다. 여러분도 여러분의 존재 자체가 하나님께 찬송이 될 때까지 하나님으로 충만하시기 바랍니다. 결국에는 여러분의 삶 자체가 찬송이 되고, 심지어 호흡조차 지존자에 대한 찬송이 되어야 합니다. 왜냐하면, 우리는 지존자 안에서 살아 움직이며 존재하고 있는 것이기 때문입니다. 하나님의 이름이 찬송을 받으시기를 원하나이다! 이제부터 우리는 하나님의 도우심을 따라 그와 같은 방식으로 하나님을 송축할 것입니다.

　사랑하는 형제들이여, 우리는 우리가 살아 있다는 이유만으로도 하나님을 송축하는 것이 마땅합니다. 본문의 맨 처음에 나오는 "그러나"는 다른 사람들은 이 세상을 떠났지만 우리는 여전히 살아 있기 때문에 우리가 하나님을 송축하는 것이 마땅하다는 것을 보여줍니다. 나는 지금 이 세상에 있고 언제 이 세상을 떠나서 천국에 가게 될지는 알 수 없지만, 내가 잠시나마 더 육체로 거하는 것이 이 땅에 있는 몇몇 사람들에게 유익이 될 것이라고 생각하기 때문에, 내가 살아 있는 것을 기뻐합니다. 여러분의 자녀들이나 여러분에게 의지하는 많은 사람들은 여러분이 이 세상에 아직 살아 있는 것에 대하여 하나님께 감사할 것이기 때문에, 여러분도 여러분을 지키셔서 아직 이 세상에 살게 하시는 것에 대하여 하나님께 감사하는 것이 마땅합니다. 여러분은 사고를 당해서 죽을 수도 있었고, 올해에 많은 사람들이 그랬듯이 전염병에 걸려 쓰러질 수도 있었으며, 오늘 밤 극심한 고통으로 차라리 죽었으면 좋겠다고 생각하게 되는 처지가 될 수도 있었습니다. 하지만 하나님께서는 여러분에게 그렇게 하지 않으셨으니, 하나님을 송축하십시오. 여러분이 아직 살아 있게 하신 것에 대하여 하나님을 송축하십시오. 우리를 지으신 이시요 우리를 지키시는 이이신 하나님, 우리가 살아 있는 것에 대하여 이제부터는 하나님을 송축하리이다!

다음으로, 여러분으로 하여금 신령한 삶을 살게 하신 것에 대하여 하나님을 찬송하십시오. 하나님이 여러분을 부르셔서 그런 삶을 살게 하신 것은 정말 진심으로 감사해야 할 일입니다. 왜냐하면, 살아 있기는 하지만 신령한 삶을 살지 못한다면, 그것은 걸어다니는 시체요 움직이는 거름 더미요 무덤에서 나오긴 했지만 아직 썩은 냄새를 풍기는 나사로와 같기 때문입니다. 하나님을 보지 못하는 눈과 하나님이 어디에서나 말씀하시는데도 그 음성을 전혀 듣지 못하는 귀와 하나님의 사랑에 전혀 반응하지 않는 마음을 지니고서 이 세상에서 살아간다는 것은 끔찍한 일입니다. 우리가 살아 있는 것의 핵심을 구성하고 있는 것들이 다 빠진 상태에서 살아 있는 것은 차라리 살아 있지 않은 것만 못합니다. 그러므로 하나님께서는 우리를 소성하게 하셔서 신령한 삶을 살게 하신 것에 대하여 우리는 하나님을 송축하는 것이 마땅합니다. 왜냐하면, 여러분도 전에는 그렇게 살지 않았기 때문입니다. 여러분 중에는 불과 몇 달 전만 해도 그렇게 살지 않았던 분들도 있습니다. 그렇게 변화되어서 새해를 맞이한 분들은 자신이 지난 세월을 어떻게 보냈고 어떤 상태로 지냈는지를 회상해 볼 수 있을 것입니다. 우리가 영적인 죽음의 상태에서 지낸 지난 세월을 돌아보며 그때에 우리가 했던 일들을 생각할 때마다 우리는 회한의 눈물을 흘리지 않을 수 없습니다! 우리를 썩어짐에 묶여 살던 삶에서 우리를 건지셔서 새 생명으로 인도하신 하나님의 이름을 송축하나이다! 그러므로 우리는 이제부터 영원까지 하나님을 송축할 것입니다.

　　우리는 이 시편이 말하고 있는 대로 우리가 하나님으로부터 복을 받았기 때문에 하나님을 송축하여야 합니다. 다시 한 번 21절을 읽어 보겠습니다: "여호와께서 우리를 생각하사 복을 주시되." 이것은 단지 이 시편에 나오는 말씀일 뿐인 것이 아니라, 엄연한 사실입니다. "여호와께서 우리를 생각해 오셨습니다." 사랑하는 형제들이여, 나는 여러분이 걸어온 인생 역정을 알지 못하지만, 여러분이 한 번 자신의 수첩과 일기를 꺼내서 보시기 바랍니다. 지난 세월에 하나님께서 여러분을 얼마나 무수히 생각하시고 마음을 쓰셨는지가 보입니까? 나는 하나님께서 그의 사랑으로 나를 위하여 나의 인생에 얼마나 많이 개입하셨는지를 다 말할 수 있지만, 이 시간에 그렇게 하지 않고, 나의 골방에서 이 무가치한 종을 향한 하나님의 사랑하심과 인자하심을 인하여 하나님의 이름을 송축할 것입니다. 한 믿음 좋은 노년의 여자 분은 사람들이 하나님의 은혜를 회상하며 저마다의 "에벤에셀"(삼상 7:12), 즉 도우심의 돌들에 대하여 말하는 것을 듣고 있다가, 자신의 삶을 되돌아보면 돌담을 보는 것 같다고 말했습니다. 지난날에 그녀를 도왔던 돌들은 너무나 촘촘하게 세워져 있어서 그녀가 지나온 길을 양 옆으로 돌담 같이 두르고 있는 것처럼 느껴진다는 것이었습니다. 나도 그녀의 말에 동감입니다. 나는 하나님께 겨우 동전 한 닢이나 드렸을지 모르겠는데, 하나님은 내게 그것보다 천만 배도 더 큰 것들을 주셨을 정도로, 하나님의 은혜에 너무 큰 빚을 진 자입니다. 그러니 나는 하나님께 얼마나 큰 빚을 지고 있는 것입니까! 러더퍼드(Rutherford) 목사는 자신의 글 어디에선가, 자기 영혼이 하나님의 강력한 사랑에 의해 꼭대기까지 다 뒤덮여서 단지 그 사랑의 물줄기 위에 떠있는 것이 아니라 그 사랑 속으로 완전히 잠기는 경험을 한 것에 대하여 말합니다. 나도 그렇게 느끼기 때문에 우리가 하나님께 감사하는 것이 마땅합니다. 하나님의 사랑의 큰 바다는 우리 위로 솟아올라서 우리를 완전히 삼켜 버립니다. 하나님께서 우리에게 베푸신 은혜가 그토록 크기 때문에, 그런데도 우리가 하나님을 송축하지 않는다면, 우리가 길거리를 걸을 때에 거기에 있는 돌들이 우리를 쳐서 소리지를 것이고, 집의 들보들이 우리 같은 배은망덕한 자들을 편안히 자도록 보호해 주고 있다는 것을 생각하니 분통이 터져서 밤중에 괴로운 신음소리를 낼 것입니다. 살아 계신 하나님의 은혜, 죄 사하시는 은혜, 차고 넘치는 은혜, 끊임없이 주어지는 은혜여! 어떤 혀가 그것을 다 말할 수 있겠습니까? 시인이 다음과 같이 말한 것은 분명히 지나친 과장이나 억지스러운 비유도 아니었음이 분명합니다:

> "주를 찬송하는 말을 절반만이라도 하려면
> 영원조차도 너무 짧으리."

또한, 우리는 이 시편에서 말하는 대로 하나님께서 우리를 복 주실 것이기 때문에 하나님을 송축하여야 합니다. 여러분은 아마도 시편 기자가 이러한 내용을 서로 다른 형태로 여러 번 표현하였다는 것을 눈치채셨을 것입니다: "여호와께서 우리를 생각하사 복을 주시되." 하나님이 장차 행하실 일을 생각하고서 우리가 하나님을 송축하는 것은 우리에게 너무나 기분 좋은 의무입니다. 자, 하나님이 우리에게 장차 주실 복들을 생각해서 찬송의 가사를 한 번 만들어 봅시다. 우리는 그 복들을 생각하며 뽐내며 자랑해서는 안 되고, 그 복들을 인하여 하나님을 송축하여야 합니다. 이제 막 시작된 우리의 복된 인생 내내 우리에게 주어질 하나님의 온갖 사랑하심과 인자하심을 인하여 하나님을 송축합시다. 괴로운 일들도 닥칠 것이지만, 하나님께서는 그 모든 일들로부터 경건한 자들을 건져 주실 것입니다. 환난이 우리의 분깃이겠지만, 우리는 그리스도 안에서 평안을 누릴 것입니다. 우리는 올해에 본향으로 가게 될지도 모릅니다. 우리가 그렇게 된다면, 그것은 우리가 두려워하고 걱정해야 할 일이 아니라, 도리어 우리를 기다리고 있는 진주 문들과 금으로 된 수금들로 인하여 하나님을 송축하고 찬송할 일입니다. 하나님께서는 그의 무가치한 자녀들에게 그의 유업을 주시기 위하여 속히 우리를 불러 가시는 것이기 때문입니다.

3. 셋째로, 하나님을 송축하는 일은 언제 시작하는 것이 적절합니까?

나는 다른 내용들에 대해서는 간략하게 짚고 넘어가겠지만, 이 세 번째 대지에 대해서는 조금 더 시간을 들여서 살펴보고자 합니다. 본문은 "이제부터"라고 말합니다. 우리는 하나님을 찬송하는 일을 언제 시작해야 합니까? 형제들이여, 바로 지금입니다. 본문을 보면, 세상 사람들이 "그들의 하나님이 어디 있느냐"(2절)고 말하고 있던 그때에 시편 기자는 하나님을 송축하기 시작합니다. 하나님이 불신자들에 의해 모독을 당하고 있을 때, 하나님의 백성은 그를 찬송하여야 합니다. 사람들이 하나님을 욕하거나 모독하거나 의심할 때마다, 여러분은 "우리는 이제부터 여호와를 송축하리로다"라고 말하십시오. 여러분은 마치 원수들이 찬송 받으실 하나님의 이름을 욕되게 한 만큼 더 그 이름을 찬송하여 벌충하도록 부르심을 받은 자들인 것처럼 늘 느껴야 합니다. 우리가 늘 그렇게 한다면, 나는 이 세상에서 하나님을 욕하는 것이 줄어들 것이라고 생각합니다. 왜냐하면, 마귀가 자기 자녀들이 하나님을 욕할 때마다 우리가 하나님을 그 만큼 더 송축하는 것을 발견하게 되면 자기 자녀들에게 하나님을 욕하는 일에서 손을 떼라고 할 것이기 때문입니다. 여러분은 나쁜 책이 나왔다는 말을 들을 때마다, 어떤 학자가 부주의한 자들을 오도할 어떤 것을 말하고 있는 것을 들을 때마다 이렇게 말하십시오: "우리는 이제부터 여호와를 송축하리로다. 너희가 그렇게 하니, 우리에게는 하나님을 찬송하는 노래가 새롭게 더 생길 것이다. 하나님의 크신 이름에 온갖 비방과 중상모략이 쏟아질수록, 우리는 더욱더 그 크신 이름을 찬송하여 잘못된 것을 바로잡으리라."

또한, 우리는 은혜 받았다고 느낄 때마다 하나님을 찬송하여야 합니다. 하나님께서는 계속해서 우리를 생각하시고 마음을 쓰고 계시기 때문에, 우리는 바로 이 시간부터 그의 이름을 찬송하는 것이 마땅합니다. 여러분은 하나님께서 여러분을 위해 여러분이 기뻐하는 큰 일들을 행하신 것 같은 느낌이 드십니까? 오늘 밤 여러분에게 주어질 특별한 은혜로 인하여 여러분의 가슴이 뜁니까? 그렇다면, 여러분은 "우리는 이제부터 여호와를 송축하리로다"라고 고백함으로써 여러분의 결단을 드리십시오.

우리는 우리의 죄가 사함 받았음을 안 바로 그때로부터, 우리가 우리 주 예수 그리스도로 말미암아 하나님과 화평을 누리게 된 바로 그때로부터, 신령한 것을 누리게 된 바로 그때로부터 하나님을 찬송하는 것이 마땅합니다. 세례를 앞둔 분들은 이렇게 고백하는 것이 좋을 것입니다: "우리는 우리가 예수를 믿은 우리의 믿음을 고백하기 위하여 나아온 때, 우리의 신앙을 회중 앞에서 고백함으로써 우리가 그리스도로 옷 입게 되었을 때, 바로 그때로부터 하나님을 송축하리로다." 성찬상으로 나아올 때마다, 기도로 씨름하며 거룩한 밤을 지새울 때마다, 변화산에 올라가서 주님의 영광을 뵈올 때마다, 겟세마네 동산에서 그 밤에 주님과 함께 한 시간도 깨어 있기 힘들 때마다, "우리는 이제부터 여호와를 송축하리로

다"라고 고백하십시오.

또한, 내가 말하고 싶은 것은 한 해가 시작되는 때는 하나님을 송축하는 일을 시작하기 좋은 때라는 것입니다. 하나님께서 올 한 해에도 우리에게 주실 은혜들과 죄 사함과 일용할 양식, 가르침과 인도하심, 필요한 것들을 공급해 주시리라는 것, 우리가 소망을 품고 맞이하는 신년에 임할 은혜들, 지난 해에 우리의 모든 걱정과 근심을 다 해결해 주시고 우리의 모든 소망들을 이루어 주신 일들, 지난 해에 우리가 배우고 경험한 모든 것들을 인하여 우리는 "이제부터 여호와를 송축하리로다"라는 이 복된 결단을 실천해 나가는 것이 마땅합니다.

나는 내가 아는 어떤 사람들의 마음속에서 이런 결단이 일어나기를 간절히 바랍니다. 나는 그들이 그리스도인들이기를 바라지만, 여러분이 아시듯이, 그들은 암울하고 황량한 날에 태어나서 늘 냉랭한 입술로 말하는 사람들입니다. 여러분이 그들과 잠시만 함께 있어도, 그들은 불평불만을 늘어놓기 시작합니다. 사랑하는 형제들이여, 지금부터는 그렇게 하지 말고, "내가 이제부터 여호와를 송축하리로다"라고 말하는 것이 어떻겠습니까? 우리는 나처럼 저 끔찍한 추운 날씨로 인해 힘들고 고통스럽게 살아가고 있는 분들이 있다는 것을 압니다. 우리의 뼈는 안 쑤시는 데가 없고 온 몸에 관절염 투성이어서, 우리는 그런 것에 대하여 불평하기가 너무나 쉽습니다. 자, 나의 형제와 자매들이여, 이제 그런 얘기는 그만하고, "우리는 이제부터 여호와를 송축하리로다"라고 말하십시오. 나는 사람들이 늘 어떤 말을 입에 달고 살아가는지를 압니다: "이렇게 장사가 안 된 때는 지금까지 없었어. 내가 살아오면서 이런 불경기는 처음이야. 모든 것이 다 나쁜 쪽으로 가고 있어. 전쟁들이 터지고, 전쟁에 관한 소문들도 무성해. 세상이 종말로 치닫고 있는 거야. 지금부터는 무슨 일이 일어날지 아무도 몰라." 형제들이여, 여러분이 그런 말을 입에 달고 살아가고 싶다면, 그렇게 하십시오. 그러나 나는 "우리는 이제부터 여호와를 송축하리로다"라고 말하며 살아가는 편이 더 나을 것이라고 생각합니다. 우리는 지금까지 오랫동안 그런 말을 노래삼아 불러왔고 그것으로 충분하니, 이제는 장엄한 소리를 내는 수금에 맞춰서 하나님을 찬양하는 노래를 부르기 시작하는 것이 마땅합니다. 우리는 너무나 오랫동안 이렇게 노래해 왔습니다:

"주여, 이 땅은 참으로 황폐한 땅이어서

우리에게 아무것도 공급해 주지 않습니다.
맛있는 열매도 없고, 푸르른 나무도 없으며,
우리에게 기쁨을 주는 시원한 물줄기도 없습니다.
오직 엉겅퀴와 가시나무만이 온 땅을 덮고 있고,
치명적인 독들만이 자라고 있습니다.
우리가 보는 모든 강들에는
위험한 물들만이 흐릅니다.”

이제 우리는 다음 절로 넘어가서 이렇게 노래하여야 합니다:

“그러나 주의 거처로 통하는 사랑스러운 길이
이 황량한 땅을 가로질러 놓여 있습니다.
주여, 우리로 하늘로 통하는 길에서 벗어나지 않게 하시고,
주의 명령을 따라 달려가게 하소서.”

우리는 우리가 가고 있는 길과 인도자와 본향에 대하여 노래하기 시작하여야 합니다. 우리가 하루를 가면 본향이 가까워지고, 한 해를 가면 본향이 더 가까워집니다. 그러므로 우리는 이제부터 여호와를 송축하며 나아가는 것이 마땅합니다.

4. 넷째로, 이 찬송은 영원히 지속된다는 것입니다.
본문은 “우리는 이제부터 영원까지 여호와를 송축하리로다”라고 말합니다. 나는 옛날식으로 살아가는 많은 사람들이 있는 시골에서 태어났고, 나 자신도 옛날식의 사람입니다. 나는 성경을 읽다가 “영원한” 또는 “영원까지”라는 단어를 발견할 때마다 이 단어가 문자 그대로 “영원”을 의미하는 것이라고 믿습니다. 물론, 나는 영원한 것이 없고 모든 것이 아주 단명하거나 상황에 따라 기간이 길어질 수도 짧아질 수도 있다고 배운 그런 세상 속에서 살아 왔습니다. 그러니 나는 이 새로운 단어의 의미를 결코 배우지 못할까 걱정이지만, 그렇다고 해서 이 단어의 의미를 배우려고 애쓸 생각은 없습니다. 그렇기 때문에, 나는 오늘날의 현자들이 하고 있는 것처럼 모든 일들을 거꾸로 잘못 이해하는 일은 내게는 일어

날 수 없을 것이라고 확신합니다. 내게 "영원한"은 언제까지나 "영원한"으로 남아 있을 것이고, 나는 "영원"을 결코 끝이 없는 것으로 믿는 자로 남아 있을 것입니다. 나는 이것과 다르게 생각하는 사람들은 내가 하나님의 말씀 속에서 발견한 것에 동의해야 할 것이라고 믿습니다. 어쨌든, 우리가 일치하려면, 그들이 우리의 견해에 동의해야 합니다. 왜냐하면, 우리가 그들의 견해에 동의하는 일은 결코 일어나지 않을 것이기 때문입니다.

따라서 "우리는 이제부터 영원까지 여호와를 송축하리로다"라는 말씀은 우리의 찬송에는 끝이 없을 것임을 의미합니다. 나는 "영원까지"는 영원을 의미한다고 믿고, 하나님께서 우리로 하여금 "이제부터 영원까지"가 영원을 의미하는 것으로 받아들일 수 있게 해주시기를 빕니다. 은혜로부터 떨어져서 우리가 하나님을 찬송하고 송축하는 일을 그치게 되는 일은 일어나지 않을 것입니다. 우리는 우리의 본성의 힘이 아니라 은혜의 힘으로 하나님을 찬송하기 시작하였고, 그 힘은 다함이 없을 것입니다. 왜냐하면, 그 은혜는 우리에게 날마다 새롭게 주어질 것이고, 우리는 영원토록 하나님을 송축할 수 있게 될 것이기 때문입니다.

죽음 자체도 우리가 하나님을 송축하는 것을 중단시키지 못할 것입니다. 아니, 도리어 죽음은 우리의 찬송을 더 크게 만들 것이고 우리의 합창을 더 감미롭게 만들 것입니다. 죽음이 우리에게서 지금 최고의 찬송을 드리는 데에 방해가 되는 이 혀들을 앗아간다면, 우리는 하나님을 지금보다 더 사랑하고 더 잘 찬송하게 될 것입니다. 왜냐하면, 죽음으로 인해 우리는 하나님의 보좌 앞에서 좀 더 고상한 언어로 입술과 혀 없이 찬송할 수 있게 될 것이기 때문입니다:

> "나의 하나님, 내가 살아 있는 동안에도 주를 찬송하고
> 죽은 후에도 주를 찬송하며
> 다시 부활해서도 주를 찬송하리니
> 영원토록 주를 찬송하리이다."

그리스도 안에서 사랑하는 형제들이여, 우리의 심령이 올바른 상태에 있다면, 우리가 하나님을 송축하는 것에서 떠나 있을 수 있는 때는 없습니다. 우리가 언제 하나님을 송축하는 것을 그치게 되겠으며, 또 하나님이 우리에게 복 주시는 것을 언제 그만두시겠습니까? 그런 일은 결코 일어날 수 없습니다. 우리가 하나님

께 빚진 자에서 벗어나는 것이 언제 가능하겠습니까? 그런 일은 결코 가능할 수 없습니다. 하나님이 언제 찬송 받으시기에 합당한 이이시기를 그치겠습니까? 그런 일은 있을 수 없습니다. 하나님이 우리에게 은혜로 주신 새 생명이 언제 하나님을 찬송하지 않아도 된다고 우리에게 말하겠습니까? 그런 일은 불가능합니다. 왜냐하면, 우리 속에는 "영생하도록 솟아나는 샘물"(요 4:14)이 있어서, 우리가 하나님을 찬송하는 것을 그만두는 것은 불가능하기 때문입니다. 형제들이여, 시계의 초침이 딸깍 하고 한 번 움직이는 사이에도 절대로 찬송을 그치지 마십시오. 하나님께서 여러분을 병상에 누이시거나, 여러분의 손과 발이 다 저리고 아파오거나, 여러분의 온 신경에 고통이 몰려오더라도, 계속해서 하나님을 찬송하십시오. 무슨 일이 일어나도 하나님을 송축하고 찬송하고 찬양하기를 계속하십시오. 왜냐하면, 우리가 그렇게 하는 것이 하나님에 대하여 우리의 마땅한 본분이기 때문입니다. 우리가 하나님을 쉬지 않고 온 힘을 다해 찬송한다고 할지라도, 우리는 하나님이 받으시기에 합당한 정도만큼의 찬송을 드리고 있는 것이 아닙니다. 오늘 밤 이 기도의 집을 우리의 찬송과 감사로 가득 채우십시오. 가톨릭교도들은 향을 피워서 그들이 있는 곳을 온통 향연으로 가득 채웁니다. 이 하나님의 전에서 우리의 감사하는 마음에서 우러나오는 찬양의 향연이 하나님께로 올라가게 하십시오. 성부와 성자와 성령 하나님을 이제부터 영원까지 송축하나이다!

　이 찬송에 함께 할 수 없는 사람이 있다면, 그는 자신이 살기에도 적합하지 않고 죽기에도 적합하지 않은 사람이라는 것을 기억하여야 합니다. 왜냐하면, 천국은 오직 하나님을 영원토록 찬양하고 송축하며 찬송하는 사람들만이 있을 수 있는 까닭에, 하나님을 찬송함이 없이 죽어서 다시 부활한 사람은 영원히 천국에 들어갈 수 없는 상태에 있게 될 것이기 때문입니다. 그런 사람은 지금 하나님을 구하십시오. 주 예수 그리스도를 믿고 의지하십시오. 그러면, 그 사람은 구원을 받게 될 것이고, 우리와 함께 "우리는 이제부터 영원까지 여호와를 송축하리로다 할렐루야"라고 노래할 수 있게 될 것입니다.

제
110
장
—

고뇌하는 심령들에게

—

> "사망의 줄이 나를 두르고 스올의 고통이 내게 이르므로 내
> 가 환난과 슬픔을 만났을 때에 내가 여호와의 이름으로 기
> 도하기를 여호와여 주께 구하오니 내 영혼을 건지소서 하였
> 도다 ⋯ 주께서 내 영혼을 사망에서, 내 눈을 눈물에서, 내
> 발을 넘어짐에서 건지셨나이다." — 시 116:3-4, 8

　본문에 묘사된 큰 환난은 다윗이 신자가 되고 나서 한참 후에 일어난 것일
가능성이 큽니다. 아마도 그는 여러 해 동안 별 일 없이 평안하고 행복하게 믿음
의 삶을 살아 왔을 것입니다. 그러나 점차 외적인 환난이 그를 찾아왔고, 내적인
갈등도 만만치 않았습니다. 일반적으로 신자들은 믿음을 가지고 좁은 문에서 출
발해서 마지막 강을 넘게 되는 그 사이의 어느 때에 환난의 큰 싸움을 겪게 됩니
다. 내가 그동안 지켜보니, 어렵고 힘든 과정을 거쳐서 믿음을 갖게 된 사람들은
그 후로는 대체로 평탄한 길을 걷는 반면에, 처음에 아주 순조롭게 신앙생활을
시작했던 사람들은 나중에 격렬한 갈등을 겪게 되는 것 같습니다. 오랜 세월 동
안 비교적 편안하고 순탄한 삶을 살아 온 사람들은 인생의 말년에 아주 어려운
때를 겪을 수 있습니다. 왜냐하면, 청교도들의 표현을 빌리자면, 하나님의 자녀
들 중에서 믿음이 좋은 사람들에 대해서는 하나님이 "그들의 침상을 어둠 속에
두시기" 때문입니다. 그들의 해는 구름 속으로 숨어 버리지만, 나중에 영원한 아
침의 충만한 광채 속에서 다시 떠오르리라는 것은 의심의 여지가 없습니다. 형

제들이여, 여러분은 이 순례 길의 어느 지점에선가는 다음과 같은 말이 옳다는 것을 시인하게 됩니다:

　　"슬픔의 길, 오직 그 길만이
　　　슬픔이 없는 땅으로 통하는 길이라네."

　윗 세상에서 새 노래를 부르고 있는 성도들 중 적어도 많은 수는 "큰 환난에서 나오는 자들"(계 7:14)이라는 말로 묘사됩니다. 이것이 천국으로 가는 일반적인 길이고, 이 길 외에 다른 길을 통해서 낙원에 다다르는 여행자는 아마도 극히 적을 것입니다.

　그러므로 신자들은 환난을 겪지 않을 것이라고 기대하지 말고, 환난을 넉넉히 이겨낼 수 있는 은혜를 주시기를 구하여야 합니다. 하나님의 가장 감미로운 연애편지는 부고장을 넣는 봉투에 담겨져서 우리에게 배달된다는 것을 믿으십시오. 우리는 그 봉투를 보고 놀라서 겁을 먹지만, 우리가 그 봉인을 어떻게 뜯어야 한다는 것을 알고 있기만 한다면, 그 안에는 우리 영혼을 부요하게 해줄 것들이 들어 있습니다. 큰 환난과 시련들은 하나님이 주시고자 하시는 큰 은혜들을 감싸고 있는 구름들입니다. 하나님께서는 우리에게 크고 특별한 은혜를 보내실 때에는 잿빛의 거친 말들을 통해서 그 은혜를 우리 집 대문 앞에 끌어다 놓게 하시는 경우가 비일비재합니다. 일상적인 물건들을 가득 실은 작은 배들은 그리 깊지 않고 잔잔한 강들을 오가지만, 보화를 가득 실은 거대한 범선은 깊은 바다를 가로질러 항해하는 법입니다.

　하나님의 자녀들은 오늘의 본문에 나오는 다윗의 경험 속에서 환난 가운데서 가장 의지해야 할 것은 기도라는 사실을 배워야 합니다. 사망의 슬픔이 여러분을 둘러쌀 때에 기도하십시오! 지옥의 고통이 여러분을 붙잡고 놓아주지 않을 때에도 기도하십시오! 환난과 슬픔이 여러분에게 몰려올 때에도 기도하십시오! 어려움을 만났을 때에는 사려분별과 지혜를 따라 생각나는 그 밖의 다른 모든 수단도 동원되어야 하겠지만, 그런 것들 중에는 그 자체로는 의지할 만한 것이 하나도 없습니다. 그것이 환난으로부터의 구원이든 죄로부터의 구원이든, "구원은 여호와께 있습니다"(시 3:8). 여러분이 전쟁의 날을 위해 말을 준비해 두는 것이 옳지만, 그래도 여전히 여러분을 안전하게 지켜 주시는 것은 여호와께 있습니다. 여러 가지 수단들을 사용하십시오. 그러나 그 수단들로 믿음을 대체해서는 절대로 안 됩니다. 여러분이 할 수 있는 모든 일을 다 한 후에, 마치 아무 일도 하지 않았다는 듯이 하나님을 의지하십시오. 왜냐하면, "여호와께서 성을 지키지 아니하시면 파수꾼의 깨어 있음이 헛되기"(시 127:1) 때문입니다. 모든 일에서 기도하십시오! 여러분이 지금 이 순간에 다윗과 같은 그런 곤경 속에 있다고 한다면, 안심하시고 기도하십시오. 그러면 기도가 여러분을 그 곤경에서 건져 줄 것입니다. 기도는 모든 것을 고쳐 주는 만병통치약입니다. 기도는 모든 질병을 굴복시킵니다. 영적인 싸움에서 기도의 쓰임새는 무한합니다. 여러분은 이렇게 말할 수 있습니다: "기도로 나는 군대를 쳐부술 것이고, 기도로 성벽을 뛰어넘을 것이며, 기도로 큰 방패와 손 방패를 삼을 것이고, 기도로 적을 무찌를 것이다." 기도는 하나님의 곳간들을 열 수 있고 지옥의 문들을 닫을 수 있습니다. 기도는 거센 불길을 끌 수 있고, 사자들의 입을 막아 버릴 수 있습니다. 기도는 하늘을 이길 수 있고, 전능자를 움직일 수 있습니다. 형제들이여, 오직 믿음을 가지고서 하나님의 사랑하시는 자이신 그리스도의 이름으로 기도하십시오. 그러면 평안의 응답이 여러분에게 반드시 주어집니다.

오늘 저녁에 나는 본문을 조금 다른 관점에서 보고자 합니다. 그러니까 나는 오늘의 본문을 잠에서 깨어난 죄인의 상태가 어떤 것인지를 설명하는 데에 사용하고자 합니다. 나는 정죄 아래 있는 죄인들에게 말씀을 전하고자 합니다. 이 회중 가운데서 그런 분들이 있을 것이기 때문입니다. 나는 지난 밤 예배 시간에 그들이 부르짖는 것을 듣고서 기뻤습니다. 그래서 나는 하나님께서 그들에게 복 주셔서 그들을 자유함으로 인도하시기를 소망합니다. 우리는 먼저, 이 불쌍한 심령들의 상태에 대하여 말한 후에, 죄인들의 행동방식에 대하여 살펴보고, 마지막으로, 죄인들이 얻게 되는 구원에 대하여 말하고자 합니다.

1. 첫째로, 죄의 잠에서 깨어난 심령이 처하게 되는 비참한 상태에 대해 살펴보겠습니다.

본론으로 들어가기 전에, 나는 먼저 여러분이 그리스도를 믿는 사람들인데도 내가 전하는 말씀들이 잘 느껴지지 않는다고 해도 그것으로 인해서 여러분 자신을 정죄해서는 안 된다는 것을 미리 말해 두고자 합니다. 세상에는 병들이 아주 많습니다. 내가 어떤 한 질병과 의사가 그 질병을 치료하는 방식에 대하여 설명하고 있는데, 여러분이 "나는 이 질병의 그런 모습에 대하여 전혀 알지 못하 겠으니 분명히 내게 뭔가 문제가 있는 거야"라고 말한다면, 그것은 잘못된 것입 니다. 여러분이 그 질병에 대해서 모른다고 해도, 그것은 별로 문제가 되지 않습 니다. 왜냐하면, 모든 사람이 모든 병을 다 겪는 것은 아니기 때문입니다. 여러분 이 오직 예수만을 믿고 의지하고 있다면 걱정할 이유가 전혀 없습니다. 내가 지 금부터 말하고자 하는 것은 여러분을 당혹하게 하거나 걱정하게 만들기 위한 것 이 아니라, 이 병을 앓는 사람들에게 위로와 힘을 주기 위한 것입니다.

　본문에서 우리는 괴로워하는 양심은 흔히 사망의 슬픔들을 느낀다는 것을 알 게 됩니다. 즉, 그런 양심은 사람들이 임종 때에 겪게 되는 것과 비슷한 슬픔과 괴로움을 느낀다는 것입니다. 나도 그런 상태를 직접 체험해 보았기 때문에, 이 런 상태가 무엇인지를 좀 더 생생하게 묘사할 수 있습니다. 그렇다면, 사망의 슬 픔들이라는 것이 도대체 무엇일까요?

　죄인이 느끼는 사망의 슬픔들 중의 하나는 회상입니다. 죽음을 앞둔 죄인은 자신의 인생을 되돌아볼 때에 거기에서 그를 위로해 줄 만한 것을 하나도 찾지 못하고서, 자기가 이 세상에 태어났던 바로 그 날이 어둠이었다면 얼마나 좋았 을까 하고 생각하게 됩니다. 왜냐하면, 그는 자신의 삶 자체가 하나의 공백이었 고, 더 나아가 끔찍하게도 하나님에 대한 모독이자 자기 자신에게 비참함을 가 져다준 원인이었다는 것을 깨닫게 되기 때문입니다. 그는 자신의 인생 역정 속 에서 밝은 곳이나 소망스러운 곳을 단 한 군데도 찾을 수 없습니다. 그래서 진정 으로 깨어난 사람은 자신의 끔찍한 과거를 보고 통곡할 수밖에 없게 됩니다. 왜 냐하면, 그의 인생에서 모든 것이 악이고, 그가 전에 자랑했던 바로 그것들이 이 제는 정반대의 다른 것들로 보이기 때문입니다. 그는 전에는 자기가 의(義)였다 고 생각했던 것들이 사실은 죄였다는 것을 깨닫습니다. 그래서 그는 마음속으로 "하나님께서 나를 처음부터 태어나지 않게 해주셨더라면 얼마나 좋았을까"라고 말하며 통곡하게 됩니다. 잠에서 깨어난 많은 사람들은, 존 번연(John Bunyan) 이 그랬던 것처럼, 자기가 이따위로 살 것이었다면 차라리 사람으로 태어나지 말고 개구리나 두꺼비, 또는 독사가 되었더라면 좋았을 것이라고 말해 왔습니 다. 사랑하는 친구들이여, 여러분은 사망의 슬픔을 느끼고 있거나 느낀 적이 있 습니까? 우리 중에는 그것을 너무나 뼈아프게 느낀 분들도 있습니다.

　사망의 또 다른 슬픔은 현재에 대한 비애입니다. 죽음을 앞둔 사람은 자신의 침상에서 죽기를 기다리며 누워 뒤척거리고 있고, 그의 모든 영광과 아름다움은 다 사라졌습니다. 한창 때의 건강함은 그에게서 떠나갔으며, 그는 지금 민첩하고 활기 있던 시절의 그와는 전혀 딴판이 되어 있고, 이것을 자기 자신도 압니다. 이것이 죄인의 모습입니다. 그는 마치 좀이 옷을 먹어치우듯이 그의 죄가 그를 시름시름 앓게 하고 점차 먹어치우는 것을 느낍니다. 이전에 그가 지녔던 촉촉한 윤기는 여름 가뭄의 메마름으로 변해 있습니다. 그의 영광은 시든 꽃처럼 되었고, 그가 누구에게도 지지 않을 것이라고 말하며 그토록 자신만만해하며 자랑하던 그의 준수한 용모와 건장한 몸은 지금은 옛말이 되어 버렸습니다. 성령이 사람에게 불어와서 그 사람의 모든 것을 다 시들게 해버리면, 모든 육체가 풀 같다는 것이 실감이 됩니다. 이런 식으로 성령은 사람이 소유한 모든 영광을 다 파괴하고 그 사람의 모든 뛰어난 것들을 다 쇠락하게 만들어서 그 사람으로 하여금 시름시름 앓다가 결국 죽게 만듭니다. 또한, 죽음을 앞둔 사람은 자신의 모든 힘이 다 떠나 버린 것을 깨닫습니다. 아마도 그는 삼손처럼 여느 때처럼 지금도 떨쳐 일어날 수 있을 것이라고 생각하지만, 그것은 착각입니다. 한때 능숙한 손놀림을 자랑했던 그의 손들은 지금은 마비된 채로 양 옆으로 축 늘어져 있고, 그의 발들은 밑으로 처져 있어서, 그는 침상에 꼼짝없이 누워 있어야 하는 처지가 되었습니다. 잠을 청하기 위해서 빛을 차단하려고 눈을 감고자 해도 눈꺼풀이 내려오지 않고, 태양의 복된 빛줄기들을 바라보기 위하여 눈을 뜨려고 눈꺼풀을 들어올리고자 해도 잘 되지 않습니다. "은 줄이 풀리고 금 그릇이 깨져가고"(전 12:6) 있습니다. 깨어난 죄인의 모습은 이렇습니다. 그는 자신의 심령 속에서 사망을 느낍니다. 그는 이전에는 자기가 생각한 대로 어떤 일이든 할 수 있었습니다. 그는 자기가 마음만 먹는다면 언제라도 회개하고 믿고 삶을 고쳐서 구원 받을 수 있을 것이라고 생각했습니다. 그러나 지금은 사망의 오싹한 냉기가 그의 모든 힘들 위에 내려앉았고, 그는 그리스도께서 긍휼하심 가운데서 이렇게 말씀하시는 것을 듣습니다: "나를 떠나서는 너희가 아무것도 할 수 없고(요 15:5) 나를 보내신 아버지께서 이끌지 아니하시면 아무도 내게 올 수 없다(요 6:44)." 사람이 진정으로 철저하게 깨어나면 자신의 심령 속에서 무시무시한 마비를 경험합니다. 하나님의 영이 그 사람을 회심시키기 위하여 확실한 역사를 하고 계시는 것입니다. 그는 자신의 아름다움이 시든 것과 그의 힘이 떠나간 것을 보기 때문에, 사망의 슬픔들이 그를 엄습합니다. 현재에 있어서의 사망의 또 하나의 슬픔은 친구들이 이제는 아무 도움도 되지 않는다는 것을 깨닫는 것입니다. 죽음을 앞둔 사람은 아내와 자녀들을 떠나가야 합니다. 그들이 그를 따라가려고 한다고 할지라도 그렇게 할 수 없습니다. 사랑하는 아내가 자신이 사랑한 사람과 끝까지 함께 하고자 죽음을 불사하고자 할 수 있겠지만, 그래서는 안 됩니다. 이제는 아무리 사랑해도 어쩔 도리가 없습니다. 깨어난 죄인은 영적인 도움과 관련해서도 그 누구도 자기에게 도움이 되지 않는다는 것을 발견합니다. 그는 성직자를 의지하고 싶지만, 그렇게 해보아야 실망만 하게 될 뿐 아무 소용도 없으리라는 것을 압니다. 그는 자신의 영혼이 필요한 것들은 피조물에게서는 결코 찾을 수 없기 때문에 피조물들이 자신의 영혼에게 허망한 것들일 뿐임을 압니다. 그의 종창은 너무나 심해서 사람이 주는 그 어떤 고약도 소용이 없고, 그의 상처는 너무나 깊어서 그 어떤 사람도 그것을 싸매 줄 수 없습니다. 이 점에서 우리는 사망의 슬픔들이 그를 둘러싸고 있다고 말할 수 있습니다.

　불경건한 자의 죽음과 관련해서 최악의 슬픔은 아마도 장래에 대한 전망일 것입니다. 그의 과거는 깜깜하지만, 그의 장래는 더 깜깜합니다. 그의 현재가 어두침침하다면, 그의 장래를 둘러싸고 있는 것이 온통 어둠뿐이라는 것을 그는 느낍니다. 죽음을 앞둔 사람은 그 끔찍한 미래에 몸서리를 치는데, 깨어난 죄인이 그렇습니다. 그는 감히 앞으로 나아가고자 하는 엄두를 내지 못합니다. 그는 두려워하고, 두려운 소리가 그의 귀에 들립니다. 나도 은혜를 얻기 전에는 풀을 밟을 때마다 내 발 아래에서 땅이 갈라져서 나를 삼켜 버리지는 않을까 두려워하곤 하였습니다. 죄가 이토록 심하게 나를 압박하였기 때문에, 내가 매일 산책하는 길에서 발람처럼 칼을 빼든 천사를 만나, 그 천사가 내게 "너는 너의 죄로 인해 영벌에 처해질 것"이라고 말했다면, 나는 전혀 놀라지 않고 단지 그 천사 앞에서 아무 말도 하지 않거나 그 판결이 옳다는 것을 시인하였을 것입니다. 많은 죄인들은 이렇게 사망의 슬픔들이 자신을 두르고 있음을 느낍니다. 과거와 현재와 미래의 모든 슬픔들이 그를 온통 두릅니다.

　이러한 묘사는 다음 문장에서 한층 더 생생해집니다: "스올의 고통이 내게 이르므로." 깨어난 죄인들은 종종 그들이 지옥의 고통이라고 묘사하는 것을 느낍니다. 그 어떤 산 자도 지옥의 고통을 진짜 지옥에서 겪는 것과 동일한 정도로 느낀다면 살아 있을 수 없기 때문에, 그들은 그 고통을 미리 조금 맛보기로 체험하지만, 그 체험은 정말 끔찍하고 무시무시합니다. 깨어난 양심도 종종 이러한 체험을 합니다. 그렇다면, 지옥의 고통들이라는 것이 도대체 무엇일까요?

첫째, 자책의 고통이 있습니다. 죄인의 심령은 그리스도를 믿기 전에 회개는 아니지만 자책을 경험하는데, 자책이라는 것은 죄가 가져다줄 형벌을 생각하고서 자신이 죄 지은 것을 후회하고 자신을 꾸짖는 것입니다. 그것은 무한히 의로우신 하나님께서 사람들의 죄악에 대하여 반드시 보응하실 것임을 알고서, 자신이 지금까지 벌 받을 삶을 살아왔다는 것을 깨닫고서 공포와 두려움을 느끼는 것입니다. 자책의 이빨은 영원히 죽지 않는 벌레의 이빨처럼 날카롭고 예리하지 않습니까? 자책의 불길은 도벳의 불길과 같지 않습니까? 우리에게 자책이 몰려왔을 때, 우리는 "이렇게 살아 있으니 차라리 목매달아 죽는 게 낫겠다"고 울부짖었습니다. 만일 우리 영혼이 예수를 믿게 되기 이전에도, 하나님께서 우리를 불쌍히 여기셔서 우리 영혼을 한 줄기 소망으로 붙잡아 주지 않으셨다면, 우리의 영혼은 분명히 죄책감으로 인한 자책으로 완전히 무너지고 말았을 것입니다.

지옥의 고통들 중의 하나는 정죄 아래 있다는 의식입니다. 멸망 받게 될 심령들은 "정죄 받은 자들"이라 불립니다. 분명히 우리가 예수를 믿기 전에 우리 중에는 자기가 정죄 받았다고 느낀 분들이 있을 것입니다. "누구든지 율법 책에 기록된 대로 모든 일을 항상 행하지 아니하는 자는 저주 아래에 있는 자라"(갈 3:10). 마치 폭풍이 가라앉는 배의 돛대 밧줄들 가운데 날카로운 소리를 지르듯이, 그 저주가 어떻게 내 심령을 관통하며 울부짖었는지가 지금도 내게는 생생히 기억납니다. "누구든지 율법 책에 기록된 대로 모든 일을 항상 행하지 아니하는 자는 저주 아래에 있는 자라." 나는 내가 율법 책에 기록된 모든 것을 항상 행하지 않아 왔다는 것을 알았고, 내가 저주 받았다는 것을 알았습니다. 그런 후에, 다른 성경 본문이 내게 임했는데, 그것은 바로 그 끔찍한 폭풍의 다른 면, 즉 복음의 측면이었습니다: "믿지 아니하는 자는 하나님의 독생자의 이름을 믿지 아니하므로 벌써 심판을 받은 것이니라"(요 3:18). 두 개의 바람 같은 이 두 본문이 함께 만날 때, 허약하기 짝이 없는 사람의 심령은 마치 욥의 아들들이 잔치를 벌이다가 폭풍에 무너져 내린 집처럼 완전히 무너져 내리고 맙니다. 형제들이여, 지옥의 고통을 맛보는 것은 결코 작은 일이 아니라는 것을 그것을 직접 경험해서 알고 있는 사람들이 여러분에게 확실하게 보증합니다.

깨어난 양심이 느끼는 가장 통렬한 고통들 중의 하나는 아마도 소망이 없다는 의식, 즉 장래에 나아질 것이라는 그 어떤 전망에 의해서도 가라앉힐 수 없는 끔찍한 절망입니다. 우리 중에도 그런 절망으로 내몰렸던 분들이 있습니다. 그 때에는 우리가 구원 받을 수 있을 것이라는 소망은 완전히 사라져 버리고, 단지 "예수께서는 죄인들을 찾아 구원하기 위해 오셨느니라"고 말하는 듯한 희미한 한 줄기 빛만이 깜빡거렸습니다. 그러나 우리는 그 단 하나의 별조차도 늘 볼 수 있는 것이 아니었습니다. 왜냐하면, 우리는 예수께서는 죄인들을 구원하기 위해 오시긴 했지만 우리를 구원하기 위해 오신 것은 아닐 것이라고 생각했고, 게다가 우리는 전에 예수를 배척한 적이 있었던 까닭에 그가 우리에 대한 자신의 은혜를 영원히 거두셨을 것이라고 생각했기 때문입니다. 나의 뇌리에서 그런 생각이 떠나지 않았기 때문에, 나의 절망감은 이루 말할 수가 없었습니다. 지금의 나는 그런 일을 다시는 겪고 싶지 않지만, 나는 어떤 분들이 지금 그런 일을 겪고 있다는 것을 알기 때문에 그분들의 경험이 무엇을 의미하는지를 말씀드리고 있는 것입니다. 하나님께서 그들의 부서지기 쉬운 배들을 절망의 소용돌이, 곧 너무나 많은 배들을 침몰시켜 버린 저 무시무시한 소용돌이에서 건지시기를 빕니다.

깨어난 자들이 느끼는 지옥의 고통이 또 하나 있는데, 그것은 자신이 비참하다는 생각에 미쳐 버릴 것 같게 되는 것입니다. 여러분 중에는 아직 지옥에 있는 것이 아닌데도 ─ 여러분이 아직 지옥에 있지 않게 하신 하나님을 찬송합니다 ─ 마치 자기가 지옥에 있는 것과 같은 비참함을 느끼는 분들이 있습니다. 왜냐하면, 자책이 정죄 아래 있다는 느낌과 절망감에 의해서 강화되어서 여러분의 심령 속에 무시무시한 폭풍을 만들어 내면, 여러분은 이렇게 부르짖을 수밖에 없게 되기 때문입니다:

> "주께서 큰 물을 내보내시는 무시무시한 소리에
>   깊음이 서로를 부르고,
>   모든 것을 부숴 버릴 것 같은 주의 물결이 나를 엄몰하네.
>   주의 모든 물살이 나를 덮어 버리네.
>   나는 주의 목전에서 쫓겨나,
>   주를 찾지만 만날 수 없고
>   주께 부르짖지만 듣지 않으시네."

깨어난 심령은 이렇게 두들겨 맞습니다. 욥기와 예레미야서를 읽어 보시면,

우리는 깨어진 심령이 어떤 일을 겪게 되는지를 알게 됩니다. 그 책들은 단지 옛적의 사람들을 위해서만 씌어진 것이 아니기 때문에, 오늘날 그리스도를 찾는 많은 심령들이 겪게 되는 일을 그대로 보여줍니다. 그래서 흔히 그 책들은 성경의 다른 그 어떤 책에서도 단 한 마디의 위로를 찾을 수 없었던 가련한 심령들에게 위로를 전해 줍니다.

이상으로 우리는 오늘의 본문에 나오는 두 개의 위대한 문장 ― "사망의 줄이 나를 두르고"(KJV에서는 "사망의 슬픔들이 나를 에워싸고")와 "스올의 고통이 내게 이르므로"(KJV에서는 "지옥의 고통들이 나를 움켜잡았으니") ― 을 살펴보았습니다. 그러나 실제 사정은 이러한 묘사보다 더 심한 것이었습니다. 왜냐하면, 가련한 심령은 그 슬픔과 고통이 감해지는 것을 느끼지도 못하였고 거기에서 벗어날 길도 몰랐기 때문입니다. 그 슬픔과 고통은 줄어들지 않았고, 가련한 심령들에게 내내 엄청난 두려움을 안겼습니다. 그것은 마치 희석되지 않은 담즙과 식초 같았습니다. 시편 기자가 사용한 단어들을 눈여겨보십시오: "사망의 슬픔들이 나를 에워싸고." "에워쌌다"는 것은 매우 강력한 단어입니다. 사냥꾼들은 사냥감을 보면 그들이 죽이고자 하는 가련한 짐승을 빙 둘러 에워쌉니다. 가련한 짐승이 숨을 헐떡이며 도망치기 위해서 오른쪽을 보면 거기에 창을 든 사람이 노려보며 서 있고, 왼쪽을 보면 거기에 개들이 있습니다. 앞뒤로도 창을 든 사람들, 사냥개들, 사냥꾼들이 포진해 있어서, 도망칠 길이 없습니다. 깨어난 심령에게는 자신을 에워싼 슬픔들과 고통들로부터 빠져나갈 수 있는 그 어떤 탈출구도 보이지 않습니다. 본문은 "지옥의 고통들이 나를 움켜잡았으니"라고 말합니다. 이것은 마치 사자가 그 아구가 어린 양을 꽉 물고 놓지 않거나, 곰이 그 발로 가련한 양을 옴짝달싹하지 못하게 짓누르며 잡고 있듯이, 지옥의 고통들이 그렇게 그를 움켜잡았다는 것입니다. 이것은 마치 하나님의 법정에서 온 무시무시한 옥졸이 그의 어깨에 손을 얹고서, "너를 지옥에 처넣어서 거기에서 영원히 멸망 받게 하기 위하여 하나님의 이름으로 너를 체포한다"라고 말하는 것과 같았습니다. 많은 심령이 그런 경험을 하였고, 그 무시무시한 손아귀에서 결코 빠져나올 수 없다고 느꼈습니다. 마음이 상하고 깨져서 통회하는 것이 무엇인지를 알지 못하는 사람들은 "그런 속박에서 왜 빠져나오지 못하는 거죠?"라고 이상하다는 듯이 반문합니다. 하지만 만일 여러분이 그런 처지에 있는데 누가 그렇게 반문한다면, 여러분은 격분하지는 않더라도 기분이 몹시 상하게 될 것입니다. 고통

속에 있는 심령들에게 이런저런 수많은 반문들을 하다가 직접 자기가 그런 처지가 되었을 때에는 아무 대답도 할 수 없었던 사람들을 나는 많이 알고 있습니다. 두 다리가 다 부러져서 철길 위에 누워 있을 수밖에 없는 처지가 된 사람에게 여러분은 "왜 당신은 벌떡 일어나 걸어서 집으로 가지 않는 거죠"라고 하시겠습니까? 만일 여러분이 그렇게 말한다면, 그 사람은 "왜 당신은 그렇게 어리석은 말을 하는 거죠"라고 도리어 반문할 것입니다. 어떤 가련한 심령이 산산조각이 나서 절망 가운데 있다면, 여러분은 그 사람에게 그리스도께서 그를 위하여 하신 일을 말해 주고, 그 사람이 무엇을 해야 하는지에 대해서는 아주 조금만 말해 주십시오. 여러분이 그 사람에게 무엇을 해야 한다고 아무리 말해 주어도 절망 중에 있는 그 사람에게는 전혀 위로와 힘이 되지 못합니다. 그런 말 대신에 예수의 사랑에 대해 말해 주십시오. 가련한 심령들은 자기가 아무것도 할 수 없다는 것에 대하여 몹시 당혹스러워하고 어쩔 줄 몰라 합니다. 그들에게 예수께서 어떤 일을 하셨는지를 말해 주십시오. 그것이 그들의 심령에 빛을 비쳐 주는 길입니다.

또한, 시편 기자는 자기가 무슨 짓을 해도 위로를 얻을 수 없다는 것을 알았습니다. 우리는 이것을 3절의 마지막 문장인 "내가 환난과 슬픔을 만났을 때에"(KJV에서는 "내가 괴로움과 슬픔을 발견하였도다")라는 말씀을 통해 알 수 있습니다. 즉, 그는 무엇인가를 찾아보려고 애썼지만, 그에게 돌아온 결과는 오직 "괴로움과 슬픔"뿐이었다는 것입니다. 사랑하는 신자들이여, 여러분은 여러분이 죄로 인하여 종살이 하고 있던 날들에 여러분 자신의 선함을 통해 여러분 스스로 구원을 이루어 내기 위하여 모세를 추종하여 모세가 시키는 것들을 열심히 해보려고 애를 썼던 것을 기억하십니까? 그렇게 해서 여러분이 얻은 것은 무엇이었습니까? 여러분은 모세가 시키는 것들을 하려고 온갖 "괴로움"을 무릅쓰고 고생했고, 그 결과는 "슬픔"뿐이었습니다. 여러분은 연자 맷돌을 돌리는 말과 같았습니다. 여러분은 무수히 채찍을 맞으며 온갖 애를 썼지만, 여러분에게 돌아온 것은 낭패감과 자책감뿐이었습니다. 왜냐하면, 여러분이 행한 모든 것은 선을 이루기는커녕 여러분 자신의 의를 세우려고 그리스도를 대적함으로써 하나님을 진노케 하는 것들뿐이었기 때문입니다. 여러분의 죄를 속함 받을 수 있는 그 어떤 길도 보이지 않았습니다. 여러분에게 남은 것은 오직 "괴로움과 슬픔"뿐이었습니다. 아마도 여러분은 "율법"이라는 선생과 그의 아들인 "도덕"에게로 가서 배우고자 하였고, 그들은 여러분을 위해 있는 힘을 다해 모든 것을 가르쳐 주었을 것입니다. 그러나 여러분이 진정으로 깨어났을 때, 여러분이 그들로부터 얻은 것은 "괴로움과 슬픔"이 전부였습니다. 여러분은 종교의식을 파는 가게로 통하는 길로 들어서서, 어떤 예식에 참여하였을 수도 있습니다. 거기에서 여러분은 사제가 여러분의 죄를 사면할 수 있고, 종교의식을 통해 여러분의 마음에 평안을 얻을 수 있다는 말을 들었습니다. 하지만 여러분이 깨어 있는 심령이었다면, 여러분은 그 바보 같은 짓 속에서 오직 "괴로움과 슬픔"만을 발견하였을 것입니다. 지금 여러분은 그런 종교의식들이 사람이 자기 자신이 무엇인가를 고안해 내기 시작한 이래로 가장 용납될 수 없는 희대의 사기극이라는 것을 알고서 몸서리를 치게 되었습니다. 배가 고픈 사람에게 수금을 타게 하거나 다리가 부러진 사람에게 춤추게 하는 것은 허망한 일입니다. 마찬가지로, 가톨릭의 온갖 종교의식들과 거짓들은 죄로 인해서 그 마음에 피를 흘리고 있는 사람들을 우롱하는 짓일 뿐입니다!

> "아무 소망도 없고 아무것도 할 수 없는 죄인들을 살릴 수 있는 이는
> 오직 예수, 오직 예수뿐이라네."

그들이 예수 이외의 다른 곳을 본다면, 그들에게는 결국 "괴로움과 슬픔"만이 남게 될 것입니다.

이런 말씀을 들으면, 여러분은 십중팔구 "그렇다면, 우리는 무엇을 해야 하지요?"라고 물을 것입니다. "우리는 무엇을 해야 합니까?" 죄인들이여, 여러분이 할 것은 아무것도 없습니다. 적어도, 여러분이 할 수 있는 것은 아무것도 없습니다. 여러분은 그렇게 꼼짝없이 갇혀 있기 때문에, 예수께서 여러분을 거기에서 구해 주셔야 합니다. 아니면, 여러분은 죽을 수밖에 없습니다. 요 전날에 이 강대상에서 한 믿음 좋으신 목사님이 복음 사역자들은 어부들이기 때문에 그물로 물고기를 잡아야 한다는 말을 했는데, 나도 그 말에 동감입니다. 복음 사역자들이 미끼를 써서 사람들을 낚으려 한다면, 그것은 완전히 잘못된 것입니다. 왜냐하면, 미끼를 쓰는 것은 낚시하는 사람들이 하는 일인데, 그리스도께서는 우리에게 낚시하라고 말씀하신 적이 없기 때문입니다. 우리는 그물로 물고기를 잡아야 합니다. 그렇다면, 그물의 용도는 무엇입니까? 그물은 물고기를 꼼짝할 수 없게 가두

기 위한 것입니다. 그물은 물고기들을 전후좌우로 에워싸서 가둠으로써 빠져 나올 수 없게 만듭니다. 바로 그것이 하나님께서 구원하고자 하시는 가련한 죄인들에게 하시는 일입니다. 하나님은 그들을 옴짝달싹할 수 없게 가두어 버리십니다. 하나님께서 그물을 던지셔서 그들을 에워싸시기 때문에, 그들은 거기에서 빠져 나갈 수 없습니다. 그물이 물고기들을 완전히 에워싸서 빠져 나갈 수 없게 했을 때에만, 복음의 어부는 그 물고기들을 죄의 바다에서 건져내어 예수께서 앉아 계시는 배로 끌어올릴 수 있습니다. 우리는 그물로 그들을 에워싸서 가두어야 합니다. 즉, 그들을 율법으로 가두어서 그리스도께로 가게 해야 합니다. 죄인들이여, 율법에서 벗어날 수 있는 다른 모든 길은 여러분에게 영원히 닫혀져 있고, 오직 한 길만이 열려 있는데, 그 길이 바로 "나는 문이라"(요 10:7)고 말씀하시는 그리스도이십니다. 다른 문은 없습니다. 위로나 아래로나, 좌로나 우로나, 앞에나 뒤에나 그 어디에도 문은 없습니다. 그런데 죄인들이여, 여러분이 거기에 그대로 머물러 있으면, 여러분은 죽을 수밖에 없고 멸망 받을 수밖에 없습니다. 오직 한 분 외에는 이 땅에서나 하늘에서나 여러분을 도울 수 있는 이는 아무도 없습니다. 하나님께서 여러분을 이끄셔서 그리스도를 바라보게 하신다면, 그것은 정말 너무나 복된 일이 될 것입니다!

2. 둘째로, 깨어난 죄인이 어떻게 행동하는지를 살펴보겠습니다.

우리가 두 번째로 살펴볼 것은 죄인이 깨어났을 때에 어떤 행동을 보이느냐 하는 것입니다: "내가 여호와의 이름으로 기도하기를." 그가 무엇을 했습니까? 먼저, 그는 하나님의 이름을 불렀습니다. 그의 마음을 들어올리고 그의 목소리를 높여서 하나님께 기도하였습니다. 안개 속에서, 또는 호주의 깊은 숲에 들어가 길을 잃은 사람이 자신의 목소리를 듣고 누가 와서 길을 안내해 줄 것을 기대하고서 목소리를 높여 "누구 없소"라고 부르짖듯이 그렇게 그는 하나님을 찾았습니다. 우리는 이렇게 부르는 소리를 흔히 "부르짖는다"고 말합니다. "부르짖음"은 비록 듣기에는 유쾌하지 않지만 곤경에 처한 우리의 심정을 가장 단도직입적이고 자연스럽고 진정성 있고 효과적으로 드러내는 방법입니다. 죄인들이여, 하나님이 진정으로 여러분에게 역사해 오셨고, 여러분이 내가 설명해 온 그런 상태에 있다면, 지금 하나님의 이름을 부르십시오! 지금 당장 진심으로 하나님께 부르짖으십시오! 눈물이 여러분을 위해 말해 줄 것이고, 탄식이 여러분을 위해 말해 줄 것입니다. 여러분의 마음이 침묵 속에서 하나님께 말할 것이고 하나님의 이름을 부를 것입니다.

시편 기자가 "내가 여호와의 이름으로 기도하기를"이라고 말하고 있다는 것을 주목하십시오. 그는 이제 더 이상 목회자들이나 사제들이나 자기 자신을 부르는 것이 아니라, 여호와의 이름을 불렀습니다. 이 죄인은 그때까지 하나님을 잊고 살아왔었지만, 이제 하나님을 기억하게 되었습니다: "스스로 돌이켜 이르되 내 아버지에게는 양식이 풍족한 품꾼이 얼마나 많은가"(눅 15:17). 이렇게 해서 탕자는 그의 아버지를 기억하게 되었습니다. 우리가 돼지들 가운데 있어서 쥐엄나무 열매로 배를 채우고자 하는데도 그렇게 할 수 없게 될 때, 바로 그때에 우리는 그동안 잊고 있던 하나님을 기억하고서 하나님께 기도하기 시작합니다: "그때에 내가 여호와의 이름으로 기도하기를"(한글개역개정에는 "그때에"가 번역되지 않음 — 역주). 사망의 슬픔들이 그를 에워싸서 그가 달리 할 수 있는 것이 없었기 때문에, 그는 하나님께 기도할 수밖에 없게 된 것입니다. 사망을 이기시고 스올을 격파하신 그리스도 외에 누가 사망의 슬픔들에 에워싸인 자들을 구할 수 있겠습니까? 우리를 대신하여 사망의 형벌을 받으시기 위하여 그 고통들을 통과하시고 사망과 지옥을 불 연못에 던져 버리신 그리스도 외에 누가 지옥의 고통들에 붙잡힌 자들을 도울 수 있겠습니까? 사망과 지옥을 이기신 그리스도 외에 누가 그 어디에서도 살 길을 찾을 수 없는 자들을 도울 수 있겠습니까? 주 예수께서는 친히 사망의 슬픔들을 겪으셔서 아시기 때문에 인생들을 불쌍히 여기실 수 있으시지만, 주 예수 외에 그 누가 그들의 슬픔을 함께 해줄 수 있겠습니까? 예수 그리스도는 우리와 모든 점에서 똑같이 시험을 당하셨지만 죄는 없으신 분이 아닙니까? 가련한 죄인들이여, 나는 지금까지 여러분을 옴짝달싹할 수 없게 가두어 두고자 애썼지만, 이제는 여러분 앞에 열린 문을 둡니다. 여러분의 처지를 아시고 여러분을 능히 건져 주실 수 있는 이의 이름을 부르십시오!

시편 기자는 언제 하나님의 이름을 불렀습니까? 이것은 본문에서 중요한 대목입니다. "그때에 내가 여호와의 이름을 불렀도다." 이것은 그가 지금까지 살면서 여호와의 이름을 처음으로 불렀던 것인가요? 아마도 그랬을 것입니다. 죄인들이여, 지금 즉시 시작하십시오. 그가 어떻게 말하고 있는지를 주목해 보십시오: "사망의 슬픔들이 나를 에워쌌고, 지옥의 고통들이 나를 움켜잡았습니다. 내게는 온통 괴로움과 슬픔뿐이었습니다. 그때에 나는 여호와의 이름을 불렀습니다." 그의 처지가 최악이었을 때, 그는 하나님을 불렀습니다. 왜 그는 자신의 처지가 더 나아질 때까지 기다리지 않았을까요? 그는 더 이상 지체했다가는 죽게 될 것임을 알았기 때문에, 그때에 하나님을 불렀습니다. 만일 그의 상태가 더 나아질 때까지 지체했더라면, 그는 하나님의 이름을 결코 부르지 못했을 것입니다. 그러나 그는 그때에 하나님의 이름을 불렀고, 그것은 처음이었지만 부끄러워하지 않았습니다. 아니, 비록 부끄러웠다고 할지라도 어쨌든 그는 그렇게 했고 성공했습니다. 여러분이 오늘 밤까지 한 번도 하늘에 계신 아버지를 바라본 적이 없었고, 지금 여러분의 처지가 최악이라고 합시다. 이때에 여러분은 무엇을 해야 하겠습니까? 지금이 바로 여러분이 기도할 때입니다. 지금 여러분에게는 하나님이 필요하고, 바로 지금 이 시간에 하나님이 여러분의 하나님이 되어 주실 것입니다. "그때에 내가 기도하기를." 여러분도 보면 아시겠지만, 시편 기자는 하나님이 사망과 지옥을 그에게 보내실 때까지는 하나님을 부르지 않았습니다. 그는 방황하는 양이었고, 계속해서 잘못된 길로 떠돌며 아버지께로 돌아가고자 하지 않았습니다. 하지만 목자장께서 자신이 키우시는 두 마리의 아주 사나운 개를 풀어 그를 쫓게 하시자, 그때에야 그는 아버지께로 돌아가고자 하는 간절한 마음을 품게 되었습니다. 여러분 중에서 결코 돌아오지 않겠다고 생각하는 분들이 있다면, 하나님께서 그들에게 사망과 지옥을 보내어 그들을 괴롭히고 물어뜯게 하셔서라도 그들로 목자장께로 돌아올 수 있게 하셨으면 좋겠습니다. "그때에 내가 기도하기를"이라는 말씀 속에서 "그때에"는 내가 그 누구에게도 도움을 요청할 수 없게 되었을 때를 의미합니다. 죄인들은 자기가 그 어디에도 갈 데가 없다는 것을 깨달을 때까지는 결코 하나님을 부르지 않습니다. 그런데도 하나님께서는 이렇게 오갈 데 없어서 할 수 없이 하나님의 이름을 부르게 된 그들을 기꺼이 받아주십니다. 우리가 오갈 데가 없어서 하나님께로 가는 것이지만, 하나님은 그런 우리를 반갑게 맞아 주십니다! 절대주권적인 은혜의 항구에는 악천후를 만나지 않았는데도 들어온 배는 단 한 척도 없습니다. 바다에 파도가 거칠고 바람이 맹렬할 때, 폭풍이 불어 배가 침몰하기 직전일 때, 지금까지는 조타석에 앉아서 "나는 결코 그 항구에는 들어가지 않겠다"고 큰소리치던 "내 마음대로"(Will-Be-Will) 씨는 갑자기 약한 모습을 보이며, "하나님이 거센 바람을 보내 우리를 위험에 빠뜨리시니 우리가 안전히 거할 수 있는 그 항구로 가겠나이다"라고 기도하기 시작합니다. 나는 하나님께서 요나 같은 여러분들에게 폭풍을 보내셔서 결국 올바른 길로 들어서 절대주권자의 은혜의 항구에 무사히 정박하게 해주시기를 기도합니다. "그때에 내가 여호와의 이름으로 기도하기를."

이제 우리는 그의 기도를 살펴보겠습니다. 그는 "주께 구하오니 내 영혼을 건지소서"라고 기도하였습니다. 이것은 너무나 자연스러운 기도입니다, 그렇지 않습니까? 그는 단지 마음에 있는 것을 그대로 말한 것이었고, 그가 말한 것은 그대로 그의 마음이었습니다. 기도는 이렇게 하는 것입니다! 그것은 아주 짧은 기도입니다. 대부분의 기도는 적어도 20줄이 넘는 긴 기도입니다. 그런 기도는 말 잔치로 끝나 버립니다. 그리스도인들이 틈 날 때마다 기도하는 것은 좋습니다. 그러나 길게 기도하는 것이 좋은 기도라고 생각한다면, 그것은 오산입니다. 중요한 것은 얼마나 길게 기도하느냐가 아니라 얼마나 진실되고 간절하게 기도하느냐 하는 것입니다. 기도의 길이보다 기도에 담겨진 생명을 보십시오. 여러분의 기도가 진실하고 간절해서 하늘에 닿는다면, 그 기도는 정말 긴 기도입니다. 기도가 하늘에 닿으면 된 것이지, 더 길 필요가 있겠습니까? 여러분의 기도가 하늘에 닿지 않는다면, 여러분이 한 주간을 온통 기도했다고 할지라도, 그런 기도는 긴 기도가 전혀 아닙니다.

그의 기도는 겸손한 기도였습니다: "주께 구하오니." 이것은 티끌 속에 머리를 박고 엎드린 자의 언어입니다. 그것은 열렬한 기도였습니다: "주께 구하오니 내 영혼을 건지소서." 그러나 내가 무엇보다도 여러분에게 강조하고 싶은 것은 이 기도는 성경적인 기도였다는 것입니다. 성경에는 짧지만 위대한 기도가 세 가지 있습니다: "주께 구하오니 내 영혼을 건지소서"; "하나님이여 불쌍히 여기소서 나는 죄인이로소이다"(눅 18:13); "예수여 당신의 나라에 임하실 때에 나를 기억하소서"(눅 23:42). 이 세 기도는 주기도문에 다 포함되어 있습니다. 주기도문에서 "주께 구하오니 내 영혼을 건지소서"는 "우리를 악에서 구하소서"로 표현되어 있고, "하나님이여 불쌍히 여기소서 나는 죄인이로소이다"는 "우리의 죄를 사하여 주시옵고"로 표현되어 있으며, "예수여 당신의 나라에 임하실 때에 나를 기억하소서"는 "주의 나라가 임하옵시고"로 표현되어 있습니다. 우리 주예수께서 우리에게 하나의 모범으로 주신 저 기도문이 얼마나 놀라울 정도로 포괄적입니까! 우리는 모든 기도가 거기에 응축되어 있다고 말할 수도 있고, 모든 기도가 거기로부터 증류되어 나온다고 말할 수도 있습니다.

이 자리에 계신 분들 중에는 "나는 본문에 묘사된 그런 곤경 속에 있긴 하지만 기도할 수가 없습니다"라고 말하는 분이 한 사람도 없어야 합니다. 왜 기도할 수 없습니까? "무슨 말로 기도해야 할지를 모르겠으니까요." 기도할 때에 말로 하지 않아도 됩니다. 도리어 말을 하지 않고 드리는 기도가 최고의 기도일 때가 자주 있습니다. "나는 그저 신음할 수 있을 뿐입니다." 형제여, 하나님 앞에서 신음하십시오. "나는 탄식밖에 안 나옵니다." 그렇다면, 하나님 앞에서 탄식하십시오. "내 마음이 아픈데, 그것을 어떻게 표현해야 할지 모르겠습니다." 말로 표현하려고 하지 마시고, 그저 하나님 앞에서 마음 아파하십시오. 온 마음을 하나님께로 향하고서, "주께 구하오니 내 영혼을 건지소서"라고 여러분의 심령 속에서 간절히 부르짖고 간구하십시오. 여러분이 아시듯이, 우리나라에는 길거리에서 구걸하는 것이 법으로 금지되어 있습니다. 그런데 나는 길거리에서 정식으로 구걸하지는 않으면서 실제로는 구걸하는 한 사람을 압니다. 그가 구걸하면 경찰이 와서 못하게 할 것이기 때문에, 그는 결코 구걸하지 않습니다. 그가 구걸한다고 말하는 것은 그를 비방하는 것이 될 것입니다. 그는 결코 구걸하지 않으니까요! 그러나 그는 다 해어져서 발가락과 발꿈치가 다 보이는 신발을 신고 있고, 무릎이 훤히 드러난 바지를 입고 있으며, 그의 뺨은 야위어서 다 움푹 들어가 있어서, 그의 외모 전체는 곧 죽게 될 결핵 환자의 몰골을 하고 있습니다. 그는 여러 해 동안 결핵을 앓아 왔고, 날마다 서서히 죽어가고 있습니다. 만일 내가 그 사람에게 "당신은 거지입니까?"라고 묻는다면, 그는 분명히 이렇게 말할 것입니다: "거지요? 아니요, 선생님, 나는 분명히 거지가 아닙니다. 나는 절대로 구걸하지 않습니다." 그렇지만 그는 가장 성공적으로 구걸하고 있는 거지들 중의 한 사람입니다. 그는 표정으로 구걸하고, 누더기 옷으로 구걸하며, 그의 살로 구걸하고, 그의 초췌한 몰골로 구걸하며, 그의 병든 모습으로 구걸합니다. 그는 자신의 모든 것을 동원해서 구걸합니다. 그는 온 몸으로 구걸하는 것이지요! 기도도 그렇게 하는 것입니다. 말을 하든 안 하든 여러분이 가장 편하게 느끼는 대로 하나님 앞에서 여러분의 마음을 쏟아놓으십시오. 여러분의 속마음이 간절한 소원으로 가득 차 있는 모습으로 하나님 앞에 나아가십시오. 은혜를 꼭 받아야겠다고 결심하십시오. 요전날 밤에 어떤 사람이 이렇게 마음속으로 말했답니다: "나는 멸망받아 마땅한 자이지만, 구주를 만나기 전에는 이 침상에서 절대로 일어나지 않겠습니다. 나는 죄 사함을 얻든지, 아니면 이렇게 무릎을 꿇은 채 죽기로 작정했습니다." 그는 계속해서 탄식하며 부르짖었고, 결국 그 날 구주를 만났습니다.

여러분도 그렇게 하십시오. 우리는 그가 처절하게 부르짖는 소리를 듣고 싶어 하지 않았을 것입니다. 왜냐하면, 그런 부르짖음 속에는 아름다운 것이나 우아한 것이 없고, 그의 탄식 소리에는 달콤한 곡조도 없었으니까 말이죠. 그러나 하나님은 그의 부르짖는 기도를 들으셨고 그의 영혼을 구원하셨습니다!

"주께 구하오니 내 영혼을 건지소서"라는 기도는 시편 기자가 처한 상황에 합치하고 모든 점에서 꼭 맞는 기도였습니다. 우리의 모든 기도가 이 기도 같이 꼭 맞는 기도가 된다면 얼마나 좋을까요! 그런데 고통 속에 신음하는 모든 심령이 환난의 때에 그런 기도를 드릴 수 있다면, 그것은 참으로 지혜로운 일입니다. 그들은 오직 예수를 믿는 믿음으로 자신의 간절한 소원을 마음에 품고 십자가 앞에 나아가서, "구주 예수여, 지금 나를 구원하시고 내 영혼을 건지소서"라고 기도하여야 합니다.

3. 셋째로, 그런 기도를 드린 자가 건짐을 받았다는 것입니다.

우리는 이것을 8절에서 볼 수 있습니다. 두려움과 의심 가운데서 떨며 호소하며 간구했던 이 가엾은 심령은 그가 구한 것을 받았습니다. 앞에서 그는 "주께 구하오니 내 영혼을 건지소서"라고 기도했는데, 기도한 지 얼마 되지 않아서 "주께서 내 영혼을 건지셨나이다"라고 노래하고 있습니다. 우리의 목소리에 메아리가 화답하듯이, 하나님께서는 그의 간구에 화답하셨습니다. 여러분이 그리스도의 십자가를 바라보며 온 마음으로 구원을 간구한다면, 여러분에게는 구원이 주어질 것입니다. 여러분이 예수의 발 앞에 엎드린 채로 "내가 죽는다면, 주의 못박히신 발 앞에서 죽겠나이다"라고 기도한다면, 여러분은 결코 죽지 않게 될 것입니다. 여러분도 세리처럼 진심으로 여러분의 죄를 사하여 주시라고 부르짖는다면, 여러분은 의롭다 하심을 받고서 집으로 내려가게 될 것입니다.

다음으로 우리가 알 수 있는 것은 그가 자신이 구한 것을 얻게 되었을 때, 그는 하나님께 그것을 구했었고, **그것은 바로 그 하나님으로부터 왔다**는 것입니다: "주께서 내 영혼을 사망에서 건지셨나이다." 우리는 구원을 전적으로 삼위일체 하나님께 돌리는 것을 기뻐하지만, 일부 형제들은 사람의 구원에 대하여 말할 때에 조금 애매한 태도를 취합니다. 그러나 여러분이 모든 참된 신자들에게 그들의 내적인 경험을 물어보면, 그들은 언제나 여러분에게 그들이 스스로 구원받은 것이 아니었다는 말을 해줄 것입니다. 즉, 그들은 그들 자신의 뜻이나 공로를 통해서가 아니라 오직 하나님의 주권적인 은혜로 말미암아 구원을 받았다고 이구동성으로 말합니다. 불의한 자들은 그들 자신이나 동료들에 의해서 건짐을 받을 수 있겠지만, 성령으로 말미암아 죄를 깨닫게 된 사람들은 오직 하나님에 의해서만 건짐을 받을 수 있습니다. 왜냐하면, 하나님의 구원 외에는 그 어떤 구원도 그들에게는 소용이 없기 때문입니다. "주께서 내 영혼을 사망에서 건지셨나이다." 나의 경우에도 나의 하나님 외에는 그 누구도 나를 도울 수 없었습니다. 나의 슬픔들은 전능자의 위로에 의해서만 없어질 수 있었고, 오직 예수의 피와 성령의 치료약만이 나를 위로할 수 있었습니다.

　　또한, 그는 이러한 복이 자기에게 임했다는 것을 알았습니다: "주께서 내 영혼을 사망에서 건지셨나이다." 그는 "나는 주께서 내 영혼을 건지셨기를 희망합니다"라고 말한 것이 아니라, "주께서 내 영혼을 건지셨다"고 말합니다. 즉, "나는 그 사실을 알고 있고 확신하고 있으며 기뻐하고 즐거워하고 있다"는 것입니다. 이것은 "나는 수많은 무리들과 그 복을 공유해 왔기 때문에, 거기에 내 몫도 있기를 희망합니다"라는 의미가 아니라, "주께서 내 영혼을 사망에서 건지셨으니, 이 세상에서 구원 받은 다른 사람이 없다고 할지라도, 나만은 확실하게 구원 받았음을 압니다"라는 의미입니다. 믿음을 가지고 오직 예수만을 바라보는 사람은 은혜가 자기에게 임한 것을 알기 때문에, "주께서 나를 사랑하셔서 나를 위해 자기 자신을 주셨습니다"라고 고백할 수 있습니다. 지난 월요일 밤에 내가 한 여자 청년에게 그녀의 영혼에 대하여 말하자, 그녀는 내게 이렇게 말했습니다: "목사님, 이 세상에서 그리스도께서 사랑하신 사람이 한 사람도 없다고 할지라도, 나는 그리스도께서 나를 사랑하신 것을 알게 되었고, 이 세상에 그리스도의 피 흘리심을 필요로 하는 다른 죄인이 없다고 할지라도, 그리스도께서 나를 대신해서 피 흘리신 것이 내게는 꼭 필요하다는 것을 알게 되었습니다. 그리스도께서 온전히 나를 위하여 그렇게 하셨다는 것을 알게 되었을 때, 나는 정말 그리스도를 기뻐할 수 있었습니다." 그러고 나서 그녀는 "나는 다른 모든 사람이 나와 같이 그리스도를 알게 되기를 원합니다"라는 말을 덧붙였습니다. 나도 동감입니다. 우리는 먼저 거룩한 욕심으로 그리스도를 독차지해서 그리스도께서 행하신 모든 일이 다 나를 위한 것으로 받아들여야 합니다. 그런 후에야, 우리는 다른 사람들을 사랑할 수 있는 넓은 마음을 가질 수 있게 되고, 모든 사람이 자기와 같이 이 보배로우신 그리스도를 알게 되기를 간절히 바라게 될 수 있습니다. 여러분이 보시듯이, 시편 기자도 그랬습니다. 그는 하나님께 구해서 자기가 구한 것을 얻었고, 그것은 하나님으로부터 왔습니다. 그리고 그는 그것이 그에게 주어졌다는 것을 알았습니다.

그러나 나는 여러분이 한 가지를 더 주목해 주시기를 바라는데, 그것은 그가 구한 것보다 훨씬 더 많은 것을 얻었다는 것입니다. 왜냐하면, 그는 "주께 구하오니 내 영혼을 건지소서"라고 기도했지만, 하나님께서는 그의 영혼을 사망에서, 그의 눈을 눈물에서, 그의 발을 넘어짐에서 건지셨기 때문입니다. 그는 자기가 구한 것 한 가지를 얻었을 뿐만 아니라, 나머지 두 가지를 덤으로 얻었습니다. 우리가 구하거나 생각한 것 이상으로 차고 넘치게 부어 주시는 것이 바로 천부께서 행하시는 방식입니다. 모든 것을 차고 넘치게 부어 주시는 하나님의 이름을 찬송하나이다!

그의 영혼은 사망에서 건짐을 받았습니다. 영혼은 존재하는 것이 중단될 수 있는 것은 아니지만, 죽을 수는 있습니다. 아담의 영혼이 금지된 열매를 먹은 그 날에 죽었듯이, 사람들의 영혼은 하나님으로부터 분리되었을 때에 죽습니다. 따라서 모든 영혼은 하나님과 하나가 되어서 소성되어 신령한 삶을 살게 되기 전에는 다 죽어 있는 것입니다. 그런데 다윗은 하나님의 은혜로 말미암아 그의 내면을 지배하고 있던 영적인 사망으로부터 건짐을 받았고, 결국 그가 이르게 될 영원한 사망으로부터도 건짐을 받았습니다.

그의 눈도 눈물에서 건짐을 받았습니다. 사망의 형벌에 대한 두려움에서 해방된 사람이 어떻게 슬픔으로부터 해방되지 않겠습니까? 죄 사함이 있는 곳마다 기쁨이 그 뒤를 잇습니다.

하나님께서는 그에게 구원과 기쁨을 주신 후에 거기에다 안정까지 주셨습니다. 미끄러지기가 너무나 쉬웠던 그의 발은 이제 늘 안전하게 걸을 수 있게 되었습니다. 하나님께서 결코 그를 떠나지 않으시겠다는 은혜의 보장으로 인해서 장래의 배교에 대한 두려움도 제거되었습니다. 이렇게 그의 영혼과 눈과 발이 복을 받았고, 그것은 구원과 기쁨과 안정이었습니다.

내가 마지막으로 말하고자 하는 것은 다른 사람들도 이 동일한 복들을 가질 수 있다는 것입니다. 이 말씀을 듣고 있는 분들 중에서 다윗과 같은 저 끔찍한 경험을 지금 통과하고 있거나, 그런 경험을 하고 있지는 않지만 영원한 생명을 바라는 분들이 있다면, 나는 그분들에게 "다윗의 기도가 응답된 이유는 그가 기도했

기 때문이거나 그에게 어떤 잘난 것이 있었기 때문이 아니라 전적으로 하나님의
은혜로 말미암은 것임을 기억하시라"고 말하고자 합니다. 이 시편의 5절에서는
"여호와는 은혜로우시며 의로우시며 우리 하나님은 긍휼이 많으시도다"라고 말
씀합니다. 그리고 바로 이것이 하나님께서 다윗의 기도를 들으신 이유입니다.
즉, 하나님께서는 "은혜로우시기" 때문에 죄인들에게 은혜 베푸시기를 좋아하시
고, "의로우시기" 때문에 자신의 약속들을 지키시는 것입니다. 하나님은 우리의
기도를 들으시겠다고 약속하셨고, "만일 우리가 우리 죄를 자백하면 그는 미쁘
시고 의로우사 우리 죄를 사하시며 우리를 모든 불의에서 깨끗하게 하실 것"(요
일 1:9)이라고 약속하셨습니다. 그러므로 하나님께서는 그 긍휼하심과 의로우심
가운데서 우리의 기도를 들어주십니다.

또한, 여러분의 곤경과 괴로움이 다윗과 같은 것이라면, 여러분에게도 다윗
에게 주어진 것과 동일한 약속들이 주어져 있는 까닭에, 여러분은 다윗이 했던 것
과 동일한 기도를 드릴 수 있습니다. 하나님의 약속들은 사람들이 이전에 다 사용해
버렸기 때문에 여러분에게는 사용할 기회가 주어지지 않는 그런 성격의 것이 아
닙니다. 사람이 좋은 식사를 6인분을 준비해 두었고, 여섯 명이 와서 그 음식을
다 먹어 버렸는데, 그 후에 6명이 더 왔다면, 나중에 온 6명은 식사도 하지 못하
고 그냥 돌아가야 합니다. 그러나 하나님의 약속들은 그런 성격의 것이 아닙니
다. 하나님의 약속들은 헤아릴 수 없이 무수한 사람들이 와서 먹고 가도 언제나
처음과 동일합니다. 만 명의 영혼이 와서 보배로우신 그리스도께서 그들을 먹이
셔서 그들에게 필요한 것들을 채워 주신 후에 만 명이 또 온다고 할지라도 그들
도 똑같은 대우를 받게 될 것입니다:

> "우리를 위해 죽으신 사랑하는 어린 양이여,
> 　하나님의 교회의 모든 속량 받은 자들이 구원을 받아
> 　더 이상 죄를 짓지 않을 때까지
> 　주의 보배 피는 결코 그 능력을 잃지 않을 것이라네."

그러므로 우리는 다윗의 경우와 동일한 약속들이 우리에게 주어져 있고 그
동일하신 하나님이 우리에게도 있다는 것을 명심하고, 이 자리에 있는 회심하지
않은 분들은 다윗과 동일한 기도를 드리는 것이 마땅합니다: "주께 구하오니 나

의 영혼을 건지소서." 그렇게 기도할 때, 하나님은 이렇게 대답하십니다: "내 아들 예수 그리스도를 믿으라. 그를 전적으로 믿고 의지하라. 그러면 네 영혼이 건짐을 받으리라."

> "예수께서 당신의 모든 죄를 친히 짊어지시고
> 나무 위에 달리셨네.
> 이제 당신의 모든 죄를 예수 앞에 내어놓고
> 예수를 주로 믿고 영접하면
> 당신은 죄에서 자유롭게 된다네."

예수 그리스도를 믿고 의지하십시오. 그러면 여러분은 건짐을 받게 됩니다. 왜냐하면, 하나님께서 "그를 건져서 구덩이에 내려가지 않게 하라 내가 대속물을 얻었다"(욥 33:24)고 말씀하시기 때문입니다. 여러분의 눈을 들어 예수 그리스도께서 행하신 일을 바라보십시오. 그가 드려서 이루신 제사를 온전히 의지하고 기뻐하며 집으로 내려가십시오. 영원하신 성령 하나님께서 이 자리에 있는 가련한 죄인들 한 분 한 분을 이끄셔서 그렇게 되게 해주시기를 빕니다. 나는 성령께서 여러분에게 그렇게 역사하실 때에 이 자리에 오셔서 우리로 그 사실을 알게 해주시기를 부탁드립니다. 시편 기자가 자신의 모범을 통해 여러분에게 말하고 있는 대로 하십시오: "내게 주신 모든 은혜를 내가 여호와께 무엇으로 보답할까 내가 구원의 잔을 들고 여호와의 이름을 부르며 여호와의 모든 백성 앞에서 나는 나의 서원을 여호와께 갚으리로다"(12-14절). 하나님께서 여러분에게 베풀어 주신 사랑을 그냥 묻어 두지 마십시오. 그 사랑을 하나님의 백성에게 고백하여 하나님께 영광을 돌리고, 하나님의 백성이 위로를 얻게 하며, 하나님의 사역자가 힘을 얻게 하고, 하나님의 교회가 견고해지게 하십시오. 형제들이여, 하나님께서 그리스도를 인하여 여러분과 함께 하시기를 기원합니다. 아멘.

제

111

장

—

귀중한 죽음들

—

"그의 경건한 자들의 죽음은 여호와께서 보시기에 귀중한
것이로다." — 시 116:15

다윗은 급박한 위험에서 건져 주시라고 하나님께 기도하였고, 그 기도가 응
답될 것을 확신하였습니다. 왜냐하면, 하나님의 종이었던 그는 자신의 생명이
하나님께서 보시기에 너무나 "귀중한 것"이어서 허망하게 끝장이 나도록 그냥
두지 않으시리라는 것을 알았기 때문입니다. 환난을 당하는 모든 성도들에게 위
로의 근원은 하나님이 그들을 원수들의 손에 넘기지 않으실 것이라는 사실입니
다. "작은 자 중의 하나라도 잃는 것은 하늘에 계신 너희 아버지의 뜻이 아니니
라"(마 18:14). 자신의 양들을 돌보지 않는 목자는 이리가 양들을 물어가도 아무
렇지도 않겠지만, 자신의 양들을 소중히 여기는 목자는 자신의 힘없는 양을 저
괴물의 아구에서 건져내기 위하여 자신의 목숨까지도 기꺼이 걸고자 하는 법입
니다.

본문은 하나님의 "경건한 자들"(KJV에는 "성도들")의 "죽음"이 하나님께 "귀
중한 것"임을 우리에게 알려줍니다. 그러므로 사람의 목숨에 대한 하나님의 평
가는 위대한 전사들과 강력한 정복자들이 지녔던 평가와 판이하게 다릅니다. 만
일 나폴레옹이 전쟁의 날에 사람의 목숨에 대한 그의 생각을 밝혔다면, 그는 사
람의 목숨을 땅에 엎질러진 물에 비유했을 것입니다. 전투에서 승리를 쟁취하거
나 어떤 지역을 정복하기 위해서는 사람들의 시체를 가을 낙엽처럼 두텁게 깔아

야 했지만, 그에게는 그런 것이 중요하지 않았고, 모든 마을에서 고아와 과부들이 아버지와 남편을 잃고 애곡하는 것을 보았어도, 그런 것은 그에게 중요하지 않았습니다. 징집된 농부들의 죽음은 황제의 명성에 비하면 아무것도 아니었던 것입니다. 오스트리아를 굴복시키거나 러시아를 침공할 수만 있다면, 인류의 절반이 죽는다고 해도, 그것은 코르시카 섬 출신의 황제에게는 아무것도 아니었습니다. 하지만 만왕의 왕이신 하나님은 그렇지 않습니다. 하나님은 "가난한 자와 궁핍한 자를 불쌍히 여기며 궁핍한 자의 생명을 구원하시는"(시 72:13) 분입니다. 하나님께서 보시기에 그들의 피는 소중합니다. 우리의 영화로우신 지도자이신 예수 그리스도께서는 자신의 군사들의 목숨을 결코 하찮게 여기시지 않습니다. 그는 전투하는 교회를 지극히 소중히 여기십니다. 그는 자신의 성도들이 그를 위하여 목숨을 바치게 허락하시기는 하지만, 그렇게 죽은 자들 중에 헛되이 죽거나 불필요하게 쓰러져간 자는 단 한 사람도 없습니다.

또한, 사람의 목숨에 대한 하나님의 평가는 박해자들의 평가와 너무나 다릅니다. 박해자들은 그들이 성도들을 사냥하여 죽이는 것을 하나님을 섬기는 일이라고 생각하였습니다. 그들은 순교자들을 화형시키는 것을 해충들을 죽이는 것 정도로 생각했습니다. 신자들을 대량학살하는 것은 그들에게 들짐승들을 잡아 죽이는 것과 별반 다를 게 없었습니다. 그들은 프랑스에서 위그노파(the Huguenots)를 대량학살한 것을 기념하기 위한 주화까지 발행하지 않았습니까? 오류가 없다는 교황이 친히 그 일을 하나님께 봉헌된 일이라고 여기지 않았습니까? 사람들을 죽여서 파리의 거리들을 온통 피로 물들인 것이 어떻게 하나님께 봉헌된 일이 될 수 있습니까? 학살된 사람들은 단지 개신교도라는 이유로 죽었고, 세상은 그들을 제거한 것이 잘한 일이라고 여겼습니다. 세상 사람들은 여우와 이리와 개신교도는 잡아 죽일수록 아주 좋은 일이라고 생각했습니다. 이른바 재세례파(Anabaptists)는 독사들보다 더 나쁜 자들로 여겨졌고, 그들을 철저히 분쇄하는 것은 기독교의 치리에 유익한 것으로 여겨졌습니다. 하나님의 교회의 원수들은 성도들을 잡아 없애야 할 짐승들로 여기고 사냥했습니다. 이 원수들은 성도들은 이 땅에 살아 있어서는 안 될 사람들로 보고서, 그들을 사냥하기 위해서 전쟁이라는 개들과 종교재판이라는 악마 같은 사냥개들을 풀었습니다. 박해자들은 성도들을 이 세상에 살 가치가 없는 자들로 규정하고서, "그런 자들을 이 땅에서 영원히 추방하자"라고 외쳤습니다. 그러나 그들의 피는 하나님이 보시기에 소중합니다. 성도들은 경기장에서 짐승들에게 던져지거나 야생마들에 묶어서 질질 끌려가게 하는 방식으로 죽임을 당하기도 하였고, 지하 감옥에서 살해되기도 하였으며, 알프스의 눈 덮인 산중에서 살육되기도 하였고, 스미스필드(Smithfield, 런던 외곽의 한 지역으로서 고기 시장으로 유명하였지만 16세기에는 개신교도들을 화형시킨 곳이었다 — 역주)를 비옥하게 만드는 거름이 되기도 하였습니다. 하지만 하나님이 보시기에, 그들의 피는 귀중하였고 지금도 여전히 귀중합니다. 하나님의 오래 참으심이 그 역할을 다하고 이제 그의 공의가 그 무시무시한 모습을 드러낼 날이 왔을 때, 하나님께서는 자신의 택함 받은 자들의 원수를 갚으실 것입니다.

또한, 본문은 사람의 목숨에 대한 또 하나의 평가, 즉 우리 자신의 평가를 바로잡아 줍니다. 우리는 하나님의 백성을 사랑합니다. 그들은 우리에게 너무나 귀중합니다. 그러므로 우리는 그들의 죽음을 너무나 중대한 손실로 여기기 쉽습니다. 우리는 할 수만 있다면 결코 그들이 죽도록 내버려 두지 않으려 합니다. 만일 우리가 우리의 사랑하는 그리스도인 형제들에게 영원히 죽지 않는 삶을 수여할 능력이 있다면, 우리는 반드시 그렇게 할 것입니다. 하지만 우리가 그들을 광야 같은 이 세상에 붙잡아 두어서, 그들로 하여금 요단 강 건너편에 있는 그들의 기업으로 속히 들어가지 못하게 하는 것은 그들에게 해로운 일입니다. 그것은 그들에게 잔인한 일인데도, 우리는 그런 일을 자주 합니다. 우리는 그들을 붙잡은 우리의 손을 놓기가 어려워서 잠시 그들을 이 땅에 붙들어 둘 수는 있습니다. 성도들을 떠나보내는 것은 우리에게 정말 고통스러운 일이기 때문입니다. 그들을 떠나보내고 나서, 우리는 넋이 나간 것처럼 제대로 잠도 자지 못하고 먹지도 못하면서 시름시름 앓기도 합니다. 하지만 이 세상을 떠나 더 많은 성도들이 있는 곳으로 가서 영원한 안식으로 들어간 저 사랑하는 자들은 영원히 부요하게 된 것이기 때문에, 도리어 이 세상에 남아 있는 우리가 더 불쌍한 자들입니다. 우리가 알아야 할 것은 우리는 그렇게 슬퍼하고 있는 동안에 그리스도께서는 도리어 기뻐하신다는 것입니다. 그리스도께서는 "아버지여 내게 주신 자도 나 있는 곳에 나와 함께 있게 하시기를 원하옵나이다"(요 17:24)라고 기도하셨기 때문에, 자기 백성이 한 사람 한 사람 하늘로 들어오는 것을 그 기도에 대한 응답으로 보시고서 기뻐하시는 것입니다. 그는 성도 한 명이 하늘로 들어와서 온전하게 되는 것을 보실 때마다 "자기 영혼의 수고한 것"에 대한 상의 일부로 여기시고 "만족하게 여기십니다"(사 53:11). 우리는 이 땅에서 슬퍼하지만, 그리스도께서는 하늘에서 기뻐하십니다. 성도들의 죽음은 우리가 보기에는 서글픈 일이지만, 그리스도께서 보시기에는 "귀중한" 것입니다. 성도가 이 세상을 떠났을 때에 우리는 애도를 표하기 위해 조기를 걸고 사람들이 애곡하며 슬퍼하지만, 천국에서는 "혼인잔치"를 알리는 종소리가 울려 퍼지고, 거리거리마다 축하의 리본들이 걸리고, 천국을 상속할 또 한 명의 상속자가 자신의 기업에 온 것을 축하하는 축제가 열립니다. 본문의 말씀을 듣고서 성도의 죽음에 대한 우리의 슬픔도 올바르게 정립될 수 있기를 빕니다. 우리는 눈물을 흘릴 수는 있지만, 그것은 믿음과 소망으로 빛나는 눈물이어야 합니다. 예수께서는 우셨지만, 결코 한탄하지는 않으셨습니다. 우리도 울 수 있지만, 소망 없는 자들처럼 울어서는 안 되고, 우리의 형제를 떠나보내는 일이 슬퍼하기보다는 기뻐해야 할 이유가 더 크다는 것을 결코 잊고 있지 않는 가운데 울어야 합니다.

1. 첫째로, 본문은 죽음에 대한 특별한 관점을 보여줍니다.

우리 앞에 놓여 있는 이 의미심장한 본문에서 무엇보다도 먼저 눈에 띄는 것은 죽음을 바라보는 특별한 시각입니다: "그의 경건한 자들의 죽음은 여호와께서 보시기에 귀중한 것이로다." 죽음 자체가 "귀중한 것"일 수는 없습니다. 죽음은 두려운 것이고 끔찍한 것입니다. 하나님께서 자신의 손으로 지으신 지극히 고상한 존재들이 산산이 분해되고, 그가 사람의 몸에 아름답고 능숙하게 수놓으신 것들이 갈기갈기 찢어지고 더럽혀져서 썩어짐에 넘겨지는 것을 보시는 것이 "귀중한 것"일 리가 없습니다. 죽음 자체는 하나님께서 기뻐하실 일이 될 수 없습니다. 그러나 믿는 자들의 죽음은 전혀 다른 문제입니다. 그들에게는 죽는 것이 "죽음"이 아닙니다. 그것은 단지 이 세상을 떠나서 아버지께로 가는 것이고, 영원한 것을 덧입기 위하여 썩어지는 것을 벗는 것일 뿐입니다. 그것은 잠자는 것이고, 하나님 나라로 들어가는 것입니다. "경건한 자들," 곧 성도들의 죽음은 거듭나지 않은 자들에게 일어나는 그런 것이 결코 아닙니다.

도대체 이런 차이가 어디에서 연유하는지를 잘 살펴보십시오. 그것은 주로 믿는 자들에게 있어서는 죽음은 더 이상 죄에 대한 형벌을 보여주는 징표가 아니라는 사실에 있습니다. 복음의 아주 중요하고 주된 진리들 중 하나는, 그리스도께서 믿는 자들의 죄를 대신 짊어지시고 벌을 받으셨기 때문에, 하나님께서는

믿는 자들에게 그 어떤 죄도 묻지 않으시고, 따라서 그 어떤 벌도 그들에게 가해
질 수 없다는 것입니다. 믿는 자들의 죄에 대한 벌은 그리스도께서 그들을 대신
해서 이미 받으셨습니다. 따라서 그들의 죄를 대신 짊어지시고 그리스도께서 죽
으셨기 때문에 그리스도의 의를 덧입는 자들에 대한 하나님의 의로우신 진노는
완전히 제거되었습니다. 만일 그들의 죄에 대한 사망의 형벌이 이미 그리스도에
게 집행되었는데, 하나님께서 그들에게 또다시 죄를 물어 사망의 형벌을 내린다
면, 그것은 공의에 어긋나는 것이 될 수밖에 없습니다. 그러므로 자연인인 나는
죽어 마땅하고 죽음의 형벌을 받아야 하지만, 믿는 자인 내게는 죽음이 임하지
않습니다. 불경건한 자들은 그들의 죄악으로 인해서 죽음을 맞는 것이 합당하
고, 그 죽음은 그들의 영원한 분깃이 될 영원한 사망의 시작일 뿐입니다. 하지만
"경건한 자들," 곧 성도들에게는 사망의 독침이 제거되었고 음부의 권세도 무력
화되었습니다. 그들에게 죽음은 이제 형벌이 아니라 특권입니다. 이것이 하나님
의 은혜 언약으로 인한 복이 아니고 무엇이겠습니까? 바울도 그것을 알았기 때
문에, "지금 것이나 장래 것이나 다 너희의 것이요"라고 말한 후에, "생명이나 사
망"도 "너희의 것이요 너희는 그리스도의 것이요 그리스도는 하나님의 것이니
라"(고전 3:22-23)는 말을 덧붙입니다. 즉, 그는 마치 믿는 자들의 죽음도 다른 것
들과 마찬가지로 그들에게 속한 선하고 귀중한 것들이어서 그리스도와 하나님
께도 선하고 귀중한 것이라는 듯이 말하고 있는 것입니다. 예수 안에서 잠자는
것은 언약으로 인한 복입니다. 그것은 우리가 기도로 구해야 할 은혜입니다: "주
재여 이제는 말씀하신 대로 종을 평안히 놓아 주시는도다"(눅 2:29, KJV에는 "주여,
이제는 주의 말씀대로 주의 종을 평안히 떠나가게 하옵소서"). 나는 그런 기회를 놓치고 싶
지 않습니다! 내가 그리스도께서 오실 때까지 살아 있어서 죽지 않고 그냥 변화
되기만 하는 것과 실제로 죽어서 티끌 속에 누워 잠자는 것, 이 둘 중의 하나를
선택할 수 있다면, 나는 죽는 쪽을 택할 것입니다. 왜냐하면, 잠자는 신자들이 그
리스도 예수께서 가신 길을 더 가까이에서 따라갈 수 있을 것이기 때문입니다.
그들은 주님과 마찬가지로 무덤에 들어가 거기에서 잠잘 것입니다. 그들은 예수
와 마찬가지로 사망의 고통이 무엇을 의미하는지를 알게 될 것이고, 눈에 보이
는 것들이 다 사라질 때에 눈에 보이지 않는 것들을 바라보고 소망한다는 것이
무엇인지를 알게 될 것입니다. 그러므로 우리는 죽음을 겪는 것이 마땅합니다.
우리의 머리 되시는 그리스도께서는 죽음의 그늘 골짜기를 통과하셨기 때문에,

그의 지체들인 우리도 그 뒤를 따르는 것을 기뻐하는 것이 마땅합니다:

> "그들의 구주이신 주 예수께서 다시 살아나셨으니,
> 그를 따르는 모든 자들도 마땅히 그 길을 걸어야 하리."

그러므로 구주 되신 예수께서 잠자는 길을 택하셨기 때문에 우리도 잠자는 길로 가는 것이 마땅합니다. 우리 주님이 무덤에 들어가신 것을 생각하면, 우리 의 마음은 "우리도 주와 함께 죽으러 가자"(요 11:16)라고 말합니다. 우리는 삶에 서든 죽음에서든 주님을 떠나 따로 가고 싶은 마음이 없습니다. 우리는 혼인으 로 주님과 하나가 되었기 때문에, "주께서 가시는 곳에 나도 갈 것이고, 주께서 죽으시는 곳에서 나도 죽을 것이며, 나는 주와 함께 묻혀서 부활의 새벽에 부활 에 참여하는 자가 되고자 한다"고 말하여야 합니다. 그러므로 성도들과 관련해 서 죽음의 성격은 완전히 바뀌어서, 죽음은 더 이상 법적인 형벌이 아니라, 우리 로 그리스도의 길을 따라가게 해주는 언약의 복으로 우리에게 옵니다.

본문의 말씀은 죽음은 존재하기를 그치는 것이라는 암울한 생각을 반박합 니다. 죽음은 한 사람이 없어져 버리는 것이 아니고, 그런 것으로 여겨져서는 절 대로 안 됩니다. 모든 시대에서 인간은 죽으면 존재 자체가 완전히 없어져 버리 는 것이라고 생각해서 죽음을 두려워하였습니다. 이것은 사람이 생각할 수 있는 가장 암울한 생각들 중의 하나입니다. 그러나 우리는 믿는 자의 죽음은 하나님 이 보시기에 "귀중한 것"이라고 말하고 있는 본문 속에서, 믿는 자가 죽으면 완 전히 없어져서 무(無)로 돌아간다는 그 어떤 기미도 찾아볼 수 없습니다. 만일 믿는 자가 죽어서 존재 자체가 없어져 버린다면, 그 죽음이 "귀중한 것"이 될 이 유가 어디에 있겠습니까? 그것은 말도 되지 않습니다! 우리는 그런 생각을 아예 하지 말아야 합니다. 우리는 죽는다는 것이 존재를 폐기하는 것이 아님을 알고 있습니다. 우리는 죽음이 단지 더 높고 고상한 실존으로 옮겨가는 것임을 압니 다. 온갖 죄악된 것들로부터 해방된 성도들의 영혼은 요단 강을 건너서 아무런 흠도 없이 하나님의 보좌 앞에 당도합니다. 그들의 영혼을 정화하기 위한 연옥 의 불 따위는 전혀 필요하지 않습니다. 그 영혼은 몸을 떠난 바로 그 날에 낙원에 그리스도와 함께 있게 됩니다. 왜냐하면, 그 영혼은 거기에 있기에 합당한 상태 가 이미 되어 있기 때문입니다. 물론, 죽음으로 인해 몸은 썩어지지만, 우리 인간의 열등한 부분인 몸조차도 완전히 없어져 버리는 것이 아닙니다. 우리는 무덤을 너무 나쁘게 얘기하지 말아야 합니다. 성도들에게 무덤은 더 이상 감옥이 아니라 부활로 가는 길목에서 잠시 쉬어가는 여관일 뿐입니다. 에스더가 왕의 품에 안기기에 적합하도록 향품으로 목욕을 하였던 것과 마찬가지로, 성도들의 몸도 장차 썩지 않을 몸으로 다시 살아나기 위해서 무덤 속에서 그 부패성을 떨쳐내고 정화되는 과정을 거치는 것입니다.

> "썩어짐과 흙과 벌레들은
> 단지 이 썩어질 몸을 정화시키는 도구들일 뿐이라네.
> 그런 후에는 나의 승리한 영이
> 영원히 썩지 않을 몸을 새롭게 입게 된다네."

몸은 먼저 죽지 않으면 부활할 수 없습니다. 몸은 먼저 땅 속에서 썩지 않으면 다시 아름다운 꽃으로 피어날 수 없습니다. 한 알의 밀이 땅에 떨어져 죽지 않는다면, 어떻게 다시 싹을 틔우고 열매를 맺을 수 있겠습니까? 성도들의 몸이 욕됨으로 땅 속에 뿌려지는 것은 나중에 존귀함으로 다시 살아나기 위함입니다. 그것은 연약한 상태로 땅 속에 뿌려졌다가 능력으로 다시 살아나게 됩니다. 그것은 자연적인 몸으로 무덤 속으로 들어갔다가 전능자의 무한하신 능력으로 말미암아 생명과 영광과 위엄으로 가득한 신령한 몸으로 다시 살아나게 됩니다. 우리는 이 죽을 몸으로 죽게 하여 땅 속에서 다시 새롭게 조형되게 하여야 합니다. 흙이 흙으로 돌아가고, 티끌이 티끌로 돌아가며, 재가 재로 돌아가는 것보다 더 합당한 일이 어디 있겠습니까? 금을 용광로에 넣으면 금이 지닌 귀중한 것은 고스란히 남고 오직 불순물만이 제거되어 도리어 정금이 됩니다. 보석은 세공인의 손을 거친 후에야 마지막 날에 주님의 면류관 속에서 더 찬란한 빛을 발하게 될 것입니다.

마찬가지로, 본문을 통해서 우리는 죽음도 믿는 자들에게 그 어떤 심각한 손상이 될 수 없다는 것을 확신할 수 있습니다. 죽는 것은 성도들에게 절대로 심각한 손실이 될 수 없습니다. 보기 흉한 시체를 보면, 죽음의 서늘한 손아귀 속으로 들어가는 것은 재앙처럼 생각될 수 있습니다. 그러나 실제로는 결코 그렇지 않습니다. 왜냐하면, 성도들에게는 죽음 자체가 하나님이 보시기에 "귀중한 것"

이기 때문입니다. 그러므로 죽음은 결코 재앙이 아닙니다. 제대로만 본다면, 죽음은 하나님으로부터 오는 복입니다. 한 아이가 알들이 들어 있는 새 둥지를 발견하였고, 그것을 큰 보물처럼 여겼습니다. 그 아이는 한 주 정도 후에 다시 그 둥지를 보고 돌아와서는 슬픈 표정으로 어머니에게 이렇게 말하였습니다. "엄마, 그 새 둥지에는 예쁜 알들이 있었는데, 지금은 그 알들이 다 깨져서 껍데기만 조각난 채로 있어요. 엄마, 내 보물이 없어졌으니 나는 어쩌죠." 그러자 어머니가 이렇게 말했습니다: "얘야, 알들이 다 깨져서 없어져 버린 것이 아니란다. 그 알들 속에는 새끼 새들이 들어 있다가 지금은 그 알들을 깨고 나와서 나뭇가지 위에서 노래하고 있는 것이란다. 얘야, 알들은 무참히 깨져서 쓸데없이 되어 버린 것이 아니라, 자신의 목적을 다한 것이니, 알인 채로 그대로 있을 때보다 지금 그렇게 깨져서 조각난 것이 훨씬 더 좋은 것이란다."

마찬가지로, 우리는 세상을 떠난 사람들을 볼 때에 "우리와 오랜 세월을 함께 했던 당신들이 우리에게 남긴 것이 고작 이 한 줌의 재란 말인가?"라고 말하기 쉽습니다. 그러나 믿음은 이렇게 속삭입니다: "당신들은 이제 알을 깨고 낙원의 아름다운 숲으로 날아가서 거기에 이미 와 있는 다른 새들과 함께 노래하고 있겠죠. 그리고 거기에서 당신들이 이 땅에서 사랑했던 사람들의 영들도 만날 것이니 얼마나 좋을까요. 이 땅에 있을 때의 그들의 모습이 아니라 아버지 하나님께로 올라가 거기에서 보는 그들의 모습이 진짜 그들일 테니까요." 죽는 것은 결코 손실이나 손해가 아닙니다. 그것은 이익이고, 영속적이고 무한한 이익입니다. 이 땅에서 손가락 하나 까딱할 수 없었던 사람이 죽자마자 그 즉시 권능을 덧입게 되는데, 그것이 이익이 아니고 무엇이겠습니까? 이 땅에서 머리가 깨질 것 같이 아팠던 사람이 죽자마자 평안함 가운데서 면류관을 쓰게 되는데, 그것이 이익이 아니고 무엇이겠습니까? 이 땅에서 손이 마비되어 축 늘어져 있던 사람이 죽자마자 그 손으로 종려나무 가지를 흔들게 되는데, 그것이 손해입니까? 이 땅에서 병들어서 의사들도 손을 뗀 사람이 죽자마자 결코 병들지 않는 곳의 주민이 되는데, 그것이 손해입니까?

백스터(Baxter)가 임종 전에 그의 친구들이 찾아왔을 때에 그가 했던 거의 마지막 말은 "백스터, 기분은 좀 어때?"라는 질문에 대한 대답이었습니다. 그는 "아주 좋아"라고 말했고, 실제로 그랬습니다. 죽음은 치유합니다! 죽음은 최고의 약입니다. 왜냐하면, 죽는 사람들은 아주 좋을 뿐만 아니라 영원히 고침을 받기 때문입니다. 이상으로 여러분은 오늘의 본문이 죽음에 대하여 사람들이 일반적으로 생각하는 것과는 완전히 다른 시각을 보여주고 있다는 것을 알게 되었을 것입니다. 성도들에게 죽음은 형벌도 아니고 완전히 없어져 버리는 것도 아니며 심지어 손실이나 손해도 아닙니다.

2. 둘째로, 본문의 말씀은 거의 무제한적으로 적용됩니다.

우리가 다음으로 살펴볼 내용은 여러분의 진지한 사고를 필요로 하는데, 그것은 본문이 말하고 있는 것은 거의 무제한적으로 적용되는 말씀이라는 것입니다: "그의 경건한 자들의 죽음은 여호와께서 보시기에 귀중한 것이로다." 이것은 아주 폭넓고 포괄적인 말씀입니다. 여러분이 여기에서 주목해 보아야 할 것은 이 말씀이 적용되는 대상은 제한이 없다는 것입니다. 죽음을 앞둔 사람이 "경건한 자"이기만 하다면, 그의 죽음은 "귀중한 것"입니다. 그가 교회에서 지극히 큰 자였든지, 아니면 지극히 작은 자였든지, 그런 것은 문제가 되지 않습니다. 그가 자신의 신앙을 아주 담대히 고백하는 자였든지, 아니면 겁을 내며 지극히 소극적으로 자신의 신앙을 고백했던 자였든지, 그런 것도 문제가 되지 않습니다. 그가 성도이기만 하다면, 그의 죽음은 하나님이 보시기에 귀중합니다. 나는 순교자들과 관련해서 이 말씀이 참되다는 것을 충분히 알 수 있습니다. 순교자들은 지독한 고문과 괴로움을 견뎌내면서 주님을 부인하기를 거부하고, 신앙을 부인하기만 하면 목숨을 살려주는 것은 물론이고 부귀영화도 누리게 해주겠다는 제안을 받아도 "나는 내 신앙을 부인할 수 없고, 하나님의 도우심을 힘입어서 결코 내 신앙을 부인하고자 하지 않을 것이다"는 말만 할 뿐입니다. 그들의 모든 신경이 바늘로 찌르는 듯이 아프고 그들의 몸의 마디마디가 다 찢겨져나가는 듯이 극심한 고통을 당해도, 그들은 마지막 순간까지 하나님께 충성을 다 바칩니다. 하나님께서 그런 모습으로 죽어가는 순교자들의 죽음을 "귀중한 것"으로 여기실 것은 너무나 당연한 일입니다. 교회는 순교자들이 죽은 곳마다 기념교회를 세워 그들을 기립니다. 그들의 죽음은 하나님이 보시기에 귀중할 것이 틀림없습니다. 또한, 온 몸과 마음을 다 바쳐서 모든 힘이 다 소진되는 마지막 순간까지 그리스도를 위하여 일하다가 더 이상 힘이 없어서 자신의 몸과 자신이 맡은 일을 내려놓을 수밖에 없게 되었는데도 육신을 벗기 전에는 결코 그 일을 놓지 않는 사람들의 죽음은 하나님이 보시기에 귀중할 것임에 틀림없다고 나는 생각합니다. 그러나 밤낮으로 참을 수 없는 고통을 순순히 참아내며 오직 하나님께 자신을 의탁할 뿐 말 한 마디 나눌 사람 없이 홀로 아무도 모르게 죽어가는 사람들의 죽음, 결핵에 걸려서 그런 식으로 하루하루 점차 천국으로 녹아들어가는 소녀의 죽음도 순교자들이나 하나님의 일에 자신의 모든 힘을 바친 사람들의 죽음만큼이나 하나님이 보시기에 "귀중한 것"입니다. 또한, 구빈원에서 친구 한 명 없이 하나님의 뜻에 순복하여 불평 한 마디 없이 조용히 죽어가는 빈민의 죽음도 하나님의 말씀을 잘 전해서 많은 사람들에게 유익을 끼친 설교자의 죽음 못지 않게 하나님이 보시기에 진정으로 귀중합니다. 성도들 중에서 지극히 작은 자들의 죽음도 영적인 전쟁의 선봉에 서서 적군을 용감하게 무찌르다가 전사하는 사람들의 죽음과 똑같이 여호와께 귀중합니다. 오늘의 본문은 "경건한 자들," 즉 성도이기만 하다면 그 어떤 차별도 두지 않습니다. 여러분이 성도인 것을 아무도 모르고, 너무나 가난하고 글자도 읽을지 모를 정도로 무식해서 세상에서 무시를 당하다가 아무도 모르게 죽어가서, 이 세상에 왔다가 갔다는 기록조차 없고, 여러분의 무덤에 비석조차 세워져 있지 않다고 할지라도, 여러분이 성도이기만 하다면, 여러분의 죽음도 하나님이 보시기에 귀중합니다. 이렇게 본문은 그 대상에 아무런 제한도 두고 있지 않습니다.

또한, 우리가 주목할 것은 본문은 성도들의 죽음이 귀중하다고 할 때에 나이에 그 어떤 제한도 두고 있지 않다는 것입니다. 어떤 성도가 몇 살에 죽었든, 그런 것은 중요하지 않고, 그의 죽음은 하나님께 귀중합니다. 아주 어린 나이에 하나님께 회심한 아이들의 임종 장면은 그것을 지켜보는 사람에게 아주 큰 기쁨을 줍니다. 경건한 수다쟁이가 세상을 떠나면서 하는 말들은 너무나 아름답고 고귀합니다. 그 아이는 단어들을 제대로 발음하지도 못하는데, 위로부터 빛을 받고 있는 듯이 보입니다. 그 아이는 예수와 그의 천사들, 금으로 만든 수금들, 이곳보다 더 나은 땅에 대하여 마치 거기에 갔다 온 것처럼 말합니다. 여러분 중에는 하늘나라로 떠나가는 그런 아이들을 여러분의 품에 안아보는 특권을 누려본 분들이 있습니다. 날개 없는 천사들은 그들의 어머니와 아버지로 하여금 나중에 천국에 와서 그들을 보고자 하는 열망을 품을 수 있게 하기 위하여 이 땅에 잠시 보내심을 받고 왔다가 곧 천국으로 다시 떠나갑니다. 나는 제인웨이(Janeway)가 쓴 「아이들이 보여주는 천국의 징표」(Token for Children)라는 책을 아주 좋아하는데, 그 책에는 많은 경건한 소년들과 소녀들의 죽음이 그들이 임종 전에 한 거룩한 말들과 함께 기록되어 있습니다. 하나님께서는 자신의 "소자들"을 아주 소중히 여기시기 때문에, 흔히 그들이 갓 피어난 꽃과 같을 때에 그들을 데려가십니다. 이 은총 받은 아이들이 죽을 때, 예수께서는 그들의 작은 침상 맡에 서서 "천국은 이런 곳"이라며 천국에 대해 속삭이듯 얘기해 주십니다. 하지만 중년에 세상을 떠나는 사람들의 죽음도 마찬가지로 귀중합니다. 일반적으로 우리는 이 경우에 그들이 남기고 간 너무나 큰 공백들로 인해서 이 죽음을 가장 슬퍼하고 가슴 아파합니다: "도대체 이 무슨 일인가? 영적 싸움에서 한창 그가 필요할 때에 신앙의 영웅인 그가 쓰러지다니. 한창 추수기여서 일꾼이 한 명이라도 더 필요한 이때에 추수꾼을 본향으로 불러들여 그의 손에 들린 낫을 놓게 하다니 이게 웬말인가?" 그들의 죽음이 우리에게는 이상하게 보일지라도, 하나님께는 귀중합니다. 하나님께서 우리로 하여금 우리의 눈을 가리고 있는 수건을 벗을 수 있게 해주셔서, 지금 우리가 보지 못하는 것들을 보게 해주시기를 빕니다. 우리는 성도들이 더 오래 살아 있는 것보다도 그들이 죽게 되었을 때에 죽는 것이 더 좋은 일이라는 것을 알아야 합니다. 미망인이 애곡하고 아이들이 돈 한 푼 없이 남겨지더라도, 아버지가 잠자게 된 것이 좋은 일입니다. 하나님께서 어떤 목회자를 한창 때에 데려가셔서, 온 교회가 그의 시신이 담긴 관을 에워싸고 애곡한다고 할지라도, 하나님이 그를 데려가신 것은 아주 좋은 일입니다. 우리는 믿는 자들은 그 누구도 때가 되지도 않았는데 요절하는 법은 없다는 것을 확신하여야 합니다. "내가 그를 장수하게 함으로 그를 만족하게 하며 나의 구원을 그에게 보이리라"(시 91:16)는 약속은 모든 참된 그리스도인에게 그대로 이루어집니다. 왜냐하면, 사람들은 "장수"를 시간적으로 오래 사는 것이라고 생각하지만, 하나님에게는 가장 훌륭하게 사는 것이 "장수"이기 때문입니다. 성도들 중에는 반세기가 넘게 살았지만 사실은 한 해를 산 것에 지나지 않은 분들도 많습니다. 왜냐하면, 사람들은 어머니의 태에서 태어날 때에 살기 시작하는 것이 아니라, 하나님의 도우심으로 그의 백성이 되어 그를 섬기기 시작할 때에 살기 시작하는 것인 까닭에, 단지 시간적으로 오래 살았다고 해서 정말 장수한 것은 아니기 때문입니다. 하나님께서 때가 되지 않아서 아직 익지 않은 무화과 열매를 따서 자신의 광주리에 담으시는 법은 없습니다. 포도원의 주인이신 하나님께서는 아직 다 익지 않은 포도들을 따서 자신의 곳간에 저장하시는 법이 없습니다. 그래서 성도들의 죽음은 하나님이 보시기에 귀중한 것입니다.

사랑하는 형제들이여, 하나님의 섭리로 꽤 오랜 세월을 살아온 성도들의 죽음도 귀중합니다. 최근에 우리 곁을 떠나간 한 분의 죽음은 나의 아주 소중한 보배들 중의 하나로 내 기억에 자리하게 될 것입니다. 다음 주일 오전에 우리의 사랑하는 형제이자 존경 받는 장로였던 그가 임종 전에 우리 모두에게 했던 정말 아름답고 귀한 말들을 나눌 수 있는 기회가 있을 것이기 때문에, 나는 오늘은 그 일에 대해 자세히 얘기하지는 않을 것입니다. 여러분은 그가 어떤 사람인지를 압니다. 여러분은 그가 어떻게 살아 왔는지를 아는데, 죽을 때에도 역시 그는 그런 사람이었습니다. 그는 죽기 하루 전쯤에 거의 숨을 쉴 수 없는 상태에서 내게 미소를 지어 보이며, 지금이 자신의 인생 중에서 가장 행복한 날이라고 말했습니다. 그는 이 땅에서 우리 가운데 있는 동안에도 늘 하나님을 기뻐하고자 했던 것과 마찬가지로, 마지막 죽는 순간까지도 그러한 복된 마음을 계속해서 간직하고 있었습니다. 그는 "여기에 있는 것이 정말 복된 일입니다"라고 말했고, 나는 "여기요! 어디요? 이 임종의 침상 말인가요?"라고 물었습니다. 그러자 그는 이렇게 말했습니다: "그렇습니다. 나는 그리스도의 것이고 그리스도는 나의 것이며, 나는 그리스도 안에 있고 그리스도는 내 안에 있으니까요. 내가 뭘 더 바라겠습니까? 지금이 내 인생에서 최고로 행복한 날입니다." 그는 이렇게 말하고서는 다시 한 번 평안하게 미소를 지었습니다. 그에게는 온통 기쁨뿐이었고, 온통 지극한 행복뿐이었습니다. 그는 고통으로 괴로워하며 기력이 쇠하여 기진맥진했겠지만, 그의 영혼은 주를 찬양하고 자신의 구주 하나님을 기뻐하였습니다. 이러한 잘 익은 사람들은 마치 가을의 열매들처럼 잔잔한 산들바람이 불어와 그 가지를 조금 건드리기만 해도 생명나무로부터 스스로 알아서 떨어집니다. 이러한 사람들의 죽음도 하나님께 귀중합니다. 경건한 자들의 죽음이 귀중한 것은 나이와 아무 상관이 없습니다.

또한, 장소에도 제한이 없습니다. 성도들이 어디에서 죽든, 그들의 죽음은 하나님이 보시기에 귀중합니다. 위로가 될 만한 것은 아무것도 없고 온통 지독한 가난의 흔적들만이 있는 저 고적한 오두막집에서 죽든, 어떤 소녀가 공장에서 일하다가 죽어가거나 길거리를 청소하다가 죽든, 그 모든 죽음들은 하나님께 지극히 귀중합니다. 저기 병원의 큰 병실에서 많은 사람들이 자신이 겪는 고통과 씨름하느라 다른 사람들의 죽음에 대해 동정의 눈물 한 방울 흘릴 수 없는 그런 곳에서 죽어가는 죽음이라도 거기에서 믿음으로 승리한 영혼의 죽음은 하나님이 보시기에 귀중합니다. 한밤중에 갑자기 심장마비를 일으켜서 도와줄 자를 부르지도 못하고 완전히 홀로 죽는 성도들이 흔히 있습니다. 그러나 그런 죽음도 하나님이 보시기에 귀중합니다. 고향과 혈육을 멀리 떠나와서 외딴 오지나 드넓은 평원에서 믿는 자들이 자기를 형제라 불러주는 이가 한 명도 없는 곳에서 죽기도 합니다. 그러나 그런 것은 중요하지 않고, 그들의 죽음도 하나님이 보시기에 귀중합니다. 또한, "본향으로 돌아와서 나와 함께 있으라"는 하나님의 보좌로부터의 전언을 실은 총탄에 맞고서 고요한 별들과 얼굴 붉힌 달이 보는 가운데 다른 많은 사상자들과 함께 참호에 누워 죽어간 믿음 있는 병사들의 죽음도 여호와께서 보시기에 귀중한 것이었습니다. 또한, 거리에서 차에 치여 죽거나, 철길에서 사고로 시신의 흔적도 제대로 찾아볼 수 없는 모습으로 죽거나, 구덩이에서 가스에 질식하여 죽거나, 큰 바다의 소용돌이에 휘말려 익사해서 죽거나, 암살자의 칼에 맞아 죽거나, 이 모든 성도들의 죽음도 하나님이 보시기에 귀중합니다. 그들이 어디에서 죽든, 하나님은 미소를 지으며 그 곳을 보고 계십니다. 왜냐하면, 그들의 죽음은 하나님에게 귀중하기 때문입니다. 이렇게 성도들의 죽음이 귀중한 것은 장소의 제한이 없습니다.

    사랑하는 형제들이여, 성도들의 죽음이 귀중한 것은 그 방식에도 제한이 없습니다: "그의 경건한 자들의 죽음은 여호와께서 보시기에 귀중한 것이로다." 그들의 죽음은 갑자기 일어날 수 있습니다. 그들이 방금 전까지만 해도 활기차게 활동하다가 어느 순간 갑자기 쓰러져 죽어도, 그들의 죽음은 귀중합니다. 나는 우리의 기도서에 하나님께서 우리로 하여금 갑자기 죽지 않게 해주시라는 기도문이 실려 있는 이유를 정말 이해할 수 없습니다. 나는 여러분이 자기도 모르는 사이에 죽는 일이 일어난다면, 그것이 사람이 죽을 수 있는 방식 중에서 가장 바람직한 것이라고 생각합니다. 이 땅에서 부지런히 주님을 섬기다가 죽음에 대한 두려움을 전혀 느낄 새도 없이 갑자기 흰 옷을 입고 천국에서 하나님의 보좌 앞에 서 있게 된다면, 그것은 얼마나 큰 복이겠습니까! 그것은 눈을 감았다가 떠보니 이미 아랫 세상의 모습은 온데간데없고 윗 세상의 모습이 눈앞에 펼쳐지게 되는 것이 아닙니까! 내가 그러한 은총을 구할 수 있다면, 나는 자신의 강대상에서 다음과 같은 찬송을 부르며 죽었던 그리스도 안에서의 한 사랑하는 형제 같이 죽게 되기를 간절히 바랍니다:

"아버지여, 주께서 계신 그 곳을
나는 정말 보고 싶고, 너무나 보고 싶어 기절할 지경입니다.
나의 하나님, 나는 정말 이 땅에 있는 주의 성소를 떠나
주께서 보좌 위에 앉아 계신 그 곳으로 달려가고 싶습니다."

그는 강대상에서 이 찬송을 마치자마자 숨을 거두었습니다. 그의 기도가 응답된 것입니다. 찬송을 끝내자마자 그 즉시 하나님의 보좌 앞에 있게 된 것입니다. 그런데도 이런 죽음에서 건져 주시라고 기도하는 것이 과연 합당한 일입니까? 우리는 도리어 그런 죽음을 간절히 바라야 할 것으로 보입니다. 그러나 어쨌든 그런 죽음도 하나님이 보시기에 귀중합니다. 그러나 하나님께서 우리의 장막의 부속물들을 하나씩 하나씩 거두어가시고, 휘장을 천천히 걷으심으로써 우리가 좀 더 오래 이 땅에 머물게 되고, 그렇게 많은 세월이 흘러서 우리의 장막이 저절로 무너진다고 해도, 그런 죽음도 하나님이 보시기에 귀중합니다. 우리가 갑자기 강한 자도 견딜 수 없는 급성 전염병에 걸려 죽거나, 지병으로 시름시름 앓다가 기력이 쇠잔하여 죽거나, 그런 것은 문제가 되지 않습니다. 세상 사람들은 어떤 사람이 갑자기 죽으면 그것을 천벌을 받아 죽었다거나 하나님의 심판이라고 말하지만, 믿는 자들에게는 그런 죽음도 하나님의 심판이 아닙니다. 왜냐하면, 성도들에게는 모든 심판이 지나갔고, 사랑의 참된 빛만이 그들을 비추고 있기 때문입니다. 경건한 자들은 언제 어디에서 어떻게 죽든, 그리고 그가 어떤 지위와 신분에서 죽든, "그의 경건한 자들의 죽음은 여호와께서 보시기에 귀중한 것"입니다.

3. 셋째로, 본문의 말씀은 충분히 설득되고 해명될 수 있는 말씀이라는 것입니다.

이제 우리는 본문의 핵심에 해당하는 내용을 살펴보고자 하는데, 그것은 본문에서 말하고 있는 것은 충분한 근거가 있고 온전히 해명될 수 있다는 것입니다. "그의 경건한 자들의 죽음은 여호와께서 보시기에 귀중한 것이로다"라는 말씀은 지극히 건전하고 참된 말씀입니다. 그 첫 번째 이유는, 그들은 하나님의 성도들인 까닭에 하나님께 늘 귀중할 수밖에 없기 때문입니다. 그들은 하나님께서 택하신 자들입니다. 그들은 산들이 구름 위로 머리를 쳐들기 전부터 이미 하나님께서

사랑으로 택하신 자들입니다. 그들은 하나님께서 자기 아들의 보배 피로 사신 사람들이고, 하나님의 아들이 그들을 위하여 기꺼이 자신의 목숨을 내어놓으신 그런 사람들입니다. 그들은 그들의 이름이 예수의 가슴에 담겨져 있고 그의 손바닥에 새겨져 있는 그런 사람들입니다. 그들은 하나님의 자녀들입니다. 그들은 예수 그리스도의 몸의 지체들입니다. 그들은 예수 그리스도의 신부들입니다. 그리스도께서는 그들과 혼인하셨습니다. 그러므로 그들과 관련된 모든 것이 하나님께 귀중할 수밖에 없습니다. 내가 나의 자녀의 삶에 관심을 가지고 눈여겨보는 것은 당연한 일이 아니겠습니까? 내가 나의 사랑하는 배우자에게 일어나는 모든 일을 주의깊게 살펴보는 것은 당연한 일이 아니겠습니까? 어떤 사람을 사랑하게 되면, 그 사람과 관련된 일이 다른 사람들이 보기에는 작고 하찮은 일로 보일지라도 그 사람을 사랑하는 사람에게는 크고 중요한 일이 됩니다. 하나님께서는 자기 백성을 너무나 지극히 사랑하시기 때문에, 그들의 머리카락이 몇 오라기인지까지 헤아려 아시고, 그들의 발이 돌에 걸려 넘어지지 않도록 천사들을 시키셔서 그들의 손을 잡고 걷게 하십니다. 그들은 정금에 비견될 수 있을 정도로 귀중한 시온의 아들들이기 때문에, 그들의 죽음은 하나님께 귀중합니다.

다음으로, 하나님의 성도들의 죽음이 귀중한 이유는, **죽음을 통해서 성도들의 믿음이 시험을 받고 그 진가가 드러나며 온전해지는 경우가 비일비재하기 때문입니다.** 나의 믿음이 시험을 받지 않는다면, 그 믿음이 참된 믿음이라는 것을 내가 어떻게 알겠습니까? 하나님의 택함 받은 자들이 지닌 귀중한 믿음은 죽음의 험상궂고 냉혹한 얼굴을 정면으로 대하고서도 전혀 흔들림 없는 믿음을 나타내 보임으로써 그 최후의 시험을 통과했을 때에 증명됩니다. 그들이 흔히 구름으로 덮여 있는 저 끝도 없이 깊은 구덩이를 보면서도, 자기가 하나님의 은혜로 그 깊은 구덩이를 뛰어넘어서 천국에 당도하여 구주의 팔에 안기게 될 것이라고 믿고 두려워하지 않을 때, 그들의 믿음은 증명됩니다. 내가 단언하건대, 오직 세상의 즐거움들을 추구하며 일상적인 삶의 시련들조차 견뎌낼 수 없는 믿음은 죽음이라는 저 혹독한 시험 앞에서 순식간에 사라져 버릴 것입니다. 그러나 죽음 앞에서 두려워하지 않는 믿음은 진정으로 참된 믿음입니다. 게다가, 믿음에는 하나님의 은혜로 말미암은 무수한 동반자들이 있는데, 그 중에 주된 동반자는 소망과 사랑입니다. 몸과 마음이 자기를 실망시킬 때에 하나님을 소망할 수 있고, 하나님이 많은 고통으로 치시고 심지어 죽이신다고 할지라도 하나님을 사랑할 수 있는 사람은 복이 있습니다. 육신의 죽음은 우리가 은혜 가운데 살아 왔는지를 시험하는 용광로이고, 우리가 참된 은혜들이라고 생각하였던 것들 중 많은 것이 이 용광로의 열기 속에서 가짜로 드러나서 흔적도 없이 사라져 버립니다. 하나님은 우리의 믿음을 연단하시는 것을 금을 제련하는 것보다 훨씬 더 귀중한 것으로 여기시기 때문에 우리의 임종의 침상을 귀중하게 보시는 것입니다. 게다가, 임종의 때에 얼마나 많은 은혜들이 나타납니까? 나는 하나님께서 우리 속에 심어 놓으신 것들이 전에는 늘 그늘 속에 있다가 임종 때에 마침내 빛을 보는 경우를 많이 보아 왔습니다. 그들은 일생 동안 내내 자신의 입을 손으로 가린 채 신앙을 드러내지 않고 조용히 지낸 영혼들이었지만, 이 세상을 떠나가려고 하는 임종 때에 비로소 입을 가린 그들의 손을 내리고서 예수에 대한 그들의 사랑을 고백합니다. 우화에서 한 번도 울지 않다가 죽을 때에 한 번 우는 백조에 대해 말하고 있는 것처럼, 하나님의 자녀들 중에서도 이 세상의 암울한 일들에서 벗어나게 되는 마지막 시간에 노래하기 시작하는 분들이 많습니다. 그들이 이 땅에서 마지막 노래를 시작하는 이유는 그 노래를 영원토록 하기 위한 것입니다. 우리는 어떤 사람 속에 무엇이 있는지를 마지막 순간까지 지켜보지 않으면 알 수 없습니다. 그러므로 사람들의 영혼이 이 땅에 속한 불완전한 것들을 벗어 버리고, 그 속에서 하나님께 속한 것이 드러나고, 참되고 진정한 것들이 전면으로 등장하고, 피상적이고 표면적인 것들이 뒷전으로 물러날 때인 그 마지막 시험, 즉 임종은 하나님이 보시기에 귀중합니다.

"그의 경건한 자들의 죽음"이 "여호와께서 보시기에 귀중한" 세 번째 이유는, 귀중한 것들이 죽는 순간에 영광스럽게 드러나기 때문입니다. 내가 귀중한 것들이라고 말하는 것은 하나님께 속한 속성들을 가리킵니다. 우리는 살 때에나 죽을 때에나 하나님이 의로우시다는 것을 드러냅니다. 우리는 하나님께서 결코 거짓말하지 않으시고 자신의 말씀에 신실하시다는 것을 발견합니다. 임종 때에 우리는 하나님이 긍휼하시다는 것도 배웁니다. 하나님은 우리가 약할 때에 우리에 대하여 온유하시고 우리를 불쌍히 여기십니다. 또한, 우리는 하나님이 결코 변치 않으신 분임을 드러냅니다. 우리는 하나님이 "어제나 오늘이나 영원토록 동일하시다"(히 13:8)는 것을 발견합니다. 성도들이 세상을 떠날 때, 하나님의 자녀들과 옆에서 그들을 지켜보는 사람들은 하나님의 의로우심과 신실하심, 긍휼하심과 온유하심 등등의 성품들이 다 드러나는 것을 보고 기뻐하게 됩니다. 이것은 하나님의 성품들만이 아니라 하나님의 약속들에도 해당됩니다. 성도들의 임종의 침상에서는 하나님의 귀한 약속들도 드러납니다. "내가 결코 너희를 버리지 아니하고 너희를 떠나지 아니하리라"(히 13:5). 만일 성도들에게 임종 때에 다른 모든 것이 다 떠나갔을 때에 오직 하나님만이 그들을 떠나지 아니하시고 지켜 주시는 것을 발견할 기회가 주어지지 않는다면, 어떻게 성도들이 이 약속의 말씀이 정말 무엇을 의미하는지를 알겠습니까? "네가 물 가운데로 지날 때에 내가 너와 함께 할 것이라"(사 43:2). 만일 성도들이 임종 때에 저 마지막 차가운 물을 지나지 않는다면, 이 약속의 말씀을 주신 하나님이 얼마나 참되신 지를 어떻게 알겠습니까? "네가 사는 날을 따라서 능력이 있으리로다"(신 33:25). 만일 성도들이 믿는 자가 죽음의 날에 승리의 기쁨을 누리며 떠나가는 모습을 보지 않았다면, 누가 이 약속의 말씀의 진정한 의미를 제대로 알 수 있었겠습니까? "내가 사망의 음침한 골짜기로 다닐지라도 해를 두려워하지 않을 것은 주께서 나와 함께 하심이라 주의 지팡이와 막대기가 나를 안위하시나이다"(시 23:4). 여러분은 이 시편에 대한 주석들을 읽어서 그 의미를 이해할 수는 있겠지만, 직접 그 "골짜기"에 있어 보지 않는다면 이 약속의 말씀의 진가를 결코 알지 못할 것입니다. 전에 내가 임종을 앞둔 한 친구를 방문하고 나오려 하자 그 친구가 내게 "목사님, 내게 시편 한 편을 읽어 주세요"라고 말해서, 내가 "어느 시편을 읽어드릴까요?"라고 물었습니다. 그러자 그 친구는 "귀한 시편들이 많지만, 임종을 앞두고 있어서 23편이 너무 좋으니 그 시편을 한 번 읽어 주세요"라고 대답했습니다. 내가 "형제는 그 시편을 다 외우고 있잖아요"라고 말하자, 그 친구는 "예, 그 시편은 내 마음에도 있는데, 내게 너무나 귀하고 진실하게 들립니다"라고 말했습니다. 여러분에게도 그렇지 않습니까? 그렇지만 만일 여러분이 이 세상을 떠나기 직전의 성도들에게 이 시편이 얼마나 소중하고 귀한 것인지를 보지 못했다면, 여러분은 시편 23편의 진가를 제대로 알고 있지 못한 것입니다.

또한, "그의 경건한 자들의 죽음"이 "여호와께서 보시기에 귀중한" 네 번째 이유는, 예수 그리스도의 보배 피가 영광을 받기 때문입니다. 성도들이 죽을 때에 십자가를 바라보게 되는 것은 인상적입니다. 임종 때에 그들이 영광 중에 계신 그리스도에 대하여 말하는 경우는 드뭅니다. 그들은 대체로 고난당하신 그리스도에 대하여 말합니다. 그들은 자기를 대신하여 죽으신 그리스도를 말합니다. 그들은 "그 아들 예수의 피가 우리를 모든 죄에서 깨끗하게 하실 것이요"(요일 1:7)

같은 본문들을 마치 달콤한 사탕처럼 그들의 혀 아래에서 굴리는 것을 기뻐합니다. 그들은 자기가 오랜 세월 동안 주님을 믿고 의지해 왔던 것을 말하며 기뻐하고, 그동안 주님이 그들을 실망시킨 적이 없으셨다고 말하며 기뻐합니다. 그들은 자신의 모든 소망을 오직 십자가에 못 박히신 주님께 두고, 오직 그 주님만을 의지하면서, 그들이 자신을 의탁한 주님께서 그들을 능히 지키실 수 있으시다는 것을 확신합니다. 예수의 피를 찬양하고 높이며 그 피의 공로와 은혜를 다른 사람들에게 전하는 것은 우리 인생의 목적이 되어야 마땅하지만, 사랑하는 영혼들이여, 여러분의 일생 동안 여러분에게 그리스도의 피에 대한 믿음이 없었다면, 다른 무엇보다도 여러분의 불신앙의 죄를 깨우쳐 줄 수 있는 가장 좋은 것은, 그 피는 성도들의 죽음이 임박하였을 때에 그들을 위로해 주었고 죽음을 앞두고 극심한 고통을 겪던 성도들에게 평안을 가져다주었다는 사실을 기억하는 것입니다. 한두 명에게서만 그런 것이 아니라, 무수히 많은 성도들에게서 그런 일이 일어났습니다. 수많은 성도들이 어린 양의 피로 마지막 원수인 죽음을 이겼기 때문에 찬송하며 죽음을 맞이해 왔습니다. 여러분 중에서 아직 예수의 피로 씻음을 받은 적이 없는 분들이 있다면, 나는 그분들의 임종을 생각하면 정말 끔찍합니다. 여러분은 구주 없이 어떻게 죽음을 맞이하시렵니까? 죽기 직전에 이 세상에서 여러분을 변호해 줄 그리스도의 피도 없고, 죽은 직후에 저 세상에서 여러분을 변호해 줄 주님도 없는 그런 상황에서 여러분은 죽음이라는 공포의 순간을 어떻게 통과하려고 하십니까? 십자가로 피하시고, 십자가 안에서 안식을 누리십시오. 그렇게만 한다면, 여러분은 잘 살게 될 뿐만 아니라 잘 죽게 될 것입니다. 그러나 여러분에게 그리스도의 피가 없다면, 여러분은 불안하게 살다가 비참하게 죽게 될 것입니다. 하나님께서 자기 이름을 위하여 그렇게 되지 않게 해주시기를 빕니다.

또한, 성도들의 죽음이 하나님께 귀중한 것은, 마지막 순간에 성도들의 입에서 귀한 말들이 나오는 일이 흔하기 때문입니다. 성도들이 임종 직전에 남긴 말들을 모아 놓은 책들은 별로 없긴 하지만, 그런 책들을 읽을 때마다 나는 거기에 나오는 말들을 하나님의 감동으로 된 말들이 아닌가 하고 착각하게 됩니다. 셰익스피어의 작품들에 나오는 기가 막힌 표현들이나 베이컨(Bacon)의 지혜로운 말들, 또는 소크라테스의 사려 깊은 생각에서 나온 말들을 성경에 나오는 말씀들이 아닌가 하고 착각하는 사람은 없을 것입니다. 그들이 한 말들이 이 땅에 속한 말들이라는 것은 누구나 다 알 수 있습니다. 여러분은 임종 직전의 성도들이 한 말들이 성경에 나오는 말들은 아닌가 생각할지도 모릅니다. 그러나 여러분이 성경을 샅샅이 뒤져보아도 거기에서 그들이 한 말들을 결코 찾지 못할 것입니다. 그들이 한 말들은 영감된 말씀과 너무나 흡사해서, 만일 그런 것이 허용되기만 한다면, 나는 그들이 한 말들을 하나의 새로운 장으로 만들어서 성경 속에 집어넣고 싶을 정도입니다. 그들은 천국에 대한 말들을 너무나 담대하게 우리에게 들려주고, 그들이 하는 말들은 얼마나 영광스러운 말들인지 모릅니다! 그들 중에서 어떤 분들은 아직 천국에 가지 않았는데도 마치 휘장이 걷힌 것처럼 아직 보지 못한 것들에 대하여 말합니다. 그들은 사람으로서는 감히 말할 수 없는 그런 것들을 거의 선포하듯이 말하기 때문에, 그들이 하는 말들은 중간에 뚝뚝 끊어지고, "수금으로 푸는 오묘한 말들"(시 49:4)처럼 신비스럽습니다. 우리는 그들이 하는 말을 다 알아들을 수는 없지만, 그들이 지극한 영광에 압도되어 말로 표현할 수 없는 것들을 보았고 다시 되풀이하고 싶어도 할 수 없는 말들을 들었다는 것을 압니다. 그들이 "여러분의 눈에 영광이 보이세요?"라고 말할 때, 우리는 "저기 창문을 통해 들어온 햇빛이 당신을 비치고 있네요"라고 대답합니다. 그러면 그는 그렇지 않다는 듯이 머리를 젓습니다. 왜냐하면, 그들이 본 것은 햇빛이 아니었기 때문입니다. 그런 후에, 그들은 "여러분의 귀에 저 소리가 들리세요?"라고 외칩니다. 우리는 길거리에서 들려오는 소리를 그들이 들은 것이라고 추측하지만, 사실 그때는 아주 조용한 야밤이어서, 사방이 고요합니다. 그런데도 그들의 귀에 많은 수금을 타는 소리에 매료됩니다. 내가 자주 가서 복음을 전하곤 하였던 한 형제가 한 말을 나는 평생 잊지 못할 것입니다:

> "나의 시력이 다 쇠하였어도
> 일 분 일 분이 내게는 얼마나 감미롭게 흘러가는지 모릅니다!
> 내 창백한 뺨에는 죽음의 그림자가 드리워져 있지만
> 내 영혼에는 영광의 빛이 가득합니다!"

해링턴 에반스(Harrington Evans)는 그의 집사들에게 "내가 사랑하는 분 안에서 영접함을 받았다고 사람들에게 전해 주시오"라고 말하고, 존 리스(John Rees)는 "영광 중에 계신 그리스도, 그의 마음에 사랑을 가득 품으신 그리스도,

그의 팔에 능력이 충만하신 그리스도, 이 분이 내가 서 있는 반석인데, 지금 사망이 나를 칩니다"라고 말하는 것을 옆에서 듣는 것은 굉장한 일일 것임에 틀림없습니다. 본향을 향해 떠나는 성도들은 우리로 하여금 그들과 함께 떠나가고 싶게 만드는 진귀하고 굉장한 일들을 얘기하곤 합니다. 그런 식으로 그들은 우리로 하여금 그들이 본 것을 우리도 보고, 그들이 앉아 있는 연회 자리에 우리도 함께 앉기를 갈망하게 만들었습니다.

성도들의 죽음이 하나님이 보시기에 귀중한 마지막 이유는, 그들이 우리 안에 들어 있는 귀중한 양이고, 추수된 귀중한 곡식 단이며, 오랫동안 항해해서 항구로 들어온 귀중한 배이고, 공부하기 위해서 먼 곳에 오랫동안 나가 있다가 아버지의 집에 영원히 거하기 위하여 집으로 돌아온 귀중한 자녀이기 때문입니다. 아버지 하나님은 자신의 영원한 사랑이 마침내 거두어들인 열매들을 보시게 된 것이고, 예수께서는 자신의 고난과 십자가의 죽음을 통해서 사신 자들을 마침내 보시게 된 것이며, 성령께서는 자신의 끊임없는 역사가 마침내 온전하게 된 것을 보시게 된 것입니다. 성부와 성자와 성령께서는 피로 사신 자들이 모든 타고난 죄로부터 자유롭게 되고, 모든 시험으로부터 건짐을 받게 된 것을 기뻐하십니다. 싸우고 싸워서 마침내 영원한 승리가 쟁취된 것입니다.

모든 것을 보고 있는 총사령관의 눈은 자신의 승리가 확실하다는 것을 알고 있기 때문에 적군과 아군이 뒤엉켜 싸우고 있는 전쟁터를 기쁜 마음으로 바라봅니다. 그러나 마침내 싸움을 끝장낼 최후의 일격이 준비될 때, 용맹스러운 군대가 마지막 공격을 위해 진격해 나아갈 때, 적군이 마지막 방어를 위해서 흩어진 힘을 한데 모을 때, 아군이 마지막 접전을 위해 확실하고 힘 있는 발걸음으로 진군해 나아가기 시작할 때, 전사는 자신의 마음에 결연한 기쁨이 차고 넘치는 것을 느낍니다. 총사령관은 자신의 용사들이 타작마당에서 바람에 흩날려 흩어지는 겨처럼 원수들을 다 쓸어 버리고, 원수들은 제단 위의 기름이 연기 속에서 사라지듯이 녹아 없어져 버리는 것을 볼 때에, 빛을 발하는 눈으로 기뻐하고 그 마지막 전투의 함성을 들으며 기뻐합니다. 왜냐하면, 그 다음 순간 그 전투의 함성은 승리의 함성으로 바뀌게 될 것이고, 전쟁은 끝이 나며, 원수는 그의 발 앞에 영원히 짓밟히게 될 것이기 때문입니다. 왕이신 예수께서는 자신의 성도들의 죽음을 그들의 일생에 걸친 싸움의 최후의 전투로 보십니다. 그 전투가 끝날 때, 다음과 같은 노래가 이 땅과 하늘에서 울려 퍼지게 될 것입니다: "그 노역의 때가 끝났고 그 죄악이 사함을 받았느니라 그의 모든 죄로 말미암아 여호와의 손에서 벌을 배나 받았느니라"(사 40:2).

　"그의 경건한 자들의 죽음은 여호와께서 보시기에 귀중한 것이로다." 여러분은 하나님의 성도입니까? 설교자여, 당신은 다른 사람들에게 말씀을 전하고 있는데, 과연 당신은 하나님에 대하여 성별되어 있습니까? 여러분의 심령 속에서 이 질문에 대답해 보십시오. 이 교회의 직분자들이여, 여러분은 성도입니까, 아니면 그저 교인일 뿐입니까? 이 교회의 지체들이여, 여러분은 진정으로 성도입니까, 아니면 외식하는 자입니까? 주일마다 여기에 오셔서 이 회중 가운데 앉아 있는 당신은 예수의 피로 씻음을 받았습니까? 여러분은 성도가 되어 있습니까, 아니면 아직도 여전히 쓰디쓴 죄악에 묶여 더러운 삶을 살고 있습니까? 이 기도의 집을 방문한 분들에게도 나는 동일한 질문을 하고 싶습니다. 여러분은 하나님의 성도입니까? 여러분이 성도가 아니라면, 여러분에게 반드시 닥쳐올 저 이루 말할 수 없는 사망의 저주가 임하고 엄청난 두려움과 고통이 밀려와도, 여러분은 외마디 비명 한 번 지를 수 없게 될 것입니다. 사망이 여러분을 덮치기 전에 예수께로 피하십시오. 지금 즉시 예수를 믿고 예수를 의지하십시오. 오늘의 해가 지기 전에 여러분을 위해 십자가에 못 박히신 구속주의 발 앞에 여러분 자신을 내맡겨서 생명을 얻으십시오. 하나님께서 자기 이름을 위하여 여러분으로 하여금 그렇게 되게 해주시기를 빕니다. 아멘.

제
112
장
—

스올에서 건져주신 것에 대한 감사

—

"내가 죽지 않고 살아서 여호와께서 하시는 일을 선포하리
로다 여호와께서 나를 심히 경책하셨어도 죽음에는 넘기지
아니하셨도다." — 시 118:17-18

우리는 사물들을 볼 때에 그때그때마다 서로 다른 마음 상태에서 아주 다른 시각으로 보게 됩니다. 믿음의 눈으로 볼 때에는 사물들이 밝고 즐겁게 보이기 때문에, 우리는 "내가 죽지 않고 살 것"이라고 확신에 차서 아주 자신만만하게 말합니다. 하지만 하나님에 대한 믿음이 느슨해져서 불안한 예감과 의심과 두려움이 우리의 마음속에서 생겨나게 되면, 우리가 부르는 노래는 장조에서 단조로 바뀌어 이렇게 노래하게 됩니다: "나는 죽게 될 거야. 이런 환난 속에서 내가 절대로 살 수가 없지. 나는 언젠가 원수의 손에 쓰러지고 말 거야. 그 날이 다가오고 있어. 내게 소망이라는 것은 없어. 악한 때가 문 앞에 와 있어. 나는 이 위기를 넘기지 못하고 죽게 될 거야." 이렇게 우리의 혀는 우리의 속사람의 상태를 보여줍니다. 우리는 우리의 심령 상태와 느낌을 따라 말하고, 다른 사람들은 우리가 편견을 가지고 비뚤어진 눈으로 그들을 보고 있다고 생각하게 됩니다. 우리가 우리의 불신앙에게 우리의 혀를 내어주는 것은 비참한 일이 아닙니까? 우리가 의심 가운데 있을 때에는 차라리 입을 다물고 있는 편이 더 낫지 않겠습니까? 저 불신앙의 개가 짖지 못하도록 그 주둥이에 망을 씌우십시오. 내가 불신앙을 개라고 했습니까? 아니, 불신앙은 이리이고, 한 걸음 더 나아가 지옥의 사냥개라고

불러야 마땅합니다. 불신앙의 목소리는 하나님을 모독하는 말들을 입에 거품을
물고 해대는 "아볼루온"(계 9:11)의 목소리입니다. 불신앙의 말들은 여러분 자신
에게 아무런 유익도 되지 못하고, 여러분의 짖는 소리를 듣는 사람들에게 해를
끼칩니다. 그러니 여러분은 "내가 그런 식으로 말한 것이 하나님의 자녀들에게
해를 끼치는 것이었음을 알고 나니 내 마음이 너무 아픕니다"라고 말하는 것이
지혜로운 일입니다. 우리는 하나님께 영광을 돌리는 말을 할 수 없을 때에는 입
을 다물고 침묵하여야 합니다. 그러나 믿음이 우리의 심령을 강력하게 지배하고
있을 때에는 하나님의 이름을 영화롭고 존귀하게 해드리는 말들을 선포할 기회
를 많이 갖는 것은 복된 일입니다. 어떤 사람이 자신의 마음이 지혜로울 때에 그
마음에 자신의 혀를 내어주는 것은 지혜로운 일입니다. 믿음의 입술에서는 달콤
한 유향이 쉴 새 없이 흘러나오기 때문에, 믿음의 입으로부터 나오는 말을 더 많
이 들을수록 좋습니다. 침묵하는 믿음 — 이런 것이 존재한다면 — 은 다른 사람
들이 복 받을 기회를 빼앗는 것이기 때문에 악한 일인데, 동시에 하나님께서
영광 받으실 기회를 빼앗는 것이기 때문에 더더욱 악한 일이 됩니다. 우리 속에
믿음으로 인한 기쁨이 차고 넘칠 때, 우리는 "내가 죽지 않고 살아서 여호와께서
하시는 일을 선포하리로다"라고 담대하게 말해야 합니다. 나는 여러분이 나의
조언을 받아들이시기를 바라고, 지금부터 내가 하는 말들을 인내로써 유심히 들
어주시기를 바랍니다.

　아마도 여러분은 마르틴 루터(Martin Luther)가 집에 있을 때에 늘 볼 수 있
도록 이 본문을 자신의 서재의 벽에 새겨놓았다는 것을 아실 것입니다. 당시에
는 많은 종교개혁자들이 이미 죽임을 당하였고, 후스(Huss)를 비롯한 여러 사람
들이 화형을 당하였습니다. 그런 상황에서 루터는 자신의 사명을 다 끝낼 때까
지는 자기가 온전히 안전할 것이라는 견고한 확신으로 말미암아 기뻐할 수 있었
습니다. 그는 그러한 확신을 지니고 있었기 때문에 보름스 의회에 소환되었을
때에도 거기로 가서 원수들 앞에 의연하고 당당하게 설 수 있었고, 자신이 가야
할 곳들은 마다하지 않고 담대하게 갈 수 있었습니다. 그는 자기로 하여금 이신
칭의라는 영광스러운 교리를 비롯해서 그가 하나님의 복음이라고 믿었던 그 밖
의 다른 모든 하나님의 진리들을 많은 사람들 앞에서 분명하게 선포하도록 하시
기 위하여 하나님이 자기를 세우셨다고 느꼈기 때문에, 자기가 그 사명을 다하
기 전에는 그 어떤 나무도 자기를 태울 수 없고 그 어떤 칼도 자기를 죽일 수 없

다고 확신하였습니다. 그래서 그는 자신의 그러한 믿음을 많은 사람들이 볼 수 있게 담대하게 써서 공개하였습니다: "내가 죽지 않고 살아서 여호와께서 하시는 일을 선포하리로다." 그것은 과장된 허풍이 아니었고, 하나님을 믿는 믿음과 하나님과의 교제로부터 나온 확실하고 참된 결론이었습니다. 우리가 시험을 받을 때에 여러분과 내가 하나님을 믿는 믿음으로 말미암아 루터와 같은 그러한 담대한 생각과 말로 환난들을 헤쳐 나갈 수 있게 해주시기를 빕니다. 우리에게 어려움과 환난이 없다면, 우리의 담대함을 드러내 보일 기회도 없을 것입니다. 전쟁터에 나가지 않는다면 전쟁에 능한 군사가 될 수 없습니다. 늘 육지에서만 살아간다면 바다에서는 아무런 힘도 쓰지 못하게 될 것입니다. 그러므로 환난을 기뻐하십시오. 왜냐하면, 환난은 여러분에게 믿음으로 말미암은 확신을 나타내 보임으로써 지존자의 이름을 영화롭게 해드릴 기회를 주기 때문입니다. 그러나 먼저 주의할 것은 여러분에게 하나님을 믿는 **참된** 믿음이 있어야 한다는 것입니다. 여러분의 느낌이나 인상에 의존하는 꼭두각시가 되어서도 안 되고, 다른 사람들의 판단에 좌지우지되어서는 더더욱 안 됩니다. 여러분이 다윗의 믿음을 갖기 위해서는 다윗이 되어야 합니다. 자기 자신이 만들어 낸 확신이어서는 안 되고, 성령의 진정한 역사와 우리의 내면에서의 은혜의 성장으로 인하여 우리의 믿음이 살아 계신 하나님의 약속을 자연스럽게 꼭 붙잡는 것에서 나오는 확신이어야 합니다.

오늘의 본문을 다시 한 번 읽겠습니다: "내가 죽지 않고 살아서 여호와께서 하시는 일을 선포하리로다 여호와께서 나를 심히 경책하셨어도 죽음에는 넘기지 아니하셨도다." 우리는 하나님의 도우심을 힙입어서 이 본문을 함께 깊이 묵상하고자 합니다. 첫 번째로 우리가 살펴볼 것은, 환난을 바라보는 신자들의 시각에 관한 것입니다: "여호와께서 나를 심히 경책하셨어도." 두 번째는, 환난 가운데서 신자들이 얻는 위로에 대한 것입니다: "여호와께서 나를 죽음에는 넘기지 아니하셨도다." 마지막으로 세 번째는, 환난에서 건짐을 받은 후에 신자들이 할 일에 관한 것입니다: "내가 죽지 않고 살아서 여호와께서 하시는 일을 선포하리로다."

1. 첫째로, 환난을 바라보는 신자들의 시각입니다.

"여호와께서 나를 심히 경책하셨어도"라는 본문의 말씀 속에서 우리는 자신이 겪는 환난들이 하나님으로부터 왔다는 경건한 자의 분명한 시각을 볼 수 있습니다. 물론, 그는 이차적인 손길을 분명하게 인식하고 있었습니다. 왜냐하면, 그는 "너는 나를 밀쳐 넘어뜨리려 하였으나"(13절)라고 말하고 있기 때문입니다. 그를 넘어뜨리려고 실제로 행동한 자가 있었습니다. 그가 겪는 환난들은 잔인한 원수의 짓이었습니다. 그러나 그 원수가 그를 공격한 것은 하나님의 주관 아래 이루어진 일이었고, 그를 유익하게 하기 위한 일이었습니다. 그래서 다윗은 오늘의 본문에서 다음과 같이 그 진상을 밝힙니다: "여호와께서 나를 심히 경책하셨다. 내 원수가 나를 쳐서 쓰러뜨리려고 하였지만, 실상은 나의 은혜로우신 하나님께서 내가 넘어지지 않도록 하시기 위하여 그 원수를 사용하셔서 나를 징계하신 것이다. 하수인인 나의 원수는 나를 죽이고자 하였지만, 위대하신 제1원인자이신 하나님의 목적은 나를 훈육시키셔서 견고히 세우시기 위한 것이었다."

우리는 환난이 하나님으로부터 온다는 것을 분명하게 볼 수 있을 정도로 은혜 가운데 있어야 합니다. 달콤한 잔을 가득 채우셔서 우리에게 주시는 이도 하나님이시고, 쓴 잔을 가득 채우셔서 우리에게 주시는 이도 하나님이십니다. 환난은 티끌로부터 생겨나는 것도 아니고, 밭의 이랑들에 돋아나는 독미나리처럼 땅에서 자라나는 것도 아닙니다. 우리를 제련하시기 위하여 하나님께서 맹렬한 도가니에 불을 붙이시고 그 앞에 앉아 계시는 것입니다. 우리는 마치 마귀가 하나님과 대등한 세력인 것처럼 마귀가 행하는 역할을 지나치게 강조해서는 안 됩니다. 마귀는 타락한 피조물이기 때문에, 마귀의 존재 자체가 지존자의 뜻과 허락하심에 달려 있습니다. 마귀는 하나님의 무한한 전능하심이 허락하시는 한도 내에서만 권세를 얻고 사용할 수 있습니다. 마귀의 악성은 그 자신의 것이지만, 마귀는 결코 스스로 존재할 수 없습니다. 여러분이 원하신다면 마귀와 그의 종들을 탓하십시오. 그러나 아울러 하나님께서 진정한 의미에서 그의 성도들에게 환난들을 보내신다는 것이 우리에게 위로가 되는 하나님의 신비한 진리라는 것도 믿으십시오. 여러분은 "그것이 무슨 말인지를 설명해 주세요"라고 말할지도 모릅니다. 나는 그 말을 설명해 주는 것이 아니라 여러분에게 그 말을 믿으라고 전하도록 부르심을 받았습니다. 현대의 사상가들은 너무나 많은 것들을 단지 설명만 하고 넘어가 버리지만, 나는 아직 그런 못된 술수를 배우지 않았습니다. 베드로가 유대인들에게 한 말을 기억하십시오. 베드로는 하나님께서 자신이 영원 전부터 정해 놓으신 계획과 미리 아심을 따라 자기 아들 예수 그리스도를 죽음에 내어주시기로 작정하셨기 때문에, 유대인들이 악한 손으로 그를 붙잡아 십자가에 못 박아 죽인 것이라고 말하였습니다. 그리스도의 죽음은 하나님의 계획 속에서 미리 정해져 있었지만, 그럼에도 불구하고 불경건한 자들이 그리스도를 죽인 것은 극악무도한 범죄였습니다! 우리는 하나님의 전능하심과 섭리를 당연히 믿어야 하지만, 그렇다고 해서 사람들의 책임이 면제되는 것은 결코 아닙니다. 우리가 겪는 환난들은 사람들에 의한 박해나 악의의 결과로 분명히 사람으로부터 온 것일 수 있지만, 사실은 그 환난들은 하나님께로부터 왔고 우리에 대한 하나님의 특별한 사랑의 필연적인 결과라고 말하는 것이 훨씬 더 정확할 수 있습니다.

그런 까닭에 우리가 겪는 환난과 관련해서 두 번째 원인자인 사람에 대한 우리의 분노를 누그러뜨리는 것이 지혜로운 일입니다. 여러분이 개를 막대기로 때린다면, 개는 막대기를 물 것입니다. 만일 개가 좀 더 똑똑하다면, 막대기를 사용하는 사람을 물고자 할 것입니다. 그리고 만일 그 지성이 순종의 영에 의해서 다스려지고 있다면, 그 개는 자신이 매 맞는 것을 순순히 받아들이고 거기로부터 교훈을 얻고자 할 것입니다. 그래서 시므이가 다윗을 욕했을 때, 스루야의 아들 아비새가 다윗 왕에게 "이 죽은 개가 어찌 내 주 왕을 저주하리이까 청하건대 내가 건너가서 그의 머리를 베게 하소서"라고 청하자, 다윗은 "그가 저주하는 것은 여호와께서 그에게 다윗을 저주하라 하심이니 네가 어찌 그리하였느냐 할 자가 누구겠느냐"라고 온유하게 대답합니다(삼하 16:9-10). 모든 경건한 자들은 자신이 겪는 환난 속에서 하나님의 손길을 보고서 그 환난에 맞서고자 하는 마음을 내려놓으며, "이는 여호와이시니 선하신 대로 하실 것이니라"(삼상 3:18)고 말하게 됩니다. 우리는 하나님의 발 앞에 엎드려서, "무슨 까닭으로 나와 더불어 변론하시는지 내게 알게 하옵소서"(욥 10:2)라고 부르짖을 수 있지만, 하나님이 그 이유를 알려 주시지 않을 때에는, 하나님을 경외하는 마음으로 순복하여 머리를 조아리고, 옛적의 경건한 자처럼 "내가 잠잠하고 입을 열지 아니함은 주께서 이를 행하신 까닭이니이다"(시 39:9)라고 말해야 합니다. 욥은 자신이 겪는 많은 환난들 속에서 하나님을 보았기 때문에 하나님을 찬송하며, "주신 이도 여호와시요 거두신 이도 여호와시오니 여호와의 이름이 찬송을 받으실지니이다"(욥 1:21)라고 말하였습니다. 하나님의 사람이 자신이 겪는 아픔들과 슬픔들이 아버지 하나님의 손으로부터 왔다는 것을 아는 것보다 더 좋은 것은 없습니다. 왜냐하면, 그것을 알았을 때에 그는 "아버지의 뜻이 이루어지이다"라고 고백하게 될 것이기 때문입니다. 이것은 환난들을 바라보는 믿는 자들의 시각에서 아주 중요한 대목입니다: "하나님은 아프게 하시다가 싸매시며 상하게 하시다가 그의 손으로 고치시나니"(욥 5:18).

다음으로, 신자들은 자신이 환난을 당하는 것은 하나님의 징계라는 것을 압니다: "여호와께서 나를 심히 경책하셨어도." 어떤 아이가 징계를 받는다면, 두 가지 사실이 분명합니다. 첫째는, 그 아이에게 어떤 잘못이나 부족한 것이 있어서 그 아이를 바로잡거나 교훈할 필요가 있다는 것이고, 둘째는, 아버지가 그 아이로 하여금 잘되도록 하기 위하여 정성껏 돌보고 있고 그 아이에 대하여 사랑으로 지혜롭게 행하고 있다는 것입니다. 아버지가 정말 인자하면서도 지혜로운 부모라면, 이것은 두말 할 여지 없이 사실입니다. 아이들은 당시에는 자기가 징계 받을 만한 짓을 하지 않았다고 생각할 수 있지만, 세월이 흐르고 분별력이 좀 더 성숙해졌을 때에는 자기가 그때에 징계 받기를 아주 잘했다는 것을 알게 됩니다. "무릇 징계가 당시에는 즐거워 보이지 않고"(히 12:11). 만일 징계가 즐거워 보인다면, 그것은 징계가 아닐 것입니다. 따라서 우리에게 징계가 꼭 필요하다는 것은 우리가 많은 환난들을 겪게 될 뿐만 아니라, 그 환난들로 인하여 우리가 괴롭고 힘들 것임을 보여줍니다. 슬프고 괴로운 일들 속에 징계가 가져다주는 복이 숨어 있습니다. 하나님은 우리에게 징계가 절대적으로 필요하다는 것을 아시고서 우리를 징계하시는 것이기 때문에 그 징계는 가장 순수한 사랑입니다: "주께서 인생으로 고생하게 하시며 근심하게 하심은 본심이 아니시로다"(애 3:33). 우리의 육신의 아버지는 자신의 마음대로 자기 좋은 대로 우리를 징계하는 일이 허다하지만, 그럴지라도 우리는 육신의 아버지를 공경했습니다. 그러나 우리의 영의 아버지께서는 오직 꼭 필요할 때에만, 즉 우리를 징계하지 않고 그대로 두어서는 우리의 유익을 위해서 도저히 안 될 경우에만 우리를 징계하십니다. 그런데도 우리가 하나님을 공경하지 않고 그 앞에 무릎을 꿇지 않는다면, 그것이 말이 되는 일이겠습니까? 히스기야는 병에서 회복된 후에, "주여 사람이 사는 것이 이에 있고 내 심령의 생명도 온전히 거기에 있사오니"(사 38:16)라고 썼습니다. 사람들은 육신적인 즐거움이나 쾌락으로 사는 것도 아니고, 사람들의 영혼의 생명이 포도주 통이나 기름 짜는 틀에 있는 것도 아닙니다. 도리어, 나는 성도들의 생명과 건강이 고난의 눈물들과 육신의 상함과 영혼의 눌림을 통해서 오는 일이 흔하다는 것을 발견합니다. 따라서 나는 질병이 내게 건강을 가져다주고,

손해가 이익을 가져다주는 것을 수없이 경험했고, 그것을 기꺼이 간증할 수 있습니다. 그리고 나는 언젠가는 죽음이 내게 더 충만한 생명을 가져다주리라는 것을 의심하지 않습니다.

그러므로 사랑하는 하나님의 자녀들이여, 여러분이 지금 겪고 있는 환난을 하나님의 징계로 여겨 지혜롭게 행하십시오. "어찌 아버지가 징계하지 않는 아들이 있으리요"(히 12:7). "무릇 내가 사랑하는 자를 책망하여 징계하노니"(계 3:19). 하나님의 온 집에서 회초리보다 더 유익한 도구는 없습니다. 요나단이 지닌 지팡이의 끝으로부터 떨어진 것보다 더 달콤한 꿀은 없었지만(삼상 14:27), 그 꿀도 여호와의 회초리를 통해 오는 위로의 달콤함에 비하면 아무것도 아닙니다. 우리의 가장 큰 기쁨은 우리의 가장 비통한 슬픔들로부터 생겨납니다. 여인의 산고는 곧 한 아이가 태어나서 온 집안에 가져다줄 기쁨의 전조이듯이, 우리가 겪는 환난으로 인한 슬픔도 흔히 우리가 장차 받게 될 충만한 은혜들의 전조입니다. 징계 받는 영혼은 은혜 가운데 있는 영혼입니다. 우리가 징계를 받지 않는다면, 어떻게 은혜 가운데 있는 영혼이 되겠습니까? 우리 주 예수처럼, 우리도 고난들을 겪음으로써 순종을 배웁니다. 하나님께는 죄 없는 아들이 딱 한 명 있지만, 슬픔 없는 아들은 단 한 명도 없었고, 이 세상이 건재하는 한 앞으로도 없을 것입니다. 그러므로 하나님이 우리에게 행하시는 모든 환난으로 인해서 하나님을 송축하시고, 아들의 영으로 "주여, 주께서 나를 징계하시고 경책하셨나이다"라고 고백하십시오.

환난을 바라보는 시편 기자의 시각을 좀 더 유의해서 살펴보십시오. 그는 자신에게 닥친 시련이 심한 것이었다고 말합니다: "여호와께서 나를 심히 경책하셨어도." 아마도 우리는 우리가 겪는 환난이 하나님으로부터 왔다는 사실은 대체로 기꺼이 인정하고자 할지라도, 그 환난의 극심함은 하나님이 아니라 원수의 악의, 또는 뭔가 어떤 다른 이차적인 원인으로 돌리기가 쉽습니다. 거짓된 혀는 중상모략하는 데에 아주 천재적이어서 우리의 가장 약하고 민감한 부분을 건드려서 거짓을 그대로 받아들이게 만들어 왔습니다. 우리는 환난의 극심함도 어떤 의미에서 하나님으로부터 왔다는 것을 믿을 수 있습니까? 우리는 그것을 반드시 믿어야 합니다. 환난의 극심함이 하나님으로부터 온 것이 아니라면, 그것은 우리에게 절망적인 일이 될 것입니다. 환난의 극심함이라는 이 해악이 하나님의 허락하심 없이 온 것이라면, 우리가 설 자리가 어디 있겠습니까? 만일 환난의 극심함이 하나님의 통치 밖에 있고 섭리의 신성한 구역 밖에 있는 것이라면, 우리가 그것에 어떻게 대처할 수 있겠습니까? 우리에게 닥친 모든 해악들이 전능자의 통치의 울타리 안에 있다는 것을 우리가 알 때, 거기에서 소망이 있을 수 있습니다. 우리를 둘러싸고 있는 방화벽, 온통 악의로 가득한 마귀조차도 하나님이 허락하시는 한도 이상으로는 결코 뚫고 들어올 수 없을 정도로 아주 완벽한 방화벽이 있다는 것은 우리에게 큰 위로와 힘이 됩니다. 낙타들과 양들과 황소들과 종들이 다 죽고 약탈당할 때, 그것은 정말 극심한 시련이자 환난이지만, 그래도 여전히 "주신 이도 여호와시요 거두신 이도 여호와시오니 여호와의 이름이 찬송을 받으실지니이다"(욥 1:21)는 말씀은 참됩니다. 그러나 또 한 명의 사자가 와서, "거친 들에서 큰 바람이 와서 집 네 모퉁이를 치매 그 청년들 위에 무너지므로 그들이 죽었나이다"(욥 1:19)라고 울부짖습니다. 그 말을 전해 들은 욥이 "이 일은 공중의 권세 잡은 자가 한 짓이 분명하니, 내가 도저히 참을 수 없다"라고 말했을까요? 아닙니다. 그런 일이 있은 후에도 욥은 "여호와의 이름이 찬송을 받으실지니이다"라고 말했습니다. 그의 아내가 "하나님을 욕하고 죽으라"(욥 2:9)고 말했을 때에도 그는 여전히 하나님을 송축하고 자신의 신앙을 지켰습니다. 그는 아내에게 그녀가 어리석게 말하는 자들 중의 한 사람처럼 말하였다고 질책하고서는 지혜롭게도 "우리가 하나님께 복을 받았은즉 화도 받지 아니하겠느냐"(욥 2:10)라는 말을 덧붙였습니다. 성경은 "이 모든 일에 욥이 입술로 범죄하지 아니하니라"고 말합니다. 환난이 우리를 엄몰하여 차고 넘칠 때에도, 우리도 욥처럼 믿음에 굳게 서서 인내로써 믿음을 지켜 나갈 수 있게 해주시기를 빕니다.

우리는 종종 우리가 지금 인내하고 감당하라고 부르심 받은 것만 빼고는 그 어떤 것도 인내하고 감당할 수 있다고 생각하지만, 그것은 어리석은 생각입니다. 그렇게 생각하는 사람들은 일자리가 필요하다고 말하고서는 무슨 일을 할 수 있느냐는 질문을 받았을 때에 자기는 무슨 일이든 할 수 있다고 말하는 청년과 똑같습니다. 여러분은 그런 청년을 절대로 고용하지 않을 것입니다. 왜냐하면, 그가 아무것도 할 수 없다는 것을 여러분은 알기 때문입니다. 우리의 경우도 마찬가지입니다. 우리가 "이 일만 빼고는 그 어떤 것도 다 감내할 수 있습니다"라고 말한다면, 우리는 우리 자신이 아무것도 인내하고 감당할 수 없다는 것을 스스로 증명하고 있는 것입니다. 만일 우리에게 우리가 짊어져야 할 십자가들 중에서 어느 하나를 선택할 권리가 주어진다면, 우리가 선택한 십자가는 하나님이 우리에게 원래 정해 주시고자 하신 것보다 더 괴로운 십자가라는 것이 나중에 드러나게 될 것입니다. 그런데도 우리는 지금 하나님이 우리에게 짊어지라고 주신 십자가가 우리에게 가장 힘들고 괴로운 것이며 우리에게 전혀 맞지 않는 것이라고 생각합니다. 나는 그런 생각을 하는 사람들에게 "당신의 짐이 당신의 어깨에 맞지 않는 것 같다면, 그렇게 될 때까지 그 짐을 지십시오"라는 말을 해 주고 싶습니다. 은혜가 여러분과 함께 한다면, 시간이 지나면 그 멍에는 여러분에게 익숙해질 것입니다. 우리가 겪을 환난을 선택하는 것은 우리의 몫이 아니라, 우리를 위하여 우리의 유업을 선택해 주시는 아버지 하나님의 몫입니다. "여호와께서 나를 심히 경책하셨사오나"라는 말씀을 다시 한 번 잘 읽어 보시면, 여러분은 자신이 겪는 환난만이 아니라 그 극심함도 하나님의 수중에 있다는 것을 알 것입니다. 지금 상처가 쓰라리고 쿡쿡 쑤시며 아프더라도, 하나님께서 여러분 곁에 가까이 계신다는 것을 기억하십시오.

그렇지만 본문에는 "그러나"라는 단어가 이어집니다. 왜냐하면, 시편 기자는 자기가 겪는 환난에 하나님이 한계를 정해 두셨다는 것을 알았기 때문입니다: "여호와께서 나를 심히 경책하셨어도(but) 죽음에는 넘기지 아니하셨도다." 성경에 나오는 "그러나"라는 몇몇 단어들은 우리에게 최고의 보석들 중 일부입니다. 우리 앞에 있는 "그러나"는 우리가 겪는 환난이 아무리 깊다고 할지라도 거기에는 반드시 바닥이 있다는 것을 보여줍니다. 하나님의 은혜로 말미암아 우리가 겪는 환난들의 강도와 통렬함과 지속 기간과 수에는 제한이 있습니다:

> "하나님이 우리에게 임할 환난을 열 번으로 정하셨다면,
>   열한 번째의 환난은 우리에게 결코 올 수 없다네."

하나님께서는 자기 백성 각각에게 환난의 몫을 정해 주실 때에는 모든 구성 성분들을 고려하시고 그 하나하나마다 쓴 맛의 정도를 측정하셔서 정하신 것에서 단 한 치도 넘치거나 부족하지 않게 하심으로써 원래 할당하고자 하셨던 양의 고난이 정확히 각 사람에게 부어지게 하십니다.

> "하나님이 그의 기쁨이자 보화인 그의 교회에 주시는 모든 환난은

합력하여 선을 이루기 위함이라네.
하나님은 그 환난들의 무게와 양을 정확히 달아서 부으시고,
그 환난들은 진노로부터가 아니라
그의 언약으로 말미암은 사랑에서 나오는 것인데도,
사람들은 그것을 거의 깨닫지 못한다네."

우리의 죄에 대한 아버지 하나님의 분노는 결코 우리를 치시는 진노하심으로 불타오르지 않기 때문에, 하나님께서 우리의 죄를 치실지라도, 그것은 순전히 그의 긍휼하심으로 말미암는 것입니다. 그러므로 "여호와께서 나를 심히 경책하셨어도(but) 죽음에는 넘기지 아니하셨도다"라는 말씀 속에 담겨 있는 하나님의 차고 넘치는 긍휼하심을 기억하십시오. 하나님께서 우리에게 피할 길도 주시지 않으시고 환난을 고스란히 겪게 하시는 일은 없습니다. 또 다른 환난이 임하면 이전의 환난은 물러갑니다. 바람이 동쪽과 서쪽에서 동시에 불어오는 일은 결코 없습니다. 하나님께서 그의 왼손으로 여러분을 치실지라도, 그의 오른손으로는 여러분을 붙들고 계십니다. 환난이 차고 넘친다고 할지라도, 그리스도 예수로 말미암은 위로도 차고 넘칩니다. 온갖 환난이 한꺼번에 임하는 경우는 없습니다. 환난으로 인한 괴로움은 그 사람이 감당할 수 있는 정도와 그 환난의 목적에 맞춰서 단계별로 주어집니다. 하나님께서는 환난을 주실 때에 피할 길도 주시기 때문에, 우리는 그 환난을 넉넉히 감당할 수 있습니다. 육신의 침침한 눈으로는 도저히 견딜 수 없는 극심한 환난 같아 보일지라도, 믿음의 눈은 그 끝과 한계를 볼 수 있습니다. 육신의 지각은 날마다 새로운 곤경이 등장하는 것을 보고서 환난이 어디에서 끝날지 의아해하지만, 믿음은 환난들 사이사이의 빈 공간에 숨을 돌리고 힘을 축적해서 다가올 환난에 대비할 수 있습니다. 믿음은 힘들고 괴로운 길들을 걸어갈 때에도 즐겁고 기쁜 노래를 부릅니다.

"길이 거칠다고 하여도 머지않아 그 길은 끝날 것이니,
소망으로 그 길을 평탄하게 하며
찬송으로 그 길을 즐거운 길로 만드세."

나의 형제들이여, 하나님께서 여러분의 믿음이 계속해서 생생하게 살아 있

게 지켜 주시기를 빕니다. 그렇게만 된다면, 그 어떤 극심한 환난이 여러분에게 임한다고 할지라도, 여러분은 환난의 물결들을 피하여 만세반석 위에 앉아, 여러분을 환난에서 건질 이를 향하여 즐겁게 찬송하게 될 것입니다. "여호와께서 나를 심히 경책하셨어도 죽음에는 넘기지 아니하셨도다"라는 말씀은 우리에게 얼마나 기쁘고 달콤한 말씀인지 모릅니다!

2. 둘째로, 환난 가운데서 신자들에게 주어지는 위로입니다.

환난 가운데 있는 신자들이 받는 위로는 "내가 죽지 않고 살리라"는 것입니다. 이것은 종종 예감이라는 형태로 옵니다. 나는 내가 미신적이라고 생각하지 않습니다. 나는 미신적인 예감 같은 것을 믿는 사람이 아니지만, 어떤 일들이 장차 어떻게 될 것인지에 대한 예감이 내게 계속해서 있어 왔습니다. 게다가, 나는 환난의 때에 경각심을 일깨워 주는 경고나 장차 건짐을 받게 될 것이라는 달콤한 확신 같은 예감을 느끼곤 했던 너무나 많은 그리스도인들을 만나 보았기 때문에, 하나님께서 종종 자기 자녀들의 마음에 속삭이셔서 환난 가운데 있는 그들에게 그들이 결코 이대로 무너져 죽게 되지 않을 것임을 보장해 주신다는 것을 믿지 않을 수 없습니다. 여러분은 존 위클리프(John Wycliffe)가 러터워스에서 겪은 이야기를 이러한 예감 이외의 어떤 다른 방식으로 이해할 수 있겠습니까? 그는 수도사들의 비리를 비롯해서 교회의 여러 가지 폐습들을 책망하는 말씀을 전하곤 했습니다. 우리에게 알려진 바로는, 역사상으로 그는 교황 시대에 영국에서 복음을 전한 최초의 인물이었습니다. 우리는 그를 종교개혁의 새벽별로 알고 있습니다. 그는 대단히 위대한 인물이어서, 만일 당시에 인쇄물이 보급되어서 그가 자신이 한 말들을 책으로 써서 출판을 했더라면, 우리에게는 루터 같은 인물이 결코 필요하지 않았을 것입니다. 왜냐하면, 그는 저 위대한 종교개혁자인 루터보다 복음에 대한 한층 더 분명한 빛을 지니고 있었기 때문입니다. 하지만 그에게는 인쇄술의 도움을 받아 자신의 가르침을 전파할 수 있는 수단이 결여되어 있었습니다. 그는 많은 것을 해냈고, 실질적으로 루터의 손이 해낸 모든 것을 이미 다 준비해 두었습니다. 루터는 단지 위클리프가 가르친 것들을 선포한 것에 불과하였습니다. 위클리프의 병이 아주 깊었을 때, 마치 까마귀들이 죽어가는 양 주위를 맴돌듯이 그렇게 수도사들은 그의 주위로 몰려왔습니다. 그들은 말로는 위클리프에 대하여 깊은 사랑과 애정을 표현하였지만, 사실은 그들의 적이 죽어가는 것을 기뻐하였습니다. 그래서 그들은 그에게 이렇게 말했습니다: "회개하지 않으시렵니까? 우리가 당신에게 종부성사를 베풀기 전에, 당신이 독실한 수도사들과 교황 성하에 대하여 악한 말들을 한 것을 철회하는 것이 좋지 않겠습니까? 지난 일은 잊어버리고, 당신에게 마지막 성사를 평안히 베풀어드리려는 것이 우리의 간절한 마음입니다." 위클리프는 그를 시중드는 이에게 부탁해 자기를 일으켜 달라고 해서 앉은 다음에, 온 힘을 다해서 "내가 죽지 않고 살아서 여호와께서 하시는 일을 선포하리니 수도사들의 악행을 다 드러내리로다"라고 외쳤답니다. 정말 그는 죽지 않았고, 죽음은 그를 죽일 수 없었습니다. 왜냐하면, 그에게는 해야 할 일이 남아 있었고, 그 일을 다 마칠 때까지는 하나님께서 그를 죽게 하지 않으셨기 때문입니다. 위클리프는 자기가 죽지 않으리라는 것을 어떻게 알 수 있었을까요? 분명히 그에게는 무작정 허풍을 치고 보자는 마음이 없었습니다. 단지 그가 장차 해야 할 일이 있다는 예감이 그의 마음에 드리워졌고, 그는 자기가 그 일을 다 마칠 때까지는 죽지 않을 것이라고 느꼈습니다. 그러나 온갖 종류의 일들과 관련해서 예감을 만들어 내는 일을 해서는 안 됩니다. 그래서 나는 하나님께서 자신의 성도들에게 예감을 허락하시는 일이 가끔씩만 일어난다고 분명히 말했습니다. 그러므로 온갖 일들에 대하여 예감을 들먹이는 것은 말도 안 되는 일이고, 실제로 그런 식으로 예감을 말한다면, 그것은 재앙이 될 것입니다.

　　어떤 젊은 여자가 여기에서 별로 멀지 않은 곳에 살았는데, 그녀는 자기가 죽을 것이라는 예감이 든다고 사람들에게 말했습니다. 나는 그녀에게 그런 일이 실제로 일어날 것이라고 생각하지 않았지만, 그녀는 굶어죽기로 작정한 사람처럼 그 어떤 것도 먹기를 거부하였습니다. 내가 심방을 갔을 때, 그녀는 내게 자기가 죽을 것이라는 예감이 들기 때문에 괜히 음식을 낭비하기 싫어서 먹지 않는 것이라고 말했습니다. 그녀는 자신의 그런 예감에 대하여 매우 진지하게 내게 말하였고, 나는 "그런 예감이 있을 수 있다고 나도 믿는다"고 대답했습니다. 그러자 그녀는 내가 그녀 편이라고 확신했습니다. 그런 다음에, 나는 계속해서 이렇게 말했습니다: "나는 전에 내가 당나귀였다는 예감이 들었고, 그 예감은 내 경우에 적중했습니다. 그런데 지금 나는 당신에 대해서도 거의 동일한 예감이 듭니다!" 이 말을 들은 그녀는 깜짝 놀랐고, 나는 그녀의 친구들에게 그녀에게 음식을 가져다줄 것을 부탁하였습니다. 그녀는 먹지 않겠다고 말했습니다. 그래서 나는 그녀에게 만일 그녀가 자살하기로 결심한 것이라면, 오늘 저녁 예배 시간에 이 사실을 회중에게 알려서, 자살하고자 하는 사람을 우리 교회의 지체로 그냥 둘 수 없기 때문에, 그녀를 출교시킬 것이라고 말했습니다. 그녀는 출교를 당할 수는 없었기 때문에 음식을 먹기 시작했습니다. 그녀에 대한 나의 예감이 옳았다는 것이 밝혀졌습니다. 즉, 그녀는 어리석었었지만, 자기가 그랬다는 것을 알 정도로 괜찮은 지각을 지니고 있었다는 것입니다. 내가 이 이야기를 여러분에게 할 수밖에 없는 이유는 마치 여러분이 자신의 느낌을 예감이라고 믿는 말도 안 되는 일을 하도록 내가 부추기고 있다고 생각하지 못하도록 하기 위한 것입니다. 이 세상에는 우둔한 사람들이 아주 많긴 하지만, 우리가 지혜로운 자들에게는 이런 주의를 주지 않아도 됩니다. 하나님으로부터 좋은 일이 일어날 것이라는 예감이 중병을 앓는 사람들에게 올 수 있는데, 그런 경우에 그 예감은 그들이 병에서 회복되는 데에 도움이 됩니다. 우리는 내적인 확신 가운데서 "내가 죽지 않고 살아서 여호와께서 하시는 일을 선포하리로다"라고 말할 수 있을 때에 담대함을 얻게 됩니다.

　내가 지나가는 말로 말씀드리고 싶은 것이 하나 있는데, 그것은 환난 가운데 있는 신자들은 하나님의 긍휼하심을 의지함으로써 거기로부터 큰 위로를 얻게 된다는 것입니다. 하나님께서는 자기 자녀들을 징계하시기는 하지만 죽이지는 않으십니다. 신자들은 이렇게 말합니다: "나의 아버지 하나님께서는 잔인한 자의 공격을 통해 나로 아프게 하시기는 하실지라도 내게 진정한 해악을 가하시거나 다른 누군가로부터 해를 당하게 하지는 않으십니다. 하나님께서는 내게 꼭 필요한 만큼, 그리고 내가 감당할 수 있는 만큼만 내게 고난을 주십니다. 하나님께서는 내게 버틸 힘이 남아 있지 않은 것을 보셨을 때에는 그 손을 멈추십니다. 게다가, 나는 하나님께서 나를 지극히 낮추셨을 때에도 여전히 내 밑에는 그의 영원하신 팔이 있다는 것을 압니다. 하나님께서 나를 죽이신다면, 그것은 오직 나를 살리시기 위한 것일 뿐입니다. 하나님께서 나를 상하게 하신다면, 그것은 고쳐 주시기 위한 것입니다. 나는 이것을 확신합니다." 신자들이여, 그 어떤 일이 있어도 여러분은 이 확신을 버려서는 안 됩니다. 왜냐하면, 이 확신이 옳다는 확실한 토대가 있기 때문입니다. 하나님은 선하시고, 그의 긍휼하심은 영원합니다. 하나님께서 자신의 손에 날카로운 창을 드시는 목적은 우리를 죽이시기 위한 것이 아니라 치료하시기 위한 것입니다. 입에 쓴 약이어서 우리 마음이 싫어하는 약일수록 그 약효는 커서 중한 병을 고칠 수가 있습니다. "여호와의 인자와 긍휼이 무궁하시므로"(애 3:22). 하나님께서는 흔히 아주 쓴 약들을 쓰시기는 하지만, 나중에 그 쓴 맛을 제거하기 위하여 달콤한 음료들을 준비해 두고 계십니다. 왜냐하면, 하나님께서는 잠시 우리를 버리셨다가도, 금방 큰 은혜를 가지고 우리에게로 돌아오시기 때문입니다. 아버지 하나님이 우리를 사랑하시고 불쌍히 여기신다는 이 복된 사실을 여러분이 믿음으로 굳게 붙잡고 있기만 한다면, 여러분에게는 위로가 늘 있게 될 것입니다.

　　다음으로, 믿음은 환난 중에 있는 하나님의 자녀들에게 죄 사함과 형벌로부터의 안전함에 대한 확신을 줌으로써 그들을 위로합니다. 징계와 형벌은 판이하게 다르다는 것을 유념하십시오. 나는 이 두 단어의 의미가 그렇게 다르다는 것이 아니라, 이 두 단어를 통해서 내가 보여주고자 하는 것들이 그렇게 서로 다르다고 말하는 것입니다. 도둑질을 한 소년이 있다고 합시다. 그 소년은 처벌을 받기 위해서 판사 앞에 끌려가서, 형벌이 집행되어서 감옥에 갇히거나 태형에 처해져서 곤장을 맞게 될 것입니다. 또 한 소년이 물건을 훔쳤는데, 자기 아버지의 물건을 훔쳐서 아버지 앞에 불려갔다고 합시다. 이 소년은 범법자로서 형벌을 받지 않고, 아버지로부터 징계를 받습니다. 법원에서 집행하는 형벌을 받는 것과 사랑에 의해서 이루어지는 징계를 받는 것은 큰 차이가 있습니다. 고통스러운 것은 마찬가지일 수도 있겠지만, 그 의미는 판이하게 다릅니다. 아버지는, 법에 따른 형벌이었다면 자기 자녀가 마땅히 받아야 할 그런 벌을 그 자녀에게 집행하지 않고, 그로 하여금 죄를 지으면 괴로움을 당한다는 것을 깨닫게 해주어서 그의 잘못된 행동을 교정해 줄 수 있는 방식으로 그를 징계합니다. 판사는 범죄자가 개과천선하기를 바라지 않는 것은 아니지만, 주로 사회 전체의 질서를 유지하기 위한 법의 목적을 생각해서, 정의라는 관점에서 사회에 해악을 끼치는 행위를 처벌하는 것에 주안점을 둡니다. 그러나 부모가 자녀를 징계함에 있어서는 그런 것과는 다른 원리들이 작용합니다. 본문은 "여호와께서 나를 심히 경책하셨다"고 말하면서도, 거기에 우리의 아버지 되시는 하나님의 모습을 "죽음에는 넘기지 아니하셨도다"라는 말로 덧붙여 놓았습니다. 만일 하나님께서 아버지가 아니라 재판장으로서 우리를 다루셨다면, 우리를 죽음에 넘기시는 것이 마땅한 일이었을 것입니다. 우리의 마음은 하나님의 칼 앞에서 두려워떨며 "주의 종에게 심판을 행하지 마소서 주의 눈 앞에는 의로운 인생이 하나도 없나이다"(시

143:2)라고 부르짖습니다. 공의의 심판은 우리 주 예수 그리스도에 대하여 집행되었기 때문에, 이제 우리가 겪는 모든 환난 속에는 형벌적인 요소가 하나도 없다는 것이 우리에게 위로가 됩니다. "우리의 죄를 따라 우리를 처벌하지는 아니하시며 우리의 죄악을 따라 우리에게 그대로 갚지는 아니하셨으니"(시 103:10). 하나님은 성도들인 우리의 죄를 우리에게 물으실 이유가 없습니다. 왜냐하면, 하나님께서는 이미 우리의 모든 죄를 그리스도에게 전가시키셨고, 그리스도께서는 우리의 죄로 인한 형벌을 스스로 짊어지시고 율법을 이루심으로써 하나님의 도덕적 통치를 만족시키기 위하여 우리에게 죄를 물어 형벌을 집행하실 필요가 없으시기 때문입니다. 우리가 하나님의 회초리로 말미암아 겪는 환난은 아버지의 징계의 복된 측면을 지니고 있습니다. 그렇기 때문에 아무리 괴롭고 아픈 환난도 우리에게 유익이 됩니다. 신자들의 경우에는 죽음조차도 죄로 인한 형벌이 아니고, 주님의 형상으로 다시 깨어나기 위하여 사랑하는 주님의 품에 안겨 달콤하게 잠드는 것이기 때문에, 우리는 "진실로 사망의 괴로움이 지났도다"(삼상 15:32)라고 말할 수 있습니다. 마찬가지로, 죽음 이외에도 다른 모든 환난의 성격도 그런 식으로 바뀝니다. 전에는 우리를 쏘아 죽게 만들었던 말벌들이 이제는 독침은 제거되고 도리어 우리에게 달콤한 꿀을 만들어 주는 꿀벌들이 된 것입니다. "하나님을 사랑하는 자들에게는 모든 것이 합력하여 선을 이루는데"(롬 8:28), 징계는 여기에서 말하는 "모든 것" 중에서 주된 것입니다. 이것이 우리에게 위로의 샘물이 아니고 무엇이겠습니까!

또한, 그리스도 예수 안에서 영생을 소유하고 있다는 온전한 확신을 갖게 되는 것은 하나님의 자녀들에게 큰 복입니다. "여호와께서는 나를 심히 경책하셨어도 죽음에 넘기지는 아니하셨도다." "넘기지 아니하셨도다"라는 어구를 주목하십시오. 하나님께서 우리를 "넘기시는" 것은 정말 끔찍한 일입니다. 나는 그런 분들이 이 자리에 계시는 것은 아닌지 걱정입니다. 시편 기자가 "사람들이 당하는 고난이 그들에게는 없고 사람들이 당하는 재앙도 그들에게는 없나니 그러므로 교만이 그들의 목걸이요 강포가 그들의 옷이며 살찜으로 그들의 눈이 솟아나며 그들의 소득은 마음의 소원보다 많으며"(시 73:5-7)라고 말할 때, 이것이 그런 자들을 가리키는 것이 아니고 무엇이겠습니까? 하나님의 백성들은 매일같이 징계를 당하고 온 종일 재앙을 당하는데, 불경건한 자들은 이 세상에서 형통하고 재물이 날로 늘어납니다! 하나님께서는 자신이 택하신 자들에 대하여 "내가 땅의 모든 족속 가운데 너희만을 알았나니 그러므로 내가 너희 모든 죄악을 너희에게 보응하리라"(암 3:2)고 말씀하십니다. 그러나 하나님께서는 자기 백성이 아닌 자들에 대해서는 "그들은 내가 우상들에게 내어준 자들이니 그냥 두라"고 말씀하셨기 때문에, 그들은 징계를 받지 않는 것입니다. 그들에게는 잠시 환락을 누리는 것이 허용됩니다. 그들로 하여금 최대한으로 환난을 누리도록 내버려 두십시오. 그들의 결말은 초토화 또는 황폐화 자체가 될 것입니다.

형통함이 끝없이 이어지고 늘 건강하다는 것은 "죽음에 넘겨졌다"는 증표들일 수 있습니다. 왜냐하면, 그것은 그들이 죄를 지어도 양심의 고통이나 심판에 대한 두려움 없는 상태에 있다는 것을 보여주는 것이기 때문입니다. 두려움으로부터의 그러한 자유함은 심지어 죽을 때에도 그대로 유지될 수 있습니다: "그들은 죽을 때에도 고통이 없고 그 힘이 강건하며"(시 73:4). 그들에게는 모든 일이 아주 순조롭습니다: "그들은 양 같이 스올에 두기로 작정되었으니"(시 49:14). 그러나 그들은 "음부에서 고통 중에 눈을 들게"(눅 16:23) 됩니다. 하지만 죽음에 넘겨지게 되면, 이 땅에서 사는 동안에 흔히 냉담함과 뻔뻔스러움과 과시욕 같은 것들이 나타나는데, 이와 같은 것들은 하늘의 심판의 보좌로부터 무시무시한 선고가 내려졌음을 보여주는 눈에 보이는 증표들입니다. 그러나 사랑하는 하나님의 자녀들이여, 하나님께서는 여러분을 죽음에 넘기지 않으셨다는 것을 위로로 삼으십시오. 이것은 하나님이 여러분을 생각하고 계신다는 것입니다. 사람들은 뿌리째 뽑아 버릴 포도나무에 대해서는 가지치기를 하지 않고, 불태워 버릴 잡초들에 대해서는 탈곡을 하지 않습니다. 징계를 받고 있는 사람들은 멸망에 넘겨지지 않은 것입니다. 몇 해 전에 나는 영국으로 가기 위해서 마르세유에 머무는 동안 중병에 걸린 적이 있습니다. 내가 침상에 누워 있는데, 차가운 북풍이 마치 내 뼈를 관통하는 것 같고 고통으로 부숴 버리고 있는 것처럼 느껴졌습니다. 내가 불을 피워 달라고 요청하자, 한 사람이 작은 나뭇가지들을 가지고 와서 불을 지피기 시작했고, 나는 그 사람에게 불을 피는 모습을 보게 해 달라고 했습니다. 나는 그 사람이 포도나무를 가지치기 해서 나온 작고 마른 나뭇가지들을 땔감으로 사용하고 있는 것을 보자, "사람들이 그것을 모아다가 불에 던져 사르느니라"(요 15:6)는 말씀이 생각나서 내 눈에 눈물이 고였고, 그 순간 내게 다음과 같은 생각이 떠오르면서 위로가 임했습니다: "내가 저 말라 버린 가지들처럼 느끼고 있지는 못하지만, 나는 가지치기용 가위로 예리하게 그 가지들이 잘려나가서 피 흘리는 포도나무인 것이로구나. 나는 내 영혼과 육신의 구석구석에서 그 날카로운 칼날을 느낄 수 있어." 그때에 나는 "여호와께서 나를 심히 경책하셨어도 죽음에 넘기지는 아니하셨도다"라고 말할 수 있었습니다. "죽음에 넘기지는 아니하셨도다"라는 말씀이 우리에게 얼마나 큰 기쁨인지 모릅니다! 아버지가 아들을 징계한다는 것은 그 아들에게 기대를 걸고 있다는 뜻입니다. 아버지가 징계하기를 멈추었다면, 그것은 그 아들을 구제불능이라고 생각해서 포기한 것일 가능성이 큽니다. 그러므로 사랑하는 하나님의 자녀들이여, 하나님께서 여러분을 심하게 징계하고 계신다면, 기뻐하십시오. 왜냐하면, 그것은 하나님께서 여러분의 이름을 그의 마음이나 손에서 지우지 않으셨고, 여러분을 원수의 손에 넘기지 않으셨다는 것을 의미하기 때문입니다.

"내가 죽지 않고 살아서 여호와께서 하시는 일을 선포하리로다 여호와께서 나를 심히 경책하셨어도 죽음에 넘기지는 아니하셨도다"라는 말씀 속에서 우리는 또 하나의 의미를 발견할 수 있습니다. 우리는 우리의 필생의 일에 있어서의 성공을 위하여 하나님의 권능에 의지함으로써 위로를 받습니다. 젊은 설교자가 말씀을 전하는 일을 시작하자, 비판하는 자들은 9일 간은 놀랄 만한 설교로 사람들을 놀라게 하겠지만 이내 바닥이 나고 끝장이 날 것이라고 말했습니다 — 나는 이 설교가 매우 개인적인 설교여서 이런 이야기를 여기에 인용합니다. 많은 사람들이 교회로 몰려들자, 그들은 "어린애들이 호기심에서 한 번 우르르 몰려온 것"이라고 말했습니다. 그런데 그 "우르르 몰려온 한 무리의 어린아이들" 중 많은 수가 오늘 이 시간까지 하나님께 충성된 자들로서 이 자리에 앉아 있습니다. 그런 후에, 우리가 백 년을 산다고 한다고 해도 결코 잊어버릴 수 없는 그런 너무나 혹독한 징계가 내게 찾아 왔습니다. 우리는 우리가 미리 내다보거나 예방할 수 없었던 어떤 사고로 인해서 모든 사람들로부터 모욕을 당하는 처지가 되어 버린 것 같았습니다. 그러나 이 자리에서는 그 설교자의 동일한 목소리를 통해서 하나님을 증거하는 말씀이 지금까지 끊이지 않았고 그 권세를 잃지도 않았습니다. 30년이 넘는 세월 동안 수많은 사람들이 복음을 듣기 위해서 이곳으로 몰려들고 있습니다. 온갖 반대와 훼방에도 불구하고, 은혜의 복음은 여전히 강력한 힘을 발휘하고 있습니다. 나의 목회 사역 중 가장 어두운 때에 나는 "내가 죽지 않고 살아서 여호와께서 하시는 일을 선포하리로다"라고 분명하게 밝혔습니다. 여러분의 심령이 하나님의 진리로 말미암아 불이 붙었다면, 세상은 여러분의 심령에 붙은 불을 결코 끌 수 없습니다. 하나님께서 불 붙여 놓으신 저 촛불은 음부의 귀신들이 절대로 끌 수가 없습니다. 여러분이 선한 일을 하도록 하나님의 위임을 받았다면, 그 일에 온 마음을 드리시고, 하나님을 의지하십시오. 그러면 여러분은 결코 실패하지 않을 것입니다. 나는 나 같은 지극히 하찮은 도구를 통해서 권능의 역사를 베푸신 하나님의 능력을 정말 기쁜 마음으로 증언합니다.

> "아무리 연약한 성도라 할지라도 반드시 이길 것이라네.
> 죽음과 음부가 그 길을 어떤 식으로 훼방한다고 할지라도."

또한, 우리는 죽을지라도 영원히 살게 된다는 소망으로 인하여 힘과 위로를 얻습니다. 우리는 임종의 침상에서 우리의 발을 모을 때에 "내가 죽지 않고 살게 되리라"는 이 본문을 온전하고 달콤한 의미로 고백할 수 있을 것입니다. 위클리프의 육신은 죽었을지라도, 진짜 위클리프는 죽지 않았습니다. 그의 책들 중 일부는 보헤미아에 전해졌고, 존 후스(John Hus, 1373-1415)는 그 책들을 통해서 복음을 배워 말씀을 전하기 시작했습니다. 존 후스와 프라하의 제롬(Jerome of Prague, 약 1371-1416)은 화형을 당했지만, 후스는 죽을 때에 자기 뒤에 또 한 사람이 일어날 것이고 가톨릭은 그 사람을 제압하지 못할 것이라고 예언하였습니다. 때가 되자, 후스는 루터 속에서 다시 살아났습니다. 루터가 죽었습니까? 칼빈이 오늘날 죽었습니까? 당시 사람들은 칼빈을 어떻게 해서든 중상모략해서 거름 더미 속에 매장해 버리려고 애를 썼지만, 그는 지금도 여전히 살아 있고, 그가 가르친 하나님의 진리들은 온갖 비방과 중상모략 속에서 살아 남았습니다. 죽음이라고요? 한 사람의 죽음은 흔히 그 사람에게 있어서 일종의 새로운 출생입니다. 그가 육신적으로 사라질 때, 그는 영적으로는 여전히 살아 있어서 무덤으로부터 생명나무로 솟아나서 그 잎사귀들로 만국을 치료합니다. 하나님을 위해 일하는 사람들이여, 죽음은 여러분의 거룩한 사명을 결코 훼방할 수 없습니다. 우리가 죽어서 진리가 더 생생하게 살아난다면, 우리는 죽음을 환영하는 것이 마땅합니다. 죽음은 여러분에게 여러분의 영향력을 확대시킬 기회가 될 수 있다는 점에서 죽음을 환영하십시오. 믿음이 있는 사람들이 죽는 것은 한 알의 밀이 한 알 그대로 있지 않기 위해서 죽는 것입니다. 성도들이 표면적으로 땅 속에 눕게 될 때, 그들은 이 땅을 떠나서 날아올라 천국의 문에 다다라서 영생으로 들어갑니다.

무덤이 이 죽을 육신을 받아들일 때, 우리는 죽는 것이 아니라 살게 됩니다. 그때에 우리는 왕의 옷을 입고, 우리의 영광스러운 안식일의 옷을 입게 되어서, 우리의 진면목과 아름다움이 그대로 드러나게 될 것입니다.

3. 셋째로, 환난에서 건짐을 받은 후에 신자들이 해야 할 일입니다.

나는 이 주제와 관련해서 아주 짧게 언급하고 말씀을 맺고자 합니다. "내가 죽지 않고 살아서 여호와께서 하시는 일을 선포하리로다"라는 말씀은 선포입니다. 만일 우리에게 그 어떤 환난도 없다면, 우리가 사람들에게 선포할 것도 별로 없게 될 것입니다. 환난을 경험하지 못한 사람이 어떻게 하나님의 크신 구원에 대하여 말할 수 있겠습니까? 그런 사람들은 환난 가운데 있는 사람들을 멸시하게 되고, 아무리 신앙이 좋은 사람도 환난 당한 사람들을 이해하지 못한다면 그 신앙이 과연 깊은 신앙인지 의심을 받게 될 것입니다. 늘 바닷가만을 걸어다녀 본 사람이 바다에 대해서 무엇을 알겠습니까? 전 세계의 바다를 열 번도 더 항해하며 누비면서 좌초도 여러 번 당해본 나이 든 선원이라면, 여러분은 그런 선원에게 관심을 가질 것입니다. 마찬가지로, 많은 시련과 환난을 겪은 그리스도인들에게는 선포할 크고 기이한 일들이 많습니다. 그러한 크고 기이한 일들은 주로 하나님께서 행하신 역사들입니다. 왜냐하면, "배들을 바다에 띄우며 큰 물에서 일을 하는 자는 여호와께서 행하신 일들과 그의 기이한 일들을 깊은 바다에서 보기"(시 107:23-24) 때문입니다. 환난을 겪은 그리스도인들은 환난 중에 하나님이 그들을 어떻게 붙들어 주시고 거기에서 어떻게 건져 주시는지를 압니다. 그래서 그들은 하나님께서 행하신 일들을 공개적으로 선포하지 않을 수 없습니다. 그들은 하나님이 행하신 일들에 관심이 많기 때문에 그 일들에 대하여 점점 더 큰 열심을 갖게 됩니다. 만일 그들이 하나님께서 그들에게 행하신 일들에 대하여 입을 다문다면, 돌들이 나서서 대신 외치게 될 것입니다.

여러분이 이 시편을 읽어 내려가다 보면, 시편 기자는 단지 선포만을 하는 것이 아니라 경배도 하는 것을 발견하게 됩니다. 그는 하나님께서 자기를 위하여 행하신 일들에 완전히 매료되어서, "주께서 내게 응답하시고 나의 구원이 되셨으니 내가 주께 감사하리이다"(21절)라고 말하며, 하나님의 이름을 칭송하고 찬양합니다. 하나님의 성도들은 슬픔으로부터 건짐을 받게 되었을 때에 "내 영혼이 주를 찬양하며 내 마음이 하나님 내 구주를 기뻐하였음은"(눅 1:46-47)이라고 노래할 수밖에 없습니다.

　그들은 이렇게 한 후에, 더 나아가 그들을 건지신 하나님께 헌신합니다. 시편 기자가 말하듯이, "여호와는 … 우리에게 빛을 비추신 … 하나님"(27절)이십니다. 우리는 너무나 어두웠습니다. 지독하게 어두웠습니다! 우리는 하나님의 손은 말할 것도 없고 우리의 손조차 볼 수 없었습니다. 우리는 두려움으로 얼어붙어 있었습니다. 우리는 우리가 죽어서 매장을 위해 눕혀져 있다고 생각했습니다. 그때에 갑자기 하나님께서 그의 얼굴빛을 우리에게 비추셨고, 어둠은 완전히 사라졌습니다! 우리는 기쁨과 평안 속에서 뛸 듯이 기뻐하며, "여호와는 … 우리에게 빛을 비추신 … 하나님"이시라고 부르짖었습니다. 우리는 깜깜함 밤중 같은 암울함을 제거해 주신 분이 다름 아닌 참 하나님이시라는 것을 확신하였습니다. 의심과 불신앙과 불가지론 같은 것은 불가능했습니다. 우리는 "여호와는 … 우리에게 빛을 비추신 … 하나님"이라고 고백하였습니다. 돌로 지어진 차가운 감방에 갇힌 채로 촛불 하나 없이 깜깜한 밤 사경에 빛이 우리를 둘렀고, 천사가 우리 곁에 서서 우리에게 신발을 신고 허리띠를 매고 자기를 따라오라고 말하였습니다. 우리가 그 말에 순종하자, 우리를 결박하고 있던 쇠사슬이 풀렸습니다. 우리에게 늘 공포의 대상이었던 철문 앞으로 다가가자 그 철문이 저절로 열렸고, 우리는 어느새 도시의 길거리로 나와 있었습니다. 우리는 이것이 현실이라고 생각할 수 없었기 때문에, 환상을 보고 있는 것이라고 생각하였습니다. 그러나 우리는 이 일을 곰곰이 생각해 보고, 우리 자신이 큰 길에 나와 완전한 자유의 상태로 있는 것을 발견하고서, "여호와는 하나님이시라 그가 우리에게 빛을 비추셨으니 밧줄로 절기 제물을 제단 뿔에 맬지어다"(27절)라고 말하였습니다. 하나님께서 우리에게 빛을 비추셨기 때문에, 우리는 영원토록 하나님에 대하여 살 것입니다. 환난 가운데 있지만 그럼에도 불구하고 죽음에 넘겨지지는 않았기 때문에 오늘 밤 "내가 죽지 않고 살리니"라고 말할 수 있는 신자들이여, 여러분의 주이신 예수 그리스도를 의지하여 여러분을 건지신 하나님께 여러분 자신을 산 제물로 새롭게 드리십시오! 아멘.

제
113
장
—

모퉁이의 머릿돌

—

"건축자가 버린 돌이 집 모퉁이의 머릿돌이 되었나니 이는
여호와께서 행하신 것이요 우리 눈에 기이한 바로다 이 날
은 여호와께서 정하신 것이라 이 날에 우리가 즐거워하고
기뻐하리로다 여호와여 구하옵나니 이제 구원하소서 여호
와여 우리가 구하옵나니 이제 형통하게 하소서."

— 시 118:22-25

이 시편의 배경이 된 상황을 확실하게 아는 것은 불가능하지는 않겠지만 어
려운 일일 것입니다. 그동안 이 시편은 역사상의 어떤 사건을 서술하는 것이라
기보다는 순전히 예언적인 것으로 생각되어 왔습니다. 하지만 나는 하나님께서
택하신 한 영웅적인 이스라엘 사람이 기존의 지배층으로부터 배척을 받고 극심
한 박해를 비롯한 수많은 난관들을 헤치고서 마침내 자기 백성과 그들의 지도자
들의 배척에도 불구하고 이 나라의 최고의 자리에 오른 이야기를 이 시편이 말
하고 있는 것이라고 보고 싶습니다. 이 시편은 그리스도에게 적용될 수 있고, 실
제로 신약에서는 그리스도와 관련해서 이 시편을 여러 차례 언급하고 있지만,
인간적인 관점에서 보면, 원래 이 시편의 의도는 하나님의 택하심에도 불구하고
자기 나라 백성들과 지도자들에 의해서 배척을 받은 어떤 택함 받은 자가 결국
일구어낸 승리를 축하하기 위한 것이었던 것 같습니다. 하나님의 섭리에 의해
그는 왕위에 올랐고, 이 일로 인하여 하나님을 찬양하였습니다. 본문에 나오는

"돌"이 누구냐를 놓고, 여기에 설명된 것과 비슷한 이력을 지닌 몇 사람이 물망에 오르곤 하였습니다. 먼저, 야곱입니다. 그는 에서가 그를 죽이고자 했기 때문에 아버지의 집에서 도망칩니다. 그는 이삭 가문에서 쫓겨난 사람이어서 그 가문을 일으켜 세울 자가 결코 되지 못할 것처럼 보였습니다. 집에서 나와 외삼촌 라반의 집으로 가는 도중에 그는 돌을 베개 삼아서 달콤한 잠을 청하였다가 꿈속에서 하늘이 열리고 신비한 사닥다리가 내려오는 것을 보고서 전능하신 하나님이 그를 사랑하신다는 사실을 확신합니다. 이렇게 해서 그의 심령에 새겨진 믿음으로 말미암아 그는 담대하게 자신의 삶을 개척해 나가서, 결국 야곱의 자손이 아브라함과 이삭의 계보를 잇게 되고, 에서는 표면상으로는 야곱에 대하여 완전히 승리한 것처럼 보였지만 이 계보에서 떨어져 나갔습니다.

본문에 나오는 "돌"과 관련해서 등장하는 또 다른 인물은 요셉인데, 야곱은 임종 때에 요셉에 대하여 "거기로부터 목자, 곧 이스라엘의 돌이 나오도다"(창 49:24 KJV, 한글개역개정에는 "이스라엘의 반석인 목자의 손을 힘입음이라")라고 말하였습니다. 요셉은 형제들의 시기로 인해서 가족들로부터 떨어지게 되었고, 그들의 악의에 의해서 심하게 상처를 입었습니다. 형제들은 "꿈꾸는 자가 오는도다"(창 37:19)라고 비아냥거리며, 그를 노예로 팔아 낯선 땅에서 살아가게 만들었습니다. 그러나 그는 애굽의 지하 감옥에 갇혔다가 애굽의 총리가 되었고, 결국에는 이스라엘 집의 모퉁잇돌이 되었습니다. 그의 늙은 아버지는 벧엘에서 꿈에 보았던 것처럼 자신의 머리를 "이스라엘의 돌"인 그의 품에 누일 수 있었습니다. 그리고 요셉의 능력과 지혜로 말미암아 이 목자 집안은 복되게 건축될 수 있었습니다.

다음으로는 다윗입니다. 그는 하나님의 선지자가 그를 찾아와서 그에게 기름을 부을 때까지는 형들로부터 멸시를 받았고 아버지로부터도 별 주목을 받지 못한 채 살았습니다. 하지만 블레셋의 교만을 꺾어놓은 "이스라엘의 돌"이 그의 손에서 나갔습니다. 장차 이스라엘의 왕이 될 이스라엘의 목자의 손에서 이스라엘의 돌이 날아갔을 때, 골리앗은 그 돌에 맞아 그 자리에서 고꾸라졌습니다. 그는 사울로부터 배척과 미움을 받아서, 이스라엘의 왕위로 부르심을 받게 될 때까지 동굴과 바위에 몸을 숨기며 광야를 떠도는 삶을 살아야 했습니다. 그러나 마침내 "건축자들이 버린 돌이 집 모퉁이의 머릿돌이 되었고," 그와 그의 백성은 "이는 여호와께서 행하신 것이요 우리 눈에 기이한 바로다"라고 고백하지 않을 수 없었습니다. 박해를 받고 있는 자들이여, 두려워하지 마십시오. 왜냐하면, 하나님께서는 여러분에게 두신 뜻을 반드시 이루실 것이기 때문입니다. 하나님을 위해 큰 일을 하기로 되어 있는 사람들이 처음에는 사람들의 오해와 배척을 받아 무수한 시련을 통과할 수밖에 없었던 일은 역사상에서 반복적으로 일어나 왔습니다. 그러한 역사는 되풀이되고, 여러분의 경우에도 그 역사가 반복될 수 있습니다. 가족 중에서 "무늬 있는 매"(렘 12:9), 가장 사랑 받지 못한 자가 최고의 지위에 오르는 일이 허다합니다. 입다는 자기 아버지의 집으로부터 쫓겨나서 어려운 처지에 있었지만, 그의 형제들은 기꺼이 그를 그들의 대장이자 머리로 삼았습니다. 청년들이여, 인내 가운데서 머리를 숙이고, 하나님 또는 원수들이 여러분에게 어떤 짐을 지우든지 그 짐을 잘 감당하십시오. 왜냐하면, 하나님께서 여러분과 함께 하신다면, 여러분을 이끄서서 결국 "건축자들이 버린 돌이 집 모퉁이의 머릿돌이 되게" 하실 것이기 때문입니다.

하지만 이 시간에는 우리가 오늘의 본문을 오직 우리의 찬송 받으실 주님과 관련해서만 살펴보고자 합니다. 오늘의 본문이 예수 그리스도를 가리킨다는 것은 거의 명백합니다. 본문의 초점은 그리스도에게 맞춰져 있고, 우리가 그렇게 본문을 그리스도에게 적용해서 볼 때에 한 단어 한 단어가 힘을 얻어서 생생하게 살아나게 됩니다. 실제로 그리스도께서는 이 본문이 자기 자신을 가리키는 것이라고 말씀하셨습니다. 마태복음 21장을 보면, 우리 주님은 대제사장들과 바리새인들에게 이렇게 말씀하십니다: "너희가 성경에 건축자들이 버린 돌이 모퉁이의 머릿돌이 되었나니 이것은 주로 말미암아 된 것이요 우리 눈에 기이하도다 함을 읽어 본 일이 없느냐"(42절). 또한, 여러분도 기억하시겠지만, 베드로는 그리스도를 못 박은 자들 앞에서 이렇게 말합니다: "너희와 모든 이스라엘 백성들은 알라 너희가 십자가에 못 박고 하나님이 죽은 자 가운데서 살리신 나사렛 예수 그리스도의 이름으로 이 사람이 건강하게 되어 너희 앞에 섰느니라 이 예수는 너희 건축자들의 버린 돌로서 집 모퉁이의 머릿돌이 되었느니라 다른 이로써는 구원을 받을 수 없나니 천하 사람 중에 구원을 받을 만한 다른 이름을 우리에게 주신 일이 없음이라"(행 4:10-12). 그리고 베드로는 자신의 첫 번째 서신에 나오는 저 유명한 말씀 속에서도 이 시편을 다시 한 번 언급합니다: "성경에 기록되었으되 보라 내가 택한 보배로운 모퉁잇돌을 시온에 두노니 그를 믿는 자는 부끄러움을 당하지 아니하리라 하였으니"(벧전 2:6). 이 시간에 내가 우리의 높아지신 주님에 대하여 전할 때, 성령께서 우리의 마음속에서 주님의 영광에 대하여 증거해 주시기를 빕니다.

1. 첫째로, 배척받으신 그리스도에 대하여 살펴보겠습니다.

본문은 "건축자들이 버린 돌"(KJV)이라고 말합니다. 이스라엘의 구원을 바라던 경건한 자들이 메시아를 대망하고 있던 때에 주 예수께서는 때가 차서 이 땅에 오셨습니다. 그는 메시아가 나올 것이라고 예언되었던 바로 그 왕가의 후손이었던 부모에게서 태어나셨고, 옛적의 선견자들이 메시아가 태어날 곳이라고 예언하였던 바로 그 마을에서 태어나셨습니다. 초기의 그의 삶의 모든 세세한 부분들은 예언에서 말한 것들에 부합하였고, 하나님이 미리 정해 놓으셨던 표적들과 일치했습니다. 그가 행하신 모든 일 중에서 그의 모형이었던 성소의 상징들과 역사상의 인물들과 정확히 맞아떨어지지 않은 것은 하나도 없었습니다. 말할 수 있는 모든 것들은 "보라 하나님의 어린 양이로다"(요 1:36)라고 이구동성으로 외쳤습니다. 그는 하나님께서 장차 이스라엘 백성의 소망들의 토대로 시온에 놓으시기로 되어 있던 바로 그 돌로서 유대인들 앞에 분명하게 두어지셨지만, 그들은 완강하게 그를 배척했습니다. 증거가 부족했던 것도 아니었습니다. 왜냐하면, 세례 요한이 먼저 와서 그에 대하여 예언하고 증거하였기 때문입니다. 내가 이미 말했듯이, 세례 요한은 예수 그리스도가 하나님의 기름 부음 받은 자라고 그동안 계속해서 예언하여 왔던 저 무수한 예언자들 중 마지막 예언자일 뿐이었습니다. 그런데도 이스라엘은 그리스도를 배척하였습니다. 그가 행하신 이적들과 가르침들은 그의 사명이 무엇인지를 보여주는 충분한 증거가 되고도 남았지만, 이스라엘은 그를 결코 인정하려고 하지 않았습니다. 그는 분명히 하나님이 직접 고르시고 준비하신 "돌"이셨습니다. 그의 특이한 출생 과정은 그가 다른 모든 사람과 다르다는 것을 분명하게 보여주는 것이었고, 모든 것을 능가하는 그의 탁월함과 도덕적 아름다움은 그가 최고의 지위에 오를 자임을 분명하게 보여주는 것이었습니다. 그의 인격은 하나님의 놀라운 사랑과 지혜를 그대로 드러내 주었기 때문에, 만일 유대인들이 그것을 보고자 하기만 했다면, 눈을 반만 뜨고도, 그가 영적인 성전의 모퉁잇돌이 되도록 기름 부음을 받으신 이라는 것을 알았을 것입니다. 그러나 그들은 그를 배척했습니다! "자기 땅에 오매 자기 백성이 영접하지 아니하였다"(요 1:11). 그는 하나님의 말씀을 지닌 자들에게 오셨지만, 그들은 이 일에 있어서 하나님의 말씀을 무시하였습니다. 그는 율법과 선지자들을 가진 자들에게 오셨지만, 그들은 모든 거룩한 증언들에 대하여 귀를 막아 버린 채 그를 인정하지 않았습니다. 슬프게도 사람들의 마음은 너무나 눈이 멀어 있었던 것입니다!

그는 이스라엘 민족의 "건축자들" 또는 지도자들에 의해서 배척 받으셨기 때문에, 그가 버려지신 것은 한층 더 두드러지고 서글픈 일일 수밖에 없었습니다. 그는 "건축자들이 버린 돌"이었습니다. 율법에 무지하였던 백성들이 그가 하나님이 택하신 "돌"이라는 것을 알지 못하였다면, 우리는 그것을 이상하게 생각하지 않았을지도 모릅니다. 그러나 백성들 중에서 성경을 배우고 연구했던 사람들, 바로 그런 사람들이 그를 배척했습니다. 그들은 영적인 건축을 알거나 안다고 자처하는 "건축자들"이었습니다. 율법을 연구했던 서기관들과 백성들에게 율법을 가르쳤던 제사장들은 모퉁잇돌이 될 돌을 고르는 일을 맡았던 지도적인 "건축자들"이었습니다. 그러나 그런 사람들이 우리 주님을 배척했습니다. 그리스도를 배척한 것은 단지 예루살렘의 군중들만이 아니었고, 도리어 백성의 지도자들이 앞장서서 군중들을 선동했습니다. 많은 사람들이 "그를 십자가에 못 박게 하소서"(막 15:13)라고 외친 것은 사실이지만, 그들은 당시의 성직자들이었던 제사장들, 학문을 익혀 신앙에 대해서는 회의적이었던 사두개인들, 율법의식을 고집하였던 바리새인들에게 매수당해 그렇게 외친 것이었습니다. 이러한 백성의 지도자들은 모세의 자리에 앉아 있었고, 백성들은 그들을 의지했습니다. 그리고 이 지도자들의 모략에 의해서 백성들은 하나님께서 친히 준비하신 모퉁잇돌을 배척하게 된 것이었습니다.

또한, 그리스도께서 배척당하신 것과 관련해서 우리가 또 지적해 두어야 할 것은 그것은 결코 평범한 배척이 아니라 폭력적이고 분노에 찬 배척이었다는 것입니다. 그들은 "그는 메시아가 아니다"라고 말하는 것에서 만족하지 않고, 그에 대하여 엄청난 악의를 드러내었습니다. 그들은 그를 보면 치를 떨며 분노하였습니다. 그들은 이 "보배로운 모퉁잇돌"(벧전 2:6)을 발로 차고 온갖 폭력으로 만신창이를 만들고 온갖 조롱을 퍼부었습니다. 그들은 그들의 양심을 뒤흔들어놓고 그들의 위선을 드러낸 그의 피를 보지 않고는 결코 만족할 수 없었습니다. 우리는 "건축자들이 버린 돌"이라는 어구를 읽을 때에 "버린"이라는 단어에 강조점을 두고서 읽어야 합니다. 베드로는 "이 예수는 너희 건축자들의 버린 돌"(행 4:11)

이었다고 말합니다. 그들은 그가 살아 있을 동안에는 그를 비방하였고, 그가 죽게 되었을 때에는 그를 조롱하고 희롱하였습니다. 그들은 그가 자유롭게 활동할 때에는 그에게 온갖 비난들을 침 뱉듯이 퍼부었고, 그가 결박당했을 때에는 그를 군인들에게 넘겨주어 침 뱉음을 당하게 하였습니다. 그들은 그로 하여금 추방자의 삶을 살게 하다가, 결국에는 십자가에 매달아 강도의 죽음을 죽게 하였습니다.

이러한 배척은 지극히 비이성적인 것이었습니다. 그들은 자신들의 악한 행동을 통해서 진실과 정의를 폭력적으로 짓밟았습니다. 그들은 그리스도께서 행하신 그 어떤 일을 이유로 그에게 돌을 던진 것입니까? 그리스도의 인격이나 행위 속에는 그들을 격분하게 할 만한 것이 하나도 없었습니다. 또한, 그리스도의 인격이나 행위 속에는 그들의 분노는 말할 것도 없고 그들의 의심을 불러일으킬 만한 것이 하나도 없었습니다. 그런데도 그들은 악의적으로 결연히 그를 배척하였습니다. 그들은 "우리는 이 사람이 우리의 왕 됨을 원하지 아니하나이다"(눅 19:14)라고 말하였습니다. 그들이 그를 배척한 이유 중의 일부는 그들의 맹목적인 편견 때문이었습니다. 그들은 세상적인 위엄과 권세로 둘러싸인 왕, 로마의 멍에를 부수고서 솔로몬 시대보다 더 강력한 이스라엘 제국을 건설할 수 있는 물리적인 힘을 지닌 왕을 원하였습니다. 그러나 예수 그리스도께서는 비천한 처녀의 아들로 오셔서 평민의 옷을 입고 사람들 가운데서 지극히 온유한 모습으로 비천하게 사셨기 때문에, 그들이 그를 배척한 것이었습니다. 사실 그가 비천한 삶을 산다고 해서 그들이 그를 배척할 이유는 없었습니다. 왜냐하면, 메시아가 그런 모습으로 오실 것이라고 예언되었기 때문입니다. 선지자 이사야는 "그는 주 앞에서 자라나기를 연한 순 같고 마른 땅에서 나온 뿌리 같아서 고운 모양도 없고 풍채도 없은즉 우리가 보기에 흠모할 만한 아름다운 것이 없도다"(사 53:2)라고 말하지 않았습니까? 그리스도께서는 예언들을 따르셨고, 유대 지도자들과 백성들의 편견을 따르지 않으셨습니다. 그래서 그들은 "없이 하소서 없이 하소서"(요 19:15)라고 소리를 질러댔습니다. 그들의 그러한 편견은 순전히 무지의 결과였습니다. 왜냐하면, 만일 그들이 하나님의 말씀을 연구했더라면, 하나님의 그리스도는 그들이 꿈꾼 그리스도가 아니라는 것을 알았을 것이기 때문입니다. 만일 그들이 성경을 제대로 살펴보았더라면, 나사렛 예수가 영광의 주이시라는 것을 알았을 것입니다. 그들에게는 눈이 있었지만, 볼 수가 없었습니다. 빛이 그들을 비치고 있었지만, 그들은 그를 알아보지 못했습니다. 그들의 마음이 교만하였기 때문에, 그들은 무지에 붙잡혀 있을 수밖에 없었습니다. 그들은 진정으로 알고자 하지 않았던 것입니다! 철학적인 사변에 빠져 있던 교만한 사두개인들은 자신들의 생각이 옳다고 믿었습니다. 왜냐하면, 그들은 사상가들이어서 대중적이고 통속적인 생각들을 멸시하여, 천사나 영들의 존재, 또는 죽은 자의 부활 같은 것들에 대해서는 아예 처음부터 부정하고 들어간 까닭에 증거들을 원하지도 않았기 때문입니다. 그래서 그들은 영생을 얘기하는 그리스도를 비웃으며 배척하였습니다. 바리새인들은 자신이 완벽하게 의롭다고 여겼기 때문에, 그리스도께서 그들은 멸망 받을 자들이고 자기는 죄인들을 구원할 구주로 왔다고 가르치셨을 때, 그의 그런 가르침을 알려고 하지 않았습니다. 왜냐하면, 그들은 이미 자신이 구원 받기에 충분할 정도로 의롭다고 확신하였기 때문이었습니다.

이렇게 늘 찬송 받으시기에 합당하신 주님께서는 자기 자신만이 잘났다고 여기고 다른 모든 탁월한 것들을 다 멸시하고 조롱하는 자들의 교만으로 인해서 세상으로부터 쫓겨나셨습니다. 사람들은 하나님이 가장 귀히 여기시는 보석이 그들의 가짜 보석들보다 더 찬란한 빛을 발한다는 이유로 그 보석을 내팽개쳐 버렸습니다. 그들에게는 교만의 죄만이 있었던 것이 아니었습니다. 왜냐하면, 죄의 모태인 교만은 그 밖의 다른 모든 악들에 의해서 둘러싸여 있었기 때문입니다. 그들은 과부들의 가산을 은밀하게 삼켜 버리고자 했는데, 그리스도께서는 그들의 그런 악을 드러내셨습니다. 그들은 한편으로는 기도를 멋지고 길게 하면서 다른 한편으로는 의인들을 박해하고자 했는데, 예수께서는 그들의 그런 속셈을 드러내셨습니다. 그들은 인본주의적인 사상을 따라 생각하고 살아가면서도 마치 정통적인 신앙인 양 가장하고 싶어 했지만, 그리스도께서는 그들이 "외식하는 자들"이라고 규탄하셨습니다. 그들은 하나님의 계시의 기본적인 원리들을 부정했지만, 그리스도께서는 하나님을 증거하기 위하여 아버지 하나님으로부터 오셨기 때문에, 철저히 그를 혐오하고 싫어했습니다. 그들의 죄는 그리스도의 거룩하심과 양립할 수 없었기 때문에, 그들은 어떻게든 그를 제거하기 위하여 아우성을 쳤고, 하나님이 그의 새 예루살렘의 토대이자 모퉁잇돌로 정하신 "돌"을 교활함과 악의를 가지고서 철저히 배척하였습니다. 나의 형제들이여, 여러분은 그 결과가 무엇이었는지를 잘 알고 계실 것입니다. 그들은 하나님이 택하신 돌을 내던져 버림으로써 그들의 바벨탑을 건설하는 일에서 그 돌을 완전히 배제시키고서는 이제 그들의 괴로움은 끝이 났다고 생각하였습니다. 그러나 실제로는 그들의 괴로움은 이제 막 시작된 것이었습니다. 그 "돌"은 그들의 길에서 제거되었지만, 그들은 그 돌에 걸려 넘어졌습니다. 그들은 그 돌에 걸려 넘어져서 우왕좌왕하며 어쩔 줄 몰라 하는 가운데 멸망의 길로 치닫게 되었습니다. 그들은 그 돌에 의해서 철저히 부서졌습니다. 즉, 예루살렘 성과 주민들은 로마군에 의해서 포위를 당한 후에 철저히 파괴되고 죽임을 당했습니다. 하지만 그 돌은 하나님의 권능으로 말미암아 하늘로 들어 올려졌고, 때가 되면 다시 그 어리석은 "건축자들" 위에 떨어져서 끔찍한 결과를 가져오게 될 것입니다. 왜냐하면, 그 돌이 떨어지는 자들마다 가루가 되고 말 것이기 때문입니다. 그 돌이 이 땅에 계실 때에도 그들은 그 돌에 걸려 넘어져 부서졌습니다. 그러나 그가 다시 오셔서 그들에게 떨어질 때에 그 날은 그들에게 화가 있을 것입니다. 우리는 그렇게 그를 배척하는 자들의 무리 가운데 있지 않아야 합니다. 우리는 예수의 복음을 의심하는 자들과 짝하지 말아야 합니다. 도리어, 우리는 예수를 모퉁이의 머릿돌로 정하신 것에 대하여 기쁜 마음으로 하나님을 송축하여야 합니다. 우리는 그를 그대로 영접하고서 즉시 그 터 위에 건축을 시작하여야 합니다.

> "하나님이 택하신 이, 죄인들이 사랑하는 이,
> 　성도들은 그 이름을 경배하네.
> 　우리의 구원 전체를 그 이름에 의지할 때에
> 　우리가 수치를 당하는 일은 결코 없으리."

　하나님께서 우리가 그의 아들에 관한 하나님의 증언을 배척해서, 하나님을 거짓말쟁이로 취급하고 우리의 머리에 영원한 진노가 임하게 하지 말게 해주시기를 빕니다. 우리의 안전은 그를 배척하는 것이 아니라 영접하는 데에 있습니다. 왜냐하면, "영접하는 자 곧 그 이름을 믿는 자들에게는 하나님의 자녀가 되는 권세를 주셨기"(요 1:12) 때문입니다. 그러나 예수 그리스도를 배척하는 자들에 대해서는 우리가 사랑하는 예수 그리스도의 입술로부터 다음과 같은 두렵고 떨리는 말씀을 듣습니다: "그리고 내가 왕 됨을 원하지 아니하던 저 원수들을 이리로 끌어다가 내 앞에서 죽이라"(눅 19:27).

2. 둘째로, 높아지신 그리스도에 대하여 살펴보겠습니다.

나는 이제 큰 기쁨으로 두 번째 대지로 넘어가고자 하는데, 우리가 두 번째로 살펴볼 것은 높아지신 그리스도입니다: "건축자가 버린 돌이 집 모퉁이의 머릿돌이 되었나니." 즉, 지금 이 순간에 그리스도께서는 하나님의 집에서 최고로 존귀한 자리에 계신다는 것입니다. 그는 세상의 모든 왕들보다 더 높으시기 때문에 "머릿돌"입니다. 그는 그를 대적하는 모든 지혜나 미신의 세력들보다 더 높으시고, 만물 위에 그의 교회의 머리이십니다. 만유 위에 계신 그의 이름이 자기 백성 가운데서 영광을 받으시기를 원하나이다. 우리는 큰 기쁨으로 그를 예배합니다! 그는 만왕의 왕이시고 만주의 주이십니다. 왜냐하면, "만물이 그에게서 창조되되 하늘과 땅에서 보이는 것들과 보이지 않는 것들과 혹은 왕권들이나 주권들이나 통치자들이나 권세들이나 만물이 다 그로 말미암고 그를 위하여 창조되었기"(골 1:16) 때문입니다. 사람들 중에 그와 같은 이가 없습니다. 그는 만유 가운데서 가장 뛰어나십니다. 십자가에 못 박히셨던 그는 지금 보좌에 앉아 계십니다. 무덤 속에 들어가셨던 그는 지금 영광중에 다스리고 계십니다.

그는 단지 그의 존귀하신 지위로 인해서만이 아니라 다른 모든 것을 능가하는 그의 유익성으로 인해서도 만유 가운데서 가장탁월하십니다. 그는 두 개의 담을 한데 잇고 하나님의 집을 하나로 잇는 돌인 "모퉁이의 머릿돌"입니다. 유대인과 이방인이 지금 그리스도 예수 안에서 하나가 되었습니다. 그는 이스라엘 집의 담을 떠받치는 돌일 뿐만 아니라, 이방인의 집의 담을 떠받치는 돌입니다. 그리스도 예수 안에서는 유대인과 이방인의 구별은 존재하지 않습니다. 왜냐하면, 이 둘은 그리스도 예수 안에 포괄되어 있기 때문입니다. 그는 이 둘을 하나로 만드셨습니다. 바리새인들은 유다 집이 끝나는 곳에서 하나님의 집의 담이 끝나야 한다고 생각했지만, 우리 주님의 생각은 달랐습니다. 그의 마음은 자신의 양인데도 아직 우리로 들어오지 않은 양에게로 향하였습니다. 이것은 유대인들을 분노하게 하였지만, 그들의 분노는 그가 자신의 목적을 이루시는 것을 막을 수 없었습니다. 그래서 지금 그는 하나님의 집을 이루는 유대인과 이방인을 하나로 견고하게 이어주는 접착제입니다. 이 보배로운 모퉁잇돌은 하나님과 사람을 하나로 묶어서 놀라운 화목을 이루게 합니다. 왜냐하면, 그는 하나님이자 사람이시기 때문입니다. 그는 땅과 하늘을 하나로 잇습니다. 왜냐하면, 그는 하늘과 땅 양쪽에 다 참여하고 계시기 때문입니다. 그는 시간과 영원을 한데 잇습니다. 왜냐하면, 그는 이 땅에서 얼마 안 되는 세월을 사신 사람임과 동시에 "옛적부터 계신 이"이시기 때문입니다. 놀랍고 기이한 모퉁잇돌이시여! 주께서는 우리 모두를 주 안에서 하나로 묶으셔서, 주의 사랑으로 말미암아 성령의 전으로 함께 지어져 가게 하십니다. 주는 완벽한 연합의 끈이고, 만유를 하나로 묶는 영원한 접착제입니다. 성경에 "만물이 그 안에 함께 섰느니라"(골 1:17)고 기록되어 있지 않습니까?

　우리 주 예수 그리스도께서는 이렇게 원수들로부터의 온갖 배척과 모욕을 헤쳐 나오신 분입니다. 그는 유익성과 존귀하심에 있어서 지면에서 가장 탁월하신 분입니다. 이 모든 것이 더욱 빛나는 것은 그리스도께서 배척을 받으셨음에도 그렇게 되셨다는 것입니다. 그는 원수들로 말미암아 잃으신 것이 아무것도 없었습니다. 그들은 그의 등을 채찍으로 쳤지만, 지금 그를 장식하고 있는 저 왕의 옷을 그에게서 빼앗아가지는 못하였습니다. 그들은 그의 머리에 가시면류관을 씌웠지만, 그 가시면류관은 단지 그의 영광의 면류관의 광채를 더해 주는 역할만을 했을 뿐입니다. 그들은 그의 두 손에 못을 박아 구멍을 냈지만, 그것은 사람들의 마음이 그의 두 손에 들린 사랑의 홀에 저항할 수 없게 만드는 역할만을 했을 뿐입니다. 그들은 그의 두 발에 못을 박았지만, 그 발들은 지금 절대주권의 보좌 위에 영원히 견고하게 서 있습니다. 그들은 그를 십자가에 못 박았지만, 그 십자가 형은 그에게 더 큰 존귀와 영광을 안겨다주었을 뿐입니다. 왜냐하면, 그는 십자가에 못 박히심으로써 그에게 주어진 일을 마칠 수 있었을 뿐만 아니라, 그 일로 인하여 하나님께서 그를 지극히 높이셔서 모든 이름 위에 뛰어난 이름을 그에게 주셨기 때문입니다. 이것은 과거에만 그런 것이 아니라, 지금도 그러하고, 앞으로도 그러할 것입니다. 복음은 사람들의 온갖 반대와 배척을 받아도 단 한 치의 손상도 입지 않을 뿐더러, 도리어 여호와의 영원하신 목적들이 반드시 이루어질 것입니다. 우리의 원수들과 대적들은 땅 위에서도 땅 밑에서도 복음을 훼손하고자 할 것입니다. 그들은 공개적으로 반대하기도 하고 은밀하게 공격하기도 할 것입니다. 그러나 그리스도라는 반석 위에 세워진 하나님의 진리와 교회는 영원히 요동하지 않을 것이고, 그 어떤 해악도 입지 않을 것입니다. 하나님께서는 건축자들이 버린 돌을 취하셔서 모퉁이의 머릿돌이 되게 하셨습니다. 그러므로 우리는 실망하거나 낙심하지 말아야 합니다.

　오늘의 본문은 이미 성취되었습니다. 우리 주 그리스도께서는 죽으셔서 무덤에 장사되셨지만, 원수들은 그가 다시 부활할 것을 극도로 두려워해서 돌을 굴려 무덤 입구를 막고 봉인을 해 놓았습니다. 그러나 이 모든 것에도 불구하고 그는 다시 살아나서서 잠자는 자들의 첫 열매, 부활의 머릿돌이 되셨습니다. 그의 부활은 그의 권세를 멸하고자 하였던 자들을 철저하게 좌절시켰습니다. 죽음까지 이기신 분을 그들이 어떻게 이길 수 있겠습니까? 그의 부활이 그의 사명을 증언해 주었을 때, 그들이 그를 쳐서 무슨 말을 할 수 있었겠습니까? 이것이 전부가 아니었습니다. 왜냐하면, 그는 승천하심으로써 자신의 영광과 존귀를 더하셨기 때문입니다. 그가 영원한 산들을 뒤로 하고 올라가시자, 그를 영접하느라고 하늘의 문들이 활짝 열렸습니다! 그는 천사들과 속량함을 받은 영들의 환호와 박수갈채 속에서 하늘의 가장 높은 자리로 오르셨습니다. 빌라도의 재판석이 있던 "돌을 깐 뜰," 즉 "가바다"(요 19:13)에서 재판을 받으시고 골고다로 향하시며 모욕과 학대를 받으셨던 그리스도께서 불이 뒤섞인 유리 바다로 가서서 무한한 위엄의 자리에 앉게 되신 것은 얼마나 엄청난 변화입니까! 예수께서는 재판정에서 하늘 보좌로 가서서 지금 거기에 위엄 가운데 앉아 계십니다! 그의 대적들은 그런 그를 보면 이를 갈겠지만, 만왕의 왕께서는 그들의 분노를 뒤로 하고 거룩한 시온 산 위에 좌정해 계십니다. "어찌하여 이방 나라들이 분노하며 민족들이 헛된 일을 꾸미는가"(시 2:1). 여호와 예수는 왕이시고, 그 누구도 그의 절대주권에 도전할 수 없습니다.

또한, 오늘의 본문은 오순절에도 성취되었습니다. 왜냐하면, 예수 그리스도의 얼마 안 되는 비천한 제자들이 성령의 감동을 받아서 불의 혀로 말하기 시작하였고, 온 예루살렘이 놀라움으로 진동하였을 때, 다시 한 번 저 멸시받고 배척당했던 "돌"이 "모퉁이의 머릿돌"이 되었기 때문입니다. 태양이 거대한 궤도를 돌 때에 열방이 그 빛을 보듯이, 예수 그리스도의 말씀이 전파되기 시작하자 그의 이름은 온 세상에 아주 신속하게 알려지게 되었고, 이교의 신들이 비틀거리고 우상 숭배의 거대한 체계들이 무너졌습니다. 오, 그리스도여, 주의 이름이 영광을 받으소서! 주께서는 주의 교회의 초창기에 영광스러운 승리를 거두셨고, 그 승리는 지금도 여전히 계속되고 있으며, 머지않아 완성될 것입니다. 그가 다시 나타나실 때, 그의 원수들과 대적들의 마음이 느끼게 될 당혹감과 혼란스러움은 이루 말할 수 없을 것입니다. 지금 그는 감춰져 있고, 그의 백성도 그와 함께 감춰져 있지만, 그가 다시 오셔서 모든 믿는 자들로부터 경배를 받으실 그 날이 다가오고 있습니다. 그의 의로우신 말씀들을 배척하였던 자들은 그 날에 얼마나 대경실색하게 되겠습니까! 그 날에 그들은 이 일이 그들의 눈에는 두려울 것이긴 하지만 여호와께서 하시는 일임을 알게 될 것입니다. 우리 주님이 다시 오시는 그 날에는 지옥에서 가장 악한 귀신을 포함해서 지각이 있는 모든 존재들은 건축자들이 버린 돌이 모퉁이의 머릿돌이 되었다는 사실을 인정하지 않을 수 없게 될 것입니다. "나사렛 사람" 예수께서 온 인류가 보는 앞에서 만유의 주가 되실 것입니다. 우리는 그 날을 대망합니다. 사랑하는 형제들이여, 이 아침에 나는 여러분이 우리가 여러분 앞에 전한 이 소식에 크게 기뻐하시기를 바랍니다. 그리스도 예수께서 전에 그를 배척하고 멸시했던 자들이 닿을 수 없는 곳인 하늘 보좌에 앉아 계신다는 것은 하나님의 위대한 진리입니다.

> "영원하신 이에게는 조롱과 멸시가 아니라
> 존귀와 영광을 드리는 것이 마땅하다네.
> 그의 머리에는 영광이 빛나고
> 가시 없는 영광의 면류관이 씌워 있다네."

3. 셋째로, 그리스도의 높아지심은 오직 하나님이 하신 일이라는 것입니다.

우리가 다음으로 살펴볼 것은 23절에 나옵니다: "이는 여호와께서 행하신 것이요 우리 눈에 기이한 바로다." 이것은 역사적인 사실로서도 그러하였습니다. 예수 그리스도의 이름과 그가 행하신 일은 마침내 이 세상에서 존귀를 받게 되었지만, 그것은 인간의 지혜나 웅변, 또는 능력으로 말미암은 것이 아니었고, 전적으로 모략에 뛰어나시고 권능이 많으신 하나님으로 말미암은 것이었습니다. 나의 형제들이여, 만일 서기관들과 바리새인들이 우리 주님의 말씀들을 다 받아들였다면, 사람들은 기독교가 유대교라는 오래된 가지에 접붙임을 받아서 왕성하게 성장한 것이라고 말했을 것입니다. 만일 빌라도나 헤롯, 또는 어떤 큰 자, 특히 당시의 "가이사"가 우리 주님이 하신 말씀들을 받아들였다면, 이후의 세대들은 "예수는 제국이 준 특혜와 군대의 힘으로 그런 권세와 자리에 오르게 된 것"이라고 말했을 것입니다. 그러나 실제로는 그런 일들은 일어나지 않았습니다. 이 땅의 모든 기존의 세력들은 예수 그리스도를 배척하고 반대했습니다. 지위와 신분이 높은 이들은 목수의 아들을 멸시하였고, 미신을 신봉하는 자들은 그의 단순하고 신령한 가르침을 혐오하였습니다. 그는 성전이 파괴될 것이라고 말씀하였기 때문에, 종교의식을 중시하는 자들도 그를 몹시 미워하였습니다. 회의론자들도 그를 참을 수 없었습니다. 왜냐하면, 그는 의심을 조금도 용납하지 않았고, 깊이 생각해 볼 거리를 전혀 주지 않았기 때문입니다. 이 땅의 군왕들과 지도자들도 그를 철저히 조롱하였습니다. 왜냐하면, 그는 이 세상에 속하지 않은 나라에 대하여 말씀하였기 때문입니다. 그런데도 그는 승리하셨고, 지금 그의 이름은 지금까지 이 땅에 존재했던 사람들 중에서 가장 유명합니다. 이것은 시인들이 파르나소스 산(Parnassus · 그리스 신화에서 아폴론 신과 뮤즈 신이 살았다고 해서 문예를 상징하는 산이 됨)에 앉아 있다가 그들의 지극히 고상한 시어들로 예수 그리스도를 노래했기 때문도 아니었고, 음유시인들이 수금을 타며 예수 그리스도의 강림을 송축하는 천상의 음악을 연주해서 사람들에게 들려 주었기 때문도 아니었습니다. 예수 그리스도를 높이는 찬송들을 지은 이들은 비천한 동정녀와 나이 든 여인이었고, 예수 그리스도를 송축한 노래는 아이들이 예루살렘 길거리에서 "호산나 다윗의 자손이여"(마 21:9)라고 외친 시끄러운 소리가 전부였습니다. 인자의 영광은 사람에게 그 어떤 것도 빚진 것이 없었습니다. 그가 하늘의 보좌에 오른 것은 순전히 하나님께서 행하신 일이었기 때문에 우리의 눈에 기이한 일이었습니다.

이것은 과거에도 참이었지만, 오늘날에도 여전히 참입니다. 왜냐하면, 그리스도의 복음이 세상에 전파될 때마다 전적으로 하나님의 개입에 힘입어서 승리하기 때문입니다. 인간의 본성이 복음에 대하여 얼마나 적대적인지를 나는 알기 때문에, 이 세상에 참된 교회가 존재한다는 것 자체가 내게는 기적입니다! 그것은 오직 내게만 그렇게 보이는 것은 아닐 것입니다. 왜냐하면, 그것은 실제로 인간을 뛰어넘는 일이고, 오직 하나님이 행하실 수 있는 일이기 때문입니다. 단지 이것만 한 번 생각해 보십시오. 오늘날에도 예수 그리스도의 단순한 복음을 대적하기 위하여 세상의 온갖 미신의 모든 지혜와 능력과 웅변과 노련한 솜씨가 총동원되고 있습니다. 그 미신들은 다른 것에 있어서는 전혀 일치하는 것이 없는데도, 오직 그리스도를 대적하는 일에서는 한 마음이 됩니다. 일곱 개의 산(로마)을 끼고 앉아 있는 교황은 예수의 순전한 복음과 관련해서는 오직 저주이자 재앙일 뿐인데, 교황에게는 무시무시한 권력을 쥔 성직자들과, 그 어떤 것으로도 막을 수 없는 저돌적인 예수회 교단의 군대가 있습니다. 수많은 사람들이 철저하게 조직화

되어 도처에 산재해서 은밀하게 활동하고 있는 로마 가톨릭의 전사들은 거대한 무리이기 때문에 결코 가볍게 볼 수 없는 존재입니다. 또한, 이 땅에서 미신이 어떻게 성행하고 있는지를 보십시오! 개신교회를 세우기 위하여 국가에 의해서 임명된 "건축자들"이 도리어 두 손으로 교회를 어떻게 무너뜨리고 있는지를 보십시오! 그들은 성직자인 사제들, 하나님의 기업들입니다. 그런데 그들이 무슨 짓을 하고 있습니까? 그들은 십자가의 가르침이 있어야 할 곳에 십자가에 못 박히신 예수 상을 높이 걸어 놓습니다. 그들은 그리스도의 보배 피가 있어야 할 자리에 성례전들을 갖다 놓고, 하나님의 은혜로 인한 예수 그리스도로 말미암은 구원을 선포하는 대신에 그들의 사제직을 통한 구원을 전파합니다. 건축자들은 예수 그리스도를 배척하고 있지만, 그의 복음은 여전히 살아 있습니다. 하나님의 집의 다른 쪽에 있는 지혜자들, 즉 진보된 사상과 철저한 교양을 갖춘 학자들이라 자처하는 "건축자들"은 복음을 대적하여 돌팔매질을 하고 있습니다. 그들은 깊은 학식을 자랑하지만 실제로는 그런 척하는 것일 뿐이기 때문에, 나는 그들에게 좀 더 학문에 정진해서 더 많은 교양을 쌓고서 교회의 선생들로 세움 받으라고 권하고 싶습니다. 그렇지 않으면, 그들의 얕은 학식이 금방 드러나게 될 테니까 말이죠. 이와 같은 스스로 지혜롭다고 자랑하는 자들, 사상가로 자처하는 자들은 모두 예수 그리스도의 복음을 대적하는 자들입니다. 우리 시대가 의심과 회의론이 판치는 시대인 것을 생각하면, 어느 한 사람이라도 복음을 믿는다는 것 자체가 너무나 놀라운 일입니다. 나는 어떤 한 사람이라도 복음을 믿게 되었을 때에 그것이 하나님께서 행하신 일이고 우리의 눈에 기이한 일이라고 느낍니다. 참된 믿음은 **초자연적인** 것입니다. 그것은 사람의 지혜에 있지 않고 하나님의 능력에 있기 때문입니다! 그리스도는 많은 교회들에 계시기 때문에(그의 이름이 찬송을 받으소서!), 그가 높임을 받으시는 곳마다, 그것은 사역자의 어떤 재능이나 능력 때문이 아니라, 성령이 사람들 가운데서 역사하셔서 그들을 그리스도께로 인도하시기 때문입니다. 그러므로 사랑하는 형제들이여, 그리스도의 복음에 대하여 낙심하지 마십시오. 기독교의 진정한 진보는 **초자연적인** 것입니다. 우리가 이성이라는 목검으로 싸운다면 패배할 수밖에 없습니다. 그것은 복음이 이성에 어긋나거나 반대되기 때문이 아니라, 복음은 이성을 초월하는 까닭에 우리가 이성으로는 복음을 깨달을 수 없고, 따라서 복음 진리를 마치 인간적인 발견인 양 이성으로 들을 때에는 복음이 그 능력을 발휘할 수 없기 때문입니다. 따라서 이성을 초월하는 하나님의 역사가 있을 때에만 기독교 신앙이 세워집니다. 만일 실제로 하나님의 성령이 역사하셔서 사람들을 회심시키는 것이 없다면, 복음은 다른 사상 체계들처럼 아무런 열매도 맺지 못하고 사라지고 말 것입니다. 그러므로 우리는 복음이 참되다는 것을 증명해 줄 수 있는 어떤 증거들을 의지해서도 안 되고, 복음 진리를 아름답고 우아하게 전달해 줄 웅변을 의지해서도 안 되며, 오직 하나님의 영원하신 영을 의지해야 합니다. 왜냐하면, 건축자들이 버린 돌을 들어올려서 모퉁이의 머릿돌이 되게 할 수 있는 이는 오직 하나님뿐이기 때문입니다. 인간의 눈먼 이성으로는 하나님의 진리를 믿는 것이 불가능합니다. 그러므로 우리는 거듭나야 합니다. 복음의 가르침들은 우리를 지극히 낮추는 것들이고 너무나 급진적이며 순전하며 영적인 것들이며 우리의 생각을 훨씬 뛰어넘는 것들이기 때문에, 하나님의 가르침을 받지 않은 자는 그 누구도 그 가르침들을 받아들일 수 없습니다. 하나님의 택함 받은 백성들은 성령의 가르침을 받게 될 것이고, 나머지는 계속해서 눈먼 상태로 있는 쪽을 택할 것입니다. 과거에도 그랬고, 앞으로도 그럴 것입니다. 그러나 사랑하는 자들이여, 그렇다고 해서 우리가 두려워 떨 필요는 없습니다. 왜냐하면, 인간의 눈멂과 지혜로운 자들의 반대에도 불구하고, 그리스도께서는 세상 끝까지 다스리실 것이기 때문입니다.

　사람들은 오늘날 목회자들이 매우 자유분방해서 옛 복음을 버렸다고 수군거립니다. 나도 그것을 알지만 별로 놀라지 않습니다. 왜냐하면, 하나님이 택하신 "돌"을 가장 먼저 버린 자들은 바로 건축자들이었기 때문입니다. 그리스도께서는 설교자들에게 별로 빚을 지고 계시지 않고, 그리스도의 최악의 원수들 중 일부는 설교자들에게서 발견됩니다. 회심하지 않은 사람들이 너무나 많은 강단에 서서, 그리스도 예수를 높이는 순전한 복음을 제쳐놓고, 그들이 스스로 다양하게 고안해 낸 많은 것들을 전합니다. 그런 자들을 내버려 두십시오. 이 눈먼 인도자들을 삼키려고 깊은 구덩이가 숨을 헐떡이고 있습니다. 우리 주님에게는 그런 자들이 필요없습니다. 왜냐하면, 그리스도께서는 순전히 자신의 능력으로 승리를 이루어 가시기 때문입니다. 그러므로 그의 백성들은 그저 믿음을 가지고 평안히 그리스도께서 하시는 일을 지켜보기만 하면 됩니다. 그렇게 참고 인내할 때, 그들은 지금까지 자신들이 보아 왔던 것보다 더 큰 일들을 보게 될 것입니다. 오늘의 본문은 그 일들은 "여호와께서 행하신 일들"이고 "기이할" 뿐만 아니라, "우리 눈에" 기이하다고 말합니다. 즉, 우리가 우리의 눈으로 그 일들을 직접 볼 수 있었다는 것입니다. 우리는 그 일들을 보고 기이하게 여기게 될 것입니다. 우리 중에 어떤 이들은 그때까지 살아 있지 않을 수도 있겠지만, 나이가 좀 더 젊은 분들은 살아생전에 현대 사상이 사람들의 마음을 사로잡는 것을 볼 수 있을 것입니다. 아마도 독일의 합리주의가 무르익어서 된 사회주의가 많은 사람들의 마음을 오염시켜서 사회의 토대 자체를 무너뜨리는 일이 일어날 것입니다. 그때에 "진보된 사상 원리들"이라고 하는 것들이 기승을 부리게 될 것이고, 자유사상이 창궐하여 몇 해 전에 "이성의 시대"가 어떤 시대일지를 보여주었던 흉악한 유혈 폭동처럼 곳곳에서 악들과 유혈이 낭자하게 될 것입니다. 물론, 나는 그런 일이 꼭 일어날 것이라고 말하는 것은 아니지만, 그런 일이 일어난다고 해도 그것은 전혀 이상하거나 놀랄 일이 아니라고 말하는 것입니다. 왜냐하면, 죽음의 사상 원리들이 널리 퍼져 있고, 일부 목회자들도 그 원리들을 퍼뜨리고 있기 때문입니다. 믿는 자들이여, 설령 그런 일이 일어난다고 할지라도, 단 한순간도 절망하지 마시고, 하나님께서 곧 이 땅에서 기이한 일을 행하실 것이고, 건축자들이 버린 돌을 다시 한 번 취하시고 들어올리셔서 더욱더 모퉁이의 머릿돌이 되게 하실 것임을 믿으십시오. 패배는 생각조차 하지 마십시오. 요란하고 시끌벅적한 논쟁의 한복판에서도 평안하십시오. 왜냐하면, 복음을 붙잡고 계시는 손길은 반드시 승리를 쟁취하실 것이기 때문입니다! 이것은 여호와 하나님께서 행하신 일이고, 우리는 그것을 보게 될 것입니다.

4. 넷째로, 버려진 그리스도께서 높이 들리우신 것은 새 시대의 신호탄이라는 것입니다.

오늘의 본문 중에서 24절은 무엇이라고 말씀하고 있습니까? "이 날은 여호와께서 정하신 것이라 이 날에 우리가 즐거워하고 기뻐하리로다." 옛적의 유대인들이 애굽에서 나왔던 그 시간을 밤의 시작점으로 삼았던 것과 마찬가지로, 우리에게는 우리 주님의 부활이 시작점입니다. "여호와께서 정하신 이 날"은 어떤 날입니까? 첫째로, 그 날은 복음의 날입니다. 우리 주님이 높이 들리심으로써 죄 사함이 만민 중에 값없이 은혜로 전파되어서 그를 믿는 자는 누구나 영생을 얻는 날이 시작되었습니다. 지금 그리스도께서는 높이 들리셔서 하나님의 오른편에 앉으셔서 참된 이스라엘에게 회개와 죄 사함을 베풀어 주고 계십니다. 지금 그리스도께서는 능력의 보좌에 앉아 계시기 때문에, 자기를 통해서 하나님께로 온 사람들을 끝까지 구원하실 수 있으십니다. 그러니 우리가 그리스도를 즐거워하고 기뻐하는 것은 당연합니다. 그런데 우리가 그리스도를 믿는 것을 통해서가 아니라면 어떻게 그리스도를 즐거워하고 기뻐할 수 있겠습니까? 복음은 전에 버린 바 되셨지만 지금은 높이 들리신 구주의 복음이고, 우리는 그 복음을 믿어야 합니다. 왕이신 구주, 높이 들리신 구주, 전능하신 구주께서 우리에게 계셔서, 우리의 영혼이 그의 손길 안에서 안전하기 때문에, 우리는 전적으로 그를 의지하는 것이 마땅하고, 따라서 우리의 마음은 기뻐 노래하는 것이 마땅합니다. 복음의 시대는 기쁨의 시대여야 합니다. 왜냐하면, 복음의 은총이 부요하고, 복음의 빛이 아주 밝게 빛나고 있으며, 복음의 약속들이 차고 넘치며, 복음의 진리가 확실하기 때문입니다. 예수께서 지금 다스리고 계시는데, 행복하지 않다는 것은 배은망덕한 것입니다. 복음은 왕이 베푸신 잔치입니다. 우리는 배불리 먹음으로써 왕의 은총에 감사하고 우리 스스로도 행복해지는 것이 마땅합니다.

하나님께서 정하신 이 날은 어떤 날입니까? 다음으로, 그 날은 안식의 날, 앞으로 계속 이어질 안식의 첫 날입니다. 우리 주 예수께서 죽은 자 가운데서 다시 살아나셨던 날은 지금 우리에게 안식과 거룩한 기쁨을 누리게 하시는 성별된 날이 되었습니다. 우리는 그 날을 공경하고 사랑하는 마음으로 그 날을 지키고, 그 날을 정하신 하나님을 송축하여야 합니다.

> "이 날은 하나님께서 정하신 날이어서,
> 하나님은 이 날의 시간들을 자신의 소유라 하시네.
> 하늘이여 기뻐하고, 땅이여 즐거워하여,
> 찬송으로 하늘 보좌를 두르라.
> 오늘 주께서 죽은 자들을 떠나서 다시 살아나셨고,
> 사탄의 제국이 무너졌도다.
> 오늘 성도들이 주의 승리를 전파하고
> 주께서 행하신 기이한 일들을 전한다네."

세상 사람들은 안식일을 일요일, "해의 날"이라고 부릅니다. 우리는 그 날을 "구름의 날"로 바꾸어 놓아서는 안 됩니다. 믿음이 좋은 분들 중에서는 주일을 아주 엄숙하고 경건한 날이라고 생각해서 가능한 한 절제해서 황량하고 적막하게 지내는 것이 마땅하다고 여기는 분들이 있습니다. 그래서 그런 분들은 커텐을 내려서 방을 어둡게 하고 자녀들을 책망하며 미소를 없애고서야, 그들이 안식일에 더 가까이 다가가고 있다고 느낍니다. 그들은 자신들이 마치 교도소 뜰에서 운동하는 죄수들처럼 기도의 집에 올라가서 가능한 한 엄숙하고 참담한 마음가짐을 유지하여야 한다고 생각하고, 설교자는 마치 죽음과 멸망 외에는 전할 말씀이 없다는 듯이 그런 주제를 지루하고 단조롭게 전해야 하고, 우울한 분위기를 유지하여야 한다고 생각해서, 그렇게 하지 않는 설교자가 하는 설교를 은혜롭다고 여기지 않습니다. 하지만 그런 것은 우리 주님의 가르침도 아니고, 우리 주님의 마음이나 영을 따르고 있는 것도 아닙니다. 신앙시인 허버트(Herbert)는 안식일에 대하여 다음과 같이 잘 말하였습니다:

> "안식일은 기쁨과 희락의 날일세.
> 한 주간의 여섯 날은 이 땅에서 수고하지만,
> 안식일에는 처음 시작되었던 그 날처럼 높이높이 날아오른다네."

안식일은 "최고의 기쁨을 보증하는 날"이라 불리기에 합당할 정도로 "지극히 평안하고 지극히 밝은 날"이 되는 것이 마땅합니다. 안식일은 새들이 노래하는 때입니다. 왜냐하면, 우리 주님이 낮아져 계셨던 겨울이 끝이 나고 죽은 자 가운데서 다시 부활하셨기 때문입니다. 오늘날 우리는 가장 높은 하늘에 계시는 그리스도의 영광을 하나님의 택하신 분이자 그의 교회의 모퉁잇돌로 송축합니다. 그런데도 우리가 마치 그의 승리를 슬퍼하고 그의 존귀를 아니꼽게 여긴다는 듯이 잔뜩 찌푸린 얼굴로 돌아다닌다면, 그것은 분명히 잘못된 것이고 합당하지 않은 것입니다. 도리어, 우리는 너무나 기뻐서 손뼉을 치며 즐겁게 노래하는 것이 마땅합니다: "여호와께서 다스리시나니 땅은 즐거워하며 허다한 섬은 기뻐할지어다"(시 97:1).

또한, "여호와께서 정하신 이 날"은 그리스도의 부활의 날이고, 그리스도의 부활은 승리의 시대가 개시되었음을 알리는 신호탄입니다. 우리는 앞에서 이 날이 복음의 날, 안식의 날이라고 말했지만, 이 날은 승리의 날이기도 합니다. 예수 그리스도께서 죽은 자 가운데서 다시 부활하셨듯이, 사람들이 그의 진리를 무덤 속으로 던져 버릴지라도, 그 진리는 끊임없이 다시 부활할 것입니다. 그가 사망과 어둠의 권세를 이기고 승리하셨던 것처럼, 그의 복음도 온갖 반대와 배척을 이기고 승리할 것입니다. 언제라도 여러분의 마음이 무거울 때마다, 나는 여러분이 그리스도의 열린 무덤 앞에 서서 그가 부활하셨다는 사실을 되새기시기를 부탁드립니다. 그가 사망의 밧줄에 묶이실 수 없으셨다면, 그와 그의 복음이 그어떤 밧줄에 의해서도 묶일 수 없다는 것은 너무나 분명합니다. 원수들과 대적들은 그의 복음을 무덤 속으로 다시 밀어 넣고서, 옛 가르침들은 이제 한물갔다고 선언합니다. 그러나 우리 주 예수께서 살아 계시는 것이 확실하듯이, 그들이 하나님의 진리가 다시 부활하는 것을 보게 되리라는 것도 확실합니다. "묵시는 지체되지 않고 반드시 응할"(합 2:3) 것이기 때문에 인내로써 행하십시오. 복음이 한층 더 큰 능력과 젊음의 생기로 다시 부활하고, 하나님께서 그 일을 행하셨다는 것을 세상이 분명히 알게 될 날이 올 것입니다. 우리가 옳은 것과 참된 것이 승리하는 밝은 시대에 살고 있다는 것을 우리는 기뻐하고 즐거워해야 합니다. 우리는 그 승리를 위해 싸워야 하고 그 승리를 기다려야 하긴 하지만, 그 승리는 반드시 이루어져서, 그리스도께서 영원토록 다스리시게 될 것입니다. 나는 하나님께서 여러분을 저 높이 들리신 그리스도께로 인도하셔서 이 날이 여러분의 모든 날의 시작이 되게 해주시기를 빕니다. 하나님께서 정하신 "이 날"은 해가 비치는 것으로부터 시작되었지만, 지금은 날이 점점 더 컴컴해지고 암울해지고 있습니다. 하늘은 잔뜩 찌푸려 있고, 폭풍이 금방이라도 몰려올 것 같습니다. 그렇지만 사랑하는 여러분, 나는 이 모든 상황이 철저하게 역전되는 날이 곧 올 것이라고 믿습니다. 여러분이 이 아침에 의심의 구름을 눈물의 소나기로 바꾸기 시작하신다면, 여러분은 지금 높이 들리셔서 가장 높은 하늘에 계신 그리스도를 보게 될 것입니다. 왜냐하면, 그리스도께서는 여러분을 위해서 스스로 대속 제사를 자원하여 드리셨기 때문입니다. 폭풍 후에 청명한 하늘을 볼 수 있듯이, 여러분이 그리스도를 바라보기만 하신다면, 여러분은 비 갠 뒤의 청명한 하늘처럼 그렇게 맑아진 여러분의 심령을 보시게 될 것입니다.

5. 다섯째로, 그리스도의 높이 들리우심은 우리에게 기도할 것을 촉구합니다.

오늘의 본문에서 25절은 "여호와여 구하옵나니 이제 구원하소서 여호와여 우리가 구하옵나니 이제 형통하게 하소서"라고 말씀합니다.

먼저, 이것은 **구원**을 위한 기도입니다. 이 기도는 "왕이여 만세 수를 누리소서 예수께서 영원토록 사시게 하옵소서"라는 의미일 수 있고, 그런 의미에서 우리는 이 기도로써 하늘들을 진동하게 해야 합니다. 그러나 이 아침에 우리는 이 기도를 사람들의 구원을 위한 기도로 보고자 합니다. 그리스도께서는 승리하셔서 높이 들리신 구주이시기 때문에, 우리는 우리 주변의 모든 사람들을 구원해 주시라고 그리스도께 간구하여야 합니다. 주여, 그들을 구원하소서! 그들 모두를 구원하소서! 지금 그들을 구원하소서! 이 일을 현재 시제로 구하십시오. 높이 들리우신 우리의 머리 되시는 주님께서 그 구원의 능력을 지금 나타내시기를 구하십시오. 왕이시자 주이신 그리스도 예수여, 시온의 죄인들을 구원하소서. 우리는 안식일마다 이 전을 찾아와서 주님에 대하여 듣긴 하지만 알지는 못하는 이들을 구원하시기를 구합니다. 주의 전의 문 안에 있으면서도 우리에게와 주님께 낯선 저 외인들도 구원하소서. 선하신 주님, 별 생각 없이 살아가는 자들을 구하소서. 걱정과 근심이 많은 이들을 구원하소서. 주를 찾는 자들을 구원하소서. 우리는 아버지 하나님의 오른편에서 영광 중에 앉아 계시는 주님께 사람들을 구원해 주시라고 구합니다. 여러분은 그리스도 예수께서 하나님의 오른편에 앉아 계신다는 것을 믿습니까? 여러분이 그것을 믿으신다면, 그리스도께서는 모든 일이 가능하실 뿐만 아니라, 그는 여러분의 기도를 들으시겠다고 약속하셨습니다. 그러므로 이 자리에 계신 수많은 이스라엘이여, 나는 여러분이 지금 이 자리에서 "여호와여 구하옵나니 이제 구원하소서"라고 한 목소리로 진심으로 기도하시기를 부탁드립니다. 이 기도에 여러분의 자녀나 아내나 아버지나 여자 형제나 남자 형제의 이름을 넣어서 기도하시되, 바로 그분들을 구원하시기 위한 목적으로 하늘 보좌에 앉으신 그리스도께 기도하십시오. 오, 주여, 지금 구원하소서. 우리는 이제 더 이상 주님을 멸시하거나 배척하지 않습니다. 사람들을 구원하심으로써 주의 영광을 나타내소서. 주께서는 극심한 고통을 받으시면서도 사람을 구원하실 수 있으셨습니다. 십자가 위에 달리신 상태에서도 주께서는 죽어가는 강도를 구원하셨으니까요! 그러나 지금 영광 중에 계시는 주님은 더 큰 권능을 가지고 계십니다. 그러므로 구주여, 지금 구원하소서. 주께서 여러분의 기도를 언제라도 기꺼이 들으실 준비를 하고 계신다는 것을 아는 여러분이 끈질기게 그런 기도와 간구를 드리지 않는다면 말이 되겠습니까? 죄인들이여, 여러분은 여러분 자신을 위하여 그런 기도를 드려야 하지 않겠습니까?

    이 더운 6월에 이 공간에 이렇게 많은 사람들이 빽빽이 앉아 있는 지금, 우리는 영존하시는 이의 그림자가 우리를 덮고, 전능자가 그의 날개로 우리를 덮고 있음을 느껴야 합니다. 하나님께서 여러분 곁에 계시는 것이 느껴지지 않습니까? 하나님이 여러분 바로 곁에 계신다는 것을 알아야 합니다. 그가 가까이 계실 때에 그를 부르십시오. 그러면 우리는 십중팔구 잠시 후에 하늘을 가로지르는 우레처럼 들려오는 하나님의 엄위하신 음성을 듣게 될 것이고, 오래지 않아 하나님의 번뜩이는 창들의 빛나는 광채를 보게 될 것입니다. 그렇게 하여 이 모든 것이 우리의 경외심을 더 깊게 하여서, 우리로 하여금 바로 지금 우리를 구원해 주시라고 하나님께 간구하게 만들도록 하여야 합니다. 자신의 기쁘신 뜻대로 우렛소리로 말씀하시는 하나님이 지금 바로 우리 곁에 계십니다. 하나님 앞에 무릎을 꿇고, 그의 아들 그리스도 예수를 의지해서, "이제 구원하소서"라고 기도하십시오. 내일로 미루거나, 폭풍이 지나갈 때까지 기다리지 마시고, 바로 지금 하나님의 구원을 구하십시오.

오늘의 본문에 나오는 기도의 나머지 절반은 **형통함을 구하는** 기도입니다: "여호와여 우리가 구하옵나니 이제 형통하게 하소서." 이것은 우리가 이 교회 속에 계속해서 필요로 하는 기도입니다. 이 기도는 오늘 우리가 살펴보고 있는 단락 전체와 잘 조화를 이룹니다. 하나님이여, 주께서는 "모퉁이의 머릿돌"을 제자리에 놓으셨사오니, 이제는 그 성전의 다른 돌들도 제자리에 놓아 주십시오. 그 돌들 하나하나를 차곡차곡 제자리에 쌓아서 건물 전체가 제대로 지어지는 형통함을 허락하소서. 하나님이여, 주께서는 그리스도의 모든 대적들을 정복하셨사오니, 오늘 이 곳에 오셔서 주의 교회의 대적들을 정복하십시오. 하나님이여, 주께서는 기독교의 초창기에 사람들을 부르시고 모으셔서 교회를 이루어 그를 찬송하게 하심으로써 하나님의 아들 예수에게 그 집의 "모퉁이의 머릿돌"이 되는 영광을 주셨사오니, 오늘 이 곳에 다시 오셔서 주 예수께서 지극히 높임을 받게 되실 교회를 온 땅에 세우십시오.

"이제 형통하게 하소서." 사랑하는 자들이여, 나는 여러분이 이 기도에 동참하시기를 부탁드립니다. 예루살렘에 평안함과 형통함이 있게 해주시라고 기도하십시오. 왜냐하면, 교회와 교회의 평안을 사랑하는 자들은 계속해서 큰 행복을 갖게 되기 때문입니다. 전에는 버린 바 되셨다가 지금 높임을 받으신 이, 언약을 따라 교회의 머리가 되신 이께 드리는 이 간구에 동참하십시오. 그러면 하나님께서 예수 그리스도를 인하여 여러분에게 복을 주실 것입니다. 아멘.

제
114
장
—

깨끗한 양심

—

"내가 주의 모든 계명에 주의할 때에는 부끄럽지 아니하리
이다." — 시 119:6

사람이 구원을 받기 위한 목적으로 하나님의 율법을 지키고자 한다면, 그런
시도는 반드시 실패로 끝날 수밖에 없습니다. 그런 시도는 율법을 주신 하나님
의 명시적인 경고들과도 반대되는 것은 물론이고 복음 전체와도 정면으로 충돌
하는 것이기 때문에, 감히 자신의 공로로 의롭게 되고자 하는 자들은 그들의 주
제넘음과 뻔뻔스러움으로 인하여 부끄러워하는 것이 마땅합니다. 하나님께서
우리에게 율법의 행위로 말미암아서는 구원을 받을 수 없다고 분명하게 말씀하
셨는데도, 여러분이 율법의 계명들을 지킴으로써 구원을 얻고자 하는 것을 부끄
러워하지 않는다면, 그것이 말이 되겠습니까? 하나님께서 율법의 행위로 자기
앞에서 의롭다 하심을 받을 육체가 아무도 없다고 분명하게 선언하셨는데도, 여
러분이 하나님께서 불가능하다고 하신 곳으로 가서 거기에서 의롭게 되고자 시
도한다면, 그것은 분명히 부끄러운 일이 아니겠습니까? 하나님께서 구원은 믿음
으로 말미암고 그가 사람들을 받으시는 것은 순전히 은혜로 말미암는 것이라고
수없이 반복해서 말씀하시는데도, 여러분이 하나님에 대한 경건과 사람들에 대
한 자선이라는 얇은 휘장으로 여러분의 삶 속에서 뚜렷하게 드러나는 온갖 악행
들을 가리고서 마치 의로운 사람인 양 행세하려고 헛된 애를 쓰면서 여러분 자
신의 교만이 마치 의로움인 것처럼 포장하고, 하나님을 거짓말쟁이로 만들고 있

으면서도 전혀 부끄러워하지 않는다면, 그것이 말이 되는 일이겠습니까? 영생은 여러분이 육체로 행하는 그 어떤 일로도 얻어질 수 없습니다. 왜냐하면, 여러분의 육체로 행하는 일들은 사람들이 어떤 평가를 내리든지 그런 것들과는 상관없이 하나님이 보시기에는 그저 악할 뿐이기 때문입니다. 어떤 사람이 영생을 얻기 위해서 하나님의 계명들을 지키고자 한다면, 그는 부끄러워하게 될 것이고 낭패를 겪게 될 것입니다. 그는 자신의 생각을 옳다고 하고 자기 자신을 의롭다고 하기 위한 너무나 터무니없고 헛되며 불가능한 일을 시도한 어리석음을 당장에 깨끗이 포기하는 편이 낫습니다. 그러나 어떤 사람이 회심하였을 때, 그리스도 예수를 믿어 그 영혼이 구원을 받았을 때, 믿음으로 말미암아 의롭다 하심을 받고 그의 죄가 사함을 받았을 때, 하나님 속에서 긍휼하심을 얻고 은혜를 발견하여 자신이 구원 받았음을 알고서 믿음의 안식에 들어갔을 때, 그때에는 그는 율법의 계명들을 지킴으로써, 그의 강력한 소원이 만족함을 얻게 됩니다. 사실 그 이후로는 율법의 계명들을 순종하는 것은 그의 간절한 열망이 되고, 그가 받은 큰 은혜에 감사하여 하나님의 계명들을 지키는 길로 달려가는 것은 그의 영혼의 큰 기쁨이 됩니다. 그리스도께서 우리를 율법의 저주로부터 속량하셨기 때문에, 모든 도덕적인 제약들이 그리스도인들로부터 완전히 제거되었다고 생각해서는 절대로 안 됩니다. 우리는 율법 아래 있지 않고 은혜 아래 있지만, 하나님의 종이자 그리스도를 따르는 자들이 되었기 때문에, 무법자이자 방종하는 자가 결코 아닙니다. 우리는 또 다른 법, 즉 우리에게 다른 식으로 작용하는 또 다른 부류의 법 아래 있습니다. 어떤 아이가 "나는 경찰과 방백과 재판관과 사형집행인으로부터 벗어났다"고 말한다고 해서, 그가 그의 아버지의 집의 **규율**로부터도 벗어나 있을까요? 결코 그렇지 않습니다. 그 아이는 경찰과 법원의 처벌로부터는 벗어났지만, 그의 집에서는 회초리가 그를 기다리고 있습니다. 거기에는 아버지의 미소도 있고 아버지의 화난 얼굴도 있습니다. 그리스도인들은 그리스도로 말미암아 정죄함이라는 저 끔찍한 재앙으로부터는 벗어나서 그들의 죄로 인하여는 결코 처벌받지 않을 것이지만, 하나님의 자녀들로서 또 다른 치리 아래 있습니다. 그것은 그들의 아버지 하나님의 집에서의 치리이고, 법적인 성격을 띠지 않은 징계에 의한 치리입니다. 왜냐하면, 그 치리에는 흔히 하나님이 주신 괴로움과 고통이 수반된다고 할지라도, 거기에는 동시에 하나님의 불쌍히 여기심이 있고, 하나님의 책망은 호되기는 하지만, 하나님께서는 보복하시거나 원수

갚으시는 것이 아니기 때문입니다. 하지만 하나님은 그의 얼굴을 구하고 그의 음성을 경청하며 그의 명령을 준행하는 자들에게 미소를 보이시고 그들을 인정하시고 칭찬하시며 후하게 상을 주시고, 우리에게 어떤 일을 맡기실 때에는 그 일을 감당할 수 있는 힘을 주시며 흔히 차고 넘치는 기쁨으로 그 열매들에 참여하게 하십니다. 이제 나는 오늘의 본문을 설명해 나가는 가운데 이러한 원리를 분명하게 드러내고자 합니다. 하나님의 자녀인 사람들은 하나님의 모든 명령들에 순종하고자 하여야 합니다. 그들은 하나님의 모든 계명들을 존중하여야 합니다. 그렇게 한다면, 그들은 거기에 따른 충분한 보상을 받게 될 것이고, 그것이 그들에 대한 상입니다: "내가 주의 모든 계명에 주의할 때에는 부끄럽지 아니하리이다."

따라서 우리는 두 가지를 주목해서 살펴보고자 하는데, 첫 번째는, 믿음의 순종은 하나님의 계명의 일부가 아니라 전부에 순종한다는 것이고, 두 번째는, 그렇게 했을 때의 놀라운 결과에 대한 것입니다.

1. 첫째로, 믿음은 모든 일에서의 순종을 의미합니다.

오늘의 본문은 믿는 자들이 모든 일에서 믿음으로 순종해야 할 것을 아주 강력하게 권면하면서, 우리가 하나님의 모든 계명들을 공경하는 마음으로 받들어 행하여야 한다고 말합니다. 하나님의 계명들 중에서 일부가 아니라 전부에 주의해야 한다는 것입니다. 내 마음에 드는 계명들만을 고르고 추려서 주의하여 지키고, 내 마음에 들지 않는 것들은 무시하거나 소홀히 하는 것이 아니라, 하나님의 모든 계명들을 진심으로 공경하는 마음으로 주의하고 그 모든 것들을 다 지키려고 애써야 한다는 것입니다. 이것이 오늘 우리가 주목해야 할 대목입니다.

하나님의 모든 계명에 주의할 때에 거기에는 큰 복이 따르게 됩니다. 하나님의 말씀은 사람의 말과는 비교할 수 없을 정도로 뛰어나고 탁월하다는 점에서 우리가 그 어떤 것들보다 훨씬 더 주의를 기울이고 깊이 생각하는 것이 바람직하기 때문에, 우리는 이 시편 자체가 말씀하고 있는 것을 경청하고자 합니다. 거기에서 다윗은 "행위가 온전하여 여호와의 율법을 따라 행하는 자들은 복이 있음이여"(1절)라고 말합니다. 여기에서 다윗은 어떤 사람들이 단지 하나님의 길에 있기만 하면, 이 복은 그들의 행위나 행실과는 상관 없이 주어진다고 말하고 있는 것입니까? 아니요, 결코 그렇지 않습니다. 이 복은 자신의 발이 하나님의 길에서 벗어나서 진흙탕에 빠짐으로써 자신의 옷을 더럽힐까봐 조심하고 주의하는 자들에게 주어집니다. 자신의 모든 발걸음을 주의해서 모든 일에서 그들의 구주 하나님의 가르침을 빛내고 자신을 더럽히지 않음으로써 무슨 일에서나 성령을 근심하게 하지 않는 사람들이야말로 진정으로 복이 있는 사람들입니다. 이 복은 부분적인 순종이 아니라 온전한 순종에 있습니다. 가끔씩 어쩌다가 순종하는 것이 아니라 늘 계속해서 순종하는 데에 복이 있고, 살아 계신 하나님으로부터 가르침 받은 것들 중에서 일부가 아니라 전부에 주의하는 데에 복이 있습니다. 더럽게 되는 것을 피하는 유일한 길은 하나님의 모든 계명들에 대하여 경외하고 공경하는 마음을 갖는 것입니다. 우리가 알든지 모르든지, 어떤 의무를 행하지 않거나 잘못을 행할 때마다 양심의 순수함과 인격의 고결함에 흠집이 생깁니다. 믿는 자들이여, 여러분은 머리부터 발끝까지 온통 얼룩과 흠집으로 가득하기를 바라십니까? 여러분이 그렇게 되지 않기를 바란다는 것을 나는 압니다. 여러분이 복 있는 사람이 되고자 한다면, 여러분의 행실이 더럽혀져 있어서는 안 됩니다. 여러분의 행실이 더럽혀지지 않으려면, 여러분은 모든 일에서 순종하여 하나님의 모든 계명을 다 준행하여야 합니다.

이 복을 누리기 위해서는 거룩한 행실이 습관화되어 있어야 합니다. 이렇게 몸에 밴 거룩한 행실은 타성에 젖어서 경건을 지키는 것과는 판이하게 다릅니다: "행위가 온전하여 여호와의 율법을 따라 행하는 자들은 복이 있음이여." 어떤 사람이 자신의 피부에 흙을 묻히지 않고 자신의 옷을 더럽히지도 않은 채로 길에 앉아 있을 수 있지만, 그런 것으로는 충분하지 않습니다. 앞으로 나아가는 것이 있어야 합니다. 그리스도인의 삶 속에는 실제적인 행동이 반드시 있어야 합니다. 본문에서 말하는 복을 누리기 위해서는 우리는 주님을 위해 뭔가를 하고 있어야 합니다. 타성에 젖어 있어서는 이 복을 누릴 수 없습니다. 또한, 우리가 모든 일에서 하나님의 뜻에 마음을 두고서 그의 뜻을 따라 행하고자 애쓰지 않는다면, 우리의 실제적인 행위 속에서 하나님을 섬길 수 없습니다. 우리는 진실한 마음으로 하나님을 부지런히 찾지 않으면 안 됩니다. "여호와의 증거들을 지키고 전심으로 여호와를 구하는 자는 복이 있도다"(2절). 여러분의 마음과 뜻을 온전히 다 드리지 않으면, 여러분은 하나님의 증언들("증거들")을 지킬 수 없고 하나님의 가르침을 알 수 없습니다. 삶이 온전하지 않은 사람은 판단에 있어서도 온전할 수 없다는 것은 거의 자연법과 동등한 정도의 법칙인 것 같습니다. 자신의 마음을 계속해서 어리석음에 내어주는 사람의 머리에는 지혜가 오래 머무르지 못할 것입니다. 순전한 신학과 해이한 도덕은 결코 동행할 수 없습니다. 우리는 그들 자신이 의심할 여지 없이 확고한 정통 신앙을 지니고 있다고 생각하면서도 실생활에서는 수많은 합당하지 못하고 방탕하며 부도덕한 행위들을 습관적으로 행해 온 사람들을 알고 있습니다. 그런데도 그들은 그들 자신의 죄들을 가볍게 여겼습니다. 결국, 그들이 그렇게 자랑했던 그들의 정통 신앙은 머지않아 위험하고 해롭기 짝이 없는 잘못된 신앙으로 변질되고 말았습니다. 여러분이 기꺼이 계명들을 지키고자 하지 않는다면, 거기에 따르는 약속들은 여러분의 것이 될 수 없다는 것을 명심하십시오. 여러분이 성경을 문자적으로 많이 알고 있다고 자랑할지라도, 입술의 증언과 아울러 삶의 증언이 여러분에게 있지 않다면, 하나님은 여러분을 그의 증인들로 여기시지 않을 것입니다. 그런데, 우리가 모든 일에서 하나님의 계명들을 지키기 위하여 애쓰지 않는다면, 어떻게 우리의 삶의 증언이 진실할 수 있겠습니까? 우리의 마음의 일부가 헛되고 허망한 것들을 좇아가거나, 우리가 몇몇 죄들을 너무나 좋아해서 꼭 품고 있거나, 어떤 일들을 꼭 해야 된다는 것을 알면서도 하기 싫어서 "우리가 그 일들을 할 수 있는 좀 더 좋은 때가 올 거야"라고 핑계하며 머뭇거리고 있다면, 어떻게 우리가 하나님을 전심으로 섬길 수 있겠습니까? 본문에 약속된 복은 더럽혀지지 않은 자들에게 주어지고, 하나님의 길로 행하는 자들에게 주어지며, 하나님의 율법들을 지키는 자들에게 주어지고, 전심으로 하나님을 구하는 자들에게 주어집니다. 그러므로 여러분이 그리스도인의 삶에 약속된 복을 얻고자 한다면, 하나님의 모든 계명을 공경하고 주의하지 않으면 안 됩니다.

　　이 시편의 4절을 주의 깊게 살펴보면, 여러분은 이렇게 모든 계명을 지키는 것 자체가 하나님의 적극적인 명령이라는 것을 알게 됩니다: "주께서 명령하사 주의 법도를 잘 지키게 하셨나이다." "주께서 명령하사"라는 표현은 그리스도인이라면 누구나 그렇게 해야 한다는 것을 보여주기에 충분하고도 남음이 있는 보증입니다. 그러니까 자기 백성에 대한 하나님의 명령은 "너희는 나의 계명들 중 일부를 지키고, 어느 정도는 나의 마음과 뜻을 따라 행할지니라"는 것이 아닙니다. 자녀들에게 다음과 같이 말하는 아버지가 어디 있겠습니까? "너희는 이따금씩은 내 말에 순종하여야 한다. 우리 집의 규율은 너희 자신의 생각이나 판단, 또는 취향에 따라서 내가 명한 것들 중 어떤 것들을 지키고 어떤 것들을 무시할 것인지를 정하는 것이다. 너희가 가끔씩 몇몇 일들에 있어서만 내게 순종한다면, 나머지는 너희 멋대로 해도 좋다." 만일 그런 아버지가 있다면, 그는 그 어떤 가족의 가장이 될 자격이 전혀 없을 것입니다. 분명한 것은 하늘에 계신 우리 아버지의 치리 또는 훈육은 그렇게 느슨하지 않다는 것입니다. 하나님께서는 사랑이 가득한 음성으로 자신의 자녀들에게 말씀해 오셨습니다. 하나님의 입에서 나온 율법은 우리가 가는 길을 비추는 "빛"이자 우리의 발을 인도하는 "등"으로 주어졌습니다(시 119:105). 여기에서 우리에 대하여 하나님이 선의를 가지고 계신다는 것은 너무나 명백하기 때문에, 하나님의 음성이 고압적일수록 우리는 그 음성에 더욱더 주의를 기울여야 합니다. 예컨대, 하나님께서 "내 율례를 지키고 내 규례를 행할지니라"고 말씀하셨다면, 우리는 이 명령을 지킬 때에는 우리에게 많은 유익이 있고 지키지 않을 때에는 큰 위험이 있을 것임을 한시라도 의심하지 말아야 합니다. 또한, 하나님의 모든 명령에는 하나님의 권위가 수반된다는 점에서, 당연히 하나님의 모든 명령을 지키는 것이 그리스도인들의 목표가 되어야 합니다. 그리스도인들은 하나님의 말씀들 중에서 자기가 지킬 것들을 선별해서는 안 되고, 그 모든 것들을 다 지킬 수 있게 해 달라고 하나님께 기도하여야 합니다. 이것이 합당하고 적절한 기도 제목이라는 것은 아주 분명합니다. 왜냐하면, 시편 기자는 다음 절에서 "내 길을 굳게 정하사 주의 율례를 지키게 하소서"(5절)라고 외치기 때문입니다.

나는 하나님께 **부분적으로만** 순종하게 해 달라고 기도한 사람은 아무도 없었을 것이라고 생각합니다. 감히 다음과 같이 기도한 사람이 어떻게 있었겠습니까? "주여, 나로 하여금 내 죄의 전부가 아니라 그 중 일부만을 이길 수 있도록 도와주세요. 오늘 나를 어떤 시험들로부터는 지켜 주시되, 내 몸에 배어 있는 몇몇 죄악된 습성들은 그대로 즐길 수 있게 해주세요." 또한, "주여, 나를 지켜 주셔서 크고 공개적인 죄들을 짓지 않게 하시되, 내가 너무너무 좋아하는 몇 가지 은밀한 죄들은 그냥 즐길 수 있도록 주의 무한하신 긍휼하심으로 허락해 주십시오"라고 기도한 사람도 없을 것입니다. 그런 기도들은 하나님이 아니라 사탄을 섬기는 자들에게나 어울리는 것들입니다. 하나님의 은혜로 말미암아 새로워진 우리의 심령은 죄로부터 온전히 해방되기를 간절히 열망하기 때문에, 그런 기도들을 결코 드릴 수 없습니다. 우리는 죄로부터 온전히 해방되지는 못했습니다. 단지 그런 목표를 향하여 열심으로 달려가고 있을 뿐입니다. 그러나 그것은 바로 지금에 있어서도 우리의 소원이자 기도입니다. 그런 까닭에, 여러분은 본문에서 믿는 사람들은 하나님의 모든 계명에 주의한다고 말하는 것을 이상하게 여길 필요가 없습니다. 왜냐하면, 그것은 기도의 문제인 까닭에, 하나님의 계명들 중 일부가 아니라 전부에 주의할 수 있게 해주시라고 기도하는 것은 어쩌면 당연한 일일 것이기 때문입니다.

이제 나는 세부적인 것들을 좀 더 자세하게 들여다보고자 합니다. 하나님의 모든 계명에 주의한다는 것은 무엇을 의미하는 것입니까? 거기에 대한 나의 대답은, 하나님께서 자신의 말씀의 어느 부분에서든 무엇인가를 말씀하셨다면, 우리는 하나님의 뜻에 의한 모든 말씀 한 마디 한 마디에 공경하고 받드는 마음으로 주의한다는 뜻이라는 것입니다. 하나님께서 모세에게 주신 율법은 우리에게 더 이상 생명을 얻는 길이 아니지만, 지금도 여전히 그리스도의 손에 들려 있는 지극히 복된 삶의 준칙입니다. 율법은 두 개의 돌판으로 나뉘어 있는데, 우리의 기도는 우리가 둘 모두를 다 경외하는 마음으로 지키게 해주시고, 우리의 삶이 하나님을 향하여 늘 순종하고 진실되며 경배하는 것이 되게 해주시라는 것입니다. 우리는 우리의 모든 행위에서 하나님의 계명들을 주의하고 늘 하나님을 의지하며 우리의 전부를 다 드러서 섬길 수 있게 해주시라고 기도합니다. 무엇보다도 먼저 하나님의 영광을 구하는 것은 우리라는 존재의 최고의 목적입니다. 우리는 이것을 잊지 말아야 합니다. 그런 후에, 사람들과 관련된 여섯 가지 계명이 두 번째 돌판에 나오는데, 우리는 이 계명들을 우리의 마음에 두어야 합니다. 왜냐하면, "나는 하나님을 향해서는 경건하지만, 사람들을 향하여 의롭게 행하는 데에는 관심이 없어"라고 말하는 것은 언어도단입니다. "경건한 도둑"이라는 것은 말 자체가 성립이 될 수 없고, 하나님을 참으로 경배하는 살인자라는 말은 그 자체가 모순입니다. 탐욕에 빠져 있는 주 예수 그리스도의 제자라는 말도 그 자체가 모순입니다. 반대로, 하나님을 사랑하는 자는 자신의 이웃을 자기처럼 사랑하여야 합니다. 나는 우리가 이 두 돌판 모두에 대하여 순종하기를 원하고 있다고 믿지만, 성령께서 우리 속에서 역사하셔서 우리로 하나님과 사람을 향하여 우리의 인품과 행실이 올바르게 되게 해주실 것을 믿습니다. 하나님의 어떤 계명들은 아주 영적인 반면에, 어떤 계명들은 도덕적이라고 표현할 수 있습니다. 하나님을 믿고 의지하라는 것은 분명히 큰 계명들 중 하나입니다. "주 예수 그리스도를 믿으라 그리하면 너와 네 집이 구원을 받으리라"(행 16:31)는 명령은 우리가 결코 의도적으로 무시할 수 없는 명령입니다. "너는 마음을 다하여 여호와를 신뢰하고 네 명철을 의지하지 말라"(잠 3:5)거나 "너희 염려를 다 주께 맡기라"(벧전 5:7)라거나, "하나님을 가까이하라"(약 4:8)는 것과 같은 영적인 권면들은 깨어난 신자의 삶과 관련된 것들입니다. 하나님께서는 우리에게 그 권면들 중 어느 것도 무시하거나 멸시하거나 폄하하지 말라고 명령하셨습니다. 우리가 성령의 모든 은혜로 차고 넘쳐서 우리의 영적인 삶을 이루는 모든 행위들에서 열심을 내게 되기를 바랍니다! 그러나 우리는 도덕적인 것들에 대해서도 소홀히 하거나 무시해서는 안 됩니다. 그동안 어떤 사람들은 도덕적인 것들을 별로 중요하지 않은 의무들로 여겨 왔습니다. 그런 사람들은 기도는 정말 열심히 하는데, 일을 하는 데에는 별로 열심을 내지 않습니다. 그들은 일하지 않고 기다리는 것으로 만족합니다. 그들은 자신들이 제단에서 열심히 섬기고 있다고 말하지만, 우리는 그들이 가게에서는 너무나 나태한 것을 봅니다. 하나님의 진리를 위해 살아가는 그리스도인들은 자신의 신조에 대해서 놀라울 정도로 엄격해야 하지만, 자신의 행실에 있어서도 결코 느슨하거나 방종하지 않도록 조심하지 않으면 안 됩니다. 여러분은 하나님의 참되심에 대해서는 입에 거품을 물고 말하면서도, 이웃들과 얘기할 때에는 참되게 말하고 행동하지 않아도 괜찮다는 듯이 행동해서는 안 됩니다. 사제들이 하나님의 약속들의 신실하심에 대해서는 입에 거품을 물고 말하지만 그들 자신이 한 약속들을 지키는 일에는 거의 신경을 쓰지 않는다면, 사람들이 그들을 얼마나 멸시하겠습니까? 어떤 사람이 여러분에게 금요일 밤까지 물건을 집으로 배달해 주겠다고 말하고서는 그 다음 주 수요일까지도 그 물건이 여러분의 집에 도착하지 않았다면, 여러분은 그 사람이 거짓말을 했다고 말할 것입니다. 여러분이 다른 사람들을 보듯이 여러분 자신을 본다면, 여러분은 자신이 영적으로는 참되다고 말할 수 있을지 모르지만, 여러분이 도덕적으로는 거짓되다는 것을 확실하게 알게 될 것입니다. 저 높이 날아다니는 신령한 신앙인들은 작고 사소한 의무들을 아주 하찮게 여기는 경향이 있습니다. 그런 사람들은 자기는 기도회에 빠짐없이 참석해서 기도하기 때문에, 하루의 정직한 임금을 받기 위해서 하루 동안 정직하게 일할 필요는 없다고 여깁니다. 그들은 자기가 병원에 꽤 많은 돈을 기부하기 때문에, 자기가 고용한 노동자들의 임금은 제대로 안 주어도 별 일 아니라고 여깁니다. 결코 그렇지 않습니다! 여러분이 일상적인 삶 속에서의 평범한 도덕적인 일들을 무시한다면, 자신이 신령한 사람인 체하고 영적인 의무들에 충성하는 체해도, 그것은 헛일입니다. 여러분이 도덕적인 사람이 아니라면, 여러분은 그리스도의 제자가 아니라는 것을 명심하십시오. 그런 경우에 여러분이 경험한 것은 모두 다 쓸데없는 것들입니다. 여러분이 종종 술에 취한다거나, 이따금씩 맹세를 한다거나, 장사를 하면서 더 큰 이익을 남기기 위해 금액을 속인다면, 여러분은 자기가 그리스도인이라고 말하지 마십시오. 그리스도는 여러분과 아무 상관이 없습니다. 그리스도와 상관이 있다고 할지라도, 여러분은 가룟 유다일 뿐입니다. 성경은 "거룩함이 없이는 아무도 주를 보지 못하리라"(히 12:14)고 말씀합니다. 그런데 거룩함이 아니라 도덕성조차 없는 사람이 어떻게 하나님의 얼굴을 보기를 기대할 수 있겠습니까! 그러나 여러분이 우리 주님을 참되게 믿는 자들이라면, 나는 하나님께서 여러분으로 하여금 그의 모든 계명들에 주의할 수 있게 해주시기를 소망합니다.

하나님의 계명들 중에는 특히 교회와 관련된 계명들이 있습니다. 모든 그리스도인은 동료 그리스도인들에 대한 자신의 본분들을 다하고자 애써야 합니다. 또한, 가족과 관련된 본분들도 있습니다. 모든 그리스도인은 이러한 본분들 중 어느 하나를 행한다는 미명 하에 또 다른 본분을 희생시키지 않도록 주의하여야 합니다. 내가 전에 어떤 사람을 알고 있었습니다. 그 사람이 지금은 죽었는지 살았는지는 모르겠지만, 어쨌든 나는 그 사람을 잘 알았습니다. 그는 그 지역의 모든 설교자들과 함께 시골의 여러 마을들을 돌며 전도하곤 하였고, 기도회에도 빠짐없이 출석하였습니다. 교회와 관련된 공적인 모임이 있는 곳에는 언제나 그 사람도 있었습니다. 지역 연합모임이나 선교 기념대회 등과 같은 온갖 종류의 교회 관련 모임에 그는 빠짐없이 참석하였습니다. 다만 한 가지, 가정에서 자녀들과 함께 시간을 보내는 그 사람의 모습은 결코 찾아볼 수 없었습니다. 어쩌다 보니 나는 그 사람의 아이들 중 한 명을 가르치게 되었는데, 그 소년은 성인이 되기 전에 술을 많이 마셔서 죽었습니다. 그리고 그 사람의 다른 아들들은 그가 사는 동네에서 골칫덩어리들이었습니다. 그 사람은 어떤 점들에서는 대단히 훌륭했습니다. 그는 다른 사람들의 가족에게는 아주 잘했습니다. 그러나 자기 가족에게는 빵점이었습니다. 형제들이여, 그렇게 해서는 안 됩니다. 그렇게 해서는 절대로 안 됩니다. 우리는 우리의 어떤 본분을 죽여서 흘린 피로 범벅이 된 또 다른 본분을 하나님께 제물로 가져가서는 결코 안 됩니다. 그런 제물은 가증스러운 제물입니다. 하나님의 모든 계명에 주의해서 균형 있고 조화롭게 본분들을 행하여야 합니다: "내가 주의 모든 계명에 주의할 때에는 부끄럽지 아니하리이다."

그리스도인의 삶은 공적인 것과 사적인 것으로 구분될 수 있습니다. 어떤 사람들은 공적인 일을 수행하는 데에는 놀랄 만한 열심을 보입니다. 사람들의 눈에 띄는 일들은 무엇이든지 그들의 지대한 관심을 끕니다. 그러나 사적인 일에 대한 그들의 태도는 어떨까요? 기도회에는 참석하지만, 골방 기도는 하지 않고 있습니까? 설교들은 듣지만, 혼자 성경을 읽는 일은 없습니까? 공적인 모임들에는 참석하지만, 하나님과의 개인적인 교제는 하지 않고 있습니까? 사랑하는 자들이여, 외적인 본분과 내적인 본분, 이렇게 두 부류의 본분들이 있습니다. 우리가 외적인 면에서는 하나님 앞에서 올바르게 행하는 것으로 보이고, 사람들이 우리에게 잘못되었다고 생각되는 것들을 하나도 찾아낼 수 없다고 할지라도, 우리의 마음이 깨끗하지 못해서, 대접의 밖은 씻는데 안은 더러운 것으로 가득 차 있다면, 우리는 온전함과는 얼마나 거리가 먼 자들이겠습니까! 이러한 것들을 생각해서 우리는 자기 자신을 철저히 살펴보지 않으면 안 됩니다. 나는 "내가 주의 **모든** 계명에 주의할 때에는 부끄럽지 아니하리이다"라는 말씀 속에서 "모든"이라는 결정적으로 중요한 단어를 강조하고자 합니다. 따라서 하나님의 "모든 계명"이라는 말씀은 우리의 좀 더 외적이고 공적인 일과 관련된 계명들과 아울러서 우리의 은밀한 내적인 삶과 관련된 계명들도 포함하고 있음을 의미합니다.

우리는 종종 그리스도인의 본분들을 큰 것과 작은 것으로 나누기도 합니다. 물론, 그 본분들은 모두 다 크고 중요한 것들입니다. 어떤 것들은 상대적으로 덜 중요한 것으로 보이기는 하지만, 사실 작은 본분이라는 것은 없습니다. 그런데 어떤 사람들은 자신들이 보기에 사소하고 작은 일들에 대해서는 태만하고 부주의합니다. 그러나 하나님을 진정으로 사랑하는 자들은 작은 일들에 많은 관심을 쏟음으로써 주님에 대한 자신의 사랑을 나타내 보일 것입니다. 나는 가정에서 좌절을 가져다주는 것도 작은 일들이고 즐거움을 가져다주는 것도 작은 일들이라는 것을 압니다. 그리고 나는 하나님의 권속과 관련해서도 하나님의 말씀 중에서 작아 보이는 일들에 정성을 다하는 사람들이 통상적으로 동료 그리스도인들에게 많은 위로와 힘을 주고 하나님께 큰 영광을 드리고 있다고 믿습니다. 물론, 옛적에 바리새인들은 하루살이 같은 작은 죄악들을 행하지 않으려고 무척 애를 쓰며 걸러내고, 낙타 같은 큰 죄악들은 아무렇지도 않게 행하여 통째로 삼켜 버렸습니다. 그들은 "박하와 회향과 근채의 십일조는 드리되 율법의 더 중한 바 정의와 긍휼과 믿음은 버렸습니다"(마 23:23). 이런 일이 우리에게서는 결코 일어나서는 안 됩니다. 우리는 1센티도 어그러진 길로 가지 않기 위해서 무척 조심히 행하려고 애를 써야 하는 것은 맞습니다. 그러나 이미 올바른 길에서 1km나 2km쯤 어그러진 길로 벗어나 있는 상황에서 1센티도 어그러지지 않으려고 애쓰는 것은 어불성설입니다. 하나님께서 우리에게 은혜를 주셔서 우리로 큰 죄악들을 멀리 하고자 애를 쓰는 가운데 작은 잘못들도 피할 수 있도록 해주시기를 빕니다.

내가 이 자리에서 한 가지 더 말씀드리고자 하는 것이 있는데, 그것은 오늘의 본문은 우리가 알고 있는 본분들만이 아니라 알지 못하고 있는 본분들까지 다 포함해서 말씀하고 있다는 것입니다: "내가 주의 모든 계명에 주의할 때에는 부끄럽지 아니하리이다." 여러분이 알지 못하는 하나님의 계명들이 있을 수 있습니다. 그런 것들을 알기 위해서 하나님의 말씀을 연구하십시오. "하나님의 어떤 계명들을 몰라서 주의하지 않은 것이라면 그래도 변명의 여지가 있고 용서가 되지 않을까요"라고 말하는 사람이 있을 것입니다. 여러분은 정말 그렇게 생각하십니까? 만일 그런 생각이 옳다면, 사람이 무지할수록 정죄 받는 것으로부터 더 안전하다는 결론이 나오게 됩니다. 왜냐하면, 그런 생각에 따르면, 적게 알수록 의무나 본분도 적어질 것이기 때문입니다. 그러나 우리의 지각과 지식은 우리의 본분의 범위를 결정하는 기준이 될 수 없습니다. 오직 하나님의 명령만이 유일한 기준입니다! 양심 자체도 믿을 만한 준칙이 되지 못합니다. 어떤 사람의 양심이 제대로 깨어 있지 않다면, 그는 범죄를 계속할 것이고 그 죄로 인한 나쁜 결과들을 거두어들이게 될 것입니다. 그는 자신이 겪는 해악들이 자신의 운명이 아니라 어리석음으로 인한 것임을 알지 못한다고 해서, 그 해악들이 그에게 닥치지 않는 것이 결코 아니라는 말입니다. 그의 양심은 기준이 될 수 없습니다. 유일한 기준은 하나님의 율법입니다. 형제들이여, 나는 여러분이 하나님의 어떤 명령에 순종해야 한다는 것을 뻔히 알면서도 그 명령을 날마다 무시하고 살아갈 것이라고 생각하지 않습니다. 그러니 기둥 뒤로 숨지 마시고, 빛으로 나아와서 하나님의 말씀을 읽으며, 하나님께서 여러분의 눈을 열어 주셔서 지금까지 보지 못하고 알지 못했던 계명들을 보게 해주시라고 늘 간구하십시오. 여러분은 성경을 읽을 때에 하나님이 말씀하시는 것을 못 본 체하기가 몹시 어려운 경우가 종종 있다는 것을 알고 있습니다. 나는 노예제도를 유지하고 있던 미국의 남부의 주들에 살던 우리의 친구들이 성경 속에서 "남에게 대접을 받고자 하는 대로 너희도 남을 대접하라"(눅 6:31)는 구절을 읽었을 때에 그것을 못 본 체하기가 너무나 어려웠을 것이라고 감히 말할 수 있습니다. 그리고 나는 영국인들이 성경을 읽을 때에 그들이 감당할 수 없을 정도의 빛이 그들 속으로 들어오는 것을 막기 위해서 자주 그들의 눈을 손으로 가릴 수밖에 없는 그런 구절들도 말할 수 있습니다. 그러나 여러분은 그렇게 하지 마십시오. 하나님의 말씀이 여러분의 지각에 그대로 사진 찍히게 하시고, 그런 후에 하나님의 뜻을 알게 되자마자 즉시 그 뜻을 세세한 부분까지 다 준행하기 위해 애쓰십시오. 이상으로 나는 본문에 나오는 "모든 계명"이 어느 범위까지 포함하는지를 나타내 보이고자 했습니다.

그러나 오늘의 본문이 의도하고 있는 것은 우리의 심령이 하나님의 모든 계명에 주의를 기울이게 하는 것입니다. 즉, 하나님의 모든 계명에 주의해서 그것들을 사랑하고 연구하며 소중히 여기게 하는 것입니다. 내가 말하고자 하는 것을 지금 다소 엉성하게 표현을 하고 있는 것 같아서, 여러분이 내 생각을 제대로 파악할 수 있을지 모르겠습니다. 하나님의 명령들은 서로 잘 조화되게 짜여져 있습니다. 건축자가 성당 같은 큰 건축물을 세우고자 할 때에는 거기에 사용될 기둥들의 높이를 서로 조화되게 설계하지 않으면 안 됩니다. 그는 성당 전체를 생각하기 때문에, 성당 중앙의 회중석 부분이나 건물의 좌우 날개 부분이나 성가대석과 강단이나 첨탑 중에서 어느 하나에 자신의 온 힘을 쏟지 않고, 건물의 각 부분이 서로를 도와서 전체적으로 조화를 이루어 하나의 웅장한 성당의 자태를 드러낼 수 있게 하고자 애씁니다. 그리스도인의 삶도 마찬가지입니다. "내가 주의 모든 계명에 주의할 때에는 부끄럽지 아니하리이다." 하나님의 모든 계명 속에는 깊이깊이 파고들어가고자 해야 하는 토대가 되는 계명들도 있고, 높이 날아올라서 하나님과 아주 친밀한 교제를 나누고자 할 때에 필요한 계명들도 있으며, 튼튼한 담들을 쌓을 때처럼 많은 수고와 땀을 쏟아서 준행하여야 할 그런 계명들도 있고, 황금빛 창문들처럼 세심하고 정교한 손길을 필요로 하지만 즐거움과 아름다움을 가져다주는 계명들도 있습니다. 우리는 그 모든 계명을 다 준행하여 온전한 인격을 이루어서 주 예수 그리스도를 닮고자 하여야 합니다. 우리가 그러한 온전함을 사모하여 열심을 다하여 모든 계명을 준행하고자 애를 쓴다면, 얼마나 좋겠습니까! 그리스도를 믿는 사랑하는 친구들이여, 우리는 온전한 인격을 우리의 목표로 삼고서, 하나님의 마음과 뜻을 우리의 모델로 삼아서 부지런히 그 목표에 도달하고자 애쓰는 것이 마땅합니다. 우리가 모든 일에서 하나님이 내게 명령하시는 것들을 행하고 하나님이 내게 금지하시는 것들을 하지 않게 되는 것이 우리의 인생의 목표가 되어야 합니다. 우리는 성령의 능력으로 이렇게 하나님의 뜻에 합한 자가 되기로 확고히 결단하고, 그것이 우리의 매일 매일, 아니 매시간의 소원이 되어야 합니다. 우리는 하나님의 모든 계명에 온전히 순종하게 되는 이 목표를 향하여 끈질기게 한 걸음씩 더 가까이 나아가고자 하여야 하고, 실패하고 실수할 때마다 슬퍼하며 우리 자신을 채찍질하여야 합니다. 우리가 잘못을 저지를 때마다 주님의 보혈로 돌아가서, 우리의 죄를 씻어 주셔서 그 어떤 더러움도 우리 위에 머물지 못하도록 해주시기를 간구하여야 합니다.

2. 둘째로, 하나님의 모든 계명들에 순종했을 때의 놀라운 결과는 무엇입니까.

앞에서 우리는 하나님의 모든 계명에 순종하는 것에 대하여 살펴보았는데, 이제 여기에서는 그렇게 했을 때의 보상에 대해서 잠깐 살펴보고자 합니다: "부끄럽지 아니하리이다." 먼저, 나는 이것이 죄가 제거될 때에 부끄러움도 제거된다는 것을 의미하는 것이라고 봅니다. 죄와 부끄러움은 이 세상에 함께 들어 왔습니다. 우리의 첫 조상들은 벌거벗었지만 부끄러워하지 않았습니다. 그러나 또 다른 의미에서 그들이 벌거벗겨지게 되었을 때, 그들은 부끄러워하였습니다. 그들은 하나님에 대하여 범죄하자마자 그들이 벌거벗었다는 말을 듣고서 지존자의 임재를 피해 숨었습니다. 어떤 사람이 죄에 물들어 있지 않다면, 죄는 늘 부끄러움을 동반합니다. 그러나 지나치게 많은 죄를 짓거나 습관적으로 범죄하게 되면 마침내 부끄러움을 모르게 되고 창기의 뻔뻔스러움이 자리를 잡기 때문에, 완악한 죄인들은 부끄러워할 줄을 모릅니다. 어떤 사람이 더 이상 부끄러움을 모르게 된 것은 끔찍한 일이긴 하지만, 자신이 저지르고 있는 부끄러운 짓을 자랑하는 지경에 이르게 되면, 그것은 한층 더 끔찍한 일입니다. 그 지경에 이르렀다면, 그가 지옥에 떨어지는 것은 시간문제입니다! 그러나 믿는 자들에게서는 죄가 쫓겨나가기 때문에 그 정도만큼 부끄러움도 쫓겨나가게 되고, 그 대신에 올바른 지각과 더불어서 담대함이 생겨나게 됩니다. 하나님의 계명들에 주의하는 자들은 더 이상 사람들을 부끄러워하지 않습니다. 그들은 사람들의 조소를 받아도 부끄러워하지 않고, 사람들이 조롱하여도 당혹해하지 않습니다. 사람들은 우리에게 "당신은 너무 깐깐해"라고 말합니다. 그런데 우리가 그 말을 욕으로 받아들인다면, 그것은 정말 어리석은 일이 될 것입니다. 내가 거리를 걸어가는데, 한 번은 어떤 사람이 나를 경멸해서 존 번연이라고 불렀습니다. 나는 그 사람이 나를 그렇게 불러준 것이 너무나 황송해서 모자를 벗어 그에게 예를 표했습니다. 내가 지금 정말 존 번연처럼 되어 있다면, 그것은 내가 정말 바라는 바입니다. 어떤 사람이 여러분에게 "당신은 감리교도군"이라고 말한다면, 그 말을 칭찬으로 받아들이십시오. "감리교도"라는 말은 너무나 좋은 칭호입니다. 지금까지 이 세상에 살았던 위대한 사람들 중에서 몇 명이 감리교도들이었습니다. 사람들이 여러분에게 "아, 당신은 장로교인이로군"이라고 말한다고 해도, 눈살을 찌푸리지 마시고, 정중히 예를 표하십시오. 왜냐하면, 그리스도의 위대한 증인들 중 몇몇이 장로교인들이었기 때문입니다. 세상 사람들이 여러분에게 "당신은 청교도로군"이라고 말한다면, 여러분은 그런 말에 부끄러워하지 않습니다. 사람들이 "당신은 일 년에 5만 파운드를 버는 사람이군요"라고 말한다면, 여러분은 그런 말을 듣는 것을 부끄러워하시겠습니까? 내가 단언하건대, 여러분은 그 말이 사실이기를 바랄 것입니다. 어떤 사람이 "아, 여기에 성도 중 한 명이 있군"이라고 말한다면, 그 사람에게 그의 말을 증명하도록 요청하십시오. 여러분은 자신이 성도이기를 진심으로 원하고, 스스로 그 말이 맞다는 것을 증명하고자 애쓰고 있다고 그 사람에게 말하십시오. 하나님의 계명들을 지키는 것은 전혀 부끄러운 것이 아닙니다.

또한, 우리는 사람들 앞에서 우리의 신앙을 고백하는 것을 부끄러워하지 않게 될 것입니다. 어떤 그리스도인들은 자신의 신앙에 별 자신이 없어서 자기가 신앙을 가지고 있다는 사실을 숨기고자 합니다. 그러나 어떤 사람이 하나님의 모든 계명에 주의하게 되었을 때에는 "나는 그리스도인입니다"라고 말하는 것을 부끄러워하지 않게 됩니다. "나를 위아래로 훑어보시고 나의 행실을 살펴보십시오. 자랑 같이 들리겠지만, 나는 하나님 앞에서 의롭게 행하려고 정직하고 진실하게 애써 왔습니다." 누가 여러분을 거짓으로 비방할 때에도 앞에서 말한 것과 동일한 태도로 임하십시오. 아마도 누군가는 여러분을 비방하고자 할 것입니다.

나는 여러분에게 그런 비방을 피하려고 해보시라고 말씀드리고 싶습니다. 하지만 여러분이 책망할 것이 없는 하나님의 사람으로 살아가고자 한다면, 사람들로부터의 비방과 중상모략을 피할 수 없을 것입니다. 여러분이 아시듯이, 하나님 자신도 낙원에서 뱀에 의해 비방을 받지 않으셨습니까? 그러나 여러분이 하나님께 호소할 수 있고, 모든 일에서 하나님의 계명들을 지키려고 애를 써왔을 때에는 부끄러워할 필요가 없습니다. 깨끗한 양심을 갖고 있다는 것은 갑절도 아니고 세 배로 무장을 한 것과 같습니다. 어떤 사람이 자기가 하나님 앞에서 진실하게 흠 없고 올바르게 행하여 왔고 하나님이 기뻐하실 일들을 행하고자 해 왔다는 것을 아는 것은 강철 무기나 쇠사슬 갑옷보다 더 잘 그 사람을 보호해 줄 수 있습니다. "내가 주의 모든 계명에 주의할 때에는 부끄럽지 아니하리이다."

또한, 이것은 우리가 우리 자신을 살펴보거나 우리 자신의 행실을 되돌아볼 때에 종종 느끼는 내적인 부끄러움을 가리키는 것일 수도 있습니다. 여러분은 성경 속에서 약속의 말씀을 읽을 때에 그것이 하나님의 자녀들에게 주어진 너무나 감미로운 약속이지만 여러분 자신은 그 약속을 자신의 것으로 만들고자 노력을 거의 하지 않았다는 것을 느낀 적이 있습니까? 그럴 때에 여러분은 부끄러움을 느낍니다. 사실, 성경 속에는 여러분이 자신의 것으로 받아들이지 않았던 수많은 은혜로운 약속들이 있습니다. 여러분은 그 약속들을 자신의 것으로 받아들이기를 두려워해 왔습니다. 그것들은 여러분이 맛보려고 시도하기에는 너무나 풍요롭고 아주 잘 익고 달콤한 열매처럼 보였습니다. 그래서 여러분은 그것들은 자신 같이 믿음이 별로인 사람들이 아니라 하나님의 큰 은총을 받은 자녀들을 위한 것이라고 생각했습니다. 오늘의 본문을 다시 한 번 떠올려 보십시오: "내가 주의 모든 계명에 주의할 때에는 부끄럽지 아니하리이다." 여러분이 지금까지 결코 감히 구하고자 해본 적이 없었던 그리스도인의 몇몇 기쁜 특권들이 있고, 여러분이 거의 믿고자 하지 않았던 놀라운 가르침들이 있습니다. 사랑하는 친구들이여, 하나님의 **모든** 계명에 주의하십시오. 왜냐하면, 여러분에게 있는 두려움과 의심, 망설임과 확신의 부족 같은 것들은 하나님의 모든 계명에 주의하지 않아서 생긴 것일 수 있고, 성령께서 여러분을 거룩한 자들로 만드셨던 것처럼 마찬가지로 여러분에게 온전한 확신을 주셔서 언약의 부요한 것들을 붙잡을 수 있게 하실 수 있으시기 때문입니다.

지금 이 자리에 자신의 분명한 본분을 행하고자 시도하는 것을 이제까지 부끄러워해 온 분들이 있습니까? 여러분의 경험을 종종 다른 사람들에게 전하는 것이 여러분의 본분인데도, 여러분은 그런 생각을 하는 것 자체를 부끄러워해 오지 않았습니까? 나는 그 이유를 아는데, 그것은 여러분이 자신의 부족한 점들을 생각할 때에 사람들이 그것들을 알게 된다면 그들은 여러분을 형편없는 사람이라고 생각해서 여러분이 전한 것까지도 폄하하게 될 것이라고 염려했기 때문입니다. "내가 주의 모든 계명에 주의할 때에는 부끄럽지 아니하리이다." 여러분은 세속적인 주제들에 대해서는 너무나 말을 잘 해왔지만, 신앙에 관해서는 아주 작은 무리 앞에서도 감히 말할 엄두를 내지 못해 왔습니다. 그것은 무엇 때문입니까? 그것은 여러분이 하나님과 친밀한 사귐 가운데서 살아가고 있지 않기 때문이 아닙니까? "내가 주의 모든 계명에 주의할 때에는 부끄럽지 아니하리이다."

　나의 형제여, 당신은 사역자인데 하나님의 위대한 진리들을 전할 때에 제대로 전하지 못하고 더듬거릴 수 있습니다. 형제여, 그 이유가 무엇이라고 생각하십니까? 내가 추측할 수는 없는 그 무엇이 배후에서 여러분의 증언을 약화시키고 있는 것은 아닙니까? 그럴지라도, 당신이 하나님의 모든 계명에 주의하게 될 때, 당신은 부끄러워하지 않게 될 것입니다. 우리가 의로운 삶을 살고 있지 않다면, 어떻게 우리가 불의한 자들을 훈계하기 위해 강단에 설 수 있겠습니까? 우리가 어떤 사람을 꾸짖고 있는데 그 사람이 우리의 삶을 손가락질하며 "당신이나 잘하세요"라고 말하지나 않을까 하는 불안감을 갖고 있다면, 어떻게 우리가 나단처럼 "당신이 그 사람이라"(삼하 12:7)고 말할 수 있겠습니까? 형제들이여, 주님을 위하여 자신의 본분을 다하는 데에 담대함을 갖고자 하는 하나님의 종들은 자신의 행실을 더럽히지 않게 해주시라고 기도하여야 합니다. 그들은 하나님의 율법을 따라 행하여야 하고, 그렇게 해서 최고의 경지에 도달했다고 할지라도 여전히 하나님 앞에서 스스로를 낮추고 그의 임재 앞에서 겸손할 것이지만, 자신이 하나님 앞에서 흠 없이 온전하게 행하였다고 느껴서, 옛적의 선지자처럼 "내가 누구의 소를 빼앗았느냐 누구의 나귀를 빼앗았느냐 누구를 속였느냐 누구를 압제하였느냐 내 눈을 흐리게 하는 뇌물을 누구의 손에서 받았느냐 그리하였으면 내가 그것을 너희에게 갚으리라"(삼상 12:3)고 말할 수 있게 되었을 때에 부끄러워하지 않게 될 것입니다. 자기 자신 안에서 자책할 만한 것을 발견할 수 없다면, 그것은 그 사람에게 부끄러워하지 않을 은혜를 줍니다. 이것은 환난을 당

할 때에도 마찬가지입니다. 욥이 하나님께 화를 냈음에도 불구하고, 욥은 내게
놀라운 인물입니다. 머리부터 발끝까지 온통 종기로 덮여 있을 때에 화가 나고
짜증이 나지 않을 사람이 누가 있겠습니까? 그런데 이때에 욥이 "주께서는 내가
악하지 않은 줄을 아시나이다"(욥 10:7)라고 말할 수 있었다는 것은 참으로 대단
합니다. 욥은 자신에 대하여 제기된 고소들이 옳지 않았기 때문에 자신을 신원
해 주실 자이신 영존하시는 이께 호소할 수 있었습니다. 그는 친구들의 고소와
는 달리 그런 식으로는 하나님께 범죄하지 않았었습니다. 그의 본성은 온전하지
않았지만, 그의 마음은 순전했습니다. 그의 성품은 진실했고 그의 외적인 행실
은 흠이 없었기 때문에, 그는 그들이 자기가 흠 없이 살아 왔다는 것을 부정하며
퍼부어댄 비방과 고소들 중에서 어느 하나라도 증명해 보라고 대들 수 있었습니
다. 이것은 그가 승리하는 데에 도움이 되었고, 그가 참고 인내할 수 있도록 떠받
쳐 준 지지대였습니다. 우리가 달려갈 길을 마치고 세상을 떠날 때를 앞두고서
자신의 인생을 되돌아보았을 때에 그 위에 검은 구름이 한 점도 드리워져 있지
않은 것을 보았다면, 그것은 우리에게 얼마나 큰 만족감을 주겠습니까? 하나님
의 은혜를 의지해서 여러분과 나는 경건한 삶을 살아야 합니다. 그렇게 할 때, 우
리는 우리의 증거들이 분명하다는 것을 발견하게 될 것입니다. 우리는 우리가
행한 의로운 일들을 의지하거나 우리가 얻은 그 어떤 거룩한 성품을 의지하지
않고, 처음에 우리의 죄악된 심령을 가지고 그리스도 앞에 나아가 은혜를 구했
던 때와 마찬가지로 여전히 그리스도를 의지하겠지만, 하나님을 섬기며 살아온
인생을 되돌아보고 이 땅에서 달려갈 길을 마치고서 하늘 궁정에서 좀 더 고상
하게 섬기게 될 것을 기대할 때에 큰 만족감을 얻게 될 것입니다.

　　우리가 달려갈 길을 다 마치고 우리 조상들에게로 돌아갈 때, 여러분은 구
름 한 점 없는 깨끗한 명성을 남기고 이 세상을 떠나가는 것이 좋을 것이라고 생
각하지 않습니까? 여러분은 유다의 여러 선한 왕들이 그들에 관한 기록이 서로
너무나 극명하게 대비되는 것을 볼 때에 고통스러워할 것이라는 생각이 들지 않
습니까? 아마샤와 히스기야를 예로 들어 봅시다. 성경은 아마샤에 대해서 이렇
게 기록하였습니다: "아마샤가 여호와 보시기에 정직히 행하였으나 그의 조상
다윗과는 같지 아니하였으며 그의 아버지 요아스가 행한 대로 다 행하였어도 오
직 산당들을 제거하지 아니하였으므로 백성이 여전히 산당에서 제사를 드리며
분향하였더라"(왕하 14:3-4). 하지만 히스기야에 대한 기록에는 그런 꼬리표가

없습니다: "히스기야가 그의 조상 다윗의 모든 행위와 같이 여호와께서 보시기에 정직하게 행하여 그가 여러 산당들을 제거하며 주상을 깨뜨리며 아세라 목상을 찍으며 모세가 만들었던 놋뱀을 이스라엘 자손이 이때까지 향하여 분향하므로 그것을 부수고 느후스단이라 일컬었더라 히스기야가 이스라엘 하나님 여호와를 의지하였는데 그의 전후 유다 여러 왕 중에 그러한 자가 없었으니 곧 그가 여호와께 연합하여 그에게서 떠나지 아니하고 여호와께서 모세에게 명령하신 계명을 지켰더라"(왕하 18:3-6). 형제들이여, 우리가 비록 유다의 왕들 같은 그런 높은 직위에 있지 않다고 하더라도, 우리 모두가 히스기야 같이 되기를 기도합니다. "진실하여 허물 없이 그리스도의 날까지 이르는"(빌 1:10) 것이 우리의 소원이자 목표가 되어야 합니다. 다시 한 번 오늘의 본문을 읽어 보겠습니다: "내가 주의 모든 계명에 주의할 때에는 부끄럽지 아니하리이다."

하나님의 자녀라고 해도 아버지의 임재 앞에서 몹시 부끄러워하는 일이 있을 수 있습니다. 자기가 자녀라는 것을 의심하는 것은 아니지만 부끄러움을 느낍니다. 여러분의 자녀들도 그렇지 않습니까? 그들은 자신이 여러분의 자녀라는 것을 알고, 여러분이 그들을 사랑한다는 것도 알지만, 여러분을 근심시킬 어떤 일을 해왔기 때문에 여러분과 함께 있고자 하지 않고, 될 수 있으면 피하려 합니다. 아버지는 그들에 대하여 매우 화난 듯이 보였습니다. 그렇지만 여러분은 그들에게 "너는 잘못을 저질렀기 때문에 이제 더 이상 내 아들이 아니니 집에서 쫓아내겠다"고 결코 말하지 않습니다. 그들은 여러분이 그들을 내칠 것이라고는 꿈에도 생각하지 않습니다. 그들은 그런 형벌은 그들에게 내려질 수 없다는 것을 너무나 잘 압니다. 하지만 동시에 그들은 아버지가 화가 나서 찌푸린 얼굴을 하고 계신다는 사실을 너무나 잘 알고 있고, 그것이 부담이 되어서 아버지를 될 수 있으면 피하려 합니다. 우리가 빛이신 하나님이 자녀답게 빛 가운데 행한다면, 우리는 서로 사귐이 있고, "그 아들 예수의 피가 우리를 모든 죄에서 깨끗하게 하실 것"(요일 1:7)입니다. 그러나 우리는 빛 가운데 행하여야 합니다. 그렇지 않으면, 우리는 하나님과 사귐이 없게 될 것입니다. 죄가 그 사귐을 방해하고 깨뜨려 버릴 것입니다. 죄가 여러분을 하나님과의 사귐에서 떠나게 만들거나, 하나님과의 사귐이 여러분을 범죄하는 것에서 떠나게 만들 것입니다. 이 둘은 서로 양립할 수 없습니다. 우리가 죄를 짓는다고 했을 때, 그 죄는 우리가 연약해서 알지 못하며 짓는 죄들을 가리키는 것이 아니라, 우리가 의도적으로 또는 못

본 체하며 습관적으로 죄를 짓는 것을 가리킵니다. 하나님과 동행하며 살아가는 사람들에게서는 반역이나 태만은 용납될 수 없습니다. 여러분은 두 소년에 관한 이야기를 아실 것입니다. 그들은 놀고 싶어서, 그 중 형이 "아버지한테 우리에게 노는 날을 좀 주시라고 부탁드려보자"라고 말하자, 동생이 "그럼, 형이 부탁드려 봐"라고 말했습니다. 형은 "안돼, 나는 그런 부탁을 드릴 수 없으니 네가 해"라고 했고, 동생은 "형을 놔두고 동생이 그렇게 하는 법이 어디 있어?'라고 했습니다. 그러자 형은 "내가 아버지한테 죄 지은 게 있어서, 아버지가 비록 나를 사랑하긴 하시지만, 지금은 내가 그런 부탁을 드릴 때가 아니기 때문에, 네가 가서 우리 두 사람을 위해 부탁드리는 게 좋겠어"라고 말했답니다.

여러분도 하나님과 동행하는 삶을 살고 있지 않다고 느껴져서 기도할 때에 종종 이 예화에 나오는 형과 같은 그런 생각을 하지 않습니까? 여러분은 죄를 용서해 주시라고 기도할 수는 있고, 일반적인 은혜들을 베풀어 주시라고 기도할 수는 있지만, 큰 은혜나 특별한 은총을 구하는 것은 부끄러워서, 교회를 위해서, 또는 뭔가 큰 복을 위해서 기도하는 일은 다른 형제들에게 떠맡깁니다. 하나님이여, 주의 종은 주의 은혜의 보좌 앞에 가까이 나아간다는 것이 무엇인지를 알지만, 주와의 관계가 예전 같지 않다고 느껴서, 이전과는 달리 스스럼없이 주 앞에 나아가 자유롭고 허심탄회하게 기도할 수 없음을 느낍니다. 하지만 하나님께서 사랑의 입맞춤으로 우리를 맞이하시며, "무엇이든지 원하는 대로 구하라 그리하면 이루리라"(요 15:7)고 말씀하시는 때들도 있습니다. 그런 때에는 우리가 담대하게 기도할 수 있습니다. "내가 주의 모든 계명에 주의할 때에는 부끄럽지 아니하리이다." 나는 나의 순종함을 들고서 하나님 앞에 나아가지 않고, 오직 그리스도의 피와 의를 가지고 하나님 앞에 나아갈 것입니다. 나의 심령이 그 피로 뿌림을 받아 악한 양심에서 해방되었기 때문에, 나는 더욱더 큰 담대함으로 그렇게 할 것입니다. 내 속에서 역사하여 나로 순종하게 하신 바로 그 동일한 성령께서 내 속에서 나의 양자됨을 증거해 주실 것입니다. 나를 가르쳐 하나님의 음성을 청종하라고 한 바로 그 동일한 성령께서 하나님이 내 목소리를 들으시고 내게 응답해 주실 것이라고 말씀해 주실 것입니다. 하나님께서 예수를 인하여 여러분을 복 주시고, 여러분의 마음을 위로하시며, 여러분을 모든 선한 말과 행위에서 견고하게 하시기를 빕니다. 아멘.

제
115
장
—

거룩한 갈망

—

"주의 규례들을 항상 사모함으로 내 마음이 상하나이다."
— 시 119:20

우리가 어떤 사람인지를 시험해 볼 수 있는 가장 좋은 방법들 중의 하나는 우리 심령의 가장 깊은 곳에 자리 잡고 있는 진정한 갈망이 무엇인지를 살펴보는 것입니다. 우리가 어느 특정한 때에 무엇을 하고 있는가를 보고서 우리가 어떤 사람인지를 제대로 판단하기는 어렵습니다. 왜냐하면, 우리는 그때에 어떤 어쩔 수 없는 상황으로 말미암아 우리가 진정으로 하고 싶은 것과는 반대로 행할 수도 있고, 곧 사라져 버릴 일시적인 충동에 의해서 행할 수도 있기 때문입니다. 근본적으로 악한 사람이 잠시 악에서 떠나 있을 수도 있고, 실제로는 의를 기뻐하는 사람인데도 일시적으로 유혹에 빠져서 잘못된 일을 저지를 수도 있습니다. 어떤 사람이 특정한 상황에서 어쩔 수 없이 죄를 저질러서 그의 행위가 악한 것으로 단죄되었다고 해서 그 사람을 악인이라고 규정할 수는 없습니다. 어떤 사람의 갈망들은 그의 외적인 행위들보다 더 내면적이고 그의 참 자아와 더 가깝습니다. 그리고 그 갈망들은 그 어떤 강제나 구속으로부터 전적으로 자유롭다는 점에서 더 자연스럽습니다. 그 사람이 갈망하는 것이 바로 그의 사람됨입니다. 내가 말하는 "갈망들"은 잠시 있다가 사라지는 일시적인 바람이나 소원 같은 것이 아니라 마음의 강렬한 소원들을 가리킵니다. 이러한 갈망들은 한 사람의 본성이 지닌 진짜 핵심입니다. 여러분은 이 질문에 대답해 보심으로써 여러분 자신이 악한지 그렇지 않은지를 알게 될 것입니다. 여러분의 가장 큰 소원은 무엇입니까? 여러분은 끊임없이 이기적인 즐거움이나 쾌락들을 갈망합니까? 그렇다면, 여러분은 의심할 여지 없이 악한 자입니다. 여러분은 선하게 되고자 애쓰고 선을 행하고자 애씁니까? 그리고 그것이 여러분의 인생의 큰 목표입니까? 그렇다면, 여러분의 존재의 핵심 속에는 이스라엘의 주 하나님을 향한 어떤 선한 것이 존재합니다. 그러므로 사랑하는 여러분, 여러분의 마음속에 있는 갈망들은 여러분 자신을 살피는 데에 도움을 주고, 마음에 있는 것들이 밖으로 나타나는 일들의 뿌리이기 때문에, 나는 여러분이 자신의 갈망들을 살펴보기를 부탁드립니다. 믿지 않는 자들은 "마음이 미혹되어"(히 3:10) 있는 사람들이고, "뜻을 다하여 여호와를 찾는"(대하 15:15) 사람들은 정말 하나님을 만납니다. 이렇게 마음은 극히 중요하고, 마음의 갈망들은 마음의 상태가 어떠한지를 보여주는 가장 확실한 징표들입니다.

또한, 마음의 갈망들은 그 사람이 장차 어떤 사람이 될지를 보여주는 예언들입니다. 어떤 사람의 능력이 그 사람이 장차 무엇을 할지를 늘 보여주는 것은 아닙니다. 왜냐하면, 수많은 능력 있는 사람들이 마음에 끌리지가 않아서 아무것도 이루지 못하는 경우가 흔하기 때문입니다. 그런 사람들의 달란트는 땅에 감춰져 있습니다. 그들은 어떤 일들에서 놀랄 만한 성공을 거둘 수 있었을 것인데도, 그 일들에 흥미도 없고 끌림도 없어서 아무런 성과도 거두지 못합니다. 어떤 사람은 가난한 자들을 구제할 수 있는 충분한 재력이 있는데도, 베푸는 일에 관심이 없어서 절대로 구제를 하지 않습니다. 또는, 대단한 정신적인 능력을 가지고 있는데도, 나태함에 빠져서 사람들에게 유익한 글 한 줄 남기지 않는 사람도 있습니다. 다른 것들이 동일하다면, 어떤 사람의 갈망들은 그가 장차 어떤 인물이 될지를 꽤 확실하게 보여주는 지표입니다. 그 갈망들은 능력을 창조해 낼 수는 없지만 발전시키고, 그렇게 능력을 키우기 위해 여러 수단과 방법들을 활용하게 만들며, 기회가 올 때에 놓치지 않고 꽉 잡을 수 있게 해줍니다. 통상적으로 사람은 이런저런 수단을 통해서 자기가 간절히 갈망하는 존재가 됩니다. 특히 그가 무엇을 선택할지 그 가능성이 무한히 열려 있는 어릴 때에 그러한 소원들이 그 사람 속에서 이미 형성되어 있다면, 더더욱 그렇습니다. 그래서 "어린이는 어른의 아버지이다"라는 속담도 있습니다. 어떤 사람의 취향과 추구들은 이미 어릴 때부터 조짐을 보이기 때문에, 화가가 될 사람은 요람에서 이미 자기 누나를 스케치하고, 기술자가 될 사람은 어려서부터 뭔가를 만들어 냅니다. 어린 시절의 갈망이 세월이 갈수록 더 깊어지고 강해지며 격렬해진다면, 그 사람이 어떤 사람이 될지는 내면으로부터 조성되어가고 있는 것이고, 이것은 흔히 외부로부터 작용하는 환경들보다 더 큰 힘을 발휘합니다. 영적인 일들에서도 마찬가지입니다. 우리는 우리 마음속에 있는 간절하게 불타는 소원들이 무엇인지를 보면 우리가 장차 어떤 사람이 될지를 미리 예견할 수 있습니다. 소원들은 싹이 터서 결국 말과 행위로 발전됩니다. 영적인 소원들은 장래의 복들의 그림자들입니다. 하나님께서는 우리에게 무엇을 주고자 하실 때에 먼저 우리 속에 소원과 갈망을 주십니다. 기도가 놀라울 정도로 효력이 있는 이유는 기도는 하나님께서 복을 주시고자 우리 속에 불어넣으신 갈망을 구체화하는 것이기 때문입니다. 여러분의 갈망은 무엇입니까? 여러분은 거룩하게 되기를 갈망하십니까? 하나님께서는 여러분을 거룩하게 만들어 주실 것입니다. 여러분은 죄를 이기기를 갈망하십니까? 여러분은 예수를 믿는 믿음으로 죄를 이기게 될 것입니다. 여러분은 그리스도와의 사귐을 갖고자 갈망하십니까? 그가 오셔서 여러분과 함께 거하실 것입니다. 사슴이 시냇물을 갈급해 하듯이, 여러분의 영혼이 하나님을 만나고자 갈급하십니까? 그렇다면, 여러분은 하나님의 모든 충만으로 충만하게 될 것입니다. 왜냐하면, 크로커스와 아네모네 같은 꽃들이 봄이 멀지 않았음을 미리 말해 주는 것들임과 마찬가지로, 이 모든 갈망들은 장차 무슨 일이 일어나게 될지를 알려주는 예언들이기 때문입니다. 나는 사람이 바라는 모든 것들이 그렇다고 말하는 것이 아닙니다. 왜냐하면, "게으른 자는 마음으로 원하여도 얻지 못하고" (잠 13:4), 많은 사람들은 하나님의 뜻과 반대되는 소원들을 지니고 있어서 하나님이 그 소원들을 들어주지 않으시기 때문입니다. 그러나 마음속에 간절하고 강렬한 거룩한 갈망들이 있다면, 그것들은 장차 좋은 일들이 일어날 것임을 알려주는 징표들입니다.

하나님의 은혜가 어떤 사람의 영혼을 지배할 때, 그 사람은 자신의 동료들 가운데서 이방인이 되고, 그 사람 속에서는 특별하고 새로운 감정들과 소원들이 자라납니다. 오늘의 본문의 바로 앞 절에서는 "나는 땅에서 나그네가 되었사오니"(19절)라고 말합니다. 다윗은 조신들과 친구들에 둘러싸인 왕이었지만, 자신의 본향으로부터 추방된 자처럼 "나그네"일 뿐이었습니다. 이렇게 "땅에서 나그네"가 된 그에게는 세상 사람들이 이해할 수 없는 간절한 소원이 있었고, 그는 여기에서 그 특별한 갈망을 이렇게 표현합니다: "주의 규례들을 항상 사모함으로 내 마음이 상하나이다." 세상 사람들은 하나님의 "규례들"에 대해서 관심이 없습니다. 아니, 그들은 아예 하나님에 대해서 관심이 없습니다. 그러나 어떤 사람이 거듭나서 하늘의 시민이 되면, 그의 영혼 속에서는 전에는 느낀 적이 없던 영적인 갈망이 자라나서, 그는 하나님과 그의 거룩한 말씀을 사모하고 갈망하게 됩니다. 형제들이여, 여러분의 영혼이 살아 계신 하나님을 갈망하여 부르짖는지 그렇지 않은지를 눈여겨 살펴보십시오. 왜냐하면, 다시 한 번 말해 두지만, 여러분은 자신의 갈망들을 통해서 여러분 자신이 어떤 사람인지를 시험할 수 있고, 여러분의 마음의 소원들을 통해서 여러분의 미래를 미리 내다볼 수 있으며, 여러분이 무엇에 주리고 목마른지를 통해서 여러분이 이 세상에 속한 사람인지, 아니면 천국의 시민인지를 판단할 수 있기 때문입니다. 이렇게 자기 자신을 살피고 판단할 수 있는 도구들이 주어져 있기 때문에, 그 누구도 자신의 영적인 상태와 앞으로의 영원한 전망과 관련해서 자기는 아무것도 모른다고 말할 수 없습니다.

오늘의 본문이 우리에게 유익이 되도록 하기 위해서 다음과 같은 순서로 이 본문을 살펴보고자 합니다. 첫 번째로는, 성도들이 온 힘을 쏟아야 할 대상인 "주의 규례들"에 대해서 살펴보겠습니다. 두 번째로 살펴볼 것은 성도들의 간절한 갈망에 대한 것입니다: "주의 규례들을 항상 사모함으로." 세 번째로는, 성도들이 그러한 상한 마음을 지니고 있을 때에 자신의 그런 모습을 기쁜 마음으로 성찰할 수 있다는 것에 대해서 살펴보겠습니다. 우리는 성령께서 능력 주시는 대로 이러한 것들에 대하여 생각해 볼 것입니다. 성령의 그러한 역사 없이는 우리는 아무것도 알 수 없기 때문입니다.

1. 첫째로, 성도들이 온 힘을 쏟아야 할 대상이 있습니다.

성도들은 하나님의 "규례들"을 사모합니다. "규례"라는 단어는 여기에서 "하나님의 말씀"과 동의어로 사용되고 있습니다. 그것은 하나님이 죄인들을 치시고 자신의 율법의 선고를 집행하시는 것을 가리키는 "심판들"을 의미하는 것이 아니라, 하나님의 계시된 뜻 또는 선포된 판결들을 의미합니다. 시편 기자는 이 긴 시편 전체에 걸쳐서 하나님의 말씀, 하나님의 율법, 하나님의 증언들과 규례들과 법도들에 대해서 말하고 있는데, 여기에서 "규례들"이라는 단어도 동일한 의미로 사용됩니다. 내가 여러분에게 하나님의 계명들과 가르침들은 도덕적이고 영적인 일들에 관한 하나님의 "규례들"이라는 것을 상기시켜 드린다면, 아마도 여러분은 "규례들"이 무슨 의미인지를 어렵지 않게 아실 것입니다. 즉, "규례들"은 무엇이 옳고 무엇이 그른지에 관한 하나님의 결정들로서 만유와 관련된 큰 문제들에 대한 하나님의 해법들입니다. 하나님의 계시된 구원 계획은 사람의 운명에 관한 하나님의 결정, 곧 인간의 죄에 대한 하나님의 정죄의 판결이자 예수 그리스도를 믿는 믿음으로 말미암아 죄인들을 의롭다고 하시는 칭의의 판결입니다. 성경은 하나님의 판결들이 담겨 있는 책, 천국의 대법원의 판결들을 기록해 놓은 책, 우리의 영혼과 관련된 문제들에 대한 온전히 거룩하고 오류가 없는 결정들이 수록되어 있는 책입니다.

> "사람의 이성과 기지가 실패할 때마다
> 성경은 그 분쟁을 끝내는 심판자라네.
> 성경은 미로 같은 인생길의 안내자이고
> 의심들이 공격해 올 때에 우리의 방패라네."

옛적의 사람들이 어려운 분쟁이 생길 때마다 솔로몬의 보좌 앞으로 나아갔듯이, 여러분은 성경으로 돌아갈 수 있고, 거기에서 어려운 문제들이 즉시 풀립니다. 그러나 성경은 솔로몬보다 더 크고 위대합니다. 하나님의 말씀을 살펴보십시오. 여러분은 오류가 없는 진리의 궁극적인 판결, 최고의 권위를 지닌 이가 내리시는 최종적인 결정을 알게 될 것입니다. 성경은 온 땅의 심판주가 내리신 평결들, 거짓말을 하실 수 없고 결코 오류가 있을 수 없으신 하나님의 판결들을 담고 있습니다. 따라서 하나님의 말씀은 하나님의 "판결들" 또는 "규례들"이라 불리는 것이 옳습니다. 성경은 우리가 판단할 대상이 아니라 우리의 재판장이 되어야 합니다. 우리는 성경을 단 한 단어라도 수정하거나 의문을 제기해서는 안 되고, 최고 법원의 최종적인 판결로 여기고 끊임없이 살펴야 합니다.

오늘의 본문에서 다윗은 자기가 하나님의 규례들 또는 말씀을 얼마나 사모하는지를 우리에게 말해 주는데, 이것은 무엇보다도 먼저 그가 하나님의 말씀을 지극히 경외하였다는 것을 보여줍니다. 그는 성경을 단지 인간의 문학작품 중에서 아주 중요한 작품쯤으로 여겨서 셰익스피어나 베이컨의 작품들 정도로 영감 어린 작품이라고 생각한 것이 아니었습니다. 다윗은 성경에 대하여 경외심을 지니고 있었습니다. 나는 성경에 대한 아주 예리한 정직한 비평을 반대하지 않지만, 일부 신학자들이 하나님의 저 찬송 받으실 말씀을 마치 백정의 손에 맡겨진 도살된 소인 양 자기 마음대로 자르고 요리하는 것을 보면 충격을 받습니다. 학식 있는 사람이 성경 말씀들을 다룰 때에는 성경이 누구의 책인지, 그리고 그들이 살피고 있는 말씀들이 누구의 말씀인지를 결코 잊어서는 안 됩니다. 하나님의 말씀에 대한 불경은 하나님에 대한 모독과 같습니다. 권위와 위엄에 있어서 성경 같은 책이 없습니다. 성경은 불로 된 담으로 둘러쳐져 있고 그 속에 영광이 있어서 다른 모든 책들과 구별됩니다. 이슬람교도들이 알렉산드리아 도서관을 불태웠듯이, 세상의 모든 책들을 무더기로 쌓아놓고 불태운다고 해도, 그런 일이 세상에 끼칠 손실은 성경의 단 한 페이지가 완전히 말살되었을 때에 생길 손실에 비하면 아무것도 아닙니다. 다른 모든 책들은 기껏해야 아주 작은 금 조각이어서 그것들을 많이 모아야 겨우 금 한 온스를 만들 수 있지만, 성경은 수많은 금 덩어리들과 금광석들을 담고 있는 금맥이기 때문에, 진주나 루비, 또는 어마어마한 "수정"(겔 1:22)을 주고도 살 수 없습니다. 세상에서 가장 지혜로운 사람들의 정신적인 부 속에서조차도 계시된 진리들인 성경 같은 보화들이 없습니다. 사람들의 생각은 헛것이고 기껏해야 비천하게 기어다니는 것들일 뿐입니다. 성경을 우리에게 주신 하나님께서는 "내 생각이 너희의 생각과 다르며 … 하늘이 땅보다 높음 같이 … 내 생각은 너희의 생각보다 높으니라"(사 55:8-9)고 말씀하셨습니다. 하나님의 말씀을 우리의 마음속에서 높이고 소중히 여기는 것이 여러분과 내게 기정사실이 되어 있어야 합니다! 다른 사람들은 무엇이라고 말하든, 우리는 "주의 규례들을 항상 사모함으로 내 마음이 상하나이다"라고 고백할 수 있어야 합니다. 우리는 하나님의 입에서 나온 말씀들 중에서 단 한 음절이라도 잃어버리는 순간, 인간의 문학들에서 고귀하고 아름다우며 유쾌하고 유익한 모든 것과 결별하게 됩니다.

　　또한, 시편 기자는 하나님의 말씀을 지극히 경외하였기 때문에 하나님이 무엇이라 말씀하셨는지 그 내용들을 정말 간절하게 알고 싶어 하였습니다. 그에게는 아마도 오늘날의 성경 전체가 아니라 단지 모세 오경만이 있었을 것입니다. 그러나 그 오경만으로도 그의 영혼 전체를 기쁨으로 충만하게 하기에 충분했습니다. 나는 여러분에게 구약을 결코 폄하하지 마시기를 부탁드립니다. 시편들에서 하나님의 말씀이 얼마나 대단한지에 대하여 말하고 있는 모든 것들은 원래 당시에 존재하지도 않았던 신약이 아니라 오직 모세 오경, 곧 성경 자신이 가치를 따질 수 없을 정도로 귀하다고 말하고 있는 성경의 첫 번째 부분에 대한 것임을 기억 하십시오. 물론, 지금의 우리는 원래 시편들이 모세 오경에 대하여 말한 모든 것 들을 신약을 비롯한 성경 전체에 적용하는 것이 마땅하지만 말입니다. 사실, 신 약의 실질적인 핵심은 창세기, 출애굽기, 레위기, 민수기, 신명기로 이루어진 모 세 오경에 있습니다. 방주에 들어가 있던 노아나 어머니의 집에 숨겨져 있던 모 세 같이, 신약은 모세 오경에 숨겨져 있습니다. 여왕 같은 진리의 아름답고 사랑 스러운 자태가 거기에 있지만, 단지 그 자태가 베일에 가려져 있을 뿐입니다. 신 약에서 더 분명하게 빛을 발하게 된 그 빛은 모세 오경에서 비쳐 나오는 빛과 다 른 것도 아니고 더 밝은 것도 아닙니다. 신약에서 비쳐 나오는 빛은 좀 더 얇은 매체를 통과해서 비쳐 나오기 때문에 우리를 더 밝게 비추는 것일 뿐입니다. 심 지어 나는 하나님의 말씀을 구성하고 있는 여러 부분들을 감히 서로 비교해 본 다면, 모세 오경이 가장 심오하기 때문에, 우리가 그 심오한 것들을 캐낼 수 있기 만 한다면, 신약에서보다도 더 진하게 농축된 계시를 발견할 수 있을 것이라고 생각하곤 했습니다. 나는 나의 그러한 생각을 변증할 마음은 없지만, 일반적으 로 아주 깊이 숨겨져 있는 좀 더 아래의 층일수록 거기에 더욱더 진하게 농축된 것들이 들어 있고, 아주 쉽게 이해될 수 있는 것들은 가장 온전하고 충실한 의미 를 담고 있지 않고 그 반대일 것이 분명합니다. 성경의 여러 책들은 후대로 갈수 록 실제적인 가치가 더 큰 것이 아니라, 단지 우리에게 맞추기 위하여 진보한 것 일 뿐입니다. 빛은 동일할지라도, 그 빛을 담은 등이 더 투명하다면, 우리는 빛을 더 분명하게 보게 됩니다. 복음이라는 보화는 모세 오경이라는 광맥 속에 담겨 있었기 때문에, 나는 다윗이 본능적으로 그것을 알아차리고서, 거기에 도달할 수는 없었지만 간절한 갈망과 사모함을 갖게 된 것임을 의심치 않습니다. 다윗 에게는 우리와는 달리 오경에 나오는 모형들을 설명해 줄 그리스도의 삶이나, 율법의 상징들을 깨닫게 해줄 사도들의 설명들이 없었기 때문에, 그는 우리만큼 하나님의 진리들에 도달할 수는 없었습니다. 그래서 그는 마음으로 탄식하며, 자기를 위해 예비되어 있는 그것을 제대로 알고 싶은 마음이 간절할 수밖에 없 었습니다. 그는 보석함을 보았지만, 열쇠를 찾을 수 없었습니다. 만일 그가 거기 에 보화가 들어 있다는 것을 확신하지 않았다면, "내 눈을 열어서 주의 율법에서 놀라운 것을 보게 하소서"(18절)라고 부르짖지 않았을 것입니다. 그는 발견을 눈 앞에 두고도 거기에 도달할 수 없는 항해자와 같았습니다. 그는 미지의 신대륙 이 바로 자기 앞에 있는데도 역풍이 불어서 그 해안가에 상륙할 수 없었던 콜럼 버스(Columbus)와 같았습니다. 그는 동굴에서 금광석임이 확실한 바위를 발견 하고서도 그 금광석이 박혀 있는 거대한 바위를 깰 수 없어서 탄식하는 광산업 자와 같았습니다. 금광석이 거기에 있다는 확신이 더 분명해지고, 그럼에도 불 구하고 그 금광석을 채굴할 수 없다는 것이 더 분명해질수록, 그 보화를 갖고자 하는 그의 갈망은 더욱더 커질 수밖에 없습니다. 이것으로부터 나는 시편 기자 의 간절한 열망이 이유 있는 것임을 알게 됩니다. 그러므로 그가 "주의 규례들을 항상 사모함으로 내 마음이 상하나이다"라고 부르짖고 있는 것은 전혀 이상한 일이 아닙니다.

　나는 다윗이 단순히 지적인 흥미를 위해서 알고자 했던 것이 아니라 하나님 의 말씀을 먹고자 했던 것임을 확신합니다. 하나님의 말씀을 먹는 것과 하나님의 말씀을 단순히 아는 것은 판이하게 다릅니다. 여러분이 성경의 여러 장들을 자 녀에게 가르쳐도, 그 자녀는 단 한 말씀도 먹지 않았을 수 있습니다. 어떤 사람들 은 자녀가 말을 잘 듣지 않으면 그 벌로 성경 구절을 암송하게 하는 어리석은 짓 을 합니다. 하나님의 말씀을 벌로 삼는 것은 성전을 감옥으로 바꾸어 버리는 것 과 마찬가지로 어리석고 악한 짓입니다. 의심할 여지 없이, 사람들이 호메로스 (Homer)나 베르길리우스(Virgil)의 작품을 아는 것과 같은 방식으로, 하나님의 말씀의 역사와 가르침과 문자를 아는 사람은 많습니다. 그러나 하나님의 말씀을 먹는 것은 그렇게 아는 것과는 완전히 다른 문제입니다. 오븐에 빵이 가득한 것 은 좋은 일이지만, 자양분을 섭취하기 위해서는 식탁에 있는 한 개의 빵, 또는 입 속에 있는 빵 한 조각이 더 낫습니다. 물론, 많은 빵을 입 안에 가득 넣고 먹어서 잘 소화시킨다면, 그것보다 더 좋은 것은 없을 것입니다. 마찬가지로, 하나님의 진리들을 설교하는 것은 소중한 일이기는 하지만, 하나님의 진리들을 주의 깊게 듣는 것이 실제적인 유익을 위해서는 더 좋고, 그렇게 들은 하나님의 진리들을 믿는다면 정말 좋을 것이며, 하나님의 진리들을 여러분의 영적인 체계 속으로 흡 수한다면 더할 나위 없이 좋을 것입니다. 하지만 슬프게도 우리는 하나님의 말씀 을 제대로 흡수하지 않습니다. 나는 하나님의 진리들을 그 즉시 흡수해서 소화 시키는 영적인 스펀지 같은 사람들을 보면 마음이 기쁩니다. 하지만 세상이 그들로부터 하나님의 진리들을 짜내 버리려고 할 때에는 그들은 쉽게 짜내 버릴 수 있는 스펀지 같아서는 안 됩니다. 형제들이여, 우리는 하나님의 진리들을 잘 흡수하지 못하는데, 그 이유는 우리의 마음이 하나님과 잘 조율되어 있지 않기 때문입니다. 우리는 종종 하나님의 말씀들 중에서 어떤 가르침들은 우리의 마음에 잘 받아들여지지 않는 느낌을 받지 않습니까? 우리는 이런저런 일에 있어서 하나님의 "규례들"에 잘 동의하지 않습니다. 그럴 때에 우리는 그 규례들이 틀린 것이 아니냐고 감히 의문을 제기하지는 못하지만, 그 규례들이 원래는 그런 뜻이 아닐 것이라고 제멋대로 생각하고 넘어가 버립니다. 친구들이여, 우리는 이제 더 이상 그래서는 안 됩니다. 하나님의 규례들이 잘 받아들여지지 않는 느낌이 우리에게서 없어져야 합니다. 우리는 하나님이 말씀하신 모든 것에 동의하여야 하고, 우리의 믿음이 하나님의 가르침과 나란히 동행하여야 합니다. 지금은 우리가 하나님이 말씀하시는 모든 것들에 전적으로 동의해야 할 때입니다. "성도가 세상을 판단할 것을 너희가 알지 못하느냐"(고전 6:2). "우리가 천사를 판단할 것을 너희가 알지 못하느냐"(고전 6:3). 우리는 저 마지막 큰 날에 그리스도와 함께 배심원으로 앉아서 타락한 영들을 판단하게 될 것입니다. 그런 우리가 우리 주님과 동일한 마음을 갖는 것이 마땅하지 않겠습니까? 그런 우리가 지금 이 땅에서도 하나님의 말씀을 기뻐하며, 백보좌로부터의 하나님의 판결에 대하여 더욱더 진심으로 "아멘"으로 화답하는 것이 마땅하지 않겠습니까? 날이 갈수록 우리의 판단은 성경에 나와 있는 하나님의 판단들 또는 "규례들"과 점점 더 합치되어야 하고, 어쨌든 우리가 하나님의 율법을 즐거워하여 밤낮으로 묵상하게 될 때까지 우리 심령 속에 거룩함에 대한 사모함과 갈망이 있어야 합니다. 그랬을 때에 우리는 우리가 먹는 양식을 점점 닮아가게 될 것입니다. 하늘의 양식은 우리를 하늘에 합당한 마음을 갖게 만들 것입니다. 우리의 심령 속으로 받아들여진 하나님의 말씀은 우리를 변화시켜서 말씀이 지닌 본성을 닮게 만듭니다. 우리는 하나님의 결정들과 판단들을 즐거워함으로써 하나님의 판결을 따라 판단하는 법을 배우게 되고, 하나님이 기뻐하시는 것들을 우리도 기뻐하는 법을 배우게 됩니다. 나는 이것이 다윗의 간절한 갈망에 대한 좀 더 가까운 설명이라고 생각합니다.

의심할 여지 없이, 다윗은 하나님의 말씀에 순종하기를 갈망했습니다. 그는 모든 일에서 가감 없이 하나님의 뜻을 행하고자 하였습니다. 그는 다른 곳에서 "주의 율법을 온전히 내게 가르치소서"라고 기도합니다. 여러분은 다윗과 마찬가지로 온전하게 되는 것을 사모하고 갈망합니까? 하나님을 진정으로 아는 모든 자는 하나님의 계명들을 따라 달려가고자 하는 강렬한 열망을 지니고 있는 것이 마땅합니다. 하나님을 닮은 삶을 살고자 열망하지 않는 사람은 하나님 앞에서 사는 사람이 아닙니다. 어떤 사람에게 거룩함에 대한 열망이 없다면, 그에게는 거듭남도 없습니다. 실제적인 순종의 행위는 참된 은혜를 받았음을 보여주는 필수적인 증거입니다. 왜냐하면, "그들의 열매로 그들을 알지니"(마 7:16)라는 말씀은 불변의 진리이기 때문입니다. 하나님의 말씀을 순종할 때까지는 그 누구도 그 말씀을 알지 못합니다: "사람이 하나님의 뜻을 행하려 하면 이 교훈이 하나님께로부터 왔는지 내가 스스로 말함인지 알리라"(요 7:17).

또한, 시편 기자는 자신의 마음속에서 하나님의 "규례들"의 능력을 느끼기를 갈망했습니다. 나의 친구들이여, 하나님의 영이 여러분에게 역사하셨다면, 여러분은 그 역사에 대하여 어느 정도 알게 됩니다. 여러분은 하나님께서 여러분의 양심의 방에서 여러분을 판단하시는 것을 느낀 적이 없습니까? 성령은 하나님의 말씀을 통해서 와서 우리의 죄악들을 우리 앞에 드러내고 우리의 은밀한 죄들을 하나님의 얼굴 빛 속에서 드러냅니다. 여러분은 자기가 잘못한 것을 잊어버렸거나, 적어도 그 죄를 거의 기억하지 못할지라도, 갑자기 그 모든 것을 보게 됩니다. 구름 낀 하늘 아래에서 어떤 경치를 보고 있는데, 갑자기 한 줄기 햇빛이 그 경치의 일부를 비추면, 그 부분이 우울한 주변 경치와 대조적으로 밝게 빛나며 두드러지는 것과 마찬가지로, 성령께서 내 삶의 어떤 행위 또는 행위들에 분명한 빛을 비추었을 때, 나는 내가 지금까지 본 적이 없던 것을 보게 되었습니다. 저 내면의 빛은 우리를 판단하고 이끌어서 새롭게 깨끗하게 되기를 구하게 만듭니다. 하나님의 판단들이 우리의 영혼에 임하여 우리로 하여금 새롭게 은혜를 구하여 부르짖게 이끕니다. 여러분도 나처럼 그런 경험을 했을 것입니다. 우리가 젊어서 지은 죄들과 이전에 범죄한 것들은 우리 안에서 하나님에 의해 판단을 받아 왔습니다. 나는 다윗이 노년이 되어서야 비로소 자신이 젊었을 때에 지은 온갖 죄들을 온전히 깨달았을 것이라고 생각합니다. 슬프게도 많은 사람들이 자기가 죄악들을 범하는 줄조차도 모르고 범죄하다가 세월이 흘러서 그 죄악들의 무시무시한 결과가 그들의 뼈와 살에서 느껴졌을 때에야 비로소 자신의 죄악들을 알게 됩니다.

하나님께서는 자기 백성을 판단하셔서 그들에게 죄가 더 쓰게 느껴지게 만드십니다. 우리는 하나님이 우리에게 그렇게 하시기를 바라야 할까요? 나는 그렇다고 말합니다. 모든 진실한 사람은 자기 안에 있는 모든 죄가 다 드러나서 정죄 받고 처형당하게 되기를 바라는 간절한 갈망을 자신의 심령 속에 지니고 있어야 합니다. 그들은 어떤 것을 숨기고자 하는 것이 아니라, 도리어 모든 것이 다 드러나서 그 모습을 보고서 자기가 낮아지기를 바라야 합니다. 우리는 두 가지 심판 중 하나를 반드시 겪어야 하는데, 하나는 양심의 법정에서의 심판이고, 다른 하나는 마지막 날에 있을 백보좌 앞에서의 심판입니다. 여러분은 자기 자신을 정죄하든지, 아니면 정죄당하든지, 둘 중의 하나를 택하여야 합니다. 여러분은 자신의 심령 속에서 법정을 열고서 여러분 자신을 심문하고 정죄하지 않으면 안 됩니다. 그렇게 하지 않으면, 여러분은 하나님의 판단들 또는 규례들을 온전히 알지 못할 것이고, 하나님께 진정으로 죄 사함을 구하지 못할 것입니다. 하나님께서는 자기 자신을 정죄하는 자들을 의롭다 하시기 때문에, 그런 자들 외에는 아무도 믿음으로 말미암는 하나님의 의를 얻지 못합니다. 그러므로 우리는 의의 옷을 덧입기 위해서 우리를 정죄하여 죄악을 벗겨내는 판단들 또는 규례들을 사모하여야 합니다. 우리가 은혜를 충만히 받기 위해서는 먼저 우리 자신을 비우기 위하여 부르짖어야 합니다. 다윗은 하나님의 말씀이 자기에게 임하여 자신의 심령 속에서 법정을 열고 심문하고 심판해 주기를 갈망합니다. 그는 이런 과정을 거치는 것이 자신에게 꼭 필요하고 복되며 유익하다는 것을 느꼈기 때문에, 하나님께서 그런 식으로 자기를 다루어 주시기를 간절히 사모하느라 마음이 상하였습니다. 어떤 사람이 거룩하게 되기를 간절히 사모해서 자신이 순전하게 될 때까지 고통스러운 과정이 진행되느라 괴로움 가운데 있고자 하는 것은 참으로 지혜로운 태도입니다. 어떤 아이가 병을 낫기 위해서 의사가 준 약을 꼬박꼬박 열심히 먹고자 한다면, 그 아이는 참으로 지혜로운 아이입니다. 하나님의 자녀들이 그러한 거룩한 심판을 겪는 단계에 이르렀다면, 그들이 잘 될 날은 멀지 않은 것입니다.

하나님의 말씀에 온전히 합한 삶을 사는 것은 모든 참된 신자들의 바람입니다. 우리 중에도 하늘에 계신 우리 아버지 하나님께서 우리로 하여금 그와 같이 온전하게 해주시기만 하신다면 더 바랄 것이 아무것도 없다고 솔직하게 말할 수 있는 분들이 있습니다. 하나님께서 우리로 하여금 온전히 그의 뜻을 따라 살게

만 해주신다면, 우리는 부하든지 가난하든지, 건강하든지 병들든지, 존귀함을 받든지 욕을 당하든지, 살든지 죽든지, 그 모든 일들을 다 기꺼이 하나님께 맡길 것입니다. 우리의 영혼이 갈망하고 열망하며 탄식하는 것은 바로 그것입니다. 우리는 거룩함에 주려 있습니다! 하나님께서 우리를 거룩하게 만들어 주신다면, 그때에 우리에게는 한 가지 소원이 더 생기게 되는데, 그것은 다른 모든 사람들도 우리와 같게 되었으면 하는 소원입니다. 세상 사람들이 모두 다 하나님께로 회심하고 돌아온다면 얼마나 좋을까요! 하나님의 진리가 밝은 아침 햇살처럼 온 사방에 퍼져 나간다면 얼마나 좋을까요! 떠오르는 태양 앞에서의 박쥐들과 올빼미들이 다 자취를 감추듯이, 하나님께서 사람들 가운데 있는 온갖 오류와 미신을 다 쫓아내 주신다면 얼마나 좋을까요! 오, 하나님, 주의 종들이 하나님께서 그렇게 해주시기를 간절히 갈망합니다! 우리가 구하는 것은 오직 두 가지뿐입니다. 하나는 하나님께서 우리의 본성을 구성하고 있는 세 왕국, 곧 영과 혼과 몸에서 다스리시는 것이고, 다른 하나는 하나님께서 만유를 다스리시는 것입니다. 온 땅이 주의 영광으로 충만하게 될 때, 우리의 기도는 끝나게 될 것입니다.

나는 그런 의미에서 우리의 심령이 하나님의 판단들 또는 규례들을 사모하느라 상하게 되기를 소망합니다.

2. 둘째로, 성도들의 열렬한 갈망들에 대해 생각해 보겠습니다.

내가 이 갈망들과 관련해서 가장 먼저 말하고자 하는 것은 죽은 존재들은 열망이나 갈망이 있을 수 없기 때문에 갈망들이 있다는 것은 살아 있음을 보여준다는 것입니다. 공동묘지에 가서 아무 시체나 다 파 보십시오. 여러분은 단 하나의 시체에서도 열망이나 갈망을 찾아볼 수 없습니다. 갈망은 생명이 없는 시체 속에는 머물 수 없습니다. 마음이 갈망이나 사모함으로 상할 수 있는 것은 거기에 생명이 있기 때문입니다. 이것은 여러분에게 위로가 될 수 있습니다. 왜냐하면, 여러분은 아직 자신이 원하는 거룩함에 도달하지 못했지만, 거기에 대한 갈망이 분명히 여러분 속에 있다면, 그것은 여러분이 살아 있는 영혼이라는 것, 즉 여러분 속에 하나님의 생명이 있다는 증거가 되기 때문입니다. 여러분은 하나님의 규례에 합한 삶을 사는 데까지는 도달하지 못했지만, 여러분 속에 있는 그러한 갈망은 하나님의 생명의 불꽃이 여러분의 심령 속에 있다는 것을 증명해 줍니다. 그 갈망이 강렬하면 할수록 그 근원인 생명도 그만큼 더 강력한 것입니다. 생명이 약하면 갈망이나 소원도 약하고, 생명이 강력하면 갈망도 로뎀 나무 숲이 타오르는 것처럼 강력합니다. 이 아침에 여러분에게는 간절한 갈망이 있습니까? 밤을 새우는 파수꾼이 동트기를 기다리거나 타는 듯한 사막 길을 걷는 여행자가 큰 바위 그늘을 갈망하듯이, 여러분의 마음은 하나님을 그렇게 갈망하고 있습니까? 그렇다면, 나는 여러분이 그러한 갈망들을 그치지 않기를 바라고, 실제로 여러분은 결코 그 갈망들을 그칠 수 없을 것이지만, 그 갈망들은 여러분이 영적으로 살아 있음을 보여주는 증거입니다. 마음의 사모함이나 갈망들은 자기 자신 속에 영적인 생명이 있음을 증명함에 있어서 성례전에 참여하는 것보다 훨씬 더 좋은 시금석입니다. 왜냐하면, 죄 가운데서 죽어 있는 사람들도 세례나 성찬식에 참여할 수 있기 때문입니다. 영적인 생명을 증명함에 있어서 간절한 소원들은 자신이 믿음으로 이루었다고 생각하는 일들보다도 훨씬 더 좋은 증거입니다. 왜냐하면, 자신이 이루었다고 생각하는 일들은 모두 다 허상일 수 있지만, 하나님의 말씀을 사모하느라 상한 마음은 결코 허상이 될 수 없고, 너무나 고통스러워서 도저히 부정할 수 없는 엄연한 사실이요 현실이기 때문입니다.

　다음으로, 우리가 기억할 것은 오늘의 본문에서 사용된 표현은 자신이 온전하지 못한 것에 대한 겸손한 자각을 보여준다는 것입니다. 다윗은 아직 하나님의 말씀에 온전히 합한 삶을 살게 되거나, 그 말씀을 온전히 아는 데까지는 도달하지 못했습니다. 만일 그런 단계에 도달해 있었다면, 그는 자기가 하나님의 말씀을 사모하고 갈망한다고 말하지 않았을 것입니다. 우리도 마찬가지입니다. 우리는 온전함에 도달하지 못했지만, 그렇다고 해서 낙심할 필요는 없습니다. 왜냐하면, 이방인의 사도인 바울 자신이 "내가 이미 얻었다 함도 아니요 온전히 이루었다 함도 아니라"(빌 3:12)고 말하였기 때문입니다. 하나님의 마음에 합한 사람인 다윗조차도 자신의 영적인 상태가 좋은 상황 속에서 이 시편을 썼을 텐데도 자기가 "사모한" 것을 얻었다거나 붙잡았다고 말하지 않고, 그것을 얻으려고 사모하며 갈망하고 있다고 말합니다: "항상 사모함으로 내 마음이 상하나이다." 어떤 사람이 자기는 더 높이 오를 것이 없을 정도로 지극히 높은 거룩함의 경지에 도달해서 이제 더 이상 사모함이나 갈망이 없다고 말하고, 그 말이 사실이라면, 나는 그 사람을 시기하지 않고, 도리어 기뻐할 것입니다. 그런데 전에 나는 어떤 사람이 자기는 하나님의 뜻에 온전히 순종하여 자신의 뜻을 다 내려놓았기 때문에 더 이상 구할 것이 없어서 기도하기를 그쳤다고 말하는 것을 들었습니다. 그런 말은 어리석기 짝이 없는 말입니다. 어떤 사람이 생명으로 너무나 충만해서 더 이상 숨쉬지 않는다면, 나는 그 사람은 죽은 사람이라고 말할 수밖에 없습니다. 기도는 영혼의 호흡이고, 기도 없이 살 수 있는 사람은 죄 가운데 죽어 있는 사람입니다. 어떤 사람이 자기는 너무나 선해서 더 이상 선해질 수 없다고 생각한다면, 그는 더 이상 악해질 수 없을 정도로 악한 자입니다. 왜냐하면, 선한 사람은 누구나 더 선해지기를 갈망하고, 더 선한 사람은 천국에 사는 자들처럼 지극히 선해지기를 갈망한다는 것이 하나님의 판단이요 규례이기 때문입니다. 성도들은 은혜를 받을수록 더 은혜를 사모하게 됩니다. 하나님의 사랑을 받은 사람들은 거룩한 욕심이 생겨나기 때문입니다: "주의 규례들을 항상 사모함으로 내 마음이 상하나이다."

또한, 오늘의 본문의 표현은 시편 기자가 영적으로 성장했음을 보여줍니다. 아우구스티누스(Augustine)는 이 문제를 다루면서, 성도들의 마음속에는 처음에는 하나님의 말씀을 싫어하는 것이 있다가 점차 성장해가면서 말씀에 대한 사모함이 생겨난다고 말합니다. 싫어하는 마음이 제거된 후에는 흔히 무관심이 찾아옵니다. 경건함을 싫어하고 반대하는 마음은 더 이상 없지만, 적극적으로 경건하고자 하는 관심도 없습니다. 그런 후에, 하나님의 은혜로 말미암아 하나님의 말씀과 뜻이 지극히 아름답다는 인식과 거룩함에 대한 열망이 심령 속에서 생겨납니다. 이것은 선한 것에 대한 어느 정도의 사모함과 갈망으로 이어집니다. 그러나 우리가 선한 것을 간절히 갈망한다면, 그것은 은혜 안에서 상당한 정도로 성장했음을 보여주는 것이고, 우리의 심령이 그러한 갈망으로 인해서 상할 지경에 이른다면, 그것은 한층 더 성장했음을 보여주는 것입니다. 우리의 심령이 이러한 사모함과 갈망으로 터져 버릴 것 같거나, 어떤 액체가 안에서 발효되어 깨질 지경까지 된 그릇처럼 되었다면, 그것은 복된 일입니다. 오늘의 본문은 진지한 심령의 고뇌를 보여줍니다. 그러한 상태는 하나님의 생명 안에서 상당한 정도로 성장하고 진보했음을 보여주는 것이지만, 신자 속에 그러한 사모함과 갈망들이 내내 있을 때, 그는 머지않아 온전히 성숙한 그리스도인이 될 것입니다. 여러분은 "그런 사람은 자기가 지금 가지고 있는 것이 너무나 없다고 생각하기 때문에 더 많은 은혜를 사모하느라 눌려서 부서지고 있다"고 말할 것입니다. 그렇습니다. 그는 영적으로 대단히 부요한 바로 그런 사람입니다. 그러한 갈망들은 그의 심령의 회계 장부 속에 기재된 신비한 항목들인데, 우리가 그 항목들을 제대로 읽어내기만 한다면, 그 갈망들이 그가 가진 엄청난 부라는 것을 알게 됩니다. 왜냐하면, 하나님의 생명 속에서는 어떤 사람이 더 많이 사모하고 갈망할수록 이미 그 만큼 더 많이 얻은 것이기 때문입니다. 여러분은 자신의 갈망들을 계수할 수 있고, 그 갈망들은 여러분의 영적인 부가 어느 정도인지를 여러분에게 세세하게 말해 줄 것입니다. 은혜로 충만한 사람일수록 더욱더 은혜에 주리게 됩니다. 이것은 이상한 말 같지만, 이런 역설은 참입니다. 어떤 사람이 물을 많이 마실수록 갈증이 더 많이 해소되어서 어떤 의미에서 한편으로는 갈증을 느끼지 않게 되지만, 다른 한편으로는 살아 계신 하나님에 대한 갈증은 그에게서 더욱 심해집니다.

　본문이 말하고 있는 것은 성숙한 그리스도인이 겪는 일이고, 나는 그런 경험을 쓰지만 달콤한 것(a sweet bitter)이라고밖에는 뭐라고 설명할 수가 없습니다. 사모함과 갈망으로 터져 버릴 것 같기에 그것은 쓴 경험입니다. 이것은 어쩔 수 없는 일입니다. 그러나 이 쓴 나물에서 배어나오는 향기는 이루 말할 수 없이 달콤해서 그 어떤 향도 그것을 능가할 수 없습니다. 결국, 상한 심령은 세상의 기쁨과 즐거움들로 가득한 심령보다 더 큰 평안과 안식을 알게 됩니다. 그러한 심령은 정말 안전합니다. 어떤 사람이 이렇게 말했습니다: "나는 예수 그리스도를 사랑하고 사모하기 때문에, 내가 지옥에 떨어지는 것은 불가능합니다. 그리스도께서 내게 그를 사랑하는 특권을 금지시키시는 것은 불가능하고, 그를 사랑하고 사모하는 것은 행복입니다!" 세상의 것들로 배부른 것보다는 하늘의 것들에 대하여 주리는 것이 더 낫습니다. 하나님을 사모하여 마음이 상하는 것이 죄악된 즐거움들 속에서 만족하는 것보다 더 달콤합니다. 하나님을 사모하는 것 속에는 이루 말할 수 없는 달콤함이 있고 거기에서 천국이 동터 오르지만, 여러분은 자신이 사모하는 것에 아직 도달하지 못했다는 것을 느끼기 때문에 그 달콤함 속에 쓴 맛이 가미됩니다. 나는 꿀맛을 배가시키는 유일한 방법은 거기에 쓴 맛을 가미하는 것뿐이라고 생각합니다. 여러분이 꿀을 많이 먹으면 온통 단 맛뿐이기 때문에 맛을 잘 느끼지 못하게 되는데, 그때에 시거나 쓴 것을 조금 먹거나 마시고 나서 다시 꿀을 먹으면 그 단 맛을 새롭게 제대로 느낄 수 있게 됩니다. 참된 신앙 체험도 마찬가지입니다. 강렬한 갈망이나 사모함으로 인한 고통은 우리의 기쁨을 더욱 넘치게 하고, 어떤 것을 갈망하고 주릴 때에 실제로 그 갈망하던 것을 얻어 누리는 것이 얼마나 기쁘고 즐거운 일인지를 알게 됩니다. 하나님께서

우리로 하여금 쓴 것과 달콤한 것이 섞여 있는 그러한 경험을 더 많이 하게 하셔
서 "근심하는 자 같으나 항상 기뻐하는"(고후 6:10) 자들이 되게 해주시기를 빕
니다.

　하지만 하나님의 말씀에 대한 이러한 사모함이나 갈망은 사람의 심령을 매우 지치
게 만들 수 있습니다. 오늘의 본문을 히브리어로 보면 거기에는 닳아서 소모되거
나 지쳐간다는 의미가 담겨 있습니다. 케블(Keble, 1792-1866)은 이 본문을 이렇
게 읽고 있습니다:

> "주의 율법을 밤낮으로 사모함으로
> 　내 영혼이 지쳐 기진맥진하나이다."

　오늘의 본문에서 고백된 것들처럼 아주 강렬한 갈망들은 사람을 녹초로 만
듭니다. 나는 하나님의 거룩한 자들 중 일부는 이런 식으로 하나님에 대한 사모
함과 심령의 갈망들로 인해서 녹초가 되고 기진맥진해서 눌리고 병을 얻게 된
것이라고 믿습니다. 그들의 심령은 칼집조차도 베어 버리는 날카로운 칼날 같이
되어서, 그 강렬한 내적인 열망과 소원들이 그들의 몸을 부숴 버린 것입니다. 거
룩한 사람들은 종종 하나님께 아주 가까이 다가간 상태에서 하나님의 영광에 대
한 너무나 큰 사모함으로 인해 힘이 소진되어서 생사의 경계를 금방 뛰어넘어서
천국으로 들어가 버립니다. 그들의 영혼은 하나님과 거의 전적으로 합치하게 되
었기 때문에 그들의 영혼을 가두어 둔 껍데기가 거의 다 부서져서 거듭난 영혼
은 온전한 생명과 자유를 찾아 그 껍데기를 깨버리는 일이 일어납니다. 우리가
하나님과의 온전한 합치 속에서 영원한 생명을 누릴 자유를 마지막까지 가로막
고 있던 최후의 껍데기 조각이 벗겨질 때, 그것은 얼마나 복된 일이겠습니까! 그
런 단계에 도달한다면, 얼마나 좋겠습니까! 어떤 사람이 "하나님의 얼굴을 내게
보여주시오"라고 부르짖자, 또 다른 사람이 "당신이 하나님의 얼굴을 본다면 살
아 있을 수 없소"라고 대답했습니다. 그러자 그는 "그렇다면 내 하나님을 보고
죽게 해 주시오"라고 말했답니다. 마찬가지로, 우리는 우리 영혼이 하나님에 대
한 사모함으로 거의 죽게 되는 것을 느낍니다. 하나님을 뵈옵는 기쁨을 누리자
마자 죽는다고 해도, 우리는 두려워하지 않을 것입니다. 우리가 그렇게 죽는다
면 생사의 경계를 넘어가서 임마누엘의 땅으로 들어가, 거기에서 만왕의 왕이신

우리 주님의 아름다움을 뵙게 될 것이니까 말이죠!

　　나는 아직도 말하고 싶은 것들이 많지만, 그렇게 할 시간이 별로 없습니다. 형제들이여, 여러분은 자신에게 그런 갈망들이 과연 있는지를 살펴보고 계십니까? 그런 갈망들이 여러분에게 있다면, 그것이 "항상" 있습니까? 우리는 하나님의 말씀과 뜻을 간헐적으로 종종 사모해서는 안 되고, 그것이 호기심이나 부추김에 의해서 생겨난 것이어서도 안 됩니다. 또한, 우리는 세상일들이 잘 안 되어서 이 세상이 싫어지고 지쳐서 또 하나의 대안으로 하나님을 사모해서도 안 됩니다. 형제들이여, 여러분은 자신의 앞날이 밝고 창창한데도 하나님을 사모하고, 자신의 가정에서 모든 일이 잘되어 가는데도 하나님의 말씀을 사랑하는 줄로 믿습니다. 하나님께서 여러분의 일들이 여러분 자신의 뜻대로 되지 않게 하실 때에나 여러분의 뜻대로 잘되게 하실 때에나 상관 없이 여러분은 항상 하나님의 뜻을 사모하여야 합니다. 하나님은 늘 우리의 기쁨이어야 합니다. 하나님은 전쟁 때에는 우리의 방패이시지만, 평화로운 때에는 우리의 기쁨이십니다. 선원들이 풍랑을 만났을 때에만 찾아가고 날씨가 좋을 때에는 저 먼 바다로 나가 있고자 하여 결코 찾지 않는 피난 항구 같이 하나님을 대하지 마십시오. 하나님의 뜻은 우리의 발이 걸어가야 할 길이 되어야 하고 우리의 삶의 핵심이 되어야 합니다. 하나님의 말씀을 늘 사모하고 하나님의 계명들을 "항상" 좇고자 하는 사람이야말로 하나님의 참된 자녀입니다. 성령께서 우리로 하여금 늘 하나님과 그의 진리에 대하여 주리고 목마를 수 있게 해주시기를 빕니다.

3. 셋째로, 우리의 갈망과 관련해서 몇 가지 즐거운 얘기들을 해보겠습니다.

　　이 아침에 나는 이 자리에 다음과 같이 말하는 분들이 있을 것이라고 생각합니다: "이 모든 말씀 속에는 내게 위로가 되는 말씀들이 있습니다. 나는 보잘것없는 존재입니다. 나의 신앙은 별로 성장하지 못했습니다. 나는 많은 일을 하지도 않았습니다. 하지만 내게는 그렇게 하고자 하는 강렬한 갈망들이 있기를 바랐고, 실제로 그런 갈망들이 있습니다. 나는 정말 너무나 불만족스러워서, 그리스도에 대한 갈망과 사모함으로 거의 죽고 싶은 심정입니다." 나의 사랑하는 자들이여, 내가 지금부터 전하는 말씀을 잘 들으시고, 그 말씀으로 힘을 내시기 바랍니다. 먼저, 하나님께서는 여러분의 심령 속에서 역사하고 계십니다. 하나님의 말씀에 대한 사모함이나 갈망은 여러분의 심령 속에서 자체적으로는 결코 생겨날 수 없습니다. 잡초들은 저절로 생겨나지만, 내가 보장하건대, 귀한 식물들은 씨를 뿌린 곳이 아니면 결코 자라나지 않습니다. 마찬가지로, 하나님에 대한 강렬한 갈망이라는 이 식물, "피 흘림 속에 있는 사랑"이라는 이 꽃은 사람의 가슴속에 결코 저절로 생겨나는 법이 없습니다. 이 식물 또는 꽃이 여러분의 가슴속에 있다면, 하나님이 그 꽃을 거기에 두신 것입니다. 친구들이여, 여러분에게도 그러한 갈망이 전혀 없던 때가 있었습니다. 그리고 만일 하나님이 지금부터 여러분을 혼자 있도록 내버려 두신다면, 앞으로 여러분은 그러한 갈망을 결코 가지지 못할 것입니다. 그랬을 때에 여러분은 다른 사람들과 마찬가지로 세상의 것들로 만족하고, 그러한 갈망을 거절할 것입니다. 여러분은 자신이 그렇게 될 것임을 알고 있습니다! 그러므로 사랑하는 자들이여, 하나님께서는 지금 여러분의 심령 속에서 역사하고 계시는 것입니다. 여러분은 이것을 위로로 삼아야 합니다. 위대한 토기장이이신 하나님께서는 여러분을 쓸데없다고 내버리신 것이 아니라 그릇으로 빚으시기 위하여 녹로 위에 얹어 놓으신 것입니다. 그릇으로 빚어지기 위해서는 고통이 따를 것이기는 하지만, 그것은 영광스러운 일입니다. 여러분의 심령은 이루 말할 수 없는 갈망들로 부풀어 오르고, 그 갈망들로 인한 고통으로 터져 버릴 것 같을 수 있지만, 그것은 여러분 속에 생명이 있어서 여러분을 천국으로 이끌어가고 있다는 증거입니다. 사모함 또는 갈망으로 인한 이러한 고통은 하나님께서 행하시는 역사이기 때문에, 여러분은 그 고통을 느낄 때에 감사하여야 합니다.

하나님의 역사의 결과는 지극히 귀합니다. 그것이 오직 은혜로 주어진 갈망일지라도 그런 갈망을 주신 것에 대하여 하나님께 감사하십시오. 여러분이 거룩한 사모함 그 이상으로 나아가지 못한다고 할지라도, 그 사모함을 주신 것 자체에 대하여 감사하십시오. 나는 여러분이 가장 좋은 은사들을 사모하기를 바라지만, 하나님이 이미 여러분에게 주신 것들을 멸시하지 않기를 바랍니다. 나도 내가 아주 이상한 상태에 있다고 생각했던 때들이 있었고, 그런 때들에 나 자신을 안 좋게 판단하였습니다. 그렇지만 한두 달 후에 내가 못마땅해하고 정죄했던 바로 그 나의 상태를 되돌아보았을 때에는 다시 그 때로 되돌아가고 싶었습니다. 여러분도 그런 경험이 있지 않습니까? 여러분은 한숨과 신음과 갈망, 그 외에 여러 가지 형태의 불안으로 괴롭고 미칠 것 같아서, "하나님, 나를 이 극심한 괴로움에서 건져 주십시오"라고 기도했을 것입니다. 그러나 한 주도 못 되어서 여러분이 영적으로 무감각하고 냉랭한 자신의 모습을 보면서 탄식하며 이렇게 부르짖었을 것입니다: "주여, 나를 갈급한 심령으로 다시 되돌려 주십시오. 주여, 나로 하여금 다시 주리고 목마르게 해주십시오. 내 심령이 갈급해서 타는 듯이 괴로운 것이 이렇게 죽어 있는 것보다 더 낫습니다." 여러분에게 갈망이 있다면, 여러분의 심령이 그렇게 갈급한 것에 대하여 감사하십시오. 왜냐하면, 그것은 장차 여러분을 즐겁게 해줄 차고 넘치는 약속이 여러분에게 주어져 있다는 것을 보여주는 증표이기 때문입니다. "그는 자기를 경외하는 자들의 소원을 이루시며 또 그들의 부르짖음을 들으사 구원하시리로다"(시 145:19). 여러분이 죄책감으로 비참하고 불행하게 느껴질수록, 여러분의 마음을 녹이셔서 부드럽게 하시는 하나님께 더욱 감사하여야 합니다. 여러분 속에서 그리스도를 부여잡고 그리스도를 닮고자 하는 갈망이 커질수록, 여러분 속에서 역사하셔서 그러한 갈망을 주신 하나님께 더욱더 감사하여야 합니다. "여호와여 주는 겸손한 자의 소원을 들으셨사오니 그들의 마음을 준비하시며 귀를 기울여 들으시고"(시 10:17)라는 말씀은 얼마나 달콤한 말씀입니까!

다시 한 번 귀 기울여 들어 주십시오. 마음의 소원과 갈망은 귀중할 뿐만 아니라 더 귀중한 것으로 이어집니다. "의인은 그 원하는 것이 이루어지느니라"(잠 10:24)는 말씀에 귀 기울여 보십시오. 여러분은 다음과 같은 말씀들에 대하여 무엇이라고 말하겠습니까? "여호와께서 빈궁한 자의 기도를 돌아보시며 그들의 기도를 멸시하지 아니하셨도다"(시 102:17). "가련하고 가난한 자가 물을 구하되 물이 없어서 갈증으로 그들의 혀가 마를 때에 나 여호와가 그들에게 응답하겠고 나 이스라엘의 하나님이 그들을 버리지 아니할 것이라"(사 41:17). 설마 여러분은 하나님께서 우리에게 주시고자 하지도 않으시면서 괜히 우리 속에 어떤 것을 사모하고 갈급하게 하시는 것이라고 생각하는 것은 아니겠지요? 여러분은 여러분의 자녀들에게 그렇게 하십니까? 여러분이 어린 자녀들과 함께 놀 때에 종종 여러분의 손에 사탕이나 동전을 쥔 채 오므린 다음에 자녀들에게 그 손에 무엇이 들어 있는지 한 번 그들의 힘으로 펴보라고 말합니다. 그러나 여러분의 마음속에서는 여러분의 손에 쥐고 있는 것을 자녀들에게 주기로 이미 작정하고서 그렇게 하는 것입니다. 만일 여러분이 사탕을 손에 꽉 쥐고서 자녀들에게 그들의 힘으로 여러분의 손을 펴서 사탕을 가져가라고 약속해 놓고서는 그들이 안간힘을 써도 결국 그 사탕을 맛보지 못하게 한다면, 그것은 잔인한 취미일 것입니다.

하나님은 무자비하지 않으시기 때문에, 하나님께서 여러분을 주리게 하셨다면, 주린 여러분을 위해 이미 하늘 양식을 준비해 두신 것입니다. 하나님께서 여러분을 목마르게 하셨다면, 목마른 여러분을 위해 이미 생명수가 차고 넘치는 강을 준비해 두신 것입니다. 어떤 갈망이 하나님으로부터 온 것이라면, 하나님은 그 갈망을 반드시 채워 주십니다. 이것을 확신하고서, 하나님의 선하심에 대한 굳센 믿음으로 하나님께 간절히 부르짖으십시오.

한편, 마음의 소원이나 갈망 자체가 여러분에게 유익을 가져다줍니다. 갈망은 여러분으로 하여금 자기 자신에게서 벗어나도록 몰아갑니다. 갈망은 여러분으로 하여금 자신이 얼마나 보잘것없는 존재인지를 느끼게 해줍니다. 왜냐하면, 여러분은 자신의 본성 속에 우물을 팔 수도 없고 자신의 영혼 속에서 그 갈망을 채워 줄 무엇인가를 가지고 있지도 않다는 것을 깨닫게 되기 때문입니다. 갈망은 여러분으로 하여금 오직 하나님만을 바라보지 않을 수 없게 강제합니다. 여러분은 강제가 별로 없어도 자원해서 빨리 하나님께로 나아가십시오! 한 오라기의 바람으로도 항해할 수 있는 배가 되십시오. 여러분 속의 갈망이 오늘의 본문에 나오는 것과 같이 생생하고 강렬하지 않다고 할지라도, 믿음으로 예수께 나아가십시오. 믿으십시오. 그리하면 여러분은 견고하게 서게 될 것입니다. 하나님 안에는 여러분의 영혼에 필요한 것이 다 있다는 것을 믿으십시오. 그리스도 예수 안에는 "신성의 모든 충만이 육체로 거하시고"(골 2:9), 그 신성의 모든 충만 속에는 피조물에게 필요한 모든 것이 다 있습니다. 그리스도 예수 안에는 여러분의 영혼이 사모하고 갈급해하는 바로 그것들이 있습니다. 나는 양 무리 중에서 가장 연약한 자들인 여러분, 성도들 중에서 가장 여린 자들인 여러분, 하나님의 백성 중에 감히 자기 이름을 올려도 좋을지 걱정하는 여러분의 영혼이 사모하고 갈급해하는 것들이 그리스도 예수 안에 다 있다는 말입니다. 여러분의 영혼 속에 거룩한 갈망이 있다면, 여러분이 아무리 연약하고 무가치한 자들이라고 할지라도, 여러분의 갈망을 채워 줄 수 있는 것이 그리스도 안에 있습니다. 여러분이 받을 준비가 되어 있기만 한다면, 하나님은 여러분에게 필요한 모든 것을 다 주실 준비가 되어 계십니다. 단지 하나님 앞에 나아와서 그 아들 예수 그리스도를 의지하여 믿음으로 구하십시오. 왜냐하면, 예수 안에서 여러분은 모든 것을 가진 자들이기 때문입니다.

하나님의 규례들을 사모할 때의 또 다른 복은 그러한 사모함이 여러분에게 그리스도를 소중하고 귀중한 분으로 만들어 준다는 것입니다. 마지막으로 이것만 잠깐 전하고 말씀을 마치겠습니다. 우리는 하나님의 모든 말씀을 그리스도 안에서 봅니다. 우리는 죄와 의에 대한 하나님의 모든 결정들이 우리 구주 안에 구체화되어 있는 것을 봅니다. 우리가 그리스도를 얻었다면, 하나님의 지혜와 능력, 아니 실제로는 하나님의 모든 충만을 얻은 것입니다. 우리가 그리스도를 닮는다면, 하나님을 닮는 것이 됩니다. 이것은 우리에게 그리스도를 더욱 소중하게 만들고, 우리로 하여금 그리스도를 더욱더 깊이 알고자 갈망하게 만듭니다. 갈급해하는 자들이여, 지금 당장 우리 주 예수께 나아오십시오. 여러분의 심령이 소원들과 갈망들로 터져 버릴 것 같다면, 지금 구주 앞에 나아와 그를 의지하고 그 안에서 안식을 누리십시오. 지금 이 시간이 여러분이 "의에 주리고 목마른 자는 복이 있나니 그들이 배부를 것임이요"(마 5:6)라는 말씀이 얼마나 참된지를 발견하는 시간이 되게 해주시기를 빕니다. 또한, 여러분도 마리아처럼 "주리는 자를 좋은 것으로 배불리셨으니 … 내 영혼이 주를 찬양하나이다"(눅 1:46, 53)라고 노래하게 되시기를 빕니다.

제
116
장

—

나의 기도

—

"주의 길에서 나를 살아나게 하소서." — 시 119:37

여러분도 발견하셨겠지만, "살아나게" 해주시라는 이 기도는 이 시편에서 아홉 번 반복해서 나옵니다. 시편 기자는 형태를 조금씩 달리해서 계속해서 "주여 나를 살아나게 하소서"라고 한결같이 격하게 부르짖습니다. 아울러, 다윗은 하나님께서 자기를 살아나게 하셨다고 두 번 고백하는데, 한 번은 "주의 말씀이 나를 살리셨기 때문이니이다"(50절)라고 말하고, 한 번은 "내가 주의 법도들을 영원히 잊지 아니하오니 주께서 이것들 때문에 나를 살게 하심이니이다"(93절)라고 말합니다. 따라서 다윗은 한 시편에서 무려 11번을 "살아나게" 하는 것이라는 주제를 언급하고 있는 것입니다. 이것은 그가 이 주제를 얼마나 중요시했는지를 우리에게 보여줍니다.

이 시편은 하나님의 말씀에 대한 찬가라는 사실을 꼭 기억하십시오. 이 시편은 전체에 걸쳐서 하나님의 율례들을 높이고 있고, 하나님의 말씀은 176개의 절 모두에서 이런저런 방식으로 언급됩니다. 이 시편은 일등성 별이고, 이 별의 모든 빛은 우리를 하나님의 율례들로 이끕니다. 이것으로부터 분명한 것은 살아나게 하는 것과 하나님의 말씀이 밀접한 연관관계가 있음에 틀림없다는 것이고, 실제로도 그렇습니다. 왜냐하면, 우리가 하나님의 말씀을 더 잘 알게 될수록 우리가 죽어 있고 영적인 생명이 결여되어 있다는 사실이 더 분명하게 드러나기 때문입니다. 또한, 다윗이 하나님께서 말씀으로 자기를 살아나게 하셨다고 두 번이나 송축하고 있다는 사실은 하나님의 말씀과 살아나게 하는 것 간의 또 다른 관계, 즉 말씀은 우리에게 우리가 죽어 있다는 것을 깨우쳐줌으로써 성령의 손에서 우리가 새 생명으로 다시 살아나게 하는 수단이 된다는 것을 보여줍니다. 하나님의 말씀은 우리를 죽이지만 살아나게도 합니다. 말씀은 우리를 살아나게 하고, 그렇게 살아난 우리를 붙들어 줍니다. "사람이 떡으로만 살 것이 아니요 하나님의 입으로부터 나오는 모든 말씀으로 살 것이라"(마 4:4). 여러분은 자신의 무기력함이 한탄스럽습니까? 그렇다면, 여러분의 무기력함을 하나님의 말씀이라는 빛 속에서 보십시오. 여러분은 자신의 나태함에서 벗어나고 싶습니까? 그렇다면, 하나님의 계시된 진리가 지닌 거룩한 온기로 여러분을 살아 움직이게 하십시오. 성령이 성경에 기록해 놓은 저 귀한 진리들은 이 두 가지 목적, 즉 죄를 깨닫게 하는 것과 덕을 세우는 것에 탁월한 효과가 있을 것입니다.

이 아침에 나는 오늘의 본문인 이 짤막한 기도를 다루면서, 첫째로, 신자들의 빈번한 필요를 살펴보고, 두 번째로, 신자들은 그 필요로 인해서 그들을 살아나게 하실 수 있는 유일한 분을 찾아가게 된다는 것을 살펴볼 것입니다. 또한, 우리는 세 번째로는, 새로워진 영적인 생명력이 활동하는 참된 영역이 어디인지를 살펴보고, 네 번째로는, 우리가 "나를 살아나게 하소서"라고 기도해야 할 특별한 이유들과 때들에 대해서 살펴보겠습니다.

1. 첫째로, 이 기도는 신자들의 빈번한 필요를 보여줍니다.

다윗은 "주의 길에서 나를 살아나게 하소서"라고 기도합니다. 나는 이것이 신자들의 빈번한 필요라고 확신합니다. 왜냐하면, 우리는 다윗이 이 시편에서 그토록 자주 자신의 필요를 고백하고 있는 것을 발견하고, 아울러 하나님의 최고의 종들이 어떤 것을 필요로 한다면, 하나님의 권속에 속한 다른 신자들도 동일한 것이 필요하다는 것을 확신할 수 있기 때문입니다. 다윗은 신령한 삶을 삶에 있어서 결코 무기력하거나 나태하지 않았던 것으로 보입니다. 그의 내면을 그대로 사진 찍어서 보여주는 저 놀라운 사진첩인 성경의 시편 책은 우리에게 그가 하나님을 정말 열렬히 사랑한 인물이었음을 보여줍니다. 우리는 그가 거의 그 누구도 능가할 수 없을 정도로 민감하고 활동적인 에너지로 가득하고 생명력이 넘치는 인물이었음을 봅니다. 갈급해하고 부르짖고 탄원하고 노래하고 즐거워하고 기뻐 뛰는 등, 그는 온통 생명으로 가득 차 있던 인물이었기 때문에, 우리는 그에 대하여 말할 때에 그가 차지도 않고 뜨겁지도 않았다고 결코 말할 수 없습니다. 그는 중대한 잘못을 저질렀음에도 불구하고, 그의 내면생활은 생명력 있고 건강하고 활기찼습니다. 그런데 바로 그런 하나님의 사람도 자주 "나를 살아나게 하소서"라고 기도하였습니다. 그러므로 정말 한순간도 다윗과 비교대상이 될 수 없는 내 영혼은 얼마나 끊임없이 "하나님이여, 나를 살아나게 하소서"라고 부르짖으며 기도해야 할 필요가 있겠습니까!

그러나 사랑하는 자들이여, 이것을 증명하기 위해서 굳이 하나님의 다른 종들을 들먹일 이유가 전혀 없습니다. 왜냐하면, 바로 여러분이 자신의 영혼이 얼마나 무기력하게 되기가 쉬운지를 통감하고 있어서, "나를 살아나게 하소서"라는 기도를 자주 드릴 필요가 있음을 너무나 잘 알고 있기 때문입니다. 여러분은 여러분의 생명이신 하나님을 떠났을 때에는 오직 부패 덩어리에 불과하다는 것을 압니다. 여러분은 이것을 경험적으로 압니다, 그렇지 않습니까? 여러분 중에는 이 설교자보다도 더 풍성한 영적인 생명을 얻어 누리고 계시는 분들도 있지만, 대다수는 그 반대 상태에 있기 때문에 자신에게 내적인 힘이 없다는 것을 알고서 탄식하며 부르짖을 필요가 있습니다. 우리는 여러 면에서 우리의 결핍을 더욱더 깊이 통감하고 애통해할 필요가 있습니다. 이 성경에 나오는 기도들 중에서 내 입술에 합당한 기도가 있다면, 그것은 바로 "주의 길에서 나를 살아나게 하소서"라는 기도입니다. 아직도 이런 고백을 할 준비가 안 되어 있는 사람들일수록 자신의 그러한 상태를 가장 먼저 인정해야 할 사람들입니다. 나는 하나님의 백성 중에서 많은 수가 자신이 수액이 없어 메말라서 위로부터 오는 생명으로 말미암아 소성케 될 필요가 있음을 느낄 것이라고 확신합니다. 이 문제에 대해서 잠깐 생각해 보겠습니다. 몇 년 전에 우리는 정말 우리를 살아나게 해주시라는 기도를 할 필요가 절실했지만, 그때에 우리에게는 "나를 살아나게 하소서"라고 기도할 힘이 없었습니다. 왜냐하면, 우리는 죄와 허물 가운데서 죽어 있었기 때문입니다. 죽은 사람이 살아나게 해주시라고 기도할 수는 없습니다. 그런 기도를 드릴 수 있다는 것 자체가 살아 있다는 증표입니다. 살아나게 해주시라는 진정으로 영적인 기도는 오직 살아나게 해주시는 성령이 이미 내주해 계시는 사람들만이 드릴 수 있습니다. 사랑하는 자들이여, 우리가 이제 더 이상 이전처럼 죽은 자들이 아니라는 것에 대하여 하나님의 이름을 송축하십시오. 하나님의 영이 우리의 코에 "생기"를 불어넣으셨고, 우리는 "생령"이 되어 하나님의 권속이 되었습니다. 이것에 대하여 우리는 감사해야 하지만, 아울러 우리의 길거리들을 뒤덮고 있는 영적으로 죽은 자들을 둘러볼 때마다 그들을 위하여 "주여, 죄 가운데 죽은 자들을 살아나게 하소서"라고 기도하는 것이 마땅합니다. 우리의 혈육들은 살아나게 해주시라는 우리의 기도의 특별한 대상들이 되어야 합니다. 우리에게 죄악의 무덤 속에서 썩어가는 형이나 동생이 있다면, 우리는 주님께 "나사로야 나오라"(요 11:43)고 말씀해 주시라고 기도해야 합니다. 우리에게 죄 가운데 죽어 있는 아들이 있다면, 우리는 주님께 그 아이를 죄악의 관으로부터 다시 일으켜 세워 주시라고 간구해야 합니다. 또한, 우리의 집에 아름답고 사랑스럽지만 아직 살아나지는 않은 어린 딸이 있다면, 우리는 크신 주님께 우리 집에 오셔서 이 딸을 일으켜 세워 주시라고 기도하여야 합니다. 주님께서는 이미 우리를 살리신 분이시기 때문에 영적으로 죽은 그 어떤 사람도 다시 살리실 수 있으십니다. 우리 자신의 회심은 우리에게 죄 가운데 죽어 있는 다른 사람들도 영적으로 다시 살아나게 해주시라고 기도할 수 있는 힘을 줍니다.

그러나 형제들이여, 우리는 그런 의미에서 살아나긴 했지만, 여전히 계속해서 그런 기도를 드릴 필요가 있습니다. 여러분은 자신이 처음으로 깨어난 날들을 기억하십니까? 그때에 여러분은 자신에게 생명이 너무 없다는 것을 애통해하고 통곡할 정도의 생명만을 지니고 있었습니다. 여러분 속에서 처음으로 느껴지는 생명은 고통스러운 것이었습니다. 여러분은 죄의식 가운데 있었고, 죄책감이 여러분을 심하게 짓눌렀습니다. 그때에 여러분은 단지 영원한 사망을 두려워할 정도의 생명만을 지니고 있었습니다. 여러분 속에 있는 생명은 여러분으로 하여금 두려워 떨며 애통해하고 여러분 자신을 책망하게는 해주었지만, 여러분은 그밖의 다른 것들은 거의 할 수가 없었습니다. 그것은 생명의 어두운 면이었습니다. 여러분 속에 생명이 있음을 보여주는 참된 증거였던 그 고통은 견디기 어려운 것이었습니다. 그때에 여러분에게는 더 밝은 빛과 더 힘 있는 생명력이 필요했기 때문에, 지금 우리 앞에 놓여 있는 이 기도, 즉 "나를 살아나게 하소서"라는 기도보다 여러분에게 더 적절한 기도는 있을 수 없었습니다. 깨어난 죄인들의 고뇌에 찬 부르짖음이여! 그 부르짖음은 시늉만 내는 것이 아닌 엄연한 현실이었습니다!

이 고통의 시간이 우리에게서 지나가게 하신 것에 대하여 하나님을 송축합니다. 그때 이후로 우리는 믿음 안에서 기쁨과 평안을 누리고 있습니다. 비록 우리가 바라는 만큼의 온전한 기쁨과 평안은 아닐지라도 상당한 정도로 그런 것들을 누리고 있습니다. 그러나 우리는 여전히 "나를 살아나게 하소서"라고 큰 소리로 부르짖을 이유가 있습니다. 예컨대, 여러분은 환난을 겪었을 때에 이 기도를 드릴 필요를 느끼지 않았습니까? 상하고 깨어진 영혼은 새롭게 살아나서 힘을 받을 때에만 다시 기운을 차릴 수 있습니다. 여러분의 믿음이 연약해져서 약속들을 굳게 잡을 수 없었을 때, 여러분에게는 더 큰 생명력이 필요했습니다. 외부의 환난이나 시련에 닥쳐서는 더 큰 은혜를 받는 것이 여러분에게 가장 큰 힘이 되었고, 환난이 단지 외부적인 것이 아니라 영적인 것이었을 때에는 내면의 생명력이 더 커지는 것이 갑절로 효력 있는 치료제였습니다. 여러분이 생각하지도 못했던 죄로 말미암아 산산이 부서져 버렸고, 하나님께서는 그의 율법을 보내어 여러분을 추적하셔서 심한 두려움 속에서 지내도록 징계하신 때를 기억하십니까? 그때에 여러분의 꺼져가는 믿음과 희미해져가는 소망은 새로운 생명력을 필요로 했습니다. 여러분이 구속주께서 "나는 생명이니"(요 11:25)라고 말씀하신 것의 의미를 다시 배울 때까지는 기쁨을 회복할 수 없었습니다. 여러분은 십자가 앞에 누워서 생명의 피가 주님의 상처들로부터 흘러나오는 것을 보았고, 그때에 "나를 살아나게 하소서"라고 부르짖었습니다. 예수님의 심장으로부터 따뜻한 생명의 물줄기가 나와서 여러분의 영혼 속으로 들어가, 여러분의 믿음을 새롭게 하였고, 여러분에게 거룩한 확신을 주었으며, 여러분의 영혼을 평강으로 적셔 주어서, 여러분은 하나님의 생명으로 숨쉴 수 있게 되었고, 죽은 자 가운데서 다시 살아난 자로 일으키심을 받았습니다.

또한, 여러분은 세속화의 희생물이 되어서 그리스도를 향한 마음이 무서울 정도로 냉랭해져 버린 적이 얼마나 많았습니까? 이 악한 영향력은 마치 질식시키는 연기처럼 하나님과 가장 가깝게 살아가고자 하는 사람들조차 뒤덮어서, 죽음을 초래하지는 않는다고 하여도 그들로 하여금 깊은 잠에 빠져들게 만들어 버립니다. 하나님의 마음에 합한 사람들은 "내 영혼이 진토에 붙었사오니 주의 말씀대로 나를 살아나게 하소서"(25절)라고 부르짖었습니다. 여러분은 어떤 세상적인 것을 사랑한 것입니다. 어린 자녀가 여러분의 무릎에서 앙증맞게 뛰놀 때에 여러분의 마음의 보좌에 그 자녀를 앉혀 버린 것일 수도 있습니다. 자녀를 사랑하는 것은 합법적인 것인데도, 그 사랑이 도를 넘어서 주님의 몫을 먹어치워 버린 것입니다. 다윗의 자손 그리스도께서는 찬탈자에게 보좌를 빼앗기셨거나,

적어도 그리스도의 왕궁에 또 다른 보좌가 세워진 것입니다. 그때에 여러분은 여러분이 저지른 우상 숭배를 끔찍하게 여기고서 어떤 대가를 치르고서라도 우상을 무너뜨려야 하겠다고 결심하지 않으셨습니까? 여러분은 죄의 오른팔을 잘라버릴 도끼와 그리스도의 자리를 차지한 우상을 부숴 버릴 망치를 찾긴 했지만, 이미 죄의 주문에 홀린 여러분의 마음은 그런 식으로 움직여주지 않았습니다. 이미 뱀이 여러분을 칭칭 감아 버렸기 때문에 여러분은 떨쳐낼 수가 없었습니다. 왜냐하면, 뱀의 독으로 인해서 여러분의 피는 차가워졌고 머리와 심장은 마비되었기 때문입니다. 그때에 여러분은 "나를 살아나게 하소서"라는 기도가 정말 아름답다는 것을 깨달았고, 그 기도는 여러분에게 효력이 있어서, 여러분은 그저 희미한 신음소리 같은 기도를 했을 뿐인데도 은혜의 보좌는 거기에 응답해 주었습니다. 여러분이 죄가 지닌 치명적인 독극물에 중독되었다면, 무엇이 여러분을 거기에서 구해 줄 수 있었겠습니까? 나의 형제들이여, 여러분이 새벽부터 밤 늦게까지 일에 매달려 살아가고 있거나 모든 일이 잘 안 풀리고 삶이 팍팍하게 느껴지든, 또는 그 반대로 모든 일이 술술 잘 풀려나가든, 여러분은 "주여, 나를 살아나게 하소서"라고 기도할 이유가 너무나 충분합니다. 금과 은 같은 흙덩어리가 우리의 마음에 꼭 붙어 있으면, 순례 길을 행하는 우리의 발걸음은 느려지게 됩니다. 세상 염려로 가득한 사람들은 기도로 씨름할 수 없습니다. 무거운 짐에 짓눌리고 있는 사람들은 달리기 경주에서 이길 수 없습니다. 돈 버는 데에 몰두하면서 동시에 하나님과 소통하는 것은 불가능합니다. 여러분이 장사나 사업에 아주 바쁠 때에는 여러분은 더더욱 하나님의 은혜로 넘칠 필요가 있습니다. 그렇지 않으면, 여러분의 영혼은 자체적으로 굴러가다가 공중분해되어 티끌로 돌아가게 될 것입니다. 일로 바쁜 여러분, 여러분은 날마다 하나님께 이렇게 호소하며 기도하는 것이 마땅합니다: "나의 하나님, 세상의 치명적인 영향력에 삼켜지지 않도록 나를 살아나게 하소서." 나는 장사나 사업에 바쁜 것도 아니고 정치하는 것도 아니지만, 사람을 잠자게 만드는 영향력이 내가 거하는 게달의 장막들에서 나오는 연기로부터 내 위로 기어오르는 것을 느낍니다. 존 번연은 공기 자체가 사람들을 졸리게 하고 잠들게 하는 "마법에 걸린 땅"(the Enchanted Ground)에 관한 묘사에서 내가 위에서 말한 것과 비슷한 얘기를 합니다. 이 영향력은 마치 태엽을 감아 놓으면 자동으로 가는 시계처럼 설교자로 하여금 기계적으로 말씀을 전하게 만들고, 티베트의 돌리는 기도문(기구)이나,

종교의식을 집례하는 사제 같이 기도도 습관적으로 하게 만듭니다. 사람들로 하여금 지금은 이것을 할 때이니 이것을 하고, 이때는 저것을 할 때이니 저것을 하게 하여 자신의 의무와 본분들을 의례적으로 하게 만드는 이러한 시험은 끔찍한 것입니다. 나의 하나님, 발정이 나서 어슬렁거리거나 급속하게 잠에 빠져 들어가는 것으로부터 우리를 건져 주소서. 우리에게는 우리 하나님을 섬김에 있어서 생명과 원기왕성함과 활기, 부지런함과 열심과 뜨거움이 필요합니다. 그렇지 않으면, 우리의 기독교 신앙은, 알맹이는 벌레가 다 먹어 버리고 껍데기만 남아서 썩어가는 도토리 알만큼도 가치가 없습니다. 우리 하나님은 소멸시키시는 불이시기 때문에, 우리는 오직 불로만 하나님을 섬길 수 있습니다. 마음이 없이 드리는 제물들은 하나님 앞에 가증스러운 것들일 뿐입니다. 생명의 영은 존재하지 않는데 살아 있다는 이름만 존재한다면, 그것은 역겨운 일입니다. 사람 모양의 허수아비로 새들을 놀라게 해서 쫓아 버릴 수는 있지만, 천국에서는 오직 사람의 마음과 영혼만이 통합니다. 진실하고 진지한 살아 있는 영혼이 없다면, 그 신앙은 밖은 회칠을 하였지만 안에서는 썩는 시체 냄새만 나는 무덤이 아니고 무엇이겠습니까? 우리에게는 생명이 있어야 합니다. 처음에도 마지막에도, 그리고 중간에도 우리에게는 생명이 있어야 합니다. 그러므로 모든 신앙인들에게 나는 "나를 살아나게 하소서"라는 기도를 드리기를 권합니다.

　나의 형제들이여, 우리 중에서 지극히 따뜻한 마음을 지닌 사람들도 더 살아나게 될 필요를 느끼지 않습니까? 이제 우리의 갈망들을 한층 더 뜨겁게 깨어나게 할 수 있는 몇 가지 것들을 생각해 보겠습니다. 첫째, 우리는 우리 자신이 일상생활에 필요한 일들에서와 마찬가지로 하나님의 일들에서 열심을 내고 있는지를 살펴보아야 합니다. 우리의 심령은 사람들을 향한 감정에서와 마찬가지로 하나님을 향한 일들에 있어서도 활발하게 움직이고 있습니까? 성령께서는 우리에게 "형제들아 내가 이 말을 하노니 그 때가 단축하여진 고로 이후부터 아내 있는 자들은 없는 자 같이 하며 우는 자들은 울지 않는 자 같이 하며 기쁜 자들은 기쁘지 않은 자 같이 하며 매매하는 자들은 없는 자 같이 하며 세상 물건을 쓰는 자들은 다 쓰지 못하는 자 같이 하라 이 세상의 외형은 지나감이니라"(고전 7:29-31)고 말씀하십니다. 그러므로 그런 일들에 대한 우리의 감정은 비교적 가벼운 것이어야 합니다. 그러나 영원토록 있을 영적인 일들은 우리의 존재의 중심에 자리를 잡고 있어야 하고, 그런 일들에 대한 우리의 생각과 감정은 깊고 강렬해야 합니다. 죄에 대한 슬픔은 가장 통렬한 슬픔이 되어야 하고, 주 안에서 누리는 기쁨은 가장 깊은 기쁨이 되어야 합니다. 여러분은 어떻습니까? 여러분은 내가 방금 말한 대로 슬퍼하고 기뻐하고 있습니까? 새로 결혼한 아내의 사랑을 한 번 생각해 보십시오. 그 사랑은 너무나 강렬해서 굳이 일부러 불을 붙일 필요가 없지 않습니까? 여러분은 늘 또는 흔히 여러분의 영혼이 주 예수 그리스도를 향하여 활활 타오르는 것을 발견합니까? 그런데도 예수 그리스도께서 다른 모든 것보다 우선순위가 밀려나겠습니까? 또는, 여러분이 죽은 남편이나 아이를 위해 울고 있다고 합시다. 그런 경우에 다른 사람들이 여러분으로 하여금 슬퍼하라고 부추길 필요가 없습니다. 여러분의 마음에서는 저절로 피가 흘러나오기 때문에, 도리어 여러분의 슬픔을 달래줄 어떤 이유들이 필요합니다. 그렇다면, 여러분은 예수의 이름이 욕을 당하는 것을 볼 때에도 여러분의 마음이 피를 흘립니까? 그럴 때에 슬픔의 눈물이 하염없이 여러분의 마음에서 흘러내립니까? 여러분이 남편이나 아내와 사별했을 때의 슬픔 같은 그런 깊고 생생한 감정이 회개할 때에도 여러분의 마음속에 있습니까? 우리의 마음은 그러한 세상적인 일들에서는 시들해지고 영적인 일들에서는 연자 맷돌의 아래짝 같이 되어야 합니다. 하지만 슬프게도 단순한 피조물에 불과한 사람들과 관련된 우리의 감정은 걷잡을 수 없이 격한 반면에, 우리를 위해 자기 목숨을 버리신 사랑의 주님을 향한 감정은 냉랭한 것이 현실입니다. 여러분이 갑자기 벼락부자가 되었다면, 여러분에게 굴러들어온 큰 재산을 보는 기쁨은 틀림없이 엄청날 것입니다. 또는, 여러분이 장사를 하거나 다른 이유로 기존의 재산을 상당 부분 잃었다면, 여러분은 가슴이 찢어지는 괴로움을 느낄 것입니다. 나는 여러분에게 참된 부에 대해서도 동일한 관심과 감정을 지니기를 부탁드립니다. 여러분이 값으로 거의 따질 수 없을 정도로 귀한 진주를 발견했다면 너무나 기뻐서 황홀해지겠죠? 여러분이 주님과의 교제를 잃어버렸다면, 여러분은 몹시 상심하며 무척 괴로워할까요? 여러분은 세상 재물에서와 마찬가지로 은혜에서도 부요하게 되고자 열심을 내고 있습니까? 여러분은 자신에게 이득이 되는 것들만큼이나 그리스도를 소중히 여기고 계십니까? 여러분은 시장에서 장사하는 것만큼이나 기도회에 참석하는 것에 열심입니까? 형제들이여, 세상일에 대한 우리의 열심과 영적인 일들에 대한 우리의 열심을 냉정히 비교해 보면, 우리는 너무나 초라한 결론에 도달할 수밖에 없고, 그래서 "주여, 나로 이 세상에 대하여 죽게 하시고, 다가올 세상에 대하여 살아 있게 하소서"라고 기도할 수밖에 없게 됩니다.

마찬가지로, 우리는 세상 사람들이 자신의 직업과 추구하는 일들에 대하여 얼마나 큰 열심을 내는지를 생각해 볼 때에도, 영적인 일들에 대한 우리의 열심이 얼마나 초라한 것인지를 분명하게 깨닫게 됩니다. 사람들은 자신의 마음에 꽂힌 세상의 어떤 것들을 구하기 위해서는 물불을 가리지 않고 온 힘을 쏟고 자신의 모든 것을 다 바칩니다. 과학을 신봉하는 사람들도 신앙을 따르는 사람들을 얼마나 부끄럽게 하는지 모릅니다. 그들은 열병의 정체를 밝혀내기 위해서 생명의 위험을 무릅쓰고라도 열대 우림의 습지들을 찾아 나섰습니다. 그러다가 아주 사나운 야만인들에게 목숨을 잃기도 했고, 끝없이 펼쳐진 눈밭에서 얼어 죽기도 했습니다. 그들은 치료약을 발견하고자 하는 일념으로 독극물들을 실험하다가 자신의 목숨을 잃기도 했고, 밤낮으로 하늘의 천체들을 관찰하느라 시력을 잃기도 했습니다. 이렇게 과학은 자신의 순교자들 덕분에 날로 발전해 왔는데, 우리는 어디에서 기독교 신앙의 순교자들을 발견할 수 있단 말입니까? 그리스도를 따르는 기병대는 어디에 있습니까? 십자가의 영웅들은 도대체 어디에 살아 있단 말입니까? 예전에 그리스도를 따르는 사람들은 주님을 위해서라면 자신의 목숨을 초개 같이 여겼습니다. 그러나 지금 우리는 우리 자신을 애지중지하기 때문에 주님을 위해서 위험을 무릅쓰는 경우는 거의 없습니다. 세상은 충성되고 헌신된 추종자들과 친구들을 가지고 있지만, 예수께는 단 한 시간만이라도 그와 함께 깨어 있지 못하고 겟세마네 동산에서 잠들어 버리기 십상인 차지도 않고 뜨겁지도 않은 무리들만이 있습니다. 사랑의 하나님, 주께서는 우리를 살아나게 하지 않으시렵니까? 우리의 필요를 살펴보아 주십시오! 우리의 죄를 사하시고, 이 시간부터 우리에게 어떻게 살아야 하는지를 가르쳐 주십시오!

또한, 우리는 하나님의 몇몇 종들이 보여준 열심을 생각해 볼 때에도 우리 자신을 꾸짖을 수밖에 없게 될 것입니다. 그들의 삶은 우리로 하여금 우리의 삶이 얼마나 초라한지를 느끼게 만듭니다. 사랑하는 형제들이여, 여러분 자신과 바울을 단 몇 분이라도 한 번 나란히 놓고 비교해 보십시오. 바울의 결코 꺼지지 않는 열심을 생각해 보십시오. 그가 주님의 복음을 전파하기 위하여 수고하며 고난당하며 자원해서 무수한 위험을 감수한 것을 기억하십시오. 그런데 우리는 어떻습니까? 우리는 그런 사람 앞에서는 너무나 부끄러워서 쥐구멍에라도 찾아들어가고 싶은 심정이 됩니다. 바울과 같은 열심을 지닌 사람들이 교회에 있어

왔고 지금도 있습니다. 그런데 왜 우리는 그런 사람들을 닮지 않은 것입니까? 우리는 그저 부끄럽고 부끄러울 뿐입니다!

또한, 우리는 우리 자신의 열심이 한때 어떠하였는지를 떠올려 보아도 어느 정도는 정신이 좀 들 수 있습니다. 물론, 그때에 우리가 지닌 열심도 그렇게 자랑할 만한 것은 결코 못 되었습니다. 우리가 가장 열심이 있었을 때에 그 열기가 평소보다 일곱 배는 더 뜨거웠어야 했는데도 실제로는 그렇게 뜨겁지 않았습니다. 그러나 지금 우리에게는 이전의 그때만큼의 열심도 없지 않습니까? 여러분은 자신의 신앙을 갖게 된 초기를 한 번 되돌아보시기 바랍니다. 여러분이 지금 기어 다니고 있다면, 그때에는 달려서 다녔을 것입니다. 그때에는 여러분의 심령이 활활 타올랐었는데, 지금은 단지 불꽃 몇 개만이 남아 있습니다. 그때에는 여러분이 자신의 사랑하는 주님을 너무나 사랑했기 때문에 주님을 따라 광야로 나갔을 때에 그 길이 아무리 힘들고 어려워도 힘든 줄 몰랐었습니다. 그런데 그 사랑이 지금은 어디로 가버린 것입니까? 그 사랑은 지금 어디에 있습니까? 여러분은 세월이 흐를수록 열심도 더 자라가야 했습니다. 왜냐하면, 여러분은 주님을 더 많이 알게 되었고 주님으로부터 더 많은 것을 받았기 때문입니다. 그러나 과연 그렇습니까? 그때에 우리는 뒤에서 교회를 밀고 앞에서 세상을 끌겠다고 생각했고, 어떻게 해야 하는지도 잘 모르면서 그렇게 하고자 했습니다. 그때에 우리는 "큰 산아 네가 무엇이냐 네가 스룹바벨 앞에서 평지가 되리라"(슥 4:7)고 소리쳤습니다. 그러나 우리의 믿음이 약해지고 우리의 열심이 식었기 때문에, 여전히 그 큰 산은 예전에 있던 그대로 있습니다. 성령께서 우리에게 다시 한 번 세례를 주셔서 그의 생명과 능력으로 우리를 충만하게 해주시기를 빕니다.

사랑하는 친구들이여, 영적인 삶과 관련된 우리의 상태를 다시 한 번 생각하시고, 우리 구주에 대하여 우리가 어떤 빚을 졌는지를 묵상할 때에 우리의 상태가 어떠해야 하는지를 다시 한 번 생각하십시오. 여러분의 심령 속에서 십자가 앞에 서서, 우리를 사신 주님의 다섯 곳의 상처와 그의 보혈을 보십시오. 그런데도 여러분은 아무렇지도 않을 수 있습니까? 사랑과 슬픔이 그대로 배어 있는 주님의 저 얼굴을 보면서도 주님을 사랑하는 마음이 여러분에게 생기지 않습니까? 주님이 자신의 흉패에 우리의 이름을 새겨 놓으신 채 영원하신 보좌 앞에 밤낮으로 계시면서 언젠가 영광 중에 다시 오실 것임을 아는데도, 주님을 향한 열정이 여러분에게 생겨나지 않습니까? 주님이 창세 전부터 우리를 사랑하셨고 앞으로도 모든 세상 가운데서 우리를 사랑하시리라는 것을 알면서도, 여러분은 여전히 주님에 대하여 냉랭할 수 있습니까? 만일 우리가 지금부터 영원토록 오직 예수만을 위해 살고 예수를 위해 천 번을 죽는다고 해도, 그것은 주님의 십자가 앞에 바칠 헌신으로는 값싼 것일 뿐입니다. 주님은 우리로부터 그런 것보다 무한히 더 귀한 헌신을 받으실 만한 분입니다.

우리의 신앙의 모든 진리들에 대해 생각해 보시고, 그것들이 우리에게 어떤 종류의 삶을 요구하는지 스스로 자문해 보시기를 부탁드립니다. 우리는 사람들이 다 멸망 받게 되어 있다는 것을 믿습니다. 그런데 유일하게 사람들을 멸망으로부터 구원할 수 있는 복음이 우리 손에 있는데, 어떻게 우리가 빈둥거릴 수 있습니까? 우리는 사람들이 장차 하나님으로부터 영원한 복을 받게 되거나 영벌에 처해져서 그 상태로 영원토록 살게 될 것을 알고 있고, 우리가 그들에게 하나님의 진리들을 전할 때에만 그들을 영원한 저주로부터 건져낼 수 있다는 것도 알고 있는데, 그런 우리가 어떻게 사람들을 구원하는 말씀을 그냥 가지고만 있을 수 있습니까? 나는 이러한 사실을 알지 못하고 정반대로 알고 있는 사람들이 복음을 냉랭하게 바라보는 것에 대해서는 별로 이상하게 여기지 않지만, 우리의 마음이 제정신이 아니어서 우리 자신을 비롯해서 많은 사람들을 살릴 복음에 대하여 열심과 뜨거움을 갖지 못하는 우리 자신에 대해서는 정말 이상하게 여깁니다. 우리는 감정에 휘둘려서 광신주의에 빠지는 것이 아니라, 이러한 진리들을 냉철하게 받아들이는 가운데 생명력이 넘치는 삶을 사는 것이 마땅합니다. 하나님께서 "주의 길에서 나를 살아나게 하소서"라는 우리의 기도를 들어주실 때, 우리는 그런 삶을 살게 될 수 있습니다.

이상으로 나는 첫 번째 대지에 대하여 말씀을 드렸습니다. 이제 우리는 두 번째 대지를 살펴보고자 하는데, 그렇게 할 때에 성령께서 우리로 하여금 복을 받게 해주시기를 빕니다.

2. 둘째로, 이 기도는 우리로 하여금
우리를 살아나게 하실 유일한 분께로 나아가게 합니다.

다윗은 오직 하나님께 자기를 살아나게 해주실 것을 구합니다. 그는 자신의 모든 신선한 샘들이 있는 하나님께로 곧장 나아갑니다. 생명은 하나님께 속한 고유한 영역입니다. 하나님은 생명의 주이시자 생명을 주시는 분이십니다. 살아

계신 하나님 외의 그 어떤 다른 원천으로부터 영적인 생명을 받거나 그 생명을
새롭게 함을 받은 사람은 지금까지 아무도 없었습니다. 사랑하는 자들이여, 여
러분은 이것을 기억할 필요가 있습니다. 왜냐하면, 우리는 우리 자신의 힘이 쇠
해지는 것을 느낄 때에 하나님이 아닌 다른 곳을 바라보기가 너무나 쉽기 때문
입니다. 우리는 너무도 자주 우리 내면을 봅니다. "어찌하여 살아 있는 자를 죽
은 자 가운데서 찾느냐"(눅 24:5). 여러분은 거름더미에서 다이아몬드를 발견할
수는 있어도, 결코 사람의 본성 속에서 영혼을 새롭게 하는 힘을 발견할 수는 없
습니다. 그러므로 우리 자신이라는 저 황량한 광야보다 더 나은 원천을 바라보
십시오. 또한, 우리는 은혜의 방편들을 활용하면 반드시 우리 영혼이 다시 살아
나고 새 힘을 얻게 될 것이라고 생각하기 쉽습니다. "모 목사님의 설교를 들을
때에 자주 내 심령에 울림이 있었고 어루만져지는 것을 느꼈어. 그러니 내가 그
목사님의 설교를 다시 들을 수 있다면, 아마도 나는 또다시 살아나게 될 거야. 다
시 한 번 그 목사님의 설교를 듣기만 하면, 나는 더 좋은 날들을 보게 될 거야."
이렇게 말씀하시는 분들은 뭘 잘 모르고 계시는 것입니다. 그분들이 사랑하는
그 목사님의 음성은 그분들에 대하여 이미 모든 능력을 상실해 버렸을 수 있습
니다. 왜냐하면, 여러분이 주님이 아니라 그 종을 바라볼 때, 주님은 그 종을 떠
나게 되고, 그 종은 여러분에게 아무런 유익도 없게 되기 때문입니다. 온갖 수단
들을 동원해서 물웅덩이들을 깊이 파십시오. "눈물 골짜기"(시 84:6)를 샘으로
만드십시오. 그러나 생명을 주어 영혼을 새롭게 하는 물은 그 샘의 바닥으로부
터 솟아나는 것이 아니라 위로부터 내립니다: "비도 그 물웅덩이들을 채우나이
다"(KJV, 한글개역개정에는 "이른 비가 복을 채워 주나이다"). 하나님께서 하늘로부터 역
사하실 때에만 그가 사용하시는 도구가 여러분에게 큰 유익을 끼칠 수 있게 됩
니다. 성찬상 위의 떡과 포도주가 아무리 달콤해도, 그것들은 성령의 기름 부음
이 없이는 그리스도인들에게 생명을 회복시켜 줄 수는 없습니다. 외적인 것들은
내적인 것을 어루만져줄 수 없기 때문에 외적인 것들을 의지하지 마십시오. 무
엇보다도, 다시 살아나기 위해서 절대로 율법으로 가지 마십시오. "내가 이것을
했어야 했는데 하지 않아서 하나님의 사랑을 잃어버렸으니 이것을 하자"라고 말
하며 자기 자신을 책망하는 일을 시작하지 마십시오. 그렇게 하는 것은 모두 율
법적인 것입니다. 하나님의 자녀들은 시내 산의 우렛소리를 듣게 되면 더 깊은
사망으로 빠져 들어가게 되기 때문에, 율법은 그들을 일으켜 세워서 생명을 줄

수 없습니다. 종들은 두려움을 통해서 움직여질 수 있지만, 하나님으로부터 난 참된 자녀들은 더 고상한 동기가 그들의 마음을 지배하고 있기 때문에 두려움으로 움직여지지 않습니다. 그러므로 여러분이 살아나기 위해서 상과 벌로 가지 마십시오. 그렇게 해서는 거기에서 여러분은 절대로 생명을 발견하지 못할 것입니다. 율법의 사역은 생명의 사역이 아니라 죽음의 사역입니다. 우리는 율법의 선물이 아니라 복음의 선물인 하나님의 영에게 우리 자신을 맡겨야 합니다. 사랑하는 자들이여, 예수 그리스도께서 오신 것은 우리로 하여금 "생명을 얻게 하고 더 풍성히 얻게 하려는 것"(요 10:10)임을 기억하십시오. 가련한 영혼이 처음에 오직 예수를 바라봄으로써 생명을 얻었다면, 그 영혼이 더 많은 생명을 얻고자 할 때에도 동일하게 하여야 한다는 것은 너무나 분명한 일입니다. 병자에게는 그가 늘 숨 쉬던 곳의 공기가 가장 좋다는 말이 있습니다. 내가 늘 숨 쉬던 공기는 골고다이고, 사랑하는 형제들이여, 여러분도 마찬가지 아닙니까? 우리 함께 주님의 피가 묻은 그 곳을 찾아가서, 다시 한 번 대속의 사랑이 묻어나는 공기를 들이마십시다. 다시 한 번 십자가로 돌아가십시오. 그러면 여러분은 자신이 살아나는 것을 발견하게 될 것입니다. 성령은 예수의 생명을 우리의 본성 속에 주입시켜 주시는 분입니다. 바로 이 순간에도 성령께서는 이 곳에 앉아 있는 가장 냉랭한 마음에 임하셔서, 그 마음이 천사보다 더한 열정으로 타오르게 하실 수 있습니다. 지금 이 순간 여러분은 메마른 수풀과 같아서, 하나님께서 여러분 속에 자신의 생명의 불꽃 하나를 넣어 주시기만 하면, 여러분은 해처럼 이글이글 타올랐던 호렙 산의 떨기나무 같이 될 것입니다. 사랑하는 자매여, 당신은 한없는 나락으로 떨어진 것처럼 느껴집니까? 하나님께로 가십시오. 다른 그 누구도 당신을 들어올려줄 수 없지만, 하나님께서는 그렇게 하실 수 있으시니까요. 나의 사역은 여러분을 살아나게 할 수 없지만, 하나님께서는 하실 수 있습니다. 하나님께서 우리에게 생명을 보내시기만 하면, 우리 가운데 가장 둔감하고 나태하며 메마르고 죽어 있는 사람들조차도 사도 같은 열심으로 뜨거워지게 되고, 하나님의 생명이 우리를 불타는 듯한 보좌를 둘러싸고 있는 저 빛나는 스랍 천사들처럼 빛나게 해줄 것입니다. 하나님, 우리가 그렇게 되게 해주시기를 기도합니다! 하나님께서는 그렇게 하실 수 있사오니, 지금 그렇게 해주십시오! "주의 길에서 나를 살아나게 하소서."

　　여러분은 오늘의 본문이 하나님께서 우리를 살아나게 하시기 위하여 사용하시는 수단에 대해서는 아무 말도 하지 않고 있다는 것을 알아차리셨습니까? 다윗은 그것을 하나님의 판단에 전적으로 맡겨드립니다. 하나님께서 자신이 택하신 방법들을 사용하시도록 말입니다. 그는 149절에서는 "여호와여 주의 규례들을 따라 나를 살리소서"라고 기도하고, 156절에서는 "주의 규례들에 따라 나를 살리소서"라고 기도합니다. 이렇게 그는 마치 무한하신 지혜를 지니신 분께서 친히 그 방법들을 선택하시도록 맡겨드린다는 듯이 기도하고 있습니다. 그는 가장 좋은 길이 무엇인지를 자기가 알고 있다는 듯이 말하지 않고, 그 방법을 전적으로 하나님의 손에 맡겨드리고서는, 단지 "여호와여 나를 살아나게 하소서"라고 기도할 뿐입니다. 그러면 이제 하나님께서 자기 백성을 살아나게 하시는 데에 사용하시는 여러 가지 방법들을 한 번 살펴보겠습니다.

통상적으로 하나님께서는 자신의 말씀으로 그 일을 하십니다: "주의 말씀이 나를 살리셨기 때문이니이다"(50절). 하나님은 자신의 말씀 속에 그런 회복의 능력이 있을 것이라고 약속하셨기 때문에, 하나님의 말씀을 먹고 그 자양분을 자신의 본성 속으로 흡수하기만 한다면, 눈 깜짝할 사이에 난쟁이가 거인이 될 수 있습니다. 하나님의 입에서 나온 말씀 중에서 한 마디만이라도 성령의 역사를 통해 어떤 사람에게 들어가기만 하면, 그 사람이 비록 기진맥진해서 땅바닥에 쓰러져서 손가락 하나 까딱 할 수 없었던 사람이라고 할지라도 독수리의 날개를 단 것처럼 높이 날아오르게 되고 아무리 달려도 지치지 않게 됩니다.

하지만 종종 하나님께서는 환난 같은 다른 도구들을 사용하십니다. 조금만 박차를 가해도 우리의 무기력하던 본성이 살아나게 되는 것을 보면 참 신기합니다. 하나님께서는 우리의 살과 뼈를 이런저런 모양으로 손보셔서 우리의 여러 지각들이 더 이상 잠들어 있을 수 없게 하실 수 있는 다양한 방법들을 갖고 계십니다. 개인적인 환난은 우리의 흩어진 힘을 강하게 응축시켜 주는 강장제와 같습니다. 그러나 그러기 위해서는 환난이 그러한 목적을 위하여 성별되어야 하고, 그렇지 않은 경우에는 그 목적을 이루지 못하게 될 것입니다. 채찍을 휘두르시는 하나님을 송축합니다! 하나님께서 채찍을 휘두르지 않으시면, 우리는 잠이 들어 걸림돌에 걸려 넘어져서 완전히 망하게 되었을 것입니다. 우리 같은 망나니들에게는 채찍이 유익합니다. 나는 여러분이 하나님의 채찍을 맞으시기를 빕니다. 왜냐하면, 여러분은 채찍을 맞지 않아도 될 만큼 충분히 깨어 있지 않기 때문입니다. 우리는 모두 다 이따금씩 채찍을 맞는 것이 유익합니다. 또한, 우리가 충분히 깨어 있지 않다면, 우리가 맞기 싫어한다고 해도, 우리는 종종 맞게 될 것입니다. 왜냐하면, 하나님께서는 우리를 지극히 사랑하시는 까닭에 아버지로서 회초리를 드실 수밖에 없기 때문입니다.

또한, 하나님께서는 **크신 은혜를 베푸셔서** 우리를 살아나게 하실 수도 있습니다. 어떤 사람들은 큰 은혜를 입었을 때에 감화를 받아 하나님에 대하여 감사하는 마음 때문에 열심으로 하나님을 섬기게 될 수 있습니다. 사람들은 큰 은혜를 받았다고 해서 다 그런 반응을 보이는 것은 아니지만, 사실은 그렇게 하는 것이 마땅한 일입니다. 우리의 마음이 올바르다면, 다음과 같이 말하는 것이 합당합니다: "하나님이 내게 주신 이런저런 은혜들이 나로 하여금 꼼짝없이 하나님을 섬기도록 묶는 줄들이 되었습니다. 나는 하나님을 더욱 사랑할 것이고 하나님의 일에 더욱 열심히 헌신할 것입니다."

또한, 종종 **그리스도인들의 모범**도 우리를 깨어나게 합니다. 나는 거룩한 이들의 전기를 읽는 사람들에게 하나님께서 지극히 큰 복을 주어 오셨다고 믿습니다. 로버트 맥체인(Robert Murray M'Cheyne, 1813-1843)의 전기, 데이비드 브레이너드(David Brainerd, 1718-1747)의 일기, 조지 휫필드(George Whitefield, 1714-1770)의 사역에 관한 이야기를 읽을 때, 우리는 "우리는 지금 어떤 사람이고, 무엇을 위해 살고 있는 것이지?"라고 자문하게 됩니다. 우리 눈에 현미경을 달고서 보아도 우리 자신을 거의 볼 수가 없습니다. 우리는 그렇게 미미하고 작은 존재입니다. 우리는 위에서 말한 거룩한 이들에 비하면 메뚜기 같습니다. 아니, 우리 자신이 보기에도 우리는 메뚜기 같아 보입니다. 이런 것에 우리는 자극을 받습니다. 한편, 여러분은 종종 얼빠진 신앙인들을 만나 얘기를 나눌 때에 화가 나는데, 이것도 여러분의 열심을 불러일으키는 데에 도움이 됩니다. 그런 사람들을 만났을 때에 여러분이 화를 내는 것이 아니라, '나는 이 사람들보다는 신앙이 좋구나'라고 속으로 생각하며 위안을 삼는다면, 여러분은 머지않아 그런 사람들과 똑같이 되어서 창피하기 짝이 없는 신앙인으로 전락하고 말 것입니다. 그러나 여러분의 마음이 진실하다면, 다른 사람들의 무기력한 신앙을 볼 때마다, 여러분은 더 큰 열심을 내어야 하겠다고 단단히 결심하게 될 것입니다. 왜냐하면, 여러분은 이렇게 생각하게 될 것이기 때문입니다: '나의 주님이 이렇게 거지 같이 섬김을 받아도 되는 것인가? 다른 사람들은 몰라도, 적어도 나만은 온 힘을 다해 주님을 섬겨서, 주님이 다른 사람들로부터 받으시는 저 초라한 대접을 내가 보

충해 드리리라.'

아우구스투스 카이사르(Augustus Caesar) 황제가 한 번은 자신의 한 신하로부터 연회에 초대를 초대받아서 연회장에 가 앉아 있는데, 대접이 허술하고 나온 음식도 초라하기 짝이 없어서 몹시 기분이 상하여, 연회장이 자기를 대접하기 위하여 초대한 줄 알았더니 이제 보니 자기를 모욕하기 위해 초대한 것임을 알았다고 말하였다는 일화가 전해집니다. 마찬가지로, 우리 교단을 비롯해서 그리스도인들의 수많은 회중에서 하나님에 대한 예배가 너무나 초라하고 인색하며 활기가 없고 따분하게 드려져서, 우리는 마치 그리스도를 높이기 위해서가 아니라 모욕을 주기 위하여 모임에 초대한 것 같은 인상을 받습니다. 우리는 우리 주님이 그런 식의 대접을 받으시는 것을 볼 때마다 피눈물을 흘리며, 오늘날과 같이 냉랭한 시대에 더할 나위 없이 뜨거운 예배로 하나님께 영광을 돌려야 하겠다고 단단히 결심하는 것이 마땅합니다.

또한, 뜨거운 마음을 지닌 목회자의 사역이 우리를 살아나게 하는 데에 큰 역할을 한다는 것은 의심의 여지가 없습니다. 우리가 어느 지역에서 자신이 다닐 교회를 선택해야 한다면, 우리의 귀를 감칠나게 하는 교회가 아니라 우리의 심령을 살아나게 하는 교회를 선택해야 하는 것은 너무나 당연한 일입니다. 한 교회는 훌륭하고 멋진 언변으로 우리의 귀와 지성을 너무나 즐겁게 해주는 반면에, 또 다른 교회는 그런 훌륭한 언변은 없지만 우리의 양심에 호소해서 우리의 심령을 부흥시키며 우리에게 영적인 양식을 먹여서 더 높은 경건함으로 우리를 이끈다면, 우리는 하나님께서 인정하시는 교회인 후자를 선택하여야 합니다.

하나님이 복 주시면, 하나님이 우리에게 주시는 은혜들 하나하나가 다 우리를 살아나게 하는 수단이 될 수 있습니다. 예를 들면, 우리의 믿음이 하나님께서 행하신 크신 일들을 믿을 때에 우리를 살아나게 하리라는 것은 분명합니다. 우리의 소망이 장래에 주어질 상을 바라볼 때, 우리는 지치고 힘든 중에도 더욱 힘을 내어 수고하게 될 것입니다. 그리고 삼두마차의 선두에 있는 하나님에 대한 사랑도 우리를 이끌어서 우리로 하여금 있는 힘을 다해서 그리스도를 섬기게 만들 것입니다. 예수에 대한 참된 사랑이 우리를 뒤덮을 때, 우리의 영적인 본성은 전부 다 살아나게 되고, "나를 살아나게 하소서"라고 기도했던 우리의 기도는 응답을 받게 됩니다.

형제들이여, 여러분이 보았듯이, 하나님은 우리를 살아나게 하실 수 있는 부드러운 수단들과 거친 수단들을 둘 다 가지고 계시지만, 하나님께서 나를 살아나게만 해주신다면, 나는 하나님께서 내게 두 부류의 수단 중에서 어떤 것을 사용하셔도 상관이 없습니다. 나의 하나님, 주께서 합당하다고 생각하시는 수단을 내게 사용하셔서, 오직 나의 신앙이 차지도 않고 뜨겁지도 않은 미지근하고 냉랭한 신앙이 되지 않게 해주시고, 나의 심령이 주를 향하여 온통 불길처럼 뜨겁게 타오르게 해주소서!

사랑하는 자들이여, 하나님이 우리를 살아나게 하시는 것은 약속된 복이라는 것을 기억하십시오. 다윗은 "주의 말씀대로 나를 살리소서"(154절)라고 말합니다. 여러분은 이 생각이 이 시편에서 반복되고 있는 것을 발견할 것입니다. 우리가 기도할 때에 어떤 근거를 제시하며 기도할 수 있다는 것은 복입니다. 왜냐하면, 앞에서 다윗은 마치 하나님이 자기를 살아나게 하지 않으시면 그것은 하나님이 의롭지 않으신 것이고 약속을 지키지 않으시는 것이라는 듯이 "주의 공의로 나를 살아나게 하소서"(40절)라고 말하기 때문입니다. 하나님이 우리를 살아나게 하실 때마다, 그것은 언제나 하나님의 "인자하심"을 보여주는 증표가 되는 복입니다. 88절과 159절을 보십시오. 그러면 여러분은 그 두 절이 모두 다 "주의 인자하심을 따라 나를 살아나게 하소서"라고 말하고 있는 것을 발견하게 될 것입니다.

3. 셋째로, 본문은 새로워진 생명력의 범위를 보여줍니다.

오늘의 본문은 "주의 길에서 나를 살아나게 하소서"라고 말합니다. 나는 하나님께 나의 길에서 나를 살아나게 해주시라고 기도할 권리가 없습니다. 즉, 단지 신앙생활 속에서 나 자신을 즐기기 위해서, 또는 다른 사람들로부터 정말 훌륭한 그리스도인이라는 칭송을 받기 위해서, 또는 혼자 가만히 앉아서 나 자신의 아름다움과 완전함을 생각하며 흐뭇해하고 흡족해하기 위해서 하나님께 나를 살아나게 해주시라고 구할 권리가 내게 없다는 말입니다. 어떤 사람이 한 번은 어떤 그리스도인에게 "여보세요, 당신은 어떤 신앙을 가지고 있나요?"라고 묻자, 그는 "나는 자랑할 만한 신앙을 갖고 있지 않습니다"라고 대답했답니다. 어떤 사람이 자신의 수중에 6펜스짜리 은화 하나도 가지고 있지 않는데, 어떻게 하다 보니 모조 다이아몬드 반지를 손가락에 끼고 있게 되었다면, 그 사람은 그 반지를 여러분 앞에 내보이려고 애를 쓸 것입니다. 그 사람이 여러분에게 그 반지를 보이려고 자신의 손을 늘 내밀고자 하는 것을 보십시오. 그러나 백만장자인 사람은 그런 식으로 진짜도 아닌 겉만 번지르르한 것을 여러분에게 보이려는 생각을 결코 하지 않을 것입니다. 마찬가지로, 단지 신앙인이라는 이름만 있는 사람들은 자기에게 신앙이 있음을 어떻게든 내보이려고 하지만, 하나님을 향하여 부요한 사람들은 자기 자신을 가난하다고 생각해서 "여호와여 나를 살아나게 하소서"라고 부르짖게 됩니다.

그렇다면, 우리는 어떤 길에서 살아나게 해주시라고 기도하여야 하는 것입니까? 첫째는, 일상생활 속에서 우리에게 주어진 의무와 본분들의 길에서 살아나게 해주시라고 기도하여야 합니다. 내가 아버지라면, 나를 살아나게 해주셔서 나의 자녀들을 제대로 키울 수 있게 해주시라고 기도하여야 합니다. 내가 가정주부라면, 하나님께서 나를 살아나게 해주셔서 집안에서 내가 해야 할 일들을 하나님을 경외하는 가운데 제대로 할 수 있게 해주시라고 기도하여야 합니다. 내가 종이거나 주인이라면, 내가 맡은 본분에서 나로 살아나게 해주시라고 기도하여야 합니다. 나의 직업에서 시험들이 있다면, 나를 살아나게 하셔서 그 시험들을 이길 수 있게 해주시라고 기도하여야 합니다. 내게 날마다 하나님을 섬길 기회들이 있다면, 나를 살아나게 해주셔서 그 기회들을 잘 활용할 수 있게 해주시라고 기도하여야 합니다.

다음으로, 이것은 "거룩한 일들에서 나를 살아나게 하소서"라는 기도입니다. 내가 설교자입니까? 하나님께서 나를 도우셔서 나로 나의 온 힘을 다해서, 그리고 오로지 하나님이 주시는 능력으로 말씀을 전하게 하소서. 내가 학교 선생님입니까? 하나님께서 내가 나의 아이들에 대하여 잠들어 있고 무관심으로 대하는 것이 아니라, 하나님께서 주시는 열심으로 이 어린 영혼들에게 감화를 끼쳐서 그 영혼들을 얻을 수 있게 해주소서. 내게 어떤 할 일이 있습니까? 내가 교회의 집사나 장로입니까? 내게 큰 경건의 열심이 있게 하셔서, 교회의 지체들이 나의 열심을 보고 자극을 받게 하소서. 여러분은 누구나 다 그리스도를 위하여 자신이 해야 할 일이 있습니다. 만일 그렇지 않다면, 나는 여러분이 그렇게 되시기를 소망하고, 집으로 돌아가셔서 즉시 시작하시기를 바랍니다. 그러나 여러분에게 해야 할 일이 있다면, 나는 여러분이 "주의 길에서 나를 살아나게 하소서"라고 기도해야 한다는 것을 압니다.

또한, 다윗의 이 기도는 "고난을 참는 길에서 나를 살아나게 하소서"를 의미하는 것이기도 하지 않겠습니까? 우리는 그리스도를 위한 그들의 섬김이 다른 사람들의 섬김보다 더욱더 존귀한 것인데도 그들 스스로는 그리스도께서 그들을 쓸모 없다고 여기실 것이라고 생각하기가 아주 쉬운 사람들이 있다는 것을 잊어서는 안 됩니다. 사랑하는 형제들이여, 여러분은 육체적인 고통을 겪도록 부르심을 받고 있습니까? 여러분에게 주어진 부르심은 인내가 가져다줄 이루 말할 수 없이 달콤한 열매를 맺는 것입니다. 그러니 여러분은 하나님 앞에 나아가서, "주의 길에서 나를 살아나게 하소서"라고 기도하는 것이 마땅합니다. 여러분은 가련한 베티(Betty)에 관한 이야기를 아실 것입니다. 베티는 자기가 건강한 동안에는 하나님께서 자기를 건강하게 지내도록 부르셨다고 말하였지만, 이제 하나님께서 "베티, 너의 침상에 가 누워서 기침을 해라"고 말씀하시자, "나는 하나님을 위하여 그렇게 할 것입니다"라고 말하였습니다. 하나님의 뜻으로 인해서 여러분이 시름시름 앓고 기침하고 죽어간다고 해도, 여러분은 하나님의 그 뜻을 기뻐하고 즐거워하시기를 빕니다. 환난 가운데 있는 아들과 딸들의 마음속에서 발견되는 자기부인과 인내는 천사들의 합창보다도 하나님께 더 향기롭습니다. 그러나 나의 자매여, 그렇게 되기 위해서는 당신에게 큰 은혜가 필요할 것입니다. 나의 형제여, 그렇게 되기 위해서는 당신 속에 더 강력한 생명이 있어야 합니다. 그러므로 "주의 길에서 나를 살아나게 하소서"라고 기도하십시오.

　이것은 거룩한 예배의 길에 대해서도 그대로 적용됩니다. 우리는 예배에서 살아나야 하고, 사적인 기도와 공적인 기도에서 살아나야 하며, 가정예배에서 살아나야 하고, 성경을 읽는 일에서 살아나야 하며, 하나님의 사랑을 묵상하는 일에서 살아나야 하고, 온갖 형태의 예배에서 살아나야 합니다. 우리는 은혜와 겸손, 인내와 소망, 믿음과 사랑, 그리고 모든 선한 은사 가운데서 성장해 나가는 일에서 살아나야 합니다. 특히, 우리는 하나님과의 사귐에서 살아나야 합니다. 그러므로 우리는 "주의 길에서 나를 살아나게 하소서"라고 기도하는 것이 마땅합니다.

4. 넷째로, 본문의 맥락은 이 기도를 드릴
특별한 이유들과 때들이 있다는 것을 보여줍니다.

　오늘의 본문을 그 상반절과 함께 읽어 보면 이렇게 됩니다: "내 눈을 돌이켜 허탄한 것을 보지 말게 하시고 주의 길에서 나를 살아나게 하소서." 이 기도의 맥락이 보입니까? 다윗은 시험에 노출되어 있고, 그 시험은 그의 눈을 통해서 왔습니다. 그래서 그는 자기를 유혹하는 것으로부터 자신의 눈을 돌릴 수 있게 해주시라고 기도하고, 그 시험을 이길 수 있도록 "그를 살아나게 해주소서"라고 기도합니다. 형제들이여, 여러분은 어떤 죄에 홀린 적이 없습니까? 여러분이 그렇게 마귀에게 홀렸다는 것을 알았을 때마다 그때가 바로 "주의 길에서 나를 살아나게 하소서"라고 부르짖을 때입니다. 주여, 나는 내 자신이 내가 생각하는 것보다 더 약하다는 것을 압니다. 나는 내가 마침내 온유한 성품에 도달하였다고 생각했을 때에 갑자기 분노에 사로잡혔습니다. 주여, 나는 어떤 악을 행하고자 하는 욕구가 내 속에 전혀 없다고 생각했을 때에 내 마음이 그 악을 좇아가고 있는 것을 발견했습니다. 선하신 주님, 내게 더 큰 은혜를 주십시오. "주의 길에서 나를 살아나게 하소서."

이 기도를 드리기에 적절한 때는 큰 환난을 당한 때입니다. 107절이 우리에게 그것을 가르쳐 줍니다: "나의 고난이 매우 심하오니 여호와여 주의 말씀대로 나를 살아나게 하소서." 영혼이 큰 시험을 당하고 심령이 큰 고난을 당하는 때는 하나님께 특별한 은혜를 주시라고 기도할 때입니다. 우리가 이전의 나태함을 고백하였다면, 앞으로는 그런 나태함을 이길 수 있도록 은혜를 주시라고 기도하여야 합니다. 하나님께서 이 시간에 우리가 마땅히 행했어야 할 일들의 10분의 1도 하지 않았고 그리스도의 사랑으로부터 너무나 멀리 떨어져 살아 왔다는 것을 깨우쳐 주신다면, "주의 길에서 나를 살아나게 하소서"라는 기도가 우리 속에서 저절로 우러나오는 것이 마땅합니다.

우리가 방금 어떤 특별한 섬김으로 부르심을 받았습니까? 하나님께서 그의 이름을 위하여 무거운 짐을 우리 어깨 위에 짊어지우셨습니까? 우리는 기겁을 하며 "나는 그 일을 할 수가 없어요"라고 말하지 마시고, 이렇게 기도하십시오: "주여 나를 살아나게 하소서. 내게 더 큰 은혜를 주소서. 그리하면 나의 날수만큼 나의 힘도 있어서 그 어떤 큰 일도 내가 넉넉히 감당하게 될 것입니다."

이 기도는 우리 교회의 지체들에게 아주 적절한 기도입니다. 왜냐하면, 지난날 우리 가운데 있던 많은 선하고 훌륭한 사람들이 지금은 보이지 않기 때문입니다. 마치 하나님께서 우리에게 그런 선하고 좋은 사람들은 거의 남겨놓지 않으신 것처럼 보일 정도입니다. 지난 몇 달 동안 하나님께서는 계속해서 그런 분들을 우리에게서 한 사람씩 데려가셨고, 이번 주에도 또 한 분의 소중한 형제가 우리 곁을 떠나갔습니다. 그러니 남아 있는 사람들은 누구나 다음과 같이 기도하지 않으면 안 됩니다: "주여, 나를 살아나게 하소서. 나도 곧 떠나야 할 텐데, 내가 사는 동안에 나로 하여금 내가 달려갈 길을 다 마치고 선한 싸움을 다 싸워서 주께서 약속하신 면류관을 얻게 하소서." 이미 이 강대상에는 소천을 알리는 두 개의 검은 리본이 걸려 있지만, 아마도 이 한 주가 다 가기도 전에 또 하나의 검은 리본이 걸리게 될 것입니다. 그 세 번째 리본의 주인공은 과연 우리 중에서 누가 될까요? 내가 이 강단에 서서 여러분에게 마지막 설교를 하게 되고, 나의 사랑하는 교회 직분자들이 마지막으로 나를 빙 둘러 앉게 되며, 교회의 모든 지체들이 나와 함께 모여서 드리는 이 예배가 나의 마지막 예배가 될까요? 형제들이여, 충분히 그럴 수 있습니다! 그러므로 우리는 우리가 이 세상에 있는 동안에 죄 가운데 죽은 채로 살아가는 것이 아니라 참 생명 가운데서 살아가고, 이 짧은 귀중한 인생을 한순간이라도 허비하지 않기 위해서, 우리를 살아나게 해주시라고 기도하지 않으면 안 됩니다. 우리 교회가 그런 기도를 할 필요들은 아주 큽니다. 내가 추수할 밭에 서서 다 익은 곡식을 거두어들여야 한다는 것을 알았는데, 한 추수꾼이 반복해서 혼절할 때까지 그 밭에서 일을 하고 있는 것을 보았다면, 그리고 그 추수꾼이 그 일을 해야 한다는 사명감으로 인해서 사력을 다해 낫을 들고 일하고 있는 것을 보았다면, 나는 "주여, 내가 주의 종이 너무 일이 많아 기진맥진하는 것을 보고 있사오니, 나를 도우사 나도 익은 곡식이 널려 있는 밭으로 달려가서 함께 추수하게 하소서"라고 기도하지 않을 수 없을 것이라고 생각합니다. 나와 같이 그리스도의 피로 사신 바 된 종들이여, 추수할 것은 정말 많은데 일꾼은 너무나 부족합니다! 내가 여러분을 자신의 피와 상처로 사신 그리스도의 이름으로 부탁합니다. 이 자리에 계신 분들 중에서 단 한 분도 딴 길로 가지 마시고, 떨쳐 일어나 마음과 목숨과 힘을 다해서 하나님을 섬기시기를 부탁드립니다. 우리는 머지않아 이 모든 일에 대하여 하나님과 결산을 해야 합니다. 우리 중에는 불과 몇 주 또는 몇 달 내에 불꽃 같은 눈으로 우리의 모든 것을 꿰뚫어 보시는 하나님의 심판대 앞에 서게 될 분들도 있습니다. 그때에 하나님은 우리에게 오늘 우리와 함께 앉아 있는 이 불경건한 사람들과 관련해서 우리에게 책임을 물으실 것입니다! 우리는 그들의 영혼에 대한 책임을 다하고 있습니까? 우리는 큰 도시에 있는 큰 교회이고, 이 도시에 살고 있는 많은 사람들이 그리스도를 모른 채로 죽어가고 있습니다. 우리가 우리의 힘이 닿는 대로 그들을 돕고 가르치지 않는다면, 우리가 그때에 하나님 앞에서 무슨 말을 할 수 있겠습니까? 내가 이 강단에 서서 많은 사람들에게 온 힘을 다해 열심으로 진실하게 말씀을 전하지 않는다면, 그때에 내가 무슨 말을 하겠습니까? 심판의 날에 나의 나태함으로 인해 저주받고 멸망 받은 영혼들의 붉은 피가 내 옷에 묻어 있다면, 내가 무슨 말을 할 수 있겠습니까? 크신 하나님, 그런 일이 결코 일어나지 않게 해주소서! 그러나 여러분에게도, 그리고 나에게도 그런 일이 일어날 수 있고, 우리는 모두 자신의 소임과 위치에 따라 책임을 지게 될 것입니다. 다시 한 번 나는 여러분에게 여러분의 마음과 양심을 깨울 수 있는 모든 이름을 걸고 부탁드리고, 하나님께서 여러분을 살아나게 하셔서 그의 귀한 이름을 위하여 뜨거운 사랑과 부지런함으로 그를 섬길 수 있게 해주시기를 기도합니다.

여러분 중에서는 내가 이 기도를 드리시라고 청할 수 없는 그런 분들도 있습니다. 나는 앞에서 그 이유를 이미 말했습니다. 죽은 영혼들이여, 여러분이 어떻게 생명을 달라고 기도할 수 있겠습니까? 그러나 나는 하나님의 백성들에게 여러분을 위해 기도해 줄 것을 요청할 것이고, 나도 여러분을 위해 기도할 것입니다. 하나님께서 죄 가운데 죽어 있는 자들에게까지 전하라고 내게 명하신 이 복음이 여러분의 심령에 능력으로 임하게 되기를 기도합니다. "믿고 세례를 받는 사람은 구원을 얻을 것이요 믿지 않는 사람은 정죄를 받으리라"(막 16:16). 하나님께서 여러분을 이끄셔서 말씀(the Word)에 순종하게 하시기를 빕니다. 아멘.

제
117
장

—

노래하는 순례자

—

"내가 나그네 된 집에서 주의 율례들이 나의 노래가 되었나
이다." — 시 119:54

많은 사람들이 시편 119편은 서로 독립적인 문장들로 이루어져 있기 때문에 하나로 연결된 금사슬이라기보다는 금고리들을 모아 놓은 상자라고 말하지만, 이 절의 위치는 꽤 주목할 만합니다. 왜냐하면, 앞 절이 "주의 율법을 버린 악인들로 말미암아 내가 맹렬한 분노에 사로잡혔나이다"로 되어 있기 때문입니다. 여러분 중에서 거의 전부가 이 문장이 무엇을 의미하는지를 금방 알아차렸을 것입니다. 왜냐하면, 여러분은 어떤 사람이 길거리에서 하나님을 욕하는 것을 들으면 여러분의 피가 차가워져서 소름이 돋을 것임을 알기 때문입니다. 그리고 여러분은 그런 사람들이 우리 주 하나님과 하나님이 계시하신 진리들을 어떤 식으로 욕했는지를 생각하면, 사람들이 지극히 높으신 하나님에 대하여 그토록 악한 것들을 생각할 정도로 뻔뻔스럽고 대담할 수 있다는 것에 치를 떨게 될 것입니다. 그래서 다윗은 "내가 맹렬한 분노에 사로잡혔나이다"라고 말한 것입니다. 그리고 그런 후에 그는 마치 다음과 같이 말하려는 듯이 바로 이어서 오늘의 본문을 덧붙였습니다: "나는 악인들이 하나님의 율법을 범하고 발로 밟는 것에 맹렬한 분노를 느낍니다. 왜냐하면, 하나님의 율법은 내게 너무나 큰 기쁨이기 때문입니다. '내가 나그네 된 집에서 주의 율례들이 나의 노래가 되었나이다.' 그들이 조소하는 바로 그것이 나의 노래입니다. 그들이 쇠똥이라고 여기는 것이 내

스펄전설교전집

게는 금덩어리입니다. 그런데 어떻게 그들이 그렇게 귀한 하나님의 진리들을 멸시하며 함부로 대할 수 있단 말입니까?' 다윗은 자기에게 자신의 생명과도 같은 것이자 자신의 영혼의 생명인 것이 악인들에 의해서 내팽개쳐지고 미움 받는 것이라는 사실에 분노를 금하지 못합니다. 우리는 이 두 절이 분명히 서로 연결되어 있는 것을 봅니다. 이 금고리들은 서로 연결되어 있음에 틀림없습니다.

오늘의 본문 뒤에 나오는 절도 한 번 살펴보는 것이 좋을 것 같습니다. 다윗은 "여호와여 내가 밤에 주의 이름을 기억하고 주의 법을 지켰나이다"(119:55)라고 쓰고 있는데, 이것은 이렇게 말한 것과 같습니다: "나의 삶이 언제나 낮인 것은 아니지만, 그럴지라도 주의 율례는 나의 노래입니다. 나의 해는 늘 지평선 위에 떠 있는 것은 아니지만, 나의 삶이 어둡고 내가 괴로움 가운데 있을 때에도 나는 주를 잊지 않습니다. 그때에도 여전히 주는 나의 위로이십니다. 나는 주의 이름을 기억하고 위로를 받습니다. 내가 주의 얼굴을 뵈올 수 없을지라도, 주의 이름을 생각만 해도 나는 기쁩니다. 왜냐하면, 주의 이름을 아는 자들은 주를 의지하기 때문입니다. 나의 영혼이 가라앉아 있을 때에도 내가 주의 이름을 생각하기만 하면, 내 영혼에 또다시 낮의 빛이 비칠 때까지 내 영혼은 잠잠히 기다릴 수 있게 됩니다." 이 절에 담겨 있는 이러한 너무나 달콤한 소망과 확신은 오늘의 본문이 무슨 의미인지를 우리에게 잘 보여주지 않습니까?

이제 나는 여러분을 본문 자체로 인도하고자 합니다. 오늘의 본문은 우리와 관련해서 세 가지를 말해 주는 것으로 보입니다. 첫 번째는 순례자가 누구냐 하는 것이고, 두 번째는 노래하는 순례자에 대한 것입니다. 이 두 가지를 살펴보고 나면, 우리는 이 순례자의 노래집 앞에 서게 됩니다: "내가 나그네 된 집에서 주의 율례들이 나의 노래가 되었나이다."

> "주의 율법들은 늘 내게
> 감미로운 노래가 되었고,
> 홀로 걷는 이 순례길에서
> 내 마음에 감미로운 곡조가 되었다네."

1. 첫째로, 여기에 순례자가 있습니다.
다윗은 예수의 모든 참된 제자들의 모형인데, 이 제자들은 모두 순례자들입

니다. 순례자는 어느 한 나라를 거쳐서 다른 나라로 가는 사람입니다. 우리의 신
앙고백이 참되다면, 우리는 진정한 의미에서의 순례자입니다. 왜냐하면, 무엇보
다도 먼저 우리는 다른 나라에 속한 사람들이기 때문입니다. 우리의 가장 고귀한 본
성과 관련해서 말한다면, 우리는 여기에서 태어난 사람들이 아닙니다. 우리가
진정으로 태어났을 때, 우리는 이 세상 나라와는 완전히 다른 나라에서 태어났
습니다: "이는 혈통으로나 육정으로나 사람의 뜻으로 나지 아니하고 오직 하나
님께로부터 난 자들이니라"(요 1:13); "사람이 거듭(난외주에는 '위로부터')나지 아
니하면 하나님의 나라를 볼 수 없느니라"(요 3:3). 우리는 "위로부터" 난 사람들
입니다. 그렇기 때문에 우리는 하나님이 그 터들을 지으시고 만드신 도성의 시
민들입니다. 이 세상에서 우리는 잠시 머무는 객이자 이방인이자 나그네입니다.
옛적에 어떤 사람은 "나는 주와 함께 있는 나그네이며 나의 모든 조상들처럼 떠
도나이다"(시 39:12)라고 말했고, 또 어떤 사람은 "나는 땅에서 나그네가 되었사
오니"(시 119:19)라고 말하였습니다. 사실 모든 믿음 있는 사람들은 자신이 이 땅
에서 나그네요 순례자라고 고백하였습니다. 우리의 대장이신 예수께서는 "이는
내가 세상에 속하지 아니함 같이 그들도 세상에 속하지 아니함으로 인함이니이
다"(요 17:14)라고 말씀하셨습니다. 그리고 저 사랑하는 사도도 "우리는 하나님
께 속하고 온 세상은 악한 자 안에 처한 것이며"(요일 5:19)라고 말하였습니다.

　　우리는 이방 땅을 지나듯이 이 세상을 서둘러 지나가고 있습니다. 이 세상에서 우
리는 주민들이 아니라, 영광으로 가는 도중에 잠시 머무는 방문객들일 뿐입니
다. 불경건한 자들은 마치 영원히 죽지 않을 것처럼 이 세상에서 살아갑니다. 그
들의 모든 계획과 준비들은 이 세상에서 오래도록 사는 것을 전제해서 거기에
맞춰져 있습니다. 그러나 여러분이 하나님으로부터 제대로 가르침을 받았다면,
여러분은 장차 죽게 될 것임을 분명히 알고 있을 것이기 때문에, 언젠가는 이 해
변가를 떠나게 될 것이라는 생각에 익숙해져 있을 것입니다. 이 세상은 여러분
이 영원히 거할 도성이 아닙니다. 여러분은 장막에 거하였던 족장들과 같습니
다. 족장들은 자신들의 거처를 통해서 자신들이 아직 자신들에게 주어지지 않았
지만 장차 주어질 본향을 바라보며 살아간다는 것을 고백한 사람들입니다. 여러
분은 다른 사람들만이 아니라 여러분 자신도 결국에는 죽게 될 것임을 알고 있
고, 그것을 결코 유감으로 생각하지도 않으며, 설령 여기에서 영원히 살 수 있다
고 하더라도 그렇게 하고 싶어 하지 않는 사람들입니다. 여러분은 자신이 영원

히 해가 지지 않는 땅으로 이주해 가기로 되어 있고, 이 땅은 단지 여러분의 영원한 기업으로 가는 도중에 지나가는 땅이라는 것을 압니다. 이것은 경건한 자들에게만 주어지는 진귀한 지식입니다. 여러분은 회심하지 않은 사람에게 그가 결국 죽게 될 것임을 깨우쳐 줄 수는 있지만, 그가 또 다른 땅으로 가고 있다는 사실을 깨닫게 해줄 수는 없습니다. 그는 자기가 원하지 않는 곳으로 가고 또 가고 계속해서 가고 있습니다. 그는 소망 없는 영들 위에 사망의 그늘이 영원히 드리워져 있는 낭패와 낙심의 땅을 향하여 급히 달려가고 있는 것입니다. 그러므로 여러분은 그가 이러한 괴로운 사실을 생각하고 싶지 않아서 회피하고, 자신의 인생 여정이 결국에는 끝나게 될 것임을 잊기 위해서 눈을 감고 이 길을 가는 것을 이상하게 여길 필요가 없습니다. 사랑하는 친구들이여, 여러분은 자신이 어디로 가기 위해서 이 세상을 통과하고 있는지를 압니다. 예수께서 제자들에게 "내가 어디로 가는지 그 길을 너희가 아느니라"(요 14:4)고 말씀하셨듯이, 여러분은 예수께서 가신 길을 알고, 여러분도 그 동일한 길을 갈 것임을 압니다. 왜냐하면, 예수께서는 자기가 있는 곳에 여러분도 있게 될 것이라고 약속하셨기 때문입니다. 예수께서 엄숙하게 선언하신 것들 중의 하나는 "내가 살아 있고 너희도 살아 있겠음이라"(요 14:19)는 것이었고, 그의 마지막 기도들 중의 하나는 이 약속에 권세를 부여해서 "아버지여 내게 주신 자도 나 있는 곳에 나와 함께 있어 아버지께서 창세 전부터 나를 사랑하시므로 내게 주신 나의 영광을 그들로 보게 하시기를 원하옵나이다"(요 17:24)라고 기도하신 것이었습니다.

지금 영국에 있는 이탈리아 사람이 로마로 가는 길에 프랑스를 통과하기 위해서는 파리나 리옹, 또는 마르세유에 머물게 됩니다. 그러나 그렇다고 해서 그는 프랑스 사람인 것이 아니라 이탈리아 사람입니다. 그가 이 여정 속에서 어디에 머물든, 속으로 이렇게 말합니다: "이곳은 로마가 아니야. 이곳은 나의 본향이 아니야. 나의 시민권은 이곳에 있지 않아. 나는 내 그리운 본향으로 가고 있고, 그 곳에 빨리 도착하고 싶어." 이것이 그리스도인들의 상태입니다. 그들의 얼굴은 자나 깨나 새 예루살렘을 향해 있고, 그 어떤 것도 그들을 붙잡아둘 수 없습니다. 옛적의 십자군 시대에 순례자들은 예루살렘에 가기 위해서 길을 떠났습니다. 여러분이 아시듯이, 그 시절에는 수많은 사람들이 그러한 광기에 사로잡혀 있었습니다. 나는 그들을 칭찬하지 않지만, 그들의 그런 모습을 선한 교훈을 위한 예화로 사용하고자 합니다. 그 순례자들은 유럽을 걸어서 여행하다가 큰 도시를 볼 때마다, 그 곳이 빈이든 콘스탄티노플이든, 그 자리에 서서 그 도시의 망루들과 첨탑들과 발코니들을 한동안 응시하며 바라보았습니다. 그렇게 한 후에, 그들은 서로를 향하여 "친구여, 이 도시의 전경이 좋긴 하지만, 이 도시는 자네와 나의 목적지인 거룩한 도성은 아니지"라고 말했습니다. 마찬가지로, 하나님께서 우리를 어떤 곳에 데려다 놓으실 때마다, 그 곳이 아무리 경치가 좋고 살기 좋은 곳이라고 할지라도, 우리는 "우리를 좋은 곳에 데려다주신 하나님께 감사하긴 하지만, 이곳은 황금의 도성은 아니야"라고 말합니다. 우리의 동산들은 낙원이 아니고, 우리의 집들은 저 높은 곳에 있는 아버지의 집이 아니며, 이곳에서 우리에게 주어지는 위로들은 우리가 천국에서 받을 바로 그 위로들이 아니고, 우리가 지금 쉬고 있는 곳들은 영원한 안식처가 아닙니다. 우리는 이 아랫 세상에 만족하고 여기에서 영원히 안식을 누리려고 해서는 안 됩니다. 우리는 아직 하나님께서 자신의 언약 속에서 우리에게 말씀하신 저 약속의 땅에 다다르지 않았습니다. 우리가 우리의 본향을 염두에 두고 있었다면, 우리는 거기로 돌아갈 기회들을 많이 얻었을 것이지만, 실제로는 우리의 본향을 생각하지 않고 있기 때문에, 우리의 모든 욕망은 정반대의 방향으로 달려가게 된 것입니다. 우리의 시민권과 시민으로서의 온갖 특권들은 우리가 오기를 기다리고 있는 도성에 속한 것이고, 그 도성에는 보석으로 장식된 성벽들과 빛나는 거리들이 있습니다. 우리의 대장이신 그리스도께서는 우리에게 "전진하라"고 외치십니다. 저 강 너머에 우리의 기업이 있습니다. 바로 그 땅에 우리의 영원한 거처가 있습니다. 그러므로 우리는 우리의 영원한 기업이 있는 저 본향으로 가기 위하여 이 세상을 통과하고 있는 순례자들입니다.

순례자의 주된 관심은 가능한 한 빨리 이 땅을 통과하는 것입니다. 여러분은 광야의 이스라엘 백성이 헤스본 왕 시혼의 땅을 어떻게든 빨리 통과하기를 얼마나 바랐는지를 기억하실 것입니다. 그래서 모세는 "우리가 큰길로만 지나가겠고 우리나 우리 짐승이 당신의 물을 마시면 그 값을 낼 것이라 우리가 도보로 지나갈 뿐인즉 아무 일도 없으리이다"(민 20:19)라고 말하며 시혼에게 부탁을 하였습니다. 모세가 이런 조건들을 내걸고서 사정을 했는데도, 시혼은 이스라엘 백성을 자기 땅으로 통과시키려 하지 않았습니다. 마찬가지로, 세상도 우리에게 결코 그런 호의를 베풀려 하지 않을 것입니다. 이스라엘 백성들은 결국 그 땅을 통과하기 위하여 싸워야 했고, 우리도 마찬가지입니다. 우리가 원하는 것은 그냥 그 길을 통과하게 해 달라는 것이 전부입니다. 우리는 합당한 가격을 치를 테니 무덤으로 사용할 한 뼘의 땅을 빌려달라고 부탁할 수도 있습니다. 그러나 우리가 우리의 기업을 향하여 더 빨리 전진해 나갈 수 있다면, 우리는 그 어떤 것도 다 포기하고 양보할 것입니다. 우리가 이곳에서 어떻게 하면 편안히 지낼 수 있나를 고민하는 것이 아니라, 어떻게 하면 거룩함을 지키는 가운데 이 땅을 통과할 수 있을지를 고민하는 것이 우리의 최대의 관심사입니다. 종종 본향에 대한 향수병이 우리에게 밀려와서, 우리는 이 광야 같은 세상에 넌더리가 나고, 젖과 꿀이 흐르는 땅을 사모하는 마음에 파리해져 갑니다. 우리는 하늘의 궁정에서 열리는 연회에 참석하라고 알리는 전령관들의 소리와 그 자리에 참석한 자들의 노랫소리를 듣습니다. 우리는 우리 어깨 위에 짊어지워진 무거운 짐 아래에서 신음하며, 이 땅에서의 귀양살이, 이 복역의 때가 끝나기를 갈망합니다.

> "나는 길을 재촉하여 이 여정을 속히 끝내리라.
> 성도들과 스랍들이 저 멀리서 나를 부르네.
> 영원한 날에 속하는 저 큰 기쁨을 나는 거의 느끼고 있다네.
> 오직 위에서만 들을 수 있는 그 노래가
> 내 귀에 들리는 듯한 때가 많다네.
> 나는 길을 재촉하여 이 여정을 속히 끝내리라.
> 온통 사랑뿐인 곳으로 나는 가리라."

순례자들인 우리의 형제들과 자매들, 우리의 혈육들은 거의 대부분이 이 땅에 있지 않습니다. 우리와 함께 순례길을 가고 있는 형제와 자매들은 얼마 되지 않지만, 우리는 그들에게 너무나 감사합니다. 좋은 동무들과 함께 해서 우리가 가는 길이 즐겁기 때문입니다. "크리스티아나"가 그녀의 소중한 친구인 "자비"와 함께 할 수 있다는 것이 즐겁고, 그녀의 동생들인 "마태"와 "야고보"가 함께 가고, "큰 마음"이 그들과 함께 가는 것이 감사한 일입니다. "크리스티아나"를 비롯해서 다른 모든 사람들이 "크리스천"과 함께 가고자 하지 않는다면, "크리스천"은 그들 모두를 떠나서 홀로 가야 할 것이지만, 그렇기 때문에 그들 모두가 우리와 함께 가는 것을 보는 것은 더더욱 즐겁고 기쁜 일입니다(『천로역정』의 내용). 그렇지만 우리에게 소중한 형제들과 자매들의 대다수는 이미 저 건너편에 가 있습니다.

내가 일일이 다 헤아려서 대다수라고 말하는 것은 아니지만, 우리의 형제들과 자매들 중 압도적인 대다수는 저 먼 나라에 있을 것이 분명합니다. 우리의 아버지이신 하나님은 어디에 계십니까? 천국이 아니면 그 어디에 계시겠습니까? 우리의 맏형이신 그리스도께서는 어디에 계십니까? 그리스도께서도 천국에, 곧 하나님의 오른편에 계시지 않습니까? 우리 영혼의 신랑은 어디에 계십니까? 죽음도 갈라놓을 수 없을 정도로 우리와 혼인으로 하나 되신 저 지극히 참되시고 선하신 신랑은 어디에 계십니까? 우리는 우리 영혼의 신랑이 어디에 계시는지를 아주 잘 압니다! 그런데 그것을 너무나 잘 아는 신부가 본향으로 돌아갈 저 행복한 때, 기쁜 혼인잔치가 열릴 그때, 어린 양의 잔치가 있을 그때를 사모하지 않겠습니까? 우리 아버지가 계시고 예수께서 계시는 바로 그 곳 ─ 바로 그 곳이 우리의 본향입니다. 그러므로 우리는 그 나라에 다다를 때까지는 유배 온 자들입니다.

우리에게 영적인 관계들을 볼 수 있는 밝은 눈이 있다면, 우리와 아주 가깝고 지극히 소중한 무수한 이들이 이미 저 강을 건너가서 영광 중에 있는 것을 보십시오. 거기에는 구름 같이 허다한 이들이 있습니다! 우리는 "하늘에 기록된 장자들의 모임과 교회"(히 12:23)에 이르렀습니다. 그러므로 우리는 속도를 내어 신속하게 전진해 나아가야 합니다. 우리는 이 곳에 머물 생각을 하지 말아야 합니다. 왜냐하면, 우리의 가장 좋은 친구들과 혈육들과 친척들은 이미 안식에 들어간 까닭에, 우리도 그들의 뒤를 따르는 것이 합당하기 때문입니다.

여러분이 아시듯이, 순례자인 사람들은 자기가 가장 오래 머물게 될 곳을 자신의 본향으로 여기기 때문에, 그 곳으로 가는 도중에는 어느 곳에 이르든지 전속력으로 신속하게 통과하고자 하지만, 일단 본향에 도착했을 때에는 자신의 수고와 고생이 끝이 난 까닭에 여유 있게 지내게 됩니다. 우리가 이 땅에서 지내는 시간은 우리의 삶 가운데서 지극히 작은 부분에 지나지 않습니다! 여러분과 내가 천국에서 10,000년을 지낸 후에 우리가 이 땅에서 보낸 60년을 되돌아보면 정말 한 점으로밖에는 보이지 않을 것입니다. 우리는 이 땅에서 우리가 겪었던 고통을 침에 한 번 찔려서 따끔했던 것이라고 생각하게 될 것이고, 이 땅에서 얻었던 이익을 티끌 같은 것이라 생각하며, 이 땅에서 살던 기간을 눈 한 번 깜빡거린 정도의 시간이라고 생각하게 될 것입니다. 여러분이 이 유배지에서 80년 내지 90년을 머물렀다고 할지라도, 천국에서 백만 년을 지낸 후에 생각해 보면, 이 세상에서 가장 길게 산 인생이 생각 한 번 한 시간보다 더 크지 않은 것처럼 보여서, 여러분은 왜 자신이 그 날들을 그렇게 지루해하고 그 밤들을 그토록 길고 스산하다고 느끼며 병든 세월이 그토록 지긋지긋하게 길게 느껴졌는지 의아해하게 될 것입니다. 고해 같은 이 세상에서 여러분이 바다 같이 많은 눈물을 흘렸을지라도, 여러분이 장차 누릴 영원하고 복된 삶에 비하면, 그것은 한 방울의 눈물밖에 되지 않습니다. 여러분은 천국의 지극한 행복을 맛보는 순간 여러분이 여기에서 수없이 느꼈던 슬픔을 어느새 까마득하게 잊어버리게 될 것이고, 천국에서 기쁨의 옷을 입는 순간 여기에서 겪었던 무수한 환난을 다 잊어버리게 될 것입니다. 우리는 이 보잘것없는 인생을 지나치게 소중히 여깁니다. 우리가 그렇게 이 인생을 소중히 여기고 애지중지할 때에 장차 우리가 치를 대가는 클 것입니다. 그러므로 우리는 하늘의 본향과 거기에서의 영원한 기쁨을 더욱더 사모하는 것이 마땅합니다. 그랬을 때, 이 땅에서의 환난들은 새벽이슬처럼 금세 사라져 버릴 것이고, 그 슬픔도 결코 오래 가지 못하게 될 것입니다. 우리는 단지 4월의 차가운 비를 잠시 맞을 정도로만 이 곳에 있다가, 그런 후에는 꽃들이 만발하여 결코 시들지 않는 5월이 영원히 계속되는 곳으로 가게 됩니다. 따라서 우리는 가장 큰 것을 가장 작은 것으로 치부하고 가장 작은 것을 가장 큰 것으로 치부해 버리는 우를 범해서는 안 되고, 도리어 모든 것을 제자리로 돌려놓아서 이 짧은 인생을 짧게 생각하고 영원한 영광을 묵상하는 일에 우리의 대부분의 시간을 써야 합니다. 우리는 하나님과 영원토록 살게 될 것입니다. 그러니 바로 그 곳이 우리의 본향이 아니겠습니까? 마치 이 거리를 지나서 다른 거리로 가는 것처럼 앞문으로 들어갔다가 금방 뒷문으로 나와서는 다시는 거기로 돌아가지 않는 그런 곳은 우리의 영원한 거처가 될 수 없습니다. 모든 믿는 자들에게 이 보잘것없는 세상이 바로 그렇습니다. 자신의 것들로 둘러싸여서 편안히 앉아 그것들을 둘러볼 수 있는 곳이 바로 그들의 본향입니다.

> "여기에서 내가 영원히 쉬리라.
> 다른 사람들은 오고 갈지라도
> 여기에서는 내가 더 이상 나그네나 객이 아니라
> 자기 집에 온 어린아이라네."

우리가 장차 저 천국에서 보내게 될 기나긴 시간에 비하면 이 땅에서 지낼 시간은 아주 짧다는 사실은 우리가 순례자들이라는 것을 보여줍니다.

우리가 이곳에서 순례자임을 늘 보여주는 증표는 이 땅의 사람들이 우리를 낯선 이방인으로 취급한다는 것입니다. 서로 다른 민족에 속한 사람들은 자신의 언어와 의상, 행동방식과 습관을 통해서 자신이 어느 민족에 속해 있는지를 보여줍니다. 네덜란드 사람에게는 너무나 자연스러운 행동이 프랑스 사람에게는 우스꽝스러워 보이고, 중국인의 관습은 영국인을 기겁하게 만듭니다. 높은 산에 사는 사람들인 우리가 저 평지를 지나가면, 사람들은 우리를 이상하게 보고 흥미 있어 하는데, 그러한 관심이 우호적인 때도 있지만 적대적인 경우가 더 많습니다. 그들은 우리가 어디에서 왔는지 궁금해하지만 알아낼 수가 없기 때문에, 흔히 우리가 연기하는 것이라고 결론을 내리고서는 위선자와 별반 다르지 않은 자들로 취급해 버립니다. 그들 자신과 똑같지 않은 모든 사람들을 거짓되고 경멸할 만한 자들임에 틀림없다고 생각하는 그들의 반응은 어쩌면 정직한 것입니다. 이러한 의구심과 악의는 신앙이 있다고 말하는 모든 사람들이 아니라 대체로 참된 그리스도인들만이 겪게 됩니다. 참된 그리스도인들은 드러날 수밖에 없고, 그들의 생명은 감춰져 있기 때문에, 사람들은 그들을 이해하지 못합니다. 그들은 그저 이 땅을 아무도 모르게 지나가고 싶지만, 세상 사람들은 그것을 가만히 놓아두려 하지 않습니다. 그들은 이내 순례자들이 낯선 이방인들이라는 것을 발견하고, 정말 이상한 자들이라고 생각합니다. 사실 세상의 관점에서 본다면, 참된 그리스도인들은 낯설고 이상한 사람들로 보일 수밖에 없습니다. 우리는 불경건한 자들의 길과 관습에 발을 들여놓지 않습니다. 왜냐하면, 하나님께서 우리에게 "너희는 열매 없는 어둠의 일에 참여하지 말고 도리어 책망하라"(엡 5:11)고 말씀하셨기 때문입니다. 그러므로 이 세상에서 참된 그리스도인들은 거리의 인디언처럼 낯설고 이상해 보입니다. 사람들은 성도들을 이해하지 못하고 도저히 이해할 수가 없습니다. 왜냐하면, 성도들은 세상 사람들과 다른 삶의 원리들 위에서 살아가고, 흔히 사람들이 어리석고 비겁하며 어처구니없는 것으로 여기는 일들을 하기 때문입니다. 성도들을 지배하는 법들은 세상이 존귀하게 여기는 그런 법들이 아닙니다. 그래서 불경건한 자들이 그리스도인들에게 자기 나름대로 이상한 이름을 붙여 주는 일이 일어납니다. 그들은 그리스도인들이 어떤 사람들인지를 도무지 알 수가 없기 때문에 혼란스럽고 당혹스러워서 그들에게 어떤 이름을 붙여서 그들은 그런 자들이라고 못 박아 버리는 것입니다. 어떤 때는 그리스도인들을 "미쳤다"고 단정해 버립니다. 우리가 미쳤어도 이렇게 미치는 것은 복된 일입니다! 또 어떤 때는 그리스도인들을 "위선자들"이라고 욕합니다. "거룩한 체하는 자들"이라거나 "광신자들"이라고도 합니다. 이러한 것들은 모두 세상 사람들이 우리의 정체를 도무지 알아낼 수 없음을 시인하는 표현들입니다. 여러분은 세상 사람들이 그런 이름들로 우리를 부르는 것이 이상합니까? 아닙니다. 여러분은 세상 사람들이 그런 이름들로 우리를 부르지 않을 때에 그것을 훨씬 더 이상하게 여겨야 합니다. 철저히 세상적인 사람들이 여러분에게 "나는 여러분을 완전히 이해했습니다"라고 말한다면, 여러분은 속으로 이렇게 생각하여야 합니다: '만일 내가 그들과 달랐더라면, 그리고 내가 하나님의 은혜를 받아서 그들과는 완전히 다른 생각을 하고 다른 삶을 살았더라면, 그들은 분명히 내게 시비를 걸어 왔을 터인데, 도리어 나를 너무도 잘 이해한다고 하니, 내가 그들과 똑같은 삶을 살고 있다는 뜻이로구나.' 형제들이여, 세상 사람들의 비난을 결코 두려워하지 마십시오. 우리가 진정으로 두려워할 것은 그들이 우리를 칭찬하는 것입니다. 소크라테스(Socrates)가 "이런 사람이 오늘 당신을 칭찬하던데요"라는 말을 전해 들었을 때, 이 철학자는 결코 기뻐하지 않고, "그런 사람이 나를 칭찬하는 것을 보니 내가 뭔가를 잘못했음에 틀림없다"는 결론을 내렸답니다. 더러운 입이 여러분을 비난하고 욕하면, 여러분은 최고의 찬사를 들은 것이지만, 그런 입들로부터 칭찬을 들었다면, 그것은 여러분에게 최악의 욕이라는 것을 명심하십시오. 우리는 낯선 이방인들이고 "무늬 있는 매"(렘 12:9)이며 흥미로운 존재들, 곧 두 번 태어나서 불경건한 자들에게는 영원한 수수께끼인 새 생명을 지니고 살아가는 사람들입니다. "바람이 임의로 불매 네가 그 소리는 들어도 어디서 와서 어디로 가는지 알지 못하나니 성령으로 난 사람도 다 그러하니라"(요 3:8). 그리스도인들은 불가해한 사람들이기 때문에, 세상 사람들은 그들이 "어디서 와서 어디로 가는지 알지 못합니다." 예수 안에서 구속하심과 영원한 생명을 얻은 사람들은 이 세상에서 정도에서 벗어난 이상하고 낯선 존재들로 판단 받습니다. 그러므로 장차 올 세상에서 있을 행복을 구하는 사람들은 순례자가 될 수밖에 없고, 이 세상에 속한 사람들에게는 집시와 같이 실속 없는 것을 좇아 낭만적이고 비실제적이고 터무니없는 삶을 사는 자들로 비칩니다. 우리는 그러한 것을 우리에게 정해진 운명으로 받아들이고, 거기에 흔히 따르는 비웃음과 조롱도 기꺼이 받아들이면서, 시간과 감각의 속박을 깨뜨리고 또 다른 나라, 곧 천국을 향하여 나아갑니다.

> "주여, 내가 주의 명령을 기뻐하여,
> 나의 신발을 그 명령에 묶고서,
> 손에는 순례자의 지팡이를 들고,
> 주의 발이 먼저 가신 바로 그 길을 따라
> 더 나은 땅을 찾아 나서나이다."

2. 둘째로, 믿는 자들은 노래하는 순례자들입니다.

우리가 본문을 따라 두 번째로 살펴볼 것은 성도들은 노래하는 순례자들이라는 것입니다: "내가 나그네 된 집에서 주의 율례들이 나의 노래가 되었나이다." 다윗은 "나의 노래"라고 단수로 말하지 않고 "나의 노래들"이라고 복수로 말합니다. 이것은 자기가 이따금씩 노래하는 자가 아니라 늘 노래하는 자라고 말하는 것과 같고, 천국을 향하여 나아가는 순례자들은 즐겁고 기쁘게 그 길을 가는 사람들이라는 것을 증명해 줍니다. 그들은 이 땅에 환난들을 겪고, 어떤 환난들은 다른 사람들이 알고 있는 것보다 더 심한 환난들입니다. 그러나 그런 환난 중에도 그들에게는 기쁨들이 있고, 그러한 기쁨들 중에는 세상 사람들이 결코 맛볼 수 없는 달콤한 기쁨들이 있습니다. 모세가 하나님의 백성에 대하여 "이스라엘이여 너는 행복한 사람이로다"(신 33:29)라고 말한 것은 전체적으로 옳습니다. 시편 기자는 "즐겁게 소리칠 줄 아는 백성은 복이 있나니 여호와여 그들이 주의 얼굴 빛 안에서 다니리로다"(시 89:15)라고 말합니다. 거룩한 순례자들은 행복한 자들입니다! 그들은 절망적인 마음으로 사막을 가로지르는 대상(隊商)들이 아니라, 언제나 힘이 넘쳐서 앞으로 전진해 나가는 순례자들입니다. "당신의 그런 묘사는 어떤 신앙인들은 너무나 우울하게 살아간다는 사실을 무시한 채로 사실을 너무 장밋빛으로 채색하고 있는 것 아닙니까"라고 반론을 제기하는 목소리가 내게 들립니다. 나는 그러한 사실을 도외시하는 것이 아닙니다. 어떤 날들에는 낮인데도 캄캄하고 어두울 때가 있습니다. 그러나 그렇다고 해서 우리는 낮을 어둠의 때라고 하지는 않습니다. 심지어 정오 때에도 음침할 수 있지만, 그렇다고 해서 정오를 음침한 시간이라고 말하지는 않습니다. 이 땅에서는 유월절 어린 양의 고기를 먹은 사람이든 그렇지 않은 사람이든 모든 사람은 쓴 나물을 어느 정도 먹을 수밖에 없습니다. 게다가, 신앙이 있다고 고백한 사람이라고 해서 모두가 다 진정으로 경건한 사람인 것은 아닙니다. 그런 사람들은 자기에게 신앙이 있다고 착각하고, 자신의 신앙에 걸맞는 삶을 가려고 애쓰지만, 그들의 부실한 경건을 떠받치고 있는 지지대의 일부가 퉁명스럽고 우울한 것입니다. 그들의 신앙은 진짜가 아니기 때문에, 사람들은 그들을 보고서 신앙을 안 좋은 것이라고 생각하게 됩니다. 여러분의 뺨을 너무 진하게 화장했다면, 수건으로 화장을 조금 지워서 엷게 하고 향수 한 방울을 떨어뜨리면, 보기 좋은 적절한 모습을 유지할 수 있다는 것을 여러분은 압니다. 하지만 시골 사람들의 붉은 뺨은 그렇게 쉽게 사라지지 않습니다. 그들이 건강하다는 것을 보여주는 붉은 안색은 그렇게 빨리 뿌리 뽑혀지지 않습니다. 내가 아는 어떤 사람들은 자신을 그리스도인처럼 보이기 위하여 분장을 했고, 그런 상태를 유지하기 위하여 아주 조심스럽게 행동했습니다. 그렇지 않으면, 그들의 분장이 벗겨질 것이었기 때문이죠. 또한, 그들은 거룩하게 보이기 위해서 거기에 우울함을 더해야 하겠다고 생각했습니다. 그러나 이것은 잘못된 생각입니다. 우울함은 어둠의 자녀라는 것을 나타내는 것이기 때문입니다. 어떤 사람들은 "우리는 어떤 사람의 경건을 그 사람의 얼굴이 얼마나 우울한가에 비추어서 판단하지 않나요?"라고 반문합니다. 여러분도 그렇게 하고 있습니까? 나도 사람의 얼굴을 보고 판단합니다만, 단지 어떤 사람의 얼굴이 즐겁고 기쁠수록 그 사람이 더 경건하다고 판단합니다. 아주 슬픈 얼굴을 하고 있는 사람들은 그런 체하고 있는 것이고, 이것은 철저히 정죄 받아 마땅합니다. 왜냐하면, 예수께서는 바리새인들이 자기가 금식하고 있다는 것을 사람들에게 나타내 보이려고 그런 얼굴 표정을 하고 있지만, 그들을 뼛속까지 외식하는 자들이라고 말씀하시기 때문입니다. 내게는 이것과 관련해서 많은 경험과 증거가 있기 때문에, 나는 여러분에게 참된 그리스도인은 환난 가운데서 낙담하고 있는 때에도 그 마음속에는 잔잔하지만 강력한 위로가 넘실거린다는 것을 분명히 말씀드릴 수밖에 없습니다. 그리고 환난이 감해진 때에는 낙원의 샘에서 솟구쳐 오르는 은빛의 깨끗한 물처럼 기쁨의 폭포가 그의 마음속에서 용솟음칩니다. 나는 이 자리에 있는 분들 중에서도 나처럼 영혼의 깊은 눌림이 무엇을 의미하는지를 알고 있는 분들이 많다는 것을 압니다. 그런데도 우리는 우리의 그러한 운명을 어리석은 자들이 누리는 온갖 환락이나 왕들의 부귀

영화와 결코 바꿀 마음이 없습니다. 우리의 기쁨은 아무도 우리에게서 빼앗아가지 못합니다. 우리가 가는 길은 비록 험하지만, 우리는 노래하는 순례자들입니다. 우리의 고통의 잿더미 속에는 우리의 기쁨의 불꽃이 살아 있어서, 성령의 기운이 그 잿더미 위에 향기롭게 불어올 때에 활활 타오를 채비를 하고 있습니다. 우리 속에 잠재된 행복은 죄인들의 요란한 환락보다 더 귀한 기업입니다. 내가 큰 고통을 겪느라 거의 서는 것조차 힘들었을 때에 오랫동안 아주 건강하고 한 번도 실패함이 없이 형통한 삶을 살아 왔던 한 사람을 만났습니다. 그의 마음은 상스럽고 거칠었으며, 그의 혀는 톱으로 쇠를 자를 때처럼 거슬리는 말만을 골라서 했습니다. 그는 자신의 합리적인 사고가 자기가 뛰어난 사람임을 보여주는 증거라고 늘 입버릇처럼 말했습니다. 그는 내 앞에 공손한 체 서서 빈정거리듯 이렇게 말했습니다: "이런, 이런, 정말 고생하시는군요! 하지만 그건 이미 예상된 것이죠? 주께서는 자기가 사랑하시는 자들을 징계하신다고 하셨으니 말이죠." 내가 그 징계가 아주 심하다는 것을 인정할 시간도 주지 않고, 그는 이런 말을 덧붙였습니다: "목사님은 하나님이 그런 식으로 사랑하시는 것이 아주 좋은가 봅니다. 나 같으면 그런 사랑은 사양하고, 내 힘으로 사는 쪽을 택합니다. 나는 하나님이 함께 할 때보다도 하나님이 없을 때에 무슨 일이든 더 잘 할 수 있으니까요." 그 말을 듣자 내 눈에서는 뜨거운 눈물이 흘러나왔고, 나는 그 눈물을 주체할 수 없었습니다. 나는 고통은 참을 수 있었지만, 내 하나님을 욕하는 소리는 차마 들을 수가 없었습니다. 나는 분노가 활활 타올라서 이렇게 소리쳤습니다: "내 다리가 아픈 것이 아니라 내 몸의 구석구석이 다 쑤시고 아파도 나는 지금의 나를 당신과 절대 바꾸고 싶은 마음이 없습니다. 나는 하나님께서 나를 사랑하셔서 주시는 모든 징계를 다 기쁨으로 받을 생각입니다. 내게는 하나님과 하나님의 징계가 세상과 그 즐거움들보다 더 좋으니까요." 나는 그것이 정말 그렇다는 것을 압니다. 내 영혼은 깊은 낙심 속에 있을 때조차도 불경건한 자들이 누리는 온통 거품뿐인 즐거움들보다 더 큰 내면의 기쁨을 누립니다. 심지어 고통조차도 내게 찬송을 가르치는 선생이 되어서, 늘 건강하기만 해서는 내게서 결코 나올 수 없는 그런 완벽한 화음을 나의 온 존재를 통해서 어떻게 낼 수 있는지를 가르쳐 줍니다. 신앙시인 허버트(Herbert)가 사람이 갑절로 괴로움을 겪으면 갑절의 찬송의 샘이 그 사람 속에서 터져 나온다는 것을 표현하기 위해서 다음과 같이 노래한 것은 너무나 지당한 것이었습니다:

"기쁨이 갑절일 때에 괴로움도 갑절이라네.
다른 것들은 다 한 번인데, 겨울만은 그에게 두 번이라네.
두 번의 서리라는 생각에 그는 낙심이 되어 입술을 깨문다네.
그가 오직 두려워하는 한 가지는 두 번의 죽음이 오는 것이라네.
하지만 지극히 큰 슬픔들조차 제대로 받아들이기만 한다면
위로들이 될 수 있다네.
자신의 갑절의 고통을 갑절의 찬송으로
바꾸는 법을 발견한 심령은 복이 있도다."

눈에 보이는 기쁨이 어느 정도인지를 보여주는 눈금이 가장 낮게 내려와 있는 분들, 암초에 걸린 배처럼 그 마음이 산산조각이 나 있는 분들, 극심한 고통과 가난 가운데 있는 분들, 여러분이 그런 분들이라고 할지라도 여러분은 하나님을 찬양할 것입니다, 그렇지 않습니까? 여러분은 "주께서 나를 죽이실지라도 나는 주를 의지하리이다"(욥 13:15 KJV)라고 말할 것입니다. 우리의 최악의 상태는 세상의 최고의 상태보다 더 낫습니다! 경건한 가난은 거룩하지 못한 부유함보다 더 낫습니다. 우리의 병든 모습이 세상 사람들의 건강한 모습보다 더 낫습니다. 우리의 비천함이 죄인들의 존귀함보다 더 낫습니다. 우리는 죄의 결과로 누리는 세상 즐거움들로 떡을 감는 것보다 죽음과 같은 고통을 당하는 것을 더 낫게 여깁니다. 세상 사람들이 아무리 하나님을 폄하하고 욕한다고 할지라도, 우리는 하나님 편에 설 것입니다. 그들은 자신의 위선적인 행동들을 통해서 세상과 세상이 주는 온갖 이익을 갖게 되어 즐거워하겠지만, 하나님의 백성들은 여전히 노래합니다! 성도들은 해의 자녀들이고 아침의 새들이고 낮에 피는 꽃들입니다. 지혜의 길들은 즐거움의 길들이고, 지혜가 가는 모든 길들에는 평안이 있습니다. 우리는 화음이 잘 맞고 하늘로 올라가며 결코 그치지 않는 곡조를 듣습니다. 캄캄한 어둠이 내려앉은 밤에도, 마음이 심하게 눌리는 그 때에도, 그 부드러운 운율들은 우리와 함께 있습니다. "근심하는 자 같으나 항상 기뻐하고"(고후 6:10). 여러분이 이러한 역설을 압니까? 우리 중에는 오랜 세월에 걸쳐서 이 역설을 배워온 분들이 계십니다.

시편 기자에게는 아주 특별한 기쁨의 때들, 곧 옛 기록들이 넘치는 기쁨의 날들이라고 말했던 그런 지극히 기쁜 날들이 있었던 것으로 보입니다. "주의 율

레들이 나의 노래가 되었나이다." 그가 늘 노래하였던 것은 아닙니다. 적어도 늘 가장 기쁜 소리로 노래하였던 것은 아니었습니다. 그러나 그에게는 힘차게 노래를 쏟아낸 날들이 많았습니다. 여러분과 내가 늘 노래할 수 없다고 할지라도, 우리는 종종 그런 날들을 돌아보며 시간을 보낼 수 있습니다. 여러분은 존 번연이 "작심삼일" 씨와 "연약한 마음"씨를 비롯해서 나머지 모든 사람들을 어떻게 묘사하고 있는지 기억하십니까? 그들은 "절망"이라는 거인의 머리를 벤 후에 춤을 추었고, "작심삼일" 씨도 목발을 짚은 채로 거기에 동참했습니다. 형제들이여, 천사들에게는 즐거워하고 기뻐하는 것이 몸에 배어 있고, 우리도 우리 나름대로 즐거워하고 기뻐할 수 있습니다. 순례자들은 온 몸으로 노래할 수 있습니다. 하나님께서 우리를 위해 "절망"이라는 거인을 죽이실 때, 우리에게는 시편들과 찬송들이 있어서, 우리는 "높은 소리 나는 제금으로 찬양합니다"(시 150:5). 우리가 심한 괴로움에서 건짐을 받을 때, 우리의 하나님은 찬송을 받으시는 것이 마땅하고, 또한 실제로 찬송을 받게 되실 것입니다. 이교도들도 아르테미스(아데미) 신이나 제우스 신을 찬양하기 위해 소리를 높이는데, 살아 계신 하나님께서는 더더욱 찬송을 받게 되실 것입니다. 우리의 마음은 포도주 통들이 차고 넘칠 때처럼 큰 기쁨과 즐거움으로 노래를 쏟아놓을 것입니다. 포도주로 인해 기뻐하는 것은 우리가 할 일이 아니고, 우리는 그런 악한 영을 알지 못합니다. 그러나 성령의 포도주는 다른 것입니다. 그것은 우리의 마음을 세상의 온갖 진수성찬이 결코 줄 수 없는 거룩한 즐거움으로 충만하게 합니다.

　노래하는 순례자들은 그리스도 안에 기쁨의 세계를 가지고 있으면서, 그리스도를 인하여 차원 높은 기쁨이 충만한 또 다른 세계로 여행하고 있는 사람들입니다. 그들은 소리 높여 하나님을 찬송하고, 한량 없이 하나님의 이름을 송축합니다. 왜냐하면, 그들에게는 그렇게 해야 할 이유가 있기 때문이고, 그 이유는 결코 느슨해지거나 줄어들지 않을 것이기 때문입니다. 우리는 우리의 호흡 자체가 늘 찬송이 되는 삶을 살기를 소원합니다. 다윗은 자신의 최고의 때들을 기억하였습니다. 그는 "주의 율례들이 나의 노래가 되었나이다"라고 말합니다. 그는 자기가 자주 노래하고 노래했던 것을 기억하였습니다. 나는 이 밤에 환난이나 괴로움 가운데 있는 분들이 우리와 함께 안식하며, 여러분이 다른 사람들처럼 하나님을 찬양하는 자들에 속하여 하나님을 노래하였던 때를 기억하시기를 바랍니다. 여러분은 자신의 수금을 버드나무에 걸어 둔 지가 꽤 되었습니다. 그렇게 하는 것은 결코 좋은 일이 아니지만, 어쨌든 수금을 부숴버리는 것보다는 버드나무에 걸어 두는 편이 더 낫습니다. 언젠가는 걸어둔 수금을 내려서 또다시 하나님의 영광을 위해 사용할 수 있을 테니까요. 애통하는 자들을 긍휼히 여기는 마음을 지니고 계시는 예수께서 다시 한 번 여러분을 만나 주실 때, 여러분의 마음은 기뻐하고 즐거워하게 될 것입니다. 지난날이 여러분의 모든 행복을 다 삼켜 버렸다고 생각하지 마십시오. 소망이 살아 있고, 평강이 거하며, 기쁨이 날개를 파닥거리고 있습니다. 여러분이 전에 즐거이 불렀던 저 달콤한 노래들을 떠올려 보십시오. 그 노래들을 기억해 내시고, 그 노래들 속에서 여러분이 새롭게 다시 찬송할 이유들을 발견해 보십시오. 여러분이 기쁨의 초장에서 풀을 뜯고 새로운 기쁨들을 먹을 수 없다면, 예전의 기쁨들을 반추하며 거기에서 찬송을 위한 자양분을 얻으십시오. 지금보다 더 행복했던 날들을 생각하시고, 더 행복해지십시오. 여러분이 전에 불렀던 시편들의 잔향에 귀를 기울이고 그것들을 또다시 노래하기 시작하십시오. 여러분에게 전에 일어났던 바로 그 일이 앞으로 여러분에게 일어날 것입니다. "여호와께서 우리를 생각하사 복을 주시리로다" (시 115:12).

시편 기자는 자기가 지금은 애통해하고 있을지라도 전에는 노래하였다고 증언합니다. 나는 그리스도인들이 낙심되고 의심이 일어날 때마다 비록 사람들에게 "나는 지금 의기소침해 있습니다"라고 말할지라도 반드시 다음과 같은 말을 덧붙이기를 바랍니다: "내가 언제나 그랬던 것은 아닙니다. 여러 해 동안 나는 새처럼 자유로웠고, 천사도 부럽지 않았습니다. 또한, 앞으로도 언제나 이렇게 슬프고 괴롭지는 않을 것입니다. 나는 또다시 깃털처럼 가벼워져서 뛸 듯이 기뻐하며 내 주변의 공기를 나의 노래들로 가득 채우게 될 것입니다. 나는 언제나 이렇게 의기소침해 있지는 않을 것입니다. 나는 오늘 베옷을 걸치고 있지만, 내가 세마포 옷을 입고 하나님 앞에서 즐거워하고 기뻐했던 때를 기억합니다. 내가 베옷을 입고 있는 시간은 그리 오래 가지 않을 것입니다. '저녁에는 울음이 깃들일지라도 아침에는 기쁨이 오리로다'(시 30:5). 이슬이 내릴 때가 지나면, 햇빛이 비치고 새들이 노래할 때가 오듯이, 내 경우도 그럴 것입니다." 사랑하는 친구들이여, 여러분의 믿음이 좋았을 때에 무엇을 했었는지를 떠올리십시오. 사람들이 여러분은 늘 우울한 얼굴의 기사였을 것이라고 생각하지 않도록 여러분이 전에 어떠하였는지를 사람들에게 말하십시오. "헤르몬과 미살 산"(시 42:6)을 결코 잊지 마십시오. "깊은 바다가 서로 부를" 때에 "내가 주의 이전의 인자하심과 지난날의 오랜 기쁨들을 기억하고서 주를 의지하리이다"라고 기도하십시오.

천국으로 가는 순례자들은 자신들이 지금 여기에서 계속해서 부르는 그 노래가 영원토록 가득 울려 퍼질 땅으로 날마다 더 가까이 다가가고 있다는 것을 알기 때문에 노래하는 순례자들이 될 수밖에 없습니다. 천국에는 많은 즐거움들이 있지만, 그 중에서 주된 것은 하나님을 경배하는 것입니다. 내가 한 번이라도 내 온 존재로 하나님을 경배할 수 있다면, 저 찬송 받으실 하나님을 경외함으로 예배하는 데에 푹 빠지게 해주시라는 것 외에는 그 어떤 것도 영원히 구하지 않을 것입니다. 여러분의 마음이 온전하게 되어서 그 장소와 주제에 걸맞은 최고의 노래를 하게 된다면, 그것은 어떤 노래가 되겠습니까! 그때에 우리는 불협화음이 하나도 없이 화음이 온전히 맞는 그런 곡조를 노래하게 될 것입니다. 그동안 우리가 들을 수 없었고 지금은 눈물 없이는 거의 생각할 수도 없는 온갖 사랑스러운 목소리들이 크고 분명한 소리로 하나님을 찬양하게 될 때, 우리보다 앞서 간 무수한 성도들의 모든 목소리가 하나의 합창으로 하나님을 찬송할 때, 모든 성도들이 온전하게 되어 그 곳에서 영원토록 하나님을 찬송할 때, 그것은 어떤 노래이겠습니까! 순례자들이여, 여러분은 앞으로 영원토록 노래하게 될 것이니 지금도 노래하십시오. 여러분이 장차 부르게 될 찬송을 지금 여기에서 예행 연습 하십시오. 여러분은 영원무궁토록 하나님을 찬송할 자들로 부르심 받은 자들이기 때문에 지금 하나님을 노래하십시오.

> "그러한 노래들은 힘이 있어서
> 우리 속에서 맥동하는 불안과 염려를 잠재울 수 있어,
> 기도 후에 오는 축도와 같은 것이라네.
> 밤이 그 노래들로 채워지면,
> 그 날을 물들였던 염려들은 아라비아인들처럼 장막을 걷어서
> 슬그머니 도망쳐 버린다네."

3. 셋째로, 성경은 노래책이라는 것입니다.

시간이 거의 다 되어서 말씀을 마쳐야 할 때가 가까웠는데, 내가 마지막으로 살펴보고자 하는 것은 성경은 노래책이라는 것입니다: "주의 율례들이 나의

노래가 되었나이다." 성경은 놀랍고 기이한 책입니다. 하나님의 권속 가운데서 성경의 용도는 헤아릴 수 없이 많습니다. 나는 나의 아버지께서 "가족의 치료약" 이라 이름 붙인 책이 기억납니다. 아버지께서는 우리 가족 중에서 누가 경미한 병에 걸렸을 때에는 어김없이 그 책을 펴 드셨습니다. 이렇게 성경은 우리 가족의 약이 되는 책이었습니다. 어떤 가정들에서는 성경은 그들이 가장 많이 참조하는 "가정 지침서"입니다. 성경은 모든 가족들에게 최고의 지침서입니다. 어떤 일이 있을 때마다 성경을 펼쳐서 보면 거기에 나오는 말씀은 우리를 결코 잘못 인도하지 않습니다. 여러분은 장례식에서도 성경을 사용할 수 있습니다. 바울이 죽은 자들의 부활에 대하여 써놓은 것과 같은 그런 말씀들은 세상에 없습니다. 여러분은 결혼식에서도 성경을 사용할 수 있습니다. 지금 막 결혼하는 예비부부에게 해줄 수 있는 이와 같이 거룩한 권면이 성경 외에 그 어디에서 발견할 수 있겠습니까? 여러분은 생일에도 성경을 사용할 수 있습니다. 여러분은 성경을 밤에 등불로 사용할 수 있습니다. 여러분은 낮에 햇빛을 가려주는 가림막으로도 성경을 사용할 수 있습니다. 성경은 만능 책입니다! 성경은 책들 중의 책이어서 수많은 책들에 소재를 제공해 왔습니다. 성경은 온갖 책들의 진수로 이루어져 있습니다. 오늘 밤 나는 다른 책들을 보지 않고 여러분에게 말씀을 전하고 있습니다. 다른 책들은 성경에 다 응축되어 있기 때문에, 나는 다른 책들을 볼 필요가 없습니다. 성경은 수많은 책들을 한데 묶은 책이기 때문에, 성경이 있는 나는 도서관을 가지고 있는 것입니다. 사람이 일생 동안 아무리 부지런히 연구한다고 할지라도 성경이라는 이 한 책을 연구하기에 시간이 부족합니다. 다윗은 순례자였을 때에 이 복된 책을 노래책으로 사용했던 것으로 보입니다. 성경은 거의 다 역사입니다. 그런데 그가 거기에서 무엇을 노래할 수 있다고 여겼을까요? 그는 이스라엘의 하나님의 전쟁들과 승리들을 노래했습니다. 여러분과 나는 다윗이 가지고 있던 것보다 더 부피가 큰 성경을 가지고 있습니다. 그렇다면, 우리는 순례자들로서 이 복된 책을 우리의 노래를 위한 책으로 사용하고 있다고 말할 수 있습니까? 사실 우리는 그렇게 해야 마땅합니다. 왜냐하면, 성경은 우리로 하여금 순례 길을 시작하게 만든 책이기 때문입니다. 성령의 역사를 통해서 우리의 심령 속에 들어온 이 책의 복된 가르침들은 우리로 하여금 멸망의 도성에서 도망쳐서 영생으로 이어지는 길로 나서게 하였습니다. 우리는 성경책을 노래합니다. 왜냐하면, 성경은 "완전하여 영혼을 소성시키기"(시 19:7) 때문입니다. 성경은 우리의 발을 어리석음과 죄와 수치의 위험한 길들에 들여놓지 못하게 막아 주었습니다. 성경의 교훈들을 통해서 "은혜가 우리의 영혼에게 기도하는 것을 가르쳤고 우리의 눈에 눈물이 흘러넘치게 하였습니다." 그러므로 우리는 하나님의 은혜로운 율례들을 노래합니다.

성경은 우리에게 하늘 가는 길을 알려 주기 때문에, 순례자들인 우리는 성경을 노래책으로 사용합니다. 우리는 흔히 이 여정에서 새로운 지점에 도착했을 때에 우리 주님께서 약속하신 대로 우리를 길 안내서 있는 바로 그 곳으로 인도하신 하나님을 송축하며 노래합니다. 우리는 무오한 말씀에 대하여 감사의 노래를 부르는 것이 마땅합니다.

성경은 이 길을 먼저 간 다른 순례자들에 대하여 말해 주기 때문에, 우리는 성경을 사랑합니다. 성경은 옛적의 훌륭한 성도들에 관한 이야기들로 가득한 책으로서 우리에게 그들에 대하여 이렇게 말해 줍니다:

> "전에 그들은 여기 아랫 세상에서 애통해하며
> 　그들의 침상을 눈물로 적셨다네.
> 　지금의 우리처럼 그들도
> 　죄와 의심과 두려움에 맞서 힘겨운 씨름을 하였다네."

그들이 어떻게 그런 것들을 이겼는지를 읽고 아는 것, 그리고 하늘을 향해 가는 모든 참된 순례자들은 결국에는 이기게 될 것임을 배우는 것은 우리에게 너무나 즐거운 일입니다. 그래서 우리는 기드온, 바락, 입다, 다윗, 그리고 그 누구보다도 그 길을 가셨던 순례자들의 위대한 왕을 노래합니다. 성경은 순례자들의 왕이신 우리 주 예수의 삶과 죽음을 기록해 놓고 있기 때문에, 우리는 성경을 사랑합니다. 우리는 그가 여기 아랫세상에서 우리를 위해 행하시고 고난당하셨던 일들과 지금 우리를 위해 하고 계시는 일들에 관한 이야기를 읽을 때에 그에 대한 수많은 감미로운 노래들을 얻습니다.

성경은 현세와 내세에서 순례자들에게 주어지는 특권들을 우리에게 말해 주고, 순례자들의 주께서 더 나은 곳을 구하는 모든 자들을 돌보아 주실 것에 대하여 말해 줍니다.

우리가 성경을 사랑하는 이유에 대하여 지금까지 말한 여러 가지 이유들보다 더 중요한 이유는 성경은 우리가 가고 있는 곳에 대하여 우리에게 말해 준다는 것입니다. 성경은 그 도성을 장황하게 설명하는 것이 아니라 암시적인 비유들로 묘사합니다. 성경은 우리가 장차 살게 될 거처에 대하여 얼마나 놀라운 것들을 우리에게 말해 주고 있습니까! 만일 성경이 "아버지여 내게 주신 자도 나 있는 곳에 나와 함께 있어 아버지께서 창세 전부터 나를 사랑하시므로 내게 주신 나의 영광을 그들로 보게 하시기를 원하옵나이다"(요 17:24)라고만 말했다고 하더라도, 우리는 천국에 대하여 충분히 알고서, 우리의 마음이 기뻐 춤추었을 것입니다. 천국은 예수께서 계신 곳이고 우리가 그와 함께 있게 될 곳이며 그의 영광을 볼 수 있는 곳입니다! 이것은 우리 마음을 가득 채우고도 차고 넘쳐서 도저히 억누를 수 없는 그런 지극한 행복입니다. 여러분은 천국을 본 적이 있습니까? 여러분의 눈으로 그 곳을 본 적이 있습니까? 어떤 사람은 이렇게 말합니다: "아니요, 그런 일은 불가능합니다. 성경은 '하나님이 자기를 사랑하는 자들을 위하여 예비하신 모든 것은 눈으로 보지 못하고 귀로 듣지 못하고 사람의 마음으로 생각하지도 못하였다'(고전 2:9)고 말씀하고 있으니까요." 형제여, 그것은 아주 좋은 본문입니다. 계속해서 한 번 읽어 보십시오. 더 계속해서요. 여러분이 본문의 절반만 인용한다면, 하나님이 진정으로 의도하신 것이 무엇인지를 알 수 없을 것입니다. 하나님은 계속해서 이렇게 말씀하십니다: "오직 하나님이 성령으로 이것을 우리에게 보이셨으니 성령은 모든 것 곧 하나님의 깊은 것까지도 통달하시느니라"(고전 2:10). 이것으로부터 우리가 알 수 있는 것은 그러한 기쁨들은 계시로 알게 된다는 것입니다. 바로 그렇게 알게 된 것이 최고의 지식입니다. 영적인 것들은 사람의 눈으로 보지 못하는 것들인데도, 우리는 그동안 우리의 눈으로 보고자 해왔습니다. 우리의 귀는 영적인 것들을 듣지 못합니다. 우리의 귀에는 영적인 것들이 전혀 들리지 않습니다. 기껏해야 그런 것들은 우리의 귀에 죽음의 소리로 들릴 뿐입니다. 그러나 우리에게는 귀 없이도 들을 수 있는 내적인 기능 또는 능력이 있습니다. 하나님은 자기 자녀들에게 육신의 귀로 들을 수 있게 말씀하시는 것은 아니지만 그들에게 말씀하시고, 그들은 듣습니다. 우리에게는 육신의 기관들을 배제한 채로 하나님과 소통하는 영이 있습니다. 하나님께서는 그리스도와의 사귐으로부터 오는 기쁨에 대하여, 죄를 이겼을 때의 기쁨에 대하여, 그리스도의 얼굴을 보고 그의 이름을 찬송하며 송축하는 것의 기쁨에 대하여 우리에게 어느 정도 계시하셨습니다. 우리는 그리스도를 닮아가고 그와 하나 되는 것의 기쁨을 이미 어느 정도 압니다. 이 모든 것은 우리의 발을 "청명한 산" 꼭대기에 올려놓아 주고 우리의 눈에 망원경을 제공해 줍니다. 우리가 손을 떨지만 않는다면 — 하나님께 감사하게도 우리에게는 종종 손을 떨지 않는 때가 있습니다 — 우리는 그 도성을 보고 거기에 들어가기를 사모하게 됩니다. "내가 나그네 된 집에서 주의 율례들이 내 노래가 되었나이다." 왜냐하면, 나는 율례들 속에서 나의 본향이 어떤 곳인지, 그리고 이 순례의 날들이 끝날 때에 내가 주님을 얼굴을 맞대고 보게 되리라는 것을 읽을 수 있기 때문입니다.

　사랑하는 여러분, 여러분은 이 거룩한 책에 나오는 내용들을 노래하고 있습니까? 한 나라가 어떠한지는 그 나라가 어떤 노래들을 부르는지를 보면 알 수 있듯이, 개인도 마찬가지입니다. 여러분은 노래들 중의 노래를 부르고 있습니까? 하나님의 율례들이 여러분이 가장 좋아하는 노래입니까? 옛적에 한 현자가 이런 말을 했습니다. 자기는 발라드 곡은 사람들의 영혼에 불을 붙이고 사람들의 성품을 빚어낼 수 있기 때문에 발라드 곡들을 만드는 자에게 한 나라의 법들을 만들 전권을 위임하겠다고 말입니다. 형제들이여, 여러분은 무엇을 노래하고 있습니까? 나는 여러분의 마음을 살필 수 있는 도구로 이 질문을 하고 있습니다. 여러분은 무엇을 노래하고 있습니까? 또는, 여러분이 결코 노래하지 않는 것은 무엇입니까? 가련한 영혼들이여, 여러분은 여기에서 어떻게 살고 있고, 그 이후에는 어디에서 살게 될까요? 노래하지 않는 자들은 어디로 가게 될까요? 하나님께서 여러분에게 노래하는 심령을 주셔서, 사랑하는 이를 향하여 그를 감동시키는 노래를 부르게 하시고, "날이 저물고 그림자가 사라질"(아 2:17) 때까지 계속해서 노래하게 하시기를 빕니다. 하나님께서 여러분에게 복 주시기를 기도합니다. 아멘.

제

118

장

—

우리의 분깃이신 하나님과 우리의 보화인 주의 말씀

—

"여호와는 나의 분깃이시니 나는 주의 말씀을 지키리라 하였나이다." — 시 119:57

특권과 의무가 얼마나 서로 밀접하게 연관되어 있는지를 주목하십시오. "여호와"가 "나의 분깃"이시라는 것은 이루 말할 수 없는 행복입니다. "나는 주의 말씀을 지키리라 하였나이다"라는 고백은 그러한 복에 합당한 보답입니다. 하나님께서 우리에게 은혜를 주실 때마다, 우리는 그 은혜에 감사해서 보답해야 할 의무가 있습니다.

특권과 의무가 배열되어 있는 순서를 아주 주의 깊게 살펴보십시오. 은혜로 주어지는 복이 먼저이고, 감사라는 열매가 나중입니다. 주어진 은혜가 뿌리이고, 우리의 결단은 그 뿌리로부터 생겨난 열매입니다. 본문은 "여호와가 나의 분깃이 되시도록 내가 주의 말씀을 지키리라 하였나이다"라고 말하지 않습니다. 믿음으로 말미암아 하나님이 우리의 분깃이 되시는 것이 먼저이고, 그런 후에야 우리 속에서 결단이 생겨납니다. "여호와여, 주는 나의 분깃이시고, 이미 나의 소유가 되셨나이다. 그러므로 주의 도우심을 힘입어서 내가 주의 말씀을 지키겠나이다." 특권을 얻기 위하여 의무를 행하는 것은 율법입니다. 우리가 그런 율법 아래 있지 않다는 것에 대하여 하나님께 감사합니다. 왜냐하면, 율법으로 말미암아서는 우리가 단 하나의 복도 결코 얻을 수 없기 때문입니다. 그러나 순종하기 위하여 특권이 주어지는 것은 복음입니다. 하나님께서 우리로 우리의 영혼을 거룩하게 하는 복음의 충만한 능력을 알게 해주시기를 빕니다. 여러분이 하나님의 말씀을 지킬 수 있으려면, 그 전에 먼저 하나님께서 여러분의 분깃이 되어 주셔야 합니다. 사람이 어떻게 자기가 받지도 않은 것을 지킬 수 있겠습니까? 하나님이 우리의 분깃이 되어 주신 것이 아니라면, 하나님의 말씀을 지키는 것과 같은 그렇게 어려운 의무를 준행할 수 있는 힘이 도대체 어디로부터 오겠습니까? 여러분은 누구나 다 이 순서를 거꾸로 해서는 안 된다는 것을 명심하시기 바랍니다. 옛 속담이 말하고 있듯이, 말 앞에 마차는 단다는 일이 있어서는 안 됩니다. 모든 일은 다 정해진 순서가 있어서 그 순서를 지키지 않으면 안 됩니다. 순서가 헝클어질 때에 재난이 임하기 때문입니다. 먼저 하나님의 은혜를 받아서 "여호와는 나의 분깃이시나이다"라고 고백할 수 있게 된 후에, 하나님이 여러분 속에서 역사하셔서 이루신 것들을 매일의 섬김을 통해 나타내면서 "내가 주의 말씀을 지키리라"고 말하십시오.

　우리는 은혜를 받을 때마다 섬겨야 하지만, 식물마다 제각기 다른 꽃을 피우듯이 그때마다 거기에 맞는 섬김이 있어야 합니다. 왜냐하면, 복음으로 인하여 주어지는 각각의 구체적인 은혜는 복음과 관련된 어떤 특정한 섬김과 연결되어 있기 때문입니다. 오늘의 본문은 하나님이 우리의 분깃이 되어 주시는 이 이루 말할 수 없이 큰 은사를 하나님의 말씀을 지키는 것이라는 특별히 대단한 섬김과 묶어 놓습니다. 오늘의 설교의 목적 중 한 가지는 본문에 나오는 특권과 의무의 배치가 결코 우연이 아니고, 이 둘 간에는 진정한 연결 관계가 실제로 존재하고, 하나님의 모든 자녀들은 이것을 진심으로 인정하여야 한다는 것을 보여주는 것입니다. 여러분은 "여호와여, 주는 나의 분깃이시니이다"라고 말할 수 있기 때문에, "내가 주의 말씀을 지키리라"는 말도 덧붙여야 합니다.

　이 아침에 우리는 먼저 "여호와는 나의 분깃이시니"라는 말씀을 통해서 무한한 소유에 대하여 살펴보고, 다음으로 "나는 주의 말씀을 지키리라 하였나이다"라는 말씀을 통해서 적절한 결단에 대해서 살펴보겠습니다.

1. 첫째로, 무한한 소유에 대한 것입니다.

　우리는 본문이 시작하는 곳에서 말씀을 시작하고자 합니다: "여호와는 나의 분깃이시니." 먼저, 여기에서 **분명한 구별**을 주목하십시오. 시편 기자는 자신의 분깃은 불경건한 자들의 분깃과는 구별되는데, 자신의 분깃은 바로 하나님이시라고 선언합니다. 경건하지 않은 자들은 흔히 이 세상에서 자신의 분깃을 가지고 있고 재물을 늘려갑니다. 시편 73편은 "살찜으로 그들의 눈이 솟아나며 그들의 소득은 마음의 소원보다 많으며"라고 말함으로써 불경건한 자들의 전성기와 영광을 생생하게 묘사합니다. 그러나 다윗은 그들의 덧없는 일시적인 기쁨들에 동참하기를 원하지 않았습니다. 그는 피조물들이 아니라 창조주를 바라보고, 시간이 아니라 영원을 바라보며, 다른 곳에서 자신의 행복을 찾았습니다.

> "주여, 죄인들이 소중히 여기는 것들을 나는 사양합니다.
> 여호와가 나의 분깃인 것으로 충분하니까요."

"여호와는 나의 분깃이시나이다." 세상의 모든 좋은 것들(goods)을 다 갖는 것보다 선하신(good) 하나님을 갖는 것이 더 낫습니다. 하나님 없이 다른 모든 것을 갖는 것보다 오직 하나님 한 분이 우리의 모든 것이 되는 것이 더 낫습니다. 하나님을 소유한 자들은 수원지에서 살아가고 늘 흘러넘치는 샘에서 마시는 자들입니다. 하나님 없이 세상에서 가장 좋은 것들을 소유한 자들은 땅의 터진 웅덩이의 구석에 남아 있는 더러운 물을 마시는 자들일 뿐입니다. 온 우주라고 할지라도 어떻게 그 우주를 만드신 이와 비교가 되겠습니까? 죄로 인한 비루한 쾌락들이 하나님의 오른편에 늘 거하는 충만한 기쁨과 어떻게 비교가 될 수 있겠습니까?

다윗은 악인들이 장차 받게 될 분깃과의 분명한 대비를 보여주기 위해서 "여호와는 나의 분깃이시니"라고 말합니다. "악인에게 그물을 던지시리니 불과 유황과 태우는 바람이 그들의 잔의 소득이 되리로다"(시 11:6). 불경건한 자들이 자기만족의 몽상에서 깨어나 자신의 끔찍한 현실을 보게 되는 날이 올 것입니다. 그들은 또 다른 세상에서 깨어나서, 그들의 부가 다 사라졌고 그들의 기쁨이 영원히 도망쳤으며 그들이 모든 것을 영원히 다 잃고 완전히 망하게 되었다는 것을 깨닫게 될 것입니다. 그들에게는 말로 표현할 수 없는 화가 준비되어 있고, 거센 태풍 같은 진노가 그들의 죄악된 영혼 위에 끝없이 부어져서 그 영혼을 태우게 될 것입니다. 그러나 "여호와는 나의 분깃"이라고 고백할 수 있는 자들에게는 살아서도 사망의 덫은 없을 것이고 죽어서도 끔찍한 태풍이 없을 것입니다. 내가 이 몸 안에 거하는 동안에는 하나님의 선하심을 먹고 살게 될 것이고, 잠들었다가 나중에 구속주와 같은 모습으로 깨어날 때에는 나의 모든 것이신 나의 하나님이 나의 영원한 소유가 될 것입니다.

　이러한 구별은 거기에서 끝나지 않습니다. 다윗은 여기에서 자신의 참된 위치와 하나님이 그에게 주신 이 땅에서의 위로들을 구별합니다. 그는 왕이었고 많은 소유들을 지니고 있었지만, 그런 것들은 어느 하나도 그의 분깃이 아니었습니다. 하나님의 백성들 중에는 가난에 허덕이는 것이 아니라, 많은 위로들로 복을 받은 사람들이 있습니다. 그들은 그런 복을 주신 하나님을 밤낮으로 찬송하는 것이 마땅합니다. 그러나 그러한 것들은 어느 하나도 예수와 공동 상속자인 그들에게 주어지게 되어 있는 고유한 유업이 아닙니다. 사랑하는 자들이여, 우리가 이 세상에 무엇을 가지고 있든, 우리는 하나님께로 눈을 돌려서, "이것들은 나의 분깃이 아니니, 여호와가 나의 분깃이니이다"라고 고백하여야 합니다. 이 세상의 위로들은 아이들이 받는 용돈과 같은 것입니다. 그것들은 그 아이들이 나중에 때가 되어 상속하게 되어 있는 바로 그 재산이 아닙니다. 현재에 주어지는 은혜들은 천국으로 가는 도중에 잠깐 목을 축이는 것이고 잠시 허기를 때우는 것일 뿐이고, 우리가 정식으로 해야 할 식사는 어린 양의 잔치에 마련되어 있습니다. 우리는 가나안 땅에서 이방인과 나그네로서 장막에 거하였던 아브라함과 이삭과 야곱과 같습니다. 우리의 장막 주변에서 풀을 뜯고 있는 가축들은 아주 소중한 것이긴 하지만, 그래도 그런 것들은 우리의 분깃이 아닙니다. 오직 가나안 땅만이 하나님이 우리에게 약속하신 유업이고, 그 밖의 다른 어떤 것도 우리를 만족시킬 수 없습니다. 우리는 하나님이 지으시고 조성하신 터들이 있는 도성을 바라봅니다. 사랑하는 자들이여, 하찮은 것들을 여러분의 분깃으로 삼는 우를 범하지 마십시오. 재물이 늘어나도 거기에 마음을 두지 마십시오. 하나님께서 여러분에게 건강하고 행복한 가정을 허락하시고, 여러분이 육체적으로 건강하고 튼튼하며, 여러분의 사업이 번창하고, 여러분이 세상에서 하는 모든 일들에 은혜를 주셔서 다 형통하게 하신다고 하여도, 그러한 것들이 여러분의 우상이 되는 일이 결코 없게 하십시오. 그런 것들을 하찮게 여기고, "여호와여, 주가 나의 분깃이시니, 나는 그런 것들로 만족할 수 없나이다"라고 고백하십시오.

　나는 다윗이 이 구별을 영원까지 확장시키고 있다고 생각합니다. 어떤 이들은 천국을 이런 것이라고 생각하고, 또 어떤 이들은 저런 것이라고 생각합니다. 어떤 이들은 모든 세대의 신자들과의 사귐을 사모하고, 어떤 이들은 낙원에 가면 모든 것을 다 알 것 같아서 그런 낙원을 사모합니다. 또 어떤 이들은 낙원이 안식의 항구라는 이유에서 낙원을 사모합니다. 이렇게 여러 가지 형태의 사모함 속에는 나름대로 다 일리가 있지만, 천국을 생각했을 때에 신자들에게 일차적으로 떠오르는 생각은, 그들이 하나님과 함께 있게 될 것이고, 하나님이 영원히 그들의 지극한 기쁨이 되시리라는 것입니다. 거기에는 죄가 없을 것이기 때문에, 우리는 여호와의 밝은 영광을 우리의 눈으로 똑똑히 보게 될 것입니다. 거기에는 의심이 없을 것이기 때문에, 우리의 분깃을 온전히 받게 될 때, 우리가 여호와의 사랑을 깊은 평강 가운데 누리는 것을 그 어떤 의심도 방해하지 못할 것입니다. 우리는 영원히 여호와와 함께 있게 될 것이고, 이것보다 더 좋은 것은 생각할 수 없습니다. 하나님이 우리의 천국입니다! 천국에서 내가 하나님 외에 누구를 소유하겠습니까? 그러므로 여러분의 분깃이 아닌 눈에 보이는 것들과, 여러분의 참된 기업인 눈에 보이지 않는 것들을 분명하게 구별하십시오. 우리를 잠시 즐겁게 해주는 이 세상의 덧없는 기쁨들과, 우리를 영원토록 만족시켜줄 저 영원한 행복을 분명하게 구별하십시오. 여러분의 생각이나 감정 속에서 다른 어떤 것도 최고로 좋은 여러분의 분깃과 경쟁하도록 허용하지 마시고, 늘 "하나님이여 주는 나의 하나님이시라 내가 간절히 주를 찾나이다"(시 63:1)라고 부르짖으십시오.

다음으로, 다윗의 **적극적인 주장**을 주목하십시오: "여호와는 나의 분깃이시니이다." 그는 의도적으로 자신의 심령 속에서 말없이 이것을 선포합니다. 불경건한 자들은 자신들의 형통을 떠벌리며 자랑합니다. 그들은 교만을 금사슬처럼 칭칭 감고 다닙니다. 그러나 나는 그런 일들 속에서 나의 기쁨을 찾지 않습니다. 내게는 "여호와가 나의 분깃이니이다." 조용히 골방으로 들어가서 잠잠히 마음으로 하나님과 교감하여 우리의 영혼이 하나님 안에 있는 부요하심을 기뻐하는 것, 바로 이것이 참된 행복입니다. 세상 사람들은 자신의 부와 명성을 자랑하려고 나팔을 크게 불며 시끄럽게 떠들어대지만, 우리는 우리의 심령의 깊은 곳에서 "내가 네 하나님이 되리라"고 선언하시는 영원하신 이의 음성을 듣는 동안에는 세상에서 부하거나 위대한 자들을 부러워하지 않게 됩니다. 우리의 분깃이 그들의 분깃보다 훨씬 더 좋기 때문입니다. 우리가 이 땅에서 적게 가졌든 많이 가졌든, 우리가 내세에서 갖게 될 것이 우리의 참된 보화입니다. 그때에 우리는 우리 하나님을 온전히 누리게 될 것이기 때문입니다. 우리의 분깃은 세상의 그 어떤 창고나 저장고나 은행이나 금고에 담을 수 없습니다. 우리의 보화는 좀이나 동록이 부식시키지 못하고 도둑이 뚫고 들어와서 훔쳐가지도 못하기 때문에 안전합니다.

우리는 다윗이 내세우고 있는 이 분명한 주장은 단지 자신의 마음속에서 그렇게 느낀 것이 아니라, 지극히 엄숙한 장소에서, 즉 하나님의 임재 앞에서 고백한 것임을 주목할 필요가 있습니다. 그는 모든 것을 보시고 마음을 감찰하시는 하나님께 "여호와는 나의 분깃이시니이다"라고 부르짖습니다. 나는 나를 속속들이 다 읽으시고 아시는 크신 하나님 앞에 서 있지만, 감히 이렇게 외칩니다. 모든 것을 아시는 하나님께서는 내가 하나님을 나의 모든 것으로 택하였다는 것도 아실 것이라고 말입니다. 하나님의 영화로우심은 그 영광의 광채가 너무 빛나서 천사들조차도 얼굴을 가릴 수밖에 없다고 하지만, 나는 하나님의 그 영화로우심을 보면서, 그것이 나의 것이라고 외칩니다. 하나님이 너무나 크신 분이라서 나는 두렵고 떨림으로 경배드리지만, 그럼에도 불구하고 나는 크신 하나님을 나의 것이라고 믿음으로 선포합니다. "여호와는 나의 분깃이니이다." 무한히 영화로우시고 전능하시며 거룩하신 여호와, 바로 그 여호와만이 나의 분깃입니다. 내 영혼은 그것보다 수준을 낮춰서 주장할 수 없고, 하나님의 일부만으로도 만족할 수 없습니다. 성부와 성자와 성령으로 이루어지신 삼위일체 한 분 하나님이 나의 분깃입니다. 다윗이 무한히 엄위하신 이의 임재 앞에서 감히 이렇게 말하며 자신의 주장에 대한 하나님의 판단을 구하고 있다는 것은 하나님의 사랑이 자기에게 있다는 것을 온전히 확신하고 있음을 보여주는 것이 아니겠습니까?

여러분이 보시듯이, 다윗은 현재 시제로 말하고 있습니다. "여호와가 나의 분깃이 될 것"이라고 미래 시제로 자신의 신앙과 소망을 말하는 사람들이 많지만, 다윗은 자신의 믿음을 현재 시제로 표현합니다: "여호와는 나의 분깃이시니이다." 나는 아직 받지 않은 것들이 있기는 하지만, 이미 나의 하나님을 붙잡았습니다. 내게는 아직 이루어지지 않은 열망들이 있고, 아직 만족되지 않은 영적인 야심들이 있어서, 나는 많은 것들을 얻기 위하여 앞으로 나아가고 있지만, 그럴지라도 나의 연약함과 단점들에도 불구하고 하나님은 바로 지금도 나의 하나님이십니다. 그렇습니다. 나의 하나님이여, 하나님은 바로 오늘도, 지금 이 시간에도 나의 분깃입니다. "내 사랑하는 자는 내게 속하였고 나는 그에게 속하였도다"(아 2:16). 나는 내가 믿어온 이가 누구이신지를 압니다. 나는 그가 자신을 내게 주셨기 때문에 내가 내 자신을 그에게 드렸다는 것을 압니다. 의심할 여지 없이 바로 지금 이 시간에도 하나님은 나의 분깃이십니다. 형제들이여, 하나님께서 여러분을 가르치셔서 동일한 확신으로 그렇게 말하게 되기를 빕니다. 여러분이 참된 신자라면, 여러분에게는 그렇게 말할 권리가 있습니다. 왜냐하면, 여러분이 그렇게 말하는 것은 단지 사실을 선포하는 것일 뿐이기 때문입니다. 그런 문제를 의문인 상태로 보류해 두는 것으로 만족하지 마시고 확실하게 해결하십시오. 하나님께서 여러분에게 믿음의 온전한 확신을 주셔서, 여러분이 늘 흔들림 없이 "여호와는 나의 분깃이시니이다"라고 고백할 수 있게 해주시라고 기도하십시오.

"분깃"이라는 주제를 자세하게 살펴보기 위해서는 여러 시간이 걸리겠지만, 여기에서는 잠깐만 살펴보는 시간을 갖고자 합니다. 오늘의 본문은 분깃이 무엇인지를 똑똑히 보여줍니다: "여호와는 나의 분깃이시니." 시편 기자는 자신의 영적인 부요함의 핵심이자 중심인 것을 단 한 문장으로 제시합니다: "여호와는 나의 분깃이시니." 이 얼마나 무한한 분깃입니까! 교구장은 교구의 경계를 획정하고, 영주들은 자신의 영지를 둘러보지만, 성도들에게 주어진 이 기업의 경계를 획정하거나 전체를 다 둘러볼 수 있는 사람은 아무도 없습니다. 사람들은 재고를 조사하기도 하고 앉아서 수입과 지출을 맞춰보기도 하지만, 성도들에게 주어진 기업은 재고를 조사할 수도 없고, 성도들의 기업인 무한하신 하나님을 계산하는 것도 불가능합니다. 수치는 아무 의미가 없고, 생각조차도 사라집니다. 우리의 기업은 세상의 모든 사람들이 소유한 기업을 다 합친 것보다 더 큽니다. 천사들도 그런 비슷한 기업을 갖고 있긴 하지만 우리에게 주어진 기업과 겨룰 수는 없습니다. 천국 자체도 천국의 하나님만큼 그렇게 큰 보화가 아닙니다. 이렇게 끝도 없고 경계도 없는 기업이 우리에게 주어졌는데, 우리가 그 기업을 소중히 여기는 것이 마땅하지 않습니까! 형제들이여, 우리는 경계가 없고 끝이 없는 어떤 것을 원하고 있고, 우리의 영혼은 무한하신 이를 간절히 사모하고 있는 것입니다. 나는 하나님의 섭리 속에서 자신의 기대 이상으로 형통하는 은혜를 받은 분들에게 말합니다. 그래서 여러분은 자신의 영혼의 갈급함이 채워졌다고 느낍니까? 여러분은 하나님이 원하시는 것을 여러분에게 주신 것에 만족하되 이 땅에서 형통하게 하신 것에 대하여 만족을 느낍니까? 여러분의 자녀들이 여러분에게 위로가 되고, 여러분의 집이 온갖 것들로 가득하며, 우호적인 이웃들이 여러분을 칭찬한다면, 여러분은 어떻겠습니까? 여러분은 그러한 것들 속에서 완전한 안식을 발견할 수 있습니까? 그런 것들이 여러분의 마음에 충만한 기쁨을 가져다줍니까? 그럴 수 없다는 것을 나는 압니다! 여러분이 솔로몬처럼 큰 은총을 받아서 그 어떤 사람보다도 이 세상의 것들을 넘치게 받고 누릴 수 있었다고 하더라도, 여러분은 결국 솔로몬이 내린 결론처럼 "헛되고 헛되며 헛되고 헛되니 모든 것이 헛되도다"(전 1:2)라고 고백할 수밖에 없게 될 것입니다. 중생한 사람들에게 이 세상에서의 삶은 생명으로 깨어나기 위하여 껍질 속에 들어 있는 새와 같습니다. 그들에게 그 껍질 속이 아무리 편하다고 할지라도, 생명이 점점 왕성해질수록 그들에게는 더 큰 공간이 필요합니다. 그들에게는 감옥에서 벗어나서 훨훨 날아다닐 수 있는 공간이 필요합니다. 눈에 보이는 것들은 영혼에게 감옥이기 때문에, 우리의 영혼에는 더 많은 공기가 필요하고 숨쉬기 위한 더 큰 공간이 필요합니다. 어떤 사람이 "나의 하나님, 주는 나의 분깃이니이다"라고 진정으로 말할 수 있을 때, 그는 무한하신 이를 만난 것이고, 영혼의 최종 종착지에 도달한 것이기 때문에, 그는 욕망들로 들끓는 험한 바다에서 벗어나 거기에 닻을 내릴 수 있습니다. 우리가 하나님께 다다랐을 때, 우리의 영혼은 안식을 얻지만, 그 이전에는 우리 영혼에 참된 평안은 없습니다. 왜냐하면, 영원히 죽지 않는 영혼이 영원하신 하나님을 얻게 되었을 때에 영원한 사랑에 의한 행복이 그 영혼의 영원한 운명으로 인침을 받게 되기 때문입니다.

　　성도들이 받는 이 기업은 한이 없지만 영원합니다. 하나님이 자신의 분깃인 사람들은 영원한 분깃을 갖고 있는 사람들입니다. 그들의 분깃은 결코 없어지지 않고 갱신할 필요도 없습니다. 왜냐하면, 우리의 분깃은 한 분 하나님이신데, 하나님은 영원히 사시는 분이기 때문입니다. "이는 내가 살아 있고 너희도 살아 있겠음이라"(요 14:19). 하나님을 얻은 사람들은 거기에 수반된 재산도 얻게 됩니다. 그들은 하나님 안에서 결코 변할 수 없고 실패할 수 없으며 존재하기를 그칠 수 없는 한 친구, 그를 소유한 자들에게 복의 근원이 되기를 그칠 수 없는 한 친구를 얻게 됩니다. 시간이나 죽음이나 심판이나 영원이나 그 어떤 것도 이 분깃을 우리에게서 빼앗을 수 없습니다. "이 하나님은 영원히 우리 하나님이시니"(시 48:14). 세상 사람들이여, 여러분에게 있는 모든 것들은 요나의 박 넝쿨처럼 다시들게 될 것이지만, 우리 하나님은 영원히 "우리의 방패요 우리의 지극히 큰 상급"(창 15:1)이 되실 것입니다.

하나님은 영원하신 분깃인 것과 마찬가지로, 모든 점에서 영혼을 만족시키기에 적절한 제대로 된 분깃입니다. 사람은 하나님의 형상대로 지음을 받았기 때문에, 하나님 외에는 그 어떤 것도 사람을 만족시키지 못합니다. 만나는 사람에게 합당한 양식이었고, 하나님은 하나님의 사람들이 살아가는 데에 꼭 필요하고 적절한 양식입니다. 사람은 하나님 안에 있을 때에만 사람의 마음과 지성에 속한 모든 기능들이 제대로 온전하게 발전할 수 있습니다. 우리의 능력들은 은혜로 새롭게 되었을 때에 하나님을 영접하고 기뻐할 수 있는 상태가 되기 때문에, 우리의 심령은 하나님을 온전히 모시기를 사모합니다. 과거를 되돌아보는 기억과 장래를 응시하는 소망을 위한 양식도 하나님 안에 있습니다. 모든 일들을 달아보는 판단력이나 어떻게 할 것인지를 결정하는 의지, 그리고 어떤 것을 꽉 쥐는 감정이나 뭔가를 만들어 내는 상상력을 위한 양식도 하나님 안에 있습니다. 하나님이 지으신 사람의 고유한 일부인 모든 능력들은 하나님 안에 있어야만 제자리를 찾게 됩니다. 나의 분깃인 하나님은 내게 얼마나 꼭 맞는 분깃입니까! 아담이 낙원에 있었을 때에 느꼈을 편안함은 내가 나의 하나님 안에 있을 때에 느끼는 편안함보다 결코 더하지 않았을 것입니다. 나의 영혼은 은혜로 말미암아 차고 넘치는 평안 속에서 달콤한 만족과 즐거움이 있는 곳으로 인도됩니다.

이 분깃은 우리에게 진정한 만족을 줍니다. 마치 스올이 늘 더 많은 먹잇감을 갈망하듯이, 하나님 외의 그 어떤 것도 사람의 영혼의 저 끔찍한 굶주림을 결코 충족시켜 줄 수 없습니다. 그러나 무한하신 하나님께서는 사람의 심령을 만족시켜 주실 수 있으시기 때문에, 하나님을 자신의 분깃으로 삼는 자들은 자기가 원하는 모든 것을 갖게 됩니다.

> "나의 능력들이 원하는 모든 것이
> 주 안에서 차고 넘치게 만족을 얻는다네."

여러분이 한 번 앉아서 자신이 원하는 모든 것들을 생각해 보시고, 그런 후에 하나님을 바라보시면, 여러분이 원하는 모든 것보다 하나님이 더 크시다는 것을 알게 될 것입니다. 아니, 영원 세계에서조차도 여러분은 하나님을 뛰어넘는 그 어떤 기쁨이나 지극한 행복을 생각할 수 없을 것입니다.

　다음으로, 사랑하는 형제들이여, 하나님은 우리를 점점 높이시는 분깃입니다. 사람은 자기가 사랑하는 것을 점점 닮아갑니다. 이 세상에 자신의 분깃이 있는 사람은 점점 세상적이 되어 갑니다. 사람이 어떤 일에 몰두하면, 처음에는 그 사람이 그 일을 만들어가지만, 나중에는 그 일이 그 사람을 만들어가게 됩니다. 처음에는 사람이 취미를 태우고 달리지만, 얼마 후에는 취미가 그 사람을 태우고 달린다는 말이 있습니다. 여러분도 이 말을 수긍할 것입니다. 어떤 사람이 세상 재물을 구하여 황금에 욕심이 있다면, 그 사람은 결국 냉혹하고 완고하며 무정한 사람이 되고 말 것입니다. 자신의 땅을 넓혀가기 위하여 살아가는 사람은 머지않아 땅의 노예가 되어 땅에 속한 사람이 되고 맙니다. 육신적인 것들을 추구하는 사람은 점점 타락하고 그 마음이 거기에 속박되어서 결국 비루한 물질만능주의의 노예가 됩니다. 뭐든지 어떻게든 긁어모으고 쌓아두어서 자신의 탐욕을 만족시키고자 하는 사람은 얼마나 비참한 사람이 되는지 모릅니다! 그런 사람이 되는 것보다는 차라리 도토리를 조금 저장해 두었다가 나중에 때가 되면 그것을 먹으며 기뻐하는 다람쥐가 되는 것이 더 낫습니다. 세상적인 사람들은 땅 속에 길을 만들어서 다니고 결코 해를 쳐다보지 않는 두더지보다 나은 것이 없습니다. 땅, 땅, 땅 ― 육신적인 심령들은 땅 외에는 그 어떤 것에도 관심이 없습니다. 그들의 모든 능력은 온통 땅을 지향해 있어서 땅에 붙어서 기어다니는 데에 적합하게 되지 않을 수 없습니다. 자기 자신을 위해서 살아가는 것보다 더 비루한 사람은 없기 때문에, 사람이 이기적일수록 그의 심령은 더욱 비열해집니다. 그러나 우리의 분깃이 하나님이시면, 우리가 하나님을 기뻐할 때에 우리의 사고는 고양되고 우리의 감정은 정화됩니다. 우리에게 하나님이 모든 것이 될 때, 탐욕과 이기심과 세상적인 것은 모두 다 사라집니다. 하나님이 우리의 분깃이시면, 우리는 하나님을 닮고자 하게 되고, 사랑하는 자녀로서 하나님을 따르는 자들이 됩니다. "주를 향하여 이 소망을 가진 자마다 그의 깨끗하심과 같이 자기를 깨끗하게 하느니라"(요일 3:3). 빛에 붙잡힌 자는 빛으로 충만하게 되고, 하나님을 가진 자는 하나님으로 충만하게 됩니다. 성령께서는 우리를 변화시키셔서 마침내 하나님과 영원히 함께 살기에 적합한 자들로 만듭니다.

　분깃과 관련해서 내 마음속에는 많은 것들이 떠오르지만, 마지막으로 한 가지만 더 살펴보도록 하겠습니다. 하나님이 나의 분깃이라면, 나의 분깃은 모두

다 은혜로 주어집니다. 왜냐하면, 사람은 그 누구도 하나님 앞에서 공로를 주장할 수 없기 때문입니다. 우리가 하나님 앞에서 내세울 공로가 있다고 생각한다면, 그것은 하나님을 모독하는 것이 아니라도 너무나 우스꽝스러운 생각입니다. 사람이 아무리 뛰어나도 하나님 앞에서 공로로 내세울 수 있는 것은 아무것도 없습니다. 그러므로 하나님이 나의 분깃이시라면, 내가 부를 노래는 언제나 지옥에 떨어져야 마땅한 나를 천국으로 불러주신 저 한량없이 크고, 차고 넘치는 은혜, 절대주권으로 말미암아 온전히 거저 주시는 은혜에 대한 것이 되어야 마땅합니다.

나는 여러분이 다시 한 번 이 무한한 소유, 아니 무한한 소유에 관한 다윗의 시의적절한 발언에 주목해 주셨으면 합니다. 왜냐하면, 일반적으로 이 거룩한 주장은 경건한 자들에 의해서 특정한 때에 행해져 왔기 때문입니다. 여러분은 오늘의 본문과 병행이 되는 구절들을 보셨습니까? 사실 하나님은 언제나 자기 백성의 하나님이시지만, 하나님의 백성은 자신이 아주 큰 환난이나 괴로움 가운데 있을 때에 하나님이 자신의 분깃인 것을 가장 기뻐하고 즐거워합니다. 우리는 51절에서 그 구체적인 예를 볼 수 있습니다: "교만한 자들이 나를 심히 조롱하였어도 나는 주의 법을 떠나지 아니하였나이다." 그리고 61절에도 그 예가 나옵니다: "악인들의 줄이 내게 두루 얽혔을지라도 나는 주의 법을 잊지 아니하였나이다." 다윗은 교만한 자들에 의해서 조롱받는 것과 압제자들에 의해서 약탈당하는 것이라는 두 가지 불 같은 시련 속에 있었던 것으로 보입니다. 이 두 가지 환난의 한복판에서 그는 "여호와는 나의 분깃"이라고 주장하고 있는 것입니다. 아마도 약탈자들로 인해서 그는 그 어떤 도둑도 훔쳐갈 수 없는 자신의 분깃인 보화가 얼마나 소중한지를 더욱더 실감할 수 있었을 것입니다. 아마도 교만한 자들의 조롱으로 인해서 그는 영원 속에 거하시는 저 높고 고귀하신 이가 자신의 분깃이 되셔서 스스로를 낮추셔서 자기에게 은혜를 베푸신 것을 기억하게 되었을 것입니다. 동일한 내용이 나오는 또 하나의 예, 즉 시편 16:5 이하를 보십시오. 여러분은 거기에서 시편 기자가 "여호와는 나의 산업과 나의 잔의 소득이시니 나의 분깃을 지키시나이다 내게 줄로 재어 준 구역은 아름다운 곳에 있음이여 나의 기업이 실로 아름답도다 … 이러므로 나의 마음이 기쁘고 나의 영도 즐거우며 내 육체도 안전히 살리니 이는 주께서 내 영혼을 스올에 버리지 아니하시며 주의 거룩한 자를 멸망시키지 않으실 것임이니이다"(시 16:5, 8-10). 이 말이 다윗의 말이라고 했을 때, 우리는 그가 죽음과 스올을 염두에 두고서 하나님을 자신의 분깃이라고 주장하고 있음을 볼 수 있습니다. 죽는 순간에 산 소망을 지니고 있는 것, 스올의 어둠이 들여다보일 때에 빛으로 충만해 있는 것은 얼마나 복된 일입니까! 죽음이 다른 모든 것을 앗아가 버렸을 때, 그리스도인들은 죽음의 앙상한 손가락들이 결코 건드릴 수 없는 분깃을 꼭 붙듭니다. 또한, 시편 73:26을 읽어 보십시오. 거기에서 아삽은 하나님이 자신의 분깃이라고 주장합니다. 그러나 여러분은 그 시편이 아삽이 자신에게 닥친 환난에 놀라 초조해하고 괴로워하며, 자신의 그런 처지를 악인들의 형통함과 대비시켜서 하소연하는 내용들로 가득 차 있다는 것을 압니다. 예레미야 애가 3:24에서 예레미야는 "내 심령에 이르기를 여호와는 나의 기업이시니 그러므로 내가 그를 바라리라 하도다"라고 말합니다. 그러나 이 말은 이 선지자가 갖가지 슬픔과 괴로움들을 토로하면서 "어찌하면 내 머리는 물이 되고 내 눈은 눈물 근원이 될꼬"(렘 9:1)라고 탄식한 후에 나온 말입니다. 사랑하는 자들이여, 다음과 같은 교훈을 배우십시오. 즉, 여러분이 성경 속에서 성도들이 갖가지 형태의 환난 아래 있을 때에 하나님을 자신의 분깃이라고 주장했다는 것을 알았다면, 마찬가지로 여러분도 자신이 깊은 환난 속에 있어서 거의 죽게 되었다고 생각될 때에, 하나님이 여러분의 분깃이시라는 저 복된 사실 속에서 마음의 힘과 담대함을 얻을 수 있다는 것입니다.

2. 둘째로, 적절한 결단에 대한 것입니다.

본문은 "나는 주의 말씀을 지키리라 하였나이다"라고 말합니다. 여기에서 우리가 주목할 것은 "나는 … 하였나이다," 즉 "내가 말하였나이다"라는 서문입니다. 다윗은 왜 "여호와는 나의 분깃이시니 내가 주의 말씀을 지키리이다"라고 말하지 않고, 그 앞에 "내가 말하였나이다"를 덧붙였을까요? 이것은 그가 숙고했음을 보여주는 것입니다. 그는 하나님이라는 분깃을 가지고 있는 것과 관련한 자신의 행복에 대해서 숙고하였습니다. 그런 후에 어떻게 되었을까요? 그의 생각들이 그 안에서 휘저어져서 자신의 감사함을 표현할 적절한 말을 만들어 내기 시작하였고, 마침내 그는 "내가 주의 말씀을 지키리라"고 말하게 되었습니다.

그것은 즉흥적으로 떠오른 생각이 아니라 숙고 끝에 나온 결단이었습니다. 또한, 나는 그것이 특별한 서약을 보여주는 것이라고 생각합니다. 그는 하나님을 향하여 자신의 입을 열었기 때문에 그대로 입을 다물 수 없었습니다. "나는" 내 하나님과 내 자신과 나를 아는 사람들에게 "말하였나이다" "내가 주의 말씀을 지키겠노라고." 또한, 그것은 자기가 이미 말을 했기 때문에 이 문제에 대해서는 더 이상 아무런 질문도 필요없다는 것을 의미합니다. 주사위는 던져졌으니, 나를 더 이상 괴롭히지 말라는 것입니다.

> "높은 하늘이 이 엄숙한 맹세를 들었고,
> 내가 이 삶을 마치는 날에 죽음을 앞두고 경배하며
> 그토록 소중한 언약을 송축할 때까지,
> 날마다 내가 그 맹세를 새롭게 하는 것을 듣게 될 것이라."

나의 하나님, 내가 말하였으니, 그 말을 취소하지 않을 것입니다. 내가 쓸 것을 썼고, 다른 사람들도 내가 그렇게 말하는 것들을 들었습니다. 나는 구름 같은 증인들 앞에서, 사람들과 천사들이 지켜보는 가운데서 그 말을 하였습니다. 내가 그 말을 하였으니, 그 말은 여기에서와 영원토록 유효할 것입니다.

이제는 우리가 다윗이 소유하게 된 분깃과 그가 행한 결단의 연결 관계를 살펴볼 때입니다. 그것을 발견하는 것은 그리 어렵지 않습니다. 우리는 하나님의 말씀들을 통해서 하나님을 가장 잘 알 수 있습니다. 하나님이 하신 일들은 달처럼 반사된 빛을 통해서 하나님이 누구신지를 나타내 주지만, 하나님의 말씀들은 햇빛처럼 직접적인 빛을 통해서 하나님을 나타내 줍니다. 하나님의 말씀들이 없었다면, 내가 어떻게 하나님을 알 수 있었겠습니까? 그리스도인들의 하나님은 계시의 하나님입니다. 오늘날 철학자들은 자신의 상상력으로 고안해 낸 신을 섬깁니다. 그들은 그들 자신의 의식으로부터 신을 만들어 내는데, 그런 신은 정말 하잘것없는 신입니다! 그러나 그리스도인들의 하나님은 말씀하시는 하나님이고, 그 말씀들이 이 책에 다 보존되어 있습니다. 성령의 감동으로 된 말씀의 하나님이 우리의 하나님입니다. 이 하나님이 우리의 분깃이고, 우리는 그의 말씀들을 통해서 그를 알기 때문에, 우리도 우리가 그의 말씀을 지키겠다고 말하였습니다.

나는 여러분이 하나님이라는 분깃을 소유하는 것과 하나님의 말씀을 지키는 것 간에는 늘 연결 관계가 있어 왔던 것으로 보인다는 것을 주목하기를 바랍

니다. 하나님께서 아브라함에게 "아브람아 두려워하지 말라 나는 네 방패요 너
의 지극히 큰 상급이니라"고 말씀하셨을 때, 우리는 거기에서 조금 더 내려가서
6절에서 "아브람이 여호와를 믿으니 여호와께서 이를 그의 의로 여기시고"라는
말씀을 읽습니다. 아브라함은 먼저 하나님을 자신의 분깃으로 받아들이고("나는
네 방패요"), 그런 후에 하나님의 말씀을 지킵니다("아브람이 여호와를 믿으니").
하나님께서 아브라함에게 하신 말씀이 아니었다면, 그가 어떻게 하나님이 그의
방패시라는 것을 알았겠습니까? 1절을 주목해 보십시오: "이 후에 여호와의 말
씀이 아브람에게 임하여." 또한, 4절을 보십시오: "여호와의 말씀이 그에게 임하
여." 아브라함은 하나님을 믿었습니다. 이것이 아브라함이 하나님의 말씀을 지
키는 방식이었고, 이것은 우리가 본받을 만한 가치가 있습니다. 하나님께서 우
리에게 은혜를 주셔서 하나님이 말씀하시는 모든 말씀을 다 믿게 하시고, 그 어
떤 핑계로도 결코 불신앙으로 빠지지 않게 하시기를 빕니다. 왜냐하면, 하나님
의 모든 말씀은 확실하고 영원하며 참되기 때문입니다.

　우리가 하나님의 말씀을 지키는 것은 광야에서 유랑하던 이스라엘을 통해
서 하나님이 보여주신 모형을 성취하는 것입니다. 여러분은 출애굽기 16장에 나
오는 만나에 관한 이야기를 기억하고 있지 않습니까? 랍비 킴히(Rabbi Kimchi)
에 따르면, 이스라엘 백성들이 만나에서 자신의 "분깃"을 보았기 때문에 만나라
는 이름이 붙여진 것이라고 합니다. 그러니까 흠정역에는 "그들이 서로 말하기
를 이것이 만나다 하니 이는 그것이 무엇인지 알지 못함이라"로 되어 있지만, 이
랍비의 번역에 의하면, "그들이 서로 말하기를 이것이 분깃이다 하니 이는 그것
이 무엇인지 알지 못함이라"가 됩니다. 사람들은 광야에서 천사의 음식을 먹었
습니다. 거기에서 그들은 "사람이 떡으로만 살 것이 아니요 하나님의 입으로부
터 나오는 모든 말씀으로 살 것이라"(마 4:4)는 것을 깨달았습니다. 그들이 만나
를 먹은 것은 하나님이 우리의 분깃이시라는 것을 보여주는 모형이었습니다. 그
러나 그런 후에 어떻게 되었습니까? 그들은 만나를 먹었지만, 하나님의 말씀을
지켰습니까? 분명히 그들은 하나님의 말씀을 지켰습니다. 32절 이하를 보십시
오: "모세가 이르되 여호와께서 이같이 명령하시기를 이것을 오멜에 채워서 너
희의 대대 후손을 위하여 간수하라 이는 내가 너희를 애굽 땅에서 인도하여 낼
때에 광야에서 너희에게 먹인 양식을 그들에게 보이기 위함이니라 하셨다 하고
또 모세가 아론에게 이르되 항아리를 가져다가 그 속에 만나 한 오멜을 담아 여

호와 앞에 두어 너희 대대로 간수하라." 하나님 자신이 나의 만나 또는 분깃입니다. 그러므로 나는 하늘 양식을 담아 놓는 금 항아리인 말씀 속에서 계시된 하나님을 소중히 여길 것입니다. 형제들이여, 우리는 시편 기자처럼 "내가 주께 범죄하지 아니하려 하여 주의 말씀을 내 마음에 두었나이다"(119:11)라고 말하며, 금 항아리인 우리 마음 깊은 곳에 하나님의 말씀을 두어야 합니다.

신자들이 오늘의 본문을 실제로 깨달았을 때에 얻게 되는 또 하나의 아름다운 모형은 민수기 18:20에서 찾아볼 수 있습니다: "여호와께서 또 아론에게 이르시되 너는 이스라엘 자손의 땅에 기업도 없겠고 그들 중에 아무 분깃도 없을 것이나 내가 이스라엘 자손 중에 네 분깃이요 네 기업이니라." 사랑하는 자들이여, 우리가 대제사장의 분깃을 취하는 것을 보십시오. 왜냐하면, 대제사장에는 오직 하나님만이 그의 분깃이었기 때문입니다. 이 분깃은 다른 모든 사람들에게 주어진 분깃을 합한 것보다 더 낫지 않습니까? 주 예수께서 제사장으로 삼으셔서 자기 자신을 분깃으로 주신 자들은 행복한 자들입니다. 그러나 이것이 사실이라면, 우리의 의무는 무엇입니까? 우리는 레위 지파의 제사장들이 어떻게 행하였는지를 눈여겨보고서 그들을 본받아야 합니다. 신명기 33:9에는 이런 말씀이 나옵니다: "그는 그의 부모에게 대하여 이르기를 내가 그들을 보지 못하였다 하며 그의 형제들을 인정하지 아니하며 그의 자녀를 알지 아니한 것은 주의 말씀을 준행하고 주의 언약을 지킴으로 말미암음이로다." 그들의 기업은 하나님이었고, 그들은 하나님의 말씀을 지켰습니다. 왜냐하면, 제사장의 입술에는 하나님을 아는 지식이 있어야 했기 때문입니다. 그들은 하나님의 전에서 나오는 양식을 먹고 살았기 때문에 하나님의 규례들을 철저히 지켜야 했습니다. 여러분이 하나님의 제사장들이라면, 이것은 여러분에게도 그대로 해당됩니다. 하나님이 여러분의 기업이고 분깃이기 때문에, 여러분이 날마다 해야 할 일은 레위 지파처럼 하나님의 말씀을 지키고 그의 언약을 지키는 것입니다.

또한, 하나님의 말씀들은 우리의 분깃에 대한 권리문서들입니다. 사람들은 하나님의 말씀들을 멸시합니다. 왜냐하면, 이 권리문서들은 그들과는 아무 상관도 없는 재산과 관련된 문서들인 까닭에 그들에 의해서 멸시를 받는 것은 어쩌면 당연한 일일 수도 있습니다. 무지한 사람들이 법률 문서들을 보면 "이 누런 종이뭉치들을 도대체 어디에다 쓴단 말이야?"라고 말합니다. 한층 더 무지한 사람들은 "이렇게 오래 되고 케케묵은 책이 무슨 쓸 데가 있겠어?"라고 말합니다.

우리는 그러한 것들의 가치를 압니다. 자신의 권리가 그러한 문서들에 기록되어 있는 사람들은 그 문서들을 지극히 소중히 여기게 됩니다. 사람들이 성경 숭배라고 조롱하고 성경의 축자영감설을 믿는 우리에 대하여 시비를 걸 때마다, 여러분은 그들이 자신들은 성경에 기록된 언약과 별 상관이 없는 사람들이라고 스스로 증언하고 있음을 압니다. 게다가, 여러분은 그들이 우리에게서 복음의 귀한 진리들을 빼앗아 버리기 위해서 하나님이 우리에게 주신 헌장을 변조하는 것을 곧 보게 될 것입니다. 그들이 성령의 감동으로 된 하나님의 말씀들에 개입해서 변조하고자 하는 것은 처음부터 끝까지 하나님의 백성으로부터 분깃을 제거하기 위한 것입니다. 그들을 내버려 두면, 여러분은 그들이 우리의 특권들을 기록한 문서들을 하나씩 말살해서 엉망진창을 만들어 놓는 것을 곧 보게 될 것입니다. 그러므로 우리는 그들이 하는 짓을 보고서 경고를 받아 "내가 주의 말씀을 지키리라"고 말하였습니다. 왜냐하면, 우리가 그렇게 하지 않는다면, 우리는 하나님을 계속해서 우리의 분깃으로 삼을 수 없게 될 것이기 때문입니다. 우리가 하나님의 말씀을 일점일획이라도 없어지게 한다면, 우리는 이내 우리의 권리문서에서 결함을 발견하게 되고, 그 권리를 주장할 수 없게 될 수 있습니다. 우리의 분깃은 너무나 소중하기 때문에, 우리는 우리의 분깃을 기록해 놓은 문서들이 변조되는 것을 그냥 버려 둘 수 없습니다. "여호와는 나의 분깃이시니 나는 주의 말씀을 지키리라 하였나이다."

그렇다면, 하나님의 말씀을 지킨다는 것이 무엇인지에 대해서 간단하게 살펴보겠습니다. 성령 하나님께서 우리를 도우셔서 우리로 이것을 잘 알게 하셔서 날마다 우리의 삶 속에서 실제적으로 준행할 수 있게 해주시기를 빕니다.

먼저, 다른 어떤 말씀보다도 우리가 지키고 우리의 마음속에 소중히 간직하며 삶 속에서 순종하여야 할 말씀이 있는데, 그것은 "태초에 말씀이 계시니라"(요 1:1)입니다. 그리스도에게 주어진 '말씀'이라는 이름 자체는 다른 모든 계시의 말씀에 최고의 존귀를 더해줍니다. 예수 그리스도가 하나님의 말씀들의 머리요 총합이라는 것을 생각해서, 하나님의 그 어떤 말씀도 하찮게 여기거나 소홀히 하지 마십시오. 그를 지키고 붙잡으며 그 안에 거하고 결코 그를 보내지 마십시오.

"나는 주의 말씀을 지키리라 하였나이다"라고 했을 때, '말씀'은 복음의 말씀들을 의미합니다. 따라서 우리는 복음의 말씀들을 진실하고 순전한 믿음으로 받아들일 것입니다. 값없이 거저 주시는 은혜, 대속, 피로 말미암은 속죄, 믿음으로 말미암아 의롭다 하심을 얻는 것에 대하여 말해 주는 복음 — 우리는 이 땅에서 숨쉬는 한 믿음으로 이러한 복음의 말씀들을 견고하게 붙들 것입니다. 우리의 모든 소망이 거기에 달려 있기 때문에, 우리는 거기에 거할 것이고, 그 누구도 우리를 유혹하여 거기에서 떠나도록 하지 못할 것입니다.

"나는 주의 말씀을 지키리라 하였나이다." 이것은 다윗이 "내가 주의 가르침들을 믿으리라"고 말하였다는 것입니다. 내가 그 가르침들이 얘기해 주는 위대한 신비들을 이해할 수 없다고 할지라도 여전히 그 가르침들을 믿을 것입니다. 다른 사람들은 이런저런 이의를 제기한다고 할지라도, 나는 믿을 것입니다. 영악한 자들이 그 가르침을 이런저런 트집을 잡아 비방한다고 할지라도, 나는 은혜의 가르침들을 굳게 붙잡을 것이고, 내 이성이 살아 있는 한 그것들을 믿을 것입니다. 나는 하나님의 말씀 속에 있는 것들을 감히 의심하거나 소홀히 하지 않을 것입니다. 은혜의 가르침들은 그리스도인의 삶의 중추입니다. 그 가르침들을 지킴으로써 위로와 힘을 얻으십시오. 그러면 여러분은 그 가르침들을 결코 부끄러워하지 않게 될 것입니다. 여러분이 그 가르침들 중 어느 하나라도 의도적으로 변질시킨다면, 여러분이 어디로 표류하게 될지 알 수 없습니다. 그 가르침들 속에 더 많은 닻을 내리셔서 여러분의 배가 결코 표류하지 않게 하십시오.

"나는 주의 말씀을 지키리라 하였나이다"라고 했을 때, "주의 말씀"은 주께서 내게 행하라고 명령하신 말씀들을 의미하고, 나는 그 명령의 말씀들을 행하기를 기뻐할 것입니다. 나는 단지 가르침들만을 기뻐하는 것이 아니라, 명령들도 기뻐할 것이고, 그 모든 것들에 순종할 수 있도록 은혜를 주시라고 구할 것입니다. 또한, 나는 주의 규례들도 지킬 것입니다. 왜냐하면, 그 규례들은 주의 말씀의 일부인 까닭에 주어진 그대로 가감 없이 지켜져야 하기 때문입니다. 나는 "이것은 비본질적인 것이고, 저것은 별로 중요하지 않은 것이다"라고 말하지 않고, "내가 주의 말씀을 지키리라고 말하였으니, 주의 은혜로 말미암아 그 말씀의 모든 세세한 것들까지도 다 지킬 것이고, 주가 명령하신 때에 주가 명령하신 것을 주가 명령하신 대로 지킬 것입니다"라고 말할 것입니다. 기독교의 역사는 성경으로부터 조금만 벗어나도 너무나 많은 악이 거기에서 생겨난다는 것을 보여주고 있기 때문에, 그리스도인들은 하나님의 말씀 속에 나와 있는 모든 규례를 아주 꼼꼼하게 주의 깊게 지켜야 합니다.

"나는 주의 말씀을 지키리라 하였나이다"는 "내가 주의 약속들을 내 마음속에 담아두고서 꼭 지켜서 나의 위로로 삼겠다"는 것입니다. 나는 그 약속들이 성취되기를 대망하며 나의 믿음 안에 그 약속들을 지킬 것입니다. 나는 그 약속들을 내 마음속에 담아두고서 날마다 되새기며 위로로 삼을 것이고, 내 혀에 늘 있게 하여 그 약속들로 다른 사람들을 격려할 것입니다. 하나님께서는 자신의 약속들을 이루심으로써 약속을 지키셨기 때문에, 우리는 그 약속들을 기억함으로써 하나님의 약속들을 지키는 것이 마땅합니다.

다윗이 "나는 주의 말씀을 지키리라 하였나이다"라고 말했을 때, 그것은 특히 하나님께서 자신의 언약 속에서 맹세하셨던 말씀을 포함합니다. 나는 주께서 은혜의 행위로 자기 자신을 내게 주신 것을 생각하기를 기뻐할 것입니다. 나는 주의 말씀, 곧 나를 위하여 주 예수를 보내 주시겠다고 맹세하신 그 말씀을 꼭 기억할 것입니다. 나는 그 언약을 인치신 그 피를 기뻐할 것이고, 그 언약의 말씀 자체도 기뻐할 것입니다. 이 주제와 관련해서 내가 해야 할 말은 큰 바다 같은데, 나는 지금까지 겨우 해변만을 거닐었을 뿐입니다. 우리가 깊은 바다로 나아간다면, 우리가 해야 할 말은 얼마나 많겠습니까!

형제들이여, 여러분의 온 마음을 다하여 하나님의 모든 말씀을 지킬 수 있도록 은혜를 주시라고 기도하십시오. 어떤 사람들은 무엇이 진리이고 무엇이 거짓인지는 중요하지 않다고 주장하지만, 그들의 그런 말을 믿지 마십시오. 진리를 따르는 것과 거짓을 따르는 것이 모든 차이를 만들어 냅니다! 날마다 사람의 말을 버리고 하나님의 말씀을 지키고 따르십시오. 나는 축자영감론에 대하여 의구심을 가지고서 하나님의 말씀 속에 이미 존재하는 옛 복음 대신에 새로운 복음들을 만들어 내기에 바쁜 자들의 영향력으로 인해서 옛적에 개신교가 지니고 있던 힘이 사라져 버린 것은 아닌가 우려하고 있습니다. 위대한 사상가들은 자기가 원하는 철학을 설파할 수 있고, 이 시대의 박식한 자들은 자기가 좋아하는 가르침들을 만들어 낼 수 있지만, 내가 아는 한 가지는 그들이 하나님을 자신의 분깃으로 삼고 있는 사람들로 하여금 하나님의 말씀들을 포기하게 만들지 못하리라는 것입니다. 지난 24년 동안 여러분은 내가 이 자리에 서서 하나님의 말씀을 선포하는 것을 보아 왔지만, 앞으로 내가 24년을 더 산다고 해도, 여러분은 내가 이 자리에 서서 변함없이 하나님의 말씀을 선포하는 것을 보게 될 것입니다. 나는 하나님의 은혜로 말미암아 옛 신앙으로부터 단 1센티도 벗어날 수 없습니다. 내가 아는 것은 단 한 가지, 곧 대속의 복음입니다. 내가 행하는 단 한 가지는 그 복음을 전하는 것입니다. 나는 여러분 중에서 예수 그리스도와 그가 십자가에 못 박히신 것 외에는 아무것도 알지 아니하기로 작정하였습니다(고전 2:2)! 우리가 하나님의 모든 말씀을 다 전하였다고 하더라도 여전히 그 말씀을 또다시 전할 것입니다. 우리는 여전히 이 옛 책과 거기에 있는 아주 아주 오래된 이야기를 고수할 것입니다. 우리의 자녀들은 늘 이 옛 책에서 일용할 양식을 먹게 될 것이고, 오늘날의 사상이 새롭고 신기하다고 해서, 우리는 자녀들에게 그런 돌들을 먹게 주지 않을 것입니다.

　이제 말씀을 맺을까 합니다. 나는 이 복된 주제를 다룰 때면 하나님의 말씀을 지키지 않은 자들을 위해 준비된 분깃이 떠올라 몹시 괴롭습니다. 여러분은 시간이 날 때에 하나님께서 다른 사람들을 위해 준비해 두신 또 다른 분깃을 읽어 보십시오. 그리고 하나님께서 우리는 그런 분깃을 결코 상속받지 않게 해주시기를 빕니다. 그것은 외식하는 자들을 위한 분깃입니다. 마태복음 24:50-51에서 주님은 어떤 사람들에 대하여 아주 엄하게 말씀하고 계시는데, 나는 여러분에게 왜 주님께서 그들을 그토록 모질게 대하시는지 그 이유를 설명하고자 합니다. 주님은 그들에 대하여 이렇게 말씀하십니다: "생각하지 않은 날 알지 못하는 시각에 그 종의 주인이 이르러 엄히 때리고 외식하는 자가 받는 벌에 처하리니 거기서 슬피 울며 이를 갈리라." 여러분이 이 종이 무엇을 행하였는지를 알고 계십니까? 그 종은 그리스도의 말씀을 지키지 않았습니다! 주인이 자기가 돌아올 것이라고 말했지만, 그 종은 주인이 다시 돌아올 것이라고 한 말씀을 믿지도 않고 지키지도 않았습니다. 48절에 의하면, 그 종은 "주인이 더디 오리라"고 생각했고, 그 생각을 토대로 해서 다른 종들을 때리고 술친구들과 함께 먹고 마시고 취하여 흥청망청 지냈습니다. 그는 어떤 사람들이 생각할 때에는 아주 작은 일이라고 볼 수도 있는 그런 말씀, 즉 그리스도께서 장차 다시 오실 것이라는 말씀을 염두에 두지 않음으로써 외식하는 자가 되어 버렸고, 거짓된 마음을 지닌 위선자들을 위해 준비된 분깃을 얻게 되었습니다. 이것과 동일한 본문이 약간 다른 형태로 누가복음 12:46에 나오고, 거기에서는 충성되지 못한 종이 믿지 않는 자들과 동일한 분깃을 받게 될 것이라고 말하는데, 이것도 무시무시하고 끔찍한 일입니다. 이러한 경고는 대체로 말씀을 가르치는 자들 중에서 하나님의 진리에 충성되지 못한 자들에게 적용되는 것으로 보입니다. 여기에서 정죄받은 종은 충성되고 지혜로운 청지기가 아니었기 때문에, 곳간에서 때를 따라 새 것과 옛 것을 내와서 주인의 종들에게 먹이지 않았고, 심지어 주인이 다시 돌아와서 자기가 그 앞에서 결산해야 할 것이라는 사실조차도 의심하였습니다. 그래서 그 종은 믿지 않는 자들 가운데서 분깃을 얻게 되었습니다. 우리가 때를 따라 복음에서 옛 것과 새 것을 꺼내서 성도들에게 각자의 몫의 양식을 주지 않는다면, 하나님의 백성을 섬기는 사역자나 교사인 우리에게 그것은 너무나 끔찍한 일이 될 것입니다. 우리가 하나님의 종들에게 각자의 분깃을 제대로 내어주는 일을 게을리한다면, 우리는 하나님으로부터 우리 자신의 분깃을 받지 못하게 될 것입니다. 아니, 우리는 우리가 기대했던 것과는 정반대로 너무나 끔찍한 분깃을 받게 될 것입니다. 이것을 생각할 때, 다른 사람들을 가르친다는 것은 참으로 엄중한 일이 아닐 수 없습니다. 하나님께서 교회의 사역자들과 교사들이 자신들에게 맡겨진 사람들에게 제대로 각자의 분깃을 내어줄 수 있게 해주시기를 빕니다. 늘 새로운 복음으로부터 새 것들을 제때에 내어주시고, 영원 전부터 있었던 저 영원하신 사랑과 택하심의 은혜 속에 있는 옛 것들을 제때에 내어주십시오. 여러분이 하나님으로부터 믿지 않는 자들과 똑같은 자들이라는 판단을 받지 않도록 이 모든 것들을 성도들에게 제대로 내어주십시오.

나는 한 가지만 더 말씀을 드리고 마치고자 하는데, 그것은 여러분이 하나님의 말씀들을 부지런히 지키고, 그 말씀들을 먹고 거기에 따라 살며 변호하는 것이 여러분의 마음의 기쁨이라면, 그것은 여러분이 하나님의 백성이라는 증거라는 것입니다. 가엾은 욥은 큰 괴로움 가운데 처하게 되었을 때에 그 증거를 의지했고, 여러분도 그런 경우에 욥과 같이 그 증거에 의지할 수 있습니다. 욥기 23:8-10에서 욥은 이렇게 말합니다: "그런데 내가 앞으로 가도 그가 아니 계시고 뒤로 가도 보이지 아니하며 그가 왼쪽에서 일하시나 내가 만날 수 없고 그가 오른쪽으로 돌이키시나 뵈올 수 없구나 그러나 내가 가는 길을 그가 아시나니 그가 나를 단련하신 후에는 내가 순금 같이 되어 나오리라." 욥은 어떻게 해서 이런 확신을 가질 수 있었습니까? 우리는 욥이 바로 이어서 한 말 속에서 그 이유를 찾을 수 있습니다: "내 발이 그의 걸음을 바로 따랐으며 내가 그의 길을 지켜 치우치지 아니하였고 내가 그의 입술의 명령을 어기지 아니하고, 정한 음식(또는, '나의 분깃' — 이렇게 번역하는 사람이 많다)보다 그의 입의 말씀을 귀히 여겼도다" (11-12절). 하나님의 말씀들은 욥에게 소중하고 귀하였습니다. 그는 자기가 그 말씀들을 지켰다고 느꼈기 때문에, "내가 가는 길을 그가 아시나니 그가 나를 단련하신 후에는 내가 순금 같이 되어 나오리라"고 말할 수 있었습니다. 여러분이 하나님의 말씀들을 하찮은 것으로 여긴다면, 자신이 하나님의 자녀임을 보여주는 큰 증거를 놓치게 될 것입니다. 여러분이 무엇을 믿고 무엇을 행하는지를 아주 철저하게 살펴서 평소에 하나님의 말씀을 여러분의 길을 인도해 줄 나침반으로 삼아 살아가지 않는다면, 여러분이 풍랑이 이는 바닷속으로 들어가서 마귀의 시험을 받고 세상의 비웃음과 조롱을 받게 되었을 때, 여러분은 욥과는 달리 자기가 하나님의 자녀라는 증거를 자신 있게 내놓으며 하나님께 호소할 수 없게 될 것이고, 하나님께서 여러분을 단련하신 후에 여러분이 순금 같이 되어 나올 것이라는 달콤한 확신도 갖지 못하게 될 것입니다. 하나님께서 그리스도를 인하여 여러분에게 복 주시기를 기원합니다. 아멘.

제
119
장

—

내 고난 중에 나의 위로

—

"여호와여 주의 말씀은 영원히 하늘에 굳게 섰사오며 주의
성실하심은 대대에 이르나이다 주께서 땅을 세우셨으므로
땅이 항상 있사오니 천지가 주의 규례들대로 오늘까지 있음
은 만물이 주의 종이 된 까닭이니이다 주의 법이 나의 즐거
움이 되지 아니하였더면 내가 내 고난 중에 멸망하였으리이
다." — 시 119:89-92

역사의 특정한 장과 연관되어 있지 않은 시편들 속에서조차도 우리는 흔히
시편 기자의 경험과 그 영혼의 여정의 궤적을 추적할 수 있습니다. 그럴 때에 당
시에 그가 했던 생각들이 아주 생생하고 실감나게 살아나고, 지금 우리 앞에 있
는 그의 묵상이 그의 기억에 깊게 새겨진 어떤 사건에 의해 분명하게 되살아납
니다. "주의 법이 나의 즐거움이 되지 아니하였더면 내가 내 고난 중에 멸망하였
으리이다." 우리는 시편 기자가 언제 그 마음이 두려워 떨었고 그의 신경들이 흔
들렸으며 그 본성의 연약함이 드러났는지 그 때나 상황을 전혀 알지 못합니다.
고난 받는 자로 하여금 무릎 꿇게 만들었던 저 통렬한 고통이나 극심한 슬픔에
는 슬쩍 휘장이 드리워지고, 우리는 그저 그가 자신의 모든 괴로움과 두려움에
서 건짐을 받은 것에 대하여 감사하고 송축하는 노래로 위로를 받습니다. 아마
도 그가 겪은 고난은 오랫동안 지속되었을 것이지만, 아주 심각한 위기에 도달
하여 그의 목숨이 왔다 갔다 했을 때에 그는 두려워 떨었을 것이 분명합니다. 그

때에 그는 멸망을 코앞에 두었고 거의 죽을 뻔하였습니다. 또한, 우리가 주목할 것은 그의 시련이 무엇이었든, 즉 그 시련이 질병이었든 재난이었든, 아니면 그 어떤 역경이나 곤경이었든, 그는 그 시련을 자신의 시련, 곧 "내 고난"이라고 부른다는 것입니다. 그러므로 우리가 그의 고난의 원인이나 형태를 캐고자 하거나, 그 밖의 다른 세부적인 질문들을 던지는 것은 합당하지 않을 것입니다. 아마도 내가 전하는 이 말씀을 듣고 있는 하나님의 자녀들 중에도 너무나 개인적이고 특별해서 "내 고난"이라고 느끼는 그런 고통과 괴로움으로 신음하고 있는 분들이 있을 것인데, 그들 자신의 고난에 대하여 다른 사람들이 꼬치꼬치 세세하게 묻는다면, 그들은 그것을 간섭이라고 여길 것입니다. 우리가 그들의 고난에 대하여 세세하게 묻는다면 그것은 그들의 괴로움을 더할 뿐이기 때문에, 우리는 그런 식으로 그들의 고난에 간섭해서는 안 됩니다. "내 고난"은 그 고난이 전적으로 내게 속한 고난이라는 주목할 만한 강조점을 지닌 표현입니다. 나는 내 마음에 더 충격적인 것이, 시편 기자가 "내 고난"이라고 강조하고 있는 그 심정인지, 아니면 "내 고난"이라고만 말하고 다른 것들에 대해서 일체 침묵하고 있는 그 모습인지는 잘 모릅니다. 이런 말을 들으면, 모르는 사람은 동정심이 일어나겠지만, 친구라면 아무리 동정심이 일어나더라도 그 속에 쓰디쓴 것을 아주 미묘하게 감추고 있는 그 마음의 비밀들을 들여다볼 엄두를 낼 수 없을 것입니다.

시편 기자가 우리에게 말하고자 한 유일한 것은 그의 고통을 달래주고 그의 심령을 붙들어준 것이 무엇이었느냐 하는 것이었습니다. 그는 곰곰이 생각해 본 후에, 만일 자기에게 하나님의 말씀을 묵상한 데서 오는 위로와 기쁨이 없었다면, 자기는 그 고난 속에서 죽었을 것이라고 확신합니다. 여러분과 나도 언제든지 그리스도인의 삶에 침투해 오는 이런저런 슬픔들과 괴로움들로 인해서 시편 기자와 같은 정신적이거나 영적인 눌림을 겪을 수 있습니다. 천국으로 가는 도중에는 많은 수렁들이 있기 때문에, 이 선한 사람이 그 수렁들을 어떻게 통과할 수 있었는지를 부지런히 살피는 것이 지혜로운 일입니다. 나는 경건한 사람들로부터 그들이 어떻게 위로를 얻고 힘을 얻었는지를 듣기를 좋아합니다. 왜냐하면, 그들이 했던 대로 하면, 나도 위로를 얻을 수 있기 때문입니다. 나는 비천하게 갇혀 있던 자들이 하나님에 의해서 그 속박에서 벗어난 이야기에 깊은 관심이 있습니다. 감사한 마음으로 간구한 자들이 그들의 부르짖음을 들어주신 하나님께 감사 찬송을 드리는 것을 듣는 것은 내게 너무나 큰 즐거움입니다.

시편 기자는 자기가 기억하고 있는 확실한 사실들을 근거로 들고 있다는 것을 주목하십시오: "여호와여 주의 말씀은 영원히 하늘에 굳게 섰사오며 주의 성실하심은 대대에 이르나이다 주께서 땅을 세우셨으므로 땅이 항상 있사오니 천지가 주의 규례들대로 오늘까지 있음은 만물이 주의 종이 된 까닭이니이다." 그런 후에, 그는 자기가 그러한 사실들을 되새기면서 직접 경험하게 된 확실한 즐거움들을 언급합니다: "주의 법이 나의 즐거움이 되지 아니하였더면 내가 내 고난 중에 멸망하였으리이다."

1. 첫째로, 우리는 시편 기자가 기억하고 있는
몇몇 사실들 속에서 큰 위로를 얻습니다.

원수가 쳐들어올 때에는 산으로 도망하고, 하나님의 요새들 안에 숨으십시오.

(1) 우리가 얻는 첫 번째 위로는 하나님의 신실하심과 능력이 영원하다는 말씀 속에 함축되어 있는 것, 즉 하나님은 영원히 계신다는 사실입니다. "하나님은 살아 계신다"는 사실은 밖으로는 원수들에 의해서, 그리고 안으로는 두려움들로 인해서 쫓기는 가운데 어쩔 줄 몰라 당혹해하는 영혼들이 탄원할 때에 사용하는 근거입니다. 시편 기자의 묵상 속에는 우연한 것이라고는 전혀 없다는 것을 주목하십시오. 그는 어쩌다가 문득 어떤 생각이 떠올라서 고난 가운데서 기진맥진하고 스산한 마음에 한 줄기 빛을 발견하게 된 것이 결코 아닙니다. 그가 느낀 기쁨은 사막에 피어난 꽃도 아니고, 겨울의 서리 가운데서 즐겁게 노래하는 새도 아니었습니다. 그런 것과는 반대로, 그에게는 기뻐해야 할 차고 넘치는 이유들이 있었습니다. 왜냐하면, 그의 확신은 하나님의 감동으로 된 저 오래되고 장엄한 책의 면면들에서 나온 것이기 때문입니다. 모세는 사람이 얼마나 부서지기 쉽고 연약한 지를 깨닫고서 깜짝 놀랐을 때에 하나님의 영원하심을 찬양하는 장엄한 노래를 부르지 않을 수 없었습니다: "주여 주는 대대에 우리의 거처가 되셨나이다"(시 90:1). 마찬가지로 여기에서도, 하나님이 영원하시다는 것은 고난 중의 성도가 붙잡은 최초의 사실입니다. 아주 뛰어난 학자들에 따르면, 오늘의 본문에서 서두에 나오는 문장은 "오, 여호와여, 주는 영원히 계시고, 주의 말씀은 하늘에 굳게 섰사오며"로 읽어야 한다고 합니다. 왜냐하면, 두 번째 절이 두 문장으로 나뉘어져 있는데, 시가에서의 대구 법칙에 따라 첫 번째 절도 두 번째 절

처럼 두 문장으로 배열되어 있다고 보아야 하기 때문이고, 처음 네 단어를 독립된 문장으로 보고서 "오, 여호와여, 주는 영원히 계시고"로 읽어야 첫 번째 절이 두 문장으로 구성될 수 있기 때문이라는 것입니다. 이러한 읽기가 옳은 것인지의 여부는 중요하지 않습니다. 왜냐하면, 내가 이미 말했듯이, 흠정역의 번역 속에 그런 의미가 함축되어 있기 때문입니다. 하나님은 계십니다. 하나님은 영원히 동일하시고, 그의 연수는 모든 세대에 걸쳐 있습니다. 이것은 아주 단순한 하나님의 진리입니다. 미친 사람이나 바보가 아니라면 그 누가 이 사실을 의심하겠습니까? 하나님이 계신다면, 그 하나님은 스스로 존재하시고 영원하신 분일 수밖에 없습니다. 그러나 이 단순한 사실들로부터 놀랍도록 달콤한 결과들이 흘러나옵니다. 빵은 아주 간단하게 만들 수 있기 때문에, 여러분이 빵 만드는 법을 배우기 위해서 굳이 유명한 요리가를 찾아갈 필요가 없습니다. 그러나 무수한 사람들이 바로 그 간단하고 단순한 음식을 먹고 살아갑니다! 하나님의 가장 단순한 진리가 가장 귀하고 소중합니다. 왜냐하면, 좀 더 복잡하고 희귀한 진리는 오직 하나님의 일들을 많이 경험하고 성장한 사람들에게만 적합한 것일 수 있는 반면에, 가장 단순한 진리는 모든 사람들에게 꼭 필요하기 때문입니다.

어린 양의 노래와 연결되어 있는 모세의 노래에서는 언어로는 거의 표현하기 힘든 것들을 표현하느라 사람이나 사물의 이름을 불러 강하게 주의를 환기시키는 수사법인 돈호법이 사용되고 있습니다: "여호와여 신 중에 주와 같은 자가 누구니이까 주와 같이 거룩함으로 영광스러우며 찬송할 만한 위엄이 있으며 기이한 일을 행하는 자가 누구니이까"(출 15:11). 거룩한 선지자들은 하나님의 위대하심과 그의 역사들의 크심, 그의 절대주권과 자기 백성에게 하신 약속들에 대한 미쁘심에 대하여 말할 때에 흔히 목소리를 높여 온갖 아름답고 고상한 표현들을 동원하여 그러한 것들을 선포하였습니다! 그런데도 이사야나 에스겔이 사용하였던 풍부한 이미지들이나 예레미야가 사용하였던 눈물이 없이는 들을 수 없는 언어들조차도 만유 가운데서 만유를 채우고 계시는 하나님의 탁월하심을 단지 희미하게밖에는 나타낼 수 없었습니다. 그들은 홀로 예배를 받으시기에 합당하신 하나님을 천상에서 울려 퍼지는 것 같은 언어로 찬송하고, 새긴 우상들에게 분향하는 이교도들의 우상 숭배를 공격하며, 참 하나님을 변절하고 떠나간 냉혹한 배신을 그대로 드러내고, 이스라엘의 거룩한 이의 말씀을 불신한 불신앙을 성토합니다. 어느 경우에나 우리가 그 말씀들에 귀를 기울이기만 하면,

그 말씀들은 우리의 심령을 고양시켜서, 덧없는 인생을 따라 땅에 붙어서 비천한 것들을 생각하던 우리를 "하루가 천 년 같고 천 년이 하루 같은"(벧후 3:8) 여호와의 신성이 지닌 무한하신 완전하심을 생각하는 자들로 바꾸어 놓습니다. 사실, 베드로후서 3:8의 말씀은 하나님이 영원히 계신다는 사실을 우리의 협소한 계산법에 맞춰 표현한 것에 지나지 않습니다. 형제들이여, 우리는 사방으로 하나님에 의해 에워싸인 채로 살아갑니다. 하나님 안에서 우리는 살아가고 움직이고 존재합니다(행 17:28, "우리가 그를 힘입어 살며 기동하며 존재하느니라"). 하나님이 스스로 존재하시는 능력은 우리의 무궁무진한 은혜입니다. 하나님의 이 단순한 진리가 이성적인 존재의 마음이 붙잡고자 열망하는 지극히 고상한 사실이라는 것을 주목하십시오. 하나님은 살아 계시고, 하나님으로서 살아 계십니다! 이 결정적인 현실을 꼭 붙잡으십시오. 그러면 여러분의 영혼이 지닌 모든 능력과 기능은 생기를 되찾고 활발하게 움직이게 될 것입니다. "너희는 너희 하나님 여호와를 신뢰하라 그리하면 견고히 서리라 그의 선지자들을 신뢰하라 그리하면 형통하리라"(대하 20:20). 하나님이 여러분의 모든 생각 속에 계시지 않는다면, 여러분은 경건한 사람일 수 없습니다.

　　하나님께는 우연히 일어나는 일은 없습니다. 무엇이 하나님의 존재를 위협하거나 하나님의 뜻을 전복시키거나 하나님의 능력을 약화시키거나 하나님의 불꽃 같은 눈을 희미하게 하거나 하나님의 자애로우신 마음을 엷어지게 하거나 하나님의 지혜로우신 판단을 흐리게 할 수 있겠습니까? 하나님은 어제나 오늘이나 영원토록 동일하시고, 하나님의 연수는 무궁합니다. 그러므로 하나님의 자녀들이여, 여러분은 결코 목자를 잃어버릴 수 없는 양들입니다. 여러분은 아버지를 결코 잃어버릴 수 없는 자녀들입니다. 예수께서는 "내가 너희를 고아와 같이 버려두지 아니하리라"(요 14:18)고 말씀하셨고, 이 말씀은 영원하신 아버지의 마음을 그대로 대변하신 것이었습니다. 우리가 아무리 극심한 곤경에 처해 있을 때에라도, 우리의 아버지가 하늘에 계십니다. 어떤 과부가 오랫동안 낙심하고 살아오다가 어느 날 남편을 사별한 것을 슬퍼하며 울며 앉아 있었더니, 어린 아들이 어머니의 옷자락을 붙잡고서는, "어머니, 하나님이 죽으셨나요?"라고 말하더랍니다. 어린 아들의 이 반문은 그녀가 남편의 사별을 지나치게 슬퍼하고 낙심하는 것이 잘못되었음을 알게 해주고, 그녀를 지켜주고 함께 해줄 이가 없는 것이 아니라는 것을 깨우쳐 주었습니다. "너를 지으신 이가 네 남편이시라 그의 이름은 만군의 여호와이시며"(사 54:5). 그녀에게 이것은 광야에서 하갈이 이전에는 볼 수 없었던 샘을 발견하고서 그 물을 마시고 기운을 차린 것과 같은 것이었습니다. 하나님의 자녀들이여, 잘 들으십시오. 여러분은 자신의 재물을 잃을 수는 있지만 여러분의 하나님을 잃는 일은 결코 없을 것입니다. 요나처럼 여러분도 자신의 박 넝쿨이 시드는 것을 볼 수는 있겠지만, 여러분의 하나님은 언제나 여러분 곁에 계십니다. 여러분은 자신의 땅(land)을 잃을 수 있지만 여러분의 주(Lord)를 잃지는 않을 것이고, 여러분이 모아둔 돈(savings)을 잃을 수는 있지만 여러분의 구주(Savior)를 잃지는 않을 것입니다. 여러분이 최악의 상황 속에서 하나님으로부터 일시적으로 버림 받은 자가 되었다고 할지라도, 여러분은 여전히 하나님을 잃지 않을 것입니다 왜냐하면, 십자가에 달리신 주 예수처럼 여러분도 여전히 하나님을 "나의 하나님, 나의 하나님"(마 27:46)이라고 부를 것이기 때문입니다. 내 영혼은 "여호와는 나의 분깃이시니"라고 말하고, 그 누구도 나의 이 분깃을 결코 빼앗아갈 수 없습니다. 하나님께서 이것을 변개할 수 없는 것으로 정하신 것은 "하나님이 거짓말을 하실 수 없는 이 두 가지 변하지 못할 사실로 말미암아 앞에 있는 소망을 얻으려고 피난처를 찾은 우리에게 큰 안위를 받게 하려"(히 6:18) 하시기 때문입니다. 하나님은 살아 계십니다! 하나님은 다스리십니다! 이 하나님이 우리의 하나님이시고, 이 하나님은 우리가 죽을 때조차도 우리의 인도자가 되어 주실 것입니다.

하나님이 계신다는 것은 단순한 사실이지만, 흔히 우리에게 특별한 신선함으로 반복해서 다가오는 사실입니다. 나는 어느 날 길거리에서 유명한 하나님의 종을 만났습니다. 내가 그분의 이름을 댄다면, 여러분도 모두 놀랄 것입니다. 그날따라 그분은 다소 우울하고 의기소침해 있었고, 대화하는 과정에서 자기는 이 나라에서 악의 세력이 창궐하여 부분적으로는 가톨릭 세력에 의해서, 그리고 부분적으로는 불신자들의 세력에 의해서 기독교 신앙이 거의 말살될 것이고, 모르긴 몰라도 십중팔구 자기가 살아 있는 동안에 런던에서도 제1차 프랑스 혁명 같은 폭동이 일어나서 거리들이 온통 피로 물들게 될 것으로 믿는다고 내게 말하였습니다. 그분은 계속해서 그런 식으로 말을 이어갔기 때문에, 나는 그에게 항의를 하지 않으면 안 되겠다고 느껴서, "나는 하나님이 죽지 않으셨다는 것을 확신하는 까닭에 그런 나쁜 전조들에 쉽사리 놀라거나 겁먹지 않습니다"라고 말하였습니다. 우리의 소망은 다음과 같은 견고한 반석 위에 두어져 있습니다. 즉, 세상을 다스리시는 권세는 살아 계신 하나님의 수중에 있기 때문에, 마귀는 하나님이 작정하신 일들을 좌절시킬 수 없고, 그 어떤 사건도 하나님의 뜻을 방해할 수 없다는 것입니다. 헤롯, 본디오 빌라도, 이방인들, 이스라엘 백성들이 모두 다 힘을 합쳐서 하나님이 기름 부으신 독생자 예수를 대적하였지만, 그들은 그 어떤 것도 그들 뜻대로 해낼 수 없었습니다! 그들은 자신들이 계획했던 일들을 다 해내었다고 생각했습니다. 하지만 그들이 자신들이 세웠던 계획들을 실제로 그들의 악한 손으로 과연 어느 정도나 이루어낼 수 있었습니까? 똑똑히 들으십시오. 사탄의 졸개들인 그들은 하나님의 손과 모략이 영원 전부터 작정하신 일들만을 했을 뿐입니다. 그리고 앞으로도 언제나 그럴 것입니다. 하나님의 원수들은 지독하게 사납지만, 하나님을 믿는 여러분과 나는 그들이 행하는 어리석은 일들을 보며 미소 지을 수 있는 여유가 있습니다. 어쩔 수 없는 일이라면, 어둠의 세력들로 하여금 자신들이 원하는 대로 온갖 유리한 고지들을 다 점령하게 하십시오. 결국 그들은 더 큰 실패를 거두어들이게 될 뿐입니다. "하늘에 계신 이가 웃으심이여 주께서 그들을 비웃으시리로다 … 내가 나의 왕을 내 거룩한 산 시온에 세웠다 하시리로다"(시 2:4, 6). 사람들은 교회가 위기에 처해 있다고 말합니다. 그것은 그 교회가 누구의 교회냐에 달려 있습니다! 그것이 우리 주 예수 그리스도의 교회라면, 지옥의 권세가 그 교회를 이기지 못할 것입니다. 그러므로 우리는 이 말씀을 의지해서 기뻐하고 담대해야 합니다. 루터는 싸움이 막 시작되었을 때에 일곱 산(로마)의 마귀가 판세를 장악하고 있었는데도 찬송할 수 있었습니다. 그런데 지금의 싸움으로 인해서 용이 피를 흘리고 있는데, 왜 여러분과 내가 우리의 수금을 버드나무에 걸어 두어야 하겠습니까? 우리는 하나님을 향하여 노래하는 것이 마땅합니다. 왜냐하면, 하나님께서는 영광스러운 승리를 하셨기 때문입니다. 하나님은 말과 거기에 탄 자를 바닷속으로 던져 넣으셨습니다. 그리고 우리가 전진해 가는 도중에서 우리의 길을 막고자 하는 아말렉 족속이 있다면, 우리는 여호사밧처럼 하나님을 찬송하는 자들을 세워서 우리 군대 앞에서 행하게 하여 아말렉 족속을 할렐루야 찬송으로 맞이하여야 합니다. 우리는 이렇게 노래하여야 합니다: "오, 하나님이여, 일어나소서. 주의 원수들이 주 앞에서 바람 앞에 흩어지는 겨 같이 도망치게 하시고, 그들로 제단 위에서 태워지는 숫양의 기름 같게 하소서. 이는 주 여호와께서 왕이심이니이다. 주는 영원 무궁토록 다스리시나이다!" 이것은 넘쳐흐르는 위로의 샘입니다.

(2) 하나님이 영원한 존재시라는 사실과 밀접하게 연결되어 있는 또 다른 사실은 하나님의 말씀은 불변이라는 것입니다: "주의 말씀은 영원히 하늘에 굳게 섰사오며." 이 명제가 참되다는 것은 여러분에게 너무나 분명하게 다가올 것입니다. "여호와께서 이와 같이 말씀하시되 하늘은 나의 보좌요 땅은 나의 발판이니" (사 66:1). 하나님의 말씀은 하늘에 확고하게 자리를 잡고 있고, 하나님의 통치자리인 하늘로부터 나오기 때문에, 하나님의 제국에서 먼 변방인 이 땅에서 변경할 수 없습니다. 우리는 하나님의 말씀 속에 담겨 있는 모든 진술들은 다 신뢰할 수 있다는 것을 알기 때문에 아무리 심각하고 어려운 상황 속에서도 하나님의 말씀에 대하여 큰 확신을 갖습니다. 하나님의 말씀은 결코 변할 수 없습니다. 그것은 확고하게 정립되어 있습니다. 확고하게 정착된 주거를 갖고 있지 않은 사람들이 있습니다. 그들은 정착할 곳을 찾지 못해서 끊임없이 이리저리 정처 없이 떠돌아다닙니다. 그러나 하나님의 말씀은 모든 것들이 늘 움직이고 있는 이 땅에 확고하게 자리를 잡고 있는 것이 아니라, 결코 변할 수 없는 무한한 것들과 영원한 것들 가운데서 하늘에 확고하게 뿌리를 내리고 있습니다. "주의 말씀은 영원히 하늘에 굳게 섰사오며." 하나님의 계획과 목적은 그때그때 변하는 것이 아니라 확정되어 있습니다. 하나님께서는 자신이 무엇을 의도하고 계시는지를 아십니다. 여러분과 나는 흔히 어떤 계획을 가지고 시작하더라도 더 좋은 것이 보일 때에는 계획을 변경하지 않을 수 없고, 또한 우리의 계획이 좋기는 하지만 달성할 수 없는 것이 드러난 경우에는 계획을 변경해서 목표를 낮추어 잡지 않으면 안 됩니다. 그러나 하나님의 경우에는 그 판단이 완전해서 결함이 없기 때문에 수정하실 필요도 없고, 능력이 부족하지도 않으시기 때문에 처음 작정하신 목표를 낮추실 필요도 없습니다. 하나님이 계획하신 것이라면, 그것을 그대로 믿고 나아가십시오. 만일 우리가 하나님께서는 아무런 계획이나 방법도 없이 무작정 일하신다고 생각한다면, 그것은 최고의 지성에 대한 모독이 될 것입니다. 우리가 결코 의심하지 않는 진리가 있는데, 그것은 하나님께서는 그가 허용하시는 일들과 명령하시는 일들을 다 포괄하는 하나의 거대한 목적을 가지고 계신다는 것입니다. 즉, 우리는 최고의 지혜이신 하나님은 인간의 의지의 자유를 한시라도 부정함이 없으신 가운데 인간의 뒤틀린 의지가 만들어 내는 모든 것들을 미리다 아시고, 그 모든 것들을 주관하셔서 자신의 그 하나의 목적을 이루시는 데에 사용하신다는 것을 믿습니다. 하나님은 사람들의 온갖 성향들과 계략들을 일일

이 다 아시고, 그 모든 것들을 다 계산에 넣으셔서 자신의 그 거대한 계획을 세우셨습니다. 그리고 하나님은 그 계획으로부터 결코 벗어나지 않으십니다. 하나님께서는 자신이 작정하신 일들을 그대로 행하실 것입니다. 하나님의 마음이 작정하신 계획은 영원히 확실하게 설 것입니다. 전능자께서 자신의 최고의 계획을 이루시겠다고 하시면, 천사들이나 사람들의 반대가 무슨 소용이 있겠습니까? 여러분이 가을 아침에 정원을 거닐 때, 거미들이 그 길에 거미줄을 쳐 놓았지만, 여러분은 그 사실을 거의 알지 못합니다. 왜냐하면, 여러분이 그 길을 따라 걸을 때에 여러분 앞에 있던 거미줄이 사라지기 때문입니다. 마찬가지로, 사람들이 아무리 교묘하게 온갖 계획을 다 세운다고 할지라도, 하나님의 목적이 이루어지는 것을 결코 막을 수 없습니다. 하나님의 뜻은 반드시 이루어지게 되어 있습니다. 하나님께서는 아무런 수고도 하지 않으시는 것 같은데 모든 사건들을 자신이 원하시는 형태로 바꾸어 놓으십니다. 물질세계에서와 마찬가지로 마음의 영역에서도 하나님의 지배는 절대적입니다! 사람은 다른 사람의 성향을 완전히 바꿔 놓을 수 있는 여러 가지 이유들을 들어 설득하고 이해시키는 일을 할 수는 있겠지만, 다른 사람의 뜻에 직접적 영향을 미쳐서 그 방향을 바꿔 놓을 수는 없습니다. 그러나 "왕의 마음이 여호와의 손에 있음이 마치 봇물과 같아서 그가 임의로 인도하시느니라"(잠 21:1)는 말씀은 참됩니다. 우리가 물길을 돌려서 우리가 원하는 곳으로 흘려보낼 수 있는 것과 마찬가지로, 하나님은 사람들의 생각을 자신이 원하시는 대로 흐르게 하실 수 있으십니다.

　　하나님의 목적은 하늘에 영원히 확고하게 서 있습니다. 하나님의 언약과 계획도 마찬가지입니다. 형제들이여, 나는 하나님께서 처리 방식을 바꾸신다는 것은 이해할 수 있지만, 자신의 언약을 바꾸신다는 것은 상상조차 할 수 없습니다. 하나님께서는 우리를 위해서 그리스도와 언약을 맺으셨고, 그 언약을 유효하게 만들어 줄 희생제물이 죽임을 당하였기 때문에, 지금 그 언약은 "만사에 구비하고 견고하게"(삼하 23:5) 되었습니다. 그 언약은 일점일획까지도 모두 다, 우리의 영화로우신 "보증"(히 7:22)이시고 우리의 찬송 받으실 대표자이신 그리스도의 죽으심과 부활에 의해서 서명되고 인쳐지고 인준되었습니다. 하나님께서는 그 언약을 결코 뒤집지 않으실 것입니다. 우리는 행위 언약을 깨뜨렸지만, 하나님은 그 언약을 지키셨습니다. 왜냐하면, 하나님께서는 자기가 행하시겠다고 말씀하신 것을 행하셨기 때문입니다. 우리는 은혜 언약을 깨뜨릴 수 없습니다. 왜냐하면, 그 언약은 하나님께서 우리를 대신한 "다른 이," 즉 그리스도와 맺으신 것이고, 그리스도께서는 그 언약을 이미 이루신 까닭에, 지금 은혜 언약은 성도들에게 조건이나 단서가 붙은 채로 주어지거나 하나의 가능성으로 주어진 것이 아니라, "내가 하리라" 또는 "너희가 되리라"는 무조건적인 약속들로 주어져 있기 때문입니다. 여러분이 직접 그 언약을 읽고서 확인해 보십시오. 여러분이 에스겔서에 나오는 언약 사본을 읽든지, 아니면 사도가 쓴 히브리서에 나오는 사본을 읽든지, 거기에는 조건이 붙어 있지도 않고 영원히 유효하며 결코 변개될 수 없는 언약이 나와 있을 것입니다. 나는 "다윗에게 허락한 확실한 은혜"(사 55:3)를 정말 기뻐합니다! 하나님께서는 "이는 내게 노아의 홍수와 같도다 내가 다시는 노아의 홍수로 땅 위에 범람하지 못하게 하리라 맹세한 것 같이 내가 네게 노하지 아니하며 너를 책망하지 아니하기로 맹세하였노니"(사 54:9)라고 말씀하십니다. 그 언약이 하늘에서 확고하게 하신 하나님의 이름을 송축합니다!

확고한 것이 또 한 가지 있는데, 그것은 하나님의 약속과 그 약속을 이루실 수 있는 하나님의 능력입니다. 약속은 앞에서 말한 언약의 실질적인 구성요소이기 때문에, 나는 하나님의 약속이 확고하다고 말했지만, 내가 가리키는 것은 인생들에게 선포된 복음의 약속입니다. "믿고 세례를 받는 사람은 구원을 얻을 것이요"(막 16:16)라는 약속은 늘 참될 것입니다. "내게 오는 자는 내가 결코 내쫓지 아니하리라"(요 6:37)는 약속도 저 심판의 날까지 결코 변경되지 않을 것입니다. 하나님께서는 자신의 입술에서 나간 말씀들을 뒤집으시는 일이 없습니다. 그리고 이것들은 그리스도께서 친히 하신 약속들이고, 사도들이 증언한 것들이며, 성령 강림에 의해 인준된 것들입니다. 복음의 약속들은 하늘에 견고히 섰기 때문에, 복음을 전하는 말씀들은 인생들 가운데서 능력으로 충만합니다. 사랑하는 형제들이여, 가서 전하십시오! 사랑하는 자매들이여, 가서 전하십시오! 값없는 은혜와 죽음을 담보한 사랑을 선포했을 때에 잘못 되면 어쩌나 하고 두려워하지 마십시오. 하나님께서는 이 땅의 음침한 곳에서 은밀하게 말씀하신 것이 아닙니다. 피로 사신 바 된 모든 자들이 복음의 능력으로 말미암아 예수의 발 앞에 다 모여올 때까지, 영혼들이 구원받는 일이 일어나는 것은 복음에 능력이 있음을 보여주는 증거가 될 것입니다. 그때까지 우리에게 복음을 전하라고 부탁하신 말씀에는 변동이 있을 수 없습니다: "주의 말씀은 영원히 하늘에 굳게 섰사오며."

또한, 복음의 약속들만이 아니라 복음의 가르침도 하늘에 굳게 섰습니다. 만일 내가 모래언덕으로 통하는 옛 수로를 벗어난다면, 나는 어디로 표류하게 될지 모릅니다. 어떤 형제들은 부표도 없고 고정된 등불도 없고 오직 늘 변하는 모래더미가 가득한 강을 따라 항해하기를 좋아합니다. 그들은 지도를 따라서가 아니라, 그저 때로는 너무나 엉터리인 그들 자신의 지레짐작으로 항해를 합니다. 그러면서 자기들은 뱃길을 훤히 알고 있다고 말합니다. 나는 사람들이 흔히 우리의 길을 안내해 주는 하늘의 은혜의 별이나 하나님의 말씀이라는 지도도 없이 천국으로 가는 길을 알고 있다고 생각하는 것을 보면 마음이 아픕니다. 그런 사람들은 복음을 전하는 자들이 아니라 복음을 만들어 내는 자들이 되고자 하는 사람들입니다. 그들이 전하는 메시지는 하나님의 은혜의 복음이 아니라, 사람들의 상상력 속에서 만들어진 사이비 복음입니다. 즉, 성령으로부터 가르침을 받은 복음이 아니라 그들 자신의 주방에서 스스로 요리해 낸 사이비 복음입니다. 그것은 "하늘에 굳게 선" 것과는 정반대이기 때문에 그 사이비 복음을 고안해 낸 자의 마음속에서조차도 굳게 서 있지 못합니다. 그렇게 위태위태한 복음을 전하는 자들만이 아니라 듣는 자들도 불쌍하기는 마찬가지입니다. 나는 내가 목회를 시작하면서 여러분에게 전했던 바로 그 복음을 내 혀가 무덤 속에서 잠잠해질 때까지 여러분에게 전할 것입니다. 그동안 나는 복음의 가르침들을 더 잘 알게 되었지만, 더 나은 가르침들을 알게 되지는 않았습니다. 내 마음속에는 의심할 여지 없이 참되고 분명하고 확실한 몇몇 가르침들이 지울 수 없게 각인되어 있습니다. 의심스러워 자신할 수 없는 내용들에 대해서는 나는 형제들에게 그것들을 논의하도록 맡겨둡니다. 우리가 살고 있는 19세기의 정서는 끊임없이 격변하며 출렁이고 있기 때문에, 나는 일기예보처럼 가르침들의 변천과정을 우리에게 보여주는 측정기들이 곧 필요하게 될 것이라고 봅니다. 그때에는 설교자들이 어떤 형태의 종교 사상이 현재 우세한지를 알기 위해서 계간 잡지를 읽어보고, 그런 후에 사람들의 웃음거리가 되기로 작정한 최후의 현자의 명언에 맞춰서 우리의 설교문을 작성하게 될 것입니다. 하지만 나는 시류에 영합하지 않고 언제나 지금 이 모습을 계속해서 견지할 것입니다. "진흙탕을 떠나지 말고 고수하라"고 말하는 사람들이 있습니다. 나는 "반석 위에 서라"고 말합니다. 여러분이 만세반석 위에서 서서 자라가고자 한다면, 거기를 떠나서는 안 됩니다. 만일 이 복음이 거짓이라면, 나는 내가 이때까지 복음을 전한 것을 통분히 여기고 다시는 복음을 전하지 않을 것입니다. 이 복음이 참이라면, 진리는 연감과 계간 잡지에 있는 것이 아닙니다. 복음은 주후 2년에도 참되고 1882년에도 참됩니다. 만일 복음이 오늘날 참되지 않다면, 그것은 과거에도 참되지 않았고 미래에도 참되지 않을 것임을 의미합니다. 왜냐하면, 하나님의 진리는 그때그때 변하는 것이 아니기 때문입니다. 어리석은 자들이여, 하나님의 말씀이 "하늘에 굳게 섰다"는 이 복된 사실을 명심하십시오. 복음은 옥스퍼드에 굳게 서거나 케임브리지에 굳게 서거나 다른 어떤 대학에 굳게 서 있는 것이 아니라, "하늘에 굳게 서" 있습니다. 하늘의 책으로 나아가서, 하늘의 영의 가르침을 따라서 하늘의 말씀을 읽으십시오. 그러면 여러분은 자기보다 더 큰 권위가 없으신 하나님이 계시하신 말씀들 속에서 배움으로써, 참일 수도 있는 것들이 아니라 참일 수밖에 없는 것들에 관한 지식에서 날로 강해질 것입니다.

(3) 세 번째는 하나님의 말씀의 성취와 관련된 성실하심입니다: "여호와여 주의 말씀은 영원히 하늘에 굳게 섰사오며 주의 성실하심은 대대에 이르나이다." 어느 세대에서나 하나님의 말씀을 믿고 의뢰한 사람들은 늘 그 말씀이 참되다는 것을 발견했습니다. 사도 시대나 그보다 더 오래된 다윗의 시대, 모세의 시대, 아브라함의 시대, 노아의 시대, 아벨의 시대에서 하나님을 믿고 의뢰한 사람들은 누구나 다 하나님이 기도를 들으신다는 것과 그를 부지런히 찾는 모든 자들에게 상을 주시는 자이시라는 것을 발견하였습니다. 내가 이미 말했듯이, 언약은 변하지 않고, 하나님의 진리도 변하지 않습니다. 사람들은 인간의 각 세대들이 저마다 큰 차이가 있다고 평가하지만, 나는 과연 하나님께서도 각 세대들이 다르다고 생각하실지 대단히 의문입니다. 세대들이 연이어 오고가는 것은 바다에서 연이어 밀려왔다가 밀려가는 파도와 같습니다. 우리는 우리가 많이 성장해서 훨씬 지혜로워져 가고 있다고 생각하지만, 그렇게 생각하는 것은 바로 우리이기 때문에 그리 강력한 증거가 되지 못합니다. 사람들은 19세기가 엄청난 진보를 이루어가고 있다고 흥분해서 떠들어대지만, 나는 그것이 과연 사실인지 대단히 의문스럽습니다. 물론, 우리는 이전 시대처럼 마차를 타고 여행하는 것이 아니라 이제는 증기선을 타고 여러 곳을 갈 수 있지만, 그 만큼 위험도 커져서 한 번 사고가 나면 많은 사람들이 죽습니다. 전에는 우리의 밭에서 기른 밀로 우리가 먹을 빵을 만들었지만, 지금은 우리가 먹을 한 조각의 빵을 사기 위해서 전 세계를 누비고 다닙니다. 지금 멀리서 가져오는 빵도 좋지만, 전에 우리가 직접 만들었던 빵도 좋았습니다. 그리고 전에도 좋은 사람들이 있었고, 지금도 좋은 사람

들이 있습니다. 나는 기계 문명과 기술 등등이 많이 진보했다는 것을 부인하는 것이 아닙니다. 나는 그런 모든 것에 대하여 하나님께 감사하지만, 내가 말하고 자 하는 것은 우리 자신 속에서 어떤 진보가 이루어졌느냐 하는 것입니다. 나는 우리가 우리의 믿음의 조상들과 너무나 많이 닮았다고 생각합니다. 광야에서 유 랑하던 이스라엘 자손들에 관한 이야기를 읽어 보면, 우리는 그들이 저지른 죄 악들과 어리석은 짓들, 그들의 불평불만들이 우리의 삶 속에서 그대로 반복되고 있음을 봅니다. 그러나 어쨌든 인류가 변하였는지의 여부와는 상관 없이, 하나 님이 인류를 대하시는 방식에는 예나 지금이나 변함이 없습니다. 믿는 자가 하 나님을 의뢰할 때마다 하나님께서는 그 믿는 자에게 자신의 말씀을 토씨 하나 틀림이 없이 다 이루어 오셨습니다. 하나님 나라의 법칙은 늘 이것이었습니다: "너희 믿음대로 되라"(마 9:29). 만일 내가 하나님의 종들이 겪어온 온갖 부침들 에 대하여 자세히 얘기한다면, 우리는 단 한 가지 결론에 도달할 수밖에 없게 될 것입니다: "의인은 고난이 많으나 여호와께서 그의 모든 고난에서 건지시는도 다"(시 34:19). 이것은 수천 년 전이나 지금이나 마찬가지입니다. 사랑하는 자들 이여, 하나님이 여전히 성실하시다는 것은 우리에게 큰 은혜입니다. 내가 내 조 부로부터 자신에게 성실하셨던 하나님에 관한 이야기를 듣곤 할 때마다, 나의 어린 마음은 하나님을 믿고 의지하고자 하는 용기와 힘을 얻을 수 있었습니다. 또한, 내 아버지에게서 자신에게 성실하셨던 하나님에 관한 이야기를 들었을 때 마다, 나는 내 아버지의 하나님을 믿고 신뢰할 수 있는 힘을 얻을 수 있었습니다. 그리고 이제는 내가 똑같은 이야기를 할 수 있게 되었고, 아마도 나는 하나님을 믿고 의지한 그 어떤 사람보다도 나에 대한 하나님의 선하심을 보여주는 예들을 더 많이 기록할 수 있게 되었을 것입니다. 이것은 우리의 자녀들에게도 마찬가 지일 것이고 우리의 손자들에게도 마찬가지일 것입니다. 환난 가운데 있는 형제 들이여, 하나님께서는 내게 그래 오셨듯이 여러분에게도 성실하실 것입니다. 하 나님께서는 여러분을 실망시키지 않으실 것입니다. 그러므로 낙심하지 마십시 오. 세월이 갈수록, 여러분은 하나님의 성실하심을 더욱더 분명하게 알게 될 것 입니다. 하나님의 영원하신 팔이 여러분을 늘 떠받치고 계십니다. 여러분이 싸 우는 싸움이 아무리 치열하다고 할지라도, 결국에는 여러분이 승리하게 될 것입 니다. 오직 여호와 하나님만을 의지하시고 인내로써 기다리십시오. 어떤 일에서 도 해악을 입을까 두려워하거나 놀라지 마십시오. 왜냐하면, 하나님께서는 여러분을 건지시고 여러분 가운데서 영광을 받으실 것이기 때문입니다.

(4) 다음으로, 우리에게 위로가 되는 네 번째 사실은 자연 속에서의 하나님의 말씀의 영속성입니다. 시편 기자는 이것을 다음과 같은 말로 표현합니다: "주께서 땅을 세우셨으므로 땅이 항상 있사오니 천지가 주의 규례들대로 오늘까지 있음은 만물이 주의 종이 된 까닭이니이다." 하늘들도 하나님의 말씀에 의해서 만들어졌고, 만물이 계속해서 유지되는 것도 하나님의 말씀으로 말미암는 것입니다. 우리는 만유인력과 자연 법칙들에 대하여 말하지만, 사실 자연 속에서의 유일한 힘은 하나님이 **말씀**하셨다는 것입니다. 하나님의 말씀은 만물을 한데 붙들어서 각기 제자리에 있게 하는 힘입니다.

땅을 보십시오. 우리는 땅의 기둥들에 대하여 말합니다. 즉, 기둥들이 땅을 받치고 있어서 땅이 무너지지 않는 것이라고 말하지만, 정말 땅은 무엇을 의지하고 있는 것일까요? 오늘날의 과학은 본문이 말하고 있는 것을 약화시키는 것이 아니라 도리어 강화시킵니다. 땅은 그 어떤 것에도 의지하고 있지 않습니다. 땅은 공간 속에 떠있지만, 자기 자리를 벗어나 표류하거나 원래의 궤도에서 벗어나지 않습니다. 땅 자체는 떨림이 조금 있긴 하지만, 하나님이 정해 주신 자리로부터 뛰쳐 나가지는 않습니다. 땅은 변함없는 성실함으로 계속해서 태양 주위를 궤도를 따라 돕니다. 이 세계는 여러분보다 더 크고, 이 세계를 제자리에 있게 하는 것은 여러분을 제자리에 있게 하는 것보다 더 큰 힘을 필요로 하지만, 여전히 제자리에 있습니다. 그런 하나님께서 자기 종을 붙드셔서 정도에서 벗어나지 못하게 지키시지 못하시겠습니까? 이 세계에 있는 모든 기계장치로는 지구를 그 축을 따라 돌리거나 그 궤도를 따라 움직이게 할 수 없습니다. 나는 이런 일들은 하나님께서 단지 마음에 작정하시기만 하면 이루어지는 일들이지만, 천사들이 모두 힘을 합쳐도 이 일들을 이룰 수 없을 것이라고 생각합니다. 하나님께서 이 세계를 견고히 세우셨기 때문에, 이 세계가 계속 존재합니다. 그러므로 우리는 담대함을 가져야 합니다. 만일 하나님께서 자신의 말씀을 깨뜨리시고 자신의 규례들을 변개하시면, 이 지구는 태양 속으로 빨려 들어가거나 아무도 모르는 우주 공간 속으로 저 멀리 사라져버리게 될 것입니다. 그러나 땅이 제자리를 지키고 있다면, 여러분과 내가 걱정할 필요가 어디 있겠습니까? 땅이 제자리를 지키고 있다는 것은 하나님께서 우리를 지키고 계신다는 증표가 아닙니까? 하나님께서 저 거대한 별들도 지키신다면, 별보다 훨씬 작은 우리야 얼마나 더 잘 지켜 주시겠습니까? 우리는 눈에 거의 보이지도 않는 아주 작은 티끌에 지나지 않는 존재들이 아닙니까? 그런데도 우리는 하나님께서 우리를 제자리에 있게 지켜 주시는 데에 더 큰 능력이 필요하다고 말할 것입니까! 이 거대한 지구가 하나님의 손에 의해 금장식 속의 사파이어처럼 지켜지고 있다는 것을 볼 때, 우리는 의심을 거두는 것이 마땅합니다.

또한, 형제들이여, 하나님께서 지키시는 것은 비단 이 세계만이 아닙니다. 지구는 우리에게는 거대한 것처럼 보이지만, 사실 우주에 있는 천체들 중에서 작은 행성일 뿐입니다. 하나님께서는 모든 세계들을 하나의 거대한 체계 속에서 붙들고 계십니다. "천지가 주의 규례들대로 오늘까지 있음은." 각각의 별은 제자리를 지킵니다. 낮에는 태양 하나뿐이지만, 밤에는 수많은 별들이 빛을 발합니다. 그렇지만 이러한 무수한 별들과 하나님의 손으로 지은 바 된 다른 모든 피조물들은 하나하나가 다 하늘의 규례를 지킵니다. 하나님은 자신의 규례들로부터 벗어나지 않으시고, 광명체들이 제자리를 벗어나는 것을 허락하지 않으십니다. 그래서 그것들이 제자리를 이탈해서 우주에서 대혼란을 일으킬 수 없습니다. 그것들은 하늘의 파수꾼들입니다. 하나님께서는 그것들을 일일이 호명하셔서 소집하시고 빽빽하게 도열하게 하십니다. 그것들은 마치 하인들이 주인의 시중을 들기 위해서 시립하고 있듯이 하나님의 발 앞에 시립해 있는 하나님의 종들이 아닙니까? 그것들은 모두 하나님이 명하신 것들을 행합니다. 이러한 사실은 우리의 마음을 즐겁게 하고 우리에게 담대함을 불어넣어 주지 않습니까? 우리는 지존자의 저 생명 없는 피조물들을 천체라고 부릅니다만, 하나님께서 천체들을 자신의 능력으로 붙드시고 자신의 지혜로 다루신다면, 그 전능자께서 우리의 영혼을 지키시고 그 전지자께서 우리의 발걸음을 인도하시리라는 것을 우리가 의심할 이유가 어디에 있겠습니까? 저기 활 모양의 궁창이 아무런 버팀목도 없이 서 있다는 것을 우리가 안다면, 하나님의 약속들을 믿을 만한 눈에 보이는 증거가 없다고 할지라도, 우리의 믿음이 그 약속들을 의지하지 못할 이유가 어디에 있겠습니까?

우리가 지금까지 언급한 저 거대하고 어마어마한 천체들은 그것들의 운행에 있어서나 우주 전체에 미치는 영향력에 있어서나 하나님의 법 아래에 있고 하나님의 규례들에 복종합니다. 사람을 제외한 모든 피조물들이 조물주에게 복종합니다. 우리가 알기로는, 온 우주 속에서 타락한 천사들과 우리 같은 변덕스러운 인간 외에는 그 어디에도 하나님을 거역하는 존재가 없습니다. 그렇다면, 우리가 걱정할 것이 무엇이 있겠습니까? 반대 세력들은 우리를 해칠 수 없습니다. 하나님께서는 원하시기만 하면 우리를 도우시기 위하여 대대(大隊) 규모의 천군천사들을 보내실 수 있습니다. 또한, 필요하다면, 하나님께서는 궤도를 운행하는 별들에게 우리를 위해 싸우라고 명령하실 수도 있습니다. 별들은 모두 하나님의 종들입니다. 자연 법칙들의 영속성은 하나님의 말씀이 계속해서 유효하다는 증거입니다. 눈에 보이는 것들의 영속성을 통해서 눈에 보이지 않는 것들의 영속성을 더욱더 믿고 확신하십시오.

> "하나님의 은혜의 말씀들은
> 천지를 지으신 말씀만큼이나 강력하다네.
> 별들 사이를 따라 울려퍼지는 음성이
> 하나님의 모든 약속들을 대변하고 있다네."

(5) 나는 우리에게 위로가 되는 한 가지 사실만 더 다루고자 하는데, 그것은 경험 속에서 드러나는 하나님의 말씀의 영속성입니다. 시편 기자는 "주의 법이 나의 즐거움이 되지 아니하였더면 내가 내 고난 중에 멸망하였으리이다"라고 말했습니다. 우리는 경험상으로 그가 무슨 말을 하고 있는 것인지를 압니다. "고난"은 과거의 일이지만, 그 고난으로 인한 두려움과 떨림은 여전히 우리의 기억 속에 현재 일처럼 생생합니다. 우리는 완전히 멸망 받을 즈음에 은혜로 말미암아 건짐을 받았습니다. 나의 형제들이여, 땅으로 하여금 제자리를 지키게 해온 바로 그 하나님의 말씀은 지금까지 우리로 하여금 제자리를 지키게 만드는 데에 충분하였습니다. 여러분 중에는 깊은 물을 통과해 오면서도 거기에 빠져 죽지 않은 경험을 한 분들도 있습니다. 나는 청년들이 자기 아버지로부터 하나님의 놀라운 역사들에 대하여 들었으면서도 직접 보지 않았기 때문에 의심하며 믿으려 하지 않는 것을 보면 마음이 아픕니다. 그러나 여러분이 40년 동안 광야에서 살아남았다면, 이제는 하나님이 성실하시다는 것을 의심해서는 안 됩니다. 그런데도 여러분이 형제들을 낙심하게 하는 것을 보면, 나는 그런 여러분이 부끄럽습니다. 무엇보다도 나는 내가 의기소침할 때마다 내 자신이 부끄럽습니다. 드레이크(Drake) 제독은 세계를 일주하면서 온갖 폭풍과 전쟁을 겪으면서도 결국 살아

남았습니다. 그런 그가 어느 날 템스 강을 거슬러 올라가다가 거센 바람에 휘말려서 거의 난파 직전의 상황에 내몰렸습니다. 그러자 이 제독은 "전 세계를 일주한 내가 이 도랑에 빠져 죽는다는 것이 말이나 되는 소린가"라고 외쳤답니다. 나는 여러분도 그와 같은 담대함으로 힘을 내시기를 바랍니다. 왜냐하면, 하나님께서는 여러분을 떠나지 않으실 것이기 때문입니다. 여러분의 이전의 온갖 환난 속에서 여러분을 지키시고 보호해 주셨던 하나님께서 분명히 여러분의 현재의 역경 속에서도 여러분을 버리지 않으실 것입니다. 만일 여러분이 하나님의 말씀을 기뻐하지 않았다면, 여러분은 진작 이미 여러분의 환난 속에서 망하고 말았을 것입니다. 그러므로 지난날을 되돌아보시고, 하나님께서 지금까지 여러분에게 충분한 은혜를 주셨다는 것을 깨달으십시오. 하나님께서 여러분에게 끝까지 은총을 베푸실 것임에 대하여 여러분이 의구심을 가질 이유가 어디 있습니까?

2. 둘째로, 시편 기자가 고난의 때에 경험한 즐거움들에 대해 살펴보겠습니다.

우리는 위에서 시편 기자가 열거한 우리에게 위로가 되는 여러 가지 사실들을 살펴보았기 때문에, 이제 여기 두 번째 대지에서는 그가 경험했던 즐거움들에 대해서 살펴보고자 합니다. 욥을 위로하러 온 친구들 중 한 사람은 "사람은 고생을 위하여 났으니 불꽃이 위로 날아가는 것 같으니라"(욥 5:7)고 말했습니다. 물론, 욥은 이 현자가 해준 말로부터 별로 위로를 받지 못한 것 같지는 하지만 말입니다. 하지만 사람들이 통상적으로 겪는 그러한 고난들이 민감하고 예민한 사람들에게는 엄청난 고통과 괴로움을 안겨 주는 경우가 종종 있습니다. 어떤 사람들은 결코 다시는 회복되지 못할 충격을 받기도 합니다. 그들은 점점 풀이 죽고 의기소침해져서 시름시름 앓아서, 결국 건강하고 행복한 것도 그들을 실망시키고 맙니다. 우리가 그러한 극심한 고난과 괴로움 속에서 이 세상이 그러한 것들을 결코 달래 줄 수 없다는 것을 알게 되었을 때, 하나님의 말씀은 우리에게 무한한 기쁨을 베풀어줌으로써 우리 마음의 괴로움들을 달래 주고 그 슬픔을 치유해 줄 수 있습니다. 다윗이 그 대부분을 썼고 다윗 학파에 속한 제자들이 나머지를 쓴 이 시편들 속에는 고난 중에 살아가는 우리 인생들이 겪을 수 있는 온갖 형태의 역경이 거의 총망라되어 있습니다. 그리고 여러분이 묵상하면 위로를 얻을 수 있을 것이라고 내가 확신하는 또 하나의 것이 있는데, 그것은 어느 경우에나 탄식은 여러분의 거룩한 달력에 기입되기 전에 벌써 찬송으로 바뀐다는 것입니다. 이것은 내가 말할 수 없는 기쁨으로 머물고 있는 천국에서 시행되고 있는 법입니다. 실제로 나는 나 자신과 여러분이 겪는 고난들이 모두 기쁨으로 바뀌고 있는 중임을 알기 때문에 그 고난들을 아주 침착하게 바라볼 수 있습니다.

우리는 우리 중에서 **사별**을 겪는 형제나 자매가 있을 때마다 계속해서 연민을 느끼게 됩니다. 매일매일 부고가 있을 때마다 혈육과 우정의 끈이 끊어집니다. 이런 일은 대대로 있어온 일입니다. 그러나 우리가 사랑하는 사람들을 잃는 통렬한 고통은 그런 일이 늘 있는 일이라는 사실에 의해서 결코 줄어들지 않습니다. 우리 중에는 오늘 두려움을 느끼며 살아 있는 분들도 있을 것이고, 눈을 감은 분들도 있을 것입니다. 여러분이 의지하고 살았던 분이 세상을 떠날 수 있고, 여러분이 이 땅에서 그 누구보다도 훌륭했다고 말할 수 있는 자매가 여러분의 곁을 떠날 수도 있습니다. 여러분의 품 속에서 꽃처럼 피어나던 젖먹이가 시들어 떨어질 수도 있습니다. 나는 여러분이 슬피 애곡하는 소리를 듣지만, 음악은 결코 멀리 있지 않습니다! 모든 피조물은 그림자들이지만, 실체가 존재합니다. 마침내 여러분은 성경으로 돌아옵니다. 거기에서 "여호와는 살아 계시니 나의 반석을 찬송하며 내 구원의 하나님을 높일지로다"(시 18:46)라는 말씀을 읽을 때, 여러분의 영혼은 다시 살아납니다. 여러분은 인생이라는 속이는 바다를 떠나서 견고한 바위에 다다를 때에 "주여 주는 대대에 우리의 거처가 되셨나이다"(시 90:1)라는 말씀을 반복합니다. 애통해하던 사랑하는 자들이여, 여러분의 생각은 노아의 방주에서 나온 비둘기처럼 물 위를 떠돌아다녔지만, 이제 노아의 손 안으로 들어왔습니다. 거기에서 여러분은 평안한 안식을 누립니다. 여러분의 아픈 머리를 편안하게 누일 수 있는 베개가 여기에 있습니다: "주는 한결같으시고 주의 연대는 무궁하리이다"(시 102:27). 그러한 기쁨들은 가라앉아 가는 영혼을 붙들어 줄 수 있습니다.

다윗은 흔히 **모든 것이 끊임없이 변해가는 듯이** 보이는 그런 상태에 있었습니다. 그에게는 확실하게 정해져 있는 것은 아무것도 없었습니다. 자기가 가장 믿었던 사람들은 그의 최악의 원수들이 된 것처럼 보였습니다. 그의 운명은 바뀌었습니다. 그는 자기 아버지의 집과 왕궁으로부터 쫓겨나서 광야를 떠돌며 그 땅의 동굴에서 기거해야 했습니다. 그는 종종 자신의 운명이 몹시 싫기도 하였습니다. 왜냐하면, 그는 한때 사람들 중에서 가장 행복한 사람이었었지만, 지금 그의 마음은 무거웠기 때문입니다. 그럴 때에 그의 기쁨은 영원히 굳게 서 있는 것들을 의지하는 것이었습니다. 그는 이렇게 말합니다: "주의 말씀은 굳게 섰지만, 내가 견고하게 설 자리는 없습니다. 나는 피신처를 구하기 위해 블레셋 도시인 가드로 가서 몸을 의탁해야 하지만, 모든 곳이 나를 내치는 것 같습니다. 그일라 사람들은 나를 잡아서 사울에게 넘기려 하고, 나는 사울에게 정신없이 쫓기고 있습니다. 내게는 확고한 것이 하나도 없지만, 내 하나님, 주의 말씀은 굳게 섰습니다." 이제 그의 영혼에 평강이 강같이 밀려옵니다. 그의 기쁨은 하나님의 말씀에 있고, 그의 마음은 거룩한 기쁨으로 충만합니다.

또한, 종종 그는 자신의 믿음도 자기를 실망시킨다고 느꼈습니다. 그리고 그것은 정말 절망적인 것입니다. 여러분의 비전이 희미해지고, 여러분이 흑암 가운데 행할 때, 여러분 속에서는 의심과 두려움들이 일어나서 여러분을 심하게 괴롭힙니다. 여러분은 아무것도 믿을 수가 없습니다. 여러분은 다른 사람들이 믿는 그 어떤 것도 거의 붙잡을 수 없습니다. 이것은 끔찍한 일입니다! 여러분 자신의 연약함, 하나님에 대한 여러분 자신의 신실하지 못함, 제멋대로 하는 여러분 자신, 여러분 자신의 변덕스러움은 여러분이 열 올리는 꿈들과 뒤범벅이 되어서 여러분을 불안하게 만들고 여러분의 힘을 마지막 한 톨까지 소진시킵니다. 그런 후에 하나님의 성실하심을 붙드는 것은 여러분에게 얼마나 놀라운 위로가 되겠습니까! "주의 성실하심은 대대에 이르르서 주는 변함이 없으시나이다." 고난 중에 있는 사랑하는 여러분, 성령 하나님께서 여러분을 도우셔서 고난 중에서 이 기쁜 하나님의 진리를 붙잡을 수 있게 해주시기를 빕니다. 여러분은 여러분 자신이 신실하지 못한 것에 대하여 애통해하는 한편, 하나님의 성실하심과 그의 언약의 변함없음을 기뻐하십시오. 다윗에게 있던 성경은 지금 우리가 가지고 있는 성경보다 훨씬 분량이 작은 것이었지만, 거기에 있는 한 구절을 다윗은 자주 읽고 깊이 묵상하였는데, 그것은 아브라함이 고독함을 느끼고 의기소침해 있을 때에 하나님께서 "그를 이끌고 밖으로 나가 이르시되 하늘을 우러러 뭇별을 셀 수 있나 보라"(창 15:5)고 말씀하셨던 바로 그 구절이었습니다. 영적인 항해자들이 인생이라는 고해 위에서 이리저리 흔들릴 때마다 하늘의 규례들은 그들의 심령 속에 얼마나 자주 빛줄기를 비쳐 주었습니까! 그래서 다윗도 저 깊은 하늘을 올려다보고, 영원히 거하시는 하나님을 의지하여 안식을 얻었습니다.

마지막으로, 다윗에게 시종이 아무도 없었고 **도와주는 자들도 그를 실망시켰을** 때, 아무도 그에게 충성하고자 하지 않아서 그가 홀로 있게 되었을 때, 그는 모든 것이 하나님의 종들이고, 자연의 모든 세력들도 만왕의 왕의 자녀들 앞에 시립하여 그들에게 충성을 맹세한다는 사실 속에서 위로를 발견하였습니다. 여러분은 가난하지 않습니다! 여러분의 아버지는 부요하십니다! 여러분은 버림받은 것이 아닙니다. 하나님이 여러분과 함께 계십니다! 여러분을 돕는 자가 아무도 없는 것이 결코 아닙니다. 천사들이 하나님의 명령을 받아 여러분을 지키고 있습니다! 내가 애통하는 자들의 처진 눈을 만져서, 그들로 하여금 엘리사가 서 있던 산을 둘러싼 무수한 불 말들과 불 병거들을 보게 해줄 수 있으면 얼마나 좋겠습니까! 내가 의기소침해 있는 하나님의 종들의 마음을 어루만져서, 그들로 하여금 하나님이 바로 지금도 그들을 위해 역사하고 계시기 때문에 그들이 분명히 도움을 받게 되리라는 것을 보여줄 수 있다면 얼마나 좋겠습니까! 아마도 여러분은 옹켄(Oncken) 목사님이 처음으로 말씀을 전했을 때에 이 목사님과 함부르크 시장 사이에 어떤 대화가 오갔는지에 관한 이야기를 기억할 것입니다. 시장이 목사님에게 "목사님, 이 작은 손가락이 보이시죠? 나는 이 작은 손가락을 까딱하기만 하면 침례교인들을 다 진압해 버릴 수 있죠"라고 말했습니다. 그러자 목사님은 "시장님의 작은 손가락은 대단하십니다. 하지만 나도 시장님께 한 가지 질문을 할까 합니다. 시장님에게는 저 큰 팔이 보이십니까?"라고 했고, 시장은 "보이지 않는데요"라고 했습니다. 목사님은 "그럴 겁니다. 그러나 내게는 보입니다. 저 큰 팔이 움직이는 한 시장님은 우리를 진압할 수 없습니다. 시장님의 작은 손가락과 저 큰 팔이 서로 겨루게 된다면, 나는 그 결과가 어떠할지를 압니다"라고 대답했답니다. 함부르크의 침례교회에서 새 예배당을 봉헌하면서 내가 말씀을 전할 때에 그 함부르크 시장님이 많은 사람들과 함께 그 예배당에 앉아서 내가 전하는 말씀을 듣고 있는 모습을 보는 것은 내게 큰 기쁨이었습니다. 그의 작은 손가락은 의도적인 반대를 접었고, 저 큰 팔은 우리 가운데서 분명하게 드러났습니다. 하나님을 영원히 믿고 의지하십시오. 왜냐하면, 여호와 하나님에게는 영원한 힘이 있기 때문입니다. 성도들이든 죄인들이든, 하나님께서 그리스도를 인하여 우리 모두에게 그런 복을 허락해 주시기를 빕니다. 아멘.

제
120
장

—

달콤한 하나님의 말씀

—

"주의 말씀의 맛이 내게 어찌 그리 단지요 내 입에 꿀보다 더 다니이다." ― 시 119:103

하나님께서 유대인들을 대하시던 경륜 속에서 다윗이 한 경험이 이 복음 시대에 하나님의 성도들이 하는 경험과 정확히 딱 맞아떨어진다는 것을 발견하는 것은 참 기쁜 일입니다. 다윗은 이적들과 많은 계시들이 있던 시대에 살았습니다. 그는 우림과 둠밈, 그리고 제사장들을 의지할 수 있었습니다. 그는 시온으로 올라가서 많은 회중들이 부르는 거룩한 노래들을 경청할 수도 있었습니다. 또한, 그는 제사장들과 대화를 나눌 수 있었습니다. 그러나 그럼에도 불구하고 여전히 그의 영혼의 양식은 오늘날의 우리와 마찬가지로 하나님의 기록된 말씀으로부터 공급되었습니다. 오늘날 우리에게는 공개적인 환상들이 없고, 우림과 둠밈과 제사장 제도가 완전히 사라졌지만, 우리는 여전히 하나님의 말씀을 먹고 살아갑니다. 그것은 오늘날의 우리 영혼의 양식인 것과 마찬가지로, 옛적에 다윗의 영혼의 양식이기도 하였습니다. 마르틴 루터(Martin Luther)는 "나는 환상이나 천사나 이적들을 구하지 않고 오직 하나님의 말씀으로 만족할 것이라고 하나님과 언약하였고, 내가 믿음으로 성경을 의지하기만 한다면, 내게는 그것으로 충분할 것이다"라고 말하였습니다. 오늘의 본문에서 다윗과 마찬가지였던 것 같습니다. 그의 입맛을 만족시키는 꿀은, 천사의 방문이나 이적에 의한 표적들이나 제사장들이 주관하는 의식들이나 특별한 계시 속에서가 아니라 하나님의 입에서 나온 말씀들과 성경의 증언들 속에서 발견됩니다. 사랑하는 형제들이여, 이 하나님의 책을 소중히 여기십시오. 어떤 이들처럼 새로운 계시들을 구하고자 하는 야심을 품거나, 몸이 없는 영들의 속삭임들을 구하지 말고, 하나님이 자기 백성을 위하여 준비해 두신 이 좋은 떡으로 만족하십시오. 다른 사람들은 이 떡을 싫어하고 질색할지라도, 우리는 이 떡을 주신 하나님께 감사하고, 하늘로부터 온 이 떡, 곧 영원히 살아 계시는 생명의 말씀이신 주 예수에 대하여 우리에게 증언해 주는 이 떡을 감사함으로 받아야 합니다.

1. 첫째로, 다윗은 말씀의 맛을 알았습니다.

본문에 나오는 다윗의 찬탄은 그가 하나님의 말씀에 최고의 가치를 부여하였음을 보여주는 분명한 증거입니다. 다윗에게 있었던 성경은 지금 우리 앞에 있는 것에 비해서 상당히 얇았다는 점을 감안하면, 다윗의 이러한 찬탄은 더욱 귀합니다. 다윗이 보았던 성경은 모세 오경 정도만이 들어 있었을 것으로 보이지만, 그 오경만으로도 그에게는 완벽한 하나님의 말씀으로 느껴졌기 때문에, 그는 "주의 말씀의 맛이 내게 어찌 그리 단지요"라고 감탄하였습니다. 시편 기자가 얼마 안 되는 하나님의 말씀을 맛보고서도 이토록 감탄을 금하지 못하였다면, 오늘 우리 앞에 차려져 있는 이 하늘의 진수성찬과 풍성한 잔치가 우리의 입맛을 한층 더 강력하게 사로잡는 것이 마땅합니다. 하나님께서 다윗에게 코스 요리 중에서 맛보기에 불과한 첫 번째 요리를 주셨을 뿐인데도, 다윗의 영혼이 거기에 매료되었다면, 천국의 왕께서 왕이 먹는 진수성찬을 내오시고 우리에게 그의 사랑하는 아들을 주신 지금에 있어서는 여러분과 내가 이루 말할 수 없는 기쁨으로 기뻐하고 즐거워하는 것이 마땅하지 않겠습니까! 잠시만 생각해 보십시오. 우리는 오늘날 오경을 성경의 역사적 부분이라고 부르곤 합니다. 그런데 여러분은 사람들이 "오, 이 설교는 역사에 관한 것이었고, 목사님은 말씀의 역사적 부분에서 한 구절을 읽으셨어"라고 말하는 것을 흔히 들어 오지 않았습니까? 나는 사람들이 성경의 역사 이야기들을 아주 낮게 폄하하는 태도로 말하는 것을 들으면 정말 마음이 많이 아픕니다. 여러분이 아셔야 할 것이 있는데, 그것은 하나님의 말씀 중에서 다윗이 그토록 사모하던 것은 주로 역사적인 부분이었다는 사실입니다. 말씀의 역사적인 부분이 그토록 달콤하였다면, 그 역사적인 부분에 담긴 신비를 풀어놓은 복음서들과 서신서들은 얼마나 더 달콤하겠습니까? 구약이 벌집이라면, 신약은 꿀입니다. 구약이 보물상자라면, 신약은 보물입니다. 따라서 우리가 지금 가지고 있는 하나님의 말씀을 소중히 여기지 않는다면, 분명히 그것은 정죄 받아 마땅한 일입니다.

다윗이 그토록 소중히 여겼던 바 그 하나님의 말씀은 주로 모형과 그림자와 상징이었습니다. 나는 그가 그 모든 것을 이해할 수 있었는지에 대해서는 잘 모르지만, 적어도 어느 정도는 이해했다는 것을 압니다. 왜냐하면, 그의 몇몇 시편들은 대단히 복음적이어서, 그가 민수기와 레위기에 묘사된 희생제사들에서 모형으로 제시되었던 하나님의 큰 제사를 알고 있었음에 틀림없다는 것을 보여주고 있고, 만일 그가 그 제사를 어느 정도 알지 못했다면, 우리 주 예수의 저 큰 제사를 믿는 자신의 믿음을 이렇게 놀라울 정도로 표현하는 것이 불가능하였을 것이기 때문입니다. 나는 이 자리에 있는 신앙인들에게, 여러분은 그 모형들을 자주 읽으시는지 한 번 물어보고 싶습니다. 만일 지금 여러분이 가지고 계신 성경 중에서 오경을 제외한 나머지 부분이 다 없어졌다고 했을 때, 여러분은 "주의 말씀의 맛이 내게 어찌 그리 단지요"라고 말할 수 있겠습니까? 그랬을 때에 우리 중에서 많은 이들이 성경 가운데서 오직 오경 부분만을 읽고 나서는 거기에 나오는 하나님의 말씀이 우리에게 별 유익이 없었다고 고백하지 않겠습니까? 또한, 우리는 "읽는 것을 깨닫느냐"(행 8:30)는 빌립의 질문에 "그렇다"고 대답할 수 있을까요? 우리는 다윗보다 훨씬 더 많은 분량의 말씀을 가지고 있고, 우리에게 충만히 부어진 성령께서 우리를 하나님의 모든 진리 가운데로 인도하시는데도, 우리가 하나님의 말씀을 소중히 여기는 것이 옛적의 다윗의 절반에도 못 미치는 것 같다는 것은 정말 부끄러운 일입니다.

오경의 대부분은 명령들로 채워져 있고, 그 중 일부는 아주 엄중한 명령들이라고 할 수 있습니다. 하지만 우리에게 부과되어 있는 계명들은 별로 엄중하지 않습니다. 레위기와 신명기에 나오는 일부 명령들은 아주 복잡하고 한 사람의 삶 전체를 규율하고 있기 때문에, 베드로는 그 계명들은 우리의 조상들이나 우리나 감당할 수 없는 속박의 멍에였다고 말합니다. 그런데도 십계명이 나오는 저 놀라운 출애굽기 20장과, 읽기에도 지루할 수 있는 예식법과 관련된 명령들의 아주 긴 목록을 다윗은 자신의 입에 꿀보다 더 달았다고 고백합니다. 그 이유가 무엇이었을까요? 다윗은 하늘에 계신 아버지께서 말씀하시는 것을 듣는 것을 너무나 사랑하고 좋아하였던 까닭에, 하나님이 무슨 말씀을 하시는지와는 상관

없이 그저 하나님이 말씀하신다는 사실이 중요하였기 때문입니다. 무엇을 말씀 하시든 하나님의 음성은 다윗에게 기쁨 그 자체였습니다. 오늘날 여러분과 나는 예식법의 모든 속박이 다 제거되고 오직 우리의 영혼에 복이 되는 것만 남아 있 다는 것을 알고 있고, 우리가 율법 아래가 아니라 은혜 아래 있어서 이루 말할 수 없이 귀하고 중한 약속들의 상속자들이 되어 있다는 것을 알면서도, 하나님의 말씀을 사랑하는 것이 다윗에게 훨씬 못 미치는 것은 어떻게 된 일입니까?

다윗은 여기에서 하나님의 말씀 중에서 어떤 부분을 따로 구별해서 말하고 있는 것이 아니라 하나님의 모든 말씀에 대하여 무차별적으로 말하고 있습니다. 그것이 하나님의 말씀이기만 하다면, 어떤 형태의 말씀이든, 그에게는 꿀처럼 달았습니다. 그런데 슬프게도 모든 신앙인들이 다 그런 것은 아닙니다. 어떤 신 앙인들은 지혜롭지 못한 편향성을 가지고서 하나님의 말씀 중에서 어떤 것들은 아주 달고, 하나님의 진리 중 어떤 부분은 시고 맛이 없다고 말합니다. 또한, 어 떤 부류의 사람들은 은혜에 관한 가르침들을 기뻐하고 좋아합니다. 사실, 은혜 의 가르침들은 우리에게 이익이 된다는 것을 우리가 잘 알고 있는데, 우리 중에 서 그런 가르침들을 기뻐하지 않을 사람이 누가 있겠습니까? 언약과 그 언약으 로부터 생겨난 하나님의 위대한 진리들은 이루 말할 수 없이 귀한 것들이기 때 문에 그것들을 깨닫는 모든 신자들이 기뻐하는 주제가 되는 것은 너무나 당연한 일입니다. 그렇지만 그런 사람들 중에는 여러분이 그들이 행해야 할 의무를 명 하는 하나님의 말씀을 전해주면 마치 불에 달군 인두로 지짐을 당하는 것처럼 기겁을 하며 화를 내는 사람들이 있습니다. 그들은 그런 말씀들을 마치 채찍으 로 여겨서 견딜 수 없어 합니다. 여러분이 "모든 사람과 더불어 화평함과 거룩함 을 따르라 이것이 없이는 아무도 주를 보지 못하리라"(히 12:14)는 하나님의 말 씀을 전하면서, 이것은 성령 하나님께서 우리 속에서 역사하셔서 이루어내시는 거룩함, 마음과 생각과 행위의 거룩함, 우리의 일상 생활 속에서 드러나는 개인 적인 거룩함을 말하고, 우리는 그러한 삶을 살아야 한다고 말하면, 그들은 화를 냅니다. 그들은 이렇게 말할 수 있습니다: "하나님, 주의 가르치는 말씀들은 내 게 너무나 달지만, 주의 명령들은 그렇지 않아서 내가 사랑하지 않습니다. 나는 그런 명령들을 율법적인 것이라고 부릅니다. 주의 종들이 그런 명령들을 전하 면, 나는 그들이 속박을 만들어 내고 있다고 말하며 그들로부터 도망치면서, 그 들은 아르미니우스파(Arminians)나, 은혜가 아니라 의무를 강조하는 신앙을 전파하는 자들이라고 치부해 버립니다. 왜냐하면, 나는 주의 말씀을 오직 절반만 사랑하기 때문입니다." 유감스럽게도 우리는 그런 부류의 사람들을 여기저기에서 적지 않게 찾아볼 수 있습니다. 그리고 정반대 방향으로 치닫는 사람들도 있습니다. 그들은 하나님의 말씀 중에서 명령들이나 약속들은 사랑하지만 가르침들은 사랑하지 않습니다. 우리가 은혜에 관한 어떤 가르침을 전하면, 그들은 그런 가르침은 대단히 위험하다고 말하고, 그런 가르침은 하나님의 성도들로 하여금 마음이 높아져서 주제넘은 자들이 되게 할 것이라고 말합니다. 그런 가르침은 그들을 유혹해서 도덕적인 구별들을 가볍게 생각하게 만들 것이라고 말합니다. 그런 가르침은 그들로 하여금 그리스도 안에서 안전하다는 것을 믿고서는 부주의하게 행하게 만들 것이라고 말합니다. 하지만 이렇게 말하는 사람들은 하나님의 진리의 전체가 아니라 절반만을 사랑하는 자들입니다. 나의 사랑하는 형제들이여, 나는 여러분이 다윗과 똑같은 마음을 지니기를 소망합니다. 하나님께서 여러분에게 약속을 주시면, 여러분은 그것을 꿀처럼 달게 느끼고 먹을 것입니다. 그리고 하나님께서 여러분에게 명령을 주시면, 여러분은 그것을 외면하지 않고 바라보면서, "하나님, 이 명령은 내게 약속의 말씀 같지는 않습니다"라고 말하면서도, 그것도 받아 먹습니다. 여러분이 그렇게 하면, 나중에 하나님께서 여러분에게 여러분의 내적인 경험이나 그의 사랑하는 아들과의 사귐과 관련된 어떤 계시를 주실 때, 여러분은 하나님이 말씀하신 진리라면 무엇이든지 다 사랑하는 법을 배웠기 때문에 그 계시를 기쁨으로 받게 됩니다.

　　하나님의 말씀 전체가 우리에게 달게 되었을 때, 그리고 우리가 어떤 체계 속에 들어가 있는 하나님의 진리가 아니라 성경에 있는 그대로의 하나님의 말씀을 사랑하게 되었을 때, 그것은 우리의 심령 속에 은혜가 있음을 보여주는 복된 증표입니다. 나는 인류 역사상에서 하나님의 말씀의 모든 진리를 다 포괄하는 신학 체계를 제시한 사람은 단 한 사람도 없었다고 믿습니다. 만일 그러한 체계가 가능한 것이었다면, 하나님이 친히 우리를 위해 그런 신학 체계를 만들어 주셨을 것입니다. 그렇게 하는 것이 우리의 유익과 거룩함에 바람직하였다면, 하나님은 반드시 그렇게 하셨을 것입니다. 그러나 하나님께서는 우리에게 어떤 신학 체계를 주시는 것이 아니라, 우리로 하여금 하나님이 주신 만큼 받아서 각각의 진리를 그 분량대로 행하고, 각각의 가르침을 다른 가르침들과 조화를 이루어 받아들이며, 각각의 명령을 조심스럽고 주의깊게 실천하고, 각각의 약속을 믿음으로 점차적으로 받게 하셨습니다. 하나님의 진리, 곧 하나님의 진리 전체가 우리의 입맛에 달아야 합니다. "주의 말씀의 맛이 내게 어찌 그리 단지요." 이 문장에서 강조점은 대명사 "주의"에 두어져 있는 것으로 보입니다: "주의 말씀이 내게 어찌 그리 단지요." 오, 나의 하나님, 말씀이 주의 것이라면, 그 말씀은 내게 꿀처럼 답니다. 만일 말씀들이 선지자로부터 왔고, 내가 그 말씀들이 단지 사람의 말들이라는 것을 알았다면, 나는 그 말들에 권위를 부여하지는 않고 다만 그 내용 자체로만 그 말들을 평가하였을 것입니다. 그러나 나의 아버지께서 말씀하실 때, 즉 내가 듣는 진리 속에서 성령이 살아 숨쉬고, 선포된 복음을 통해서 예수 그리스도께서 내게 가까이 오실 때, 그때에 그 말씀은 내 입맛에 달게 느껴집니다. 사랑하는 자들이여, 우리는 하나님의 진리라고 느낄 수 있을 때에만 만족해야 하고, 그저 진리라고 하여 다 만족해서는 안 됩니다. 우리는 이 책을 펴서 읽을 때에 일반 책과는 다른 느낌으로 읽을 수 있게 해주시라고 구하여야 합니다. 우리는 이 책 속에서 우리에게 별로 중요하지 않은 것 같은 말씀들을 읽을 때에도 하나님의 감동으로 기록된 진리를 읽고 있다는 것을 기억하여야 합니다. 이 책 속에는 하나님께서 우리로 하여금 받게 하고자 하시는 대로의 진리, 그리고 하나님께서 우리의 교훈을 위하여 자신의 종들을 감동시키셔서 기록하게 하시고 모든 세대를 위하여 보존하게 하신 진리가 들어 있습니다.

시편 기자는 "하나님의 말씀은 달고 꿀보다 더 다니이다"라고 말하는 것으로 만족하지 않고, "주의 말씀의 맛이 내게 어찌 그리 단지요 내 입에 꿀보다 더 다니이다"라고 말합니다. 결국 하나님의 말씀의 복됨은 각 사람의 개인적인 경험에 의해서 확인됩니다. 다른 사람들은 이런 철학이나 저런 사상을 좋아하고, 아름다운 시들을 찾아다니거나 듣기 좋은 말들에 푹 빠져 있을지라도, 나의 입맛에는 하나님의 말씀이 달고, 나의 영혼은 하나님의 입으로부터 내 입으로 전해지는 것들 속에서 이루 말할 수 없는 달콤함을 맛볼 것입니다.

2. 둘째로, 하나님의 말씀은 다윗의 입맛을 만족시켜 주었습니다.

우리가 여기에서 다윗이 한 말에 공감할 수 있다면, 그것은 얼마나 감사한 일이겠습니까! 왜냐하면, 우리에게는 하나님의 말씀에 대하여 전혀 입맛이 없었던 때가 있었기 때문입니다. 몇 년 전만 해도, 하나님의 말씀은 우리에게 단 것과는 거리가 멀었습니다. 우리는 성경을 가장 무미건조한 책이라고 생각했습니다.

하지만 지금은 그렇지 않습니다. 그때에 우리는 죄와 허물 가운데서 죽어 있었습니다. 죽은 자의 입에 꿀이 달기나 하겠습니까? 그러나 지금은 우리가 성령에 의해서 다시 살아나서 예수 그리스도로 말미암아 하나님에 대하여 살아 있습니다. 나의 형제들이여, 하나님의 은혜가 여러분을 다른 대부분의 사람들과 얼마나 다른 사람으로 만들었는지를 기억하십시오. 하나님의 말씀의 진수성찬을 보고도 그냥 지나치는 사람이 많습니다. 맛 있는 음식들이 있는 식당 밖에 서 있는 저 가련하고 굶주린 아이들이 진수성찬을 보고 냄새도 맡지만 먹을 수 없는 것처럼, 이 자리에서 말씀을 듣는 여러분 중에서도 성경 속에 매우 자양분이 많고 맛있는 것들이 있다는 것을 충분히 알고 자신의 눈으로 그것을 보면서도, 사마리아 성의 믿지 않는 자들처럼 그들 자신은 맛보지 못한 사람들이 많습니다. 우리가 전에 그랬듯이, 그들은 하나님으로부터 너무 멀리 떠나 있어서, 그 진수성찬을 먹고자 하는 마음이 생기지 않습니다. 왜냐하면, 그들의 심령은 모든 것을 거꾸로 보고, 그들의 입맛은 너무나 왜곡되어서, 진수성찬은 쓰레기로 여기고, 쓰레기는 진수성찬으로 여겨서 맛있게 먹기 때문입니다. 그들은 까마귀처럼 비둘기가 먹는 깨끗한 먹이에 대한 사모함이 없기 때문에 세상의 썩은 고기로 만족합니다. 그들은 돼지처럼 쥐엄나무 열매로 만족하고, 자녀들의 떡을 먹기를 사모하지 않습니다. 여러분 중에도 그런 사람들이 있었습니다. 그런 사람들은 하나님의 말씀을 철저히 외면하거나, 좋은 것이기는 하지만 얻을 수 없다고 생각하거나, 속임수일 뿐이라고 여기고서, 세상의 재미들이 그들의 영혼을 만족시켜 줄 것이라고 생각해서 그러한 것들로 눈을 돌렸습니다. 하지만 하나님께서 그런 우리를 새롭게 하시고 변화시키셔서, 지금 하나님의 말씀이 우리에게 꿀처럼 달게 만들어 주셨습니다. 이 얼마나 복된 변화입니까!

  나는 내게 영적인 생명이 있었는데도 하나님의 말씀이 내게 달지 않았던 때를 잘 기억합니다. 하나님께서 처음에 우리에게 영적인 입맛을 주실 때, 하나님의 말씀은 우리에게 달지 않고 도리어 짜거나 씁니다. 내가 참된 하나님의 말씀을 처음 맛보았을 때에 그 말씀은 예레미야의 경우처럼 쓰디썼습니다. 내가 그 말씀을 먹을 때에 마치 돌들을 씹는 것처럼 내 이빨이 다 부서지는 듯했습니다. "범죄하는 그 영혼은 죽으리라"(겔 18:4)는 말씀이 내게 그대로 응하는 것 같았습니다. 여러분은 쓰디쓴 것을 입에 넣고서는 차마 삼킬 수 없어서 계속해서 오물오물했던 적이 있습니까? 그러다가 마침내 삼켰을 때, 그것은 여러분의 영혼에 쓴 쑥 같아서, 여러분의 전 존재에 구석구석마다 그 쓴 맛이 가득 퍼졌습니다. 왜냐하면, 여러분은 자신이 완전히 망할 수밖에 없고 멸망 받을 수밖에 없고 파멸될 수밖에 없는 죄인이라는 것을 느꼈기 때문입니다. 여러분이 십자가 앞에 서서 주의 이름을 불렀을 때, 여러분의 입에 있던 저 회개와 죄의 자각의 쓴 것이 위로의 잔, 곧 구원의 잔에 의해 깨끗이 씻겨 나갔습니다. 그렇게 여러분이 말씀을 처음으로 맛보았을 때에 여러분의 입을 가득 채웠던 저 쓰디쓴 것을 하나님께서 깨끗이 씻어 주셔서 말씀의 달콤함을 느낄 수 있도록 해주신 후에, 어느 복된 날에 여러분이 하늘을 우러러 저 보배 피가 여러분에게 흘러들어오는 것을 보았을 때에 여러분의 입이 초가 아니라 꿀로 가득 차는 것을 느꼈습니다. 여러분은 그리스도께서 여러분 대신 초를 맛보시고 쑥과 쓸개를 맛보시는 것을 보았고, 여러분 자신은 "오래 저장하였던 맑은 포도주"(사 25:6)를 마셨습니다.

그 날 이후로 우리의 입맛은 점점 더 좋아졌고 만족도 커져 왔으며 연단을 받아서 이제는 서로 다른 것들을 분별할 수 있습니다. 우리가 회심할 때에는 거의 모든 것이 달았습니다. 잔에는 잘못된 가르침이 꽤 많이 들어 있었지만, 우리는 그 잔을 모두 들이마셨습니다. 왜냐하면, 주린 사람에게는 쓴 것조차도 단 법이기 때문입니다. 그러나 이제 우리의 입맛은 잘 훈련되어서 서로 다른 것들을 잘 분별할 수 있게 되었습니다. 우리의 입맛이 훈련될수록, 하나님의 말씀은 점점 더 달게 되고 사람의 말은 점점 더 쓰게 됩니다. 우리의 영혼이 하나님의 것들에 대하여 더 많이 가르침을 받을수록, 우리는 예수 안에 있는 하나님의 진리가 얼마나 소중하고 귀한 것인지를 더욱더 깨닫습니다. 영적인 입맛을 지닌 모든 그리스도인들은 하나님의 모든 말씀이 자기 입맛에 잘 맞는다고 말할 것입니다. 왜냐하면, 그들은 하나님의 말씀 속에는 하나님을 영화롭게 해드리는 어떤 것이 있음을 알기 때문입니다. 나의 사랑하는 형제들이여, 여러분은 우리 하나님을 찬양하고 하나님의 영광을 우리 앞에 나타내 보이는 설교를 들을 때마다 행복하지 않습니까? 여러분이 성전을 나가기도 전에, 여러분의 입에서는 이런 말이 나옵니다: "하나님, 나로 하여금 이 자리에 있게 하신 것을 감사합니다. 하나님께서 이 성전 가운데 계셨습니다. 하나님의 말씀이 선포되었고, 내 심령은 만족을 얻었습니다." 반면에, 여러분이 하나님을 제쳐두고 사람을 높이며 인간 본성의 고상함을 주장하는 설교를 들을 때에는 어떤 느낌을 받습니까? 나는 여러분이 "인간 같은 가련하고 타락한 피조물을 높일 뿐인 그런 말은 내 영혼이 혐오합니다"라고 말할 것이라고 확신합니다.

　　하나님의 말씀은 자신의 사랑하는 아들을 높입니다! 내가 설교자로서 그리스도를 선포하고, 구주의 귀한 이름의 종을 울리며, 그의 십자가를 들어올리고, 그의 피의 모든 능력, 그의 가슴의 사랑, 그의 죽으심의 욕됨, 그의 부활하심의 영광, 하나님의 보좌 앞에서 그의 탄원이 효력이 있다는 것, 모든 원수들에 대한 그의 궁극적인 승리의 확실성에 대하여 전하면, 여러분의 심금이 울리고, 여러분은 마치 진수성찬을 맛본 것 같은 느낌을 갖게 되어서, 집에 올라가 이렇게 말할 것임을 나는 확신합니다:

　　　　"자신의 성도들에게 오늘 잔치를 베풀어 주시기 위하여
　　　　　왕께서 친히 납시었노라."

　　여러분은 말씀을 듣고 나서 이 곳을 떠나기 전에 와츠(Watts)가 지은 다음과 같은 찬송을 부르고 싶은 마음이 든 적이 얼마나 많았습니까!

　　　　"나의 심령이 뜨거워졌으니,
　　　　　늘 지금 같은 상태에 머물고 싶네."

　　그러나 만일 여러분이 예수 그리스도를 영화롭게 하지도 않고, 그의 신성에 의문을 제기하며, 그의 보혈의 능력을 비방하고, 대속의 제사를 알 수 없는 모호한 일로 왜곡시켜서 대속이 있었는지 없었는지 우리는 알 수 없다는 듯이 말하는 설교를 듣는다면, 그때에 여러분은 어떤 느낌이 들까요? 그리스도를 건드리는 것은 곧 여러분의 눈동자를 건드리는 것입니다. 여러분은 설교자에게 이렇게 말합니다: "당신의 웅변은 매번 너무나 훌륭하지만, 나는 당신의 식탁에서 먹을 수 없습니다. 당신은 내 앞에 은으로 된 수저를 놓고 많은 귀한 음식을 차려 놓지만, 당신이 내놓은 음식에는 독이 있습니다. 당신이 그리스도를 영화롭게 하지 않는다면, 나는 먹을 수 없습니다." 하나님, 이것이 주의 말씀이 주의 자녀들의 입맛에 너무나 달콤한 이유입니다. 주의 말씀은 주의 사랑하는 아들을 영화롭게 하고, 주의 자녀들은 그리스도께서 인생들 가운데서 높임을 받으시는 것을 보는 것을 기뻐합니다.

또한, 하나님의 말씀은 성령의 임재를 증명하고 그 감화시키는 능력을 드러낸다는 점에서도 달콤합니다. 여러분이 찬송 받으실 삼위일체 하나님의 한 위격이신 성령을 예배하고 그에게 영광을 돌리는 설교를 듣는다면, 그때에도 하나님의 말씀은 여러분의 입맛에 달 것입니다. 하나님의 자녀들이 그들을 거룩하게 하시는 성령을 공경하고 높이는 것은 마땅한 일이고, 그것은 하나님의 자녀임을 보여주는 증표이기도 합니다. 하나님의 성령에 대한 선포가 전혀 이루어지지 않고, "우리는 성령이 계시는지조차도 알지 못하였노라"고 말할 정도로 성령을 조직적으로 외면하는 교회가 있다면, 나는 그 교회에 출석하는 사람들의 영혼이 황무해지고 바싹 말라간다고 해도 전혀 이상하게 여기지 않을 것입니다. 하나님의 말씀은 성령에 의해서 기록된 것이기 때문에, 그 동일하신 성령께서 역사하실 때에만 우리에게 전달됩니다. 그리스도께서는 심지어 부활 후에도 자신의 사도들에게 계명들을 주실 때에 성령을 통해서 주셨습니다. 하나님의 말씀은 주어질 때만이 아니라 받을 때에도 단지 말이 아니라 성령의 능력과 나타나심으로 말미암습니다. 이렇게 성령의 역사를 통해 말씀을 받을 때, 그 말씀은 우리의 입맛에 꿀처럼 달 것입니다.

또한, 하나님의 말씀은 언제나 순전하고 거룩합니다. 설교자가 전하는 말씀 속에 죄를 가볍게 여기는 그런 내용이 조금이라도 들어 있다면, 그것은 충격적인 일입니다. 나는 신학적인 글을 읽을 때마다 죄책이나 공의의 주장들이나 하나님의 법의 최고성을 경시하고 하찮게 여기는 내용들은 건강하지 못한 것이라고 말할 수 있습니다. 어떤 이들은 은혜를 부각시킨다는 미명 하에 이런저런 죄는 우리가 생각하는 것과는 달리 죄가 아니고, 믿지 않는 자들이 지을 때에는 극악무도한 죄일지라도 하나님의 백성들이 지을 때에는 그렇게까지 극악무도한 죄는 아니라고 서슴지 않고 말합니다. 그들은 하나님의 백성 안에 있는 죄는 치명적인 질병이 아니라 하나의 오점일 뿐이라고 말합니다. 우리는 어떤 설교자들은 강단에서 경박하고 속될 뿐만 아니라 거의 더럽고 부정하기까지 한 표현들을 사용합니다. 그러한 표현들은 여린 식물처럼 민감한 하나님의 자녀들로 하여금 움츠러들게 만들기에 충분합니다. 여러분은 하나님의 말씀 속에서 그런 표현을 결코 발견할 수 없습니다. 우리가 사용하는 흠정역에는 보통 사람들이 듣기에 적합하지 않은 표현들이 일부 나오지만, 그러한 표현들은 원문을 충실하게 옮기는 데에 꼭 필요한 것들이 아니기 때문에 바꾸거나 수정하는 것이 옳습니다. 사실 원어로 된 성경 속에는 하나님의 자녀들을 거슬리게 만드는 표현이 하나도 없습니다. 순전한 마음을 지닌 사람은 이렇게 말할 수 있습니다: "주의 말씀이 내게 어찌 그리 단지요. 이는 나의 거룩함을 입은 심령에 충격을 주거나 죄를 경시함으로써 흠 잡힐 만한 표현이 전혀 없음이니이다."

하나님의 말씀은 그리스도인에게 임하여 모든 선한 일에 대하여 아주 완벽하게 깨어나게 해주기 때문에 늘 꿀처럼 답니다. 형제들이여, 나는 여러분이 선포되는 하나님의 말씀을 충실하게 듣거나, 경건한 마음으로 말씀을 읽을 때에 새 포도주를 마시고 힘을 차린 거인 같이 포효하며 일어날 것이라고 확신합니다. 만일 성경이 우리를 종종 깨어나게 하는 것이 없다면, 우리가 무엇을 할 수 있겠습니까? 나는 하나님의 어떤 약속이나 명령의 힘에 감화되어 깨어나서 이전보다 더 큰 활기로 나태의 침상에서 벌떡 일어나는 경우가 종종 있다는 것을 고백하지 않을 수 없습니다. 나는 개구리의 죽은 뒷다리 같은 어떤 동물의 죽은 사지에 전기 충격을 가하면 그 죽은 사지로 전류가 흘러들어가자마자 에너지를 받아서 살아 움직인다는 얘기를 들은 적이 있습니다. 물론, 우리는 하나님의 말씀으로부터 전기 에너지를 받는 것이 아니라 진짜 생명을 받아서, 죽은 것 같았던 우리 영혼이 하나님의 능력으로 말미암아 갑자기 살아나는 것입니다. 하늘에 속한 일들에 있어서 무기력한 모습은 그리스도인들에게는 늘 찜찜하고 불유쾌한 일일 수밖에 없습니다. 하지만 하나님의 말씀으로 깨어난 사람들은 지극히 큰 자유로움과 탁월함으로 하나님을 섬기게 됩니다.

3. 셋째로, 다윗은 하나님의 말씀이 달다고 찬송합니다.

다윗은 하나님의 말씀이 얼마나 단지를 우리에게 말해 주지 않습니다. 그는 단지 우리에게 "어찌"라는 감탄의 어구만을 보여줄 뿐입니다. 그는 마치 자기가 그 깊이를 헤아려보려고 애썼지만 허사여서 사도처럼 "깊도다"(롬 11:33)라는 말만을 할 수 있을 뿐이라는 듯이, "주의 말씀의 맛이 내게 어찌 그리 단지요"라고만 말할 뿐입니다. 하지만 그는 우리로 하여금 하나님의 말씀의 달콤한 정도가 어느 정도인지를 가늠할 수 있도록 하기 위해서 "내 입에 꿀보다 더 다니이다"라는 말을 덧붙입니다. 이것이 내가 지금부터 말하고자 하는 것의 핵심이 될 것입니다. 어떤 이유에서 하나님의 말씀은 우리에게 꿀보다 더 단 것입니까?

꿀은 지구상에서 나는 온갖 것들 중에서 가장 달다고 정평이 나 있지만, 여러분은 하나님의 말씀이 꿀보다 더 달다는 것을 발견하게 될 것입니다. 내 경험을 얘기해 보겠습니다. 하나님의 일을 성공적으로 해서 영혼들을 얻는 것은 행복한 일입니다. 나는 이 일이야말로 이 땅에서 누릴 수 있는 것들 중에서 가장 달콤한 것이라고 생각합니다. 나는 종종 하루에 20명 내지 30명의 사람이 회심하는 것을 보아 왔고, 그들 중 대부분은 내가 목회하는 곳에서 평안을 얻은 사람들입니다. 이것은 정말 달콤한 일이 아닙니까? 그러나 나는 하나님의 말씀이 더 달다는 것을 똑똑히 알고 있습니다. 왜냐하면, 나는 나의 목회가 성공적인 것을 볼 때에 행복하다고 느끼곤 하지만, 하나님의 감동으로 된 어떤 보배로운 약속이나 기쁜 가르침을 보았을 때에는 훨씬 더 큰 행복을 느껴 왔기 때문입니다. 나는 내가 영혼들을 주께로 인도하였을 때에 주께서 이적들을 행하고 돌아온 자신의 제자들에게 하신 말씀을 내게도 해주시는 것을 들었다고 생각합니다: "귀신들이 너희에게 항복하는 것으로 기뻐하지 말고 너희 이름이 하늘에 기록된 것으로 기뻐하라"(눅 10:20). 내가 택함 받았고 구속받았다는 것이나 그리스도의 영광이나 하나님의 미쁘심에 대하여 생각하는 것은 내가 누렸던 이전의 달콤함보다 분명히 더 달콤하였습니다. 세상에는 아주 하얀 것들이 있습니다. 어떤 주부가 세마포를 아주 하얗게 보이도록 빨고 나서 이 세상에서 이 세마포보다 더 흰 것은 없을 것이라고 생각했답니다. 그때에 하얀 눈이 내렸는데, 눈과 비교해 보니 아주 희고 깨끗한 세마포도 검게 보였습니다. 마찬가지로, 영혼들을 얻는 기쁨, 가족들이 서로 사랑하고 아껴줄 때의 기쁨, 하나님을 섬기는 기쁨은 그 주부의 세마포와 같은 것이라면, 하나님의 약속을 받는 것은 세마포보다 더 흰 눈과 같은 것입니다. 여러분이 세상의 기쁨으로부터 얻을 수 있는 모든 달콤함은 하나님의 말씀으로부터 우리 자신이 구체적으로 약속을 받는 것의 달콤함에 비하면 아무 것도 아닙니다. 그것은 "꿀보다 답니다."

하나님의 말씀은 온갖 종류의 쓴 것을 다 달콤하게 해주기 때문에 꿀보다 더 답니다. 여러분의 입 속에서 꿀로는 달게 할 수 없는 수많은 종류의 쓴 것이 존재합니다. 여러분 그 쓴 것에 꿀을 섞으면, 두 가지가 묘하게 섞여서 역겨운 향이 나기 때문에 차라리 쓴 것 그대로가 더 나을 수 있습니다. 하나님의 말씀은 결코 그렇지 않습니다. 어떤 사람이 자신의 입에 쓴 가난이나 더 쓴 수치와 멸시를 가득 머금고 있다고 합시다. 그리고 최후의 쓴 것인 죽음이 그의 입에 가득하다고 합시다. 그럴 때에도 하나님의 말씀이 그의 영혼 속으로 들어가기만 한다면, 그 말씀은 가난이나 수치나 멸시, 심지어 죽음까지도 다 삼켜 버립니다. 괴로움과 아픔은 그에게서 떠나가고, 그는 기쁨으로 충만하게 됩니다. 하나님의 말씀이 그의 심령 속으로 들어갔을 때, 그는 고통이나 슬픔, 또는 심지어 죽음이 자기에게 있다는 것을 거의 알지 못할 것입니다. 왜냐하면, 그의 믿음이 영원히 살아계시는 하나님의 맹세와 언약을 굳게 붙잡을 때에 이 모든 것들은 그에게 유익이 될 것이기 때문입니다.

　하나님의 진리는 결코 싫증나거나 물리지 않기 때문에 꿀보다 더 답니다. 꿀은 많이 먹을 수 없습니다. 여러분이 꿀을 좋아한다면, 조금만 먹으십시오. 좋아한다고 해서 많이 먹으면, 여러분은 금방 꿀에 물려서 먹기가 싫어질 것입니다. 꿀은 금방 물립니다. 그러나 하나님의 말씀은 그렇지 않습니다. 하나님의 말씀이라는 젖을 여러분이 원하는 대로 다 먹는다고 해도, 성경이라는 젖가슴에서 나오는 젖을 너무 많이 먹어서 물리거나 탈이 나는 일은 결코 없습니다. 여러분이 매일 아침과 저녁으로 물동이를 들고 와서 이 샘에서 물을 긷는다고 해도, 그 깊고 차가운 샘은 늘 수정 같은 생수를 여러분에게 공급해 줄 수 있습니다. 주린 자들이여, 잔치에 오셔서 식탁에서 일어날 생각을 하지 마시고, 여러분의 영혼이 더 잘 차려진 식탁으로 옮겨가게 될 때까지 거기에 앉아 먹으십시오. 언제나 상다리가 부러지도록 잘 차려진 식탁에서 먹고 마시십시오. 우리 선교사님들 중에서 한 분에게 하나님의 말씀을 아주 어려운 언어로 번역하는 소임이 맡겨져서, 그분이 성경 한 구절을 백 번이나 읽었답니다. 이런 일은 하나님의 말씀을 읽을수록 그 달콤함이 점차 감소한다면 정말 지루하기 짝이 없는 일이겠지요. 그러나 그분은 백 번을 다 읽은 후에야 비로소 그 구절이 깨달아졌다고 말했습니다. 백 번을 읽은 후에도 그는 자기가 이제 막 그 구절을 읽기 시작하는 것 같았다고 합니다. 성경은 양들이 풀을 많이 뜯어 먹을수록 풀이 더 빨리 자라는 초장과 같습니다. 성경은 광부들이 더 깊이 파고 들어갈수록 더 많은 금이 나오는 광산과 같습니다. 여러분이 해마다 하나님의 말씀을 계속해서 먹어도 결코 말씀에 질리는 법은 없을 것입니다. 여러분 중에서 아마도 매일 저녁 식사에 똑같은 음식이 나오는 것을 좋아하는 사람은 거의 없을 것입니다. 우리가 똑같은 음식을 반복해서 먹으면 그 음식에 금방 질려 버립니다. 여러분 중에는 주님을 알게 된 것이 11살이나 12살부터인 분들도 있고 15살에서 20살 사이에 신앙 생활을 시작한 분들도 있습니다. 그런 여러분이 지금 50살이 넘도록 긴 세월 동안 복음을 들어 왔는데, 여러분 가운데 이제 지금까지 들은 복음에 물렸으니 새 복음을 들려주기를 원하는 분이 있습니까? 여러분 중에서 다른 형태의 가르침이나 다른 체계의 신학, 또는 우리가 의지할 다른 십자가, 보혈로 말미암은 대속 이외의 다른 것을 원하는 분이 있습니까? 나는 여러분이 이렇게 말할 것이라고 생각합니다: "아닙니다. 우리는 살면 살수록 옛 신앙을 더욱더 꼭 붙들게 됩니다. 우리가 성경을 더 많이 연구하고 우리의 환난이 더 심해질수록, 우리는 그리스도를 더 굳게 붙잡게 됩니다. 그리고 이렇게 노래합니다."

> "사람들이 고안해 낸 온갖 가르침들이
> 기만적인 술책으로 나의 신앙을 공격해온다고 할지라도
> 나는 그런 가르침들을 헛것이라 말하며
> 복음을 내 마음에 더 단단히 묶으리."

하나님의 말씀은 입맛 자체를 달콤하게 만듭니다. 입맛 자체가 달콤하면, 어떤 것들은 입 안에서 달콤합니다. 그러나 입맛이 없어지면, 여러분은 달콤한 맛을 느낄 수 없습니다. 그러나 하나님의 말씀은 여러분의 입맛을 되살려줄 수 있습니다. 하나님의 자녀들의 입맛이 없어져서, 하나님의 말씀을 맛있게 먹으려면 먼저 입맛을 원래대로 돌아오게 할 필요가 있는데, 그들은 다른 곳으로 갈 필요가 없고 하나님의 말씀 자체로 가면 됩니다. 그리스도를 영접하기 위해서 우리 자신을 준비한다는 생각은 복음적인 생각이 아닙니다. 뭔가 다른 것을 생각함으로써 복음을 받아들일 마음의 준비를 한다는 생각은 내게는 늘 부자연스러워 보입니다. 여러분의 마음에 아무런 감동이 없다면, 하나님의 말씀 중에서 감동적인 부분을 읽으십시오. 그것이 여러분을 성경의 다른 부분을 읽을 수 있도록 준비시켜 줄 것입니다. 왜냐하면, 하나님의 말씀은 처음에는 식욕을 돋구어 주는 역할을 하고, 그런 후에는 그 식욕을 만족시켜 주는 음식이 되어줄 것이기 때문입니다.

꿀과 그 달콤함은 우리에게서 잊혀질 수 있습니다. 그러나 하나님의 말씀은 우리가 일단 그 달콤함을 알게 되면 우리와 영원히 함께 있게 됩니다. 여러분의 자녀가 꿀을 먹고 싶은 만큼 먹었다고 할지라도, 꿀의 달콤함은 그 아이의 입에서 일주일도 머무르지 않을 것입니다. 하지만 우리 중에는 15년 전에 맛보았던

하나님의 말씀의 꿀 같은 맛을 지금도 여전히 기억하고 있는 분들이 있습니다. 다윗은 "내가 요단 땅과 헤르몬과 미살 산에서 주를 기억하나이다"(시 42:6)라고 말합니다. 나는 다윗이 몇 년 전의 일을 기억하고 있는 것인지를 알지 못하지만, 우리 중에는 10년이나 15년, 또는 40년 전에 하나님과 교제하며 그 임재 앞에서 새 힘을 얻었던 때들을 지금도 여전히 기억하고 있는 분들이 많습니다. 그리스도께서 여러분의 영혼으로 하여금 그를 맛보게 하셨을 때에는, 그 달콤한 맛은 그 어디에도 없기 때문에, 여러분은 지금도 그 맛을 기억할 수 있는 것입니다! 여러분은 그러한 기쁨의 시간들에 대하여 말하기를 좋아하고, 이렇게 생각합니다:

> "예수께서 내 영혼 위에 한 번 빛을 비추셨다면,
> 그후로는 예수는 영원히 나의 것이라네."

이렇게 여러분은 하나님의 말씀의 꿀 같은 달콤함을 한 번 경험한 후에는 언제든지 그것을 기억하고 회상할 수 있습니다.

내가 하나님의 말씀에 대하여 아는 것으로부터 추론할 수 있는 것은 우리가 하나님의 말씀에 대하여 아는 모든 것은 거의 없다는 것입니다. 우리가 천국에 다다랐을 때, 나는 우리가 깜짝 놀랄 일들 중의 하나는 우리가 아는 것이 별로 없이 얼마나 미련한 자들이었는지를 발견하는 것이 될 것이라고 생각합니다. 젊은 이들이 대학에 막 들어가면 자기가 꽤 많이 알고 있다고 생각하다가, 2학년이 되면 자기가 아는 것만큼 모르는 것도 많다고 생각하게 됩니다. 나는 내 조부께서 자기가 대학교 2학년이었을 때에 자기 자신을 미련한 자라고 생각했다고 말씀하시는 것을 들은 기억이 납니다. 3학년이 되자, 내 조부께서는 자기가 미련한 자라는 것을 확실히 아셨고, 그러자 선생님은 내 조부께서 이젠 졸업할 때가 되었다고 생각했답니다. 우리가 천국에 가서도 이것과 똑같은 일이 벌어질 것입니다: "내가 모든 것을 알고 있다고 생각하다니, 나는 얼마나 미련한 자였던가!" 우리 중에서 다른 사람들에게 말씀을 전하는 분들은 러더퍼드(Rutherford, 1600-1661, 스코틀랜드의 목회자이자 신학자)와 똑같은 심정일 것인데, 그는 하나님의 자녀들 중에서 가장 보잘것없는 사람일지라도 일단 육신을 벗고 영원히 죽지 않는 상태로 들어가게 되면 이 땅에서 60년 동안 다른 사람들에게 구원의 길을 가르치며 살아온 가장 박식한 신학자보다 하늘의 일들에 대하여 더 많이 알게 된다고 말하였습니다. 우리가 이 광야 같은 세상에서 얻는 것은 에스골 골짜기에서 얻은 단 한 송이의 포도에 불과합니다. 우리는 아직 포도송이들이 주렁주렁 매달려 있는 골짜기로는 단 한 걸음도 들어가지 않았습니다. 우리는 단지 그 땅에서 나는 약간의 향유와 기름과 살구 열매를 얻었을 뿐이지만, 그 땅은 젖과 꿀이 흐르는 땅입니다. 우리는 "포도들을 맛보았기 때문에" 종종 "포도나무가 있고 포도송이들이 주렁주렁 달려 있는 우리의 사랑하는 주님이 계신 곳으로" 가기를 열망합니다. 그런데도 우리가 그 곳에 대하여 아는 것이 별로 없고 그 곳의 달콤함을 거의 누려보지 못하고 있다는 것은 정말 기가 막힌 일입니다. 하지만 우리가 그 곳의 달콤함을 거의 누려보지 못했다고 할지라도, 그 달콤함은 너무나 대단해서, 우리는 두 손을 벌리고 황홀한 심정으로 "주의 말씀의 맛이 내게 어찌 그리 단지요 내 입에 꿀보다 더 다니이다"라고 말하게 됩니다.

우리가 은혜 안에서 얼마나 성장했는지는 이것을 척도로 확인할 수 있습니다. 하나님의 말씀이 오늘 내게 아주 달고 내 입에 꿀 같습니까? 하나님의 자녀들 중에서 이 질문에 대하여 그렇다고 대답할 수 있는 사람은 별로 없습니다. 우리는 하나님의 자녀라면 당연히 그래야 한다고 말할 수는 있지만, 지금 이 순간에 실제로 그런 상태에 있는 사람은 드뭅니다. 하나님의 말씀이 우리에게 이전보다 더 달게 느껴진다면, 그것은 영적인 삶에서 성장했음을 보여주는 꽤 확실한 증표입니다. 하나님의 말씀 중에서 어느 부분이 지닌 달콤함은 이러저러한 약속이 구체적으로 우리에게서 이루어져야만 알 수 있습니다. 병들어 본 적이 없거나 사업을 하다 손해를 본 적이 없거나 늘 평탄한 삶을 살아온 사람은 환난 가운데 있는 하나님의 백성에게 특별히 주어진 어떤 약속들을 이해할 수 없습니다. 낮에는 별들을 볼 수 없지만, 비록 낮일지라도 우물 밑으로 내려가서 하늘을 보면 별들이 보입니다. 하나님은 흔히 자기 백성을 환난의 우물 밑으로 내려보내시고, 그때에 그들은 하나님의 약속들이라는 별들을 볼 수 있게 됩니다. 약속들 중 일부는 눈에 보이지 않는 잉크로 양피지에 씌어져 있어서, 여러분이 그 양피지를 환난의 불에 비추어 볼 때에만 거기에 씌어진 글자들을 알아볼 수 있기 때문에, 그 전에는 마치 거기에 아무것도 씌어 있지 않은 것 같아 보입니다. 하나님께서는 "네가 불 가운데로 지날 때에 타지도 아니할 것이요 불꽃이 너를 사르지도 못하리니"(사 43:2)라고 약속하셨습니다. 그러나 여러분이 불과 불꽃 가운데로 지난 적이 없다면, 이 약속의 의미를 결코 알 수 없을 것입니다. 또한, "내가 결코 너희를 버리지 아니하고 너희를 떠나지 아니하리라"(히 13:5)는 약속의 말씀은 주로 환난과 박해 가운데 있던 성도들에게 위로가 되어 왔습니다. 금전적인 문제로 어려움을 겪어온 사람들은 "견고한 바위가 그의 요새가 되며 그의 양식은 공급되고 그의 물은 끊어지지 아니하리라"(사 33:16)는 약속의 말씀 속에서 위로를 발견해 왔습니다. 여러분이 비방을 받아본 적이 없었다면, 여러분은 "너를 치려고 제조된 모든 연장이 쓸모가 없을 것이라 일어나 너를 대적하여 송사하는 모든 혀는 네게 정죄를 당하리니"(사 54:17)라는 약속의 말씀으로부터 결코 포도주를 마시지 못하였을 것입니다. 여러분이 하나님의 말씀의 달콤함을 느낀다면, 그 비밀은 여러분이 안팎으로 이런저런 환난을 경험했고, 그 결과 그렇지 않았더라면 결코 알 수 없었을 말씀의 달콤함을 여러분의 영혼이 똑똑히 맛보았다는 데에 있습니다.

　여러분으로 하여금 하나님의 말씀을 소중히 여기게 하지 않는 경험은 아무런 유익도 없는 경험입니다. 그리스도인들이 한 경험들 중에서 상당수는 그리스도인으로서의 경험이 아닙니다. 그들은 단지 하나님을 거역하는 죄인으로서 그런 경험을 한 것일 뿐입니다. 그러나 제대로 된 그리스도인으로서의 경험은 언제나 하나님의 말씀을 더 소중히 여기게 되고 그 귀중함을 새삼스럽게 더 절실히 깨닫게 되는 열매를 맺습니다. 여러분이 하나님의 말씀의 달콤함을 절실하게 깨닫게 되었다면, 여러분의 믿음은 성장한 것입니다. 만일 어떤 사람이 내게 "꿀이 달지가 않네요"라고 말한다면, 나는 그 사람으로 하여금 그렇게 말하도록 한 정황을 분명하게 알지 못하기 때문에 거기에 대하여 뭐라고 말하기 힘들 것입니다. 그러나 여기에 꿀이 한 대접이 있고, 내가 그 꿀을 한 숟가락 떠서 맛보았다면, 나는 "꿀이 달지 않다고 하셨나요? 내 입에는 다네요"라고 말할 수 있을 것입니다. 내 입에 그 꿀의 달콤한 맛이 아직도 감도는 것이 나에게 분명한 증거가 되기 때문에, 나는 그 사람이 말한 것을 일축할 수 있습니다. 그리고 그런 경우에는 증거가 너무나 확실한 까닭에, 어떤 논거를 제시하며 논증을 펴는 것 자체가 우스꽝스러울 것이기 때문에, 나는 내 입 속에 그 꿀의 달콤함을 간직하고서 얼굴에 미소를 지으며 그 사람을 바라볼 것입니다. 하나님의 말씀의 경우에도 마찬가지입니다. 여러분이 지금 하나님의 말씀이 주는 위로와 달콤함을 누리며 알고 있다면, 불신자나 회의론자가 하는 그 어떤 말도 여러분의 마음에 아무런 힘을 발휘할 수 없을 것입니다. 하나님의 말씀이 어둠 속에 있는 여러분에게 빛을 비처 주어서 기쁨을 주고 있음을 여러분이 느끼고 있다면, 말씀이 여러분에게 그 어떤 빛도 비쳐 주지 못할 것이라고 말하고 있는 그 사람은 얼마나 실없고 우스꽝스러운 사람이 되고 말겠습니까! 여러분이 지금 하나님의 말씀이 주는 힘을 느끼고 있는데, 어떤 사람이 하나님의 말씀은 우리에게 힘을 주지 못한다고 말한다면, 그런 말은 여러분에게 씨도 안 먹힐 것입니다.

하나님의 말씀이 여러분에게 달다면, 그것은 여러분이 영적으로 건강하게 잘 성장하였음을 보여주는 증표입니다. 내가 어릴 때에 우리가 음식을 잘 먹지 않을 때면, 아버지께서는 우리를 구빈원으로 데려가셔서, 거기에 있는 소년들과 소녀들이 배가 고파서 별로 차린 것이 없는 음식일지라도 아주 맛있게 잘 먹는 모습을 보여주시면서, "너희도 저 아이들처럼 먹을 것이 없어서 늘 굶주려 본다면, 그것이 너희에게 유익이 될 것이다"라고 말씀하셨습니다. 하나님의 자녀들은 종종 세상적이 되어서 하나님의 말씀에서 달콤함을 느끼지 못하고, "목사님의 설교가 은혜가 안 돼"라고 불평합니다. 그러나 사실 그들은 성경에서도, 그리고 사도 바울에게서도, 그리고 주 예수 그리스도에게서도 은혜를 받지 못합니다. 왜냐하면, 그들은 하나님의 말씀에 대한 입맛을 잃어버렸기 때문입니다. 그러나 우리의 입맛이 좋을 때에는 성경의 어느 곳을 펼치더라도 은혜를 받고, 설교자가 말씀을 어떤 식으로 요리를 하더라도 그런 것과는 상관 없이 은혜를 받습니다. 우리는 설교자가 하나님의 말씀을 잘 요리해서 우리 앞에 갖다 바치기를 바라지만, 요리에 파슬리를 살짝 얹듯이 하나님의 말씀에 양념들을 적절하게 쳐서 우리에게 늘 진수성찬을 차려주는 설교자는 별로 없습니다. 설교자가 하나님의 말씀을 투박하게 요리해서 내놓으면, 우리는 "그런 식의 요리는 먹기 싫어"라고 말합니다. 그러나 여러분이 밭에서 하나님을 위해 열심히 일하느라 배가 고프고 입맛이 돈다면, 여러분의 영혼이 날아오르게 될 때까지 하나님의 말씀을 배불리 먹고 이렇게 말할 수 있습니다: "하나님, 내게 이렇게 맛있고 달콤한 양식을 주신 것을 감사합니다. 내가 이렇게 진수성찬을 배불리 먹은 바로 이 식탁에서 다른 그리스도인들도 와서 먹게 하기 위해서, 하나님의 말씀을 읽고 묵상할 때에 내가 얻은 기쁨들을 그들에게 꼭 말하겠습니다." 성령 하나님께서 예수를 인하여 우리 각 사람으로 하여금 그러한 경험을 매일매일 할 수 있게 해주시기를 빕니다. 아멘.

제

121

장

—

매시간마다 드리는 나의 기도

—

"나를 붙드소서 그리하시면 내가 구원을 얻고 주의 율례들
에 항상 주의하리이다." ― 시 119:117

"나를 붙드소서." 이것은 기도로서 새로운 내용이 결코 아닙니다. 우리는 그런 기도를 수없이 보아 왔습니다. 이 기도의 또 다른 형태는 오늘의 본문 아주 가까이에도 나옵니다. 바로 앞 절을 보십시오: "나를 붙들어"(116절). 이 두 기도는 전혀 차이가 없습니다. 이 둘은 동일한 종에서 울려나온 두 번의 종소리 같습니다. 이 두 기도는 시편 기자의 마음이 간구로 가득 차 있었다는 것을 우리에게 가르쳐 줍니다. 왜냐하면, 그는 하나님께서 자기를 붙들어 주시는 것이 절실히 필요하다는 것을 알고 있었기 때문입니다. 우리는 이교도들처럼 주문을 외우듯이 동일한 말을 반복적으로 하지 않기 때문에, 동일한 생각을 표현하고자 할 때에도 가급적 새로운 말들로 표현하는 것이 살아 계신 하나님의 자녀들에게 자연스러운 일입니다. 그래서 시편 기자는 여기에서 동일한 내용을 약간씩 다른 표현을 사용해서, 처음에는 "나를 붙드소서"(Uphold me)라고 표현하고, 다음에는 "나를 붙들어"(Hold me up)라고 표현합니다. 물론, 지금 나의 의도는 원문을 권위 있게 가르치고자 하는 것이 아니라 예화를 드는 것이기 때문에, 나는 영어 성경을 예로 들어서 이러한 표현의 변화에 관한 예화를 말씀드리고 있는 것입니다. 그렇지만 우리는 은혜를 유지하기 위해서 끊임없이 부르짖을 필요가 있다는 것은 권위 있는 가르침입니다.

여러분이 눈치 채셨겠지만, 첫 번째 기도인 "나를 붙드소서"에서 시편 기자가 이렇게 하나님께 자기를 붙들어 주시라고 간구하는 것은 바로 생명을 위한 것이었습니다: "주의 말씀대로 나를 붙들어 살게 하시고 내 소망이 부끄럽지 않게 하소서." 그는 새로운 은혜가 자신의 영혼 속으로 흘러들어오지 않는다면, 그의 영적인 생명은 완전히 끊어질 것이라고 느낍니다. 여러분의 간구에 무게를 실어야 한다는 것을 잊지 마십시오. 그러나 오늘 우리가 살펴보고 있는 두 번째 기도에서는 시편 기자가 생명 그 이상의 것을 위하여 하나님이 자기를 붙들어 주시라고 간구합니다. 그는 자신의 "안전함," 즉 자기가 흠 없는 거룩한 삶을 살아서 그 결과 안식과 평안함이 있는 삶을 살게 해주시라고 구합니다: "나를 붙드소서 그리하시면 내가 구원을 얻고 주의 율례들에 항상 주의하리이다"(KJV에서는 "구원"을 "안전함"으로 번역하고 있음 — 역주). 이 두 절은 여러분에게 기도의 중요성을 보여주기 때문에, 나는 이 두 절이 여러분으로 하여금 내가 지금부터 전하고자 하는 말씀에 진지하게 귀를 기울이도록 만들어 줄 것이라고 믿습니다.

모든 기도는 약속의 변형이라는 사실은 너무나 기쁜 말입니다. 즉, 하나님께서 이미 우리에게 어떤 복을 약속하셨기 때문에, 우리는 그 복을 주시라고 기도한다는 것입니다. 따라서 하나님께서 우리에게 어떤 선한 것을 위하여 기도하라고 가르치셨다면, 우리는 하나님이 그것을 우리에게 주고자 하신다는 확신을 가질 수 있습니다. 여러분이 하나님의 감동으로 말미암아 어떤 은총을 구하고자 하는 소원을 여러분의 마음속에서 느낀다면, 그것은 하나님이 여러분에게 그 은총을 주고자 하시기 때문입니다.

기도는 장차 주어질 복의 그림자입니다. 그러므로 어떤 복이 우리에게 주어질 것이기 때문에, 우리는 그 복을 주시라고 기도하는 것입니다. 사람들은 우리의 기도로 하나님의 계획을 바꿀 수 없다고 말합니다. 물론, 그렇습니다. 우리의 기도는 하나님의 계획을 바꾸는 것이 아니라, 하나님의 계획이 무엇인지를 드러내는 것입니다. 사람들은 하나님의 영으로 말미암아 이런저런 식으로 기도하도록 감동을 받는데, 그것은 성령이 하나님의 마음을 알기 때문입니다. 그리고 성령이 우리에게 어떻게 기도하라고 감동을 주는 것은 기도하는 우리에게 하나님의 마음을 계시하시는 것입니다. 믿음의 간구라는 것은 하나님이 자신이 원하시는 것들을 이루기 위해서 자신의 자녀들의 마음 판에 그것들을 기록하시는 것입니다. 하나님께서 어떤 것을 원하시지도 않는데, 여러분에게 마음의 소원을 주시겠습니까? 하나님께서는 모든 사람에게 그의 마음에 원하시는 것들을 주시는 것이 아니고, 오직 하나님과 마음이 합하여 하나님을 기뻐하는 자들, 따라서 하나님이 원하시는 것들을 원하는 자들에게만 자신의 뜻을 나타내십니다. 그러므로 우리의 마음이 하나님의 마음과 하나가 될 때, 우리의 기도는 하나님의 뜻과 합치되고, 그 결과 우리의 소원을 따라 그 기도가 우리에게 이루어집니다.

하나님의 종들을 붙들어 주시는 것은 언제나 하나님의 마음과 부합하는 것이라고 나는 믿습니다. 하나님께서는 그들이 실족하거나 넘어지는 것을 기뻐하지 않습니다. 만일 하나님이 그런 것을 기뻐하신다고 생각한다면, 그것은 신성모독이 될 것입니다. "여호와께서 사람의 걸음을 정하시고 그의 길을 기뻐하시나니"(시 37:23). 하나님은 자신이 택하신 자들이 견실하게 걸어가는 것을 기뻐하십니다. 하나님은 그들이 견고하게 서 있는 모습을 기뻐하십니다. 하나님께서는 자기 백성 중에서 한 사람이라도 돌에 걸려 넘어지는 것을 원하지 않으시기 때문에, 천사들을 보내서서 그들을 보호하십니다. 그들이 걷다가 넘어지면, 하나님은 속히 그들을 일으켜 세우십니다. 왜냐하면, 하나님은 그들이 수렁 속에 누워 있는 것을 차마 보실 수 없으시기 때문입니다. 하나님께서는 우리가 변함없는 거룩함 속에서 그와 동행하는 것을 기뻐하시고, 우리에게 그런 은총을 기꺼이 베푸시고자 하십니다.

본문의 기도는 하나님이 자기를 붙들어 주셔야 한다는 다윗의 절박한 심정을 보여줍니다. 이것은 하나님이 그를 붙들어 주실 수 있으시다는 강력한 확신임과 동시에, 하나님이 그의 기도에 응답하셔서 그렇게 해주실 것이라는 기대와 소망이기도 합니다. 우리는 이 기도에 나타나 있는 다윗의 심정을 우리 자신의 것으로 만들어서, 우리가 철저히 무력하다는 것을 깊이 인식하고, 전능하신 하나님의 은혜가 우리의 그러한 무력함을 채워 주실 수 있다는 것을 온전히 믿으며, 하나님이 우리의 부르짖음을 들으시고 우리의 기도에 응답하셔서 끝까지 우리를 붙들어 주실 것임을 확신하여야 합니다. 우리는 하늘에 계신 우리 아버지께서 우리를 지키셔서 넘어지지 않게 해주실 것임을 믿어야 하지만, 하나님의 지키심이 없다면 우리 영혼은 넘어질 수밖에 없고, 그 넘어짐이 심할 것임도 알아야 합니다.

나는 먼저 하나님이 우리를 붙들어 주시는 것에 대하여 살펴보고("나를 붙드소서"), 다음으로 그렇게 되었을 때에 오는 두 가지 복, 즉 안전함과 깨어 있음에 대하여 살펴보고자 합니다("내가 구원을 얻고 주의 율례들에 항상 주의하리이다").

1. 첫째로, 하나님은 우리를 붙들어 주십니다.

이 말씀 속에는 위험이 존재한다는 사실이 전제되어 있고, 그 위험은 여러 가지 형태를 띱니다. 믿는 사람들의 삶을 묘사하라고 한다면, 그것은 그들은 올바르게 행하는 사람들이라는 것입니다. 이 비유를 이해하기는 그리 어렵지 않습니다. "내가 깨달은 것은 오직 이것이라 곧 하나님은 사람을 정직하게 지으셨으나 사람이 많은 꾀들을 낸 것이니라"(전 7:29). 사람의 신체 구조와 형상 자체가 우리는 "네 발로" 걸어다니며 우리가 나온 땅만을 바라보도록 지음 받은 것이 아니라, 두 발로 서서 하나님의 풍성하신 은혜를 힘입어서 하늘을 우러러보도록 지음 받았다는 것을 우리에게 가르쳐 줍니다. 여러분은 "올바른 사람"(또는, "정직한 사람")이 무엇을 의미하는지를 알 것입니다. 올바른 사람은 이쪽이나 저쪽으로 기울어 있지 않고 옳지 않은 것으로 편향되어 있지 않은 사람입니다. 똑바른 기둥이 지지대 없이 홀로 서 있을 수 있는 기둥을 의미하듯이, 올바른 사람은 그 어떤 버팀목이나 지지대 없이 독립적으로 서서 자기 자리를 유지하고 있는 사람입니다. 땅의 기둥이 될 수 있는 사람은 바로 그런 사람입니다. 그런 사람은 다윗처럼 "땅과 그 모든 주민이 풀어진다고 해도 나는 땅의 기둥들을 붙들고 있도다"(시 75:3 KJV, 한글개역개정에는 "땅의 기둥은 내가 세웠거니와 땅과 그 모든 주민이 소멸되리라")라고 말할 수 있습니다. 나는 주변은 다 허물어져 거대한 폐허를 이루고 있는데 그 한복판에서 견고한 기둥이 여전히 우뚝 솟아 있어서 주변의 파괴를 비웃고 있는 모습을 보아 왔습니다. 믿는 사람은 올바른 사람이라는 것은 기쁘고 유쾌한 일이지만, 믿는 사람이 올바름을 계속해서 유지할 수 없을 위험성도 존재합니다. 기둥들이 조금씩 부식되어서 옆으로 기울기 시작하면, 무너질 때가 가까운 것입니다. 눈에 보이지 않는 벌레들이 땅 속에 박혀 있는 기둥들의 기반을 갉아먹어서 그 기둥들을 무너뜨립니다. 마찬가지로, 이렇게 은밀한 악들이 수많은 고귀한 사람들을 무너뜨려 왔습니다.

그리스도인들은 순례자로서 올바르게 행하는 동안에는 영광을 향하여 전진해 나가고 있는 것입니다. 그러나 그들은 자신의 올바름을 지킬 수 있을까요? 그렇지 않습니다. 하나님께서 그들을 붙들어 주시지 않는다면, 그들은 올바름을 지키지 못하고 여지없이 무너져버립니다. 왜냐하면, 그들이 가는 길이 미끄럽기 때문입니다. 어떤 사람들에게는 그 길이 너무나 미끄럽습니다. 그 길은 얼음이 얼어 있는 언덕길이어서 평범한 길보다 훨씬 더 위험한 것입니다. 그림젤 고개(the Grimsel Pass, 스위스의 알프스에 있는 해발 2,164m의 세계에서 가장 위험한 고개 중의 하나)를 넘어 본 사람들은 그 고개를 내려오다 보면 길은 완만하지만 좁고, 한 쪽으로는 아주 깊고 가파른 절벽이 있어서 "지옥터"라 불리는 곳이 있다는 것을 기억할 것입니다. 비가 오면, 상당한 양의 빗물이 붉은 바위 위로 흘러서, 바위는 궁정의 마루바닥처럼 광이 납니다. 사람들은 길을 따라 나 있는 울퉁불퉁한 것들을 발판 삼아서 노새를 타고 그냥 가기도 하지만, 대부분의 여행자들은 노새에서 내려 그 미끄러운 길을 조심조심 걷는 편이 최선임을 알게 됩니다. 대리석으로 만든 마루바닥 같았던 그 길에 대한 기억이 지금도 내게 생생합니다. 사람들은 그 바위를 반암(班岩)이라 불렀지만, 그 바위는 내게 아무런 매력도 없었습니다. 우리 중 대다수는 천국으로 가는 여정에서 "지옥터"를 만납니다. 여러분은 요셉이 걸어갔던 미끄러운 길을 기억할 것입니다. 만일 하나님께서 그를 붙들어 주지 않으셨다면, 요셉은 넘어져서 다시는 일어나지 못했을 것입니다. 다윗도 그런 경험을 했고, 그의 넘어짐은 아주 심한 것이었습니다. 이 순례길을 걸어가면서 미끄러운 길을 걷다가 적어도 넘어질 뻔한 경험을 하지 않은 사람은 거의 없을 것입니다. 그때에 그들은 거의 넘어질 뻔하였고, 만일 전능자의 은혜가 그들에게 주어지지 않았다면, 땅에 코를 박고 넘어졌을 것입니다. 이 길에서 가장 좋은 곳이라고 해서 위험이 없는 것이 아닙니다. 부주의한 자들에게는 이 길 중 어느 곳도 결코 안전할 수 없습니다. 나는 더 많은 사람들이 시험이 있을 때보다도 없을 때에 죄를 짓고, 발에 걸릴 돌이 없는 듯이 보이는 완전히 평평한 길에서 가장 심하게 넘어지는 것을 보아 왔습니다. 조심하십시오! 정말 조심하십시오! 왜냐하면, 좁은 문에서 출발해서 강 언덕에 다다를 때까지 이 여정에서 위험이 없는 곳은 단 한 군데도 없기 때문입니다. 그러므로 여러분은 "나를 붙드소서"라는 기도를 늘 드려야 합니다.

　　그러나 그것이 전부가 아닙니다. 위험은 그 길에만 있는 것이 아니라 우리의 발에도 있습니다. 튼튼한 발을 가진 사람은 가파른 산길을 걸으면서도 발을 헛디뎌 넘어지는 법이 없습니다. 여러분은 산악인들이 등에 무거운 짐을 지고서도 바위 산을 마치 런던 증권거래소의 계단을 올라가듯이 오르는 모습을 본 적이 있을 것입니다. 또한, 여러분은 단 몇 걸음도 걸어내려 올 수 없을 것 같은 바위

산을 산악인들이 등산용 지팡이를 사용해서 뛰어내려 오는 모습도 보았을 것입니다. 튼튼한 발을 가진 사람은 토끼와 산양만이 다닐 수 있을 것 같은 곳을 무거운 짐을 지고도 거의 춤추듯이 내려옵니다. 나는 알프스 산에서 사는 농부들의 저 튼튼한 다리와 발을 부러워한 적이 얼마나 많았는지 모릅니다. 영적인 일들에 있어서도 마찬가지입니다. 영적으로 강건한 사람들은 높은 곳들에 서고 바위 틈에서 바위틈으로 뛰어다니지만, 우리는 그렇게 강건하지도 않고 튼튼한 발을 갖고 있지도 못합니다. 우리의 무릎은 연약하고, 우리의 손은 축 처져 있습니다. 흔히 우리는 물처럼 흐물흐물합니다. 우리는 아직 달리는 것이나 오르는 것에 익숙하지 않아서 발을 벌벌 떨며 달리거나 오르는 아이들입니다. 우리는 사랑하는 자에 기대어야만 겨우 설 수 있을 뿐이고, 거칠고 험한 길에서 홀로 우뚝 서 있는 것은 우리 같은 연약한 자들에게는 아직 엄두가 나지 않는 일입니다. 여러분 모두가 그런 것은 아니겠지만 거의 대부분이 그렇습니다. 우리 중 대다수는 가련하고 연약하며 왜소한 존재들입니다. 여러분이 자기 자신을 안다면, 여러분이 홀로 설 수 있다고 생각하지 못할 것입니다. 아니, 여러분이 아직 넘어지지 않은 것 자체가 기적입니다. 다른 사람들이 넘어지는 것을 볼 때, 여러분은 "다음 차례는 나일 거야, 하나님이 은혜로 지켜 주시지 않는다면, 다음 차례는 나야"라고 자기도 모르게 입으로 되뇌게 됩니다. 따라서 우리는 우리가 가는 길과 우리의 발을 생각하고서, "나를 붙드소서"라고 기도할 필요가 있습니다.

그러나 그것이 전부가 아닙니다. 왜냐하면, 우리를 걸러 넘어지게 하고자 하는 교활한 대적들이 있기 때문입니다. 그들은 우리를 넘어지게 하려고 우리가 갈 길에 덫을 놓고 함정을 파고 기다리고 있다가 그물을 던지기도 합니다. 여러분 중에는 가족 중에 시험하는 자가 없고 세상으로부터의 분명한 시험이 없는 분들도 있을 것인데, 그분들은 정말 복된 자들입니다. 축하합니다! 그러나 우리 중에 그런 분은 극소수입니다. 우리의 대적들이 벌 떼처럼 우리를 둘러싸고서, 일부는 위협하고 일부는 달콤한 말로 구슬립니다. 또 어떤 자들은 우리를 뇌물로 매수하고자 하지만, 더 많은 자들은 우리를 못살게 괴롭힙니다. 악인들을 따라가면 속습니다. 왜냐하면, 그들은 단 것을 쓰다고 하고 쓴 것을 달다고 하는 자들이기 때문입니다. 사람들 중에서 아무리 좋은 사람도 여러분이 너무 친밀하게 따르면, 여러분은 잘못된 길로 가기 십상입니다. 그 어떤 형제도 의지하지 마십시오. 그 사람이 어떤 사람이든, 사람을 안내자로 세우지 마십시오. 여러분을 안전하게 인도해주실 이는 오직 한 분 하나님뿐이십니다. 여러분이 그분을 따라가지 않으면, 머지않아 여러분은 발을 헛디뎌 넘어지고 말 것입니다. 많은 사람들이 여러분이 넘어지나 안 넘어지나를 지켜보고 있다가, 여러분이 넘어지는 순간 그것을 크게 통쾌해하고 기뻐하며 벨리알의 모든 자식들에게 그 소식을 알립니다. 그러므로 우리에게는 "우리를 붙드소서"라고 기도할 필요성이 절실합니다. 불경건한 분위기가 우세해서 그 직원들이 신앙을 비웃는 그런 가게에서 일하는 분들은 특히 더 이 기도를 드릴 필요성이 절실합니다. 또한, 부모가 믿지 않는 불경건한 사람들이어서 신앙을 가진 여러분이 조금 잘못하기라도 하면 신앙 자체가 욕을 먹는 그런 가정에서는 그 필요성이 더욱더 절실합니다. 마찬가지로, 철학을 얘기하며 우리의 신앙을 케케묵고 진부한 것이라고 공격하는 교만한 자들과 함께 일하는 청년들에게도 이런 기도를 드릴 필요성은 절실합니다. 여러분은 "여호와여, 나를 붙드소서 그리하시면 내가 안전하리이다"라고 기도하여야 합니다.

또한, 우리가 본문에 나오는 기도를 드려야 할 이유를 지금까지 충분히 말씀드렸지만, 그것이 전부가 아닙니다. 왜냐하면, 사랑하는 친구들이여, 우리가 균형을 잡고 제대로 서기 어려운 이유가 우리가 가는 길 자체로 인한 것이 아니라, 하나님이 우리를 높이신 것으로 인한 경우가 종종 있기 때문입니다. 만일 무한하신 은혜가 그들을 붙들어 주지 않았다면 진작 쫓겨났을 형제들이 높은 자리에 앉아 있게 된 경우가 있습니다. 나는 인기나 영향력도 별로 없으면서도 강력한 권세를 지닌 듯이 행세하는 사람들을 압니다. 그렇게 마음이 높아진 사람들은 대단히 위험합니다. 나는 지금 그런 귀인들에 대해서 말하고 있습니다. 나는 그런 자들을 딱 한 번만 "귀인들"이라고 높여 부르겠지만, 그것은 단 한 번뿐입니다. 그런 "귀인들"에 속하는 나의 사랑하는 친구들이여, 여러분이 세상에서 성공하고 잘 나가고 있을 때, 뭔가가 여러분에게 "당신은 똑똑한 사람입니다"라고 속삭입니다. 그리고 여러분이 자신의 재능을 통해서 사람들로부터 존경을 얻게 되었을 때에도, "당신은 대단히 훌륭한 사람입니다"라는 감미로운 소리가 여러분에게 들려옵니다. 그러한 때에 여러분은 몹시 위험한 상태에 있는 것입니다. 우리가 속한 작은 무리로부터 인정을 받은 경우와 같이 어떤 일들이 잘 풀렸을 때, 이런 일은 거의 우리 모두에게 일어날 수 있습니다. 그때에 우리가 천 명이나 백 명이 아니라 대여섯 명으로 이루어진 무리 가운데서 인정을 받는다고 해도, 그 수와 상관 없이 우리는 자신이 능력자나 대단한 사람이 된 것처럼 느끼기 때문에, 이러한 시험은 아주 위험하기 짝이 없습니다. 그때에 우리의 머리가 어질어질해지고, 위험은 커집니다. 자기 자신을 높이는 쪽으로 이끄는 것은 무엇이든지 극도로 위험한 것입니다. 여러분이 자기 자신을 비천하다고 느낀다면, 나는 여러분에게 축하를 드립니다. 왜냐하면, 그것이야말로 안전함의 주된 요소이기 때문입니다.

본문의 기도가 절실한 이유가 한 가지 더 있는데, 그것은 대부분의 사람들이 올바르게 살아가지 않는다는 것입니다. 내일 당장에 세상 속으로 들어가서, 사람들이 어떻게 행동하고 있는지를 보십시오. 디오게네스(Diogenes)의 등불을 빌려와서, 여러분이 할 수 있는 한 최대한으로 정직한 사람을 찾아보십시오. 만약 여러분이 그런 사람을 찾아내는 데에 성공했다면, 그 사람이 늘 계속해서 정직한지를 살펴보십시오. 증권거래소나 시장을 비롯해서 거의 모든 곳에서 엄청나게 많은 사람들이 정직하지 않고 올바르게 행하지 않습니다. 그들은 땅에 붙어서 네 발로 기어다닙니다. 그들은 황금을 찾기 위해서 있는 힘을 다해 서로 다투고 싸웁니다. 돈을 벌자! 돈을 벌자! "여러분은 할 수 있는 한 정직하게 돈을 버십시오"라는 가르침은 세상이 좋아하는 가르침이 아닙니다. 세상은 "여러분이 할 수 있는 방법을 총동원해서 돈을 벌어라"고 가르칩니다. "허풍을 떨고 거짓말하고 속이고, 돈을 벌기 위해서라면 무슨 짓이라도 하라"고 가르칩니다. 가장 많은 황금을 긁어모을 수 있는 자가 가장 똑똑하고 영리한 사람인 것입니다! 이것이 장사나 사업하는 사람들의 세계의 모습입니다. 그 세계는 네 발로 기어다니는 다 자란 아이들의 놀이방입니다. 그러나 여러분은 그들은 거짓말하는 것이 아니라 단지 선의의 거짓말만을 할 뿐이라고 말하고, 그들은 속이는 것이 아니라 단지 "그 직업세계의 관행"을 따를 뿐이라고 말할 것입니다. 그들은 내게 "당신이 뭘 안다고 그런 말을 하는 거요"라고 말할 것입니다. 하지만 제3자가 직접 사업이나 장사에 뛰어들어 일하는 장본인들보다 그들의 실상을 더 잘 보는 법입니다. 그들은 "목사님, 장사는 장사일 뿐이고 사업은 사업일 뿐입니다"라고 말합니다. 나도 압니다. 하지만 사업이 지금과 같은 그런 식의 사업이라면 사업을 하지 않는 것이 낫습니다. 자신의 영혼을 파괴하고 멸망시키는 사업을 하는 사람에게는 화가 있을 것입니다! 술 마시는 자들의 몸과 영혼을 파괴하는 사업을 하는 사람에게는 갑절로 화가 있을 것입니다! 사람들의 죄악들을 살찌우고 그들을 영원한 파멸에 빠뜨리는 대가로 부자가 되고자 하면서도 신앙인인 체하는 저 쓰레기 같은 사람들에게는 화가 세 배로 있을 것입니다! 그러나 너무나 많은 사람들이 이런 것에 기대고 저런 것에 기대거나 아예 네 발로 기어다니며 살기 때문에, 이 세상에서 어떤 사람이 올바르게 서는 것은 정말 쉬운 일이 아닙니다. 그가 이런 세상에서 올바르고 정직하게 살기 위해서는 이렇게 말해야 합니다: "세상의 모든 것이 거짓말을 축으로 해서 돌아가기 때문에, 내가 거짓말을 해야만 세상을 구원할 수 있다면, 비록 그럴지라도 나는 참된 것을 말하리라." 우리가 살기 위해서는 하나님이 인정하지 않으시는 일을 해야 한다면, 우리는 죄를 짓니 차라리 죽는 것이 마땅합니다. 믿는 자들은 그렇게 결단하여야 하고, 그 결단을 실행할 수 있는 은혜를 하나님께 구하여야 합니다. "하나님이여, 나를 붙드소서. 나로 올바르고 정직하게 살아가게 하소서. 무슨 일이 있더라도, 나로 하여금 하나님의 은혜를 힘입어서 죽을 때까지 올바른 것을 알고 올바른 것을 말하며 올바른 것을 행하는 정직한 사람이 되게 해주소서." 그러나 여러분은 위험을 봅니다. 오늘의 본문이 그 위험을 내게 알려 줍니다. 나의 귀는 본문 속에서 날카로운 소리를 듣습니다. 그것은 갑자기 놀라서 지르는 소리 같습니다. 내게 그것은 마치 어떤 사람이 자기가 낭떠러지로 떨어지는 것을 느끼고서 "나를 붙드소서"라고 크게 소리치는 것처럼 들립니다. 깊은 구덩이가 그 사람을 삼키려고 입을 벌리고 있고, 그 사람이 딛고 있던 땅이 무너져 내립니다. 그는 발 딛을 곳이 없어서, "나를 붙드소서"라고 처절하게 탄원합니다. 외부로부터 어떤 능력이 그를 붙들어 주지 않는다면, 그는 이제 끝장입니다. 하나님이여, 돌아보아 주소서!

그렇다면, 하나님께서는 어떻게 자기 백성으로 하여금 올바르게 살아가도록 해주시는 것입니까? 하나님께서는 그렇게 해주실 수 있는 많은 방법들이 있기 때문에, 여러분은 큰 소망을 가지고 기도해도 됩니다. 하나님은 천사들을 통해서 여러분을 보호해 주실 수 있습니다: "그가 너를 위하여 그의 천사들을 명령하사 네 모든 길에서 너를 지키게 하심이라 그들이 그들의 손으로 너를 붙들어 발이 돌에 부딪히지 아니하게 하리로다"(시 91:11-12). 만일 하나님이 우리를 지키시기 위하여 천사들을 보내서서 신비한 방법으로 우리에게 위험을 알려 주지 않으셨다면, 여러분과 나는 얼마나 수없이 발이 돌에 부딪혀 넘어졌겠습니까! 나는 너무나 자주 내면의 음성으로 경고를 받아서 위험에서 벗어나곤 하였습니다. 우리는 그 음성이 어디로부터 왔는지를 알지 못하지만, 아마도 하나님께서 보내신 천사가 소리 없이 날아와서 우리에게 그 위험을 속삭여 주었을 것입니다. 우리는 누가 그 음성을 전해 주었는지를 알지 못하지만, 그 음성이 전해 주는 내용은 똑똑히 느꼈습니다. 하나님께서는 자신의 뜻에 순종하는 많은 사람들에게 이런 식으로 능력으로 역사하십니다.

또 어떤 때에는 하나님께서는 말씀의 사역을 통해서 자기 백성을 붙들어 주십니다. 나는 여러분이 이곳에 왔을 때에 내가 여러분의 사정에 대해서 아무것도 모르는데도 여러분이 그때에 꼭 필요했던 권면이나 격려나 지시를 들을 수 있도록 말씀을 전했다는 말을 자주 들어 왔습니다. 여러분 중에서 많은 분들에게 나의 음성은 하나님의 음성이었고, 이곳에서 불려지는 찬송가 가사나 우리가 택한 성경 본문이나 설교 속에서의 어떤 대목이 여러분에게 하나님의 음성으로 들렸습니다. 그렇지 않습니까? 여러분 중에서 이것을 증언하실 수 있는 분이 많지 않습니까? 하나님의 말씀은 신실하게 선포되기만 한다면 그 어디에서나 하나님의 백성을 "불로 둘러싼 성곽"(슥 2:5)이 되어서, 그들이 알지 못하게 매복해 있던 대적들로부터 그들을 지켜 줍니다. 은혜로운 약속은 그들에게 그들이 기진맥진해 있을 때에 꼭 필요한 그런 자극제가 되어 주고, 호된 책망은 그들이 시험을 당할 때에 필요한 억제력으로 작용합니다. 그리고 여러분은 집에서 말씀을 읽을 때에도 그런 일을 경험하지 않았습니까? 그때에 여러분은 성경 속에서 자신의 형편이나 처지에 꼭 맞는 약속이나 명령을 만났고, 성경으로부터 "이것이 바른 길이니 너희는 이리로 가라"(사 30:21)는 음성을 듣지 않았습니까? 그래서 여러분은 그 음성에 순종하여 그 길로 행하였고, 그 결과 아무런 흠도 없는 삶을 지켜낼 수 있었습니다. 만일 신앙인들이 성경을 좀 더 잘 안다면, 그들이 이 시대에 만연되어 있는 악들에 빠질 위험성은 많이 줄어들 것입니다. 성령께서 우리 모두에게 하나님의 말씀을 더 깊이 사랑하는 마음을 주셔서, 그 말씀이 우리를 붙들어줌으로 말미암아 죄악이 우리를 지배하지 못하게 해주시기를 빕니다.

하나님은 흔히 징계를 통해서 자기 백성을 견고하게 붙들어 주셔서 올바르게 살아갈 수 있게 해주십니다. 여러분이 심하게 맞아서 마치 가파른 절벽 위에서 넘어져서 두려움과 공포에 질려 반쯤 넋이 나간 아이처럼 되었을 때, 아버지 하나님께서는 여러분을 붙드시고 심하게 흔들어서 깨어나게 하여 구하셨습니다. 나는 어떤 마부가 졸다가 넘어진 말에 채찍질을 하자, 말이 채찍을 맞고 혼쭐이 나서 쏜살같이 마차를 끄는 것을 보았습니다. 마찬가지로, 하나님께서도 흔히 우리를 따끔하게 징계하셔서 우리가 넘어지는 것을 막아 주십니다: "고난 당하기 전에는 내가 그릇 행하였더니 이제는 주의 말씀을 지키나이다"(시 119:67). 징계가 외적인 것이 아니라 영혼에 대한 것일 때가 있습니다. 외적으로는 모든 일이 잘 되어가는데도, 여러분은 의기소침해지고 눌립니다. 그럴 때에 여러분이 의기소침하고 눌리는 것은 하나님께서 여러분으로 하여금 여러분에게 주어진 형통함을 감당할 수 있게 하시고 진정으로 형통하게 하시기 위하여 정하신 일입니다. 여러분이 성공하고 출세해서 넘어지기가 쉽기 때문에 여러분을 넘어지지 않게 하시기 위하여, 하나님께서 여러분의 심령을 낮추심으로써 여러분이 계속해서 하나님의 영광을 위하여 거룩한 삶을 살아갈 수 있게 해주시는 것입니다. 즉, 하나님께서는 여러분이 넘어져서 엎드러지지 않도록 하시기 위하여 여러분을 낮추시는 것입니다. 하나님은 종종 자기 백성을 낮추셔서 그들로 하여금 비천하게 될 필요가 없게 만드십니다. 왜냐하면, 그들이 강제적으로 끌어내려져서 비천하게 되는 것은 끔찍한 일이지만, 하나님의 은혜로 말미암아 낮아지는 것은 지극히 달콤한 일이기 때문입니다.

　우리의 은혜로우신 하나님께서 수많은 방법들로 우리를 붙들어 주실 수 있으시다는 것은 분명합니다. 우리는 그 방법들 중에서 십분의 일도 알 수 없습니다. 나는 하나님께서 자기 백성에게 위대한 열망들과 높은 이상들과 고상한 소원들을 주심으로써 그들을 지키신다는 것을 알았습니다. 선원 아이는 한시도 쉬지 않고 자신의 눈으로 별들을 쳐다보느라고 돛대 꼭대기에서 꼼짝도 않고 있을 수 있습니다. 나는 하나님께서 자신의 종들에게 해야 할 많은 일들을 주심으로써 그들을 붙들어 주신다는 것을 알았습니다. 그들로 하여금 주일학교에서 봉사하게 하셔서 아이들에게 관심을 갖게 하시거나 신용협동조합에서 일하게 해서 말입니다. 우리에게 빈둥거릴 시간을 10분도 주지 않거나 우리의 달란트를 묻어두기 위한 수건을 갖지 못하게 하는 것은 우리로 하여금 올바르게 살아가도록 할 수 있는 아주 좋은 방법입니다.

　우리를 붙들고 계시는 최고의 능력은, 우리 안에 내주하셔서 우리에게 악을 저지르지 말라고 경고해 주시고, 우리를 망루에 세워 시험에 대비하게 하시며, 우리를 부추기셔서 온갖 선한 일들을 하게 하심으로써 우리로 악한 날에 설 수 있게 해주시는 **성령**이십니다. 우리는 성령의 사랑하심에 얼마나 많은 빚을 지고 있는지 모릅니다! 성령께서는 성도들의 발을 지켜 주십니다. 그들이 지쳤을 때, 성령은 그들을 깨어나게 하시고 다시 소성시키셔서 시험을 넉넉히 이기게 하십니다. 또한, 성령은 그들이 속아넘어갈 위험이 있을 때에는 그들에게 빛을 비춰 주셔서, 악한 자가 그들을 건드리지 못하게 하십니다. 성령께서는 우리를 거룩 하게 하시고 우리의 연약함을 도우시며 우리에게 하나님의 뜻을 가르치고 하나님의 위로를 전해 주심으로써 우리를 붙들어 주십니다. 성령께 영광이 영원토록 있으시기를!

이상으로 나는 여러분에게 어떤 위험들이 있는지와 그 위험들을 어떻게 막을 수 있는지를 보여주었습니다. 하나님께서 그 위험들을 막아 주실 수 있으시다는 것과, 지금까지 자신의 수많은 백성들을 위하여 그러한 위험들을 막아 주셨다는 것은 얼마나 기쁘고 유쾌한 일입니까! 이것을 증명하기 위해서 나는 경건한 사람들의 전기를 여러분에게 제시할 수도 있습니다. 내가 지금도 살아 있는 분들이 그러한 일들을 경험한 것에 대하여 얘기하는 것도 좋겠지만(그런 분들은 많이 있고 우리 중에도 있습니다), 여러분에게는 지금은 세상을 떠난 경건한 분들이 경험한 것들을 듣는 편이 아마도 더 좋을 것입니다. 내 마음이 지금도 의지하고 있는 세상을 떠난 경건한 분들에 대해 얘기하자면, 그들의 하나님께서는 그들이 어느 때라도 넘어지는 것을 허락하지 않으셨고, 그들의 옷이 늘 희게 보존되도록 하셨습니다. 그들에게는 많은 위험들이 있었지만, 그들은 일생 동안 올바르게 살아갔습니다. 그들은 넘어지기는커녕, 그들의 삶 속에서는 우리가 하나님의 은혜를 찬송하며 경탄할 수밖에 없는 그런 일들만이 일어난 것으로 보입니다. 하나님께서 결코 넘어지는 것을 허락하지 않은 저 믿음의 사람들, 육신적인 자들이 철저히 이기적으로 인생의 목표들을 세우고 살아간 것과는 달리 모든 이기심에서 해방되어 고귀한 삶을 살아갔고 결코 비굴한 삶을 살지 않았던 저 믿음의 사람들은 복 있는 사람들입니다. 그들에게는 올바른 것에서 벗어나거나 구부러지거나 굽히는 것이 없었고, 그들은 인생들이 살아가는 이 땅에서 마치 내세에서 살아가는 것처럼 점점 더 그렇게 존귀하게 살아갔습니다.

이상으로 나는 하나님께서 붙들어 주시는 것이 무엇인지에 대하여 여러분에게 설명을 드렸습니다.

2. 둘째로, 하나님이 붙들어 주실 때에 두 가지 복된 일들이 생깁니다.

본문에 따르면, 하나님께서 우리를 붙들어 주실 때에 우리는 안전합니다: "나를 붙드소서 그리하시면 내가 안전하리이다." 어떤 사람들은 영악하게 되는 것을 더 선호하기도 하지만, 어쨌든 안전하다는 것은 정말 좋은 것입니다. 늘 조금씩 속여서 이웃들로부터 이득을 취하곤 하는 사람들이 있습니다. 그런 사람을 "영악한 사람"이라고도 하고, "기가 막히게 영리한 사람"이라고도 하며, "신출귀몰한 사람"이라고도 하고, "정직하기보다는 다소 약은 사람"이라고도 합니다. 하지만 나는 하나님이 여러분을 붙드시면, 여러분은 영악해지는 것이 아니라, 그것보다 훨씬 더 좋은 것, 즉 안전하게 될 것이라고 말합니다.

"나를 붙드소서 그리하시면 내가 안전하리이다." 즉, 여러분이 모든 실제적인 해악으로부터 안전할 것이라는 말입니다. 여러분이 사업이나 장사를 하다가 큰 어려움을 만났다고 합시다. 그럴지라도 하나님께서 여러분을 붙들어 주셔서 여러분이 흔들림 없이 올바르고 정직하게 행한다면, 여러분은 안전할 것입니다. 사람의 인격이나 인품이 훼손되는 것은 사람이 겪을 수 있는 최악의 훼손입니다. 그러나 하나님이 붙들어 주셔서 올바르고 정직한 신앙 인격을 지키는 사람은 가장 안전한 사람이 됩니다. 그는 사람들로부터 비방을 받게 될 수도 있지만, 자기가 하나님 앞에서 올바르고 정직하게 행해 왔다는 것을 알고 있다면, 그는 "안전할" 것입니다. 때가 되면 하나님께서 그 사람의 등불을 켜실 것이고, 그 등불은 정오의 해처럼 밝게 빛나게 될 것입니다. 여러분이 하나님의 은혜를 힘입어서 자신의 올바른 신앙 인격을 굳게 지키고 잃지 않기만 한다면, 재난 속에서도 안전할 것이고, 공포스러운 상황 속에서도 평안할 것이며, 사람들로부터 비방을 받아도 용감할 것입니다. 즉, "안전하다"는 단어가 지닌 모든 의미에서 여러분은 안전할 것입니다. 고적한 바위 위에 세워져 있는 등대가 몰아치는 폭풍우에 시달려도 안전한 것 같이, 여러분도 모든 폭풍들이 몰아치는 가운데서도 끄떡없이 우뚝 서서 안전할 것입니다.

또한, 여러분은 중대한 죄로부터 빠져드는 것으로부터도 안전할 것입니다. 하나님이 붙들어 주셔서 계속해서 올바르게 행하는 사람은 어떤 이들처럼 자기도 모르는 사이에 점점 더 죄악 속으로 빠져드는 일이 없을 것입니다. 슬프게도 나는 경건한 사람들이 죄악에 손을 대는 것을 보아 왔습니다. 처음에는 변명할 여지가 있는 것 같았고, 그래서 아무도 그들을 책망할 수 없었습니다. 그러다 그들은 의심스러운 일을 할 수밖에 없었고, 그들이 그런 일에 손을 대는 것을 보고 천사들은 눈물을 흘리는데도, 사람들은 그들이 그런 일을 하는 것을 별로 이상히 여기지 않았습니다. 그들이 일단 의심스러운 일을 했을 때에는 그들의 순전한 양심은 이미 망가졌기 때문에, 그들에게는 더 큰 죄를 지을 길이 열렸고, 결국 그들은 더 큰 죄에 빠져들었습니다. 하지만 그들이 지은 죄는 세상 사람들이 볼 때에는 그렇게 단죄할 만한 잘못이 아니었습니다. 그 후로 그들은 조금씩 더, 아주 조금씩 더 큰 죄를 저질렀고, 결국 경건한 자들로부터 쫓겨나서 악인들이 크게 기뻐하고 반길 만한 죄를 저지르게 되었습니다. "너 잣나무여 곡할지어다 백향목이 넘어졌고 아름다운 나무들이 쓰러졌음이로다"(슥 11:2). 여러분과 내가 조금만 구부러져도 우리에게는 안전함은 없습니다. 우리는 똑바로 서야 합니다. 그렇지 않으면, 우리는 결코 설 수 없습니다. "나를 붙드소서." 나를 붙들어 똑바로 서게 하소서. "그리하시면 내가 안전하리이다." 그러나 내가 조금이라도 아래로 기울기 시작한다면, 나는 안전하지 않습니다. 똑바로 서지 못하고 기울어 버린 자들은 무너질 것입니다! 그러나 올바르고 정직한 자들은 설 것입니다. 왜냐하면, 하나님께서는 그들을 붙드셔서 끝까지 서도록 만드실 수 있으시기 때문입니다.

나는 다윗이 하나님께서 자기를 붙들어 주시면 자기가 안전할 것이라고 말했을 때에, 거기에는 자기가 안전하리라는 것을 스스로 알고서 크게 안도하고 마음의 쉼을 누리게 될 것이라는 의미도 포함되어 있었을 것이라고 믿습니다. 사랑하는 형제들이여, 나는 여러분이 이 세상에서 몹시 힘이 들고 지쳐서 옳지 않은 일을 하고자 하는 시험을 자주 받는다는 것을 압니다. 그러나 하나님께서 여러분을 악에서 지키신다면, 여러분은 "안전할" 것이기 때문에 얼마나 복된 일이겠습니까! 여러분은 가벼운 호주머니만큼이나 마음도 가벼울 것입니다. 어떤 사람들은 지갑이 무거운 만큼 마음도 무겁습니다. 돈다발 속에서 뒹굴면서 거룩하지 않은 것보다 가난하지만 거룩한 것이 더 낫습니다. 나는 하나님께서 여러분에게 필요한 것들을 다 채워 주시기를 기도하지만, 비록 일용할 양식을 얻기 위한 목적이라고 하더라도 여러분이 악을 행하는 것을 바라지 않고, 정직하지 못한 거래를 통해서 형통하는 것은 더더욱 바라지 않습니다. 왜냐하면, 죄악을 행하여 형통하는 것보다 더 나쁜 것은 없기 때문입니다. 여러분이 하나님의 자녀라면, 옳은 일을 행함이 없이는 형통함도 있을 수 없습니다. 다른 사람들은 불의의 삯으로 부를 쌓아 올릴 수 있지만, 여러분이 그런 식으로 쌓은 부는 새벽 서리처럼 금방 녹아 없어져 버릴 것입니다. 여러분이 모든 일에서 형통하여 여러분의 재산이 불어나기를 빕니다. 하나님께서 그렇게 정하셨다면, 반드시 그렇게 될 것입니다. 하나님께서 그렇게 정하지 않으셨다면, "모든 것이 족하도다"라고 노래하는 작은 새를 여러분의 품에 품고 살아가는 것은 참으로 은혜로운 일입니다! 마음의 평안을 자신의 품 안에 지니고 그런 평안을 입고 다니는 사람은 온갖 화려한 훈장들로 장식된 옷을 입고 다니는 사람들을 부러워할 필요가 없습니다. 왜냐하면, 마음의 평안이라 불리는 풀은 달 아래에서 자라는 온갖 풀 중에서 가장 귀한 풀이기 때문입니다. 하나님께서는 올바르고 정직하게 행하는 사람의 정원에서 그 풀이 만발하게 하십니다.

　올바르고 정직하게 하나님의 길로 행하는 사람은 "안전합니다." 그런데 나는 "안전하다"는 단어에 또 하나의 의미를 부여하고자 하는데, 그것은 올바르게 행하는 사람은 다른 사람들과의 관계에서 안전한 사람이라는 것입니다. 어떤 사람이 어느 때든지 이중적인 행동을 한다면, 그 사람은 상대방을 위해서가 아니라 자기 자신을 위해서 그렇게 하는 것입니다. 사업이나 일을 할 때에 여러분은 불의한 행위를 할 수 있는 사람과 절대로 얽히지 마십시오. 가라앉든지 헤엄치든지 스스로 하시고, 그런 곧 가라앉을 배에 절대로 발을 올려놓지 마십시오. 그런 배는 머지않아 가라앉고 말 것입니다. 하나님께서 여러분으로 하여금 올바르게 행하여 참되고 믿을 만한 "안전한" 사람이 되게 하셔서서 사람들이 마음놓고 신뢰하며 기뻐하는 사람이 되게 하시기를 빕니다. 여러분이 가장 좋은 친구를 사귀고 싶다면, 어릴 때부터 열렬한 그리스도인이었고 나이 들어서도 여전히 변함없이 열렬한 그리스도인인 사람을 만나십시오. 그런 사람은 환난을 만나 괴롭고 힘든 때마다 다른 사람들은 넘어질지라도 자신은 똑바로 서서 올바르고 거짓 없이 행해 온 사람입니다. 그런 사람은 비방을 받고 상심하면서도 결국에는 극복해서 자신에 대한 모든 비방이 다 거짓임을 입증해 온 사람입니다. 오늘 그 사람의 이름은 진실함의 보증수표이자 존귀함의 귀감입니다. 그가 앞장서면, 사람들은 그를 따르는 것이 안전하다고 느낍니다. 사람들은 그가 말할 때까지 기다리고, 그의 판단을 최종적인 것으로 받아들입니다. 하나님께서 그를 붙드서서 올바르게 행할 수 있게 하셨기 때문에, 그는 이웃들이 보기에 안전한 사람으로 성장하여, 이제는 바람을 피해 숨을 수 있는 피난처이자, 폭풍을 막아주는 엄폐물이 되었습니다. 진정으로 선한 사람은 환난 중에 있는 자들이 피할 항구이고, 폭풍으로 시달리는 자들을 지켜 주는 항구입니다. 환난 중에 있는 아담의 아들들은 마치 자신의 주에게 피하듯이 그에게로 피합니다. 그는 자신이 서약하고 맹세한 것이 자기에게 해로운 것일지라도 온갖 희생을 무릅쓰고서라도 끝까지 지킵니다. 사람들은 그의 이런 점을 칭송하고 그를 신뢰해서 다른 사람들에게는 털어놓지 않은 자신의 비밀들을 그에게만은 털어놓습니다. 하나님께서 여러분을 그런 사람들로 만들어 주시기를 빕니다. 그러한 존귀한 자리로 가는 비결이 "나를 붙드소서 그리하시면 내가 안전하리이다"라는 기도 속에 있습니다.

마지막으로, 어떤 사람이 하나님의 은혜로 말미암아 "안전하다"는 것을 알게 되었을 때, 과연 그가 부주의하고 게으른 자가 되고, 자기가 하고 싶은 대로 해도 되겠다고 생각할까요? 절대로 그렇지 않습니다. 들어보십시오: "그리하시면 내가 안전하겠고 주의 율례들에 항상 주의하리이다." 늘 깨어 있게 되는 것은 그러한 거룩한 안전함의 열매이자 증표입니다!

거룩한 사람들, 곧 하나님의 은혜로 말미암아 거룩하게 된 사람들은 하나님의 모든 명령에 주의합니다. 그래서 그들은 어떤 행동을 하기 전에 먼저 자기가 그런 행동을 했을 때에 혹시 어떤 죄를 범하게 되는 것은 아닌지 신중하게 살핍니다. 여러분도 아는 이야기겠지만, 어떤 어머니가 "존, 너는 하나님의 계명들 중의 하나를 범한 거야"라고 말하자, 그 아이는 "어머니, 그 계명들은 범하기가 너무나 쉬워요"라고 대답했답니다. 우리가 지닌 본성으로는 죄를 짓는 것은 너무나 쉬운 일입니다. 여러분은 자기가 율법을 범했다는 것을 알기도 전에 이미 율법을 범합니다. 그러므로 여러분이 하나님의 **모든** 계명들에 주의하지 않으면, 이내 죄를 짓고 잘못을 범하게 될 것입니다. 우리는 일상의 삶 속에서 마치 계란들이나 도자기 같이 조금만 부주의해도 깨지기 쉬운 물건들 사이를 걸어가야 하는 사람처럼 행하지 않으면 안 됩니다. 부주의함과 지나친 대담함은 죄로 돌진해 들어가기 쉽기 때문에, 참된 신자들은 늘 두려워하고 조심합니다. 어떤 사람이 하나님의 성도에게 "당신은 당신이 어떻게 행할지를 놓고서 아주 조심스러워 하는군요(very jealous)"라고 말하자, 그 성도가 "나는 질투하시는(jealous) 하나님을 섬기니까요"라고 대답했습니다. 또 어떤 사람이 "당신은 지나치게 꼼꼼하군요"라고 말하자, 그 성도는 "하나님의 자녀들이 자신이 하는 일들을 꼼꼼하게 살핀다고 해서 하나님이 그들을 책망하시는 법은 없기 때문이죠"라고 말했답니다. 하나님이 원하시는 것은 자기 자녀들이 눈동자처럼 예민하고 민감한 양심을 지닌 가운데 행하는 것입니다. 죄가 저 멀리서 접근해올 때에 아직 그 거리가 먼데도 불구하고 경각심을 갖는 것이야말로 하나님의 자녀들을 죄에서 지켜 주는 안전판입니다. 죄악을 빨리 끊어내지 않고 머뭇거리게 되는 자들은, 시간이 많이 흘러서 이제는 죄악을 제거할 수 없게 되고 나서야 비로소 자신이 머뭇거린 것을 후회하게 될 것입니다. 만일 누가 내게 내 방의 저쪽 끝에 코브라가 있다고 말해준다면, 나는 코브라와 마주치기 싫어서 어떻게 해서든 빨리 방을 빠져 나가기 위해 방문 쪽으로 달려갈 것입니다. 나는 그런 독사들은 원래 그들이 살고 있는 밀림 속에 있다고 할지라도 우리와 충분히 가까이 있는 것이라고 생각합니다. 죄도 마찬가지입니다. 우리는 죄라고 하면 생각만 해도 지긋지긋하고 몸서리가 쳐져서 죄에 의해서 우리의 옷을 더럽힐까봐 죄가 나타나기도 전에 먼저 도망쳐야 합니다.

하나님의 뜻을 행하고자 하는 이러한 거룩한 열심은 늘 지속되어야 합니다: "내가 주의 율례들에 항상 주의하리이다." 나는 항상 순종하고자 애쓸 것입니다. 나는 항상 하나님의 빛을 가리는 일이라면 그 어떤 것이라도 피하려고 애쓸 것입니다. 사랑하는 친구들이여, 이러한 안전함과 하나님의 율법을 향한 이러한 특별한 애정은 하나님이 우리를 붙들어 주시는 것으로부터 온다는 것을 여러분도 아실 것입니다. 왜냐하면, 하나님께서 우리를 붙들어 주시는 까닭에, 우리가 결코 위험에 빠지지 않는 것이기 때문입니다. 하나님께서 늘 우리를 붙들어 주실 때, 우리는 "안전할" 것이고, 우리의 양심은 늘 살아 있을 것입니다. 그러나 하나님께서 우리를 붙들어 주시지 않으면, 우리는 안전할 수도 없고, 우리의 양심도 살아 있지 못할 것입니다. 단 몇 분의 어리석음이 여러 해 동안의 인품과 인격을 망쳐 놓을 수 있습니다. 하나님이 붙들어 주시지 않는 사람은 수렁 속으로 굴러 떨어져서 거기에서 뒹굴게 됩니다. 그런 사람은 아마도 평생토록 양심적일 수도 없고 "안전할" 수도 없는 사람으로 살아가게 될 것입니다. 나는 하나님의 백성이라고 자처하는 어떤 사람들을 아는데, 그들은 하나님께 붙들린 바 된 사람들이 아니었기 때문에, 그들의 신앙 인격도 늘 흠이 많습니다. 그런 사람들은 "안전하지" 않습니다. 그런 사람들은 걱정되는 사람들이기 때문에, 우리가 아주 주의 깊게 살펴보지 않으면 안 됩니다. 우리는 그들에게 우리를 인도하도록 맡길 수가 없습니다. 왜냐하면, 그들의 모범은 절름발이여서, 우리가 그들을 신뢰할 수 없기 때문입니다. 게다가, 그들의 양심은 예민하고 민감하지 않습니다. 그들은 주 예수께서 인정하시는 한계를 아주 많이 벗어나서 행하면서도, 표면적으로는 교회의 지체들이고, 그것도 아주 말이 많은 지체들입니다. 하나님께서 그들을 고치서서 새롭게 하시기를 빕니다. 그들은 그렇게 될 필요가 있고, 오직 하나님만이 그렇게 하실 수 있습니다. 왜냐하면, 그런 사람들은 목회자가 똑똑히 말해 주어도 그 권면을 받아들이려 하지 않기 때문입니다. 그들은 하나님의 도에 따른 옳고 그름에 대하여 뚜렷한 인식이나 분별이 없기 때문에, 가능한 한 세상 쪽으로 최대한 가까이 가서, 불경건한 자들이 좋아하는 즐거움들을 누리면서도, 계속해서 그리스도인들과의 사귐 속에 있고자 합니다. 그들은 양다리를 걸치고 있는 자들입니다. 그들은 한편으로는 산토끼들과 함께 뛰어다니면서도, 다른 한편으로는 사냥개들과도 어울리다가, 사냥개들이 산토끼를 잡아오면 그 산토끼를 먹으며 즐거워합니다. 이것은 어처구니없는 일입니다! 이런 부류의 사람들은 그리스도인들 중에서 정말 형편없는 부류에 속합니다. 우리가 이렇게 두 마음을 품고 있을 때, 우리는 안전할 수 없고, 다른 사람들에게 복이 아니라 저주가 될 것입니다. 우리의 신앙 인격이 항상 하나님에 의해서 유지된다면, 우리는 안전한 사람들, 곧 교회의 기둥들이 될 것이고, 죄악이 다가올 때에 즉시 우리에게 경고해 줄 예민한 양심을 갖게 될 것입니다. 그랬을 때에 우리는 하나님이 높이시는 자들이 되고 형제들에게 유익한 자들이 될 것입니다.

그리스도 안에서 사랑하는 나의 형제들이여, 나는 말씀을 맺으면서 여러분에게 다시 한 번 "나를 붙드소서"라는 본문에 나오는 기도를 늘 드리시기를 권면합니다. 매일 아침 여러분이 사람들의 얼굴을 보기 전에 이 기도를 하늘에 등록해 놓으십시오: "나를 붙드소서 그리하시면 내가 안전하겠고 주의 율례들에 항상 주의하리이다." 여러분이 이 기도를 하지 않고 계단을 내려가고 있습니까? 그렇다면, 여러분은 아침 식탁에서 죄에 빠질 수 있습니다. 여러분은 이성을 잃고 화를 낼 수도 있고, 아주 사소한 일로 인해서 그 날 여러분이 탄 전차가 탈선해 버릴 수도 있습니다. 그러므로 전차가 움직이기 전에 기도하십시오. 여러분이 모자를 쓰고 장갑을 끼자마자, 전차는 시내를 향해서 쏜살같이 달려갈 것입니다. 여러분이 시내에서 부주의하고 경건하지 않은 사람들을 만나기로 되어 있고 그들을 만날 때에 시험에 들까봐 걱정이 됩니까? 그렇다면, 전차에 탈 때나 도로를 걸을 때에 "나를 붙드소서 그리하시면 내가 안전하리이다"라고 계속해서 호흡하듯이 기도하십시오. 여러분은 아무리 악한 자들도 걱정 없이 만날 수 있습니다. 여러분은 자신의 팔에 방패를 갖게 된 것이고, 자신의 허리에 두 날 가진 하나님의 칼을 차게 된 것이니까요! 여러분은 지존자께 "나를 붙드소서"라고 호흡하듯이 기도하였기 때문에 이제 모든 위험에 대비한 준비를 마친 것입니다. 이 기도를 하기 전에 여러분은 적어도 오늘은 시내에 가고 싶지 않다고 생각했습니까? 그러나 기도한 후에는 오늘 시내에 가는 것은 소풍가는 것이 되었습니다, 그렇지 않습니까? 여러분은 친구들을 만나기 위해 시골에 가거나, 몇몇 친구들과 휴가를 보내기 위해 가고 있습니까? 그렇다면, 먼저 "나를 붙드소서"라고 기도하십시오. 그러면 모든 일이 잘 될 것이고, 여러분은 친구들과 잘 지내다 오게 될 것입니다. 여러분의 친구들이 모두 다 성도들은 아닐 것이기 때문에, 재미있게 놀다 보면 아마도 적절한 범위를 벗어나는 행동을 하게 될 수도 있습니다. 그러므로 이스라엘을 지키시는 이에게 "나를 붙드소서 그리하시면 내가" 일할 때와 마찬가지로 놀 때에도 "안전하리이다"라고 기도하십시오. 하나님의 자녀들은 친구들과 놀 때에도 그 노는 것(recreation)을 통해서 자기가 그리스도 예수 안에서 새 피조물로 "재창조"(re-creation)되었다고 느껴야 합니다. 우리가 하는 모든 일들에서와 마찬가지로 우리가 누리고 즐기는 모든 것들 속에서도 은혜가 있어야 합니다.

　그러나 여러분은 하루 동안 친구들과 놀 시간도 없이 어떤 어려운 일을 하느라 악전고투하고 있을지도 모릅니다. 그 일은 여러분의 두뇌를 시험하고 여러분의 마음을 불안하게 만듭니다. 그 일은 여러분의 능력으로는 벅찬 일이지만, 여러분은 어떻게 해서든지 그 일을 해내야 합니다. 바로 그때가 여러분이 곤경에 처한 때이고, "나를 붙드소서"라고 기도해야 할 때입니다. 내가 아는 어떤 젊은 형제들은 처음에 은행에 출근했을 때에 자기가 기재한 장부들이 틀릴까봐 정확히 기재하느라 노심초사했다고 합니다. 그들은 정직하지 못해서가 아니라 단지 너무 흥분한 나머지 큰 실수를 저질렀을지도 몰라서 몹시 걱정을 했습니다. 그들은 정확히 계산하고 기재해야 한다는 강박감 때문에 정신이 없어서 실수들을 저질렀습니다! 은혜 가운데 있는 젊은이들이여, 그럴 때에는 올바르게 행하고 모든 것을 하나님께 맡기십시오. 걱정하지 마시고 기도하십시오. 하나님께 도와 달라고 하십시오. 장부의 수입과 지출 항목을 더할 때에 계산하는 것을 비롯해서 여러분이 하는 모든 일을 하나님께서 도와주시라고 기도하십시오. 자기 자녀들의 머리카락의 갯수까지도 다 세시는 하나님께서는 큰 일들만이 아니라 아주 작은 일들에서도 그들을 도우실 것입니다. 여러분이 여러분을 고용한 사람들에게 사랑 받을 수 있게 해주시라고 기도하십시오. 그것이 여러분에게 복이 되고 유익한 것이라면, 하나님께서는 그것을 여러분에게 허락하실 것입니다. 오직 이렇게 부르짖으십시오: "주여, 나를 도우셔서 올바르게 행하게 하옵소서. 내가 스스로 행한다면, 나는 실수할 수밖에 없습니다. 그러니 주께서 나를 붙드셔서 나로 하여금 끝까지 올바르게 행하게 하옵소서."

사랑하는 친구들이여, 여러분은 이번 주에 정말 내키지 않는 길을 따라 여행해야 할지도 모릅니다. 여러분은 전에도 그 길을 한 번 가보았고, 그때에 다시는 그 길로 가는 일이 없기를 바랐습니다. 그렇지만 여러분은 이번 주에 그 길을 따라 여행하게 되어 있고, 이 일을 피할 수 없습니다! 여러분은 그 길로 여행하여 2년 전에 여러분을 심각한 시험에 빠뜨린 저 위험한 친구들을 방문해야 합니다. 여러분은 전에 여러분을 죄에 빠뜨린 일을 다시 한 번 겪어야 합니다. 그렇다면, "나를 붙드소서"라고 간절히 기도하십시오. 갑절의 은혜를 구하십시오. 여러분은 그 길의 위험성과 여러분 자신의 연약함을 알고 있지만, 여러분을 붙들어 주시는 하나님의 은혜로 말미암아 넉넉히 그 모든 것을 극복해 내게 될 것입니다.

사랑하는 친구들이여, 여러분은 형통하고 있을 수 있습니다. 하나님께서 여러분을 성공하게 하셔서, 여러분이 마음 먹은 것들을 다 이루어 냈습니다. 그럴 때에 여러분은 반드시 "나를 붙드소서 그리하시면 내가 안전하리이다"라고 간절하게 기도하여야 합니다. 왜냐하면, 이 세상에서 형통하는 것은 하나님의 자녀에게 위험한 일이기 때문입니다. 그런데도 많은 사람들이 지혜롭지 못하게 그 위험을 탐합니다. 여러분이 부자가 되고 출세하여 승승장구하고 있다면, 여러분을 붙들어 주시라고 하나님께 기도하십시오. 그렇지 않으면, 여러분은 이제 곧 두박질쳐서 내리막길을 치달아 역경에 빠지게 될 수 있습니다. 여러분이 생각하기에, 여러분이 하는 일들이 다 잘 안 되었습니다. 이제 여러분은 저 좋은 집과 아름다운 정원을 포기하고, 작은 집으로 이사해 왔지만, 여전히 비용이 많이 들고, 수입은 형편없이 줄어들었습니다. 아내와 자녀들을 어떻게 부양해야 할지 막막하기만 합니다. 그렇다면, "나를 붙드소서"라고 기도하십시오. 아굴과 같이 "나를 가난하게도 마옵시고 부하게도 마옵시고"(잠 30:8)라고 기도하십시오. 여러분이 부자였을 때에 여러분을 지켜 주셨던 하나님께서는 여러분이 가난하게 된 지금도 여러분을 멀리하시는 것이 아니라 반드시 지켜 주실 것입니다. 여러분을 계속해서 붙들어 주시라고 하나님께 구하십시오. 하나님께서는 그렇게 하실 수 있으실 뿐만 아니라 기꺼이 그렇게 하고자 하십니다.

　여러분 중에서 이제 나이가 많이 드신 분들이라면, 나는 여러분에게 생애의 마지막 시기에 적합한 기도로 본문에 나오는 기도를 추천합니다. 또한, 청년들이여, 여러분은 혈기가 강하고 지혜가 적기 때문에 이 기도를 하여야 합니다. 젊은 남녀들이여, "나를 붙드소서"라고 기도하십시오. 그리고 나이가 많이 드신 형제들이여, 여러분보다 한참이나 어린 내가 엄숙하게 덧붙이고자 하는 경고의 말씀은, 하나님께서 은혜를 베푸셔서 여러분을 붙들어 주시도록 간구하는 것을 그치지 마시라는 것입니다. 종종 말(馬)들은 언덕을 힘들게 잘 넘어와서는 마지막 순간에 넘어집니다. 마부가 이제는 안심해도 되겠다고 생각하며 방심하는 순간 말이 넘어지는 것입니다. 마찬가지로, 나는 하나님의 교회에서 신앙생활을 오래한 나이 드신 분들이 마지막 순간에 무섭게 넘어지는 것을 보아 왔습니다. 또한, 우리는 성경 속에서도 도처에서 나이 들어 죄에 빠지는 경우들을 봅니다. 조심하십시오. 그들은 자신의 경험과 지혜를 자랑합니다. 그때에 마귀가 속으로 쾌재를 부르며 그들에게 다가와 그들을 속이고 갖고 놉니다. 만일 우리가 므두셀라만큼 나이가 많고 에녹처럼 거룩하다고 할지라도, 여전히 "나를 붙드소서"라고 부르짖지 않으면 안 됩니다.

　우리가 요단 강가에 다다라서, 차가운 강물이 우리의 발목까지 차오르기 시작할 때, 하나님께서 우리를 붙들어 주신다면, 그것은 얼마나 큰 복이겠습니까! 「천로역정」을 보면, 강물이 목까지 차올랐을 때, "소망"이 "크리스천"에게 "형제여, 담대하십시오"라고 말합니다. "나의 형제여, 담대하십시오. 내 발이 강바닥에 닿는 것을 보니 괜찮을 것입니다." 그래서 그들은 즐거운 마음으로 강을 건너서, 하늘의 도성이 세워져 있는 언덕을 올라갑니다. 나는 거기에서 우리가 사랑하는 주님 앞에서 부르게 될 노래들 중에서 이런 노래가 특히 달콤한 노래가 될 것이라고 생각합니다: "내가 발을 헛디뎌 미끄러져 넘어지려는 찰나 하나님께서는 내게 은혜를 베푸셔서 나를 붙드셨나이다." "여러분이 넘어지지 않게 붙들어 주셔서 여러분으로 하여금 지극한 기쁨 속에서 하나님의 영광의 임재 앞에 흠없이 서게 하실 수 있으신 분, 오직 홀로 지혜로우신 하나님 우리 구주께 영광과 위엄과 통치와 능력이 지금부터 영원토록 함께 하시기를 바라나이다. 아멘."

제
122
장
—

하나님이 지시하시는 발걸음

—

"나의 발걸음을 주의 말씀에 굳게 세우시고 어떤 죄악도 나를 주관하지 못하게 하소서." ─ 시 119:133

시편 기자는 앞 절에서 자기가 하나님의 권속 중의 한 사람으로 대접받기를 바라는 간절한 열망을 피력한 바 있습니다: "주의 이름을 사랑하는 자들에게 베푸시던 대로 내게 돌이키사 내게 은혜를 베푸소서"(132절). 사랑하는 친구들이여, 우리도 하나님으로부터 그의 모든 다른 자녀들처럼 대접받기를 원합니다. 나는 그렇게만 된다면 모든 겸손한 신자들은 대만족일 것이라고 확신합니다. 하나님이 여러분을 그의 하인들 중 하나로 삼아 주시기를 여러분이 바라던 때가 있었습니다. 그러나 여러분은 그런 바람이 잘못되었다는 것을 알게 되었기 때문에, 이제는 이렇게 기도합니다: "하나님, 나를 주의 자녀들 중 하나로 대해 주십시오. 주께서 주의 속량함을 받은 자들을 대하실 때에 하시던 대로 나를 대해 주십시오. 나는 천국의 상속자들이 될 다른 사람들과 다른 특별한 대접을 바라는 것이 결코 아닙니다. 그들이 가난하다면, 나도 그들과 함께 기꺼이 가난하게 살겠습니다. 그들이 수치를 당한다면, 나도 그들과 더불어 기꺼이 수치를 감수하겠습니다. 그들이 십자가를 지고 간다면, 나도 십자가를 지고 가겠습니다. 하나님의 자녀들에게 맡겨진 몫이 무엇이든, 나도 기꺼이 거기에 동참해서 그들과 똑같이 그 몫을 담당할 각오가 되어 있습니다. 주께서 그들을 징계하신다면, 나도 주의 징계를 받기 원합니다. 주께서 그들에게 미소를 지어 보이신다면, 내게도 그들에게와 똑같이 미소를 지어 보여주십시오." 형제들이여, 우리는 하나님의 교회에서 정말 좋은 의미에서 모든 것을 함께 하고 함께 나누는 공산주의를 경험합니다. 우리 중에서 그 누구도 속량 받은 권속의 이 공통의 몫 이상의 것을 가지고자 하지 않습니다.

아울러, 각각의 신자는 저마다 개인적인 필요들을 인식하고 있어야 하고, 또한 인식하고 있을 것입니다. 그래서 그들은 저마다 특별한 기도를 하나님께 드리게 됩니다. 나는 우리가 기도할 때에 일반적인 기도문들이 여러분 중에서 많은 분들의 사정과 형편에 적절한 것이 되기를 바랐지만, 각 사람이 저마다 자신만의 간구와 감사 기도를 드려야 한다는 것을 더욱더 실감하게 되었습니다. 한나의 기도처럼 입 밖으로 소리를 내어 기도하지는 않고 단지 입술만 움직일 뿐인 개인 기도들이 큰 능력을 지니는 경우가 얼마나 자주 있습니까! 그럴 때에 괴롭고 슬픈 심령을 갖고 온 한나는 하나님과 나눈 은밀한 교제로 인하여 위로를 받고서 내려갔습니다. 예전적인 기도문이나 즉석에서 만들어진 기도문은 그 어떤 것이든 충분히 모든 경우에 여러분에게 필요한 기도문이 될 수 있다고 생각하지 마십시오. 여러분은 자신의 개인적인 간구를 드려야 합니다. 그럴 때에 아하수에로 왕이 에스더에게 "그대의 소청이 무엇이뇨 곧 허락하겠노라 그대의 요구가 무엇이뇨 나라의 절반이라 할지라도 시행하겠노라"(에 5:6)고 하였듯이, 하나님께서는 여러분에게 그렇게 말씀하실 것입니다.

오늘의 본문은 오늘 이 모임에 오신 우리 모두에게 적합한 것으로 보입니다. 나는 이 본문이 내게도 적합하다는 것을 확신합니다. 나는 말씀을 전하기 전에도 이 기도를 했고, 말씀을 전하고 있는 동안에도 이 기도를 하고 싶은 마음이 듭니다. 나는 거룩한 삶을 이제 막 시작한 분들에게도 이 기도를 권하고, 마찬가지로 거룩한 삶의 길에서 얼마 동안 떠나서 방황해 온 분들에게도 이 기도를 권해드립니다. 또한, 나는 신앙생활을 오래 해서 지혜로 가득하신 분들에게도 이 기도를 권해드리고자 합니다. 심지어 나는 교회의 장로님들, 우리의 이스라엘에서 하나님으로부터 사랑 받으시는 족장들에게도 이 기도를 권합니다. 이 기도는 우리 모두가 천국의 문 앞에 다다를 때까지 계속해서 드려야 하는 기도입니다: "나의 발걸음을 주의 말씀 안에서 지시하시고 어떤 죄악도 나를 주관하지 못하게 하소서"(KJV, 한글개역개정에서는 "나의 발걸음을 주의 말씀에 굳게 세우시고 …"). 또한, 이제 막 구주를 찾기 시작하신 여러분에게도 나는 머지않아 여러분이 이 기도를 드리고자 하는 심령이 되실 것이라고 말씀드리고 싶습니다. 하나님께서 여러분을 그의 자녀로 삼으셨을 때, 이 기도는 여러분이 드리게 될 기도입니다. 여러분이 이 기도를 드릴 수 없고 드리고자 하지 않는다면, 여러분은 자신이 하나님의 자녀가 아니라고 스스로 증언하는 것입니다. 나는 이렇게 말하는 것이 그렇게 심하게 말하는 것은 아님을 확신합니다.

1. 첫째로, 이 기도는 하나님의 뜻에 철저히 순복하고자 하는 것을 보여줍니다.

나는 성령의 능력 주심을 따라 오늘의 본문 속에서 우리가 진지하게 살펴볼 가치가 있는 것들을 네 가지로 나누어서 설명하고자 하는데, 그 첫 번째가 "나의 발걸음을 주의 말씀 안에서 지시하시고 어떤 죄악도 나를 주관하지 못하게 하소서"라고 기도하는 사람은 하나님의 뜻에 온전히 순복하고자 하는 결단을 보여주고 있다는 것입니다.

여러분이 보시듯이, 그는 자신의 기도를 "지시하소서"(order)라는 말로 시작합니다. 그는 명령들 아래에서 살기를 원하는 사람입니다. 그는 하나님의 명령들에 기꺼이 순종하고자 하고, 하나님으로부터 명령들을 받아서 준행하고자 하는 간절한 마음을 지니고 있습니다. 그런데 이것은 세상의 방식이 아닙니다. 세상 사람들은 이렇게 말합니다: "여호와가 누구이기에 우리가 그의 목소리를 청종해야 한단 말인가? 우리의 주인은 우리 자신이니, 감히 누가 우리의 주가 되어 우리를 주관하리요?" 남의 간섭을 받지 않고 자유롭게 생각하고 자유롭게 사는 것, 이것이 불경건한 자들이 원하는 것입니다. 그러나 하나님의 은혜로 말미암아 우리의 마음이 새롭게 되었을 때, 우리의 심령은 그리스도의 명령들에 순종하는 것 속에서 참된 자유를 발견하고, 예수의 은혜로우신 말씀들을 준행하기 위하여 그 발 앞에 앉아 있을 때에 가장 선한 생각을 하게 된다는 것을 발견합니다.

"나의 발걸음을 주의 말씀 안에서 지시하소서." 사랑하는 자들이여, 우리도 전에는 그 어떤 명령이나 계획, 또는 방법 아래에서 살지 않았지만, 하나님의 은혜가 우리를 가장 고귀한 의미에서 방법론자들로 만들었습니다. 그래서 우리는 하나님의 방법을 따라 살아가는 자들이 되었습니다. 이제 우리의 기도는 우리에게 다시는 질서 없이 살아가는 일이 없게 하시고, 하나님께서 만유에 질서를 부여

하셔서 모든 별들이 자신의 자리를 지키며 운행하듯이, 우리도 모든 일에서 자신의 자리에서 지존자의 뜻을 기쁨으로 순종하게 해주시라는 것입니다. 우리가 하나님께 우리에게 명령하시고 우리 자신이 기꺼이 그 명령 아래에 있게 해주시라고 기도한다는 것 자체가 하나님의 은혜가 우리에게 있음을 보여주는 증표들 중의 하나입니다.

또한, 시편 기자는 "나의 발걸음을 주의 말씀 안에서 질서정연하게 하소서" 라고 기도하였습니다. 즉, 그는 하나님이 계시하신 것들만으로 온전히 만족하였습니다. 그는 하나님이 계시하신 말씀들 속에 그의 모든 발걸음을 인도하기에 충분한 것들이 다 들어 있기 때문에 그 외의 다른 것을 원하지 않았습니다. "나의 발걸음을 주의 말씀 안에서 지시하소서." 그는 성경이 자기에게 주는 것보다 더 큰 자유를 필요로 하지 않았고, 자기가 지존자의 명령들 속에서 발견한 것보다 더 넓은 지경을 원하지도 않았습니다. 그의 기도는 우리가 방금 부른 저 찬송가 가사와 같았습니다:

"나로 주의 명령 가운데서 걷게 하소서.
그 길은 즐겁고 기쁜 길이나이다.
나의 머리나 가슴이나 손이
내 하나님을 거슬러 범죄하지 않게 하소서."

사랑하는 자들이여, 여러분은 하나님의 명령이라는 범위 내에 머물러 있는 것으로 만족하십니까? 그렇다면, 그것은 하나님이 여러분의 마음을 변화시키셨음을 보여주는 증거입니다. 그러나 나의 사랑하는 자들이여, 여러분이 성경 밖에서 살아가고 있고, 결코 성경 안으로 들어오지 않았으며, 성경이 무엇이라 말하고 무엇을 약속하며 무엇을 명령하는지에 관심도 없다면, 그것은 여러분이 하나님을 알지 못한다는 확실한 증거입니다. 우리 각자가 지금 이 시간에 하나님께 이렇게 기도합시다: "나의 발걸음을 주의 말씀 안에서 지시하소서. 나로 하여금 권세 아래 있는 자, 하나님의 법 속에서 자신의 삶의 지침들을 발견하며 그 지침을 따라 사는 것을 자신의 소원이자 기쁨으로 삼는 자로 살아가게 하소서."

여러분은 하나님의 사람이 하나님의 법에 무조건적으로 온전히 순복함으로써 온갖 종류의 죄악으로부터 자신을 지킬 수 있게 되기를 간절하게 소원하는 것을 봅니다. 흠정역에서 "나의 발걸음을 주의 말씀 안에서 지시하시고"로 번역된 구절은 히브리어로는 "나의 발걸음을 주의 말씀에 굳게 세우시고"를 의미할 수 있습니다. 따라서 시편 기자는 하나님께서 그를 온갖 흔들림이나 주저함이나 방황으로부터 지켜 주시기를 바라고 있는 것입니다. 즉, 그는 자기가 올바른 길을 걸을 때에 추호의 흔들림도 없이 단호하고 견고하게 걷게 되기를 원해서, "나의 발걸음을 굳게 세우소서"라고 간구합니다. 우리는 옳은 길을 갈 때에도 얼마나 자주 비틀거리는지 모릅니다! 우리는 옳은 일을 하기는 하지만, 옳은 일을 하고 있는 동안에도 흔들리고 요동합니다. 사랑하는 친구들이여, 여러분은 그렇게 흔들리고 요동하는 것을 경험해 본 적이 있지 않습니까? 여러분의 발은 거의 넘어져 쓰러질 뻔하였고, 여러분의 발걸음은 거의 미끄러질 뻔하였습니다. 시편 기자의 기도는 자신의 순종이 확고하고 결연하며 변함없는 순종이 되게 해주시라는 것입니다. 특히 신앙생활을 이제 막 시작하신 분들은 이 기도를 드리는 것이 좋습니다. 하나님의 성도들 중에서 오랜 세월 동안 하나님의 길로 걸어온 분들은 의의 습관이 확고하게 몸에 배어서 그 어떤 시험이 와도 쉽사리 흔들리지 않게 되는 것이 보통입니다. 하나님의 모든 종들은 의에 견고히 서서, 사도 바울처럼 "이후로는 누구든지 나를 괴롭게 하지 말라"(갈 6:17)고 말할 수 있게 해주시라고 기도하는 것이 마땅합니다. 그들이 나를 끌어내리려고 애써보아야 아무 소용이 없습니다. 왜냐하면, 그들은 나를 유혹해서 나의 사랑하는 주님을 섬기는 것으로부터 멀어지게 할 수 없기 때문입니다. "내가 내 몸에 예수의 흔적을 지니고 있노라." 내 등에는 그리스도의 종이라는 화인(火印)이 각인되어 있기 때문에, 내가 살아 있는 한 그 흔적은 결코 제거될 수 없습니다. 내 팔에는 십자가가 새겨져 있기 때문에, 내 팔은 그리스도 외에 다른 누구에게도 결코 속할 수 없습니다. 여러분이 그런 정도까지 도달해서 다음과 같이 말한다면, 그것은 복된 일입니다: "죄악된 세상이여, 나는 너의 유혹들을 청종할 수 없고 청종하고자 하지도 않는다. 네가 부를지라도, 나는 대답하지 않을 것이다. 네가 초청할지라도, 나는 청종하지 않을 것이다. 협상의 때는 지나갔고, 선택의 시간도 지나갔다. 나는 이미 하나님께 속하였기 때문에, 나의 기도는 나의 발걸음이 하나님의 마음과 뜻에 순종함에 있어서 항상 견고하게 해주시라는 것이다."

나는 여러분이 하나님의 말씀에 온전히 순복하고자 하는 마음으로 이 기도를 드리시기를 바랍니다. 여러분은 하나님의 말씀을 발로 차 버리고 있습니까?

여러분은 하나님이 여러분에게 정해 주신 것 이외의 어떤 것이 되고자 하십니까? 나의 사랑하는 자들이여, 여러분이 그런 마음을 지니고 있다면, 나는 정말 유감입니다. 그러나 여러분이 하나님께 순복하고자 하여 봉인 아래의 밀랍 같이 되어서 하나님께서 여러분 위에 자신의 형상을 인치시기를 바라고, 하나님이 은혜의 길로 여러분을 이끄시는 대로 행하고자 한다면, 여러분은 자신이 하나님께 속하기를 확신 속에서 소망할 수 있습니다.

2. 둘째로, 이 기도는 주의 깊고 깨어 있는 모습을 보여줍니다.

우리는 "나의 발걸음을 주의 말씀 안에서 지시하시고 어떤 죄악도 나를 주관하지 못하게 하소서"라는 간구를 드릴 때에, 시편 기자가 깨어서 아주 세심하게 기도하고 있는 것을 보게 됩니다. 그는 단지 "나의 삶을 지시하소서"라고 기도하는 것이 아니라, "나의 발걸음들을 지시하소서"라고 기도합니다. 경건한 사람들은 하나님이 그들로 하여금 작은 일들 속에서조차도 올바르게 행할 수 있게 해주시기를 바랍니다. 어떤 사람의 삶이 선한지 악한지는 오랜 기간 동안 어떻게 달려왔는지를 볼 때가 아니라 작은 일들 속에서 한 걸음 한 걸음을 어떻게 걸어왔는지를 보면 더욱 분명하게 드러나는 경우가 많습니다. 크고 작은 일을 가리지 않고 모든 일에서 철저하게 하나님을 섬기고자 하는 사람은 복 있는 사람입니다. 왜냐하면, 작은 일들을 소홀히 해서 아주 조금씩 점점 타락해 가는 사람들이 아주 많은데, 크고 작은 일의 구별 없이 행하는 사람에게는 그런 일이 일어나지 않기 때문입니다. 그런 사람은 모든 일에 주의 깊게 깨어 있어서 자기가 조금이라도 올바른 길에서 벗어났을 때에는 금방 그것을 감지하고서 다시 올바른 길로 돌아갈 수 있습니다. 형제들이여, 옛 격언에 "잔돈푼을 잘 관리하면 큰 돈은 저절로 잘 관리가 될 것이다"는 말이 있는데, 이 격언을 오늘의 본문의 언어로 표현해 본다면, 우리는 "발걸음을 잘 관리하면 하루 동안 걸은 것이 저절로 잘 관리가 될 것이다"라고 말할 수 있을 것입니다. 참된 그리스도인들은 하나님께서 그들의 모든 일, 심지어 무심결에 그들의 입에서 흘러나오는 단순한 말들조차도 복 주시기를 바랍니다. 우리는 의도적으로가 아니라 아마도 무심코 잘못을 저지르는 경우가 더 많을 것이기 때문에, "나의 발걸음들을 지시하셔서 나로 나의 삶 속에서 작은 일들에 주의하게 하심으로써 주께 범죄하지 않게 하소서"라고 하나님께 부르짖지 않으면 안 됩니다.

"나의 발걸음을 지시하소서"라는 기도는 "나의 **일상**의 **평범**한 삶을 지시하소서"를 의미합니다. 많은 사람들이 신앙은 단지 주일들을 위한 것이라고 생각하지 않습니까? 그런 사람들은 자신의 가장 좋은 모자를 쓰는 순간에 동시에 신앙도 가졌다가, 그 모자를 다시 옷장에 넣는 순간에 신앙도 옷장에 처박아 버립니다. 오직 주일에만 꺼내서 사용하고 한 주간의 나머지 날들 동안에는 옷장 속에 처박아 두는 그런 신앙은 우리가 목숨을 걸 만한 것이 아닙니다. 그런 신앙은 가짜 수표 같은 것이기 때문에, 여러분이 가짜 수표를 발견하면 그 수표가 여러분의 것이라고 다른 사람들로부터 의심을 받지 않기 위해서 그 수표를 버리고 도망치는 것이 상책이듯이, 그런 가짜 신앙은 버리는 것이 상책입니다.

참된 경건은 일상적인 삶 속에서의 평범한 행위들에서 드러납니다. 나는 여러분이 기도회에서 무엇을 할 수 있는지에 대해서는 별로 듣고 싶지 않습니다. 그 대신에, 여러분은 거실에서 무엇을 하십니까? 주방에서는 무엇을 하십니까? 여러분은 자신의 아내를 어떻게 대하고 계십니까? 자녀들에게는 어떤 식으로 행동하십니까? 어떤 사람이 내게 "그 사람은 참 좋은 사람인데, 자녀들은 모두 다 그 사람을 무서워합니다"라고 말했습니다. 나는 "그렇다면, 그 사람은 참 좋은 사람처럼 보이기는 하지만, 실제로 정말 나쁜 사람이로구나"라고 생각했습니다. 나는 그 사람이 선하다고 생각할 수 없었습니다. 로울랜드 힐(Rowland Hill, 1744-1833년, 영국의 대중설교가) 목사님은 어떤 사람의 집에 있는 개와 고양이가 그 사람의 신앙으로 인해서 사이가 좋아지지 않았다면 그 사람은 진정으로 회심한 사람이 아니라고 말했는데, 나는 그 말을 믿습니다. 하나님의 은혜가 어떤 사람의 심령 속으로 들어가면, 그것은 그 사람 주변의 모든 사람에게 복이 되어야 마땅하고, 또한 복이 될 수밖에 없습니다. "나의 발걸음을 주의 말씀 안에서 지시하소서"라고 기도하는 것은 "나를 도우셔서 나의 일상적인 삶의 평범한 행동들이 거룩한 섬김이 되게 하소서"라고 기도하는 것입니다. 나는 비록 일상적인 평범한 옷을 입고 있지만, 사실은 옛적의 제사장들이 거룩한 옷을 입고서 하나님 앞에서 섬기는 것과 다를 바가 전혀 없습니다. 내가 행하는 모든 일이 거룩한 제사장들이 살아 계신 하나님을 섬기기 위해 행하는 일이 되게 해주시기를 빕니다. "오직 너희를 부르신 거룩한 이처럼 너희도 모든 행실에 거룩한 자가 되라"(벧전 1:15)는 베드로 사도의 권면은 여전히 유효하고, "그런즉 너희가 먹든지 마시든지 무엇을 하든지 다 하나님의 영광을 위하여 하라"(고전 10:31)거나 "또 무

엇을 하든지 말에나 일에나 다 주 예수의 이름으로 하고 그를 힘입어 하나님 아
버지께 감사하라"(골 3:17)는 바울의 명령도 여전히 유효합니다.

　이렇게 오늘의 본문에 나오는 경성하고 깨어 있음은 우리 삶의 작은 일들과
평범한 일들에 대한 것입니다. 우리는 시편 기자의 모범을 따라서 특히 우리가
내딛는 걸음걸음들을 놓고서 기도해야 합니다. 우리가 앞으로 나아가는 것은 걸
음걸음들을 통해서입니다. 오늘날은 진보의 시대입니다. 모든 사람이 "앞으로!"
라고 외치고 있습니다. 그렇다면, 지혜롭게 앞으로 전진해 나아가고자 하는 사
람들이 해야 할 기도가 여기에 있습니다: "주여, 나의 발걸음들을 주의 말씀 안
에서 지시하소서. 그렇게 해주시면, 나의 진보가 하나님을 향한 진보가 될 것이
고, 하나님의 거룩하신 진리의 범위 내에서의 진보가 될 것이나이다." 성경보다
앞서가는 자들은 반드시 다시 돌아와야 합니다. 올바른 길의 범위를 벗어나서
가는 자들은 길을 잃게 될 것이고, 그들이 천국으로의 여정을 무사히 끝마치고
자 한다면, 그런 자들은 앞으로 더 많이 나아가면 갈수록 되돌아올 길도 길어지
게 될 것입니다. 젊은이들이여, 여러분이 안전하고자 한다면, "주여, 나의 발걸
음들을 주의 말씀 안에서 지시하소서"라고 기도하십시오. 오늘날에는 새로운 것
이라면 무엇이든지 받아들이고자 하는 큰 시험이 있습니다. 어떤 사람이 여러분
을 붙들고, 자기가 새롭게 발견한 것을 여러분에게 장황하게 늘어놓는다면, 그
사람이 말하는 것을 유심히 듣되, "모든 것을 시험하여 선한 것을 붙드십시오"
(살전 5:21 KJV, 한글개역개정에는 "범사에 헤아려 좋은 것을 취하고"). 여러분의 한 걸음
을 내디딜 때마다 여러분의 발걸음이 항상 하나님의 말씀에 따라 지시를 받게
해주시라는 것이 여러분이 늘 드리는 기도가 되게 하십시오. 어떤 사람은 "목사
님은 우리를 숨도 못 쉬게 묶어 두고자 하십니다"라고 말합니다. 나의 친구여,
그렇지 않습니다. 나는 여러분을 숨도 못 쉬게 묶어 두고자 하는 것이 아닙니다.
여러분은 마음대로 이리저리 돌아다닐 수 있습니다. 그러나 나는 내가 더 단단
하게 묶일수록 그것이 내게 더 복되고 내가 더 행복해진다는 것을 압니다. 시편
118편을 보면, 내가 좋아하는 기도가 나오는데, 나는 늘 그런 기도를 드립니다:
"밧줄로 절기 제물을 제단 뿔에 맬지어다"(27절). 하나님이여, 새벽부터 밤중까
지, 아니 밤새도록 나를 단단히 붙잡으소서! 하나님께서 나의 꿈을 하나님에 대
한 생각으로 가득 채우시기를 바라나이다. 하나님이여, 눈이 오나 비가 오나 뜨
겁든지 춥든지 일년을 하루 같이 나를 단단히 잡아매십시오. 나는 한시라도 하

나님께서 내게 지시하시고 명령하시지 않는 순간이 있기를 원하지 않습니다. 하나님이여, 내가 한 걸음을 내디딜 때마다 나의 그 발걸음을 하나님의 말씀에 단단히 붙들어매 주십시오. 왜냐하면, 만일 나의 발걸음이 하나님의 말씀이 지시하는 곳으로 가지 않는다면, 나는 멸망을 향하여 갈 수밖에 없기 때문이고, 하나님께서 나의 발걸음을 선한 것으로 여기지 않으신다면, 내게 아무런 유익도 있을 수 없고, 하나님께서 내 발걸음을 지시하시면 늘 내게 가장 좋은 길들로 인도하실 것이기 때문입니다.

지금까지 나는 여러분에게 본문에 나오는 기도를 드리기를 권하면서, 두 가지를 자세히 살펴보았습니다. 첫 번째는 하나님의 뜻에 대하여 온전히 순복하고자 하는 마음이고, 두 번째는 여러분의 삶의 모든 세세한 부분들까지 깨어서 주의 깊게 살펴보아야 한다는 것입니다. 이제 남은 것은 이 두 가지를 기도로 드리는 것뿐입니다! "내가 나의 발걸음들을 지시할 것이다"라고 말하지 마십시오. 아시겠습니까? "나는 모든 일에서 하나님께 순복할 것이다"라고 말하지 마십시오. 아시겠습니까? 여러분이 그런 식으로 말하는 한, 이 거룩한 길은 여러분의 발에 어울리지 않는 길입니다. 여러분은 오직 전심으로 하나님을 의지할 때에만 이 좁은 길을 걸어갈 수 있습니다. 이 길에서 하나님께서 여러분을 붙들어 주시지 않으신다면, 여러분은 그 즉시 그 길을 걷다가 넘어지거나 그 길에서 떨어져나가게 될 것입니다. 그러므로 여러분 자신의 힘으로 뭘 하겠다고 결심하지 마시고, 예수의 이름으로 오늘의 본문에 나오는 기도를 드리십시오. 그리하면 하나님께서 여러분의 기도를 들으실 것입니다.

3. 셋째로, 이 기도는 전폭적인 순종을 보여줍니다.

시편 기자는 이 기도 속에서 자기가 하나님께 전폭적이고 전면적인 순종을 드리기를 원한다는 것을 보여줍니다. 본문은 적극적인 측면을 보여주는 구절과 소극적인 측면을 보여주는 구절, 이렇게 두 구절로 되어 있습니다. 시편 기자는 먼저 "나의 발걸음들을 주의 말씀 안에서 지시하소서"라고 기도합니다. 이것은 "주여, 나로 하여금 적극적으로 옳은 일을 하게 해주소서"라는 기도입니다. 그런 후에, 그는 "어떤 죄악도 나를 주관하지 못하게 하소서"라고 기도합니다. 이것은 "주여, 나를 지켜 주셔서 주의 마음과 뜻에 어긋나는 생각이나 말이나 행위를 조금이라도 하지 않게 해주소서"라는 기도입니다. 그는 적극적으로 옳은 일을 하고자 함과 동시에 잘못을 행하지 않기로 결심하는 전방위적인 그리스도인입니다. 이것이 믿는 자의 올바른 모습입니다. 신앙인들 중에는 옳은 일들을 하고자 아주 적극적으로 나서기는 하지만, 소극적인 측면에서 죄악을 범하지 않기 위해 깨어서 조심하고 주의하지는 않는 사람들이 있습니다. 또한, 소극적으로 바리새인처럼 "하나님이여 나는 다른 사람들 곧 토색, 불의, 간음을 하는 자들과 같지 아니하고 이 세리와도 같지 아니함을 감사하나이다"(눅 18:11)라고 기도하는 사람들도 아주 많이 있습니다. 그런 사람들은 소극적인 측면에서는 어느 정도 하나님께 순종하고자 하는 것이 있지만, 적극적으로 옳은 일들을 행하는 것이 없고, 따라서 진정으로 하나님을 기쁘시게 해드리기 위하여 행하는 일은 하나도 없습니다. 우리는 오늘의 본문에 나오는 두 부분이 합쳐진 삶을 살지 않으면 안 됩니다: "나의 발걸음을 주의 말씀 안에서 지시하소서." 그리고 "어떤 죄악도 나를 주관하지 못하게 하소서."

　　이러한 전폭적인 순종과 관련해서 시편 기자가 그 어떤 부류의 죄악도 자기 마음속에서 용납하지 않게 되기를 소원하고 있음을 주목하십시오: "어떤 죄악도 나를 주관하지 못하게 하소서." 사람들에게는 저마다 자기가 좋아하는 죄악이 있어서, 마음속에서 악한 일들에 대하여 이렇게 소리칩니다: "이 한 가지만은 빼놓고 다른 모든 악들은 다 물러가라." 그들은 자기가 좋아하는 죄악을 향하여 눈짓이나 손짓으로 "너는 뒤에서 가만있어도 돼"라고 신호를 보냅니다. 어떤 사람은 "목사님, 사람은 누구나 다 도저히 떨쳐 버리지 못하는 죄가 하나씩은 있어서, 그 죄가 그 사람을 끊임없이 에워싸고 괴롭히는 것은 어쩔 수 없지 않나요?"라고 반문합니다. 그럴 수도 있겠지만, 어떤 사람을 끊임없이 에워싸고 괴롭히는 죄라는 것이 도대체 무엇입니까? 내가 칠흑 같이 어두운 밤에 인적이 드문 곳을 지나가는데, 대여섯 명의 사람들이 갑자기 나타나서 나를 에워싸면서, "돈을 내놓을래, 아니면 목숨을 내놓을래!"라고 소리치는 일을 겪는다면, 나는 그 사람들에 의해서 꼼짝없이 당한 것입니다. 내가 오늘 밤 클라팜 지역(Clapham Common)을 지나다가 강도들에게 둘러싸여 돈을 뺏겼다고 합시다. 그렇다면, 분명히 나는 그 강도들에게 에워싸여 당한 것입니다. 그러나 내가 그 길을 내일 밤에도 가고 화요일 밤에도 가고 수요일 밤에도 가고 목요일 밤에도 가고 금요일 밤에도 가고 토요일 밤에도 갔다고 합시다. 여러분은 내가 강도들에 의해서 에워싸여 당했다고 말할 수 있을 것이라고 생각합니까? 당연히 사람들은 이렇게

물을 것입니다: "당신은 왜 그 길로 갔나요? 당신이 한 번 강도를 당한 것은 우리가 충분히 이해할 수 있습니다. 그러나 그런데도 당신이 그 길로 계속해서 다니는 의도는 뭐죠?" 어떤 사람이 술 마시는 것이 자기를 끈질기게 괴롭히는 죄라고 말한다고 합시다. 나의 형제여, 나는 당신이 한 잔 두 잔 마시다보니 어느새 술에 취하게 되어 버렸다는 것을 이해할 수 있습니다. 당신은 그것이 당신을 끈질기게 괴롭히는 죄라고 말합니다. 그러나 그렇게 말하면서도, 당신은 계속해서 선술집을 드나듭니다. 그것은 내가 강도 당할 것을 뻔히 알면서도 의도적으로 클라팜 지역으로 다니는 것과 같습니다. 그래서 내게는 당신이 술 마시는 것이 당신을 끈질기게 괴롭히는 죄라고 말하는 것이 변명으로밖에는 들리지 않습니다.

나는 어떤 죄가 자신을 끈질기게 괴롭히는 죄라고 변명하며 자신이 좋아하는 죄를 끊으려고 하지 않는 그런 부류의 사람들에 대하여 많은 얘기를 들어 왔습니다. 어떤 흑인이, 술 취하는 것은 "자기를 끈질기게 괴롭히는" 죄이기도 하지만 "자기를 무척 당혹스럽게 만드는" 죄라고 말했습니다. 나는 그 사람의 말이 지당하다고 생각합니다. 사람들을 무척 당혹스럽게 만드는 그런 부류의 죄들이 많습니다. 사람들은 문을 열고서 이런저런 죄악에게 "들어와, 너는 나를 끈질기게 괴롭히는 죄야"라고 말합니다. 그들은 아주 자연스럽게 그 죄악의 길로 들어섭니다. 그들은 자기가 좋아서 그 죄악에 빠지는 것인데도, 마치 자기가 어쩔 수 없어서 그렇게 한다는 듯이 말합니다. 그럴 때에 무릎을 꿇고 이렇게 부르짖으십시오: "어떤 죄악도 나를 주관하지 못하게 하소서. 주여, 내 소원은 하나도 빠짐없이 모든 일에서 그리스도의 법의 통치와 지배를 받아서 주께 온전히 순종하는 것이오니, 나를 그 어떤 죄악으로부터도 구하소서."

4. 넷째로, 이 기도는 조심스럽고 신중한 모습을 보여줍니다.

마지막으로, 이 기도가 내게 큰 감화를 주는 것은 이 기도 속에는 전폭적으로 순종하고자 하는 마음뿐만이 아니라 대단히 조심스럽고 신중한 모습도 들어 있다는 것입니다. 나는 오팔이라는 광석 속에 있는 불처럼 시편 기자의 기도 속에서 빛을 발하는 저 거룩한 두려움을 좋아합니다. 그는 "나의 발걸음을 주의 말씀 안에서 지시하소서"라고 말하는데, 이것은 다음과 같은 것을 의미합니다: "주여, 나는 주의 지시 없이는 단 한 걸음을 걷는 것도 겁이 납니다. 나는 뭔가 내가 잘못할까봐 한 걸음을 내디디는 것도 두렵습니다." 성경은 "항상 경외하는 자는 복되거니와"(잠 28:14)라고 말씀합니다. 지나치게 대담한 사람은 그리 지혜롭지 못한 사람입니다. 앞을 보지도 않고 무작정 뛰어간 사람은 뛰어가고 나서 끔찍한 일을 보게 됩니다. 자기가 어디로 가고 있는지를 알고, 그 길을 조심스럽게 살피며, 혹시라도 잘못된 길로 가지는 않을까 염려하는 사람은 제대로 가게 될 것입니다. 그런 사람은 "나의 발걸음을 주의 말씀 안에서 지시하소서"라고 기도하는 사람입니다.

특히 "어떤 죄악도 나를 주관하지 못하게 하소서"라는 하반절의 기도 속에서 시편 기자는 "주여, 나는 너무나 큰 죄악을 저지르기 쉬울 것 같다고 느끼오니, 그 어떤 죄악도 나를 주관하지 못하게 하소서"라고 기도하는 것처럼 보인다는 점을 주목하십시오. 정말 다윗이 이렇게 기도했을까요? 나는 이 시편을 쓴 사람은 하나님의 마음에 합한 사람이었던 다윗이라고 생각합니다. 다윗은 최악의 죄악들이 하나님의 마음에 합한 사람이었던 그도 공격해서 한동안 그 죄악들의 먹잇감으로 전락시킬 수 있음을 자신의 삶을 통해 입증했습니다. 그러므로 하나님의 자녀들이여, 여러분은 지독하게 악한 죄를 짓지 않게 해주시라고 기도하여야 합니다. 만일 하나님의 은혜가 여러분을 지켜 주지 않는다면, 여러분은 자신이 어떻게 될지 알지 못합니다. 나는 자기 자신을 대단히 선하고 훌륭하다고 생각하는 사람들을 보면 언제나 걱정이 됩니다. 지나친 완벽주의는 일반적으로 정말 형편없는 것입니다. 이 점을 잘 알고 있던 나의 옛 친구가 있었습니다. 어느 날 그는 오랜 세월 동안 교회의 집사였던 사람을 만났는데, 그 집사님이 그 친구에게 "내게 50파운드만 빌려 주시오"라고 말했습니다. 그 친구는 그 집사님을 아주 잘 알고 있었기 때문에 즉시 기꺼이 수표를 써서 주고자 했습니다. 그때 그 나이드신 집사님이 이렇게 말했습니다: "당신이 알다시피 나는 믿을 수 있는 사람이요. 나는 어제 다르고 오늘 다른 그런 사람이 아니고, 쉽게 곁길로 새서 어리석고 악한 짓을 하는 젊은이들과 같지도 않죠. 나는 완벽하게 안전한 사람입니다." 그러자 나의 지혜로운 옛 친구는 "당신에게 돈을 빌려드릴 수 없겠네요"라고 말했습니다. 그 집사님이 이유를 묻자, 내 친구는 이렇게 말했답니다: "나는 당신 같이 그렇게 훌륭한 사람들에게는 결코 돈을 빌려드리지 않죠. 왜냐하면, 내가 돈을 빌려드렸다가는 다시는 그 돈을 구경하지 못하게 될 테니까요." 얼마 후에 그 집사님은 여기저기에서 빚을 끌어 썼다가 엄청난 부채를 안고 파산하고 말았습니다. 그런데도 그 집사님은 마치 자기처럼 선한 사람은 세상에 없다는 듯이 놋쇠처럼 대담하게 내 친구에게 돈을 빌려 달라고 했던 것입니다. 마찬가지로, 자기는 죄를 지을 수 없고 모든 시험을 다 이길 힘이 있다고 말하는 사람이 있다면, 하나님께서 그 사람을 불쌍히 여겨 주시기를 빕니다! 그런 사람은 이미 마귀의 덫에 걸려든 상태이기 때문에, 머지않아 비참한 일을 당한 후에야 자신의 그런 모습을 깨닫게 될 것입니다. "어떤 죄악도 나를 주관하지 못하게 하소서"라고 기도하십시오. 왜냐하면, 하나님의 은혜가 여러분을 지켜 주지 않는다면, 여러분이 이길 수 있는 죄악은 단 하나도 없기 때문입니다. 시편 기자는 자기가 아주 큰 죄악에 빠질 위험이 있음을 느끼고서, "어떤 죄악도 나를 주관하지 못하게 하소서"라고 기도합니다.

또한, 이 기도는 시편 기자가 아무리 작은 악에 대해서도 두려움을 느꼈다는 것을 보여줍니다. 이 기도 속에는 작은 죄들에 대하여 어떻게 생각하는 것이 합당한 것인지에 대한 아주 훌륭한 모범이 나와 있다고 나는 생각합니다. 시편 기자는 여기에서 이렇게 기도한 것입니다: "어떤 죄악도 나를 주관하지 못하게 하소서. 주여, 주께서 내게 이성과 생각하는 능력을 주시고, 올바르고 건전한 것을 사랑하는 마음을 주셨기 때문에, 나는 결코 술 취한 자가 되지 못할 것입니다. 그러나 내가 탐심, 곧 우상 숭배의 죄를 범한다면, 술 취하지 않는 것이 내게 무슨 소용이 있겠습니까? 그러니 어떤 죄악도 나를 주관하지 못하게 하소서. 그리고 내가 탐심의 죄를 피할 수 있다고 하더라도, 은밀한 정욕을 품게 될 수도 있습니다. 주여, 배에 구멍이 나서 물이 들어온다면, 그 배는 가라앉을 것이 뻔합니다. 뱃머리에서 물이 들어오지 않는다고 해도 선체의 어딘가에서 물이 새어들어 온다면, 그 배는 가라앉고 말 것입니다. 그러니 어떤 죄악도 나를 주관하지 못하게 하소서."

내가 이러한 죄들 중에서 그 어떤 죄로도 넘어지지 않았다고 하더라도, 내가 하나님과 동행하지 않거나, 골방 기도를 소홀히 하거나, 내게 임한 성령의 역사에 온전히 순복하지 않는다면, 그 결과는 마찬가지일 것입니다. "어떤 죄악도 나를 주관하지 못하게 하소서"라는 기도는 우리 중 누구에게나 꼭 필요한 기도입니다. 형제들이여, 나는 여러분 중 대부분은 그 어떤 명백한 죄악의 먹잇감이 되지 않을 것이라고 믿지만, 여러분 중에서 어떤 사람들은 생물체가 마른 상태에서 부패하는 마른썩음병에 걸릴 수도 있고, 흰개미들이 여러분의 겉은 멀쩡하게 놓아둔 채로 은밀하게 여러분의 속을 파 먹어 들어갈 수도 있습니다. 우리는 사람들이 오랜 기간 집을 비워둔 채로 여행을 갔다가 다시 돌아왔을 때에 상자들이며 서랍들과 탁자들이 그대로 있는 것을 보고 반가워서 그것들을 만지는 순간 먼지로 변해서 형체도 없이 사라져 버렸다는 말을 하는 것을 들은 적이 있습니다. 벌레들이 그 나무들의 속을 다 파 먹어 버렸기 때문에, 그런 일이 생기는 것입니다! 우리도 그럴 수 있습니다. 겉으로는 모든 것이 좋아 보이지만, 죄가 우리의 마음 중심을 다 파 먹어 버렸을 수 있지 않겠습니까? 그러므로 "어떤 죄악도 나를 주관하지 못하게 하소서"라는 기도를 드리십시오. 진정으로 하나님을 알고 사랑하는 하나님의 자녀들이여, 여러분이 착각하고 살다가 악하고 거짓된 것에 장악당하여 멸망하지 않도록 여러분 자신을 살피십시오. 이 문제를 놓고서 하나님께 힘써 부르짖으십시오. 여러분 자신을 살피고 시험하여 여러분이 정말 영생을 위하여 일하고 있는지를 확인하십시오. 나는 이 말을 특히 내 자신을 비롯해서 모든 사역자들에게 하고 싶습니다. 왜냐하면, 사역자들은 갖가지 방식으로 스스로 속는 경우가 허다하기 때문입니다. 우리는 다른 사람들에게는 복음을 잘 전하였지만, 우리 자신은 버림 받을 수 있습니다. 또한, 나는 이 말을 교회 직분자들과 오랜 세월 동안 신앙생활을 해오신 교회의 원로들에게도 하고 싶습니다. 이렇게 우리 모두가 자기 자신을 잘 살피는 가운데, "어떤 죄악도 나를 주관하지 못하게 하소서"라는 기도를 호흡하듯이 드려야 합니다.

　　주 예수 그리스도를 믿지 않는 분들께는 내가 무엇이라고 말할 수 있겠습니까? 의인들이 겨우 구원을 받는다면, 믿지 않는 여러분은 어떻겠습니까? 어떤 사람들은 "나는 한 번도 신앙을 가진 적이 없어"라고 말합니다. 여러분은 그것을 자랑이라고 말하고 있는 것입니까? 여러분이 도둑질을 해서 치안판사 앞에 끌려갔는데, 거기에서 판사에게 "나는 한 번도 정직한 사람인 적이 없습니다"라고 말했다고 합시다. 그러면 그 판사는 "그 자가 자기 입으로 유죄를 인정했으니 감옥으로 데려가시오"라고 말할 것입니다. 여러분은 하나님을 경외한 적이 없습니까? 여러분은 그리스도를 믿은 적이 없습니까? 정말 그렇습니까? 그렇다면 여러분은 저 최후의 심판의 날까지 갈 필요도 없습니다. 왜냐하면, 여러분이 스스로 자기 자신을 판단하고 정죄한 것이기 때문입니다. 머지않아 내 주님이 보내신 보안관이 자신의 흉칙한 손으로 여러분을 붙잡아서, 여러분이 멸시하였던 저 하늘의 재판장의 이름으로 여러분을 체포할 것입니다. 그때에는 저항해 보아야 아무 소용이 없고, 그 보안관은 여러분을 감옥으로 끌고 가서 죽일 것입니다. 나는 여러분에게 그러한 끔찍한 사건이 일어나기 전에 이 일을 이성적으로 곰곰이 생각해 보고서, 회개하고 하나님께로 돌아오기를 간곡히 부탁드립니다. 십자가에 달리신 예수 그리스도를 바라보십시오. 오직 그만이 유일한 구원의 길이기 때문입니다. 예수 그리스도 안에서 죄를 미워할 힘과 죄를 이길 힘을 발견하십시오. 왜냐하면, 그런 힘은 오직 예수 그리스도의 상처들에서 흘러나오는 피와 영원토록 살아 계시는 그의 영으로부터만 올 수 있기 때문입니다. 여러분이 예수 그리스도를 바라보고 믿었다면, 이제는 "예수 그리스도를 인하여 나의 발걸음들을 주의 말씀 안에서 지시하셔서 어떤 죄악도 나를 주관하지 못하게 하소서 아멘" 이라고 기도하십시오.

제
123
장
—

많은 탈취물

—

"사람이 많은 탈취물을 얻은 것처럼 나는 주의 말씀을 즐거
워하나이다." — 시 119:162

앞 절에서 다윗은 다음과 같은 말로 자기가 하나님의 말씀을 경외하고 있다
고 공언하였습니다: "나의 마음은 주의 말씀만 경외하나이다"(161절). 거룩한 경
외와 강렬한 즐거움은 완벽하게 양립할 수 있다는 것은 분명합니다. 경외는 기
쁨과는 거리가 먼 것처럼 보이지만, 하나님의 자녀들의 경험 속에서 이 둘은 서
로 붙어 다닙니다. 우리는 다음과 같은 조합에 익숙합니다: "그 여자들이 무서움
과 큰 기쁨으로 빨리 무덤을 떠나 제자들에게 알리려고 달음질할새"(마 28:8).
"항상 경외하는 자는 복되거니와"(잠 28:14). "여호와를 경외함으로 섬기고 떨며
즐거워할지어다"(시 2:11). 이 두 가지 감정은, 음계상에서 한 음은 아주 낮고 한
음은 아주 높아서 서로 너무나 다른데도 완벽한 화음을 만들어 내는 두 개의 음
과 같아서 하나님의 백성들의 경험 속에서 하나로 녹아져서 기가 막힌 조화를
이룹니다. 하나님의 말씀을 경외하는 것과 거기에서 강렬한 기쁨을 누리는 것은
둘 다 복된 일입니다. 우리 모두가 이 혼합된 감정이 무엇을 의미하는지를 알게
되시기를 빕니다.

거기에서 한 걸음 더 나아가, 나는 우리가 하나님의 말씀에 대한 깊은 경외
심을 지니고 있지 않으면 그 말씀 속에서 결코 큰 기쁨을 누릴 수 없다고 말하고
자 합니다. 하나님의 말씀을 우리가 얼마나 경외하느냐에 따라 그 정도만큼 우

리의 기쁨도 달라질 것입니다. 만일 내가 어떤 사람들처럼 성경을 평범한 문학 작품으로 여긴다면, 나는 성경 속에서 그 어떤 특별한 기쁨을 누리지 못할 것입니다. 또한, 만일 내가 오늘날의 많은 비평학자들처럼 성경을 어느 정도는 하나님의 감동으로 된 것이라고 여기기는 하면서도 여전히 불완전한 것으로 보고서 점점 발전되어가는 시대의 지성에 의해서 교정될 필요가 있다고 생각함으로써 하나님의 말씀에 대하여 약간의 경외심만을 지니고 있다면, 나는 성경 속에서 그 정도만큼 작은 기쁨만을 누리게 될 것입니다. 사람들은 진흙보다 금이 더 귀하기 때문에 금을 갖게 되었을 때에 기뻐하고, 금의 가치가 올라갈수록 그들의 기쁨도 올라갑니다. 마찬가지로, 우리가 성경을 귀하게 생각할수록, 성경을 통해 우리가 얻는 기쁨도 더 커질 것입니다. "주의 말씀이 심히 순수하므로 주의 종이 이를 사랑하나이다"(140절). 성경이 우리에게 무오한 진리의 음성이 되고, 우리를 결코 잘못된 길로 인도하지 않는 순전한 빛이 되며, 이물질이 전혀 없는 순금이 된다면, 우리가 성경 속에서 하늘에 계신 우리 아버지의 마음과 뜻을 읽을 때마다 우리의 기쁨은 차고 넘치게 될 것입니다. 그럴 때에 우리는 시편 기자의 언어를 빌려와서, 먼저 "나의 마음은 주의 말씀만 경외하나이다"라고 고백한 후에, 다음으로 "사람이 많은 탈취물을 얻은 것처럼 나는 주의 말씀을 즐거워하나이다"라고 고백하게 될 것입니다.

사랑하는 친구들이여, 다윗은 자기가 경외하는 하나님의 말씀과 관련한 자신의 기쁨에 대하여 말할 때에 전리품에 비유하여 표현합니다. 오늘의 본문은 군대와 깊은 연관이 있습니다: "사람이 많은 탈취물을 얻은 것처럼 나는 주의 말씀을 즐거워하나이다." 이것은 군사들이 적군을 무찌른 후에 탈취물을 서로 나누어 갖는 관행으로부터 가져온 비유입니다. 이러한 표현이 다윗에게서 나온 것은 아주 자연스러운 일입니다. 다윗은 어렸을 때부터 전쟁터에서 잔뼈가 굵은 사람이었기 때문에, 탈취물을 나눈다는 것이 무엇인지를 경험적으로도 너무나 잘 알고 있습니다. 그러므로 그는 이 비유를 가져오기 위해서 멀리까지 나갈 필요도 없었고, 그저 자신의 삶의 뜰에서 뽑아오기만 하면 되었습니다. 나는 사람들이 기도에서나 찬양에서나 그들 자신의 얘기를 하는 것을 듣는 것을 아주 좋아합니다. 어떤 선원이 하나님께 회심한 직후에는 기도문들을 모아놓은 책에서 자기에게 알맞다고 생각되는 문구들을 가져와서 기도할 수 있습니다. 그러나 그의 심령이 점점 신앙 안에서 뜨거워지면, 그는 정해진 기도문을 따라 기도하는 것을 그치고, "바다에서 잔뼈가 굵은 선원"의 냄새가 나는 기도를 하기 시작합니다. 그렇게 해서 그가 자기를 속박하고 있던 것들을 다 끊어 버리고 아주 자유롭게 되었을 때, 그는 파도가 출렁거리는 바다를 기도 속으로 가져오고, 그의 많은 표현들 속에는 바다의 소금기가 진하게 배어 있습니다. 옆에서 들으면, 허풍치는 것이 아닌가 하는 생각이 들 정도로 말이죠! 여러분은 이내 큰 바다에서 생활해 왔던 영혼의 고백에 푹 빠진 자기 자신을 발견하게 됩니다. 전쟁터에서 뼈가 굵은 군사의 경우에도 마찬가지입니다. 형식적인 죽은 신앙이 그를 지배하고 있다면, 여러분은 그가 군사인지 일반 시민인지를 알지 못할 것입니다. 그러나 그의 신앙이 성장하여 열심이 묻어나게 되면, 그의 심장이 말을 하기 시작하고, 그의 말에서는 그가 어떤 사람인지가 배어나오게 됩니다. 그의 말 속에는 전쟁과 전쟁에 관한 소문들이 들어 있습니다. 그는 마치 군가를 부르듯 찬송하고 기도합니다.

그래서 나는 다윗이 사람들이 많은 탈취물을 얻은 것처럼 자신의 마음이 하나님의 말씀을 기뻐한다고 말하는 것을 듣는 것을 좋아합니다. 왜냐하면, 그것은 다윗의 삶 속에서 우러나온 말이고, 전사에게 어울리는 말이기 때문입니다. 기도할 때에 여러분에게 가장 자연스러운 말들로 기도하십시오. 올바른 기도를 하려고 마치 딴 사람처럼 기도하지 마십시오. 여러분은 새 한 마리를 잡아다가 음을 가르쳐서, 그 새가 대여섯 가지의 음을 내게 되었다면, 사람들은 그것을 놀라운 일이라고 생각할 것입니다. 그러나 멋쟁이 새가 여러 가지 음들을 배워서 노래한다고 해도, 내 귀에는 나의 정원에서 자연스럽게 노래하는 멋쟁이 새의 노래만큼 아름답게 들리지 않습니다. 새가 음들을 애써 배워서 하는 노래는 신기한 것일 수는 있지만, 어떻게 보면 기괴하고 부자연스러운 것이 아니겠습니까? 자연의 음이 그 새를 더 진실하게 드러내 주는 것이고, 아주 고통스럽게 인위적으로 배워서 내는 음보다 그 새에게 더 어울리지 않습니까? 사람들이 인위적이고 속박된 방식으로 하나님과 대화하는 것은 불쌍한 일입니다. 그리고 그들 자신의 자연스러운 언어로 기도하는 것이 그들에게 훨씬 더 유익합니다. 여러분이 농부이든 장인이든 일꾼이든, 여러분의 생업의 냄새가 물씬 풍기는 언어로 말하는 것을 부끄러워하지 마십시오. 여러분이 군인이라면, 군인답게 기도하십시오. 여러분이 하나님과 대화할 때에 여러분의 참된 모습을 그대로 드러내십시오. 왜냐하면, 하나님은 진리 그 자체이시고, 여러분이 인위적인 탈을 쓰고서 자기 앞에 서는 것을 원하지 않으시기 때문입니다.

　이상으로 서론을 마치고, 이제부터는 많은 탈취물을 얻은 전사의 기쁨에 비유한 하나님의 말씀에 대한 다윗의 기쁨을 자세하게 살펴보기로 하겠습니다. 다윗이 느꼈던 그러한 차고 넘치는 기쁨에 대하여 우리는 결코 낯선 자들이 아닙니다. 오늘의 본문은 우리에게 너무나 친근합니다.

1. 첫째로, 하나님의 말씀이 존재한다는 사실에서 생겨나는 기쁨이 있습니다.

　먼저, 나는 다윗이 느꼈던 이 큰 기쁨은 종종 하나님의 말씀이 존재한다는 사실로 말미암아 생겨난다는 것을 지적하고 싶습니다. 우리가 성경을 하나님이 자기 자신을 계시하신 책으로 여긴다면, 이 말은 참입니다. 하나님을 찾아서 온 세상을 다 헤매고 다니다가, 유일하게 살아 계시고 참되신 한 분 하나님이 그를 찾고자 하는 자들에게 자기 자신을 계시하신 한 권의 책을 만나는 것은 큰 기쁨일 수밖에 없습니다. 어떤 사람이 자기가 안개 속에 홀로 남겨져서 올바른 길을 더듬거리며 찾아야 되는 그런 처지에 있는 것이 아니라, 하나님께서 해라는 광명을 켜놓으셔서 정직한 심령들로 하여금 그 빛 가운데서 행하게 하시고 그 빛 가운데서 모든 것을 분명하게 볼 수 있게 해놓으셨다는 것을 마침내 발견하게 되는 것은 정말 큰 "발견"입니다. 나는 하나님의 계시가 "사람이 많은 탈취물을 얻은 것처럼" 기뻐하는 것이 마땅한 큰 발견이라고 말하고 있는 것입니다. 사랑하는 친구들이여, 하나님을 계시할 수 있는 것은 오직 하나님 자신뿐입니다. 사도 바울이 우리에게 "사람의 일을 사람의 속에 있는 영 외에 누가 알리요"(고전 2:11)라고 말한 것은 지극히 옳습니다. 여러분은 어떤 사람이 자신의 속에 있는 것을 꺼내서 자기 자신을 드러내기 전까지는 그 사람이 어떤 사람인지를 읽을 수 없습니다. 어떤 사람이 말하거나 행동을 해야, 우리는 그 사람의 마음을 알 수 있습니다. 사람이 자기 자신을 드러내는 주된 수단은 언어입니다. 언어는 영혼의 문입니다. 그 사람이 참되고 정직하다면, 여러분은 그 사람의 말을 통해서 그의 마음을 볼 수 있습니다. 마찬가지로, 사도 바울은 어떤 사람의 마음은 오직 그 사람만이 알 수 있듯이, 하나님의 일들은 하나님의 영 외에는 그 누구도 알 수 없다고 말합니다. 하나님의 영이 우리에게 하나님의 생각을 계시해 주시기 전에는, 하나님의 생각은 하나님의 마음속에 영원히 숨겨져 있을 수밖에 없습니다. 이렇게 아무도 하나님을 찾는다고 해서 찾을 수 있는 것이 아니기 때문에, 계시가 절대적으로 필요한 것입니다. 이 기록된 말씀은 하나님의 계시이고, 하나님의 영이 이 말씀을 조명해 주실 때, 우리는 이 말씀 속에서 거울에 비친 하나님을 보게 됩니다. 그러므로 옛적에 하나님의 말씀에 영감을 불어넣으셨던 하나님의 영이 자기 백성과 함께 계셔서 지금도 여전히 그 말씀을 증거하고 계신다는 사실은 우리에게 얼마나 큰 복인지 모릅니다! 하나님께서 의심의 여지 없이 너무나 분명하고 명백한 언어로 우리에게 말씀하신 이 확실한 증거의 말씀이 있다는 것은 우리에게 얼마나 큰 위로와 힘이 되는지 모릅니다! 자신의 영혼 속에서 이 계시의 능력을 느끼는 사람들은 "사람이 많은 탈취물을 얻은 것처럼" 즐거워하고 기뻐하는 것은 당연한 일입니다.

하지만 성경이 하나님의 계시라는 이 한 가지 사실 때문에 우리가 성경을 소중히 여기고 기뻐하는 것이 아닙니다. 우리가 성경을 귀히 여기는 또 한 가지 이유는, 성경은 **우리의 삶의 지침**이기 때문입니다. 우리는 어느 길로 가야 할지를 알지 못하는 상황에 처하는 경우가 자주 있습니다. 어느 길로 가야 할지를 몰라서 계속해서 질문하고, 끊임없이 질문만 하고 있는 것은 정말 못할 짓입니다. 우리의 심령 속에서 제기되는 "어떻게 하지?" "무엇을 해야 하나?" "어느 쪽을 택해야 하지?" "언제 해야 하나?"라는 질문들을 듣고, 내면에서 들려오는 이런저런 의심스러운 음성들로 인해서 당혹스러워하는 것은 정말 고역입니다. 무엇인가를 결정하지 못해서 질질 끄는 것은 사람을 죽이는 일입니다. 하지만 거룩한 책을 펴들고 책장을 넘기며, 그 속에서 옛적에 우림과 둠밈이 내려준 결정 같은 지침을 발견하는 것은 얼마나 즐겁고 기쁜 일입니까! 이 책은 우리에게 옳은 길을 말해 주고, 우리에게 그 길을 따르라고 명합니다. 이 책은 우리에게 지혜의 길과 명철의 길을 가르치고, 왜 그 길로 행해야 하는지 그 이유들을 말해 줍니다. 우리 자신을 하나님의 영에 복종시키면, 우리는 하나님의 영이 이 책 속에서 "이것이 바른 길이니 너희는 이리로 가라"(사 30:21)고 말씀하시는 것을 듣게 됩니다. 산속에서 길을 잃고 어떻게 할지를 몰라 당혹스러워하던 길손이 저 멀리 초가집 창문에서 비쳐나오는 빛을 보고서, 자기 집으로 돌아갈 길을 가르쳐줄 길잡이를 만났다고 생각하여 반가워하듯이, 우리도 칠흑 같이 어두운 곳에서 길을 밝혀 줄 성경의 빛을 보는 순간 환호하게 되는 것은 당연한 일입니다. 선원들에게는 해도와 나침반이 보물인 것과 마찬가지로, 우리에게는 하나님의 법이 보물입니다. 인생이라는 변덕스러운 바다 위에서 험한 물살에 휩쓸려 어디로 떠내려가는

지도 모르고 정처 없이 떠돌던 우리가 언제나 변함없이 일정한 하나님의 빛이자 천국의 북극성인 성경에서 비쳐 나오는 밝은 빛을 보았을 때에 그 기쁨을 어찌 말로 다 할 수 있겠습니까!

만일 눈 먼 이성을 지닌 우리가 홀로 남겨져 있었다면, 우리는 이내 도랑으로 굴러 떨어져 버리고 말았을 것입니다. 그러나 하나님의 영의 감동으로 된 책이 우리를 인도하여, 우리는 평탄한 길을 걷게 되었고, 이것은 우리에게 큰 기쁨입니다. 우리는 이제 더 이상 끊임없이 궁지에 몰려서 추측과 짐작으로 어두운 길을 갈 필요가 없게 되었습니다. 인생길에 대한 확실한 지도가 우리에게 있고, 우리는 "행위가 온전하여 여호와의 율법을 따라 행하는 자들은 복이 있다"(시 119:1)는 것을 알기 때문에, 확신 가운데서 우리의 길을 힘있게 나아갑니다. "주의 교훈으로 나를 인도하시고 후에는 영광으로 나를 영접하시리니"(시 73:24)라는 약속의 말씀이 우리가 매일 부르는 노래가 되었습니다. 이와 같은 지침을 발견한 복된 사람은 "사람이 많은 탈취물을 얻은 것처럼" 즐거워할 수 있습니다.

또한, 사랑하는 친구들이여, 우리의 영혼이 하나님으로부터 온 말씀을 깨닫는다는 것은 우리가 은혜를 받았다는 것을 보여주는 확실한 보증입니다. 하나님의 말씀들이 어떤 것인지를 생각해 보십시오. 그것들은 사랑과 은혜와 자애로움이 가득한 말씀들이 아닙니까! 나는 지극히 크고 보배로운 약속들을 여기에서 인용하느라 시간을 지체할 생각이 없습니다. 왜냐하면, 그러한 약속의 말씀들은 여러분이 매일 먹는 양식일 것이기 때문입니다. 여러분은 하나님께서 여러분에게 얼마나 큰 일들을 약속하시고 말씀하셨는지를 압니다. 그러나 우리가 숙고해 볼 필요가 있는 한 가지 사실이 있는데, 그것은 그러한 약속들은 하나님의 말씀에 의해서 밑받침되고 있다는 것입니다. 아니, 그 약속들은 하나하나가 다 하나님의 말씀 그 자체입니다. 어떤 사람이 정직하고 훌륭한 사람이라면, 그 사람이 어떤 말을 했을 때에 그 말의 진실성을 의심할 필요가 없게 됩니다. 그가 그 말을 했다는 사실만으로 이미 그 말대로 되리라는 것을 우리는 충분히 확신할 수 있습니다. 하나님께서는 자기 백성에게 말씀을 주셨고, 그 말씀은 절대로 깨뜨려질 수 없고 영원토록 견고히 서 있을 말씀입니다. 하나님의 말씀을 기꺼이 받아들이고 하나님의 약속을 반드시 이루어질 약속으로 받아들이는 자들은 복 있는 사람들입니다. 왜냐하면, 하나님께서는 자기가 약속하신 것을 반드시 이루실 것이기 때문입니다. 어떤 사람이 죄 사함에 관한 하나님의 약속, 기도에 응답하시

겠다는 약속, 우리에게 은혜를 주셔서 거룩하게 하시겠다는 약속, 매일매일의
섭리에 관한 약속, 성령으로 기름을 부어 주시겠다는 약속, 죽을 때의 위로에 관
한 약속, 영원한 영광에 관한 약속을 반드시 이루어질 약속으로 믿고 받아들일
때, 그는 "사람이 많은 탈취물을 얻은 것처럼" 즐거워하는 것은 당연한 일입니
다. 약속의 말씀 속에 이미 복 자체가 있습니다! "믿음은 바라는 것들의 실상"(히
11:1)이기 때문에, 우리는 믿음으로 하나님의 말씀을 받습니다. 하나님의 말씀은
결코 거짓말을 하실 수 없으신 하나님이 보증하신 것이기 때문에 이미 우리의
것입니다. 그러므로 하나님의 말씀을 믿음으로 받은 사람은 즐거워하고 기뻐하
는 것이 당연합니다.

또한, 성경이 하나님의 말씀으로서 우리에게 능력으로 임할 때, 그것은 하나
님과의 사귐의 시작입니다. 하나님께서 여러분에게 말씀하실 때, 여러분은 하나님
과의 사귐이 시작되었다는 것을 순간적으로 깨닫게 됩니다. 하나님께서는 들을
귀가 없는 자들에게도 말씀하시는데, 하나님이 사람들에게 말씀하신다는 것 자
체, 특히 그의 말씀을 듣기를 거절하는 자들에게도 말씀하신다는 것은 하나님의
크신 선하심과 스스로를 낮추시는 겸비를 보여줍니다. 그러나 여러분이 하나님
의 말씀 속에서 실제로 하나님의 음성을 듣는다면, 즉 성령의 역사로 말미암아
하나님의 말씀이 여러분의 영혼 속으로 들어간다면, 여러분이 해야 할 일은 하
나님께 응답하여 하나님으로 하여금 또다시 말씀하시게 하는 것이 아니고 무엇
이겠습니까? 성경은 "여러분이 깨어 있다면, 성경은 여러분에게 말을 걸 것"이라
고 말합니다. 성경은 우리가 평생토록 순례 길을 가는 동안 내내 유지해야 하는
거룩한 대화와 관련해서 하나님을 대변합니다. 하나님께서는 성경을 통해서 이
러저러한 말씀을 하고, 우리는 기도와 믿음과 거룩한 행위를 통해서 하나님께
응답하며, 하나님은 또다시 말씀하시고, 우리는 거기에 대답합니다. 여러분이
홀로 있을 때에 하나님과 사귐을 갖고자 한다면, 십중팔구는 기도로 시작할 것
입니다. 그렇게 하십시오. 그러나 여러분이 기도할 수 없다고 느낄 때가 종종 있
을 것입니다. 좋습니다. 그런 때에는 기도하려고 애쓰지 마시고, "나는 하나님과
대화하고 싶은데, 내가 말할 수 없다면, 하나님이 말씀하시는 것을 들으리라"고
말하십시오. 그리고는 앉아서 성경을 펴서, 시편이나 성경의 어떤 보배로운 부
분을 읽으십시오. 그렇게 해서 하나님이 여러분에게 말씀하신다면, 대화는 시작
된 것입니다. 성경 속의 하나님의 말씀들은 여러분이 지존자께 말씀드리고자 하

는 여러분의 마음 깊은 곳에 있는 말들을 생각나게 해줄 것입니다. 그렇지 않다면, 계속해서 더 읽으십시오. 마침내 여러분의 영혼 속에서 영원하신 이와의 사귐이 시작될 것입니다. 하나님께서 우리처럼 무가치하고 가련하고 죄악된 피조물에게 말씀하신다는 것 자체가 얼마나 큰 복입니까! 사람이 크신 왕으로부터 말씀을 듣는다는 것 자체가 얼마나 큰 은총입니까! 많은 사람들이 왕이 자기에게 말을 해올 것을 기대하고서 왕을 바라보지만, 만왕의 왕께서는 우리가 그의 달콤한 음성에 귀를 기울이고자 하기만 한다면 날마다 우리에게 말씀해 오십니다. 이것은 우리의 일생 동안 지속되고 영원한 영광 속에서 완성될 사귐의 시작입니다.

개인적으로 나는 종종 하나님의 말씀이 내게 실제적으로 도움이 될 때에 오늘의 본문이 특별한 의미로 다가옵니다. 나는 다음 번에 설교할 제목을 얻으려고 정말 고심합니다. 내 마음은 이렇게 묻습니다: 내가 사람들에게 무엇을 전해야 할까? 무엇이 내가 전할 메시지가 되어야 할까? 내가 무엇으로 내 교회를 먹일까? 이것은 한 회중을 상대로 28년 동안 말씀을 전해온 설교자의 고뇌 어린 질문입니다. 마침내 성경의 한 본문이 내 영혼에 힘있게 다가옵니다. 나는 전해야 할 본문을 찾아낸 것입니다. 그때에 설교자가 느끼는 기쁨은 이루 말할 수 없습니다! 전사가 탈취물을 산더미처럼 쌓아 놓았다고 해도, 그때에 내가 느끼는 기쁨과는 비교할 수 없을 것입니다.

여러분은 어떤 일에 대하여 걱정하는 사람을 만나면, 그 사람에게 거기에 맞는 하나님의 말씀을 말해 주고 싶어서, 바로 그 사람에게 유익하고 꼭 필요한 본문이 떠오를 때까지 기도하는 가운데 성경을 펼쳐서 읽습니다. 그렇게 해서 여러분이 그 사람에게 실제적으로 도움이 되는 본문을 발견했을 때에 큰 기쁨을 느끼지 않았습니까? 그때에 여러분은 "드디어 찾았다! 드디어 찾았어!"라고 소리쳤던 저 옛 헬라의 철학자처럼 기뻐 소리치고 싶지 않았습니까? 그때에 여러분은 밖으로 뛰쳐나가서, 어떤 일에 대하여 걱정하던 그 한 사람만이 아니라 50,000명도 넘는 수많은 사람들에게 그것을 말해 주고 싶지 않았습니까? 그때에 여러분은 많은 탈취물을 얻은 사람처럼 즐거워하고 기뻐하였습니다.

그러므로 하나님의 말씀을 자신의 심령 속에 받은 사람에게 임하는 기쁨은 하나님의 계시인 하나님의 말씀이 존재한다는 사실로부터 생겨나는 기쁨, 인생길을 걸어갈 때에 평생토록 무오한 지침으로서의 하나님의 말씀에 대한 기쁨,

하나님의 은혜를 확인시켜 주는 보증이자 담보로서의 하나님의 말씀에 대한 기쁨, 하나님과의 사귐의 시작으로서의 하나님의 말씀에 대한 기쁨, 실제적으로 도움이 되는 도구로서의 하나님의 말씀에 대한 기쁨입니다. 이 모든 것들에 대하여 자세하게 얘기한다면 우리에게 유익이 되겠지만, 우리는 시간상의 제약 때문에 그렇게 할 수는 없기 때문에, 두 번째 대지로 넘어가겠습니다. 성령께서 우리의 생각을 이끌어 주시기를 빕니다.

2. 둘째로, 하나님의 말씀은 신자들이 힘든 싸움 후에 얻은 것이라는 사실에서 생겨나는 기쁨이 있습니다.

우리는 하나님의 말씀과 관련해서 신자들이 누리는 기쁨은 흔히 힘든 싸움 끝에 말씀을 얻게 된 것으로부터 생겨난다는 것을 주목해야 합니다. 본문을 다시 한 번 읽어 보겠습니다: "사람이 많은 탈취물을 얻은 것처럼 나는 주의 말씀을 즐거워하나이다." 전사들은 적을 무찌르느라고 온 몸이 땀으로 뒤범벅이 되고 흙먼지로 더러워지고 여기저기 상처에서 피가 나는 가운데 기진맥진하고 지쳐 있지만, 비틀거리며 앞으로 나아가서 탈취물을 손으로 들어올리면서, 승리의 기쁨 속에서 새 힘을 얻습니다. 여러분은 하나님의 말씀을 얻기 위해서 그런 싸움을 해야 했던 적이 있습니까? 나는 무수히 그런 싸움을 해왔기 때문에, 이제 내가 알고 있는 그 싸움을 여러분에게 설명하고자 합니다. "내 영혼아 네가 힘 있는 자를 밟았도다"(삿 5:21).

우리는 어떤 **가르침**들을 제대로 깨닫기 위해서는 싸움을 해야 합니다. 단지 책에서 가르침들을 배우거나 교리문답용으로 배우는 것으로는 결코 충분하지 않습니다. 그런 식으로 배우는 것도 아주 유익하고 도움이 되긴 하지만, 어떤 가르침을 배우는 확실한 방법은 그 가르침이 여러분의 영혼에 불에 달궈진 인두로 새겨지게 하는 것입니다. 사람들은 나에 대해서 "저 사람은 너무나 독단적으로 말씀을 전한다"라고 말합니다. 나는 그렇게밖에 할 수 없습니다! 나는 내가 말하는 것들이 절대적으로 확실하다고 느끼는데, 어떻게 내가 그것들을 마치 그렇지 않을 수도 있다는 듯이 말할 수 있겠습니까? 만일 어떤 가르침에 대하여 내게 확신이 없다면, 나는 확신이 올 때까지 입을 다물 것입니다. 나는 참일 수도 있고 그렇지 않을 수도 있는 것들에 대하여 말하려고 이 자리에 서 있는 것이 아닙니다. 나는 그런 것들을 말하느라고 여러분의 시간과 생각을 뺏을 마음이 추호도 없습니다. 나는 하나님의 말씀 속에서 복음의 가르침들을 발견했을 뿐만 아니라, 그 가르침들을 직접 나의 삶 속에서 시험하고 경험하였습니다. 그 가르침들은 내 영혼에 아주 강력하게 역사하였기 때문에, 나는 내가 발견하고 경험한 대로 전하지 않을 수 없습니다. 내가 전하는 것들은 내가 존재한다는 사실만큼이나 내게 확실한 것들입니다. 사실, 그것들은 나의 삶이자 나의 소망이자 나의 기쁨이고 힘이기 때문에 나의 실존의 일부입니다. 내가 하는 말들이 단정적이고 단호한 이유는 그것들이 내 마음속에서 확실하기 때문입니다. 또한, 내가 지금 나의 스타일과 정반대의 방식으로 말씀을 전한다고 해서 얻을 수 있는 유익이 없습니다. 이럴 수도 있고 저럴 수도 있다는 식으로 애매하게 말씀을 전한다면, 그것이 도대체 우리에게 어떤 유익을 가져다주겠습니까? 어떤 사람이 자신이 알고 있는 지식과 신념을 아주 단호하게 전하지 않는다면, 누가 그의 말을 믿겠습니까? 현자들은 연설가에게 다른 사람들의 마음과 생각에 영향력을 행사하고 싶다면 먼저 자기 자신을 설득시키라고 말합니다. 나는 하나님이 존재한다는 것에 대하여 그 어떤 의심도 없습니다. 여러분은 의심이 있습니까? 그렇다면, 여러분은 그 어떤 방식으로도 하나님을 위한 일꾼이 되려고 하지 마십시오! 나는 예수 그리스도의 보혈이 지닌 중보의 능력에 대하여 그 어떤 의심도 없습니다. 여러분은 의심이 있습니까? 그렇다면, 여러분은 그리스도인으로서 성도들을 가르치는 선생인 체하지 마십시오. 왜냐하면, 여러분의 신앙은 완전히 잘못된 방향으로 기울어 있는 것이기 때문입니다. 확고한 믿음이 없는 자들이 회의주의자라고 공언하는 자들보다 신앙에 더 해롭습니다. 의심의 씨앗을 뿌리는 자들은 복음의 친구들이 아닙니다. 왜냐하면, 사람은 믿음으로 구원을 얻고, 불신앙에 의해서 구원 받은 사람은 아무도 없기 때문입니다.

우리는 "하나님이 우리를 사랑하시는 사랑을 우리가 알고 믿었노니"(요일 4:16)라고 말하고, "내가 믿었으므로 말하였나니"(시 116:10 KJV)라고 말합니다. 그러나 우리는 어떻게 그러한 확신에 이르게 되었습니까? 우리는 힘든 싸움을 거쳐서 그런 확신에 이른 것이 아닙니까? 하나님의 말씀 속에서 어떤 가르침이 우리 앞에 제시됩니다. 우리의 마음은 "그래, 이것은 성경의 가르침인 것으로 보이니, 내가 믿어야 해"라고 말합니다. 그러나 우리의 육신적인 이성은 갖가지 난점을 열거하면서 난색을 표하며 반기를 들고, 우리의 교만한 인간 본성은 맛도 없고 밋밋하기 짝이 없게 느껴지는 하나님의 진리를 꺼리며 반발합니다. 우리는 그러한 것들과 싸우지 않으면 안 됩니다. 우리는 믿음으로 말미암아 그 모든 것들을 굴복시키고 무릎을 꿇린 채 그것들에게 이렇게 말해야 합니다: "조용히 해! 모든 사람은 다 거짓말쟁이이며 사람 속에 있는 모든 것도 다 거짓말쟁이고, 오직 하나님만이 참되시니, 하나님이 말씀하시는 것을 불신하지 말고 잘 경청해." 이것은 우리가 힘든 싸움 후에 얻게 되는 승리, 하나님의 진실하심에 대한 확고한 믿음이 거둔 승리입니다. 횃불을 들고 어두운 동굴에 들어가면 박쥐들이 놀라서 연이어 이리저리 날듯이, 의심들도 그렇게 꼬리를 물고 일어납니다. 의심들이 숨어 있는 저 음침한 동굴에 빛을 비추어서, 그 의심들이 다 날아가도록 하십시오.

어떤 사람들은 한동안 끊임없이 떼로 몰려오는 의심 군대들과 싸우지 않으면 안 됩니다. 여러분의 영혼이 하나님의 가르침을 얻기 위하여 피를 흘릴 때까지 싸우고 또 싸워야 한다고 할지라도, 그것을 이상하게 여기지 마십시오. 도리어, 여러분이 그런 식으로 피 흘려 싸워서 결국 의심이 다 정복될 때에 하나님의 진리가 여러분에게 이전보다 갑절로 귀하게 여겨지게 될 것임을 믿고서 즐거워하고 기뻐하십시오. 그때에 여러분은 피 흘려 싸워서 하나님의 진리를 얻은 것이기 때문에, "이것은 나의 탈취물이니, 그 누구도 내게서 이 탈취물을 빼앗아가지 못하리라"고 외칠 수 있습니다. 누가 다윗에게서 골리앗의 머리를 빼앗아갈 수 있겠습니까? 그 누구도 다윗을 속여서 그에게서 거인의 머리를 빼앗아갈 수 없습니다. 그 거인의 머리를 벤 자가 다윗이 아니었습니까? 블레셋족의 거인의 이마에 물맷돌을 던져 쓰러뜨린 이가 다윗이 아니었습니까? 그래서 어떤 사람이 하나님의 어떤 가르침을 얻으려고 무수한 의심들과 싸워 이기고 마침내 확고한 믿음에 이르게 되었을 때, 그는 즉시 "사람이 많은 탈취물을 얻은 것처럼" 즐거워하고 기뻐하게 됩니다.

종종 하나님의 약속을 놓고도 싸움이 일어납니다. 여러분은 그런 싸움을 해본 적이 있습니까? 지금 나의 형편과 처지에 꼭 맞는 너무나 은혜로우신 약속의 말씀이 여기에 있습니다! 그 약속의 말씀은 내 영혼에 얼마나 큰 위로가 되는지 모릅니다! 그러나 과연 나는 그 약속을 나의 것으로 만들 수 있을까요? 마귀는 "절대 그럴 수 없어!"라고 말하며, 우리를 밀쳐서 그 약속의 말씀으로부터 멀리 떨어뜨려 놓습니다. 우리의 연약한 소망은 그 약속은 너무나 좋은 것이어서 우리에게는 어울리지 않는다고 단호하게 말합니다. 무수한 의심들이 계속해서 우리를 공격해 오는데, 우리 영혼은 필사적인 노력으로 마침내 모든 의심을 다 물리치고 그 약속의 말씀을 붙잡는 데에 성공합니다. 우리는 철병거를 가진 가나안 족속들을 물리쳤습니다. 우리는 그들의 요새들을 점령했습니다. 그러므로 어떤 사람이 수많은 의심들의 공격 속에서 하나님이 약속하신 것을 믿고서 그 약속이 참되다는 것을 증명했을 때에 그 약속의 말씀을 즐거워하고 기뻐하게 됩니다. 그는 자신의 칼과 활로 아모리 족속의 손에서 그 복을 쟁취했다고 느끼고, 그 복은 이제 그의 영혼의 특별한 분깃이 되었기 때문에, "사람이 많은 탈취물을 얻은 것처럼" 그 복에 대하여 즐거워합니다. 여러분이 약속의 말씀을 받았을 때에 여러분의 성경에 표시를 해두는 것도 좋은 방법입니다. 그 약속의 말씀에 줄을 치고서 그 밑에 "검증필"이라고 써넣으십시오. 하나님께서 여러분에게 이루어 주신 말씀에 그 말씀이 참되다는 것을 증언하는 개인적인 표시를 해두십시오. 다윗은 많은 구절들에서 그 여백에 자신의 개인적인 표시를 해두었습니다. 예를 들면, 그는 우리에게 "너는 여호와를 기다릴지어다"라고 권면한 후에, "내가 말하노니 여호와를 기다릴지어다"(시 27:14 KJV, 한글개역개정에는 "내가 말하노니"가 번역되어 있지 않음 — 역주)라는 말을 덧붙입니다. 성경에 잉크로 기록된 것들이 우리의 심령에 은혜로 기록되기를 빕니다. 성경에 공적으로 약속된 것들이 우리 영혼의 생생한 경험을 통해서 우리 각자에게 개별적으로 주어진 약속이 되기를 빕니다.

종종 하나님의 **명령**을 둘러싸고 치열한 싸움이 벌어집니다. 하나님께서는 우리에게 이런저런 것을 행하라고 명령하시지만, 육신적인 안일함은 "명령이고 뭐고 집어치워!"라고 소리치고, 자기애(自己愛)는 "그 명령은 너무 천박하니 그냥 넘어가!"라고 말합니다. 그러나 여러분이 여러분 자신과 싸워서 승리를 거두고, 여러분의 마음이 "내가 사랑하는 주의 계명들을 스스로 즐거워하며"(시 119:47)라고 외칠 수 있게 된다면, 여러분의 기쁨은 정말 클 것입니다! 자기 자신을 이기는 것은 얼마나 기쁜 일인지 모릅니다! 여러분이 처한 환경들과 여러분의 온갖 특이하고 괴팍한 성질과 기질들을 이기고서 얼마 전까지만 해도 진저리를 쳤던 바로 그 하나님의 명령을 사랑하게 되었다면, 그것은 얼마나 큰 복이겠습니까! 믿는 자들이 자신의 반역하는 의지를 때려눕히고 자신의 완악함을 꺾으며 자신의 교만을 무너뜨리고 자신의 변덕에 족쇄를 채우며 하나님의 말씀에 전적으로 순복하게 되었을 때, 그들은 하나님의 법을 얼마나 사랑하게 되겠습니까! 성령이여, 우리에게 그러한 기쁨을 주옵소서!

또한, 흔히 경고의 말씀을 놓고도 치열한 싸움이 벌어집니다. 나도 경고의 말씀들을 놓고서 수없이 씨름하고 고군분투를 해왔습니다. 내 귀에서 이런 음성이 속삭이듯 들립니다: "하나님의 이 경고의 말씀은 너무 지나쳐! 성경의 저 구절은 너무 가혹해." 어떤 형제들은 부석을 가져와서는 그 거친 본문들을 빡빡 문질러 지워 버립니다. 그들은 하나님께서 죄인들에 대하여 진노하시며 말씀하시는 것을 발견할 때마다 하나님에 대한 두려움들을 "더 큰 소망"으로 상쇄시킵니다. 마치 계시된 것들은 내게 속하지만, 계시되지 않은 것들은 그들에게 속하는 것으로 보입니다! 그들은 하나님의 진리들 중에서 못마땅한 것들을 교묘하게 분칠하는 수법들을 많이 알고 있습니다. 나는 나의 마음이 성경의 어느 구절과 다투는 것을 볼 때마다 내 영혼에게 이렇게 말합니다: "네가 잘못된 것이 분명해. 네가 잘못되지 않았다면, 당연히 온 땅의 재판장이신 분이 하신 모든 말씀을 다 기꺼이 받아들이려 할 테니까 말이야." 내가 하나님의 공의에 진심으로 동의할 수 없는 경우에는, 나는 성경을 바꾸려고 하는 것이 아니라, 내 마음이 하나님의 우렛소리 같은 판단 앞에 무릎을 꿇을 때까지 내 마음을 교육시키고 다스립니다. 결국, 나의 마음이 그런 상태가 되었을 때, 나는 이렇게 말할 수 있게 됩니다: "내가 하나님의 입장이었다면, 나도 불경건한 자들에게 똑같이 말했을 것이다. 하나님의 이 말씀은 내가 그들에게 해줄 바로 그 말씀이다. 왜냐하면, 이 말씀은 옳을 수밖에 없고 의로울 수밖에 없다. 그렇지 않다면, 여호와께서 어떻게 사람들을 심판하시겠는가." 여러분이 이렇게 하나님께 동의하게 될 때에 많은 탈취물을 얻은 사람처럼 즐거워하게 될 것입니다. 왜냐하면, 여러분은 가장 어렵고 힘든 문제들에도 은혜롭고 달콤한 해법이 있다는 것을 확신하게 될 것이기 때문입니다. 성경 본문이 말씀하고자 하는 의미를 그대로 받아들이려 하지 않고 우리 자신이 생각해 낸 의미들을 성경 본문에 부여하고자 하는 것은 위험한 일입니다. 우리는 하나님께서 말씀하시고자 하는 것을 배우고 그것과 친구가 되어야 합니다. 사자굴에 들어가서도 안전하다고 느낀 다니엘처럼 될 때까지 여러분에게 잘 받아들여지지 않는 본문들에 익숙해지십시오. 영벌에 관한 가르침이 내게는 더 이상 믿기 어렵지 않습니다. 왜냐하면, 나는 성경 속에 그 가르침이 있다는 것을 확신하기 때문입니다. 나는 하나님이 행하시는 모든 것이 어떤 방식으로든 하나님의 공의 및 사랑과 합치할 것이라고 확신하기 때문에, 그 가르침에 내포된 난 짐들은 하나님이 푸실 문제로 여기고 그것들을 모두 하나님께 맡겨 놓습니다. 성경의 좀 더 어두운 측면에 동의하려면 싸움이 불가피하지만, 일단 싸워서 이기고 나면 안식이 찾아옵니다.

또한, 이것은 그리스도를 계시하는 말씀에 대해서도 그대로 적용됩니다. 우리는 그리스도에 대하여 우리가 아는 것들을 그대로 받아들일 때까지는 그리스도를 아는 것이 아닙니다. 그리스도의 사랑스러움을 예로 들어봅시다. 우리는 우리 자신이 어느 정도 사랑스러워지기 전에는 그 사랑스러움을 이해하지 못합니다. 마음이 순수한 자들만이 순수하시고 거룩하신 하나님을 봅니다. 왜냐하면, 모든 사람은 자신의 모습대로 사물을 보기 때문입니다. 어떤 숙녀가 터너(Turner, 1775-1851, 영국의 화가)에게 "선생님, 내가 그 곳을 여러 차례 가보았지만, 선생님이 그린 것은 한 번도 보지 못했습니다"라고 말하자, 그는 이렇게 말했답니다: "내가 감히 말하건대 당신이 못 본 건데, 보고 싶습니까?" 이렇게 화가의 눈은 다른 사람의 눈으로 볼 수 없는 것을 봅니다. 마찬가지로, 마음이 순수한 사람들은 하나님을 닮은 자들이기 때문에 하나님 속에서 아무도 볼 수 없는 것을 봅니다. 우리의 마음이 그리스도의 마음을 닮게 될 때, 우리는 그리스도를 이해하게 됩니다. 그리스도의 성품 속에서 우리에게 잘 받아들여지지 않는 것이 있다면, 우리로 하여금 그 성품을 이해할 수 있는 길로 나아가게 해주시라고 기도하십시오. 우리는 그리스도를 닮아가야 합니다. 그랬을 때, 그리스도의 얼굴의 모든 면면이 우리에게 뚜렷하게 보이게 되고 너무나 매력적으로 보이게 될 것입니다. 왜냐하면, 우리가 힘든 싸움을 거쳐서 거기에 도달하게 된 것이기 때문입니다.

하나님의 자녀들 중에서 내적으로 갈등과 분쟁을 겪는 이들이 많습니다. 우리에게서 우리의 유업을 빼앗아 버리고자 하는 자들과 육박전을 벌이며 싸우는 것이 없이는, 우리는 성경의 그 어떤 부분도 진정으로 얻을 수 없습니다. 하나님께서는 친히 소금 언약을 통해서 이스라엘 백성에게 가나안 땅을 주셨지만, 우리는 그 땅을 이미 점령하고 있던 원수들의 긴 목록을 기억하고 있습니다. 그 원수들의 이름은 무엇이었습니까? 이스라엘의 원수들은 "히위 족속, 헷 족속, 브리스 족속, 여부스 족속"(출 3:8) 등등, 일일이 열거하기에도 힘들 정도로 많았습니다. 믿는 자들이 하나님의 언약에 약속된 분깃을 얻지 못하게 하려는 자들의 이름은 아주 많고 매우 추악합니다. 옛적에 한 성도는 "그들이 벌들처럼 나를 에워쌌다"고 말하고서는, 곧이어서 "내가 여호와의 이름으로 그들을 끊으리로다"(시 118:12)라는 말을 덧붙였습니다. 우리가 하나님의 말씀의 모든 부분을 우리의 유업으로 삼아서 "사람이 많은 탈취물을 얻은 것처럼" 즐거워하리라는 것이 우리의 결단이 되기를 빕니다.

3. 셋째로, 그 어떤 싸움도 없이 하나님의 말씀을 누리는 데서 오는 기쁨이 있습니다.

우리는 앞에서 살펴본 것과는 완전히 다른 세 번째 대지를 잠시 살펴보고자 하는데, 그것은 믿는 자들의 기쁨은 종종 그 어떤 싸움도 없이 하나님의 말씀을 누리는 데에 있다는 것입니다. 오늘의 본문이 기쁨을 얻기 위한 싸움을 분명하게 언급하고 있거나 필연적으로 함축하고 있을 가능성이 대단히 높기는 하지만, 확실하다고 말할 수는 없습니다. 다윗이 "사람이 많은 탈취물을 얻은 것처럼 나는 주의 말씀을 즐거워하나이다"라고 말했을 때, 그것은 사마리아 성문 앞에 있던 나병환자들이 자신들이 걸어온 모든 길이 옷들과 금은 기명들로 덮여 있는 것을 갑자기 발견한 것처럼 마치 하나님의 말씀이 자기에게 갑자기 임하였다는 듯이 말한 것일 수 있습니다. 그 나병환자들은 싸움은커녕 손가락 하나 까딱 하지 않고 많은 탈취물을 얻었습니다. 복음서에 나오는 비유 속에서 밭을 갈다가 밭에 숨겨진 보화를 발견한 농부처럼 말입니다. 그 농부는 보화를 찾아내고자 했던 것이 결코 아니었지만, 보화를 발견하는 큰 기쁨을 누리게 되었습니다. 마찬가지로, 긍휼에 풍성하신 하나님께서는 "나를 찾지 아니하던 자에게 찾아냄이 되었으며"(사 65:1)라고 약속하신 대로, 자기 백성이 그의 말씀을 찾지 않을 때에도 그들 앞에 그의 말씀을 열어보여 주십니다. 여러분은 이것이 무엇을 의미하는지를 경험하고서, 뜻하지 않게 탈취물을 얻은 사람처럼 즐거워한 적이 없습니까?

하나님의 말씀은 흔히 우리가 싸워서 얻는 것이 아니라 거저 얻는 탈취물로 우리에게 주어집니다. 우리에게는 약속이 주어지고, 우리는 길을 가다가 탈취물을 얻고, 그 탈취물은 은혜의 나라의 법에 따라 나의 것이 됩니다. 탈취물이 거기에 있고, 하나님의 영이 그 탈취물을 우리에게 계시해 주십니다. 그리고 하나님의 언약에 따른 모든 복은 우리가 그것들을 거저 얻을 때에 우리에게 거저 주어지기 때문에, 우리는 그 탈취물을 아무런 망설임 없이 취합니다. 우리가 사랑의 잔치 자리에서 먹을 수 있는 것은 하나님께서 문을 활짝 열어놓으시고서 우리에게 들어오라고 초대하고 계시기 때문입니다. 이것은 얼마나 큰 기쁨입니까!

하지만 우리는 그 탈취물을 아무런 대가도 없이 얻지만, 다른 누군가가 우리를 대신해서 이미 값비싼 대가를 치렀음에 틀림없습니다. 우리가 싸우지도 않고서 탈취물을 얻었다면, 다른 누군가가 전에 그 탈취물을 위해 싸운 것입니다. 그것은 어떤 싸움이었을까요! 겟세마네와 골고다가 그 싸움을 말해 줍니다. 예수께서 자신의 목숨을 건 싸움의 결과로 우리에게 남겨주신 탈취물을 우리가 얻는 것은 얼마나 큰 기쁨입니까! 우리는 포도즙 틀을 밟지 않고도 포도주를 마십니다. 그 복은 우리에게 거저 주어지지만, 예수께서는 그 포도주를 얻기 위하여 신음하며 눈물 흘리며 땀을 피처럼 흘리며 죽으셨습니다! "이는 다윗의 전리품이라"(삼상 30:20). 승리자의 발에 나 있는 상처를 보십시오. 못들이 어디를 관통해 들어갔는지가 보입니까? 십자가에 못 박히신 이는 골고다에서 모든 원수들을 다 무찌르시고, 우리 같은 가련한 자들에게 그 전리품을 남겨주셔서 우리 가운데서 나누게 하셨습니다.

그 탈취물은 많습니다. 그것은 전에 사망과 지옥이 탈취했던 모든 것입니다. 예수 그리스도께서는 우리 조상 아담이 탈취당했던 모든 것을 강도들로부터 다시 빼앗아 오셨습니다. 생명, 빛, 평안, 기쁨, 거룩함, 영원한 삶, 천국 — 우리의 위대한 승리자께서는 이 모든 것들을 강한 자에게서 다시 빼앗아 되돌려 놓으셨고, 강한 자에게 사로잡혔던 자들을 사로잡아 다시 되돌리셨습니다. 형제들이여, 우리는 예수 그리스도께서 친히 싸우셔서 우리에게 분배해 주신 탈취물인 하나님의 말씀이라는 저 보화를 얻을 때에 즐거워합니다.

우리 주님께서 어떤 원수를 이기시고 이 모든 탈취물을 우리에게 주셨는지를 기억할 때, 우리의 마음에는 얼마나 큰 기쁨이 있겠습니까! 죄는 패주하였고, 사망은 베임을 당하였으며, 지옥은 자신의 먹잇감들을 내놓아야 했습니다. 여자의 자손이신 이, 즉 하나님의 메시아에 의해서 우리의 지독한 원수들은 산산이 부서졌고, 그들의 머리에 썼던 면류관은 짓밟혔습니다.

성경의 어떤 구절이 여러분에게 노래할 때마다, 여러분도 하나님 앞에서 그 노래로 노래하십시오. 성경을 읽을 때, 어떤 구절이 성경에서 튀어나와서 여러분의 가슴속으로 들어갔다면, 그 구절을 여러분의 가슴속에 영원히 간직하십시오. 하나님의 말씀을 들을 때에 말씀이 여러분의 마음에 꽂힐 때마다, 여러분은

"사람이" 복된 발견을 통해서 "많은 탈취물을 얻은 것처럼" 자신의 영혼이 하나님의 말씀을 즐거워하였다고 말하였던 다윗의 마음을 깨닫게 될 것입니다.

4. 넷째로, 성경 자체가 탈취물이라는 사실에서 생겨나는 기쁨이 있습니다.

내가 네 번째 대지에서 다루고자 하는 것은 아주 중요한 것이기 때문에, 이 주제를 설명하는 동안에 모든 주의를 기울여 주시기를 바랍니다. 나는 이 주제를 다섯 가지로 세분해서 설명드리겠습니다.

첫 번째는, 탈취물은 **불확실성의 끝**이라는 것입니다. 싸움이 시작될 때마다 누가 이길 것인지는 불확실합니다. 싸움이 격렬하게 벌어지는 동안에도 그 결과는 여전히 이쪽으로 기울기도 하고 저쪽으로 기울기도 하는 저울처럼 불확실합니다. 그러나 승자가 탈취물을 나누기 시작하면, 우리는 그 싸움에서 누가 이겼는지를 압니다. 이제 그 어떤 질문도 남아 있지 않고, 논란도 끝납니다. 어떤 사람이 불확실성의 끝에 다다랐고 어떤 것에 대하여 의심 없는 결론에 도달하게 되었다는 의미에서, 탈취물로서의 성경을 얻은 사람은 복 있는 사람입니다. 생각하는 모든 사람들은 확실성을 열망하고 추구하기 때문에 점진적으로 이런저런 기준에 안착을 하게 됩니다. 두 형제가 있었는데, 둘 다 똑같이 정직하고 사려 깊은 사람이었다고 합니다. 그들은 동일한 지점에서 삶을 시작하였지만, 확고하고 튼튼한 토대를 찾는 것에서 서로 갈렸습니다. 형제 중 한 사람은 마침내 가톨릭교회에 안착을 했는데, 그 이유는 가톨릭교회는 오랜 역사를 지닌 교회이고 교회의 수장의 말들이 무오한 것으로 여겨진다는 점에서 확실성이 있다고 생각했기 때문입니다. 사실, 그가 확실한 것이라고 생각했던 것들은 오랜 세월에 걸친 엄청난 사기요 협잡이었지만 말입니다. 그리고 형제 중에서 나머지 한 사람이 안착한 곳은 자신의 이성, 또는 자기가 아무것도 확실히 알 수 없다는 사실이었습니다. 그는 자기가 아무것도 확실히 알 수 없다는 것은 확실한 사실이라고 여겨서 거기에서 확실성을 찾았던 것입니다. 그러나 그것은 우리에게 위로나 힘이 되는 확실성이 아닙니다. 왜냐하면, 일상적인 관심사들에서조차도 우리를 잘못 인도해 온 우리의 이성은 영원에 속한 일들과 관련해서 결코 안내자가 될 수 없기 때문입니다. 우리는 이성 이외의 다른 곳에서 확실성을 발견하거나 발견했다고 믿어야 합니다. 그렇지 않다면, 우리는 모든 사람 중에서 가장 비참한 사람들일 것입니다.

사람이 외부에서 무오성의 기준을 찾지 못하면, 자신 속에서 그 기준을 찾아서 자기가 자신의 교황이 되어서 거기에 의지합니다. 그는 영국의 교황도 로마의 교황도 다 잘못할 가능성이 있으니, 자기가 그 두 사람을 의지하고 그들을 위해서 돈을 쓴다면 쓸데없는 일이 될 것이지만, 자기 자신을 의지하고 자신에게 투자한다면 어쨌든 손해나는 일이 되지 않을 것이라고 생각하는 것입니다. 어떤 사람이 싸움을 통해서 하나님의 말씀을 확신하게 되었거나, 성령의 역사를 통해서 하나님의 말씀이 그의 영혼에 뿌리를 내리게 되었다면, 그 사람의 내면에서의 분쟁은 끝이 나고, 그는 탈취물을 나눕니다. 왜냐하면, 그는 "하나님이 우리를 사랑하시는 사랑을 우리가 알고 믿었노니"(요일 4:16)라고 말할 수 있게 되었기 때문입니다. 물론, 사람들이 와서 "당신은 잘못 생각하고 있는 겁니다"라고 말합니다. 하지만 우리의 대답은 "성경에서 '각각 자기 마음으로 확정할지니라'(롬 14:5)고 말씀하셨으니, 이것이 너희에게는 확실한 것이 아닐지라도 내게는 확실한 것입니다"라는 것입니다.

어떤 사람이 "그 약은 모두 엉터리야"라고 단언한다면, 그 사람은 그런 식으로 자신의 마음을 말할 권리를 가지고 있기는 하지만, 그의 결정은 최종적인 것이 아닙니다. 어떤 사람은 이렇게 소리칩니다: "그렇지 않아요. 나는 여러 차례 아팠는데, 그때마다 그 약을 먹고 금방 나았어요. 당신이 그 약을 엉터리라고 생각한다면 말리지는 않겠지만, 어쨌든 내게는 엉터리 약이 아니었어요. 왜냐하면, 그 약은 내게 즉효가 있었으니까요." 이렇게 말하는 사람은 하나님의 성령의 역사를 통해서 자신의 영혼에 임한 하나님의 말씀의 능력을 체험한 사람입니다. 그 사람은 이렇게 말합니다: "나는 그 싸움을 다시는 싸우지 않을 것입니다. 나는 성경이 참되다는 것을 확신하니까요." 그러한 사람은 이 문제에 대한 해답을 얻고서 안식에 들어간 사람입니다. 나는 하나님께서 여러분 모두에게 우리 중 어떤 사람들에게 주어진 것과 같은 그런 확신이 생겨나게 해주시기를 빕니다. 영원한 안개 속에서 더듬거리며 길을 가는 것, 그 어떤 길이나 이정표가 될 만한 것도 보이지 않는 시원의 혼돈 속에서 허우적거리는 것, 이쪽으로 가도 밤이고, 저쪽으로 가도 어둠이며, 오른쪽으로 가도 뒤죽박죽이고, 왼쪽으로 가도 의문투성이인 것은 정말 끔찍한 일입니다! 우리는 하나님께서 우리를 사랑하신다는 것을 알고서 우리도 하나님을 사랑하게 되어야 하고, 그리스도께서 나를 속량하시고 내 죄를 없이하셨다는 것을 알아야 하며, 이 모든 것을 내 영혼 속에서 성령께서 증거하시는 것을 느껴야 합니다. 그럴 때에 우리는 탈취물을 나누는 자처럼 모든 불확실성을 끝내고 즐거워하고 기뻐하게 될 것입니다.

다음으로, 우리가 탈취물이라는 비유를 통해서 알 수 있는 것은 우리의 대적이 비록 다음 번에 공격해 온다고 할지라도 그들의 전력이 약화되어 있으리라는 것입니다. 왜냐하면, 우리는 탈취물을 나누면서 서로 이렇게 얘기할 것이기 때문입니다: "틀림없이 적들이 머지않아 다시 쳐들어올 것이다. 그러나 우리가 그들이 가지고 있던 이 위력 있는 총들을 노획했으니, 그들은 다시는 이 총들을 쓰지 못할 것이다. 그리고 우리가 그들의 탄약고도 접수했으니, 그들이 가진 탄약도 많이 줄어들었을 것이다. 또한, 그들이 숨겨둔 이 어마어마한 금괴도 우리 수중에 들어왔으니, 그들은 무기를 더 구입할 수도 없을 것이다. 이렇게 해서 우리는 적의 전력을 약화시켰다. 우리가 그들의 본거지를 비롯해서 여러 요새들을 이미 장악한 것이 아니던가? 그들이 다시 무장해서 쳐들어올 수는 있을지라도, 그들은 이미 붕괴된 것이나 마찬가지다." 어떤 사람이 하나님의 무오한 말씀에 의지해서 온갖 의심을 정복했을 때, 그 사람 속에서 불신앙의 힘은 약화되고 믿음은 강화됩니다. 이렇게 하나님을 의지해서 온갖 의심들을 약화시켜서 별 위협이 되지 못하는 메뚜기 같이 만들어 버린 사람은 복 있는 사람입니다. "내가 믿는 자를 내가 알고 또한 내가 의탁한 것을 그 날까지 그가 능히 지키실 줄을 확신함이라"(딤후 1:12)고 말할 수 있을 때에 그 기쁨은 이루 말할 수 없습니다! 또한, 전에 맹인이었다가 주님에 의해서 고침을 받은 사람처럼 "한 가지 아는 것은 내가 맹인으로 있다가 지금 보는 그것이니이다"(요 9:25)라고 증언할 수 있을 때에 그 기쁨은 이루 말할 수 없습니다! 하나님 나라의 선한 것들을 맛보고 만지게 되었을 때, 우리는 저 아래에 있던 추측들과 궤변들의 영역을 떠나서 저 높은 곳에 있는 사실(fact)의 영역 속으로 솟아오르게 됩니다. 탈취물을 얻는 기쁨의 일부는 우리가 그 시간 이후로는 마음의 분란이나 지성의 혼란이나 영혼의 속태움이 별로 없게 된다는 데에 있습니다. 대적의 뿔은 꺾이고 부러졌기 때문에 이전처럼 그렇게 큰 해악을 우리에게 끼칠 수 없습니다.

셋째로, 탈취물을 나눌 때에는 늘 승리했다는 인식이 있는 것과 마찬가지로, 하나님의 말씀을 믿었을 때에도 마찬가지입니다. 우리 하나님의 미쁘신 증언을 믿고 그 위에 견고하게 섰을 때, 우리는 의심들과 두려움들과 불안함, 하나님에 대한 우리의 온갖 교만한 판단들을 물리치고 승리하게 됩니다. 우리가 우리의 혈기와 기질들을 이기고서, 하나님께서 명하신 것들과 율례들을 행하게 되었을 때, 우리에게는 승리하였다는 인식이 있게 됩니다. 한때는 불가능하지는 않았다고 하더라도 어렵고 힘들었던 것이 쉽고 즐거운 일이 되었을 때, 우리는 패배한 원수를 짓밟고 종려나무 가지를 흔들고 있는 것입니다. 우리의 마음이 하나님의 모든 계시된 진리에 순복하게 되었을 때, 우리는 견고한 요새를 점령한 것보다 더 큰 일을 이룬 것입니다. "세상을 이기는 승리는 이것이니 우리의 믿음이니라"(요일 5:4). 우리가 그러한 승리를 거두고 점점 그 힘이 더하여 하나님의 이름으로 담대하고 용맹하게 행하게 되기를 빕니다.

넷째로, 탈취물을 나눌 때에는 이익과 즐거움과 존귀함이 있습니다. 나는 전쟁을 미화하고자 하는 것이 절대로 아닙니다. 왜냐하면, 정복자들의 야욕에 의해서 온갖 약탈이 자행되고 대혼란과 무법천지가 초래되는 등 전쟁은 가증스러운 범죄인 까닭에, 나는 전쟁을 미워하기 때문입니다. 전쟁 중에 사람들은 마귀들보다 더 악랄한 짓들을 같은 사람들에게 자행해 왔습니다. 나라들은 그 어떤 재난을 당했을 때보다도 잔학무도한 전쟁으로 인해 가장 큰 고통을 겪어 왔습니다. 나는 전쟁 비유를 사용하긴 하지만, 전쟁 자체는 저주합니다! 사람들은 탈취물을 나눌 때에 자신이 존귀한 자가 되었다고 느낍니다. 로마군이 다른 나라들을 정복하고서 아피아 가도(the Apian Way)를 따라 내려와서 개선문을 지나 원로원을 향하여 행진하였을 때에 사크라 가도(the Via Sacra)에 몰려든 군중들을 보십시오. 스키피오 장군이나 카이사르가 잡아온 포로들과 노획한 전리품들을 보기 위해서 수많은 사람들이 그 가도에 있는 집들의 지붕 위와 굴뚝에 올라가기를 주저하지 않았습니다. 군중들은 그들의 군대가 적군의 사령관을 죽이고 빼앗아온 갑옷과 무기 등을 보면서 환호와 박수갈채를 아끼지 않았고 목이 터져라 함성을 질러대곤 하였습니다. 사람들은 이렇게 전쟁에서 얻은 전리품을 보았을 때에 가슴 뿌듯함을 느꼈습니다. 나폴레옹이 유럽의 수도들을 함락시키고 빼앗아온 예술작품들을 파리에 갖다 놓았을 때에 얼마나 자랑스러워하였는지를 보십시오. 대부분의 전리품들은 훔친 물건들이 아니고 무엇입니까? 그러나 여러분과 내가 성경을 굳게 붙잡았을 때, 우리는 왕의 보물들보다 더 귀한 전리품, 우리가 진정으로 자랑할 수 있는 전리품을 얻은 것입니다. 다른 사람들이 무엇이라고 해도, 우리가 하나님께서 계시하신 것들이 우리의 것이라고 말할 수 있을 때, 우리는 금광을 발견한 사람보다 더 부요해진 것입니다. 그때에 우리가 믿는 것들은 우리의 존귀함이 되고, 우리와 우리 믿음에게 영광이 되며, 무엇보다도 전능하신 성령으로 말미암아 역사하셔서 우리 안에서 믿음이 생겨나게 하신 하나님께 영광이 됩니다.

마지막으로, 탈취물은 안식을 예고하는 것이기 때문에, 하나님의 말씀을 나누어서 믿음으로 우리의 것으로 만들 때, 그것은 우리에게 기쁨이 됩니다. 로마인들은 옛 카르타고를 약탈하였을 때에 "우리는 이제 결코 우리의 성문 앞에서 또 다른 한니발을 보지 않게 될 것이고, 우리의 바다에서 저 두려운 카르타고의 배들을 보지 않아도 되겠구나"라고 말했다고 합니다. 그들은 카르타고를 약탈하였을 때에 자신들의 가장 강력한 적을 무찌른 것이었습니다. 그리고 그때에 앞으로 오랜 기간의 평화가 그들에게 찾아올 것을 예감하였습니다. 이것이 하나님의 말씀을 받았을 때의 기쁨입니다! 우리가 예수께서 우리의 죄를 대신 짊어지시고 그 죄 때문에 나무 위에서 고난을 당하셨다는 것을 믿을 수 있게 되었을 때, 우리에게는 더 이상 죄책으로 인한 괴로움이 없게 됩니다. 우리가 하늘에 계신 우리 아버지께서 모든 것이 합력하여 자기 백성의 "선"을 이루도록 하기 위하여 만물을 다스리신다는 것을 믿게 되었을 때, 슬픔과 탄식, 두려움과 깜짝 깜짝 놀라는 것 같은 것들이 사라지게 됩니다. 하나님께서는 심지어 우리에게 해로운 것 같이 보이는 일들조차도 다 합력하여 우리에게 "선"을 이루게 하신다는 것을 우리가 알게 될 때에 우리에게 안식이 찾아오는 것은 당연한 일입니다. 우리가 예수께서 죽으셨다가 죽은 자 가운데서 다시 살아나셨다는 것을 믿게 되었을 때, 너무나 많은 사람들을 끈질기게 괴롭히고 있는 저 죽음에 대한 두려움은 치명상을 입게 됩니다. 우리가 "나를 믿는 자는 죽어도 살겠고"(요 11:25)라는 말씀의 의미를 알게 되었을 때, 죽음에 대한 두려움은 더 이상 우리를 지배할 수 없습니다.

병사들이 자기 몫의 전리품을 챙기듯이, 우리가 하나님의 약속을 우리 자신의 것으로 만들었을 때, 그것은 우리의 전쟁이 끝났다는 것을 예고해 주는 것입니다. 우리는 이제 평안히 안식할 수 있습니다. 이것은 얼마나 놀라운 기쁨이고 복입니까! 그러니 내가 이 자리에 계신 분들이 모두 다 내 주님을 믿는 자가 되기를 얼마나 바라겠습니까! 무엇보다도 먼저, 성육신하신 말씀이신 예수를 믿고, 다음으로, 기록된 하나님의 말씀인 이 책을 믿는 자들이 되기를 말입니다. 여러분은 그러한 것들이 참되다는 것을 믿을 뿐만 아니라, 탈취물을 얻은 전사들처럼 그러한 것들을 여러분 자신의 것으로 취하여야 합니다. 그랬을 때에 여러분은 복되고 행복한 사람들이 될 것이고, 여러분이 오늘 누리게 될 기쁨과 즐거움은 추수할 때의 기쁨, 또는 탈취물을 나눌 때의 기쁨 같은 것이 될 것입니다. 하나님께서 예수를 인하여 여러분 모두가 다 그렇게 되게 해주시기를 빕니다. 아멘.

제
124
장
—

깨어서 주시하는 눈

—

"이스라엘을 지키시는 이는 졸지도 아니하시고 주무시지도
아니하시리로다." ─ 시 121:4

"상전의 손을 바라보는 종들의 눈 같이, 여주인의 손을 바라
보는 여종의 눈 같이 우리의 눈이 여호와 우리 하나님을 바
라보며 우리에게 은혜 베풀어 주시기를 기다리나이다."
─ 시 123:2

사랑하는 친구들이여, 오늘의 두 본문이 "보라"(한글개역개정에는 번역되어 있지
않음 ─ 역주)라는 단어로 시작된다는 것을 주목하십시오. 이 단어는 독자들로 하
여금 주의를 환기시키기 위한 것입니다. 어떤 책들은 여러분의 주의를 환기시켜
서 뭔가 주목할 만한 것을 말해 주려는 듯이 여러분에게 "보라"고 요청하지만,
여러분이 실제로 보면 볼 것이 없는 경우가 많습니다. 그러나 하나님의 말씀이
여러분에게 무엇인가를 알려주기 위해서 "보라"고 할 때에는, 여러분은 "보라"는
감탄사가 결코 실없는 말이거나 괜한 말이 아니라는 것을 확신해도 좋습니다.
하나님의 말씀 중에서 아주 조그만 표현이라도 소홀히 하거나 무시한다면, 하나
님의 의중을 아는 데에 장애가 될 것입니다. 그러므로 우리가 오늘의 두 본문의
서두에서 "보라"라는 단어를 보았다면, 우리는 이 두 본문 속에 우리가 주목해서
찬찬히 살피며 숙고할 가치가 있는 어떤 내용, 잘 기억해 두고서 두고두고 곱씹

어볼 가치가 있는 어떤 내용이 들어 있으리라는 것을 확신할 수 있습니다.

세례 요한이 "보라 세상 죄를 지고 가는 하나님의 어린 양이로다"(요 1:29)라고 한 말과 빌라도가 "보라 이 사람이로다"(요 19:5)라고 한 말에서 절정에 도달하는 구약과 신약에 나오는 "보라"라는 단어들을 중심으로 한 일련의 설교들은 매우 유익한 설교들이 될 수 있을 것입니다. 또한, 우리 주님께서도 요한에게 "보라 내가 속히 오리니"(계 22:7)라고 말씀하셨습니다. 그러나 오늘 이 시간에 우리는 구약에 나오는 두 개의 "보라" 본문을 집중적으로 살펴보고자 합니다. 이 두 본문이 둘 다 "눈"과 연관되어 있다는 것이 좀 특이하다면 특이하다고 할 수 있습니다. 첫 번째 본문은 우리에게 하나님의 눈에 대하여 말해 줍니다: "이스라엘을 지키시는 이는 졸지도 아니하시고 주무시지도 아니하시리로다." 하나님의 눈은 감겨 있는 적이 결코 없습니다. 피곤함을 느끼거나 졸릴지라도 하나님의 눈이 무거워져서 감기는 일은 없습니다. 두 번째 본문은 우리에게 우리의 눈에 대하여 말합니다: "상전의 손을 바라보는 종들의 눈 같이, 여주인의 손을 바라보는 여종의 눈 같이 우리의 눈이 여호와 우리 하나님을 바라보며 우리에게 은혜 베풀어 주시기를 기다리나이다."

형제들이여, 첫 번째 본문은 눈에 관하여 말하면서, "보라"는 단어로 우리의 주의를 환기시킨 후에 우리의 눈을 사용할 것을 요구합니다. 이것은 하나님께서 우리에게 이렇게 말씀하신 것과 같습니다: "내가 너희에게 결코 조는 법도 없고 자는 법도 없는 나의 눈에 대하여 말하고자 한다. 그러니 잘 보고 알거라. 왜냐하면, 너희는 나의 눈이 늘 깨어 있어서 너희를 지켜보고 있다는 것을 발견하게 될 것이기 때문이다." 그런 후에, 두 번째 본문은 우리에게 우리의 눈에 대하여 말하면서, 하나님께서 자기 백성에게 밝고 잘 보는 눈을 주셔서, 그들로 하여금 주인의 모든 손짓을 기쁨으로 주시하고 있다가, 주인이 지시하는 대로 즉시 행하게 하신다는 것을 우리에게 깨우쳐 줍니다. 내가 이 두 본문을 한데 묶어서 살펴보고자 하는 것은 여러분이 하나님의 눈이 의인들을 늘 지켜보고 계시고 그의 귀가 그들의 부르짖음에 늘 열려 있다는 사실을 알았을 때에, 여러분의 눈이 주 하나님만을 바라보고, 여러분의 귀가 하나님의 가르침을 받고 그 명령을 아는 데에 열려 있게 하는 것이 합당한 보답임을 느끼게 하고자 하는 것입니다. 하나님께서 이 두 본문을 중심으로 한 나의 설교를 통해서 그런 열매가 있게 하시기를 빕니다.

1. 첫째로, 여호와 우리 하나님의 눈은 늘 깨어 있습니다.

오늘의 첫 번째 본문은 이스라엘을 지키시는 하나님은 졸지도 않으시고 주무시지도 않으신다고 우리에게 말해 줍니다. 이 말씀으로부터 우리는 먼저 하나님께서 이스라엘을 지키신다는 사실을 알게 됩니다. 시편 121편 전체를 다 읽어 보십시오. 그러면 여러분은 "지키신다," "지키시는 이" 같은 단어가 여러 번 반복되어 나온다는 것을 발견하게 될 것입니다. 하나님께서는 자기 백성을 지키시는 일을 스스로 담당하고 계십니다. 자기가 택하신 자들을 지키시고 보호하시는 것은 하나님께 큰 일입니다.

"이스라엘을 지키시는 이"라는 표현은 하나님께서는 마치 목자가 자신의 양 떼를 지키듯이 자기 백성을 지키신다는 것입니다. "지킨다"라는 단어가 이런 식으로 사용될 때, 거기에는 아주 깊은 의미가 담겨 있습니다. 왜냐하면, 목자가 자신의 양 떼를 지킨다는 것은 그 양들을 먹이고, 그 양들에게 필요한 모든 것을 공급해 주며, 그 양들을 모든 대적들로부터 지켜 준다는 것을 의미하기 때문입니다. 하나님은 늘 깨어 계셔서 자신의 양 무리를 지키심으로써 단 한 마리의 양도 늑대에게 물려가거나 길을 잃어버리지 않게 하십니다. 평범한 목자들도 자신의 양 떼를 지키기 위해서 밤낮으로 온갖 수고를 다하며 정성을 기울입니다. 하물며 죽은 자 가운데서 다시 살아나신 "우리 주 예수 그리스도," 곧 "양 무리의 목자장" 되시는 우리 주님은 자신의 양 무리를 지키시기 위하여 자신의 전능하심과 전지하심과 자신의 모든 신적인 속성들을 다 동원하지 않으시겠습니까! 사랑하는 자들이여, 여러분이 진정으로 주님의 백성이고 주님의 초장의 양들이라면, 주님께서 여러분을 지키시고 보호하실 것임을 확신해도 좋습니다. 여러분은 안전하게 지켜질 것입니다. 왜냐하면, 주님은 선한 목자이시고 목자장이신 까닭에, 자신의 모든 직무를 신실하게 잘 수행하셔서, 아버지 하나님께서 그에게 맡기신 모든 자들을 안전하게 지켜내실 것이기 때문입니다.

마찬가지로, 또 하나의 비유도 이 표현의 의미를 잘 예시해 줄 것입니다. 하나님께서 자기 백성을 지키시는 것은 목자가 자신의 양 떼를 지키는 것과 같을 뿐만 아니라 왕이 자신의 보석들을 지키는 것과도 같습니다. 그 보석들은 왕의 아주 귀하고 특별한 보배이기 때문에, 왕은 자신의 힘이 닿는 한 결코 그 보석들을 잃지 않고자 할 것입니다. 누가 보석들을 빼앗아간다면, 왕은 주저 없이 그 보석들을 되찾으려 전쟁을 벌이고자 할 것입니다. 왕은 자신의 견고한 방 중에서도 가장 안전한 곳에 그 보석들을 보관해 두고서, 자기가 가장 신임하는 종들로 하여금 그 보석들이 보관되어 있는 곳을 지키게 할 것입니다. 왕은 자신의 보석들을 지키는 임무를 맡은 자들에게 그 보석들에 대하여 자세하고 정확하게 설명해주고서 시시때때로 그 보석들이 모두 다 잘 있는지를 살펴보라고 당부할 것입니다. 왜냐하면, 왕은 그 보석들을 너무나 소중히 여겨서, 그 중 하나라도 잃고 싶지 않기 때문입니다. 그 보석들은 왕이 큰 대가를 치르고 얻은 것이거나, 왕가에 대대로 전해온 보물로서 그 나라의 영광이자 존귀일 것입니다. 마찬가지로, 주 예수께서도 그런 식으로 자기 백성을 지키십니다. 왜냐하면, 그들은 그의 보석들이기 때문입니다. 주님은 그들을 기뻐하십니다. 그들은 그의 존귀이자 영광이니까요! 주님은 그들을 얻기 위해서 이루 말할 수 없이 큰 대가를 치르셨습니다. 주님은 그들을 가장 안전한 곳에 숨기시고, 자신의 모든 지혜와 힘을 다해 보호하십니다. 하나님을 경외하고 하나님의 이름을 공경하는 자들에 대하여 성경은 "만군의 여호와가 이르노라 내가 나의 보석들을 만드는 그 날에 그들을 나의 소유로 삼으리라"(말 3:17 KJV, 한글개역개정에는 "만군의 여호와가 이르노라 나는 내가 정한 날에 그들을 나의 특별한 소유로 삼을 것이요")고 말합니다. 자신의 보석들을 지키시는 것은 하나님이 친히 하시는 일입니다. 하나님께서는 자신의 보좌 가장 가까이에서 섬기는 천사장에게도 그들을 맡기지 않으시고, 친히 그들을 지키십니다. 그러므로 아무도 그들을 그의 손에서 빼앗을 수 없습니다.

이것이 전부가 아닙니다. 우리가 거의 무한대로 여러 비유들을 들어서 설명한다고 해도, 이 본문의 의미를 다 설명할 수가 없을 테니까요. 하나님께서는 사령관이 자기가 관할하는 성을 지키듯이 자기 백성을 지키십니다. 그는 성벽에 수비대를 배치하고 성루에 대포를 설치해서, 적이 성을 포위했을 때를 대비하고, 끊임없이 경계하는 것을 소홀히 하지 않습니다. 그는 아침 일찍부터 밤늦게까지 성벽에 있고, 파수꾼들은 밤새도록 성벽을 돌며 적이 공격해 오는지를 살핍니다. 왜냐하면, 적들이 사다리를 이용해 성벽을 넘는 등 여러 방식으로 공격해올 수 있기 때문입니다. 하나님께서는 새 예루살렘의 근방조차도 적들이 점령하지 못하게 하실 것입니다. 하나님은 자기 아들이 다시 와서 거룩한 도성인 그의 교회를 영원히 다스리게 될 때까지 이 도성을 지키시고 보호하실 것입니다.

나는 본문에서 사용된 비유가, 사막을 지나는 여행자들이 장막을 치고 유숙할 때에 보초들을 세워 지키던 관습을 염두에 둔 것일 가능성이 많다고 봅니다.

바로 이 시간에 여러분이 거룩한 땅을 여행하고 있다면, 해가 지고 밤이 찾아와서 여러분이 유숙할 곳에 당도했을 때에 거기에는 이미 여러 장막들을 지키기 위해 보초를 서는 사람들을 보게 될 것입니다. 그렇게 보초를 세우지 않으면, 사막에 출몰하는 강도들이 곧 들이닥쳐서 여러분의 귀중품들이나 심지어 목숨까지도 빼앗아가 버릴 것이기 때문입니다. 나는 두세 권의 여행기 속에서 이런 내용을 본 적이 있습니다: "밤새도록 잠을 안 자고 장막을 지켜 줄 사람을 고용하는 것이 너무나 어려운 일이었다." 한 사람은 자신의 장막에서 도둑을 발견하고서는 기겁을 해서 보초를 부르러 밖으로 나와 보니 보초는 곤히 잠들어 있어서 한두 번 가볍게 툭툭 친 후에야 깨어났다는 얘기도 들려줍니다. 어떤 사람이 여러분과 함께 온 종일 여행하고 난 후에, 그 사람이 밤새도록 깨어서 여러분을 지켜줄 것을 기대하는 것은 무리입니다. 그러므로 시편 기자가 사용한 표현이 얼마나 아름답고 달콤한지를 보십시오: "보라, 이스라엘을 지키시는 이는 졸지도 아니하시고 주무시지도 아니하시리로다." 하나님께서 깊은 잠에 곯아떨어지시는 일은 있을 수 없습니다. 아니, 잠깐이나마 조시는 것조차도 있을 수 없고, 아주 잠시 주무시는 것도 있을 수 없습니다! 사람은 "나는 너무 피곤해서 눈을 뜨고 있을 수가 없네"라고 말할 수 있지만, 하나님이 그런 말씀을 하신다는 것은 있을 수 없는 일입니다.

　이제 첫 번째 본문의 후반부를 보겠습니다: "보라, 이스라엘을 지키시는 이는 졸지도 아니하시고 주무시지도 아니하시리로다." 우리가 가장 먼저 생각할 것은, 하나님의 눈은 자기 백성을 보시느라 피곤해지거나 질리는 일이 절대로 없다는 것입니다. 아무리 자기 아기를 좋아하는 어머니라도 아기를 침상에 눕혀 놓고 잠시 쉬는 시간을 갖게 되었을 때에 종종 기뻐하는 법입니다. 아기가 아무리 예쁜 짓을 하여도, 어머니는 결국에는 점차 지쳐서 잠시 아기 곁을 떠나 있고 싶어 합니다. 그러나 하나님께서는 자기 백성에게 지치시거나 질려하시는 법이 없습니다. 만일 여러분에게 하나님에게 딸린 자녀들 같은 그런 자녀들이 있다면, 여러분은 그들이 하는 짓을 도저히 눈 뜨고 봐줄 수가 없을 것입니다. 무한히 오래 참으시는 하나님 외에는 그 누구도 하나님의 권속에 속한 자녀들을 감당할 수 없습니다. 우리가 백 명의 욥의 인내를 다 합한 그런 인내를 가지고 있다고 할지라도, 결국에는 우리가 하나님의 인내를 도저히 따라갈 수 없다고 소리치는 것을 천사들이 듣게 될 것입니다. 하나님이 우리에게 시달리셔서 지치고 힘드셔서, "내 자녀들아, 나는 자러 가야 하겠으니, 너희 스스로 잘 놀아라"고 말씀하시는 일은 절대로 있을 수 없습니다. 우리 구주의 눈은 우리를 쳐다보는 것을 결코 피곤해하지 않습니다. 십자가에서 감으셨다가 부활의 아침에 빛나는 별같이 다시 떠진 그 눈 말입니다. 속량 받은 자들을 저 높은 하늘에서 이루 말할 수 없는 사랑의 기쁨으로 내려다보고 있는 그 눈은 택함 받은 자들을 보는 것을 결코 피곤해하지 않습니다. 우리 주 예수께서는 자기 백성을 보실 때에 그 기쁨을 이기실 수 없으실 정도로 기뻐하시는 까닭에, 그들을 아무리 보아도 절대로 피곤하거나 지치지 않으십니다. 이것이 하나님께서는 졸지도 않으시고 주무시지도 않으신다는 표현의 또 하나의 의미입니다.

다음은, 하나님께서는 자기 백성을 단 한순간도 절대로 잊지 않으신다는 것입니다. 여러분과 나는 우리가 꼭 기억해야 할 것들까지도 잊어버리곤 합니다. 나의 자매여, 당신은 흔히 반지를 다른 손가락에 옮겨 끼고서는, 한참 후에 "어떻게 반지가 이 손가락에 끼워져 있지?"라고 혼잣말을 한 적이 없습니까? 그리고 그때에 당신이 반지를 다른 손가락으로 옮겨 낀 이유가 생각났습니까? 분명히 당신은 그런 적이 있었을 것입니다. 그래서 우리는 꼭 기억해 두어야 할 것들을 잊지 않기 위한 온갖 기발한 아이디어들을 생각해 내서 실행에 옮겨 왔지만, 결국 또 그런 일들이 반복되어 왔습니다. 아무리 기억력이 좋은 사람의 마음도 종종 잊어버리곤 하지만, 오직 하나님의 마음만은 그 어떤 것도 결코 잊으시는 법이 없습니다. 무한한 사랑이 듬뿍 담긴 초롱초롱하신 눈으로 우리를 내려다보시는 하나님은 결코 조는 법이 없으시고, 따라서 결코 잊어버리시는 법이 없습니다. 우리는 잠이 들어서 모든 것을 잊어버리고, 우리를 둘러싸고 일어나고 있는 모든 일에 대하여 완전히 눈을 감아 버리지만, 하나님은 결코 그렇게 하지 않으십니다. 하나님은 결코 우리를 잊지도 않으시고 우리에 대하여 눈을 감아 버리시지도 않습니다. 이것은 얼마나 복된 하나님의 진리입니까!

또한, 잠이 들면, 우리는 우리 스스로 어떻게 할 수 없는 상태가 되어 버립니다. 그러나 하나님은 결코 그런 상태에 계시는 법이 없습니다. 하나님께서는 늘 깨어 계셔서, 그를 의지하는 자들을 위하여 언제든지 자신의 능력과 힘을 나타내십니다. 하나님께서 잠이 드셔서 어떻게 하실 수 없는 상태에 빠져 계신 까닭에, 여러분이 하나님의 이름을 불렀는데 아무 응답이 없거나, "내가 지금은 어떻게 할 수가 없다"는 응답을 받게 되는 일은 절대로 있을 수 없습니다. 엘리야는 바알이 자고 있거나 여행을 간 것 아니냐고 조롱하기도 하였습니다. 바알 우상은 그의 이름을 부르는 자들을 구원할 수가 없었기 때문입니다. 그러나 하늘들을 지으신 우리 하나님께서는 자기 백성의 실낱 같은 부르짖음에도 신속하게 응답하십니다! 하나님은 늘 모든 능력과 힘을 띠 띠고 계십니다. 여러분이 하나님께 부르짖기만 하면, 하나님은 쏜살같이 날아오셔서 여러분을 구하실 것입니다. 하나님은 바람의 날개를 타고 날아오실 것입니다. 왜냐하면, 하나님은 자신의 문제를 그의 손에 맡기는 모든 자들을 신속하게 건지시는 분이기 때문입니다. 하나님이 주무신다는 것이 우리를 도우실 수 없으시다는 의미라고 할 때에도, 하나님은 결코 주무시지 않습니다.

또한, 하나님은 우리를 생각하시는 것을 중단하신다는 의미에서도 결코 주무시지 않습니다. 나는 여러분이 믿음으로 이것을 받아들일 수 있을지 어떨지를 잘 모르지만, 시편 40편에 이것이 사실임을 보여주는 한 예가 나옵니다. 거기에서 다윗은 "나는 가난하고 궁핍하오나 주께서는 나를 생각하시오니"(17절)라고 말합니다. 언제요? 지금이요? 그렇습니다. 내일이요? 그렇습니다. 어제도요? 그렇습니다. 하나님께서는 늘 우리를 생각해 오셨고 지금도 늘 우리를 생각하고 계십니다. 하나님의 마음은 무한해서 한 번에 모든 것을 생각하실 수 있습니다. 여러분과 나는 어느 하나를 생각하다 보면 흔히 다른 것은 잊어버리지만, 하나님은 그렇지 않습니다. 하나님은 지극히 크셔서 모든 곳이 다 그의 중심이고, 그의 가장자리는 아무 데도 없습니다! 사랑하는 형제들이여, 여러분은 하나님의 생각 중에서 바로 중심에 있을 것이고, 나도 그 중심에 있을 것입니다. 어느 동일한 순간에 하나님의 생각은 그의 모든 속량 받은 자들 한 사람 한 사람에게 꽂혀 계십니다. 여러분은 영원하신 이의 크신 마음이 밤이나 낮이나 단 한순간도 여러분을 생각하기를 중단하시는 때가 없다는 이 놀라운 하나님의 진리가 이해가 됩니까? 그렇다면, 단 한순간도 중단이 없이 늘 여러분을 바라보시는 하나님이 계시니, 여러분은 얼마나 안전하겠습니까! 단 한순간도 여러분을 생각하지 않는 적이 없으신 하나님이 계시니, 여러분은 정말 행복할 수밖에 없는 자들이 아니겠습니까! 다른 사람들은 여러분을 잊어도 하나님께서는 여러분을 결코 잊지 않으시니, 여러분은 기뻐하고 즐거워하는 것이 마땅하지 않겠습니까! 여러분은 쿠퍼(Cowper, 1731-1800, 영국의 시인이자 찬송가 작시자)가 저 머나먼 후안 페르난데스 섬에 표류한 알렉산더 셀커크(Alexander Selkirk, 1676-1721, 스코틀랜드의 선원)의 심정을

어떤 식으로 묘사했는지를 기억할 것입니다:

> "나의 친구들이여, 자네들은 종종
> 나의 안부를 걱정하거나 나를 생각하는가?"

그는 머나먼 섬에서 홀로 있으면서 자신이 모든 사람에 의해서 완전히 잊혀지고 있다는 사실을 참을 수 없었습니다. 우리 중 그 누구도 그런 처지에 있게 되는 것을 좋아할 사람은 아무도 없겠지만, 설령 그런 곤경에 처한다고 해도, 우리는 "여인이 어찌 그 젖 먹는 자식을 잊겠으며 자기 태에서 난 아들을 긍휼히 여기지 않겠느냐 그들은 혹시 잊을지라도 나는 너를 잊지 아니할 것이라"(사 49:15)는 저 옛 약속의 말씀 속에서 위로를 발견할 수 있을 것입니다. 어머니가 자신의 젖 먹는 자식을 잊는다는 것은 인간의 본성을 너무나 거스르는 일이어서 거의 있을 수 없는 일이지만, "그들은 혹시 잊을지라도 나는 너를 잊지 아니할 것이라"고 하나님은 말씀하십니다. 이 말씀을 쭉 들이키십시오! 얼마나 달콤한 들이킴입니까? 사람들이 지금까지 맛본 모든 달콤한 들이킴 가운데서 언약을 지키시는 하나님의 미쁘심이라는 최상급 포도주를 마시는 것만큼 달콤하고 향기로운 들이킴은 있을 수 없습니다!

그래서 오늘의 첫 번째 본문은 "보라, 이스라엘을 지키시는 이는 졸지도 아니하시고 주무시지도 아니하시리로다"라고 말씀합니다. 나는 지금까지 단지 몇 가지 것들만을 간단하게 설명드린 것에 불과하지만, 여러분은 그것들을 기억 속에 담아두시고, 나와 함께 오늘의 두 번째 본문을 살피러 가보겠습니다: "상전의 손을 바라보는 종들의 눈 같이, 여주인의 손을 바라보는 여종의 눈 같이 우리의 눈이 여호와 우리 하나님을 바라보며 우리에게 은혜 베풀어 주시기를 기다리나이다."

2. 둘째로, 성도들의 눈은 깨어서 하나님을 주시합니다.

오늘의 두 본문 중에서 어느 쪽이 더 놀랍고 기이합니까? 하나님의 눈이 늘 우리를 보고 계신다는 것은 분명히 놀라운 일이기는 하지만, 나는 여러분과 내가 하나님께 우리의 눈을 고정할 수 있다는 것 자체가 더 놀랍고 신기한 일이라고 생각합니다. 하나님이 자기 백성을 늘 보고 계시는 것은 그의 본성을 따른 것이지만, 우리가 하나님을 바라보는 것은 인간의 본성을 뛰어넘는 일이기 때문에 하나님의 은사이자 주권적인 은혜의 역사입니다. 나는 이 두 종류의 "보는 것"은 은혜의 이적들로 여겨져야 한다고 생각합니다. 하나님의 자녀들이 "상전의 손을 바라보는 종들의 눈 같이" 자신의 눈을 늘 하나님께 고정시킬 정도로 거룩하여 졌다면, 그것은 놀라울 정도로 거룩해진 것이기 때문에 "보라"라는 단어를 서두에 붙여서 주목하라고 할 만한 그런 일입니다. 나는 여러분과 내가 이 본문에 나오는 말을 진정으로 고백할 수 있을 정도로 하나님께 성별된 자들인지는 잘 모르겠습니다.

슬프게도 많은 경우에 우리는 사람들로 하여금 그들의 눈을 하나님께 고정시키게 할 수 없습니다. 이 땅에는 놀라울 정도로 아름다운 자연 세계가 있고, 하나님께서는 황혼녘의 영광으로 모든 꽃들을 칠하고 구름들을 물들이십니다. 하나님은 어디에나 계시지만, 사람들은 자연이라는 하나님의 큰 집을 거닐면서도, 미련한 자들이기 때문에, "하나님이 없다"고 말합니다. 사람들로 하여금 하나님을 바라보게 하는 것은 어려운 일입니다. 우리가 그들의 손에 성경을 쥐어주면, 그들은 성경을 읽고 거기에 나오는 이야기들에 흥미를 보이지만, 성경 속에서 하나님을 보지는 못합니다. 기이한 일들을 통해서 하나님의 섭리가 그들의 바로 가까이에서 작용하고 있는데도, 그들은 자신들에게 일어나는 그 어떤 일 속에서도 하나님의 손길이 보이지 않는다고 말합니다. 우리가 전하는 말씀을 통해서도 우리는 사람들로 하여금 하나님을 바라보게 할 수 없는데, 이것은 재앙 중의 재앙입니다. 내가 단 한순간도 여러분으로 하여금 하나님이 아니라 나를 생각하게 만드는 방식으로 말씀을 전한 적이 없다는 것을 하나님은 아십니다. 나는 하나님의 도우심을 힘입어서 가능한 한 쉽게 말씀을 전해서 여러분의 마음과 양심에 말씀이 들어가게 하기 위하여 애를 써왔습니다. 그런데도 설교가 끝나고 나면, 사람들의 유일한 반응은 "당신에게 설교가 좋았느냐?"는 것인 경우가 많습니다. 여러분이 나의 설교를 좋아하고 말고는 하나도 중요하지 않습니다. 나는 오케스트라 단원들처럼 여러분 앞에서 바이올린을 연주하거나 연극배우처럼 연기를 해서 여러분을 즐겁게 해주기 위하여 이 자리에 선 것이 아니고, 여러분도 그런 목적으로 이곳에 온 것이 아니지 않습니까? 여러분이 나의 설교를 어떻게 생각하느냐는 나의 관심사가 아닙니다. 나의 관심사는 여러분을 하나님의 진리 자체로 몰아가는 것뿐입니다. 나는 할 수만 있다면 황소가 따끔한 채찍을 느끼듯이 여러분도 하나님의 진리를 그런 식으로 느끼게 해드리고 싶습니다. 어떤 사람이 배고픈 사람에게 빵을 주면 그 사람은 자기에게 빵을 준 사람이 누구인지에는 관심이 없고 오직 그 빵을 먹느라 정신이 없는 것과 마찬가지로, 나는 여러분이 십자가에 못 박히신 그리스도의 저 복된 가르침을 그렇게 맛있게 정신없이 먹었으면 좋겠습니다. 내가 다시 한 번 말해 두고자 하는 것은, 사람들로 하여금 하나님을 보게 만드는 것은 어려운 일이라는 것입니다. 그들은 여기저기 사방팔방을 다 둘러보지만, 그들의 눈을 하나님께 고정시키도록 만드는 것은 정말 어려운 일입니다.

시편 123편을 쓴 하나님의 사람은 아주 주목할 만한 방식으로 하나님을 바라보도록 가르침을 받았었습니다. 나는 여러분 중에도 그런 방식으로 하나님을 바라보는 사람들이 많아지기를 바라는 마음에서 여러분에게 그 방식에 주목할 것을 요청합니다.

첫째로, 그의 눈은 하나님을 경외하는 마음을 담은 채 하나님께 고정되어 있었습니다. 그는 하나님의 손길이 있는 곳마다 깊은 경외심으로 그 손길을 바라보았습니다: "상전의 손을 바라보는 종들의 눈 같이." 물론, 여기에서 그는 동방의 "종들"을 염두에 두고 있고, 히브리어로 "종들"을 가리키는 단어는 "노예들"이라는 의미를 지니고 있습니다. 여행자들은 동방에서 부유한 사람의 집에 들어가면 주인이 노예들에게 손짓을 하고, 그러면 얼마 있다가 노예들이 다과를 가져온다는 얘기를 우리에게 들려줍니다. 그러나 그 노예들은 주인이 부르기 전에는 멀리서 주인의 손의 아주 조그만 움직임도 주시하고 있어야 합니다. 우리의 종들에게 주어지는 자유가 그 노예들에게는 없습니다. 그 노예들은 아무것도 아니고, 단지 주인이 자기 마음대로 부리는 도구들일 뿐입니다. 또한, 내가 들은 바에 의하면, 동방의 여주인은 자신의 남편보다 더 가혹하고 지독해서, 여종들이 여주인을 모시는 것은 남종들이 주인을 모시는 것보다 더 힘들다고 합니다. 그래서 여종들은 여주인을 몹시 두려워해서 여주인의 손을 더욱더 주의 깊고 세심하게 주시하고 있을 수밖에 없습니다. 여종들은 두려워하는 가운데 온 신경을 곤두세워서, "여주인"이 그들에게 어떤 일을 시키는지를 알아내기 위하여 주시합니다. 이 비유 속에서 두려움이라는 요소를 제거한다면, 이것은 우리가 하나님을 어떤 식으로 바라보아야 하는지를 잘 말해 줍니다. 하나님은 하늘에 계시고, 우리는 땅에 있습니다. 하나님은 크시고, 우리는 아무것도 아닙니다. 하나님은 선하시고, 우리는 죄 덩어리입니다. 그러므로 우리는 지극한 경외심을 가지고서, 하나님의 말씀과 역사들 속에서 하나님의 뜻이 무엇인지를 알아내서, 한 치의 주저함도 없이 즉시 경외하는 마음으로 하나님이 우리에게 명하시는 것을 행하는 것이 마땅합니다.

다음으로는, 진정으로 거룩함을 입은 사람들은 경외함만이 아니라 순종하는 마음을 지니고서 하나님의 손을 바라본다는 것입니다. 동방 사람들은 대체로 우리보다 훨씬 더 말을 적게 하지만, 저녁나절에는 모닥불 곁에 둘러앉아 얘기를 많이 나눕니다. 그러나 동방의 주인은 거의 말을 하지 않습니다. 한 신사가 얼마 전에 동방의 어느 집에 들어갔는데, 그가 들어가자마자, 주인은 손짓을 해서 종들로 하여금 얼음을 탄 청량음료를 내오게 했습니다. 주인이 다시 한 번 손짓을 하자, 종들은 과일들을 내왔습니다. 그런 후에, 주인이 다른 방식으로 손짓을 하자, 종들은 식탁을 폈습니다. 이렇게 주인이 말 한 마디 하지 않았지만, 종들은 주인의 손짓이 무엇을 의미하는지를 완벽하게 이해했습니다! 그들은 주인의 손짓이 의미하는 것을 행하기 위해서 주인이 손을 어떻게 움직이는지를 한시도 눈을 떼지 않은 채 아주 주의 깊게 주시하지 않으면 안 되었을 것입니다. 우리는 말없이 어떤 동작만으로 뜻을 전달하는 경우는 별로 없지만, 우리는 증기선에서는 선장이 부지런히 손짓을 하면, 그 손짓을 따라 사환이 즉시 선장의 명령을 엔진을 담당하고 있는 사람들에게 전하는 것을 볼 수 있습니다. 이것이 하나님의 자녀들이 성경과 섭리 속에서 하나님의 손길을 지켜보고 있다가 하나님의 뜻이라고 분명하게 인식되는 것들을 즉시 행하는 방식입니다. 그리스도인들 중에는 한참 두들겨 맞거나 반복적으로 계속해서 징계를 받고 나서야 하나님의 뜻을 행하는 사람들이 있습니다. 저 옛적의 훈계를 기억하십시오: "너희는 무지한 말이나 노새 같이 되지 말지어다 그것들은 재갈과 굴레로 단속하지 아니하면 너희에게 가까이 가지 아니하리로다"(시 32:9). 여러분은 마부들이 말들을 어떻게 다루는지를 압니다. 그들은 "이 짐승은 아주 고집이 세서, 우리가 어떻게 다루어야 할지를 모릅니다"라고 말합니다. 하나님의 백성들 중에서 지독하게 고집이 센 사람들이 있습니다. 그들로 하여금 움직이게 하려면, 그들을 아주 거칠게 다룰 수밖에 없습니다. 그렇지만 우리는 말이나 노새와 달라야 합니다. 하나님께서 손짓이나 눈짓이나 고갯짓을 하시기만 하여도, 우리는 금방 하나님이 우리에게 무엇을 하라고 하시는지를 알아차리고서, 그 일을 경외함과 순종함으로 행하는 것이 마땅합니다.

또한, 우리의 눈은 하나님을 향하여 절대적으로 고정되어 있어야 합니다. 종들의 눈은 늘 주인을 향해 있다가 주인의 손짓을 알아차릴 뿐만 아니라 거기에 순종하여, 그 손짓이 의미하는 일이 무엇이든 그 일을 행하여야 합니다. 그것은 아주 작은 일일 수 있지만, 작은 일이라고 해서 소홀히 해서는 안 됩니다. 나는 여기에서 말하기조차 부끄러운 것을 다시 한 번 얘기해야 하겠습니다. 나는 신자들의 세례와 관련해서 "목사님도 아시다시피, 세례는 우리의 구원과 상관이 없잖아요"라고 말하는 사람을 종종 만납니다. 그런 말을 하는 사람은 악하고 불쌍한 영혼입니다! 여러분은 자신의 구원에 꼭 필요한 것 외에는 아무것도 하지 않으려고 하는 것입니까? 그것이 여러분을 몰아가는 영입니까? 여러분이 자신의 가련한 영혼을 구원하는 데에 꼭 필요한 일만을 하고자 한다면, 그렇게 말하고 행동하는 여러분의 영혼은 구원 받을 만한 가치가 있는 것입니까? 여러분의 영혼은 구원 받을 가치가 거의 없는데도 여러분이 그렇게 신경을 쓰고 마음을 쓰면서, 세례가 여러분의 영혼을 구원하는 데에 별 가치가 없다고, 여러분은 세례를 무시하고자 하는 것입니까? 또 어떤 사람은 이렇게 말합니다: "나는 성경에 나오는 순서를 바꾸어서 거꾸로 했습니다. 그러니까 세례를 먼저 받고, 나중에 믿은 거죠." 누가 여러분에게 하나님이 정하신 순서를 뒤바꿀 권한을 주었습니까? 만일 종들이 그런 식으로 행동한다면, 그 종들은 주인으로부터 호되게 책망을 받게 될 것입니다! 종들이 식사를 내오기 전에 후식을 먼저 내왔다고 합시다. 그 일은 아주 작은 일일 수 있습니다. 그러나 그런 작은 일에서도 올바른 순서를 지키는 것이 중요합니다. 또는, 주인이 종들에게 먼저 방을 쓴 다음에 물걸레질을 하라고 지시했는데, 종들이 먼저 물걸레질을 하고 나서 방을 쓸었다면 어떻겠습니까? 종들은 단지 순서를 바꾸었을 뿐이지만, 그 결과가 어떠했을지는 여러분이 잘 알 것입니다. 세례를 먼저 받고 나중에 믿는 사람들도 바로 그렇게 한 것입니다. 그렇게 하는 것은 모든 일을 망치는 것입니다. 그것은 세례라는 규례를 정하신 하나님의 의도를 짓밟아 버리는 것입니다. 여러분에게는 그렇게 행할 권리가 없습니다.

내가 얼마 전에 여러분에게 했다고 생각되는 이야기를 다시 한 번 상기시켜 드리고 싶습니다. 한 가난한 청년이 교회의 정식 교인이 되기를 간절히 원했지만, 그의 친구들은 그의 지능이 좀 모자라다고 생각해서 그가 세례를 받지 않는 편이 더 나을 것이라고 생각하였습니다. 그는 앓아눕게 되었고 거의 죽을 지경이 되었습니다. 그가 어머니에게 "어머니, 나는 세례를 받고 정식 교인이 되고 싶어요"라고 말하자, 어머니는 "얘야, 너도 알다시피 세례를 받는다고 해서 구원을 얻는 것이 아니잖니. 네가 주 예수 그리스도를 믿었으니 넌 천국에 가게 될 거야"라고 말했습니다. 그러자 그 청년은 이렇게 대답했습니다: "저도 그것을 알아요! 설마 어머니께서는 내가 세례를 꼭 받아야 구원을 얻는다고 생각할 정도로 우둔하다고 생각하시는 것은 아니겠죠, 어머니? 나는 세례를 받는 것과 천국 가는 것이 아무 상관이 없다는 것을 알아요! 그러나 내가 천국에 가서 내 구주를 뵈오면, 주님은 내게 '아이작아, 너는 왜 교회의 정식 교인이 되지 않았니?'라고 말씀하실 것입니다. 그때에 내가 '주님, 그런 건 별로 중요한 일이 아니잖아요'라고 대답한다면, 주님은 '그래, 맞는 말이지만, 너는 나를 기쁘게 해주기 위해서라도 그렇게 했어야 하지 않니?'라고 말씀하실 거예요."

이 이야기는 문제의 정곡을 찌르고 있습니다. 어떤 일이 작은 일일수록, 그 일을 행하는 것이 주 예수 그리스도를 기쁘시게 해드리는 일이라면, 우리는 더욱더 세심하게 그 일을 행하는 것이 마땅합니다. 자기가 주인보다 더 잘 안다고 생각하는 종들이 있다면, 자기가 똑똑하다는 생각을 버리십시오. 그렇지 않으면, 주인은 여러분을 내치고 다른 사람들을 자신의 종으로 삼게 될 것이기 때문입니다. 내가 아침 일찍 여행길에 올라서 내 종에게 "출발하기 전에 커피 한 잔할 수 있을까?"라고 말했는데, 내가 내려가 보니 그 종이 내게 냉수 한 잔을 가져다주었다고 합시다. 그래서 내가 그 종에게 "왜 이렇게 했지?"라고 묻자, 그 종이 "주인님, 나는 커피보다 물이 주인님께 더 좋을 것이라고 생각했습니다"라고 대답했습니다. 그러면 나는 이렇게 말할 것입니다: "네가 나를 사려 깊게 생각해주는 것이 내가 참 감사하긴 하지만, 나는 내가 말한 대로 내게 해주는 다른 종을 고용할 것이다." 따라서 나는 여러분에게 하나님의 말씀을 바꾸거나 판단하지 말고 그대로 거기에 순종하시라고 권면합니다. 여러분이 하나님의 말씀 속에서 읽는 것이 여러분이 보기에, 또는 다른 사람들의 눈에 옳은 것일까 아닐까를 놓고 계산하지 마십시오. 여러분이 물어야 할 질문은 단 한 가지입니다: "내 주여, 주께서는 내게 이것을 행하라고 명령하신 것입니까?" 그러므로 여종의 눈이 늘 여주인의 손에 가 있어야 하듯이, 여러분의 눈은 여러분의 하나님께 가 있어야 합니다.

다시 한 번 말씀드리지만, 우리의 눈은 오직 하나님을 향해 있어야 합니다. 동방의 종들에게는 생각할 틈이 주어지지 않습니다. 그들의 눈을 주인의 손님들에게 두는 것은 그들이 해야 할 일이 아닙니다. 그들의 눈은 오로지 주인을 향해 고정되어 있어야 합니다. 동방의 여종들은 자신들의 여주인을 만나러 온 여자의 손동작들을 주시하는 것을 자신의 일이라고 생각하지 않습니다. 여종들의 눈은 늘 여주인의 손에 가 있어야 합니다. 여종들은 여주인에게서 한시라도 눈을 뗄 엄두를 내지 못합니다. 왜냐하면, 여종들이 창문 밖을 내다보거나 호기심에서 어떤 사물을 바라보고 있을 때, 여주인이 손짓을 한다면, 그 손짓을 보지 못하게 될 것이기 때문입니다. 그렇게 해서 여주인의 손짓을 보지 못하는 일이 일어났을 경우에는 나중에 여종들은 호되게 책망을 듣거나 그것보다 더한 벌을 받게 될 수도 있습니다. 그러므로 여러분과 나는 한시라도 우리 하나님에게서 눈을 떼서는 안 됩니다. 하나님의 도(道)와 뜻이 우리의 유일한 법이어야 합니다. 우리는 오직 그것을 위해서 살아야 합니다. 그래야만 우리는 우리의 주인이신 주님을 기쁘시게 해드릴 수 있습니다. 주님은 자신의 보배 피로 우리를 사신 분입니다. 그러므로 우리는 우리 자신의 것이 아니라, "값으로 산 것이 되었기"(고전 6:20) 때문입니다.

어떤 사람은 "우리는 아직 그 정도까지는 이르지 못했습니다"라고 말합니다. 여러분은 정말 그 정도까지 이르지 못했을 수 있지만, 거기까지 이르지 않으면 안 됩니다. 거기에 이르게 될 때까지는 평안이 있을 수 없으니까요. 어떤 일을 행하지 않거나 어떤 죄악을 저지르는 것을 통해서 하나님의 명령을 행하지 않거나 어기는 사람들은 자신의 영혼 속에서 슬픔과 괴로움을 발견하게 될 것입니다. 우리의 지독하게 쓰라린 슬픔과 괴로움들의 뿌리는 우리의 죄에 있기 때문에, 우리의 죄가 극복되면, 우리의 슬픔과 괴로움의 주된 부분은 제거된다는 사실을 믿으십시오! 하나님께서 우리에게 은혜를 주셔서 우리의 양심이 정말 부드러워져서 하나님 앞에서 즐거워하고 기뻐할 뿐만 아니라 두려워 떨 줄도 알게 하시기를 빕니다. 왜냐하면, 하나님의 말씀 앞에서 두려워 떨지 않는 사람은 진정으로 하나님을 사랑하는 법을 아직 배우지 못한 것이기 때문입니다.

이제 나는 이 자리에 계신 분들 중에서 그동안 하나님 없이 살아오셨기 때문에 내가 지금까지 전한 말씀을 하나도 이해하지 못하겠다고 느끼는 분들께 말씀드리고자 합니다. 나는 여러분이 사는 것이 오직 이 세상뿐이라면 지금까지 살아오신 대로 사는 것이 아무리 좋게 말해도 형편없는 삶일 뿐이긴 해도 어쨌든 그렇게 사셔도 별 문제가 없을 것이지만, 여러분이 죽게 되었을 때에 여러분에게는 하나님이 필요하게 될 것임을 상기시켜드리는 것으로 설교를 마치고자 합니다. 내가 하나님과 동행하는 가운데 죽는다면, 나는 그리스도께서 내게 "내가 너를 도무지 알지 못한다"(cf. 마 7:23)고 말씀하지 않으실 것을 압니다. 주님께서는 오래 전부터 나를 아셨기 때문에 결코 그렇게 말씀하실 수 없으시리라는 것을 나는 확신합니다. 나는 주님께서 오래 전부터 나를 아시고 나를 먹이시고 입히셨다고 말할 수 있게 될 것입니다. 왜냐하면, 나는 오래 전부터 주님의 전 앞에서 매일 구걸하는 자였고, 주님 없이는 살 수 없는 자였기 때문입니다. 주님을 떠나면, 나는 벌거벗고 가난하며 비참한 자일 뿐입니다. 내게는 언제나 나로 하여금 주님께로 갈 수밖에 없게 만드는 이런저런 용무가 있어 왔습니다. 어떤 때는 내가 저지른 죄를 고백해야 할 용무가 있었고, 어떤 때는 내게 꼭 필요한 것들을 구걸해야 할 용무가 있었습니다. 그래서 주님은 나를 너무나 잘 아십니다. 어떤 거지가 여러분의 집 앞에서 늘 구걸하고 있다면, 여러분은 그 거지를 모를 수가 없습니다. 그 거지가 자기는 전에는 거기에 있지 않았다고 말할지라도, 여러분은 "당신은 지난 6주 동안 매일 아침마다 여기에 있었고, 내가 아침에 언제나 가장 먼저 본 것은 바로 당신이 구걸하는 모습이었다"고 말할 것입니다. 여러분은 그 거지를 모른다고 말할 수 없습니다. 그러나 주 예수 그리스도를 한 번도 찾은 적도 없고 그에게 기도한 적도 없는 사람들에게는, 그리스도께서 "내가 너를 도무지 알지 못 한다"고 말씀하실 것입니다.

　나는 지금 내가 서 있는 이 자리가 너무나 엄중한 자리라는 것을 느낍니다. 왜냐하면, 나는 한 배의 선장처럼 이 자리에서 이 곳 전체를 볼 수 있기 때문입니다. 내가 주일에 이 자리에 서면, 흔히 어떤 사람이 "아무개 씨가 돌아가셨습니다"라고 말합니다. 나의 친구여, 당신이 늘 앉아 있던 그 자리에 지금은 당신이 없습니다. 그분은 지난 주일에도 그 자리에 있었지만, 지금은 없습니다. 나는 여러분 중에서 많은 분들을 가리키며, "당신은 내가 잘 알던 분이 늘 앉곤 하던 바로 그 자리에 앉아 계시는데, 그분은 본향으로 가셨습니다"라고 말할 수 있습니다. 어떤 때에는 내가 전혀 예상하지 못했던 분들이 떠나가십니다. 나는 그분들을 앞으로도 상당 기간 다시 볼 수 있을 것이라고 생각하고 있었는데, 모습이 보이지 않으면, 사람들에게 "모 집사님이 휴가차 해변에 가셨군요"라고 말합니다.

그러면 어떤 분이 내게 "아니요, 그 집사님은 갑자기 돌아가셨어요"라거나 "그 집사님은 바로 지난 주에 소천하셨어요"라고 말해 줍니다. 나는 지금 이 시간 이후로는 다시 보지 못할 얼굴들을 지금 보고 있는 것일 수 있습니다. 나의 친구여, 내게 당신의 손을 주십시오. 이번이 내가 당신에게 말씀을 전할 수 있는 마지막 기회이기 때문입니다. 나는 여러분에게 저 마지막 긴 여정을 떠날 채비를 하시라고 꼭 부탁드리고 싶습니다. 구원 받지 못한 채로 죽지 마십시오! 구주 없이 온통 두려움에 휩싸여서 저 영원한 세계에 발을 들여놓고자 하지 마시기를 간곡히 부탁드립니다. 구원의 길은 주 예수 그리스도를 믿는 것입니다. 그리스도를 믿고, 여러분 자신을 그에게 의지하십시오. 결코 파산하지 않는 은행을 갖고 계시고, 맡으신 것을 단 한 푼도 손해 보게 하지 않으시는 저 은행장의 손에 여러분의 귀한 영혼을 맡기십시오. 여러분이 잠들기 전에 반드시 예수 안에서 안식하십시오. 하나님께서 그리스도를 인하여 여러분을 도우셔서 그렇게 해주시기를 빕니다. 아멘.

제
125
장
—

믿는 자는 흔들리지 않는다

—

"여호와를 의지하는 자는 시온 산이 흔들리지 아니하고 영
원히 있음 같도다." — 시 125:1

오늘의 본문은 "성전에 올라가는 노래들" 중 하나의 첫 번째 절입니다. 이 노래들은 아마도 순례자들이 예루살렘으로 올라가는 길에 중간에 여러 곳들을 머물면서, 또는 몇몇 관계된 장소들을 지나면서 불렀던 노래들인 것으로 보입니다. 그리고 이 시편은 순례자들이 여러 날을 걸은 끝에 마침내 시온이 처음으로 눈에 보이는 곳에 이르러 그 장엄한 도성을 바라보게 되었을 때에 기쁨에 벅찬 그들의 입술에서 터져 나온 노래였을 가능성이 높습니다. 복된 순례자들이여! 그들은 많은 황량한 골짜기와 위험한 숲을 통과해서 마침내 자신들의 여정의 목적지였던 곳을 한 눈에 바라볼 수 있게 되었기 때문에, 여러 날에 걸친 힘든 순례 길에서 참아온 기쁨을 이 노래에 실어 한꺼번에 터뜨렸습니다. 만일 그들이 여러 날에 걸쳐 괴롭고 힘든 시간을 거치지 않았다면, 그토록 큰 기쁨을 맛볼 수는 없었을 것입니다. 우리는 이 동일한 진리를 "성전에 올라가는 노래"라는 표제를 통해서도 배울 수 있습니다. 이 표제는 어떤 계단이 이전의 계단보다 한 단계 높아지는 것과 마찬가지로 이 시편도 바로 앞의 시편으로부터 나와서 한 단계 높아진 노래라는 것을 우리에게 말해줍니다. 만일 다윗이 먼저 시편 124편을 부르는 법을 배우지 못하였다면, 시편 125편도 노래할 수 없었을 것입니다. 만일 그가 사람들이 그를 신속하게 삼켜 버리려고 위협하는 처지에 처해서, 그런 상황

속에서 하나님이 자기편이시라는 것을 발견하지 못했다면, "여호와를 의지하는 자는 시온 산이 흔들리지 아니하고 영원히 있음 같도다"라고 고백할 정도로 하나님의 도우심에 대한 견고한 확신을 가질 수 없었을 것입니다. 우리의 경험들은 우리의 선생이 되어서 서로서로를 조명해 주고 설명해 줍니다. 우리는 한 가지 고난을 통해서 배운 것을 가지고서 또 다른 고난의 신비들을 풀기 시작할 수 있습니다. 우리는 먼저 시편 124편을 어느 정도 경험해서, 우리의 모든 "도움"이 하나님께 있다는 사실을 알아야 합니다. 그렇지 않으면, 우리는 시편 125편이 표현하고 있는 이 엄청난 확신에 결코 도달하지 못할 것입니다: "여호와를 의지하는 자는 시온 산이 흔들리지 아니하고 영원히 있음 같도다."

우리는 위대한 신앙인들이 고백하는 담대한 말들을 들을 때마다, "나도 저 사람과 같은 믿음으로 말할 수 있다면 얼마나 좋을까"라고 생각합니다. 형제들이여, 여러분이 그들의 그러한 믿음을 지니고자 한다면 그들이 겪은 고난도 똑같이 겪어야 합니다. 여러분은 하나님께서 사람들에게 조금이라도 믿음을 주셨다면, 그것은 사람들로 하여금 자신의 믿음을 찬장에 넣어두도록 하시기 위한 것이 아니라는 것을 알아야 합니다. 믿음은 사용하라고 주신 것이고, 믿음이 필요하다는 것을 절실히 느끼고 부지런히 믿음을 사용하는 데에 익숙하지 않는 사람들이 큰 믿음을 갖게 되는 경우는 없습니다. 어떤 사람이 세월이 흘러서 믿음이라는 칼을 사용할 수 있는 힘을 얻을 때까지는, 믿음이라는 칼은 그 사람에게 주어지지 않습니다. 나는 루터(Luther)가 보름스 의회로 가면서 했던 말을 무척 기뻐합니다. 친구들이 그에게 전에 후스(Huss)처럼 그도 화형을 당할 것이라고 말하자, 그는 웃으며, 자기는 전혀 두렵지 않다고 하고서는, "만일 그들이 비텐베르크와 보름스 사이에 불을 놓아, 그 불이 하늘에까지 이르게 한다면, 나는 주님의 이름으로 베헤못의 입 속으로 걸어들어가서 그 거대한 이빨 사이에서 그리스도를 고백하여, 그리스도로 하여금 자신의 기쁘신 뜻대로 행하시게 할 것"이라고 말하였습니다. 그때에 그가 처한 위험은 모든 사람에게 불을 보듯 뻔한 것이었는데도, 그의 기쁨은 차고 넘치는 듯했습니다. 그 거룩한 자랑은 지금도 쟁쟁하지만, 은혜에 있어서 어린아이인 사람들은 그의 그런 말과 행동을 따라해서는 안 됩니다. 왜냐하면, 루터는 여러 연단과 준비의 과정을 거쳐서 군계일학의 독보적인 신앙을 갖추어서 그렇게 승리를 확신하는 말을 할 수 있는 상태가 된 것이기 때문입니다. 하지만 우리가 잊어서는 안 될 것은 그런 후에 그는 자기 영

혼이 엘리야의 경우처럼 침체에 빠지는 경험을 하게 되었다는 것인데, 이것은
하나님께서 그가 자신이 담대했던 것을 생각하고서 분수 이상으로 높아지는 것
을 막으시기 위한 것이었습니다. 따라서 대단한 믿음을 지니고자 하는 사람은
바로 그와 같은 침체에도 준비가 되어 있어야 합니다. 큰 물에서 일하는 사람들
은 폭풍이 이는 바다에 적합한 배로 항해해야 합니다. 여러분과 나는 잔잔한 호
숫가를 노저어 다니기 때문에, 배가 작아도 호수에서 일어나는 대부분의 일들에
충분히 대처할 수 있습니다. 우리는 큰 폭풍의 시험도 받지 않고, 우리의 배를 묶
어두기 위해 큰 닻이 필요한 것도 아닙니다. 우리의 필요들은 그렇게 크지 않기
때문에, 하나님이 우리에게 공급해 주시는 것도 큰 물에서 항해하는 거대한 범
선에 공급해 주시는 것처럼 크지 않습니다. 또한, 어떤 사람들은 하나님이 크게
쓰시는 종이 되고자 하고, 그렇게 되기 위해서 큰 위험도 기쁜 마음으로 무릅쓰
고자 합니다. 우리는 어린아이 신앙인들로 남기를 원하지 않고, 장성한 자가 되
고자 합니다. 다윗은 시편 124편의 쓴 잔을 다 마신 후에야, 시편 125편의 만찬
을 받으면서 자기 백성을 "시온 산이 흔들리지 아니하고 영원히 있음 같게" 하시
는 하나님을 송축할 수 있었음이 분명합니다.

오늘의 본문에서 사용된 비유는 순례자들이 자기 앞에 보이는 산으로부터
가져온 것임을 주목하십시오. 또는, 이 시편이 순례자들이 아니라 온 이스라엘
이 부른 노래였다면, 온 이스라엘이 그들 앞에 보이는 산으로부터 이 비유를 가
져왔을 것입니다. 그들은 자신들이 아주 잘 알고 있던 바로 그 산으로부터 비유
를 가져왔습니다. 그들은 그 땅의 최북단에 있던 레바논 산을 전혀 볼 수 없었을
수도 있고, 갈멜 산의 뛰어난 풍광이나 높은 헐몬 산의 모습을 전혀 볼 수 없었을
수도 있지만, 일 년에 한 번은 꼭 시온 산을 볼 수밖에 없었습니다: "지파들 곧 여
호와의 지파들이 여호와의 이름에 감사하려고 이스라엘의 전례대로 그리로 올
라가는도다"(시 122:4). 그래서 이 상징은 친숙한 것이었습니다. 나는 종종 우리
주변의 평범한 것들, 즉 이 길거리들과 집들, 우리 조국과 고향이 거룩한 용도로
성별되었으면 얼마나 좋을까 생각하곤 합니다. 우리는 우리 마을의 여러 울타리
들과 정원들을 슬픔의 상징들로 기억하는 것은 잘 합니다. 그러나 우리는 하나
님 안에서의 우리의 안전함과 위로를 감사할 때에 사용할 비유들을 우리 주변에
서 쉽게 찾을 수 있어야 합니다. 자기 집을 갖고 있다는 것도 그 중의 하나가 될
수 있습니다. 찬 바람이 세차게 몰아칠 때, 우리 집의 벽난로 옆은 따뜻합니다.

그러므로 우리는 "주여 주는 대대에 우리의 거처가 되셨나이다"(시 90:2)라고 감사하며 찬송할 수 있습니다. 여러분은 자신이 사랑하는 가정을 여러분이 하나님을 거처로 삼아 영원히 평안하게 지내는 것에 대한 비유로 사용할 수 있습니다. 믿는 영국인들이여, 여러분은 자신의 조국을 여러분이 하나님 안에서 누리는 안전함을 말할 때에 기가 막히게 좋은 비유로 사용할 수 있다는 사실에 대하여 하나님을 송축할 수 있습니다. 큰 물을 통해서 다른 모든 나라들로부터 분리되어 홀로 거하는 것이 우리가 사랑하는 이 나라의 안전함입니다.

> "주께서 큰 물에게 너희 주변에 흐르라고 명하셨으니,
> 늣 빗장일지라도 너희를 그렇게 안전하게는 보호할 수 없으리."

하나님을 의지하는 자들은 압제자의 채찍을 맛보지 않아도 되는 이 복된 섬과 같습니다. 왜냐하면, 하나님께서 그들을 성벽이나 보루보다 더 나은 방비로 보호하시기 때문입니다. 히브리인들이 사용하는 비유들은 믿는 히브리인들에게 가장 적합한 것들이었습니다. 마찬가지로, 우리는 우리 자신의 상황과 환경으로부터 영국식의 비유들을 만들어 내야 합니다. 그렇게 하였을 때, 우리는 우리의 믿음을 뭔가 남들로부터 빌려왔다는 느낌을 덜 받고 바로 오늘 우리의 삶이요 현실이라고 더 생생하게 느끼게 될 것입니다. 이렇게 참된 신앙이 좀 더 실제적이고 친숙한 옷을 입게 될 때, 그 신앙은 다른 사람들에게 더 큰 힘으로 다가갈 수 있게 될 것입니다. 적극적이고 깨어 있는 믿음은 도처에서 자신의 복된 모습을 표현할 수 있는 예화나 비유들을 발견해 냅니다. 그런 믿음은 오늘같이 별 즐거울 것이 없어 보이는 춥고 눈 내리는 날에도 이렇게 말합니다: "하나님께서는 '추위와 더위와 여름과 겨울과 낮과 밤이 쉬지 아니하리라'(창 8:22)고 말씀하지 않으셨던가? 하나님께서 땅과 맺으신 언약이 여전히 우리 눈 앞에서 이루어지고 있으니, 우리는 하나님이 자기 백성과 맺으신 언약을 반드시 이루시리라는 것을 확신할 수 있지 않은가? 지금 내리는 이 눈발들은 하나님의 입에서 한 번 나온 말씀은 결코 헛되지 않을 것임을 보여주는 증표들이 아닌가? 이 스산하고 추운 날씨는 '우박을 떡 부스러기 같이 뿌리시나니 누가 능히 그의 추위를 감당하리요.'(시 147:17)라고 말씀하셨던 이의 전능하심을 우리에게 다시 한 번 확인해 주는 것이 아닌가?' 나의 형제들이여, 여러분의 눈을 열어서 주위를 둘러보십시오.

그러면, 믿는 이스라엘 사람들이 시온 산을 보고서 그 산에 대하여 노래하기 시작하였던 것처럼, 여러분도 "너희는 기쁨으로 나아가며 평안히 인도함을 받을 것이요 산들과 언덕들이 너희 앞에서 노래를 발하고 들의 모든 나무가 손뼉을 칠 것이며"(사 55:12)라고 노래하게 될 것입니다.

　　이제, 본문으로 돌아가 보도록 하겠습니다. 이제까지 나는 이 개략적인 서문을 통해서 단지 본문의 겉모습만을 다루었을 뿐입니다. 첫째로, 우리 앞에 놓여 있는 본문 속에는 무엇보다도 먼저 비천한 자들이 보입니다: "여호와를 의지하는 자들." 시편 기자는 그들에 대하여 꽤 많은 얘기를 하고 있지만, 사실 그들은 사람들 가운데서 무명한 자들입니다. 둘째로, 그들의 특별한 안정성이 눈에 띕니다: "시온 산이 혼들리지 아니하고 영원히 있음 같도다." 셋째로, 우리는 그들이 이렇게 요동하지 않고 안정됨을 누리게 된 명백한 이유를 잠시 살펴보겠습니다.

1. 첫째로, 본문에는 비천한 자들이 나옵니다.

　　그들에 대하여 말해지고 있는 내용은 인간 이성의 판단에 의하면 보잘것없는 것입니다. 시편 기자는 단지 그들이 "여호와를 의지하는 자들"이라고만 말할 뿐입니다. 이것은 행하기에 너무나 간단하고 쉬운 일입니다. 하나님께서 약속들을 주시고, 그들은 그 약속들을 믿으면 됩니다. 하나님께서 섭리 가운데서 역사하고 계시는데, 그들은 그런 하나님을 믿으면 됩니다. 하나님께서는 그들을 시은좌, 곧 은혜의 자리로 초청하시는데, 그들은 거기로 나아가면 됩니다. 하나님께서는 그들에게 자신의 아들을 그들의 구원으로 주셨는데, 그들은 그 아들을 믿으면 됩니다. 하나님께서 자신의 성령을 그들의 선생으로 주셨는데, 그들은 바로 그 성령에게서 배우고 그 성령에게 순종하면 됩니다. 이 모든 것을 한 마디로 요약하자면, 그것은 "여호와를 의지하는" 것입니다. 어떤 사람은 "그것은 별 것 아닌 일이어서 바보라도 할 수 있겠다!"라고 소리칩니다. 바로 그렇습니다. 아마도 만일 사람들 중 대다수가 지혜로운 체하는 어리석음을 범하지만 않는다면, 지금보다 훨씬 더 많은 사람들이 하나님을 의지하게 될 것입니다. 어린아이는 하나님을 의지할 수 있기 때문에, 만일 더 많은 사람들이 어린아이 같다면, 지금보다 더 많은 사람들이 하나님을 의지할 것입니다. "여호와를 의지하라." 하나님을 의지하는 데에는 그 어떤 지적인 수고도 필요하지 않고, 하나님의 도를 배우는 데에는 그 어떤 힘든 교육과정을 거칠 필요도 없습니다. 하나님을 의지한다는 것은 믿고 의지해야 할 이유가 너무나 분명한 것을 의지하고, 명약관화하게 참된 것을 믿고, 그 위에서 행하는 것입니다. 하나님을 의지한다는 것은 거짓말을 하실 수 없으시고 변할 수 없으시고 결코 식언할 수 없으신 하나님의 말씀을 받아들이는 것입니다. 우리가 이것을 육신적인 사람의 관점에서 보면, 분명히 이것은 어려운 일이 아닙니다. 이렇게 하나님을 의지하는 자들은 그들이 어떤 대단한 일을 해냈다는 듯이 자랑할 수 없습니다. 왜냐하면, 하나님을 의지하는 것은 사람이 생각할 때에 당연히 아주 평범한 일들 중의 하나로 보이기 때문입니다. 우리가 의지하는 이는 우리를 지으신 창조주가 아니십니까? 그런데 피조물이 자기를 지으신 창조주를 의지하는 것을 어렵다고 생각한다면, 그것이야말로 이상한 일이 아니겠습니까? 우리는 그것을 어렵다고 생각할 뿐만 아니라 실제로도 어렵다는 사실은 우리 인류가 얼마나 타락해 있는지를 보여주는 확실한 증표입니다. 믿는다는 것은 사람의 마음이 행하는 가장 쉽고 단순한 일인데도 불구하고, 거듭나지 않은 심령들에게는 그렇게 단순한 믿음이 불가능하게 되어 버렸다는 사실은 사탄이 인간의 마음을 얼마나 많이 흘려 놓았는지를 여실히 보여주는 증거입니다. 성령 하나님께서 사람들의 지각을 여서서 그들의 믿음을 생겨나게 하시고 북돋워 주실 때까지는 그들에게는 믿음이 전혀 없기 때문에, 사람들은 하나님을 의지하는 것이 무엇을 의미하는지조차 이해하지 못합니다.

하나님을 의지하는 것은 아주 간단한 일이라는 것을 우리는 인정하였습니다. 그러나 이와 동시에 그 일은 아주 **옳은** 일이라는 것도 맞는 말이죠? 우리 같이 가련한 바보 멍청이들은 이 땅의 지혜로운 자들에게 호소해서 그들로 하여금 이 일을 판단하게 할 수도 있습니다. 사람이 자기를 지으신 창조주를 의지하는 것이 마땅하지 않은 일입니까? 우리가 우리 하나님보다 더 믿고 의지할 만한 존재를 발견하는 것이 가능합니까? 하나님은 우리가 믿고 의지할 자격이 없는 분입니까? 하나님께서 단 한 가지에서라도 우리를 우롱하신 적이 있었습니까? 하나님의 입에서 나온 말씀들 중에서 이루어지지 않았음이 드러난 경우가 단 한 번이라도 있었습니까? 목마른 영혼이 이 샘에 왔을 때에 이 샘이 말라 있었을 때가 있었습니까? 하나님이 참되지 않으시다는 것을 보여준 예가 하나라도 있었다면, 우리에게 그 예를 얘기해 주십시오. 증거를 환영합니다! 하나님께서는 하나님이 참되지 않으시다는 것을 해명할 증거를 가진 자는 앞으로 나와서 해명하라고 친히 명하십니다. 보십시오. 수천 년의 세월이 흐르는 동안에 여호와께서는 사람들에게 그가 참되지 않다는 증거를 제시하라고 명하셨지만, 사람들은 그 여호와를 믿지 못하고 그의 말씀이 거짓이라고 말할 수 있는 그 어떤 증거나 이유도 발견하지 못했습니다. 믿지 않는 자들이여, 새로운 증거가 나왔다면, 이 자리에 나오셔서 그 증거를 제시하십시오. 우리가 듣겠습니다. 하지만 그런 증거는 단 하나도 없습니다. 여러분은 그런 증거가 하나도 없다는 것을 압니다. 그러므로 하나님께서 우리를 속이셨다거나 의심스러운 점이 있기 전까지는, 사람들이 하나님을 믿고 의지하는 것이 정직하고 옳은 일이라는 것은 분명합니다. 우리는 늘 우리를 안전하게 건너게 해준 다리는 믿을 수 있다고 말합니다. 하나님께서 자기를 믿고 의지한 자들에게 신실하지 않으신 적이 있었습니까? 과거 또는 현재에 하나님을 의지한 자들은 무엇이라고 말합니까? "내가 하나님을 의지했다가 낭패를 당했습니다. 내가 영원하신 이를 믿었다가 그분이 거짓되다는 것을 발견했습니다"라고 이 자리에 나와서 말할 수 있는 사람이 단 한 사람이라도 있습니까? 하나님의 신실하심을 감히 그런 식으로 부정하고 비방하는 사람은 지옥에서도 찾아볼 수 없습니다. 형제들이여, 우리가 하나님을 의지하는 것은 간단하고 쉬울 뿐만 아니라 옳다는 것도 마찬가지로 명백한 사실입니다.

또한, 우리가 하나님을 의지하는 것은 **지혜로운 일이 아닙니까?** 무엇이 이것보다 더 지혜로울 수 있습니까? 우리 중에서 하나님을 의지하고자 애쓴 사람들은 결코 실망하지 않은 반면에, 우리가 사람들을 의지했을 때에는 실망을 경험했습니다. 자기 자신을 의지한 사람들은 자신을 의지하는 것이 종종 끔찍한 실수라는 것을 뼈저리게 실감해야 했습니다. 그러나 하나님을 의지한 사람들은 단 한 번도 그들이 하나님을 의지한 것이 의심스러운 방책이었음을 발견한 적이 없었습니다. 만일 사람이 자신의 인생에서 실패하고서, 하나님을 향하여 돌아서서, "하나님, 내가 인생에서 실패한 원인은 나는 오직 주만을 믿었는데, 주께서는 나를 도우실 수 없었거나 돕고자 하지 않았기 때문입니다"라고 진심으로 말할 수 있다면, 그것은 엄청나게 대단한 일이 되지 않겠습니까? 밀턴(Milton)의 글에 등장하는 사탄의 저 악명 높은 사악함이 대단한 것이라면, 독자들이 종종 사탄의 사악함이 얼마나 엄청난 것인지를 잊는 것은 더 대단한 일입니다. 그러나 만일 하나님을 믿고 의지하며 살다가 결국 실패한 인생이 되어 버린 사람이 있다면, 그것은 더더욱 엄청나게 대단한 일이 될 것입니다. 이런 생각은 그 자체가 신성모독에 가까운 것이기 때문에, 나는 그런 일은 실제로 존재할 수 없다는 것을 여러분 앞에서 분명하게 말씀드립니다. 나는 실제가 아니라 가정이라는 전제 아래에서 그런 식으로 말을 했지만, 나는 그런 일이 전적으로 불가능하다는 것을 압니다. 그러므로 믿는 자들이 형통하리라는 것은 너무나 분명한 사실입니다. 그들이 파선한다는 것은 있을 수 없는 일입니다! 그런 생각이 단지 여러분의 머리를 스쳐가는 것일 뿐일 때에도, 여러분은 그런 생각은 터무니없을 뿐만 아니라 정말 악한 것이라고 여겨서 거부해 왔습니다. 사랑이라는 이름을 지니신 하나님과 하나가 되는 것이 여러분에게 지혜로운 일입니다. 무한하신 이로 하여금 여러분이 탄 작은 배를 끄시게 하는 것이야말로 여러분에게 지혜로운 일입니다. 짧은 시간에 지음 받은 여러분은, 말씀으로 천지를 창조하셨고 장차 눈빛 하나로 천지를 무로 돌리실 영원하신 이와 연합하는 것이 여러분에게 지혜로운 일입니다. 죄악된 인간은 단순한 믿음과 신뢰를 통해서만 하나님과 연합할 수 있고, 바로 이 순간에 그렇게 맺어진 연합은 영원까지 이어집니다. 성령으로 말미암아 우리 주 예수 그리스도를 통해서 하나님을 의지하게 된 자들은 복 있는 자들입니다.

이 단순한 사람들에 대하여 좀 더 말씀을 드리고자 합니다. 세상이 생각하기에는, 이 사람들은 반쯤은 바보들로 보입니다. 그들은 어쩔 수 없어서 하나님을 의지할 수밖에 없었습니다. 그런데 만일 그들이 반쯤은 바보가 아니었다면, 그들은 그렇게 할 수 없었을 것입니다. 사람들은 왜 자신의 친구들을 의지합니까? 그들을 의지하는 것 외에 다른 길이 없기 때문입니다. 매튜 헨리(Matthew Henry)는 "하나님을 상대하는 모든 자들은 신뢰 위에서 상대해야 하고, 하나님께서는 오직 자기를 신뢰하는 자들에게만 위로와 힘을 주실 것"이라고 말씀합니다. 우리는 하나님 앞에 우리의 공로를 들고 나갈 수 없고, 오직 하나님께 우리의 믿음과 신뢰만을 드려야 합니다. 우리는 가난하기 때문에, 하나님의 부요하심에 호소하여야 합니다. 우리는 우리 스스로 어찌 할 수 없기 때문에, 하나님의 능력 앞에 우리 자신을 맡겨야 합니다. 우리가 다른 무엇을 할 수 있겠습니까? 우리가 해야 할 것은 온 마음을 다하여 하나님을 믿고 의지하는 것뿐입니다. 어떤 다른 것들이 우리에게 그것들을 믿고 의지하라고 합니까? 우리는 그것들을 거부하여야 합니다. 우리는 그것들이 과거에 우리에게 실망과 비통함을 가져다준 것을 기억하고 있으니까요. 하나님이여, 우리는 주를 의지하고 우리 자신을 주께 맡깁니다! 우리가 다른 누구에게로 갈 수 있겠습니까? 주께는 영생의 말씀이 있지 않습니까! 믿는 자들에게는 흔히 하나님을 의지하는 것만이 그들이 택할 수 있는 유일한 길인 경우가 있습니다. 그들은 하나님을 믿고 의지하지 않으면 안 되는 상황으로 내몰립니다. 그들은 하나님을 믿고 의지하든지, 아니면 죽든지 하여야 합니다. 그들은 궁지로 내몰리고 당혹해합니다. 기도도 거의 할 수가 없고, 뭐가 뭔지 아무것도 모르겠고, 손가락 하나 까딱 할 수 없습니다. 그럴 때에 하나님을 의지하는 것만이 그 절망 가운데서 그들이 할 수 있는 일입니다. 그것은 그들이 선택한 것이 아니라 강제로 내몰린 결과입니다. 형제들이여, 나는 사람이 힘이 다 빠지고 어찌 할 줄을 모르게 되어서 믿음으로 나아가게 되는 것은 정말 감격스러운 일이라고 느낍니다. 여러분도 그런 것을 경험해 보셨습니까? 여러분이 한없이 궁지로 내몰려서 마침내 여러분 자신이 녹아 내려서 하나님께로 빠져들어가 본 적이 있습니까? 이렇게 까무러칠 정도로 자신의 모든 힘이 소진되는 것은 많은 영혼들에게 믿음으로 나아가는 문임을 나는 믿습니다. 그들은 힘이 있는 채로가 아니라 힘이 다 빠진 채로 평강 속으로 들어갑니다! 그들은 하나님의 품으로 달려가는 것이 아니라 거기로 떨어집니다! 물론, 그리스도께로 달려가는 이들도 있다는 것은 분명합니다. 왜냐하면, 우리는 성경 속에서 하나님께로 달려간 사람에 대한 이야기를 들을 수 있기 때문입니다. 그러나 대다수의 사람들은 마치 기운이 다하여 침상 위에 그대로 쓰러지듯이 하나님 앞에 쓰러지듯 안깁니다. 예수께로 가기만 한다면, 어떻게 가느냐는 전혀 중요하지 않습니다. 그렇지만 주목할 것은 많은 경우에 믿음은 우리가 연약해졌을 때에 거기에서 탄생하는 아들이라는 것입니다. 인간적인 관점에서 보면, 믿음은 "야베스," 즉 괴로움으로 낳은 아들, 즉 자기 자신이 죽는 고통을 통해서 탄생하는 아들입니다.

　믿음은 이렇게 우리가 지극히 연약해졌을 때에 거기에서 탄생하지만, 잿더미에서 다시 살아나는 불사조처럼 대단한 측면을 지니고 있습니다. 믿음은 몇몇 측면에서 인간의 마음의 지극히 고귀한 활동입니다. 하나님의 진리 앞에 서 있는 밝은 영혼들이 섭리와 미리 아심과 예정, 사람의 자유의지 같은 신비들을 탐구하는 활동을 통해서 자신의 능력과 역량을 시험해 본다면, 즉 그들이 피조된 존재의 능력이 어느 지점에서 끝나고 어느 지점에서 하나님을 만날 수 있는지를 탐구해 본다면, 다시 말해서, 그들이 과연 자신의 지성으로 이와 같은 주제들을 어느 정도나 탐구할 수 있는지를 시험해 본다면, 그들은 결국 다음과 같은 결론을 얻게 됩니다: "우리는 아무것도 알 수 없는 자들이다! 우리의 영혼은 무한한 것들을 이해할 수 없다. 그러나 우리는 하나님을 믿고, 하나님께서 만물을 올바르게 운행하신다는 것을 확신한다." 그들은 지극히 크신 왕이신 하나님의 영원한 선하심을 경외하고 믿는 가운데 그의 보좌 앞에서 자신의 머리에 쓴 관을 벗어 예를 표하게 됩니다. 그들이 하나님께 드릴 수 있는 최고의 예배이고 가장 진실된 경배는 하나님을 믿는 것입니다. 형제들이여, 믿음은 단지 이 땅에만 있는 그런 것이 아닙니다. 천국에 있는 성도들과 천사들도 영원하신 하나님을 믿습니다. 만일 우리가 천국에 있는 존재들은 그렇지 않을 것이라고 의심한다면, 그것은 범죄가 될 것입니다. 여호와께서 모든 일을 행하시는 것과 관련된 신비는 여전히 감춰져 있어서 그들의 믿음을 요구합니다. 그들은 아직 성취되지 않은 하나님의 약속들을 기억하고, 그 약속들이 이루어지기를 고대합니다. 왜냐하면, 그들은 신랑 되신 그리스도께서 자신의 신부를 맞이하시는 것이나, 온 땅이 그의 통치에 복종하는 것이나, 하나님의 아들들이 나타나서 피조 세계가 신음하는 것을 그쳤을 때에 드러나게 될 제대로 된 피조 세계의 모습을 아직 보지 못하였기 때문입니다. 하나님을 믿고 의지하는 것은 어린 아기 같이 단순한 것이지만, 거기에는 천재의 영광이 깃들어 있습니다. 믿음은 스랍의 경우나 성도의 경우나 대단한 것이지만, 어린아이에게도 유익하고 천사장에게도 유익한 것입니다. 이렇게 하나님을 믿고 의지하는 자들은 바보들처럼 보이지만, 사실 고귀한 존재들입니다.

어떤 사람이 하나님을 믿으면 대체로 자신의 동료들에게 멸시를 당하는 이유를 여러분은 아십니까? 만일 어떤 사람이 "나는 세상에서 출세하려고 하기 때문에 내 친구들 중에서 현 정권의 실세인 친구를 의지하고 있어"라고 말하고, 또 어떤 사람은 "내 아버지가 나보다 먼저 태어나셨으니, 아버지는 내가 어떻게 해야 하는지를 아실 거야"라고 말한다면, 이 두 사람을 백치라고 욕하며 멸시할 사람은 아무도 없을 것이고, 도리어 그들의 확신과 자신감은 지극히 합당한 것이라고 여길 것입니다. 그러나 우리 중에 어떤 분이 "나는 나의 내세를 위하여 하늘에 계신 나의 아버지를 믿고 의지하고 있어"라고 말한다면, 사람들은 이상하다는 듯이 어깨를 으쓱하고 측은하다는 듯이 그를 바라볼 것이고, 그가 그 자리를 뜬 후에는 "그 사람은 바보거나, 아니면 미쳤군!"이라고 말할 것입니다. 애석하게도 하나님은 대다수의 사람들에게는 "아무것도 아닌 존재"이기 때문에, 그들에게는 하나님을 믿고 의지한다는 것은 어처구니없는 일로 보입니다. 세상 사람들에게는 하나님을 믿고 의지하는 것은 허공 속에 성채를 짓는 것과 같게 느껴집니다. 믿지 않는 자들은 우리를 이해할 수 없기 때문에 비웃습니다. 그러나 그들이 우리에게 화를 내는 이유는 무엇인가요? 왜 그들은 돌이켜서 우리를 찢어놓고자 하는 것인가요? 그들은 다른 부류의 멍청이들은 가만 놓아두지만, 그들에게 하나님을 믿고 의지하는 자들은 경멸과 조롱의 대상이 됩니다. 믿는 자들은 자신의 믿음이 웃음거리가 되고 자신의 확신이 조롱거리가 되는 것을 봅니다. 그들이 어떤 말을 하면, 사람들은 너나 할 것 없이 비웃고 비꼬며, 그들을 날 때부터 바보인 사람들보다 더 못하게 취급합니다. 이것은 언제나 그랬었고, 주님이 오실 때까지 앞으로도 그럴 것입니다. 육을 따라 난 사람은 성령을 따라 난 사람을 박해합니다. 눈에 보이는 대로 행하는 사람은 믿음으로 행하는 사람을 이해할 수 없습니다. 어떻게 이해할 수 있겠습니까? 우리는 하나님을 믿고 의뢰할 때에 그 신뢰는 우리의 삶을 움직이는 원동력이 됩니다. 나는 우리 모두가 그렇게 되기를 간절히 소망하는데, 실제로 우리가 그렇게 된다면, 세상 사람들은 우리의 행실을 도무지 뭐가 뭔지 알 수 없게 되어서, 처음에는 조롱하고 비웃다가 결국에는 반대하고 배척하게 될 것입니다. 하지만 그들의 반대와 배척을 신경 쓰지 마십시오. 옳은 자가 승리하는 법이니까요!

　우리가 앞으로 더 나아가기 전에 먼저 주목할 것은 오늘의 본문은 작은 자든 큰 자든 하나님을 진심으로 의지하는 모든 사람을 다 포괄하여 말씀하고 있다는 것입니다. 왜냐하면, 본문은 "여호와를 의지하는 자들"이라고 말하고, "고도로 지성적인 신앙을 가지고 여호와를 의지하는 자들"이라고 말하고 있지 않기 때문입니다. 많은 것을 이해하고, 점점 지식이 늘어가는 가운데 하나님을 의지하는 것은 좋은 일입니다. 그러나 사랑하는 영혼들이여, 여러분이 많은 것을 알지 못한다고 할지라도 여호와를 의지하기만 한다면, 여러분은 결코 흔들릴 수 없는 시온 산 같이 될 것입니다. 본문은 이 복을 큰 믿음을 지닌 사람들만으로 국한시키지 않습니다. 여러분의 믿음은 강할수록 더 좋습니다. 여러분의 믿음이 강할수록, 여러분의 삶은 더욱 부요해지고 행복해질 테니까요. 그러나 오늘의 본문에 나오는 약속은 겨자씨 한 알만한 믿음이라도 지니고 있는 모든 사람에게 해당됩니다. 하나님을 의지하는 자들은 시온 산과 같을 것입니다. 본문은 "오랜 세월 신앙생활을 해온 자들"이라고 말하고 있지 않다는 것을 주목하십시오. 오랜 세월 동안 신앙생활을 해서 신앙이 무르익고 깊어져 있다면, 그것은 정말 좋은 일입니다. 그러나 본문에 나오는 약속은 신앙의 연조가 깊은 사람이든 방금 신앙을 갖게 된 사람이든 믿음이 있는 모든 자들에게 해당됩니다. 믿음이 있기만 하다면, 그 사람이 주님의 말씀을 믿은 지가 몇 년이든 몇 개월이든 며칠이든 상관이 없습니다. 하나님을 의지하는 자들은 바로 어제부터 의지하기 시작했다고 할지라도 결코 요동할 수 없는 시온 산 같을 것입니다. 또한, 본문은 높고 고상하거나 영웅적인 믿음을 요구하지도 않습니다. 단지 하나님을 의지하기만 하면 된다고 말합니다. 여러분의 신앙은 수많은 블레셋 사람들을 죽인 삼손의 신앙 같지 않을 수 있지만, 마리아처럼 주님의 발 앞에서 겸손하게 말씀을 듣고 순순히 받아들이는 그런 신앙일 수 있습니다. 그런 여러분은 결코 요동할 수 없는 시온 산과 같을 것입니다. 오직 하나님을 진심으로 의지하기만 하십시오. 그러면, 여러분은 하나님의 저 거룩한 산과 같은 견고함을 갖게 될 것입니다.

여러분 중에서 어떤 분들은 바로 이 시간에 하나님을 의지하라는 가르침을 달게 받아서, "하나님의 이름을 송축하오니, 내가 아무 의심 없이 무조건적이고 전적으로 하나님을 의지합니다"라고 고백할 수 있습니다. 그렇다면, 여러분은 오늘 본문에 나오는 약속이 바로 지금 여러분의 분깃이 되었다는 것을 확신하실 수 있습니다. 나는 오늘 이 시간에 우리 중에서 우리 하나님을 진심으로 의지하게 되는 분들이 있기를 바랍니다. 우리가 그 어떤 가르침 속에서든 하나님의 말씀을 만나기만 하면, 그 말씀이 우리의 살과 피에 신비하든 불쾌하든, 우리의 의심과 의문은 끝이 납니다. 우리는 알기 어렵고 심오한 하나님의 일들을 주저 없이 받아들이게 됩니다. 우리 하나님의 어떤 속성이나 약속이 우리에게 주어진 것임을 알게 되면, 우리는 안전함 그 이상의 것을 느끼고 안심하게 됩니다. 최근에 임종을 앞둔 어떤 나이 드신 성도 한 분이 자기 교회의 목사님께 자기가 하나님의 공의를 신뢰하고 있다고 말하였습니다. 목사님은 그녀가 하나님의 성품 중에서 이상한 것을 하나 골라서 의지하고 있는 것이라고 생각했지만, 사실은 전혀 그렇지 않았습니다. 왜냐하면, 그녀는 이렇게 말했기 때문입니다: "나는 하나님께서 나의 보증이시자 대속제물이신 주님께 공의로우실 것을 믿고 신뢰합니다. 하나님께서는 주님이 나를 위해 죽으신 것을 결코 헛되이 하지 않으실 것이니까요." 공의라는 하나님의 속성은 어찌 보면 엄하고 냉정한 것일 수도 있는데, 바로 그 속성이 하나님에 대한 우리의 신뢰를 위한 복된 매개체가 되어서 임종을 앞둔 영혼에게 큰 위로가 되었던 것입니다! 공의는 돌처럼 엄한 것이지만, 야곱이 벧엘에서 돌을 베개로 삼았던 것처럼, 공의를 그렇게 사용할 수 있는 사람은 하늘까지 닿은 사다리를 천사들이 오르락내리락 하는 것을 볼 수 있습니다. 또한, 우리에게 껄끄럽게 느껴지는 하나님의 속성인 섭리도 잘만 사용하면 우리가 하나님을 의지하는 데에 도움이 될 수 있다는 것은 우리는 배웠습니다. 랍비 여호수아가 어느 날 자신의 형제 랍비 엘리에셀과 함께 시온 산을 걷고 있을 때에 쓰레기더미를 뒤지고 있던 여우가 그들의 발소리에 놀라 도망치는 일이 일어났습니다. 여호수아가 이렇게 말했습니다: "나의 형제여, 이것은 슬픈 징조야. 이 일은 우리에게 이스라엘에 대한 하나님의 진노하심을 보여주는 것이 아니겠는가? 하나님께서는 시온을 초토화시키셔서 여우로 거기에 다니게 하신 것이 틀림없어." 그러자 엘리에셀이 이렇게 말했습니다: "형님의 말씀이 옳습니다만, 이 일은 시온을 향한 여호와의 신실하심을 증명해 주는 것도 될 수 있지 않겠습니까? 왜냐하면, 하나님께서는 시온이 범죄했을 때에 여우들로 거기에 돌아다니게 하시겠다고 말씀하기도 하셨지만, 자기가 시온의 성벽들을 다시 수축하리라고 말씀하지 않으셨습니까? 하나님께서 자신의 경고의 말씀에 신실하시다면, 머지 않아 때가 되면 자신의 약속의 말씀도 이루시지 않겠습니까?" 형제들이여, 여러분은 모든 일 속에서 모든 것에 대하여 전적으로 하나님을 의지하여야 합니다. "시시로 그를 의지하고"(시 62:8). 즉, 늘 의지하라는 것입니다. 여러분은 하나님의 어두운 측면도 의지하여야 합니다. 여러분은 하나님의 얼굴빛만이 아니라 그의 날개 그늘도 의지하여야 합니다. 여러분 중에는 하나님의 얼굴의 미소를 의지하는 법만 배운 분들도 있을 것입니다. 이제부터는 하나님의 주먹 세례를 의지하는 법도 배우십시오. 하나님께서 우리를 그렇게 인도하실 것입니다! 여러분은 "나는 절대로 그렇게 할 수는 없습니다"라고 말합니다. 우리는 분명히 그렇게 할 수 있습니다. 옛적에 욥도 "그가 나를 죽이실지라도 나는 그를 의지하리라"(욥 13:15 KJV)고 말하지 않았습니까? 내가 말하고자 하는 것이 바로 그것입니다!

2. 둘째로, 하나님을 믿고 의지하는 자들은 안전합니다.

우리가 두 번째 대지에서 살펴볼 것은 하나님을 의지하는 자들에게 주어지는 커다란 특권에 대한 것입니다. 본문은 "여호와를 의지하는 자는 시온 산이 흔들리지 아니하고 영원히 있음 같도다"라고 말씀합니다. 다윗 시대에 시온 산은 엄청난 변화를 겪었고, 그 이후에도 많은 변화를 겪었지만, 결코 없어지지 않았습니다. 여부스 사람들이 다윗에게 도전했을 때에도 시온 산은 거기에 있었고, 아라우나가 자신의 타작마당에서 밀을 타작했을 때에도 시온 산은 거기에 있었으며, 예루살렘 성전이 햇빛을 받아 빛을 발할 때에도 시온 산은 거기에 있었고, 로마 군대가 성소에 횃불을 던졌을 때에도 시온 산은 거기에 있었습니다. 그리고 지금도 거기에 있습니다. 시온 산은 한 번도 없어진 적이 없었고, 앞으로도 결코 없어지지 않을 것입니다. 하나님의 자녀들은 다양한 경험들을 합니다. 그들의 심령은 오늘은 희생 제사를 드리는 곳이었다가도 내일은 전쟁터로 변합니다. 그들의 영혼은 성전일 때도 있고 타작마당일 때도 있습니다. 그러나 그들이 어떤 우여곡절과 부침을 겪는다고 할지라도, 하나님이 그들에게 정해 주신 곳으로부터 제거되는 일은 결코 없습니다. 하나님의 은혜로 말미암아 그들은 지금도 하나님이 정해 주신 그 곳에 있고 앞으로도 그럴 것입니다.

그들은 하나님께서 무한하신 사랑으로 그들에게 정해주신 곳으로부터 결코 제거되지 않을 것입니다. 그렇다면, 믿는 자들이 있는 곳은 어디입니까? 첫째로, 그들은 **칭의**의 자리에 있습니다. 그들은 주 예수 그리스도를 믿는 순간 믿음으로 말미암아 의롭다 하심을 받았습니다. 그때 이후로 많은 세월이 흘렀습니까? 걱정하지 마십시오. 왜냐하면, "이제 그리스도 예수 안에 있는 자에게는 결코 정죄함이 없기"(롬 8:1) 때문입니다. 그들이 정죄의 자리로 떨어지는 일은 결코 없습니다. 그들이 의롭다 하심을 얻은 자라는 존귀한 자리로부터 쫓겨나는 일은 결코 없습니다. 왜냐하면, "하나님의 은사와 부르심에는 후회하심이 없기"(롬 11:29) 때문입니다. 하나님께서는 그리스도의 의로 그들을 가려 주시고, 그들의 모든 죄를 깊은 바닷속에 던져 버리셨습니다. 그러므로 시온의 바위가 제자리에 있는 한, 그들은 하나님의 은총 가운데 있을 것입니다. "아들을 믿는 자에게는 영생이 있고"(요 3:36). "그를 믿는 자는 심판을 받지 아니하는 것이요"(요 3:18). 그리스도의 양들은 절대로 망하지 않을 것이고, 그들을 그리스도의 손에서 빼앗아갈 자는 아무도 없습니다.

또한, 믿는 자들은 **중생**의 자리에 있고, 그 자리에서 제거되는 일은 결코 없을 것입니다. 그들은 거듭난 자들입니다. 그 사실이 증명된다면, 그 사실은 절대로 뒤집혀질 수 없습니다. 거듭난 사람은 영원토록 거듭난 사람입니다. 여러분이 어떤 사람의 첫 번째 출생을 제거할 수 없듯이, 그 사람의 두 번째 출생, 곧 거듭남도 제거할 수 없습니다. 그런 일은 불가능하기 때문에, 그런 생각을 하는 것 자체가 어처구니없는 일입니다. 여러분이 하나님의 자녀입니까? 여러분이 한 번 하나님의 자녀가 되었다면, 여러분은 이 땅에서와 영원토록 하나님의 자녀 외의 다른 것이 될 수 없습니다. 여러분에게 자녀가 있습니까? 여러분이 그 자녀가 자신의 자녀임을 부인한다고 할지라도, 그 자녀가 여러분의 자녀라는 사실은 변할 수 없습니다. 여러분의 자녀가 패역한 자이고, 그의 사람됨이 여러분을 슬프게 할 수 있습니다. 그렇다고 할지라도, 그 자녀는 여러분의 자녀입니다. 그 자녀를 여러분의 자녀가 아닌 것으로 만들 수는 없습니다. 마찬가지로, 하나님께서 내게 그를 의지하라고 가르치셨기 때문에, 내가 하나님이 나의 아버지시라는 것을 알고, 또한 그것이 사실이라면, 그것은 영속적인 것인 까닭에, 나의 아들됨이 영속적이라는 사실에 대하여 나는 의문을 제기할 수 없고, 시온 산이 옛적부터 있던 곳에 영원히 있듯이, 나도 하나님의 자녀라는 자리에 영원히 그대로 있게 될 것입니다.

믿는 자들은 어디에 있습니까? 그들은 하나님의 은혜로우신 목적이라는 자리에 있습니다: "하나님이 미리 아신 자들을 또한 그 아들의 형상을 본받게 하기 위하여 미리 정하셨으니"(롬 8:29). 나의 형제들이여, 여러분이 부르심을 받았다면, 여러분은 믿는 자입니다. 왜냐하면, 그 부르심은 하늘의 부르심이 있었음을 보여주는 증표이기 때문입니다. 그러므로 여러분은 하나님이 여러분을 미리 아셨고 미리 예정하셨다는 것을 확신할 수 있고, 또한 산들이 뿌리째 뽑혀서 깊은 바닷속으로 던져지지 않는 것과 마찬가지로 여러분도 이 예정으로부터 제거되지 않을 것임을 확신할 수 있습니다.

또한, 여러분은 하나님의 사랑의 자리에 있습니다. 여러분은 하나님의 마음에 사랑스러운 자들입니다. 왜냐하면, 아버지 하나님께서 여러분을 사랑하고 계시고, 그 어떤 것도 하나님이 여러분을 사랑하는 것을 중단시키지 못할 것이기 때문입니다. 하나님께서는 여러분 속에 어떤 선한 것이 있어서 여러분을 사랑하신 것이 아닙니다. 하나님께서는 여러분을 택하실 때에 장차 여러분이 어떻게 할지를 알고 계셨습니다. 그렇기 때문에, 여러분이 그 어떤 악에 빠져도, 하나님은 결코 놀라지 않으실 것입니다. 하나님은 그 모든 것을 미리 아시고 이미 대비해 놓으셨기 때문입니다. 하나님께서는 이렇게 말씀하셨습니다: "내가 영원한 사랑으로 너를 사랑하기에 인자함으로 너를 이끌었다 … 산들이 떠나며 언덕들은 옮겨질지라도 나의 자비는 네게서 떠나지 아니하며 나의 화평의 언약은 흔들리지 아니하리라 너를 긍휼히 여기시는 여호와께서 말씀하셨느니라"(렘 31:3; 사 54:10).

사랑하는 자들이여, 여러분이 정말 하나님을 의지하고 있다면, 여러분은 언약의 요새 안에 있는 것입니다. 하나님께서 여러분을 복 주시기 위하여 여러분과 맺은 언약 말입니다. "하나님이 거짓말을 하실 수 없는 이 두 가지 변하지 못할 사실로 말미암아"(히 6:18) 하나님께서는 맹세와 약속을 통해서 여러분에게 그리스도 예수 안에서의 영원한 구원에 관한 강력한 위로를 주셨기 때문에, 여러분은 시온 산 같이 언약 속에서의 여러분의 자리에서 결코 제거되지 않을 것입니다. 지금 여러분의 집이 하나님 앞에서 여러분이 바라는 것과 같지 않다고 할지라도, "하나님이 여러분과 더불어 영원한 언약을 세우사 만사에 구비하고 견고하게 하셨으니 여러분의 모든 구원과 여러분의 모든 소원을 어찌 이루지 아니하시겠습니까?"(삼하 23:5).

여러분이 있는 자리는 어디입니까? 두말 할 필요도 없이, 여러분은 그리스도 안에 있습니다. 여러분은 머리 되시는 주님과 하나가 되어서, 그의 몸의 살아 있는 지체입니다. 여러분은 신비의 그리스도의 일부입니다. 만유의 주이신 독생자의 지체를 갈기갈기 찢어놓을 수 있는 자는 아무도 없습니다. 그리스도께서 자신의 존귀한 몸의 일부라도 잃는 일은 불가능합니다. 시온 산이 자신의 영원한 토대로부터 뽑히기 전에는, 그리스도 안에 있는 자는 누구든지 결코 그리스도에게서 찢겨져 나가지 않을 것입니다. 하나님의 이 진리 속에는 우리를 살찌울 자양분이 있습니다. 이 진리는 귀한 위로를 주는 포근한 침상이기 때문에, 여러분이 병들었을 때에 거기에 누워 위로를 받을 수 있습니다. 이 진리는 우리의 건강이 회복되었을 때에 산책하기 좋은 기쁨의 정원입니다. 사람들은 이 진리를 양식으로 먹고서, 우리 주님을 위해 죽을 수 있는 힘을 얻습니다.

"여호와를 의지하는 자는 시온 산이 흔들리지 아니하고 영원히 있음 같도다." 이것은 하나님 앞에서 믿는 자들의 실제적인 자리를 사실적으로 서술한 것일 뿐만 아니라, 믿는 자들이 믿음의 삶을 살아갈 때에 지니는 인식이기도 합니다. 믿는 자들은 하나님을 제대로 의지하지 않기 때문에, 그들의 마음속에서 요동함과 출렁임과 흔들림을 느끼는 경우가 비일비재합니다. 우리의 마음은 견고하고 요동하지 않는 것이 마땅하기 때문에, 그런 일들이 있어서는 안 됩니다. 그러나 견고하지 못하고 성숙하지 못한 믿음으로 말미암아 많은 사람들이 환난을 당했을 때에 흔들리고 요동합니다. 물론, 그럴 때조차도 그들의 영혼 깊은 곳에는 믿음이 자리를 잡고 있는 까닭에, 그들은 걷잡을 수 없이 표류하지는 않습니다. 우리가 심각한 불신앙으로 우리의 영혼이 눌리고 침체되어 있을 때에도 대부분의 경우에는 저 깊은 곳에 흔들리지 않는 믿음이 있어서, 더 좋은 날들이 올 때까지 때를 기다리며 잠복해 있습니다. 나는 이 대목에서 들려드리기에 적합한 마르틴 루터(Martin Luther)에 관한 또 다른 이야기를 기억하고 있습니다. 마르틴 루터는 위대한 영혼을 지니고 있었지만 당시의 여느 사람들과 마찬가지로 믿음도 있었고 의심도 있었습니다. 그에게 믿음이 있을 때에는 그 믿음은 천사들보다 더 뛰어난 것일 정도로 대단하였지만, 끔찍한 의심에 빠져들었을 때에는 마귀가 따로 없을 정도였습니다. 위대한 심령을 지닌 사람들에게는 작은 용량의 심령을 지닌 사람들은 알지 못하는 끔찍한 절망과 무력감이 발작적으로 찾아옵니다. 어느 날 루터의 심령이 극도로 침체되어 있어서, 그의 친구들은 그가 말하거나 행하는 것을 보고서 기겁을 했습니다. 당시에 종교개혁을 둘러싼 상황은 비관적으로 되어 가고 있었기 때문에, 이 종교개혁자는 자신의 끔찍한 심령 상태 속에서 모든 것을 뒤엎어 버릴 수도 있었습니다. 그래서 그의 친구들은 "이 사람이 머리에 과부하가 걸린 것 같으니 혼자 두어서 쉬게 해야 한다"고 말하고서는 그를 모든 일에서 배제시켰습니다. 얼마 동안 쉰 후에, 그는 예전처럼 우울한 모습으로 되돌아왔습니다. 혼자 쉬었어도 바람이나 거센 물결을 잠재울 수는 없었습니다. 루터는 여전히 폭풍 속에 있었고, 종교개혁은 좌절되었다고 판단했습니다. 지금 나는 이 위대한 인물이 치유를 받은 방법을 내 식으로 여러분에게 전하고 있습니다. 그는 집으로 갔고 문 앞에 당도했지만, 그를 마중 나온 사람은 아무도 없었습니다. 가장 좋은 방으로 들어가자, 거기에는 그의 아내인 카테리나가 마치 집안에 죽은 사람이 있는 양 검은 옷을 입고 울며 앉아 있었습니다. 그녀 곁에는 숙녀들이 장례식 때에 입는 상복이 놓여 있었습니다. 루터가 "카테리나, 무슨 일이예요? 아이가 죽었나요?"라고 묻자, 그녀는 머리를 저으며 아이들은 살아 있지만, 그런 것보다 훨씬 더 안 좋은 일이 일어났다고 말했습니다. 그는 "우리에게 무슨 일이 일어났죠? 내게 빨리 말해주세요! 나의 마음은 지금도 엉망이기 때문에, 어떤 말에도 나는 놀라지 않을 것이니, 빨리 말해 주세요!"라고 소리쳤습니다. 그녀는 "잘하고 계시는군요, 당신은 지금까지 듣지 못했단 말인가요? 그 끔찍한 소식을 당신이 모르고 있다는 것이 말이 되는 거예요?"라고 말했습니다. 이 말을 들은 이 종교개혁자는 그 소식이 무엇인지 더 궁금하고 안달이 나서, 그녀가 슬퍼하는 이유가 무엇인지를 즉시 말해달라고 재촉했습니다. 카테리나는 "당신은 하늘에 계신 우리 아버지께서 죽으셨고, 이 세상에서 하나님의 복음이 다 무너졌다는 얘기를 듣지 못했나요?"라고 말했습니다. 루터는 서서 그녀를 빤히 쳐다보다가 마침내 박장대소를 하며, "카테리나, 내가 당신의 수수께끼를 풀었어요. 내가 정말 바보였군요! 하나님은 죽지 않으셨고 언제나 살아 계시는데, 나는 마치 하나님이 죽으신 것처럼 행동했다는 것이죠! 당신은 내게 좋은 가르침을 주었어요"라고 소리쳤습니다. 하나님을 의지하는 자들은 하나님의 영원하신 사랑을 깨닫기만 하면, 결코 요동하지 않고 없어지지 않는 시온 산 같은 견고함을 얻고 느끼게 됩니다. 하나님의 사람은 자기가 안전하다는 것을 알면서도, 때때로 격정에 휩싸여서 자신의 참된 자리를 깨닫지 못하게 될 수 있습니다. 이런 일은 신앙이 깊은 그리스도인들에게도 일어날 수 있습니다. 그러나 우리가 하나님의 은혜 안에서 자라갈수록, 우리의 신앙은 점점 더 평탄하고 균일한 상태에 도달하게 됩니다. 오랜 세월 동안 신앙의 연단을 받은 신자들은 바람이 분다고 해서 그때마다 이리저리 흔들리지 않습니다. 그들은 온갖 악천후 속에서도 자신의 길을 묵묵히 가면서, 바다에서 잔뼈가 굵은 선원들처럼 인생의 웬만한 폭풍들은 별 것 아닌 것들로 여깁니다. 차분한 이마에 "그는 영원히 흔들리지 아니함이여 … 여호와를 의뢰하고 그의 마음을 굳게 정하였도다"(시 112:6-7)라는 말씀이 씌어진 족장의 얼굴을 바라보는 것은 정말 감격스러운 일입니다. 그런 사람들은 회중의 기둥들로서, 두려워하고 떨며 의심하는 심령들을 도와서 그럼에도 불구하고 요동하지 않는 것이 있다는 소망을 품게 합니다. 그렇게 견고하고 확고한 믿음을 지닌 자들로 성장해 가는 것이 우리의 목표이자 소원이 되어야 합니다. 하나님의 약속은 우리로 하여금 요동하지 않는 믿음을 갖게 하기에 충분한데도, 왜 우리는 하나님의 약속을 의지하여 우리 영혼이 쉬게 하지 않는 것입니까?

또한, 믿는 자는 요동할 수 없다는 것을 묵상하는 것이 즐겁고, 우리의 믿음이 성장하여 점점 더 견고해지게 하고자 하는 것이 지극히 유익한 일이지만, 우리가 이미 가지고 있고 의문을 제기할 수 없는 한 가지가 있습니다. 우리가 믿고 가르치는 복음에 대하여 우리는 확고하고 견고합니다. 우리의 신조는 변동될 수

있는 것이 아니고 이리저리 떠다니는 뜬 구름이 아닙니다. 우리는 우리가 믿는
이를 알고, 우리의 소망의 토대가 되고 있는 영원히 참된 것들은 시온 산처럼 견
고하다는 것을 압니다. 우리는 하나님을 의지한 이래로, 우리가 기대했던 든든
한 밑받침과 위로를 거기로부터 끌어오지 않았습니까? 그런 우리가 어떻게 그것
을 버리고 다른 곳을 바라볼 수 있겠습니까? 그것은 말도 되지 않는 일입니다! 세
상에는 하나님의 진리를 의심하는 자들, 사상가들, 철학자들, 학문을 이용한 몽
상가들이 무수히 널려 있고, 우리는 그런 자들과 대치하고 있습니다. 우리는 그
들이 떼로 몰려와도 그들을 대적하여 복음의 진리를 굳게 고수할 수 있을 정도
로 충분히 진리를 알고 있습니다. 또한, 우리는 불신자들의 무리와 마귀들의 지
옥과도 대치하고 있습니다. 하지만 우리는 우리가 받은 저 옛 복음을 결코 떠나
지 않을 것입니다. 나의 형제들이여, 우리가 우리의 복음을 가장 형편없이 전하
고, 세상 사람들이 현대 사상을 가장 훌륭하게 전한다고 하더라도, 우리의 복음
이 그들의 현대 사상보다 더 낫습니다. 나는 불신앙의 포도를 기가 막히게 잘 숙
성시켜서 만들어낸 최상급의 포도주를 마시느니 차라리 그리스도의 포도주 통
에 가라앉아 있는 신 찌꺼기를 마시겠습니다. 우리는 하나님과 그의 무오한 말
씀에 대한 우리의 믿음에 있어서 확실하고 확고합니다. 불신자들이여, 우리는
우리의 영혼이 아무리 눌리고 침체되어 있다고 할지라도 우리의 확실한 믿음과
신뢰로부터 결코 요동하지 않습니다. 당신들은 종종 쓰레기더미 속에 있는 우리
를 보고서는, "당신들이 바라고 생각한 것처럼 복음이 당신들을 즐겁게 해주지
못한다는 것을 이제 당신들도 알겠죠"라고 말할 수 있습니다. 그러나 당신들에
게 우리가 대답할 말은 이미 준비되어 있습니다. 복음이 현세에서 우리에게 위
로를 주든 안 주든, 우리는 복음을 믿습니다. 우리는 마귀의 총애를 받는 자가 되
느니 기꺼이 그리스도의 개가 될 것입니다. 우리는 당신들이 주는 최고 품질의
떡을 먹느니 기꺼이 복음의 쥐엄나무 열매 — 만일 그런 것이 있다고 했을 때 —
를 먹을 것입니다. 우리가 하나님을 의지하는 법을 배웠다면, 우리는 결코 요동
할 수 없고 영원히 있는 시온 산 같이 된 것입니다. 복음의 핵심적인 진리와 관련
해서 우리는 온 세상이 무장을 하고 달려들어도 요동하지 않습니다.

3. 셋째로, 하나님을 의지하는 자들이 요동하지 않는 분명한 이유가 있습니다.

우리가 세 번째로 살펴볼 것은 하나님을 의지하는 자들이 요동하지 않게 되

는 이유가 무엇인가 하는 것입니다. 첫째로, 그것은 그들이 하나님의 진리를 의지하고 있기 때문입니다. 그들은 거짓말을 믿는 것이 아니기 때문에, 그들의 토대가 휩쓸려 떠내려갈 염려가 없습니다. 그들은 그들을 속일 수 없으시고 실망시킬 수 없으신 분을 의지하고 있습니다. 그들은 반석 위에 토대를 놓았습니다, 그렇지 않습니까? 만일 그들이 사람을 의지했다면, 사람은 분명히 그들을 실망시키거나 배신할 것입니다. 그러나 그들은 진리이시고 능력이시며 변할 수 없으시고 거룩하시며 공의로우신 분을 의지하고 있습니다. 그런데 어떻게 그들이 요동할 수 있겠습니까? 나는 요동할 이유를 전혀 생각할 수 없습니다! 나는 그들이 어떻게 요동할 수 있겠느냐고 다시 한 번 묻고 싶습니다.

그들은 의지할 만한 분을 의지하고 있고, 그들이 그렇게 의지하는 것을 환영하시는 분을 의지하고 있습니다. 하나님께서는 많은 사람들이 그를 의지하기를 바라시고 그렇게 의지하는 것을 좋아하십니다. 그것이 하나님께서 자기 자신을 계시하시고 자신의 영광을 드러내시는 방법입니다. 여러분은 하나님께서 그동안 무엇을 해 오셨는지를 알고 있습니까? 원래 하나님은 성부와 성자와 성령이라는 삼위일체 안에서 자족하신 가운데 계셨고, 그런 하나님께 더 이상 필요한 것은 없었습니다. 하나님께서 원하시는 것이 있었다면, 그것은 그를 믿고 사랑하며 그에게 매달리고 그를 의지하는 피조물들이 존재하게 되는 것이었습니다. 하나님은 그를 믿고 의지하는 자들을 만들어 내시기 위하여 창조와 섭리와 은혜의 역사를 시작하셨습니다. 넓은 영지와 큰 저택을 지닌 귀인은 홀로 지내는 것에 만족하지 않고, 종들과 소작농들을 필요로 합니다. 그가 너그러운 사람이라면, 그는 가난한 자들을 찾을 것입니다. 그는 자기가 도와줄 가난한 이웃들이 있기를 바라서 이렇게 말합니다: "이번 크리스마스 때에 내가 뭔가를 좀 나눠주고 싶은데, 오랫동안 고기를 먹지 못해서 쇠고기를 필요로 하는 사람이 어디 없을까? 이 추운 날에 담요를 필요로 하는 사람은 어디 없을까?' 이렇게 하나님께서는 그를 의지하는 자들이 있어야 합니다. 하나님을 필요로 하는 자들이 하나님 곁에 있어야 합니다. 하나님은 그를 의지하는 자들을 사랑하시기 때문에, 나는 하나님이 그들을 내쫓으실 이유를 전혀 볼 수 없습니다. 도대체 하나님께서 왜 그렇게 하시겠습니까? 하나님께서는 그를 의지하는 자들을 원하시고, 그가 계시다는 것과 그를 부지런히 찾는 자들에게 상주시는 자이심을 믿고 예배하는 자들을 구하시는데, 어째서 그런 자들을 거절하시고 내쫓으시겠습니까?

　　하나님을 의지하는 자를 쫓아 버리는 것은 하나님의 본성이 아닙니다. 반대로, 하나님께서는 믿음이 있는 자들에게 그들의 믿음이 기대한 것에 걸맞는 대우를 해 주지 못한 것은 없는지를 아주 주의 깊게 살피십니다. 하나님은 믿음으로 말미암은 담대함을 존중하시기 때문에 믿음으로 인하여 낭패를 당하는 일이 결코 없게 하십니다. 여러분의 집 뒷문을 열어 두었는데, 울새가 추위를 피해 용감하게 문 안으로 들어왔다면, 여러분은 그 새를 쫓아내시겠습니까? 여러분은 그 새의 용기를 가상히 여겨서 따뜻하게 환대할 것입니다. 마찬가지로, 하나님께서도 두려워 떠는 가련한 영혼들이 그에게로 왔을 때에 그렇게 환대하십니다. 독일 황제 카를 5세는 자신의 장막의 기둥과 처마에 한 쌍의 새가 둥지를 튼 것을 보았을 때에 부하들에게 군영을 옮기기 위해 다시 행군할 때까지는 그 둥지를 제거하지 말 것을 명령하였다는 일화가 있습니다. 새들은 그에게 의지하였고, 그는 그 새들을 실망시키지 않을 것입니다. 마찬가지로, 하나님께서도 가련한 영혼들이 두려워 떠는 가운데 연약한 소망과 확신을 가지고서 그를 의지할 때에 그들을 향하여 똑같이 자상하게 돌보아 주십니다. 그러므로 하나님께서 그들을 쫓아 버리시는 일은 절대로 일어나지 않을 것이기 때문에, 그들이 제거될 이유는 전혀 없습니다.

　　또한, 만일 참된 신자가 고통을 겪다가 망하여 죽게 된다면, 그것은 하나님의 모든 약속이 다 무너지게 될 것입니다. 하나님께서는 참된 신자에게 "내가 결코 너희를 버리지 아니하고 너희를 떠나지 아니하리라"(히 13:5)고 말씀하셨습니다. "의인은 그 길을 꾸준히 가고 손이 깨끗한 자는 점점 힘을 얻느니라"(욥 17:9)는 말씀이나, 하나님을 믿는 자는 "영원히 부끄러움을 당하거나 욕을 받지 아니하리로다"(사 45:17)라는 말씀도 하나님께서 하신 말씀들입니다. 이러한 약속들이 실패할 수 있다면, 하나님의 자녀들도 요동할 수 있고 제거될 수 있습니다. 그러나 하나님이 하나님이신 한, 하나님을 의지하는 자가 요동한다는 것은 불가능한 일입니다. 천국에 하나님이 계신 한, 모든 신자는 안전합니다! 신자들은 이것을 즐거워하고 기뻐하는 것이 마땅합니다. 왜냐하면, 믿는 자를 구원하시는 것은 하나님께 영광이 되고, 믿는 자가 망하게 되는 것은 지존자의 이름에 먹칠을 하는 것이 되기 때문입니다. 하나님께서 우리로 하여금 단순하게 예수 그리스도를 믿는 믿음을 주시고, 그 믿음 위에 확고하게 설 수 있게 해주시기를 빕니다. 아멘.

하나님이 사랑하시는 자들에게
주시는 특별한 잠

—

"그러므로 여호와께서 그의 사랑하시는 자에게는 잠을 주시
는도다." ─ 시 127:2

육신의 잠은 하나님의 선물입니다. 옛적에 호메로스(Homer)는 잠이 구름 위에서 내려와서 옛 트로이 앞에 진 친 전사들의 장막에 임하는 것으로 묘사하면서 그렇게 말했습니다. 또, 베르길리우스(Virgil)도 팔리누루스가 뱃머리에서 잠든 것을 노래하면서 그렇게 말했습니다. 잠은 하나님의 선물입니다. 우리는 우리가 머리에 베개를 베고 우리 몸을 편안한 자세로 누이기 때문에 저절로 잠이 든다고 생각합니다. 그러나 그렇지 않습니다. 잠은 하나님의 선물입니다. 만일 하나님께서 어떤 사람의 눈꺼풀에 자신의 손가락들을 대시고, 그 사람의 온몸에 부드럽고 향기로운 감화력을 보내어 그 사람의 생각들을 잠잠하게 하셔서, 그 사람으로 하여금 우리가 잠이라고 부르는 지극히 행복한 상태로 빠져 들어가게 하시지 않는다면, 그 사람은 자신의 눈을 감고 잠을 잘 수가 없게 될 것입니다. 사실, 어떤 약물이나 마약을 사용해서 사람들을 거기에 중독시켜서 거의 죽음에 가까운 상태로 만들 수 있는데, 사람들은 그런 상태도 잠이라고 부릅니다. 그러나 건강한 육신의 잠은 하나님의 선물입니다. 하나님께서는 매일 우리에게 잠을 주시고 우리를 위해 요람을 흔들어 주십니다. 하나님은 어둠의 휘장을 쳐

주시고, 태양에게 그 타는 듯한 눈을 감으라고 명하신 후에, 우리에게 오셔서, "내 아이야, 내가 네게 잠을 주노니 잘 자거라"고 말씀하십니다. 여러분은 종종 침상에 누워서 잠을 청하는 데도 잠이 잘 오지 않는 경험을 하지 않았습니까? 다니엘서에서 다리오 왕도 악사들을 동원하여 잠을 청해 보았지만 도통 잠이 오지 않았습니다. 여러분도 그런 적이 있지 않습니까? 잠을 푹 잘 자는 것은 여러분의 능력을 벗어난 일입니다. 여러분은 어떤 생각에 집중해서 골몰하다 보면 저절로 잠이 들지 않겠나 하고 생각해 보았지만, 실제로는 잠이 오는 것이 아니라 도리어 정신이 더 또렷해지는 것을 경험하지 않았습니까? 마치 온 땅이 화가 나서 여러분에게 대드는 것처럼 온갖 잡동사니 같은 잡념들이 여러분에게 몰려옵니다. 여러분이 지금까지 살면서 보았던 온갖 일들이 주마등처럼 여러분의 뇌리를 스쳐갑니다. 눈을 감아도 아무 소용이 없어서 여전히 온갖 것들이 보입니다. 여러분의 귀와 머리와 두뇌 속에 여러분으로 하여금 잠을 잘 수 없게 만드는 것들이 있습니다. 현기증 나는 높은 돛 위에 올라가 있는 소년의 눈을 감겨 주시는 분도 오직 하나님이시고, 왕에게 잠을 주셔서 쉬게 하시는 분도 오직 하나님이십니다. 그들은 하나님의 도우심이 없이는 쉴 수 없습니다. 하나님께서 급격하게 우리의 마음을 망각 속에 빠뜨리시고 우리에게 잠을 명하셔야만, 다음 날의 수고를 위해 우리의 육신은 새 힘을 얻어 일어날 수 있습니다. 나의 친구들이여, 우리는 잠잘 수 있는 것에 대하여 얼마나 감사해야 하는지 모릅니다! 잠은 내가 아는 의사 중에서 최고의 의사입니다. 잠은 이 땅에 있는 가장 뛰어난 명의들보다도 지친 뼈들의 고통을 더 잘 치료해 왔습니다. 잠은 약국에 있는 온갖 약들 중에서 최고의 약입니다. 잠 같은 약은 없습니다. 하나님께서 이 잠을 모든 사람들에게 똑같이 주시는 것은 얼마나 큰 은혜입니까! 하나님은 부자들에게만 잠을 주시는 것이 아닙니다. 하나님께서는 귀족들이나 부자들에게만 잠을 주셔서, 그들이 잠을 그들 자신만의 사치품으로 자랑하게 하시지 않습니다. 하나님은 모든 사람에게 잠을 주십니다. 차이가 있다면, 수고한 사람은 많이 먹든 적게 먹든, 그의 잠은 달다는 것입니다. 땀 흘리며 수고한 사람은 그렇게 땀 흘리며 수고한 만큼 더 단 잠을 잡니다. 땀 흘리지 않고 사치스럽고 편하게 사는 사람들은 부드럽고 푹신한 침상 위에서 이리 뒤척이고 저리 뒤척이며 잠을 잘 이루지 못하는 반면에, 고되게 일하느라 힘 있고 튼튼한 사지가 다 기진맥진해서 녹초가 되어버린 일꾼들은 딱딱한 침상에 몸을 던지자마자 곯아떨어져 자고, 아침에 일어나서는 새 힘을 주신 하나님께 감사합니다. 나의 친구들이여, 여러분은 밤 동안에 여러분에게 잠을 주시고 쉬게 하시는 하나님께 얼마나 큰 빚을 지고 있는지를 잘 모릅니다. 하지만 여러 날 동안 밤에 잠을 자지 못해 보면, 그때에야 여러분은 잠을 자게 하시는 복이 얼마나 소중한지를 깨닫게 됩니다. 여러분이 수 주 동안 침상에서 뒤척이며 잠을 제대로 자지 못해 보면, 여러분은 하나님의 은혜에 감사하게 됩니다. 잠은 하나님의 선물이면서, 지극히 귀한 선물입니다. 그런데도 하나님께서 잠을 빼앗아 가실 때까지는 우리는 잠의 소중함을 잘 모릅니다. 아니, 심지어 잠을 빼앗기고 나서도, 우리는 잠의 소중함을 제대로 깨닫지 못할 수 있습니다.

시편 기자는 스스로 잠을 거부하는 사람들이 있다고 말합니다. 그런 사람들은 돈을 벌거나 이득을 얻거나 야심을 이루기 위한 목적으로 아침에 일찍 일어나서 밤 늦게까지 잠을 자지 않습니다. 이 자리에 계신 분들 중에도 그렇게 하는 분들이 있을 것입니다. 우리는 지식을 얻기 위해서 방대한 분량의 책을 뒤적이려고 아침에 일찍 일어납니다. 우리는, 등불의 기름이 다 닳아서 우리를 책망하며, 해가 떠오를 때가 다 되었다고 말해주고, 우리의 눈이 아프고 머리가 쑤시며 심장이 두근거려도, 밤이 새도록 자지 않고 앉아 있습니다. 우리는 기진맥진하여 지치고 녹초가 됩니다. 우리는 아침에 일찍 일어나고 밤 늦게까지 자지 않고 일하면서 "수고의 떡"을 먹습니다. 사업을 하거나 장사를 하는 분들은 대다수가 그런 식으로 땀 흘리고 수고합니다. 우리는 여러분이 그렇게 한다고 해서 그것을 정죄하는 것이 아닙니다. 우리는 아침에 일찍 일어나서 밤늦게까지 앉아 있는 것을 금지하는 것이 아닙니다. 단지 우리는 오늘의 본문 말씀을 여러분에게 상기시켜 드립니다: "너희가 일찍이 일어나고 늦게 누우며 수고의 떡을 먹음이 헛되도다 그러므로 여호와께서 그의 사랑하시는 자에게는 잠을 주시는도다." 우리가 이 아침에 하나님의 도우심을 힘입어 살펴보고자 하는 것은 하나님이 "그의 사랑하시는 자"에게 주시는 잠, 하나님의 자녀들에게 특별히 주시는 잠입니다.

하나님의 말씀 속에서 잠은 종종 육신적이고 세상적인 사람들의 상태를 표현하기 위한 나쁜 의미로 사용되기도 합니다. 어떤 사람들은 육신적인 안일함과 나태함의 잠을 자는데, 그런 사람들에 대하여 솔로몬은 자느라고 추수 때를 그냥 흘려보내서 여름이 끝났을 때에 아무것도 거두지 못하여 수치를 당하는 지혜롭지 못한 아들들이라고 말합니다. 잠은 흔히 모든 불경건한 자들이 처해 있는 나태하고 죽어 있으며 냉담한 상태를 표현하는데, 하나님의 말씀은 이런 상태에 대하여 다음과 같이 얘기합니다: "자다가 깰 때가 벌써 되었으니"(롬 13:11). "그러므로 우리는 다른 이들과 같이 자지 말고 오직 깨어 정신을 차릴지라"(살전 5:6). 나태함의 침상을 떠날 생각을 하지 않고 게으름뱅이의 잠을 자고 있는 사람들이 많습니다. 그런 사람들은 나중에 깨어났을 때에 자기가 이 땅에서의 시험의 기간을 다 허비해 버렸다는 것을 깨닫고서 까무러칠 정도로 놀라게 될 것입니다. 그들의 삶의 황금 모래들이 그들이 모르는 사이에 모래시계에서 위에서 아래로 끊임없이 떨어져서 마침내 시한이 종료되고, 그들은 어느새 죄 사함이나 소망이나 피난처나 구원이 없는 세계에 들어와 있을 것입니다.

이 땅에서 너무나 많은 사람들이 육신적인 안일함에 빠져 살아가고 있는데, 잠은 그런 사람들의 상태를 표현하는 비유로 사용됩니다. 사울은 육신적인 안일함에 빠져 잠자고 있었지만, "내가 평안히 눕고 자기도 하리니 나를 안전히 살게 하시는 이는 오직 여호와이시니이다"(시 4:8)라고 고백한 다윗은 그렇지 않았습니다. 아브넬이 거기에 있었고, 모든 군대가 사울 곁에 있었지만, 아브넬이나 군대나 모두 잠을 잤습니다. 사울은 계속해서 잠을 자는데, 다윗의 심복이었던 아비새는 그 손에 창을 들고 사울의 침상 맡에서, "하나님이 오늘 당신의 원수를 당신의 손에 넘기셨나이다 그러므로 청하오니 내가 창으로 그를 찔러서 단번에 땅에 꽂게 하소서"(삼상 26:8)라고 다윗에게 말합니다. 그런데도 사울은 무슨 일이 벌어지고 있는지도 모른 채 계속해서 잠을 잡니다. 마찬가지로, 여러분 중에서도 자신의 영혼이 위험에 빠져 있는데도 그 사실을 모른 채 잠을 자는 사람들이 많습니다. 당신 옆에 사탄이 서 있고, 율법이 서슬 퍼렇게 살아 있고, 행한 대로 갚아 주는 "보응"이라는 사자도 코 앞에 있어서, 모두 다 "내가 이 자를 칠까요? 내가 단번에 그를 치면, 그가 결코 다시 깨어나지 못하리이다"라고 말하고 있습니다. 그리스도께서는 "보응아, 조금만 기다려라, 조금만 기다려"라고 말씀하십니다. 보십시오, 보응이라는 사자가 자기 손에 든 창을 지금도 만지작거리고 있습니다. 그리스도께서는 "조금만 기다려라. 그가 죄의 오랜 잠에서 깨어날지도 모르니 딱 한 해만 더 그에게 말미를 주자"고 말씀하십니다. 죄인들이여, 여러분은 시스라처럼 죽음의 사자의 장막에서 잠자고 있는 것입니다. 여러분은 왕이 먹는 버터와 꿀을 먹었을지 모르지만, 지옥의 문턱에서 잠을 자고 있는 것입니다! 바로 지금도 원수는 망치를 들어서 여러분의 관자놀이에 못을 박아 땅에 꽂아놓아서, 여러분으로 하여금 영원한 고통의 사망 — 이것을 사망이라고 할 수 있다면 — 속에 영원히 누워 있게 하고자 하고 있습니다.

또한, 성경에서는 **정욕의 잠**에 대하여 말합니다. 많은 사람들이 죄에 빠져서 잠자고 있다가 깨어 나서는 자기가 벌거벗고 있고 모든 것을 잃고 망해 있는 것을 발견하는 것과 마찬가지로, 삼손은 정욕의 잠에 빠져 잠자다가 깨어보니 자기가 긴 머리털을 잃어버린 것을 발견한 것이 바로 그 예입니다. 또한, 미련한 다섯 처녀들이 "다 졸며"(마 25:5) 자느라고 미처 기름을 준비 못한 것에서 볼 수 있듯이 태만함의 잠이 있고, 베드로와 야고보와 요한을 덮쳤던 슬픔의 잠이 있습니다. 이러한 잠들은 하나님의 선물이 아닙니다. 이 잠들은 우리 본성의 연약함으로 인한 것입니다. 이 잠들은 우리가 타락했기 때문에 우리에게 임하는 잠들입니다. 이런 잠들이 우리에게 슬금슬금 찾아오는 것은 우리가 길을 잃고 망한 부모의 자녀들이기 때문입니다. 이 잠들은 하나님이 주시는 복이 아닙니다. 하나님께서는 "그의 사랑하시는 자들"에게 이러한 잠들을 주시지 않습니다. 이제 우리는 하나님께서 주시는 잠이 어떤 것인지에 대해서 말하고자 합니다.

1. 첫째로, 하나님께서 종종 그의 사랑하시는 자들에게 주신 이적에 속한 잠이 있습니다.

이런 잠은 하나님께서 지금은 허락하시지 않습니다. 아담이 홀로 슬퍼서 잠이 들었을 때, 그는 이런 종류의 이적에 속한 잠에 빠졌습니다. 이것은 잠이라기보다는 비몽사몽이라고 하는 편이 더 나을 것입니다. 어쨌든 이 잠에서 깨어난 아담은 더 이상 외롭거나 슬프지 않았습니다. 왜냐하면, 하나님께서는 그때에 남자에게 주실 수 있는 최고의 선물을 아담에게 주셨기 때문입니다. 아브람도 이와 같은 잠을 잤는데, 이것에 대하여 성경은 그에게 "깊은 잠이 임하였다"(창 15:12)고 말합니다. 아브람은 누웠고 "연기 나는 화로"와 "타는 횃불"을 보았는데, 그때에 "아브람아 두려워하지 말라 나는 네 방패요 너의 지극히 큰 상급이니라"(창 15:1)는 음성이 들려왔습니다. 이러한 신성한 잠은 야곱에게도 임하였습니다. 그는 돌을 베개로 삼고, 산울타리를 휘장으로 삼고, 하늘을 장막으로 삼고, 바람소리를 음악으로 삼고, 들짐승들을 종들로 삼아서 누워 잠을 잤습니다. 꿈속에서 보니 사닥다리가 땅에 세워져 있는데, 그 끝이 하늘에 닿아 있었고, 천사들이 사닥다리 위에서 오르락내리락 하는 것이 보였습니다. 요셉도 그런 잠을 잤습니다. 그는 다른 곡식 단들이 자신의 단을 둘러서서 절하고, 해와 달과 일곱 별이 자기에게 복종하는 꿈을 꾸었습니다. 마찬가지로, 우리가 방금 읽은 본문에서처럼, 다윗도 종종 그런 식의 단 잠을 자고 나서 쉼을 얻었습니다. 또한, "내가 그의 음성을 들었는데 그의 음성을 들을 때에 내가 얼굴을 땅에 대고 깊이 잠들었느니라"(단 10:9)고 말한 다니엘도 이런 잠을 잤습니다. 또한, 우리의 찬송 받으실 주님의 육신의 아버지인 요셉의 잠도 그런 잠이었습니다. 밤의 환상 중에서 천사가 그에게 "헤롯이 아기를 찾아 죽이려 하니 일어나 아기와 그의 어머니를 데리고 애굽으로 피하여 내가 네게 이르기까지 거기 있으라"(마 2:13)고 말했습니다. 이러한 잠들은 이적에 속하는 잠들입니다. 하나님의 천사가 잠이 오게 하는 마법의 지팡이로 하나님의 종들을 건드리면, 그들은 평범한 잠이 아니라 기이한 잠에 빠졌습니다. 그들은 평범한 잠보다 열 배나 더 깊은 잠에 빠졌습니다. 그들은 잠의 깊은 바닷속에 잠겨서, 눈으로 볼 수 없는 것들을 보았고, 알 수 없는 존재들과 얘기를 나눴으며, 신비하고 기이한 소리들을 들었습니다. 그리고 깨어나서는 "내가 너무나 달콤한 잠을 잤다"고 말했습니다. "그러므로 여호와께서 그의 사랑하시는 자에게는 잠을 주시는도다."

　　그러나 오늘날에는 앞에서 말한 것과 같은 그런 잠들은 우리에게 주어지지 않습니다. 아주 놀랍고 기이한 꿈을 꾸는 사람들도 있지만, 대부분의 사람들은 말도 안 되는 꿈들을 꿉니다. 어떤 사람들은 꿈을 믿습니다. 물론, 하나님께서는 오늘날에도 꿈과 환상을 통해서 우리에게 경고하십니다. 나는 하나님께서 그렇게 하신다는 것을 확신합니다. 지금까지 살아오면서 누구나 다 한두 번씩은 꿈에서 경고나 유익을 얻습니다. 그러나 우리는 결코 꿈을 믿거나 신뢰하지 않습니다. 로울랜드 힐(Rowland Hill) 목사는 어떤 숙녀 분이 그에게 이런저런 꿈을 꾸었다고 얘기했을 때에 그 말을 듣고 그녀가 하나님의 자녀라는 것을 알았지만, "부인, 당신이 잠자고 있을 때에 무엇을 했느냐는 전혀 신경 쓰지 마시고, 깨어 있을 때에 무엇을 하고 있는지에 신경 쓰십시오"라고 그녀에게 말해 주었답니다. 꿈에 대한 나의 견해도 동일합니다. 나는 어떤 사람이 자기가 그리스도인으로 행하는 꿈을 꾸었다는 이유만으로 그 사람이 그리스도인이라는 것을 결코 믿지 않을 것입니다. 왜냐하면, 어떤 사람이 꿈속에서의 자신의 신앙을 진짜 신앙이라고 믿어 버린다면, 그 사람은 평생을 꿈꾸는 자로 살다가, 결국에 깨어나서는 자기가 믿어 온 모든 것이 다 꿈이었다는 것을 알게 되는 끔찍한 일을 겪게 될 것이기 때문입니다.

2. 둘째로, 하나님께서는 그의 사랑하시는 자에게 평안한 양심의 잠을 주십니다.

여러분 중에서 대부분은 왕립학술원의 전시실에 걸려 있는 「아가일의 잠」 (the Sleep of Argyle)이라는 저 놀라운 그림을 보셨을 것입니다. 그 그림 속에서 아가일은 처형당하기 전 날 아침에도 잠을 잘 자고 있습니다. 그 옆에는 몇몇 귀족들이 서서 양심의 가책을 느끼고 괴로운 표정으로 그를 바라보고 있고, 간수는 열쇠 꾸러미를 찰랑거리며 거기에 있습니다. 그러나 정작 내일이면 처형당해서 그 목이 몸에서 잘려나가고, 사형집행관이 그 머리를 집어들고서 "이것이 반역자의 머리니라"고 소리치게 될 당사자는 쿨쿨거리며 잘도 자고 있습니다. 그가 이렇게 잘 잘 수 있는 것은 그의 양심이 평안하기 때문입니다. 그는 잘못한 것이 없었으니까요. 또한, 베드로를 보십시오. 여러분은 헤롯이 다음 날 베드로를 끌어내어 처형하기로 되어 있었는데도, 베드로는 두 간수 사이에서 잠을 자고 있고, 천사가 그렇게 잠 자는 베드로를 깨우는 장면을 묘사한 저 주목할 만한 대목을 기억하고 계시겠지요? 내일이면 십자가에 못 박히거나 처형당하기로 되어 있던 베드로는 두 간수가 지키고 있는 옥에서 잘도 잠을 잤습니다. 그는 결백했기 때문에 염려하지 않았습니다. 그는 아무런 악도 저지르지 않았습니다. 그래서 그는 "하나님을 섬기는 것과 사람을 섬기는 것 중 어느 쪽이 옳은지 당신이 판단하라"고 말할 수 있었습니다. 그래서 그는 평안히 누워 잠을 잘 수 있었습니다. 여러분은 평안한 양심의 잠이 무엇인지를 아십니까? 여러분은 사람들로부터 모진 비방을 받고 몰매를 맞아본 적이 있습니까? 여러분은 경멸과 조소의 대상이 되고 술 취한 자들의 안주거리가 된 적이 있습니까? 여러분은 결백하기 때문에 그런 것들에 신경 쓰지 않고 평안히 잠잔 적이 있습니까? 여러분이 죄의 짐을 지고 있고, 정직하지 못하며, 하나님과 그리스도를 사랑하지 않는 자라면, 나는 여러분이 잠을 잘 수 있는지 의아합니다. 왜냐하면, 죄는 여러분이 베는 베개에 여러분을 찌르는 가시들을 놓아두기 때문입니다. 죄는 여러분의 침상에 칼을 놓아두어서, 여러분이 어느 쪽으로 뒤척이든 여러분을 찌릅니다. 그러나 평안한 양심은 지극히 감미로운 음악이 되어 영혼을 가득 채워서 단 잠을 자게 합니다.

불안 마귀는 평안한 양심을 지닌 사람의 침상을 범접하지 못합니다. 하나님 앞에서 옳은 양심을 지닌 사람은 이렇게 노래할 수 있습니다:

> "나는 잠자기 전에
> 세상과 나 자신과 하나님에 대하여 평강이 있습니다."

"그러므로 여호와께서 그의 사랑하시는 자에게는 잠을 주시는도다."

그러나 그리스도 예수 안에서의 택하심에 대하여 알지 못하는 사람들, 구주의 보혈이 가져다준 대속을 믿지 않는 사람들, 성령으로 말미암은 부르심을 받지 않은 사람들, 거듭나지 못하였고 중생하지 않은 사람들은 이 잠을 알지 못합니다. 여러분은 자신의 양심이 평안하다고 말할지 모릅니다. 여러분은 그 누구에게도 잘못한 것이 없다고 말하며, 장차 하나님의 법정에서 책임져야 할 것이 거의 없다고 믿을지 모릅니다. 그러나 여러분은 자신이 범죄하였다는 것을 압니다. 미덕을 행하였다고 해서 여러분이 지은 악덕들을 속죄할 수 있는 것이 아닙니다. 여러분은 자신이 단 한 번이라도 죄를 지었다면 죽을 수밖에 없다는 것을 압니다. 어떤 그림에 단 하나의 흠이 있어도, 그 그림은 완벽한 것이 아닙니다. 여러분이 단 한 번이라도 범죄하였더라도, 그 죄를 없애주는 무엇인가가 여러분에게 없다면, 여러분은 그 죄로 인해서 벌을 받게 될 것입니다. 여러분은 이 잠을 알지 못하지만, 그리스도인들은 이 잠을 압니다. 왜냐하면, 그들의 모든 죄는 "옛적의 도피염소"에게 전가되었기 때문입니다. 그들이 지은 죄가 아무리 크고 엄청난 것이라고 해도, 그리스도께서는 그들의 모든 죄를 대신하여 죽으셨기 때문에, 지금 하나님의 책에는 그들이 지은 죄가 단 하나도 기록되어 있지 않습니다. 하나님께서는 "나 곧 나는 나를 위하여 네 허물을 도말하는 자니 네 죄를 기억하지 아니하리라"(사 43:25)고 말씀하십니다. 이제 여러분은 잠을 잘 수 있습니다. 왜냐하면, "여호와께서 그의 사랑하시는 자에게는 잠을 주시기" 때문입니다.

3. 셋째로, 그리스도인들이 누리는 만족함의 잠이 있습니다.

이 세상에서 만족하며 살아가는 사람은 극히 드뭅니다. 여러분이 천 파운드의 현상금을 걸고서 만족하며 살아가는 사람을 찾는다고 해도, 여러분은 그런 사람을 찾았을 때에 내놓아야 할 현상금을 걱정할 필요가 없습니다. 왜냐하면, 어떤 사람이든 자기가 그런 사람이라고 주장하며 현상금을 내어놓으라고 큰소리를 치더라도, 결국 그 사람은 불만이 있는 사람으로 드러나게 될 것이기 때문입니다. 우리는 정도 차이는 있겠지만 모두 다 어느 정도는 우리의 처지와 운명에 불만을 갖고 있습니다. 인류의 거의 대부분이 늘 날아다닙니다. 그들은 결코 정착하지 않습니다. 그들은 어느 나무에 내려앉아서 둥지를 틀지 않고, 늘 이 나무에서 저 나무로 옮겨 다닙니다. 그들은 이 나무는 충분히 푸르지 않다고 불평하고, 저 나무는 충분히 크지 않다고 불평하며, 이 나무는 충분히 아름답지 않다고 불평하고, 저 나무는 충분히 그림 같지 않다고 불평합니다. 그래서 그들은 한 곳에 둥지를 틀고 정착하지 않고, 늘 이리저리 날아다닙니다. 그리스도인은 한 곳에 정착해서 둥지를 틉니다. 루터는 이렇게 말했습니다: "그리스도인은 저 나무 위의 작은 새처럼 오늘 밤 양식을 먹었지만, 내일 아침은 어디에서 먹을지 알지 못합니다. 그는 바람에 흔들리는 나무 위에 앉아서 눈을 감고 머리를 날개 아래 처박고서 잠을 잡니다. 그리고 아침에 일어나서는 이렇게 노래합니다:

'하나님이 내일 먹을 양식을 예비해 주시니,
죽을 인생들은 수고와 슬픔을 그친다네.'"

이렇게 복된 만족함을 누리는 자들은 얼마나 극소수일까요! 그런 사람들은 이렇게 말할 수 있습니다: "내게는 달리 필요한 것이 없습니다. 여기 이 아랫 세상에서 내가 필요한 것은 거의 없습니다. 그렇습니다. 나는 더 이상 아무것도 바라지 않습니다. 나는 만족합니다. 나는 배부릅니다." 여러분은 방금 아름다운 찬송을 불렀지만, 그 노랫말이 별로 다가오지 않는 분들은 이 찬송을 부를 자격이 없습니다:

"나는 다른 모든 것을 주의 뜻에 맡기리니,
한 가지만 내 청을 들어주소서.
주의 특별한 사랑의 증표를
내가 사나 죽으나 보게 하소서."

여러분은 이 땅에서 예수 외에는 필요한 것이 없다고 말할 수 있습니까? 그러니까 이것은 여러분이 온전히 만족하여, 만족함의 잠을 자고 있느냐고 묻는 것입니다. 결코 그렇지 않을 것입니다. 여러분이 도제라면 정식으로 기능공이 되고자 하고, 기능공인 사람들은 장인이 되고자 합니다. 장인들은 일에서 은퇴하게 되기를 바라고, 은퇴한 후에는 자녀들이 다 안정된 생활을 하게 되기를 바라서 걱정을 합니다. 사람은 늘 더 나은 것을 추구하기 때문에, 결코 항구에 닿지 않는 선원이고 결코 과녁에 도달하지 못하는 화살입니다! 그리스도인들에게는 잠이 주어집니다.

어느 날 밤에 나는 잠이 잘 오지 않아서, 이런저런 생각을 하다가 이 본문을 만나 대화를 나누었습니다: "그러므로 여호와께서 그의 사랑하시는 자에게는 잠을 주시는도다." 나는 꿈의 세계의 언저리에서 비몽사몽간에 내가 성채 안에 있다고 생각했습니다. 높은 성벽을 둘러싸고 깊은 해자가 있었습니다. 보초들은 밤낮으로 성벽 위에서 보초를 섰습니다. 그 성채는 오래되고 훌륭한 요새로서 적에게 한 번 덤벼보라고 도전하는 것 같았습니다. 그러나 나는 그 성채 안에서 행복하지 않았습니다. 내가 침상에 누워 눈을 감기도 전에 "무장하라! 무장하라!"고 외치는 나팔이 울렸습니다. 위험이 지나가면, 나는 다시 자리에 누웠습니다. "무장하라! 무장하라!" 또다시 나팔이 울려 퍼졌고, 나는 또다시 일어났습니다. 나는 결코 편히 잠을 잘 수 없었습니다. 거의 매 시간마다 나팔이 울렸고, 그때마다 나는 갑옷을 입고 무장을 갖춘 채 성벽으로 달려가야 했습니다. 적이 한 번은 서쪽에서 나타났다가, 다음 번에는 동쪽에서 출몰했습니다. 나는 그 성채의 어떤 깊은 곳에 보물을 숨겨 두었기 때문에, 나의 관심은 온통 그 보물을 지키는 데에 가 있었습니다. 그 보물을 빼앗길까봐, 나는 염려하고 두려워하며 떨었습니다. 나는 깨어나서, 아무리 웅장하고 아름답다고 해도 그런 성에서는 살고 싶지 않다고 생각하였습니다. 그 성은 사람으로 하여금 결코 쉴 수 없게 만드는 불만의 성, 야망의 성이었습니다. 거기에서는 "무장하라! 무장하라! 무장하라!"는 나팔소리가 끊임없이 울려 퍼집니다. 적들이 여기저기에서 출몰합니다. 자기가 아끼고 소중히 여기는 보물을 지켜야 하니까 불안합니다. 잠은 불만의 성을 둘러싼 해자에 놓인, 들어올렸다 내리곤 하는 저 다리를 절대로 건너오지 못했습니다. 그래서 나는 또 다른 꿈을 통해서 이 꿈을 지워 버려야 하겠다고 생각했습니다.

나는 초가집에 있었습니다. 그 곳은 시인들이 아름답고 기분 좋은 곳이라고 부르는 곳이었는데, 나는 그런 말에는 신경을 쓰지 않았습니다. 내게는 내 가슴에 있는 단 하나의 반짝이는 보석 외에는 이 세상에서 그 어떤 보물도 없었습니다. 나는 그 보석에 손을 얹고서 자러 갔고, 아침이 밝을 때까지 깨지 않았습니다. 그 보물은 평안한 양심과 하나님의 사랑이었습니다. 그것은 "모든 지각에 뛰어난 하나님의 평강"(빌 4:7)이었습니다. 나는 내가 가진 것으로 만족하는 만족함의 집에서 잠을 잤기 때문에 잠을 잘 잘 수 있었습니다. 지나치게 구두쇠인 자들이여, 가시오! 야망을 품고 살아가는 자들이여, 가시오! 나는 평안이 없는 여러분의 삶을 부러워하지 않습니다. 정치가들은 흔히 잠을 자다가 잘 깨고, 구두쇠는 늘 나쁜 꿈을 꿉니다. 돈을 사랑하는 자의 잠은 결코 단 잠이 될 수 없지만, 하나님께서는 만족하고 자족하는 "그의 사랑하시는 자들"에게는 "잠을 주십니다."

4. 넷째로, 하나님께서는 그의 사랑하시는 자의 영혼에게 미래에 대한 평안함을 주십니다.

미래는 깜깜하고, 아무도 모릅니다! 그래서 우리는 미래를 걱정합니다. 현재는 그럭저럭 지내고 있다고 하여도, 만약 내일 찬 바람이 한 번 불면, 모든 꽃들이 다 시들어 버릴 수 있습니다. 그러면, 우리는 설 곳을 잃게 되어 버릴 테니까요. 구두쇠여, 당신의 금을 꼭 껴안고 계십시오. 왜냐하면, "정녕히 재물은 스스로 날개를 내어 하늘을 나는 독수리처럼 날아갈"(잠 23:5) 것이기 때문입니다. 어머니여, 당신의 아기를 품에 꼭 품고 계십시오. 사망의 거친 손이 그 아기를 당신 품에서 빼앗아가 버릴 수 있으니까요. 야심가여, 당신의 명성을 확인하고 흐뭇해하고 있습니까? 어느 날 당신에게 날아든 통보 하나가 당신의 마음을 후벼파고, 전에 당신이 많은 무리들의 환호 속에서 높아져 있던 곳에서 추락하게 만들 것입니다. 사람들은 미래를 두려워하지 않을 수 없지만, 그리스도인은 예외입니다. 하나님께서는 그의 사랑하시는 자들에게 장차 다가올 일들과 관련해서도 복된 잠을 주십니다:

> "나의 미래의 운명이 무엇이든지
> 그 운명이 좋든지 나쁘든지, 난 그런 것에는 관심이 없다네.
> 내 하나님이 무엇을 정해 주시든, 그것이 최선이라는 것이

내 마음에 쉼을 준다네."

    내가 살든 죽든, 그런 것은 내게 전혀 중요하지 않습니다. 내가 "만물의 찌꺼기"(고전 4:13)가 되든, "왕이 존귀하게 하기를 원하시는 자"(에 6:6)가 되든, 그런 것은 내게 중요하지 않습니다. 하나님께서 어떤 것을 주시든, 하나님이 주시는 것은 무엇이나 다 내게는 똑같습니다. "그러므로 여호와께서 그의 사랑하시는 자에게는 잠을 주시는도다." 여러분 중에서 스스로 원하는 것이 전혀 없는 그런 복된 상태까지 이르른 분들이 얼마나 됩니까? 바라는 것이 단 하나뿐인 것도 좋은 일이지만, 바라는 것이 하나도 없는 것은 더욱 좋은 일입니다. 즉, 오직 지금 그리스도를 누리고, 장차 그리스도의 얼굴을 뵈올 수 있다면, 그것으로 모든 것이 만족인 것이 가장 좋은 일입니다. "나의 영혼아, 만일 네게 그리스도께서 계시지 않으신다면, 네게 미래는 무엇이 될까?" 그러나 나의 주 그리스도께서 내 영혼을 거룩하게 하시고, 성령께서 내게 담대함과 힘을 주시는 한, 나의 미래가 아무리 어둡고 쓰디쓴 것이 된다고 해도, 그것이 내게 무슨 상관이 있겠습니까? 귀용 부인(Madame Guyon)처럼 이렇게 말할 수 있다면, 그것은 복된 일입니다:

> "사랑이 나의 살 것을 정해 주든 죽을 것을 정해 주든,
>   내게 고통을 정해 주든 편안함을 정해 주든,
>   어느 쪽도 내게는 다 똑같다네.
>   내 영혼은 고통 속에서 진정한 해악을 입지 않고,
>   편안함이나 건강함 속에서도 진정한 좋은 것을 보지 못하네.
>
>   내 영혼이 갈망하는 단 한 가지 좋은 것은
>   이기심에서 온전히 벗어나 주의 뜻을 그대로 따르며,
>   주를 기쁘시게 하는 것이라면, 보좌보다 초가집을 택하고
>   위로보다 슬픔을 택하는 것이라네.
>
>   우리가 십자가를 지는 것이 주의 명령이시오니,
>   세상에 대하여 죽게 하시고, 죄에 대하여
>   더 이상 살아 있지 않게 하소서.

　　지극히 무례한 자의 손길 아래에서도 요동하지 않으며,
　　파선했을 때에도 마치 해변을 거닐 듯 기뻐하게 하소서."

　　이런 상태에 도달하는 것은 정말 복된 일입니다. "그러므로 여호와께서 그의 사랑하시는 자에게는 잠을 주시는도다." 여러분의 마음속에 자기의지(self-will)가 있다면, 그것을 뿌리 뽑아 주시라고 하나님께 기도하십시오. 여러분에게 자기 자신을 사랑하는 마음이 있습니까? 성령께서 그것을 제거해 주시라고 간구하십시오. 왜냐하면, 여러분이 늘 하나님의 뜻대로 행하고자 한다면, 여러분은 반드시 행복할 것이기 때문입니다. 어떤 믿음 좋은 나이 드신 부인이 초가집에 살고 계셨고, 그 집에는 빵 한 조각과 약간의 물 외에는 아무것도 없었다고 합니다. 그 부인은 손을 들어올려서 이렇게 축사했습니다: "내게는 이 모든 것에다 그리스도까지 계시니 감사합니다." 빵 한 조각과 약간의 물도 영원히 죽어 마땅한 우리에게는 너무나 과분한 것입니다. 어떤 사람이 임종 직전에 있는 형제에게 살고 싶은지 죽고 싶은지를 물었습니다. 그러자 그 형제는 "나는 거기에 대해서 바라는 것이 전혀 없소"라고 말했습니다. "그래도 바라는 것이 있다면, 어느 쪽을 택하고 싶으세요?" "나는 나 스스로 택할 마음이 전혀 없소." "그러나 하나님께서 당신에게 선택하라고 명령하신다면요?" "나는 어느 쪽을 택해야 좋을지 전혀 알지 못하니, 하나님께 나를 위해 대신 선택해 주시라고 애걸할 거요." 이 형제는 정말 복된 상태에 있었던 것입니다. 온전히 만족한 상태에 있었던 것입니다.

　　"주의 손에 모든 것을 맡겨 두고,
　　나는 주의 뜻 외에는 그 어떤 뜻도 갖지 않으려네."

　　"그러므로 여호와께서 그의 사랑하시는 자에게는 잠을 주시는도다."

5. 다섯째로, 안전함의 잠이 있습니다.

　　솔로몬은 잠잘 때에 무장한 자들이 그의 침상을 둘러싸고 있었기 때문에 안전하게 잠을 잘 수 있었습니다. 그러나 솔로몬의 아버지는 어느 날 밤에 궁정에서도 아니고, 해자가 둘러쳐진 성채 안에서도 아니고, 맨땅에서 잠을 잤는데, 그의 아들 솔로몬처럼 아주 안전하게 잤습니다. 우리는 그 이유를 솔로몬의 아버지인 다윗이 "내가 누워 자고 깨었으니 여호와께서 나를 붙드심이로다"(시 3:5)라고 말한 것에서 찾을 수 있습니다. 하지만 어떤 사람들은 이 세상에서 안전함을 전혀 느끼지 못하고 살아갑니다. 지금 이 설교를 듣고 계시는 분들 중에서 자기가 이 세상에서 안전하다고 느끼는 분들이 절반이나 될지 모르겠습니다. 내가 갑자기 큰 소리로 이렇게 노래한다고 합시다:

> "주께서 내게 보증을 주셨으니,
>   나는 끝까지 안전하리라.
>   천국에 있는 영화로운 영들도
>   나보다 더 행복하기는 하겠지만 더 안전하지는 못하리."

   이 노래를 들은 여러분은 아마도 그것은 너무 지나치게 높은 가르침이라고 말할 것입니다. 그러면, 나는, 여러분에게는 아마 십중팔구 그럴 것이지만, 이것은 하나님의 진리이고 내게는 달콤한 가르침이라고 대답할 것입니다. 나는 내가 아버지 하나님의 미리 아심을 따라 예정되었고, 그 아들의 피로 사신 바 되었다면, 나는 구원 받을 수밖에 없다는 것을 아는 것이 너무 좋습니다. 나는 멸망 받을 수 없습니다. 왜냐하면, 예수 그리스도께서 자신이 속량하신 자를 멸망하게 내버려 두신다면, 자신의 수고에 대하여 만족하지 못하실 것인 까닭에, 그런 일이 일어나는 것은 불가능하기 때문입니다. 나는 그리스도께서 선한 일을 시작하셨다면 반드시 이루시리라는 것을 압니다. 나는 내가 떨어져 나가거나 멸망 받게 되지는 않을지에 대하여 결코 염려하지 않습니다. 내가 유일하게 살피는 것은 내가 진정으로 하나님의 아들인가 하는 것입니다. 그러나 내가 진정으로 하나님의 아들인 것이 맞다면, 나는 태양이 미쳐서 술 취한 사람처럼 온 우주를 갈지자로 돌아다니기 전에는 내가 망할 수 없고, 별들이 지금처럼 정해진 궤도를 따라 돌지 않고, 마치 술에 취해 춤추는 자들처럼 궤도를 이탈해서 제멋대로 춤추기 전에는 내가 망할 수 없다는 것을 믿을 수 있습니다. 나는 "한순간에 일어난 물보라가 원래 있던 물결 속으로 다시 꺼져 들어가듯이" 이 거대한 우주가 모두 다 하나님 안으로 꺼져 들어가는 일도 일어날 수 있다고 생각합니다. 그러나 그 어떤 이성이나 이단이나 논리나 우연이나 신학자들의 모임이라도 나로 하여금 하나님의 자녀도 멸망 받을 수 있다는 악한 주장에 단 한순간이라도 주의를 기울이게 하지 못할 것입니다. 그런 까닭에, 나는 확신을 가지고 이 땅을 견고하게 밟고 살아갑니다. 얼마 전에 아르미니우스파(Arminian)에 속한 어떤 사람과 논쟁을 하는데, 그 사람이 이렇게 말했습니다: "당신은 행복한 사람이어야 합니다. 왜냐하면, 당신이 말하는 것이 참되다면, 당신은 마치 이미 천국에 있는 것처럼 안전할 것이니까요." 나는 "맞아요, 나도 그것을 압니다"라고 대답했습니다. "그리고 당신은 염려나 괴로움이나 환난 없이 아침부터 저녁까지 행복하게 노래하며 살아가야 합니다." 나는 "맞아요, 나는 그렇게 살아가야 하고, 하나님의 도우심을 따라 그렇게 살아갈 것입니다"라고 말했습니다. "여호와께서 그의 사랑하시는 자에게는 잠을 주시는도다"라는 말씀은 이렇게 우리에게 안전함을 줍니다. 내가 죽으면 반드시 천국에 가게 되리라는 것, 그리고 하나님께서 영원하신 사랑으로 나를 사랑하셨고 하나님은 불변하시는 분이시기 때문에 한 번 사랑하신 나를 결코 미워하지 않으시리라는 것이 내가 지금 존재하는 것만큼이나 확실한 사실이라는 것을 아는 것, 즉 내가 영광의 나라에 반드시 들어가게 되어 있다는 것을 아는 것은 나의 모든 무거운 짐을 가볍게 해주고, 나로 하여금 노루의 발처럼 저 높은 곳에 우뚝 서게 해주기에 충분하지 않습니까? 이것은 정말 복된 안전함의 상태입니다! "그러므로 여호와께서 그의 사랑하시는 자에게는 잠을 주시는도다."

　나의 사랑하는 친구들이여, 이 땅에서 지극히 큰 환난을 겪는 가운데서도 그리스도인들이 누리는 안전함의 잠이 있습니다. 여러분은 "그들이 빈들에 평안히 거하며 수풀 가운데에서 잘지라"(겔 34:25)는 에스겔서에 나오는 말씀을 기억하고 계십니까? "수풀 가운데"는 사람이 잠자기에 이상한 장소입니다! 거기에는 이리도 있고, 삼림 속에는 호랑이도 있으며, 공중에는 독수리도 날고 있습니다. 강도 떼도 어두운 숲속에 숨어 삽니다. 하나님의 자녀들은 "걱정하지 마십시오"라고 말합니다:

> "하나님을 자신의 피난처로 삼은 자는
> 　지극히 안전한 처소를 발견하며,
> 　낮에는 그의 그늘 아래에서 걸으며,
> 　밤에는 머리 둘 곳이 있다네."

나는 마르틴 루터(Martin Luther)를 보고 그의 태도에 놀라고 경탄하는 적이 한두 번이 아닙니다. 모든 사람들이 그를 아주 나쁘게 말하였을 때, 그가 무엇이라고 말했는지 아십니까? 그는 다음의 시편으로 자신의 대답을 대신했습니다: "하나님은 우리의 피난처시요 힘이시니 환난 중에 만날 큰 도움이시라 그러므로 땅이 변하든지 산이 흔들려 바다 가운데에 빠지든지 바닷물이 솟아나고 뛰놀든지 그것이 넘침으로 산이 흔들릴지라도 우리는 두려워하지 아니하리로다"(시 46:1-3). 마르틴 루터에 비하면 아무것도 아니지만, 나도 그와 같은 처지 속에서 비방과 조소와 경멸의 표적이 되었던 적이 있습니다. 그런데 그때에도 내 영혼은 흔들림이 없었고, 나는 "여호와께서 그의 사랑하시는 자에게는 잠을 주시는도다"라는 말씀과 같은 상태를 누릴 수 있었습니다. 지금도 나는 나를 비방하거나 욕하는 모든 사람들에게 그들이 그러다가 지칠 때까지 얼마든지 그렇게 하시라고 말하고자 합니다. 나의 모토는 "나는 아무에게도 굴하지 않는다"(라틴어로 cedo nulli)입니다. 나는 사람들의 사랑을 구애한 적이 없습니다. 나는 그 누구에게도 내 설교를 들어달라고 부탁한 적이 없습니다. 나는 내가 전하고자 하는 말씀을 전하고 싶을 때에 내가 원하는 방식으로 전합니다. 마음이 눌리고 괴롭지만 담대한 것, 아버지 하나님 앞에 가서 무릎을 꿇고 모든 것을 아뢴 후에 골방에서 나와 이렇게 말하는 것은 참으로 복된 일입니다:

> "주의 사랑하는 이름을 위하여
> 내 얼굴에 수치와 욕이 있게 하신다면,
> 나는 그 수치와 욕을 기꺼이 환영하리.
> 주께서 나를 기억하실 테니."

6. 여섯째로, 이 세상을 떠나갈 때에 행복하게 자는 잠입니다.

하나님께서 그의 사랑하시는 자들에게 주시는 마지막 잠은 행복한 상태에서 잠이 들어 이 세상을 떠나게 하시는 것입니다. 나는 수많은 하나님의 종들의 무덤 옆에 서 왔습니다. 나는 이 땅에서 정말 훌륭한 분들 중 몇몇 분의 장례를 치르기도 했습니다. 나는 관 속에서 잠자고 있는 나의 형제에게 작별을 고할 때에, 흔히 나의 고별사를 "그러므로 여호와께서 그의 사랑하시는 자에게는 잠을 주시는도다"라는 말씀으로 시작합니다. 사랑하는 예수의 종들이 이 말씀대로 그렇게 잠자고 있는데, 내가 그들에 대하여 이 말씀 외에 무슨 말을 할 수 있겠습니까? 오, 행복한 잠이여! 이 세상은 끊임없이 부침을 거듭하고 요동하지만, 그들은 무덤 속에서 안식을 누립니다. 거기에는 슬픔도 없고 탄식도 없습니다. 영원히 죽지 않는 자들의 입에서 나오는 노래들에 신음소리가 뒤섞일 일도 없습니다. 그래서 나는 돌아가신 분들에게 이렇게 말할 수 있습니다: "나의 형제여, 당신은 이 세상에서 자주 싸움을 해야 했고, 염려와 환난과 괴로움들을 겪어야 했습니다. 그러나 이제 당신은 당신이 모르는 세상이 아니라 저 빛과 영광의 땅으로 가셨습니다. 형제여, 편히 주무십시오! 당신의 영혼은 천국에 있으니 잠자고 있는 것이 아닙니다. 그러나 당신의 육신은 잠자고 있습니다. 사망이 당신을 당신의 마지막 침상에 눕혔습니다. 그 곳은 차갑긴 하겠지만 거룩하게 된 곳입니다. 그 곳은 습기 차기는 하겠지만 안전한 곳입니다. 하지만 저 부활의 아침에 천사장이 나팔을 불 때, 당신은 다시 살아나게 될 것입니다. '주 안에서 죽는 자들은 복이 있도다 하시매 성령이 이르시되 그러하다 그들이 수고를 그치고 쉬리니 이는 그들의 행한 일이 따름이라 하시더라'(계 14:13). 나의 형제여, 장차 당신은 영광으로 부활하리니, 당신의 무덤 속에서 편히 주무십시오." "그러므로 여호와께서 그의 사랑하시는 자에게는 잠을 주시는도다."

여러분 중에는 죽기를 두려워하는 분들도 계실 것이고, 그분들이 그렇게 두려워하는 데에는 그럴 만한 이유가 있습니다. 왜냐하면, 그분들에게는 죽음이 슬픔과 괴로움의 시작이 될 것이기 때문입니다. 죽음이 다가올 때, 여러분은 요한계시록에 나오는 저 천사의 음성을 들을 것입니다: "첫째 화는 지나갔으나 보라 아직도 이후에 화 둘이 이르리로다"(계 9:12). 여러분이 회심하지 않아서 구원을 받지 못한 채로 아무런 준비도 없이 죽는다면, "오직 무서운 마음으로 심판을 기다리는 것과 대적하는 자를 태울 맹렬한 불만 있을"(히 10:27) 것입니다. 나는 "보아너게, 곧 우레의 아들"(막 3:17)처럼 말할 필요가 없습니다. 왜냐하면, "그리스도 밖에" 있고 "이스라엘 나라 밖의 사람"이며 " 하나님도 없는 자"(엡 2:12)가 있을 곳은 하나님으로부터 저주를 받아 안식을 얻지 못하고 괴로워하고 고통하며 꽥꽥 소리를 질러대며 이리저리 떠도는 유령들 가운데라는 것은 여러분도 잘 아는 진리일 것이기 때문입니다.

"활활 타는 유황불의 물결 위에서
영원토록 데쳐지는 고통을 당하리!"

"다가올 진노를 기억하십시오!" "다가올 진노를 생각하십시오!" "다가올 진노를 대비하십시오."

그러나 사랑하는 그리스도인 형제들이여, 여러분이 죽음을 두려워할 이유가 어디 있습니까? 나는 여러분의 손을 잡고 이렇게 노래하고자 합니다:

"하나님께서 여러분과 내게
구주의 보배로운 이름을 아는 은혜를 주셨습니다.
머지않아 우리는 천국에서 만나게 될 것입니다.
우리의 목적지, 우리의 소망, 우리의 길은 바로 거기니까요."

여러분은 천국이 저 험한 강 너머에 있다는 것을 아십니까? 여러분은 그 강에 뛰어들어 헤엄쳐 건너는 것이 두렵습니까? 여러분은 그 물에 빠져 죽을까 겁이 나십니까? 나는 그 강바닥이 내 발에 닿아 있는 것을 느낍니다. 나는 안전합니다. 여러분은 그 물 속에 가라앉으면 어쩌지 하고 생각하십니까? 성령의 음성을 들어보십시오: "두려워하지 말라 내가 너와 함께 함이라 낙심하지 말라 내가 너의 하나님이 됨이라 … 네가 물 가운데로 지날 때에 내가 너와 함께 할 것이라 강을 건널 때에 물이 너를 침몰하지 못할 것이며"(사 43:2). 죽음은 영원한 기쁨으로 들어가는 문인데, 여러분은 거기로 들어가는 것을 두려워하는 것입니까? 무엇이라고요? 부패함으로부터 해방되는 것이 두렵다고요? 그런 말 하지 마십시오. 도리어, 예수 안에서 누워 잠자는 복을 받은 것을 기뻐하십시오.

나는 오늘의 주제를 설명하는 것을 다 마쳤습니다. 다만, 여러분이 이 성전의 문을 나가기 전에, 내가 여러분에게 묻고 싶은 것이 딱 한 가지 있습니다. 여러분은 오늘의 본문에 언급된 "그의 사랑하시는 자"에 속한다는 것을 진실로 엄숙하게 믿습니까? 내가 이런 질문을 하는 것이 무례하고 건방진 것일 수도 있습니다. 나는 이전에도 그런 말을 들어왔고, 그것을 부인하지 않았습니다. 솔직히 나는 그런 비난을 겸허히 받아들입니다. 그럼에도 불구하고, 나는 진지하고 엄숙하게 여러분에게 묻습니다: 여러분은 자신의 "그의 사랑하시는 자"에 속한다는 것을 확신하십니까? 여러분이 테스트를 해볼 필요가 있다고 느끼신다면, 나는 여러분에게 아주 간단한 세 가지 시험 문제를 내겠습니다. 사람들은 교리 설교자, 경험 설교자, 실천 설교자, 이렇게 세 종류의 설교자가 있다고 말합니다. 마찬가지로, 나는 그리스도인임을 보여주는 세 가지가 있다고 생각하는데, 그것은 참된 교리, 진정한 경험, 선한 실천입니다.

그러면, 먼저 여러분이 받아들이고 있는 교리에 대해 살펴보겠습니다. 여러분은 이 시험을 통해서 여러분이 하나님의 사랑하시는 자인지 아닌지를 부분적으로 확인할 수 있습니다. 어떤 이들은 사람이 무엇을 믿는지는 중요하지 않다고 말합니다. 하지만 하나님의 진리는 언제나 귀하고 보배로워서, 하나님의 진리에 속한 것이라면 원자 하나라도 자세하게 살펴볼 가치가 있습니다. 오늘날에는 분파들이 예전처럼 그렇게 심각하게 충돌하지 않습니다. 이것은 좋은 일일 수도 있지만, 한 가지 나쁜 것이 있습니다. 오늘날의 사람들은 예전 사람들처럼 성경을 많이 읽지 않기 때문에, 어느 분파이든 다 나름대로 모두 옳다고 생각합니다. 나는 우리가 대체로는 다 옳을 수 있지만, 우리가 서로 충돌하는 부분에서는 모두가 옳을 수는 없다고 믿습니다. 따라서 어느 쪽이 옳은지를 알아보기 위해서 성경을 세심하게 읽고 살피는 것은 모든 사람의 의무입니다. 나는 내가 가르치는 칼빈주의나 믿는 자의 세례에 관한 나의 가르침을 사람들이 성경에 비추어서 꼼꼼히 검토하는 것을 환영합니다. 불신자였던 한 박식한 영주가 한 번은 휫필드(Whitefield)에게 이렇게 말했습니다. "목사님, 나는 불신자이고 성경을 믿지 않지만, 성경이 옳다면, 당신이 옳고, 당신의 대적들인 아르미니우스파는 틀렸습니다. 성경이 하나님의 말씀이라면, 은혜의 교리가 참됩니다." 그리고 그 사람은 어떤 사람이 성경이 진리라는 것을 인정하기만 한다면, 자기가 그 사람에게 원죄와 택하심, 효과적 부르심과 성도의 견인을 비롯해서 칼빈주의라 불리는 하나님의 모든 위대한 진리들이 틀렸다는 것을 어디 한 번 성경을 통해 증명해 보라고 도전하고 싶다는 말을 덧붙였습니다. 칼빈은 이 진리들을 만들어 낸 인물이 아니라, 단지 이 진리들을 잘 설명하고 전한 인물일 뿐이지만, 사람들은 그가 전한 진리들을 칼빈주의라는 이름으로 부릅니다. 나는 이 진리들이 예수 그리스도 안에 있는 복음에 관한 핵심적인 가르침들이라고 믿습니다. 나는 여러분이 이 모든 것을 믿는지 안 믿는지를 묻는 것이 아닙니다. 여러분이 이 모든 것을 믿지 않을 수도 있습니다. 그러나 나는 여러분이 천국에 들어가기 전에 이 모든 것을 다 믿게 될 것이라고 믿습니다. 나는 하나님께서 여러분의 마음을 씻어 주셨다면, 여러분이 천국에 들어가기 전에 여러분의 머리도 씻어 주실 것이라고 확신합니다. 하나님께서는 여러분을 교리들과 관련해서도 올바르게 만드실 것입니다. 그러나 나는 여러분이 성경을 읽고 있는지 안 읽고 있는지를 묻지 않을 수 없습니다. 이 아침에 나는 여러분이 나와 다르다고 해서 여러분을 질책하거나 여러분에게 시비를 걸고 있는 것이 아닙니다. 내가 틀렸을 수도 있습니다. 그러나 나는 여러분이 무엇이 진리인지를 찾아내기 위해서 성경을 세심하게 읽고 있는지를 알고자 할 뿐입니다. 여러분이 성경을 읽지 않고, 다른 사람을 통해서 교리나 가르침들을 듣고서, 성전에 가서 "나는 그런 교리가 마음에 들지 않아"라고 말한다고 해도, 그 교리가 성경에 있는 것이라면, 여러분이 그 교리를 마음에 들어하지 않는 것이 무엇이 중요하겠습니까? 여러분이 배운 교리나 가르침이 성경적 진리입니까, 그렇지 않습니까? 그것이 하나님의 진리라면, 우리는 그것을 높이고 존중하는 것이 마땅합니다. 그 가르침이 여러분의 마음에 들지 않을 수도 있겠지만, 여러분은 예수 안에 있는 진리는 결코 육신적인 사람들의 입맛에 맞지 않는다는 것을 기억하여야 합니다. 여러분이 그 가르침을 마음에 들어하지 않는 이유가 그 가르침이 여러분의 자존심을 지나치게 짓밟기 때문입니까? 하나님의 진리는 여러분을 여지없이 낮추는 것이 당연합니다. 그러므로 여러분이 어떤 교리를 받아들이고 있는지를 살펴보십시오.

다음으로, 여러분의 경험을 검토해 보아야 합니다. 나는 우리 중에 경험적인 신앙이 거의 없지 않나 우려합니다. 그러나 참된 교리가 있는 곳에는 언제나 거기에 걸맞는 경험이 있는 것이 당연한 일입니다. 그러므로 경험에 비추어서 여러분 자신을 살펴보십시오. 여러분은 자신이 비참하고 타락해 있으며 무능력하고 죄 가운데서 죽어 있는지를 경험해 본 적이 있습니까? 여러분은 그리스도 안에 있는 생명을 느끼거나, 하나님의 얼굴 빛을 경험하거나, 자신의 부패함과 씨름해 본 적이 있습니까? 여러분은 은혜를 주시는 성령의 역사를 따라 그리스도와의 사귐의 경험을 해본 적이 있습니까? 여러분에게 그런 경험들이 있다면, 여러분은 경험이라는 시험에서 합격한 것입니다.

마지막으로, 실천의 시험이 있습니다. "행함이 없는 믿음은 죽은 것이니라"(약 2:26). 죄 가운데서 행하는 사람은 마귀의 자식이고, 의로움 가운데서 행하는 사람은 빛의 자녀입니다. 여러분이 올바른 교리들을 믿기 때문에 여러분의 신앙은 제대로 된 것이라고 생각하지 마십시오. 올바르게 믿으면서도 잘못 행하여 멸망 받는 사람이 많습니다. "스스로 속이지 말라 하나님은 업신여김을 받지 아니하시나니 사람이 무엇으로 심든지 그대로 거두리라"(갈 6:7).

이제 말씀을 다 마쳤습니다. 내가 여러분의 목숨이 부서지기 쉽다는 것, 시간이 얼마 없다는 것, 영원한 세계가 엄연히 존재한다는 것, 여러분이 죄악들을 저지르며 살아 왔다는 것, 여러분에게는 죄 사함이 필요하다는 것, 그리고 예수의 피와 상처, 그가 의로 세상을 심판하시기 위하여 다시 오시리라는 것, 천국의 영광들, 지옥의 너무나 끔찍한 공포들, 그리고 시간과 영원, 모든 선한 것, 모든 신성한 것을 걸고서, 여러분에게 간곡히 부탁드리고 싶은 것은, 여러분이 자신의 영혼을 사랑한다면, 과연 여러분이 하나님께서 잠을 주시는 "그의 사랑하시는 자"에 속하는지를 살펴보시라는 것입니다. 하나님께서 여러분에게 복 주시기를 빕니다.

제
127
장
—

"박해를 받아도
버린 바 되지 아니하며"

—

"이스라엘은 이제 말하기를 그들이 내가 어릴 때부터 여러 번 나를 괴롭혔도다 그들이 내가 어릴 때부터 여러 번 나를 괴롭혔으나 나를 이기지 못하였도다 밭 가는 자들이 내 등을 갈아 그 고랑을 길게 지었도다 여호와께서는 의로우사 악인들의 줄을 끊으셨도다 무릇 시온을 미워하는 자들은 수치를 당하여 물러갈지어다 그들은 지붕의 풀과 같을지어다 그것은 자라기 전에 마르는 것이라 이런 것은 베는 자의 손과 묶는 자의 품에 차지 아니하나니 지나가는 자들도 여호와의 복이 너희에게 있을지어다 하거나 우리가 여호와의 이름으로 너희에게 축복한다 하지 아니하느니라."

— 시 129:1-8

사랑하는 친구들이여, 이 시편은 두 부류의 사람들에 대하여 말합니다. 즉, 한 편에는 이스라엘이 나오고, 다른 한 편에는 시온을 미워하는 자들이 나옵니다. 처음 세 절은 하나님의 백성에 대하여 말하고, 마지막 다섯 절은 하나님의 백성을 미워하는 자들에 대하여 말합니다. 아주 처음부터 세상에는 두 부류의 후손이 있어 왔습니다. 처음으로 모태에서 태어난 사람인 가인은 "뱀의 후손"이었고, 두 번째로 난 사람인 아벨은 하나님의 은혜로 말미암아 "여자의 후손"이었습니다. 그러니까 이 두 소년이 성장해서 어른이 되기 이전에 아주 어릴 때부터, 은혜로 말미암아 태어난 아벨은 하나님을 섬겼고 어린 양을 제물로 드렸습니다. 그러나 육신을 따라 난 자, 곧 인간의 장자였던 가인은 자기 동생을 죽인 살인자가 되었습니다. 이렇게 인류 역사상 최초의 가족 속에서부터 믿음의 사람(the man of faith)과 감각의 사람(the man of sense), 즉 하나님에 대하여 산 사람과 혈기를 따라 산 사람이 분명하게 구별되어 있었습니다. 그 날 이후로 언제 어디에서나 이 두 부류의 사람들이 있어 왔습니다. 물론, 이 두 부류의 중간에 서 있는 것처럼 보여서, 여러분이나 내가 어느 부류라고 결정할 수 없는 수많은 사람들이 존재하긴 하지만, 하나님이 보시기에는 산 자와 죽은 자, 믿는 자와 불신자, 하나님을 경외하는 자와 경외하지 않는 자가 미세한 구분선을 따라서이기는 하지만 지극히 확실하게 구분되어 있습니다. 그리고 하나님께서 에덴 동산에서 뱀에게 하신 말씀은 세대를 거듭하여 오랜 세월이 지난 오늘날에도 여전히 참됩니다: "내가 너로 여자와 원수가 되게 하고 네 후손도 여자의 후손과 원수가 되게 하리니"(창 3:15). 하나님을 믿는 자들, 하나님께서 친히 택하셔서 사람들로부터 불러내신 자들이 있고, 악한 자의 수중에 있는 세상이 있습니다. 우리 모두는 이 두 부류 중 어느 쪽에 속해 있습니다. 어느 쪽에도 속하지 않고 진정으로 중립적인 사람은 없고, 있을 수도 없습니다. 살아 있기도 하고 죽어 있기도 한 상태는 없습니다. 반드시 어떤 사람은 성령의 살리시는 역사로 말미암아 살아 있거나, 아니면 죄악들 가운데 그대로 죽어 있습니다.

지금부터 나는 오늘의 본문에 언급되어 있는 이 두 부류의 사람들에 대하여 말씀을 전하고자 합니다. 먼저, 본문이 하나님의 백성에 대해서 무엇이라고 말씀하고 있는지를 주목해 봅시다. 이 시편의 처음 세 절은, 이스라엘은 박해를 받긴 했지만 버려지지는 않았다는 말로 요약될 수 있습니다. 나는 그 주제에 대하여 전한 후에는, 다음으로 악인들은 번성하지만 망한다는 것에 대해서 전하고자 합니다. "번성하다"와 "망하다"라는 이 두 단어는 시온을 미워하고 시온의 자녀들을 미워하는 자들의 상태를 묘사하는 말들입니다. 하지만 나는 본문으로 뛰어들기 전에 먼저 서론적인 말을 몇 마디 할까 합니다.

주 예수 그리스도의 삶은 그의 백성의 삶이 어떠할 것인지를 보여주는 그림입니다. 바울은 "주께서 그러하심과 같이 우리도 이 세상에서 그러하니라"(요일

4:17)고 말합니다. 이것은 너무나 분명하게 참되기 때문에, 우리는 시편들 속에서 시편 기자가 자기 자신에 대하여 말하고 있는지, 아니면 주 예수 그리스도에 대하여 말하고 있는지를 거의 분간하기 어려운 경우가 많습니다. 왜냐하면, 교회의 머리 되신 이가 그러하면 교회의 지체들도 그러한 까닭에, 이 둘은 너무나 비슷해서, 성경에서는 마치 머리와 지체가 하나인 듯이 말씀하는 경우가 많기 때문입니다. 여러분이 이 시편을 주의 깊게 읽어보면, 거기에서 그리스도를 볼 수 있습니다. "그들이 내가 어릴 때부터 여러 번 나를 괴롭혔으나 나를 이기지 못하였도다"(2절)라는 말씀은 충분히 예수께서 하실 수 있으셨던 말씀입니다. 헤롯은 아기 예수의 목숨을 빼앗기 위해 혈안이 되어 그를 찾았습니다. 사탄은 지옥 전체를 들쑤셔서 아기 예수를 죽이고자 했던 것으로 보입니다. "밭 가는 자들이 내 등을 갈아 그 고랑을 길게 지었도다"(3절). 이 말씀도 우리 주님에게 꼭 들어맞는 말씀이었습니다. 주님께서 겟세마네 동산에서 깊은 고뇌 가운데 계셨을 때, 우리는 주님의 등에서 깊고 선명하게 패인 "고랑"을 볼 수 있었으니까요. 주님께서 헤롯과 빌라도 앞에 끌려가서서 온 몸이 상처로 뒤덮일 때까지 채찍으로 맞으셨을 때, 그리고 주님이 죽으시고 나서, 그들이 그의 난도질 당한 몸을 내려 놓았을 때, 그 몸에 패인 "고랑"은 얼마나 깊었습니까! 그런데 내가 여러분에게 지난 주일 밤에 전한 그리스도의 고난들은 그의 백성 가운데서도 일정 정도 반복됩니다. 우리는 그리스도의 고난도 함께 하게 되어 있습니다. 제자가 스승보다 낫고, 종이 주인보다 낫겠습니까? 사람들이 스승과 주인을 박해했다면, 제자와 종도 박해할 것은 뻔한 일입니다! 그래서 그리스도께서는 우리에게 사람들로부터 그런 대우를 받게 될 것을 미리 각오하라고 명하십니다. 그러므로 그리스도께서 쉬지 못하셨는데 우리가 쉬기를 기대하거나, 그리스도께서 가시면류관을 쓰셨는데 우리가 금 면류관을 쓰기를 기대하지 말아야 합니다.

다음으로 말씀드리고자 하는 것은, 하나님의 백성 이스라엘의 역사는 하나님의 교회의 역사에 대한 모형이라는 것입니다. 사실, 이스라엘이 저지른 죄들은 신자들에게서 거의 그대로 반복되지만, 결국에는 이스라엘이 자신이 당한 화들과 슬픔들로부터 건짐 받은 일들은 하나님의 많은 성도들에게 위로가 됩니다. 이스라엘이 작은 민족에 불과한 모습으로 애굽에 내려갔을 때, 그들이 "어릴 때부터" 얼마나 "괴롭힘"을 당했는지를 보십시오. 그들은 벽돌 굽는 공장에서 얼마나 힘든 고역을 감당해야 했습니까! 애굽 왕 바로는 얼마나 큰 적대감으로 그들을 대했습니까! 애굽 왕 바로는 그들에게서 태어난 남자 아이들을 나일 강에 빠뜨려 죽게 하는 등 이스라엘을 멸하려고 얼마나 잔인하고 교활하게 행하였습니까! 애굽 왕 바로는 하나님이 택하신 백성을 멸하기 위해 자신의 모든 지혜와 힘을 다 동원했습니다. 그러나 하나님께서는 자기 백성을 지켜 주시고 보호해 주셨습니다. 그런 후에, 이스라엘이 "어릴 때"에 광야에 나가서도 많은 괴로움을 겪었습니다. 하나님께서는 "내가 … 네 청년 때의 인애와 네 신혼 때의 사랑을 기억하노니 곧 씨 뿌리지 못하는 땅, 그 광야에서 나를 따랐음이니라"(렘 2:2)고 말씀하십니다. 그러나 이스라엘은 광야에서 많은 환난들을 겪었고, 약속의 땅에 이르러서도 환난은 다시 시작되었습니다. 그들은 가나안 족속들로부터 해방되었는가 싶었을 때에 블레셋 사람들의 먹잇감이 되었습니다. 블레셋 사람들의 괴롭힘에서 겨우 벗어나는가 했더니, 아람 사람들, 에돔 사람들, 모압 사람들이 그들을 괴롭혔고, 결국에는 앗수르 사람들과 바벨론 사람들이 와서 하나님의 백성을 포로로 잡아갔습니다. 이스라엘 민족은 오늘날까지도 "그들이 내가 어릴 때부터 여러 번 나를 괴롭혔으나 나를 이기지 못하였도다"라고 말할 수 있습니다.

　한 가지 더 말할 것이 남아 있습니다. 나는 이미 여러분에게 그리스도의 삶은 그의 백성의 삶에 대한 묘사이고, 이스라엘의 역사는 그의 교회의 역사라는 것을 상기시켜 드린 바 있습니다. 이제 교회는 처음부터 늘 환난과 괴로움을 겪어 왔다는 것이 얼마나 옳은 말인지를 주목하십시오. 처음에는 헤롯이 사도들을 죽이고자 하다가, 결국 야고보를 죽였습니다. 다음으로는, 유대인들에게 박해를 받고서 이리저리 쫓겨다녔습니다. 다음에는, 다소의 사울이 무서운 기세로 그리스도의 교회를 "어릴 때부터" 죽이고자 위협하고 괴롭혔습니다. 그 후에 이교도들에 의한 끔찍한 박해가 시작되었습니다. 여러분도 그 역사를 알고 계시듯이, 로마 황제들이 기독교회를 분쇄해서 없애 버리려고 온 힘을 기울였지만, 그들은 교회를 "이기지 못하였습니다." 로마의 황제들이 교회를 없애기 위해 온갖 악랄한 짓을 다했지만 헛수고였고, 결국 그리스도의 교회는 로마 제국의 국교가 되었고, 그 순간부터 창기가 되어, 점차 배교한 가톨릭 교회가 되어 갔습니다. 프랑스 남부에서 일어난 알비파(the Albigenses)와 피에몽 계곡에서 일어난 발도파(the Waldenses)에 관한 이야기들을 읽어 보십시오. 영국에서 일어난 롤라드파(the Lollards)와 여러분이 알고 싶어 하는 어떤 나라에서 하나님의 성도들이 어떻게 박해를 받았는지를 읽어 보십시오. 그들은 갈기갈기 찢겨 죽임을 당했고,

감옥에서 몸이 썩어 죽기도 했으며, 형틀에서 심한 고문도 당했습니다. 그들은 온갖 방식으로 죽임을 당하였습니다. 특히 우리나라에서는 말뚝에 묶여 화형을 당했습니다. 그렇지만 시온의 원수들은 이길 수 없었습니다. 로마 가톨릭이여, 너희는 결코 이기지 못할 것이다! 지금도 국교회의 성직자들이 너희의 교리들을 전하고 너희의 옷을 입지만, 너희는 하나님의 교회를 결코 이기지 못할 것이다 왜냐하면, 지난날에 이스라엘을 건지셨던 하나님이 또다시 그의 이스라엘을 구하시러 반드시 오실 것이기 때문입니다.

지금까지 나는 여러분에게 그리스도와 이스라엘, 그리고 교회에 대하여 말씀드렸습니다. 이제 나는 여러분과 관련하여 이 주제를 말씀드리고자 합니다. 교회 전체가 그러하였고, 이스라엘이 그러하였으며, 우리 주 예수께서 그러하셨듯이, 여러분도 그러할 것이라고 기대해야 합니다. 박해와 환난 속에 있는 나의 사랑하는 친구들이여, 내가 이 시편을 여러분과 함께 읽어가며 묵상할 때, 여러분은 이 시편을 여러분 자신에게 적용해 보십시오.

1. 첫째로, 이스라엘은 박해를 받지만 버린 바 되지는 않습니다.

이 시편의 처음 세 절은 박해를 받기는 하지만 버림을 받지는 않는 이스라엘을 묘사합니다. 먼저 이스라엘의 환난과 관련해서 우리가 주목할 것은 그 환난이 어디로부터 왔느냐 하는 것입니다: "그들이 내가 어릴 때부터 여러 번 나를 괴롭혔도다." 이스라엘을 괴롭힌 자는 누구였습니까? 본문은 "그들"이라고 말합니다. 왜 "그들"이라는 단어가 사용되고 있는 것입니까? 그것은 세세하게 얘기하면, 똑똑히 기억되기보다는 의미가 흐려질 우려가 있기 때문입니다. 이스라엘 민족의 경우에는 "그들"은 애굽 사람들, 아말렉 사람들, 히위 사람들, 헷 사람들, 여부스 사람들, 블레셋 사람들, 앗수르 사람들, 바벨론 사람들 등을 포함한 긴 목록이 될 것입니다. 그래서 시편 기자는 그냥 "그들"이라고 지칭합니다. 나의 사랑하는 친구들이여, 여러분을 괴롭혀 온 자들은 누구입니까? 시편 기자는 단지 "그들"이라고 함으로써, 여러분이 구체적으로 거기에 써놓고 싶은 이름들을 써넣을 수 있는 여지를 남겨 둡니다. 그러나 여러분이 모든 이름들을 잊고 그저 본문에 나오는 그대로 "그들"이라고 읽는 것이 아마도 더 지혜로울 수 있을 것입니다: "그들이 내가 어릴 때부터 여러 번 나를 괴롭혔도다."

나는 많은 경우에 하나님의 참된 종들을 괴롭혀 온 자들이 누구인지를 생각

하는 것을 별로 좋아하지 않지만, "사람의 원수가 자기 집안 식구리라"(마 10:36)
는 말씀은 여전히 참됩니다. 한 여자가 그리스도께로 오게 되었을 때, 그녀의 가
장 큰 괴로움은 그녀가 살아 있는 모든 사람들 중에서 가장 사랑하는 이로부터
옵니다. 그녀의 남편이 그녀의 최악의 고통이 됩니다! 한 아이가 구주께로 나아
왔을 때, 그 아이의 최악의 두려움은 자신의 아버지나 어머니로부터 받게 될 대
우에 관한 것입니다. 그러나 그런 일들이 늘 있어 왔습니다. 그러므로 우리는 본
문에 나오는 "그들"에 어떤 이름들을 대입하려 하지 않습니다. 우리가 "그들"이
라는 단어를 그대로 놓아두면, 우리는 우리를 박해하는 사람들을 위해 더욱더
잘 기도할 수 있습니다. 새롭게 회심한 그리스도인들이 직장에 나가면, 거기에
서 친구들을 발견할 수 있을까요? 물론, 하나님은 종종 이제 막 자기 자녀가 된
그들을 불쌍히 여기시고 매우 자상하게 배려하셔서, 믿음이 있는 사람들 속에서
일할 수 있게 해주시기도 합니다. 그러나 생계를 유지하기 위해서 불경건한 자
들의 틈새에서 힘든 시간을 보낼 수밖에 없는 새 신자들도 많습니다. 그리스도
께서는 그들에게 "보라 내가 너희를 보냄이 양을 이리 가운데로 보냄과 같도다"
(마 10:16)라고 말씀하시는 것 같습니다. 이리들은 가능하기만 하다면 어떻게든
어린 양들을 죽이고자 합니다. 이리들이 오래 전에 모든 어린 양들을 다 먹어치
웠다고 할지라도, 오늘날에 세상에는 이리들보다 어린 양들이 훨씬 더 많다는
것은 하나님의 놀라운 섭리가 아니겠습니까? 여러분도 아시다시피, 이 나라에는
이리가 한 마리도 남아 있지 않습니다. 이리들은 모두 다 죽었습니다. 이리들은
자기 자신을 보호할 수 있고 싸울 수 있었지만, 다 죽고 사라졌습니다. 양들은 스
스로를 보호할 수 없는데도, 여기에 많은 무리들을 이루고 살아 있습니다. 하나
님께서는 약하고 힘없는 자들을 돌보십니다. 하나님께서는 자연스러운 역사적
사실을 통해서 자기 백성에게 이렇게 말씀하시는 것으로 보입니다: "'적은 무리
여 무서워 말라 너희 아버지께서 그 나라를 너희에게 주시기를 기뻐하시느니라'
(눅 12:32). 악인들이 다 멸절될 때, 너희는 그것을 보게 되리라. '온유한 자들은
땅을 차지하며 풍성한 화평으로 즐거워하리로다'(시 37:11)." 이 세상에서 그리
스도인들은 그들이 넘어지는 것을 보기를 즐거워하고, 잘못이 없어도 어떻게든
잘못을 만들어 내고, 작은 실수를 큰 범죄로 과장하고자 하는 악인들을 자주 만
나게 됩니다. 원수가 어디에 매복해 있다가 갑자기 나타나서 공격할지 모르기
때문에, 그리스도인들은 어디로 가든지 칼을 뽑아들고 가야 합니다. 그리스도인

들은 장사하는 사람들이 도저히 이해할 수 없는 "허영의 시장" 한복판을 가로질러 가는 순례자들입니다. 저 옛적의 말씀이 그들에게서 다시 한 번 성취됩니다: "내 소유가 내게 대하여는 무늬 있는 매가 아니냐 매들이 그것을 에워싸지 아니하느냐"(렘 12:9). 그런 사람들은 "그들이 여러 번 나를 괴롭혔도다"고 진정으로 말할 수 있습니다.

그러나 다음으로, 우리는 이와 같은 박해가 어째서 오는 것인지를 묻지 않으면 안 됩니다. 이 시편은 "여러 번"(many a time)이라고 말합니다. 그것은 "아주 자주"를 의미합니다. 그러므로 하나님께 충성된 여러분은 원수의 공격을 자주 받게 될 것임을 각오해야 합니다. 하나님의 성도들 중에서 내가 아는 어떤 분들은 사람들이 그들에 대하여 좋게 말하면 기겁을 합니다. 그들은 이렇게 말하기 시작합니다: "우리가 뭘 잘못했습니까? 우리가 주님을 충성되게 잘 섬겨 왔다면, 이 사람들이 우리를 칭찬할 리가 있겠습니까?" 물론, 또 다른 측면을 말해 주는 하나님의 말씀도 있습니다: "사람의 행위가 여호와를 기쁘시게 하면 그 사람의 원수라도 그와 더불어 화목하게 하시느니라"(잠 16:7). 이 두 측면 가운데서 어느 경우에 어느 쪽이 해당되는지를 분별하기가 늘 쉬운 것은 아닙니다. 그러나 우리는 이것을 압니다. 즉, 그리스도께서 사람들로부터 호의적인 반응을 얻지 않으셨던 부분에서 우리가 사람들의 호의적인 반응을 기대하는 것은 잘못이라는 것입니다. 그들이 주님을 "바알세불"이라고 불렀던 상황에 우리가 처했을 때, 우리는 그들로부터 욕먹을 각오를 하는 것이 마땅한 일입니다. 그들이 주님께서 어떤 일들을 하셨을 때에 그 동기를 악한 것으로 판단했다면, 우리가 똑같은 일들을 했을 때에도 그들은 우리의 동기를 악하다고 할 것입니다. 그들은 주님을 "먹기를 탐하고 포도주를 즐기는 사람"(마 11:19)이라고 했기 때문에, 그들이 종종 우리가 한 번도 들어보지 못했던 말이나 지극히 혐오하는 말로 우리를 비방한다고 하더라도, 우리는 이상하게 여기거나 놀라지 말아야 합니다. 그러므로 여러분은 그리스도와 동일한 마음으로 무장하십시오. 그리스도께서는 "죄인들이 이같이 자기에게 거역한 일"을 무수히 "참으신" 분입니다(히 12:3).

이 시편은 우리에게 불경건한 자들의 이러한 공격들이 하나님의 백성에게 실제적인 환난이자 괴로움이었다고 말합니다. "그들이 내가 어릴 때부터 여러 번 나를 괴롭혔도다 … 그들이 내가 어릴 때부터 여러 번 나를 괴롭혔으나." 그것이 얼마나 큰 괴로움이었는지를 보여주기 위해서, 시편 기자는 이 사실을 두 번이나 반복해서 기록해 놓았습니다. 그들은 이스라엘에 상처를 입힌 데서 그친 것이 아니라, 그 상처에 소금물을 부어 더 쓰라리게 만들었습니다. 이스라엘은 정말 심한 상처를 입었고, 큰 고통을 당했습니다. 나는 종종 "나는 사람들이 나에 대하여 무엇이라고 말하든 신경 쓰지 않아요"라고 말하는 사람을 만나곤 합니다. 나는 그런 사람들의 그러한 반응이 옳은 것인지 틀린 것인지를 잘 모르겠습니다. 그런 반응은 종종 그들의 무관심과 냉담함을 보여주는 것이기 때문에 별로 좋은 것이 아니지만, 어떤 때는 칭찬할 만한 용기와 담대함을 보여주는 것일 수도 있습니다. 그러나 내가 아는 것은 하나님의 성도들에게 있어서 사람들로부터 받는 비방은 그들의 가슴을 찢어지게 만드는 아주 고통스러운 일이었다는 것입니다. 그런 비방은 그들의 가슴을 후벼팠고, 그들의 영혼에 대못을 박았습니다. 그런 까닭에, 구주께서는 자신의 제자들에게 "너희는 마음에 근심하지 말라"(요 14:1)고 말씀하셨습니다. 왜냐하면, "근심"은 종종 성도들의 마음을 갉아먹기 때문입니다. 실제로 괴로움을 주지 않는 환난은 환난이 아닙니다. 그러나 여기에서 그들은 괴로움을 느꼈습니다. 그들은 너무나 괴로워서 신음하였습니다. 쟁기질을 하는 자들은 단순히 겉만 간 것이 아니라 깊게 "고랑들"을 만들었기 때문에, 이스라엘의 영혼 깊은 곳에 움푹 "고랑들"이 파였습니다. 우리가 종종 그리스도를 위하여 이런 환난을 만날 수밖에 없다고 해도, 우리는 이상하게 여겨서는 안 됩니다. 아마도 이 자리에 앉아 계신 그리스도인들 중에서 어떤 분들은 "나는 그런 종류의 환난에 대해서 잘 모르는데"라고 말할 것입니다. 여러분이 그런 환난을 겪지 않았다면, 하나님께 감사하십시오. 그러나 그런 환난을 각오하시고 거기에 대비하십시오. 우리 중에는 지난 세월에 그런 환난을 겪으며 힘든 시간을 보낸 분들도 계십니다. 그런 분들은 갖가지 환난을 다 감당해온 분들입니다. 지금은 우리가 순탄한 시기를 보내고 있지만, 필요하다면 극렬하게 타는 용광로 속으로 들어가기 위해 단단히 각오를 하고 있습니다. 왜냐하면, 그것은 하나님의 종들에게 주어진 분깃 중의 일부이기 때문입니다: "그들이 내가 어릴 때부터 여러 번 나를 괴롭혔도다 … 그들이 내가 어릴 때부터 여러 번 나를 괴롭혔으나."

우리는 환난이 어떻게 이스라엘에게 왔는지에 대해서 살펴보고 있는데, 또 한 가지 주목할 것은 이스라엘에게 환난은 "어릴 때"에 찾아왔다는 것입니다. 사탄은 얼마나 비겁한 자입니까! 사탄은 늘 하나님의 자녀들이 아직 어릴 때에 극렬하게 공격을 해옵니다. 사탄이여, 싸움을 걸어오더라도 네 능력에 걸맞게 싸워라! 그러나 사탄은 그렇게 하기를 두려워합니다. 하나님의 자녀들이 웬만큼 성장해서 경험을 통해서 어떻게 하나님께로 피하는지를 알게 되면, 사탄은 흔히 그들을 슬며시 떠납니다. 요한계시록을 보면, "용이 해산하려는 여자 앞에서 그가 해산하면 그 아이를 삼키고자 하더니 여자가" 아들을 낳아서는 "그 아이를 하나님 앞과 그 보좌 앞으로" 올려갔다는 이야기가 나옵니다(계 12:4-5). 또한, 호시탐탐 노리고 있던 마귀는 그리스도께서 세례를 받으시고 물에서 올라오시자마자, 그가 공생애 사역을 시작하시기 전에 어떻게든 죽이기 위해 맹렬한 시험들로 그를 공격하기 시작합니다. 그러나 세례를 받으시고 성령으로 새롭게 기름 부음을 받으신 저 젊은 그리스도는 마귀가 상대할 수 있는 분이 아니었습니다. 그때 이래로 원수 마귀는 하나님의 백성이 아직 연약하며 싸움의 경험도 없는 어릴 때를 노려서 그들을 멸하고자 무수히 시도해 왔습니다. 다윗이 어릴 때에 사자나 곰과 싸웠던 경험을 살려서 나중에 블레셋 거인을 쓰러뜨렸듯이, 하나님의 백성에게는 그런 경험을 할 시간이 필요합니다. 하지만 저 새파란 소년이 사울에게 "주의 종이 사자와 곰도 쳤은즉 살아 계시는 하나님의 군대를 모욕한 이 할례 받지 않은 블레셋 사람이리이까"(삼상 17:36)라고 말할 수 있었다는 것은 정말 대단한 일이었습니다. 은혜 가운데 있은 지 얼마 되지 않은 여러분도 얼마든지 그렇게 할 수 있습니다. 여러분이 신앙이 아직 어릴 때에 아주 맹렬한 공격을 만난다고 할지라도, 놀라거나 두려워하지 마시고, 도리어 여러분 자신에게 담대하게 이렇게 말하십시오: "내게 이런 일이 일어날 줄을 이미 알고 있었다. 나는 불시에 기습을 당한 것이 아니라, 시편에서 이미 이 싸움에 대하여 경고를 받고 각오하고 있었다: '그들이 내가 어릴 때부터 여러 번 나를 괴롭혔도다 그들이 내가 어릴 때부터 여러 번 나를 괴롭혔으나 나를 이기지 못하였도다.'"

또한, 이 시편은 계속해서 쟁기질을 하는 자들이 이스라엘의 등을 갈아서 깊은 고랑들을 낸다는 비유 아래에서 이스라엘이 겪는 박해를 묘사하고 있다는 것을 주목하십시오. 이것은 일종의 이중적인 비유입니다. 이 비유는 한편으로는 채찍을 휘두르는 자가 자신의 상대방에게 온 힘을 다해서 무시무시하게 채찍질을 해서 그 상대방의 등에 깊이 패인 자국을 남기는 것을 가리키는 것이기도 하고, 다른 한편으로는 쟁기질하는 자가 생명 없는 흙이 아니라 살아 움직이는 살을 갈아엎어서 깊은 고랑들을 만들어 내는 것을 가리키는 것이기도 합니다. 채찍을 휘두를 때마다 살갗이 떨어져나가고 거기에는 깊이 패인 상처가 생겨납니다. 채찍을 휘두르는 무시무시한 소리가 들릴 때마다 등의 연약한 살점들이 떨어져나가서 피가 나고 점점 더 깊은 상처가 생겨납니다. 이스라엘은 자신들이 그랬다고 말합니다. 여러분도 그것을 압니다. 이스라엘은 거의 죽을 고비를 수도 없이 넘겼습니다. 이 작은 민족은 난도질당하여 갈가리 찢겼고, 시온은 밭처럼 쟁기질을 당했습니다. 하나님의 백성들 중에도 그런 일들을 겪은 분들이 있습니다. 주님이 그런 일을 당하셨기 때문에, 그리스도의 교회 전체도 그런 일을 당해 왔습니다. 무자비한 채찍질, 마흔 대에서 한 대 감한 채찍질이 거듭거듭 반복되었습니다. 사탄은 결코 자신의 공격을 멈추려 하지 않기 때문입니다. 앞으로도 사탄은 하나님의 백성을 거듭거듭 반복해서 괴롭힐 것이고, 할 수만 있다면 하나님의 백성들을 철저하게 멸하고자 할 것입니다. 흔히 이런 것이 하나님의 성도들 중에서 가장 선하고 진실된 자들의 삶이었고, 오늘날도 마찬가지입니다. 우리 중에서 모두가 다 그런 것은 아니지만, 많은 이가 그렇게 살아 왔습니다. 하나님께서 자신의 고난당하는 백성을 도우시기를 빕니다! 그리고 하나님의 백성들로 하여금 인내로써 자신의 신앙을 지켜내게 하시기를 빕니다. 나는 여러분에게 그리스도 안에서 우리의 형제인 분들 중에서 몇몇 분들이 바로 지금도 고난을 당하고 있다는 것을 상기시켜 드림과 동시에, 여러분 자신도 아직 몸을 입고 있다는 사실을 기억하고서, 환난 가운데 있는 자들을 기억하시기를 부탁드립니다.

그러므로 오늘의 본문은 하나님의 백성이 자주 겪어야 했던 고난에 대한 묘사입니다. 쟁기질을 하는 자들은 열심으로 하나님의 백성의 등을 갈아서 긴 고랑들을 만들었고, 그 등을 갈고 또 갈아서 갈지 않은 곳이 없게 하였습니다. 그들은 하나님의 백성의 등에 무시무시한 채찍을 인정사정 없이 휘둘렀습니다.

그렇다면, 이 모든 박해의 원인은 무엇입니까? 두 가지 이유가 있습니다. 첫 번째는 성도들에 대한 뱀과 그의 후손들의 증오심 때문입니다. 길이와 너비에 있어서 상상을 초월하는 것이 두 가지가 있습니다. 하나는 자기 백성에 대한 하나님의 사랑인데, 이 사랑은 정말 한이 없습니다. 다른 하나는 하나님의 백성에 대한 마귀의 증오심입니다. 물론, 마귀도 피조물에 불과하기 때문에, 그의 증오심에도 한계가 있습니다. 그러나 그 증오심은 거의 한이 없을 정도로 대단합니다. 사탄이 그리스도께 속한 자들을 어떠한 결연함과 맹렬함으로 미워하고 증오하는지는 우리가 상상할 수 없을 정도입니다! 사탄은 그들 중 한 명이라도 멸하는 일이라면 자신이 할 수 있는 모든 일을 다 하고자 합니다. 그는 "우는 사자 같이 두루 다니며 삼킬 자를 찾습니다"(벧전 5:8). 사랑하는 자들이여, 그것이 여러분이 사탄의 충직한 자녀인 자들로부터 그토록 무수한 박해를 당하는 이유입니다. 그들은 그들의 아버지인 마귀에게 속하여 마귀의 일들을 끊임없이 해나갑니다. 그런 마귀의 일들 중의 하나가 하나님의 자녀인 자들을 박해하는 것입니다.

그들이 성도들을 박해하는 데에는 또 다른 심오한 이유가 있습니다. 두 번째 이유는 하나님이 그런 박해를 허용하시기 때문입니다. 하나님께서는 왜 그것을 허용하시는 것일까요? 그것은 많은 경우에 여러분의 안전을 위해서입니다. 여러분은 "우리의 안전을 위해서라고요?"라고 반문할 것입니다. 그렇습니다. 하나님의 교회는 흔히 박해를 통해서 보전되어 왔습니다. 교회는 박해를 당했을 때에 가장 순전하고 거룩하며 진실하였고, 하나님께 가장 가까이 나아갈 수 있었으며, 구주를 가장 잘 닮아갈 수 있었습니다. 스코틀랜드 교회는 맹약자들의 시대에 클래버하우스의 존 그레이엄(John Graham of Claverhouse, 1649-1689)이 이끄는 용기병의 눈을 피해 한적한 곳이나 협곡의 풀밭에 앉아 모임을 가졌을 때에 가장 위대한 신앙을 보여주었다고 나는 감히 말할 수 있습니다. 최근에도 스코틀랜드교회는 탄압을 받던 시기에 가장 위대한 모습을 보여주었습니다. 나는 스코틀랜드 교회가 또다시 박해를 받지 않는다면 예전같은 그런 위대한 신앙의 모습을 다시는 결코 보여주지 못할 것이라고 믿습니다.

우리는 편안할 때에 영적인 일들에서 형통해야 마땅하지만, 흔히 실제로는 그렇지 못합니다. 양들의 최고의 친구가 양치기 개인 경우가 종종 있습니다. 목자가 양치기 개를 풀어 놓으면, 그 개는 길을 잃은 양들을 다시 데려오기도 하고, 자신의 목자의 양들에 다른 사람들의 양들이 섞여 있는 경우에는 그 양들 속으로 뛰어들어서 두 부류의 양을 갈라놓기도 합니다. 그러니까 우리는 박해하는 개들에게 많은 신세를 지고 있는 것입니다. 내가 아는 어떤 청년은 목요일 밤마다 이 성전에 소리 없이 들어와서 기도회에서 아주 간절하게 기도합니다. 그러나 그 청년은 자신의 집에서는 위로나 힘을 받지 못했습니다. 왜냐하면, 그의 아버지가 그의 신앙생활을 싫어해서 그를 아주 심하게 괴롭혔기 때문입니다. 그의 아버지가 죽고, 그는 아버지의 재산을 물려받았습니다. 그러자 이제 그의 모습은 이곳에서 볼 수가 없습니다. 내가 판단하건대, 그에게는 하나님을 사랑하는 것이 없습니다. 그의 신앙은 점점 차가워졌고, 마침내 그는 돌아서 버렸습니다. 그러나 그가 아버지로부터 박해를 받고 있던 동안에, 그는 분명히 내가 아는 신앙인들 중에서 가장 간절하게 신앙생활을 하는 사람들 중의 한 사람으로 보였습니다. 나는 그런 일이 자주 벌어진다고 믿습니다. 왜냐하면, 편안한 날들은 그리스도의 군사들에게는 어울리지 않기 때문입니다. 그러나 전쟁의 때에는 그들은 자신의 주님이 자신과 함께 있는 것을 기뻐할 것입니다. 이제 여러분은 박해가 우리의 안전을 위해서 종종 필요하다는 것을 이해하셨을 것입니다.

다음으로, 하나님이 박해를 허락하시는 이유는 우리를 시험하시고 연단하셔서 순전한 것과 불순물을 갈라내시기 위한 것입니다. 하나님께서는 우리로 체질을 당하게 하시고, 사탄은 우리를 체로 칩니다. 사탄은 체질하는 것을 좋아합니다. 그러나 그 체질은 그리스도를 위한 것이니, 사탄은 얼마나 미련한 자입니까! 우리가 체질을 당하는 것은 좋은 일입니다. 성도들을 박해하는 사탄은 단지 그리스도의 주방에서 그의 그릇과 단지들을 깨끗이 하는 접시닦이에 불과합니다. 사탄이 성도들이라는 접시를 깨끗이 닦아줄 때에 성도들은 가장 빛이 납니다. 사탄은 앙심을 품고 그렇게 하는 것이지만, 하나님께서는 그런 사탄을 사용하셔서 순전한 것과 불순물을 갈라내십니다. 하나님께서는 종종 자기 백성으로 하여금 그들 자신에 대하여 더 잘 알도록 하시기 위하여 그들에게 박해를 허락하십니다. 하지만 박해의 때가 찾아왔을 때, 우리는 얼마나 실망합니까! 어떤 사람은 신앙 때문에 사형을 선고받았을 때에 밤중에 침상에서 일어나서 자기가 과연 화형을 견딜 수 있을지 어떨지를 알아보기 위해 자기 손가락을 촛불에 대보았다고 합니다. 가엾은 영혼이여, 그 사람은 자기가 그러한 고통을 견딜 수 없을 것이라고 느꼈지만, 이렇게 말했습니다: "나는 지금 내 손가락을 촛불에 대는 것조차 견딜 수 없지만, 내가 화형을 당하게 되었을 때에는 나의 온 몸으로 그 고통을 감당해 낼 것이라고 진심으로 믿습니다. 왜냐하면, 지금 내 손가락을 촛불에 대본 것은 나의 호기심으로 인한 것이어서 하나님으로부터 지지와 힘을 받지 못한 것이지만, 그때에는 내가 하나님의 뜻을 따라 고난을 받는 것이 될 것이니까요." 그리고 실제로 그랬습니다. 존 폭스(John Foxe, 1516-1587, 영국의 순교사학자)가 쓴 「순교자 열전」이라는 책을 보면, 감옥에서 사형 선고를 받은 한 가엾은 여자가 산고를 겪은 이야기가 나옵니다. 그녀가 소리치자, 원수들은 그녀에게 "당신은 너무나 자연스러운 산고도 참을 수 없으면서, 화형을 당할 때에는 어떻게 참으려 하느냐?'고 말하였습니다. 그러자 그녀는 이렇게 대답했습니다: "나는 지금 죄로 인하여 인류에게 임한 저주의 고통을 겪고 있는 것이기 때문에, 그 고통을 심하게 느끼고 있지만, 나중에 화형을 당할 때에 내가 받을 고통은 그리스도를 위하여 받는 것인 까닭에, 나는 그 고통을 달콤하다고 느끼게 될 것입니다." 그녀가 얼마나 용감하고 당당했는지를 보십시오. 그녀는 그리스도를 위하여 고난을 받는 것이었기 때문에, 그 고통 속에서도 눈물을 흘리거나 비명을 지르지 않을 수 있었습니다. 하나님께서 자기 백성과 함께 계시지만, 그들이 생각하기에 기이한 방법으로 그들을 도우십니다. 하나님의 도우심은 그들에게는 시험이고, 그들은 자신의 연약함을 인정하도록 내몰립니다. 하나님의 도우심은 그들의 믿음을 시험하고 연단해서, 그들의 믿음이 불 같은 시험에 타버릴 짚으로 되어 있는지, 그런 시험에도 끄떡하지 않는 돌이나 쇠로 되어 있는지를 드러냅니다. 그때에 그들은 평소에 자기가 자신 있고 강하다고 생각했던 부분들에서 자신의 한없는 연약함을 깨닫고서 두려워 떨며 휘청거리게 됩니다.

내게 주어진 시간은 거의 다 되었는데, 나는 아직 절반도 전하지 못하고 있어서, 이제 나는 환난 가운데서 연단을 받고 있는 하나님의 자녀들에게 임하는 복들에 대해서 말씀드려야 할 것 같습니다. 나는 오늘 우리가 살펴보고 있는 시편 중에서 "그들이 나를 이기지 못하였도다"라는 부분을 읽는 것을 좋아합니다. 한 무리의 말 탄 군사들이 치열한 전투가 벌어지고 있는 전장의 한복판으로 달려가고, 자욱한 먼지에 가려서 잠시 그들의 모습이 보이지 않습니다. 그런데 자욱한 먼지 속에서 용맹스러운 대장의 목소리가 들려옵니다: "그들이 나를 이기지 못하였도다." 모두 다 이리처럼 번뜩이는 살벌한 기운을 내뿜는 수많은 군사들 속으로 작은 무리의 군사가 돌진해 들어갔으니, 그들은 산산이 분쇄될 것이 분명합니다. 그러나 두 진영의 군사들이 서로 뒤엉켜 혼전을 벌이는 와중에 그 작은 무리의 군사들의 군기는 여전히 휘날리고 있고, 곧이어 "그들이 나를 이기지 못하였도다"라는 외침이 들려옵니다. 간단히 말해서, 이것이 그리스도의 교회의 이야기이고, 하나님을 믿고 의뢰하는 모든 그리스도인들의 이야기입니다. 그들은 온갖 환난 중에, 또는 그 환난들을 겪은 후에 마침내 "그들이 나를 이기지 못하였도다"라고 외치게 될 것입니다.

원수들이 하나님의 성도들을 이길 수 없는 이유는 무엇입니까? 4절을 읽겠습니다: "여호와께서는 의로우사." 만일 하나님께서 자기 백성을 버리셔서, 그들이 멸망하고 만다면, 하나님은 의로우신 것이 아니게 될 것입니다. 그러나 하나님은 우리의 믿음의 역사와 사랑의 수고를 잊지 않으시고, 우리를 악한 날에 무너지도록 내버려 두지 않으십니다. "여호와께서는 의로우사." 즉, 하나님께서는 옳은 자의 편을 드실 것이고, 옳고 참된 것을 위하여 싸우는 자들을 옹호하시며, 그를 의지하는 자들을 위하여 자신이 강하시다는 것을 증명하시리라는 것입니다. "여호와께서는 의로우십니다." 그렇기 때문에 여호와 하나님은 자신의 원수들의 뺨을 치실 것입니다. 하나님은 그들이 계속해서 교만하고 잔인하게 행하도록 내버려 두지 않으실 것입니다. 그들은 잠시 힘을 얻고 우세를 점하여 하나님의 성도들을 칠 것이지만, "여호와께서는 의로우시기" 때문에, 밤낮으로 그에게 부르짖는 그의 택하신 자들을 위하여 속히 원수를 갚아 주실 것입니다. 하나님께서는 자기 백성의 대적들을 무너뜨리시는 것을 지체하실 수는 있지만, 결국 자기 백성의 편에 서서 자신의 전능하신 능력을 나타내 보이실 것입니다. 하나님은 불경건한 자들에 대하여 오래 참으시지만, 언제까지나 참지는 않으실 것입니다. "여호와께서는 의로우시다"는 사실은 악인들이 하나님의 성도들을 이기지 못할 것이라는 맹세입니다.

4절의 하반절을 보십시오: "악인들의 줄을 끊으셨도다." 이 구절을 문자 그대로 직역하면 "악인들의 자취를 끊으셨도다"가 됩니다. 3절에서 그들은 쟁기질을 하는 자들로 등장합니다. 동방에서는 긴 줄을 사용해서 황소를 쟁기에 묶습니다. 그들이 쟁기질을 할 때, 하나님께서는 무엇을 하실까요? 황소들이 있고 쟁기가 있지만, 하나님께서는 그 둘을 이어주는 "줄"을 끊어 버리셨습니다. 하나님은 종종 자기 백성을 박해하는 자들이 사용하는 줄을 정말 기가 막히게 기이한 방법으로 끊어 버리십니다. 하나님께서 피에몽(Piedmont)에서 활동하던 형제들을 위하여 원수들의 줄을 어떻게 끊어 버리셨는지를 보십시오. 그 형제들은 모두 다 한 사람도 빠짐없이 죽임을 당할 위험에 처했고, 그들을 구해줄 자는 아무도 없어 보였습니다. 그들은 사보이 공작(Duke of Savoy)의 백성들이었지만, 공작은 그들을 죽음으로 내몰았습니다. 이웃 나라는 프랑스였지만, 프랑스 국왕은 로마 가톨릭 신자로서 사보이 공작과 마찬가지로 그들을 죽이려고 혈안이 되어 있었습니다. 그러나 어느 날 올리버 크롬웰(Oliver Cromwell)이 프랑스 대사를 불러서 이렇게 말했습니다: "당신의 국왕에게 사보이 공작에게 명하여 피에몽에 있는 내 형제들을 박해하는 일을 중단하게 해주시라고 전해 주시오. 그렇지 않으면, 이 문제에 대해서 내가 국왕에게 항의할 것이오." 그러자 프랑스 대사는 이렇게 말했습니다: "각하, 그들은 프랑스의 국왕의 신민들이 아닙니다. 국왕께서는 그들과 아무런 상관도 없으십니다. 또한, 사보이 공작은 독립영주이어서, 우리는 그를 간섭할 수 없습니다." 크롬웰은 이렇게 대답했습니다: "그런 것은 내가 알 바 아니고, 나는 단지 당신의 국왕이 사보이 공작으로 하여금 피에몽에 있는 내 형제들을 박해하는 일을 중단하게 하지 않는다면, 반드시 그 책임을 당신의 국왕에게 물을 것이오." 프랑스의 대사와 국왕은 크롬웰의 말이 무슨 뜻인지를 알았고, 그래서 프랑스의 국왕은 독립영주였던 사보이 공작의 일에 개입해서, 그에게 박해를 중단하지 않으면 크롬웰이 선전포고를 해올 테니 박해를 중단하는 것이 좋겠다고 설득하지 않으면 안 되었습니다.

그리고 교황이 로마에서 영국의 몇몇 선원들을 박해하였을 때에도, 크롬웰은 서신을 통해서, "교황 성하"께서 로마에서 자기가 쏘는 총성을 듣고 싶어 하는지 어쩐지는 잘 모르겠지만, 선원들을 박해하는 일을 그만두지 않으면 아주 신속하게 총성을 듣게 될 것이라고 경고하였습니다. 크롬웰은 하나님을 경외하는 자들의 수호자였고, 기독교인들이 박해받던 시절에 그런 인물이 권좌에 오르게 된 것은 하나님의 섭리였습니다. 하나님께서는 자기 백성을 어떻게 구원하실지를 늘 알고 계십니다. 하나님은 자신이 과거에 행하셨던 일들을 오늘날에도 또다시 하실 수 있으십니다. 하나님은 쟁기질하는 자들의 자취를 끊어 버리셔서, 깊은 고랑이 더 이상 생기지 않게 하십니다. 하나님께서 얼마나 자주 그렇게 해오셨습니까! 하나님께서 자신의 손을 뻗으셔서 악인들에게 "그만!"이라고 말씀하신 것이 어디 한두 번이었습니까! 그럴 때마다 그들은 멈출 수밖에 없었고, 그것이 박해의 끝이었습니다.

그러므로 환난 가운데 있는 자들이여, 있는 힘을 다해 부르짖으십시오! 여러분을 건지실 하나님을 향하여 온 힘을 다해 부르짖으십시오! 사랑하는 자들이여, "너희가 친히 원수를 갚지 말고 하나님의 진노하심에 맡기라 기록되었으되 원수 갚는 것이 내게 있으니 내가 갚으리라고 주께서 말씀하시니라"(롬 12:19). 그러므로 여러분이 박해를 받고 있다면, 그 일을 하나님의 손에 맡기십시오. 여러분은 대장간에서 달군 쇠를 올려놓고 두드릴 때에 받침으로 사용되는 쇳덩어리인 모루처럼 되십시오. 여러 세대에 걸쳐 수없이 망치로 맞아도 모루는 여전히 끄떡도 하지 않고 대장간에 그대로 있습니다! 여러분도 그렇게 되십시오. 박해하는 자들이 번갈아 와서 끊임없이 여러분을 쳐도, 여러분은 흔들림 없이 믿음으로 하나님을 견고히 붙잡으십시오. 성령께서 여러분을 끝까지 지켜 주시기를 빕니다.

이 설교의 나머지 절반은, 하나님께서 허락하신다면, 목요일 밤에 전해야 할 것 같습니다. 하나님의 복이 여러분과 함께 하시기를 빕니다. 하나님의 백성인 사람들은 행복한 사람들입니다. 풀무불 속에 있는 사람들은 복된 사람들입니다. 환난과 연단을 받고 있는 사람들은 복된 사람들입니다. 그 입으로 결코 거짓말을 하실 수 없으신 하나님께서 그런 사람들이 복되다고 선언하신 것이 아닙니까? "의를 위하여 박해를 받은 자는 복이 있나니 천국이 그들의 것임이라 나로 말미암아 너희를 욕하고 박해하고 거짓으로 너희를 거슬러 모든 악한 말을 할 때에는 너희에게 복이 있나니 기뻐하고 즐거워하라 하늘에서 너희의 상이 큼이라 너희 전에 있던 선지자들도 이같이 박해하였느니라"(마 5:10-12). 그러므로 여러분이 그리스도를 위하여 고난을 당하기에 합당한 자로 여김을 받게 된 것을 기뻐하고 즐거워하십시오.

제
128
장
—

풍성한 속량

—

"여호와께서는 … 풍성한 속량이 있음이라." ― 시 130:7

"속량"은 그 복된 종소리 속에 하늘의 소리가 없었을 때에도 많은 사람들의 귀를 즐겁게 해 주었던 단어입니다. 이 단어는 신학적인 용법으로 사용되고 있는 것을 떠나서도 아주 감미로운 단어여서 많은 사람들의 마음에 음악과 같았습니다. 아프리카 연안에 해적들이 끊임없이 출몰하던 시기에 그리스도인들이 해적 선에 납치되어 포로로 끌려가서, 수갑이 채워지고 쇠사슬에 묶여서 노예로 팔려 갔을 때, 그들의 괴로운 영혼은 언제나 "속량"의 날이 올 것이라는 소망으로 기뻐할 수 있었습니다. 그들을 노예로 삼았던 잔인한 해적들은 그들을 해방시켜 주려고 하지 않았지만, 먼 나라에서 이 노예들을 해방시키기 위하여 돈을 모았 다는 소문도 돌았고, 어떤 부유한 상인이 이 노예들을 다시 본향으로 돌아오게 하기 위하여 자신의 전 재산을 헌납하였다는 소문도 있었으며, 국왕 자신도 무 어인들에게 포로로 잡힌 이 노예들을 "속량시켜서" 본국으로 돌아가게 하겠다고 약속하였다는 소문도 돌았습니다. 이 노예들은 "속량"이라는 단어를 자신의 귀 로 듣는 순간, 지옥 같았던 시간들이 이제는 행복하게 지나는 것 같고, 끔찍해하 고 몸서리쳤던 노역이 일순간에 가벼워지는 것을 느꼈으리라는 것을 우리는 충 분히 짐작할 수 있습니다. 서인도 제도에서 한때 노예로 있던 우리나라 사람들 에게 "속량"이라는 단어는 정말 기쁘고 즐거운 노래와도 같았을 것이 틀림없습 니다. 그들의 조국인 영국이 그들을 속량할 몸값으로 2,000만 파운드의 돈을 준비해서, 그들이 어느 날 아침 그들의 족쇄가 풀려서, 더 이상 농장으로 나가서 뜨거운 햇빛 아래에서 채찍에 맞아가며 땀 흘리지 않아도 되게 되었고, 이제는 그들의 육체와 영혼을 소유한 노예주들에게서 놓여나 자신의 육체와 영혼을 자신의 것이라고 부를 수 있게 되었을 때, 그 속량의 감격은 나이 어린 신부에게 혼인의 종이 울릴 때와 같이 정말 꿀맛 같은 달콤함 그 자체였을 것이 틀림없습니다. 저 복된 새 아침의 해가 떠서, 바다에서부터 바다까지 해방이 선포되고, 온 땅이 자유를 누리게 되었을 때, 그들이 새롭게 얻은 자유는 얼마나 기쁘고 즐거운 것이었을지를 여러분은 충분히 짐작할 수 있을 것입니다. 이렇게 "속량"이라는 단어 속에는 수많은 노래들이 담겨 있습니다.

아무것도 아닌 것을 얻기 위해 자신의 영광스러운 유산을 팔아버린 당신, 노예가 되어 사탄의 영지로 끌려간 당신, 죄악의 족쇄가 채워져서 신음하고 있는 당신, 하나님의 율법의 채찍 아래에서 벌을 받아온 당신 — 옛적에 노예들과 포로들의 귀에 들렸던 저 "속량"의 소식이 오늘 밤에는 당신의 귀에 들리게 될 것입니다. 이 소식은 여러분의 영혼을 기쁘고 즐겁게 해줄 것인데, 오늘은 "풍성한"이라는 형용사가 덧붙여져서 여러분의 귀에 들려오는 "속량"의 소식인 까닭에 여러분의 영혼이 느낄 기쁨과 즐거움은 더욱더 클 것입니다.

이 저녁에 나는 먼저 "속량"이라는 주제를 살펴본 후에, 다음으로 이 단어에 덧붙여진 "풍성한"이라는 형용사를 살펴볼 것입니다.

1. 첫째로, "속량"에 대해서 살펴보겠습니다.

나는 그리스도께서 무엇을 속량하셨는가 하고 묻는 것으로 이 주제에 대한 논의를 시작할까 합니다. 나는 여러분으로 하여금 이 주제에 대한 나의 견해가 무엇인지를 알게 하기 위하여, 내가 어떤 것이 정통적이고 권위 있는 가르침, 즉 상식과 합치하고 성경이 우리에게 말해 주는 가르침이라고 보는지를 처음부터 밝히고자 하는데, 그것은 그리스도께서는 무엇을 속량하셨든 자신이 속량하신 것에 대한 소유권을 분명히 자신이 갖게 되셨으리라는 것입니다. 그래서 나는 그리스도께서는 자신이 속량하신 것을 자신의 소유로 갖고 계신다는 것을 하나의 공리로 전제하고 논의를 시작하고자 합니다. 그리스도께서 장차 자신의 소유가 될 것도 아닌 것을 속량하기 위하여 자신의 목숨을 속전으로 내어주셨을 것이라고 생각하는 것은 이성에도 맞지 않고 계시에는 더더욱 맞지 않을 것입니다. 또한, 우리 구주께서 죽으심으로써 이루고자 하셨던 것이 좌절되었을 수도 있다고 말하는 것은 거의 신성모독에 가깝습니다. 따라서 그리스도께서 자신의 목숨을 내어주셔서 속량하고자 하신 것이 무엇이든, 그가 그렇게 하신 것은 그것을 갖기 위한 것이었다는 것은 이성이 있는 사람이라면 누구나 다 인정할 수밖에 없는 가장 기본적인 하나님의 진리로 받아들여야 한다는 것이 우리의 전제입니다. 하나님께서 좌절될 수 있는 어떤 일을 의도하시고 계획하셨다는 것은 상상할 수조차 없는 일입니다. 우리는 하나님은 피조물 위에 뛰어나서서 일단 의도하신 일은 반드시 이루신다고 늘 생각해 왔습니다. 그런 생각이 틀리지 않다면, 나는 여러분이 그리스도께서 헛되이 피를 흘리셨다고 생각하는 것을 한시라도 용납할 수 없습니다. 또한, 그리스도께서 어떤 일을 이루시기 위한 의도로 죽으셨는데, 결국 그 일을 이루지 못하셨다고 생각하는 것이나, 그리스도께서 어떤 의도를 지니고 죽으셨고, 하나님께서는 그의 수난에 대한 상으로 어떤 것을 그에게 주시기로 약속하셨는데, 결국 그리스도께서는 하나님이 약속하신 그것을 얻지 못하셨다고 생각하는 것도 용납될 수 없습니다. 나는 이 문제를 제대로 곰곰이 숙고해 본 사람이라면 누구나 그리스도께서 죽으신 의도가 성취되었고, 하나님의 계획은 그것이 무엇이든지 간에 이루어졌다는 것을 인정할 수밖에 없을 것이라고 생각합니다. 그러므로 나는 그리스도의 피의 효력은 하나님의 목적과 계획 외에 다른 어떤 제한이 있을 수 없다고 믿습니다. 또한, 나는 그리스도의 대속의 효력은 하나님이 원래 의도하셨던 효력 그대로이고, 그리스도께서는 아버지 하나님이 속량하기로 작정하신 것이자 자기 자신이 속량하고자 하신 것을 그대로 속량하신 것이라고 믿습니다. 그래서 나는 모든 사람이 속량을 받았다고 주장하는 저 가르침을 한순간이라도 신뢰할 수 없습니다. 어떤 이들은 그러한 가르침을 아주 강력하게 주장하고, 심지어 계시에 의한 가르침의 근본적인 부분이라고까지 주장합니다. 이 나라는 자유국가이기 때문에, 그들이 그런 주장을 하는 것은 자유입니다. 그러나 나는 그들에게 만약 그들이 이 문제를 정말 잘 숙고하기만 한다면 그런 가르침을 받아들일 수 없을 것이라고 엄숙히 말하지 않을 수 없습니다. 왜냐하면, 그들이 일단 만인구원설을 받아들인다면, 그들은 하나님의 의도와 계획은 좌절되었고, 그리스도께서는 자기가 죽음을 통해서 얻고자 하신 것을 얻을 수 없었다는 신성모독적인 결론으로 나아갈 수밖에 없게 되기 때문입니다. 그러므로 그들이 그러한 결론을 수긍할 수 있다면, 나는 그들에게 그들이 믿고자 하는 것을 믿을 수 있는 자유가 있다고 말할 수밖에 없습니다. 그리고 나는 그들이 다른 사람들의 조롱이나 인간의 건전한 이성에는 아랑곳하지 않고 맹목적인 열정과 맹신만이 무성한 곳에 착륙해서 거기에 정착하는 것을 보고서도 절망하지 않을 것입니다.

그러므로 이제 나는 이러한 전제를 출발점으로 삼아서, 건전한 가르침과 성경에 따라 내가 믿고 있는 바를 여러분에게 말씀드리고자 합니다. 그리스도께서는 진정으로 속량을 이루셨습니다. 그의 속량은 매우 방대한 속량이었습니다. 그는 많은 것들을 속량하셨습니다. 그는 자기 백성의 영혼들을 속량하셨고, 자기 백성의 육신들을 속량하셨으며, 인간이 아담 안에서 잃어버렸던 원래의 유업을 속량하셨고, 마지막으로 그가 마지막 날에 세상을 갖게 되실 것이라는 의미에서 세상을 속량하셨습니다.

(1) 그리스도께서는 **궁극적으로 구원받게 될 그의 모든 백성들의 영혼을 속량하셨습니다.** 이것을 칼빈주의적으로 표현해 본다면, 그리스도께서는 자신의 택하신 자들을 속량하셨습니다. 그러나 하나님의 택하신 자들이 나타날 때까지는 그들이 누구인지를 우리가 모르기 때문에, 우리는 그런 표현 대신에, 그리스도께서 모든 회개하는 영혼들을 속량하셨다는 표현을 사용하고자 합니다. 그리스도께서는 모든 믿는 영혼들을 속량하셨습니다. 그리고 유아 때에 죽은 모든 자들은 하나님의 은혜로 말미암아 이 고해 같은 세상에서 고생함이 없이 즉시 천국으로 가도록 특권을 부여받은 자들로서 어린 양의 생명책에 기록되어 있기 때문에, 그리스도께서는 유아 때에 죽은 모든 자들의 영혼도 속량하셨습니다. 모든 세계 이전에 어린 양의 생명책에 기록되어 있던 자들, 시간이 흐르면서 하나님 앞에서 낮아진 자들, 적절한 과정을 거쳐서 그리스도 예수를 자신의 영혼의 유일한 피난처로 붙잡게 된 자들, 자신의 길을 가다가 궁극적으로 천국에 당도하게 된 자들 — 나는 이 모든 자들의 영혼도 그리스도로 말미암아 속량함을 받은 것이라고 믿습니다. 그리고 나는 이런 자들 이외에 다른 이들의 영혼은 그리스도의 속량의 대상이 아니었다고 아주 확고하고 엄숙하게 믿습니다. 나는 유다가 속량함을 받았다는 가르침을 믿지 않습니다. 나는 내 구주께서 유다가 받을 벌을 대신 짊어지셨다고 생각할 수 없습니다. 만일 그렇다면, 유다가 어떻게 또다시 벌을 받을 수 있겠습니까? 나는 하나님께서 유다의 죄에 대한 벌을 먼저 그리스도에게 집행하시고, 그런 후에 마지막 날에 유다에게 다시 집행하실 것이라고 생

각할 수 없습니다. 나는 그리스도께서 헛되이 피를 흘리셨다고 한시라도 생각할 수 없습니다. 나는 어떤 신학자들의 책들에서 그리스도의 피가 지옥의 불을 위한 연료라고 말하는 것을 읽고서는, 하나님의 말씀에 의해서 전혀 밑받침되지 않는 그런 무시무시한 주장을 하는 것에 몸서리를 쳤습니다. 하나님의 백성들의 영혼은 그들이 누구이고 그들의 수가 아무리 많더라도 ― 나는 여러분 모두가 하나님의 백성이기를 소망합니다 ― 다 속량함을 받았습니다!

　간단하게 말해서, 그들은 세 가지 방식으로 속량함을 받습니다. 즉, 그들은 죄책으로부터 속량함을 받고, 죄에 대한 벌로부터 속량함을 받으며, 죄의 권능으로부터 속량함을 받습니다. 그리스도의 백성들의 영혼은 속량함을 받을 때까지는 죄로 말미암은 죄책(guilt)을 갖습니다. 그러나 그리스도의 속량하심이 일단 나의 영혼에 적용되면, 내 모든 죄는 그 순간부터 다 영원히 지워집니다.

　　　"죄인이 십자가에 못 박히신 주님을
　　　　믿고 의뢰하는 순간
　　　　그는 그 즉시 주님의 피로 말미암아
　　　　죄 사함과 온전한 구원을 받네."

　우리의 죄책은 그리스도의 속량하심으로 말미암아 제거됩니다. 여러분이 무슨 죄를 지었든, 그리스도를 믿는 순간, 여러분은 그 죄로 인하여 벌받는 일이 결코 없게 될 뿐만 아니라, 그 죄로 인한 죄책도 여러분에게서 제거됩니다. 여러분은 하나님이 보시기에 더 이상 죄 지은 사람이 아니게 됩니다. 하나님은 여러분을 그리스도의 의를 덧입어서 의롭다 하심을 받은 신자로 여기십니다. 그러므로 여러분은 우리가 흔히 부르는 찬송처럼 이렇게 말할 수 있습니다:

　　　"이제 나는 죄로부터 해방되어 활보하고 다닌다네.
　　　　내 구주의 피가 나를 온전히 해방시켜 주셨다네.
　　　　내 영혼이 그의 발 앞에 엎드려
　　　　죄인을 구원하신 이에게 예를 드리고 충성을 맹세한다네."

　모든 죄가 단 한 톨의 죄책도 남김없이 그리스도의 속량하심으로 말미암아 하나님의 모든 믿는 권속으로부터 온전히 제거되는 것입니다.

다음으로, 죄책만이 아니라 죄에 대한 벌도 제거된다는 것을 주목하십시오. 사실 우리가 더 이상 죄인으로 취급되지 않을 때, 형벌의 대상이 되는 것도 온전히 그칠 수밖에 없습니다. 죄책을 제거하면, 형벌은 자연히 사라지게 됩니다. 그러나 이 점을 더 분명하게 보여주기 위해서, 우리로 하여금 정죄 받게 만드는 죄가 제거되는 것과 아울러서 정죄 자체도 제거된다고 어찌 보면 이중적으로 표현하는 것입니다. "그러므로 이제 그리스도 예수 안에 있는 자에게는 결코 정죄함이 없나니"(롬 8:1). 그리스도로 말미암아 속량함을 받은 자들은 그 누구도 결코 정죄 받지 않습니다. 그들이 죄로 인하여 벌을 받는 일은 결코 있을 수 없습니다. 왜냐하면, 그리스도께서 그들 대신에 그들이 받아야 할 벌을 이미 받으신 까닭에, 하나님이 불의하지 않으시다면, 그들이 진 빚을 그리스도로부터 받으시고 나서는 또다시 그들에게 그 빚을 갚으라고 요구하실 수 없으시기 때문입니다. 그리스도께서 그들의 속전이 되서서 죽으셨기 때문에, 그들은 죽을 수 없습니다. 그리스도께서 그들의 담보가 되서서 그들의 빚을 모두 다 대신 갚으셨기 때문에, 이제 하나님의 공의와 관련해서 그들이 빚진 것은 아무것도 없습니다. 그리스도께서 피를 흘리셨고, 자신의 목숨을 내어주셨으며, "우리를 하나님 앞으로 인도하려 … 의인으로서 불의한 자를 대신하셨으니"(벧전 3:18), 하나님이 죄인들을 그들의 구주이신 예수 그리스도 안에서 이미 벌하시고 나서 또다시 그 죄인들을 벌하신다면, 어떻게 의로우실 수 있으시겠습니까? 사랑하는 자들이여, 그리스도의 "풍성한 속량"으로 말미암아 우리는 죄로 말미암은 모든 형벌과 우리가 죄를 지어서 초래한 모든 죄책으로부터 건짐을 받습니다.

또한, 그리스도의 믿음의 권속, 또는 그리스도의 죽으심의 효력이 미치는 모든 사람들은 죄의 권능으로부터도 건짐을 받습니다. 내가 앞에서 언급한 두 가지 진리들은 마치 꿀을 먹듯이 달콤하게 먹지만, 이 세 번째 진리, 곧 그리스도께서 우리를 죄의 권세로부터 건지셨다는 진리는 잘 받아들이지 못하는 사람들이 있습니다. 그런 분들은 이 점을 명심하여야 하고, 우리는 이 점을 아주 강력하게 단언하는데, 그것은 죄의 권능으로부터 건짐을 받지 못한 자는 죄책이나 죄에 대한 벌로부터도 속량함을 받은 자일 수 없다는 것입니다. 어떤 사람이 하나님으로 말미암아 자신의 죄를 미워하게 되어서, 죄를 땅바닥에 내동댕이칠 수 있고, 온갖 악한 길을 혐오하며, 온 마음으로 하나님께 붙어 있고자 하고, 산 자들의 땅에서 성령이 주시는 힘으로 하나님 앞에서 행하는 자가 되지 않는다면, 그 사람은 자기가 속량함을 받았다고 믿을 자격이 없습니다. 악한 죄인들이여, 여러분이 여전히 자신의 정욕의 지배 아래 있다면, 여러분은 자기가 그리스도의 피로 말미암아 사신 바 된 천국의 상속자라고 생각할 자격이 없습니다. 여러분이 술 취한 자일 수 있고, 욕할 수 있고, 하나님을 저주할 수 있고, 거짓말할 수 있고, 안식일을 더럽힐 수 있고, 하나님의 백성을 미워할 수 있고, 하나님의 말씀을 멸시할 수 있다면, 여러분은 지옥에 있는 사탄과 마찬가지로 자신이 속량함을 받은 자라고 자랑할 자격이 없습니다. 왜냐하면, 하나님의 모든 속량 받은 자들은 때가 되면 그들이 종 되었던 집, 곧 애굽 땅으로부터 나와서, 죄가 지닌 악성과 죄로 인한 무시무시한 형벌을 배우게 되고, 하나님이 보시기에 죄를 짓는다는 것이 얼마나 절망적인 일인지를 배우게 되기 때문입니다. 이 설교를 듣고 계시는 여러분은 죄의 권세로부터 건지심을 받았습니까? 여러분 속에서 죄가 죽었습니까? 여러분은 죄에 대하여 죽으셨습니까? 죄가 여러분에 대하여 죽었습니까? 죄가 여러분에 대하여 십자가에 못 박혔고, 여러분도 죄에 대하여 십자가에 못 박혔습니까? 여러분은 죄를 독사처럼 여기고 미워하십니까? 여러분은 뱀을 밟듯이 죄를 밟고 계십니까? 그렇다면, 여러분 속에 아직도 연약함으로 인한 죄들이 있다고 할지라도, 여러분이 마음으로 죄를 미워하고, 죄에 대하여 이루 말할 수 없는 적대감을 지니고 있기만 하다면, 담대하시고 위로를 받으십시오. 왜냐하면, 하나님께서는 여러분을 죄책과 죄로 인한 형벌, 그리고 죄의 권세로부터 속량하셨기 때문입니다. 이것이 그리스도의 속량의 첫 번째 의미입니다. 내가 드리는 말씀을 다시 한 번 똑똑히 들으십시오. 사람들이 나의 말을 오해하지 않도록 하기 위해서, 나는 늘 내가 하는 말 중 오해의 소지를 없애려고 많이 애씁니다. 나는 여러분이 나를 불쌍하다는 듯이 바라보면서 "목사님이 무슨 얘기를 하시는지 도통 모르겠어"라고 속으로 말하도록 그런 식으로 말씀을 전하고 싶지 않습니다. 그래서 나는 내가 무엇을 말하고자 하는지를 다시 한 번 엄숙하게 확인해 드리고자 합니다. 즉, 나는 죄책과 형벌과 죄의 권능으로부터 속량함을 받은, 또는 받게 될 자들만이 진정으로 속량함을 받은 자들이라고 믿습니다. 저주받아 멸망에 처한 자들이 속량함을 받았다거나, 지옥에 있는 멸망 받을 자들이 구주의 피로 씻음을 받았다거나, 구주께서 그런 자들을 구원하시기 위하여 피를 흘리셨다고 생각하는 것은 성경에 비추어서 혐오스러울 뿐만 아니라 나의 이성에 비추어 보아서도 혐오스러운 것임을 나는 다시 한 번 말씀드립니다.

(2) 이제 그리스도께서 속량하신 두 번째의 것에 대해서 생각해 보기로 하겠습니다. 그리스도께서는 자신의 모든 자녀들의 몸을 속량하셨습니다. 그리스도께서 우리의 영혼을 속량하신 바로 그 날에 우리의 영혼이 거하는 장막도 속량하셨다는 것입니다. 인간으로서 자신의 영혼만이 아니라 육신도 죽음에 내어주신 그리스도께서는 모든 믿는 자들의 영혼이 그리스도의 피로 말미암아 속량함을 받은 바로 그 순간에 그들의 영혼만이 아니라 그들의 육신도 자신의 피로 사셨습니다. 그러므로 여러분은 그리스도의 속량하심이 신자들의 몸에 어떤 식으로 작용하는 것이냐고 물을 것입니다. 나의 대답은 먼저 그것이 부활을 보장한다는 것입니다. 그리스도의 죽으심으로 말미암아 신자들에게는 영광스러운 부활이 보장됩니다. "아담 안에서 모든 사람이 죽은 것 같이 그리스도 안에서 모든 사람이 삶을 얻으리라"(고전 15:22). 모든 사람은 그리스도의 죽으심 덕분에 다시 깨어나서 부활에 이릅니다. 그러나 부활과 관련해서도 택함 받은 자들에게는 특별한 복이 주어집니다. 왜냐하면, 그들은 다시 깨어나서 복된 부활에 이르는 반면에, 불신자들은 다시 깨어나서 저주 받은 부활, 곧 온통 화(禍)뿐이고 형언할 수 없는 고통을 당하게 되는 부활에 이르기 때문입니다. 그리스도인들이여, 여러분의 몸은 속량함을 받습니다.

> "당신이 타고난 죄들로 인하여
> 당신의 육신은 먼지로 돌아가겠지만,
> 당신의 구주 예수께서 부활하셨으니,
> 그를 따르는 모든 자들도 부활하리라."

조금 지나면, 나는 무덤에서 잠자게 되고, 벌레들이 내 육신을 갉아먹겠지만, 나는 "나의 대속자께서 살아 계시니" 내 육체로 하나님을 뵙게 될 줄을 압니다(cf. 욥 19:25). 이 눈들은 죽으면 이내 침침해지겠지만, 영원토록 어둠 속에 감겨 있지는 않을 것입니다. 사망이 자기가 삼켰던 자들을 도로 내놓게 될 것이고, 자기가 데려간 모든 자들을 되돌려주게 될 것입니다. 보십시오, 사망이 저기에 있습니다! 그가 의인들의 육신을 자신의 지하 감옥에 가두어 놓습니다. 그는 그 육신들을 수의에 싸서 무덤에 넣고 봉인하고서는, 이제 그것들이 자신의 것이라고 안심합니다. 그러나 보십시오. "오, 사망이여! 어리석은 사망이여! 너의 관들은 약탈당할 것이고, 너의 창고는 털릴 것이다. 보라, 아침이 왔다! 그리스도께서 위로부터 강림하셨다. 나는 '일어나라! 일어나라!'고 소리치는 나팔소리를 듣는다. 보라, 의인들이 무덤에서 일어나고, 사망의 왕국이 그 신민들로부터 버림받으며, 그 지하 감옥에 있던 사망의 포로들이 탈취당하리라. 사망은 그 광경을 보고서 혼란에 빠져 허망하게 슬피 우는구나." "그들의 피가 그의 눈앞에서 존귀히 여김을 받게"(시 72:14) 될 것이고, 그들의 뼈도 그럴 것입니다. 그리스도께서 그들을 다시 일으키셔서 자기와 함께 있게 하실 것이기 때문에, 그들의 티끌조차도 복됩니다. 친구나 자녀를 잃고 슬퍼하는 여러분, 속량함을 받은 그들이 다시 살아나게 되리라는 것을 생각해 보십시오. 여러분의 손을 꼭 잡고서 사망으로 이끌어갔던 바로 그 손이 이제는 낙원에서 여러분의 손을 잡게 될 것입니다. 눈물 흘리며 애곡하던 그 눈들이 이제는 결코 쇠약해지지 않을 눈의 근육으로 행복의 정오에 깨어 있게 될 것입니다. 여러분이 상복을 입고서 애도하는 중에 무덤 속에 매장하였던 바로 그 동일한 육신이 예수 그리스도의 형상으로 영적인 몸으로 되어 다시 부활하게 될 것입니다. 여러분이 속량함을 받았다면, 여러분도 자신이 그렇게 되는 것을 보게 될 것입니다. 왜냐하면, 그리스도께서는 여러분의 육신을 피로 사셨고, 결코 헛되이 죽으신 것이 아니기 때문입니다. 사망은 의인들에게 속한 뼈 하나, 아니 그들의 티끌 한 점, 아니 그들의 머리카락 한 오라기도 갖지 못하고, 모두 다 돌려주게 될 것입니다. 그리스도께서는 우리의 육신 전체를 사셨고, 우리의 온전한 육신은 천국에서 온전하게 되어 우리의 영화롭게 된 영혼과 영원히 하나로 결합될 것입니다. 의인들의 육신은 영원한 행복을 위하여 속량함을 받습니다.

(3) 다음으로, 의인들에게는 아담 안에서 잃어버린 모든 것이 속량함을 받습니다. 아담! 당신은 어디에 있습니까? 내가 당신에게 따질 것이 있습니다. 왜냐하면, 나는 당신으로 인해서 많은 것을 잃었기 때문이죠. 아담, 나오십시오! 당신은 지금 당신의 모습을 압니다. 당신이 전에는 어떠하였는지를 내게 말해 주십시오. 그러면, 나는 내가 당신 때문에 무엇을 잃어버렸는지를 알게 될 것이고, 그렇게 되면 당신이 잃어버린 모든 것들을 모든 신자들에게 값없이 되돌려주신 내 주님께 감사할 수 있게 될 것입니다. 당신은 무엇을 잃어버렸습니까? 아담은 이렇게 울부짖습니다: "슬프도다! 전에는 내가 면류관을 쓰고 있었어. 나는 온 세상의 왕

이었거든. 짐승들이 내 발 앞에 와서 엎드렸고 내게 예를 갖추었지. 하나님께서는 저 초장의 가축들과 공중의 모든 새를 다스리게 하시기 위하여 나를 지으셨어. 그런데 나는 내 면류관을 잃고 만 거야." 아담은 계속해서 이렇게 말합니다: "나는 전에 제사장이 쓰는 관을 쓰고 있었지. 왜냐하면, 나는 하나님에 대하여 제사장이었고, 흔히 아침에는 언덕에 올라가서, 나를 지으신 하나님을 찬송하는 감미로운 기도를 드리며 노래하곤 했어. 나의 찬송의 제사는 향연이 되어 올라갔고, 내 목소리는 찬송으로 감미로웠지. 나는 종종 새벽에 안개에게 땅에 자욱하라고 명하였고, 해와 달과 별들에게도 하나님을 찬양하라고 명했으며, 날마다 언덕 위의 가축들에게 낮은 소리로 하나님의 영광을 찬미하라고 명하였고, 사자들에게 하나님의 존귀하심을 포효하라고 명하였어. 또한, 밤에는 별들에게 빛을 발하라고 말하였고, 작은 꽃들에게는 피어나라고 명하였지. 그러나 나는 제사장의 관을 잃어버렸어. 나는 전에 하나님의 제사장이었지만, 더 이상 그의 거룩한 종이 아니게 되었지." 아담이여, 당신은 나로 하여금 많은 것을 잃게 만드셨군요. 그러나 나는 저기에 계시는 내 구주를 봅니다. 구주께서는 내 머리에 면류관을 씌워 주시기 위해서 자신의 면류관을 벗으십니다. 그리고 그는 내 머리에, 아니 그의 모든 백성의 머리 위에 제사장의 관을 씌워 주시기 위해서 자신의 머리에 제사장의 관을 쓰십니다. 그 이유는 우리가 방금 부른 찬송에 나와 있습니다:

> "주는 우리 영혼을 피로 속량하셔서
>   갇힌 자들을 자유롭게 하시고,
>   우리를 하나님의 왕과 제사장으로 삼으셨으니,
>   우리가 주와 함께 영원히 왕 노릇 하리로다."

그리스도께서는 아담이 잃어버린 것, 즉 하나님으로부터 위임받은 왕권과 제사장의 권세를 그의 모든 믿는 백성을 위하여 되찾으셨습니다. 아담이여, 당신은 또 무엇을 잃어버리셨나요? "나는 낙원을 잃었지." 조용히 하세요! 그것에 대해서는 아무 말도 하지 마세요. 왜냐하면, 그리스도께서 당신이 있던 에덴보다 만 배는 더 좋은 낙원을 내게 사주셨기 때문입니다. 그래서 우리는 당신을 용서할 수 있습니다. 또, 당신은 무엇을 잃어버렸습니까? "나는 나를 지으신 이의 형상을 잃어버렸지." 아담이여, 조용히 하세요! 우리는 예수 그리스도 안에서 그것보다 더 좋은 것을 얻게 되었습니다. 왜냐하면, 우리는 예수 그리스도의 온전한 의를 덧입었는데, 그 의는 조물주가 입으셨던 바로 그 옷인 까닭에 조물주의 형상보다 더 좋기 때문입니다. 아담이여, 이렇게 당신이 잃어버린 모든 것을 나는 다시 얻게 되었습니다. 그리스도께서는 우리가 아무것도 아닌 것을 위해서 팔아버린 모든 것을 속량하셨습니다. 나는 하나님의 유업을 아무것도 아닌 것을 위하여 팔아치워 버렸지만, 그리스도께서는 그 모든 것을 다시 사셔서 나에게 사랑의 선물로 주셨습니다. 그러므로 잘 들어보십시오! 희년의 나팔 소리가 울려 퍼지고 있습니다! 그리스도께서는 원래 자기 백성의 것이었다가 잃어버린 모든 것을 속량하셨습니다.

(4) 이제 나는 그리스도께서 속량하신 것 중에서 마지막의 것을 말씀드리고자 합니다. 물론, 이것이 이 설교에서 마지막으로 다루는 내용인 것은 아닙니다. 그리스도께서는 세상을 속량하셨습니다. 어떤 이는 이렇게 말합니다: "목사님, 그것은 좀 이상한 말씀입니다. 그런 말씀은 목사님이 지금까지 말씀해 오신 것과 정면으로 모순되고 배치되는 것이니까요." 잠깐 멈추십시오! 내가 말하는 "세상"이 무슨 의미를 잘 알아야 오해가 없어집니다. 내가 말하는 "세상"은 세상에 있는 모든 사람을 의미하는 것이 아닙니다. 그런 것은 정말 가당치 않습니다. 나는 단지 그리스도께서 어떻게 세상을 속량하셨는지를 여러분에게 말씀드리고자 하는 것일 뿐입니다. 아담이 타락했을 때, 하나님께서는 세상을 저주하셔서 열매를 맺지 못하는 땅이 되게 하셨습니다: "땅이 네게 가시덤불과 엉겅퀴를 낼 것이라 네가 먹을 것은 밭의 채소인즉 네가 흙으로 돌아갈 때까지 얼굴에 땀을 흘려야 먹을 것을 먹으리니"(창 3:18-19). 하나님이 땅을 저주하셨습니다. 그리스도께서 세상에 오셨을 때, 사람들은 저주 받은 "가시덤불"을 엮어 만든 면류관을 그의 머리에 씌우고, 그를 저주의 왕으로 삼았습니다. 그리고 그 날에 그리스도께서는 자신의 핏값으로 세상을 저주로부터 속량하셨습니다. 그리스도께서 다시 오실 때, 이 세상은 모든 곳이 이전의 에덴 동산처럼 비옥하게 될 것이라는 것이 나의 믿음이고, 나는 성경도 그렇게 말씀하고 있다고 생각합니다. 나는 말 그대로 사막인 사하라가 언젠가는 샤론처럼 꽃이 만발하게 되고, 여호와의 동산같이 기뻐하게 될 것이라고 믿습니다. 나는 이 초라한 세상이 영원히 떠도는 고독한 행성이 아니라, 나중에는 예전처럼 푸르른 신록으로 옷입게 될 것이라고 믿습니다. 우리 지구의 땅밑 석탄층에는 이 세상이 전에는 지금보다 훨씬 더 비

옥하였음을 보여주는 증거들이 있습니다. 전에는 거대한 나무들이 우람한 가지들을 뻗고 있었다고 한다면, 장차 그 날에는 한 나무에서 뻗은 가지 하나가 지금의 삼림 중 절반과 맞먹게 될 것입니다. 전에는 지금의 우리와는 판이하게 다른 강력한 피조물들이 이 땅을 활보하고 다녔습니다. 나는 이 세상이 전에 알았던 거대한 식물도 우리에게 회복되어서, 우리가 이제까지 보지 못했던 그런 동산, 더 이상 마름병이나 곰팡이도 없고 찬바람에 시드는 것도 없는 그런 동산, 마치 천국 같은 그런 땅을 보게 될 것이라고 굳게 믿습니다.

"거기에는 봄이 영원하고
꽃들도 시드는 것이 없다네."

그리스도께서 다시 오실 때에 그렇게 하실 것입니다.

또한, 오늘날 우리는 아담이 타락할 때에 짐승들도 처음으로 사나운 기질을 얻게 되어 서로를 잡아먹게 된 것으로 믿습니다. 물론, 이것은 확실한 것은 아닙니다. 그러나 성경은 사자가 어린아이와 함께 눕게 될 것이고, 표범이 황소처럼 짚을 먹게 될 것이며, 젖 뗀 아이가 독사 굴에 손을 넣어도 다치지 않을 것이라고 말씀합니다. 나는 다가올 천년왕국 시대에는 우리가 다른 짐승을 잡아먹는 사자들이나 피에 굶주린 호랑이들이나, 동족을 잡아먹는 짐승들을 더 이상 보지 못하게 될 것이라고 믿습니다. 하나님께서는 아담이 잃어버렸던 복을 우리에게, 그리고 심지어 들짐승들에게도 다시 회복시키실 것입니다.

나의 친구들이여, 이 세상에 임한 저주들 중에서 우리가 앞에서 말한 것들보다 더 안 좋은 저주가 있는데, 그것은 무지(無知)와 죄입니다. 그리고 그것들도 제거될 것입니다. 저 행성을 보십시오. 그 행성은 밝은 빛을 발하며 우주를 따라 돌고 있습니다. 새벽 별들이 이 새로운 자매 별이 만들어졌다고 기뻐하며 함께 노래하는 것을 들어보십시오. 그 행성이 바로 지구입니다. 지구는 지금도 밝게 빛을 발하고 있습니다. 그런데 어두운 그림자가 지구를 뒤덮고 있는 것이 보입니까? 무엇이 그렇게 만들었습니까? 이 행성은 어두침침해지고, 지표면에는 암울한 그림자가 덮여 있습니다. 물론, 나는 지금 비유적으로 말씀드리고 있습니다. 저기 있는 행성을 보십시오. 그 행성은 열 배나 어두운 밤 속으로 빨려 들어가고, 거기에서는 빛을 한 점도 찾아보기 힘듭니다. 이 행성이 자신의 영광을 되찾게 될 낮은 오지 않습니다. 그런데 뱀이 껍질을 벗고서 그것을 골짜기에 남겨 두듯이, 이 행성도 자신을 뒤덮고 있던 구름을 벗어던지고, 이전처럼 밝은 빛을 발합니다. 여러분은 누가 그렇게 했느냐고 묻습니다. 누가 자욱한 안개를 거두어 갔습니까? 누가 어둠을 제거했습니까? 누가 구름을 벗겨 냈습니까? "공의로운 해"(말 4:2)이신 그리스도께서 "내가 그랬다"고 말씀하십니다. "내가 어둠을 흩고, 이 세상을 다시 밝게 하였다." 보십시오, 나는 의가 거하는 새 하늘과 새 땅을 봅니다. 내 말을 오해하는 사람이 없도록 하기 위하여 다시 한 번 말씀드립니다. 내가 말하고자 하는 것은 이것입니다: 이 세상은 지금 죄와 무지와 실수와 우상숭배와 범죄로 덮여 있습니다. 하지만 칼이 마지막 피 한 방울을 마시게 되어서, 다시는 피에 취하지 않을 날이 올 것입니다. 하나님께서는 땅 끝까지 전쟁을 그치게 하시기 위하여 최후의 전쟁을 벌이실 날이 올 것입니다. 그리스도의 발이 이 땅을 밟으실 날이 올 것입니다. 그 날에 우상들은 권좌에서 내쳐질 것이고, 미신들은 높은 산들에서 내쳐질 것이며, 노예제도도 끝이 나고, 범죄도 끝이 나서, 온 세상에 평화가 임하게 될 것입니다. 그 날에 여러분은 그리스도께서 온 세상을 위하여 죽으셔서 세상을 얻으셨다는 것을 알게 될 것입니다. 바울은 "피조물이 다 이제까지 함께 탄식하며 함께 고통을 겪고 있는 것을 우리가 아느니라"(롬 8:22)고 말합니다. 피조물들은 무엇을 기다리고 있는 것입니까? 그들은 "속량"(23절)을 기다리고 있습니다. 나는 여기에 나오는 "속량"을 내가 앞에서 여러분에게 설명했듯이, 이 세상에서 모든 죄가 다 씻겨나가게 되는 것을 가리키는 것으로 이해합니다. 세상에 대한 저주가 제거되고, 세상의 더러운 것들이 씻겨나가서, 세상은 하나님이 원래 자신의 마음속에서 그리셨던 아름다운 모습을 지니게 될 것입니다. 하나님께서 영원한 망치로 모루 위에서 이 세상을 두드리실 때에 빛나는 불꽃처럼 빛을 발하며 자신의 궤도를 돌던 바로 그 모습을 다시 회복하게 될 것입니다. 이렇게 그리스도께서는 세상을 속량하셨고, 따라서 세상을 소유하시게 될 것입니다.

2. 둘째로, "풍성한 속량" 에 대해서 살펴보겠습니다.

이 두 번째 대지에 대해서는 한두 마디로 짧게 끝내고자 합니다. 내가 지금까지 그리스도께서 사신 것들에 대하여 여러분에게 말씀드린 것을 곰곰이 생각해 보시면, 여러분은 이 속량이 풍성한 것을 쉽게 알 수 있을 것입니다. 만일 내

가 내 양심을 속이고서, 그리스도께서 모든 사람을 사셨다고 말했다고 하더라
도, 지금까지 내가 말한 것보다 더 풍성한 속량이 될 수는 없었을 것입니다. 내가
멸망 받을 자라면, 그리스도께서 그 피로 나를 사셨다고 해도, 그것이 내게 무슨
유익이 있겠습니까? 내가 지옥 불 속에 잠겨 있다면, 그리스도께서 나를 위해 죽
으셨다고 해도, 그것이 내게 무슨 소용이 있겠습니까? 그리스도께서 나를 속량
하셨지만, 나를 속량하신 목적과 의도가 좌절되었다는 것이 어떻게 그리스도께
영광이 되겠습니까? 그리스도께서 자신의 변함없으시고 주권적이고 지극히 지
혜로우신 뜻을 따라 자신이 짓고자 하시는 건물의 너비만큼의 터를 닦으셨고,
그 위에 한 치의 어긋남도 없이 건물을 지으셨다고 믿는 것이 그에게 더 큰 영광
과 존귀가 될 것입니다. 그러나 이런 제한이 있다고 하더라도, 그것은 "풍성한
속량"입니다. 이제 잠시만 여러분의 귀를 좀 빌려 주시기 바랍니다.

　　우리가 속량함을 받은 사람이 수백 만 명이라는 것을 생각할 때, 그것은 "풍
성한 속량"입니다. 어린 양의 피로 자신의 옷을 이미 씻어서 하얗게 만든 사람들
이 얼마나 많은지를 한 번 생각해 보십시오. 그리고 다음으로, 얼마나 많은 사람
들이 지금 지친 발을 이끌고서 낙원을 향하여 터벅터벅 걸어가고 있는지를 생각
해 보십시오. 그들은 모두 속량 받은 자들이고, 장차 어린 양의 혼인 잔치에 앉게
될 자들입니다! 여러분이 그 혼인 잔치에 모여들 사람들이 "그 누구도 헤아릴 수
없을 정도로 많은 무리"라는 것을 생각할 때, 그것은 "풍성한 속량"이 아닙니까?
나는 마지막으로 "당신은 왜 거기에 없느냐?"는 질문을 던지는 것으로 말씀을 마
치고자 합니다. 그토록 많은 사람들이 속량함을 받는데, 왜 당신은 속량함을 받
지 못하고 있습니까? 여러분은 구하는 자는 누구나 다 반드시 받게 될 것임을 알
면서도, 왜 은혜를 구하려 하지 않는 것입니까? 만일 하나님께서 구하는 자에게
주실 은혜를 준비해 두지 않으셨다면, 결코 사람들에게 구하라고 하지 않으셨을
것입니다.

　　또한, 우리가 속량함을 받은 모든 자들의 죄를 생각해 보면, 그것은 "풍성한
속량"임에 틀림없습니다. 속량함을 받은 어떤 영혼의 죄가 아무리 클지라도, 이
"속량"은 그 모든 것을 다 덮거나 씻어주기에 충분합니다.

　　　"당신의 무수한 죄들이
　　　　하늘에 펼쳐진 별들보다 더 많고,

영원하신 보좌를 향하여
높은 산처럼 솟아 있을지라도"

그리스도의 "풍성한 속량"은 당신의 모든 죄를 다 제거할 수 있습니다. 그 죄들은 그리스도께서 미리 내다보시고 제거하시기로 맹세하셨던 것보다 결코 더 크지 않습니다. 그러므로 나는 여러분이 자신의 죄책이 아무리 클지라도 그리스도의 대속이 그에게 나아오는 모든 자들의 죄를 다 덮어줄 수 있을 만큼 크기 때문에 여러분은 안전하게 그의 앞에 나아갈 수 있다는 것을 믿고서 그에게로 피하시기를 부탁드립니다.

또한, 이 속량은 모든 성도들이 겪는 온갖 환난이나 괴로움을 충분히 다 해결해 줄 수 있기 때문에 "풍성한 속량"이라는 것도 기억해 두십시오. 여러분의 필요들은 거의 무한대이지만, 이 대속은 더욱더 그렇습니다. 여러분의 괴로움들은 거의 이루 말할 수 없을 정도로 크지만, 이 대속은 더더욱 이루 말할 수 없을 정도로 큽니다. 여러분의 필요들은 거의 헤아릴 수 없이 많지만, 내가 아는 이 속량도 헤아릴 수 없이 많습니다. 그러므로 이것이 "풍성한 속량"임을 믿으십시오. 믿는 죄인들이여, "풍성한 속량"이 있고, 거기에 여러분의 몫이 있다는 것은 여러분에게 얼마나 큰 위로가 됩니까! 틀림없이 여러분은 예수의 은혜를 힘입어서 안전하게 본향으로 가게 될 것입니다. 여러분은 그리스도를 구하고 있습니까? 아니, 여러분은 자신이 죄인이라는 것을 압니까? 여러분이 그렇다고 한다면, 내게는 자신의 죄를 고백하는 모든 자에게 그리스도께서 그들을 속량하셨다는 것을 선포할 수 있는 권세가 하나님으로부터 주어져 있습니다. "미쁘다 모든 사람이 받을 만한 이 말이여 그리스도 예수께서 죄인을 구원하시려고 세상에 임하셨다 하였도다 죄인 중에 내가 괴수니라"(딤전 1:15). 당신은 죄인입니까? 나는 죄인인 체하는 것을 말하는 것이 아닙니다. 그런 사람들은 도처에 널려 있지만, 내게는 그런 사람들에게 전할 복음이 없습니다. 그런 사람들은 어떤 사정에 의해서 "나는 죄인입니다"라고 말하지만, 그 말은 진심이 아니고 가식적인 말일 뿐입니다. 내가 그런 사람들에게 전한 말씀은 따로 있습니다. 나는 어느 한 날을 잡아서 여러분의 자기의(self-righteousness)를 치는 말씀을 전할 것입니다. 그러나 나는 지금으로서는 그리스도에 대하여 여러분에게 전할 말씀이 없습니다. 왜냐하면, 그리스도께서는 "의인을 부르러 온 것이 아니요 죄인을 불러 회개시키러"(눅

5:32) 오셨기 때문입니다. 그러나 당신은 정말 자기가 죄인이라는 것을 시인합니까? 당신은 자신이 백 번 죽어 마땅하고 멸망 받기에 합당한 죄인이라는 것을 아십니까? 그렇다면, 나는 당신에게 그리스도께서 당신을 구원하시기 위하여 죽으셨다는 것을 믿으시기를 하나님의 이름으로 강권합니다. 왜냐하면, 하나님께서는 성령을 통해서 당신에게 당신의 죄책을 드러내서 그의 독생자로 말미암은 죄 사함을 주실 때까지는 당신에게서 떠나지 않으실 것이기 때문입니다. 당신이 멸망 받을 수밖에 없는 모습 가운데 있다는 것을 알고 시인하기만 한다면, 당신은 머지않아 영광스러운 모습으로 바뀌게 될 것입니다. 지금 예수를 믿으십시오. 그러면 당신은 구원을 받고서, 그 어떤 왕들도 꿈꿀 수 없었던 지극히 행복한 마음으로 이 성전을 나서게 될 것입니다. 당신이 죄인이기 때문에, 그리스도께서 당신을 속량하셨다는 것을 믿으십시오. 당신이 백 번 죽어 마땅한 죄를 저질러서 멸망 받기에 합당한 자가 되어 있다는 것을 알고 시인하기 때문에, 이 밤에 여러분에게 "죄 사함을 얻게 하려고 많은 사람을 위하여 흘리는"(마 26:28) 피로 가득한 샘에 자신의 몸을 담글 특권이 주어지는 것임을 믿으십시오. 그것을 믿으십시오. 그러면 당신은 "그러므로 우리가 믿음으로 의롭다 하심을 받았으니 우리 주 예수 그리스도로 말미암아 하나님과 화평을 누리자"(롬 5:1)라는 말씀의 의미를 알게 될 것입니다. 하나님께서 예수를 인하여 당신에게 복을 주어 보내시기를 빕니다. 아멘.

제
129
장
—

젖 뗀 아이

—

"내 영혼이 젖 뗀 아이와 같도다." ─ 시 131:2

　　전에 나는 연로하신 한 훌륭한 목사님과 대화를 나누다가 우리들의 마음가짐과 감정들에 관해서 이야기하게 되었는데, 그때에 그분이 이런 고백을 했습니다: "'내 영혼이 젖 뗀 아이와 같도다'라는 시편 구절을 읽을 때면, 나는 내가 정말 그랬으면 하고 바라게 됩니다. 하지만 이 구절이 지금의 나에게 정확하게 들어맞으려면, 딱 한 마디를 고쳐야 한다는 것이 나의 생각입니다. 즉, '내 영혼이 젖 뗀(weaned) 아이가 아니라 젖 떼고 있는 중인(weaning) 아이와 같도다'라고 말입니다. 왜냐하면, 나이를 먹고 쇠약해지면서, 나는 내가 짜증과 안달과 걱정만 늘어나는 것이 아닌가 생각하게 되기 때문입니다. 세월이 흐르고 보니, 나는 내가 바랐던 것만큼 대범하지도, 초연하지도, 신뢰할 만하지도 않았다는 것을 알게 됩니다."

　　사랑하는 형제들이여, 나는 우리도 종종 이런 고백을 할 수밖에 없을 것이라고 생각합니다. 우리는 우리가 "젖 뗀 아이"와 같았으면 좋겠다고 바라지만, 믿음을 따라서 행하는 데에는 게으름을 피우는 반면에 눈에 보이는 것을 따라서 행하는 데에는 더욱 열을 올리고 있는 것이 우리의 실상입니다. 그러니까 우리는 칭얼대며 졸라대는 "젖 떼는 중인 아이"와 다를 바가 없습니다. "젖 떼는 중인 아이"는 주위 사람들을 힘들게 할 뿐만 아니라 무엇보다 자기 자신을 힘들게 만듭니다. 젖을 떼는 것은 우리가 이 세상에 온 후 최초로 맞닥뜨리게 되는 정말 어려운 일들 중의 하나였습니다. 지금 와서 돌이켜 보면, 그것은 당시에 우리의 작은 심장으로 감당하기에는 너무나 끔찍한 일이었습니다. 하지만 우리는 어떻게 해서든지 그것을 이겨냈습니다. 지금 우리는 그것이 얼마나 힘든 시련이었는지를 기억하지 못하지만, 그것을 모든 시련의 모형으로 볼 수 있습니다. 왜냐하면, 우리가 어머니의 품에서부터 우리의 하나님이셨던 분을 믿는다면, 젖을 떼는 시련을 이겨내고도 그러한 사실을 기억조차 하지 못하는 것과 마찬가지로, 우리는 앞으로 닥쳐올 모든 시련들을 이겨내고도, 그 후에 찾아오는 기쁨으로 말미암아 그 시련들을 기억조차 못하게 될 것이기 때문입니다. 우리가 천국에 이르러서 "우리가 밟아 온 수고의 발자국을 하나하나 세게 될 것"이라는 와츠 박사(Dr. Watts)의 말이 옳다면, 오직 우리가 할 일은 그의 말대로 "황홀한 기쁨으로" 그 수고를 하는 것뿐임을 나는 확신합니다. 그럴 때에 우리 모두는 적어도 젖 뗀 아이 정도는 될 것입니다.

그것이 여기에서 보여주고 있는 지극히 복된 마음의 상태입니다. 나는 신자들 가운데서 이러한 마음 상태가 점점 더 자라가기를 바라는 한편, 우리 중에서 많은 사람이 거기에 도달할 수 있게 되기를 바라며, 또한 이미 거기에 도달한 사람들은 계속해서 "내 영혼이 젖 뗀 아이와 같도다"라고 말할 수 있게 되기를 바라면서, 오늘의 본문에 대한 말씀을 전하고자 합니다.

1. 첫째로, 여기에서 시편 기자가 말하려고 한 것이 무엇인지를 생각해 봅시다.

우리는 시편 기자가 무슨 말을 하고자 한 것인지를 이해하기 위해서 먼저 문맥을 살펴보고, 그런 후에 그가 말 그대로 무엇을 말하고자 하였는지를 알아보기 위해서 비유를 생각해 볼 것입니다.

먼저, 문맥을 보면, 여러분은 시편 기자가 자기 안에서 교만이 제압되고 자기에게서 쫓겨나게 되기를 바랐다는 것을 알게 될 것입니다. 왜냐하면, 그는 "여호와여 내 마음이 교만하지 아니하고 내 눈이 오만하지 아니하오며"(1절)라는 말로 이 시편을 시작하기 때문입니다. 우리 모두는 태어나면서부터 교만합니다. 우리 중 어떤 사람도 교만해 할 그 무엇을 갖고 있지 않은데도 불구하고 말입니다. 이러한 사실은 지금 우리가 어떤 처지와 상황에 있느냐와는 아무런 상관이 없습니다 — 우리는 한 사람도 예외 없이 우리가 자랑할 만한 무엇인가를 지니고 있다는 망상에 젖어 있습니다. 메이어 경(Lord Mayor)은 황금 사슬을 걸치고 있었지만 누더기를 걸친 거지보다 조금도 더 교만하지 않았습니다. 교만은 아주 척박한 토양에서나 아주 잘 가꾸어진 정원에서나 어디에서든 잘 자라나는 잡초와 같습니다. 사람은 누구나 다 하나님이 그에 대해서 생각하시는 것보다 자기 자신이 더 대단한 존재라고 생각합니다. 하지만 사람은 아무리 높은 지위에서 최고의 전성기를 구하고 있을 때에도 진토에 지나지 않습니다. 하나님께서는 사람이 무엇으로 이루어졌는지 그 체질을 알고 계시고, 사람은 바로 그러한 존재이며 그것보다 나을 것이 하나도 없다는 것을 기억하고 계십니다. 그러나 가련한 피조물들은 교만에 푹 빠져서, 야생마가 기수를 태우고 내달리듯이, 자신의 교만으로 하여금 그들을 태우고 내달리게 만듭니다. 그들은 몇 푼의 돈을 쥐게 되면, 영락없이 하늘의 별이라도 딸 듯이 즉시 기고만장하고, 약간의 달란트라도 주어지면, 즉시 자신의 재능이 전능자 수준이고, 그들 자신은 신에 준하는 대우를 받아야 한다고 생각합니다. 또한, 그들이 하나님의 종인 경우에는, 목회 사역에서나 주일학교에서 자그마한 성공을 거두기만 해도, 자화자찬을 늘어놓아 주위 사람들을 매우 언짢게 만듭니다. 그들은 어떤 것들을 누릴 수 있게 되면, 심지어 그것이 하나님의 임재를 누리는 것이라고 하더라도, 자신이 이룩한 업적들과 하나님이 주신 은혜들을 우상으로 삼고서, "나의 산아, 나의 산아, 굳게 서라, 나는, 나는 결코 요동하지 않을 것이다"라고 말하기 시작합니다. 자아는 물주지 않아도 잘 자랍니다. 왜냐하면, 본성이라는 토양은 원래부터 진흙탕이고, 쇄도하는 교만이 자아를 강력하게 부추기기 때문입니다. 어떤 사람이 자신의 생각을 고집한다고 해서, 여러분이 당혹해할 필요는 결코 없습니다. 본성의 힘은 늘 자만심의 방향으로 흐르기 때문에, 그 사람이 그런 식으로 행동하는 것은 어쩌면 당연한 일이니까요.

우리의 이러한 교만은 종종 다른 사람들에 대한 오만불손함과 횡포로 이어져서, 마치 다른 사람들이 우리처럼 선하지 않은 것처럼 여겨져서 그들을 멸시하게 됩니다. 그리고 그들의 오류와 실수를 발견하게 되면, 우리는 그들이 매우 어리석다고 판단하고서, 만일 우리가 그들의 입장에 있었다면 훨씬 더 잘 할 수 있었을 것이라고 결론을 내립니다. 만약 그들이 고상하고 품위 있게 행동하면, 우리의 교만은 우리로 하여금 그들의 홈을 찾아내고 그들의 장점을 깎아내리게 만듭니다. 그리고 만약 우리가 그들만큼 높아질 수 없으면, 우리는 그들을 우리의 수준으로 끌어내리려고 애씁니다. 이것은 천박하고 비열한 행위이지만, 교만한 사람이 하는 짓은 언제나 비열하고 천박합니다. 교만한 사람에게 있어서는 겉모습의 고결함과 속마음의 비열함이 마치 가죽끈으로 묶인 한 쌍의 사냥개처럼 함께 달립니다. 겸손한 사람이 진정 큰 사람입니다! 하나님의 온유하심이 그를 큰 자로 만들었기 때문에, 그는 성령으로 말미암아 하나님 앞에 낮아져 있습니다. 교만한 사람은 정말 작은 자입니다. 아니, 그는 자기가 자랑하는 일들에서 조차도 사실은 아무것도 아닌 사람입니다.

다윗은 "내 마음이 교만하지 아니하고"(1절)라고 말할 수 있었습니다. 다윗이 아버지의 심부름으로 전장에 나가 있는 형들에게 전해 줄 물건들을 갖고 내려왔을 때, 그의 형인 엘리압은 그가 교만하다고 말했지만(삼상 17:28), 사실 다윗은 교만하지 않았습니다. 그의 마음은 양 떼와 함께 지내는 것에 만족하고 있었습니다. 그는 정말 "암양들과 새끼들"을 따라다니고 싶었습니다. 다윗이 사울의 궁정에 있을 때, 사람들은 그가 야심을 품고 있다고 생각했지만, 그는 그렇지 않았습니다. 그는 거기에서 사울의 부하로 있으면서 이스라엘을 위해서 블레셋과 싸우는 일에 자신의 작은 힘을 보탤 수 있다는 것에 지극히 만족하고 있었습니다. 그는 어쩔 수 없이 부랑자들의 무리의 우두머리가 되었지만, 그때에도 그는 속히 집으로 돌아가고 싶었습니다. 그리고 왕이 되었을 때에도, 그는 우쭐대거나 자고하지 않았습니다. 왕위를 노리고 있던 압살롬은 그의 아버지 다윗보다 훨씬 큰 사람처럼 보였는데, 그 이유는 다윗이 하나님 앞에서 겸손한 심령으로 행하였기 때문이었습니다. 다윗이 다른 어떤 허물을 갖고 있었는지는 모르지만, 어쨌든 확실한 것은 그에게는 자만심이라는 허물이나, 하나님께서 그를 위해서 행하신 일들에 도취되어 있는 허물은 없었다는 것입니다.

그러므로 하나님의 영이 우리가 교만하지 않도록, 그리고 우리의 모습이 거만하지 않도록 지켜 주시는 것은 큰 복입니다. 우리가 그 복을 얻기 전에는 결코 "젖 뗀 아이"와 같이 될 수 없을 것입니다. 왜냐하면, "젖 뗀 아이"는 자기 자신에 대해서는 아무것도 생각하지 않기 때문입니다. "젖 뗀 아이"는 어린 아기에 불과하니까요! 아기가 그 문제에 대해서 무슨 생각을 하든지 간에, 적어도 아기는 자신에게 어떤 힘이나 지혜가 있다고 여기지 않습니다. 다만 아기는 자기를 돌봐 주시는 어머니를 전적으로 의지할 뿐입니다. 하나님 앞에 자신의 심령을 지극히 낮추고서 무한한 사랑의 품에 기대고 있는 사람이 복 있는 사람입니다. 형제들이여, 우리는 결국 아무것도 아닌 사람들이며, 우리의 조상들도 우리와 똑같은 사람들이었습니다! 어떤 지극히 교만한 귀족이 자신의 혈통을 끝까지 추적한다고 생각해 봅시다. 하지만 그는 만일 자신의 피가 푸른색이라면, 혈관에 그러한 피를 갖고 있다는 것은 지극히 건강하지 않다는 징조가 틀림없다는 것을 기억하지 않으면 안 됩니다. 결국, 농부의 붉은 피가 평범하지만 훨씬 건강한 피이니까요. 사람들이 자신들의 조상 때문에 자신들이 대단하다고 생각할지라도, 우리의 조상을 추적해서 올라가다보면, 우리는 자기 주인의 과일을 훔침으로써 자기 자리를 잃어버린 한 정원사인 아담을 만나게 됩니다. 우리가 갈 수 있는 것은 거기까지입니다. 아담은 우리 모두를 수치로 뒤덮어 버렸기 때문에, 우리는 그 수치 아래에서 겸허하게 앉아 있지 않으면 안 됩니다. 여러분 자신의 마음을 들여다보십시오. 만일 그러고도 여러분이 교만할 수 있다면, 여러분은 결코 자신의 마음을 본 것이 아닙니다. 그것은 오물 덩어리입니다! 그것은 추악함의 소굴입니다! 하나님의 은혜가 없으면, 여러분의 마음은 부글부글 끓는 부패의 온상이고, 하나님의 영원하신 영이 당신의 마음을 붙들어 주지 않고 여러분의 본성대로 행하게 내버려 둔다면, 여러분의 일상생활에서는 질투, 탐욕, 살인, 그리고 온갖 추잡한 일들이 횡행할 것입니다. 죄인인데도 교만합니까? 그것은 끔찍한 일입니다. 하나님의 자녀들이라면, 어떻게 교만할 수 있습니까? 걱정스럽게도 우리 모두는 너무나 교만합니다. 그러나 우리가 자랑하거나 교만해할 그 무엇인가를 갖고 있습니까? 우리가 갖고 있는 것 중에서 하나님으로부터 받지 않은 것이 있습니까? 그런데 어떻게 우리가 자랑하고 뽐낼 수 있습니까? 우리가 그리스도의 의의 옷을 입고 있습니까? 우리는 거기에 한 오라기의 실도 보태지 않았습니다. 그것은 전적으로 주 예수의 사랑으로 말미암아 우리에게 주어진 것이니까요. 우리의 옷이 하얗습니까? 우리는 어린 양의 피로 그것을 빨았습니다. 우리가 "새로운 피조물"입니까? 우리는 전능하신 하나님의 능력으로 새롭게 창조된 것입니다. 그렇지 않았다면, 우리는 지금도 예전과 조금도 달라지지 않았을 것입니다. 우리가 우리의 길을 계속 걸어가고 있습니까? 우리가 인내심을 갖고 걸어갈 수 있는 것은 하나님 덕분입니다. 그렇지 않으면, 우리는 오래 전에 이미 뒤로 되돌아 갔을 것입니다. 우리가 지금까지 큰 범죄에 빠지지 않았습니까? 누가 우리를 지켜 주었습니까? 우리가 스스로 우리를 지키지 않았다는 것은 확실합니다. 우리가 갖고 있는 것들 중에서 "그것은 내가 한 일이고 완전히 나의 몫이다"라고 주장할 수 있는 것은 아무것도 없습니다. 우리가 부끄러워할 수밖에 없는 우리의 허물들과 죄악들을 제외하고는 말입니다. 하지만 형제들이여, 하나님께서 우리에게, 특히 우리의 어린 시절에 — 물론, 나는 우리가 나이가 들었다고 해서 반드시 더 많은 은총을 받게 되는 것은 아니라고 생각하지만 — 은총을 베풀어 주실 때, 우리의 배가 돛을 다 올리고 순풍을 받아서 항해하려면, 많은 바닥짐을 필요로 합니다. 그렇지 않으면, 그 배가 전복되었고 너무나 무모했던 선원을 더 이상 볼 수 없게 되었다는 소식이 머지않아 들려오게 될 것입니다. 우리는 하나님 앞에서 계속해서 낮아져야 합니다. 교만은 인류를 끊임없이 괴롭히는 죄악이기 때문입니다. 하나님께서 우리를 다윗처럼 만들어 주신다면 얼마나 좋겠습니까! "내 마음이 교만하지 아니하고 내 눈이 오만하지 않게"(1절) 말입니다. 이것이 지금까지 말한 것이 "젖 뗀 아이"가 되기 위해서 첫 번째로 필요한 것입니다.

다음으로, 다윗은 우리에게 자기가 야심을 품은 적이 없었다고 말합니다: "내가 큰 일과 감당하지 못할 놀라운 일을 하려고 힘쓰지 아니하나이다"(1절). 그는 목동이었기 때문에, 굳이 골리앗과 싸우러 나갈 필요가 없었습니다. 하지만 그가 그렇게 한 것은 그의 나라가 그를 필요로 했기 때문이었습니다. 그는 "어찌 이유가 없으리이까"(삼상 17:29)라고 말했습니다. 만일 그렇지 않았다면, 그는 무대 뒤편에 머물러 있었을 것입니다. 그가 아둘람 굴로 도망했을 때(삼상 22:1), 왕이 되기 위해서 사울에게 손을 대지 않았습니다. 그는 원수인 사울을 죽일 수 있는 기회가 여러 번 있어서 단칼에 싸움을 끝장내고 왕좌를 차지할 수 있었지만, 주의 기름 부음 받은 자에게 손을 대지 않았습니다(삼상 24:6). 왜냐하면, 그는 "젖 뗀 아이"처럼 야심이 없었기 때문입니다. 그는 하나님이 떠미시는 곳으로만 가려고 했고, "큰 일"을 도모하려고 애쓰지 않았습니다. 사랑하는 형제들이여, 우리가 무엇이 되어야 한다는 교만한 생각과 이기적인 거창한 야망을 포기하지 않는 한, 우리는 결코 "젖 뗀 아이" 같이 될 수 없습니다. 물론, 우리가 보기에 자신이 진정으로 큰 인물이고 큰 일을 감당할 수 있는 인물이라면 그렇게 해야 할 것입니다. 그러나 우리가 우리 자신을 제대로 알고 있고, 우리의 정신 상태가 온전하다면, 우리는 "감당하지 못할 놀라운 일"은 회피해야 합니다. 예를 들어, 우리는 큰 재물을 갈망하지 말아야 할 것입니다. "우리가 먹을 것과 입을 것이 있은 즉 족한 줄로 알 것이니라"(딤전 6:8). 만약 하나님께서 우리에게 삶의 위로와 즐거움을 더해 주시면, 우리는 감사해야 할 것입니다. 우리는 우리의 생업에 충실해야 하지만, 탐욕스럽거나 인색해서는 안 됩니다. "다른 사람들이 마치 해변 전체를 다 가지려는 듯이 바다처럼 양 팔을 벌릴 때", 우리는 훨씬 적은 것으로 만족해야 할 것입니다. 왜냐하면, 세상적인 부유함에 대한 탐욕은 참된 부요함에 대한 열망을 느슨하게 만들 것이기 때문입니다. 이 세상을 향한 갈망이 크면 클수록, 다가올 세상의 보화를 향한 열망은 점점 시들해집니다. 우리가 "젖 뗀 아이"와 같아지려면, 탐욕스러워서는 안 됩니다. 또한, 우리는 사회적 지위나 영향력을 사모해서는 안 됩니다. 여러분 중에서 "젖 뗀 아이"가 그러한 것들을 사모한다는 말을 들은 분이 계십니까? 아이는 부모의 품에 안기기만 하면 그것으로 만족해합니다. 마찬가지로, 우리도 앞에서 말한 것들을 사모하지 않을 때에 우리 하나님의 품에 안기게 될 것입니다. 하지만 어떤 그리스도인들은 자신이 선두에 서서 주관하지 않는 그런 일들은 하지 않으려 합니다. 그들은 다른 사람들과 어울려서 일을 하지 못하고 반드시 상석에 앉으려고 합니다. 그러나 이러한 태도는 사도의 말씀과 배치되는 것입니다. "내 형제들아 너희는 선생된 우리가 더 큰 심판을 받을 줄 알고 선생이 많이 되지 말라"(약 3:1). 자기 주인이 정해 준 자리에 지극히 만족하는 종이 행복한 종입니다. 그는 자기 주인의 신들메를 기쁨으로 풀어주고, 성도들의 발을 기쁨으로 씻어 주며, 왕의 종들을 위해서 기쁨으로 길을 청소합니다. 우리는 주 예수를 위해서 어떤 일이든 해야 합니다. 만약 성도들이 그들의 더러움을 제거할수만 있다면, 그것이 비록 하나님의 교회 안에 있는 도어매트(현관의 흙 터는 매트)가 되는 것일지라도, 우리는 그것을 최고의 영광으로 생각해야 합니다. 그렇게 해서 우리가 그들에게 얼마라도 유익이 될 수 있고, 그리스도에게 조금이라도 영광을 돌릴 수 있다면 말입니다. 여러분은 예레미야가 바룩에게 한 말을 기억합니까? 바룩은 예레미야 선지자를 위해서 두루마리를 기록하는 일을 하면서 자기가 대단한 사람이라고 생각했습니다. 그는 하나님의 말씀을 기록하고 있었습니다. 그렇지만 선지자는 그에게 "네가 너를 위하여 큰 일을 찾느냐 그것을 찾지 말라"(렘 45:5)고 말했습니다. 성령께서는 우리 모두에게 그렇게 말씀합니다. 유명한 자리나 높은 자리를 차지하려고 하지 말고, 여러분의 영혼이 "젖 뗀 아이" 같게 하십시오. 큰 일을 하려고 스스로를 괴롭히지 마십시오.

　우리가 크게 인정받고자 하는 것은 너무나 흔한 일입니다. 우리는 사람들의 화젯거리가 될 위대한 행위들, 특히 모든 사람이 감탄할 유명한 일을 하기 원합니다. 이것이 인간의 본성입니다. 왜냐하면, 인정받고 싶은 욕구가 우리 안에 뿌리내리고 있기 때문입니다. 옛 시도 이렇게 노래합니다:

"교만한 자는 인정받기 위해서 온갖 힘든 일들을 마다하지 않지만,
겸손한 자는 사람들로부터 인정받는 것을 피한다네."

그러나 "자기 자신이 죽어가는 사람이라는 것을 깨닫고서 죽어가는 사람들의 평가에는 무관심하게 된" 사람이 바로 제대로 선 사람입니다. 그는 하나님 앞에서 무엇이 의로운지를 생각하는 사람이며, 대중의 여론이나 다른 사람들의 사적인 견해에 개의치 않는 사람입니다. 자신의 양심에 비추어 부끄러울 것이 없는 행위에 대해서 사람들이 무엇이라고 말하는지는 그의 관심사가 아닙니다. 이것은 마치 알프스에 부는 북풍이 무엇이라고 속삭이는지가 전혀 그의 관심사가 될 수 없는 것과 마찬가지입니다. 다른 사람들의 견해에 종이 되어 있는 사람이 진짜 종입니다. 나는 사람들이 나를 어떻게 볼까를 두려워하며 살아가거나, 내가 옳다고 믿는 일을 했을 때에 다른 사람들을 화나게 만들까봐 두려움에 떠느니보다는, 차라리 미개한 사회로 돌아가서 두 어깨에 노예의 채찍질을 당하고 끔찍한 차꼬에 묶여서 옥에 갇히는 편을 택할 것입니다. 하나님을 두려워하는 사람은 어떤 사람도 두려워할 필요가 없습니다. 하지만 이런 경지에 이른 사람은 고통스러운 젖 떼는 과정을 겪은 사람이며, 만일 이런 과정을 겪지 않았다면, "내 영혼이 젖 뗀 아이와 같도다"라고 말할 수 없을 것입니다.

우리는 교회 안에서도 종종 무엇인가 멋진 일을 하려는 야심을 품고 큰 일에 매달립니다. 우리가 실제로 행한 일이 보잘것없게 되는 이유가 여기에 있습니다. 선한 일을 망치는 최대의 파괴자는 바로 큰 일을 하려고 하는 야심입니다. 작은 일들을 아주 훌륭하게 잘해 내는 어떤 그리스도인 형제가 있었습니다. 그런데 문득 그에게 이런 생각이 들었습니다: '내가 그런 일들을 수행하기 위해서 조직을 구성하고, 위원회와 서기와 회장과 부회장을 두어야 하겠다'(이렇게 생각했을 때에 당신이 위원회와 회장 등을 확보할 때까지 아무 일도 할 수 없다는 것은 자명한 이치일 것입니다). 그 형제는 곧 난관에 봉착하였고, 그의 노력은 결의안들과 보고서들로 막을 내립니다. 그 뿐입니다. 반면에, '이 곳은 아무도 찾지 않는 곳이니, 내가 여기에서 할 수 있는 일을 해야 하겠다'고 생각한 형제가

있었습니다. 이런 생각을 한 형제는 그를 도울 사람들을 하나씩 찾아내서, 결국 그가 생각했던 일을 이룰 수 있을 것입니다. 어떤 젊은이는 시골에 있는 작은 방에서 십여 명의 회중을 앞에 두고 설교를 시작하는 것으로 지극히 만족하고 있습니다. 그는 영혼을 얻을 사람입니다! 다른 형제는 오천 명 앞에서 설교할 수 있을 때까지 설교를 시작하지 않습니다. 그는 결국 아무것도 하지 못하게 될 것입니다. 나는 첫 번째 발걸음은 건너뛰고 언제나 두 번째 발걸음부터 시작하고자 했던 어떤 왕에 대한 글을 읽은 적이 있습니다. 하지만 그 왕은 결코 솔로몬처럼 지혜로운 왕이 될 수 없었습니다! 우리 주변에는 왕이 아닌 보통 사람 중에도 그런 사람들이 많이 있습니다. 그들은 첫 번째로 해야 할 일을 하려고 하지 않습니다. 그들이 할 수 있는 일이고, 하나님께서 그들을 불러서 명하신 일이고, 그들이 해야 할 일인데도 말입니다! 그들은 더 큰 일을 해야 하니까요. 오, 사랑하는 형제여, 만약 당신의 영혼이 마땅히 그래야 할 상태에 놓여 있다면, 당신은 이렇게 생각할 것입니다: '내가 할 수 있는 일이 가장 작은 일일지라도, 나는 그것을 기쁨으로 감당할 것입니다. 그리스도인의 봉사 중에서 가장 볼품없고 낮은 것이라고 사람들이 생각하는 일조차도 나에게는 분에 넘치는 대단한 일입니다.' 내 주님의 신발끈을 풀도록 허락받는 것도 큰 영광입니다! 이백여 명의 회중을 돌보고 있던 한 젊은 목회자가 연로한 목회자에게 자기가 다른 곳으로 옮겨 갔으면 좋겠다고 불평했습니다. 그러자 연로한 목회자가 말했습니다: "서두르지 마시오, 형제여. 이백 명을 돌보는 것도 우리들 대부분에게는 감당하기 어려운 무거운 짐입니다." 그렇습니다. 우리는 더 무거운 짐을 지려고 안달할 필요가 없습니다. 최고의 제도사(製圖士)는 가장 큰 동그라미가 아니라 가장 완벽한 동그라미를 그리는 사람입니다. 만약 그 동그라미가 완전한 것이면, 그것이 크지 않다고 욕할 사람은 아무도 없습니다. 형제여, 당신의 영역을 채우고 그것에 만족하십시오. 만약 하나님께서 당신을 다른 곳으로 옮겨 주시면 기꺼이 옮겨가십시오. 만약 하나님께서 당신을 더 작은 곳으로 보내시면, 더 크고 유명한 곳으로 보내실 때만큼이나 기꺼이 가십시오. 거기에 대해서 다른 뜻을 갖지 마십시오. "젖 뗀 아이"가 되십시오. "젖 뗀 아이"는 더 이상 울고 보채고 불안해하지 않습니다. 아이는 어머니가 어련히 알아서 좋은 것으로 해주실 것을 믿고 어머니를 내버려 둡니다. 우리가 완전히 젖을 뗐을 때, 우리에게서 교만이 사라지고 야심도 사라집니다. 우리가 이 두 가지 매혹적인 죄악에서 완전히 젖을 뗄 때까지, 우리에게는 가장 좋은 어머니보다도 더욱 지혜로우시고 온유하신 분에 의한 양육이 필요합니다.

다음으로, 다윗은 자기가 주제넘게 나서지 않았다고 말합니다: "내가 큰 일과 감당하지 못할 놀라운 일을 하려고 힘쓰지 아니하나이다." 자신이 감당하지 못할 놀라운 일들을 붙들고 씨름하다가 결국 좌절에 빠지고 마는 사람들을 나는 많이 보아 왔습니다. 그들이 감당하지 못했던 일들은 많지만, 나는 그 중에서 몇 가지만 언급하겠습니다. 그들은 모든 일을 깨닫고 싶어 했지만, 하나님의 진리 중 많은 것이 그들의 능력 범위 밖에 있었기 때문에, 그들은 결코 만족할 수 없었습니다. 그들은 특히 택정하심에 관한 교리, 예정과 인간의 자유의지가 어떻게 서로 조화되는 것인지에 관한 문제, 그리고 하나님께서 모든 것을 명령하시는 것인데도, 왜 마치 하나님의 미리 아심과 작정하심이 전혀 없었다는 듯이, 인간이 책임을 져야 하는 것인지에 관한 문제 같은 하나님의 심오한 일들을 모두 다 알고 싶어 했습니다. 우리가 감당하지 못할 이러한 일들을 알려고 하는 것은 어리석은 행동입니다. 여기 어머니의 슬하를 갓 떠난 어린 아이가 있는데, 그 아이가 삼각형에 관한 여러 가지 법칙을 써놓은 책을 읽고 이해하고 싶었지만·되지 않았다고 해서 울음을 터뜨린다면, 그것이 말이 되는 얘기입니까? 여기 바닷가에 온 또 다른 어린 아이가 있는데, 그 아이가 대서양을 자기 손아귀로 움켜잡을 수 없다고 화를 내며 자기 유모의 팔을 걷어찬다면, 그것이 말이 되는 얘기입니까? 그렇습니다. 그 아이는 발길질을 하며 걷어찰 수밖에 없을 것이고, 그 아이가 할 수 있는 것이라곤 그것이 전부일 것입니다. 어린 아이의 손바닥으로는 바다를 담을 수 없기 때문에, 울어봐야 실제로 아무 소용이 없는 데, 그 아이는 괜히 자기 속을 태우고 있는 것입니다. 하지만 여러분과 내가 하나님의 모든 계시된 진리를 우리의 협소한 마음속에 모두 담는 것에 비하면, 어린 아이가 대서양과 태평양의 물을 한 방울도 흘리지 않고 두 손 안에 담는 것이 더 가능성이 있습니다. 우리는 모든 것을 알 수 없을 뿐만 아니라, 우리가 알고 있는 것의 절반도 이해할 수 없습니다. 나는 이해하고자 하는 마음을 이미 포기했습니다. 나는 하나님의 말씀을 있는 그대로 믿는 것에 만족하기로 했습니다. 사람들은 "당신은 모순된 말을 하고 있습니다"라고 말합니다. 나는 그렇다고 말합니다. 하지만 나는 내 지식에 맞추기 위해서 하나님 또는 성경을 반박하거나 부인하지 않습니다. 만일 내가 그렇게 하고 있다면, 주님, 나를 용서하옵소서. 만일 내가 일관성이 있는 것처럼 보이기 위해서 하나님의 말씀에 어긋나는 말을 하면, 여러분은 나를 단 한순간도 믿지 마십시오. 오류에 빠지기 쉬운 가련한 내 자신이 일관성이 없다는 말을 들을 때의 죄책감은 하나님의 말씀에서 발견되는 것과 모순되게 전하였을 때에 내가 갖는 두려움의 십분의 일만큼도 나를 괴롭히지 않습니다. 어떤 사람들은 그들의 신조나 교파에 성경을 꿰어 맞추고자 합니다. 그들은 성경을 매우 능숙하게 재단해서 아주 그럴 듯하고 반듯한 교리를 만들어 냅니다. 그들이 그렇게 해내는 솜씨를 보면 참으로 놀라울 따름입니다. 하지만 나는 내가 믿는 교리에 맞추기 위해서 성경을 비틀고 왜곡하기보다는 차라리 교리는 별로 일관성이 없고 세련되지 않아도 성경에서 말씀하고자 하는 것들을 곧이곧대로 전하기 원합니다. 시편 기자는 "내가 감당하지 못할 놀라운 일을 하려고 힘쓰지 아니하나이다"라고 말합니다. 나는 우리가 시편 기자의 이러한 입장에 적극적으로 동조해야 한다고 생각합니다. "하지만 오늘날의 사상가들이 한 명언들도 알아야 하지 않나요?" 좋습니다. 그렇다면, 사람들이 그런 일에 하루 몇 시간이나 투자해야 할까요? 하루 스물네 시간, 아니 스물다섯 시간으로도 결코 충분하지 않을 것입니다. 왜냐하면, 오늘날의 사상가들이 말한 명언들은 헤아릴 수 없이 많기 때문입니다. 그리고 철학자로 자처하는 모든 어리석은 자들은 끊임없이 새로운 것들을 고안해 내고 새로운 말들을 만들어 냅니다! 그런데도 내가 종이로 지은 그들의 부실한 집들을 뒤엎기 위해서 시간을 들일 필요가 있겠습니까? 그렇지 않습니다! 나에게는 다른 할 일이 있습니다! 또한, 다른 모든 그리스도의 사역자에게도 할 일이 있습니다. 그들은 참된 심령들을 괴롭히는 실제적인 의심들을 해결해 주어야 합니다! 그들은 하나님의 진리를 열망하는 회심한 영혼들이 지닌 근심과 불안을 덜어 주어야 합니다! 그들은 이런 일들을 감당해야 하지만, 풍차를 향해서 창을 겨누고 돌진하거나 유식한 얼간이들이 세워놓은 모든 허수아비를 거꾸러뜨리기 위해서 온 시골을 누비고 다니지는 않습니다! 만약 우리가 온갖 의심을 매일매일 만들어 내는 사람들과 함께 지낸다면, 우리는 곧 우리 자신을 더럽히게 될 것입니다. 형제들이여, 우리에게는 확실한 진리의 대로가 있고, 우리는 도보 여행을 하는 나그네처럼 그 길을 안심하고 걸어갈 수 있습니다. 우리 모두 그 길을 따라 여행합시다! 세상에는 우리가 경험을 해봤기 때문에 알고 있는 일들이 꽤 있습니다. 마찬가지로, 우리가 이미 맛을 보았고 다루어 보았기 때문에 어느 누구도 우리에게서 빼앗을 수 없는 교훈들이 있습니다. 우리가 거기에서 더 나아갈 수 있다면, 그것은 좋은 일입니다. 그러나 더 나아가고자 하다가, 엉뚱하고 잘못된 길로 나아가게 된다면, 그것은 어리석은 일입니다. 어떤 사람이 영국 땅의 끝에 도달했을 때, 어떤 위대한 천재가 그 사람에게 옛 영국이 도달했던 곳에서 더 앞으로 나아가라고 말하면서, 그 사람이 거기에서 한 걸음이라도 더 나아가면 끔찍한 낭떠러지가 있을 것 같아서 나아가지 못하는 것을 조롱한다면, 그 사람은 그 조롱을 당하며 참는 편이 좋을 것입니다. 형제들이여, 자신의 발 아래에 무엇이 있는지를 확인하고 나아가십시오. 여러분의 발 아래에 성경의 말씀이 있고 개인적인 체험이 있습니까? 만약 그렇지 않다면, 진보적인 사상가들이 앞으로 나아가든 말든 상관하지 말고, 여러분은 그냥 만세반석 위에 계속해서 발을 디디고 있는 편이 낫습니다. "범사에 헤아려"(살전 5:21). 여러분이 그들의 새로운 주장이 옳다는 것을 확인하기 전에는 그 주장을 따르지 마십시오. 하지만 여러분이 헤아려서 옳은 것으로 증명된 것들은 굳게 붙드십시오. 하나님의 진리를 붙드는 데에는 보수적이고, 그 문제의 뿌리를 헤아리는 데에는 철저하고 투철하십시오. 여러분이 알고 있는 것들을 굳게 붙들고, 복음의 단순명료한 진리들 위에서 살아가십시오. 왜냐하면, 결국 영혼의 양식은 논쟁이 되는 것들이 아니라 논쟁의 여지가 없는 것들에 있기 때문입니다. "크도다 경건의 비밀이여, 그렇지 않다 하는 이 없도다 그는 육신으로 나타난 바 되시고 영으로 의롭다 하심을 받으시고 천사들에게 보이시고 만국에서 전파되시고 세상에서 믿은 바 되시고 영광 가운데서 올려지셨느니라"(딤전 3:16). 모든 경건한 그리스도인들 사이에서 전혀 논쟁의 여지가 없는 것들 속에 영혼의 양식이 있습니다. 그러므로 단순명료한 것들에 힘쓰십시오. 「현대신학 비평」(The Contemporary Review) 같은 모든 신학 학술지를 읽어야 한다는 강박관념을 버리십시오. 그렇지 않으면, 여러분은 죽도 밥도 되지 않을 것입니다. 단지 "젖 뗀 아이" 같은 좋은 의미에서의 아무것도 아닌 자인 것으로 만족하시고, "내가 큰 일과 감당하지 못할 놀라운 일을 하려고 힘쓰지 아니하나이다"라고 고백하십시오.

이 동일한 악은 우리가 하나님의 섭리의 모든 이유들을 알고자 할 때에 또 다른 형태로 출현합니다. 하나님이 이 환난을 보내신 이유가 무엇이고 저 환난을 보내신 목적이 무엇이지? 왜 아버지께서 돌아가셨을까? 왜 우리가 그토록 사랑했던 저 두 아이가 우리 곁을 떠나야 했던 거지? 왜 우리는 하는 일들마다 형통하지 못하는 걸까? 왜? 왜? 왜? 우리가 "왜? 왜? 왜?"라고 묻기 시작할 때, 우리 앞에는 끝없는 과제가 놓여지게 됩니다. 우리가 "젖 뗀 아이" 같이 되었다면, "왜?"라고 묻지 않고, 단지 하늘에 계신 우리 아버지의 섭리들 속에는 우리가 헤아리기에는 너무 깊은 지혜가 존재하고, 우리에게는 베일에 가려 있지만 사실은 너무나 확실한 선하심이 존재한다고 믿을 것입니다.

우리가 해야 할 본분의 결과들을 고려하기 시작해서 그러한 본분을 행하기를 주저하는 것은 우리가 "감당하지 못할 큰 일들을 하려고 힘쓰는" 것이 됩니다. 우리가 어떤 길로 행해야 하는지가 하나님의 말씀 속에 아주 분명하게 나와 있는데도, 우리는 이렇게 말합니다: "내가 하나님의 말씀대로 행한다면, 내 가족은 어떻게 먹여 살리지? 내가 그렇게 행한다면, 나는 이 세상에서 낙오자가 되어 버리고 마는 것은 아닐까? 나는 그렇게 행하는 것이 옳다는 것을 알고, 내 양심도 내게 그렇게 해야 한다고 말한다. 그러나 어쨌든 다른 사람들은 양심을 조금씩 속여 가며 살고 있고, 그런 식으로 해서 버젓이 잘 살고 있지 않는가." 나의 사랑하는 형제들이여, 여러분에게 가야 할 길을 분명하게 알려 주시라고 하나님께 기도하십시오. 그리고 여러분이 그 길을 갔을 때에 나오는 결과들은 여러분이 얼마나 신실했는지를 보여주는 시금석일 뿐이기 때문에, 결과들은 여러분과 아무 상관이 없다는 것을 기억하십시오. 결과들은 언제나 하나님께 맡겨야 합니다! 옳은 일을 행한 것의 결과가 여러분의 목숨을 잃는 것이 되었다면, 여러분은 "자기 목숨까지 미워하지 아니하면 능히 내 제자가 되지 못하고"(눅 14:26)라고 하신 주님의 말씀을 기억해야 합니다. 여러분이 하나님께 모든 결과를 다 맡기고 행한다면, 유익을 얻게 될 것입니다. 그러나 여러분이 이런저런 것을 위하여 말로는 선을 행한다고 하면서 실제로는 악을 행한다면, 그것은 선한 결과를 얻기 위해서 악을 행하는 격이 되고, 하나님의 영을 근심하게 하는 일이 될 것입니다. 그랬을 때에 여러분의 마음은 결코 "젖 뗀 아이"처럼 되지 못할 것입니다. 이런저런 핑계와 이유를 대며 거짓이나 악을 행하는 것은 어린아이 같은 심령이 아니고, 하늘에 계신 우리 아버지께서 우리에게 명하셨다는 단 한 가지 이유만으로, 모든 결과를 하나님께 맡기고, 그 명하신 것을 행하는 것이야말로 어린아이 같은 심령입니다. 이상으로 나는 본분과 결과의 관계에 대하여 충분히, 아니 너무 많이 얘기하였습니다.

이제 우리는 비유 자체로부터 다윗이 말한 마음 상태가 다음과 같은 것이었다는 결론을 얻습니다. 즉, 그는 자기에게 절대적으로 필요한 것처럼 보일 뿐만 아니라 자기가 너무나 좋아하였던 그런 양식을 버릴 수 있는 자처럼 되었다는 것입니다. "젖 뗀 아이"는 자기가 좋아하던 것을 버린 자입니다. 본성적으로 우리는 이 세상이 주는 "젖"에 매달리기 때문에, 오직 주권적인 은혜로 말미암아서만 그 젖을 뗄 수 있습니다. 그러나 우리가 자기의와 자만심, 세상을 사랑하는 마음, 자기를 크게 보이고자 하는 마음을 버리고, 사람을 의지하며 종교의식들을 의지하고 하나님 아닌 것을 의지하던 것을 버릴 때, 오직 그럴 때에만 우리의 영혼은 "젖 뗀 아이"와 같게 됩니다. "젖 뗀 아이"는 하늘의 양식을 먹기 위하여 본성에 필요한 양식을 버린 것입니다.

다음으로, 이것은 다윗이 자신의 욕구들과 갈망들을 마침내 정복하였다는 것을 의미합니다. "젖을 떼는 중에 있는 아이"는 강렬한 욕구들을 지니고 있고, 그 욕구들을 채우기 위해서 몸부림을 칩니다. 그러나 "젖 뗀 아이"는 만족 가운데 있기 때문에, 그의 욕구들은 잠잠해집니다. 마찬가지로, 하나님의 자녀들도 충분한 은혜를 받았을 때에 전에 즐겨하던 것들에 대한 욕구를 느끼지 않게 됩니다. 그런 사람들은 아버지 하나님의 뜻에 온전히 순복하는 자들이 되어서, 그런 것들이 없이 지내야 한다고 한다면 기꺼이 그렇게 합니다. 바울은 자기가 어떤 상황 속에서도 만족하는 법을 배우게 되었다고 말했습니다. 어떤 것들이 있든 없든 만족하고 자족하는 것은 높은 경지의 경건입니다. 어떤 것들을 가지지 않더라도 마치 모든 것을 가진 듯이 기뻐하고 행복할 수 있다면, 그것은 정말 복된 상태입니다! 우리는 이 땅이 주는 "젖"을 뗄 뿐만 아니라, 더 이상 그런 "젖"을 원하지 않는 법을 배우는 것이 마땅합니다.

또한, "젖 뗀 아이"는 어머니를 전적으로 의지합니다. 아이는 어떻게 해야 먹고 살게 되는지에 대해서 아무것도 알지 못합니다. 스스로 젖을 먹을 수도 없습니다. 다른 사람이 돌봐주지 않는다면, 아이는 죽을 수밖에 없습니다. 그러나 아이는 한 점의 불안도 없이 평안합니다. 나는 히브리어 본문을 읽으면 한 아이가 어머니의 품에 안겨서 완전한 만족감을 누리고 있는 모습이 떠오릅니다. 다윗은 이것을 "실로 내가 내 영혼으로 고요하고 평온하게 하기를 젖 뗀 아이가 그의 어머니 품에 있음 같게 하였나니"라고 표현합니다. 하나님을 온전히 의지함으로 모든 것을 사랑의 하나님께 맡기고 하나님을 신뢰하여 즐거운 노래를 부르는 사람은 정말 행복한 사람입니다!

이상으로 나는 시편 기자가 "젖 뗀 아이와 같도다"라고 말함으로써 표현하고자 했던 상태가 무엇이었는지를 설명드렸습니다.

2. 둘째로, 이러한 상태가 어떤 점에서 탁월한 것인지를 살펴보겠습니다.

"젖 뗀 아이" 같은 것이 바람직한 이유가 무엇입니까? 그것은 모든 점에서 탁월합니다. 여러분이 직접 "젖 뗀 아이"가 된다면, 왜 그것이 바람직한지를 가장 잘 알게 될 것입니다. 왜냐하면, 여러분이 젖 뗀 아이가 되었을 때, 여러분은 더 이상 어떤 욕구들로 인하여 괴롭거나 고통을 당하는 일이 없게 될 것이기 때문입니다. 욕구에 재갈을 물릴 수 있게 되었다면, 여러분은 괴로움의 절반의 뿌리를 제거한 것입니다. 자족함을 배운 사람은 가난 때문에 고통을 당하지 않습니다. 자신의 뜻을 내려놓고서 아버지 하나님의 뜻에 순복할 줄 알게 된 사람은 환난을 당하여도 놀라거나 당혹해하지 않습니다. 여러분의 욕구들이 통제 아래 있게 된다면, 여러분은 하나님께 반역하고자 하는 시험을 더 이상 받지 않게 됩니다. 여러분은 이것을 원하고 저것을 원했습니다. 그래서 하나님과의 다툼이 끊이질 않았고, 여러분의 주이신 하나님과 여러분의 사이가 좋을 때가 거의 없었습니다. 하나님께서는 여러분을 망쳐 놓기를 원하지 않으시는데, 여러분은 하나님께 자기를 망쳐 달라고 젖을 떼는 중인 아이처럼 떼를 썼습니다. 하지만 모든 것을 하나님의 뜻에 맡긴 지금, 여러분에게는 평안이 있습니다. 다툼과 분쟁은 끝났습니다. 여러분의 영혼은 잠잠해졌고 고분고분해졌습니다. 또한, 여러분에게 해악을 끼치는 자들을 미워하던 것도 이제는 사라졌습니다. 여러분은 어떤 사람에게 분노했지만, 젖을 떼면서 그런 토라짐도 끝이 났습니다. 여러분은 하나님께서 그 사람을 보내서서 여러분을 괴롭히게 하신 것을 알게 되었기 때문에, 그 사람이 하는 듣기 싫은 소리들과 잔인한 행위들이 다 하나님으로부터 오는 것임을 인정하고 받아들이게 되었습니다. 하나님의 은혜로 말미암아 여러분은 이제 더 이상 분노하지 않습니다. 여러분은 자신의 처지와 상황에 반발하여 발로 차고 싸우고 하지 않습니다. 여러분은 전에는 마치 자기가 가혹하게 대우를 받는다는 듯이 매일같이 불평하고 투덜거렸지만, 이제 더 이상 그렇게 하지 않습니다. 하나님께서 여러분의 상황을 더 좋게 바꾸어 주신다면, 여러분은 기뻐할 것입니다. 그러나 그렇게 하지 않으신다고 해도, 여러분은 지금의 자신의 처지를 그대로 받아들입니다. 여러분은 하나님의 섭리를 탓할 수 없기 때문입니다. 여러분은 이제 이 땅의 일들보다 더 나은 것들을 생각하고 있습니다. 왜냐하면, 지금 여러분은 다윗이 시편 132편에서 했던 것과 같은 결단을 하였기 때문입니다. 오늘의 본문이 속해 있는 시편 다음에 나오는 132편은 다윗이 계속해서 자기가 만군의 여호와를 위한 처소를 지을 것이라고 선언하고 있다는 점에서 매우 주목할 만한 시편입니다. 여러분 자신의 일이 다 제대로 되고 있고, 여러분이 온갖 놀라고 두려워하는 것이나 걱정하고 염려하는 것이나 자기 자신을 추구하는 것으로부터 젖을 떼게 되었을 때, 그때에 여러분은 자유롭게 하나님의 일을 할 수 있게 됩니다. 하나님께서는 여러분을 위해서 여러분이 원하는 것들을 해주셨기 때문에, 이제는 여러분이 하나님을 위해 무엇인가를 하고자 합니다. 여러분은 하나님의 나라와 그의 의를 구했고, 다른 모든 것들이 여러분에게 더해졌습니다. 그래서 여러분은 낮이 긴 6월의 아주 쾌적한 날들처럼 행복합니다. 겨울에 새들을 보십시오. 나무에 잎사귀 하나 없어도, 새들은 앙상한 나뭇가지 위에 앉아 노래합니다. 아직 겨울의 추위가 채 가시지 않은 이른 봄에도 새들은 지극히 아름답고 청아한 노래들을 쏟아냅니다. 그렇지만 단 한 시간의 양식을 비축해 놓고 있는 종달새나 개똥지빠귀는 한 마리도 없습니다. 새들 중에서 창고가 있어서 양식을 모아놓는 새는 없습니다. 그런데도 새들의 노래에 대한 마르틴 루터(Martin Luther)의 해석에 의하면, 새들은 이렇게 노래합니다:

"죽을 인생아, 수고와 슬픔을 그쳐라.
하나님께서 내일 일을 예비해 놓으심이라."

그런 상태에 도달한 사람은 행복한 사람입니다. 하나님, 우리를 그런 사람이 되게 해주옵소서! 우리가 젖을 떼었다는 것은 장래의 괴로움과 실망들이 생길 토대를 아예 제거해 버린 것입니다. 전에는 우리가 모든 것으로부터 젖을 떼지는 못하였습니다. 어떤 사람은 재물을 의지하는 것으로부터는 젖을 떼었지만, 육정에 끌리는 그의 마음은 어떤 인간적인 사랑과 기쁨에 연연해합니다. 형제들이여, 그리고 자매들이여, 여러분의 보물이 있는 곳으로 여러분의 마음도 가게 되어 있다는 것을 명심하십시오. 그런데 그 보물이 여러분에게서 떠나간다면, 여러분의 마음은 아플 수밖에 없습니다. 우리는 육신의 팔, 곧 사람을 의지한다면, 그것은 우리 자신이 맞을 회초리를 스스로 준비하는 것입니다. 여러분이 사람을 의지하거나, 하나님을 순전하게 의지하는 것으로부터 슬그머니 물러간다면, 그것은 여러분 자신을 위한 환난을 준비하고 있는 것입니다. 사람을 의지하는 것은 스스로 속는 것입니다. 여러분이 아주 오래 살아서, 자기가 의지하고 사랑했던 사람이 죽을 때, 그것이 분명해질 것입니다. 이 땅에 속한 모든 기쁨의 끝은 온통 "티끌"과 "재"일 뿐입니다. 어떤 건물이 버팀목을 의지하고 있다면, 그 버팀목이 제거될 때, 그 건물은 약화될 수밖에 없습니다. 그러나 어떤 건물이 독자적인 토대 위에 홀로 서 있다면, 다른 것들에 구애받음이 없이 견고하게 서 있을 수 있게 될 것입니다. 오직 하나님만을 의지하고 기대하는 사람은 이것저것을 비롯해서 온갖 것들을 다 의지하는 사람보다 절반 정도도 괴로움을 겪지 않습니다. 왜냐하면, 사람이 이 땅에서 의지하는 모든 버팀목들은 그 하나하나가 언젠가는 괴로움과 고통의 원인이 될 것이기 때문입니다.

3. 셋째로, 우리는 "젖 뗀 아이"와 같은 상태에 도달할 수 있을까요?

나는 이 점에 대해서 할 말이 참 많은데, 내게 주어진 시간이 많이 가버렸기 때문에, 이제 마지막 질문, 곧 그러한 상태는 도달될 수 있는 것인가 하는 문제만을 살펴보고 끝을 맺고자 합니다. 당연히 우리는 그런 상태에 도달할 수 있습니다. 다윗은 "내 영혼이 젖 뗀 아이와 같도다"라고 말했습니다. 그는 자기가 그렇게 되기를 소망한다고 말한 것이 아닙니다. 다윗이 젖 뗀 아이와 같이 되었다면, 당연히 우리도 그렇게 될 수 있습니다. 왜냐하면, 다윗은 우리와 똑같은 성정을 지닌 사람이었기 때문입니다. 은혜 안에서 이루어진 일들은 한 사람이나 한 세대의 전유물이 아닙니다! 사실, 우리는 시편 기자보다 더 유리한 위치에 있습니다. 왜냐하면, 하나님의 경륜이라는 측면에서 볼 때에 시편 기자는 우리보다 훨씬 열악한 상태 아래에서 살았기 때문입니다. 지금은 천국의 문들이 다 활짝 열려 있고, 하늘에 계신 우리의 요셉의 창고들과 곳간들은 모든 이스라엘에게 활짝 열려 있습니다. 우리가 궁핍하고 쪼들리고 있다면, 그 원인은 하나님께 있지 않습니다. 하나님은 우리에게 인색하지 않으십니다. 다윗이 "내 영혼이 젖 뗀 아이와 같도다"라고 말하였습니까? 그렇다면, 이 자리에 있는 신자들은 한 사람도 빠짐없이 "하나님의 은혜로 말미암아 내가 다윗과 똑같은 상태가 되었습니다"라고 고백할 수 있을 때까지 만족해서는 안 됩니다. 이렇게 우리의 심령이 젖을 떼는 것은 어떤 상황 아래에서도 가능합니다. 가난한 자들도 흔히 그런 상태에 도달했습니다.

이번 주에 나는 전적으로 다른 사람들이 주는 것에만 의지해서 살아가는 한 가난한 여자를 보았습니다. 그녀는 류마티스 관절염으로 극심한 고통을 당하며 자기 방에 갇혀 살았고, 침상에서 일어날 때에도 다른 사람의 도움이 필요했지만, 천사처럼 행복한 얼굴을 하고 있었습니다. 그녀는 하나님을 기뻐하고 있었고, 그녀의 최대의 즐거움들 중의 하나는 고통이 조금 덜할 때에 침상에서 일어나서 한 시간 가량 침상 옆에 앉아 성경을 한두 장(章) 읽는 것이었습니다. 그럴 때에 그녀의 심령은 날개를 달고 천국으로 날아올랐습니다! 그녀의 영혼은 젖 뗀 아이 같았습니다. 그녀에게 걱정이나 두려움 따위는 전혀 없었습니다. 그녀를 간호해 본 사람들은 그녀에게서 불평이나 불만을 들어 본 적이 없다고 말했습니다.

가난한 자들이여, 이것을 잘 들으십시오! 이 여자보다 더 부유하게 살고 있는 분들도 자신의 부유함 가운데서 "젖 뗀 아이" 같은 상태로 들어갈 수 있습니다. 왜냐하면, 다윗은 왕이었지만, 이 세상의 부가 그의 영혼을 좀먹지는 못했기 때문입니다. 그는 왕궁에서 살았지만 "젖 뗀 아이" 같았습니다. 그는 세상의 즐거움들의 한복판에서 살아갔지만, 그런 즐거움들로부터 젖을 뗀 자였습니다! 환난으로 이리저리 요동하며 괴로움을 당하는 사람도 "젖 뗀 아이"가 될 수 있습니다. 사업이나 장사를 하는 사람들은 이렇게 말하기 쉽습니다: "마음의 평안이나 평강에 대하여 말하는 것은 목회자들에게나 해당되는 얘기입니다. 만일 목회자들이 밀가루와 빵을 팔거나, 포목점에서 옷감을 재서 팔거나, 많은 종업원들의 생계를 책임지거나, 큰 공장을 운영하거나, 한 무리의 일하는 소녀들을 돌보아야 한다면, 목회자들도 평안에 대하여 말하는 것이 얼마나 어려운 일인지를 알게 될 것입니다."

나의 사랑하는 친구들이여, 다윗의 삶을 보십시오. 그는 얼마나 많은 우여곡절을 겪었습니까! 그는 염려들과 시련들과 변화들과 급격한 상황 변화 같은 것들을 겪어야 했지만, 그럼에도 불구하고 그의 영혼은 "젖 뗀 아이" 같지 않았습니까! 여러분은 예수 그리스도의 신앙이 온실에서나 가능한 신앙이고, 우리도 수도원에 들어가서 세상과 단절하고 살아야만 좋은 신앙을 갖게 될 것이라고 생각하는 것입니까? 아닙니다. 기독교 신앙은 여러분이 자신의 공장이나 제과점이나 가게에서 매일매일 실천해야 할 신앙입니다. 일상생활 속에서 실천될 수 없는 신앙은 일고의 가치도 없는 신앙이기 때문에, 그런 쓰레기 같은 것은 여러분이 빨리 치워 버릴수록 좋습니다. 우리에게는 우리가 가는 곳마다 우리와 동행해서 우리에게 평안과 고요함을 줄 수 있는 그런 신앙이 필요하고, 우리는 하나님의 영에 의해 붙잡힌 바 되었기 때문에 그럴 수 있습니다. 하나님께서 우리로 하여금 그러한 행복한 상태에 이르러서 결코 그 상태에서 벗어나는 일이 없게 하시기를 빕니다.

그렇다면, 거기에 도달하는 길은 무엇입니까? 시편 기자는 우리에게 "이스라엘아 지금부터 영원까지 여호와를 바랄지어다"(3절)라고 말합니다. 믿음이 꽃을 피워서 소망이 되는 것이 바로 성화의 길, 곧 평안하고 고요한 영혼에 이르는 길입니다. 여러분은 자기 자신에게 "나는 이제 더 이상 초조해하지 않으리라"고 말하고 다짐했다고 해서, 앞으로 결코 초조해하지 않게 될 것이라고 기대할 수 없습니다. 형제들이여, 여러분은 하나의 감정으로 다른 감정을 몰아내야 하고, 하나의 성향으로 다른 성향을 정복해야 합니다. 여러분은 사람을 의지하는 것이 습관이 되어 있습니까? 여러분이 하나님을 의지한다면, 그것이 육신적으로 의지하는 여러분의 성향을 몰아내 줄 것입니다. 여러분이 세상에서 큰 일들을 기대하고 있습니까? 그것은 정말 어리석은 일입니다! 하나님의 큰 일들을 기대하십시오. 그러면 여러분은 육신적인 희망들을 버리게 될 것입니다. 여러분은 날마다 이 세상에서의 복을 구하고 있습니까? 여러분에게 출세하고자 하는 야심이 있습니까? 영원한 복을 구하고, 하나님께 더 가까이 나아가겠다는 야심을 품으십시오. 그러면 다른 모든 야심들은 죽게 될 것입니다. 여러분은 두려움과 염려들로 괴로워하고 있습니까? 하나님의 신실하신 약속 위에 여러분의 영혼을 누이시고 쉬게 하십시오. 여러분이 하나님의 약속 위에서 쉴 때, 전에 여러분을 괴롭히던 염려들은 다 사라질 것입니다. 많은 그리스도인들이 신앙은 일상생활과 아무 상관이 없다고 생각하는 것 같습니다. 그들은 신앙이 자신들을 위한 빵과 치즈, 그리고 아이들을 위한 신발과 양말을 어떻게 마련해야 할지에 대한 그들의 걱정과 염려들, 그리고 자신들의 부인이나 부모와 관련된 이런저런 근심과 괴로움들을 없애줄 것이라고 기대하지 않습니다. 그러나 사랑하는 자들이여, 결코 그렇지 않습니다! 이교도들은 자기 집에 수호신을 두었는데, 하나님께 감사하게도 우리 집의 수호신은 하나님이시고, 이스라엘의 모든 가족들의 수호신도 하나님이십니다. 하나님께서는 까마귀 새끼가 우는 소리도 들으시는데, 왜 자기 백성이 부르짖는 소리를 안 들으시겠습니까? 까마귀 새끼들은 단지 먹을 것을 달라고 우는 것이고, 그들에게 필요한 것은 죽은 토끼나 비둘기가 전부입니다. 그렇지만 하나님께서는 그들의 필요를 채워 주십니다. 그리고 나는 "참새 두 마리가 한 앗사리온에 팔리지 않느냐 그러나 너희 아버지께서 허락하지 아니하시면 그 하나도 땅에 떨어지지 아니하리라 너희에게는 머리털까지 다 세신 바" 되었다는 것을 압니다(마 10:29-30). 이 별 것 아닌 머리털? 이 작은 것들! 이 사소한 일들! 여러분은 이 작은 일들을 하나님께 맡길 때에야 비로소 "젖 뗀 아이" 같이 될 것입니다. 왜냐하면, 아이에게는 큰 일이라는 것이 없기 때문입니다. 아이와 관련된 일들은 모두 사소하고 작습니다. 어떤 일이 아이에게는 커보일지라도, 우리에게는 별 것 아닌 사소하고 작은 일일 뿐입니다. 여러분의 작은 일들을 하나님께 맡기십시오! 모든 것을 하나님께 맡기십시오! 하나님 안에 거하고, 하나님 안에서 사십시오! 여러분과 하나님 사이에 그 어떤 비밀도 없게 하십시오! 우리를 초조하게 만드는 삶의 괴로운 일들은 작은 일들입니다. 어떤 사람이 먼 길을 계속해서 걸어간다고 해도, 그 사람을 괴롭히는 것은 높은 산을 오르거나, 가파른 언덕에서 미끄러지는 것이 아닙니다. 그 사람을 괴롭히는 것은 그저 그의 신발에 걸리는 성가신 작은 돌들뿐입니다. 그 사람은 그 돌들을 잘 볼 수 없지만, 돌들은 그 길에 있어서, 그 사람의 발에 물집이 잡히게 만들고, 심하면 절뚝거리게 만듭니다. 사랑하는 형제들이여, 그 작은 돌들을 하나님께 맡기십시오! 그 작고 성가신 것들을 여러분에게서 치워 달라고 하나님께 구하십시오. 왜냐하면, 하나님께서는 큰 일도 없고 작은 일도 없기 때문입니다. 세상에서 가장 위대한 철학자나 왕이라고 할지라도, 자신의 작은 아이가 손가락에 가시가 들어갔다고 울 때, 바늘을 들고서 몸을 굽혀 그 가시를 빼내는 것을 창피하다고 생각하지 않을 것입니다. 하나님께서는 만물을 창조하시고 각각의 별들을 호명하여 불러내시는 분이실지라도, 우리의 상한 심령을 싸매어 주시는 것을 결코 창피한 일이라거나 욕된 일이라고 생각하지 않으십니다. 그러므로 하나님 앞으로 나아가서서, 여러분의 영혼으로 하여금 믿음을 의지하여 모든 것을 하나님께 맡기고 "젖 뗀 아이" 같이 되게 하십시오.

어떤 사람은 "말은 쉽지만 행하기는 쉽지 않을 겁니다"라고 말합니다. 맞습니다. 형제들이여, 믿음이 아니면 불가능하지만, 믿음으로 행할 때에는 충분히 쉽습니다. 내가 이 자리에서 담대하게 말할 수 있는 것은, 나는 종종 믿음에 대하여 말하는 것보다 믿음으로 행하는 것이 더 쉽다는 것을 발견해 왔다는 것입니

다. 내가 하나님을 의지할 때 ─ 나는 내가 습관적으로 그렇게 하기를 소망합니
다 ─ 전에는 염려를 버리고 하나님을 의지하는 것이 어려웠지만, 지금은 그렇
지 않습니다. 내 하나님께 감사하게도, 나는 하나님을 믿고 의지하지 않을 수 없
습니다. 왜냐하면, 하나님께서는 나로 하여금 그의 진실하심과 신실하심의 증거
들을 무수히 체험하게 해오셨기 때문입니다. 일단 여러분이 믿음으로 헤엄치기
시작하면, 굳이 애쓸 필요가 없습니다. 거룩한 은혜의 물결이 여러분을 하나님
앞으로 데려다줄 테니까요. 주 예수 그리스도와 찬송 받으실 성령의 강력한 능
력에 여러분 자신을 온전히 의탁하십시오. 그러면 여러분은 하나님의 손에 붙들
려 수동적으로 살고 오직 하나님의 뜻만을 알고 살아간다는 것이 얼마나 평안한
삶인지를 발견하게 될 것입니다. 하나님께서 여러분으로 하여금 그런 삶을 살게
해 주시기를 빕니다!

　　이 자리에 아직 회심하지 않은 분이 계셔서 내가 전한 말씀을 알아들을 수
없다면, 나는 하나님께서 그분을 자신의 자녀로 삼아 주시고, 그 후에 "젖 뗀 아
이"가 되게 해주시기를 기도합니다. 먼저 중생이 있어야 합니다. 그래야만 그 후
에 성화가 뒤따를 것입니다. 예수를 믿고 죄 사함을 받으십시오. 그러면 여러분
은 은혜를 받아서 여러분 자신을 하나님의 뜻에 맡길 수 있게 될 것입니다. 하나
님께서 여러분을 땅으로부터 젖을 떼게 하시고 천국에 꼭 붙여 놓으시기를 빕니
다. 아멘.

제
130
장
—

하나님이 영원히 쉴 곳

—

"이는 내가 영원히 쉴 곳이라 내가 여기 거주할 것은 이를
원하였음이로다." — 시 132:14

오늘의 본문은 여호와께서 시온 산에 관하여 친히 하신 말씀입니다. 그러나 우리가 이 말씀을 단지 문자적인 시온 산에 관한 것으로 이해하는 것은 하나님의 의도가 아니었음이 분명합니다. 왜냐하면, 시온 산은 하나님이 영원히 "쉴 곳"으로서 적절한 장소가 될 수 없었기 때문입니다. 하나님은 그 곳을 문자적으로 자신의 영원하신 안식처로 삼으신 것이 아닙니다. 왜냐하면, 시온 산은 지금까지 수천 년 동안 이방인들에게 짓밟혀 왔기 때문입니다. 하나님께서는 더 위대한 시온, 즉 "살아 계신 하나님의 도성인 하늘의 예루살렘 … 하늘에 기록된 장자들의 모임이며 교회"(히 12:22-23)를 염두에 두고 계셨음이 틀림없습니다. 영원하신 하나님은 영광의 보좌로부터 그가 지으신 모든 피조물들을 굽어보시면서 그의 교회를 택하십니다. 하나님은 택하신 자들을 핏값으로 사시고, 부르시고, 보존하시고, 거룩하게 하시고서, 이 교회에 대하여 이렇게 말씀하십니다: "이는 내가 영원히 쉴 곳이라 내가 여기 거주할 것은 이를 원하였음이로다." 우리는 하나님께서 우리처럼 보잘것없는 피조물 가운데서 "안식"을 발견하시리라고는 감히 상상도 할 수 없었습니다. 조물주께서 아무리 자신의 피조물을 사랑하실지라도, 그리고 그 피조물이 아무리 자신의 영으로 충만해 있다고 할지라도, 자신의 피조물에서 "안식"을 발견하실 리는 없어 보였습니다. 하지만 조물주

께서 바로 피조물에서 자신의 "안식"을 발견하신 것은 분명한 사실입니다. "이는 내가 영원히 쉴 곳이라 내가 여기 거주할 것은 이를 원하였음이로다"라는 말씀은 그리스도의 교회를 구성하는 구속받은 영혼들에 관한 말씀입니다.

　나는 말씀을 전하기에 앞서, 내게는 이 심오한 주제에 뛰어들 만한 능력이 없다는 것을 고백하지 않을 수 없습니다. 내가 할 수 있는 일이라고는, 마치 제비가 빠른 날갯짓으로 개울 위를 스치며 날아가듯이, 이 주제에 대해서 수박 겉핥기식으로 살펴보는 것뿐입니다. 나는 먼저, 하나님께서 자기 교회 안에서 "안식"을 발견하신다는 것에 대해서 살펴보고, 다음으로, 그러한 "안식"의 지속성에 관해서 생각해 보고, 마지막으로, 하나님께서 "안식"을 발견하신 바로 그 곳에서 우리도 "안식"을 발견하는 것과 관련해서 몇 가지 실천적인 제안을 드리고자 합니다.

1. 첫째로, 하나님께서는 자신의 교회 안에서 안식을 발견하십니다.

　하나님께서 이렇게 하시는 첫 번째 이유는 삼위일체이신 세 분 하나님이 모두 교회 안에서 영광을 받으시기 때문입니다. 사람은 자신의 본성의 일부만을 충족시켜 주는 것 속에서 결코 "안식"을 발견하지 못합니다. 그러므로 우리는 그리스도인들에게 이 세상을 가리키면서 "이 곳은 당신의 쉴 곳이 아닙니다"라고 진실로 말할 수 있습니다. 왜냐하면, 이 세상이 우리의 육신을 아무리 기쁘게 하고 만족시켜줄지라도, 그것은 결코 우리의 영혼을 만족시킬 수 없기 때문입니다. 만일 하나님의 교회에서 성부 하나님만이 영광을 받으시고 성자 하나님과 성령 하나님은 아무런 영광을 받지 않으신다면, 그곳은 결코 주님의 영원한 "쉴 곳"이 될 수 없을 것입니다. 그러나 사랑하는 자들이여, 아버지 하나님께서는 교회를 주목하실 때에 그가 친히 택하신 자녀들을 기쁨으로 바라보시며, 그의 영원하신 경륜이 그들 안에서 성취된 것을 보고 계시는 것입니다! 하나님께서는 자기가 자신의 사랑하는 아들과 그들을 위한 언약을 맺으셨던 것을 생각하시고, 또한 그들을 대신해서, 그리고 그들을 보증하기 위해서 자신의 독생자를 죽음에 내어 주시고, 그들을 위해서 대속을 행하셨다는 것을 생각하십니다. 이제 성자 하나님에 대해서 생각해 봅시다. 그리스도께서는 교회를 주목하실 때에 자기가 골고다 언덕 위에서 속전을 대신 지불해 주셨던 그러한 자들, 즉 자신의 피로 값 주고 사신 교회의 모든 지체들을 바라보고 계시며, 따라서 특별히 흡족히 여기시는 마음으로 그들을 주시하시는 것입니다.

이제 성령 하나님에 대해서 생각해 봅시다.

> "성령께서는 자신이 새롭게 빚으신 거룩한 영혼들을
>   바라보시는 것을 기뻐하신다네."

성령께서 그들을 주목하실 때에 자신의 중생의 능력이 이룩한 자애로운 결과들을 보시며 거룩한 묵상 속에서 안식하십니다. 사랑하는 자들이여, 나는 여러분이 영원히 찬송 받으실 삼위일체 하나님의 어느 한 분을 다른 어느 분보다 결코 높이지 않기를 바랍니다. 아버지나, 아들이나, 성령 중 어느 한 분에게 구원의 역사를 전적으로 돌리는 것은 큰 잘못입니다. 첫 번째 창조에서 하나님이 "우리의 형상을 따라 우리의 모양대로 우리가 사람을 만들고"(창 1:26)라고 말씀하셨다는 것은 두말할 필요도 없는 사실입니다. 첫 번째 창조가 삼위일체 하나님이 합력하여 행하신 일이었던 것처럼, 새 창조도 마찬가지입니다! 두 경우 모두에 있어서 우리가 다음과 같이 노래하는 것은 지극히 합당한 일입니다:

> "찬양하라 아버지와 아들과 성령을."

세 분 모두 교회와 참 시온을 온전하게 하시는 데에 관여되어 계시는 까닭에, 한 분이시면서 아버지와 아들과 성령의 삼위 안에 계신 하나님께서는 "이는 내가 영원히 쉴 곳이라 내가 여기 거주할 것은 이를 원하였음이로다"고 말씀하시는 것입니다.

> "일어나소서, 오, 은혜의 왕이시여, 일어나소서.
>   그리고 당신의 쉴 곳으로 들어가소서!
>   보소서, 당신의 교회가 당신이 소유하고 복 주시기를
>   열망하며 기다리나이다.
>   당신의 모든 영광스러운 것들,
>   곧 당신의 영과 당신의 말씀과 더불어 들어가소서
>   옛적에 법궤 안에 들어 있던 모든 것도
>   그러한 은혜를 베풀 수는 없었나이다."

하나님의 이 "안식"이 무엇을 뜻하는지 1, 2분만 생각해 보십시오. 그것은 모든 일에서 완전히 손을 뗀다는 뜻입니까? 우리가 아무 일도 하지 않고 빈둥거리고 있을 때, 이것이 우리에게 어느 정도의 "안식"을 줄 수는 있지만, 그것은 우리가 오랫동안 즐길 수 있는 그러한 "안식"은 아닙니다. 그것은 우리가 영원히 누리기를 바라는 그러한 "안식"이 아닌 것은 확실합니다! 우리에게 할 일이 전혀 없다면, 우리는 매우 불안한 상태에 놓이게 될 것입니다! 우리는 목적도 없고 목표도 없는 지겨운 삶을 살다가 곧 기진맥진하게 될 것입니다. 사람이 자신의 능력으로 감당할 수 있을 만큼의 일을 갖고 있을 때, 나는 그가 진정한 "안식"의 상태에 있는 것이라고 믿습니다. 만약 당신의 마음이 아무것도 생각하지 않고 있다면, 그것은 혼수상태에 있거나 일종의 혼절 상태에 있는 것입니다. 한편 당신의 마음이 즐거운 주제들에 몰두하고 있을 때, 즉 당신의 마음이 난해한 문제들과 씨름하는 것이 아니라 당신이 손쉽게 이해할 수 있는 단순한 주제들을 묵상하고 있을 때, 그 때 당신의 마음은 "안식"하고 있는 것입니다! 당신은 어쩌면 난로 가에 앉아서 이른바 백일몽에 잠겨 있을지도 모릅니다. 이때 당신의 마음은 여전히 활동하고 있는 것이기는 하지만, 그러한 활동이 "안식"을 방해하는 것은 아닙니다. 천국에서 누리는 "안식"은 완전한 "안식"이긴 하지만, 그것은 아무 말도 안 하고, 아무것도 행하지 않는 그러한 "안식"이 아닙니다. 그들은 밤이고 낮이고 쉬고 있는 것이 아니고, 어떤 의미에서는, 계속해서 하나님을 섬기고 있는 것입니다. 그리고 이것이 완전한 "안식"입니다!

하나님이 자신의 교회 안에서 "안식"을 발견하시는 것은 거기에서 자신의 무한하신 능력에 딱 들어맞는 일을 발견하시기 때문입니다. 하나님이 송축 받으시는 것은 부분적으로는 그의 활동하심에 있는 것이 분명합니다. 하나님은 얼마나 활동적인 분이신지요! 하나님은 하늘에 흘러가는 구름 한 조각에게도 일일이 길을 안내해 주십니다. 하늘과 땅과 그 안의 모든 것을 창조하실 때에 하나님께서는 얼마나 바쁘게 일하셨는지요! 하지만 눈에 보이는 피조세계는 영존하시는 이를 위한 안식처를 제공하기에는 너무 좁은 침상이라서, 하나님은 결코 그 속에서 "안식"하지 않으셨습니다. 그러나 하나님께서 창조 사역보다 더욱 위대한 구속 사역에 착수하시고, 자신의 의로우신 위엄과 숭고하신 사랑을 자신이 새롭게 하고 계시는 자들 속에서 나타내셨을 때, 그는 자신의 속성들을 가장 잘 보여주는 일을 하고 계시는 것입니다. 그러므로 하나님께서는 자신의 교회에 대하여 "이는 내가 영원히 쉴 곳이라 내가 여기 거주하리로다"라고 말씀하십니다. 그가 땅의 기초를 놓으실 때에, "새벽 별들이 기뻐 노래하며 하나님의 아들들이 다 기뻐 소리를 질렀습니다"(욥 38:7). 그러나 여러분은 하나님께서 피조 세계를 보시며 노래하셨다는 것을 성경에서 결코 읽어보지 못했을 것입니다. 하나님께서 자신이 택하신 교회인 시온에 대하여 "너의 하나님 여호와가 너의 가운데에 계시니 그는 구원을 베푸실 전능자이시라 그가 너로 말미암아 기쁨을 이기지 못하시며 너를 잠잠히 사랑하시며 너로 말미암아 즐거이 부르며 기뻐하시리라"(습 3:17)고 말씀하신 것은 하나님이 더욱 위대한 영역에서 역사하실 때였습니다. 새 창조에서 하나님은 옛 창조가 자신에게 결코 줄 수 없었던 그러한 "안식"을 발견하십니다. 우리는 무한하신 하나님에 대해서 아주 조금밖에 알지 못하기 때문에, 이런 위대한 신비한 일들에 대해서는 합당한 겸손함으로 말을 삼가야 합니다. 하지만 나는 이렇게 생각합니다. 하나님께서 자신을 영원히 찬송할 자들을 만드실 때, 그것은 자신이 특별히 기뻐하시는 일을 하고 계신 것이며, 따라서 다른 일을 하실 때와는 달리 거기에서 "안식"하시고 기뻐하신다는 것입니다!

또한, 하나님께서 자신의 교회 안에서 "안식"하시는 것은 거기에서 자신의 영원하신 목적이 성취되는 것을 보시기 때문입니다. 한 영혼이 구원을 받을 때마다, 하나님께서는 거기에서 자신의 거룩하신 작정하심이 또 한 번 성취되는 것을 보십니다. 그리고 이것은 하나님의 마음에 "안식"을 줍니다 ― 이것은 우리가 다른 방식으로는 말할 수가 없어서 인간의 방식을 따라 말한 것입니다. 하나님에 의해서 한 사람 한 사람씩 영생으로 택함을 받은 사람들, 하나님께서 언약 안에서 자신의 아들에게 주신 사람들, 그 아들의 보혈로 말미암아 구속을 받은 사람들 ― 그들은 애굽에서의 종살이와 같은 죄의 종살이로부터 건짐을 받아서, 거친 광야 같은 이 세상에서 안전하게 인도하심을 받아, 요단 강 같은 죽음을 건너서 가나안 땅 같은 천국의 "안식"에 들어간 사람들이기 때문에, 하나님께서는 자신의 영원하신 목적이 실현되는 것을 보시고, 거기에서 지극히 복된 "안식"을 발견하시는 것입니다. 장차 모든 하나님의 교회가 영광 가운데 하나님의 오른편으로 온전히 인도되었을 때, 하나님께서는 오늘의 본문에 나오는 대로 "이는 내가 영원히 쉴 곳이라 내가 여기 거주할 것은 이를 원하였음이로다"고 말씀하실 것입니다. 택함 받은 자를 구원하시려는 하나님의 계획에 관한 성경의 분명한 계시를 깨닫지 못하는 형제들의 마음 상태를 나는 이해할 수 없다고 고백하지 않을 수 없습니다. 만일 하나님의 은혜의 역사가 우연에 의해서 이루어지는 것이라면, 그것은 정말 이상한 일일 것입니다. 예를 들면, 성 바울 대성당과 같은 중요한 건물을 지을 때, 건축가는 자신이 고용한 일꾼들이 그들의 변덕스러운 기분대로 건축하는 것을 결코 허용하지 않을 것입니다! 건축가는 각각의 기둥이 어디에 위치해야 하는지, 또는 건물 각 부분에 어떤 돌이나 재료가 사용되어야 하는지와 같은 중요한 결정들을 일꾼 각자의 자유의지에 맡기지 않을 것이라는 말입니다. 그는 공사 착공 전에 자신이 설계한 설계도대로 모든 일을 완성해 갑니다! 그렇다면, 자신의 거처를 건축하시는 지존자께서 자신이 영원 전부터 준비하셨던 계획대로 그 거처를 건축하시리라는 것은 너무나 당연한 일이 아니겠습니까? 형제들이여, 하나님께서는 자신의 교회가 어떻게 되어야 할 것인지를 이미 설계해 두셨을 뿐만 아니라, 그 설계도대로 정확하게 시공되어 건물이 완성될 것을 아시기 때문에, 자신의 거처와 관련하여 "이는 내가 영원히 쉴 곳이라 내가 여기 거주할 것은 이를 원하였음이로다"고 말씀하신 것이라고 나는 생각합니다.

다음으로, 하나님께서는 자신의 교회 속에서 자신의 모든 전능하신 능력을 다 쏟아 부은 것에 대한 보상을 발견하십니다. 하나님은 창조 사역을 일곱째 날에 마치시고 그 날에 "안식"하셨습니다. 마찬가지로, 하나님께서는 교회를 세우시는 일을 끝내셨기 때문에 자신의 교회 안에서 "안식"하고 계십니다. 모든 영혼이 은혜로 말미암아 구원을 받고, 모든 영혼이 영광의 자리로 옮겨진 것은 하나님의 전능하신 역사에 따른 결과이며 보상입니다. 하나님이 물질 세계를 창조하실 때에는, 그가 말씀하셨을 때에 모든 것이 그대로 되었습니다. 하지만 자신의 교회를 만드실 때에는 그렇게 쉽게 된 것이 아닙니다. 하나님은 이 세상을 그의 "말씀"으로 창조하셨습니다. 그러나 새 창조를 위해서는 "성육신하신 말씀"이 필요했습니다! 이 세상이 창조되기 위해서는 한 방울의 피도 흘려질 필요가 없었습니다. 그것이 아무리 참신하고 아름답고 영광스러운 것이었을지라도 말입니다. 하지만 새 하늘과 새 땅은 다릅니다. 그것은 전능자 자신의 고통을 통해서만 굳게 설 수 있었습니다. 하나님의 교회는 지극히 경이로운 조직(fabric)입니다. 그것을 위해서 하나님의 계획들이 태초로부터 작동하고 있었을 뿐만 아니라, "육체로 거하시는 신성의 모든 충만"(골 2:9)이 이 기적 중의 기적을 이루어 내기 위해서 일해 왔습니다. 마침내 이 기적이 완성되면, 천국조차도 경악에 휩싸이게 될 것입니다! 오랜 세월 동안 하나님의 손과 도구들이 거친 대리석 덩어리를 쪼고 또 쪼았으며, 마지막 손길이 거기에 가해져서, 마침내 그 작품이 하나님의 눈 앞에 그 아름답고 영광스러운 모습을 드러내게 될 때, 하나님은 "안식"하실 것입니다. 마치 숙련된 일꾼이 자신의 걸작이라고 생각하고 맡았던 어떤 큰 과업을 성공적으로 완수하고 나서 안식하듯이 말입니다.

하지만 하나님께서 자신의 교회에서 안식하시는 이유 중에서 최고의 이유는 그것이 뼈를 깎는 고통의 대가이기 때문입니다. 성경은 방주에서 나온 노아가 짐승을 잡아서 번제를 드렸을 때에 "여호와께서 그 향기를 받으셨다"(창 8:21)고 말합니다. 여기에서 "그 향기"에 대한 난외주의 읽기는 "안식의 향기"입니다. 마찬가지로, 이제 하나님께서는 죄인들을 대하실 때에 자신의 사랑하는 아들의 희생제물 속에서만 안식의 향기를 발견하십니다! 온 세상이 공의의 영을 따라 의인을 찾아서 헤매고 다녔지만, 기나긴 탐색의 결과는 "의인은 없나니 하나도 없으며"(롬 3:10)라는 평결뿐이었습니다. 그런 후에, 공의의 영이 죄인들을 구원해줄 조력자가 어디 없을까 하고 둘러보았지만, 하나님의 아들이 극도의 고통 속에서 달리셨던 십자가로 눈길을 돌리기까지는 그 어떤 조력자도 찾을 수 없었습니다. 공의의 영은 십자가 앞에서 떨어지는 핏방울과 숙이신 머리와 가시 면류관을 목격하고, "다 이루었다"(요 19:30)는 음성을 들었을 때에 안식할 수 있었습니다. 그리고 그의 탐색은 끝이 났습니다. 왜냐하면, 그는 스스로 온전하게 의로우신 분, 그런 까닭에 죄인들을 속량하기 위해서 온전하고 완벽한 대속을 제공하심으로써 그들을 구원하실 수 있는 분을 발견하였기 때문입니다. 하나님의 아들께서 자신의 교회를 기뻐하시는 이유는 자신의 모든 고통과 고뇌가 자신에게 영광스러운 수확을 가져다주었다는 것을 그 안에서 보시기 때문입니다. 그리고 자신의 죄악된 백성들 대신에 자신의 아들을 가혹하게 치신 성부 하나님께서 자신의 교회를 기뻐하시는 이유는 자신의 사랑하시는 아들이 끝까지 인내하신 것에 대한 온전한 보상을 그 안에서 보시기 때문입니다.

또한, 여러분은 하나님께서 자신의 교회 안에서 "안식"을 발견하시는 이유가 거기에서 생겨난 관계들 때문이라고 생각하지 않습니까? 사랑하는 친구들이여, 여러분은 어디에서 안식을 발견하십니까? 여러분은 자신이 가꾼 정원에서, 그리고 자신이 애쓰고 수고해서 구입한 자신의 집에서 안식을 누리실 것입니다. 하지만 여러분은 여러분이 끔찍하게 사랑하는 여러분의 자녀들에게서 최고의 안식을 발견합니다. 가족 안에는 낯선 사람이 없습니다! 문은 닫혀 있고, 벽난로는 활활 타고 있습니다. 지금이 어머니에게는 안식의 시간이고, 아버지에게는 기쁨의 시간입니다. 왜냐하면, 벽난로 주위에는 사랑하는 사람들만이 있기 때문입니다. 상인은 다른 사람들에게 속을까봐 온 종일 경계를 늦출 수 없었던 가게를 떠나서 집으로 돌아옵니다. 이제는 굳이 경계할 필요가 없습니다. 왜냐하면, 가족 안에서는 속아 넘어가면 어쩌나 하는 걱정을 안 해도 되기 때문입니다. 판사는 재판석에 앉아 있는 동안에는 엄격하게 법을 집행하지만, 법복을 벗고 자신의 아이들을 불러 모았을 때에는 그러한 엄격함을 모두 내려놓습니다. 노동자는 자신의 일터에서 이마 위로 흘러내리는 땀을 닦아내지만, 집에 돌아오면, 자신이 사랑하는 사람들 속에서 기쁘게 휴식을 취합니다. "온전한 사랑이 두려움을 내쫓나니"(요일 4:18). 두려움은 우리의 둥지에 있는 가시와 같습니다. 그것은 우리의 안식을 방해하는 존재입니다. 하지만 "온전한 사랑"이 오면, 우리는 온전한 편안함을 누립니다. 당신이 집 안에 있을 때, 당신은 무슨 말이든 할 수 있고, 또 무슨 일이든 할 수 있습니다. 거기에는 당신에게 욕하거나 당신을 규제하는 사람이 없습니다. 당신은 당신의 하인들 앞에서 당신이 생각하는 모든 것을 말하지 않습니다. 그들은 충직한 하인들이지만, 당신은 그들에게 당신의 속마음을 말하지 않습니다. 당신이 아무런 거리낌 없이 자유로울 수 있는 것은 당신의 자녀들 속에 있을 때입니다. 하나님도 그렇습니다! 하나님은 천사들 속에서 안식을 찾지 않으십니다. 왜냐하면, 그들이 아무리 눈부시게 완전한 존재들이라고 할지라도, 그들은 하나님의 성전에서 성도들을 섬기기 위해서 시중을 드는 영들일 뿐이기 때문입니다! 그러나 여기, 하나님께서 피로 값 주고 사신 모든 영혼들 속에서 자기 자신의 형상을 보시는 이곳, 예수 그리스도께서 죽은 자 가운데서 부활하심으로 말미암아 하나님께서 자신이 다시 낳으신 자녀들을 보시는 이곳이 하나님께서 편안함을 느끼시고 자신의 안식을 발견하시는 곳입니다. 이 위대한 하나님의 진리를 설명하기 위해서 가족이라는 비유를 사용한다고 해서 내가 너무 담대하게 말한다고 생각하지 마십시오. 왜냐하면, 나는 우리 주 예수께서 친히 보이신 모범을 따르고 있을 뿐이기 때문입니다. 주님은 "너희가 악할지라도 좋은 것을 자식에게 줄 줄 알거든 하물며 너희 하늘 아버지께서 구하는 자에게 성령을 주시지 않겠느냐"(눅 11:13)고 말씀하셨습니다. 하나님께서는 죽었다가 다시 살아난 아들들을 기뻐하십니다. 그들은 잃어버렸다가 다시 찾은 아들들입니다. 하나님은 우리의 아버지이시며 우리는 그의 자녀들이기 때문에, 우리를 비롯해서 구속함을 받은 그의 모든 무리들에 대해서 이렇게 말씀하십니다: "이는 내가 영원히 쉴 곳이라 내가 여기 거주할 것은 이를 원하였음이로다."

2. 둘째로, 하나님의 안식이 자신의 교회 안에서 언제까지 지속되는지를 살펴보겠습니다.

"이는 내가 영원히 쉴 곳이라"는 말씀은 하나님의 교회가 영원히 존재할 것임을 보여줍니다. 어떤 사람들은 늘 큰 두려움에 사로잡혀서 전율하며 흔들립니다. 그리고는 하나님의 교회도 흔들리고 있다고 생각합니다. 하지만 이 둘은 서로 전혀 다른 문제입니다! 그들은 손을 들고 기도하면서, "정말 슬프게도 교회가 위험에 처해 있습니다!"라고 부르짖습니다. 하지만 나는 사람들이 인위적으로 만들어 낸 어떤 교회들은 위험에 처해 있을지 모르지만, 참된 하나님의 교회가 지금 위험에 처해 있다거나, 전에 위험에 처해 있었다거나, 앞으로 위험에 처할 것이라고는 전혀 믿지 않습니다! 어떤 사람들은 고래가 요나를 삼켰듯이, 가톨릭교회가 그리스도의 교회를 삼킬 것이라고 생각합니다. 그러나 만약에 그런 일이 생긴다고 하더라도, 고래가 요나를 육지에 토해냈듯이, 단언하건대 교회도 다시 살아서 돌아올 것입니다! 하나님의 교회를 칠 수 있게 만들어진 칼은 없고, 앞으로도 그런 칼은 없을 것입니다! 세상이 존속하는 한 교회는 존속할 것입니다. 그리고 이 세상이 불바다가 될 때, 교회는 더욱 찬란하게 빛날 것입니다. 교회는 영원히 빛날 것이고, 하나님의 영원한 안식처가 될 것입니다.

> "너의 영광스러운 일들이 말해졌도다,
> 우리 하나님의 도성 시온이여!
> 그의 말씀은 어긋날 수 없나니,
> 너를 자신의 거처로 삼으셨도다.
> 너는 영원한 반석 위에 세워졌으니
> 너의 확고부동함을 무엇이 흔들 수 있으리요.
> 구원의 담장이 너를 두르고 있으니
> 너는 너의 모든 원수들을 비웃으리로다."

또한, 하나님이 함께 하시는 교회, 그리고 하나님이 안식하실 수 있는 교회는 항상 있을 것입니다. 어떤 사람들은 자신들이 마음 편하게 지체가 될 수 있는 교회가 없다고 생각합니다. 그러나 사랑하는 친구들이여, 예수 그리스도께서 머리 되시는 그런 교회는 존재합니다. 만약 여러분이 어떤 가시적인 교회의 지체가 될 수 없다고 하더라도, 여러분은 하나님께서 영원히 안식하시는 교회의 일원이 될 때까지는 만족해서는 안 됩니다. 여러분은 종종 사도적 계승(apostolic succession)에 대해서 많은 이야기들을 들으셨을 것입니다. 사람들이 일반적으로 알고 있는 사도적 계승은 터무니없는 거짓말이지만, 사도적 계승 그 자체는 하나님의 위대한 진리입니다. 우리는 노바티아누스파, 도나투스파, 롤라드파, 알비파, 발도파, 재세례파, 위그노파를 거쳐서 오늘날에 존재하는 다양한 교단들에 속한 그리스도인들에 이르는 흐름 속에서 사도적 계승을 분명하게 추적할 수 있습니다. 로마 가톨릭이라는 지옥의 수렁에 결코 발을 들여놓지 않은 참 계보가 있습니다! 사도들의 시대에서 발원하여 우리에게로 곧장 흘러내려온 정금 같이 순수한 흐름이 있습니다! 하나님께서 거하실 수 있는 교회는 항상 있어 왔으며, 앞으로도 그의 거처가 될 교회는 항상 있을 것입니다! 여러분은 그리스도께서 "거룩하신 아버지여 내게 주신 아버지의 이름으로 저희를 보전하사 우리와 같이 저희도 하나가 되게 하옵소서"(요 17:11)라고 기도하신 것을 알고 있습니다. 그리고 나는 그리스도께서 드리신 기도는 하나도 빠짐없이 합당한 때에 응답을 받을 것이라고 믿습니다! 아니, 나는 그리스도의 교회가 지금 이미 하나라고 믿습니다. 어떤 사람은 "하지만 지금 세상에 있는 저 많은 분파와 종파들을 보십시오"라고 말합니다. 그렇습니다. 나도 그것을 알고 있습니다. 하지만 유일하고 참된 하나됨은 그리스도의 신비한 몸을 형성하는 영적으로 각성된 사람들의 하나됨입니다. 지금 세상에 있는 수많은 분파들은 단지 겉모습에 있어서만 갈라져 있는 것입니다. 만약 우리가 그 껍질을 들추어 볼 수 있고, 하나님이 판단하시듯이 판단할 수만 있다면, 우리는 그것을 알 수 있을 것입니다. 그러니까, 우리는 생명과 관련된 본질적인 문제들에 있어서 그들은 하나라고 생각해야 한다는 것입니다. 우리는 단순히 겉모습만을 바라보는 것을 점점 줄이고, 영적인 것을 생각하는 것을 점점 늘려야 합니다. 왜냐하면, 하나님께서는 오로지 비가시적이고 영적인 그리스도의 교회 안에서만 안식을 찾으시기 때문입니다. 나는 하나님께서 침례교단이나 독립교단이나 영국 성공회 같은 종파 안에서 안식을 찾으신다고 믿지 않습니다. 하나님은 소속 종파를 불문하고 구원받은 모든 자들 안에서 자신의 안식을 찾으십니다! 하나님의 안식은 거대한 인간의 조직들 속에 있는 것이 아니고, 그가 그의 은혜로 부르신 모든 자들 안에 있는 것입니다. 그리고 그들은 그리스도 예수 안에서 이미 하나입니다!

나는 오늘의 본문에서 또 하나의 사실을 추론하게 되는데, 그것은 하나님의 교회가 항상 안전하리라는 것입니다. "내가 여기에 거하겠노라"는 말씀이 그것을 말해 줍니다. 만약에 원수가 계속해서 성을 오르고, 성벽을 훼파하며, 자기 백성을 포로로 잡아간다면, 하나님께서도 거기에서 안식을 찾으실 수 없을 것입니다. 만약에 도성에 인접한 지역들이 하나하나 적의 수중에 떨어진다면, 왕이 어떻게 도성 안에서 편하게 쉴 수 있겠습니까? 사자가 자기 양의 뼈를 으스러뜨리는 소리를 듣는다면, 목자의 안식은 사실상 물건너간 것입니다. 늑대가 새끼 양 한 마리라도 물어가게 되어도 사정은 마찬가지일 것입니다. 하나님께서는 "이는 내가 영원히 쉴 곳이라"고 말씀하시는데, 나는 이 말씀을 하나님이 그리스도의 참 교회 안에 들어와 있는 모든 영혼들의 영원한 안전을 보증해 주신 것이라고 생각합니다. 교회 안에 있는 모든 사람들, 곧 예수께서 자신의 보혈로 값 주고 사신 모든 사람들은 언제까지라도 온전히 안전할 것임에 틀림 없습니다.

> "예수께서는 안식을 찾아서 그에게 기댄 영혼을
> 결단코 원수에게 내어 주시지 않으리!
> 지옥이 그 영혼을 아무리 흔들어 댈지라도,
> 결단코 버리시지 않으리!"

가시적인 교회 안에는 멸망할 자들이 도처에 많이 있겠지만, 살아 계신 하나님의 교회의 참 성도는 한 사람도 결코 잃어버린 바가 되지 않을 것입니다! 일전의 어느 날 밤에 한 형제가 "우리가 일단 하나님의 교회 안에 들어오게 되면, 우리는 영원히 안전합니다"라고 말했을 때, 나는 무슨 말인가 하고 약간 놀랐습니다. 하지만 그가 계속 말을 이어가면서, 그가 "교회"라고 말한 것이 하나님께서 뜻하신 바로 그런 의미라는 것을 보여주었을 때, 나는 그의 말에 전적으로 동의하게 되었습니다! 그가 말한 교회는 여호와께서 "이는 내가 영원히 쉴 곳이라 내가 여기 거주할 것은 이를 원하였음이로다"고 말씀하신 바로 그 시온이었으니까요. 하나님께서는 그 안에 있는 모든 사람들이 영원히 안전하다는 것을 아시기 때문에, 그 곳이 하나님의 안식처인 것입니다! 마지막 날에, 주 예수께서는 아버지 하나님께 "아버지께서 내게 주신 자 중에서 하나도 잃지 아니하였삽나이다"(요 18:9)고 말씀하실 수 있게 될 것입니다.

또한, 나는 오늘의 본문 속에서 온 교회가 영원히 영광을 받게 될 것이라는 사실도 추론하게 되는데, 만일 그렇지 않다면, 하나님께서는 "이는 내가 영원히 쉴 곳이라"고 말씀하실 수 없었을 것입니다. "하나님의 신령한 집"을 짓는 데에 쓰일 "산 돌들"(벧전 2:5)이 지금 채석되고 다듬어지고 연마되고 있습니다. 그리고 그것들은 하나하나 거룩한 산 위로 옮겨지고 있는 중입니다. 그렇게 해서 "건물마다 서로 연결하여 주 안에서 성전이 되어 가는"(엡 2:21) 것입니다. 그리고 그것이 완성될 때, 하나님께서는 "여기에 내가 영원히 거하리로다"고 말씀하실 것입니다. 우리는 교회의 복된 상태가 영원히 지속된다는 이 주제를 지금보다 더욱 묵상하고 기뻐해야 할 것입니다. 사랑하는 자들이여, 크신 하나님께서 자신의 사랑하는 아들의 보혈로 구속함을 받은 여러분 같은 사람들 속에서 영원히 자신의 안식을 찾으신다는 것을 생각해 보십시오! 그런 생각을 하면, 시간이 시시해 보이지 않습니까? 세상은 우리가 주목할 가치가 거의 없는 작은 알갱이 하나처럼 보이지 않습니까? 여러분은 하나님이 영원토록 기뻐하시는 대상이기 때문에, 지금과 마찬가지로 이전에도 언제나 그랬다는 것을 알 수 있지 않습니까? 핏값으로 구속함을 받은 모든 영혼들은 영원토록 하나님의 성전과 거처가 될 것이고, 그들 모두가 하나로 연합하여 영원토록 그의 안식이 될 것임을 묵상하고 크게 기뻐하십시오!

3. 셋째로, 하나님께서 "안식"을 발견하신 그 곳에서 우리도 "안식"을 발견합니다.

이제 나는 이 주제와 관련해서 몇 가지 실천적인 말씀들을 드리고 설교를 마치고자 합니다. 하나님께서는 자신의 교회 안에서 안식을 발견하십니다. 그렇다면, 우리가 우리의 안식을 발견할 곳도 그 곳인가요? 여기 계시는 분 중에서 와츠(Watts) 박사가 한 말을 진정으로 그대로 반복하실 수 있는 분이 몇 분이나 될지 모르겠습니다:

> "다른 사람들은 이 세상 재미로 희희낙락하고,
> 그들의 포도주가 더욱 맛있게 느껴질지라도,
> 나는 하늘로부터 난 사람들을 사랑하리니,
> 그들의 생각과 말은 하나님의 것이로다."

사랑하는 친구들이여, 여러분은 하나님의 택함 받은 백성들 가운데서 안식을 발견하십니까? 불경건한 자들은 그렇지 않습니다. 만약 어떤 자애로운 사람이 불경건한 자의 집을 찾아가서 십자가의 신비에 대해서 말을 시작했다고 합시다. 이러한 주제가 그들에게 얼마나 짜증나는 것인지는 그들이 쉴 새 없이 시계를 쳐다보는 데서 곧 드러나게 될 것입니다. 하나님의 백성들이 함께 모여 예배드리는 곳에 그들이 왔다고 합시다. 그들은 예배가 짧으면 짧을수록 그 곳을 더 좋아하게 될 것입니다. 앞을 보지 못하는 사람은 미술관을 별로 좋아하지 않을 것입니다. 듣지 못하는 사람은 지금껏 연주되었던 가장 훌륭한 오라토리오에도 기뻐하지 않을 것입니다. 마찬가지로, 우리는 영적 분별력을 갖지 못한 사람이 하나님의 백성들과의 교제 속에서 기쁨을 찾을 수 있기를 기대할 수 없습니다. 하지만 진정으로 구원받은 사람들은 판이하게 다릅니다! 그들은 이 땅에 있는 성도들에 대해서 다윗처럼 "땅에 있는 성도들은 존귀한 자들이니 나의 모든 즐거움이 그들에게 있도다"(시 16:3)라고 말할 수 있습니다.

나는 좋은 성도였던 할머니 한 분의 임종을 지키기 위해서 그녀의 집을 방문했는데, 그녀는 나에게 이렇게 말했습니다: "목사님, 하나님은 사악한 자들과 더불어 살라고 나를 보내신 것 같지는 않아요. 나는 그들과 어울리는 것을 좋아한 적이 없으니까요. 이 생각을 하면 나는 위로를 받습니다. 하나님이 나를 성도들과 동행하도록 하실 것이며, 내가 하나님을 알게 된 이래로, 나는 언제나 하나님의 백성들과 함께 했다고 믿습니다." 나는 나도 그럴 것으로 믿는다는 말로 그녀를 확신시켜 주었습니다. 우리가 어떤 사람들이 진정으로 신령하기 때문에 그런 사람들 속에서 안식을 발견한다면, 그것은 우리가 은혜 가운데 있다는 증표입니다. 여러분이 하나님의 성도들 중에서 몇몇을 사랑한다고 해서, 그것이 꼭 여러분이 은혜 가운데 있다는 증표가 되는 것은 아닙니다. 왜냐하면, 여러분은 하나님의 성도들에게서 보이는 특히 사랑스러운 모습들을 보았거나, 그들로부터 어떤 도움이나 호의를 받은 까닭에 순전히 본성적인 이유들로 인해서 그들을 사랑할 수도 있기 때문입니다. 그러나 우리가 요한의 말처럼 "우리가 형제를 사랑함으로 사망에서 옮겨 생명으로 들어간 줄을 알거니와"(요일 3:14)라고 말할 수 있을 때, 그것은 매우 다른 문제입니다. 우리 중 어떤 분들은 우리가 가장 행복한 시간이 하나님의 성도들과 함께 교제하는 시간이라고 진심으로 말할 수 있습니다. 그리고 우리는 와츠 박사가 다음과 같이 말한 것에 전적으로 공감할 수 있습니다:

> "내가 살아 숨 쉬는 동안
> 내 영혼이 시온을 위해서 기도하리라.
> 거기에는 나의 가장 좋은 친구들과 나의 권속들이 거하고,
> 거기에서 내 구주 하나님이 다스리시는도다."

하나님은 자신의 교회에 대해서 "이는 내가 영원히 쉴 곳이라"고 말씀하시고, 우리도 같은 말을 할 수 있습니다. 하지만 나는 가시적인 교회에 관해서는 이러한 말을 할 수 없습니다. 나는 세상에 있는 교회의 한 구석에서 영원히 안식하고 싶지는 않습니다! 하지만 나는 구속함을 받고 영광 가운데 있는 성도들과 하나가 되어서 안식할 수 있습니다! 내가 아브라함과 이삭과 야곱을 생각할 때, 선지자들과 사도들의 삶에 대하여 읽을 때, 그리고 좀 더 최근으로 눈을 돌려서, 칼빈과 루터와 츠빙글리와 베리지(Berridge)와 웨슬리와 휫필드를 비롯해서 많은 신앙의 위인들을 생각할 때, 나는 이렇게 말할 수 있습니다: "아, 한 번만 그들과 함께 있게 해 주십시오. 그러면 나는 '이곳이 내가 영원히 안식할 곳'이라는 것을 느끼게 될 것입니다. 내게는 주님의 무리 속에 있는 것 말고는 다른 그 어떤 것도 필요하지 않습니다!" 오, 주님과 함께 있는 것은 어떤 안식일까요! 주님과 함께 있는 것 ― 그것은 지금도 우리가 누리고 있는 안식입니다! 그리고 주님과 영원토록 함께 있는 것은 이 안식의 완성이 될 것입니다:

> "주께서 어디에 계시든 주와 함께 있게 해주소서,
> 나의 영원하신 안식이신 나의 구주여!
> 오직 그럴 때에만 나의 이 갈급한 심령이
> 영원토록 온전히 복을 받을 것입니다."

여러분은 아벨이 천국에 올라갔을 때에 매우 이상하게 느꼈을 것이라고 생각하지 않습니까? 천사들은 그리스도의 피로 속량함을 받고 영광에 들어온 최초의 영혼을 보고 얼마나 놀랐을까요? 나는 천사들이 잠시 찬송을 멈추고서 그에 대해서 모든 것을 물어보았을 것이 틀림없다고 생각합니다. 아벨은 자신이 지금까지 드렸던 그 어떤 제사보다 더 위대한 제사를 찬양하는 노래를 영원한 보좌에 앉으신 이 앞에서 부르기 위해서 천국에 온 사람이었으니까요. 그렇지만 아벨은 온전한 안식을 느낄 수 없었고, 그 마음이 완전히 편안하지는 않았을 것입니다. 왜냐하면, 바울은 하늘의 교회가 우리 없이는 온전하게 되지 않을 것이라고 말하고 있기 때문입니다. 성도들이 한 사람 한 사람 천국에서 아벨과 합류했을 때, 아벨은 점점 더 행복해졌을 것이라고 나는 생각합니다. 그리고 지금 이미 영화롭게 된 성도들은 천국으로 계속해서 들어오는 다른 성도들을 큰 기쁨으로 맞이합니다. 왜냐하면, 그들 모두는 모든 구속받은 영혼들이 거기에서 그들과 함께 모이기 전에는 그들의 복이 온전할 수 없다는 것을 알고 있기 때문입니다. 그래서 그들 모두가 거기에 있게 될 때, 그들 각자는 오늘의 본문에서 하나님께서 친히 말씀하시듯이 "이는 내가 영원히 쉴 곳이라 내가 여기 거주할 것은 이를 원하였음이로다"라고 말하게 될 것입니다.

이 자리에 계신 분들 중에서 "하늘에 기록된 장자들의 교회"(히 12:23)에서 결코 안식을 발견할 수 없는 분들이 있을까요? 만약 여러분이 하나님의 교회에 들어가기를 원한다면, 여러분은 거기에 들어가는 길을 알고 있습니까? 여러분은 "내가 장로들 앞에 나아와야 합니다"라고 말합니다. 아닙니다. 그것은 우리 교회에 들어오기 위한 길이지, 저 위에 있는 눈에 안 보이는 교회에 들어가기 위한 길이 아닙니다! 여러분은 "그렇다면, 세례를 받아야 하겠군요"라고 말합니다. 그것도 아닙니다. 그것은 여러분이 하나님의 교회에 들어온 후에 따라야 할 규례입니다. "그렇다면, 어떻게 해야 내가 들어갈 수 있나요?" 손에 못 자국이 있는 분이 말씀하십니다. "내가 문이니 누구든지 나로 말미암아 들어가면 구원을 받고 또는 들어가며 나오며 꼴을 얻으리라"(요 10:9). 하나님의 교회로 들어가는 유일한 문은 예수 그리스도이십니다! 그의 보혈을 믿으십시오! 그 보혈은 여러분이 하나님께로 나아갈 수 있게 하기 위하여, 그리고 여러분이 하나님께 받아들여지게 하기 위하여 제단 위에 뿌려진 것입니다. 그러니 이제는 예수 그리스도의 보혈이 여러분 자신 위에 뿌려지게 하십시오. 그러면 여러분은 담대하게 영존하시는 이에게로 나아갈 수 있습니다. 왜냐하면, 하나님께서는 그의 "사랑하시는 자 안에서" 우리를 받아 주실 것이기 때문입니다(엡 1:6). 하나님께서 주 예수로 말미암아 여러분에게 그런 은혜를 주시기를 빕니다! 아멘.

제

131

장

—

기이하지만 은혜로우신 택하심

—

"여호와께서 자기를 위하여 야곱 곧 이스라엘을 자기의 특
별한 소유로 택하셨음이로다." —시 135:4

오늘의 본문이 속한 시편은 처음부터 끝까지 찬양으로 이루어진 시편이고,
높은 소리 나는 제금에 맞추어 부르게 되어 있는 노래입니다. 이 노래의 어디에
서도 음울한 분위기는 나타나지 않습니다. 오직 활력과 활기와 환희에 넘치는
분위기뿐입니다. 이 노래는 "할렐루야"로 시작해서 "할렐루야"로 끝납니다. 시편
기자는 처음부터 끝까지 택하심과 관련한 환희의 분위기를 조금도 놓칠 수 없었
던 것처럼 보입니다. 왜냐하면, 신자들의 마음으로 하여금 하나님을 찬양하도록
만드는 그 무엇이 이 시편에 있다면, 그것은 하나님이 그들을 택하시고 그의 사
랑을 그들에게 변함없이 부어 주셨다는 회상이기 때문입니다. 우리가 우리의 마
음과 뜻과 정성과 힘을 다하여 하나님을 경배해야 하는 최고의 이유 중 하나는
주 예수께서 "너희가 나를 택한 것이 아니요 내가 너희를 택하여 세웠나니"(요
15:16)라고 말씀하셨기 때문입니다. 하나님이 우리를 자기 백성으로 삼으셨다
면, 우리는 당연히 기쁨과 환호로 그분이 우리의 하나님이시라고 선언해야 할
것입니다! 하나님께서 그리스도 예수 안에서 우리에게 모든 신령한 복들로 복을
주셨다면, 우리는 있는 힘을 다해서 하나님께 합당한 보답을 드려야 하고, 가장
아름답고 우렁찬 목소리로 하나님을 찬양해야 할 것입니다. 여호와께서 송축 받
으시는 것은 그가 "자기를 위하여 야곱 곧 이스라엘을 자기의 특별한 소유로 택

하셨기" 때문입니다.

　　이 시편의 4절은 아브라함의 자손에 관한 것이라고 말할 수도 있고, 실제로 그럴 지도 모릅니다. 하지만 여러분은 육신을 따라 아브라함의 자손인 자들에게 속하는 모든 것은 동시에 영을 따른 아브라함의 자손에게도 속한다는 것을 기억하시기 바랍니다! 사실, 오로지 육을 따라 난 자들에게는 결코 주어지지 않았던 특별한 복이 항상 있었습니다. 이스마엘은 그러한 복을 받지 못했고, 에서도 그러한 복에 참여하지 못했습니다. 유업의 계보는 약속의 계보이고, 하나님의 택하심의 계보입니다. 여러분과 내가 예수 그리스도를 믿었다면, 우리는 그러한 영적 계보에 속한 사람들입니다! 그러한 계보의 표지는 믿음입니다. 믿는 자들은 믿음의 사람 아브라함의 자손들입니다. 그의 이름 자체가 "믿음의 아버지"이기 때문에, 믿는 사람들은 아브라함의 참된 자손입니다. 진정한 의미에서, 언약은 그들의 것입니다. 그 언약은 그들을 위해서 하나님이 아브라함과 맺으신 언약이기 때문입니다. 그러므로 우리가 진정으로 하나님의 언약을 받은 사람들이라면, 이 절에 담겨 있는 모든 것은 우리에게도 적용될 것입니다! 하나님께서 우리의 마음에 은혜로 역사하셔서 우리를 언약 안으로 불러 주셨고, 우리가 지금 영광스러운 약속의 자손이신 주 예수 그리스도와 함께 있는 사람이라면, "여호와께서 자기를 위하여 야곱 곧 이스라엘을 자기의 특별한 소유로 택하셨음이로다"라는 말씀은 우리뿐만 아니라 우리 같은 모든 사람들게도 그대로 적용됩니다.

1. 첫째로, 본문의 표면에 나와 있는 가장 두드러진 것은 택하심에 관한 것입니다.

　　오늘의 본문이 "여호와께서 자기를 위하여 야곱을 택하셨도다"라고 말씀할 때, 이 선택은 하나님에 의한 것입니다. 야곱을 택하신 분은 여호와, 곧 하늘과 땅을 창조하신 바로 그 여호와이십니다! 모든 것이 그의 손 안에 있는 여호와 말입니다. 그 여호와께서 선택을 하셨다는 것인데, 사실 이것은 매우 경이로운 일입니다. 그런데도 우리는 이것을 마치 하나님의 평범한 진리인 양 말합니다. 하지만 좀 더 깊게 생각해 본다면, 여러분은 하나님께서 타락한 인류 가운데 어떤 한 사람을 택하셨다는 것이 참으로 경탄할 만한 일이라는 것을 알게 될 것입니다! 하나님은 세상에 죄악이 관영한 것을 보시고, 한때는 땅 위에 사람 지으신 것을 후회하기도 하셨지만, 그들의 악함에 관해서 모든 것을 미리 아시고서 사람들을 택하시기로 하셨습니다. 하나님은 천사들을 택하실 수도 있었을 것이지만, 하나님이 타락한 천사들을 택하지 않으신 것, 아니 그들 중에서 어느 한 천사도 택하지 않으신 것은 하나님의 신비한 주권의 놀라운 예로 늘 존재합니다. 우리 주 예수 그리스도께서는 "천사들의 본성을 취하지 않으시고 아브라함의 자손의 몸을 입으셨습니다." 사람의 자손들은 하나님의 영원하신 선택의 대상이 된 반면에, 루시퍼와 함께 타락한 모든 영적 존재들은 아무런 구원의 소망도 갖지 못한 채 그들의 타락한 상태에 계속 놓여 있게 된 이유가 무엇일까요? 왜일까요? 우리는 그것을 절대로 이해할 수 없습니다. 우리는 "옳소이다 이렇게 된 것이 아버지의 뜻이니이다"(눅 10:21)라는 말 외에 다른 대답을 할 수 없습니다. 하지만 이 선택은 하나님께서 하신 것이기 때문에, 우리는 이 영광스러운 하나님의 진리를 외면해서는 안 됩니다. 믿는 자들이여, 하나님이 여러분을 택하셨다는 것을 아는 것은 여러분에게 이루 말할 수 없이 큰 기쁨을 줄 것입니다. 그리고 그러한 지식은 여러분이 큰 능력을 발휘할 수 있는 원천이 될 것입니다. 또한, 그것은 우리가 마귀를 책망할 수 있는 가장 좋은 이유 중 하나가 될 것입니다. 대제사장 여호수아가 여호와의 천사 앞에 섰고, 사탄은 그의 오른쪽에 서서 그를 대적할 때(슥 3:1), 여호와께서 참소하는 자에게 어떻게 말씀하셨는지를 여러분은 기억하실 것입니다: "사탄아 여호와께서 너를 책망하노라 예루살렘을 택한 여호와께서 너를 책망하노라"(슥 3:2). 마귀에게 다음과 같은 말보다 더 뼈아픈 것은 없습니다: "하나님이 예루살렘을 택하셨다. 그가 그의 백성을 택하셨다. 너 사탄아, 네가 하고 싶은 대로 해보아라. 하지만 너는 하나님의 선택을 변경시킬 수 없다! 하나님이 어떤 사람을 택했다면, 그 사람은 정복자의 자손이기 때문에, 하만이 모르드개 앞에서 무너졌듯이, 그 사람 앞에서 너는 여지없이 무너지기 시작했도다. 그러나 하나님은 경건한 자들의 발이 사탄의 머리를 상하게 할 것이라고 약속하셨기 때문에, 너는 앞으로도 더 무너지리라." 하나님께서 그들을 택하셨습니다! 하나님께서 친히 그렇게 말씀하셨기 때문에, 이 복된 하나님의 진리가 지닌 온전한 능력이 모든 믿는 자들의 각각의 마음에 임하게 하는 것이 마땅합니다. "내가 영원한 사랑으로 너를 사랑하기에 인자함으로 너를 이끌었다"(렘 31:3).

또한, 이 선택은 하나님에 의한 것인 동시에 **주권적인** 것이기도 합니다. 우리가 이 점에 대해서 더 생각할 필요도 없는 것은 바울이 우리에게 이렇게 말했기

때문입니다: "그 자식들이 아직 나지도 아니하고 무슨 선이나 악을 행하지 아니한 때에 택하심을 따라 되는 하나님의 뜻이 행위로 말미암지 않고 오직 부르시는 이에게로 말미암아 서게 하려 하사 리브가에게 이르시되 큰 자가 어린 자를 섬기리라 하셨나니"(롬 9:11-12). 이 경우에 하나님의 뜻은 사람의 됨됨이와는 상관없이 정해졌습니다. 왜냐하면, 그때는 야곱과 에서의 됨됨이가 아직 드러나기 전이었기 때문입니다. 만약 어떤 사람이 하나님께서 그들의 됨됨이를 미리 예견하시고 그렇게 하신 것이라고 말한다면, 나는 그들에게는 어떤 좋은 인격도 예견되지 않았고, 도리어 야곱만을 놓고 말하자면, 그는 은혜로 말미암아 진정한 족장의 반열에 들어서고 약속의 상속자가 되기는 하였지만, 그럼에도 불구하고 선천적으로 매우 부족한 사람이었다고 대답할 것입니다. 야곱의 인간성이 극명하게 드러나는 대목을 읽을 때, 나는 그에게는 사람으로 하여금 그를 선택하도록 만들 만한 점이 전혀 없을 뿐만 아니라 하나님께서도 그렇게 하실 이유가 전혀 없다는 느낌을 지울 수가 없습니다! 하나님께서 그에게 은혜를 주시겠다고 미리 생각하신 것 외에는 그에게서는 그 어떤 선한 것도 미리 예견되지 않았습니다. 그러므로 야곱의 됨됨이를 미리 아셨다는 것은 하나님께서 그에게 은혜를 베푸신 이유가 될 수 없습니다. 이 모든 것의 이면에는 하나님이 모세에게 주셨던 이유가 존재합니다: "나는 은혜 베풀 자에게 은혜를 베풀고 긍휼히 여길 자에게 긍휼을 베푸느니라"(출 33:19). 오늘날 사람들은 이 위대한 하나님의 진리에 관해서 말할 때에 머뭇거리고 말을 더듬습니다. 그렇기 때문에, 나는 더더욱 이 점을 강조하여 설교하고자 합니다. 이 가르침은 죄인들의 심령 상태를 하나님께서 원하시는 것으로 만드는 데에 크게 도움이 되는데, 하나님이 원하시는 심령 상태라는 것은 그들이 하나님에 대해서 어떤 것을 주장할 권리가 전혀 없다는 것, 즉 하나님의 은혜와 긍휼을 요구할 권리가 없다는 것과 만일 하나님이 긍휼을 베푸신다면, 그것은 전적으로 하나님이 그렇게 하시기로 선택하셨기 때문이라는 것을 알고 시인하는 심령 상태입니다. 이 선택은 전적으로 자신의 뜻대로 행하실 수 있는 권리를 갖고 계시고, 또 그 권리를 실제로 행사하시는 크신 왕에 의해서 이루어진 것입니다. 그렇기 때문에, 오늘의 본문은 "여호와께서 자기를 위하여 야곱을 택하셨도다"라고 선언하고 있는 것입니다.

이상으로 우리는 이 선택이 하나님에 의한 것이고, 또한 주권적이라는 것을 살펴보았습니다.

사랑하는 자들이여, 이것은 지극히 자비로운 선택입니다. 이미 말했듯이, 야곱의 됨됨이를 들여다보면 볼수록, 우리는 그가 본성적으로 지닌 모습으로 인해서 선택을 받았다는 생각을 포기하지 않을 수 없게 됩니다. 야곱은 태어날 때부터 "찬탈자"라는 이름을 얻었고, 그의 형 에서는 그를 이렇게 혹평했습니다. "그의 이름을 야곱[즉, 찬탈자]이라 함이 합당하지 아니하니이까 그가 나를 속임이 이것이 두 번째니이다 전에는 나의 장자의 명분을 빼앗고 이제는 내 복을 빼앗았나이다"(창 27:36). 이 어구를 원문 그대로 옮기면 이렇습니다: "그의 이름이 찬탈자라 지은 것이 합당하지 않습니까? 그가 나를 두 번이나 찬탈하였으니까요." 야곱은 자신의 형의 지위를 찬탈했습니다. 즉, 야곱은 자기 형을 그 본래의 자리에서 밀어냈습니다. 야곱은 사실 모든 유대인들의 조상입니다. 나는 유대인들의 명예에 먹칠 할 생각은 없지만, 어쨌든 유대인들은 흥정을 해서 가격을 후려치는 일에서 우리 모두의 선생이 아닙니까? 야곱은 태생적으로 그런 인물이었습니다! 그러므로 하나님께서 그를 택하실 때에 은혜로 그를 택하셨고 하나님이 전적으로 그렇게 하기를 원하셨다는 것 외에는 그 다른 어떤 이유도 없었음이 분명합니다. 단언하건대, 야곱의 경우에 있어서 선택은 행위에 의한 것이 아니었고, 오직 은혜에 의한 것이었습니다!

또한, 모든 것을 종합해 볼 때, 하나님이 야곱을 선택하신 것은 지극히 경이로운 일이었습니다. 세상에는 야곱 외에 다른 사람들도 있었습니다. 하나님께서는 그들로부터도 한 민족을 만드실 수 있었고, 또 그들로부터도 택함 받은 자손을 이루실 수 있었습니다. 나는 아브라함과 이삭이 하나님을 알게 된 후에도, 그들만이 세상에서 주님을 아는 유일한 사람들이었다고는 생각하지 않습니다. 세상에는 욥과 같은 사람들이 여기저기 흩어져서 살고 있었을 것입니다. 나는 욥이 다른 많은 사람들의 한 표본이었을 뿐이라고 생각합니다. 만약에 우리가 한 민족의 시조가 될 사람을 선택해야 하는 상황에 있었다면, 우리는 이렇게 말했을 것입니다: "욥이 바로 그런 사람입니다! 그는 '온전하고 정직하여 하나님을 경외하며 악에서 떠난 자'(욥 1:1)이니까요." 욥은 왕같이 당당한 사람이었습니다. 나는 종종 거름더미 위에 앉아 있으면서도 그 곳을 보좌로 바꾸어서 왕처럼 위엄 있게 "주신 이도 여호와시요 거두신 이도 여호와시오니 여호와의 이름이 찬송을 받으실지니이다"(욥 1:21)라고 말하는 욥의 모습을 볼 때에, 모든 사람들 중에서 욥이 가장 위엄 있고 위대했던 인물이었을 것이라는 생각을 하게 됩니다. 그것은 가장 위대한 인간이라는 말을 들을 수 있는 사람만이 할 수 있는 고귀한 말이 었습니다! 야고보 사도는 "너희가 욥의 인내를 들었고"(약 5:11)라고 말했고, 사람들이 들을 귀를 갖고 있고 말할 혀를 갖고 있는 한, 온 세상은 그의 인내에 대해서 듣고 또 듣게 될 것입니다! 하지만 욥은 구원을 위하여 택하심을 받은 것은 사실이지만, 한 위대한 민족의 시조가 되지는 않았습니다. 약속의 메시아는 그의 계보에서 발견되지 않습니다: "여호와께서 야곱을 택하셨도다." 하나님께서는 왜 그렇게 하셨을까요? 여러분이 나에게 하나님이 왜 야곱을 택하셨느냐고 묻는다면, 나는 하나님이 왜 나를 택하셨는지를 알아내기 위해 애써야 할 것입니다! 그리고 만일 내가 그 이유를 알아낸다면, 아마도 여러분도 동시에 하나님이 왜 여러분을 택하셨는지를 알게 될 것입니다. 그것은 위대한 은혜의 신비이기 때문에, 우리는 그 이유를 캐내려 하지 말고, 자신의 기쁘신 뜻대로 행하시는 분에게 맡겨 두어야 합니다. 여러분이 알아야 할 것은 이유가 없는 것이 아니라 단지 우리에게 계시되지 않았다는 것입니다. 하나님께서는 결코 이유 없이 행하시지 않지만, 그 행하시는 이유를 사람들 안에서 찾으시는 것이 아니라, 자기 자신 안에서와 자신의 긍휼히 여기는 마음 안에서, 그리고 자신의 뜻을 이루어 가시는 영원하신 경륜 안에서 찾으십니다. 여러분은 우리가 사람에 관해서 말하듯이 하나님에 대해서 말하고 있다고 생각해서는 안 됩니다. 사람의 경우에는 강력한 의지를 소유하고서 그 의지를 자기 마음대로 실행하는 사람은 매우 위험한 인물입니다. 폭군이나 전제군주는 아무리 온건할지라도 끔찍한 존재입니다! 그러나 하나님은 무한히 거룩하시고 온전히 의로우시며 지극히 선하시기 때문에, 우리가 하나님께 모든 것을 맡기는 것은 당연한 일입니다. 우리는 그렇게 해야 할 뿐만 아니라, 그렇게 하는 것이 우리에게 가장 좋고 지혜로운 방책입니다! 설령 우리가 "그의 손에서 저울과 회초리를 낚아챌 수 있다 할지라도", 우리가 그것들을 다른 누구의 손에 맡길 수 있단 말입니까? 그럴 수 없습니다. 그것들은 하나님과 함께 있어야 하고, 우리도 그것을 기뻐합니다. 나에게는 하나님의 무제한의 통치가 영광스러운 일입니다. 나는 하늘의 보좌에서 입헌군주제가 시행되기를 원하지 않습니다. 여호와께서는 무조건 그의 뜻대로 행하셔야 합니다. 왜냐하면, 그의 뜻은 완전한 정의이고 완전한 선이며 완전한 의이기 때문입니다!

　　이것으로 우리는 첫 번째 대지인 선택에 관한 말씀을 마치고자 합니다: "여호와께서 야곱을 택하셨도다."

2. 둘째로, 하나님의 선택의 이유 또는 결과를 살펴보겠습니다.

우리가 다루고 있는 주제의 두 번째 부분은 실천적인 가르침으로 가득합니다. 많은 사람들이 하나님께서 야곱을 택하신 것에 관해서 듣고 싶어 합니다. 그러나 사랑하는 친구들이여, 오늘의 본문에 귀를 기울여 보시기 바랍니다: "여호와께서 자기를 위하여 야곱을 택하셨음이로다." 본문은 "하늘을 위하여"라거나 "어떤 특권을 위하여"라거나 "어떤 호의를 위하여"라고 말하지 않습니다. 모두 다 맞는 말이지만, 본문에는 그런 말이 나오지 않습니다. "여호와께서 자기를 위하여 야곱을 택하셨음이로다." 하나님을 위하여 선택되었다는 것은 얼마나 복된 선택입니까! 하나님께서 "자기를 위하여" 야곱을 택하셨기 때문에, 이제 야곱은 야곱 자신의 것이 아닙니다. 하나님이 "자기를 위하여" 야곱을 택하셨기 때문에, 야곱은 이제 어떤 사람에게도 속하지 않습니다. 이제 야곱은 그가 하나님 안에서 발견하는 것 외에는 어떤 동기도 가져서는 안 됩니다. 야곱은 자신의 삶을 위한 어떤 다른 목적을 가져서는 안 되고, 오직 자신의 하나님을 영화롭게 하는 것만을 자신의 삶의 목적으로 삼아야 합니다. 왜냐하면, "여호와께서 자기를 위하여 야곱을 택하셨기" 때문입니다. 그러므로 나의 형제들이여, 여러분은 주님의 택하심을 받았고, 세상의 나머지 사람들과 구별되어 하나님의 자녀로 택함을 받았기 때문에, 지금부터 여러분은 더 이상 여러분 자신의 것도 아니고 이 세상의 것도 아니며 마귀의 것도 아닙니다. 여러분은 하나님의 것, 오직 하나님의 것입니다.

"여호와께서 자기를 위하여 야곱을 택하신" 목적은 무엇보다도 먼저 야곱으로 하여금 여호와를 알게 하시기 위한 것이었습니다. 다른 사람들은 하나님을 알지 못하고 신이 아닌 존재들을 경배하고 있었습니다. 반면에, 야곱은 하나님의 택하심을 받았기 때문에, 벧엘에서 잠을 자는 동안에 신비한 사닥다리를 볼 수 있었습니다. 그는 그 사닥다리를 통해서 자신의 하나님에게로 올라갈 수 있었고, 하나님께서는 그 사닥다리를 통해서 천사들을 그에게로 보내실 수 있었습니다. 야곱은 하나님에 대하여 가르침을 받았고, 야곱의 자손은 하나님의 말씀을 물려받았습니다. 세상은 흑암에 잠겨 있었지만, 야곱의 집에는 등불이 있었습니다. 앗수르와 바벨론과 애굽이 깜깜한 한밤중 속에 있을 때, 야곱과 그의 자손을 위해서는 하늘에서 한 별이 빛나고 있었습니다. 사랑하는 자들이여, 여러분은 지금 내가 말하고 있는 이 위대한 신비를 이해하십니까? 여러분은 성부와 성자와 성령으로 이루어진 삼위일체 하나님을 아십니까? 여러분은 하나님에 대해서 가르침을 받았습니까? 여러분은 지극히 작은 자로부터 지극히 큰 자에 이르기까지 모두가 하나님을 알고 있는 하나님의 백성이기 때문에, 다른 사람들로부터 "하나님을 아십시오"라는 말을 들을 필요가 없는 그런 사람들입니까? 만약 그렇다면, 여러분은 정말 행복한 사람들입니다!

다음으로, 하나님께서 야곱과 그의 자손을 택하신 것은 그들로 하여금 이 세상에서 하나님의 진리의 불씨를 지키도록 하시기 위한 것이었습니다. 즉, 앞으로 올 모든 세대를 위해서 하나님의 자기 계시가 그들에 의해서 보존되도록 하시려는 것이었습니다. 이것은 오늘날의 그리스도인들에게도 마찬가지인데, 하나님은 우리에게 그의 복음을 맡겨 주셨습니다. 하나님은 자신의 종들에게 그 놀라운 보배를 맡겨 주셨습니다: "우리가 이 보배를 질그릇에 가졌으니 이는 심히 큰 능력은 하나님께 있고 우리에게 있지 아니함을 알게 하려 함이라"(고후 4:7). 지금도 여전히 우리는 "성도들이 전해진 믿음을 위해서 싸우는" 일에 열심을 내야 합니다. 살아 계신 한 분 참 하나님에 관한 지식을 이교도들의 암흑 속에서 보존하는 것이 이스라엘 자손의 의무였던 것과 마찬가지로, 오늘날 하나님의 진리를 지키는 것은 하나님의 백성의 의무입니다. 여호와께서 자기를 위하여 야곱을 택하신 것은 그로 하여금 사람들 가운데서 자기의 진리를 보존할 수 있도록 하시기 위한 것이었습니다.

또한, 야곱의 자손들에게는 하나님에 대한 예배를 보존해야 하는 사명이 주어졌습니다. 그들은 아침과 저녁으로 어린양을 제물로 드려야 했습니다. 그들은 수소와 숫염소와 비둘기를 제물로 가져와야 했습니다. 그들은 광야에서 성막을 세워야 했습니다. 그들은 성전을 건축해야 했고, 거기서 밤낮으로 여호와를 찬양하는 향기로운 노래가 울려 퍼지도록 해야 했습니다. 하나님에 대한 공적인 예배는 하나님이 친히 제정하신 예식들에 맞추어서 시온 산에서만 드려져야 했습니다. 그리고 여호와에 대한 순전한 예배는 오늘날 그의 성도들에게 위탁되었습니다 성령으로 새 생명을 얻고 진리 안에 거하게 된 사람만이 영과 진리로 예배할 수 있습니다. 오직 하나님의 백성들만이 하나님께 참된 예배를 드릴 수 있습니다. 사람들은 자신이 좋아하는 대로 장엄한 건축물 속에서 호화스런 의상을 입고,

"피리와 수금과 삼현금과 양금과 생황과 및 모든 악기 소리"(단 3:10)를 총동원해서 화려하고 장엄한 예식을 거행할 수 있습니다. 하지만 하나님의 영이 거하시는 마음속으로부터 우러나온 것이 아니라면, 그것은 결국 참된 예배라고 할 수 없습니다. 그러므로 사랑하는 친구들이여, 이 세상에서 하나님에 대한 예배를 지키고 보존하는 것은 여전히 그의 택하심을 받은 자들에게 맡겨져 있는 것입니다.

또한, 하나님이 자기를 위하여 자기 백성을 택하신 것은 자신의 은혜를 그들 가운데서 나타내시기 위한 것이기도 했습니다. "하나님은 유다에 알려지셨으며 그의 이름이 이스라엘에 크시도다 그의 장막은 살렘에 있음이여 그의 처소는 시온에 있도다 거기에서 그가 화살과 방패와 칼과 전쟁을 없이하셨도다"(시 76:1-3). 그리고 지금도 여전히 하나님의 은혜가 나타나는 것은 하나님의 백성 가운데에서입니다. 거기에서 하나님께서는 죄악의 화살을 꺾으시고, 거기에서 악의 군단을 쳐부수십니다. "온전히 아름다운 시온에서 하나님이 빛을 비추셨도다"(시 50:1). 하나님께서는 지금도 그의 택함 받은 백성들의 마음으로부터와 성도들의 회중으로부터 빛을 비추고 계십니다. 왜냐하면, 하나님은 자신의 편인 자들, 심지어 그가 내주하시기에는 너무나 초라한 심령들과 언제나 함께 하시기 때문입니다. 그러나 불경건한 자들은 사악한 행위들로 말미암아 주님으로부터 멀리 떨어져 있기 때문에, 하나님은 그러한 자들과는 함께 하시지 않습니다. 그러므로 택함 받은 여러분이여, 하나님께서 "자기를 위하여" 여러분을 택하신 것은 그가 여러분 가운데에서 자신의 은혜를 나타내시기 위한 것임을 기억하시기 바랍니다.

또한, 하나님이 자기 백성을 택하신 것은 특히 그들과 교제하시기 위한 것이고, 자기 자신을 세상에는 나타내시지 않고 그들에게만 나타내시기 위한 것입니다. 이것은 그들로 하여금 그리스도 예수 안에서 그에게 가까이 나아올 수 있도록 하기 위한 것이고, 하나님이 자기 마음의 비밀을 그들에게 털어놓으시기 위한 것입니다. 나의 주장을 증명해 주는 본문이 여기 있습니다: "여호와의 친밀하심이 그를 경외하는 자들에게 있음이여 그의 언약을 그들에게 보이시리로다"(시 25:14). 하나님께서는 자신의 영광으로 하여금 그들 앞으로 지나가게 하시며, 자신의 최고의 비밀을 그들에게 알려 주십니다. "여호와께서 자기를 위하여 야곱을 택하셨음이로다"라는 말씀에 진정으로 속하는 사람들은 행복하고 복된 사람들입니다.

사랑하는 친구들이여, 여러분은 스스로 질문해 보시기 바랍니다: "나는 택함 받은 사람입니까?" 여러분은 다음과 같은 질문을 통해서 여러분이 하나님의 택함 받은 자녀인지를 알 수 있습니다. 여러분은 하나님의 것으로 택함 받았습니까? 여러분은 바울처럼 "내가 내 몸에 예수의 흔적을 지니고 있노라"(갈 6:17)고 말할 수 있습니까? 여러분은 인침 받은 그리스도의 종입니까? "그리스도께서 우리를 자유롭게 하려고 자유를 주셨으니"(갈 5:1)라는 말씀대로 여러분은 그러한 자유를 누리는 자유인입니까? 여러분은 일생 동안 한 길로 매진하고 있다고 느끼십니까? 그래서 바울처럼 이렇게 말할 수 있습니까? "오직 한 일 즉 뒤에 있는 것은 잊어버리고 앞에 있는 것을 잡으려고 푯대를 향하여 그리스도 예수 안에서 하나님이 위에서 부르신 부름의 상을 위하여 달려가노라"(빌 3:13-14). 여러분은 예전의 모든 야망들과 결별하셨습니까? 여러분은 하나님의 영광에만 시선을 고정하셨습니까? 여러분이 사는 목적이 그리스도께서 여러분 안에 사시기 때문이라는 것을 생각하면, 여러분의 마음이 두근거립니까? 그렇다면, "여호와께서 자기를 위하여 야곱을 택하셨음이로다"라는 본문은 여러분에 대해서 말하고 있는 것입니다! 이 말씀은 많은 사람들, 심지어 오랫동안 하나님을 알아 왔다고 생각하던 사람들로 하여금 얼마나 놀라운 희열에 전율하도록 만드는지 모릅니다! 여러분의 입술이 하나님의 영원하신 사랑을 노래해 온 것은 아주 좋은 일입니다. 그러나 여러분은 지금까지 하나님과의 친교와 교제 속에 들어가 계십니까? 여러분은 진정으로 여러분이 하나님의 사람이라고 생각하고, 또 그렇게 느끼십니까? 내가 걱정하는 것은 그리스도인이라고 고백하고 또 그렇게 자처하면서도, 하나님을 위하여 사는 것을 부차적으로 여기며 거의 그렇게 살아가고 있지 않는 사람들이 있다는 것입니다. 큰 농장을 가지고 있으면서, 또 하나의 농장을 인수해서는 그 두 번째 농장을 "부수적인 농장"이라고 부른 어떤 사람처럼, 그리스도인이라 자처하는 사람들도 하나님을 위하여 살아가는 것을 "부수적인 농장"이라고 생각하는 사람들이 있습니다. 그런 신앙인들에게는 그들이 주력으로 여기고 애지중지하는 농장이 따로 있고, 신앙은 단지 "부수적인 농장"일 뿐이며, 목회자는 그 부수적인 농장의 관리인일 뿐입니다. 나의 친구들이여, 내가 똑똑히 말해두건대, 나는 그런 농장의 관리인이 될 생각이 없습니다! 또한, 나는 그런 분들에게 여러분이 신앙을 자신의 주된 농장으로 여기고 자신의 삶의 일차적인 관심사로 삼지 않는다면 그 신앙이라는 농장에서 그 어떤 가치 있는 것도 결코 거두지 못할 것임을 경고합니다. 하나님께서는 절대로 부차적인 자리에 계시지 않습니다. 어떤 사람에게 하나님은 모든 것이 되어야 합니다. 그렇지 않으면, 하나님은 그 사람에게 아무것도 되지 않으실 것입니다. "여호와께서 자기를 위하여 야곱을 택하셨음이로다." 나의 사랑하는 친구여, 당신은 어떻습니까? 당신에게 하나님은 모든 것입니까? 아니면, 당신은 여전히 마치 하나님이 계시지 않는다는 듯이, 또는 하나님께서 당신에게 온전한 충성을 요구하지 않으신다는 듯이 살아가고 있습니까?

3. 셋째로, 하나님의 선택으로 말미암아 구별이 생겨납니다.

이제 나는 세 번째로 하나님의 이러한 선택으로부터 생겨나는 구별 또는 분리에 대하여 아주 짧게 살펴보고자 합니다. "여호와께서 자기를 위하여 야곱 곧 이스라엘을 자기의 특별한 소유로 택하셨음이로다." 이렇게 하나님은 자기 백성을 나머지 인류로부터 구별하십니다. 이러한 내용은 본문에 명시적으로 나타나 있지는 않지만, 이것이 본문의 진정한 의미입니다. 그리고 하나님은 실제로 그렇게 하셨습니다. 하나님은 야곱, 즉 이스라엘에게 그렇게 하셨습니다. 하나님은 그들과 언약을 맺으셨고, 하나님과의 언약은 항상 다른 사람들과의 구별을 의미합니다. 한 영혼이 하나님과 언약을 맺고, 그러한 언약의 토대 위에서 하나님께서 "결코 너를 떠나지 아니하시며 버리지 아니하실 것임이라"(신 31:6)고 말씀하신다면, 그것은 그에게 얼마나 경이로운 일인지 모릅니다. "또 새 영을 너희 속에 두고 새 마음을 너희에게 주되 너희 육신에서 굳은 마음을 제거하고 부드러운 마음을 줄 것이며 또 내 영을 너희 속에 두어 너희로 내 율례를 행하게 하리니 너희가 내 규례를 지켜 행할지라 내가 너희 조상들에게 준 땅에서 너희가 거주하면서 내 백성이 되고 나는 너희 하나님이 되리라"(겔 36:26-28). 이 언약은 두 후손, 즉 여자의 후손과 뱀의 후손을 분명하게 구별하는데, 이것은 사람과 사람 사이의 가장 중요한 구별 중의 하나입니다. 만약 여러분이 이 언약 안에 있다면, 여러분은 이 복된 경계선의 오른쪽에 있는 것입니다!

야곱 및 이스라엘과의 언약 이후에, 이 언약에 의한 유업이 후손들에게 주어져서 새로운 구별을 만들어 내었습니다. 왜냐하면, 하나님은 "소금 언약"(대하 13:5)을 통해서 아브라함의 자손과 이스라엘 자손에게 가나안 땅을 주셨기 때문입니다. 그리고 하나님께서는 이 언약의 유업을 영적 이스라엘에게 주셨고, 우리는 "하나님으로부터 나와서 우리에게 지혜와 의로움과 거룩함과 구원함이 되신"(고전 1:30) 그리스도 안에서 모든 것을 소유할 수 있게 되었습니다. 왜냐하면, 우리가 그리스도의 것이면, 모든 것이 우리의 것이기 때문입니다. 우리가 소유한 것은 영광스러운 유업입니다. 우리는 "금생"뿐만 아니라 "내생"에 필요한 모든 것을 소유하고 있습니다. 이스라엘에게 주어진 가나안 땅도 여러 약점들을 지니고 있었지만, 우리는 진정으로 젖과 꿀이 흐르는 땅으로 들어갑니다. 그 곳은 더 이상 해가 저물지 않는 곳이고, 죽음과 슬픔과 한숨이 없는 곳입니다. 그 곳은 홍수가 없는 매혹적인 땅이고, 언제나 푸른 숲이 우거진 천상의 가나안입니다! 비스가 산의 꼭대기에서 "동서남북을 바라볼 수 있는" 눈은 복이 있습니다. 그러나 한 사람은 언약에 의한 유업을 갖고 있고, 다른 사람은 그렇지 않다는 사실은 이 두 사람 사이에 어마어마한 차이를 가져옵니다. 왜냐하면, 에서는 팥죽 한 그릇에 이 유업을 팔아버렸고, 더 이상 언약과는 아무런 상관도 없게 되어버렸기 때문입니다.

　그 후에, 모든 사람이 볼 수 있는 더 광범위한 구별이 나타났는데, 그것은 구속이라는 구별이었습니다. 왜냐하면, 야곱의 자손은 구속을 받아야 했기 때문입니다. 그들은 애굽에서 종살이를 하게 되었지만, 주님은 "강한 손과 편 팔로" 그들을 거기로부터 인도하여 내셨습니다. 그러자 이 구별은 가시적으로 나타나기 시작했습니다. "문 인방"과 "좌우 설주"에 핏자국이 묻은 그 밤에, 이스라엘은 애굽과 확연하게 구별되었습니다. "내가 피를 볼 때에 너희를 넘어가리라"(출 12:13)고 여호와께서 말씀하셨기 때문에, 그 피가 그들을 구별한 것입니다. 사랑하는 여러분! 여러분에게는 핏자국이 묻어 있습니까? 그리스도께서 대속의 제물이 되신 것을 볼 때에 여러분의 마음과 양심이 찔리십니까? 영혼을 속죄하는 피 — 바로 그것이 사람과 사람을 가르는 큰 차이입니다! 우리가 하나님의 크신 구속의 은혜 속으로 온전히 들어갔을 때, 하나님은 자신이 우리를 택하셨다는 것을 분명하게 보여주셨습니다!

　그 후에, 이스라엘은 애굽에서 나오게 되었는데, 출애굽은 회심에 비유될 수 있습니다. 홍해를 건넌 사건은 신자의 중생을 가리키고, 광야 생활은 많은 신자들의 삶과 경험의 모형입니다. 요단 강을 건너서 가나안 땅에 들어가는 것은 주 예수를 믿는 모든 신자가 누리는 기쁨을 보여줍니다. 왜냐하면, 믿은 우리는 약속의 땅에 들어가서 안식을 누리게 될 것이기 때문입니다. 내가 수박 겉핥기 식으로 언급했을 뿐인 이러한 일들은 여호와의 백성과 세상의 다른 모든 백성들 사이에 현저한 구별을 만들어 냅니다. 그들은 여호와의 백성을 세상의 여느 백성들과 어울리지 않고 따로 살아가는 유별난 백성으로 여깁니다.

나는 여기에서 다시 한 번 중요한 질문을 제기하지 않을 수 없습니다. 하나님은 여러분과 다른 사람들을 구별하셨습니까? 여러분은 은혜의 언약을 보증하는 어떤 증표나 담보를 받으셨습니까? 여러분은 구속의 사랑이 무슨 뜻인지 아십니까? 여러분은 세상과 분리되고 구별되어 있습니까? 여러분은 하나님께서 여러분에게 외치는 음성을 들으셨습니까? "너희는 그들 중에서 나와서 따로 있고 부정한 것을 만지지 말라 내가 너희를 영접하여 너희에게 아버지가 되고 너희는 내게 자녀가 되리라 전능하신 주의 말씀이니라"(고후 6:17-18). 여러분에게는 이 세상이 광야입니까? 여러분은 놋뱀을 바라보고 살아나셨습니까? 반석에서 나온 물이 여러분을 따르고 있습니까? 그 반석은 그리스도이십니다. 여러분은 하늘의 만나를 먹고 살아가십니까? 하나님이 여러분의 진영 한가운데에 계십니까? 하나님의 영광이 거기에 머무르고 있습니까? 여러분은 불 기둥과 구름 기둥이 낮과 밤으로 여러분을 인도하시는 것을 기뻐하십니까? 이 모든 것들이 하나님의 영원하신 구별의 증표들입니다. 이러한 구별은 하나님께서 자신의 뜻을 따라서 예정해 놓으신 것입니다. "여호와께서 자기를 위하여 야곱을 택하셨음이로다." 하나님께서는 이스라엘 백성의 마음에 말씀하시기 위해서 그들을 광야로 인도하여 내셨습니다. 하나님께서는 그들을 사람들로부터 떼어 내셨습니다. 하나님께서는 그들이 광야에서 자신과 함께 살면서 이방의 우상을 섬기지 않도록 하시기 위해서, 마치 독수리들이 암벽 위에 살듯이, 그들로 하여금 사람들로부터 떨어져서 살도록 하셨습니다. 이러한 구별을 즐기는 사람은 복된 사람입니다. 하지만 "선택"에 대해서는 말하면서도 자신들이 선택 받았다는 것이 사실이라고 인쳐 주는 "구별"에 대해서는 결코 알지 못하는 사람들은 불행한 사람들입니다.

4. 넷째로, 하나님의 선택은 높임을 가져다줍니다.

나는 이제 하나님의 백성의 또 한 가지 특징을 말씀드리고 설교를 마치려고 하는데, 그 특징이라는 것은 그들이 높임을 받았다는 것입니다. 이것은 "여호와께서 자기를 위하여 야곱을 택하셨음이로다"라는 본문에도 분명하게 나타나 있지만, 하나님은 바로 이어서 덧붙이신 "곧 이스라엘을 자기의 특별한 소유로 택하셨음이로다"라는 말씀 속에서 더욱 분명하게 드러납니다. 하나님께서는 선택을 통해서 한순간에 야곱을 높이십니다.

"찬탈자"가 위대한 족장이 되었습니다. 그는 자기 형의 발꿈치를 잡았지만, 이제는 더 위대한 일을 이루어냈습니다 그는 천사를 붙들고, "당신이 내게 축복하지 아니하면 가게 하지 아니하겠나이다"(창 32:26)라고 말했습니다. 그는 자신의 형인 에서의 지위를 찬탈했습니다. 그러나 이제는 족장으로서 하나님과 겨루어 이기고, 하나님을 대면하여 보았음에도 불구하고 죽지 않고 살았습니다! 비록 씨름으로 말미암아 다리는 절게 되었지만, 그는 자신을 사랑하시는 하나님을 통해서 승리자 이상의 사람이 되었습니다! 그렇습니다. 사랑하는 자들이여, 하나님의 선택이 한 사람을 이토록 놀랍게 높여줍니다! 그는 전에는 야곱이었을지 몰라도, 나중에는 이스라엘이 되었습니다! 그러한 높여주심이 여러분에게도 일어났습니까?

또한, 하나님께서는 그가 택하신 자의 가치를 높여 주셨습니다. 왜냐하면, 하나님은 야곱을 "특별한 소유"에 비유하시기 때문입니다. "너는 내가 보기에 특별하다." 이 얼마나 놀라운 말씀입니까! 야곱은 "뭇 산의 가축이 다 내 것이며 … 은도 내 것이요 금도 내 것이니라"(시 50:10; 학 2:8)라고 말씀하신 하나님이 쓰실 "특별한 소유"입니다. 금과 은을 비롯한 보화들은 특별한 용도가 있습니다. 진주와 다이아몬드와 금과 은 같이 왕이 가진 최고의 보화들은 즉위식을 비롯해서 아주 중요한 날들에 왕관이나 홀이나 왕의 옷을 장식하는 데에 사용됩니다. 마찬가지로, 하나님의 백성들은 하나님이 보시기에 바로 그러한 자신의 "특별한 소유"입니다. 그들은 모든 것 속에서 하나님의 가르침을 장식하는 데에 사용되고, 하나님의 면류관의 보석들로 사용되며, 하나님의 손가락의 인장 반지로 사용되고, 하나님의 흉패에 박힌 보석들로 사용됩니다. 하나님의 백성은 하나님께 모든 것입니다! 하나님에게 있어서 그의 백성만큼 귀하거나 소중한 것은 아무것도 없습니다. 그들 속에 하나님의 기쁨이 있습니다. 하나님이 자기 백성 속에서 가지시는 즐거움은 정말 경이로울 정도입니다. 하나님은 하늘과 땅, 별들, 그리고 존재하는 모든 것을 만드셨습니다. 그런 다음에, 하나님은 자신의 경이로운 손가락으로 지금 우리가 보고 있는 아름다운 세상을 빚으셨습니다. 하나님이 그 일을 끝내시는 데에 6일이 걸렸는데, 그때에 어떤 일이 있었습니까? "새벽 별들이 기뼈 노래하며 하나님의 아들들이 다 기뻐 소리를 질렀습니다"(욥 38:7). 그러나 하나님께서 노래하셨습니까? 아닙니다. 하나님은 평범한 산문체로 그저 그것이 "보시기에 심히 좋았다"(창 1:31)고 말씀하셨을 뿐입니다. 창조에 대해서 그가 하실 말씀은 그것이 전부였습니다. 하지만 새 창조의 때가 와서, 하나님께서 참된 신자들을 모으시고, 어린 양의 신부인 자신의 교회를 세우실 때가 되었을 때, 우리는 "그가 너로 말미암아 기쁨을 이기지 못하시며 너를 잠잠히 사랑하시며 너로 말미암아 즐거이 부르며 기뻐하시리라"(습 3:17)라는 말씀을 듣게 됩니다. 생각해 보십시오! 하나님, 영존하시는 아버지, 영원히 찬송 받으실 아들, 그리고 성령께서 즐거이 노래를 부르시는 모습을 생각해 보십시오! 그것은 어떤 노래였을까요! 나는 천사들의 노래, 그리고 지존자의 보좌 앞에 흰 예복을 입고 서 있는, 보혈로 구속함을 받은 모든 성도들의 노래를 듣고 싶습니다. 그 노래는 틀림없이 인간의 귀로는 전혀 들어 본 적이 없는 노래일 것입니다. 그러나 하나님께서 부르시는 노래를 듣는다고 생각해 보십시오! 위대하신 아버지께서 친히 그의 거룩하신 노래로, 영광 가운데 계신 아들께서 그의 감미로운 노래로, 성령께서 그의 복된 노래로 노래하시는 것을 우리가 듣는다고 생각해 보십시오! 우리는 그것이 어떤 것일지를 상상조차 하기 어렵습니다. 그러나 하나님이 교회로 말미암아 "즐거이 부르며 기뻐하시리라"는 말씀은 교회가 하나님에게 얼마나 소중한 존재인지를 여실히 보여줍니다! 자기 백성에 대한 그리스도의 사랑은 자신의 신부에 대한 남편의 사랑과 같습니다. 만일 그렇지 않다면, 솔로몬의 노래인 아가서는 아무런 의미도 없는 쓸모없는 책에 지나지 않을 것입니다. 자기 백성에 대한 하나님의 사랑은 자애로운 어머니의 사랑 — 무엇이 이것보다 뛰어날까요? — 과 같은 것입니다. 어머니가 자기 자녀를 위로하듯이, 주 하나님께서도 여러분을 위로해 주실 것입니다.

사랑하는 친구들이여, 여러분은 하나님의 선택이 그의 백성을 그들의 이전의 비천함으로부터 들어올리셨고, 그들을 그가 보시기에 소중한 존재로 만드셨으며, 그래서 하나님께서 그들을 기뻐하고 계시다는 것을 알았을 것입니다. 그러므로 본향으로 돌아가서 하나님을 기뻐하십시오. 하나님이 여러분을 기뻐하신다면, 여러분은 훨씬 더 하나님을 기뻐할 수 있을 것입니다! 오늘의 본문이 속한 시편은 "여호와를 찬양하라"로 시작합니다. 이제 여러분도 하나님의 선택을 받았다는 것을 알았으니 하나님을 찬양하십시오! 또한, 이 시편은 "여호와를 찬양하라"로 끝납니다. 하나님을 사랑하시는 여러분, 하나님의 사랑을 받은 여러분, 숨질 때까지 쉬지 말고 하나님을 찬양하십시오! 영원으로 들어가는 순간까지 "할렐루야"를 외치십시오!

　사랑하는 자들이여, 하나님께서 예수 그리스도를 인하여 여러분과 함께 하시기를 빕니다. 아멘.

제
132
장
—

노래와 위로, 훈계와 부르심

—

"그 인자하심이 영원함이로다." — 시 136:1

시편 136편은 성전 가수들에 의해서 끊임없이 불렀던 노래인데, 그들 중에는 헤만과 여두둔이라는 이름의 가수들이 있었습니다. 역대기에 따르면, 그들은 "인자하심이 영원한" 여호와께 감사를 드리기 위해서 택함을 받은 사람들이었습니다(대상 16:41). 여호와의 "인자하심"이 영원하듯이 우리의 찬양도 영원해야 하기 때문에, 이러한 끊임없는 찬양 사역은 매우 합당한 것이었습니다. 여호와의 선하심이 결코 끝나지 않는다면, 우리의 감사도 결코 멈추어서는 안 됩니다.

나는 올해의 마지막 주일에 여러분이 이 본문에 관심을 갖는 것이 매우 적절하다고 생각하는데, 그 이유는 이 본문이 내가 첫 번째 주일에 여러분에게 설교했던 본문과 좋은 짝을 이루기 때문입니다. 여러분은 그때에 내가 "연초부터 연말까지 네 하나님 여호와의 눈이 항상 그 위에 있느니라"(신 11:12)는 말씀을 본문으로 삼아서, 끊임없이 지켜 보시는 주 우리 하나님의 "인자하심"에 대해서 설교한 것을 기억하실 것입니다. 이제 다가오는 연말을 맞이하면서 하나님의 "인자하심"이 그 약속과 조금도 다르지 않았다는 것을 우리 모두 고백하는 것이 합당합니다. 하나님께서는 "그 인자하심이 영원함이로다"는 은혜로우신 말씀을 틀림없이 지키셨습니다. 여러분 모두의 가슴이 감사로 충만하기를 기원합니다. 옛적에 이스라엘이 여호와의 성호를 언급하면서 나팔과 제금으로 그들의 기쁨을 선포했던 자리에 여러분의 영혼의 음악이 대신하기를 기원합니다.

1. 첫째로, 본문은 노래입니다.

먼저 우리는 오늘의 본문을 하나의 노래로 간주하고 살펴보고자 합니다. 사실 이 본문은 원래 그런 의도로 씌어졌습니다. 이 본문은 전체 회중이 합창으로 부르게 되어 있던 각 절의 후렴구였기 때문에 모든 사람들을 위한 노래였습니다. 아마도 훈련받은 성전 가수들이 "여호와께 감사하라 그는 선하시며"라고 선창하면, 전체 회중이 "그 인자하심이 영원함이로다"라고 합창을 했을 것입니다. 회중이 영창법을 배웠는지의 여부와는 상관없이 말입니다. 그런 후에, 성가대가 다시 "신들 중에 뛰어난 하나님께 감사하라"고 감미롭게 노래하면, 전체 회중이 또다시 "그 인자하심이 영원함이로다"라고 화답했을 것입니다. 이러한 고대의 노래 방식을 본받아서 나는 전체 회중에게 마음으로 합창을 하고 "인자하심이 영원한" 여호와를 마음속으로 송축하도록 요청할 것입니다. 젊은 사람이나 나이드신 분이나 다 이 찬양에 동참합시다! 부자나 가난한 자, 배운 자나 못 배운 자, 구원받은 자나 구원받지 못한 자가 모두 이 합창에 참여합시다. 왜냐하면, 시편 기자는 회심하지 않은 사람들조차도 거기에 참여할 수 있다고 노래하고 있기 때문입니다. 시편 기자는 모든 사람에게 차별 없이 베푸시는 "인자하심"으로 말미암아 하나님을 찬양하라고 우리에게 말합니다. 하지만 그 "인자하심"은 값을 매길 수 없을 만큼 매우 귀중한 것이어서, 만일 그 인자하심이 없었다면, 우리는 진작 멸망하였을 것입니다. 시편 기자는 모든 사람이 누릴 수 있는 큰 빛에 대하여 노래하라고 우리에게 말합니다. 그는 해와 달을 만드신 분을 찬양하라고 우리에게 말합니다. 만일 천체의 밝은 빛이 없다면, 우리는 산다고 해도 영원한 암흑 속에서 살아야 할 것입니다. 해를 볼 수 있는 눈과 그 햇빛 아래에서 활보하며 돌아다닐 수 있도록 건강과 힘을 주신 하나님을 송축합시다. 매일매일 새로운 아침과 일용할 양식과 입을 옷과 살 집을 주신 하나님의 "인자하심"을 찬양합시다. 우리가 온전한 이성을 갖고 있고 병에 걸려 침상에 누워 있지 않은 것에 대해서 하나님을 송축합시다. 우리가 소망 없는 자들이나 죄인들 중 한 사람이 되지 않은 것에 대해서 하나님을 찬양합시다. 우리에게 자유와 친구들과 가족 친지를 주신 것에 감사합시다. 우리가 갖고 있는 모든 것에 대해서 하나님을 찬양합시다. 그것들은 하나님의 자비로우신 손길로부터 온 것입니다. 우리는 이런 것들을 받을 자격이 없지만, 그럼에도 불구하고 너무나 풍성하게 받아 누리고 있습니다. "그 인자하심이 영원함이로다." 매일 아침 떠오르는 햇빛과 매일 밤 떠오르는 달빛이 그 인자하심을 선포합니다! 호흡 하나하나, 맥박 하나하나가 하나님의 "인자하심"이 영원하다는 신선한 증거들입니다.

그러나 사랑하는 자들이여, 합창 가운데서 가장 감미롭고 우렁찬 음조로 불러야 할 부분은 언제나 우리를 구속하시는 하나님의 사랑을 노래하는 부분이 되어야 합니다. 시편 기자는 오늘의 본문으로부터 몇 절 뒤에 이렇게 적고 있습니다: "애굽의 장자를 치신 이에게 감사하라 이스라엘을 그들 중에서 인도하여 내신 이에게 감사하라 강한 손과 펴신 팔로 인도하여 내신 이에게 감사하라 그 인자하심이 영원함이로다"(10-12절). 그렇습니다. 택함 받은 백성을 향하신 하나님의 구속 역사야말로 우리가 영원히 즐겨 찬양해야 할 제목입니다. 우리들 중 많은 사람들이 구속이 무엇을 의미하는지를 압니다. 우리는 감사의 노래를 거절해서는 안 됩니다. 하나님께 감사하게도, 우리는 우리를 타락시킨 부패의 세력으로부터 구속을 받았고, 우리가 태어날 때부터 빠져 있었던 깊은 죄악의 구덩이로부터 들어올려졌습니다. 우리는 그리스도의 십자가로 인도하심을 받았고, 우리를 묶고 있던 죄의 족쇄는 부서져 나갔습니다. 이제 우리는 더 이상 종이 아니고, 살아 계신 하나님의 자녀들입니다! 우리는 하나님의 구속 계획이 최초로 결정되고 수립되었던 영원한 천상의 회의실에서 그러한 구속의 원천을 돌이켜 볼 수 있습니다. 우리는 그러한 구속의 결과를 미리 내다볼 수 있고, 우리가 아무런 흠도 없이 하나님의 보좌 앞에 나아갈 때를 미리 맛볼 수 있습니다. 심지어 지금도 우리는 믿음으로 종려나무 가지를 흔듭니다! 그리고 우리의 영원한 옷이 될 아름답고 흰 세마포로 우리를 감싸고 있습니다! 그러니 바로 오늘 우리가 주님의 성호에 감사를 돌려야 하지 않겠습니까? 그의 구속의 은총은 영원하니까 말입니다. 하나님의 자녀여, 당신은 침묵할 수 있습니까? 지금 이 아침 여기에도 입을 뗄 수 없는 영혼이 계십니까? 깨어나십시오, 깨어나십시오, 영광의 상속자들 여러분, 다윗과 마찬가지로 "내 영혼아 여호와를 송축하라 내 속에 있는 것들아 다 그의 거룩한 이름을 송축하라"(시 103:1)고 외침으로써, 여러분을 포로로 잡고 있던 자를 이제는 거꾸로 여러분이 사로잡으십시오.

또한, 우리의 시인은 경험이 풍부한 신자들도 이 시편을 노래하는 데에 참여하도록 초대하고 있습니다. 우리들 중에서 굵고 낮은 목소리를 갖고 있는 사람들이 저음부를 맡을 수 있는 것처럼, 다른 사람들은 그렇게 할 수 없지만, 오랫동안 주님의 길에 있었던 많이 배운 성도들은 이 노래에 힘과 무게를 실어줄 수 있습니다. 이 시편은 하나님이 자기 백성을 광야로 인도하셨고, 그들의 원수들을 치셨으며, 그들의 땅을 그들에게 기업으로 주셨다는 사실을 상기시켜 줍니다. 우리 가운데 성인이자 아버지인 여러분, 여러분은 오늘 이 시간까지 여러분을 인도하신 주님을 송축하시기 바랍니다. 여러분은 구름 기둥과 불 기둥을 보지는 못했지만, 하나님께서는 순례자인 여러분을 인도하셔서 광야를 무사히 통과하게 해주셨습니다. 하늘의 만나가 여러분의 양식이 되어 주었고 살아 있는 반석에서 솟아나온 물이 여러분의 음료가 되어 주었습니다. 여러분의 가장 강력한 대적들조차 주님의 칼에 죽임을 당했습니다. 그 어떤 시험도 여러분을 좌지우지하지 못했습니다. 여러분은 끊임없는 시련을 잘 감당해 왔습니다. "지금까지 하나님께서는 여러분을 도와오셨습니다." 당신이 경험한 이러한 일들이 당신으로 하여금 감사하는 마음을 갖도록 해주지 못한다면, 그러한 경험이 무슨 소용이 있겠습니까? 하나님께서 여러분에게 이 모든 선하심을 보여주셨는데, 여러분이 그 선하심을 기억하고 하나님을 기뻐하지 않는다면, 그것이 무슨 의미가 있겠습니까? "네 하나님 여호와께서 이 사십 년 동안에 네게 광야 길을 걷게 하신 것을 기억하라"(신 8:2). 하나님이 어떻게 여러분 주위에 울타리를 쳐 주셨는지, 어떻게 여러분의 원수들을 물리쳐 주셨는지, 그리고 어떻게 여러분의 영혼에 평안을 주시고, 어떻게 가장 좋은 것으로 먹이셨는지를 기억하십시오! 만약 여러분이 침묵한다면, 여러분은 모든 배은망덕한 자들 가운데서 가장 큰 죄인이 되고 말 것입니다. 그러므로 신자들이여, 높은 소리 나는 제금을 들고, 여러분의 하나님 여호와의 법궤 앞에서 있는 힘껏 춤을 추고, 그의 거룩하신 이름을 찬양하고 찬미하십시오!

이 후렴구는 "인자하심"이 하나님의 영원하신 성품이라는 것을 분명하게 보여 줍니다: "그 인자하심이 영원함이로다." 나는 이러한 후렴구의 의도는 하나님의 성품이자 행동 원리인 하나님의 "인자하심"이 모든 세대에 걸쳐서 변함없다는 것을 보여주는 것이라고 생각합니다. 하나님께서는 우리의 첫 조상에게도 인자하셨습니다. 그들이 심판을 받아서 에덴 동산에서 세상으로 쫓겨나던 그때에도 "여자의 후손은 뱀의 머리를 상하게 할 것이라"(창 3:15)는 달콤하고 기분 좋은 약속이, 마치 천국의 숨결처럼, 그들에게 주어졌습니다. 아브라함과 이삭과 야곱은 하나님의 "인자하심"을 직접 맛보았고, 사무엘과 다윗과 솔로몬은 하나님이 은혜로우시다는 것을 발견하였으며, 선지자들과 각 시대에 하나님을 사랑했던 사람들은 하나님이 자기 백성에게서 자신의 사랑을 거두지 않으셨다는 것을 알았습니다. 우리 주님이 사람들의 이런저런 약함을 고쳐 주셨을 때, 무리들은 지존자의 풍성하신 긍휼하심을 깨달았습니다. 사도 시대에 최초의 믿음의 투사들은 하나님의 사랑의 샘에서 그의 사랑을 마음껏 마셨고, 그후 박해의 시대에 십자가의 깃발을 높이 쳐들었던 우리의 조상들도 하나님을 의뢰하고 그의 "인자하심"이 그들에게도 미치고 있다는 것을 증언했습니다. 이것은 오늘날도 마찬가지입니다! 하나님께서는 그의 선하심의 등불을 끄지 않으셨습니다. 그의 "인자하심"의 강물은 여전히 깊고 넓게 흐르고 있습니다.

　　나는 하나님의 "인자하심"이 세대를 가리지 않았다고 생각합니다. 그리고 나는 하나님의 선하심이 모든 세대에 걸쳐서 많은 사람들의 죄악을 정복하고 있는 것을 내 눈 앞에서 일어난 것처럼 생생하게 보았습니다. 여러분은 워털루(Waterloo) 전쟁터에 가 보셨습니까? 그리고 거기에서 황금빛 곡식들이 넘실대고 있는 것을 보셨습니까? 그렇다면, 여러분은 하나님의 "인자하심"이 어떻게 인간의 잔혹성을 말끔히 씻어 버렸는지를 보신 것입니다. 사람과 사람이 치열하게 싸웠던 곳, 사람의 피로 땅이 붉게 물들었던 그 곳, 거기에 하나님의 "인자하심"이 찾아왔습니다. 그래서 모든 것이 녹음방초로 뒤덮이고, "아겔다마"(행 1:19, "피밭")는 에덴으로 바뀌었습니다. 그뿐만이 아닙니다. "인자하심"은 심판보다 훨씬 더 깊고 풍성해서 심판을 이겼기 때문에, 사람들은 하나님의 심판의 역사들조차도 고귀한 형태의 "인자하심"이라는 것을 깨닫게 됩니다. 우리의 오래 된 도시들이 불에 타고 고통에 빠진 주민들은 그들의 소중한 것이 모두 재로 바뀌어 버린 곳을 배회하고 있었을 때, 강단에서는 하나님의 심판을 알리는 말씀들이 울려 퍼지고 있었습니다. 그러나 지금 우리는 무슨 말을 합니까? 하나님의 심판은 지극히 자비롭고 은혜로우신 벌, 곧 꼭꼭 숨어 있던 역병을 퇴치하고 이 땅에서 전염병을 몰아낸 역사라고 말하지 않습니까? 여기서도 하나님의 "인자하심"이 영원하다는 것이 드러납니다. 여호와께서 땅에 지진이 일어나게 하시거나, 회오리바람으로 사람들의 집을 무너뜨리시거나, 잔인한 바다로 하여금 함선들을 집어삼키게 하신다면, 그런 후에는 그 자리를 인류에 대한 복으로 가득 채우십니다. 심판은 온데간데없이 사라지고, 지진으로 갈라진 틈 사이에서 꽃들이 피어나고, 화산에서 흘러나온 뜨거운 용암이 휩쓸고 간 자리에서 아이들은 뛰어놉니다. 하나님의 "인자하심"이 여전하고, 심판은 단지 일시적인 것에 불과합니다.

또한, 시편 기자는 여기에서 "인자하심"이 온전한 상태로 충만하게 지속될 것임을 말하고자 하였다는 것은 의문의 여지가 없습니다. 우리는 매일같이 하나님의 인자하심을 엄청나게 마셔야만 살아갈 수 있습니다. 그러나 그렇다고 해서 그 인자하심이 줄어드는 법은 없습니다. 이 세상에서 제일 좋은 연료가 축적되어 있는 창고를 우리가 언젠가 모두 다 고갈시켜 버리게 되는 것은 아닐까 하고 두려워하는 사람들이 있습니다. 그런 일이 일어날 가능성은 충분히 있습니다. 앞으로 수백 년 동안 광물 자원에 대한 수요가 막대할 테니까 말이죠. 하지만 하나님의 복이라는 광산은 여러분이 원하는 대로 아무리 캐낼지라도 여러분이나 여러분의 자녀들이나 여러분의 자녀들의 자녀들이 결코 부족함을 불평하지 않게 될 것입니다.

> "우리의 절망적인 비참함이 아무리 깊고,
> 우리의 죄악이 아무리 끝이 없을지라도,
> 크신 하나님, 당신의 사랑이라는 창고는
> 영원한 광산입니다."

또한, "그 인자하심이 영원함이로다"라는 말씀 속에서 우리는 하나님의 인내심이 얼마나 풍성한지를 깨달을 수 있지 않습니까? 여러분은 하나님의 무한한 오래 참으심을 생각해 보셨습니까? 인간의 죄악이 모두 주님 앞에 있다는 것을 잠깐만 생각해 보십시오. 여러분과 나는 우리가 실제로 보지 못했거나 우리를 그 자리에서 화나게 만들지 않는 공격들을 쉽게 참을 수 있습니다. 그러나 모든 죄는 여호와와의 면전에서 자행됩니다. 사람이 하나님의 등 뒤에서 어떤 말을 할 수는 없고, 하나님이 모르게 어떤 불경한 말을 할 수도 없습니다. 우리는 죄에 무감각하지만, 하나님은 죄에 즉시 반응하십니다. 우리의 마음은 너무도 완악해져서 죄악들이 얼마나 극악무도하고 가증스러운지를 거의 알지 못하기 때문에 죄악들을 당연시합니다. 그러나 하나님께서는 한없이 순수하시기(이런 표현을 써도 좋을지는 모르겠지만) 때문에 죄에 대해서 한없이 민감하십니다. 하나님은 우리와는 달리 죄가 죄인 줄을 아시고, 죄의 가증스러움이 끊임없이 하나님의 마음을 괴롭힙니다. 그러나 하나님은 인내의 하나님이시기 때문에, 모든 것을 이겨 내시고 사람들의 죄악을 참아 주십니다.

또한, 우리가 잊지 말아야 할 것은 하나님을 욕보이는 이러한 행위들이 끊임없이 반복되고 있다는 것입니다. 아무리 참을성이 좋은 사람일지라도 결국에는 분노가 폭발하고 말 것입니다. 내가 방금 전에 말했듯이, 하루에도 수천 수만의 죄악이 하나님의 면전에서 자행되고 있습니다. 그럼에도 불구하고, 하나님께서는 자신의 진노를 억누르시고 칼을 칼집에서 꺼내지 않으십니다! 이런 패역한 무리들을 영원한 고통으로 벌해야 한다는 아우성도 있지만, 그것은 하나님께서 원하시는 것이 아닙니다. 하나님은 자신의 사심을 가리켜서 "죽을 자가 죽는 것도 내가 기뻐하지 아니하노니 너희는 스스로 돌이키고 살지니라"(겔 18:32)고 말씀하십니다. 여러분이 생각해야 할 것은 이것들 말고도 또 있습니다. 그것은 모든 패역한 죄인들도 하나님의 "인자하심"에 참여하고 있다는 사실입니다. 그들도 하나님의 은혜의 옷을 입고 있고, 하나님의 섭리의 식탁에 앉아 있는 것입니다. 그들의 코에 있는 호흡도 하나님의 자비의 선물입니다. 그렇지만 이 가련한 인간들은 자신을 지으신 분께 반항하는 데에 이 호흡을 이용하고 있습니다! 여러분은 이것을 이해할 수 있습니까? 여러분은 자신의 모든 것을 쏟아부어준 사람에게서 이런 모욕을 당했다면 단 하루라도 참을 수 있겠습니까? 여러분은 그 사람에게 즉시 이렇게 말했을 것입니다: "꺼져 버려! 네가 나의 원수 노릇을 하고 있는데, 너는 내가 너를 친구로 대해 주기를 바라는 것인가?" 하지만 하나님께서는 죄인을 용서하실 뿐만 아니라, 그들에게도 자신의 "인자하심"을 베풀어 주고 계신다는 것을 우리는 기억해야 합니다. 여러분 중 어떤 사람은 매 주일마다 회개로 초대를 받습니다. 또 어떤 사람은 끊임없이 양심의 가책과 감동을 받습니다. 여러분은 거의 매일 "돌아오라, 돌아오라, 네가 어찌 죽으려 하느냐?"는 음성을 듣고 살아갑니다. 하나님께서는 한편으로는 자신의 인자하심으로 여러분을 초대하시고, 다른 한편으로는 자신의 심판을 통해 여러분에게 경고하시면서, 그에게로 돌아오라고 늘 간곡하게 부탁하고 계십니다. 하지만 하나님의 오래 참으심이 여러분을 회개로 인도하고 있음에도 불구하고, 여러분은 죄에 죄를 더하고 악행에 점점 더 몰입하고 있습니다.

여러분이 기억했으면 하고 내가 바라는 것이 한 가지 더 있습니다. 나는 여러분이 하나님의 놀라운 오래 참으심에 경탄을 금치 못하리라고 생각합니다. 무슨 말인가 하면, 하나님께서는 수백만 번 아니 수천만 번도 더 인내하고 계시다는 것입니다. 하나님께서는 어쩌면 지금 이 순간에도 수억 번을 인내하고 계실 것입니다. 왜냐하면, 정확하게 확인할 수 있는 사람은 아무도 없겠지만, 지금 이 순간에도 이 지구상에는 거듭나지 않은 수억 명의 사람들 — 그들은 모두 하나님의 원수들입니다 — 이 살아가고 있기 때문입니다. 그들은 나무와 돌로 만든 신상들을 섬기기도 하고, 그들의 상상력의 산물인 영적인 우상들을 섬기기도 합니다. 그런 우상들이 마치 벌 떼처럼 하나님을 에워싸고 있지만, 하나님께서는 그것들을 멸하시지 않습니다! 하나님께서는 여전히 인내하시면서 계속해서 외치십니다: "내게로 오라! 회개하라! 나의 아들을 믿으라! 그리하면 너희가 영생을 얻으리라." 이 모든 일들을 생각해 보십시오. 참으로 그의 "인자하심"이 영원하지 않습니까?

　해안에서 조금 떨어진 바다에서 배 한 척이 암초에 걸려 좌초되어서 배는 곧 산산조각이 나서 침몰하게 된 상황을 생각해 보십시오. 우리는 이러한 장면 속에서 하나님의 은혜가 어떤 것인지를 똑똑히 볼 수 있습니다. 여러분에게는 선원들이 돛대를 꼭 붙잡고서 매달려 있는 것이 보이지 않습니까? 해안으로부터의 도움이 없다면, 그들은 그 배를 탈출할 수 없습니다. 육지에서 밧줄이 던져지고, 배에 고정됩니다. 그리고 그 밧줄에 구조용 바구니가 매집니다. 얼마나 기쁜 일입니까! 한 사람이 무사히 육지로 구출되었습니다. 하지만 밧줄이 약해서 견뎌낼지 의심스럽습니다. 한 번에 두 사람씩 밧줄에 매달리고 있고, 배는 난파되기 직전입니다. 밧줄이 버텨줄까요? 바람은 매섭게 몰아치고, 파도는 사납게 춤을 춥니다. 밧줄이 더 지탱할 수 있을까요? 다른 사람이 위험을 무릅쓰고 도전합니다. 아, 밧줄이 밑으로 처집니다. 파도가 그 사람을 덮칩니다. 이 밧줄이 그의 몸무게를 견디고 그를 구할 수 있을까요? 하지만 예수 그리스도로 말미암은 영혼의 구원에 있어서는 우리는 그런 걱정을 할 필요가 전혀 없습니다. 왜냐하면, 하나님의 "인자하심"은 영원하기 때문입니다! 하나님의 구원은 거기에 매달린 모든 영혼을 해안으로 무사히 데려옵니다. 그리고 세상이 난파하더라도, 값없이 주어지는 은혜는 그 은혜를 의지하는 모든 사람을 영원한 해안으로 데려옵니다. 지옥에서 가장 흉악한 죄인이 하나님의 "인자하심"이라는 밧줄에 매달렸다고 합시다. 그래도 그 밧줄은 그 죄인을 능히 감당하여 안전하게 육지로 데려올 것입니다.

　나는 하나님의 "인자하심"을 건장한 남자들이 젖 먹던 힘까지 동원해서 온 힘을 다해 무너뜨리려고 시도했던 거대한 신전에 비유하고 싶습니다. 그들은 신전을 지탱하고 있던 육중한 두 기둥을 무너뜨리려고 노력했습니다. 블레셋 사람들의 옛 신전은 예상치 않았던 영웅, 즉 삼손이 등장하기까지는 끄떡도 하지 않았습니다. 그러나 그가 두 기둥을 끌어안고 온 힘을 다해서 몸을 굽히자 기둥들이 뚝 하고 부러졌습니다. 그러자 그 집이 블레셋 방백들 위로 무너져 내렸고 삼손 자신도 죽었습니다. 삼손 같은 많은 죄인들이 하나님의 "인자하심"이라는 성전에 들어와서 성전을 무너뜨리려고 온 힘을 다해 몸을 굽혔습니다. 그들은 마치 하나님의 오래 참으심의 한계를 드러내서, 그들 자신이 신성모독의 죄를 짓고 신속하게 벌을 받는지 아닌지를 알아보려는 것 같았습니다. 하지만 이 대담하고 극악무도한 죄인들조차도 결코 하나님의 오래 참으심의 한계를 드러낼 수 없었습니다. 도리어, 바로 그런 사람들이 하나님의 은혜에 굴복하고, 한때 그들이 무너뜨리려고 시도했던 성전 안에서 하나님을 예배하는 일이 비일비재하게 일어났습니다. 그렇습니다. 블레셋의 신전은 무너질 수 있지만, 여호와의 성전은 견고합니다. 그리고 "여호와의 인자하심"은 영원합니다.

나는 이 본문을 노래라고 간주하고 설명을 해왔는데, 이 주제를 완결하기 위해서 우리가 생각해 보지 않으면 안 되는 것이 한 가지 있습니다. 그것은 자신의 성도를 건지심에 있어서 하나님의 "인자하심"의 능력도 마찬가지로 늘 변함이 없으시다는 것입니다. 하나님은 언제나 자신의 자녀들을 구원하실 수 있기 때문에, 우리는 하나님의 거룩한 세 자녀들, 즉 사드락과 메삭과 아벳느고의 표현을 빌려서 이렇게 말할 수 있습니다: "왕이여 우리가 섬기는 하나님이 계시다면 우리를 맹렬히 타는 풀무불 가운데에서 능히 건져내시겠고 왕의 손에서도 건져내시리이다"(단 3:17). 하나님의 자녀가 여호와의 "강한 손과 편 팔"이 건져낼 수 없는 깊은 구덩이에 빠지는 일은 있을 수 없습니다. 옛적에 자기 백성을 애굽의 벽돌 가마로부터 이끌어 내시고 그들을 인도하여 홍해와 광야를 건너게 하신 하나님께서는 틀림없이 자기가 택하신 모든 자녀들을 그들의 모든 시련으로부터 구해 내시고 하늘의 안식으로 인도하실 것입니다.

2. 둘째로, 본문은 위로입니다.

이제 나는 오늘의 본문을 위로의 본문으로 사용하고자 합니다. 우리에게는 많은 괴로움이 있기 때문에, 우리는 위로를 필요로 합니다. 하나님께서는 "너희는 위로하라 내 백성을 위로하라"(사 40:1)고 말씀하십니다. 그러니까 하나님께서는 우리가 위로받기를 원하시는 것입니다. 하나님께서는 우리가 위로받기를 원하실 뿐만 아니라, 실제로 위로를 주셨습니다. 왜냐하면, 하나님은 우리에게 보혜사(Comforter, "위로자") 성령을 보내주셨기 때문입니다.

나는 이 본문을 과거와 관련한 위로의 본문으로 사용할 것입니다. 올해도 이제 다 갔습니다. 그런데도 여러분은 하나님의 "인자하심"이 영원토록 지속된다는 것을 지금까지도 알아차리지 못했습니까? 지금 여기에 앉아 있는 우리 모두가 각자의 이야기를 털어놓는다고 가정해 봅시다. 우리 각자의 슬픔과 고통을 다 기록하기 위해서는 엄청나게 큰 두루마리가 필요할 것입니다. 그리고 우리는 각각의 두루마리를 하나님의 "인자하심"이라는 비단 끈으로 묶을 수 있을 것입니다. 사랑하는 자들이여, 여러분은 어떻게 생각하실지 모르지만, 나는 회중을 담당하는 목사로서 내 영혼은 돌봄과 수고와 걱정으로 쉴 겨를이 없었지만, 어쨌든 하나님의 "인자하심"이 지금 이 순간까지 내게 계속되어 온 것을 인하여 하나님을 송축하지 않을 수 없습니다. 여러분이 다음과 같이 노래했을 때, 나는 눈물이 났습니다:

> "주께서는 택하신 자들에게 복을 주셨다네,
>   저 삭막한 광야에서."

그렇습니다. 세상은 우리에게 삭막한 광야이지만, 거기에서 하나님은 우리에게 복을 주셨습니다. 하나님께서는 황량함과 척박함 외에는 아무것도 기대할 수 없었던 곳을 장미 꽃밭으로 만드셨습니다. 지난날을 생각할 때, 우리는 하나님을 송축하지 않을 수 없습니다. 하나님은 어제나 오늘이나 영원토록 동일하신 분이시기 때문에, 우리는 과거를 회상해 봄으로써 위로를 얻게 될 것입니다. 지금까지 우리를 도와주신 하나님은 앞으로도 우리를 버리지 않으실 것입니다. "주는 나의 도움이 되셨음이라 내가 주의 날개 그늘에서 즐겁게 부르리이다"(시 63:7).

그러나 과거와 관련하여 중요한 위로는 이것입니다. 생각이 올바른 모든 그리스도인은 연말에 이르러 부작위의 죄(sins of omission), 즉 해야 할 일을 하지 않은 죄들과 작위의 죄(sins of commission), 즉 하지 말아야 할 일을 행한 죄들을 돌아봅니다. 이 아침에 나는 여러분에게 장황한 고백을 하도록 초대하려는 것이 아닙니다. 하지만 우리 중에서 자신의 죄가 드러나게 되었을 때에 얼굴이 붉어지지 않을 사람이 누가 있겠습니까? 사랑하는 자들이여, 지금 하나님의 귀에 대고 여러분의 죄들을 고백하십시오. 그리고 하나님의 "인자하심"이 그 모든 것을 덮어 준다는 것을 기억하십시오. 그것이 어떠한 죄였든지 간에, 하나님의 "인자하심"은 그 모든 것을 덮어 줍니다. "허물의 사함을 받고 자신의 죄가 가려진 자는 복이 있도다"(시 32:1). 내가 지금 죄인이 아닌 것은 내가 작년 연말에 죄인이 아니었던 것과 같지만, 그럼에도 불구하고 나는 지금까지 수많은 죄를 저질러 왔습니다. 작년 연말에 하나님의 책에 내게 불리한 내용이 없었던 것과 마찬가지로 지금도 그렇습니다. 그때에 그런 것이 아무것도 없었으니, 나는 하나님의 이름을 송축하는 것이 마땅합니다. 왜냐하면, 주님의 보혈이 내게 불리한 모든 것을 다 지워 주었기 때문입니다. 바로 그 동일한 대속의 제사가 나의 모든 죄를 제거하였기 때문에, 지금도 하나님의 책에는 내게 불리한 것이 아무것도 없습니다. 나의 형제들이여, 십자가로 나아오십시오! 다시 십자가로 나아오십시오. 그리고 여러분을 위해서 피를 흘리신 주 예수의 상처들을 올려다보고, 하나님의 "인자하심"이 영원하다는 것을 믿으십시오. 여러분의 죄가 아무리 많을지라도, 그것들은 모두 그의 등 뒤로 던져졌습니다. 그렇습니다. 그것들은 모두 깊은 바닷속에 던져졌습니다.

또한, 오늘의 본문은 현재와 관련해서도 매우 감미로운 위로입니다. 이 순간에 우리는 우리에게 현재 존재하는 죄에 대해서 죄의식을 갖고 있습니까? "그 인자하심이 영원함이로다." 본문의 언어 속에서 우리는 주님이 수건을 허리에 두르시고 물수건과 대야를 들고 우리에게 오셔서 다시 한 번 우리의 발을 씻어 주시는 것을 느낍니다. 일 년에 걸친 여정 속에서 겹겹이 쌓인 우리의 때를 주님은 깨끗이 씻어 주십니다! 여러분은 죄의식을 갖지 말고, 반대로 사랑하시는 이 안에서 하나님과 화목을 이루었다는 의식을 갖기를 바랍니다. 그러나 여러분의 심령에 무언가 영적인 장애가 있을 수도 있습니다. 어쩌면 여러분은 집안 문제로 불안해서 정신을 집중할 수 없을지 모릅니다. 설교자가 여러분에게 핵심을 전달하기 위해서 아무리 노력할지라도 여러분의 마음이 너무 산란해서 그것을 파악할 수 없을지도 모릅니다. 안개는 길거리뿐만 아니라 여러분의 영혼에도 낍니다. 사랑하는 자들이여, 고맙게도, 우리의 심령의 상태가 가라앉아 있다고 해서, 하

나님께서 우리를 받아 주셨다는 사실이 변하는 것은 아닙니다. 우리가 침체되어
있든 고양되어 있든, 우리가 친교를 누리고 있든 그렇지 않든, 우리는 사랑하시
는 이로 말미암아 그 인자하심이 영원하신 하나님이 보시기에 여전히 아름답고
영광스러운 모습으로 서 있습니다.

　　여러분은 오늘 이 자리에 오실 때에 어제의 걱정거리들을 잔뜩 짊어지고 오
셨을 것이지만, 주일은 안식의 날이기 때문에, 그런 것들이 주일까지 이어져서
는 안 됩니다. 하지만 여러분은 여전히 거기서 벗어나지 못하고 있습니다. 여러
분은 일상의 근심에 사로잡혀서, 지금 여기에 앉아 있는 순간에도, 마음으로는
줄곧 장부책을 들여다보거나 아픈 아이를 돌보고 있습니다. 여러분의 마음은 하
나님과 함께 산 위에 있어야 하는데도, 실제로는 저 허망한 세상의 들판에 머물
러 있습니다. "그 인자하심이 영원함이로다"라는 말씀을 붙잡고서, 여러분의 근
심을 모두 쫓아 버리십시오:

　　　"자, 당신의 필요들과 짐들을 주님께 고하십시오!
　　　주께서 그것들을 하나님의 보좌 앞에 갖다놓으시고,
　　　주의 사랑의 메시지를 전달하려고
　　　천사들의 무리도 거기에서 기다리고 있다네."

　　하나님께서는 여러분이 감당할 수 없거나 빠져나올 수 없는 어려움에 여러
분을 내버려 두시지 않습니다. "그 인자하심이 영원함이로다."

　　이제 미래와 관련해서 생각해 봅시다. 우리가 미래를 다루기 시작할 때, 우리
는 가련한 바보들이 됩니다. 미래라는 영역은 우리가 항해할 수 없는 바다와 같
습니다. 우리의 삶은 현재가 전부입니다. 왜냐하면, 우리가 미래로 접어드는 순
간, 그것은 즉시 현재가 되고 말기 때문입니다. 하지만 이 아침 여기에 서고 보
니, 나는 여러분 중에 자신의 온 몸이 병약해진 것을 느끼면서 다음과 같은 예감
에 몸서리를 치는 분이 있다는 것을 상상할 수 있겠습니다: "내가 더 늙으면 어
떻게 하나? 내 친구들은 세상을 떠나고, 나를 부양해 줄 사람이 있을 것 같지도
않다. 이 손으로는 일상적인 일들도 할 수 없게 되겠지. 이마에는 주름이 잡히고,
걷는 것도 힘들게 될 거야. 어쩌지?' 아, "그 인자하심이 영원함이로다." 여러분
의 인생 행로가 길어진다면, 여러분은 70세, 80세, 아니 90세를 넘게 살 수도 있

을 것입니다. 얼마 전에 나는 구빈원(救貧院)의 병동에서 다수의 늙고 가난한 분들을 만날 일이 있었는데, 그들 중 상당수는 몇 년째 침대에서 일어나지도 못하고 누워 있었습니다, 나는 그때 이렇게 사느니 차라리 죽는 것이 더 낫지 않을까라고 속으로 생각했던 적이 있습니다. 하지만 만약 그들에게 선한 소망이 있다면, 나는 큰 잘못을 저지른 것입니다. 왜냐하면, 만약 그리스도께서 자신의 임재를 통해서 그들의 침대를 털이 가득 든 베개처럼 푹신푹신하게 만들어 주신다면, 그 구빈원에도 영광이 깃들 수 있고, 빈곤 가운데에도 천국이 임할 수 있으며, 그들은 다른 곳에서와 마찬가지로 거기에서도 "그 인자하심이 영원하다"는 것을 배울 것이기 때문입니다. "너희가 노년에 이르기까지 내가 그리하겠고 백발이 되기까지 내가 너희를 품을 것이라 내가 지었은즉 내가 업을 것이요 내가 품고 구하여 내리라"(사 46:4). 그러므로 병약해질 때가 여러분에게 다가올지라도 하나님을 의뢰하고 두려워하지 마십시오. 하나님은 여러분의 기대를 저버리거나 여러분을 버리지 않으실 것입니다.

우리는 가끔 인생의 모진 풍파들을 예상하고 깜짝 놀라곤 합니다. 그것들은 결코 적다고 할 수 없습니다. 그런 풍파들은 과거에도 많이 있었고 앞으로는 더 많을 것이라고 예상할 수 있습니다. 이 세상에서 천국이라는 "미항"(the Fair Haven)을 향하여 가는 동안에 날씨가 늘 청명하리라고 생각하는 사람은 아무 생각이 없이 사는 사람입니다. 그러나 사랑하는 자들이여, 어떠한 폭풍이 몰아친다 해도, 하나님의 "인자하심"은 영원합니다. 몇 주 전에 태풍이 서인도 제도를 강타했을 때, 공포와 두려움이 그 곳을 항해하던 우편물 수송 증기선을 엄습했습니다. 선장은 매우 지혜롭게 증기 기관의 출력을 최대한 높이고 바람과 맞섰습니다. 하지만 그들은 극도의 불안에 사로잡혀서 이런 질문을 했을 것이 틀림없습니다: "이 배가 이처럼 강력한 태풍에 맞설 만한 충분한 힘을 갖고 있을까? 엔진이 이 태풍과 맞서기에 충분한 속도를 올릴 수 있을까?" 엔진이 힘겨워 신음하고 배 안의 모든 기둥들은 끽끽거리는 소리를 내는 가운데 그 증기선이 폭풍의 한가운데로 나아가는 모습은 마치 사망의 쩍 벌린 입과 무덤의 목구멍 속으로 들어가는 것 같았습니다. 분명히 선원들은 서로에게 이렇게 속삭였을 것입니다: "이 배가 끝까지 맞설 수 있을까? 이 배는 거대한 대서양의 파도 한가운데 떠있는 일엽편주처럼 보이지 않는가? 이 배는 수백 척의 다른 배들이 그랬던 것처럼 암초에 걸려서 산산조각이 날 것인가, 아니면 이 맹렬한 태풍을 물리치고 살아남을 것인가?' 마침내 그 배가 바람이 불어오는 쪽으로 선수를 향한 채 파도를 뚫고 돌진해서 태풍으로부터 벗어났을 때, 배 위에는 큰 기쁨의 환호성이 울려 퍼졌을 것이 틀림없습니다. 여러분과 나는 훨씬 멋진 배를 타고 있습니다. 여호와께서 그 배의 키를 잡고 조종하십니다! 우리는 그 폭풍우를 이기고 살아남을 뿐만 아니라, 바람에 나부끼는 우리의 모든 깃발이 "그 인자하심"이 영원하신 분의 이름에 찬양과 영광을 돌리는 가운데에 영원한 항구에 무사히 들어가게 될 것입니다.

　어떤 사람들은 미래를 미리 걱정하면서, "우리 중 대부분은 우리가 하게 될 먼 여행을 불안해하고 있습니다"라고 말합니다. 이 자리에 계신 신자들 중에는 친구와 친척을 떠나서 먼 곳으로 이민을 떠나는 분들이 해마다 상당히 많이 있습니다. 사랑하는 친구여, 만약 당신이 이민을 가게 되었다면, 하나님의 "인자하심"이 영원하다는 것을 생각하는 것이 당신에게 큰 위로가 되지 않겠습니까? 전보를 통해서 연락을 주고받을 수 있는 곳보다 더 먼 곳으로는 이사가지 않기로 약속한 두 친구가 있습니다. 그 중 한 사람이 대서양을 건너가서 지금은 미국 땅에 거주하고 있지만, 그는 친구에게 연락을 하고자 한다면 전보를 보낼 수 있는 우체국에 가면 됩니다. 그러면 영국에 있는 그의 친구에게 메시지가 순식간에 전달되고, 그는 친구에게 자신의 필요한 것들을 말할 수 있게 됩니다. 하나님께서 자기 백성과 맺으신 언약이 바로 이것과 같습니다. 하나님의 백성들은 자신과 하나님 사이에 전보 연락이 될 수 없는 곳으로는 결코 가지 않습니다. 여러분은 바다를 항해 중일 수도 있고 호주에 있을 수도 있지만, 여러분의 영혼과 하나님 사이에 기도의 통신선은 언제나 열려 있습니다! 만약에 여러분이 하루 아침에 저 먼 바다로 가라는 명령을 받거나, 잠깐 동안 무저갱 바닥에 여러분의 침상을 펼쳐 놓아야 한다면, 여러분은 어떻게 하시겠습니까? 여러분이 하나님의 자녀이기만 하다면, 여러분은 여전히 하나님의 마음에 닿을 수 있을 것입니다. 거리도, 시간도, 영원 자체도 하늘의 상속자들을 하나님의 영원하신 "인자하심"으로부터 갈라놓을 수 없습니다.

　이렇게 말하는 사람이 있을 것입니다: "내게는 그런 일은 일어날 것 같지 않습니다. 왜냐하면, 나는 내가 내 형제들 가운데 나의 **뼈**를 묻게 될 것임을 전혀 의심하지 않기 때문입니다. 그러나 나는 이미 많은 친구들을 잃었고, 또 어떤 사람들은 폐병으로 쇠약해져서 나를 곧 떠날 것 같습니다." 이것은 우리가 나이를 먹어감에 따라서 점점 더 자주 마주치게 되는 슬픈 현실입니다. 젊은 사람은 자기 아내와 아이들을 매일 볼 수 있고, 또 부모와 주변의 친구들을 만날 수 있습니다. 하지만 우리가 인간임이 확실한 이상, 우리가 그들을 떠나야 하거나 그들이 우리를 떠나야 합니다. 어떤 가족도 서로 헤어짐이 없이 이 세상에 오랫동안 머무를 수는 없습니다. 지금까지 세상을 떠난 우리의 지인이 많지 않다면, 앞으로 더 많은 우리의 지인이 세상을 떠날 것입니다. 우리는 아직 잔을 마시지 않은 사람입니다만, 우리는 그 잔을 한 모금도 남김없이 마셔야 하고, 또한 마시게 될 것입니다. 우리가 소망이 없는 사람들처럼 죽음을 슬퍼하지 않는다는 사실을 아는 것은 얼마나 큰 위로이겠습니까! 우리가 우리의 친구들과 주 안에서 사랑하는 사람들을 잃을 때, 우리는 만나기 위해서 헤어지는 것이고, 더 이상 헤어지지 않기 위해서 만나는 것입니다. 그들은 죽습니다. 우리가 가장 사랑하는 사람들도 떠납니다. 하지만 하나님의 "인자하심"은 영원합니다.

올해에도 우리 중 일부는 죽게 될 것입니다. 나는 지금 이 곳을 둘러보면서 이 엄숙한 진리를 새삼 깨닫습니다. 젊은 사람도 죽을 수 있고, 나이 든 사람은 반드시 죽을 것입니다. 우리 중 일부는 올해 안에 사망의 음침한 골짜기를 밟게 될 것입니다. 내가 그 중 한 사람일 수도 있습니다. 우리가 생각하기에 일어나지 않을 것 같은 일들이 실제로는 얼마든지 일어납니다. 젊은 사람들에게도 그런 일이 일어날 수 있습니다. 우리 모두가 다 올해에 죽게 될 사람이 될 수 있습니다. 우리는 하나님의 "인자하심"을 알고 있습니까? 그렇다면, 우리는 하나님의 "인자하심"을 얻기 위해서 손가락 하나 들어올릴 필요가 없습니다. 왜냐하면, 죽음의 이슬이 우리의 이마 위에 차갑게 내릴 때에도, 하나님의 "인자하심"은 계속될 것이기 때문입니다. 우리는 그 마지막 날이 우리가 살아온 보통 날들보다 더 무서운 날이 결코 아니라는 것을 알게 될 것입니다. 아마도 우리는 임종 전에 천사들과 아름다운 낙원을 목격하고는 오히려 밤이 오는 것을 기뻐하게 될 것입니다. 죽음은 우리가 하나님과 더불어 안식을 취하기 위해서 옷을 벗는 시간이기 때문입니다.

3. 셋째로, 본문은 훈계입니다.

이제 나는 오늘의 본문을 훈계를 위한 본문으로 사용하고자 합니다. 우리에게 시간이 더 있다면, 앞의 주제와 관련해서 좀 더 자세하게 말씀을 드리고 싶지만, 현실적으로 그럴 수 없기 때문에, 이제 나는 세 번째 주제와 관련해서 아주 간략하게 말씀을 전하고자 합니다. 오늘의 본문은 세 가지 항목으로 구성된 훈계라고 할 수 있습니다.

1) "그 인자하심이 영원함이로다." 따라서 무엇보다도 먼저 우리의 인자함도 지속되어야 합니다. 올해 또는 과거 어느 때에 여러분이 다른 사람을 화나게 했거나 다른 사람으로 말미암아 화가 났었고, 지금 여러분의 마음에 그때의 악감정이 남아 있지는 않습니까? 그렇다면, 나는 여러분에게 그런 악감정을 당장 끝낼 것을 간곡하게 부탁드립니다. 왜냐하면, 한 해를 마무리하는 오늘이야말로 그렇게 하기에 아주 적절한 날이기 때문입니다. 비록 우리가 심하게 부당한 대접을 받았거나 부당하게 모욕을 당했다고 느꼈을지라도, 이제는 우리 모두가 하나님과 화목하게 된 사람들이라는 증표를 보여주도록 합시다. 기억하십시오. 그리스도인인 여러분은 그렇게 해야 합니다. 그렇지 않으면, 여러분은 그리스도인이 아닙니다. 여러분이 여러분의 마음속에 용서하지 않겠다는 생각을 조금이라도 품고 있다면, 여러분은 기만적인 위선자들보다 조금도 나을 것이 없습니다. 어떤 죄는 여러분의 마음속에 있더라도, 여러분은 구원받을 수 있습니다. 그러나 여러분이 용서하지 않는다면, 여러분은 구원받을 수 없습니다: "너희가 사람의 잘못을 용서하지 아니하면 너희 아버지께서도 너희 잘못을 용서하지 아니하시리라"(마 6:15). 이것은 그리스도께서 친히 하신 말씀입니다. 만약 우리가 용서하는 쪽을 택하지 않는다면, 우리는 정죄 받는 것을 택하는 것입니다. 그런데 용서와 관련해서는 상당히 많은 거짓말이 횡행합니다. 사람들은 "그래, 나는 그것을 용서하겠지만, 잊을 수는 없다"고 말합니다. 이것은 용서하지 않겠다고 말한 것입니다! 여러분이 구원받기를 원한다면, 원한이나 증오, 적대감 같은 것을 모두 버려야 합니다.

웨슬리가 오길비 장군(General Ogilvie)과 함께 미국으로 건너가고 있을 때, 그는 선실에서 왁자지껄한 소리가 들리는 것을 들었습니다. 장군이 화가 나서 자신의 하인을 야단치고 있었던 것입니다. 그는 말했습니다: "나는 배에 포도주를 많이 실었습니다. 그것은 나만이 마실 수 있는 것입니다. 그런데 저 무례한 놈이 그것을 몽땅 마셨습니다. 나는 그 놈을 쇠사슬로 묶었죠. 그리고 갑판 위로 끌고가서 해군식으로 채찍질을 할 것입니다. 나는 절대 용서할 수 없습니다." 그때에 웨슬리가 말했습니다: "나는 당신이 죄를 짓지 않기를 바랍니다." 이 권면은 거역할 수 없는 것이었기 때문에, 장군은 이렇게 말했습니다: "목사님, 여기 나의 열쇠가 있으니 가져가십시오. 이번에는 내가 용서하죠." 우리가 용서받기를 원한다면, 우리는 용서해야 합니다.

2) 훈계의 본문으로서의 두 번째 항목은 하나님의 "인자하심"이 영원하다면, 우리는 **모든 사람에 대하여 소망을 품는 법**이 우리의 의무라는 것을 배워야 합니다. 여러분은 길거리의 불량소녀에 대해서 "저 아이는 못 말리는 애여서 돌봐 주어도 금세 다시 나쁜 길로 빠질 테니까 돌보아 줄 필요가 없어요"라고 말하면서 손가락질할 권리가 없습니다. 하나님의 "인자하심"은 영원합니다! 만약 그 아이가 여러분의 자녀였다면, 여러분은 결코 그렇게 말하지 않을 것입니다. 서너 번이나 알코올 중독 치료를 받고도 또다시 알코올 중독에 빠진 남자에게 여러분은 "이제 저 사람은 볼 장 다 본 사람이다"라고 말할 권리가 없습니다." 형제들이여, 하나님의 "인자하심"은 영원합니다. 여러분이 조물주보다 더 가혹하시럽니까? 조물주께서는 죄인을 용납하십니다. 그러므로 우리도 그래야 합니다. 특히 우리의 혈육과 아이들에게는 반드시 그래야 합니다. 어머니의 사랑은 다하는 법이 결코 없고, 아버지의 인내에는 결코 끝이 없습니다. 아무리 소망이 없는 자에 대해서도 소망을 버리지 마십시오. 그들이 지옥에 들어간 것이 아닌 한 그들을 위해서 기도하십시오. 그들이 무덤에 들어가기까지는 그들에게 소망을 품으십시오. 그들이 죽기까지는 그들을 그리스도에게 인도하기 위해서 애쓰십시오. 하나님의 "인자하심"은 영원하기 때문에, 우리의 인자함도 지속되어야 합니다.

3) 세 번째로, 하나님의 "인자하심"이 영원하다면, 여러분은 여러분 자신에 대한 소망을 잃지 말아야 합니다. 만약 여러분이 지금까지 죄인의 길에 있었다고 하더라도, "이제는 소망이 없다"고 말하지 마십시오. 하나님의 "인자하심"은 영원합니다. "너무 늦었다"는 사탄의 속삭임에 넘어가지 마십시오. 결코 너무 늦지 않았습니다. 여러분이 그리스도를 갈망하는 한, 그가 여러분을 영접하기에 너무 늦은 때란 없습니다. 언젠가 너무 늦은 때가 올 것인데, 그 때는 여러분의 목숨이 다하는 날입니다. 그 때에야 비로소 여러분은 "너무 늦었다! 이제는 들어갈 수 없다!"는 말을 듣게 될 것입니다. 하지만 회개하고 믿음을 받아들이기에 지금은 결코 너무 늦은 때가 아닙니다. 절망은 죄악입니다. 소망은 하나님에 대한 인간의 의무입니다. 나는 여러분이 여러분 자신을 포기하지 않도록 기도합니다. 하나님께서 여러분을 지옥에 던져 넣으실 때까지는 소망을 가지십시오. 그리고 그리스

도께로 나아오십시오.

4. 넷째로, 본문은 부르심입니다.

시간이 없기 때문에, 훈계라는 주제에 대해서는 더 말씀드릴 수가 없게 되었습니다. 이제 마지막 주제인 부르심에 대해서 말씀드리겠습니다. "그 인자하심이 영원함이로다." 방황하는 자녀에게 자기 아버지에게로 돌아오라는 부르심은 지극히 다정하고 자애로운 부르심이 아니겠습니까? 타락한 신앙인에게 자신의 하나님에게로 나아오라는 부르심은 어떻습니까? 죄인의 괴수에게 시은좌(the Mercy Seat), 곧 은혜의 자리로 겸손하게 나아오라는 부르심은 어떻습니까? 하나님의 "인자하심"은 영원합니다. 그 인자하심을 구하십시오! 예수 안에는 인자하심이 있습니다. 예수 그리스도를 믿으십시오! 존 번연(John Bunyan)은 "임마누엘 왕자"(Prince Emmanuel)가 "은혜의 산"(Mount Gracious) 꼭대기에 흰 깃발을 걸었다고 우리에게 말합니다. 그 깃발은 지금도 거기에 있습니다. 여러분, 항복하십시오! 오늘 당장 항복하고, 여러분 자신과 여러분의 영원한 분깃을 해롭게 하는 일들로 더 이상 씨름하지 마십시오. 흰 깃발을 보십시오! 여러분은 여러분의 주님을 믿고 여러분의 죄를 그에게 맡기기만 하면 됩니다. 그러면 주님이 여러분에게 은혜를 베푸실 것입니다.

하나님의 사람인 앤드류 풀러(Andrew Fuller) 목사님이 스코틀랜드에서 설교할 때의 일입니다. 사람들이 너무 많이 몰리는 바람에 많은 사람이 안에 들어가지 못하고 밖에 서 있었습니다. 그때에 그 마을에서 가장 악명이 높던 한 여인이 그 군중을 보고는, 그 영국 목사가 뭐라고 설교하는지를 듣기 위해서 교회당 안으로 들어가 보아야겠다고 생각했습니다. 풀러 목사님은 "땅의 모든 끝이여 내게로 돌이켜 구원을 받으라"(사 45:22)는 본문으로 설교하고 있었습니다. 그때에 그녀는 "아, 내가 너무 멀리 갔구나. 하지만 어쨌든 나는 땅 끝을 넘어 간 것은 아니니까, 만약 하나님께서 '땅의 모든 끝이여 내게로 돌이켜 구원을 받으라'고 말씀하신다면, 그것은 나를 가리키는 것임에 틀림없어!'라고 말했습니다. 그녀는 하나님께로 돌이켰습니다. 그녀는 나중에 하나님의 은혜로 회심하고, 그 교구에서 가장 존경받는 여자가 되었습니다.

올해의 마지막 주일인 이 아침에 나는 풀러 목사님이 본문으로 사용하셨던 그 동일한 말씀을 이 곳에 있는 아직 회심하지 않은 모든 분들에게 생생한 하나님의 말씀으로 엄숙하게 선포합니다. "땅의 모든 끝이여 그리스도에게로 돌이켜 구원을 받으라." "여호와께서 말씀하시되 오라 우리가 서로 변론하자 너희의 죄가 주홍 같을지라도 눈과 같이 희어질 것이요 진홍 같이 붉을지라도 양털 같이 희게 되리라"(사 1:18). 하나님께서 여러분으로 하여금 하늘에 계신 여러분의 아버지에게로 나아와서 생명을 얻으라는 이 인자하신 부르심에 순종하게 하시기를 빕니다!

신자들이여! 이 부르심은 여러분을 위한 것이기도 합니다. 오늘의 본문은 "그 인자하심이 영원함이로다"라고 말씀합니다. 그러므로 영혼을 향한 여러분의 사랑이 계속되게 하십시오! 회심을 위한 여러분의 노력이 지속되게 하십시오! 하나님으로 말미암은 여러분의 관용을 풍성하게 하십시오. 그리스도의 나라를 확장하기 위한 여러분의 수고가 계속되게 하십시오! 올해의 마지막 주일인 이때에 나는 여러분에게 말씀드립니다. 더욱 열심히 노력하십시오! 지금까지 열심히 하셨다면, 더욱 열심히 하십시오! 지금까지 열심히 하지 않으셨다면, 부끄러움을 느끼고 새롭게 시작하십시오! 하나님의 "인자하심"이 영원하다면, 우리는 쉬는 것이나 편안한 것에 대해서는 말하지 않는 것이 마땅합니다. 시간은 매우 소중합니다. 매 시간은 그룹 천사들처럼 여섯 날개를 달고서 번개같이 날아가 버립니다. 우리는 일할 수 있을 때에 열심히 일하면서 살아가야 합니다. "밤이 오리니 그 때는 아무도 일할 수 없느니라"(요 9:4).

제
133
장

—

믿은 지 얼마 되지 않은
신자를 위한 최고의 위로

—

"여호와께서 나를 위하여 보상해 주시리이다 여호와여 주의 인자하심이 영원하오니 주의 손으로 지으신 것을 버리지 마옵소서." ― 시 138:8

나는 지금까지 예수 그리스도께서 죄인을 구원하러 이 세상에 오셨을 때에 그리스도 안에서 나타난 영원한 구원의 토대를 하나님의 은혜 위에 놓기 위한 정지 작업을 계속해 오고 있습니다. 내가 오늘 아침에 설교한 것도 그런 작업이었고, 하나님은 거기에 신속하게 인을 쳐 주셨는데, 내게 이것은 내가 하나님의 근본적인 진리들을 자주 전하는 것이 하나님의 마음에 합한 것임을 보여주는 확실한 증거입니다. 그렇게 필요한 일은 아무리 자주 해도 지나칠 것이 없습니다. 왜냐하면, 사람들은 매 시간을 알리는 시계의 타종소리만큼이나 자주 참된 복음을 들을 필요가 있기 때문입니다. 그렇게 해도 그들은 그것을 잊고 맙니다. 하지만 모든 사람이 다 잊는 것은 아닙니다. 마치 노아와 함께 구원을 받은 사람들이 있었던 것처럼, 구원의 방주를 찾고 생명을 얻는 사람이 얼마 정도는 있습니다. 나는 이 저녁에 새롭게 예수 그리스도를 믿게 된 사람들에게 말씀을 전하게 된 것을 매우 기쁘게 생각합니다. 새롭게 태어난 갓난아기를 보는 것이 어머니의 기쁨이듯이, 새롭게 태어난 영혼에 대해 듣는 것은 나에게는 비할 바 없이 큰 기뻠입니다. 내 귀가 기쁜 소식을 들은 것이니까요! 내가 이번에 겪었던 것처럼, 씨를 뿌리고 나서 그처럼 빨리 수확하는 경우는 흔하지 않을 것입니다. 나는 오늘 아침 예배 후에 하나님께서 내가 전한 말씀에 복을 주셔서 많은 영혼을 얻게 해 주셨다는 아주 소망스러운 증거를 갖게 되었고, 나의 사랑하는 동역자들(그들은 정찰병이 부대 주위를 순찰하듯이 모든 신자들을 지켜보고 있습니다)은 하나님께서 강권적으로 역사하신 사람이 많았다고 내게 전해 주었습니다.

오늘 아침 12시 반부터 저녁 이 시간까지 그 영혼들은 천국을 향한 하루의 여정을 끝냈고, 이미 자기 자신에 대해서 의문을 제기하며 몇 가지 두려움에 사로잡히기 시작했을 것입니다. 그들은 이렇게 일찍부터 그 길에서 사자들을 만났거나, 그들 자신의 두려움들 속에서 진짜 사자들을 만났을 때보다 더 큰 무서움을 느꼈을 수 있습니다. 그들은 최근에야 하나님을 알게 되었지만, 이미 불안이 커져가고 있고, 뭔가 당혹스러운 눈길로 미래를 바라보고 있습니다. 그러므로 우리는 목자가 갓 태어난 새끼 양을 돌보듯이 그들에게 애정을 기울여야 합니다. 우리는 어린 자들에게 응원의 함성을 보내 주어야 합니다. 왜냐하면, 그들은 그것을 필요로 하고, 우리는 그들을 편안하게 해주라는 우리 주님의 특별한 명령을 받고 있기 때문입니다. 또한, 우리는 오랫동안 주님을 알고 있는 사람들에게도 지금 그들을 불안하게 만들고 있는 문제들과 관련하여 뭔가 도움이 될 만한 말을 해주어야 합니다. 하나님이 주시는 위로는 소생시키는 위로이고 지극히 풍성한 위로이기 때문에, 작은 자나 큰 자나 다 같이 그 위로에 참여하여야 합니다: "너희 하나님이 이르시되 너희는 위로하라 내 백성을 위로하라"(사 40:1).

어떤 사람이 그리스도인이 되고, 그의 영혼 안에서 하나님의 은혜가 역사하기 시작할 때, 그 사람은 진지해지고 생각이 깊어집니다. 이것이 그 사람 안에서 나타나는 최초의 변화들 중 하나입니다. 그는 지금까지의 경솔함과 무관심을 버리고, 침착하고 사려 깊은 사람이 됩니다. 그의 마음속에는 하나님이 보시기에 자기가 어떤 사람일까에 대한 깊은 관심이 자리 잡게 됩니다. 그는 세상 사람들 속에서 살아가면서 부딪치게 되는 시험들이 자신이 감당할 수 없는 것이 되거나 그 시험들에 속아서 죄악에 빠지지 않도록 하기 위해서 거기에 관심을 갖게 됩니다. 그는 거룩한 삶을 살고자 하는 갈망을 갖게 됩니다. 사실, 거룩함은 그의 주된 관심사입니다. 그는 자신의 삶이 다른 사람의 귀감이 될 수 있게 해 달라고 기도합니다. 그는 자기 자신에게 묻습니다: "내가 지금 막 갖게 된 이 소망이 과

연 내 삶의 마지막 날까지 유지될까? 죽음이 야기하는 고통과 나약함 속에서 그 소망이 나를 지탱해 줄까? 하나님의 불타는 보좌 앞에 설 때, 나는 과연 떨지 않아도 되는 것일까?' 전에는 그러한 일들이 그에게 장난이나 농담 같은 것들이었습니다. 하지만 지금 그것들은 그에게 심각하고 진지한 질문들입니다. 그는 어릿광대의 모자와 방울들을 팽개치고 순례자의 지팡이와 전사의 칼을 들었습니다. 그리고 "삶은 실제이며, 삶은 진지하다"라고 분명하고 단호하게 고백합니다. 그는 이제 관심의 사람입니다. 그는 자신의 영혼의 문제들, 자신의 죄, 자신의 생명, 자신의 죽음, 자신의 영원한 구원에 관심을 갖습니다. 엄숙한 분위기가 그를 두르고 있습니다. 그는 자신의 귓가를 울리는 영원의 바퀴소리를 듣고, 자신의 필생의 사업을 위해서 허리띠를 동여매고, 유치한 일들을 물리칩니다.

이것은 아주 좋은 일이지만, 모든 상태가 나름대로의 위험을 갖고 있듯이, 신앙적인 관심에 닥치는 위험은 낙심입니다. 깊이 생각한 결과는 곧 불신을 낳고, 거룩한 근심은 쉽사리 불신앙으로 빛이 바래고 맙니다. 사람이 자신의 내면을 들여다보면 볼수록, 그는 점점 더 자기 자신을 믿을 수 없게 됩니다. 또한, 자기 주변을 돌아보면 볼수록, 자신이 위험에 처해 있는 것이 느껴지기 때문에, 자신의 그리스도인으로서의 삶의 매우 이른 시기에 낙심과 두려움에 빠져서, "나는 언젠가 원수의 손에 의해서 확실히 타락하고 말거야. 나의 확신은 망상이고 나의 회심은 거짓이었어"라고 자기 자신에게 말하게 됩니다. 그는 장래에 있을 시험들의 결과를 두려워합니다. 전장에 나간 신참병이 대포 소리가 울릴 때마다 그것이 자신의 죽음을 예고하는 것이 틀림없다고 생각하듯이 말입니다. 나는 오늘 밤에 하나님의 도우심을 힘입어서 그러한 두려움들과 정면으로 맞서고자 합니다. 대속의 보혈로 말미암아 깨끗하게 씻음 받은 과거의 죄악과 관련해서 뿐만 아니라, 현재와 미래의 모든 어려움 및 위험들과 관련해서 성령께서 우리로 하여금 하나님을 믿는 강하고 굳센 믿음을 가질 수 있게 하여 주시기를 간절히 빕니다. 또한, 지금 우리 앞에 놓여 있는 본문의 영이 우리 안에 충만하기를 빕니다: "여호와께서 내게 관계된 것을 완전케 하실지라 여호와여 주의 인자하심이 영원하오니 주의 손으로 지으신 것을 버리지 마옵소서"(KJV와 한글개역은 이렇게 되어 있지만, 한글개역개정에서는 "여호와께서 나를 위하여 보상해 주시리이다 여호와여 주의 인자하심이 영원하오니 주의 손으로 지으신 것을 버리지 마옵소서").

오늘의 본문 속에서 우리는 다음 세가지를 살펴볼 것입니다. 첫째로, 하나님께서는 우리를 확신으로 충만하게 채워 주십니다: "여호와께서 내게 관계된 것을 완전케 하실지라." 둘째로, 하나님의 인자하심은 우리에게 안식을 줍니다: "여호와여 주의 인자하심이 영원하오니." 셋째로, 하나님께서는 우리로 하여금 기도하고 간구하게 만드십니다: "주의 손으로 지으신 것을 버리지 마옵소서." 성령 하나님께서 우리를 도우셔서 지극한 은혜 가운데서 이 본문을 묵상하게 해주시기를 빕니다.

1. 첫째로, 하나님은 우리를 확신으로 채워 주십니다.

하나님께서는 오늘의 본문의 첫머리에서 장래에 대한 우리의 두려움들을 없애 주시기 위하여 다음과 같이 확실한 보장을 해주고 계십니다: "여호와께서 내게 관계된 것을 완전케 하실지라." 여러분이 보시다시피, 하나님이 보장해 주시는 것들 중의 첫 번째는 하나님이 우리를 위해 반드시 개입하시고 역사하시리라는 것입니다. 괴로움 가운데 있는 분들은 이것을 굳게 붙잡으시고, 믿음으로 "여호와께서 내게 관계된 것을 완전케 하실지라"고 고백하십시오. 여러분은 예수 앞으로 나와서, 자신의 영혼을 그의 손에 맡겼습니다. 우리는 여러분이 그렇게 한 것을 당연하다고 여깁니다. 그렇다면, 하나님이 여러분에게 그렇게 하고자 하는 마음을 주신 것이 확실합니다. 왜냐하면, 하나님의 성령이 인도하여 주지 않으셨는데, 그냥 그리스도를 믿게 된 사람은 세상에 하나도 없기 때문입니다. 여기에 대해서 우리 구주께서는 무엇이라고 말씀하셨습니까? "나를 보내신 아버지께서 이끌지 아니하시면 아무도 내게 올 수 없으니"(요 6:44). 여러분의 영혼 속에서 은혜의 역사가 일어나지 않았다면, 여러분은 주 예수의 중보 사역과 대속의 제사를 결코 믿을 수 없었을 것입니다. 모든 결과에는 원인이 있기 마련입니다. 모든 영적인 믿음은 성령에 의해서 사람의 심령 속에서 만들어지는 것입니다. 하나님께서 여러분을 구원하기 시작하셨으니, 여러분은 미래와 관련하여 이 선한 일을 시작하신 분이 여러분의 영혼 속에서 계속 역사하실 것이라는 확신을 가져야 합니다. 만약 여러분의 마음속에서 하나님의 역사가 중단된다면, 여러분의 생명과 소망과 믿음과 사랑도 동시에 중단될 것입니다. 왜냐하면, 여러분은 오직 성령께서 여러분 가운데 내주하시고 역사하시는 까닭에 살아 있는 것이기 때문입니다. 태초에 세상을 만드시고 거기에 하늘의 궁창을 세우셨던 그 동일한 능력이 지금까지 그것들을 유지하고 지탱하고 계시는 것이 확실합니다. 만일 그렇지 않다면, 세상은 최후의 붕괴를 맞게 되고, 푸른 창공도 산산조각이 나 버리고 말 것입니다. 피조세계가 존속하기 위해서는 창조주의 능력이 계속해서 공급되는 것이 필수적입니다. 하나님과 떨어져서는 능력도, 생명도, 존재도 없습니다. 이것은 자연 세계에서만이 아니라 은혜의 세계에서도 동일합니다. 하나님께서 우리에게 은혜를 주시기 때문에 우리가 은혜 가운데 있는 것이고, 그의 능력으로 우리를 붙드셔서 구원을 향하여 나아가게 하시기 때문에 우리가 그의 길들을 따라 나아가고 있는 것입니다. 우리 안에 있는 새 생명은 하나님에 의해서 창조된 것이기 때문에, 하나님에 의해서 유지되는 것이 마땅합니다. 여기 계신 여러분은 한 분도 빠짐없이 이 사실을 기억하시기 바랍니다. 여러분은 "영원하신 능력과 신성"(롬 1:20)이 여러분의 영혼 안에서 역사하고 있다는 사실을 믿고 의지해야 합니다. 왜냐하면, 거기에 은혜의 원천이 있고, 거기로부터 은혜가 흘러나와야 하기 때문입니다. 여러분, 명심하십시오! 여러분이 여러분 자신의 인내심, 여러분 자신의 기도의 열심, 여러분 자신의 영성, 여러분 자신의 결단력, 또는 여러분 자신의 초지일관을 의지한다면, 여러분은 "사람을 의뢰하고 육신으로 무기를 삼는 자는 저주를 받을 것"이라는 말씀이 무슨 의미인지를 알게 될 것입니다. 이 세상에 있는 모든 믿을 수 없는 사람 중에서도 가장 믿을 수 없는 사람은 바로 여러분 자신입니다! 여러분 자신을 믿는 것보다는 여러분의 동료를 믿는 것이 아마 나을 것입니다. "너희는 여호와를 영원히 신뢰하라 주 여호와는 영원한 반석이심이로다"(사 26:4).

　나는 여러분이 본문의 첫 구절인 "여호와께서 내게 관계된 것을 완전케 하실지라"는 말씀이 "나 자신이 그것을 완전케 할 것이다"라는 의미가 아니라, "하나님께서 그것을 완전케 하실 것이다"라는 의미인 것을 아실 것이라고 생각합니다. 이 말씀 속에는 하나님께서 역사하고 계신다는 인식과 하나님은 자신이 시작하신 일을 완전케 하시기 위해서 계속 역사하실 것이라는 온전한 확신이 존재합니다. 여러분이 갖고 있는 신앙이 하나님의 역사와 무관한 신앙입니까? 그렇다면, 나는 여러분에게 그런 신앙을 밖에 내다 버릴 것을 권면합니다. 여러분의 신앙이 번쩍번쩍 광채가 나고 여러분이 보기에 이루 말할 수 없이 근사한 것일지라도, 만일 그것이 여러분 자신의 본성에서 싹튼 것이거나, 여러분 자신의 자유의지에 따른 결과물일 뿐이고, 하나님의 은혜의 역사에서 비롯된 것이 아니라면, 여러분은 위조지폐를 갖고 있는 사람처럼 그런 신앙을 대로(大路) 위나 도랑 속에 던져 버리고 멀리하십시오. 여러분의 집에서 만든 그 위조지폐가 여러분의 것임을 아무도 모르게 하십시오. 그것은 지금 아무 가치도 없고 언젠가는 가짜라는 것이 밝혀질 것입니다. 그러나 여러분이 받은 신앙이 하나님의 역사에 의한 것이라면, 그 역사를 시작하신 분이 그 신앙을 완전하게 하실 것임을 확신하십시오. 여러분 안에서 자신의 기쁘신 뜻을 따라서 역사하시는 분은 항상 그 일을 행하기를 기뻐하실 것이고, 결코 자신의 손으로 시작하신 일을 그만두지 않으실 것임을 확신하십시오.

시편 기자는 하나님께서 일하고 계시며 앞으로도 일하실 것임을 믿었을 뿐만 아니라, 하나님이 그 일을 완전케 하실 것이라는 확신을 갖고 있습니다. "여호와께서 내게 관계된 것을 완전케 하실지라." 하나님께서 시작하셨습니까? 그렇다면, 하나님이 그 일을 완성하시리라는 것을 확실히 믿으십시오! 여러분은 하나님께서 시작하신 일을 끝내지 않으신 것을 본 적이 있습니까? 만일 여러분이 창조 주간의 둘째 날이나 셋째 날에 현장에 있었다면, 여러분은 그 일이 아직 완성되지 않은 것을 보았을 것입니다. 새벽 별들이 완전한 창조를 노래하기 전에 많은 것들이 이미 만들어졌지만, 창조가 다 완성된 것은 아니었습니다. 그러나 전능자께서 창조 주간의 도중에 일을 멈추시거나 자신의 계획을 미완성으로 남겨 놓으셨습니까? 창조에 관해서 성경은 어떻게 기록하고 있습니까? 하나님께서 빛은 만드시고 해는 만들지 않으셨습니까? 하나님께서 바다를 만드시기는 하셨지만 땅과 구분하지 않으셨거나, 바다에게 "너는 여기까지는 와도 되지만 더 와서는 안 된다"고 말씀하지 않으셨습니까? 그렇지 않습니다. 창조의 첫째 날은 나머지 5일과 창조 주간의 면류관인 안식의 날이 이어질 것임을 보증해 주는 담보입니다. 하나님께서 첫째 날에 "빛이 있으라"고 말씀하셨을 때, 여러분은 하나님께서 빛을 볼 수 있는 눈을 만드실 것임을 이미 확신할 수 있었을 것입니다. 그리고 자연계의 각 영역에서 살아갈 생물들, 즉 들의 짐승과 하늘의 새들과 바다의 물고기들이 있게 되었을 때, 여러분은 하나님께서 자연계의 왕좌를 차지할 존재를 만드시고, 그에게 "나는 너로 하여금 공중의 새와 바다의 물고기와 바닷길에 다니는 모든 것을 다스리게 하려고 너를 만들었다"(시 8:8 KJV)고 말씀하실 줄을 이미 알았을 것입니다. 하나님에 의해서 시작된 것이 있다는 것은 반드시 하나님이 끝내실 때가 있다는 것을 의미합니다. 하나님께서는 계획에 있어서 실수하시지 않으시고, 행함에 있어서 싫증을 내시지 않습니다. 그렇기 때문에, 하나님께서는 일단 착수하신 일에서 결코 물러서지 않으시며 끝내 그 일을 이루십니다. 이것은 언제나 그렇습니다. 지옥의 마귀들과 그들의 영향 아래 있는 인간들은 하나님의 섭리에 따른 하나님의 길을 차단할 생각을 할 것이 틀림없지만, 예언의 망원경을 들고 현재 세상의 끝을 볼 수 있는 사람은, 해방된 이 세상의 모든 언덕과 골짜기로부터 울려 퍼질 최종적인 천년왕국의 노래를 들을 수 있을 것입니다: "할렐루야 주 우리 하나님 곧 전능하신 이가 통치하시도다"(계 19:6). 지옥의 어떤 술책이나 암흑의 주관자의 어떤 궤계도 하나님께서 자신의 약속을 성취하시는 것을 방해할 수 없습니다. 하나님의 교회는 그 약속이 이루어지기를 날마다 기도하고 있습니다.

신자가 된 지 얼마 되지 않은 이들이여, 여기에 여러분의 확신이 있습니다. 여러분은 그리스도인이 된지 얼마 되지 않았습니다. 하나님의 은혜가 이제 막 여러분의 마음을 바꾸셨습니다. 여러분은 불안해하면서 "내가 어떻게 끝까지 견딜 수 있을까요? 내가 어떻게 종착지에 도달할 수 있을까요?"라고 묻습니다. 여러분이 믿고 의뢰하는 하나님이 여러분을 지켜 주시고 완전하게 하실 것입니다. 여러분 안에서 선한 일을 시작하신 바로 그 동일한 능력이 그 일을 완성할 수 있으시고, 또한 완성하실 것입니다. 여러분은 그 사실을 의심하십니까? 영적인 삶이 시작될 때에 어떤 일이 있었는지를 생각해 보시고, 다음과 같은 사실을 통해서 하나님이 그 일을 끝까지 이루실 것이라는 확신을 갖게 되시기를 바랍니다. 성령께서는 죽은 자들로부터 사람들을 일으키십니다. 죽은 자를 살리신 분이 그 후에 그들을 살아 있게 만들 수 없을까요? 하나님께서는 자기 백성을 애굽으로부터 인도해 내셨습니다. 여러분은 그들을 인도해 내신 분이 그들로 하여금 가나안 땅에 들어가게 하실 때까지 그들을 광야에서 지켜 줄 수 없을 것이라고 생각하십니까? 하나님께서는 이미 그리스도를 하늘의 양식으로 우리에게 주셨습니다. 그런 하나님이 우리가 약속의 땅에 들어갈 때까지 그 양식을 우리에게 공급해 주시지 않을까요? 우리는 모두 확신 가운데 거하여야 합니다! 우리가 시작을 하기만 하면 하나님께서 끝까지 모든 과정을 인도하셔서 완성하실 것입니다. 왜냐하면, 하나님께서는 기초를 놓으시면 반드시 그 위에 건축을 하시고 완성시키시기 때문입니다.

나는 하나님께서 지금 일하고 계시며, 그가 시작하신 일을 반드시 완성하실 것이라는 이런 복된 확신을 여러분이 갖게 되기를 바랍니다. 나는 여러분이 모든 일에서 그러한 확신을 가지고 살아가기를 바랍니다. 여러분은 모든 것을 하나님의 섭리에 맡기셔도 좋습니다. "여호와께서 내게 관계된 것을 완전케 하실지라." 사랑하는 친구여, 당신은 어떤 계획을 세우고 이렇게 말합니다. "내가 그 계획을 확실하게 수행할 수 있는지 아닌지 알고 싶습니다. 당신이 내게 말해 줄 수 있나요?" 아니요, 나는 그것을 말해줄 수 없습니다. 하지만 나는 당신에게 이 말은 해줄 수 있습니다. 만약 그것이 정말로 당신의 목적이 되는 것이 마땅하고, 당신의 생명을 위한 하나님의 계획이라면, 당신은 반드시 그것을 이루게 될 것이라고 말이죠. 지금까지 나는 스스로의 어리석음에 빠져서 자신에게 적절하지 않은 일을 택해서 고집스럽게 밀어부치는 사람들을 보아 왔습니다. 이런 경우에 하나님께서 그들을 위해서 해주실 수 있는 가장 좋은 일 중의 하나는 그들로 하여금 난파를 당해서 모든 것을 잃게 만드는 것입니다. 만일 우리 친구 요나가 실제로 다시스로 내려갔다면, 그것은 그에게는 참으로 좋지 않은 일이 되었을 것입니다. 왜냐하면, 그는 거기에서 아무 일을 할 수 없었을 것이기 때문입니다. 그는 배를 되돌려서 돌아올 수도 없었을 것입니다. 그 어떤 선원도 그렇게 괴팍한 친구를 용납하려고 하지 않았을 것이니 말이죠. 그가 바다에 던져져서 물고기 뱃속에서 니느웨로 갈 수밖에 없었던 것은 그에게는 참으로 큰 복이었습니다. 그렇습니다. 우리는 종종 우리 자신의 생각대로 거창한 계획을 세우지만, 그것은 하나님의 계획이 아니기 때문에 결국 수포로 돌아가고 맙니다. 우리는 여호사밧처럼 금을 구하러 다시스의 선박들을 오빌로 보냅니다. 하지만 그 선박들은 여호사밧의 선박들처럼 에시온게벨에서 파선하기 때문에 거기에 도달하지 못합니다(왕상 22:48). 그럴 때에 우리 입에서 불평이 나오려 하겠지만, 차라리 순복하는 편이 더 좋습니다. 왜냐하면, 그러한 결과는, 계획에 있어서 경이롭고, 행함에 있어서 능하신 만군의 여호와로부터 온 것이기 때문입니다. 하나님은 종종 우리와 아무런 관계가 없는 일로부터 우리를 떼어놓으심으로써 우리와 참으로 관계된 일을 완전케 하십니다.

사랑하는 여러분, 이것이 하나님이 여러분을 다루시는 방식입니다. 여러분은 지금까지 하나님이 택하신 방향이 아니라 여러분이 택한 방향을 좇아서 사업을 해왔습니다. 그래서 하나님은 큰 손실이 생기게 하심으로써 그 일을 끝장내시는 것이기 때문에, 여러분은 하나님이 그렇게 하신 것을 감사해야 마땅합니다. 그러나 여러분이 하나님의 지혜에 순복하고, 하나님의 섭리의 분명한 지시하심에 순종해서, 일편단심으로 하나님 앞에서 흠 없이 행하고, 여러분의 길을 하나님께 의탁하는 가운데 삶을 살아간다면, 그러한 삶 속에는 하나님의 복이 함께 할 것이고, 그 누구도 여러분의 복을 건드리지 못할 것입니다. 왜냐하면, 그런 경우에 하나님께서 여러분과 관계된 것을 완전하게 하실 것이기 때문입니다. 하나님께서는 다윗에게 그가 왕이 될 것이라고 말씀하셨습니다. 그때에 그는 미천한 목동이었기 때문에, 그런 일은 도저히 있을 것 같지 않았지만, 그것이 영존하시는 이의 뜻이었기 때문에, 이새의 아들이 보좌에 오르는 것을 막을 자는 아무도 없었습니다. 그는 사울의 궁정으로 부름을 받았고, 거기에서 사울의 창에 거의 목숨을 잃을 뻔했습니다. 그는 전장에 나가서 거인의 목을 베었고, 그 일로 사울 왕은 다윗을 질투하게 되었습니다. 그는 자신의 목숨을 노리는 자들에 쫓겨서 산속의 자고새처럼 도망을 다녔습니다. 하지만 그는 결국 왕이 될 수밖에 없었습니다. 사울이나 도엑이 하나님께서 작정하신 일을 방해할 수는 없었습니다. 다윗은 사울을 치려고 손을 들 생각도 하지 않았지만, 그를 박해하던 사울은 자신의 보좌를 스스로 잃고 말았습니다. 유다 지파가 다윗을 왕으로 인정하였지만, 반쪽짜리 왕관은 그에게 충분한 것이 아니었습니다. 머지않아서 이스라엘이 그에게 굴복했습니다. 하나님은 다윗과 관계된 것을 완전케 하셨고, 그를 온 이스라엘의 왕으로 삼으셨으며, 그의 후손이 대대로 왕위를 계승하게 하셨습니다. 나의 형제들이여, 만약 하나님이 여러분을 목회사역으로 부르셨다면, 하나님께서 열어 주신 여러분의 입을 마귀가 닫을 수는 없습니다. 만약 하나님이 여러분을 영광의 직분이든 고된 직분이든 교회의 직분으로 불러 주셨다면, 여러분은 그것을 감당해야 할 것이고, 여러분은 그것을 감당하기에 충분할 것입니다. 어떠한 방해물이 여러분을 가로막을지라도, 하나님은 여러분으로 하여금 그것을 헤쳐나가게 하실 것이고, 여러분과 관계된 것을 완전케 하실 것입니다. 여러분은 그 점을 확신하십시오! 어떤 사람이 이렇게 말합니다: "만일 내가 그렇게 생각한다면, 나는 지금보다 훨씬 더 마음이 편안할 것입니다." 나의 형제여, 그렇게 생각하십시오. 그리고 평안하십시오. "하지만 나는 좀 더 확신이 필요합니다." 형제여, 확신을 가지십시오! 아마도 그 확신이 목적을 이루는 수단이 되고, 여러분을 도와서 성공에 이르게 해줄 것입니다. "그러한 확신이 있으면, 나는 좀 더 인내하게 될 것입니다. 내가 원하고 있는 것이 적절한 시기에 주어지리라는 것을 알고 있다면, 나는 그렇게 성급하게 손을 내밀지 않아도 될 것입니다." 형제여, 성급하게 손을 내밀지 마십시오! 여러분은 다윗이 사울에게 했던 것처럼 참으십시오. 사울은 다윗의 눈 앞에서 곤히 잠들어 있었고, 그를 단숨에 죽일 수 있는 창도 그 곁에 있었습니다. 그때에 그의 친구가 그에게 말했습니다: "내가 이 한 번만 그를 치겠습니다." 다윗이 한 번만 눈을 감았다면, 보좌가 그의 수중에 들어왔을 것입니다. 하지만 다윗은 자신이 스스로 일을 해결하려고 하지 않았습니다. 그는 모든 것을 하나님께 맡겼습니다. 성공에 이르는 가장 빠른 길이 죄를 짓는 길인 것처럼 보일 수 있지만, 그것은 가장 먼 길이라는 것을 명심하시기 바랍니다. 영원한 승자가 되는 가장 빠른 길은 양심을 저버리지 않고 일시적으로 패자가 되는 것입니다. 반면에, 단번에 부를 얻으려는 유혹은 실패와 수치의 지름길입니다. 여러분을 향한 하나님의 섭리를 성취하는 것은 여러분의 몫이 아닙니다. 하나님께서는 그것을 이루시겠다고 친히 약속하셨기 때문에, 여러분이 거기에 개입하려고 하는 것은 주제넘은 짓입니다. "너희는 가만히 서서 하나님의 구원을 보라"(출 14:13). 많은 경우에 있어서 이것이 가장 현명한 정책이고 가장 용기 있는 행동입니다. 여러분은 설익은 열매를 따려고 불신앙의 손을 내밀어서는 안 됩니다. 기다리고 인내하십시오.

사랑하는 친구들이여, 이것은 마음속에서의 은혜의 역사와 관련해서 특히 더욱 그러합니다. 이 경우에 하나님께서는 여러분과 관계된 것을 완전케 해주실 것입니다. 여러분은 단지 작은 분량의 믿음만을 갖고 있습니다. 그것은 작은 불씨처럼 보여서 불꽃이라고 불리기는 어렵겠지만, 점점 타올라서 결국 봉화(烽火)처럼 될 것입니다. 여러분이 하나님을 의뢰하는 가운데 기다리며, 여러분이 이미 갖고 있는 믿음을 갈고 닦는다면, 하나님은 여러분에게 아브라함 같은 믿음을 주실 것입니다. 하나님을 철저히 신뢰하는 가운데 하나님을 믿고 의지하십시오. 여러분의 사랑은 미미한 것이어서, 여러분은 자신이 하나님을 향한 사랑으로 온전히 채워지기를 갈급해하고 있습니다. 머지않아 여러분 안에서 그러한 사랑이 역사하게 될 것이고, 심지어 여러분 속에는 "두려움을 내쫓는 … 온전한 사랑"(요 4:18)이 역사하게 될 것입니다. 하나님을 온전히 사랑하는 가운데 하나님을 믿고 의뢰하십시오. 그러면, 사랑의 하나님께서 자기 자신을 여러분 안에 나타내시고, 여러분의 영혼은 감사로 충만하게 될 것입니다. 여러분은 이미 그리스도의 형상을 조금이나마 갖고 있습니다. 하나님 앞에서 행하십시오. 온전한 확신 속에 거하십시오. 그러면, 하나님께서 그리스도의 형상을 여러분에게 온전히 덧입혀 주실 것이고, 여러분은 너무나 분명하게 그리스도를 닮은 사람이 되어서, 사람들은 여러분이 하는 말을 들어보고서 여러분이 그리스도의 제자라는 것을 알게 될 것입니다. 여러분은 자신이 그러한 온전함과는 너무나 거리가 멀다고 말합니다. 하지만 여러분은 온전하게 될 것입니다. 하나님은 여러분과 관계있는 모든 것을 완전케 해주실 것입니다. 형제들이여, 여러분은 여러분이 완전하게 되었을 때에 그것을 스스로 알게 될까요? 나는 여러분이 그런 경지에 도달했을 때에 내가 이곳에서 여러분을 다시 보게 될 것이라고 기대하지 않습니다. 왜냐하면, 이 곳보다 더 나은 다른 회중이 여러분을 얻게 될 것이기 때문입니다. 여러분이 이 세상에 머무르는 동안에 장래의 어느 시점에서 "나는 완전하다"라고 말하는 것을 내가 듣게 된다면, 나는 즉시 여러분의 상태를 분명하게 알 수 있게 될 것입니다. 왜냐하면, 여러분이 어리석게 떠벌리는 것은 여러분이 교만하다는 것을 증명하는 것이기 때문입니다. 그렇지만 여러분은 언젠가는 온전히 거룩하고 한 점의 흠도 없이 순결하게 될 것입니다. 여러분과 나를 비롯해서 그리스도를 믿는 모든 사람들은 온전하게 될 것입니다. 모든 죄가 쫓겨나고, 모든 덕성이 완벽한 조화를 이루게 될 것입니다. 우리는 하늘에 계시는 우리 아버지처럼 거룩하게 될 것입니다. 어떤 사람은 "그것은 내가 들었던 소식 중 가장 좋은 소식이긴 하지만, 내가 과연 온전해질까요?"라고 말합니다. 그렇습니다. 여러분이 완전하신 그리스도 안에 있는 것이 확실하듯이, 여러분이 그리스도와 더불어 완전해지리라는 것도 확실합니다. 그리스도께서 나타나시는 그 날에, 우리는 그가 보시기에 거룩하고 흠잡을 데 없고 책망 받을 것이 없게 될 것입니다. 심지어 우리가 이 세상에 사는 동안에도 우리는 완전해지려고 애를 쓰고 있습니다. 이것이 우리가 달려가야 할 푯대이고 달성해야 할 목표입니다. 우리가 하나님을 경외하는 가운데 완전하게 거룩해지고 우리의 영과 혼과 몸이 성결해지는 것은 우리의 일생의 최고의 열망입니다. 우리는 결코 그것을 체념해서는 안 됩니다. 왜냐하면, 우리에게는 약속의 말씀이 있기 때문입니다: "여호와께서 내게 관계된 것을 완전케 하실지라."

하나님께서 우리와 관계된 것을 완전케 하신다는 것이 우리와 관련된 하나님의 섭리와 우리 안에서의 은혜의 역사에 대하여 해당되는 것이라면, 그것은 우리 주변의 모든 사람들과 관련된 은혜의 역사에 대해서도 해당됩니다. 나는 이 교회와 그 모든 기관들을 돌보아야 한다는 중압감을 가지고서 시도 때도 없이 하나님 앞에 나아가서, "이 모든 것들이 어떻게 되겠습니까?"라고 마음을 다

하여 부르짖습니다. 그럴 때에 하나님이 나와 상관있는 모든 것을 완전케 하실 것이라는 사실이 나의 확신이자 기쁨입니다. 지금까지 하나님은 기적적인 방법으로 나를 도우셨고, 내가 마음을 다해서 하나님께 영광을 돌리기를 열망하고 있는데, 하나님이 나를 버리실 것이라고 생각할 이유가 어디 있겠습니까? 그리스도의 영광을 위해서 살고 있는 여러분, 오직 하나님을 의뢰하십시오. 그리하면 날이 갈수록 여러분은 더욱 능력이 많아지고 강건해져서, 그리스도를 위한 싸움을 싸울 때마다 이기고 또 이기게 될 것입니다. 여러분이 담당하는 일이 주일학교에서 몇몇 아이들을 돌보는 일이거나, 작은 시골 마을에서 그리스도의 도를 증거하는 일이라면, 오직 거기에만 전념하고, 하나님 안에서 안식하십시오. 그러면 여러분은 하나님께서 여러분과 상관있는 모든 것을 완전케 해주시는 것을 보게 될 것입니다. 그런데 우리는 믿음과 관련된 우리의 수고와 관련해서 우리가 마땅히 가져야 할 하나님에 대한 신뢰를 절반도 갖지 못하고 있습니다. 우리는 나약한 마음으로 일터에 나가서, 걱정과 두려움 속에서 혹시 일이 잘될지도 모른다는 일말의 희망만을 갖는 경우가 허다합니다. 여기저기에서 어쩌다 한 영혼이 회심한 것을 보고 우리가 얼마나 놀라워하는지, 그리고 단 한 사람의 회심한 영혼을 놓고 우리가 얼마나 요란을 떠는지를 보십시오. 달걀 한 개를 낳고 온 세상에 그것을 알리고야마는 암탉처럼 말입니다. 우리가 하나님을 좀 더 의뢰한다면, 우리는 한 번에 수백 명씩 회심할 것을 기대할 수 있고, 실제로 그렇게 될 것입니다. 우리는 하나님께서 우리 손에 쥐어 주신 복음이라는 위대한 무기를 들고, 그가 약속하셨던 능력을 갖고 일터로 나아가야 합니다. 그럴 때에 우리는 그 나라가 메시아에게 주어졌다는 것을 알게 될 것이고, 하나님이 기뻐하시는 일들이 하나님의 손 안에서 왕성하게 될 것입니다. 우리가 변함없으신 우리 하나님께서 우리와 상관있는 모든 것을 완전케 하실 것임을 확신하기에 충분한 믿음을 갖게 되기를 빕니다.

우리의 심령이 성령으로 말미암아 넉넉한 확신으로 충만하게 될 것을 믿으며, 나는 첫 번째 대지를 마무리하고자 합니다.

2. 둘째로, 하나님의 인자하심은 우리에게 안식을 줍니다.

나는 두 번째 대지에 대해서는 아주 간단하게 살펴보겠습니다. 본문은 "여호와여 주의 인자하심이 영원하오니"라고 말합니다. 나의 형제들이여, 어떻게 이것이 우리 안에서 두려움을 몰아내고 안식을 주는지를 보십시오. 괴로움 가운데 있는 어떤 사람이 탄식합니다: "슬프게도 나는 이 세상과 천국 사이에 있으면서 수많은 죄에 빠질까봐 두렵습니다." 나의 형제여, 당신이 그러한 두려움을 갖는 것은 당연합니다. 그러나 "여호와여 주의 인자하심이 영원하오니"라는 노래를 마음으로 불러보십시오. 여러분은 그러한 두려움을 간단하게 극복할 수 있을 것입니다. 대속의 보혈은 결코 실패하는 법이 없기 때문에, 하나님의 인자하심은 영원히 계속될 것입니다. "만일 누가 죄를 범하여도 아버지 앞에서 우리에게 대언자가 있으니 곧 의로우신 예수 그리스도시라"(요일 2:1):

> "죽음을 겪으신 사랑하는 어린 양이시여, 주의 보혈은
> 그 능력이 결코 다함이 없으리이다.
> 모든 속함 받은 하나님의 교회가
> 구원을 받아 그 후로는 범죄함이 없게 될 때까지."

여러분이 이 세상과 천국 사이에서 범한 죄악들은 사함을 받을 것입니다. 그러므로 정죄의 두려움을 여러분에게서 몰아내십시오.

그런 후에, 또 다른 두려움이 엄습합니다: "그러나 나는 내가 어떻게 완전하게 될 수 있는지 알지 못합니다. 나의 본성은 너무나 악합니다. 나는 내가 하나님의 역사를 얼마나 거부하고 있는지를 알고 있습니다. 육신은 성령을 거스르고, 나는 나의 반항하는 육신을 하나님의 법에 복종시킬 수 없습니다." 이 곤혹스러운 한탄에 대한 답변은 앞의 경우에서와 동일합니다. "여호와여 주의 인자하심이 영원하오니." 하나님께서는 여러분을 용납하실 뿐만 아니라, 그의 참으심에는 한계가 없습니다. 하나님 말고 어느 누가 여러분을 참아 주겠습니까? 그러나 하나님은 인간이 아니시고 하나님이십니다. 하나님의 자녀 중 일부는 지금까지 이 세상에 존재했던 사람들 중에서 가장 비뚤어진 사람들이었습니다. 그런데도 그들이 택함 받은 것은 하나님의 주권적인 역사임이 분명합니다. 왜냐하면, 그들은 본래 바람직하거나 매력적인 존재가 결코 아니었기 때문입니다. 모세와 같이 온유한 사람도 옛 이스라엘 백성에 대하여 인내하는 것이 결코 쉽지 않았습니다. 그는 비록 가장 온유한 사람이었지만, 그럼에도 불구하고 그들에 대한 진노를 참지 못하고 "반역한 너희여 들으라"(민 20:10)고 말했습니다. 그러나 그들

의 하나님은 그들에게 그렇게 진노로 가득한 말씀을 하시지 않았습니다. 하나님은 계속 인내하시고 40년 동안 그들을 참아 주셨습니다. 형제들이여, 하나님의 인자하심은 영원하기 때문에, 하나님은 여러분을 참아 주실 것입니다. 하나님께서는 지금까지 계속해서 여러분에게 믿음을 가르쳐 오셨지만, 여러분은 얼마나 느리게 배우고 있는지요! 지금까지 25년 동안 믿음을 배워 온 한 사람이 있는데, 그는 지금도 종종 불신자와 전혀 다를 바 없습니다. 의심들이 종종 그의 확신에 흠이 생기게 하지만, 하나님은 그의 불신앙을 여전히 참아 주시고, 계속해서 차근차근, 한 줄 한 줄, 교훈들을 하나 둘씩 그에게 가르치십니다. 여기 사랑에 대해서 오랫동안 가르침을 받은 한 사람이 있습니다. 그 사람은 하나님을 사랑하고 형제들을 사랑하는 것에 대해서 지난 40년 동안 아주 자세하게 배웠습니다. 그는 아직도 초급반에 머물러 있지만, 하나님은 무던히도 그를 참아 주십니다. 그러나 결국 하나님께서는 그 사람을 온유하고 사려 깊고 자애로운 사람으로 만드실 것입니다. 우리는 그 사람을 위해서, 그리고 특히 그 사람이 그토록 거칠게 대하는 그의 형제들을 위해서 그 일이 속히 이루어지기를 소망합니다. 하나님의 백성들 중 많은 사람이 매우 더디게 배웁니다. 그들은 학교를 20년이나 다녔지만, 자신들의 영원한 저택에 달려 있는 문패조차도 아직 읽지 못합니다. 그들의 구속주께서 친히 큰 글자로 써놓으셨는데도 불구하고 말입니다. 나 자신은 다른 어떤 사람보다도 더 미련합니다. 다른 선생들 같았으면 벌써 오래 전에 내게 대하여 인내심을 잃어버렸을 것이지만, 하나님은 다르십니다. "여호와께서 내게 관계된 것을 완전케 하실지라 여호와여 주의 인자하심이 영원하오니."

　　사랑하는 형제들이여, 여러분 중에서 일부는 지금부터 천국에 들어가기까지 아마도 수많은 고난을 겪어야 할 것이고, 우리 중에서 다른 사람들이 고통하는 것을 날마다 보도록 부르심을 받은 이들은 환난 가운데 있는 자들에 대하여 많은 연민을 느낍니다. 그러므로 우리는 그 고통을 함께 하는 마음으로 이렇게 말씀드립니다: "여러분의 두려워 떠는 가엾은 심령에 고통과 떨림이 임한다고 할지라도 두려워하지 마십시오. 왜냐하면, 하나님의 인자하심은 영원하기 때문입니다. 하나님께서는 병들어 누워 있는 여러분의 침상 밑에서 여러분을 떠받쳐 주시는 영원하신 팔이 되어 주실 것입니다." 아마도 여러분은 천국에 들어가기까지 이 땅에서 수많은 궁핍을 겪어야 할 것입니다. 여러분은 지금까지 가난을 두려워했을지 모릅니다. 여러분은 은행에 거금을 예금해 둔 것도 아니고, 여러분의 호주머니에 거금이 들어 있지도 않고, 또 때로는 실직상태에 있기도 할 것입니다. 먹을 것이 무엇이 있고 마실 것이 무엇이 있는지를 거의 알 수 없을 때가 수없이 있을 것입니다. "주의 인자하심이 영원하오니"라는 말씀으로 여러분의 위안을 삼으십시오. "'먹을 것과 입을 것이 있은즉 족한 줄로 알 것이니라'(딤전 6:8). 왜냐하면, 하나님은 "내가 너를 버리거나 떠나지 않을 것이라"고 말씀하셨기 때문입니다." 모든 시내가 마를 때에도 그릿 시내는 계속해서 흘렀고, 심지어 이 선택된 시내가 마르자 하나님께서는 여러분을 먹일 사르밧 과부를 준비해 두셨습니다. 그녀가 갖고 있는 것은 "통에 가루 한 움큼과 병에 기름 조금 뿐"(왕상 17:12)이었지만, 여러분은 기근이 물러갈 때까지 그것을 먹고 살게 될 것입니다. 천국의 상속자들은 하나님께서 살아계시는 한 세상의 떡으로 말미암아 궁핍하지 않을 것입니다. 성경에는 이렇게 기록되어 있습니다: "여호와를 의뢰하고 선을 행하라 그리하면 네가 땅에 거하는 동안 진실로 너를 먹이시리라"(시 37:3 KJV, 한글개역개정에는 "여호와를 의뢰하고 선을 행하라 땅에 머무는 동안 그의 성실을 먹을거리로 삼을지어다"로 되어 있음). "모든 육체에게 먹을 것을 주신 이에게 감사하라 그 인자하심이 영원함이로다"(시 136:25). "그의 양식은 공급되고"(사 33:16).

　　하나님의 특별한 역사가 있지 않다면, 많은 사람들이 극도로 두려워하는 죽음의 시간이 드디어 찾아올 것입니다. 여러분은 침대에 누워서 두 다리를 모으고, 세상의 모든 것들과 작별을 고하게 될 것입니다. 그때에 하나님의 영원한 인자하심이 여러분에게 풍성한 위로가 될 것입니다. 죽음에 대한 우리의 두려움들은 대부분 쓸데없는 것들입니다. 늘 죽음을 두려워하던 하나님의 사람이 있었는데, 그는 죽음으로 인한 참담함을 면할 수 있었습니다. 왜냐하면, 그는 지극히 건강 상태에서 어느 날 밤 잠이 들었다가 잠자는 도중에 죽었기 때문입니다. 그는 자신이 죽어가고 있다는 것을 결코 인식할 수 없었을 것입니다. 왜냐하면, 그의 표정에는 고통이나 갈등의 흔적이 전혀 나타나지 않았고, 그렇다고 해서 그가 잠이 깨어서 눈을 들어 그룹 천사들을 바라보았다고 믿을 만한 근거도 전혀 없었기 때문입니다. 사랑하는 자들이여, 우리가 깨어 있는 상태에서 죽거나, 심지어 고통 가운데 죽게 될지라도, 우리는 여전히 승리의 찬가를 부르며 죽게 될 것을 소망할 것입니다. 우리가 승리를 외치며 죽지는 않는다고 할지라도, 평안한 영면에 들 것을 소망합니다. 하나님께서 친히 우리의 영혼에 입맞춤해 주시고 영원한 희락으로 우리를 인도해 주실 것입니다. "주의 인자하심이 영원하오니."

"여호와께서 내게 관계된 것을 완전케 하실지라."

이제 나는 막 인생을 시작하고 있는 젊은 친구들이 다음과 같이 생각하기를 원합니다: "이제 나는 나 자신과 나의 모든 현세적인 조건들, 나의 모든 두려움들, 나의 모든 일들, 나의 생명, 나의 죽음, 이 모든 것을 하나님의 손에 맡길 것입니다. 나는 나의 모든 것을 하나님을 믿고 맡기겠습니다. 나는 처음부터 하나님을 믿을 것이고, 끝까지 그 믿음을 저버리지 않고, '주의 인자하심이 영원하오니 여호와께서 내게 관계된 것을 완전케 하실지라'는 확신을 갖고 나의 길을 걸어갈 것입니다." 나는 우리의 복음전도자 중 한 사람이 이렇게 말하는 것을 들은 적이 있습니다: "어떤 신자들은 자기가 그리스도인임을 최초로 고백하고서 장거리 철도 여행을 나섰지만 단거리용 표를 끊고는 중간에 내려서 계속 여행을 할 수 있는 표를 다시 끊느라 허둥대는 사람과 같습니다." 그는 계속해서 이렇게 말했습니다: "반면에, 다른 신자들은 그렇게 어리석게 행동하지 않고, 처음부터 한 번에 목적지까지 갈 수 있는 차표를 끊는데, 이것이 훨씬 지혜로운 방법이지요." 어떤 사람들은 하나님이 자신을 일 년에 세 달만 지켜 주실 것으로 믿기도 하고, 또 어떤 사람들은 일 년에 한 달만 지켜 주실 것으로 믿기도 합니다. 그러나 나는 예수 그리스도를 믿게 되었을 때에 감사하게도 그가 나를 끝까지 지켜 주실 것으로 믿었습니다. 나는 완전한 구원을 추구했고 또 얻었는데, 이것이 바로 이 순간에 나의 기쁨이요 소망입니다. 나는 끝까지 가는 차표를 끊었기 때문에 중간에 다시 표를 끊을 필요가 없었습니다. 나는 가끔 내가 새 차표를 끊어야 한다고 생각했었지만, 내가 역무실로 달려갔을 때, 역 직원은 나에게 나의 옛날 표, 곧 내가 잃어버렸던 표이고 이전 것과 똑같은 바로 그 표를 건네 주었습니다. 나는 그것이 동일한 표라는 것을 알게 되었습니다. 왜냐하면, 거기에는 "믿고 세례를 받는 사람은 구원을 얻을 것이요"(막 16:16)라는 도장이 찍혀 있었기 때문입니다. 믿는 자는 처음에 믿음으로 말미암아 구원을 받고, 그 구원은 끝까지 유효합니다. 곧 무너질 것 같은 구원을 의뢰하지 마십시오. 그런 구원을 의뢰했다가는 여러분도 함께 무너지고 말 것입니다. 그런 것은 일시적이고 겉만 번드르르한 구원입니다. 여러분은 그러한 구원을 오래 갖고 있을 수 없고, 그러한 구원으로는 "내가 결코 너희를 버리지 아니하고 너희를 떠나지 아니하리라"(히 13:5)는 하나님의 약속을 전심으로 받아들일 수 없습니다. "영생하도록 솟아나는 샘물"(요 4:14)로서 여러분 속에 있게 될 생수를 달라고 부르짖으시고, "믿는 자는 영

생을 가졌나니"(요 6:47)라는 말씀으로부터 자양분을 섭취하십시오. 즉, "믿는
자"는 일시적인 생명이 아니라 그가 그리스도를 믿는 것만큼이나 확실하게 "영
생"을 갖게 되었고, 그 이후로도 계속해서 갖고 있고, 지금도 갖고 있다는 것입
니다.

3. 셋째로, 하나님의 인자하심은 우리로 하여금 기도하고 간구하게 만듭니다.

우리는 이제 마지막으로 오늘의 본문에서 세 번째 구절을 살펴볼 차례가 되
었는데, 이 구절은 기도입니다. 하나님께서는 자기 백성에게 그의 인자하심 안
에서 안식할 수 있는 은혜를 주신 후에는, 그들의 마음속에서 그 인자하심을 느
끼고 "주의 손으로 지으신 것을 버리지 마옵소서"라고 기도하게 하십니다. 이것
은 매우 감동적인 기도입니다: "하나님, 주께서는 나를 위해서 일을 시작하셨사
오니, 계속 역사하셔서 그 일을 완성해 주십시오. 주께서 일하시지 않으시면, 그
일은 결코 완성되지 않을 것입니다. 만약 주께서 그만두시면, 그 일은 미완성으
로 남고, 나도 미완성인 채로 있게 됩니다. 그러니 주의 손으로 하시던 일을 그만
두지 마십시오." 이것은 토기장이의 녹로 위에서 돌고 있는 진흙덩어리가 드릴
수 있을 것 같은 기도입니다. 토기장이는 녹로를 돌리면서 모양과 형태를 빚고
최고의 기술을 발휘해서 가장 아름다운 작품을 만들어 냅니다. 여러분은 그것이
어떤 모습이 될지를 어느 정도 알 수 있습니다. 작품이 완전한 모습을 드러낸 것
은 아니지만, 여러분은 그것을 짐작할 수 있습니다. 그러나 토기장이가 녹로를
돌리는 것을 중지하고 미완성의 토기를 들어내서 다시 진흙덩어리로 만들어 버
린다면, 어떻게 되겠습니까? 그 그릇은 결코 완성되지 못할 것입니다. 그릇이 스
스로 자기 자신을 완성할 수는 없으니까요. 진흙은 자기 자신을 빚을 능력이 전
혀 없습니다. 그러므로 그 진흙덩어리에게 이성이 있고 말할 능력이 있다면, "주
의 손으로 하시던 일을 그만두지 마십시오. 주께서 시작하신 일을 끝내 주십시
오"라고 말할 것입니다. 이것이 여러분과 내가 하나님 앞에 올려야 할 기도입니
다. 우리는 그의 작품입니다. "하나님, 만약 내게 한 줌의 믿음이라도 있다면, 그
것은 주께서 내게 주신 것입니다. 내게 더 큰 믿음을 주십시오! 만약 주께서 내게
주를 향한 열망을 주셨다면, 그 열망도 주께서 만들어 내신 것입니다. 그 점을 생
각하셔서 제발 그 일을 이루어 주십시오". 이것은 자비로우신 우리 하나님에 대

한 강력한 호소가 됩니다. 왜냐하면, 형제들이여, 하나님은 여러분을 감질나게 하려고 은혜를 찔끔찔끔 주시는 분이 아니시기 때문입니다. 하나님은 여러분으로 하여금 그에게 갈급함을 느끼도록 만드셨습니다. 여러분은 하나님이 여러분을 만족시켜 주실 의도가 없으시다고 생각하십니까? 만일 그렇다면, 그러한 갈급함은 잔인한 선물일 것입니다. 그것은 여러분에게서 이 세상에서 행복해질 수 있는 힘을 앗아가 버린 것이 됩니다. 그렇지 않습니까? 만일 하나님이 여러분에게 자신의 거룩한 행복을 주시려고 하신 것이 아니라면, 여러분으로 하여금 이 세상과 죄의 쾌락에 싫증을 내도록 만드실 이유가 어디에 있겠습니까? 개는 뼈다귀를 좋아합니다. 그런데 내가 개에게 뼈다귀를 내려놓으라고 가르친 다음, 개를 사람으로 만들어 놓았다고 합시다. 그런 후에, 막상 개가 사람이 되고나니까, 내가 "이제 너는 사람이 되었으니 네게 해줄 것이 없다. 만약 네가 먹을 것을 원한다면, 너는 다시 뼈다귀를 먹어야 할 것이다"라고 말한다면, 사람이 된 그 개는 어떤 생각을 하겠습니까? 나는 절대로 그런 식으로 행하지 않을 것입니다. 우리로 하여금 세상을 미워하게 만드시는 분은 우리에게 좀 더 좋은 것을 주시려고 그렇게 하시는 것입니다. 우리로 하여금 죄악을 혐오하도록 만드시는 분은 우리를 죄악으로부터 깨끗하게 해주시려고 그렇게 하시는 것입니다. 우리의 영혼 안에 건축을 시작하시는 분은 "이 사람은 건축을 시작했지만 완성할 수 있는 사람이 아니야"라는 말을 들을 만큼 어리석은 건축자가 아닙니다.

형제들이여, 여러분은 자신 안에서 무엇인가가 잘못되어서 하나님이 몹시 당황하게 되셨고 어쩔 수 없이 그 일을 포기할 수밖에 없다는 것을 알게 되셨다고 생각하시는 것입니까? 만일 그런 것이라면, 하나님은 도대체 왜 그 일을 시작하신 것일까요? 하나님은 여러분 안에서 어떤 일들이 일어날지를 이미 알고 계십니다. 선견지명을 갖고 계신 하나님께서는 모든 죄악과 살아 있는 모든 사람들의 마음속에 있는 모든 죄성을 미리 보고 계십니다. 그러니까 하나님께서는 자신의 일을 시작하실 때, 그 일을 완성하기 위해서 무엇이 필요할지를 다 알고 계십니다. 하나님께서는 여러분 안에 있는 마귀와 싸우려고 나서셨다가 자신이 그 마귀를 감당할 만큼 충분히 강하지 않다는 것을 알게 되신 것이 아닙니다. 절대로 그런 것이 아닙니다! 하나님은 여러분의 죄악된 본성의 힘과 여러분의 조급한 기질의 힘과 그 완악한 이기심의 힘과 거들먹거리는 교만의 힘과 완고한 고집의 힘을 알고 계십니다. 하나님께서는 이 모든 것을 알고 계시고, 그 어떤 것도 하나님을 놀라게 할 수 없습니다. 그러므로 하나님이 여러분 속에서 구원의 역사를 시작하신 이상 그 일을 완성하실 것임을 확신하십시오. 하나님의 손이 짧아진 것도 아니고, 하나님의 마음이 움츠러든 것도 아닙니다. 여러분은 가장 깊은 심연에서도 하나님께 부르짖을 수 있고, 하나님은 거기에서도 자신의 사랑의 계획을 실행하실 수 있으시며, 또 실행하시리라는 것을 여러분은 확신해도 좋습니다. 왜냐하면, 하나님은 자신의 손으로 시작하신 일을 결코 중단하지 않으실 것이기 때문입니다.

그러므로 기도 가운데서 하나님에게로 나아가십시오! 하나님께 간절히 구하십시오! 기도는 여러분에게 복을 전해 주기 위해서 하나님이 지정하신 수로입니다. 밸브를 열고 물길이 여러분의 마음속으로 흘러들어오게 하십시오. 여러분이 마치 질그릇처럼 산산조각이 났다고 느낄 때마다 하나님께 부르짖으십시오: "하나님, 주의 손으로 시작하신 일을 중단하지 마시옵소서. 오, 나를 버리지 마옵소서. 내게는 주의 손바닥 자국이 있나이다! 이 못난 진흙덩어리를 용납하시고, 나를 빚어 주시고, 주의 특별한 용도에 적합한 영광스러운 그릇으로 만들어 주옵소서!"

내가 마지막으로 하고 싶은 말은 이것입니다. 나는 자주 여러분과 똑같은 죄인들에게 구원을 전하면서, 죄인들, 곧 심지어 가장 극악무도한 죄인들이라도 하나님이 베풀어 주시는 값없는 은혜를 받고자 하고 하나님의 귀한 이름을 믿고 의지하고자 하기만 한다면, 하나님께서는 그들에게 은혜를 주실 것이니, 그 은혜를 받으러 나오라고 내 주님의 이름으로 여러분에게 명해 왔습니다. 이제 나는 거기에 덧붙여서, 믿음의 법칙을 여러분의 삶의 모든 부분에 적용하라고 조언하고자 합니다. 모든 일에서 주 예수를 믿고 의지하십시오! 오늘 밤 여러분은 예수 그리스도를 불완전하게 믿지 마시고, 여러분의 모든 것을 그의 영원하신 돌보심에 맡기십시오! 그리스도께서는 여러분으로 하여금 실족하지 않게 해주시고, 그의 임재 앞에 지극히 큰 기쁨으로 흠 없이 설 수 있게 해주실 수 있으신 분이기 때문입니다. 믿는 자들인 여러분이 지금까지 하나님께서 여러분을 지키실 것을 믿고 의지하고자 했지만, 사실은 스스로 자기 자신을 지키고 있다면, 그것을 뛰어넘어서, 하나님께서 여러분을 지켜 주셔서 여러분이 스스로를 지킬 수 있게 되도록 하나님을 믿고 의지하십시오. 여러분이 "나는 내가 하나님께 신실하다면 하나님도 내게 신실하실 것이라고 믿습니다"라고 말해 왔다면, 거기에서 멈추지 마시고 더 나아가서서, 하나님께서 여러분으로 하여금 하나님께 신실하게 해주실 것을 믿고 의지하십시오. 여러분이 중심이 되려고 하지 마십시오. 모든 스트레스와 짐을 주 예수께 맡기십시오. 만약 여러분이 여러분의 영원한 구원에 대해서 "만약에" 또는 "그러나"라는 단서를 달고 있다면, 그것은 여러분의 베개 속에 있는 가시, 또는 여러분의 뒤꿈치를 무는 뱀과 같은 것이 될 것입니다. 만약에 여러분이 여러분 자신의 구원에 있어서 주춧돌과 대들보가 되어 있다면, 여러분은 망한 것입니다. 여러분은 자신의 모든 짐과 아버지 집의 모든 영광을 예수 그리스도라는 견고한 못에 걸어야 합니다. 여러분이 자신의 치밀함이나 성실함 등과 같은 자신의 어떤 장점들을 의지하고 있다면, 나는 여러분에게 당장 그것을 그만두고, 현세와 내세를 포함한 여러분의 장래 전체를 예수 그리스도의 못 박히신 손에 전적으로 맡기실 것을 부탁드립니다. 예수 그리스도는 자기 양들에게 영생을 주시고, 그들로 하여금 결코 멸망하지 않게 하시며, 아무도 자기 손에서 그들을 빼앗아 가지 못하게 해주시는 분이기 때문입니다. 그렇게 했을 때, 여러분은 이 땅에 사는 동안 모든 것을 예수 그리스도께 의탁한 가운데 즐겁고 기쁜 삶을 살게 될 것입니다.

적어도 이 일에 있어서 나는 여러분이 나와 같이 되기를 바랍니다. 왜냐하면, 나는 주 예수를 떠나서는 나의 죄사함이나 나의 견인, 나의 중생, 나의 궁극적인 완전함에 있어서 어떠한 소망도 갖고 있지 않기 때문입니다. 나는 내가 죽을 때에 어떻게 될지, 그리고 내가 영원 속에서 다시 살게 될 때에 어떻게 될지를 알고 싶어 합니다. 그렇기 때문에, 이 세상과 다음 세상을 갈라놓고 있는 저 두려운 죽음의 심연을 당당하게 헤치고 나아갈 수 있는 큰 믿음이 내게 없다면, 나의 신앙은 나에게 단지 작은 위로를 주는 데에 그치고 말 것입니다. 그러나 오늘 밤 나는 나의 모든 자아, 나의 영혼, 나의 육체, 나의 일들, 나의 장래의 고난들, 나의 수고들, 즉 나와 관계가 있는 모든 것을 나를 속량해 주시기 위하여 십자가에 못 박히신 바로 그분의 손에 맡깁니다. 그리고 이 자리에 계신 모든 분들도 나와 같이 할 수 있었으면 좋겠습니다. 예수 그리스도께서 나를 지켜 주실 것입니다. 그렇지 않으면, 나는 결코 보호받지 못할 것입니다. 나는 나의 영원한 분깃을 단번에 그리고 완전히 그리스도께 예치합니다. 그리스도께서는 자신의 명예를 걸고 자기에게 맡겨진 것을 안전하게 보호하십니다. 그는 나를 지키실 수 있으시고, 나는 그것으로 만족입니다. 나는 나의 모든 것을 그에게 넘깁니다. 나의 형제들이여, 여러분도 나와 똑같이 행하십시오! 그렇게 한 후에 즐거워하고 기뻐하십시오!

어떤 사람이 자기 돈을 가져가서 은행에 맡깁니다. 그는 15분도 지나지 않아서 은행으로 다시 돌아와서 말합니다: "출납원 선생, 내 돈을 잘 갖고 있지요?" "예, 선생님." "그러면, 정말 잘 맡아두고 있는지 어디 한번 봅시다." 은행원들은 이런 사람이 오랫동안 자기 은행과 거래하는 것을 달가워하지 않을 것입니다. 그는 은행을 신뢰하지 않는 사람이어서, 이익은커녕 골칫거리가 될 것이기 때문입니다. 여러분의 모든 것을 예수께 맡기십시오. 영원한 투자를 하십시오. 거기로부터 이자를 받아서 현재의 삶을 즐기는 데에 쓰십시오. 여러분의 모든 것을 영원히 투자해 두시고, 나와 함께 이렇게 노래합시다:

> "내가 주의 손에 맡긴 것을
> 결정적인 때가 이를 때까지
> 주께서 그 능력으로 지키시니,
> 내가 주께 맡긴 것이 안전하다는 것을 나는 안다네.
>
> 그때에 주께서 나의 초라한 이름을
> 아버지의 면전에서 호명하셔서
> 새 예루살렘에서
> 내 영혼이 거할 곳을 지정해 주실 것이라네."

제
134
장
—

영원한 길

—

"나를 영원한 길로 인도하소서." — 시 139:24

우리 모두에게는 "길"이 있어야 합니다. 왜냐하면, 이 세상은 우리가 영원히 쉴 곳이 아닌 까닭에, 우리는 계속해서 여행을 하지 않으면 안 되기 때문입니다. 우리는 어느 한 곳에 머무를 수 없습니다. "앞으로"라는 말은 명령의 말입니다. 둥근 지구가 멈추지 않고 영원히 자전하듯이, 별들이 정해진 각자의 궤도를 따라서 멈추지 않고 계속 운행하듯이, 강들이 항상 바다를 향해서 흘러가듯이, 대양의 파도가 꼬리에 꼬리를 물고 출렁이듯이, 우리는 모든 것이 움직이는 것을 느끼면서, 이 세상에서 저 세상을 향하여 끊임없이 앞으로, 또 앞으로 나아가야 합니다. 우리에게는 반드시 길이 있어야 하기 때문에, 우리의 길이 바른 길이 되도록 하는 것은 가장 중요한 문제입니다. 이것이 중요한 이유는 그 길이 올바른 길이 아니었을 때에는 우리의 여정 속에서 우리가 누릴 수 있는 행복이 오래가지 못할 것이기 때문입니다. 왜냐하면, 악한 길을 따르는 사람들의 행복은 밤하늘의 유성처럼 찰나적이고, 사람을 호리는 도깨비불처럼 헛 것이며, 신기루처럼 현혹시키는 것이고, 물거품처럼 부서지기 쉬운 것이고, 밤의 유령처럼 실재하는 것이 아니기 때문입니다. 오늘은 죄악의 길이 꽃이 만발한 초원과 새들의 노래가 울려 퍼지는 숲속으로 우리를 인도하고 있지만, 내일에는 그 길은 수많은 사람들의 영혼과 기쁨이 여름 태양 아래 풀처럼 시들어 버린 황량한 폐허를 보여 줄 것입니다. 의의 길은 기쁨의 길이고, 그 모든 길목에는 평강이 있습니다. 마음이 지혜로운 자가 걷고 있는 길에는 복이 자라나고 기쁨이 넘치지만, 다른 길은 그렇지 않습니다. 그러므로 우리는 행복한 순례자가 되어 길을 가기 위해서는 바른 길을 발견할 필요가 있습니다.

또한, 우리에게 바른 길이 필요한 또 다른 이유는 우리가 걷는 길을 보고 다른 사람들이 영향을 받기 때문입니다. 우리의 슬하에 있는 자녀들은 "아버지의 길"이 자신들의 길이 되어야 한다고 생각할 것입니다. 하인들과 이웃들과 형제자매들, 그리고 우리가 젊은 사람이라면, 우리의 영향을 받는 놀이 친구들과 동급생들, 그들의 일부 혹은 전부는 좋든 나쁘든 간에 우리가 선택한 길의 영향을 받을 것입니다. 우리가 나쁜 길을 따르게 되면 그들도 나쁜 길을 따를 것이고, 우리가 악을 택한다면 우리는 그들에게 악의 사자가 될 것입니다.

우리가 바른 길을 선택해야 하는 더욱 중요한 이유는 제대로 된 종착지에 도달해야 하기 때문입니다. "끝이 좋으면 모든 것이 좋다"는 말이 있습니다. 그러나 우리의 종착지가 잘못되어서 영원한 흑암에 이르고, "그 벌레가 죽지 아니하며 그 불이 꺼지지 아니하는"(사 66:24) 곳에 이르게 된다면, 어떻게 되겠습니까? 만약 그렇게 된다면, 우리가 그런 길에 있었다는 것은 끔찍한 일이 될 것입니다. 우리의 영혼이 결국 그런 파국을 겪어야 한다는 것은 생각만 해도 끔찍한 일입니다. 사랑하는 여러분, 여러분의 인생이 일찍부터 예수를 믿는 믿음의 문, 곧 영생에 이르는 좁고 곧은 길로 이어지는 문을 통과해서 나아가게 되시기를 빕니다. 여러분의 인생이 그 길에서 떠나지 말고, 여러분의 믿음이 그 길을 따르는 데에 견고하게 되기를 빕니다. 주님이 여러분에게 결산하자고 호출하실 때에 여러분이 그 길에서 발견되기를 빕니다. 여러분의 길이 하나님의 은혜로 말미암아 견고한 믿음으로 거룩한 삶을 살아서 결국 영원으로 이어지는 저 복된 종착지에 도달해서 지존자의 오른편에서, 내세의 땅에서 저 복된 자들이 누리는 기쁨을 누리게 되시기를 빕니다.

나는 이 본문을 하나의 기도로 보고, 거기에서 특히 주목할 만한 세 가지를 여러분에게 제시하고자 합니다. 우리가 첫 번째로 살펴볼 것은 바른 길의 주목할 만한 특징인데, 본문은 그것을 "영원한" 길이라고 표현합니다. 둘째로, 여기에 인용된 본문은 **주목할 만한 고백**을 함축하고 있습니다. 셋째로, 본문은 지극히 포괄적인 기도를 내포하고 있습니다.

1. 첫째로, 바른 길의 주목할 만한 특징은 그것이 "영원한 길" 이라는 것입니다.

많은 사람들의 길이 영원할 수 없다는 것은 너무나 분명합니다. 죄인들의 길은 영원할 수 없습니다. 나는 어떤 사람들과 관련해서는 그들의 길이 오래 지속되지 않기를 바라는데, 그 이유는 그들의 길이 악의 길이기 때문입니다. 나는 그들이 그 길에서 속히 떠나기를 빕니다. "그 길은 반환점이 없는 머나먼 길입니다." 그들의 길이 하나님의 섭리와 은혜에 가로막혀서, 그들이 억지로라도 다른 길을 택하게 되기를 빕니다. 나는 그들이 "나를 돌이키소서 내가 돌이키겠나이다"라고 하나님께 기도하기를 빕니다. 죄인의 길은 결코 "영원한" 길이 되어서는 안 됩니다. 왜냐하면, 죄인의 길이 영원한 길이 된다면, 그것은 영원한 슬픔의 길이 될 것이 분명하기 때문입니다. 쾌락을 좇는 죄인의 길은 절대로 영원한 길이 아닙니다. 죄의 포도주 잔이 주는 몽롱함이 처음에는 달콤할지 몰라도, 머지 않아 만취하게 되면 그것은 아무 맛도 없어지고 맙니다. 그리고 그후에는 괜히 마셨다는 쓰디쓴 후회가 몰려오고, 마지막에는 그 찌꺼기들이 지옥 불로 타오릅니다. 죄악 가운데 있는 쾌락의 길은 순식간에 사라질 파도 위의 포말과 같습니다. 마귀는 사람들에게, 땀 흘리며 수고할 필요도 없이 이리저리 마음대로 날아다니며 황금 같은 즐거운 시간을 보내는 나비들처럼, 그들의 인생이 항상 지금과 똑같을 것이고, 언제까지나 춤을 추며 살게 될 것이라고 말하며 그들을 유혹합니다. 마귀는 그들의 모든 게으른 날개를 영원히 망가뜨릴 치명적인 서리(frost)를 그들이 망각하게 만듭니다. 쾌락의 길과 죄의 삶이 영원할 수 없다는 것은 죽음과 하나님의 공의에 의해서 이미 정해진 사실입니다. 육체의 쾌락 위에 종이 카드들로 지은 집들은 반드시 최후를 맞이할 것입니다. 기울어진 벽은 무너져서 흙먼지가 될 것이고, 흔들리는 담장은 땅바닥으로 무너지고 말 것입니다.

단순히 도덕적이기만 한 사람의 길도 영원한 길이 아닙니다. 여기에 늘 돈 버는 일에 몰두하는 어떤 사람이 있습니다. 그는 최고의 경영방침 위에서 사업을 수행해 나가고 있고, 재계에서도 완전한 신뢰를 누리고 있으며, 사업과 관련된 정책을 평가할 수 있는 모든 사람으로부터 찬사를 받고 있습니다. 그 사람은 부를 축적할 수 있을 것이고, 그 부는 날로 증가할 것입니다. 그의 은행 잔고는 막대한 금액이 될 것이고, 그의 자본은 넉넉할 것이며, 수중에 들어오는 이자도 날로 많아질 것입니다. 그러나 이 일이 언제까지나 계속될 수는 없습니다. 언젠가는 재앙과 손해가 찾아올 것이고, 오랫동안 축적해 놓았던 모든 것은 일순간에 날아가 버리고 말 것입니다. 다른 일은 그만두고라도, 그 사람이 돈자루에 돈을 쓸어 담던 일을 그의 죽음이 끝장낼 것입니다. 성전 안에서 예수께서 그러셨던 것처럼, 죽음이 그에게로 들어와서, 돈 바꾸는 사람들의 상과 비둘기 파는 사람들의 의자를 뒤엎고 권세 있는 목소리로 "이것들을 여기에서 갖고 나가라"고 외칠 것입니다. 사람들이 자신의 유한한 육신을 벗고서 온 세상의 심판자를 대면할 시간이 오게 되면, 그들은 더 이상 자기가 장사를 할 수도 없고 재산을 불릴 수도 없다는 사실을 알게 될 것입니다. 영들의 세계로 소환을 받은 사람은 시간이 이룩한 이 모든 것들이 그들에게 아무리 소중하다고 할지라도 그것들을 다 두고 떠나야 합니다. 작별은 씁쓸한 일이지만 불가피한 일입니다. 그들이 세상에서 무엇을 얻었든, 그들은 빈손으로 왔으니 빈손으로 돌아가야 합니다. 또 다른 사람을 생각해 봅시다. 이 사람은 돈을 모으기는커녕 생계를 이어가기도 어렵습니다. 그의 길은 가족을 부양하기 위해서 할 수 있는 한 최대한으로 열심히 일하는 것입니다. 그의 길은 여러 가지 면에서 칭찬을 받아야 하지만, 그렇다고 하더라도 그것은 좀 더 고귀한 목적을 위한 것이 아니기 때문에 영원한 길은 아닙니다. 왜냐하면, 사람들이 장가도 가지 않고 시집도 가지 않는 나라가 있는데, 거기에서는 부양할 아내도 자녀도 없을 것이고, 오직 빵만으로 살았고 하나님의 말씀이라는 양식에는 눈길도 주지 않았던 사람들이 설 자리가 없을 것이기 때문입니다. 천국에는 단지 사람들의 종으로 살았던 자들이나 사람들의 주인으로 살았던 자들이 설 자리가 없습니다. 세상만을 섬기며 살았던 자들은 그 곳에 없을 것입니다. 그들의 길은 중간에 끊어질 수밖에 없습니다. 빵을 벌어주던 손은 마비되고, 펜을 굴리거나 바느질하던 손가락들은 축 늘어지게 될 것입니다. 부활의 날에 그들이 다시 살아났을 때, 그들은 자기가 예전에 했던 일들을 더 이상 할 수 없습니다. 만약 그들이 세상의 일만을 알고 있었다면, 그들의 길은 비참한 결말을 맞게 될 것입니다. 단순히 도덕적이기만 한 사람의 길은 영원한 길이 아닙니다. 만약 그 길이 하나님의 은혜로 거룩하게 된다면, 그것은 영원한 길이 될 수도 있습니다. 그런 길들이 하나님의 보좌 앞에서의 영원한 섬김의 전주곡일 수도 있겠지만, 그의 삶이 거룩하게 되지 않는 한, 그의 삶은 그저 그런 삶이 되고, 그의 길은 언젠가는 끝이 나게 될 것입니다.

　뚜렷한 목적 없이 되는 대로 사는 사람들의 길도 영원한 길이 아닙니다. 얼마나 많은 사람들이 영원한 길이 아니라 막다른 골목을 생각나게 하는 삶을 사는지 모릅니다. 그들은 되돌아오기 위해서 그 길을 가고 있을 뿐입니다. 많은 사람들의 삶이 전래 동요에 나오는 어떤 유명한 왕의 삶과 같은데, 그 왕은 자기 군대를 산꼭대기로 데리고 올라갔다가 다시 데리고 내려오는 일을 반복했다고 합니다. 많은 사람들이 그냥 살다가 그렇게 죽습니다. 그들의 길은 바람처럼 스쳐 지나가는 허상이기 때문에, 우리는 "그들이 어디로 가 버렸지?"라고 말하게 됩니다. 어떤 사람들의 삶은 미로를 걷는 것과 같습니다. 그들은 길을 따라 앞으로 나아가지만, 결국 동일한 지점으로 되돌아오고, 한 발자국도 앞으로 나아가지 못합니다. 많은 사람들의 길이 방아를 돌리는 눈 먼 말이 하루에도 수없이 반복해서 똑같은 길을 걷는 것과 같습니다. 그들은 하루도 거르지 않고 아침부터 저녁까지 왔다 갔다 하는 시계추와 같습니다. 만일 그들이 영원히 살 수 있다면, 그들의 삶은 영원한 노동일 것입니다. 하지만 그들은 죽어야 하기 때문에, 그것은 끝이 날 수밖에 없고, 그들의 불행한 영혼은 어떤 여행자도 탈출로를 찾을 수 없는 고뇌의 황무지를 끝없이 배회해야 할 것입니다.

나의 형제들이여, 나는 여러분이 일부 종교적인 사람들의 길도 영원한 길이 아니라는 것을 알기를 원합니다. 예를 들면, 위선자들의 길이 그런 길입니다. 그들은 가면을 쓰고 아름답게 치장을 하고 있지만, 죽음이 그들의 가면을 단번에 벗겨 버리고 그들의 얼굴을 드러낼 것입니다. 많은 사람들이 나병에 걸린 이마를 은빛 가면으로 가리고 있는 예언자와 같습니다. 그들은 밝고 아름다운 모습으로 군중 사이를 지나갈 수 있겠지만, 하나님의 빛 가운데에 드러날 때가 되면, 그들의 역겹고 가증스러운 모습이 백일하에 드러날 것입니다. 바리새인은 위선자와는 좀 달랐지만, 그의 길도 영원한 길이 아닙니다. 그는 언제까지나 "하나님이여 나는 다른 사람들과 같지 아니함을 감사하나이다"(눅 18:11)라고 교만하게 말할 수는 없을 것입니다. 그는 언제까지나 "나는 이레에 두 번씩 금식하고 또 소득의 십일조를 드리나이다"(눅 18:12)라고 자랑할 수는 없을 것입니다. 그의 내면은 온갖 사악함으로 가득 차 있는데 접시의 겉만 번드르르하게 닦는 것이 아무런 소용이 없다는 것을 알게 될 때가 올 것입니다. 그때가 되면, 그의 당혹감과 절망감이 얼마나 크겠습니까! 형제들이여, 위선자의 길도, 형식주의자의 길도, 바리새인의 길도 영원한 길이 아닙니다. 예수 그리스도의 복음을 따르는 길이 아닌 그 어떤 길도 영원한 길이 아닙니다. 여러분이 진실하기만 하다면 어떤 길을 택

하더라도 별 상관이 없다고 내게 말하지 마십시오. 왜 그렇게 말해서는 안 되는
지는 여러분이 더 잘 알고 있습니다. 여러분이 성 바울 성당 또는 런던교로 가고
있다고 진심으로 믿을지라도, 이 성전을 떠나서 오른쪽으로 돌아가면, 여러분은
성 바울 성당이나 런던교가 아닌 클라팜(Clapham)이나 투팅(Tooting)에 가 있게
될 것입니다. 여러분이 자신의 선행으로 구원을 받을 것이라고 아무리 진심으로
믿는다고 할지라도, 여러분이 예수 그리스도를 믿기를 끈질기게 거부한다면, 정
죄 받는 것을 피할 수 없게 될 것입니다.

    예수를 믿는 믿음이 구원의 유일한 길이고, 여러분이 그 길로 걸어가지 않
는다면, 다른 길은 없습니다. 우리 주님의 가르침은 불신자가 구원받을 가능성
의 여지를 남겨두지 않습니다: "믿고 세례를 받는 사람은 구원을 얻을 것이요"
(막 16:16). 그렇다면, 믿지 않는 사람들은 어떻게 될까요? 그들은 정말 착각한
것일 수도 있고, 어쨌든 선한 사람들이기 때문에 다른 식으로 구원을 받게 될 수
도 있지 않을까요? 우리 주님은 딱 잘라서 분명하게 대답하십니다: "믿지 않는
사람은 정죄를 받으리라"(막 16:16). 주님은 그들에게 달리 해줄 말씀이 없으십
니다! 그리스도께서는 지극히 크신 분이시고 지극히 정직한 분이시기 때문에,
옳은 것이나 그른 것이나 다 똑같은 것이라고 얼버무리는 오늘날의 많은 사람들
처럼 대중들의 인기에 영합하시지 않습니다. 이 시대의 사악한 자비로움이 다음
과 같은 기만적인 말로 우리를 병들게 만듭니다: "여러분이 무엇을 믿든 별 상관
이 없습니다. 오늘날에는 지극히 중요한 것은 아무것도 없습니다. 여러분이 좋
아하는 것을 믿으세요. 결국에는 다 괜찮을 겁니다." 결코 그렇지 않습니다. 예
수 그리스도의 복음에 따르면, 여러분은 하나님의 진리를 믿어야 하고 진리의
능력을 믿어야 합니다. 거짓말이 여러분을 거듭나게 해줄 수 없습니다. 거짓말
이 여러분을 하나님과 대면시켜 줄 수 없습니다. 거짓말이 여러분을 천국으로
인도해 줄 수 없습니다. 하나님과 그의 성령의 인이 찍힌 진리만이 여러분을 그
렇게 해줄 수 있습니다.

    지금까지 나는 여러분에게 길들 중에는 영원하지 않은 길이 많이 있다는 것
을 보여드렸습니다. 이제 우리는 바른 길로 관심을 돌려 봅시다. 그 길은 하나님
을 믿는 믿음의 길이고, 그 믿음으로부터 흘러나오는 생명의 길입니다. 사실, 그
길은 주 예수께서 걸어가신 길이고, 우리가 그의 발자국을 따를 때에 우리가 걸
을 길이기도 합니다. 바로 그 길이 영원한 길입니다. 왜냐하면, 그 길은 영원한 원

리들 위에 놓여진 길이기 때문입니다. 하나님의 진리는 결코 소멸되지 않습니다. 별은 빛을 잃고, 해는 그 영광을 잃을 수 있지만, 하나님의 진리는 영원히 푸를 것입니다. 흠 없이 온전한 것, 올바른 것, 정직한 것, 사랑, 선함 — 이런 것들은 모두 다 영원불멸한 것들입니다. 어떠한 무덤도 이러한 불멸의 원리들을 매장할 수 없습니다. 이런 것들은 잠시 감옥에 갇히기도 하지만, 그후에는 이전보다 더욱 자유로워집니다. 이것들을 가슴에 소중히 간직하고 화형에 처해진 사람들도 있지만, 그 잿더미로부터 새로운 증인들이 나타납니다. 하나님의 살아 있는 진리는 그 어떠한 바다도 가라앉힐 수 없고, 그 어떠한 폭풍도 난파시킬 수 없으며, 그 어떠한 심연도 집어삼킬 수 없습니다. 여러분은 선함과 참됨과 온전함과 믿음과 거룩함을 멸절시킬 수 없습니다. 이러한 덕성들과 일치하는 길이야말로 영원한 길임에 틀림없습니다.

거룩함이 영원한 길인 이유는 영원한 생명을 소유한 사람들이 그 길을 추구하기 때문입니다. 새 생명을 얻은 사람이 아니면, 어느 누구도 진리와 의와 믿음, 그리고 하나님과 이웃에 대한 사랑의 길로 들어갈 수 없습니다. 새 생명의 열매는 죽어서 소멸될 수밖에 없는 육체의 열매와 같지 않아서, 영원히 살아 있고 썩지 않는 생명의 씨앗이기 때문에, 거듭난 사람은 하나님과 마찬가지로 죽을 수 없습니다. 거듭난 사람은 그리스도의 생명을 받아서 자기 안에 갖고 있습니다. 그런 까닭에, 성경은 그리스도께서 살아 계시기 때문에 그도 살 것이라고 말합니다. 그러므로 그 길이 영원한 길인 이유는 그 길을 걷는 순례자들이 비록 겉으로 볼 때에는 죽을 수밖에 없는 존재들이지만 하나님이 보시기에는 영원히 죽지 않을 존재들이기 때문입니다. 그들은 자신 안에 소멸될 수 없는 생명을 품고 있고, 그 생명은 여호와의 생명과 영원히 함께할 것입니다.

경건함이 영원한 길인 이유는 어떤 상황도 그것을 변화시킬 수 없기 때문입니다. 방책에 의존하며 사는 사람은 역풍을 맞아서 한 지점에서 다른 지점으로 가기 위해 지그재그로 배를 몰아야 하는 선원과 같습니다. 그는 아무리 노력을 해도 자기가 정말로 가고자 하는 방향으로 아주 느릿느릿 나아갈 수 있을 뿐입니다. 그러나 하나님의 생명을 지니고서 하나님의 진리의 길을 따르는 사람은 바람이나 조류와 상관없이 곧장 직진하는 증기선과 같습니다. 그 배는 지그재그로 운행할 필요가 전혀 없습니다. 그 배는 충분한 출력을 자체적으로 갖고 있어서, 바람이나 물결 같은 외부적인 변수에 의지할 필요가 전혀 없기 때문입니다. 이런 상태에 있는 사람이 복된 사람입니다. 그런 사람은 비록 가난할지라도 즐거운 마음으로 진리의 길을 추구하고, 자신의 가난이 복이라는 것을 압니다. 만약 그런 사람이 부유한 사람이라면, 가난한 시절에 자신의 길을 인도해 주었던 것과 동일한 불멸의 원리들이 부자가 된 지금에서도 그를 인도해 주고 있는 것입니다. 그가 한 나라의 지도자로 택함을 받는다고 가정해 봅시다. 그는 하나님의 법을 마음에 담고 있기 때문에 어떻게 행하는 것이 왕으로서 올바르게 처신하는 것인지를 압니다. 그의 길은 영원한 길입니다. 왜냐하면, 그는 아침마다 새삼스럽게 "오늘은 내가 어떻게 처신해야 하고, 어떤 새로운 기준으로 내 길을 가야 합니까?"라고 물을 필요가 없기 때문입니다. 여러분의 교활한 정치가들은 민심이나 여론이 변할 수 있는 것이라고 생각하기 때문에, 오늘은 이랬다 내일은 저랬다 합니다. 그들은 대중들이 어떤 날씨를 좋아하는지를 알기 위해서 기압계를 들여다보아야 합니다. 그러나 하나님의 가르침을 받아서 바른 일을 행하는 우리는 날씨나 사람의 뜻에 신경 쓰지 않습니다. 날씨가 좋든지 궂든지, 해가 나든지 안 나든지, 우리는 계속해서 우리 하나님을 섬기고, 하나님의 은혜로 말미암아 옳은 일을 행하며, 설령 하늘이 무너진다고 해도 솟아날 구멍을 찾을 수 있다고 생각할 것입니다.

의로움이 영원한 길인 이유는 심지어 **죽음조차도 그 길을 끝낼 수 없기** 때문입니다. 하나님께서 원하시는 삶을 사는 법을 배우는 사람은 죽음조차도 자신의 영원한 삶 속에서의 한 가지 상황일 뿐임을 알기 때문에, 일식(日蝕)이 지속되는 시간만큼도 멈추지 않고 계속해서 앞으로 나아갈 것입니다. 달리는 기관차는 어떤 때는 터널 안으로 들어갔다가 다시 밖으로 나오는데, 이때에 그 어둠은 간주곡에 불과하고 기관차는 계속 달립니다. 마찬가지로, 회심하고 거듭난 사람에게는 죽음이 사소한 일에 지나지 않습니다. 하나님의 길로 행하는 사람은 일시적인 어둠을 통과하듯이 그렇게 죽음을 통과합니다. 그는 세상에 있을 때에 하던 일을 천국에서도 하게 될 것입니다. 다만 더 멋있게, 그리고 더 고상하게 할 뿐입니다. 세상에 있을 때에 그는 하나님을 사랑했고, 천국에서도 하나님을 사랑할 것입니다. 세상에 있을 때에 그는 그리스도를 보며 기쁨을 느꼈고, 천국에서 좀 더 가까이에서, 그리고 아무런 장애물 없이 그리스도를 뵈올 것입니다. 세상에 있을 때에 그는 진리와 의와 선을 사랑했고, 천국에서는 정금으로 된 도성, 해보다 더 밝은 도성, 거룩함과 온전함만이 들어갈 수 있는 도성의 한복판에 거하게 될 것입니다. 심지어 그의 동료들도 바뀌지 않을 것입니다. 왜냐하면, 이 땅에서 선한 싸움을 싸웠던 전투하는 교회(Church militant)는 천국에서 승리한 교회(Church triumphant)로 바뀌어서, 그는 그들과 함께 천국에서 영원무궁토록 다스릴 것이기 때문입니다.

그때에 여러분은 경건한 사람의 길이 영원한 길이라는 것을 알게 될 것입니다. 이것에 대해서 더 많은 것들을 말할 수도 있겠지만, 내가 지금까지 말한 것만으로도 충분할 것입니다.

2. 둘째로, 본문에는 신앙고백이 들어 있습니다.

사랑하는 형제들이여, 우리가 다음으로 주목해야 할 것은 본문에 나타난 고백입니다. 다윗은 "나를 영원한 길로 인도하소서"라고 말합니다. 다윗은 선한 사람이었고, 은혜를 배운 사람이었으며, 아주 탁월하게 영적인 사람이었지만, 하나님께 자기를 영원한 길로 인도해 주시라고 기도했습니다: "나를 영원한 길로 인도하소서." 게다가, 다윗은 산전수전 다 겪은 사람이었습니다. 이 시편은 시편 중에서도 끝부분에 있기 때문에, 나는 다윗이 이 시편을 썼을 때에는 그의 머리가 완전히 백발이었을 것이라고 생각합니다. 이때에 그의 나이는 아마도 칠십은 되었을 것이기 때문에, 얼마든지 다른 사람을 가르칠 수 있는 연배였지만, 그럼에도 불구하고 "나를 인도하소서, 나를 인도하소서"라고 간구합니다. 그는 나이가 많을 뿐만 아니라 경험이 풍부한 성숙한 신앙인이었습니다. 사실, 다윗은 모든 사람의 전형이었던 것으로 보입니다. 여러분이 겪은 갖가지 고난 중에서 시편 속에서 딱 들어맞는 것을 찾을 수 없는 그런 고난은 없을 것입니다. 또한, 여러분이 맛본 갖가지 기쁨 중에서 그 기쁨을 노래하는 데에 도움이 될 시편 구절을 찾아낼 수 없는 경우도 결코 없을 것입니다. 하여튼 다윗은 그리스도인이 경험할 수 있는 온갖 흥망성쇠와 우여곡절을 다 겪었던 것처럼 보이지만, 그럼에도 불구하고 그는 "나를 인도하소서, 나를 인도하소서"라고 부르짖습니다. 여러 번의 실족에도 불구하고 다윗은 하나님의 마음에 합한 사람이었습니다. 우리가 기억해야 할 것은 그의 죄는 군인이라면 흔히 지을 수 있는 그런 죄였다는 것입니다. 그의 지위는 우리의 지위와는 결코 같을 수 없는 특별한 것이었습니다. 그가 하나님의 마음에 합한 사람이었던 이유는 깊은 신앙심과 어린아이 같은 순수함과 따뜻한 마음을 갖고 있었기 때문입니다. 이 모든 사실에도 불구하고, 그리고 그가 받은 하나님의 놀라운 은혜에도 불구하고, 그는 "나를 인도하소서, 나를 인도하소서"라고 부르짖습니다. 이 기도는 우리에게 무엇을 가르치나요? 정말 지극히 성숙한 그리스도인이라면 자기가 마치 영적인 삶을 처음 시작한 초신자처럼 바른 길로 인도하심을 받아야 한다고 느끼는 것이 당연합니다. "나를 인도하소서"라는 말은 내게는 좀 창피하고 자존심 상하게 만드는 말처럼 보입니다. "나를 인도해 주세요, 어머니, 나를 인도해 주세요"라고 말하는 것은 어린아이나 하는 것입니다. 아니, 좀 더 심하게 말하자면, 앞을 볼 수 없는 맹인이 길을 찾을 수 없을 때에 애걸하며 하는 말이 "나를 인도해 주세요"라는 말입니다. 우리가 바로 그런 아기들입니다. 하나님의 인도하시는 은혜가 없다면, 우리가 바로 그런 맹인들입니다. 그러니 우리가 얼마나 의존적인 존재들입니까! 우리 중 대부분은 다윗보다 나이도 어리고 경험도 부족합니다. 그렇다면, 우리는 어떤 고백을 하는 것이 마땅하겠으며, 어떤 기도를 하는 것이 마땅하겠습니까! 우리는 이렇게 고백하고 기도하는 것이 마땅합니다: "하나님, 나를 인도하소서. 나는 나이도 어리고 아는 것도 없고 경험도 별로 없습니다. 나를 영원한 길로 인도하소서."

이 주목할 만한 고백과 기도는 두 가지를 보여주는데, 그것은 무지함과 무력함입니다. 우리가 "나를 인도하소서"라고 말할 때, 맹인의 경우라면, 그것은 무지함을 뜻합니다. 그는 앞을 볼 수 없고, 따라서 인도를 받을 필요가 있습니다. 앞을 볼 수만 있다면, 혼자서도 충분히 걸어갈 수 있는 힘을 갖고 있을지라도 말입니다. "나를 인도해 주세요, 주님"이라는 말은 어린 아이의 경우에서는 무력함을 뜻합니다. 어린 아이는 어머니의 손에 이끌리지 않고서는 제발로 걸어갈 만한 힘이 없기 때문에 또 다른 의미에서 인도함을 받을 필요가 있는 것입니다. 그러니까, 여러분이 보시다시피, 우리의 고백은 우리의 무지함과 우리의 무력함, 이 두 가지를 고백하는 것이어야 합니다. 달리 말하면, 우리에게는 지식이 필요하고 우리에게는 힘이 없다는 고백이어야 합니다.

1) 첫째로, 우리에게는 지식이 필요합니다. "'나를 영원한 길로 인도하소서.' 나는 그 길이 영원한 길인지 알지 못하기 때문입니다. 자연인으로서의 나는 주께서 가르쳐 주시기 전에는 그것을 알지 못하고 알 수도 없습니다. 하나님의 일들은 영적인 일들이고 영적으로만 분별되며 영적인 사람만이 영적인 것을 받는 까닭에, 육적인 사람은 하나님의 일들을 알 수 없기 때문입니다. 오, 하나님, 주께서 가르쳐 주시지 않으시면, 나의 형편과 처지는 얼마나 위험하고 얼마나 절망

적인 것인지요! 그러니 부디 내게 가르쳐 주십시오! 나를 일깨워 주시고 영원한 길로 인도해 주소서! 하나님, 내가 비록 회심하였고, 그래서 주의 길에 대해서 조금 안다고 하더라도, 나는 여전히 판단력이 부족하여 어느 것이 옳은 길인지 알지 못할 때가 많으니, 내게는 주의 교훈이 필요한 것은 당연한 일입니다. 내가 비록 옳은 일을 행하려고 할지라도, 여전히 옳고 그름을 분별하지 못할 때가 종종 있습니다. 나는 바른 길을 따르기를 간절히 원하지만, 내 앞에 두 길이 놓여 있고, 그 둘이 모두 옳은 길처럼 보일 때에, 어느 길을 택해야 할지를 여전히 알지 못합니다. 하나님, 나의 판단력은 매우 불완전하고 실수를 범하기 일쑤입니다. 제발 나를 인도하소서! 자기 자신의 판단력에 기대는 자는 어리석은 자이고, 자기 자신의 마음을 믿는 자는 바보입니다. 그러므로 나는 나의 판단력이나 나의 마음을 믿지 않고, '주여, 나를 인도하소서'라고 말할 것입니다."

또한, 판단력의 부족에 덧붙여서, 우리는 우리의 타락한 심성으로 말미암아 잘못되기 십상이라는 것을 고백해야 합니다. 나는 우리 모두가 겸손하게 이 사실을 고백하기를 바랍니다. 우리 모두의 속마음에는 악한 길을 좇아가려는 성향이 있습니다. 우리는 얼마나 신속하게 금단의 열매에 손을 댑니까! 또한, 우리는 하나님의 은혜를 힘입어서 헛된 것들은 쳐다보지도 않겠다고 결심하지만, 우리의 마음은 어느새 헛된 것들을 좇아가고 있는 경우가 얼마나 많습니까! 우리는 사탄의 시험에서 우리를 지켜 줄 수 있는 이의 이름을 적어서 문에다 잘 붙여 놓았을 것입니다. 그러나 우리는 그렇게 하는 것도 모자라서, 옛 뱀이 들어올 수 있는 틈을 하나도 남기지 않기 위하여 문의 모든 틈새들을 다 틀어막지만, 우리 자신의 마음 한가운데, 곧 우리 자신의 타락한 본성 속에 뱀이 똬리를 틀고 있는 것을 보게 됩니다. "오, 하나님, 나의 영혼이 악을 향해 기울어지고, 기회만 있으면 빗나가려고 합니다. 나를 인도하소서. 나의 타락한 성정으로 말미암아 나의 판단이 더 이상 굽지 않게 하시고, 나로 하여금 왕의 대로를 떠나지 않게 하소서."

그 뿐만 아니라, 이 세상에는 우리에게 영향을 미쳐서 우리로 하여금 그릇된 길을 가게 만들면서도, 우리를 미혹시키고 속여서 마치 우리가 옳은 길을 가고 있는 것처럼 생각하게 만드는 것들이 도처에 널려 있습니다. 공기가 깨끗한 곳이 없습니다. 사방에 안개와 연기가 끼어 있습니다. 가장 선한 사람일지라도 바른 길을 찾느라고 노심초사하며 때때로 멈칫멈칫하고 이마에 진땀을 흘립니다. 어느 길이 바른 길입니까? 어느 길이 그릇된 길입니까? 관습이라는 안개, 전통이라는 안개가 수

백 년 동안 모든 사람들을 지배해 왔습니다. 자기 혼자 튀는 것에 대한 두려움, 까다롭다고 생각되는 것을 기피하려는 성향, 그 밖에 또 다른 무엇이 있는지는 내가 알지 못하지만, 이런 모든 것들이 우리 주변에 자욱한 안개를 퍼뜨립니다. 우리가 짙은 안개 속에서 여행을 하다가 길을 잃는 것이 얼마나 쉬운지 모릅니다! 그러므로 하나님이여, 우리를 인도해 주십시오! 우리를 영원한 길로 인도해 주십시오! 슬프게도 자신의 생각으로는 하나님의 인도하심 아래 인생 여정을 시작했다고 믿었지만, 사실은 진정으로 그리스도를 영접하지도 않았고 자신 안에 그리스도의 생명을 받지도 않은 사람이 지금까지 얼마나 많았습니까! 그러므로 그들은 배를 난파시키려는 자들의 거짓 신호에 미혹되어 머지않아 영원한 파멸을 맞이하게 될 것입니다. 그런데도 그들은 자기들이 천상의 포구로 항해해 가고 있다고 믿고 있습니다. 사랑하는 형제들이여, 여러분 자신이 지혜롭다고 생각하지 마십시오. 만약 여러분이 스스로를 지혜롭다고 생각한다면, 하나님의 말씀은 여러분을 어리석다고 판단하실 것입니다. 지금 당장 조용히 기도하는 가운데 여러분의 무지를 하나님께 고백하십시오. 그리고 이렇게 간구하십시오: "나를 인도하소서, 크신 여호와여! 나는 이 안개 자욱한 땅을 여행하는 순례자입니다. 나는 어리석고, 주는 지혜로우시니, 나를 주의 강한 손으로 인도하셔서 안전하게 데려가소서. 어떤 원수도 좁은 길에서 나를 시험하지 못하게 하여 주시고, 나를 영원한 길로 인도하소서."

2) 둘째로, 본문의 고백 속에는 힘이 없다는 것을 인정하는 내용이 포함되어 있습니다. 왜냐하면, 시편 기자는 하나님이 자기에게 영원한 길을 보여주시기만 하면 자기에게는 그 길을 갈 수 있는 힘이 있다는 듯이 "영원한 길을 보여주소서"라고 기도하는 것이 아니라, 앞에서도 말했듯이, 어머니의 손길 또는 아버지의 도움의 손길을 필요로 하는 어린아이 같이 "영원한 길로 인도하소서"라고 기도하고 있기 때문입니다. 우리에게는 지식만 필요한 것이 아니라, 바른 길로 달려갈 수 있는 힘도 필요합니다. 사람들은 의지만 있으면 도덕적으로나 육체적으로 옳은 일을 할 수 있습니다. 어떤 사람은 "사람이 술 취하지 않는 것은 손을 뒤집는 것만큼이나 쉬운 일입니다"라고 말합니다. 그것은 사실입니다. 왜냐하면, 그가 술잔을 들고 있을 때, 그 손을 놓기만 하면, 술은 땅바닥에 쏟아질 것이고, 그는 술에 취해서 짐승과 같이 되지는 않을 것이기 때문입니다. 그러므로 도덕적 능력이나 육체적인 능력과 관련된 것인 한에 있어서 사람들은 그 어떤 죄도

쉽게 피할 수 있습니다. 그러나 인간에게는 의지가 결여되어 있고, 사실 이것이 핵심입니다. 따라서 우리는 하나님에게 실질적 힘이라고 할 수 있는 의지를 주시라고 간구할 필요가 있습니다. 사람은 어떤 것이 죄인 줄을 아는 데도, 그 죄가 달콤함으로 유혹해오면, 여지없이 무너져 버리고 말 때가 비일비재합니다. 그래서 사람들은 "나는 죄를 끊어야 하지만, 그럴 수가 없어!"라고 탄식합니다. 옛적에 아폴론 신을 섬기는 트로이의 제관이었던 라오콘(Laocoon)에 관한 옛 이야기에 나오는 뱀처럼, 죄는 사람을 칭칭 감고 있기 때문에, 사람이 한 겹을 힘겹게 벗겨내도, 또 다른 겹들은 계속해서 남아 있습니다. 사람들은 죄를 놓지 않으려고 갖은 애를 씁니다. 그래서 죄를 끊어내기 위해서 오른손을 찍어 내버리거나 오른눈을 빼어 내버려야 할 때(마 5:29-30), 여러분은 스스로에게 이렇게 말합니다: "나는 이 팔을 잃고 싶지 않습니다. 게다가, 이 팔을 끊어 내버리는 데에 사용할 적절한 칼도 아직 찾지 못했습니다." 적절한 칼이 준비되었다고 해도, 여러분은 어떤 핑계를 대서라도 그 칼로 자신의 팔을 결코 잘라내지 않을 것입니다. 또, 여러분은 자신의 팔로 그래도 조금은 선한 일을 할 수 있지 않겠느냐며, 조금만 더 시간을 달라고 말할 것입니다. 죄를 끊어내는 일을 미루기 위한 핑곗거리는 언제나 있게 마련입니다. 만일 외과의사가 개입해서 그것을 끊어내지 않는다면, 그 사람이 자신의 사지를 스스로 끊어내기 전에, 이미 죄의 독은 온 몸에 퍼져 버리고 말 것입니다. 죄는 쉽게 죽지 않습니다. 죄는 수많은 핑곗거리를 만들어내어서, "이것은 대수롭지 않은 것이고, 달콤한 것이 아닌가요?"라고 애원합니다. 그러므로 하나님이여, 결단할 수 있는 힘을 내게 주십시오! 내가 어떤 일이 잘못이라는 것을 알게 되었을 때에 그것을 끊어 버릴 수 있도록 나를 도와 주소서! 그리고 내가 어떤 행동이 올바른 행동이라고 생각할 때에 지체 없이 주의 계명을 따르도록 나를 도와 주소서! 나의 하나님이여, 나로 하여금 나의 양심과 나의 자아 사이에서 적당히 타협하고 넘어가지 않도록 해주소서! 내가 어떤 일이 주의 뜻이라는 것을 알게 되었을 때, 나로 하여금 그것과 협상하려 하거나 그것에 의문을 품지 않게 해주소서! 협상하거나 의문을 품는 것은 주의 뜻을 배반하는 것입니다. 협상하려는 마음이야말로 주에 대한 대역죄의 정수입니다. 나로 하여금 모든 의심을 물리치게 해주시고, 주께 순종하는 마음으로 나의 뜻을 주의 뜻에 굴복시키게 하여 주소서! 하나님이여, 나를 인도하소서, 나를 인도하소서! 나를 주의 자비로우신 손으로 붙들어 주시고, 나에게 거룩함에 이를 수 있는 힘과 결단을 주소서!

가끔씩 결단력을 보여주는 사람들이 있지만, 그들은 그것을 끝까지 유지하지 못합니다. 만약에 한 번 크게 도약해서 천국을 얻을 수 있다면, 그들은 벌써 천국을 소유했을 것입니다! 하지만 천국의 문으로 들어가기 위해서는 끝까지 순례길을 멈추지 말아야 하는 것이라면, 그들은 끝까지 견뎌낼 수 없습니다. 하나님이여, 나를 인도하소서! 나는 얼마나 신속하게 뒷걸음질치기 시작하는지요! 나의 배역하는 마음은 얼마나 빨리 주를 섬기는 데서 후퇴하는지요! 오, 나에게 인내하는 은혜를 허락하여 주시고, 내가 길에서 벗어나고 싶어할 때마다 나를 앞으로 인도해 주소서! 선하신 하나님이여, 나를, 나를 이끌어 주소서! 나의 게으른 영혼을 부드럽게 끌어당겨 주소서!

> "천상의 기쁨들에 다다르기 위하여
> 내 마음이 날아갈 수도 없고 걸어갈 수도 없을 때,
> 천상의 비둘기이신 성령이여,
> 당신의 신적인 모든 능력으로 오시옵소서.
> 오셔서, 구주의 사랑을 온통 흩뿌리셔서,
> 그 사랑이 내 영혼에 불붙게 해주소서."

"여호와여, 나를 인도하소서." 이제 여러분은 이 기도의 의미가 무엇인지를 아셨을 것이기 때문에, 여러분에게 드릴 말씀은 아직 많이 남아 있지만, 내가 굳이 더 말씀을 드릴 필요는 없을 것입니다. 이 주목할 만한 본문에서 고백되고 있는 것은 우리에게 지식이 필요하다는 것과 우리에게는 힘이 없다는 것, 바로 이두 가지 사실입니다.

3. 셋째로, 본문은 놀라울 정도로 포괄적인 기도입니다.

우리는 우리 앞에 놓인 기도가 놀라울 정도로 포괄적인 성격을 지니고 있다는 것을 살펴보는 것으로 말씀을 마치고자 합니다. 나는 성공회에서 사용하는 짧은 기도문들인 특도(特禱, collects)를 많이 알고 있지도 않고, 또 특별히 알고 싶지도 않지만, 여러분에게 이 본문을 하나의 특도로 제시하고자 합니다. 여러분은 이것보다 더 뛰어난 것을 결코 발견할 수 없을 것입니다. 이 기도가 여러분

이 늘 애용하는 기도가 되기를 바랍니다. 여러분이 기도하고 싶은 만큼, 그리고 여러분이 기도하고 싶을 때마다, 여러분은 이 기도를 드릴 수 있습니다. 왜냐하면, 여러분이 이 본문을 진실하게 기도하는 한, 그것은 공허한 암송이 되지 않을 것이기 때문입니다. "나를 영원한 길로 인도하소서."

1) 이제 이 기도를 자세히 살펴봅시다. 먼저, 우리는 이 기도가 그 대상에 있어서 포괄적이라는 점을 주목해야 합니다. 이 기도의 대상은 온전한 사람입니다. "나를 인도하소서, 나의 일부가 아니라 나의 전부를 인도하소서. 나를 모든 길에서 인도하소서, 어느 한 길에서가 아니라 모든 길에서 인도하소서. 즉, 내가 불의한 것을 생각하지 않도록, 그리고 내가 하나님의 진리를 부분적으로 믿는 것이 아니라 온전하게 믿도록, 나의 생각을 인도하소서. 하나님이여, 나의 분별력과 지성을 계시의 길로 인도하소서. 주의 언약에 관한 진리들과 주의 은혜에 관한 위대한 교훈들을 나로 하여금 알게 하소서. 주의 진리를 얼치기로 알고 모든 것을 다 알았다고 만족해하지 않도록 나를 인도하소서. 내가 빼먹고 싶은 가르침이 하나도 없게 하시고, 내가 잊어버리고 싶은 교훈이 하나도 없게 하시며, 주의 책 속에서 내가 지워 버리고 싶은 말씀이 단 하나도 없게 하소서. 하나님이여, 나의 이해력과 지식과 생각들을 인도하소서. 나를 영원한 길로 인도하소서."

시편 기자는 지적인 부분만이 아니라 감정적인 부분까지 의미하고 있습니다: "하나님이여, 주의 길로 나를 인도하소서. 만일 나의 머리가 나의 가슴과 동행하지 않는다면, 나는 완전히 실패한 사람이라는 것을 잘 알고 있습니다. 주여, 나로 하여금 세상만이 아니라 세상에 속한 모든 것들을 사랑하지 않도록 도와주시고, 나를 영원한 길로 인도해 주소서. 그리스도께서 불이실 때, 나의 지극히 선한 열정들이 끓어오르게 하소서. 그리스도께서 내 마음을 보러오셨을 때, 나의 마음이 지극히 선하고 아름다운 상태에 있게 하소서. 나의 마음이 그리스도의 임재로 말미암아 촉촉히 적심을 받고 그리스도의 사랑의 햇빛으로 열매가 익어가는 그런 정원 같게 하소서."

시편 기자는 자신의 혀에 대해서도 동일한 인도하심을 구합니다: "주여, 나의 혀가 헐뜯는 혀, 농담하는 혀, 음탕한 혀, 말장난 하는 혀가 되지 않게 하소서. 주여, 나를 위하여 내 혀에 소금을 쳐서 고르게 하소서. 내게 은혜를 베푸셔서, 내가 하는 말이 듣는 사람에게 덕을 끼치는 말이 되게 하소서. 나를 영원한 길로 인도하소서."

시편 기자는 자신의 행위들에 대해서도 동일하게 간구합니다: "주여, 나는 주의 길을 따르기 원합니다. 내가 나의 방으로 갈 때에 거기에서 죄를 짓지 않게 하시고, 내가 식사하러 갈 때에 먹고 마시는 일에서 잘못을 범함으로써 주의 길에서 벗어나지 않게 하소서. 내가 공장이나 사무실에 가거나, 들이나 시장에 가거나, 길거리나 거래소에 가거나, 나로 하여금 그 어떤 일에서도 죄를 짓지 않게 하소서. 주여, 나를 영원한 길로 인도하시고, 사업이나 취미활동이나 교제나 혼자 있는 것이나 그 어떤 길에서도 나로 하여금 주의 길을 떠나지 않게 하소서. 내가 어디에 있든지, 나의 존재 전체가 주의 완전한 길에 온전히 머무르게 하소서." 여러분은 이 기도가 그 대상에 있어서 얼마나 완전한 기도인지를 아실 것입니다.

2) 또한, 이 기도는 그 방식과 관련해서도 포괄적입니다. "나를 인도하소서." 하나님께서는 우리를 어떻게 인도하십니까? 형제들이여, 하나님께서는 율법으로 우리를 인도하십니다. 율법은 우리가 무엇을 해야 하는지를 우리에게 알려 줍니다. 십계명은, 말하자면, 열 개의 이정표와 같은데, 한 계명 한 계명이 "이것이 길이니 그 길로 행하라"고 우리에게 말합니다. 또한, 하나님께서는 그리스도의 모범을 통해서 우리를 인도하시는데, 이것이 훨씬 더 좋은 방식입니다.

> "우리는 주의 말씀 속에서 우리의 본분을 읽습니다.
> 그러나 율법은 그리스도의 삶 속에서 드러나고
> 살아 있는 인생들 속에서 구현됩니다."

율법은 우리에게 우리가 무엇을 해야 하는지를 말해 주지만, 예수께서는 우리를 위해서 율법을 행하셨고, 우리에게 율법을 어떻게 행해야 하는지를 보여주셨습니다. 그리스도의 전 생애는 우리를 그 길로 인도해 주는 삶입니다. 그는 성령을 통해서 우리를 그 길로 인도하십니다. 성령께서는 우리의 양심을 깨우치시고, 우리의 의지에 감화를 주시며, 우리의 판단을 이끌어 주시고, 우리의 마음을 성결의 길로 온유하게 인도하십니다. 또한, 성령 하나님의 인도하심 아래에서 사역자들이 종종 우리를 영원한 길로 인도하는 안내자가 됩니다. 적절한 때에 주어지는 하나님의 종들의 귀한 말씀 몇 마디는 우리가 악을 행하려고 할 때에 우리를 제지할 수 있고, 우리가 바른 길에서 쓰러지려 할 때에 우리에게 힘을 불어넣어 줄 수 있습니다. 그리고 좋은 책들, 그밖에 또 무엇이 있을까요? 성도들의 모범, 하나님의 섭리에 의한 암시들, 우리 자신이 하나님을 가까이 할 때에 느끼는 마음의 감정들 — 이러한 것들도 때로는 우리를 영원한 길로 인도하는 길잡이들입니다. 이제 여러분은 이 기도가 그 방식에 있어서도 지극히 포괄적이라는 것을 아셨을 것입니다.

3) 사랑하는 형제들이여, 여러분이 단 일 분간만 이 기도의 결과들을 생각해 보아도, 이 기도는 위대한 기도입니다. "나를 영원한 길로 인도하소서." "영원한"이라는 단어가 어떤 단어입니까? "영원한"이라는 말이 마치 그 영광의 문이라도 되는 것처럼, 나는 내 눈 앞에 있는 천국의 문을 보고 있는 듯합니다. 지금 이 순간 내 눈을 비추는 그 빛은 얼마나 부드러운지요! 그리고 보십시오, 천국의 문이 활짝 열립니다. 내 눈 앞에 무엇이 보입니까? 나는 내 눈 앞에서 유리 바다와 그 잔잔한 바다 위에서 거문고를 타는 사람들을 봅니다(계 15:2). "거기서는 악한 자가 소요를 그치며 거기서는 피곤한 자가 쉼을 얻으며"(욥 3:17). 그리고 내 귀에는 무슨 소리가 들립니까? 나는 "많은 물소리" 같고 가야금 타는 자들이 감미롭게 가야금을 타는 소리 같은 그들의 노래를 듣습니다. 그리고 내가 응시하고 있을 때에 내 눈에 무엇이 보이겠습니까? 바로 천국의 영광의 해이시고 중심이신 예수 그리스도이십니다. 그리고 나는 그리스도의 성도들을 봅니다. 그들은 세상에서 이 영원한 길을 걸었고, 지금도 그 길을 걷고 있으며, 그리스도의 임재의 복락과 그리스도의 사랑의 황홀함과 그리스도와의 교제를 향해서 앞으로 나아가고 있습니다. 우리는 끝이 없는 이 길, 이 영원한 길을 매일같이 걸어갑니다. 이 얼마나 놀라운 기도입니까! 내가 "나를 영원한 길로 인도하소서"라고 말할 때, 나는 거룩한 삶, 복된 죽음, 그리고 그 모든 것의 면류관인 천국을 간구하는 것이나 마찬가지입니다. 나는 언약 안에 들어 있는 모든 것, 그리스도께서 주시려고 오신 모든 것, 하나님께서 예비해 놓으신 모든 것, 그리고 성령께서 사람들 안에서 역사하시는 모든 것을 진실로 간구하는 것입니다. 이것은 정말 강력한 기도입니다.

4) 내가 마지막으로 드릴 말씀은 이 기도는 이 기도를 적절하게 사용할 수 있는 사람들의 범위와 관련해서도 지극히 포괄적이라는 것입니다. 이 기도는 단 하나의 목표를 갖고 있는데, 그것은 "나를 인도하소서, 나를 인도하소서"입니다. 그러나 이 기도는 수많은 사람들에게 적합합니다. 이 위대한 기도는 여러분의 입

술에서 나오기에 정말 적합한 것입니다. 나의 형제여, 이 기도가 당신의 입술에서 나와야 합니다! 나의 자매여, 이 기도가 당신의 입술에서 나와야 합니다! 내가 형제나 자매라고 부를 수 없는 분, 바로 당신의 입술에서 이 기도가 나와야 합니다. 하나님의 은혜에서 멀리 있는 분이여, 이 기도가 당신의 입술에서 나와야 합니다. "나를 인도하소서." 이 자리에 계신 분들 중에서 이 기도가 어울리지 않는 분이 과연 있겠습니까? 하나님의 은혜에 있어서 너무 장성한 사람도 없고, 죄악의 길에서 너무 멀리 간 사람도 없습니다. "나를 인도하소서." 하나님으로부터나 소망으로부터나 너무 멀리 있어서 소망이 절망으로 바뀐 분이 계십니까? 당신의 마음이 당신 안에서 낙심될 때, 하나님께서는 당신을 당신보다 높은 반석으로 인도하실 수 있고, 당신을 멸망의 길로부터 영원한 길로 이끌어 주실 수 있습니다. 너무나 많은 일에서 옛날의 악습으로 되돌아가서 이제는 더 이상 올려다 볼 엄두도 내지 못하는 분이 여러분 중에 계십니까? 친구여, 당신의 기도는 지금도 여전히 하나님의 귀에 닿을 수 있습니다. "나를 영원한 길로 인도하소서." 불쌍한 탕자여, 당신이 돌아갈 수 없을지라도, 그리고 소망을 갖기엔 당신이 너무나 타락했다고 느낄지라도, 그럼에도 불구하고 하나님께서는 당신에게 오실 수 있습니다. 당신이 비록 그에게 갈 수 없을지라도 말입니다. 속삭이듯이 이렇게 기도하십시오: "주여, 나를, 나 같은 자를 지옥의 심연으로부터 인도하소서. 물고기 뱃속에서 부르짖었던 요나처럼 내가 주께 부르짖습니다. 손도 더럽고 입도 더럽고 마음도 더러운 나 같은 인간을 이 절망의 구렁텅이로부터와 이 끔찍한 죄의 나락으로부터 건져 주시기를 감히 주께 간구합니다, 오 나의 하나님이여." 죄인이여, 하나님께서는 예수의 중보를 통해서 당신의 기도를 들으실 것입니다. 그가 대속의 피로 당신을 씻기실 것입니다. 그가 당신을, 당신까지도 영원한 길로 인도하실 것입니다. 그러므로 우리가 이 성전을 떠나기 전에, 우리 모두 한 사람도 빠짐없이 이것을 우리의 기도로 만듭시다. 나는 여러분에게 과제를 드립니다. 오늘 저녁 집회를 허사로 만들지 마십시오. 그렇게 기도하도록 인도하심을 받지 못한 분에게는 이 집회가 허사가 되리라는 것을 나는 알고 있습니다. 자, 우리 모두 이 기도를 드립시다. 주님께서 우리의 기도를 들어주시기를 빕니다. [회중들은 잠시 고개를 숙이고 경배했고, 다음의 기도가 끝났을 때에 "아멘"으로 화답했다.]

　"오 나의 주 하나님이여, 나를 영원한 길로 인도하소서! 내가 그것을 필요로 하나이다. 주께서는 내게 다른 사람들을 가르치도록 하셨고, 나의 모범은 많은 사람들에게 영향을 미칩니다. '나를 영원한 길로 인도하소서.' 내 주변에 있는 주의 종들이자 나의 사랑하는 집사님들과 장로님들의 모범도 사람들에게 영향을 미칩니다. 그들이 선을 행하면 선한 영향을 끼치고, 그들이 악을 행하면 악한 영향을 끼칩니다. 주여, 그들이 '우리를 영원한 길로 인도하소서'라고 말할 때에 그들의 기도에 귀를 기울여 주소서. 그리고 이곳에 모인 수백 수천의 교인들, 그들은 주의 떡을 먹고 주의 잔에서 마시는 자들이오니, 그들이 주께 '나를 영원한 길로 인도하소서'라고 부르짖을 때에 그들의 기도에 귀를 기울여 주소서. 궁지와 어려움에 처한 모든 형제들과 의무와 위험 가운데 있는 모든 자매들, 그리고 모든 지치고 상한 심령들이 '나를 영원한 길로 인도하소서'라고 기도할 때에 그들의 기도를 들어주소서. 그리고 주여, 회심하지 않은 죄인이 주의 은혜의 보좌를 향해서 이 열망을 토해낼 때에 그들에게도 귀를 기울여 주소서. 미덕과 정직의 길에서 떠난 분, 그래서 '나를 영원한 길로 인도하소서'라고 떨리는 입술로 기도하는 분이 여기에 한 분이라도 계십니까? 주여, 그의 간구를 들어주소서. 주여, 예수로 말미암아 들어주소서. 노인이든 젊은이든, 부유한 자이든 가난한 자이든, 배운 자이든 못 배운 자이든, 도덕적인 자이든 비도덕적인 자이든, '아버지여, 나를 용서해 주시고 나를 영원한 길로 인도하소서'라고 마음속으로 외치는 이가 여기 이 성전 안에 있습니까? 오 하나님이여, 주의 아들로 말미암아 그의 기도에 속히 응답하소서. 이제 우리 모두가 다시 한 번 예수 그리스도를 인하여 주께 간구합니다. '나를 영원한 길로 인도하소서.' 아멘."

제
135
장
—

다윗의 오현금

—

"내가 여호와께 말하기를 주는 나의 하나님이시니 여호와여 나의 간구하는 소리에 귀를 기울이소서 하였나이다 내 구원의 능력이신 주 여호와여 전쟁의 날에 주께서 내 머리를 가려 주셨나이다 내가 알거니와 여호와는 고난 당하는 자를 변호해 주시며 궁핍한 자에게 정의를 베푸시리이다 진실로 의인들이 주의 이름에 감사하며 정직한 자들이 주의 앞에서 살리이다." — 시 140:6-7, 12-13

이 시편은 다윗이 많은 대적들로 인해서 매우 곤경에 처해 있을 때에 쓴 것입니다. 이 대적들은 다윗을 파멸시키기 위해서 혈안이 되어 있었습니다. 그들은 이새의 아들이 하나님의 은총을 입고 보좌에 오르는 것을 용납할 수 없었습니다. 그래서 그들은 그를 중상모략하기 위해서 모든 수단을 동원했습니다. 그들은 그의 행동들을 오해했고 그의 동기들을 왜곡했습니다. 그들은 그를 향해서 독사의 독을 내뿜으면서 자기들끼리 이렇게 말했습니다: "만일 그가 나쁜 짓을 행하도록 우리가 유도할 수 있다면, 그리고 우리가 그의 말이나 사적인 성격이나 공적인 행동에서 어떤 트집이라도 잡아서 그를 함정에 빠뜨릴 수만 있다면, 우리는 그를 격파할 수 있는 무기 하나를 손에 쥐게 되리라." 불경건한 자들은 중상모략이 다루기가 매우 위험한 무기라는 것과 호주의 원주민들이 사용하는 무기인 부메랑처럼 결국 그것을 던진 사람에게로 되돌아오게 되어 있다는 사실을 아주 잘 알고 있습니다. 공중으로 던진 돌이 그 돌을 던진 사람의 머리 위로 떨어지듯이, 비방도 흔히 비방을 한 자에게로 되돌아옵니다. 그래서 그들은 하나님의 사람에게서 무언가 확실한 것 같은 비방거리 하나를 찾아내면 그것을 그렇게 기뻐하는 것입니다. 중상모략은 뇌관 없이 오직 화약만으로 총알을 발사하거나, 아주 작은 총알을 발사하는 것과 같습니다. 그것은 사람을 따끔하게 만들수는 있지만 죽일 수는 없습니다. 그러나 만약 그들이 무엇인가 의심스러운 행동 또는 결정적인 비행을 발견하기라도 한다면, 그들의 라이플 총에 탄환을 장전하고 의인을 향해서 치명적인 한 방을 발사할 수 있습니다.

다윗은 그의 대적들의 이러한 모든 악의에 의해서 극심한 고통을 받았습니다. 그는 이 세상의 모든 사람들과 화목하게 지내고 싶어 했던 사람이었습니다. 심지어 사울이 그를 찾아서 죽이려고 했을 때, 그는 사울을 죽일 수 있는 기회가 있었음에도 불구하고, 사울에게 손도 대지 않으려 했다는 것을 여러분은 기억하실 것입니다. 밤에 사울이 잠들어 있는 것을 다윗이 보게 되었을 때, 아비새가 그에게 말했습니다: "하나님이 오늘 당신의 원수를 당신의 손에 넘기셨나이다 그러므로 청하오니 내가 창으로 그를 찔러서 단번에 땅에 꽂게 하소서 내가 그를 두 번 찌를 것이 없으리이다"(삼상 26:8) 그러자 다윗은 "죽이지 말라 누구든지 손을 들어 여호와의 기름 부음 받은 자를 치면 죄가 없겠느냐"(삼상 26:9)고 대답했습니다. 또한, 다윗과 그의 사람들이 엔게디에 있는 큰 굴 깊은 곳에 있을 때의 일이었습니다. 사울은 잠깐 눈을 붙이기 위해서 그 굴 속으로 들어왔고, 그래서 그는 또다시 다윗의 손아귀에 들어왔지만, 다윗은 그에게 손을 대지 않았습니다. 다만 나중에 사울이 자신의 수중에 완전히 들어와 있었다는 것을 보여주기 위해서, 왕의 겉옷자락에서 한 조각을 베었을 뿐이었습니다. 다윗처럼 참을성 있는 사람에게도 거짓 고소와 많은 시험들에 끊임없이 둘러싸이는 것은 견디기 어려운 시련입니다. 다윗은 자신의 대적들에 대해서 이렇게 말합니다: "그들이 나를 에워쌌고, 그들이 벌 떼처럼 나를 에워쌌습니다"(시 118:12 KJV). 벌들은 그를 쏘았습니다. 여기도 쏘고 저기도 쏘고, 쏠 수 있는 곳은 모두 쏘았습니다.

나는 여러분이 이 하나님의 사람이 이러한 시련의 시기에 어떻게 행하였는지를 주목하기를 바랍니다. 그는 무릎을 꿇고 기도하기 시작했습니다: "여호와여 악인에게서 나를 건지시며 포악한 자에게서 나를 보전하소서"(시 140:1). 그리고 그 다음 시편에서 그는 또 이렇게 기도했습니다: "여호와여 내가 주를 불렀사오니 속히 내게 오시옵소서 내가 주께 부르짖을 때에 내 음성에 귀를 기울이소서"(시 141:1). 그는 모든 부당한 공격에 대한 자신의 해법을 살아 계신 하나님에게 가까이 나아가는 것에서 찾았습니다. 그는 지혜로운 사람이었기 때문에, 자신의 상처들에서 독을 빼줄 수 있는 유일한 곳에서 자신의 상처를 씻었는데, 그것은 기도하는 가운데 지존자에게 가까이 나아가는 것이었습니다. 그의 기도에는 위대한 믿음이 담겨 있습니다. 나는 이 시편을 주해하면서, 다윗이 이 시편 전편에 걸쳐서 확신에 차서 말하고 있는 것에 큰 감명을 받았습니다. 6절을 보십시오: "주는 나의 하나님이시니 여호와여 나의 간구하는 소리에 귀를 기울이소서." 이렇게 말하는 것은 참으로 놀라운 것입니다. 뿐만 아니라. 12절을 보십시오: "여호와는 고난 당하는 자를 변호해 주시며 궁핍한 자에게 정의를 베푸시리이다." 그는 이 일에 대해서 의문도 없고 주저함도 없습니다. 그는 "나는 그가 그렇게 하시기를 바랍니다"라고 말하지 않고, "나는 그가 그렇게 하실 줄을 알고, 나는 그것을 확신합니다"라고 말합니다. 이런 확신이 그로 하여금 마지막 절에서 "진실로"라는 단어를 사용하게 만들었습니다. 이런 확신이 있었기 때문에, 그는 "진실로 의인들이 주의 이름에 감사하며 정직한 자들이 주의 앞에서 살리이다"라고 말할 수 있었습니다. 시련과 환난들을 겪으면서 믿음이 성장하는 것은 복된 일입니다. 대적들과의 국지전을 위해서는 적은 믿음으로도 충분하겠지만, 전면전을 치르기 위해서는 믿음의 온전한 확신이 필요합니다. 발목까지 차는 물 속에서는 여러분이 적은 믿음으로도 설 수 있습니다. 하지만 헤엄을 쳐야 할 정도로 깊은 물 속에 있을 때에는 여러분이 어린아이 같은 믿음을 갖고 하나님의 사랑의 물결에 여러분 자신을 온전히 맡겨야 합니다. 그렇지 않으면, 여러분은 분명히 물속에 빠지고 말 것입니다. 하나님께서 예수 그리스도를 믿는 우리 모두에게 큰 믿음을 주시기를 바랍니다. 우리가 가혹한 시련을 겪을 때, 우리는 볼 수 없지만 언제나 우리를 보고 계시며 우리가 겪을 모든 위험을 미리 알고 계시는 대제사장께서 우리 각자에게 베드로에게 해주셨던 것과 같은 말씀을 해주시도록, 우리를 위해서 기도해 주시기를 바랍니다: "사탄이 너희를 밀 까부르듯 하려고 요구하였으나 그러나 내가 너를 위하여 네 믿음이 떨어지지 않기를 기도하였노니"(눅 22:31-32). 왜냐하면, 믿음이 제자리를 지키고 있고, 기도가 제 역할을 다 한다면, 하나님의 자녀에게는 어떠한 시련도 헤쳐 나갈 수 있는 길이 열릴 것이기 때문입니다.

나는 오늘의 본문 속에서 다섯 가지를 제시하고자 하는데, 곤고한 상황에 처한 모든 사람, 특히 자기를 파멸시키려고 하는 대적들 때문에 어려움을 겪고 있는 사람들이 이것들에 주목하기를 바랍니다. 우리가 다윗과 비슷한 상황에 놓였을 때, 다윗의 마음을 사로잡고 만족시켜 주었던 것들이 우리의 마음을 사로잡고 만족시켜 줄 것입니다. 다윗이라는 벌이 꿀을 빨아먹은 꽃은 우리도 거기에서 꿀을 발견할 수 있으리라는 기대를 갖고 찾아 보아야 하는 그러한 꽃입니다. 내가 여기에서 살펴보고자 하는 첫 번째 것은, 자신의 소유라는 단언입니다: "내가 여호와께 말하기를 주는 나의 하나님이시니." 두 번째로 우리가 살펴볼 것은, 간구를 드렸다는 것입니다: "여호와여 나의 간구하는 소리에 귀를 기울이소서." 세 번째는, 보호를 경험했다는 것입니다: "내 구원의 능력이신 주 여호와여 전쟁의 날에 주께서 내 머리를 가려 주셨나이다." 네 번째는, 보호하심을 기대했다는 것입니다: "내가 알거니와 여호와는 고난 당하는 자를 변호해 주시며 궁핍한 자에게 정의를 베푸시리이다." 마지막으로, 다섯 번째는 찬송이 있을 것을 예상했다는 것입니다: "진실로 의인들이 주의 이름에 감사하며 정직한 자들이 주의 앞에서 살리이다."

1. 첫째로, 자신의 소유라는 단언입니다.

내가 첫 번째로 말씀드리고자 하는 것은 매우 소중한 것이기 때문에, 나는 하나님의 모든 자녀들이 이것을 깨닫고 경험할 수 있기를 기도합니다. 오늘의 본문은 "내가 여호와께 말하기를 주는 나의 하나님이시니"라고 말합니다. 시편 기자는 무엇이 자신의 소유라고 단언한 것입니까? 그것은 바로 여호와였습니다. "내가 여호와(LORD)께 말하기를 주는 나의 하나님이시니." 여기에서 "LORD"라는 단어는 여호와를 뜻합니다. 여러분이 보시다시피, 이 단어는 대문자로 씌어 있는데, 우리의 번역자들이 "LORD"라고 쓴 것은 모두 여호와를 의미합니다. "내가 살아 계시고 참되신 유일한 하나님이신 여호와께 '당신은 나의 하나님이십니다'라고 말했습니다." 이것은 다윗의 입에서 나올 만한 훌륭한 말입니다: "'당신은 나의 하나님이십니다'. 당신은 이교도들의 신들과 다르십니다. 그들은 바알과 아스다롯을 섬길지 몰라도, '당신은 나의 하나님이십니다.' 나는 다른 신들을 사람의 손으로 만든 우상으로 여기고 멸시합니다. 다른 모든 확신들, 다른 모든 믿음의 근거들은 내게는 물을 담을 수 없는 터진 저수지에 불과합니다.'내가 살아 계신 유일하신 하나님이신 여호와께 당신은 나의 하나님이시라고 말했습니다.' 당신은 신이라 불리는 다른 모든 존재들과 다르십니다."

"'내가 여호와께 당신은 나의 하나님이시라고 말했습니다.' 나는 마치 당신을 믿고 의지한 사람이 이 세상에 단 한 사람도 없고 오직 나만이 당신만을 믿고 의지하는 까닭에 당신이 오직 나만의 하나님이라는 듯이 그렇게 나의 하나님으로 느낍니다. 나는 마음속으로 이렇게 말합니다: '하나님의 것은 모두 지금부터 나의 것입니다.' '나는 그들의 하나님이 되리라'고 말씀하셨던 언약을 따라 여호와께서는 나의 하나님이 되어 주셨을 때, 여호와는 오직 나의 하나님이시고, 마치 다른 어느 누구의 하나님도 아니신 것처럼 느껴집니다. 내가 여호와를 믿으면, 마치 내가 그의 유일한 자녀이고 그의 유일한 택함 받은 자이며 그의 유일한 구속받은 자인 것처럼 되듯이, 여호와께서 나의 하나님이 되셨을 때에 여호와는 오직 나만의 하나님이십니다." 무한하신 분의 주위에 내 소유임을 표시하는 줄을 두르고, 나의 지각으로 헤아릴 수 없는 분을 믿음으로 붙잡고서, "여호와여, 당신은 나의 하나님이십니다!'라고 외칠 수 있다는 것은 정말 놀랍고 기이한 일입니다. 사랑하는 친구들이여, 여러분이 소유하고 있는 것은 정말 어마어마하게 큽니다. 어떤 사람이 이렇게 반문합니다: "당신은 어떻게 그런 말을 할 수 있나요? 내 옷은 다 해어졌고, 나는 어떻게 새 옷을 마련해야 할지도 모릅니다. 나의 찬장은 텅 비었고, 내 지갑도 텅 비어 있습니다." 그리스도 안에 있는 나의 사랑하는 형제여, 당신은 지극히 부요한 사람입니다. 좀이 먹거나 녹이 슬어서 없어질 수 있는 이런 모든 재물들이 무슨 소용입니까? 그러나 하나님이 당신의 하나님이시면, 모든 것이 당신의 것입니다. 왜냐하면, 모든 것은 하나님 안에 있고, 자기 자신을 우리에게 주신 하나님께서는 모든 것을 우리에게 주실 수 있기 때문입니다. 하나님께서는 자기 자신을 우리에게 주심으로써 이미 모든 것을 우리에게 주셨습니다. 그래서 나는 하나님의 모든 자녀들이 자기가 이 모든 것을 소유하고 있다는 것을 알고, "여호와여, 당신은 나의 하나님이십니다"라고 주저 없이 말할 수 있게 되기를 기도합니다.

본문을 보십시오. 여기에는 단순히 소유에 대한 언급뿐만 아니라 그것에 대한 권리 주장과 단언까지 언급되고 있습니다: "당신은 나의 하나님이시라고 나는 여호와께 말했습니다." 다윗은 자신의 권리증서를 보여주었습니다. 그는 "이것은 나의 소유이지만, 나는 그것을 확인하거나 주장하지 않고 내버려 두겠습니다"라고 말한 것이 아니라, 자신의 소유에 대한 권리를 선언했습니다: "당신은 나의 하나님이시라고 나는 여호와께 말했습니다." 하나님의 자녀들이 아무런 말도 하지 않고 침묵을 지키는 것이 때로는 지혜로운 행동일 수 있습니다. 하지만 어떤 때에는 침묵을 지키는 대신에 말을 하는 것이 지혜로운 행동일 수 있습니다. 사랑하는 친구여, 당신은 하나님에게 "당신은 나의 하나님이십니다"라고 말한 적이 있습니까? 당신은 그렇게 말했습니까? 어떤 사람은 "글쎄요, 그렇게 말하고 싶긴 했습니다"라고 말합니다. 하지만 나는 당신이 그것을 넘어서서, 성령의 도우심을 받아 완전한 확신 가운데서 정말 그렇게 말할 수 있게 되기를 바랍니다. "그렇습니다! 나는 믿음으로 나의 하나님을 붙들고서 담대하게 그렇게 말했습니다. 시은좌 앞에서, 그리고 내가 십자가 아래에 섰을 때, 그렇게 말했습니다. 그리고 머지않아 내가 위에 계신 여호와의 보좌 앞에 서게 될 때, '당신은 나의 하나님이십니다'라고 말하게 될 것을 나는 기대합니다. 나는 나의 권리를 주장합니다. 나는 그렇게 말하는 것 외에는 달리 말할 것이 없습니다. 나는 당신을 나의 하나님이라고 주장하지 않고서는 그냥 당신을 보내드릴 수 없습니다. 하나님이여, 당신은 언제나 나의 거할 곳이었고, 언제나 나는 당신은 나의 하나님이시라고 말해 왔습니다."

또한, 이 주장이 어디에서, 즉 누구의 면전에서 이루어지고 있는지, 그리고 누가 증인이 되어서 그것을 지켜보고 계시는지를 주목하십시오: "나는 여호와께 당신은 나의 하나님이시라고 말했습니다." 목회자 앞에서나 어떤 그리스도인 형제 앞에서 하나의 신앙고백으로 "여호와는 나의 하나님이십니다"라고 말하는 것은 매우 쉬운 일입니다. 그것은 진심이 아닐 수도 있습니다. 하지만 여호와 앞에서 "당신은 나의 하나님이십니다"라고 말하는 것은 지극히 엄숙한 일입니다. 참된 신자들은 자신의 하나님과 대화를 나눕니다. 그들은 지존자와 대화하는 데에 익숙합니다. 그들은 사람들에게도 좋은 일들을 말할 수 있지만, 하나님께는 자신의 가장 좋은 일들을 말합니다: "나는 여호와께 당신은 나의 하나님이시라고 말했습니다." 여러분은 지금 이 순간에 영원히 계시는 저 두려우신 분의 임재 앞에설 수 있습니까? 여러분은 여호와께서 여러분을 보고 계시고, 듣고 계시며, 여러분 곁에 계시고, 여러분 안에 계시다는 것을 생생하게 느낄 수 있습니까? 여러분은 여호와의 무한하신 거룩하심과 변치 않는 공의를 생각할 수 있습니까? 그러고도 여러분은 여호와 앞에서 "당신은 나의 하나님이시고 소멸시키시는 불이시

지만, 당신은 나의 하나님이십니다"라고 말할 수 있습니까? 우리 하나님, 곧 믿
는 자들의 하나님은 소멸시키시는 불이시지만, 우리는 그를 우리의 하나님이라
고 부릅니다. 여러분이 고난과 비방과 시험을 당할 때에 그런 것들에서 등을 돌
리고서 "나는 여호와를 바라보며, 여호와의 임재 앞에서조차도 '여호와여, 당신
은 나의 하나님이십니다'라고 고백합니다"라고 말하는 것은 굉장한 일입니다.
여러분이 진정으로 그렇게 말할 수 있다면, 그것은 여러분의 영혼에 기쁜 평안
을 가져다줄 것입니다. 그것은 여러분에게 모든 해악을 막아 주는 전신갑주가
되어줄 것입니다. 그것은 여러분의 상처에서 피가 멈추게 해줄 것이고, 여러분
의 상한 심령으로 하여금 기뻐하게 만들어줄 것입니다. 여러분이 그렇게 말할
수만 있다면 말이죠.

　　또한, 나는 오늘의 본문에서 다윗이 어떤 상황에서 "당신은 나의 하나님이십
니다"라고 말했는지를 주목하는 것이 매우 중요하다고 생각합니다. 본문은 다윗
이 환난을 당하고 있던 때에 자기 자신에게 이 말을 반복해서 들려주었다는 것
을 보여줍니다. "'나는 여호와께 당신은 나의 하나님이시라고 말했습니다.' 사람
들은 내가 귀신 들렸다고 말했지만, 나는 '당신은 나의 하나님이십니다'라고 말
했습니다. 그들은 내가 버림받았다고 말했지만, 나는 '당신은 나의 하나님이십
니다'라고 말했습니다. 그들은 내게는 친구가 한 명도 없다고 말했지만, 나는 여
호와께 '당신은 나의 하나님이십니다'라고 말했습니다. 그들은 나에 대해서 나
쁜 말이란 말은 다했고, 더 나쁜 말들을 생각해 낼 수 있었다면 그런 말들도 하려
고 했을 것입니다. 그들이 할 수 있는 온갖 나쁜 말을 다하고 났을 때도, 나는 여
호와께 '당신은 나의 하나님이십니다'라고 말했습니다." 나는 "그는 이렇게 말했
고, 나는 저렇게 말했습니다"라거나 "그는 이렇게 말하고, 나는 저렇게 말합니
다"와 같은 식의 대화를 별로 좋아하지는 않지만, 한번쯤은 어떤 사람이 자기가
무엇이라고 말했는지를 우리에게 들려주는 것은 좋은 일입니다. 법정에서는 판
사가 증인의 증언을 제지하면서, "나는 당신이 말한 것이나 다른 사람이 말한 것
을 알고 싶지 않고, 다만 당신이 본 것을 알고 싶습니다"라고 말하는 일이 종종
있습니다. 그러나 이번 경우에 있어서 우리는 이 선한 사람 다윗이 말을 하는 것
을 막고 싶지 않습니다. 우리는 그가 고난의 한복판에서 했던 말을 우리에게 계
속해서 들려주기를 원합니다: "'나는 여호와께 당신은 나의 하나님이시라고 말
했습니다.' 나의 원수들은 자기들이 하고 싶은 말을 할 것입니다. 자, 너희의 입

을 열어서 너희의 독을 뿜어내라. 독사 같은 자들아, 너희가 아무리 사납게 물지라도 너희는 내게 그 어떤 해도 끼칠 수 없으리라. 왜냐하면, '나는 여호와께 당신은 나의 하나님이시라고 말했기' 때문이다."

이상이 내가 오늘의 본문 속에서 첫 번째로 본 것, 즉 다윗이 여호와 하나님을 자신의 소유로 주장하고 단언하는 모습에 관한 것입니다.

2. 둘째로, 간구를 드렸다는 것입니다.

우리가 다음으로 살펴볼 것은 간구입니다. 본문 속에 나오는 간구는 이렇게 되어 있습니다: "여호와여 나의 간구하는 소리에 귀를 기울이소서." 이것으로부터 우리는 다윗이 자주 기도하였다는 사실을 알게 됩니다. 그는 "나의 간구들의 소리"(한글개역개정에는 "나의 간구하는 소리"로 되어 있음)라고 복수형을 사용하고 있습니다. 그는 고난의 시기에 단 한 번 기도하고 끝낸 것이 아니고, 또 기도하고, 또 기도하고, 또 기도했습니다. 여러분의 고난이 두 배가 되었을 때, 여러분의 기도도 두 배가 되어야 합니다. 사람들이 당신에게 가장 심한 악담을 할 때, 여러분은 하나님과 가장 많이 대화를 하십시오. 하나님께서 여러분의 고난을 증가시키실수록, 여러분은 여러분의 간구를 증가시키십시오. "여호와여 나의 간구하는 소리에 귀를 기울이소서." 하나님께서는 끈질긴 기도를 반드시 들어주십니다.

다음으로, 다윗의 기도는 의미로 충만하였습니다. "나의 간구하는 소리에 귀를 기울이소서." 어떤 사람들의 기도에는 하나님이 들으실 "소리"가 없습니다. 그들은 많은 말들을 해가며 기도하지만, 거기에는 "소리"가 없습니다. "소리"가 있는 기도를 드리는 것은 대단한 일입니다. 우리는 사람의 기도에서 어떤 것이 "소리"인지를 언제나 분별할 수 있는 것은 아닙니다. 특히 그 기도가 탄식과 눈물과 흐느낌과 한숨으로 가득 차 있을 때는 더더욱 그렇습니다. 그러나 하나님께서는 모든 진실한 간구 속에서 특별한 "소리"를 들으십니다. 집 안에 가득 찰 만큼 많은 아이들이 있고, 그들이 모두 울고 있다고 합시다. 그래도 어머니는 자기 아기의 소리와 다른 아기들의 소리를 구별할 것입니다. 그리고 어머니는 자기 아기에게로 가서 그 아기가 무엇을 원하는지를 알아낼 것입니다. 여러분과 나는 알 수 없겠지만, 어머니는 압니다. 어머니는 "가엾은 것"이라고 말하고, 자기 아기와 공감과 연대를 이루기 때문에, 곧 그 아기가 무엇을 필요로 하는지를 알아냅니다. 아기는 말로 표현할 수 없지만, 어머니는 듣고 분간합니다. 여러분이 기도하고 싶은 것을 기도할 수 없을 때에도, 하나님께서는 마치 여러분이 말하고 싶었던 것을 다 말했을 때처럼 여러분이 무엇을 원하는 것인지 그 "간구하는 소리"를 들으실 수 있습니다. 하나님께서는 우리들의 마음을 보시고 우리가 무엇을 원하는지를 아십니다. 왜냐하면, 우리의 생각들은 하나님에게는 말과 같기 때문입니다. 우리가 어떤 사람에게 말을 하려면 소리를 내야 하고, 그렇지 않으면 그는 우리의 뜻을 알아차릴 수 없을 것입니다. 그러나 하나님에게 말할 때에는 그런 소리를 낼 필요가 없습니다. 하나님은 여러분의 눈물이 내는 "소리"와 여러분의 말 없는 탄식이 내는 "소리"를 들으실 수 있으시기 때문입니다.

> "하나님은 우리의 신음 속에서 음악을,
> 　우리의 눈물 속에서 아름다운 소리를 들으신다네."

하나님께서 우리의 기도의 의미를 아신다는 것은 복된 일이 아닙니까? "나의 간구하는 소리에 귀를 기울이소서."

또한, 우리는 다윗의 기도가 하나님을 향한 것임을 알게 됩니다: "내가 여호와께 말하기를 주는 나의 하나님이시니 여호와여 나의 간구하는 소리에 귀를 기울이소서." 어떤 사람들의 기도는 그들 자신을 위한 것입니다. 단지 그들의 양심의 편안함을 얻기 위한 것입니다. 또 어떤 사람들의 기도는 자신의 친구들을 향한 것입니다. 친구들로 하여금 그들이 얼마나 경건한 사람들인지를 알게 하려고 하는 기도인 것입니다. 그러나 진실하게 간구하는 자의 기도는 하나님을 향한 것입니다. 그런 사람은 자신의 간구가 담긴 봉투에 주소를 적을 때에 수신인을 하늘의 하나님이라고 적습니다. 왜냐하면, 그의 기도는 하나님을 향한 것이기 때문입니다.

또한, 다윗의 기도는 하나님이 들어주시지 않으시면 그가 도저히 쉴 수 없음을 보여주는 그런 종류의 기도였습니다. 그렇기 때문에 그는 "여호와여 나의 간구하는 소리에 귀를 기울이소서"라고 부르짖을 수밖에 없었습니다. 그는 하나님께서 그의 간구하는 소리를 들어주시지 않을 수 없을 정도로 온 힘을 다해 부르짖었습니다. 나는 고난 가운데 있는 하나님의 모든 자녀들에게 곧장 하나님에게로 나아가서 그에게 부르짖을 것을 권합니다. 여러분은 길거리를 걸어 내려가서 아무개라 하는 부인을 찾아가 그녀에게 여러분의 슬픔을 털어놓으려고 생각했습니다. 여러분이 그렇게 하고 싶다면, 그렇게 하는 것도 나쁘지는 않습니다. 그러나 여러분을 괴롭히고 있는 일을 가지고 하나님에게로 나아가는 것이 더 좋은 지름 길입니다. 가장 빠른 길이 최고의 주자를 만듭니다. 그리고 하나님의 문처럼 두 드리는 자를 환영하고 쉽게 열리는 문은 없습니다. 여러분의 짐을 가지고 하나 님께 나아가십시오. 하나님께 여러분의 기도를 들어달라고 요청하십시오. 하나 님께서는 분명히 그렇게 하실 것입니다.

이상으로 우리는 두 번째 대지를 마쳤습니다. 지금까지 우리는 본문 속에서 여호와 하나님이 자신의 소유임을 주장한 것과 본문 속에 나타난 간구에 대해서 살펴보았습니다.

3. 셋째로, 하나님의 보호하심에 대한 경험입니다.

이제 다윗은 자신을 격려하고 용기를 얻기 위해서 자신이 경험한 하나님의 보호하심에 대하여 아주 간단하게 언급합니다: "내 구원의 능력이신 주 여호와 여 전쟁의 날에 주께서 내 머리를 가려 주셨나이다." 이것은 이렇게 말한 것과 같습니다: "주께서는 전에 내게 이 일을 해주셨습니다. 그러니 주께서 또다시 나를 위해 그런 일을 해주시지 않겠습니까? 주께서 나를 도와주기 시작하셨으니, 더 이상 전쟁이 없는 나라, 원수의 칼을 막기 위해서 투구를 쓸 필요가 없는 나라, 내 머리에 영광의 면류관을 쓰게 될 나라로 나를 데려가실 때까지 나를 버려 두지 마십시오."

여러분은 다윗이 골리앗과 싸우기 위해 앞으로 나갔을 때에 두 명의 전사가 그를 향해 온 것을 기억하실 것입니다. 왜냐하면, 골리앗은 그의 방패 든 자를 앞 세우고 나아왔기 때문입니다. "블레셋 사람이 방패 든 사람을 앞세우고 다윗에 게로 점점 가까이 나아가니라"(삼상 17:41). 가엾은 어린 다윗이여! 다윗에게는 방패를 들고서 그를 보호해 줄 사람이 없었습니다. 또한, 사울이 다윗에게 자신의 갑옷을 사용하게 하였지만, 그 갑옷은 그에게 맞지 않았습니다. 그는 그러한 보호장구를 착용하려고 하지도 않고, 옆으로 치워 두었습니다. 그러나 다윗에게 방패나 갑옷이 없었습니까? 그렇지 않습니다. 오늘의 본문은 히브리어로 "'네셰 크'(히브리어로 '네셰크'는 갑옷이나 무기를 뜻하기도 하고, 전쟁이나 전투를 뜻하기도 한다 — 역주)의 날에 주께서 내 머리를 가려 주셨나이다"가 됩니다. 이것은 하나님께서 다윗의 무기 든 자가 되어 주셨다는 것입니다. 하나님께서 다윗을 보호해 주시기 위하여 방패를 들어주셨고, 장수들이 믿는 갑옷 대신에 원수들의 그 어떤 칼도 벨 수 없는 쇠사슬 갑옷을 그에게 입혀 주셨습니다. 우리에게는 지난날에 그런 일이 없었습니까? 하나님께서 자신의 방패로 우리의 머리를 가려 주시지 않으셨습니까? 우리가 지존자의 섭리와 은혜로 모든 해악으로부터 보호를 받지 않았습니까? 나는 우리에게 그런 일이 있어 왔다는 것을 압니다. 그렇다면, 우리를 사자의 턱과 곰의 발톱으로부터 건져 주셨던 하나님께서 앞으로도 우리를 할례 받지 않은 블레셋 사람들로부터 건져 주실 것입니다. 우리가 젊었을 때에 우리의 손으로 싸움하는 법을 가르쳐 주셔서 우리의 팔로 쇠로 만든 활도 쳐부술 수 있게 하셨던 하나님께서 우리가 나이 들고 쇠약해졌다고 해서 지금에 와서 우리를 떠나시거나 버리시지 않으실 것이고, 나아가 끝날까지 우리를 지켜 주시고 보호해 주실 것입니다. 그러므로 우리는 우리의 과거의 경험으로부터 담력을 얻어서 하나님을 믿고 신뢰해야 합니다.

　"전쟁의 날에 주께서 내 머리를 가려 주셨나이다"라는 다윗의 고백은 하나님께서 그의 가장 중요한 부분을 지켜 주셨다는 말입니다. "주여, 나는 여기저기에 상처를 입었습니다. 나의 오른팔에도 흉터가 생겼고, 나의 발도 부상을 입었습니다. 그러나 '주께서 내 머리를 가려 주셨나이다.' 대적들은 나의 머리를 쳐서 내 목숨이 들판에 부어질 정도로는 내게 타격을 줄 수 없었습니다. 왜냐하면, 주께서 나의 머리를 가려 주셨기 때문입니다." 육신의 상처들이 있을 수 있고, 많은 피를 흘리게 한 깊은 상처가 있어서 마음의 고통과 아픔도 있을 수 있지만, 하나님께서는 우리의 목숨과 관련된 중요한 부분은 지켜 주셨고, 앞으로도 끝까지 지켜 주실 것입니다.

　또한, 다윗은 하나님께서 자신의 "구원의 능력"이셨다는 말을 여기에 덧붙입니다. 다윗을 구원한 힘은 하나님의 능력이었습니다. 이것은 생명의 길로 들어선 우리 모두에게도 마찬가지입니다. 우리 중에는 오래 전에 그리스도에게로 나아왔지만, 지금도 여전히 이렇게 노래하는 분들이 있습니다:

> "그때로부터 오랜 세월이 흘렀습니다.
> 　그동안 많은 위험도 겪었습니다.
> 　하지만 지금까지 나는 꿋꿋하게 서 있습니다.
> 　주가 아니면, 누가 나를 세워 줄 수 있겠습니까?"

만일 하나님께서 우리를 멸망시키려고 하셨다면, 지금까지 우리에게 그렇게 많은 일을 해주셨겠습니까? 나는 나의 몇몇 걱정거리들을 생각하다가 문득 내가 드레이크 제독(Admiral Drake)과 흡사하다는 것을 느꼈습니다. 그는 전 세계를 누비며 대양 곳곳에서 스페인 함대와 전투를 벌였습니다. 그가 템스 강으로 귀환할 때에 갑자기 돌풍이 불면서 그의 배가 해변에 좌초할 지경이 되었습니다. 그때에 그는 이렇게 말했습니다: "이건 말도 안 돼! 우리는 세계를 돌아서 지금 고국에 돌아왔는데, 이런 좁은 도랑에 빠져 죽을 수는 없어!" 그렇습니다. 우리도 이렇게 말하여야 합니다: "이건 말도 안 돼! 우리는 지금까지 하나님의 은혜를 수없이 경험했는데, 이런 보잘것없는 도랑에 빠져 죽을 수는 없어!" 그렇습니다. 우리는 지금까지 우리를 보호해 주셨고, 앞으로도 예수 그리스도의 날까지 우리를 보호해 주실 하나님을 우리 모두 즐거워하고 기뻐하는 것이 마땅합니다.

4. 넷째로, 하나님의 보호하심에 대한 기대입니다.

이제 나는 서둘러서 네 번째 대지로 넘어가야 할 것 같은데, 그것은 하나님의 보호하심을 기대하는 것에 대한 것입니다: "내가 알거니와 여호와는 고난당하는 자를 변호해 주시며 궁핍한 자에게 정의를 베푸시리이다."

여러분 중에 박해를 받거나 비방을 당하거나 악담을 듣는 사람이 있다면, 이렇게 말하십시오: "하나님께서 해결해 주실 것입니다. 하나님은 온 세상을 심판하시는 분이신데, 그런 하나님이 정의를 행하시지 않으시겠습니까?" 여러분 자신의 문제를 갖고 혼자 씨름하지 마시고 하나님의 손에 맡기십시오. "어떤 일을 잘 처리하고자 한다면 자신의 힘으로 직접 하라"는 속담이 있습니다. 그러나 만약 그 문제가 여러분 자신의 인격에 관한 문제라면, 이 속담은 세상에 나온 속담 중에서 최악의 속담이라고 나는 감히 말씀드리겠습니다. 여러분의 옷에 여러분 자신이나 다른 사람이 잉크를 떨어뜨렸을 때, 그 얼룩을 크게 만들고 싶다면, 그 잉크가 마르기 전에 손가락으로 문지르면 됩니다. 그러나 여러분이 지혜로운 사람이라면, 그것을 그냥 내버려 둘 것입니다. 외투에 묻은 먼지나 오물은 마르고 난 뒤에 털어내야 합니다. 나는 거룩한 인격은 종종 불경건한 사람들이 덮어씌운 오물들로 말미암아 일시적으로 더럽혀졌을 때에 도리어 더욱 찬란하게 빛을 발한다고 믿습니다. 사람들이 여러분에게 진흙을 던진다면, 그냥 내버려 두십시오. 어떤 사람은 "그러나 이런 비방은 나의 인격을 모독하는 것입니다"라고 말할 것입니다. 그렇습니다. 나도 알고 있습니다. 하지만, 당신이 누구이길래, 당신의 인격이 모독을 당하면 안 된다는 것입니까? 당신은 "그러나 그것은 나의 유일한 자존심입니다"라고 말할 것입니다. 그러나 여러분이 자기 자신을 사람들의 웃음거리가 될 만한 자라는 사실을 인정하고 받아들인다면, 여러분은 더 나쁜 일을 당할 일이 없을 것입니다. 그냥 내버려 두십시오. 그것이 지혜로운 것입니다. 여러분이 좋은 인격을 갖게 된 것은 하나님께서 여러분에게 은혜를 주셨기 때문입니다. 따라서 하나님께서 여러분에게 주신 것을 하나님이 친히 돌보실 것이기 때문에, 여러분은 두려워하거나 걱정할 필요가 없습니다. 하나님은 의로우신 재판관이시기 때문입니다.

또한, 하나님은 긍휼에 풍성하신 친구이십니다. 하나님께서 자신이 사랑하는 성도 중에서 누군가가 몹시 궁핍한 것을 보셨다고 합시다. 그들이 스스로 먹고 살 수 없게 되었다면, 하나님께서 그들을 돌보실 것이라고 여러분은 생각하지 않습니까? 다윗은 그렇게 생각했습니다. 왜냐하면, 그는 "내가 알거니와 여호와는 고난 당하는 자를 변호해 주시며 궁핍한 자에게 정의를 베푸시리이다"라고 말하고 있기 때문입니다. 부자들은 자신들의 권리를 지킬 수 있지만, 가난한 사람들은 그럴 수가 없습니다. 그래서 하나님께서는 가난한 사람이 자신의 권리를 잃지 않도록 돌보아 주시고, 만약 그가 권리를 잃는 경우에는, 그 권리를 빼앗아간 사람에게 복수를 해주실 것입니다. 여러분의 형편과 사정을 하나님께 맡기십시오. 여러분은 하나님보다 더 좋은 변호사나 조력자를 구할 수 없습니다. 불의에 손을 내밀지 마십시오. 여러분 스스로 자신을 변호하려고 하지도 마십시오. 만약 여러분이 주님이 하셨던 대로 한다면, 여러분은 지혜로운 사람들입니다: "욕을 당하시되 맞대어 욕하지 아니하시고"(벧전 2:23); "마치 도수장으로 끌려가는 어린 양과 털 깎는 자 앞에 잠잠한 양 같이 그의 입을 열지 아니하였도다"(사 53:7).

5. 다섯째로, 찬양에 대한 예상입니다.

마지막으로, 시편 기자는 하나님께서 찬송을 받게 되실 것이라고 예상합니다: "진실로 의인들이 주의 이름에 감사하리이다." 오늘날 의인들은 의기소침해 있고 곤고하며 멸시받고 울고 있습니다. 그러나 다윗은 말합니다: "진실로 의인들이 주의 이름에 감사하리이다." 찬양은 감사에 의해서 생겨납니다. 하나님께서 그들에게 베풀어 주신 모든 일들로 말미암아 그들이 하나님께 감사를 드리지 않을 수 없는 날이 반드시 올 것입니다. "진실로" 그들은 그렇게 될 것입니다. 하나님께서 그의 구원하시는 은혜를 통해서 그들을 놀라게 만드실 것이고, 그들은 목소리를 높여서 하나님의 이름에 감사하게 될 것입니다.

하지만 그들은 거기에서 멈추지 않을 것입니다. 왜냐하면, 그들은 감사할 뿐만 아니라, 그들의 거룩한 확신으로 말미암아 하나님을 찬양하게 될 것이기 때문입니다. "정직한 자들이 주의 앞에서 살리이다." 그들은 하나님에게 가까이 나아가서 평화롭고 행복하게 살 것입니다. 이것은 아름다운 약속이자 위로를 주는 약속입니다: "정직한 자들이 주의 앞에서 살리이다." 온 세상이 그들을 공격하고 큰 소란을 피웁니다. 그러면 그들은 무엇이라고 말할까요? "우리 평생에 선하심과 인자하심이 반드시 우리를 따르리니 우리가 여호와의 집에 영원히 살리로다"(시 23:6). 하나님을 찬양하는 가장 위대한 방법은 시편과 찬송을 부르는 것이 아닙니다. 물론, 그것은 하나님을 찬양하는 매우 향기로운 방법이긴 합니다. 하지만 좀 더 장중한 방법은 여러분이 고난의 시기에 침묵을 지키고, 고생할 때에 행복해하고, 오직 하나님과 함께 거하며 하나님의 복된 임재 안에서 자신의 모든 슬픔이 해소되는 것을 아는 것입니다. 자기 아버지가 하는 모든 일을 다 받아들이는 어린아이야말로 참으로 자기 아버지를 높이는 것이 아니겠습니까? 아이는 "그건 틀림없어요. 왜냐하면, 나의 아버지가 하시는 일이니까요"라고 말합니다. 하나님의 자녀가 "그분은 하나님이시니, 하나님께서 자신의 소견에 옳게 보이시는 대로 행하시기를 원하나이다"라고 말할 때, 그는 그가 지금까지 나팔을 불거나 제금을 치면서 드렸던 그 어떤 찬양보다도 더 위대한 찬양을 하나님께 드리고 있는 것이라고 나는 믿습니다. 우리 모두가 그렇게 하도록 애쓰는 것이 마땅합니다.

또한, 마찬가지로 우리는 하나님과의 교제 안에 거함으로써 하나님을 찬양할 수 있습니다. "정직한 자들이 주의 앞에서 앉으리이다." 우리는 본문을 이렇게 번역할 수도 있습니다. 나는 이것을 어떻게 설명할 수 있을까요? 만일 여러분이 저 위에 있는 영광의 나라의 장막 속을 들여다볼 수 있다면, 어린 양께서 하나님의 보좌 한가운데에 앉아 계시는 것을 보게 될 것입니다. 그리고 어린 양 주위에는 보혈로 구속함을 받은 모든 성도들이 그들의 복락 속으로 들어간 채로 있는 것을 보게 될 것입니다. 그리고 여기에서 고난의 때를 보내고 있는 여러분은 곧장 아버지 하나님의 식탁으로 나아가서, 그의 자녀 중 한 명으로서 거기에 자리를 잡고 앉을 수 있습니다. 또는, 여러분은 여러분이 사랑하는 구주의 발 밑으로 가서 마리아와 함께 거기에 자리를 잡을 수도 있을 것입니다. 그렇게 해서, 여러분은 가장 효과적인 방법으로 주 예수 그리스도를 찬양하게 될 것입니다. 나는 여러분이 마르다와 함께 주방에 있고 싶다는 유혹을 받을 것임을 알고 있습니다. 그녀는 무슨 일이 일어났는지, 그리고 무슨 일이 일어나지 않았는지를 초조해하고 근심하던 여인이었습니다. 그러나 주 예수 그리스도께서 여러분에게 해 주실 말씀은 오직 이것뿐입니다: "마르다야 마르다야 네가 많은 일로 염려하고 근심하나"(눅 10:41). 나는 마르다라고 불려야 마땅한 남자들을 알고 있는데, 그들은 여자들 못지않게 언제나 근심하고 걱정하는 사람들입니다. 그래서 구주께서는 그들에게 이런 말을 들려주실 것입니다: "너희는 많은 일로 근심하고 있구나. 그러나 만약 너희가 나를 찬송하고자 한다면, 이리로 와서 앉으라. 와서 내게 배우라. 그것이 가장 좋은 것이고, 너희는 그 좋은 것을 결코 빼앗기지 않을 것이다. 와서 내 말을 들어라. 마음을 다 바쳐서 내 말에 흠뻑 빠져 보아라. 그러면 내가 너희에게 복을 주리라. 너희는 와서 나의 일에 마음을 써라. 그러면 내가 너희의 일을 보살펴 주리라. 와서 나를 시험해 보라. 그러면 나를 믿는 것이 이 세상에서 살아가는 데에 가장 안전하고 좋은 방법이라는 증거를 내가 너희에게 보여줄 것이다."

지금까지 내가 드린 말씀은 모두 다 하나님의 백성들을 위한 것입니다. 나는 여러분 모두가 하나님의 백성이기를 바라지만, 만약 그렇지 않은 분이 있다면, 나는 하나님께서 여러분을 언약의 유대 안으로 인도해 주시기를 기도합니다. 그리스도에게 나아오는 것은 매우 복된 일이고, 여러분이 그분 앞으로 나아올 때, 이 모든 보배들은 여러분의 것입니다. 그리스도께서 죄인들을 위해서 행하신 일을 믿으십시오. 예수 그리스도를 믿는 모든 자를 구원하시겠다는 신실하신 하나님의 약속을 믿으십시오. 여러분이 죄인일지라도, 주 예수 그리스도를 믿기만 하면, 여러분은 앞으로 삶 속에서 낭패를 당하는 일이 결코 없게 될 것입니다. 하나님께서 예수 그리스도를 인하여 여러분에게 복 주시기를 기원합니다. 아멘.

중보의 기도

—

"그들의 재난 중에도 내가 항상 기도하리로다." — 시 141:5

오늘의 본문은 히브리어 원문에서 매우 난해한 구절이어서, 그 뜻을 확실하게 결정하기가 매우 어렵습니다. 그러나 지금까지 제시된 여러 가지 해석들을 살펴보는 것은 지금 나의 관심사가 아닙니다. 나의 목적은 다른 데에 있습니다. 지금 나의 설교의 목적을 위해서는 흠정역 성경으로 충분합니다. 흠정역 번역자에 따르면, 이 구절에서 다윗의 말은 다음과 같은 뜻입니다: "비록 어떤 의인이 그를 아주 호되게 책망하여 양심의 가책을 느끼도록 만들고, 그의 악행을 지적하여 드러낼지라도, 그리고 가혹하리만치 엄격하게 그렇게 할지라도, 그는 그 의인에게 불만이 없을 것입니다. 도리어, 그는 그러한 책망으로 인하여 그 의인을 더욱 사랑하고, 그렇게 신실하게 자기를 대해 준 것에 대해서 그 의인에게 감사하고, 그리고 자기를 책망한 그 의인이 재난을 당했을 때에 그 의인을 위하여 끊임없이 기도함으로써 그 의인에 대한 자신의 사랑을 증명할 것입니다." 다윗은 정직하게 자신을 책망하는 사람을 위해서 언제나 따뜻한 마음으로 기도하곤 하였습니다.

이 구절의 의미가 이런 것이라면(나도 그러한 해석이 옳다고 생각합니다), 우리는 다윗이 성도들을 위해서 언제나 기도하는 습관이 있었다는 것을 알게 됩니다. 만약 그에게 그런 습관이 없었다면, 그는 그들이 재난을 당할 때에도 자기가 그들을 위해서 기도했다고 말하지는 않았을 것입니다. 다윗은 자신의 개인기도 시간에 하나님의 의인들의 이름을 부르면서 날마다 기도하는 습관이 있었습니다. 만일 그렇지 않았더라면, 그들 중 어떤 사람들이 그를 책망하고 가혹하게 비난하는데도 불구하고, 그가 여전히 그들을 위하여 기도하기를 원한다고 결코 말하지 않았을 것입니다.

이 아침에 우리가 살펴볼 주제는 요즈음 너무나 경시되고 있지만 아주 중요한 중보기도의 의무입니다. 우리는 이 주제와 관련해서 두 가지를 말씀드릴 것입니다. 나는 첫 번째로, 본문이 성도들과 관련해서 우리에게 요구하는 중보기도에 대해 살펴보고 나서, 두 번째로, 여러분에게 죄인들을 위해서 중보기도를 드릴 것을 권면할 것입니다.

1. 첫째로, 하나님의 백성을 위하여 중보기도를 드리는 것은 의무입니다.

나는 우리의 생각을 질서정연하게 정리하기 위해서 의무라는 단어를 우리의 첫 번째 핵심어로 택하기로 하겠습니다. 다른 성도들을 위해서 기도하는 것은 모든 하나님의 자녀들의 의무입니다. 우리의 본성 자체가 이 사실을 우리에게 가르쳐 주지 않습니까? 내가 말하는 본성은 옛 본성이 아니라 성령에 의해서 우리 안에 새롭게 창조된 새 본성입니다. 나의 형제들이여, 여러분 자신이 하나님의 생명을 소유하게 된 그 순간부터, 여러분은 누구의 부탁을 받지 않아도 다른 사람을 위해서 기도하게 되었다는 것을 알게 되지 않았습니까? 여러분의 첫 번째 믿음의 기도는 "하늘에 계신 우리 아버지여"라는 말로 시작되는데, 하나님은 "우리 아버지"이시기 때문에 여러분 말고도 다른 사람들의 아버지이시기도 합니다. 거듭나서 새로워진 마음으로 드리게 되는 가장 초기의 기도들 중에는 자기를 예수께로 인도해 준 사람을 위한 기도가 들어 있을 것입니다. 새롭게 회심한 사람은 자신의 회심의 중개 역할을 했던 사역자를 위해서 기도하는 것을 결코 잊지 않습니다. 또한, 하나님의 은혜로 말미암아 멸망으로부터 구원을 받은 새로운 영혼은 아직 구원받지 못한 영혼을 위해서도 간구합니다: "주께서는 나의 영혼을 감옥으로부터 꺼내 주셨습니다. 주여, 아직 감옥에 갇혀 있는 나의 친구들도 거기로부터 풀어 주소서. 주의 자비로우심 안에서 다른 사람들도 주의 구원의 달콤함을 맛보게 하소서." 그리고 새롭게 회심한 사람은 자기를 위해서 한 번이라도 위로나 교훈을 베풀어 준 그리스도인들을 위한 기도를 자신의 기도 속에 포함시킬 것입니다. 왜냐하면, 새롭게 태어난 마음은 감사할 줄 아는 부드러운 마음이고, 이 땅에 있는 진실한 친구들에게 감사함을 느끼지 못하는 사람은 위로부터 거듭난 사람이 아니기 때문입니다. 새장의 새를 풀어놓아 주어 보십시오. 그 새는 창공을 차고 오르면서 당신에게 감사의 노래를 들려줄 것입니다. 한 마리 새도 이럴진대, 여러분이 옥에 갇힌 영혼들을 위해서 옥문을 열어 준다면, 그들은 여러분의 사랑의 수고에 대해서 기도로 보답할 것입니다.

새롭게 태어난 신자가 다른 사람들을 위해서 중보기도를 하기 시작하는 것은 자연스러운 본능이고, 이 본능은 그의 평생에 걸쳐서 지속됩니다. 중보기도는 그가 반드시 해야 할 일들 중의 하나가 됩니다. 그 일을 하는 것은 그에게 기쁨입니다. 그가 그 일을 완전히 멈추는 것은 불가능할 것입니다. 왜냐하면, 그의 마음 속에 내주하시는 성령께서 하나님의 뜻대로 성도들을 위해서 중보기도 하시기 때문입니다.

형제들이여, 중보기도는 하늘로부터 태어난 본성에 깃들인 본능인 것과 마찬가지로, 하나님의 택함 받은 권속들의 법이기도 합니다. 성도들에 대해서는 다음과 같이 말하는 것이 합당한 일일 것입니다: "모든 기도와 간구를 하되 항상 성령 안에서 기도하고 이를 위하여 깨어 구하기를 항상 힘쓰며 여러 성도를 위하여 구하라"(엡 6:18). 모든 신자는 기도하는 일과 관련해서 파수꾼의 지위를 부여받고 있습니다. 신자들은 침묵해서는 안 되고, 하나님께서 예루살렘을 견고히 세우셔서 이 땅에서 찬송이 되게 하실 때까지, 하나님으로 하여금 안식하실 틈을 주어서는 안 됩니다. 우리 모두는 예루살렘의 평화를 위해서 기도해야 합니다. 우리의 형통은 거기에 달려 있습니다. 하나님은 우리에게 "서로 사랑하라"는 말씀을 새 계명으로 주셨습니다. 이 새 계명으로 인해서도 우리는 서로를 위해서 기도하지 않으면 안 됩니다. 자기 형제를 위해서 하나님께 중보기도 하지 않는 사람이 어떻게 그를 사랑한다고 말할 수 있겠습니까? 내가 믿음의 형제들과 함께 살아가면서 그들의 슬픔을 보는데도, 그들을 위해서 하나님께 부르짖지 않을 수 있겠습니까? 내가 그들의 궁핍과 고난과 시험과 무거운 마음을 보면서, 나의 일을 위해서 간구하느라 그들의 그런 형편을 잊을 수 있겠습니까? 내가 그들의 믿음의 역사와 사랑의 수고를 보고도, 그들을 위해서 복을 빌지 않을 수 있겠습니까? 내가 나 자신만 생각하고, 예수 그리스도 안에 있는 형제자매들을 못 본 척 할 수 있겠습니까? 그럴 수 없습니다. 왜냐하면, 사랑의 권속들 사이에서는 서로의 아픔을 함께 느끼면서 끊임없이 중보기도를 하는 것이 당연하기 때문입니다. 하나님께서는 우리가 우리의 형제들을 위해서 기도하기를 멈춤으로써 하나님께 범죄해서는 안 된다고 말씀하십니다. 교회라는 벌통에 속해 있는 모든 벌은 각자가 꿀을 모아들이고, 그렇게 모아진 꿀은 모두를 위해 사용됩니다. 나무의 모든 뿌리는 자양분을 흡수하기 위해서 사방으로 뻗어나가고, 그렇게 해서 흡수한 모든 자양분을 나무 전체를 위해서 비축합니다. 마찬가지로, 모든 신자들은 교회 전체를 위해서 영적인 복들을 찾고 흡수해야 합니다. 그러므로 나의 형제들이여, 여러분에게 주어진 중보기도의 의무는 여러분이 다른 성도들 및 영원히 찬송 받으실 하나님과 맺은 관계로부터 형성된 달콤한 의무라는 사실을 잊지 마십시오.

또한, 사랑하는 자들이여, 우리는 모든 신자 사이에 생명의 연합이 있다는 것을 압니다. 그것은 매우 친밀한 종류의 하나됨입니다. 우리는 억지로 된 형제들이 아니라 "한 몸의 지체들"입니다. 그리스도께서는 교회의 머리이고, 교회는 그의 몸이며, 우리 모두는 그 몸의 지체들입니다. 사람의 몸에서 각각의 팔과 다리와 기관과 장기와 혈관과 신경이 몸 전체를 위해서 필요한 것 같이, 교회에서도 각각의 신자는 나머지 모든 신자를 위해서 필요하고, 나머지 모든 신자들은 각각의 신자를 위해서 필요합니다. 우리는 무릎의 부상이 팔에 무슨 특별한 해를 끼치는지를 보여줄 수 없을지도 모릅니다. 하지만 무릎이 아프면, 팔도 아픔을 느끼리라는 것은 확실하지 않습니까? 우리의 몸에 있는 어떤 하나의 세포라도 고장이 나면, 그것은 우리 몸 전체에 얼마간이라도 영향을 미치지 않을 수 없습니다. 하나님께서는 이와 같이 우리가 각자 서로서로 의지하도록 만드셨습니다. 그것은 우리가 상상하는 것 이상입니다. 교회 공동체에서 각각의 신자는 교회 전체가 건강한가 아니면 병들었는가에 관여합니다. 어느 누구도 그것을 피할 수는 없습니다. 하나님의 교회 안에서는 자기 자신을 위해 사는 사람도 없고 자기 자신을 위해 죽는 사람도 없습니다. 한 신자가 은혜 안에서 자라갈 때, 그는 자기 혼자서만 부요해지는 것이 아닙니다. 그가 부요해짐에 따라서, 그리스도인 공동체가 함께 영적으로 부요해집니다. 반면에, 어떤 신자가 하나님의 일에서 실패하여 가난하고 연약해진다면, 그것은 그 자신에게만 해가 되는 것이 아니고, 어느 정도는 교회도 가난해지고 연약해지고 해를 입습니다. 형제들이여, 이것은 사실이기 때문에, 우리가 몸에 빚지고 있는 의무들을 우리는 차고 넘치게 수행해야 합니다. 우리는 그 몸의 일부입니다. 또한, 우리는 성도들을 위해 간구하는 이 기쁜 일을 점점 더 차고 넘치게 행하여야 합니다. 중보기도는 온 몸에 걸쳐서 맥박과 같이 힘차게 뜀으로써, 모든 살아 있는 지체로 하여금 거룩한 충동을 느끼도록 만듭니다. 중보기도는 우리가 할 수 있는 가장 작은 일들 중의 하나이지만, 사실은 가장 큰 일들 중의 하나입니다. 우리는 모두 이 일에서 게을러져서는 안 됩니다. 기도하지 않는 신자는 교회의 장애물입니다. 그는 사람의 몸에서 삭은 뼈나 썩은 이와 같은 존재입니다. 그는 형제들에게 그 어떤 유익도 끼치지 못하고, 도리어 머지않아서 형제들에게 우환거리가 될 것입니다. 형제들이여, 여러분은 한 사람도 그렇게 되어서는 안 됩니다.

형제들이여, 중보기도의 의무와 관련해서 여러분이 공감할 수 있는 논거가 필요하십니까? 그것을 찾는 것은 어렵지 않습니다. 왜냐하면, 바로 우리 자신이 다른 사람들의 중보기도에 큰 빚을 지고 있기 때문입니다. 많은 그리스도인들이 회심할 수 있었던 것은 그들이 구주의 이름을 발음할 수도 없었던 유년기에 그들의 어머니들이 하늘에 올려드렸던 기도 덕분입니다. 한 어머니가 아이들을 예수께로 데리고 와서 아이들에게 안수하고 축복해 주실 것을 구했습니다. 여러분 중 많은 사람들이 회심한 것은 주일학교 선생님이나 목사님의 중보기도, 또는 여러분을 위해서 중보기도 해주신 신실한 그리스도인 덕분입니다. 여러분이 다른 사람의 기도 덕분에 복을 받았다면, 여러분도 다른 사람을 위해서 기도함으로써 감사를 표하는 것이 마땅합니다. 여러분이 복을 받은 것과 같은 방법으로, 여러분도 복을 주기 위해서 애쓰십시오. 나는 나 개인과 관련해서, 나를 위해서 기도하는 사람보다 나에게 더 참된 자비를 베푸는 사람은 이 세상에 있을 수 없다는 말씀을 이 아침에 여러분에게 드립니다. 형제들이여, 여러분이 나를 위하여 더 많이 기도해 주실수록, 나는 금이나 은과는 비교할 수 없을 정도로 소중한 자산과 관련해서 실제로 더 부요해지게 될 것입니다. 어느 나이 드신 청교도 한 분은, 사업이 번창할 때에 사람은 자기 사업을 도와줄 많은 손길이 필요한 것과 마찬가지로, 어떤 사람이 점점 더 유익한 사람이 되어갈 때에는 많은 영혼들로 하여금 자신을 위해서 기도하게 함으로써, 그는 더욱더 유익한 사람이 되어 간다고 말했습니다. 하나님의 종에게 있어서 하나님의 은혜가 더욱더 절실해질수록, 그가 하나님의 복을 받아 자신의 사역을 수행할 수 있기 위해서는 모든 형제와 자매들로부터 더욱 많은 중보기도의 도움을 필요로 합니다. 나의 형제들이여, 나는 여러분을 위해서 기도해야 할 의무가 있습니다. 왜냐하면, 나는 여러분 중에서 많은 이들이 나를 위하여 은혜의 보좌를 붙들고 기도하고 있다는 것을 알기 때문입니다. 내가 여러분에게 이 한 가지를 말씀드리고자 합니다: 여러분이 성도들의 중보기도를 통해서 복을 받았는데도 다른 사람들을 위해서 중보기도를 하지 않는다면, 여러분은 배은망덕한 사람이 아니겠습니까? 어머니의 기도가 당신을 그리스도에게로 인도했습니까? 그렇다면, 젊은 어머니여, 당신의 사랑스러운 작은 아이들을 위해서 하나님께 간구하십시오. 아버지의 기도가 당신을 구원으로 인도했습니까? 그렇다면, 젊은이여, 당신의 끊임없는 기도로 당신의 육신의 아버지를 붙들어드려서 아버지의 노년이 복되게 하십시오. "너희가 거저 받았으니 거저 주어라"(마 10:8). 이슬을 맞아서 비옥해진 땅은 수확으로 보답합니다. 여러분도 여러분에게 복을 가져다준 통로가 되었던 교회에 아름다운 보답을 해야 합니다. 그러므로 오늘 우리가 그리스도 안에 있는 형제들과 자매들을 위해서 기도하느냐 마느냐는 선택의 문제가 아닙니다. 사랑하는 형제들이여, 만약 여러분이 믿음의 권속들을 위하여 중보기도하지 않는다면, 여러분은 새 생명의 본능을 갖고 있는 것이 아닙니다. 즉, 여러분은 하나님에 대하여 살아 있는 것이 아닙니다. 만약 여러분이 중보기도를 잊는다면, 여러분은 중생의 확실한 증표인 하나님의 사랑을 소유하고 있는 것이 아닙니다. 만약 여러분이 중보기도를 게을리한다면, 여러분은 자신이 진 빚을 생각하지 않는 것이고, 여러분이 고백한 그리스도의 교회와의 연합에 합당하지 않게 행하는 것입니다. 나의 형제들이여, 나는 여러분에게 살아 계신 하나님의 권속을 위하여 힘 있고 간절히 기도를 드릴 것을 간청합니다.

　지금부터는 우리가 우리의 핵심어를 의무에서 영광으로 바꾸고자 합니다. 성도들을 위해서 기도하는 것이 우리에게 허락되어 있다는 것은 얼마나 큰 영광입니까! 왜냐하면, 중보기도는 우리가 생각할 수 있는 가장 친밀한 주 예수 그리스도와의 교제로 우리를 인도해 주기 때문입니다. 우리는 인간의 죄를 대속하는 일에서는 어떠한 도움도 될 수 없습니다. 구주께서는 "다 이루었다"고 말씀하셨고, 그때에 대속이 다 이루어졌습니다. 우리는 그 일에 전혀 동참할 수 없고, 다만 그 일의 결과들을 받아서 누릴 뿐입니다: "만민 가운데 나와 함께 한 자가 없이 내가 홀로 포도즙틀을 밟았는데"(사 63:3). 오늘날 복음을 선포함에 있어서, 우리는 주 예수께서 지금은 관여하고 계시지 않는 직무를 수행하고 있는 것입니다. 지금은 성령께서 우리를 도와주실 뿐이고, 예수 그리스도께서는 아버지 하나님의 오른편에 앉아 계시고, 기쁜 소식을 선포하는 그의 음성은 들리지 않습니다. 그러므로 어떤 점에 있어서 우리는 다양한 직업들을 갖고 있고 상이한 사명들을 수행하고 있지만, 중보기도의 일에 있어서는 우리가 하나입니다. 지금 이 순간 우리 주님은 하나님의 보좌 앞에서 간구하고 계시는데, 우리가 그리스도의 백성을 위하여 중보기도를 드릴 때에 우리도 동일한 일을 하고 있는 것입니다. 우리가 성도들을 위해서 기도할 때, 우리는 휘장 안에서 중보기도를 드리시는 대제사장과 실질적으로 현재적인 친교를 나누고 있는 것입니다. 다시 말씀드리지만, 내가 오늘 복음을 전할 때, 그리스도께서도 복음을 전하시는 것은 아닙니다. 그러나 내가 기도를 드릴 때, 나의 목소리는 그리스도의 목소리와 하나로 어우러집니다. 나는 내가 형제들을 위해서 기도할 때, 그리스도께서 흉패 — 거기에 박힌 보석들에는 그가 택하신 모든 성도들의 이름이 새겨져 있습니다 — 를 입으시고 영광의 보좌 앞에 서 계시다는 것을 기억합니다. 그렇다면, 하나님의 아들과 중보기도의 사역을 함께 하는 것은 정말 즐겁고 기쁜 일이 아니겠습니까? 그리스도께서는 우리를 제사장들로 삼으셔서 우리 하나님을 이런 식으로 섬기게 하셨습니다. 그리스도는 향로를 지니신 천사장으로서, 그가 분향할 때의 연기는 성도들의 기도와 함께 하나님 앞에 올라갑니다. 사랑하는 자들이여, 여러분의 섬김은 주 예수의 섬김과 동일한 것입니다. 기회는 여러분의 손 안에 있습니다. 그러므로 우리는 성도들을 위한 중보기도에 더욱 열심을 내는 것이 마땅합니다.

또한, 얼마 전까지만 해도 자기 자신을 위해서 자비를 구걸하던 우리가 지금은 왕의 크나큰 은총을 입어서 다른 사람을 위해서 감히 왕의 귓전에 말씀을 아뢸 수 있게 된 것은 얼마나 큰 영광입니까? 우리가 "나를 긍휼히 여기소서"라고 말할 수 있었던 것은 전능자의 주권적인 은혜 덕분이었습니다. 그러나 하나님께서 우리를 가까이 오게 허락하심으로써, 우리가 하나님께 나아가서 다음과 같이 말할 수 있게 하시는 것은 하나님의 얼마나 놀라운 겸비입니까! "나의 아버지여, 나의 형제를 위해서 말씀을 아뢰기 원하고, 자비를 필요로 하는 한 자매를 위해서 주의 은혜를 구하고자 합니다." 나의 형제들이여, 여러분이 얼마나 높은 지위에 임명되었는지를 보십시오. 여러분은 왕의 국고를 맡은 고위 관료로 임명되어서, 왕에게 그의 언약에 따른 좋은 것들을 요청합니다. 여러분은 왕을 위해서 일하는 사회사업가로 임명되었습니다. 왕은 여러분 앞에 자신의 금고 문을 열어 놓고, 여러분에게 여러분이 원하는 것을 요구하라고 명하십니다. 오, 이 얼마나 값지고 귀한 은혜입니까! 만약 신자인 여러분이 믿음으로 요청하는 법을 안다면, 여러분은 오빌의 금보다 더 값진 재화를 여러분의 형제들에게 건네 줄 수 있습니다. 왜냐하면, 중보기도는 하나님의 보물이 무진장으로 보관되어 있는 상아궁전의 문을 여는 열쇠이기 때문입니다. 중보기도를 하는 성도들은 천사들도 설 수 없는 영역에 서 있는 것입니다. 거룩한 천사들이 회개한 죄인들을 기뻐하는 것은 사실이지만, 그들이 성도들을 위해서 간구하는 것이 허락되었다는 말을 우리는 들어 본 적이 없습니다. 하지만 우리는 불완전한 존재임에도 불구하고 그러한 특권을 갖고 있습니다. 우리에게는 병든 자와 피곤한 자와 고통 중에 있는 자와 낙심한 자를 위해서 우리가 기도 가운데서 믿고 구하는 것은 무엇이든지 다 받을 것이라는 확신 속에서 하나님께 구하는 것이 허락되어 있습니다. 이 일은 우리에게 너무나 영광스러운 일입니다.

형제들이여, 이 영광을 놓치지 마십시오. 만약 여왕 폐하께서 여러분 중 누구에게든지 궁전을 방문해도 좋고 여러분의 친구를 위해서 여러분이 원하는 것을 요청해도 좋다고 허락하신다면, 여러분은 그 기회를 놓치고 싶어 하지 않으리라는 것을 나는 아주 잘 압니다. 오늘날에도 어떤 사람이 자신이 하원의원이나 아니면 다른 권력가에게 말할 수 있는 위치에 있다면, 일은 적고 보수는 넉넉한 공직을 원하는 자신의 사촌이나 아들을 위해서 청탁할 수 있는 기회를 결코 놓치려고 하지 않을 것입니다. 공직 한 자리를 차지하기 위해서 호기탐탐 기회를 노리는 사람은 전 세계에 널려 있습니다. 당국자들에게 발언권을 갖고 있는 영향력 있는 인사들은 자신들의 사회적인 위상을 최대한 활용하라는 압력을 항상 받습니다. 사랑하는 형제들이여, 여러분은 하나님에 대하여 발언권이 있습니다. 이 아침에 나는 여러분에게 주어진 특권을 행사하라고 촉구하기 위해서 이 자리에 섰습니다. 여러분에게는 여러분이 구하는 것을 주시겠다고 하신 하나님의 약속이 있습니다. 많은 사람들이 "왕이 나의 말을 들어주었으면 좋겠다"고 말합니다. 속히 도와 달라고 기도하십시오. 여러분의 왕께서 여러분에게 주신 특권을 이용해서 여러분의 형제들을 위해서 간구하십시오. 만일 여러분의 기도를 필요로 하는 사람이 없다면, 나는 그 자리에 나를 끼워 달라고 간곡하게 부탁하겠습니다. 사도는 "형제들아 우리를 위하여 기도하라"(살전 5:25)고 부탁했습니다. 하물며 나는 얼마나 더 간절하게 그런 부탁을 해야 마땅하겠습니까? 날마다 거룩한 직무를 감당해야 하는 우리의 책임은 막중합니다. 그러므로 여러분에게 기도의 기회가 있을 때마다 우리를 잊지 마십시오. 왕의 종들을 위해서 왕께 좋은 말씀을 해주시고, 우리에게 그의 은혜를 더욱 풍성하게 내려달라고 요청해주십시오.

우리는 이제 우리의 핵심어를 영광에서 탁월성으로 바꾸겠습니다. 중보기도는 많은 탁월한 장점을 갖고 있는데, 먼저 기도자 본인에게 유익을 가져다줍니다. 사랑하는 자들이여, 나는 여러분이 하나님의 교회에서 진정한 예배를 드리고 싶어 한다는 것을 압니다. 나는 교적부에 이름을 올려놓고 예배에 참석하는 것으로 할 일을 다 했다고 만족해하는 분이 이 교회에는 한 사람도 없다고 믿습니다. 여러분은 도움이 되는 존재가 되기를 원하고, 하나님께 영광을 돌리는 존재가 되기를 원합니다. 그렇다면, 나는 여러분이 그런 존재가 되게 해주는 데에 중보기도가 탁월한 장점을 갖고 있다는 것을 여러분에게 역설합니다.

첫째, 중보기도는 여러분이 형제들을 잘 알고 있어야 한다는 것을 말해 줍니다. 여러분은 자기가 제대로 알지 못하는 사람을 위해서 바른 기도를 드릴 수 없습니다. 그러므로 여러분은 회중석에서 여러분의 옆자리에 누가 앉아 있는지도 모른 채로 교회를 드나들어서는 안 됩니다. 여러분은 형제들이 어떻게 지내는지를 물어야 합니다. 그리고 누군가가 마음이나 육신이나 물질에 있어서 어려움을 겪고 있다는 말을 듣게 되면, 여러분은 즉시 거기에 주목해서 그를 위해서 기도해야 합니다. 그러면 여러분은 여러분의 형제들을 알고 공감하면서 기도하게 될 것입니다. 바울은 우리 가운데서 수고하는 자들, 그리고 주 안에서 우리를 보살피는 자들을 알라고 우리에게 말합니다. 그리고 나는 모든 교인들이 그들의 목회자의 수고와 슬픔과 기쁨을 좀 더 잘 알아서 그에게 좀 더 잘 공감하게 되기를 바랍니다. 우리는 다른 모든 형제들에 대해서도 같은 말을 할 수 있습니다. 여러분이 좀 더 많이 알고 많이 공감할수록, 여러분의 기도는 더욱 나아질 것입니다. 여러분은 중보기도를 하기 위해서 형제들을 알 필요가 있을 것이기 때문에, 나는 중보기도를 탁월한 훈련이라고 부릅니다.

간절한 중보기도는 사랑을 수반할 수밖에 없습니다. 나는 여러분이 어떤 사람을 위해서 계속해서 기도하면서 그를 미워할 수는 없을 것이라고 믿습니다. 만약 여러분이 어떤 그리스도인을 미워한다면, 그를 위해서 두 배로 기도하시고, 그를 위해서만이 아니라 여러분 자신을 위해서도 기도하셔서, 여러분의 편견이 교정되고, 여러분이 모든 악한 감정에서 벗어나도록 하십시오. 여러분은 어떤 사람이 설교가 감동적이지 않았다는 말을 하려고 예배 후에 목사님을 일부러 기다렸다는 오래 된 이야기를 기억하십니까? 그 목사님은 지혜롭게도 이렇게 말했습니다: "나의 사랑하는 형제여, 우리가 그 문제에 대해서 말하기 전에, 우리 함께 기도합시다." 그들이 함께 기도를 드린 후에, 그 불평하던 교인은 자신이 할 말이라고는 자기가 목사님을 위해서 전혀 기도하지 않았음을 고백하는 것뿐임을 알게 되었습니다. 그래서 그는 자신이 설교에서 유익을 얻지 못한 것이 목사님 때문이라고 생각한 것이 잘못되었음을 알았습니다. 나는 형제들 간의 사랑이 부족한 것은 중보기도의 쇠퇴 때문이라고 생각합니다. 서로를 위해서 진정으로 꾸준히 뜨겁게 기도하십시오. 그러면 여러분의 마음은 마치 한 사람의 마음처럼 사랑 안에서 하나가 될 것입니다. 중보기도는 교회를 이루는 갖가지 색깔의 돌들을 견고하게 결합시켜 주는 접착제입니다.

사랑하는 형제들이여, 여러분이 서로를 위해서 기도하면, 여러분의 사랑과 공감만이 커져 가는 것이 아니라, 여러분은 서로에 대해서 좀 더 호의적인 평가를 내리게 될 것입니다. 우리는 우리가 중보기도 하는 사람을 언제나 관대하게 평가합니다. 만약 내가 나의 형제를 위해 중보기도 해왔는데, 어떤 사람이 그 형제에 대해서 심한 험담을 하면, 그 형제에 대한 나의 사랑으로 말미암아 나는 그가 잘못 생각하고 있다는 것을 확실하게 느끼게 됩니다. 내가 오늘 아침에 그 형제를 위해서 기도하지 않아서, 다른 사람이 그 형제를 욕하는 말을 내가 듣게 된 것인가? 만약 그 형제가 잘못이라는 것을 내가 믿지 않을 수 없다면, 나는 매우 유감으로 생각할 것입니다. 하지만 나는 그 형제에게 화를 내는 것이 아니라, 하나님에게 그 형제를 용서하시고 회복시켜 달라고 기도하고, 아울러 나 자신도 시험에 들지 않게 해주시라고 기도할 것입니다. 우리가 우리의 자녀들을 예쁘다고 생각하는 것은 그들이 우리의 자녀이고 우리의 마음속에 들어와 있기 때문입니다. 마찬가지로, 우리가 어떤 사람들을 위하여 중보기도 하고 있다면, 우리는 그 사람들에게서 아름다운 장점들을 재빨리 발견해 내고 그들의 단점들에 대해서는 너그러운 마음을 갖게 됩니다. 기도는 여러 사람들의 마음을 배합해서 하나로 만드는 놀라운 도구이고, 사랑을 창조해 내는 데에 강력한 도구입니다.

중보기도는 기도하는 자로 하여금 깨어 있게 하는 데에 큰 힘을 발휘합니다. 여러분이 이 교회의 지체로서 범죄한 자들과 접촉해서 그들을 회복시키는 임무를 맡았다고 합시다. 그들을 회복시키기 위한 여러분의 기도는 자연스럽게 이런 기도로 이어질 것입니다: "하나님이여, 나를 이 악에서 지켜 주소서. 나를 범죄하는 것으로부터 지켜 주소서. 이 형제들이 그랬던 것처럼, 내가 냉담하고 무관심하게 되지 않게 해주소서." 우리가 술에 빠져 사는 그리스도인들을 알게 되고, 하나님께 그들을 그 끔찍한 수렁으로부터 건져 주실 것을 간절하게 기도한다면, 우리 자신의 영혼은 죄를 혐오하게 될 것이고, 망대 위에 올라가서 죄를 감시하게 될 것입니다. 두 형제가 불화하여 화목하게 지낼 수 없게 된 것을 우리가 알게 되어서, 그들로 하여금 다시 하나가 될 수 있게 해주시라고 하나님께 기도한다면, 우리는 우리 자신이 화평함을 좇는 온유한 심령이 되어서 불화를 일으키지 않게 해주시도록, 그리고 만일 이전에 불화를 일으킨 적이 있었다면, 우리의 잘못을 고백하고 그것을 기꺼이 고치고자 할 수 있게 해주시도록 기도하고 있는 것입니다. 이렇게 우리가 근심하고 염려하며 중보기도 하는 대상들은 우리에게 방향을 지시해 주는 신호등이 됩니다. 여러분이 다른 사람들을 비판적인 성향으로 바라보고, 그들을 열심히 책망하고, 집집마다 다니면서 나쁜 소문을 부지런히 퍼뜨린다면, 여러분의 거룩하지 못한 일련의 행위들은 여러분 안에서 자기의(self-righteousness)가 무럭무럭 자라나게 만들어줄 것입니다. 그러나 여러분이 형제들의 모든 잘못된 행위들을 슬퍼하며, 하나님에게로 나아가서 그러한 잘못이 바로잡아지기를 끈질기게 구한다면, 여러분 속에서는 온유한 마음과 죄에 대하여 깨어 있는 마음이 자라나게 될 것입니다. 다른 사람들을 위해서 간절하게 간구하는 사람들은 자신들의 입술 위에 다음과 같은 기도가 늘 있다는 것을 발견할 것입니다: "하나님이여 나를 살피사 내 마음을 아시며 나를 시험하사 내 뜻을 아옵소서 내게 무슨 악한 행위가 있나 보시고 나를 영원한 길로 인도하소서"(시 139:23-24).

시간이 없어서 나는 중보기도 속에 또 다른 어떤 탁월한 것들이 감춰져 있는지를 여러분에게 말할 수는 없지만, 중보기도는 경건한 사람이 착념할 수 있는 지극히 거룩하고 건강하며 신령한 행위들 중 하나라는 것을 확신합니다.

사랑하는 형제들이여, 우리가 이 탁월한 의무에 착념하고 있느냐는 질문을 즉석에서 받는다면, 우리 중 대부분은 부끄러워할 수밖에 없게 될 것이라고 여러분은 생각하지 않습니까? 내가 이 자리에 계신 모든 그리스도인들께 감히 한 가지 질문을 드리겠습니다. 여러분은 자신에게 합당한 분량의 중보기도를 하나님과 교회에 드리고 계십니까? 중보기도는 아무리 많이 해도 지나침이 없다고 나는 확신합니다. 왜냐하면, 중보기도라는 소금은 많이 섭취할수록 좋은 소금이기 때문입니다. 자기 주변의 사람들을 위해서 쉴 새 없이 중보기도를 드린다고 하여도, 그것은 지나치게 중보기도를 많이 하는 것이 결코 아닙니다. 우리는 충분히 기도하고 있습니까? 나는 여러분이 스스로에게 질문할 수 있는 시간을 드리겠습니다. 나 자신의 경우에는 나는 설교와 관련해서 본 교회에 대한 나의 의무에 있어서 당당합니다. 왜냐하면, 지금까지 나는 하나님의 계획 전체를 빠짐없이 선포하는 것을 조금도 회피하지 않았기 때문입니다. 내가 좀 더 잘 선포할 수 있다면, 나는 기꺼이 그렇게 하겠습니다. 나는 내가 실패했던 것들을 잘 알고 있습니다. 하지만, 나는 이 강단 위에서 여러분을 하나님 앞에서 진심으로 신실하게 섬겨 왔습니다. 그러나 중보기도에 있어서 나는 그렇게 말할 수 없습니다. 나는 중보기도에 있어서의 부족함에 대해서 하나님께 고백할 것이 많이 있습니다. 그리고 여기에 계시는 나의 많은 동역자들도 이 문제에 있어서 자신이 유죄라고 고백해야 하지 않을까 생각합니다. 여러분은 주일 오후 성경공부 시간에 한 번도 빠지지 않았습니다. 여러분은 언제나 제시간에 왔고 성경공부도 열심히 했습니다. 잘한 일입니다. 하지만 사랑하는 형제여, 당신은 성경공부를 위해서 언제나 간절하게 기도하고 있습니까? 사랑하는 자매여, 당신은 자신이 돌보는 소녀들 한 사람 한 사람을 위해서 늘 뜨겁게 기도하고 있습니까? 나는 여러분을 비난하는 것이 아니고, 여러분에게 자신의 심령 깊은 곳을 들여다보시라고 요청하는 것입니다. 왜냐하면, 그것은 사소한 잘못이 아니고, 우리 자신과 교회에 막대한 해악을 초래하는 것이기 때문입니다. 우리 교회의 장로와 집사이신 여러분, 여러분은 중보기도와 관련해서 양심에 거리낄 것이 없습니까? 우리 가운데 어떤 분들은 이 문제에 있어서 아무런 흠이 없을지도 모릅니다. 하지만 우리 대다수는 우리가 다른 의무들에 기울였던 것보다 훨씬 적은 관심을 이 문제에 기울였을 것이라고 나는 생각합니다. 우리는 기도회를 열고 공적인 기도를 드려왔습니다. 그리고 가정 제단에서 성도들을 위해 간구하기를 잊지 않았다고 나는 믿습니다. 그러나 우리가 설령 우리의 형제들을 위해서 10배, 아니 100배나 더 많이 기도를 드렸다고 할지라도, 그것은 결코 너무 많이 기도한 것이 아닙니다. 우리는 때때로 강단 위에 서서 하나님의 교회가 냉랭해져 간다고 비판합니다. 그러면 우리 자신에게 물어봅시다. 우리는 우리의 기도로 교회에 열기를 보탰

적이 있습니까? 우리는 교회의 부흥을 위해서 간절하게 빈 적이 있습니까? 우리는 선교의 결과가 시원치 않다고 선교회들을 비판합니다. 그러면 우리는 우리가 마땅히 해야 할 분량만큼 선교활동을 위해서 기도합니까? 나는 현직 설교자들이나 예비 설교자들에 대한 탄식과 불평을 듣습니다. 그러면 우리는 신학생들과 목회자들을 위해서 우리가 마땅히 해야 할 정도만큼 기도했습니까? 나는 사람들이 그리스도인들에 대해서 세속적이라거나 교만하다고 말하는 것을 듣습니다. 여러분은 그리스도인들이 세속성과 교만에서 빠져 나오게 해달라고 기도했습니까? 여러분은 그들을 비판하기보다는 그들을 위해서 기도했어야 하지 않겠습니까? 그리고 여러분이 그들에게서 발견하는 잘못들 중에서 상당 부분은 여러분이 중보기도의 사명을 게을리했기 때문이 아니겠습니까?

우리는 이제 불평이나 불만, 비판이나 흠잡기는 그만두고, 그런 것들을 다 은혜의 보좌 앞으로 가져가는 것이 마땅합니다. 왜냐하면, 우리가 비판과 불평에 헛되이 들이는 힘의 절반만이라도 중보기도에 들인다면, 교회 안에는 훨씬 더 많은 거룩함이 있게 될 것이기 때문입니다.

이제 다시 본문으로 돌아와서, 나는 여러분에게 다른 핵심어를 제시하고자 하는데, 그것은 범위라는 단어입니다. 다윗은 본문에서 "그들의 재난 중에도 내가 항상 기도하리로다"라고 말합니다. 이것은 하나님의 성도들 중 누가 그를 심히 불쾌하게 만들지라도, 그럼에도 불구하고 그는 그들을 위해서 기도하겠다는 것입니다. 형제들이여, 우리는 우리에게 기분 좋은 말을 하는 사람을 위해서만 기도해서는 안 됩니다. 우리는 가혹하고 거칠고 신랄한 말을 하는 사람들을 위해서도 정성껏 기도해야 합니다. 그들이 우리의 영혼을 대단히 슬프게 만들 만큼 가혹했습니까? 그들의 책망이 주제넘은 것이고 상처를 주는 것이고 불의한 것입니까? 그래도 우리는 그들을 위해서 기도해야 합니다. 다윗은 본문에서 이렇게 말하는 것 같습니다. 즉, 의인들이 자기에게 어떤 일을 했을지라도, 그는 그들이 재난을 당할 때에 여전히 그들을 위해서 기도하겠다는 것입니다. 나의 형제들이여, 이 교회 안에 여러분을 박정하게 대한 사람이 있습니까? 지금까지보다 열 배는 더 그를 사랑하고, 지금까지보다 더 끈기 있게 더 열심히 그를 위해서 기도함으로써 그에게 복수하시기를 권합니다. 가령 어떤 형제가 당신의 영혼에 상처를 입혀서 그 사람을 생각만 해도 치가 떨립니까? 걱정하지 마십시오. 그 상처를 치유하는 가장 좋은 해법은 기도 가운데 하나님께로 나아가서 그 형제를 위해 당신의 영혼을 쏟아 붓는 것입니다. 그 형제에게 더 큰 복을 주시고, 그 형제를 더 좋은 그리스도인으로 만들어 주시고, 그 형제를 하나님의 사랑으로 충만하게 채워 달라고 하나님께 간구하는 것입니다. 그런 후에, 그 형제가 변화된 것을 당신이 보게 되었을 때, 당신은 당신이 그 형제의 말을 판단함에 있어서 실수를 했고 그 형제가 당신에게 선의로 한 말을 당신이 곡해한 것이었다고 생각하게 되거나, 아니면 그 형제가 당신에게로 와서 "내가 잘못했습니다, 나의 형제여"라고 말하는 것을 목격하게 될 것입니다. 아니, 설령 그 형제가 그런 사실을 말로 고백하지 않을지라도, 그 형제는 당신에게 더욱 친절하게 대함으로써 자신의 행동으로 그 사실을 인정할 것입니다.

그리고 형제들이여, 만약 우리가 재난 중에 있는 그리스도인을 보게 된다면, 우리는 그를 위해서 갑절로 기도해야 합니다. 세상 사람들은 자기 동료가 곤경에 처했을 때에 그를 떠납니다. 마치 사슴 떼가 상처 입은 사슴을 버리고 떠나듯이 말입니다. 우리가 다 잘 될 때에는, 우리 곁에 친구가 많이 있습니다. 그러나 우리가 망하게 되면, 우리 곁에는 친구가 거의 없습니다. 그러나 그리스도인들은 그래서는 안 됩니다. 우리는 신실한 친구가 되어야 합니다. 우리는 가난하게 된 친구들을 우리가 다른 사람들에게 하는 것보다 더욱 친절하게 대해 주어야 합니다. 낙심하여 아무 낙이 없게 된 그리스도인 형제를 만나게 된다면, 우리는 그를 위해서 더욱 기도하고, 그를 절망의 구렁텅이에서 꺼내 주려고 노력해야 합니다. 비록 그와의 교제가 기분 좋은 것이 아니고, 우리 자신을 눌리게 한다고 해도 그렇게 해야 합니다. 특히 그리스도 안에 있는 어떤 형제가 중상모략을 당하고 있는 것이라면, 우리는 그의 곁을 지켜 주어야 합니다. 너무 많은 사람들이 욕을 당하는 사람들의 곁을 즉시 떠나 버리는 나쁜 습관을 갖고 있습니다. 어떤 사람이 신앙 고백을 한 그리스도인에게 흙탕물을 끼얹자마자, 사람들은 "흙탕물이 우리에게도 튈지 모르니 저 사람을 피해서 비켜가자"고 말합니다. 겁쟁이는 그렇게 말하겠지만, 우리는 그렇게 해서는 안 됩니다. 형제여, 만약 당신이 임마누엘의 군사라면, 그리고 우리의 박해받는 형제가 아무런 잘못도 하지 않았다면, 그 형제가 넘어지든 서든, 우리는 그 형제와 운명을 같이하는 것이 마땅합니다. 절대로 친구를 버리지 마십시오. 세상이 "그를 타도하라! 그를 타도하라! 그를 타도하라!"고 말한다면, 우리는 고대 그리스의 용사처럼 그를 구출하러 달려 들어가서, 우리의 방패를 쓰러진 사람 위로 쳐들고, 그가 다시 일어설 수 있을 때까지 그를 위해서 싸워야 할 것입니다. 왜냐하면, 우리 자신도 조만간 쓰러질수 있고, 우리는 우리를 적으로부터 보호해 줄 형제 군사들을 필요로 하게 될 수도 있기 때문입니다. 우리는 우리의 형제들이 자신의 곤경에서 벗어나도록 기도하고, 그들을 버리지 말아야 합니다. 그리고 우리의 기도가 응답받을 때까지 오랜 시간이 걸려야 한다면, 다윗처럼 "그들의 재난 중에도 내가 항상 기도하리로다"라고 말하면서 끈기 있게 인내하여야 합니다.

나는 성도들을 위한 중보기도의 문제에 대해서는 더 말하지 않고, 그것을 영원하신 보좌 앞과 여러분 자신의 양심에 맡겨 두겠습니다. 만약 여러분이 그리스도를 배신한 사람들이 아니고, 진정한 교회의 지체이며, 여러분의 영혼이 성령에 의해서 서로서로 연결되어 있는 것이라면, 서로를 위해서 더욱 씨름하시고, 하나님의 집 전체에 복이 임하고 다시 그 복이 온 세상으로 흘러나가게 될 때까지 언약의 천사를 그냥 보내지 마시기를 나는 여러분에게 간곡히 부탁드립니다.

2. 둘째로, 우리에게는 죄인들을 위하여 중보기도를 드려야 하는 고귀한 직무가 맡겨져 있습니다.

나는 이 주제에 대해서 간단하지만 단언컨대 간곡하게 말씀드리고자 합니다. 하나의 교회로서 지금 우리는 면류관을 갖고 있고, 오랜 세월 동안 그 면류관을 갖고 있었습니다. 그러나 나는 요한계시록에 나오는 그리스도의 말씀을 인용하고자 합니다. 그리스도께서는 아시아의 일곱 교회 중 한 교회를 향하여 "네가 가진 것을 굳게 잡아 아무도 네 면류관을 빼앗지 못하게 하라"(계 3:11)고 말씀하셨습니다. 그렇다면, 지금까지 교회로서의 우리의 면류관은 무엇이었습니까? 그것은 우리의 재물이 아니었습니다. 왜냐하면, 우리는 재물이라는 면에서 그렇게 탁월한 것이 없기 때문입니다. 그것은 우리의 학식도 아니었습니다. 왜냐하면, 우리는 과시할 만한 학식을 갖고 있지 않기 때문입니다. 그것은 우리의 고상하고 세련된 예배나, 우리의 아름다운 음악이나, 우리의 감미로운 성가가 아니었습니다. 우리는 그런 것들에 신경 쓰지 않고 소박함을 추구합니다. 우리의 면류관은 늘 이 한가지였는데, 그것은 기독교계에서 영혼을 얻기 위해 전력투구한 교회가 있다면, 우리 교회가 그렇게 해왔다는 것입니다. 우리의 사역은 언제나 그것을 목표로 했습니다. 즉, 불 가운데서 타고 있는 나무 막대기들을 끄집어 내고, 죄인들을 암흑으로부터 기이한 빛으로 이끌어 내는 일을 목표로 해왔습니다. 나의 형제들이여, 내가 이 교회에 속한 대다수의 교인들은 영혼을 얻기 위하여 살고 있다고 말한다면, 그 말은 한 치의 오차도 없이 그대로 사실입니다. 이 도시의 모든 곳을 돌아다니며 과시하기 위한 것이 아니라 진정으로 영혼들을 그리스도에게로 인도하려고 열심히 노력하는 여러분 가운데서 새로운 얼굴들을 대하게 될 때, 내 마음은 정말 좋습니다. 앞으로도 언제나 그랬으면 좋겠습니다. 교회여, 네가 가진 것을 굳게 잡아 아무도 네 면류관을 빼앗지 못하게 하라! 하나님께서 우리에게 영적인 자녀들을 주셔서 영혼들이 새롭게 거듭나서 하나님에 대하여 살아가게 되는 것이 언제나 우리의 기쁨이고 영광이 되어야 합니다. 이제 우리는 이 일을 하기 원하고, 나는 우리가 그렇게 하리라고 확신합니다. 그러나 우리는 회심하지 않은 영혼들을 위한 중보기도에 좀 더 관심을 기울여야 합니다.

이 일은 우리가 해야 할 가장 본질적인 일이기 때문에, 우리는 먼저 기도해야 합니다. 한 사람을 회심시키는데 있어서 여러분과 내가 우리의 힘만으로 무슨 일을 할 수 있겠습니까? 우리는 그 사람의 마음을 바꿀 수도 없고, 그에게 생명을 불어넣어 줄 수도 없습니다. 영혼을 중생시키는 것은 하나님의 일입니다. 그렇다면, 우리는 무엇을 해야 합니까? 만약 내가 그 일에서 하나님의 도구가 되어야 한다면, 내가 가장 먼저 해야 할 일은 무릎 꿇고 기도하는 것이어야 합니다: "하나님이여, 나를 사용해 주소서." 오늘 오후에 여러분은 자신이 맡은 주일학교에 나오거나, 아니면 노방전도를 위해서 밖으로 나갈 것입니다. 만일 여러분이 스스로의 힘으로 그 일을 할 수 있다면, 나는 여러분에게 스스로의 힘으로 할 수 있는 일을 위해서 굳이 하나님께 기도하느라 시간을 낭비할 필요가 없다고 말할 것입니다. 그러나 여러분은 성령의 도움 없이는 단 한 명의 영혼도 예수께로 인도할 수 없기 때문에, 여러분이 가장 먼저 해야 할 일은 기도하는 것입니다. "하나님의 능력으로 내게 옷 입혀 주소서. 불의 혀를 내게 주소서. 거룩하고 강력한 바람이여, 오셔서 죽은 영혼에 생명을 불어넣어 주소서." 죄인들을 죄악의 길로부터 돌이키는 일에서 기도는 가장 중요하고 본질적인 일입니다.

중보기도는 여러분을 하나님이 쓰시기에 합당한 도구로 만들어 줄 것입니다. 내가 어떤 특정한 사람을 택해서 그의 회심을 위하여 기도하면, 내가 기도 가운데서 그의 처지와 형편을 생각할 때마다, 나의 마음은 그에 대한 사랑으로 뜨거워집니다. 중보기도는 내가 그에게 가까이 다가갔을 때에 그에게 어떤 말을 해야 적절할지를 내게 가르쳐 줍니다. 나는 수술용 칼을 사용해야 할 환자를 맞이한 외과의사와 같습니다. 그는 모든 뼈의 정확한 위치를 알고 있을 뿐만 아니라, 어느 부위가 부상을 입었는지도 정확히 압니다. 나의 기도가 그 사람의 영적 상태를 내게 알려 줍니다. 나는 기도 가운데서 그의 증상을 검토하고 숙고합니다. 그렇게 하고 나서 내가 실제로 그에게 다가갔을 때, 나는 하나님의 성령으로 말미암아 어떻게 해야 그를 치료할 수 있을지를 제대로 바르게 알 만큼 지혜로워져 있을 것입니다. 우리가 어떤 사람으로 하여금 상한 심령들을 돕는 사람이 되도록 하기 위해서 대학을 보내고자 한다면, 우리는 그를 기도의 대학으로 보내야 합니다. 왜냐하면, 중보기도는 영혼을 얻는 일에 있어서 지혜로워질 수 있는 지름길이기 때문입니다.

형제들이여, 기도는 여러분으로 하여금 희망을 갖고 일터에 나가도록 만듭니다. 사람이 산 채로 매장당한다는 것은 얼마나 끔찍한 일이겠습니까? 아직 숨이 붙어 있는 사람을 친구들이 관에 넣어 땅에 묻는다고 생각해 보십시오. 우리는 한 영혼을 산 채로 묻어 버리는 일이 결코 없도록 주의해야 합니다. 우리는 어떤 사람은 결코 회심하지 않을 것이라고 판단합니다. 하지만 모든 노력이 다 허사가 되었을 때에만 우리는 그렇게 판단해야 합니다. 또한, 우리는 어떤 사람이 완전히 버림받은 사람이라고 생각해서, 그를 포기하고 차라리 좀 더 희망이 있는 사람에게 관심을 기울이는 것을 당연하게 여깁니다. 이런 것들은 다 우리가 잘못하는 것입니다. 왜냐하면, 우리에게는 한 영혼의 사망증명서에 서명할 권리도 없고, 하나님의 은혜에 대하여 "여기까지는 올 수 있지만 더 이상은 올 수 없습니다"라고 말할 권리도 없습니다. 사람이 이 세상에 살아 있는 한 그에게는 하나님의 은혜가 임할 가능성이 있음을 믿으십시오. 기도 가운데서 그를 여러분의 품에 안고 하나님 앞으로 데려가십시오. 여러분이 그를 위해 기도하기 시작할 때, 여러분은 소망이 있음을 느낄 것입니다. 그리고 나중에 여러분은 소망 가운데서 그리고 아마도 믿음 가운데서 그와 대화를 나누게 될 것입니다. 나는 어떤 사람이 자기에게 절망적인 어조로 말한 사람으로 말미암아 구원을 받은 적이 있다고 믿지 않습니다. 소망과 사랑을 담은 즐겁고 기쁜 말이 소기의 목적을 달성합니다. 완악한 마음이 깨질 수 있고, 신성을 모독하는 혀가 정결하게 될 수 있으며, 박해자의 생각이 바뀔 수 있다는 것을 믿으십시오. 그리고 배역자가 십자가에 못 박히신 그리스도께 순종하고, 하나님의 나라에서 빛나는 별이 될 수 있다는 것을 믿으십시오. 사랑하는 형제들이여, 능력은 하나님께 있고, 중보기도는 여러분을 하나님이 쓰시기에 합당한 도구로 만들어줌과 동시에 여러분이 중보기도 하는 대상들에 대해서 여러분에게 위대한 소망을 불어넣어 줄 것이기 때문에, 중보기도에 이전보다 더욱 열심히 매진하십시오.

중보기도는 우리 모두가 다 함께 참여하여 서로 도울 수 있는 일입니다. 이 아침에 내가 여러분에게 "형제들이여, 주의 일을 위해서 돈이 필요합니다"라고 말했다고 합시다. 나는 오랜 경험을 통해서 여러분이 최선을 다하리라는 것을 알지만, "집안 형편이 어려워서 그 말씀에 따를 길이 없습니다"라고 말할 수밖에 없는 사람도 있을 것입니다. 그러나 우리가 중보기도를 요청했을 때, "나는 하나님께 간구할 수 없습니다"라고 말할 수 있는 그리스도인은 아무도 없습니다. 내가 여러분에게 지금 당장 많은 사람들 앞에서 말씀을 전하라고 강권한다면, 이곳의 회중들 중 많은 사람들은 자기에게는 말 잘하는 은사가 없어서 말을 잘 못하니 그렇게 하기는 어렵다고 변명할 수 있고, 그 변명은 정당합니다. 그러나 형제들이여, 그것이 중보기도에 관한 일이라면, 여러분은 모두가 다 그 일에 동참할 수 있습니다. 그리고 그 일을 통해서 여러분은 교회의 모든 위대한 사역에 참여할 수 있습니다. 나는 어느 경건한 부인에 관한 말을 들었는데, 그녀는 늘 이렇게 말하곤 했답니다: "나는 설교를 할 수는 없지만, 나의 기도를 통해서 목사님이 설교하시는 것을 도울 수는 있습니다. 나는 목사님이 강단에 오르시는 것을 볼 때마다, 하나님께서 목사님이 전하시는 말씀에 복 주시기를 기도하고 그렇게 함으로써 목사님의 사역에 동참합니다." 당신이 해외에서 사역하시는 선교사에 관해서 듣게 된다면, 그를 위해서 기도하십시오. 그러면 당신은 그의 동역자가 될 것입니다. 사랑하는 자들이여, 여러분 중에서 어떤 사람은 가끔 몸이 아파서 잠을 잘 이루지 못할 것입니다. 당신은 하나님이 왜 당신을 잠 못 이루게 하시는지를 아십니까? 그것은 다른 사람들이 잠든 사이에 당신이 우리를 위해서 기도하도록 하시기 위한 것입니다. 하나님께서는 어떤 사람들을 야간 파수꾼으로 세우셨습니다. 하나님께서는 그의 교회를 밤낮으로 지키도록 기도의 파수꾼을 세우시는데, 바로 당신이 야간 경계병입니다. 당신은 다른 일들은 할 수 없을지 몰라도, 기도할 수는 있습니다. 그리고 당신은 기도함으로써 교회의 가장 고귀한 사업에 동참할 수 있습니다.

이제 다윗을 주목해 보십시오. 다윗은 우리가 중보기도 하는 사람들 중 일부는 아마도 우리의 기도를 좋아하지 않고 자신들의 죄악을 통해서 큰 재난을 당할 수 있다는 것을 암묵적으로 우리에게 말해 줍니다. 내가 어떤 믿지 않는 사람을 몇 년 동안 전도했지만, 그가 나의 모든 말을 조롱하고 믿지 않았다면, 그때에 나는 마음속으로 이렇게 결심할 것입니다: "나는 그를 위해서 기도하기를 결코 멈추지 않을 것이다. 어쩌면 머지않아 그가 병에 걸릴지 모른다. 지금은 비록 거절하고 있지만 그때는 그가 나에게 기도해 달라고 요청할 것이다. 어쩌면 나는 그가 낙심해 있는 것을 발견할지도 모른다. 그때는 그가 지금 빈정대며 조롱했던 말들이 그에게 매우 감미로운 말이 될 것이다." 영혼을 얻고자 하는 여러분은 영혼의 숨이 차서 가빠하는 사람들을 어떻게 계속해서 추적해야 하는지를 알아야 합니다. 그렇지 않으면, 여러분은 결코 영혼을 얻을 수 없습니다. 그들을 따라가십시오! 그들을 따라가십시오! 그들을 무덤까지라도 따라가십시오! 만약 여러분이 20년을 기도했는데도 그들이 구원을 받지 못했다면, 지옥 문턱까지라도 그들을 따라가십시오! 그들이 일단 지옥의 문턱을 넘어서면, 여러분의 기도는 무용지물이 될 수도 있습니다. 그러나 지옥의 구덩이 가장자리까지라도 따라가십시오. 여러분의 기도로 그들을 따라가십시오. 그들이 여러분의 말을 안 들을 수는 있겠지만, 여러분의 기도를 막을 수는 없습니다. 그들이 여러분의 권면하는 말을 조롱합니까? 그러나 그들은 여러분의 기도를 방해할 수는 없습니다. 그들은 여러분이 언제 기도하는지를 모르니까요. 그들이 너무 멀리 떨어져 있어서 여러분이 그들을 따라갈 수 없습니까? 여러분의 기도는 그들을 따라갈 수 있습니다. 여러분은 언제나 그들을 축복할 수 있습니다. 그들이 여러분의 말을 다시는 안 듣겠다거나 여러분의 얼굴을 다시는 보지 않겠다고 선언했습니까? 염려하지 마십시오. 하나님께서는 그들이 듣지 않을 수 없는 음성을 갖고 계십니다. 그에게 말하십시오. 그러면 하나님께서 그들로 하여금 그 음성을 듣도록 만드실 것입니다. 그들이 비록 지금은 여러분을 멸시하고, 여러분이 베푸는 선을 악으로 바꿀지라도, 그들을 계속해서 따라가십시오. 그들을 따라가십시오. 여러분의 기도로 그들을 따라가십시오. 여러분의 중보기도가 부족해서, 그들이 망하는 일이 일어나지 않게 하십시오.

그리스도에게 마음을 주고 순복하는 데에 아주 오랜 시간을 끌었던 사람들이 우리가 바친 모든 수고와 간구에 대해서 백 배로 우리에게 갚아 줄 날이 올 것입니다. 나는 한 명의 극악무도한 죄인이 구원을 받는 것이 평범한 20명이 회심하는 것만큼이나 유익한 일이 되는 것을 종종 보았습니다. 왜냐하면, 회심하기가 어려웠던 만큼 일단 회심하게 되면, 그 죄인은 하나님과 교회에 더욱 유익한 사람이 되었기 때문입니다. 우리는 매일 같이 사울과 같은 사람을 바울과 같은 사람으로 변화시킬 것으로 기대하지는 않지만, 그런 일이 일어나게 되면, 교회는 참으로 부요해질 것입니다. 왜냐하면, 한 명의 바울은 천 명의 평신도의 몫을 하기 때문입니다. 심해에서 나는 이러한 진주들이야말로 귀한 진주들입니다. 이렇게 어려운 환경에서 바울과 같은 인물들이 탄생합니다. 그러므로 즉시 서두르십시오. 때를 놓치지 마십시오. 그들이 그리스도에게로 인도받을 때까지 그들을 위해서 기도하십시오.

이 아침에 내가 여러분에게 바라는 한 가지는, 그리스도 안에서 나의 사랑하는 형제들이 우리 주위에 있는 죄인들을 위해서 더욱 끈질기게 기도하겠다고 굳게 서원하는 것입니다. 아브라함의 경우처럼, 큰 도시가 우리 앞에 놓여 있습니다. 그 도시를 위해서 우리 모두 기도합시다. 모세의 경우처럼, 우리는 죄악된 백성들 가운데서 살고 있습니다. 그들을 위해서 우리의 몸을 던집시다. 나는 이 교회의 모든 신자들에게, 불경건한 자들이 예수께로 나아올 수 있도록 그들을 위해서 끈질기게 기도할 것을 부탁드립니다. 여호와께 간구하십시오. 하나님은 여러분의 기도를 사랑하십니다. 여러분의 중보기도는 황금제단 위에서 올리는 향기로운 냄새와 같습니다. 하나님께 간구하십시오. 그러면 여러분은 여러분의 간구에 대한 보상으로 사람들이 회심하는 것을 보게 될 것입니다. 오늘 오후에 집에 돌아가서 여러분의 자녀를 위해서 특별히 부르짖으며 기도하십시오. 여러분의 남편이나 아내, 여러분의 친지와 이웃들을 구원해 달라고 하나님께 간청하십시오. 이 자리에 앉아서 말씀을 듣는 분들 중에서 아직 거듭나지 않은 사람들에게 복을 내려 주시라고 간청하십시오. 그리고 여러분이 살고 있는 거리나 구역의 사람들을 위해서 간청하십시오. 여러분이 중보기도 할 사람이 없는 경우는 결코 없을 것입니다. 그러니 쉬지 말고 기도하십시오.

며칠 전에 나는 회심한 네 명의 남편들을 만났는데, 그들의 아내들은 여전히 교회 밖에 있었습니다. 그런데 그 네 명의 형제들은 — 아마 오늘 아침 여기에 모두 출석하셨겠죠 — 함께 만나서 그들의 아내들이 회심하게 해 달라고 기도했습니다. 그리고 하나님이 그 네 명의 남편들의 중보기도에 응답해 주셔서,

지난 달 첫 번째 성찬 주일에 그 네 명의 아내들이 교회에 출석했습니다. 불가능한 것은 없습니다. 어떤 일이든 가능합니다. 믿는 자에게는 모든 것이 가능합니다(막 9:23). 하나님께서 우리를 도우셔서 우리로 하여금 믿게 하시고 중보기도하게 하시기를 빕니다. 하나님께서 예수 그리스도를 인하여 여러분에게 복 주시기를 기원합니다. 아멘.

제
137
장
—

굴 속에서 드린 다윗의 기도

—

"다윗이 굴에 있을 때에 지은 마스길 곧 기도."
— 시 142편 표제

"다윗이 굴에 있을 때에 지은 기도." 다윗은 동굴 속에 있을 때에 기도했습니다. 만일 다윗이 굴에 있을 때에 기도한 것의 절반만큼만 왕궁에 있을 때에 기도했더라면, 그의 사정은 훨씬 좋았을 것입니다. 그러나 애석하게도, 우리는 그가 보좌에 앉아 있을 때에, 저녁이 되어서야 침상에서 일어나서, 왕궁 옥상에서 사방을 둘러보다가, 유혹에 빠지고 마는 것을 보게 됩니다. 만일 그가 하늘을 올려다보고 있었더라면, 그래서 그의 마음이 하나님과 친교를 나누고 있었더라면, 그는 자신의 일생일대의 오점이 될 그 큰 범죄를 결코 저지르지 않았을 것입니다.

"다윗이 굴에 있을 때에 지은 기도." 사람이 육지에서나 바다에서나 심지어 바다 깊은 곳에서 기도를 드리더라도, 하나님께서는 그 기도를 들으실 것입니다. 나는 어떤 형제가 기도하면서 "바다 깊은 곳에서"라는 표현을 사용하자, 기도회에 참석했던 어떤 사람이 그 말에 상당히 놀라서 "어떻게 하나님께서 바다 깊은 곳에서 드려지는 기도를 들으시겠는가?"라고 반문했던 일이 기억납니다. 알고 보니, 그런 표현을 사용해서 기도했던 사람은 잠수부였고, 그는 자주 난파선을 찾아서 바다 밑바닥까지 내려가곤 한다고 했습니다. 그는 자신이 깊은 바닷속에서 일하는 동안에 하나님과 친교를 나누었다고 말했습니다. 우리 하나님은 산들의 하나님이실 뿐만 아니라, 계곡들의 하나님이시기도 합니다. 여호와 하나님은 바다와 땅의 하나님이십니다. 하나님은 요나의 기도를 들으셨습니다. 그 불순종한 선지자가 산들의 바닥까지 떨어져서, 땅이 그 빗장으로 그를 영원히 가두어 둘 것처럼 보였을 때에, 거기에서 드린 기도를 들으셨습니다. 여러분이 일하는 곳이 어느 곳이든, 여러분은 기도할 수 있습니다. 여러분이 아파서 어느 곳에 누워 있든, 여러분은 기도할 수 있습니다. 여러분이 어느 곳으로 쫓겨나든, 하나님께서는 여러분 가까이에 계십니다.

"다윗이 굴에 있을 때에 지은 기도." 굴에 있을 때에 가장 좋은 기도가 나옵니다. 어떤 새들은 새장에 있을 때에 가장 아름답게 노래합니다. 나는 하나님의 어떤 백성들은 어둠 속에 있을 때에 가장 밝게 빛난다는 말을 들은 적이 있습니다. 천국의 상속자들 중에는 기도하지 않을 수 없을 때에 기도가 제일 잘된다는 사람이 많이 있습니다. 어떤 사람들은 건강할 때에는 목소리가 들릴락 말락 했는데 병이 나서 침대에 눕자 더 크게 노래합니다. 또 어떤 사람들은 시련이 오기 전에는 하나님께 합당한 찬양을 돌리지 않다가, 불 속에서 하나님을 더욱 높이 찬양합니다. 우리는 성도들이 고난의 용광로 속에서 가장 잘 찬양하고 가장 잘 기도하는 것을 자주 목격합니다. 오늘 밤 암울한 처지에 놓인 사람이 있거나, 내면에서 영혼이 풀이 죽어 있는 사람이 있다면, 이 시간이 특히 힘 있는 친교와 중보기도를 위한 특별한 시간이 될 수 있습니다.

오늘 밤 나는 다윗이 동굴에서 드린 기도를 사용해서 고난에 처한 경건한 사람이 드리는 기도에 대해서 말씀드리겠습니다. 그러나 먼저, 나는 이 기도를 깊은 죄의식에 빠진 영혼의 상태를 보여주는 그림으로 생각해서 말씀드릴 것입니다. 이 동굴의 시편은 죄의식에 사로잡힌 사람의 인격과 매우 흡사합니다. 다음으로, 나는 이 기도를 박해받는 신자의 상태를 묘사한 것으로 보고서 설명해 나가고자 합니다. 그리고 끝으로, 나는 이 기도를 지금까지 자신이 이룩한 것보다 더욱 큰 영광과 섬김을 위해 준비되고 있는 신자의 상태를 묘사하고 있는 것으로 보고 설명해 나갈 것입니다.

1. 첫째로, 이 기도는 깊은 죄의식에 빠진 영혼의 상태를 보여줍니다.

얼마 전까지만 해도 여러분은 바깥 세상에 있으면서, 제멋대로 죄를 저지르고, 독기가 가득한 계곡에서 자라는 꽃들을 꺾고, 그 사망의 향기를 맡으면서 살고 있었습니다. 여러분은 자신의 죄악된 마음이 흡족해할 만큼 충분히 행복했습니다. 왜냐하면, 그때에 여러분은 들떠서 아무 생각 없이 되는 대로 살았기 때문입니다. 그러나 하나님은 그런 여러분을 사로잡기로 작정하셨습니다. 여러분은 그리스도에게 붙들려서 감옥에 투옥되었습니다. 지금 여러분의 발은 차꼬에 단단히 매여 있습니다. 오늘 밤 여러분은 밝은 햇빛과 향기로운 공기가 있는 곳으로부터 어둡고 고약한 냄새가 나는 동굴로 옮겨진 사람과 같은 느낌을 가질 것입니다. 거기에서는 보이는 것도 거의 없고, 어떤 위로도 없으며, 탈출할 수 있는 희망도 없어 보입니다.

여러분 앞에 놓여 있는 이 시편은 다윗을 위한 것일 뿐만 아니라 여러분을 위한 것이기도 한데, 이 시편에 따르면 여러분이 제일 먼저 해야 할 일은 하나님께 호소하는 것이 되어야 합니다. 나는 여러분의 의구심을 압니다. 나는 여러분이 하나님을 두려워한다는 것을 압니다. 나는 여러분이 하나님의 이름만 듣고도 얼마나 놀라는지 압니다. 그러나 나는 여러분이 현재 처해 있는 암울함에서 벗어나고자 한다면, 즉시 하나님께로 가시기를 당부드립니다. 보십시오. 이 시편은 이렇게 시작합니다: "내가 소리 내어 여호와께 부르짖으며 소리 내어 여호와께 간구하는도다"(1절). 집으로 돌아가서 소리 내어 하나님께 부르짖으십시오. 만약 여러분이 소리 내어 기도할 곳이 없다면, 침묵 가운데서 하나님께 부르짖으십시오. 오직 하나님께만 부르짖으십시오. 오직 하나님만 바라보십시오. 만약 여러분이 다른 길을 바라본다면, 거기에는 어둠만이 있을 뿐입니다. 하나님을 바라보십시오. 거기에, 그리고 오직 거기에만 소망이 있습니다. 여러분은 "그렇지만 나는 하나님께 범죄하였습니다"라고 말합니다. 그러나 하나님께서는 여러분을 용서하실 준비가 되어 계십니다. 하나님은 위대한 대속의 역사를 이미 이루셨고, 거기에 의거해서 아무리 큰 죄라도 정당하게 사하실 수 있습니다. 하나님을 바라보십시오. 그리고 기도를 시작하십시오. 내가 아는 어떤 사람들은 하나님을 믿는 믿음이 거의 없었습니다. 그러나 그들은 하나님을 믿고 싶은 희미한 소원을 갖고 있었기 때문에 하나님께 부르짖었습니다. 그것은 빈약한 기도였지만, 하나님께서는 그 기도를 들으셨습니다. 내가 아는 어떤 사람들은 절망 가운데서 하나님께 부르짖었습니다. 그들은 그런 기도가 무슨 유익이 될 것이라고는 거의 믿지 않았지만, 그래도 기도하는 것이 자신들에게 손해가 되지는 않을 것임을 알았기 때문에 무릎을 꿇고 부르짖었습니다. 하나님께서 아무리 초라한 기도일지라도 들어주시고 응답하신다는 것은 참으로 놀라운 일입니다. 기도에는 발이 달려서 달릴 수 있는 것도 아니고 손이 달려서 무엇을 꼭 붙잡을 수 있는 것도 아니고 진심이 가득 배어 있는 것도 아니었지만, 하나님께서는 그 기도를 들어주시고 받아주셨습니다. 여러분 자신이 죄인이라고 생각된다면, 무릎을 꿇으십시오. 여러분의 마음이 죄로 말미암아 탄식하고 있다면, 무릎을 꿇으십시오. 여러분이 저지른 불의한 행위들의 어두운 그림자가 여러분 주위를 맴돌고 있다면, 하나님께 부르짖으십시오. 그가 들어주실 것입니다.

다음으로 할 일은 온전히 고백하는 것입니다. 다윗은 "내가 내 원통함을 그의 앞에 토로하며 내 우환을 그의 앞에 진술하는도다"(2절)라고 말합니다. 사람은 자신의 마음을 털어놓기를 갈망합니다. 우리가 근심을 털어놓지 않으면, 그 근심이 우리 마음속에서 계속 타들어가고, 거기서 나는 검은 연기가 마침내 우리의 영혼의 눈을 멀게 만들 것입니다. 여러분의 고민을 그리스도인 친구에게 말하는 것도 때로는 나쁜 일이 아닙니다. 나는 여러분에게 제일 먼저 그렇게 해보라고 권하는 것은 결코 아니지만, 어떤 사람들에게는 그런 것이 도움이 될 수도 있을 것입니다. 그러나 어쨌든 하나님께 온전히 고백하십시오. 여러분이 어떻게 죄를 범했는지를 하나님께 아뢰십시오. 여러분이 어떻게 스스로 문제를 해결하려고 시도하다가 낙심하게 되었는지도 아뢰십시오. 여러분이 얼마나 비참한 존재이고, 얼마나 변하기 쉽고, 얼마나 변덕스럽고, 얼마나 교만하고, 얼마나 방자하고, 여러분의 야심이 어떻게 여러분을 굴레 벗은 말처럼 날뛰게 만드는지를 다 아뢰십시오. 여러분이 기억해 낼 수 있는 여러분의 모든 결점을 아뢰십시오. 하나님께 어떤 것도 숨기려고 하지 마십시오. 사실 여러분은 숨길 수도 없습니다. 하나님은 모든 것을 알고 있으니까요. 그러므로 주저하지 말고 모든 것을 하나님께 아뢰십시오. 심지어 지나가는 바람에게도 말하고 싶지 않은 여러분의 가장 은밀한 비밀까지도 아뢰십시오. 모든 것을 고하십시오! 모든 것을 다 고하십시오! 하나님께 드리는 고백은 영혼에 유익합니다. "죄를 자복하고 버리는 자는 불쌍히 여김을 받으리라"(잠 28:13). 여러분 중에서 지금 음침한 동굴 안에 있는 분이 계십니까? 나는 그런 분들에게 은밀하고 조용한 곳을 찾아가서, 오직 하나님과만 함께 있으면서, 그 앞에 온 마음을 쏟아놓으시기를 간곡히 권면합니다. 다윗은 "내가 내 원통함을 그의 앞에 토로하며 내 우환을 그의 앞에 진술하는도다"라고 말했습니다. 경건한 말들을 사용해서 기도하면 하나님이 기도를 더 잘 들어주실 것이라고 생각하지 마십시오. 여러분이 "토로"해야 할 것은 말이 아닙니다. 여러분의 모든 근심걱정을 하나님 앞에 "토로하며" 내려놓아야 합니다. 마치 어린아이가 자기 어머니에게 걱정거리를 다 털어놓듯이, 여러분은 하나님께 여러분의 근심, 여러분의 원망, 여러분의 비참한 사정, 여러분의 두려움을 빠짐없이 모두 고하십시오. 여러분이 하나님에게 모든 것을 털어놓고 나면, 여러분의 영혼에 큰 안도감이 찾아올 것입니다. 그러므로 먼저 하나님께 호소하시고, 다음으로 하나님께 고백하십시오.

세 번째로 할 일은 하나님의 긍휼하심을 의지하는 것 외에는 그 어디에도 여러분이 붙잡을 소망이 없다는 것을 인정하는 것입니다. 다윗처럼 이렇게 말하십시오: "오른쪽을 살펴보소서 나를 아는 이도 없고 나의 피난처도 없고 내 영혼을 돌보는 이도 없나이다"(4절). 여러분에게는 오직 한 가지 소망만이 있을 뿐입니다. 그 사실을 인정하십시오. 아마 여러분은 여러분의 선행을 통해서 구원받으려고 노력해 왔을지도 모릅니다. 여러분이 아무리 많은 선행을 쌓아도, 그것들은 모두 헛것입니다. 어쩌면 여러분은 여러분의 신앙심으로 구원받을 수 있다고 기대하고 있을지도 모릅니다. 하지만 그 신앙심 중 절반은 위선입니다. 어떻게 사람이 자신의 위선을 의지해서 구원받기를 바랄 수 있겠습니까? 여러분은 여러분의 감정에 의지해서 구원받기를 원합니까? 여러분의 감정들이라는 것은 도대체 무엇입니까? 그것들은 날씨만큼이나 변하기 쉬운 것들이 아닙니까? 여러분의 좋은 감정들은 한 번 휙 부는 바람에 의해서도 하나님에 대한 불평과 반항으로 바뀔 것입니다. 친구들이여, 여러분은 하나님의 율법을 지킬 수 없습니다. 율법은 믿음 외에 천국에 이르는 또 다른 유일한 길입니다. 만일 여러분이 아무런 죄도 범하지 않았다면, 여러분은 하나님의 계명을 완전하게 지킨 것으로 인해서 구원을 받을 것입니다. 하지만 여러분은 죄를 범했기 때문에, 이제 율법은 여러분을 구원할 수 없습니다. 왜냐하면, 장래에 순종한다고 해서 과거의 불순종이 지워지는 것은 아니기 때문입니다. 여러분의 유일한 소망은 하나님께서 우리의 죄를 위한 속죄 제물로 내어놓으신 예수 그리스도 안에만 있습니다. 그 소망을 붙드십시오. 여러분은 지금 의심과 두려움의 동굴 속에서 절망의 늪에 빠져 허우적대면서 다가올 진노에 대한 두려움에 몸서리치면서 살고 있습니까? 그렇다면 오직 그리스도 안에 계시는 하나님만을 의지하십시오. 여러분은 온전한 평안을 누리게 될 것입니다.

여러분이 여전히 의심과 죄의 동굴 속에 있다면, 담대하게 하나님께 여러분을 자유롭게 해 달라고 간구하십시오. 여러분은 다윗이 동굴 속에서 드린 "내 영혼을 옥에서 이끌어 내사 주의 이름을 감사하게 하소서"(7절)라는 기도보다 더 좋은 기도를 드릴 수는 없습니다. 여러분은 오늘 밤 감옥에 갇혀 있고, 여러분 스스로는 거기에서 빠져나올 수 없습니다. 여러분은 빗장을 부여잡고 앞뒤로 흔들어 보겠지만, 단단히 잠겨 있어서 꼼짝도 하지 않습니다. 빗장은 결코 여러분의 손 안에서 부서지지 않을 것입니다. 여러분이 아무리 생각하고 궁리해 봐도 여러분은 그 쇠로 된 육중한 감옥 문을 열 수 없습니다. 그러나 놋쇠 문을 부술 수 있는 손이 있고, 철 빗장을 산산조각 낼 수 있는 능력이 있습니다. 쇠창살 감옥 속에 갇힌 사람들이여, 여러분의 감옥을 박살내고 여러분을 꺼내 주실 수 있는 손이 있습니다. 여러분은 죄수가 될 이유가 없습니다. 여러분은 갇혀 있을 필요도 없습니다. 여러분이 구주이신 예수 그리스도를 의지하는 순간, 여러분은 마음껏 활보할 수 있습니다. 오늘 밤, 오직 그를 신뢰하고, "내 영혼을 옥에서 이끌어 내사 주의 이름을 감사하게 하소서"(7절)라고 믿음으로 기도하십시오. 그러면 하나님께서 여러분을 자유롭게 해주실 것입니다. 죄인들이 감옥에서 풀려나와서 하나님의 이름을 찬양합니다! 나는 내가 자유함을 얻었을 때 어떻게 노래하고 싶었는지를 기억합니다. 내가 와츠(Watts) 박사처럼 이렇게 노래하고 싶었습니다:

> "만 입이 내게 있어서
>   나의 크신 구주를 찬양하고 싶어라."

나의 오래된 친구인 플레처 박사(Dr. Alexander Fletcher)가 지금 내 앞에 다시 살아난 것 같습니다. 왜냐하면, 나는 그가 아이들에게 "사람들이 감옥에서 나오게 되면, 그들은 자신을 풀어준 사람을 칭송한다"고 말하는 것을 들었던 기억이 나기 때문입니다. 그는 이런 말을 했습니다: 그가 어느 날 올드 베일리(Old Bailey) 거리를 걸어가고 있었습니다. 그때에 그는 한 소년이 물구나무를 서서 재주를 부리며 온갖 방법으로 춤추고 점프하는 것을 보고는 그에게 이렇게 말했습니다. "너는 지금 무엇을 하느냐? 너는 지금 매우 행복해 보이는구나." 그러자 소년은 "아, 할아버지, 만약 할아버지가 여섯 달 동안 감옥에 갇혀 있다가 지금

막 나왔다면, 할아버지도 저처럼 행복해 하시겠지요"라고 대답하더랍니다. 나는 그 소년의 말이 진심임을 의심하지 않습니다. 만약 한 영혼이 뉴게이트 (Newgate)에 있던 감옥보다 훨씬 더 흉악한 감옥에서 나오게 된다면, 틀림없이 그는 "값없이 주어진 은혜와 죽음으로 증명한 사랑"을 찬양하고, "종을 울리며," 자신의 전 생애가 자기를 해방시켜 주신 그리스도를 찬양하는 뮤지컬이 되게 할 것입니다.

이것이 영혼의 문제와 씨름하며 동굴 속에 있는 여러분에게 드리는 나의 권면입니다. 하나님께서 나의 권면이 여러분에게 복이 되게 해주시기를 기원합니다. 여러분은 내가 오늘 밤 앞으로 말하려고 하는 다른 어떤 것에 주목할 필요가 없습니다. 만일 여러분이 지금 죄의식에 사로잡혀 있다면, 내가 지금까지 한 말에만 유념하십시오. 그렇지 않은 다른 사람들은 나머지 설교 내용에 좀 더 주목하십시오. 앞으로 내가 말씀드리고자 하는 것들은 특별히 그들에게 해당되는 내용이기 때문입니다.

2. 둘째로, 이 시편은 박해받는 신자의 상태를 잘 설명해 줍니다.

박해받는 신자라고요? 지금 시대에도 그런 사람들이 있습니까? 사랑하는 형제들이여, 지금도 그런 사람들이 많이 있습니다. 어떤 사람이 그리스도인이 되면, 그는 즉시 지금까지 그가 친하게 지내던 동료들이나 친구들과는 전혀 다른 사람이 됩니다. 내가 대로변에 살고 있을 때의 일입니다. 어느 날 나는 창가에 서서 다음에 무엇을 설교할지에 대해서 묵상하고 있었는데, 마땅한 본문이 생각나지 않았습니다. 그때에 내 눈 앞에서 갑자기 한 떼의 새가 날아가는 것이 보였습니다. 먼저 새장에서 도망나온 카나리아 한 마리가 보였는데, 맞은편에 있는 집의 지붕 위로 날아가고 있었고, 또 그 뒤를 쫓는 20여 마리의 참새와 다른 사나운 새들이 보였습니다. 그때에 내게 이 본문이 생각났습니다. "내 소유가 내게 대하여는 무늬 있는 매가 아니냐 매들이 그것을 에워싸지 아니하느냐"(렘 12:9). 내 눈 앞에서 날아가고 있는 새들은 서로에게 이렇게 말하는 것 같았습니다: "여기 노란 새 한 마리가 있다. 우리는 런던에서 이런 새를 본 적이 없다. 그 녀석은 이곳에 있어서는 안 되는 녀석이다. 그 녀석의 밝고 빛나는 가죽을 벗겨 버리자. 그 녀석을 죽여 버리거나, 아니면 우리처럼 어둡고 칙칙한 색으로 만들어 버리자." 세상 사람들이 그리스도인을 대하는 방식은 이것과 조금도 다를 것이 없습니다.

공장에서 일하는 경건한 남자도 있고, 책 접는 일을 하는 그리스도인 소녀도 있고, 종업원이 많은 곳에서 일하는 신자들도 있습니다. 장차 그들은 자기가 불경건한 동료들로부터 어떻게 박해와 조롱을 받았는지에 대한 슬픈 이야기를 갖게 될 것입니다. 이제 여러분은 동굴 안에 있습니다.

여러분이 여기에 묘사된 것과 같은 상황에 처해 있어서, 어떻게 해야 할지를 거의 알지 못할 수 있습니다. 여러분은 다윗이 이 시편의 3절을 썼을 때와 같은 처지에 놓여 있습니다: "내 영이 내 속에서 상할 때에"(KJV에서는 "내 영이 내 속에서 당황해할 때에") 박해자들은 여러분을 심하게 배척하고, 그런 박해는 초신자인 여러분에게는 매우 낯선 일이어서, 여러분은 몹시 당황해 하며 어떻게 해야 할지를 알지 못합니다. 그들은 아주 가혹하고 잔인하며 끈질깁니다. 그들은 여러분의 연약한 부위를 잘 찾아내고, 여러분의 상처를 어떻게 건드려야 하는지를 잘 알기 때문에, 여러분은 정말 어찌 해야 할지를 모르게 됩니다. 여러분은 이리 떼 가운데에 있는 한 마리 어린 양과 같습니다. 여러분은 어느 길로 도망해야 할지도 모릅니다. 그럴 때에 다윗이 그랬던 것처럼, 여러분도 하나님께 이렇게 아뢰십시오: "내 영이 내 속에서 당황해할 때에도 주께서 내 길을 아셨나이다." 하나님께서는 여러분이 지금 어디에 있고, 여러분이 어디까지 견딜 수 있는지를 정확히 아십니다. 여러분이 무엇을 해야 할지를 알 수 없을 때에 하나님을 의지하십시오. 그러면 하나님께서는 여러분의 길을 인도하실 수 있고, 또한 반드시 인도하실 것입니다.

그 뿐만 아니라, 여러분은 큰 시험을 받고 있을 수도 있습니다. 다윗은 "내가 가는 길에 그들이 나를 잡으려고 올무를 숨겼나이다"(3절)라고 말했습니다. 큰 상점에서 일하는 젊은이들이나 기관에서 일하는 사무원들이 흔히 그리스도인을 상대로 그런 시험을 합니다. 그들은 어떤 젊은 친구가 그리스도인이 된 것을 보게 되면, 그를 함정에 빠뜨리고 덫에 걸리게 하려고 합니다. 그들은 가능한 한 실제로는 그렇지 않은데도 불구하고 그가 마치 무슨 큰 죄라도 저지른 사람처럼 보이게 하려고 음모를 꾸밀 것입니다. 여러분에게는 정말 큰 지혜가 필요합니다! 나는 여러분이 그러한 시험에 결코 굴복하지 않고, 하나님의 은혜로 말미암아 여러분의 믿음을 견지할 수 있게 되기를 기도합니다. 젊은 그리스도인 군인들은 병영에서 흔히 매우 힘든 시간을 보냅니다. 나는 그들이 자기가 진정한 군인임을 보여주고, 그들을 잘못된 길로 이끌려고 하는 사람들에게 조금도 굴복하지 않기를 바랍니다.

　게다가, 여러분의 친구들마저 여러분에게서 등을 돌린다면, 그것은 아주 괴로운 일일 것입니다. 다윗은 "나를 아는 이도 없고"(4절)라고 말했습니다. 여러분의 경우도 그렇습니까? 여러분의 아버지와 어머니가 여러분에게 등을 돌립니까? 여러분의 아내나 남편이 여러분에게 등을 돌립니까? 여러분의 형제와 자매가 여러분을 "거룩한 체하는 위선자"라고 부릅니까? 그들이 무슨 뜻인지도 모르면서 여러분을 "감리교인" 또는 "장로교인"이라고 부릅니까? 여러분이 집으로 돌아가면, 그들이 여러분을 손가락질하며 조롱합니까? 행복했던 성찬식을 치르고 집에 돌아가서 방문을 열자마자 여러분이 처음 듣게 되는 소리가 욕설인 때가 자주 있습니까? 여러분 중에서 많은 분들이 이런 일들을 겪는다는 것을 나는 압니다. 런던에 있는 그리스도의 교회는 소돔에 있던 롯과 같습니다. 이런 특별한 이웃들 속에서 살아가는 것이 그리스도인들에게는 특히 어렵습니다. 길거리를 걷다보면, 여러분의 귓전에 도처에서 욕설이 날아옵니다. 여러분의 자녀들은 사방에서 행해지는 이런 가증스럽고 추악한 일들 때문에 길거리에서 마음 놓고 뛰어놀 수도 없습니다. 우리의 사정은 좋아지기는커녕 점점 악화됩니다. 우리 그리스도인들은 런던과 같은 큰 도시에 사는 갓 회심한 분들을 위해서 간절하게 기도해야 합니다. 왜냐하면, 그들의 가장 큰 적은 그들이 속해 있는 공동체의 구성원인 경우가 흔하기 때문입니다. 어떤 사람은 이렇게 말합니다: "만일 내가 의지할 수 있는 그리스도인 친구가 한 사람만 있다면, 나는 그렇게 걱정할 필요가 없을 것입니다. 얼마 전에 내가 한 그리스도인 친구에게 말을 했는데, 그는 나에게 전혀 관심이 없는 것처럼 보였습니다." 갓 회심한 분들에게 상처를 주는 것이 무엇인지를 내가 여러분에게 말씀드리겠습니다. 여기 지금 막 구원받은 사람이 있습니다. 그는 진실로 사랑을 담아서 그리스도께 자신의 마음을 바쳤고, 그가 일하는 직장의 사장이나 상사는 그리스도인입니다. 그는 자신이 동료들로부터 조롱당하고 있다는 것을 알고, 용기를 내어서 이 그리스도인 상사에게 말을 건넵니다. 그러나 그 상사는 그의 말을 일언지하에 일축해 버립니다. 그 상사는 그의 말에 공감하지 않습니다. 여기에 함께 일하는 신앙의 연조가 오래된 다른 그리스도인이 있습니다. 그래서 이제 막 회심한 사람이 자신의 고민을 그에게 조금 털어놓기 시작하지만, 그는 버럭 화를 냅니다. 나는 몇몇 그리스도인들이 자기 자신 속에 갇혀서 신앙생활을 처음 시작한 초신자들의 고민에 대해서는 관심을 보이지 않는 것을 보아 왔습니다. 여러분 중에는 그런 사람이 없어야 합니다. 나의 사랑하는 형제들이여, 그리스도의 군대에 갓 입대해서 많은 적들로부터 곤욕을 치르고 있는 우리의 형제들을 큰 사랑으로 품어 주십시오. 그들은 동굴 속에 있습니다. 그들을 못 본 척하지 마십시오. 그들도 나름대로 최선을 다하고 있습니다. 그들 곁에 가까이 있어 주십시오. 사람들이 이제 막 신앙을 갖게 된 형제를 박해하면, 그들에게 이렇게 말하십시오: "나도 그리스도인입니다. 여러분이 저 젊은이를 조롱하고자 한다면, 나도 조롱하십시오. 여러분이 저 젊은이를 멸시하고자 한다면, 나도 멸시하십시오. 나도 저 젊은이처럼 그리스도를 믿는 사람이니까요." 여러분, 그렇게 하시겠습니까? 나는 여러분 중에서 그렇게 하고자 하는 분들이 있으리라고 확신합니다. 여러분, 하나님의 계시된 진리를 시인하고 옹호하는 하나님의 사람을 지켜 주시겠습니까? 나는 여러분 중에서 그렇게 하고자 하는 분들이 있을 것이라고 믿습니다. 하지만 그런 일에 전혀 개입하고 싶어하지 않는 사람들도 많이 있습니다. 그들은 정의를 위한 싸움에서 어떻게든 빠져나갈 수만 있다면, 기꺼이 집으로 돌아가서 싸움이 끝날 때까지 잠을 잡니다. 하나님께서 우리를 도우셔서 사자 같이 용맹하게 만드시고, 겁쟁이로 만들지 않으시기를 빕니다. 하나님께서 우리에게 은혜를 주셔서 우리로 하여금 하나님과 그리스도를 위해 헌신하는 사람들을 돕게 하심으로써, 우리가 그리스도께서 나타나시는 그 날에 그들과 함께 기억될 수 있게 해주시기를 빕니다.

여러분의 가장 큰 약점은 여러분이 스스로를 매우 연약하다고 느끼는 것일 수 있습니다. 여러분은 이렇게 말합니다: "만일 내가 스스로 강하다고 느낀다면, 박해 따위는 신경 쓰지 않아도 되겠지요. 하지만 나는 매우 연약합니다." 그러나 여러분은 강하다고 느끼는 것과 강한 것을 항상 구별해야 합니다. 자신이 강하다고 느끼는 사람은 사실 약한 사람입니다. 자신이 약하다고 느끼는 사람이야말로 사실은 강한 사람입니다. 바울은 "그러므로 내가 그리스도를 위하여 약한 것들과 능욕과 궁핍과 박해와 곤고를 기뻐하노니 이는 내가 약한 그 때에 강함이라"(고후 12:10)고 말했습니다. 다윗은 "나를 핍박하는 자들에게서 나를 건지소서 그들은 나보다 강하니이다"(6절)라고 기도합니다. 하나님의 강하신 능력 안으로 피신하십시오. 많이 기도하십시오. 하나님을 여러분의 "피난처"와 "분깃"으로 삼으십시오. 여러분이 하나님을 의뢰하면, 여러분은 여러분의 원수들보다 강하게 될 것입니다. 그들이 여러분을 넘어뜨리는 것처럼 보일지 모르지만, 여러분은 곧 다시 일어나게 될 것입니다. 그들은 여러분이 풀 수 없는 수수께끼를 여러분 앞에 던져놓을 수도 있습니다. 그들은 그들의 과학적 지식을 들고 와서 여러분을 당황하게 만들 수 있습니다. 그러나 염려하지 마십시오. 여러분을 동굴 속으로 인도하신 하나님께서 머지않아 여러분을 위해서 형세를 역전시켜 주실 것입니다. 오직 참고 또 견디십시오. 끝까지 말입니다. 나는 그리스도인이 되려면 어느 정도의 괴로움과 고난이 있어야 한다는 것을 차라리 기쁘게 생각합니다. 왜냐하면, 지금은 자기가 그리스도인이라고 말하는 것이 너무나 흔해빠진 일이 되었기 때문입니다. 만약 내 말이 옳다면, "나는 그리스도인입니다"라고 말하는 사람이 적어도 지금보다는 훨씬 줄어들게 될 것입니다. 분명한 경계선이 그어져서 진정한 그리스도인인지 아닌지가 드러나게 될 때가 올 것입니다. 사람들이 그리스도를 옷 입지는 않으면서도, 그리스도인이라는 이름만을 지니고서는 속물처럼 행동하면서 세상 사람들의 환락과 어리석음을 사랑할 때, 우리가 박해를 당하는 것이 그 경계선을 긋는 데에 일조하게 될 것입니다. 지금은 하나님의 전에서 경계선이 그어져서, "예"라고 말하는 사람은 이쪽으로, "아니요"라고 말하는 사람은 다른 쪽으로 들어가게 해야 할 때입니다. 우리는 너무나 오랫동안 뒤섞여 있었습니다. 나는 모든 그리스도인들이 호된 시련을 겪어야 할 때가 곧 오게 되기를 바랍니다. 그것은 참된 신자들에게는 오히려 좋은 기회가 될 것입니다. 그것은 알곡으로부터 쭉정이를 구별해서 바람에 날려 버릴 것입니다. 도가니를 달구는 불이 뜨거울수록, 더욱 순도가 높은 정금이 얻어집니다. 왜냐하면, 그럴 때에 불순물과 순금이 서로 분리될 것이기 때문입니다. 나의 형제들이여, 여러분이 지금 동굴 안에 있다면, 용기를 내십시오. 하나님께서 보시기에 가장 좋은 때에 여러분을 동굴에서 구해 내실 것입니다.

3. 셋째로, 이 시편은 더 큰 영광과 섬김을 위해 준비되고 있는 신자의 상태를 보여줍니다.

하나님께서는 어떤 사람을 큰 사람으로 만드시려고 하실 때마다 늘 먼저 그를 철저하게 깨뜨리시는데, 이것은 흥미로운 일이 아닙니까? 하나님께서 어떤 사람을 통치자로 만드시려고 작정하셨습니다. 하나님께서 그 사람에게 어떻게 하셨을까요? 하나님께서는 어느 날 밤 그를 만나셔서 그와 씨름을 하셨습니다. 이것은 여러분이 많이 들어 왔던 야곱의 씨름 이야기입니다. 나는 야곱이 하나님과 씨름했다고 말했지만, 사실 이 씨름을 주도한 것은 결코 야곱이 아니었습니다. "어떤 사람이 날이 새도록 야곱과 씨름하다가"(창 32:34). 하나님께서는 야곱을 "이스라엘," 즉 "하나님의 통치자"라고 부르시기 전에, 그의 허벅지 관절을 쳐서 어긋나게 만드셨습니다. 야곱은 씨름을 하느라 힘이 완전히 다 빠져 버렸습니다. 그때에야 비로소 하나님께서는 그를 통치자라고 부르셨습니다. 다윗은 장차 온 이스라엘을 다스리게 될 사람이었습니다. 다윗이 예루살렘으로 올라간 길은 어떤 길이었습니까? 다윗이 보좌에 오른 길은 어떤 길이었습니까? 그 길은 아둘람 동굴을 거쳐서 가는 길이었습니다. 그는 도망자와 범법자가 되어서 그 동굴로 가야 했습니다. 왜냐하면, 그 길이 그가 왕이 되는 길이었기 때문입니다. 여러분은 하나님께서 여러분을 크게 하시거나 여러분에게 더 큰 사명을 주시거나 여러분을 영적으로 한 단계 더 높여 주려고 하실 때마다 여러분이 언제나 내팽개쳐진다는 것을 여러분의 삶 속에서 느끼지 못하셨습니까? 그것이 하나님께서 역사하시는 통상적인 방식입니다. 하나님께서는 여러분을 먹이시기 전에 먼저 배고프게 만드십니다. 하나님께서는 여러분에게 옷을 입혀 주시기 전에 먼저 벌거벗기십니다. 하나님께서는 여러분을 큰 인물로 만드시기 전에 먼저 하찮고 보잘것없는 사람으로 만드십니다. 다윗에게 있었던 일이 바로 그런 일이었습니다. 그는 예루살렘에서 왕이 될 사람이었지만, 동굴의 길을 통해서 보좌에 올라야 했습니다. 여러분 중에 천국에 올라가고 있거나, 더욱 거룩한 상태로 올라가고 있거나, 더욱 유익한 사람으로 되어가고 있는 분들이 있습니까? 여러분이 동굴의 길을 거쳐 가야 하는 것을 이상하게 생각하지 마십시오. 왜 그렇습니까?

그 이유는 첫째로, 하나님께서 여러분을 매우 유익한 사람으로 만들고자 하실 때에는 여러분에게 기도하는 법을 가르치셔야 하기 때문입니다. 위대한 설교자이지만 기도할 줄 모르는 남자는 안 좋은 종말을 맞이할 것입니다. 성경공부를 잘 인도하기로 유명하지만 기도할 줄 모르는 여자는 이미 안 좋은 종말을 맞이한 것입니다. 만약 여러분이 기도하지 않았는데도 큰 인물이 되었다면, 여러분의 위대함은 여러분의 파멸이 될 것입니다. 하나님께서 여러분에게 큰 복을 주고자 하시면, 여러분으로 하여금 위대한 기도를 드리도록 만드실 것입니다. 마치 다윗에게 하셨던 것처럼 말입니다. 하나님께서는 다윗이 장차 보좌에 오르도록 준비시키시는 과정에서 그를 다음과 같이 말할 수밖에 없도록 이끄십니다: "내가 소리 내어 여호와께 부르짖으며 소리 내어 여호와께 간구하는도다."

둘째로, 하나님께서 큰 영광을 주고자 하시는 사람은 어찌 할 바를 모를 때에 언제나 하나님을 신뢰해야 하기 때문입니다. "내 영이 내 속에서 당황해할 때에도 주께서 내 길을 아셨나이다"(KJV). 여러분은 어찌할 바를 모를 때가 전혀 없었습니까? 그렇다면 하나님께서는 여러분을 큰 일을 하도록 보내신 것이 아닙니다. 하나님께서 여러분을 큰 일을 하도록 보내신 것이라면, 여러분은 이리저리 비틀거리다가, 조만간 큰 폭풍우 속에서 어찌할 바를 모르게 될 것입니다. 여러분이 여러분 자신을 신뢰할 수 있을 때, 하나님을 신뢰하는 것은 어려운 일이 아닙니다. 하지만 여러분이 여러분 자신을 신뢰할 수 없을 때, 여러분이 기진맥진하게 되었을 때, 여러분이 완전한 절망 속에서 의기소침하게 되었을 때, 그때가 바로 하나님을 신뢰해야 하는 때입니다. 그리고 실제로 여러분이 그런 때에 하나님을 신뢰하고 있다면, 여러분은 하나님의 백성을 인도하며 다른 사람들의 위로자가 되어줄 수 있는 증표들을 갖고 있는 것입니다.

셋째로, 하나님의 사람은 크게 유익한 사람이 되기 위해서는 홀로 서는 법을 배워야 하기 때문입니다. "오른쪽을 살펴보소서 나를 아는 이도 없고." 만약 여러분에게 도와 줄 사람이 필요하다면, 여러분은 아주 겸손한 추종자가 될 수 있을 것입니다. 그러나 여러분이 사람의 도움을 필요로 하지 않고 홀로 설 수 있다면, 하나님께서 여러분의 조력자가 되어서서, 여러분을 지도자로 세우실 것입니다. 루터가 가톨릭 사제의 신분을 벗어던지고 걸어 나온 것은 놀라운 일이었습니다. 그의 주위에 있는 많은 선한 사람들이 그에게 이렇게 충고했습니다: "루터여, 조용히 하십시오. 당신이 입을 다물지 않으면, 당신은 화형을 당하게 될 것입니다. 우리는 모두 이 로마 가톨릭 교회 안에 조용히 머물러 있읍시다. 비록 우리가 더러운 오물을 많이 삼켜야 할지라도 말입니다. 우리는 지금처럼 이대로 머물러 있으면서도 복음을 믿을 수 있습니다." 그러나 루터는 자신이 적그리스도를 쳐부수고 하나님의 순수한 복음을 선포해야 한다는 것을 알고 있었습니다. 비록 보름스(Worms) 의사당 지붕 위의 기왓장만큼이나 많은 마귀들이 그를 공격했지만, 그는 하나님의 진리를 위해 홀로 서야 했습니다. 하나님께서 복 주시는 사람이 바로 이런 사람입니다. 나는 여기에 있는 많은 젊은이들이 각자의 위치에서 다음과 같이 생각할 수 있는 용기를 갖게 해 달라고 하나님께 기도하겠습니다: "필요하다면, 나는 홀로 서겠습니다. 나는 우리 회사 사장과 나의 동료들이 나와 함께 있는 것을 기뻐합니다. 하지만 나와 함께 천국에 가려는 사람이 아무도 없다면, 나는 그들에게 작별을 고하고, 예수 그리스도의 은혜를 통해서 나 홀로 천국으로 갈 것입니다."

넷째로, 하나님께서 복 주시는 사람은 오직 하나님만을 기뻐하는 사람입니다. 다윗은 5절에서 "여호와여 내가 주께 부르짖어 말하기를 주는 나의 피난처시요 살아 있는 사람들의 땅에서 나의 분깃이시라 하였나이다"라고 말합니다. 하나님을 우리의 피난처로 삼고 하나님을 우리의 분깃으로 갖게 해주소서! 사람들은 이렇게 말합니다: "당신은 직업을 잃을 것입니다. 당신은 수입을 잃을 것입니다. 당신은 동료들의 신망을 잃을 것입니다." 그러나 믿는 자는 이렇게 말합니다: "하지만 나는 나의 분깃을 잃지 않을 것입니다. 왜냐하면, 하나님께서 나의 분깃이니까요. 그가 나의 직업이고, 나의 수입이며, 나의 모든 것입니다. 무슨 일이 닥치든지, 나는 하나님을 붙들 것입니다." 여러분이 하나님을 기뻐하면, 하나님이 여러분의 마음의 소원을 이루어 주실 것입니다(시 37:4). 이제 여러분은 하나님께서 여러분을 사용하실 수 있고 크게 높이실 수 있는 상태에 이르렀습니다. 그러나 여러분이 하나님을 높일 때까지, 하나님은 결코 여러분을 높이지 않으실 것입니다. 하나님께서는 우리로 하여금 이 세상에서 분깃을 갖도록 하시지 않으실 것입니다. 왜냐하면, 만약 우리가 이 세상에서 분깃을 갖는다면, 우리는 결코 그의 백성이 아닐 것이기 때문입니다.

다섯째로, 하나님께서 사용하실 사람은 하나님의 가련한 백성들과 공감하는 법을 배워야 합니다. 우리는 6절에서 "나는 심히 비천하니이다"라는 다윗의 말을 듣게 됩니다. 「천로역정」에서 "담대한 심령"(Greatheart) 씨는 "우울"(Grim)이라는 거인을 비롯해서 순례 길에서 순례자들을 괴롭히는 온갖 거인들을 죽일 만큼 강했음이 분명하지만, 다른 사람들의 지도자가 되기 위해서는 그 길을 혼자서 통과함으로써 그 강함을 증명해야 했습니다. 나의 형제여, 만약 하나님께서 당신에게 복을 주시고 당신을 자기 교회의 큰 일꾼으로 만들려고 생각하고 계신다면, 틀림없이 당신을 시험하실 것입니다. 하나님의 사역자들이 겪는 시험의 절반, 아니 십중팔구는 그들 자신을 위한 것이 아닙니다. 그 시험들은 다른 사람들의 유익을 위한 것입니다. 하나님의 자녀들 중에서 평탄하게 천국으로 향하는 이들은 다른 사람들을 위하여 큰 일을 거의 하지 못합니다. 그러나 하나님의 자녀들 중에서 온갖 시련을 겪으며 신자의 삶에 대해서 모든 것을 속속들이 알고 있는 이들은 오직 다른 사람들을 돕기에 좀 더 적합한 사람이 되기 위해서 그런 시험들을 통과해 온 것입니다. 우는 자들 앞에 앉아서 함께 울기 위해서, 또는 기뻐하는 자들 앞에 서서 함께 기뻐하기 위해서 그들은 그 시련들을 통과해 온 것입니다. 그러므로 동굴 속에 갇혀 있는 사랑하는 형제들이여, 그리고 영적으로 깊은 고통 속에 있는 나의 사랑하는 자매들이여, 나는 그런 것이 여러분을 큰 사람으로 만드시기 위한 하나님의 방식이라는 것을 보여줌으로써 여러분을 위로하고자 합니다. 하나님께서는 여러분을 더 깊이 파내고 계십니다. 여러분은 오래된 수로와 같아서 더 많은 물을 담을 수 없는 까닭에, 하나님께서는 더욱 많은 은혜를 담을 수 있는 공간을 확보하기 위해서 여러분을 파내고 계시는 것입니다. 하나님은 한 삽 한 삽씩 여러분 속에 있는 찌꺼기들을 파내셔서 밖에 버리십니다. 여러분이 간직해 두고 싶은 것들도 여지없이 파내져서 버려집니다. 하나님께서 깊이 파내실수록, 여러분은 점점 더 비워져서, 엘리사가 한 말이 여러분에게 이루어집니다: "여호와의 말씀이 이 골짜기에 개천을 많이 파라 하셨나이다 여호와께서 이르시기를 너희가 바람도 보지 못하고 비도 보지 못하되 이 골짜기에 물이 가득하여 너희와 너희 가축과 짐승이 마시리라 하셨나이다"(왕하 3:16-17). 나의 친구여, 당신이 시련을 겪어야 하는 것은 하나님께서 당신 안에서 영광을 받으시기 위한 것입니다.

마지막으로, 하나님께서 여러분을 사용하시려면, 여러분은 **찬송으로 충만**해야 합니다. 다윗이 7절에서 한 말에 귀를 기울이십시오: "내 영혼을 옥에서 이끌어 내사 주의 이름을 감사하게 하소서 주께서 나에게 갚아 주시리니 의인들이 나를 두르리이다." 하나님께서 시련과 고난 가운데에서 고군분투하고 있는 나의 형제들에게 은혜를 베풀어 주셔서 그들로 하여금 하나님을 찬송할 수 있도록 해 주시기를 빕니다. 찬송하는 자들이 앞장을 서는 법입니다. 그러므로 하나님을 가장 잘 찬송할 수 있는 사람들이 다른 사람들을 이끌어 찬송하게 하는 일에 가장 적합한 사람들이 될 것입니다. 우울한 지도자를 따르지 마십시오. 우리는 "사울의 죽음의 행진곡"에 맞춰서 행해서는 안 됩니다. 만일 워털루 전투의 날에 그런 죽음의 행진곡이 울려 퍼졌다면, 우리의 군인들은 그 전투에서 결코 승리할 수 없었을 것입니다. 우리에게 "영광 중에 이기신 주께 노래하라 그의 크신 이름을 반복해서 찬송하라"고 노래하며, 칼을 빼들고 원수의 급소를 찌를 수 있는 기뻐하고 즐거워하는 지도자를 주십시오! 여러분이 하나님을 기뻐하는 영혼이고, 모든 시련과 환난 후에 자기가 더욱 낮아진 것을 기뻐하고 즐거워할 수 있는 영혼이라면, 하나님께서는 여러분을 높이셔서 자기 백성을 이끌게 하셔서서 더 큰 은혜의 역사를 이루는 데에 사용하실 것입니다.

　　오늘 밤에 나는 세 부류의 사람들에게 말씀을 전했습니다. 하나님께서 여러분 각자에게 은혜를 주셔서 각각 합당한 말씀을 받게 하시기를 빕니다. 그러나 여러분이 이 전을 나서기 전에 첫 번째 부류의 사람, 곧 죄책감으로 인하여 어둠의 동굴 속에 있는 사람을 보고서, 발길을 멈추고 그를 위로해야 한다는 생각이 든다면, 그렇게 하십시오. 아울러, 여러분이 예배가 끝난 후에 바로 그 자리에서, 또는 현관에서 하셔야 할 놀라운 일이 있습니다. 사실 어떤 형제들은 늘 그 일을 해오고 계시는데, 그분들은 그들 자신을 나의 "개(dog)"라고 자처하십니다. 왜냐하면, 그분들은 내가 전한 말씀에 상처를 입은 새들을 예배 후에 만나서 다독거리고 위로해 주는 일을 하고 계시니까요. 오늘 밤에도 그 분들이 많은 사람을 만나서 그렇게 해주셨으면 합니다. 여러분 중에는 사람들의 얼굴을 보고서 그 얼굴에 씌어 있는 감정을 잘 읽어 내시는 분들이 계십니다. 한 분 한 분을 잘 살피셔서, 괴로움과 고통 중에 있는 심령에게 다가가서 그의 마음을 위로해 주고 기쁘게 해줄 수 있는 말 한 마디를 건네십시오. 여러분이 늘 그렇게 하시기를 부탁드립니다. 왜냐하면, 여러분 자신이 감옥에 갇혀 있다가 풀려난 사람인 까닭에 누구보다도 지금 감옥에 갇혀 있는 사람들을 잘 도울 수 있기 때문입니다. 하나님께서는 욥이 자신의 친구들을 위하여 기도했을 때에 욥을 그 갇힌 것에서 풀어주셨습니다. 우리가 다른 사람들을 보살피고 돕기 시작할 때, 우리에게 복이 주어질 것입니다. 하나님께서 자기 이름을 위하여 그렇게 하시기를 기원합니다. 아멘.

제
138
장
—

"주께 피하여 숨었나이다"

—

"내가 주께 피하여 숨었나이다." ― 시 143:9

다윗이 무난하고 평탄한 삶을 살지 않았다는 것이 우리에게는 얼마나 큰 은혜가 되는지 모릅니다! 만일 다윗이 일평생 평탄한 인생행로를 유지할 수 있었다면, 우리는 많은 값진 교훈들을 얻지 못하게 되었을 것입니다. 그러니까 우리는 지금 그의 시련과 고난들을 통해서 큰 유익을 얻고 있는 것입니다. 다윗의 시편들을 읽다가, 여러분은 여러분 자신의 경우와 딱 들어맞는 구절을 종종 발견할 것입니다. 여러분이 어떤 처지에 놓여 있든지, 십중팔구 여러분은 이새의 아들이 여러분보다 앞서서 이미 그런 처지를 경험하였었다는 것을 발견하게 될 것입니다. 모든 점에서 다윗을 주 예수 그리스도 ― 그는 모든 점에 있어서 우리와 마찬가지로 시험을 받으셨습니다 ― 와 비교할 수는 없지만, 다윗과 "위대한 다윗의 더욱 위대한 자손"인 예수 그리스도는 대체로 비슷한 일들을 겪으셨습니다. 다윗은 단순히 하나의 인간이 아니라 "모든 인간의 전형"이었던 것처럼 보이고, 인간의 모든 시험과 죄악과 기쁨을 알았던 사람처럼 보입니다. 그는 때로는 성령에 이끌려서, 때로는 애석하게도 자신의 연약함과 어리석음으로 말미암아, 온갖 종류의 특이한 경험을 하게 되었고, 이를 통해서 우리를 가르치는 선생이 될 수 있었습니다.

여러분은 이런 말을 수도 없이 들어보았을 테지만, 여러분 자신의 경험과 관련해서도 거의 똑같은 말을 할 수 있다는 생각을 해보신 적이 있습니까? 여러분은 왜 자신이 아주 특이한 시험들을 받고 특별한 경험들을 자주 하게 되는지를 놓고서 의아해하지만, 사실 그 이유는 여러분 자신에게 있는 것이 아니라, 다른 사람들에게 있는 것은 아닐까요? 그러니까 하나님께서는 여러분을 다른 사람들에게 유익한 사람으로 만드시기 위하여 여러분에게 그런 것들을 겪게 하시는 것은 아닌가 하는 것입니다. 하나님께서는 지금 여러분을 험난한 길로 끌고 가시면서 시련을 주시고 훈련을 시키시는데, 그것은 하나님께서 여러분을 다른 사람을 돕는 도구로 사용하시기 위한 것이고, 그래서 여러분은 자신이 도와야 할 그런 사람을 세상의 어두운 곳 어디에선가 발견하게 될 것입니다. 여러분이 지금 강인한 산악인으로 훈련받고 있는 것은 하나님의 양 떼가 험준한 바위투성이인 곳에서 길을 잃었을 때에 그들을 찾아서 산을 기어올라서 그들을 안전한 곳으로 데리고 내려올 수 있게 하기 위한 것입니다. 여러분은 지금 절망과 낙담의 땅을 통과해서 자신의 길을 찾을 수 있도록 훈련받고 있습니다. 하늘의 도성을 향해 가는 순례자들이 길을 잃고 두려움과 의심의 늪에 빠져 있을 때, 여러분은 그들을 거기에서 꺼내어 그들의 발을 다시 반석 위에 올려놓고 그들로 하여금 다시 한 번 순례의 길을 갈 수 있도록 만드는 법을 배우고 있는 것입니다. 우리는 어떤 한 사람의 인생이 다른 사람들의 인생에 어떤 영향을 미쳤는지를 이 땅에서는 온전히 알 수 없습니다. 설령 우리가 그의 인생을 완전히 들여다볼 수 있다고 할지라도, 그의 인생이 다른 사람들의 인생과 어떻게 얽혀져 있는지는 거의 알 수 없습니다. 또한, 그의 인생이 완전히 마무리되기 전에는, 어떤 사람도 그의 현재의 고난이 그가 다른 사람들에게 유익을 끼치는 것과 어느 정도나 관계되어 있는 것인지도 알 수 없습니다. 또한, 그는 자기가 이처럼 이런저런 훈련을 받아 준비되어 가고 있는 것이 나중에 자신이 어떤 위치에서 다른 사람들에게 유익이 되기 위한 것인지도 온전히 이해할 수 없습니다. 자신이 도대체 그런 위치에 있게 될지 아닐지는 꿈 속에서도 알 수 없습니다. 하지만 언젠가 그는 이 모든 불가사의한 훈련들이 다른 사람들에게 크나큰 유익이 되는 그러한 상황을 맞게 될 것입니다. 불 속을 수없이 들락날락하며 담금질되고 있던 쇠로 된 칼은 훗날 전투의 날에 엘 시드(El Cid)가 원수들의 갑옷을 베게 될 때에 사용될 줄은 꿈에도 알지 못했을 것입니다. 만일 그 칼이 그런 식으로 준비되지 않았더라면, 저 위대한 영웅의 손에 들려서 사용되기에 적절하지 못했을 것입니다. 신자들은 하나님께서 사용하시기에 합당한 그릇들로 만들어지고 있는 사람들입니다. 그리고 모든 그릇이 하나님께서 자신의 사역을 위해서 쓰시기에 합당한 그릇은 아닙니다. 다윗은 준비된 사람이었지만, 그는 자신의 놀라운 시련 — 그는 이러한 시련들을 통과하도록 부르심을 받았습니다 — 의 삶을 통해서 그렇게 될 수 있었습니다.

우리는 다윗의 삶에 관한 이야기를 읽을 때마다, 또는 시편을 통해서 그가 어디로 갔고 무엇을 했는지를 주목할 때마다, 그가 어떻게 행동했고 어떻게 고난을 받았으며 고난을 헤쳐 나가면서 무엇을 했는지에 유념하는 것으로 그쳐서는 안 되고, 우리가 그의 상황과 비슷한 상황에 처하게 되었을 때, 우리도 그가 했던 것처럼 할 수 있게 되도록 그의 경험을 나의 경험으로 만들려고 노력해야 합니다. 그가 범한 죄악은 따라하지 말고 경고로만 삼으시고, 오직 그의 미덕들을 본받으십시오. 시편 기자가 지녔던 은혜의 충만한 분량에 참여하는 자가 되게 해 달라고 하나님께 기도하십시오. 그러나 동상을 응시하면서 잘 만들어졌다고 감탄하는 식으로 그의 인생을 바라보지는 마십시오. 소년이 베껴 쓰기 위해서 책을 주시하듯이, 그런 식으로 그의 인생을 주시하십시오. 군인들이 열을 맞추어 한 걸음 한 걸음 행군하기 위해서 그들의 지휘관을 응시하듯이, 그렇게 그의 삶을 바라보십시오. 그리고 무엇보다 중요한 일은 여러분의 시선을 다윗의 주이셨던 하나님께 고정하는 것입니다. 이것은 다윗이 여러분의 발걸음을 잘못 인도하는 것을 막기 위해서도 필요합니다. 여러분은 다윗과 주 예수 그리스도를 바라보았을 때에는 감탄만 하지 말고 반드시 그들을 본받아 실천하여야 합니다. 다른 사람들을 보고 감탄하며, 자기가 어떤 사람이 되어야 하는지를 알고, 자기가 마땅히 어떤 자가 되어야 하는데 그렇게 되지 못하고 있는 것을 애석하게 생각하는 것으로 그쳐 버리는 신앙이 너무나 많습니다. 우리가 마땅히 되어야 할 사람이 됨과 아울러 우리가 마땅히 해야 할 일을 함으로써 우리가 성령의 열매를 맺을 때에 참 경건은 드러납니다. 은혜로우신 성령이시여, 우리를 도우셔서 그렇게 되게 해주소서. 우리는 우리가 실제로 어떻게 행해야 할지를 내내 생각하는 가운데 오늘의 본문을 묵상했으면 좋겠습니다. 그리고 다윗이 시련의 시간에 어떻게 그의 하나님에게로 피하였는지를 보면서, 우리 각자가 성령의 능력 안에서 이렇게 결단합시다: "나는 다윗이 했던 대로 할 것입니다. 나는 하나님께 피하여 숨겠습니다." 오늘의 본문에서 다윗은 하나님께 "내가 주께 피하여 숨었나이다"라고 선언합니다. 우리도 다윗이 했던 것처럼 해야 하지만, 내가 지금부터 말씀드리려고 하는 이 다섯 가지를 갖추지 못한 사람은 결코 그렇게 할 수 없을 것입니다.

1. 첫째로, 위험을 감지한 사람만이 하나님께 피하여 숨을 수 있습니다.

다윗은 많은 잔인한 원수들로 인해서 위험에 처해 있었고, 그럴 때마다 그들을 피하여 하나님께 숨었습니다. 여러분과 나는 육신적으로는 그러한 위험에 처해 있지 않을 수 있습니다. 다행스럽게도, 우리는 그러한 위험으로부터 보호를 받을 수 있는 그런 나라에 살고 있습니다. 적어도 우리들 대다수는 그렇습니다. 하지만 우리는 또 다른 위험에 노출되어 있습니다. 다윗은 자신이 위험한 처지에 놓여 있다는 것을 깨달았기 때문에 하나님께 피하여 숨었습니다. 우리도 우리 자신의 개인적인 위험을 감지할 때에만 하나님께 피하여 숨게 될 것입니다.

우리 모두는 위험을 깨닫지 못해서 망한 사람들이 많다는 것을 잘 알고 있습니다. 여러분은 이런 경우가 얼마나 자주 일어나는지도 알고 있습니다. 사람들이 전염병이나 다른 치명적인 질병이 창궐하고 있는 지역으로 아무런 위험도 생각하지 못하고 갔습니다. 만일 거기에서 무슨 일이 일어나고 있는지를 알았더라면, 그들은 거기로 가지 않았거나, 아니면 감염을 막기 위한 여러 가지 예방 조치를 취한 후에 갔을 것입니다. 하지만 그런 위험을 알지 못했기 때문에, 그들은 치명적인 공기를 들이마셨고, 집으로 돌아온 후에 병에 걸려 죽었습니다. 많은 거대한 선박들이 수면 아래에 숨어 있는 암초에 부딪치거나 지도에 나타나지 않는 모래톱에 걸려서 좌초했습니다. 나는 선원이 바다를 지나치게 너무 꼼꼼하게 살펴서 선박이 좌초했다는 말을 결코 들은 적이 없고, 선장이 위험한 모래톱이나 위험한 갑(岬, headland)에서 멀리 떨어지려고 지나치게 조심한 나머지 배가 실종되었다는 기사를 읽은 적도 없습니다. 하지만 선장이 자신의 배가 어떠한 위험에 노출되어 있는지를 몰랐기 때문에 그 배가 난파당했다는 이야기는 종종 듣습니다. 우리는 특급열차가 질주할 때에 철로 위에 어떤 장애물이 놓여 있었다는 말을 종종 듣습니다. 만일 기관사가 선로가 고장 났다는 것을 알기만 했다면, 그리고 열차를 정차시키지 않으면 충돌사고가 발생할 것이라는 것을 알기만 했다면, 그는 그러한 참사를 회피하기 위해서 자기가 할 수 있는 모든 조치를 취했을 것입니다. 하지만 자신과 승객들이 위험에 처해 있다는 것을 몰랐기 때문에,

그는 마치 모든 것이 정상인 것처럼 기차를 몰았고 결과적으로 최악의 끔찍한 참사가 발생했습니다.

많은 사람들이 위험에 처한 줄을 몰랐기 때문에 죽었습니다. 그리고 영적인 일들과 관련해서, 영원한 하나님의 진노의 위험에 처해 있으면서도, 그러한 사실을 인식하지 못하고 있는 수백만의 우리 동포들이 있다는 것을 우리는 압니다 — 이것이 사실이 아니었으면 좋겠지만 말입니다. 그들은 자신들이 죄 속에서 살고 있다는 것을 알고 있고, 하나님이 보시기에 죄가 악한 것이라는 것을 어렴풋이 인식하고 있습니다. 하지만 그들은 죄가 무엇인지를 온전히 자각하지는 못하고 있습니다. 그들 중 많은 사람들이 자기가 죄인이라는 것이 무슨 뜻인지를 제대로 알지 못합니다. 자신이 의롭다는 망상 속에서 그들이 얼마나 만족하고 있는지를 보십시오. 그들은 자기가 지극히 안전하다고 생각합니다. 하지만 사실 그들은 최악의 위험에 처해 있습니다! 그들은 먹고 마시며 장가들고 시집가고 있습니다. 마치 그런 일이 언제까지라도 계속될 것처럼 말입니다. 그들에게 종말의 무시무시한 불이 온 세상을 불사를 것이라고 말해 보십시오. 장차 멸망이 돌연히 그들에게 임할 것인데도, 그들은 코웃음을 치면서 "우리에게는 평화와 안전이 있을 거야"라고 외칠 것입니다. 만약 우리가 사람들로 하여금 그들이 위험에 처해 있다는 것을 한 번이라도 깨닫게 할 수 있다면, 우리는 그들이 그 위험으로부터 벗어나려고 노력할 것이라는 희망을 조금이라도 품을 수 있을 것입니다. 하지만 우리는 그들로 하여금 그 위험의 현실성과 확실성을 믿게 만들 수가 없습니다. 그들은 이렇게 충격적인 소식을 믿지 않습니다. 우리는 그들이 지금처럼 살고 있는 한 그들에게 평화가 있을 수 없다는 것을 잘 알고 있습니다. 그럼에도 불구하고, 만일 우리가 그들에게 "평화가 계속될 것입니다"라고 외친다면, 그들은 아마도 우리의 말을 믿을 것입니다. 왜냐하면, 그들은 그들에게 거짓 평화를 약속하는 것처럼 보이기만 하면 그 어떤 미신에도 귀를 기울이고 기꺼이 경청하고자 하기 때문입니다. 그러나 우리가 그들에게 그들이 처한 너무나 끔찍한 위험을 경고하려고 하면, 그들은 그러한 달갑지 않은 소식에는 귀를 기울이지 않을 것입니다. 설령 그들이 우리의 말에 귀를 기울인다고 할지라도, 그들은 우리가 전하는 말씀을 믿으려 하지 않고, 그들이 위험에 처해 있다는 사실을 인정하려 하지 않을 것입니다.

지금 이 자리에도 그런 사람들, 즉 위험에 대한 인식이 없어서 구원을 받기 위해 그리스도께로 나아오지 않는 사람들이 아마 있을 것이기 때문에, 사랑하는 친구들이여, 나는 그런 여러분에게 여러분은 자신의 죄에 상응하는 벌을 반드시 받게 된다는 것을 상기시켜 드릴 수밖에 없습니다. 온 세상을 공의로 심판하시는 심판자가 계십니다. 그의 공의로운 법을 위반하면 반드시 처벌이 따릅니다. 인간의 불의에 무관심한 세상의 심판자라면 도대체 존재할 이유가 있겠습니까? 또한, 내가 여러분에게 상기시켜 주어야 할 것이 또 하나 있는데, 그것은 여러분의 죄가 여러분을 그 힘으로 꽉 붙들고 있어서, 여러분이 지금은 비록 심각한 죄악에 빠져 있지 않을지라도, 여러분은 죄악의 길에 여러분이 생각하는 것보다 더욱 깊이 빠져들 위험에 놓여 있다는 것입니다. 여러분은 여러분이 원할 때, 그리고 여러분이 원하는 곳에서 죄악의 행진을 멈출 수 없습니다. 여러분이 죄에게 "너는 여기까지만 오고 더 이상은 올 수 없다"고 말해 보아야 아무 소용이 없습니다. 악의 시작은 제방의 뚝에서 물이 새는 것과 같습니다. 제방의 한 곳이 일단 터지게 되면, 갇혀 있던 물이 한꺼번에 터져 나옵니다. 순식간에 큰 홍수가 나서 들판은 물론이고 수많은 사람과 집들까지도 휩쓸어 버립니다. 사람들이 죄 가운데 살아가게 되면, 그들은 점점 더 많은 죄를 범하게 되고 점점 더 나쁜 죄를 범하게 되어서 결국 가장 극악무도한 죄를 범하게 된다는 것을 깨달을 수 있다면, 얼마나 좋겠습니까! 하나님의 은혜가 죄를 막아주지 않을 때 자신이 어떻게 될 것인지를 내다볼 수 있다면, 많은 젊은이들이 두려워서 몸서리치게 될 것입니다. 여러분은 한 어린아이의 모습과 그 아이가 자라서 어른이 되었을 때의 모습을 담은 익숙한 그림을 종종 보았을 것입니다. 만약 누군가가 그 아이에게 그가 언젠가 그 그림 속에 있는 붉은 얼굴을 한 늙은 주정뱅이와 같은 사람이 될 것이라고 말해 준다면, 그는 자기가 자라나서 그렇게 흉악한 사람이 될 수 있다는 사실을 믿지 않으려 할 것입니다. 지금 죄 속에서 살고 있는 대부분의 젊은이들은, 만일 그들이 현재와 같은 삶을 지속한다면, 그들도 그렇게 될 수 있다는 사실을 믿지 않을 것입니다. 하지만 그들은 그렇게 될 위험에 항상 노출되어 있습니다. 죄가 위험한 것은 죄는 언제나 더 많은 죄를 낳는다는 것입니다. 죄는 자기 안에서 자기보다 더욱 시커멓고 더욱더럽고 더욱 추잡한 새끼를 치는데, 내가 보기에, 설령 다른 처벌이 따르지 않는다고 할지라도, 이것 자체가 죄가 가져다 주는 가장 끔찍한 벌이 아닌가 싶습니다. 죄라는 암 덩어리에서는 계속해서 새로운 암 세포, 그것도 더 고약한 암세포가 생겨납니다. 결국, 처음에는 하나의 귀신에 들렸다가 나중에는 처음 것보다 더 사악한 일곱 귀신에 들린 사람과 같은 처지가 되어 버리고 맙니다. 이 세상에서 살아가는 회심하지 않은 모든 사람들에게는 이와 같은 실제적이고 심각한 위험이 상존합니다. 그러므로 그들은 한 사람도 빠짐없이 하나님께 "내가 주께 피하여 숨나이다"라고 부르짖어야 합니다.

자신이 위험에 처해 있다는 것을 깨닫지 못하는 한, 어떤 사람도 하나님께 피하여 숨지 않습니다. 하지만 하나님의 자녀든 세상의 자녀든 모든 사람은 이런저런 위험에 처해 있습니다. 먼저 이 세상 사람들, 즉 불순종의 자녀들에 대해서 생각해 봅시다. 그들은 자신들이 현재적으로 저지르는 죄와 내가 앞에서 말했던 점점 장성해가는 죄에 따른 합당한 벌을 받게 될 위험에 처해 있습니다. 그렇지만 하나님의 자녀들도 위험에 처해 있습니까? 그들에게 물어 보십시오. 그러면 그들은 자신들은 하늘의 도성을 향해 가는 순례자들이고, 때가 되면 하나님의 은혜로 말미암아 거기에 도달하게 될 것이라고 여러분에게 말할 것입니다. 또한, 그들은 천국으로 가는 길에는 순례자에게 중상을 입힐 수도 있는 위험한 장소가 도처에 도사리고 있다고도 말할 것입니다. 예를 들면, 순례자는 겸비의 골짜기(Valley of Humiliation)로 내려가야 하는데, 거기에는 "아볼루온"(계 9:11, "무저갱의 사자")이 순례자를 죽이거나 아니면 적어도 부상을 입히려고 단단히 마음먹고 기다리고 있습니다. 조금 더 가다 보면, 사망의 그림자의 골짜기 (Valley of the Shadow of Death)를 지나야 하는데, 거기에서는 진창과 요괴들과 온갖 무시무시한 광경들과 소리들이 기다립니다. 그런 후에, 순례자는 마법의 땅(Enchanted Ground)을 지나야 하는데, 그 곳은 순례자에게 잠을 자라고 유혹합니다. 허영의 시장(Vanity Fair)에는 순례자를 꾀고 속이는 온갖 종류의 악한 물건들이 가득합니다. 온갖 종류의 위험들이 어린 양의 뒤를 따라가는 순례자를 괴롭힙니다. 그래서 그들은 하나님께서 보호해 주실 때에만 안전할 수 있습니다. 여러분이 그리스도인이 되는 순간, 여러분의 궁극적이고 최종적인 견인과 관련된 한에 있어서는 "예수의 품 안에서 안전합니다." 하지만 여러분은 천국으로 가는 도중에 있기 때문에, 그 과정에 있어서는 예수 그리스도의 선한 군사에게 필요한 갑옷을 착용해야 합니다. 왜냐하면, 여러분은 원수들의 화살과 칼의 위험 앞에 항상 노출되어 있기 때문입니다. 여러분이 이 세상의 초장 위에 머무르는 동안에는 선한 목자의 보호를 필요로 합니다. 왜 그렇습니까? 그것은 삼킬 자를 찾아서 어슬렁거리며 포효하는 사자의 위험이 여러분 앞에 도사리고 있어서, 힘 있는 목자의 지팡이와 막대기가 여러분을 보호해 주지 않으면, 여러분은 분명히 잡아먹힐 것이기 때문입니다.

또한, 나는 여러분에게 어떤 위험들은 쉽사리 감지되지 않는데, 그러한 위험들이 대체로 최악의 위험들이라는 것을 상기시켜드리지 않을 수 없습니다. 한낮이라면, 우리는 날아가는 화살도 피할 수 있을지 모릅니다. 하지만 밤중에 몰래 퍼지는 전염병을 막을 수 있는 사람이 누가 있겠습니까? 우리는 공공연한 죄에 빠지지 않을 수는 있을 것입니다. 하지만 우리의 마음이 그리스도로부터 조금씩 점점 멀어져서 부패해 버리는 것은 어떻게 합니까? 하나님이 아니시면, 누가 우리를 그것으로부터 지켜 주겠습니까? 자기는 천국으로 향하는 길을 따라 안전하게 걷고 있다고 생각하지만, 그것은 망상이고, 사실은 눈에 보이지 않는 사탄의 덫에 빠져서 멸망 직전에 이르는 사람들이 많습니다. 그렇기 때문에, 비록 어떤 사람들은 그렇지 않다고 생각하지만, 사실은 우리 모두가 위험에 처해 있다는 것을 여러분에게 상기시켜 주려고, 나는 거듭거듭 경고음을 울리고 또 울리는 것입니다. 자신들이 위험에 처해 있지 않다고 생각하는 사람들이야말로 위험을 전혀 눈치 채지 못하고 있기 때문에 가장 큰 위험에 처해 있는 사람들입니다. 영적인 일들과 관련하여 여러분 모두가 자신의 위험을 진정으로 감지할 수 있도록 여러분을 각성시킬 수 있는 능력이 내게 있으면 좋겠습니다. 그렇게만 된다면, 여러분은 다윗처럼 하나님께 피하여 숨게 될 것입니다. 하지만 여러분은 자신이 위험에 처해 있다는 것을 깨닫고, 여러분이 그리스도 안에 거하지 않는 한 여러분의 위험은 계속되고 있다는 것과 여러분의 유일한 안전은 옛적에 시편 기자가 그랬듯이 하나님께로 피하여 숨는 것에 있다는 것을 인정할 때까지는, 여러분은 결코 하나님께 피하여 숨고자 하지 않을 것입니다.

2. 둘째로, 자신의 연약함을 느끼지 않는 사람은 결코 하나님께 피하여 숨지 않을 것입니다.

자기 앞에 놓인 싸움을 자신의 능력으로 싸울 수 있다고 생각하는 사람은 결코 하나님께 피하여 숨지 않을 것입니다. 그러나 우리가 홀로 남겨진다면, 우리 모두는 물처럼 약한 존재들이라는 것과 우리가 영적인 적들과 맞서 싸울 수 없는 존재들이라는 것이 곧 드러나게 됩니다. 죄 사함 받지 않은 죄인은 시험하는 자의 유혹에 곧장 굴복함으로써 자신이 얼마나 연약한 존재인지를 스스로 증명합니다. 그는 자기 자신의 마음 안에 반역자를 갖고 있고, 그 반역자가 사탄에게 문을 열어 주기 때문에, 쉽게 굴복당하는 것입니다. 신자는 자신의 내면에 죄를 미워하는 새 생명을 갖고 있지만, 그가 단 한순간이라도 하나님의 성령을 떠나서 홀로 남겨진다면, 다른 사람들과 똑같이 연약할 수밖에 없습니다. 지극히 영적이고 그리스도를 닮은 나의 형제여, 당신 안에는 지옥 불이 있고, 그 불은 지옥에 불이 다 꺼졌을 때에 그 불을 다시 되살리기에 충분할 정도로 강력합니다. 여러분은 선을 행하고 싶어 하지만, 만일 하나님의 은혜가 여러분을 떠나면, 여러분은 선을 행하고 싶어 하는 것만큼 악도 행하고 싶어 할 것입니다. 나는 랠프 어스킨 (Ralph Erskine)이 자기 자신에 대해서 한 다음과 같은 말을 사실 별로 입에 담고 싶지 않습니다:

> "내게는 선을 행하고자 하는 마음과
> 악을 행하고자 하는 마음이 똑같이 있어서,
> 나는 마귀이기도 하고 성자이기도 하다네."

그러나 나는 어떤 성자가 하나님을 떠나 홀로 남겨진다면, 그는 머지않아 마귀가 될 것이라는 말은 하고 싶습니다. 그리고 선한 것을 추구하는 데에 열심이었던 사람은 악한 것을 추구하는 데에도 그만큼 열심인 사람이 될 것입니다. 그래서 나는 다시 한 번 말합니다: 우리가 홀로 남겨진다면, 우리 모두는 물처럼 약한 존재들입니다.

그러나 어떤 사람들은 자신들이 아주 강하다고 생각합니다. 자신을 자랑하며 큰 소리치는 자가 무엇이라고 말하는지를 들어보십시오: "나는 맥주나 포도주를 마실 줄 알지만, 절대로 주정뱅이가 되지는 않을 것입니다. 나는 극장에 가서 저급한 내용의 연극을 볼 수 있지만, 그렇다고 해서 내가 음란에 빠지는 일은 절대 없을 것입니다. 나는 결코 신성모독자가 되지 않을 것입니다. 나는 심지어 저속한 말도 잘 사용하지 않습니다. 내가 불경한 사람이 된다는 것은 있을 수 없는 일입니다." 그는 적은 금액의 돈을 걸고 내기를 하면 자신이 노름꾼이 되는 일은 절대로 없을 것이라고 생각합니다. 그는 "나는 그런 멍청이가 아니야"라고 말합니다. 하지만 어떤 사람이 그런 말을 한다면 , 여러분은 그 사람의 진짜 이름을 큼지막한 대문자로 쓸 수 있습니다: "멍청이." 왜냐하면, 자기는 다른 사람들처럼 멍청이가 아니라고 생각하는 사람보다 더 멍청한 사람은 없기 때문입니다. 하사엘이 엘리사에게서 자신이 앞으로 하게 될 일을 들었을 때, 그는 "당신의 개 같은 종이 무엇이기에 이런 큰일을 행하오리이까"(왕하 8:13)라고 외쳤습니다. 형제들이여, 우리 모두는 애석하게도 약한 존재들이고, 그 중에서도 자기들이 강하다고 생각하는 자들은 가장 약한 자들입니다. 우리는 지난날의 실패들을 보고서 우리가 얼마나 약한 존재인지를 배웠어야 마땅합니다. 나는 여러분 중에 풍선을 타고 높이 올라가서 모든 평범한 사람들보다 높은 곳에서 살려고 하는 완벽주의자가 되어서 구름 속으로 솟아오르려고 시도했던 분이 있는지가 궁금합니다. 만일 여러분이 실제로 그랬고, 또한 여러분이 나와 똑같이 피와 살을 갖고 있는 인간이라면, 나는 여러분이 자신의 잘못을 곧 알아차렸을 것이라고 생각합니다. 여러분이 자신의 성품이 완전하다고 생각한 바로 그 날, 여러분은 자신의 성품이 지극히 불완전하다는 것을 발견했을 것입니다. 그리고 여러분이 아무런 생각이나 염려도 없이 살아가야 하겠다고 결심했던 바로 그 때, 이 비천하게 기어다녀야 하는 세상의 수준으로는 다시는 내려가지 않겠다고 결심한 바로 그 때, 여러분은 자신이 이 땅에서 단 일 센티도 위로 올라갈 수 없고, 영적인 일들에 관한 한 자신이 아무리 땅에서 떼어내려고 해도 도저히 떼어낼 수 없는 납덩이에 불과하다는 것을 발견했을 것입니다. 여러분은 아무리 잘난 사람도 기껏해야 사람일 뿐이라는 것을 느끼지 않을 수 없었고, 그런 식으로 여러분의 실패는 여러분에게 자신이 얼마나 연약한 존재인지를 가르쳐 주었습니다. 여러분이 세상에서 최고의 남자 또는 여자라고 할지라도, 여러분은 본질적으로 완전한 연약함 그 자체입니다. 오직 그리스도만이 여러분을 강하게 하실 수 있습니다. 여러분은 성도들이긴 하지만, 은혜로 말미암아 구원을 받았을 뿐 여전히 죄인들이고, 여러분이 거룩한 것은 여러분을 거룩하게 하시는 성령으로 말미암아 그런 것일 뿐입니다. 성령께서 한순간만 여러분을 떠나시면, 여러분의 죄성이 압도적으로 전면으로 치고 나오고, 여러분의 성도다운 모습은 뒤로 밀려나게 될 것입니다.

형제들이여, 우리의 연약함 속에 우리의 강함이 있습니다. 사도 바울은 "내가 약한 그 때에 강함이라"(고후 12:10)고 말했습니다. 여러분이 죄인이든 성도이든, 내가 여러분 모두로 하여금 여러분이 철두철미하게 연약한 사람이라는 것을 깨닫도록 만들 수 있으면 좋겠습니다. 왜냐하면, 여러분이 그것을 느낄 때까지는 진정으로 "내가 주께 피하여 숨었나이다"라고 말할 수 없을 것이기 때문입니다. 도리어, 여러분은 위험한 곳에 대담하게 서고자 할 것이고, 심지어 여러분의 원수에게 어디 한 번 할 테면 해보라고 도전하기까지 할 것입니다. 여러분은 겁 없이 세상에 빠져 들어갈 것입니다. 여러분은 죄의 용광로의 입구까지 나아갈 것입니다. 여러분은 점점 더 대담하고 무모해질 것이며 점점 경계의 끈을 늦추게 될 것입니다. 자신이 강하다고 생각하는 한, 여러분은 점점 더 나쁜 길로 빠져들 것입니다. 하지만 하나님은 자신의 화살로 여러분의 능력의 한복판을 정조준하여 쏘셔서, 여러분의 헛된 영광을 시궁창 속에 처넣으시고, 여러분으로 하여금 자신이 모든 성도들 가운데에서 가장 작은 자보다도 더 못한 존재라는 것을 자각하게 하실 것입니다. 그렇게만 된다면, 그것이 여러분에게는 더할 나위 없이 좋은 일이 될 것입니다. 하지만 그 전에 여러분은 자신이 무가치하고 하찮은 존재라는 사실을 고백하고, 다음과 같이 말해야 할 것입니다:

> "하지만 내게는 그런 일을 할 만한 힘이 없습니다.
> 나의 힘은 오직 주의 발 앞에 엎드릴 수 있을 정도의 힘일 뿐입니다."

그렇게 된다면, 이제 여러분은 하나님께로 피하여 숨게 될 것이고, 하나님은 여러분을 안전한 곳에 숨겨 주실 것입니다. 하지만 여러분이 그렇게 되기 전에는, 그런 일은 절대로 일어나지 않을 것입니다.

3. 셋째로, 사려 깊은 예지력이 있어야만 하나님께 피하여 숨을 수 있습니다.

오늘의 본문은 "내가 주께 피하여 숨었나이다"라고 말합니다. 하지만 불경건한 자들은 물론이고, 믿는 자들 중에서도 지혜롭지 못한 자들은 자신이 위험에 처해 있다는 것을 감지하였음에도 불구하고, 여전히 주저하고 망설이며 우물쭈물합니다. 그것은 정말 어리석은 일이지만, 그럼에도 불구하고 수많은 사람들이 그렇게 하고 있습니다. 이 자리에 계신 분들 중에도 죽음에 대비한 준비는커녕 이 땅에서 제대로 살 수 있는 준비도 되어 있지 않은 분들이 있습니다. 나는 여러분이 평일 밤에 하나님의 집에 오시는 것을 보고, 여러분에게 영생의 길을 찾으려는 열망이 있는 것처럼 보여서 기뻤습니다. 하지만 여러분 가운데에는 마치 현세가 전부인 것처럼 살아가고 있는 분이 얼마나 많습니까! 여러분은 모두 저 마지막 큰 날을 향해서 달려가고 있다는 것을 알면서도 그 날을 위한 준비는 전혀 되어 있지 않습니다. 여러분은 죽음이나 심판이 다가오고 있다는 사실에 대해서는 아예 들으려고도 하지 않습니다. 그 이유는 여러분이 그 엄중한 현실들을 전혀 감당할 수 없어서 엄두가 나지 않기 때문입니다. 여러분은 이 지극히 중요한 문제들을 생각하는 것을 언제까지나 회피한 채로 영원 세계에 대한 준비도 전혀 없이 그냥 이대로 계속해서 살아가려고 하는 것입니까? 여러분은 자신이 얼마나 연약한지는 아직까지 충분히 깨닫고 있지는 못하지만, 어쨌든 자신이 위험에 처해 있다는 것과 혼자서 그러한 위험에 대처하기에는 여러분이 너무 연약하다는 것을 압니다.

나는 여러분이 그 위험에서 벗어날 길을 찾기 위해서 자기 자신을 살펴보는 일에 지혜를 발휘했으면 좋겠습니다. 여러분이 그러한 의미에서 지혜롭게 되었을 때, 여러분은 반드시 하나님께 피하여 숨게 될 것입니다. 하지만 여러분이 성령께서 가르쳐 주시는 이 거룩한 분별력과 지혜를 조금이라도 얻기 전에는, 여러분은 그렇게 하기를 차일피일 미룰 것이고, 결국 언젠가는 두려운 날이 닥치고, 오랫동안 누적됐던 죄악의 구름이 세상에 골몰해 있는 여러분의 머리 위로 하나님의 엄위하신 심판의 폭풍을 쏟아 부을 것입니다. 그때가 되면, 여러분은 그리스도께 피하여 숨을 수 없을 것입니다. 왜냐하면, 추수철이 지나고 여름은 끝났는데도, 여러분은 제때에 "구원받지" 못했기 때문입니다.

그리스도인들은 하나님의 은혜로 말미암아 불경건한 자들에 비해서 예지력으로 충만해 있습니다. 그들은 다가오는 진노를 피하기 원했고, 또한 그렇게 되었습니다. 아직까지 그리스도께 피하여 구원을 받지 못한 죄인들이여, 장차 다가올 진노로부터 건짐을 받는 것은 복된 일이지만, 하나님의 진노하심에 대한 두려움으로부터 지금 당장 건짐을 받는 것도 지극히 기쁜 일이라는 것을 나는 여러분에게 말씀드리고 싶습니다. 만일 내가 예수 그리스도 안에서의 나의 안전함에 대하여 어떤 종류의 것이든 한 점의 의심이라도 품고 있다면, 나는 단 한 시간도 극심한 고뇌 없이는 살아갈 수 없을 것이라고 생각합니다. 왜냐하면, 나는 예수 그리스도와 떨어져 있을 때의 나의 위험성과 나의 연약함을 너무나 생생하게 감지하고 있기 때문입니다. 나의 위험성과 연약함에 대한 예감은 날개가 되어 나를 영원한 반석으로 데려다주고, 거기에서 나는 절대적인 안전함 속에 숨어 있을 수 있습니다. 그러나 만일 하나님께서 내게 진노하고 계시다거나, 내가 죽어서 나의 영혼이 지옥에 떨어질 것이라는 생각이 들게 된다면, 나는 결코 평안을 누릴 수 없을 것입니다. 그런데도 여러분들 중에 이런 참담한 상황에 대하여 여전히 무관심한 사람이 있을 수 있는 이유가 무엇이라고 생각하십니까? 그것은 여러분이 자신의 처지와 상황이 진정으로 어떠한 것인지를 깨닫지 못하고 있기 때문임이 분명합니다.

내가 여러분을 방에 가두고 하나님과 관련해서 여러분이 어떤 처지에 있는지를 생각해 보도록 만들 수 있다면, 여러분은 매우 불편해할 것입니다. 여러분은 가만히 앉아서 자신의 영원히 죽지 않을 영혼의 요구들에 대해서 앉아서 생각하느니 차라리 감옥에 가겠다고 할 것입니다. 그러나 사람이 자신의 영혼의 회계장부를 들여다보는 것을 두려워하는 것은 잘못입니다. 두렵다고 해서 자기가 살고 있는 집의 기초가 튼튼한지 어떤지를 살펴보고 검사해 보지 않는 것은 이루 말할 수 없이 어리석은 일입니다. 두렵다고 해서 자신의 영혼의 상태를 주시하지 않는 것, 즉 자기 영혼에 사망의 증표들이 있는지 어떤지를 알아보려고 하지 않는 것은 완전히 정신 나간 짓입니다. 여러분은 그렇게 어리석어서는 안 됩니다. 여러분은 자신의 생명을 보험에 들고, 자신의 집을 보험에 듭니다. 여러분은 겨울이 오면 따뜻한 옷을 입고, 몸이 조금만 아파도 즉시 의사에게 달려갑니다. 그런 여러분이 자신의 영원히 죽지 않을 영혼에 대해서는 아무런 관심이 없으십니까? 여러분은 죽음과 영원한 세계에 대해서 걱정되지도 않으십니까? 아니면, 여러분은 바보처럼 살기로 작정이라도 하셨습니까? 아무쪼록 여러분은 그렇게 하지 마시고, 부디 깨어서 분별력을 좀 가지십시오. 그렇게만 된다면, 여러분은 다윗처럼 "내가 주께 피하여 숨었나이다"라고 하나님께 아뢰게 될 것입니다. 내가 여러분에게 조언한 것처럼, 여러분이 이러한 지혜와 예지력을 발휘하지 않는 한, 여러분은 결코 그런 고백을 할 수 없을 것입니다.

4. 넷째로, 확고한 신뢰가 있어야만 하나님께 피하여 숨을 수 있습니다.

내가 말하는 신뢰는 어떠한 신뢰입니까? 그것은 하나님께서 우리를 숨겨 주실 수 있으시다는 확고한 신뢰를 의미합니다. 여러분은 오늘 우리가 두 번째로 부른 찬송가를 기억하십니까? 이 찬송가의 작사자는 하나님이 두렵고 위대하신 분이라고 표현한 후에 이렇게 말합니다:

> "오, 나의 하나님!
> 하지만 나는 주를 사랑할 수 있나이다."

천지를 지으시고, 어디에나 계시며, 자신의 기쁘신 뜻을 따라 만물을 충만하게 하시고 모든 일을 행하시는 크신 하나님을 생각하십시오. 그런 후에, 여러분 자신에게 말하십시오: "내가 그런 하나님께 피하여 숨고, 하나님께서 내가 그에게 피해서 숨는 것을 허락해 주시면, 나는 얼마나 안전하겠는가! 나는 지금까지 그를 두려워했다 그러나 내가 하나님 안에 숨을 수 있다면, 나는 얼마나 안심할 수 있겠는가! 내가 하나님 안에서 피난처를 찾을 수 있다면, 그것은 얼마나 완벽한 피난처가 되겠는가!" 하나님께서 죄인을 치시기 위해서 자신의 전능하신 손으로 공의의 칼을 높이 드실 때, 그 죄인이 하나님의 팔을 붙들고 매어달린다면, 어떻게 그를 치실 수 있겠습니까? 하나님께서는 우리에게 그의 능력을 붙들라고 권하십니다. 사람이 주먹을 날릴 때에도 어느 정도 거리가 떨어져 있는 사람이 강타를 얻어맞습니다. 그런데 상대방이 바짝 달려와서 팔을 끌어안는다면, 아무리 강타를 날리고 싶어도 별 도리가 없지 않겠습니까? 하나님께 피하여 숨는 것은, 말하자면, 하나님을 무장해제시키는 것과 같습니다. 그래서 나는 여러분에게 그리스도 안에서 하나님께로 피하라고 강권하는 것입니다. 그럴 때에 하나님께서는 자신의 심판으로부터 여러분을 숨겨 주실 수 있고, 또한 당연히 그렇게 하시는 것이 합당합니다. 왜냐하면, 그리스도께서는 친히 모든 믿는 자를 위해서 그들의 죄에 합당한 징벌을 이미 받으신 까닭에, 공의의 하나님께서는 어떤 죄인이 자신의 죄를 충분하고 완전하게 대속하신 그리스도 안에 숨어 있는 것을 보실 때에 미소를 지으실 수 있으시기 때문입니다. 여러분 중에서 누가 하나님의 임재로부터 도망칠 수 있습니까? 만일 여러분이 햇빛을 타고 도망친다고 해도, 하나님께서는 여러분을 찾아내실 것입니다. 만일 여러분이 심해 속으로 뛰어든다고 해도, 하나님께서는 거기에서 여러분을 찾아내실 것입니다. 만일 여러분이 별들 사이로 올라간다고 해도, 하나님께서는 여러분을 그 은신처로부터 끌어내리실 수 있습니다. 왜냐하면, 하나님은 어디에나 계시는 분이시기 때문입니다. 그러나 여러분이 그리스도 안에서 하나님께 피하여 숨는다면, 여러분은 영원토록 안전할 것이 틀림없습니다. 나는 어떤 왕에게 쫓기는 한 반역자에 관한 옛 이야기를 읽은 적이 있습니다. 그는 쫓기는 신세였지만, 변장을 하고 왕의 저택으로 들어갔습니다. 거기에서 그는 먹고 마시며 환대를 받았습니다. 그러다가 누군가가 그 사람이 바로 왕이 찾던 사람이란 것을 알아차렸습니다. 그러나그 왕은 자신의 처소로 숨어들어온 그 반역자를 죽이지 않고 관대하게 용서해주었습니다. 가련한 범죄한 영혼이여! 이것이 바로 복음의 메시지입니다. 하나님으로부터 숨기 위하여 하나님께로 도망하십시오. 아버지에게 저지른 잘못을용서받기 위해서 아버지에게로 돌아온 탕자처럼 하나님께로 돌아오십시오.

그리스도인 여러분이여, 여러분이 언제나 하나님 안에 숨을 수 있다는 것이 여러분의 영원한 기쁨이 되어야 합니다. 하나님께서 여러분을 위해서 피난처가 되어주시지 않을 그런 고난이나 어려움이나 위험은 없습니다. 왜냐하면, 하나님은자기 자신의 공의의 심판으로부터도 여러분을 숨겨 주실 수 있는 피난처이신 까닭에, 여러분을 해치려고 하는 다른 모든 사람이나 다른 모든 것으로부터 여러분을 숨겨 주실 수 있는 피난처가 되어 주실 것이 틀림없기 때문입니다. 그리고여러분은 언제나 하나님 안에 숨을 수 있습니다. 여러분이 하나님 안에 숨을 수 있다는 것을 알 때까지, 여러분은 결코 "내가 주께 피하여 숨나이다"라고 말하지 않을 것입니다. 사랑하는 자들이여, 여러분은 하나님께 피하여 숨을 수 있습니다. 왜냐하면, 하나님께서는 자신을 피난처로 삼고자 하는 가련한 영혼을 받아주실때에 가장 참된 하나님이 되시기 때문입니다. 어떤 지혜 있는 자들이 모여서 회의를 하고 있었답니다. 그때에 매에 쫓기던 불쌍한 새 한 마리가 회원 중 한 명의품으로 날아들었습니다. 그런데 그는 바들바들 떠는 그 새를 품에서 떼어내어그 목을 비틀어서 내팽개쳐 버렸습니다. 거기 모여 있던 사람들 중에서 그렇게할 수 있는 사람은 그가 유일했습니다. 그러자 다른 모든 회원들이 벌떡 일어나서 그 사람을 그들의 모임에서 즉시 축출하기로 의결했습니다. 왜냐하면, 그들은 모두 그런 행동을 할 수 있는 사람은 그들의 모임에 참여할 만한 자격이 없는사람이라고 생각했기 때문입니다. 우리는 영원히 자비로우신 여호와께서는 피난처를 찾아서 자신의 품으로 날아든 영혼을 결코 죽이지 않으실 것임을 확신할수 있습니다. 가련한 영혼이여, 당신은 하나님을 두려워하지만, 결코 그럴 필요가 없습니다. 당신이 그리스도 예수 안에 있으면, 하나님께서는 당신과 완전히화목하게 되신 것이기 때문에, 당신이 죄나 사탄이나 그 어떤 종류의 고난에 쫓길지라도, 당신이 찾아가서 숨을 수 있는 가장 안전한 장소는 하나님의 품 안이고, 거기에서 당신은 영원히 안전합니다. 하나님은 결코 당신을 내치지 않으실 것이기 때문입니다. 당신이 하나님에 대하여 이러한 확신을 갖게 되었다면, 당신은 다윗처럼 "내가 주께 피하여 숨었나이다"라고 말하게 될 것입니다.

5. 다섯째로, 마지막으로 한 가지 더 필요한 것은 믿음의 행위입니다.

지금까지 하나님 안에 숨는 것에 대해서 내가 전하는 말씀들을 들은 여러분 중에는 이제 집에 돌아가서 이렇게 말하는 분들이 분명히 있을 것입니다: "그래요, 우리는 우리가 위험에 처해 있다는 것도 알고, 우리가 연약하다는 것도 알며, 우리가 안전한 피난처를 필요로 한다는 것과 하나님께서 우리를 기꺼이 숨겨 주시리라는 것도 압니다." 여러분이 그런 사실을 안다면, 즉시 하나님께 피하여 숨어야 하지 않겠습니까? 종종 하나님께 피하여 숨은 적이 있는 사랑하는 자들이여, 여러분은 또다시 그에게 피하지 않으시렵니까? 여러분 중에서 어떤 분들은 지금 막 새로운 형태의 고민에 직면했는데, 그것은 어느 누구에게도 말하고 싶지 않은 그런 종류의 고민일 수 있습니다. 나는 여러분이 그 고민을 단 일 분이라도 혼자서 끌어안고 있지 마시고, 하나님에게로 달려가서 그 모든 것을 고하시기를 바랍니다. 나는 이 문제와 관련해서 나 자신의 어리석음을 고백하지 않을 수 없습니다. 왜냐하면, 어리석게도 나는 오래 전에 하나님께 맡겨드렸어야 할 고민을 끌어안고 있느라고 ― 그렇게 한 이유는 부분적으로는 나의 몸과 머리가 지쳐 있었기 때문이었습니다 ― 그 고민거리를 더 키웠던 적이 있었기 때문입니다. 자기 자녀를 키우는 것을 꺼려하는 사람은 없습니다. 그 아이는 자라서 부모의 위로가 될 것이기 때문입니다. 하지만 고민을 끌어안고 키우는 것은 언제나 유감스런 결과를 가져옵니다. 왜냐하면, 그것은 뱀의 알을 우리의 가슴에 품는 것과 같아서, 그 알은 언젠가 부화하여 뱀이 되었을 때에 우리를 물 것이기 때문입니다. 그것은 매우 어리석은 짓입니다. 어떤 고민거리가 생겼을 때, 바로 하나님께로 도망하여 숨는 것이 우리에게 더 지혜로운 일이 아니겠습니까? 우리는 우리의 고민거리에 대하여 겁을 내고 하나님께 도망쳐야 합니다. 그것은 비겁한 것이 아닙니다. 우리에게 고민거리가 생기자마자 언제나 하나님께로 달려가서 다윗처럼 "내가 주께 피하여 숨었나이다"라고 부르짖는 것은 비겁한 것이 아니라 도리어 진정한 용기입니다. 만일 우리에게 하루에 스무 가지의 고민거리가 생긴다면, 우리는 그 고민들을 갖고 하나님께 스무 번 피해야 할까요? 내 생각에, 우리는 하나님께 스무 가지의 고민거리를 더 보내 주시라고 기도하는 것이 좋을 것 같습니다. 그러면 우리는 하루에 마흔 번 하나님께 피할 수 있을테니까 말이죠. 우리가 하나님에게로 가는 것은, 그 이유가 무엇이든, 우리에게는 복입니다. 왜냐하면, 하나님께로 가는 것은 지극한 복을 누리러 가는 것이기 때문입니다. 우리는 이와 같이 고민거리들로 하여금 우리를 하나님께로 몰아가게 함으로써 우리의 고민거리들을 복으로 전환시킬 수 있습니다.

　사랑하는 친구들이여, 나는 오늘의 주제와 관련해서 여러분이 실천할 수 있는 것 한 가지를 말씀드리고자 합니다. 여러분은 이 교회에 출석한 이후에도 금년 말쯤에 여러분에게 닥칠 것으로 예상되는 시련에 관해서 지금까지 계속해서 고민을 하고 계십니까? 여러분은 성탄절이 "기쁜 성탄절"이 되지 않을 것 같다고 걱정합니다. 수많은 청구서가 날아올 텐데, 그것들을 결제할 만큼의 돈을 벌 가능성이 별로 없으니까요. 그렇다면, 그 걱정거리들뿐만 아니라 여러분의 마음을 짓누르고 있는 모든 고민거리를 들고 하나님께로 도망하십시오. 하나님께로 도망하여 그 모든 것을 하나님의 손에 맡기십시오. 그리고 여러분은 즐겁게 여러분의 길을 가십시오.

　마지막으로, 아직까지 예수 그리스도를 자기의 구주로 믿지 않는 가련한 죄인이 이 자리에 있지는 않습니까? 당신이 이 곳을 떠나기 전에 하나님께로 피하여 숨는다면, 나는 정말 행복할 것입니다. 당신은 굳이 장로님들을 찾아갈 필요조차 없습니다. 물론, 당신이 원한다면, 그렇게 해도 좋습니다. 그러면 장로님들도 당신을 만나기를 기뻐할 것입니다. 하지만 당신이 지금 할 수 있는 가장 좋은 방책은 당신이 그 자리에 앉아 있는 동안에 하나님께 이렇게 아뢰는 것입니다: "나는 하나님에게서 멀리 떠나 있는 죄인입니다. 나는 주께서 나를 구원해 주시기를 원합니다." 예수 그리스도를 인하여 당신에게 자비를 베풀어 주실 것을 하나님께 구하십시오. 하나님의 사랑하시는 아들이 당신을 구원할 것을 믿으십시오. 하나님의 아들이 당신을 구원할 줄로 믿는다고 당신이 하나님께 고하면, 하나님께서는 그렇게 해주실 것입니다. 당신의 믿음을 따라서 그 일이 당신에게 일어날 것입니다. 하나님께로 피하여 숨으십시오. 당신은 연약한 한 마리 비둘기이고, 사나운 매가 당신을 쫓습니다. 당신은 매와 싸울 수 없습니다. 매는 당신을 갈기갈기 찢을 것입니다. 당신이 할 수 있는 것은 매를 피해서 못 자국에 난 예수의 상처로 날아드는 것뿐입니다. 그러니 그렇게 하십시오. 당신을 쫓는 자는 거기까지 당신을 쫓아올 수 없습니다.

"오라, 범죄한 영혼들이여,
비둘기처럼 예수의 상처 속으로 도망하라!
이 날은 반가운 복음의 날이고,
거기에 값없는 은혜가 충만하도다."

하나님께서 그의 사랑하시는 아들을 인하여 여러분 모두에게 복 주시기를 기원합니다. 아멘.

제
139
장

—

행복에 관한 그림

—

"이러한 백성은 복이 있나니 여호와를 자기 하나님으로 삼
는 백성은 복이 있도다." ― 시 144:15

　　하나님의 백성은 마땅히 행복해야 하는데도 행복하지 않은 때가 종종 있습
니다. 하나님께서는 이것을 알고 계십니다. 그래서 하나님께서는 자기 백성에게
언제 그들이 행복의 조건들을 갖추게 되는지를 말씀해 주시고, 참으로 행복한
사람이 누리는 평안함과 형통함에 대해서 자세하게 말씀해 주십니다. 하나님의
백성들은 그들을 둘러싸고 있는 지극히 크신 은혜들을 생각하고서, 하루하루 그
들이 겪는 작은 시련들을 하찮은 것으로 여길 때에 하나님의 마음에 합한 자들
이 될 수 있고, 그들 스스로가 하나님이 선언하신 대로 행복하다는 것을 느끼게
될 수 있습니다. 우리 구주께서는 마음이 청결한 자가 복이 있다고 말씀하셨습
니다. 그들은 흔히 자신들이 저주받고 있다고 생각하고, 마치 복을 받지 못하는
것처럼 느낍니다. 그러나 그들은 복 받은 자들입니다. 왜냐하면, 예수께서는 자
신이 복을 준 사람들을 아시기 때문입니다. 그리고 하나님의 백성들은 가끔 자
신들이 불행하다고 생각하지만, 그럼에도 불구하고 그들은 행복한 백성이고, 그
들의 처지는 축하받아 마땅한 자들입니다. 그들에게는 행복할 이유가 있습니다.
그들에게는 행복할 충분한 근거가 있습니다. 그들은 행복의 근원을 갖고 있습니
다. 그들에게는 장래의 행복도 보장되어 있습니다. 여러분이 하나님의 백성이라
면, 이것을 믿지 않는 잘못을 범할 수 없습니다. 여러분은 하늘 아래에서 가장 행

복한 사람들 가운데 있습니다.

오늘의 본문은 사람들에 관해서 말하고 있을 뿐만 아니라 하나님의 백성의 상태에 관해서도 말하고 있습니다. 나는 그 상태는 기독교회로서의 우리의 상태와 거의 대부분 일치하는 것이라고 믿습니다. 복음적인 해석에 따라서, 나는 다윗이 본문 앞에 나오는 절에서 이 행복한 백성에게 돌리고 있는 모든 특권들과 복들을 우리도 갖고 있다고 생각합니다. 나는 여러분이 이러한 것들을 주목해서 그 하나하나를 감사의 조건으로 삼으시기를 부탁드립니다. 다윗은 여기에서 이렇게 선언합니다:

1. 첫째로, 행복의 요소들입니다.

먼저, 다윗은 건강하고 활기 넘치는 상태에 있는 사람들이 행복한 백성이라고 말합니다: "우리 아들들은 어리다가 장성한 나무들과 같으며 우리 딸들은 궁전의 양식대로 아름답게 다듬은 모퉁잇돌들과 같으며"(12절). 교회 안에 활력이 넘치고 성실한 청년들이 많은 것은 교회에 큰 복입니다. 교회가 나이와 상관 없이 자녀들을 많이 갖고 있어서, 그들이 장성해가면서 지식과 정신력과 영적인 활력에 있어서 성숙해져서 하나님께 영광이 되는 열매를 맺는 것은 교회에 대단한 힘이 됩니다.

지금까지 기독교회 안에서는 도구들을 사용하는 것을 매도하는 경향이 있어 왔습니다. 그러나 하나님께서는 언제나 도구들을 사용하여 역사하셨습니다. 그리고 우리가 아는 한, 앞으로도 계속 그렇게 하실 것입니다. 그리스도께서 하늘에 올라가시면서 "사로잡혔던 자들을 사로잡으셨을"(엡 4:8) 때에 하나님으로부터 사람들을 위하여 받으신 선물들은 사도들과 선지자들과 교사들과 복음 전하는 자 같은 사람들이었습니다. 교회 안에 가르치기를 잘하는 교사들이 많이 있어서 복음전도자들이 되어 사람들을 구원하는 일에 힘써서 예수 그리스도의 나라를 확장하고자 애쓴다면, 그것은 교회에 적지 않은 부요함을 더해줍니다.

그 자녀들은 다 잠들어 있고, 그들의 믿음은 틀에 박힌 형식적인 것이어서 아무런 진보도 없으며, 거룩한 야심으로 뛰는 가슴도 없고, 영적인 성취를 이루고 싶어 하지도 않으며, 최소한의 하나님의 은혜에 만족해서 하나님에 대한 높은 수준의 사랑으로 나아가려고 하지 않는 그런 교회는 불행합니다. 반면에, 부지런히 성장해서 하나님께 열매를 맺어드리려고 애쓰는 아들들을 둔 교회는 복이 있고, 공공건물에서 종종 볼 수 있는 아름답게 장식되고 조각되어 광채가 나는 기둥들 같은 딸들을 둔 교회는 복이 있습니다. 그 기둥들은 건물의 모퉁이에 위치해서 건물 전체를 지탱하는 가운데 하나로 단단히 묶어줄 뿐만 아니라 아름답게 장식해 줍니다. 나는 거룩한 사랑으로 기독교회라는 전체 구조물을 지탱해 주는 도구가 되는 것이 여전도회의 특별한 은사 중 하나라고 생각합니다. 그들은 많은 사람들 앞에서 말씀을 전하는 것을 통해서가 아니라, 말없이 묵묵히 행하고, 성도들의 아픔을 적극적으로 함께 하며, 오래 참고 견디며, 거룩한 사랑을 끈기 있게 베푸는 것을 통해서, 교회 전체를 하나로 단단히 묶고 견고한 유대감을 갖게 함으로써, 교회에 속한 돌들이 서로 분리되지 않게 하는 데에 일조할 수 있습니다. 그리스도를 위하여 기꺼이 헌신하고자 하는 부인들과 젊은 숙녀들이 많은 교회는 행복합니다.

　　내가 여러분에게 이런 것이 우리의 행복이라는 것을 상기시키면, 여러분은 아마도 그런 것을 대수롭지 않게 생각하고, 그런 것을 감사의 이유로 삼지도 않을 것입니다. 하지만 여러분이 내가 방문했던 다른 어떤 교회에 속해 있다고 생각해 보십시오. 거기에는 주일학교를 담당할 교사들이 없습니다. 목사님을 도와줄 사람이 실제로 하나도 없어서, 목사님이 혼자 모든 일을 다 감당해야 합니다. 다른 교인들은 거룩한 봉사에 전혀 마음이 없어 보입니다. 만일 여러분이 그런 교회의 교인이라면, 여러분은 그런 교회의 딱한 처지를 생각하며 밤낮으로 탄식할 것입니다. 하나님께서는 우리에게 그런 교회들과는 다른 형편을 허락해 주셨습니다. 그러므로 우리는 하나님께 감사하고, 그의 성호를 송축하며, 우리가 지금과 같은 형편에 놓여 있는 것을 행복해해야 한다는 것을 인정해야 합니다.

　　다음으로, 시편 기자는 **풍성함**이 **특별한 기쁨**이라고 말합니다: "우리의 곳간에는 백곡이 가득하며"(13절). 복음이 풍성해서 차고 넘치게 준비되어 있다는 것입니다! 목회를 위해서는 그리스도인들을 행복하게 만드는 데에 필요한 모든 것이 갖추어져 있어야 합니다. 설교를 거의 들을 수 없는 사람들이나, 듣기는 들어도 귀를 기울여서 말씀을 듣지 않는 사람들은 불행한 사람들입니다. 비록 설교자가 그 진리를 투박하게 말하거나, 수사나 웅변을 좋아하는 사람들에게는 매력이 없는 스타일로 전한다고 할지라도, 예수 그리스도의 순전한 진리를 듣는 사람들은 정말 행복한 사람들입니다. 여러분이 병이 들어서 얼마 동안 병상에 누워 있게 된다면, 여러분은 하나님의 집에 올라갈 수 있는 특권을 빼앗긴 것을 아쉬워하며 깊은 한숨을 내쉴지 모릅니다. 여러분은 예배드리는 특권을 빼앗겨 보기 전에는 그 가치를 제대로 깨닫지 못합니다. 며칠 전에 나는 수개월째 우리와 함께 예배를 드릴 수 없게 된 사람이 이런 말을 하는 것을 들었습니다: "내 마음이 사모하는 시온이여, 거룩한 날을 지키는 많은 회중들과 함께 내가 다시 기뻐하고, 그들과 함께 목소리를 높여서 찬양하고, 큰 무리 가운데서 경배할 수 있는 날이 언제 다시 돌아올까?" 여러분도 이렇게 몸져눕게 되고나서야 하나님의 전에 나와서 예배드리는 특권을 왜 소홀히 하였던가 하고 후회하지 마시고, 여러분이 지금 누리고 계시는 특권들, 곧 성경 강해를 들을 수 있는 특권, 다른 신자들과 함께 지극히 높으신 하나님을 예배하는 데에 참여할 수 있는 특권을 소중히 여기시기를 바랍니다. 하나님의 말씀이 여러분의 골수와 기름이 되었다면, 여러분은 스스로를 행복한 사람이라고 생각하고, 오늘 밤 여러분의 심령 깊은 곳으로부터 기뻐하고 하나님께 감사하십시오.

다음으로, 시편 기자는 수가 많은 것이 감사할 이유라고 말합니다: "우리의 양은 들에서 천천과 만만으로 번성하며"(13절). 양은 주 예수의 종들을 나타내는 데에 늘 애용되는 동물입니다. 이 양들이 "천천과 만만으로 번성하는" 것이 특별한 복이라는 것은 여러분도 너무나 잘 아시는 것이기 때문에, 내가 군이 설명할 필요도 없을 것입니다. 일 년에 교인이 한두 명 늘어나는 것으로 교회가 만족해한다면, 그것은 얼마나 슬픈 일이겠습니까! 예수를 믿는 믿음을 고백하는 사람들이 전혀 없어서 침례탕이 늘 잔잔하거나, 성찬대를 새로 찾는 사람들이 전혀 없다면, 그런 교회는 얼마나 비참하겠습니까! 교회들이 이러한 상태를 정상적이고 적절한 것이라고 생각하고, 세상은 멸망 속으로 빠져들고 있는데도 영혼을 걱정하는 사람이 아무도 없어도 자신들은 편안하다고 말한다면, 기독교는 얼마나 비참한 상태에 놓여 있는 것이겠습니까! 교회의 모든 지체들이 사람들을 그리스도께로 인도하는 일에서 열매를 거두게 된다면, 그것은 얼마나 큰 기쁨이겠습니까! 나는 여기에 있는 나의 사랑하는 형제들 중 많은 사람이 그렇게 하고 있다는 것을 알고, 많은 사람들이 그리스도의 전도자가 되기 위해서 노력하고 있다고 믿습니다. 한편, 그렇게 열심 있는 그리스도인들과 함께 앉아 있으면서도 스스로는 아무것도 하지 않는 분들은 부끄러운 줄을 알아야 합니다. 하지만 여러분 중에서 눈물과 기도로, 그리고 성실한 수고로, 사람들을 예수 그리스도께로 인도하기 위해서 열심히 달려 온 많은 분들 ― 그들 중 일부는 지극히 자기희

생적인 분들입니다 ― 을 기억할 때, 나는 하나님께 감사하고 용기를 얻습니다. 그러한 결과로 우리는 소수의 사람으로 시작해서 이렇게 큰 무리를 이루었고, 하나님의 은혜가 우리에게 계속되는 한, 우리는 계속해서 흥왕하게 될 것입니다.

형제들이여, 이런 일들이 일부 이기적인 교인들에게는 그리 기뻐할 만한 대단한 일이 아닌 것으로 보일 수도 있습니다. 그러나 그리스도를 사랑하는 사람들, 즉 가슴속에 그리스도의 형상을 얼마쯤 갖고 있는 사람들은 이런 일들을 크게 박수칠 만한 일로 여길 것이고, 영혼들이 회심하고 돌아올 때마다 거룩한 기쁨으로 크게 기뻐할 것입니다. 한 사람의 죄인이 구원받은 것을 보는 것이 여러분의 지갑이 가득 찬 것을 보거나 여러분의 땅이 넓어진 것을 보는 것보다 더 좋은 일이 아니겠습니까? 그리스도께서 영광을 받으시는 것이 여러분 자신의 육신에 만족을 주는 그 어떤 일보다도 여러분에게 더욱 큰 기쁨이 되는 것이 마땅하지 않습니까? 나는 망할지라도, 그리스도께서 다스리셔야 합니다. 나는 길거리의 흙처럼 밟힐지라도, 그리스도의 머리에는 면류관이 씌워져 있어야 합니다. 나 같은 보잘것없는 종은 이름 없이 죽어서 잊혀질지라도, 그리스도께서는 만왕의 왕이자 만유의 주로서 견고히 서셔야 합니다.

다음으로, 이 시편은 하나님의 백성에게 주어진 힘이 그들의 행복이라고 말합니다: "우리 수소는 무겁게 실었으며"(14절). 나는 여기에서 "소"가 영적으로는 교회의 모든 일꾼들, 그 중에서도 특히 그리스도의 사역자들을 의미하는 것이라고 생각합니다. 바울은 명시적으로 그리스도의 사역자들을 "소"라고 부릅니다: "곡식을 밟아 떠는 소에게 망을 씌우지 말라"(고전 9:9). 하나님의 밭을 갈려고 하는 사람들이 그 일을 감당하기에 적절한 자질을 갖추고 있다는 것은 정말 복된 일입니다. 너무 많은 짐을 실은 말을 몰고 가는 사람을 볼 때마다, 내게 그런 일이 맡겨지지 않은 것을 하나님께 감사합니다. 자신의 은사와 맞지 않는 일을 하려고 노력하는 사람들은 불행한 사람들입니다. 하나님께서 사람들에게 각자에게 맡겨진 일을 할 수 있는 힘을 주셔서, 그들의 일이 그들에게 기쁨이 되고, 하나님을 섬기는 것이 그들에게 새 힘을 얻게 해준다면, 그것은 감사해야 할 이유가 되는 것이 마땅합니다. 여러분 중에는 최근에 새롭게 힘을 얻은 분들이 있을 것입니다. 나는 주일학교 교사들이 나의 이 말이 참되다는 것을 증언해 줄 수 있다는 것을 압니다. 여러분은 새롭게 하나님을 만났고, 그래서 주일학교에서 학생들을 가르치는 것이 여러분에게 이전보다 더 큰 기쁨이 되었습니다. 나는 여러분 중에 많은 분들에게 그리스도를 섬기는 것이 결코 짐스러운 일이 아니라는 것을 압니다. 그런 분들은 우울하고 슬픈 소리를 내며 영적인 싸움을 싸우러 나가는 것이 아니라, 음악 소리가 마음속에 울려 퍼지고, 그 눈에서는 행복한 빛이 반짝이는 가운데 승리의 모든 표징들을 갖춘 채 성도답게 나아갑니다. 여러분으로 하여금 그렇게 할 수 있게 해주신 것에 대하여 하나님께 감사하십시오. 왜냐하면, 일하는 자들이 자신의 일을 감당할 수 있는 힘을 갖추고서 일하러 나간다는 것은 정말 큰 복이기 때문입니다.

다음으로, 시편 기자는 **화평의 복**을 언급합니다: "우리를 침노하는 일이나 우리가 나아가 막는 일이 없으며"(14절). 불화로 말미암아 분열이 생기는 일이 없습니다. 행복한 가정에 이단들이 들어와서 한 마음이어야 할 마음들을 갈라놓는 일도 없습니다. 불화와 분열로 인해서 혼란에 빠진 교회의 교인이 되는 것은 신자들에게 정말 끔찍한 일이기 때문에, 여러분은 그리스도인들이 경험하는 모든 일들 중에서 개인적인 질투와 시기, 그리고 그것들로 인해 야기된 교회의 분열보다 더 영혼을 비참하게 만들고 마음에 큰 상처를 주고 내적 생명에 큰 해악을 끼치는 일은 없다고 기꺼이 고백할 것입니다. 하나님께서 그 많은 사람들의 마음을 하나로 묶어서 거룩한 연합을 이루게 하시는 것은 이루 말할 수 없이 큰 복입니다. 우리는 서로 갈라지고 분열되기가 너무나 쉽습니다. 우리의 취향은 본래부터 아주 다르고, 우리의 환경과 기질도 각양각색입니다. 어떤 사람은 부유한 반면에 어떤 사람은 가난하고, 어떤 사람은 쾌활하고 낙천적인 반면에 어떤 사람은 비관적이고 우울합니다. 그렇기 때문에, 큰 무리의 사람들이 불화와 반목 없이 오랫동안 한 마음으로 화평을 누리는 것은 쉬운 일이 아닙니다. 우리 모두는 우리 중에는 "침입해 들어오는 자도 없고 갈라져 나가는 자도 없나이다"라고 말할 수 있는 것에 대하여 하나님 앞에 엎드려 감사하는 것이 마땅합니다.

다윗이 말하고 있는 마지막 복은 **만족의 복**입니다: "우리 거리에는 슬피 부르짖음이 없을진대"(14절). 설교자에 대한 불평, 관원들에 대한 불평, 서로서로에 대한 불평 등 사방에서 터져 나오는 불평과 불만의 소리를 듣는 대신에, 우리 각자가 자신의 동료를 격려하여 주의 일을 하도록 하고, 우리가 더 사랑할 수 없고 더 일할 수 없고 하나님께 더 영광을 돌릴 수 없는 것만을 유일하게 유감으로 여기는 것에 있어서만 우리 모두가 한 마음이 될 때, 우리는 다윗의 말을 우리 안에서 이룰 수 있지 않겠습니까? 그럴 때에 우리 교회는 행복한 교회가 됩니다. 그것은 하나님께 가까이 있는 백성이라는 증거입니다. 그들은 행복한 상태에 있습니다.

　　형제들이여, 이런 일들은 이 교회에 처음 온 분들에게는 별 관심거리가 되지 않을지 모르지만, 이 교회의 초창기부터 함께 했던 여러분에게는 상당히 힘 있고 생생하게 다가올 것이라고 나는 믿습니다. 왜냐하면, 여러분이 살아온 길 자체가 하나님께서 그의 복을 여러분에게 얼마나 풍성하게 베풀어 주셨는지를 증명해 주고 있기 때문입니다. 우리는 하나님의 모든 은혜를 받을 만한 자격이 털끝만큼도 없었고, 우리 교회는 환난과 슬픔으로 말미암아 비천해져서, 우리의 이름이 하나님의 이스라엘로부터 말소되고, "이가봇"(삼상 4:21, "영광이 이스라엘에서 떠났다"라는 뜻)이란 이름이 우리 교회의 벽에 쓰인 것처럼 보였습니다. 그러나 하나님께서는 우리에게 다시 복을 내려 주셨습니다. 그것이 15년 전의 일입니다. 그리고 15년이라는 세월이 세세연년 흘러가서 오늘에 이르기까지 하나님께서는 우리에게 복 주시기를 결코 멈추지 않으셨습니다. 우리는 일시에 놀라운 부흥 사건을 겪은 것도 아니었고, 기독교 세계의 다른 지역들에서 있었던 것과 같은 열광적인 신앙 경험을 한 것도 아니었습니다. 다만, 우리는 마치 끊임없이 땅을 넓혀가듯이 꾸준히 성장하고 발전해 왔습니다. 그리고 우리는 예배 때마다 주 하나님의 이름과 능력으로 인도함을 받아 왔습니다. 이 모든 것은 어느 한 부분도 사람이 행하고 이룬 것이 아니었습니다. 하나님께서 이 모든 일을 이루시기 위하여 사람들을 사용하신 것일 뿐입니다. 이 모든 일은 하나님께서 이루신 것입니다. 그렇기 때문에, 다른 사람들이 무엇이라고 말하든지 간에, 우리는 우리가 지난 월요일 저녁에 가졌던 것과 같은 그런 마음의 상태를 유지해야 합니다. 그때에 우리는 저 성찬상 앞에 모여서 기도하고 친교를 나누며 하나님을 송축하고 찬양하며 행복해했습니다.

2. 둘째로, 행복의 원천입니다.

　　본문의 후반절은 우리를 한층 더 높은 곳으로 인도합니다. 행복은 실제로 하나님의 은혜로부터 흘러나오는 것이기 때문에, 그 원천은 은혜의 하나님으로 거슬러 올라가고, 그 근거는 하나님과의 언약 관계에 있습니다. "여호와를 자기 하나님으로 삼는 백성은 복이 있도다"(15절). 사랑하는 자들이여, 우리 하나님은 여호와이십니다. 나는 여러분이 하나님에 관한 이 진리를 기억하고 행하도록 하기 위하여, 이 진리 안에 내포된 두세 가지 측면을 여러분에게 새롭게 상기시켜 드리고자 합니다. 우리의 하나님은 여호와이십니다!

하나님께서는 우리에게 자신이 여호와이시라는 것을 계시해 주셨습니다. 우리는 그를 알지 못했고, "우리가 그 목소리를 순종해야 할 주는 어느 분입니까?"라고 물었습니다. 그의 진리가 선포될 때, 우리는 그에 관해서 들었지만, 그것은 단지 우리 외면적인 귀에 들려졌을 뿐입니다. 우리는 하나님께서 자기 자신을 우리에게 나타내시기를 기뻐하실 때까지 우리의 영혼 속에서 아무런 힘도 느끼지 못했습니다. 우리 중 어떤 사람에게는 몇 년 전에 그런 일이 일어났고, 또 어떤 사람에게는 몇 달 전에 그 일이 일어났습니다. 나는 여러분의 멀었던 눈이 열리고 죽었던 마음이 하나님의 빛을 느끼기 시작했던 그 행복했던 날로 돌아갈 것을 여러분에게 부탁드립니다. 그때에 여러분은 "그는 나의 하나님이십니다"라고 고백했습니다. 여러분은 그에게로 가서 여러분의 하나님이 되어 달라고 요청한 것이 아니었지만, 세상이 있기도 전에 영원한 언약 속에서 자기 자신을 여러분에게 주셨던 하나님께서 그의 유효적인 은총을 통해서 자기 자신을 여러분에게 주시고, 여러분으로 하여금 흔쾌히 그를 영접하고 그의 은 홀(silver scepter)에 입 맞추도록 만드셨습니다. 그렇습니다. 여러분은 원수에서 친구로 변화되었습니다. 이제 여러분은 더 이상 여러분의 하나님을 등지고 있지 않습니다:

> "이제 당신의 영혼은 그의 주권적인 은혜에 순복해서
> 그의 안아주심을 갈망한다네."

또한, 하나님이 여러분의 하나님이 되신 것은 여러분이 하나님을 여러분의 하나님으로 고백하였기 때문입니다. 여러분 중 대부분은 아버지와 아들과 성령이라는 한 영광스러운 이름으로 세례를 받았고, 그 일을 통해서 여러분이 세상에 대해서는 죽고 오직 그리스도에 대해서만 살아 있다는 것을 모든 사람들에게 선포했습니다. 여러분은 수 년 전에 진지한 열심을 품고 나아왔고, "다른 사람들은 어떻게 하든지, '오직 나와 내 집은 여호와를 섬기겠노라'"(수 24:15)고 말했습니다. 이 은혜의 역사는 여러분을 마음으로 믿는 믿음에서 입으로 하는 고백으로 인도했습니다(롬 10:10). 그때 이래로 여러분은 불경건한 자들에 의해서 하나님

의 이름이 욕을 당할 때에 하나님을 위해서 여러 번 몸을 던졌고, 여러분의 가족과 직장에서 여러분이 하나님의 종이라는 것을 공언해 왔을 것이라고 나는 믿습니다. 다른 사람들이 하나님의 법을 무시하고 그의 진리를 압제할 때, 나의 영혼은 수치와 조롱을 당하면서까지 하나님을 바짝 따라갑니다. 나는 나의 구주께서 인도하시는 곳으로 따라갈 것입니다. 이제 이렇게 할 수 있게 된 여러분은 정말 행복한 사람들입니다.

하나님을 주님으로 인정하는 사람들은 행복합니다. 오늘 밤 행복하십시오. 그리고 여러분의 마음으로 주님의 성호를 찬양함으로써 여러분의 행복을 보여 주십시오. 여러분이 주님을 믿게 된 때로부터 주님은 여러분의 하나님이셨습니다. 곤고한 날에 여러분의 영혼은 그의 선하심을 의뢰함으로써 평화를 찾았습니다. 여러분이 죄의 짐에 짓눌렸을 때, 여러분은 용서하시는 하나님 앞에 나옴으로써 그 짐을 덜 수 있었습니다. 단순히 말로만 신앙고백을 하는 사람들은 하나님을 주님으로 받아들인다는 것이 무엇인지를 알지 못합니다. 그들은 하나님을 전능하신 주권자로 받아들이지 않습니다. 그들은 주님을 자신들이 스스로 해결할 수 없는 곤란한 일이 생겼을 때에 그들을 도와주고 위기 상황에서 그들에게 부족한 것을 채워주는 종쯤으로 받아들입니다. 그들은 하나님의 명령들에서 자신들의 마음에 드는 것들만을 고르고 선택해서 행합니다. 그들은 그들에게 영광을 가져다주는 의무들에 있어서는 충분한 열매를 맺지만, 하나님과 그들의 영혼에만 속하는 거룩한 의무들에 있어서는 충분한 열매를 맺지 않습니다. 그들은 외적인 종교예식들은 훌륭하게 수행하지만, 영적인 믿음은 전혀 모르는 사람들입니다. 그들은 하나님을 자신의 하나님으로 온전히 받아들인 적이 결코 없습니다. 왜냐하면, 그것은 주인이나 아버지나 왕 그 이상으로 받아들인다는 것을 의미하기 때문입니다. 여러분은 그것이 무엇을 의미하는지를 아십니까? 하나님은 여러분에게 모든 것인 존재이십니까? 하나님은 모든 것이신 존재이십니다. 여러분은 하나님을 지금부터 영원까지 여러분에게 모든 것이신 존재로 받아들이십니까? 진실로 그렇다고 말할 수 있는 사람은 행복한 사람입니다. 그들은 그것 때문에 손해를 볼 수도 있습니다. 그것 때문에 육신의 요구와는 정반대로 달려야 할 때도 있습니다. 그러나 그들이 하나님을 자신의 주님으로 진심으로 고백하고, 하나님의 은혜를 힘입어서 하나님께 전적인 순종을 드린다면, 최고의 권세를 지니신 이로부터 행복한 사람들이라는 인정을 받게 될 것입니다. 그리고 그들은 무슨 일이 일어날지라도 행복한 사람들이 될 것입니다.

우리가 하나님을 우리 자신의 하나님으로 받아들인 것은 단지 하나님을 믿을 뿐만 아니라, 한 걸음 더 나아가서 하나님과의 교제를 누리기 위한 것입니다. 하나님께서 여러분으로 하여금 여러분 주위에 있는 모든 것이 온통 그림자 같을 뿐이라고 느끼게 만드시고 오직 하나님만이 진실하시다고 느끼도록 만드실 때, 여러분은 여러분의 하나님과 더불어 즐거워한 적이 없으십니까? 여러분은 골방에 들어가서 살아 계신 하나님을 생생하게 만나는 체험을 함으로써, 죄악과 슬픔과 근심으로 가득한 세상이 있다는 것도 잊어버리고, 오직 하나님만을 기뻐하신 적이 없으십니까? 여러분은 변화산에서 하나님과 교제하고 내려온 후에, 하나님이 없다고 말하는 무신론자를 보고 어이가 없어서 웃어 버린 적이 없으십니까? 왜냐하면, 여러분의 영혼은 하나님을 대면하여 보았고, 여러분은 무한하신 하나님을 만났으며, 여러분은 사람이 자기 친구와 친하게 사귀거나 마음과 마음으로 교제하듯이, 하나님과 참된 교제를 나누었기 때문입니다. 그렇습니다. 다시 그것을 구하십시오. 그렇습니다. 하나님과의 교제를 즐거워하면서 사는 삶을 여러분의 삶의 목표로 삼으십시오. 왜냐하면, 하나님을 자신의 하나님으로 받아들여서 내면의 깊은 교제를 나누며 사는 사람들이야말로 진정으로 행복한 사람들이기 때문입니다.

또한, 우리는 하나님을 우리의 주님으로 받아들인 것은 하나님과의 교제를 누리고, 거기에서 한 걸음 더 나아가서 하나님을 섬기기 위한 것입니다. 우리가 기회 있을 때마다 하나님의 크고 영화로우신 이름을 널리 전하고자 애쓰는 것은 우리의 기쁨이었습니다. 여러분은 하나님께서 사람들로부터 하나님으로서 합당한 대접을 받으시게 하기 위하여, 하나님이 여러분에게 맡겨 주신 달란트를 조금이라도 썩히는 일이 없게 하고자 애를 써왔을 것이라고 나는 믿습니다. 우리가 지금까지 설명한 것들을 여러분이 어느 정도나 실제로 행하는지에 따라, 여러분은 그 정도만큼 진정으로 행복한 사람일 것입니다. 만약 여러분이 부분적으로만 믿고 부분적으로만 교제하고 부분적으로만 섬긴다면, 여러분의 행복도 당연히 얄팍한 것이 될 것입니다. 그러나 여러분이 마음을 다해서 하나님을 믿고, 여러분의 모든 짐을 하나님께 맡기며, 여러분의 온 열정을 다 바쳐서 하나님을 사랑하고, 마음과 뜻과 힘을 다해서 하나님을 섬긴다면, 여러분은 행복한 사람들입니다. 하나님께서는 여러분이 행복한 사람들이라고 선언하시고, 분명히 여러분은 영원토록 행복한 사람들일 것입니다.

　　이렇게 하나님을 자신의 하나님으로 받아들인 신자는 행복합니다. 왜냐하면, 그는 자신이 갖게 된 분깃에 만족하지 못하는 일이 결코 없을 것이기 때문입니다. 사람들은 나이가 들면서 그들이 읽어 왔던 책이 시시해져서 흥미를 잃게됩니다. 학생들은 자신이 한때 귀하게 여기던 책들이 진부한 것들이 되어 버린 것을 알게 됩니다. 사람들은 자신의 물질이나 재산에도 흥미를 잃습니다. 그들은 한때 그런 것들에서 위안을 찾았지만, 이제는 더 이상 그렇게 되지 않습니다. 특히 나이가 들면, 전에는 세상에서 가장 즐거워했던 일에 가장 먼저 흥미를 잃게 됩니다. 한때는 가장 큰 만족을 주었던 것들이 가장 헛된 일이 됩니다. 그러나 어떤 사람도 자기 하나님보다 더 커지거나 성장할 수 없습니다. 어떤 사람도 하나님께서 그에게 주신 능력을 뛰어넘어 더 빨리 달릴 수는 없습니다. 사랑하는 자들이여, 우리의 역량이 확장되고 우리의 열망이 커질수록, 우리는 우리 하나님에게 더욱더 온전히 만족하게 됩니다. 이 분깃을 갖고 있는 사람은 세상의 어느 누구도 빼앗을 수 없는 것을 갖고 있는 사람입니다. 그것은 세상이 준 것이 아니고, 세상이 그것을 훔쳐갈 수도 없습니다. 마귀는 우리에게서 우리 하나님을 빼앗아 가려고 발악을 하지만, 결코 그렇게 할 수 없습니다. 시간은 우리에게서 우리의 건강을 앗아갈 수 있습니다. 세상은 우리에게서 우리의 부를 앗아갈 수 있습니다. 질병은 우리에게서 수천 가지 즐거움을 앗아갈 수 있습니다. 그러나 그 어떤 것도 우리 주 그리스도 예수 안에서 하나님에 대한 우리의 사랑을 우리로부터 앗아갈 수 없습니다. 그 어떤 것이나 그 누구도 우리의 유업을 앗아갈 수 없습니다. "거기는 좀이나 동록이 해하지 못하며 도둑이 구멍을 뚫지도 못하고 도둑질도 못하느니라"(마 6:20).

　　하나님의 백성은 죽을 때에 가져갈 수 있는 분깃을 갖고 있기 때문에 행복한 백성입니다. 그들이 갖고 있는 기쁨은 그들의 임종의 자리마저도 편안하게 만들어 줄 수 있는 그러한 기쁨입니다. 그들이 갖고 있는 보화는 그들이 최후의 음산한 강을 건널 때도 갖고 갈 수 있는 그러한 보화입니다. 그들은 자신의 유업을 단 한 푼도 잃지 않고 그 강을 건널 수 있습니다. 그들은 그 강을 건너서 맞은편 기슭에 도착하여, 하나님께서 자기를 사랑하는 자들을 위하여 준비하신 더욱 온전하고 지극한 복의 상태로 들어갑니다.

　　나는 우리 모두가 그러한 행복한 백성이 되기를 바랍니다. 나는 우리 모두가 최고로 행복한 백성이 되기를 바랍니다. 여러분이 지금은 그런 백성이 아닐지라도, 그렇게 될 수 있습니다. 여러분이 그리스도를 믿으면, 즉 여러분이 빈 손으로 와서 단지 그리스도를 자신의 구주로 받아들이기만 하면, 여러분은 그렇게 될 것입니다. 그리스도께서는 단 한 사람도 거절하신 적이 없으시고, 앞으로도 결코 거절하지 않으실 것입니다. 오늘 밤 그리스도께서 여러분을 영접하셔서 그의 다른 백성들처럼 행복한 자리로 옮겨 주실 것입니다. 나는 이 자리에 계신 분들 중에 우리가 도와주기 어려운 분이 있다는 것을 알지만, 우리 주님께서는 그 일을 해 주실 것으로 믿습니다. 왜냐하면, 우리 주님은 갇힌 자들을 풀어 주시고, 어려운 일들을 찾아서 해결하기를 기뻐하시는 분이시기 때문입니다. 그 어떤 열쇠로도 열리지 않는 옥문이 있다면, 그리스도께서는 기꺼이 그의 말씀이라는 강력한 망치를 갖고 오셔서, 그 문을 산산조각 내시고, 그 영혼에게 자유를 주시기를 기뻐하십니다. 오늘 밤 그리스도께서 그 일을 하셔서, 우리로 하여금 다 함께 그의 죄 사하시는 권세를 찬양하게 하시기를 기원합니다. 아멘.

제
140
장
—

성도에 관하여

—

**"여호와여 주께서 지으신 모든 것들이 주께 감사하며 주의
성도들이 주를 송축하리이다." — 시 145:10**

오늘 여러분은 의자에 등을 기대고 앉아서, "이 설교는 성도들에 관한 설교
니까, 우리가 경청해서 듣지 않아도 될 거야"라고 말하지 마십시오. "여호와여
주께서 지으신 모든 것들이 주께 감사하며"라는 본문의 상반절에 나오는 아름다
운 말씀으로 보아서, 오늘의 설교가 뭔가 여러분 중에서 성도가 아닌 분들에게
도 유익이 될 것 같지 않습니까? 이 말씀은 그런 분들에게 하나님께로 나아가는
문을 열어 줍니다. 왜냐하면, 설령 여러분이 여호와의 성도가 아닐지라도, "하나
님이 지으신 것들"인 까닭에, 그의 이름을 찬송하는 것이 마땅하기 때문입니다.
한여름인 지금은 추수 때여서 모든 피조물들이 그 존재 자체로 하나님을 찬송하
는 것처럼 보입니다. 곤충과 양치식물, 조약돌, 잔물결을 일으키며 흐르는 개울,
별과 구름, 바람과 이슬 — 이 모든 것들이 지존자의 지혜와 선하심을 반영하고
있습니다. 많은 사람들의 경우에는 그들이 만든 작품들이 그들의 명성을 높여
주지 않습니다. 그리고 설령 사람들이 자신의 명예를 높여 줄 만한 것들을 많이
만들어 내었다고 해도, 그들의 작품 중에서 얼마는 그들의 명성을 높여 주지 않
고, 도리어 쓰레기통에 던져 버려야 할 것들입니다. 영존하시는 분의 작품에는
그런 것이 단 하나도 없습니다. 그의 모든 작품은 완벽합니다. 그는 자신의 작품
들 안에 나쁜 것을 넣지 않습니다. 그는 싸구려 재료를 사용하지 않습니다. 그는

잘못된 부분을 감추기 위해서 페인트와 니스로 꾸미지 않습니다. 그는 자신의 모든 작품들을 햇빛 아래 내놓습니다. 그것들은 그에게 한 마디 불평도 하지 않고, 도리어 모두가 이렇게 그를 칭송합니다. "그는 가장 일을 잘하시는 분이고, 가장 생각이 깊은 분이며, 최고로 완벽하게 설계하시는 분입니다"라고 말이죠. 여러분이 높은 하늘에 올라가거나, 깊은 바닷속으로 들어가거나, 컴컴한 동굴을 깊이 내려가도, 그 어디에서도 하나님의 작품들 중에서 단 한 가지 흠도 잡아내지 못할 것입니다. 여러분은 하나님의 작품들을 산산이 부술 수도 있고, 세밀하게 검사할 수도 있습니다. 여러분은 그것들을 불 가운데로 통과시키는 시험을 무수히 해볼 수도 있지만, 그것들은 시험을 받으면 받을수록, "우리를 만드신 손길은 하나님의 손길입니다"라는 것, 그리고 하나님의 손길은 지식과 권능에 있어서 최고로 뛰어나다는 것을 증명해 줄 뿐입니다.

또한, 하나님께서 지으신 모든 것들은 일종의 의도를 통해서도 하나님을 찬송합니다. 그것들은 마치 어떤 정해진 목적이 있는 것처럼 하나님의 영광을 찬송합니다. 우리는 그것들을 생명이 없는 피조물들이라고 말하지만, 하나님을 찬송하는 일과 관련해서는 그것들은 모두 하나님의 영광을 위하여 살아 있는 듯이 보입니다. 공간을 굴러다니는 세계들, 햇빛 속에서 춤추는 먼지, 망대를 무너뜨리는 번개, 겨울철 정원에서 춤추는 눈송이들, 바다에서 누룩처럼 생겨나는 포말들, 다 익은 꽃에서 떨어지는 꽃가루, 수정의 절개단면 ─ 이 모든 것들은 마치 경쟁이라도 하듯이 하나님의 크신 지혜와 선하심을 선포합니다. "하늘이 하나님의 영광을 선포하고 궁창이 그의 손으로 하신 일을 나타내는도다"(시 19:1). 또한, 땅과 공기, 바다와 강들, 언덕과 들판 등도 모두 서로 앞다퉈서 여호와를 찬양하는 복된 일을 하려고 합니다. 해질녘에 서쪽 하늘에서 저 멀리 밝게 불타는 구름들을 보고 있노라면, 하나님께서 자신의 궁정을 주재하시고 스랍들은 그의 보좌 앞에서 경배하는 것처럼 보일 때가 얼마나 많은지 모릅니다. 태양이 막 떠오르기 시작할 무렵의 바다를 보십시오. 우리는 하늘의 문들이 열리는 것을 봅니다. 예전에 모세에게 그랬던 것처럼, 하나님의 옷자락이 우리 눈 앞에 보여집니다. 수많은 별들이 하나님을 경배하는 고요한 밤중에 대지도 적막함을 지킴으로써 자신이 하나님을 얼마나 진심으로 섬기는지를 보여줍니다. 자연이 자신의 특별한 안식일들을 지키고, 하나님의 전에서 만물이 그의 영광을 노래하는 것은 무수히 일어나는 일입니다.

그러므로 깨어나십시오, 나의 친구여. 당신은 비록 그리스도 안에서 새롭게 된 피조물은 아닐지라도 적어도 하나님의 피조물입니다. 비록 당신이 당신의 구주를 모를지라도, 당신에게 은덕을 베풀고 계시는 분을 경배하십시오. 알려진 것은 알려지지 않은 것으로 나아가는 디딤돌이 될 수 있습니다. 당신은 하나님이 지으신 것들이 하나님을 찬양할 때에 거기에 동참함으로써 하나님께로 인도하심을 받을 수 있습니다. 당신은 결코 이 첫 번째 부르심에서조차도 완전하고 적절하게 화답하지 않았습니다. 그러므로 당신이 두 번째 부르심을 받을 준비가 제대로 되어 있지 않다고 할지라도, 당신은 그것을 불평할 수 없습니다. 당신은 주님을 찬양할 만한 이유가 아무것도 없습니까? 당신의 몸은 하나님이 만드신 것이 아닙니까? 소화기관들과 거기에 공급되는 음식물들은 하나님의 선하심을 증명해 주는 것들이 아닙니까? 당신이 열병을 비롯해서 갖가지 죽을 병으로부터 낫게 된 것은 하나님을 찬양할 만한 이유가 되지 않는 것입니까? 당신의 집안일과 관련된 모든 소망과 기쁨과 열망들은 비록 영원한 것들에 닿아 있는 것들이 아니고 지하에 있는 샘들로부터 나오는 한 모금 물에 불과한 것들이긴 하지만, 그것들은 좀 더 고귀한 선물들과 마찬가지로 하나님의 손에서 옵니다. 그것들은 당신을 본향으로 인도할 수 있습니다. 왜냐하면, 탕자는 자기 아버지의 집에 있는 풍족한 양식을 기억하고 아버지의 집으로 돌아가기로 결심하였기 때문입니다.

그러나 나는 오늘의 본문 속에는 택함 받은 백성들에게만 해당되는 것들이 많이 있다는 것을 인정합니다. 본문은 하나님 가까이에 거하는 무리들에게 말하고 있는데, 그들은 지위와 인격과 특권에 있어서 최고의 형태의 섬김으로 올라와 있는 사람들입니다. 그들이 드리는 찬송은 하늘에까지 이르고 영원토록 지속됩니다. 하지만 더 좋은 것이 있습니다. 왜냐하면, 본문은 "주의 성도들이 주를 송축하리이다"라고 말하기 때문입니다.

여러분은 하나님의 말씀의 도처에서 하나님을 경외하는 자들과 그렇지 않은 자들이 아주 분명하게 구별되고 있는 것을 봅니다. 그것은 뱀의 후손과 여자의 후손 간의 구별이고, 죄악 가운데 살고 있는 자들과 죄악으로부터 구원함을 받아서 하나님의 성도가 된 자들 간의 구별입니다. 현재와 같은 하나님의 경륜이 지속되는 한, 세상에는 두 부류의 백성이 존재하고, 앞으로도 계속 그럴 것입니다. 이 두 부류 간의 차이는 실로 크고 결정적입니다. 그렇기 때문에, 본질적으로 상반되는 이 두 부류 사람들 모두에게 적절한 기도문을 작성하기란 불가능하지는 않더라도 매우 어려운 일임에 틀림없습니다. 따라서 우리의 공적인 기도들에 있어서도 하나님의 말씀에 있어서와 마찬가지로 이러한 구별이 명확하게 이루어져야 합니다. 오늘날 이스라엘과 이집트를 구분하는 경계선이 있듯이, 하나님의 심판대로부터 나오는 불로 된 선이 하나님의 자녀들과 진노의 자녀들을 최종적으로 단호하게 구별하게 될 것입니다. 설교의 앞 부분에서 여러분은 오늘의 본문이 이러한 사실을 암시하고 있다는 것을 알아둘 필요가 있습니다. 우리는 모두 하나님이 지으신 작품들입니다. "그는 우리를 지으신 이요 우리는 그의 것"이지만, 우리 모두가 "그의 백성이요 그의 기르시는 양"인 것은 아닙니다(시 100:3). 아직은 우리 모두가 언약의 연대 안에 들어와 있는 것은 아닙니다. 아직은 우리 모두가 하나님 안에서 구원을 받아 영원한 구원으로 들어간 것은 아닙니다. 그러므로 우리 모두가 다 하나님의 성도인 것이 아닙니다. 성경의 판단을 따라서 여러분 스스로를 구별해 보십시오. "너희가 믿음 안에 있는가 너희 자신을 시험하고 너희 자신을 확증하라"(고후 13:5). 어중간한 위치에 서 계시지 마십시오. 그리스도와 벨리알이 서로 화합할 수 있을 것이라고는 꿈도 꾸지 마십시오(고후 6:15). "너희가 하나님과 재물을 겸하여 섬기지 못하느니라"(마 6:24). 여러분은 하나님의 편이든가, 아니면 하나님의 적입니다. 여러분은 자신의 진정한 위치를 빨리 알면 알수록 좋습니다. 나는 여러분이 모두 똑같지 않다는 것을 알기 때문에, 마치 여러분이 모두 똑같은 것처럼, 그렇게 상정하고서 설교하지는 않을 것입니다. 여러분 중 일부는 그리스도 안에 있지만, 또 일부는 "악독이 가득하여 불의에 매어"(행 8:23) 있습니다. 오늘 밤 나는 내 앞에 곡식뿐만 아니라 가라지도 있다는 것을 잊지 않고, 나의 설교 전체를 통해서 그러한 구별이 뚜렷하게 드러나도록 노력할 것입니다.

  나는 여러분이 다음 세 가지 점에 유의할 것을 부탁드립니다. 첫째, 하나님께서는 자신의 성도라고 부르시는 백성을 갖고 계신다는 것입니다. 이것은 우리가 본문에서 읽은 바와 같습니다. 둘째, 그 성도들은 첫째가는 지위에 위치합니다. 왜냐하면, 본문은 "여호와여 주께서 지으신 모든 것들이 주께 감사하며"라고 말하는 반면에, 성도들은 특별한 지위를 점하고 있는 까닭에 따로 독자적으로 언급되고 있기 때문입니다. 성도들은 다른 모든 것을 능가하는 지위에 있습니다. 셋째, 이 백성은 하나님께 특별한 충성을 바칩니다. 그들은 하나님께서 지으신 모든 것들이 그에게 감사하는 데에도 참여하지만, 하나님의 측근으로서 특별한 사역을 수행합니다. 그래서 우리는 본문 속에서 "주의 성도들이 주를 송축하리이다"라는 말씀을 읽게 됩니다.

1. 첫째로, 하나님께서는 자신의 성도라고 부르시는 백성을 갖고 계십니다.

이제 본론으로 들어갑시다. 성령께서 우리를 도와주시기를 빕니다. "성도들"은 누구입니까? 그들은 모두 죽은 사람들입니까? 그렇게 생각하는 사람들이 있는 것 같습니다. 왜냐하면, 우리 주변에 있는 가톨릭 신자들은 오래 전에 죽은 사람들을 성도(성인)들이라고 부르는 반면에, 살아 있는 사람들은 그렇게 부르지 않고 단순히 신자들 또는 신도들이라고 부르기 때문입니다. 나는 심지어 자칭 개신교도라는 사람들 가운데서도 일곱 언덕 사이에 앉은 옛 창기의 옛 유물들을 허다하게 봅니다. 일전에 어떤 분이 내게 그의 돌아가신 어머니를 "성인이 된 어머니"(sainted mother)라고 지칭하는 편지를 보냈습니다. 그분은 무슨 의미로 그런 표현을 쓴 것일까요? 교황이 그의 어머니를 시성(諡聖)했다는 말입니까? 아니면, 그녀가 죽어서 성인이 되었다는 말입니까? 죄의 결과로 인간에게 찾아온 죽음이 그렇게 죽은 사람에게 성인이라는 신분(sainthood)을 가져다준다는 말입니까? 말도 안 되는 소리입니다! 죽기 전에 성도가 아니었던 사람이 죽은 후에 성인이 된다는 것은 있을 수 없는 일입니다. 관과 무덤이 여러분에게 성인이라는 칭호를 수여해 준다는 말입니까? 무덤 속에서 썩는 것이 거룩한 향기라도 만들어 낸다는 말입니까? 나는 그렇지 않다고 확실하게 말할 수 있습니다. 왜냐하면, 성경에는 "불의를 행하는 자는 그대로 불의를 행하고 더러운 자는 그대로 더럽고 의로운 자는 그대로 의를 행하고 거룩한 자는 그대로 거룩되게 하라"(계 22:11)고 기록되어 있습니다. 죽음 후에는 심판이 있을 뿐입니다. 죄인이 죽어서 성인이 되는 것은 불가능합니다. 여기에서 성도로 살지 않았던 사람은 저 세상에서도 결코 성도나 성인으로 살 수 없습니다. 사도 바울이 교회들에 편지를 썼을 때에 그 지체들을 "성도들"이라고 불렀습니다. 그가 그렇게 부른 사람들은 모두 다 살아 있는 남자와 여자들이었습니다. 그들은 우리들처럼 평범한 남녀들이었습니다. 지위도 낮고, 교육수준도 낮았으며, 때로는 집이나 가정이 없기도 했습니다. 어떤 점에서 그들은 우리들보다도 열등했습니다. 왜냐하면, 그들의 이전의 행실은 너무나 방탕해서, 오늘날이라면 한순간도 용납되지 않았을 죄악들을 무지하게도 용인했기 때문입니다. 나는 오늘날의 하나님의 교회가 전체적으로 보아서 고린도 교회보다는 더 낫다고 믿습니다. 예를 들어, 그리스도의 교회라고 불릴 자격이 있는 교회들 중에서 근친상간의 죄를 범한 교인을 용납하는 교회는 내가 아는 한 없기 때문입니다. 나는 오늘날의 교회들이 그러한 극악무도하고 흉악한 죄에 대해서는 단호하게 대처할 것이라고 확신합니다. 우리도 많은 허물을 갖고 있지만, 그 당시의 그들은 더욱 많은 허물을 갖고 있었습니다. 그래서 사도 바울은 어떤 아주 분명한 악행을 경고하기 위해서 일부 교회들에는 두 번 이상 편지를 써야 했습니다. 그럼에도 불구하고, 그 교회들에는 성도들이 있었고, 바울은 어떤 한 곳에 모여 예배하는 사람들을 "성도로 부르심을 받은 자"(롬 1:7)라는 호칭으로 부르곤 했습니다.

그러므로 성도들이란 죽어서 매장되어 벽감 속에서 우리의 경배를 받는 사람들이 아닙니다. 물론, 하나님의 보좌 앞에도 성도들이 있고, 우리도 이 아래 세상에 있는 성도들입니다. 우리가 하나님의 은혜를 입어서 죄의 지배로부터 구원을 받고, 성령께서 우리 안에 내주하심으로써 성도로 불리기에 마땅한 사람이 되어 있다면, 우리도 당연히 성도들입니다.

우리는 이러한 성도들을 우리나라 안에서도 만날 수 있어야 합니다. 많은 사람들이 아주 먼 곳에서 사역하는 사역자들을 비록 한 번도 본 적이 없는데도 아주 존경합니다. 물론, 이 선한 사람들과 그들의 교회는 지극히 온전할 것임에 틀림없습니다. 그들은 성도들로 이루어진 한 족속일 것입니다. 멀리 있으면 마법에 걸린 듯 아름다워 보입니다. 그래서 나 같으면, 내 주위에 있는 사람들의 거룩함과 나의 동역자들의 성결함, 그리고 나의 믿음의 일과 사랑의 봉사에 있어서 날마다 나의 팔을 붙들어 주는 사람들의 뜨거운 헌신 속에서 성도들의 모습을 찾고 싶습니다. 영국에도 미국만큼이나 많은 성도들이 있습니다. 나는 플리머스 교회(Plymouth Church)나, 로마 가톨릭 교회나, 그리스 정교회나 다른 어떤 교회를 둘러보고 싶은 마음이 없습니다. 왜냐하면, 나는 바로 이 성전에서 성도들을 발견하기 때문입니다.

"거기에 나의 절친한 친구들과 나의 친척들이 살고,
거기에서 하나님 내 구주가 다스리신다네."

　　인도나 중국이나 세계 어느 곳인가에는 참된 성도들이 있을 것이라고 믿는 것은 아주 좋은 일이기는 하지만, 성령께서 우리나라에 있는 교회들에도 거룩하게 하시는 역사를 행하고 계시다는 것을 우리가 믿지 못한다면, 그것은 성령의 능력에 대한 우리의 믿음이 크게 부족한 것을 보여주는 증거라고 생각됩니다. 나는 내 주변에 있는 그리스도인들 가운데에서 성도들을 보는데, 그들은 주일학교에서 가르치고, 노방전도를 하고, 영혼을 얻기 위한 일들을 하느라 분주한 사람들입니다. 마음이 청결한 자는 하나님을 봅니다. 나는 마음이 청결한 자가 하나님의 성도를 본다고 믿습니다. 만약 우리 자신이 좀 더 성도답다면, 우리 주변에서 그렇게 어렵지 않게 성도들을 찾아볼 수 있을 것입니다.

　　성도가 된다는 것은 무엇입니까? 어떤 사람들은 그런 것을 알고 싶어 하지 않습니다. 왜냐하면, 그들에게는 성도라는 말은 경멸을 나타내는 말이기 때문입니다. 그들은 "오, 그 사람이 너희의 성도들 중 한 명이야!"라고 말합니다. 그들은 "성도들"(saints)이라는 말이 아주 수치스럽거나, 적어도 비열하고 위선적이라는 것을 나타내 보이려고 그 말을 할 때에 특히 힘을 줍니다. 나도 그런 말을 두 번 이상 들었는데, 나는 누군가가 내게 그런 말을 할 때마다 모자를 벗어서 그러한 호칭을 사용해 준 것에 대하여 경의를 표합니다. 나는 가터 훈작사(Knight of the Garter)가 되기보다 성도가 되고 싶습니다. 나는 가끔 "당신이 성도라는 것을 증명할 수 있었으면 좋겠소"라고 말하곤 합니다. 왜냐하면, 자신이 성도라는 호칭을 감당할 수 없을까봐 두려워하는 것이 아니라면, 어느 누구도 성도라고 불리는 것을 부끄럽게 생각할 필요가 없기 때문입니다. 당신이 진정으로 성도다운 사람인데, 사람들이 경멸의 의미로 당신에게 성도라는 말을 사용한다면, 사람들의 그 말을 훈장처럼 당신의 가슴에 다십시오. 그리고 사실이 아니라 중상모략에 불과한 비방을 애써 은폐하려는 시도를 조금도 하지 마십시오. 세습귀족이라고 불리는 것을 부끄러워하는 사람은 아마도 없을 것이라고 나는 생각합니다. 성도가 된다는 것은 공작이 되는 것보다 훨씬 더 영광스러운 일임이 분명합니다. 귀족의 작위는 여왕이 내릴 수 있지만, 성도의 신분은 오직 하나님만이 친히 내리실 수 있습니다. 그러므로 여러분이 성도라는 신분을 부끄럽게 생각해야 할 이유가 전혀 없는 것입니다. 나는 가끔 "말일 성도들"(Latter Day Saints)이라는 말을 듣습니다. 나는 그렇게 불리는 분파에 대해서는 잘 알지 못하지만, 그런 호칭보다는 "매일 성도들"(Every Day Saints)이라는 호칭을 훨씬 더 좋아합니다. 언제 어디서나 성도인 사람들이 참된 성도들입니다. 그리고 어느 곳에서나 성도가 아닌 사람은 어느 곳에서도 성도가 아닙니다. 왜냐하면, 성도라는 신분은 주일 외출복처럼 입었다 벗었다 할 수 있는 그런 성질의 것이 아니기 때문입니다. 거룩함은 우리 자신의 일부여야 합니다. 성도다움이 우리의 본성이 되어 있어야 합니다.

그렇다면, 누가 성도들입니까? 어떤 사람들은 생각이나 말이나 행실에서 전혀 죄를 짓지 않는 사람들이 성도들이라고 말할 것입니다. 그러나 그런 경이로운 사람들을 우리가 어디에서 볼 수 있겠습니까? 나는 그런 사람을 단 한 사람도 만나보지 못했습니다. 나는 자신이 완벽하다고 말하는 무모한 광신자를 몇 명 본 적이 있습니다. 하지만 하루만 시간을 내서 그들을 지켜보면, 여러분은 곧 그들의 허물들을 발견하게 될 것입니다. 나는 죄의 성향으로부터 완전히 자유로운 사람을 이 세상에서 한 사람도 보지 못했습니다. 그것은 여러분도 마찬가지입니다. 나는 우리가 모두 죄인이라고 생각했고, 나의 그런 생각은 지금도 변함이 없습니다. 자신이 아직도 어느 정도는 죄인이라고 인정하고 고백하지 않는 사람은 제대로 된 성도라고 볼 수 없다는 것이 나의 생각입니다. 그런 고백을 하지 않는 사람은 자기 자신을 제대로 모르고 있는 것이고, 그 사람이 생각하는 성도의 기준이 제대로 되어 있지 않을 가능성이 큽니다. 어떤 사람이 자기는 너무 선해서 더 이상 선해질 수 없다고 생각한다면, 나는 그가 너무 악해져서 더 이상 악해질 수 없는 상태일 가능성이 크다고 생각합니다. 예를 들면, 교만에 있어서 그는 루시퍼보다도 더 나아간 것입니다. 어떤 영혼이 자기는 더 이상 선해질 수 없을 만큼 선하다는 믿음에 푹 빠져 있다면, 그는 결코 선해질 수 없는 사람일 것입니다. 어떤 사람이 자신의 불완전한 것들을 탄식하고 그리스도를 더 닮고 싶어서 파리해져 가는 것을 거룩한 불안(holy restlessness)이라고 한다면, 그러한 불안은 그 사람을 더 높은 수준의 영성과 은혜로 나아가게 하는 원동력의 일부입니다. 자기만족에 빠지게 되면, 발전할 가능성은 물론이고 자신의 잘못을 발견할 수 있는 가능성도 끝장이 납니다. 자기 자신이 거룩하다고 자랑하는 사람에게는 거룩하게 될 수 있는 능력이 더 이상 남아 있지 않게 됩니다. 뛰어난 붓솜씨를 자랑하던 어떤 훌륭한 화가가 있었는데, 어느 날 한 폭의 그림을 그리고 난 후, 팔레트를 내려놓고는 그의 아내에게 이렇게 말했습니다. "나는 이제 더 이상 그림을 그릴 힘이 없소!" 그러자 그의 아내가 물었습니다. "어떻게 된 일이예요?" 그가 대답했습니다. "나는 오늘날까지 내 작품들에 늘 불만이었는데, 오늘 그린 이 마지막 그림에는 완전히 만족하게 되었소. 그러니 나는 앞으로는 한 번쯤 더 쳐다보고 싶은 마음이 들게 하는 그런 그림은 더 이상 그릴 수 없게 된 것이 틀림없소." 사람이 자기 자신에게 만족하지 못하는 한, 그는 큰 일들을 할 수 있을 것입니다. 하지만 자기 자신이 뭔가를 성취하였고 완전히 만족할 만하다고 느끼게 되었다면, 그는 틀림없이 자신의 남은 생애 동안에 아무것도 이루지 못할 것입니다. 그는 발전의 동력을 상실한 것입니다!

형제들이여, 우리가 우리 자신과 우리의 하나님을 제대로 안다면, 우리가 절대적으로 완전하다는 모든 생각은 우리를 병들어 죽게 만들 것입니다. 우리는 우리가 절대로 그런 존재가 아니라는 것을 압니다. 그럼에도 불구하고, 우리는 죄가 우리를 지배하지 못한다는 것과 우리는 주님에게 거룩한 존재라는 것도 압니다. 우리는 그런 사실을 알기 때문에, 주 우리 하나님을 기뻐하고 송축합니다.

이 모든 것들을 고려해 볼 때, 우리는 성도들이란 어떤 사람들인가라는 질문을 다시 한 번 던지게 됩니다. 무엇보다도 먼저, 성도들은 하나님께서 친히 자기를 위하여 구별하신 사람들을 말합니다. 하나님께서는 세상의 기초가 놓이기도 전부터 그들을 자신의 분깃으로 택하셨습니다. 하나님께서는 친히 택하신 사람들을 주 예수 그리스도의 손에 넘겨 주셨습니다. 그리스도께서 "아버지께서 내게 주신 사람들"이라고 말씀하신 것이 바로 그들입니다. 그들이 성도들입니다. 그리스도께서는 그들을 사람들 가운데서 특별히 그리고 유효하게 속량하셨는데, 그들에 대하여 요한계시록에서는 "이 사람들은 사람 가운데에서 속량함을 받아 처음 익은 열매"(14:4)라고 말하며, 에베소서에서는 "그리스도께서 교회를 사랑하시고 그 교회를 위하여 자신을 주셨다"(5:25)고 말합니다. 속량하심이 지닌 일반적인 양상이 무엇이든지 간에 — 그것은 인류만큼이나 광범위한 양상을 갖습니다 — 하나님께서 세상의 모든 사람들 가운데에서 자신의 소유로 택하신 사람들에 대해서는 특별한 양상을 갖습니다.

하나님의 택정하시는 사랑에 의해서 이렇게 하나님의 소유가 된 사람들은, 때가 되면, 하나님의 은혜로 말미암아 유효한 부르심을 받습니다. "그러므로 너희는 그들 중에서 나와서 따로 있고 부정한 것을 만지지 말라 내가 너희를 영접하여 너희에게 아버지가 되고 너희는 내게 자녀가 되리라 전능하신 주의 말씀이니라 하셨느니라"(고후 6:17-18). 피로 속량함을 받은 그들은, 때가 되면, 능력으로 속량함을 받습니다. 그들은 성령의 능력을 힘입어서 애굽의 종살이에서 벗어나 하나님의 아들의 영광스러운 자유 속으로 들어갑니다. 그때부터 그들은 하나님 안에서, 하나님과 함께, 하나님을 위하여, 하나님에 대하여, 하나님에 의하여 사는 백성인 성도들이 됩니다. 그들은 세상에 속한 백성이 아닙니다. "내가 세상에 속하지 아니함 같이 그들도 세상에 속하지 아니하였사옵나이다"(요 17:16). "이 백성은 홀로 살 것이라 그를 여러 민족 중의 하나로 여기지 않으리로다"(민 23:9). 그들은 "특별한 백성"입니다. 나는 어떤 사람이 이의를 제기하며 이렇게 말하는 것을 가끔 듣습니다: "만일 내게 신앙이 있다면, 나도 그렇게 특별한 사람이 되겠죠." 물론 당신은 그럴 수 있습니다. 성경은 당신이 그렇게 될 수 있다고 말합니다. "하지만 나는 내 자신의 힘으로 특별한 사람이 되어야 합니다." 물론 당신은 그럴 수 있습니다. 그러나 당신은 "여호와께서 자기를 위하여 경건한 자를 택하신 줄 너희가 알지어다"(시 4:3)라는 말씀을 유의해야 합니다. 그런 사람들이 성도들이고, 그들은 하나님의 풍성하신 은혜로 말미암아 하나님을 위해 살도록 하나님께 드려진 백성입니다. 그들에게서 사시는 것은 그리스도입니다. "이는 너희가 죽었고 너희 생명이 그리스도와 함께 하나님 안에 감추어졌음이라"(골 3:3).

다시 한 번 묻겠습니다. 누가 성도들입니까? 우리는 그들을 어떻게 알 수 있을까요? 우리는 그들의 거룩한 삶을 통해서 그들을 알아볼 수 있습니다. 그들은 하나님께 드려진 사람들일 뿐만 아니라, 성령의 거룩하게 하시는 능력으로 말미암아 하나님께서 쓰시기에 합당하게 된 사람들입니다. 지금까지 우리의 불완전함들에 대해서 내가 했던 말을 하나도 잊지 마십시오. 하지만 그 모든 것에도 불구하고, 하나님의 백성은 거룩한 백성입니다. "이것[=거룩함]이 없이는 아무도 주를 보지 못하리라"(히 12:14). 성경은 어떤 사람에 대해서 묘사할 때에 그의 연약한 점들이 아니라 그의 삶의 전반적인 흐름과 행로라는 관점에서 묘사합니다. 우리가 어떤 강이 남쪽으로 흐르고 있다고 말할 때, 거기에는 본류와는 정반대의 방향으로 흐르는 지류들이 있을 수 있습니다. 하지만 그것들은 지엽적인 일들입니다. 템스 강의 본류는 쉬지 않고 바다를 향해서 흐르기 때문에, 우리가 그렇게 말한다고 해서, 그것이 잘못이거나 사실과 다른 것은 아닙니다. 하나님의 자녀의 삶은, 전체적으로 보아서, 하나님과 사람에 대해서 의롭고 참되며 거룩한 방향으로 진행됩니다. 사랑하는 친구여, 당신의 삶이 그렇지 않다면, 내가 그것에 대해서 간단하게 설명드리겠습니다. 당신은 주님을 알지 못합니다. 당신은 다시 한 번 태어나서 죄의 세력으로부터 풀려나야 할 필요가 있습니다. "누구에게 순종하든지 그 순종함을 받는 자의 종이 되는 줄을 너희가 알지 못하느냐 혹은 죄의 종으로 사망에 이르고 혹은 순종의 종으로 의에 이르느니라"(롬 6:16). 당신을 지배하는 자가 당신의 왕이라는 것은 틀림없는 사실입니다. 악이 당신을 지배하면, 당신은 악의 세력에 속한 사람입니다. 반면에 당신의 마음속에 은혜가 있다면, 은혜가 당신을 다스려서 의로움을 통하여 영생에 이르게 할 것입니다.

　　어떤 사람은 "거룩함이 전가된다"고 말하지만, 나는 거룩함은 전가될 수 없다고 말합니다. 그리스도의 의는 우리에게 전가되지만, **거룩함**은 전혀 다른 문제입니다. 여러분은 거룩함의 전가라는 말을 하나님의 말씀 속에서 그 어디에서도 찾을 수 없습니다. 그런 일은 있을 수 없습니다. 다윗은 "여호와의 산에 오를 자가 누구며 그의 거룩한 곳에 설 자가 누구인가 곧 손이 깨끗하며 마음이 청결하며 뜻을 허탄한 데에 두지 아니하며 거짓 맹세하지 아니하는 자로다"(시 24:3-4)라고 노래합니다. 이것들은 실질적인 덕성들이지 전가된 것들이 아닙니다. 하나님의 성도들은 주정뱅이가 아닙니다. 하나님의 성도들은 거짓말쟁이가 아닙니다. 하나님의 성도들은 정직하고, 하나님의 성도들은 관대하며, 하나님의 성도들은 사랑이 넘칩니다. 하나님의 성도들은 불의를 기뻐하는 백성이 아니고, 옛적의 발람처럼 악의 삯을 구하는 백성이 아닙니다. 하나님의 백성은 거룩함을 추구하는 백성이고, 그들의 마음에서 죄가 그 뿌리뿐만 아니라 그 가지까지도 완전히 근절되기까지 결코 만족하지 않는 백성입니다. 사실, 그들은 그러한 거룩함에 이르기까지 결코 천국에 오르지 않을 것입니다. 그리고 그들이 그러한 거룩함에 이르렀을 때에, 그들은 천국에 있을 것입니다. 왜냐하면, 그들은 그들의 주님을 닮은 모습으로 깨어날 것이기 때문입니다. 이러한 것들이 하나님의 성도들의 분명한 특징들입니다.

　　어떤 사람이 "우리가 그런 성도들을 어디에서 찾을 수 있단 말입니까?"라고 말합니다. 비방하는 자들은 "그런 사람은 어디에도 없다"고 말하지만, 진실한 자들은 그런 성도들을 많이 찾아볼 수 있다고 단언합니다. 성도들은 우리의 권속들을 빛나게 해주는 장식품들이고, 우리 교회들의 기둥들이며, 우리의 친교에 있어서의 즐거움이고, 그리스도의 영광입니다. 우리도 그런 사람들이라면 얼마나 좋겠습니까!

이제 우리는 우리가 출발했던 곳으로 다시 돌아가고자 합니다. 오늘의 본문은 성도들에 대해서 말하면서, 그들을 하나님의 성도들이라고 부릅니다. "여호와여 주께서 지으신 모든 것들이 주께 감사하며 주의 성도들이 주를 송축하리이다." 마귀도 자신의 성도들을 갖고 있고, 로마도 자신의 성도들을 갖고 있으며, 자기의(self-righteousness)도 자신의 성도들을 갖고 있고, 율법주의도 자신의 성도들을 갖고 있습니다. 그러나 그들은 하나님의 성도들이 아닙니다. 하나님은 자기 자신의 성도들을 갖고 계시고, 그들은 그에게 속합니다. 그들은 그의 독특하고 특별한 소유입니다. 그들은 그의 손가락에 끼워진 인장과 같습니다. 그들의 이름은 그의 손바닥에 새겨져 있습니다. 여러분은 선한 목자이신 그리스도께서 자기를 믿는 자들에 대해서 어떻게 말씀하셨는지를 기억하실 것입니다: "내 양은('나의'라는 단어에 주목하십시오) 내 음성을 들으며 나는 그들을 알며 그들은 나를 따르느니라 내가 그들에게 영생을 주노니 영원히 멸망하지 아니할 것이요 또 그들을 내 손에서 빼앗을 자가 없느니라"(요 10:27-28). 그들은 절대적으로 그의 것이고, 앞으로도 영원토록 그의 것일 것입니다. 어느 누구도 그에게서 그들을 빼앗아갈 수 없습니다.

2. 둘째로, 성도들은 첫 번째 자리에 위치합니다.

그들이 그런 자리에 있게 된 이유는 하나님의 은혜와 자비에 있습니다. 왜냐하면, 그들을 그런 자리에 앉게 하신 것은 전적으로 하나님께서 하신 일이기 때문입니다. "여호와여 주께서 지으신 모든 것들이 주께 감사하고," 그리고 하나님께서 지극히 독특하고 특별한 방식으로 지으신 자들인 "주의 성도들이 주를 송축하리이다." 하나님께서는 만물을 창조하셨지만, 자신의 성도들을 두 번 창조하셨습니다. 하나님은 혼돈으로부터 세상을 이끌어 내셨지만, 암흑의 땅과 사망의 그늘로부터와 모든 악한 것들의 권세와 지배로부터 자기 백성을 이끌어 내셨습니다. 그렇습니다. 심지어 죽음과 지옥 그 자체로부터 그들을 이끌어 내셨습니다. 하나님께서는 그들을 위해서 먼저 창조의 역사를 수행하시고, 다음으로 부활의 역사를 수행하셨습니다. 하나님의 백성인 여러분은 그리스도 예수 안에서 새로운 피조물로 만들어졌습니다. 하나님은 여러분에 관해서 "보라 내가 만물을 새롭게 하노라"(계 21:5)고 말씀하십니다. 여러분은 거듭난 존재들입니다:

"예수 그리스도를 죽은 자 가운데서 부활하게 하심으로 말미암아 우리를 거듭나게 하사"(벧전 1:3). 성도들을 새롭게 창조하신 일은 세상을 창조하신 일을 무한히 뛰어넘는 역사입니다. 성도들은 심지어 하나님의 보좌 곁에 있는 천사들보다도 더 높은 자리에 위치합니다: "하나님께서 어느 때에 천사 중 누구에게 너는 내 아들이라 하셨느냐"(히 1:5). 그러나 하나님께서는 여러분에게 "아들들"이라 말씀하셨습니다. 하나님의 창조 경륜 속에서 여러분은 두 번 태어났고 두 번 만들어졌기 때문에 한 번 창조된 모든 것들보다 높은 자리에 위치합니다. 옛적에 왕의 군대 안에는 언제나 왕의 주위에서 왕을 경호하는 사람들, 곧 사람들이 영생하는 자들이라 불렀던 사람들이 있었습니다. 마찬가지로, 하나님의 큰 군대 안에도 그의 거룩한 무리, 그의 성도들, 두 번 태어난 자들, 영생하는 자들이라 불리는 경호원들이 있습니다. 그리스도께서는 그들에 대하여 "이는 내가 살아 있고 너희도 살아 있겠음이라"(요 14:19)고 말씀하십니다.

또한, 하나님께서 지으신 자들은 그의 능력에 의해서 창조되었을 뿐만 아니라, 하나님과의 언약 관계 안에서 큰 은총 가운데 있는 자들입니다. 보십시오. 하나님께서는 밤과 낮이 있으리라고 결코 깨지지 않을 언약을 하셨습니다. 그리고 하나님께서는 다시는 땅을 홍수로 멸하지 않으시겠다는 언약을 땅과 맺기도 하셨습니다. 그리고 하나님은 "땅이 있을 동안에는 심음과 거둠과 추위와 더위와 여름과 겨울과 낮과 밤이 쉬지 아니하리라"(창 8:22)고 언약하셨습니다. 이와 동일한 방식으로, 하나님께서는 자신의 속량 받은 자들과 언약을 맺으시고, 영원토록 그들에게 진노하거나 그들을 책망하지 않겠다고 약속하셨습니다. 구름 사이의 무지개는 하나님이 자신의 모든 피조물들을 보호하시겠다고 그들과 맺은 언약의 증표입니다. 그러나 영적인 언약과 관련해서는 하나님께서 그 영원한 언약을 그리스도 예수 안에서 자신의 택함 받은 자들, 그리고 오직 그들과만 맺으셨습니다. 그리스도를 믿는 하나님의 백성 외에는 어느 누구도 은혜의 언약에 참여한 자라고 일컬어질 수 없습니다. 왜냐하면, 사람이신 그리스도 예수께서는 자신의 몸인 자들이자 자신의 형제들의 대표이시기 때문입니다. 그들에 대해서 그는 이렇게 말씀하십니다: "내가 비옵는 것은 세상을 위함이 아니요 내게 주신 자들을 위함이니이다"(요 17:9). 둘째 아담은 율법의 행위를 따라서가 아니라 하나님의 은혜의 약속을 따라서 된 새 언약 아래에서 태어난 새로운 인류의 머리입니다. "자유 있는 여자"인 사라에게서 약속을 따라 태어난 자녀인 이삭은 그의 아버지와 함께 살고, 그의 아버지의 영원한 상속자입니다. 그러나 육체의 본성을 따라 "여종"에게서 태어난 이스마엘은 성경에 기록된 대로 집에서 쫓겨났습니다: "여종과 그 아들을 내쫓으라 여종의 아들이 자유 있는 여자의 아들과 더불어 유업을 얻지 못하리라"(갈 4:30).

하나님의 백성인 여러분이여, 기뻐하십시오. 하나님의 일반적인 역사들과 관련해서도 언약이 있었지만, 하나님께서는 여러분과는 더 높고 더 좋고 더 깊고 더 영적인 언약을 맺으셨습니다.

한 걸음 더 나아가서, 하나님의 성도들은 지극히 자애로우신 보살핌을 받습니다. 하나님은 자기 손으로 지으신 모든 것들을 돌보십니다. 참새 한 마리도 하나님의 허락 없이는 땅에 떨어지지 않습니다. 하나님은 바다의 물고기를 돌보십니다. 심지어 하나님은 빛을 한 번도 보지 못하는 심해 속의 물고기도 잊지 않으십니다. 하물며 그런 하나님께서 자기 자녀들을 어떻게 돌보실지는 우리가 충분히 짐작할 수 있습니다. 집 안에서 기르는 병아리들만큼 닭장 속의 닭들에 관심을 기울이는 농부는 없습니다. 하나님은 그를 섬기는 수많은 무리들을 모두 다 돌보시지만, 본성에 의해서 그와 연합되고 은혜에 의해서 그의 상속인이 된 모든 자들에 대하여서는 아버지로서 더욱 자애롭게 돌보십니다. 여러분은 "아버지가 자식을 긍휼히 여김 같이 여호와께서는 자기를 경외하는 자를 긍휼히 여기시나니"(시 103:13)라는 본문을 기억하시기 바랍니다. 하나님은 자신의 모든 자녀들에 대해서 아버지로서의 특별한 배려와 긍휼히 여기시는 마음을 갖고 계십니다.

우리가 하나님을 생각하기 아주 오래 전부터 하나님께서 우리를 어떻게 사랑하셨는지, 그리고 우리가 하나님을 잊었을 때에도 하나님께서 우리를 어떻게 생각하셨는지를 한 번 되돌아보십시오. 얼마 전에 어떤 사람이 내게 이렇게 말했습니다. "고든(Gordon)은 어떻게 될까요?" 나는 대답했습니다. "나는 그가 안전할 것이라고 믿습니다. 그가 자기 자신을 하나님에게 다 맡겼으니, 하나님께서 그를 돌보실 것입니다." 그러자 그가 다소 경박하게 이렇게 대답했습니다. "그럴지도 모르죠. 하지만 그는 너무 저돌적이라서, 하나님께서 그를 돌보시려면 적잖이 힘드실 것입니다." 나는 그런 표현을 좋아하지는 않지만, 그가 한 말은 우리 중 많은 사람들에게 적용될 수 있습니다. "사람들의 보호자"라는 호칭을 지존자에게 붙이는 것은 전혀 경박한 것이 아닙니다. 하나님께서는 자기 백성들이 가정에서 평안히 지낼 때조차도 지극히 영적이고 세심하게 그들을 돌보십니다. 보호자로서의 하나님의 돌보심은 모든 것의 세세한 면에까지 미치기 때문에, 우리의 삶 전체에 있어서 우연히 일어나는 일도 없고 하나님이 보시기에 시시콜콜한 일로 간주될 일도 없습니다. 하나님께서는 얼마나 다정하게 우리를 돌보시는지요! 하나님은 모든 일을 조용하고 침착하며 완벽하게 처리하십니다. 여러분은 마르다가 그녀의 작은 방을 왔다 갔다 하면서 끊임없이 소란을 피우고 마리아에게 불평했다는 것을 알고 있습니다. 그러나 크신 아버지께서는 자신의 그 큰 집을 왔다 갔다 하시면서, 자신의 모든 자녀들을 돌보시지만, 그들이 필요로 하는 것이 아무리 많아도, 또는 그들이 필요로 하는 것이 아무리 긴급한 것이라고 하여도, 또는 그들이 아무리 반복적으로 실수를 하여도 거기에 대해서 전혀 불평하지 않으십니다. 그는 "후히 주시고 꾸짖지 아니하시는 하나님"(약 1:5)이십니다. 하나님의 성도인 여러분은 전능자의 돌보심에서 일순위입니다. 다윗은 "나는 가난하고 궁핍하오나 주께서는 나를 생각하시오니"(시 40:17)라고 말합니다. 만약 우리가 가난하고 궁핍하기 때문에 하나님께서 우리를 더욱 생각해 주시는 것이라면, 우리가 가난하고 궁핍한 것은 충분히 가치 있는 일입니다. 성도들이여, 창조와 언약에 있어서만이 아니라 하나님의 특별한 보살핌에 있어서도, 여러분이 얼마나 특별한 지위를 누리고 있는지를 생각해 보십시오,

여러분은 하나님의 돌보심에 있어서 어떤 위치에 있습니까! "하나님께서는 땅을 돌보시고 거기에 물을 대주십니다. 하나님은 수량이 풍부한 하나님의 강으로 그 땅을 비옥하게 만드십니다." 그러나 피조세계에 대한 하나님의 돌보심을 그의 속량 받은 백성인 우리에 대한 돌보심과 어떻게 비교할 수 있겠습니까? 하나님께서 베들레헴에 오셨을 때에 우리와 같은 본성을 취하시고 우리와 같은 육신을 입으시고서 우리를 찾아오셨습니다. 하나님은 여전히 그 본성을 입고 계십니다. 하나님은 여전히 육신을 입고 계십니다:

> "그는 아버지 옆에 계십니다,
> 사랑의 사람이여, 십자가에 달리신 이여."

하나님께서는 다른 어떤 피조물에게도 그렇게 찾아가시지 않았습니다. 오늘날에도 비록 미천하지만 통회하는 자들인 여러분이 왕이나 제후들보다도 하나님께 더욱 가까이 있습니다. 하나님께서 사람들을 돌보시는 것은 우리를 놀라

게 합니다. "사람이 무엇이기에 주께서 그를 생각하시며 인자가 무엇이기에 주께서 그를 돌보시나이까"(시 8:4). 하나님은 여러분의 오두막에도 찾아오시고, 여러분의 방에도 찾아오시며, 여러분의 침상에도 찾아오십니다. 이사야는 "마음이 가난하고 심령에 통회하며 내 말을 듣고 떠는 자 그 사람은 내가 돌보려니와"(사 66:2)라고 말했고, 욥은 "생명과 은혜를 내게 주시고 나를 보살피심으로 내 영을 지키셨나이다"(욥 10:12)라고 말했습니다.

여러분이 보시다시피, 성도들은 내내 맨 앞자리를 차지하고, 끝까지 그 자리를 유지합니다. 왜냐하면, 그들은 영광과 존귀로 관을 쓰게 될 것이기 때문입니다. 하나님께서는 자신의 선하심으로 일 년 열두 달에 관을 씌워 주십니다. 하나님께서 추수한 밀단과 보릿단으로 땅을 덮으실 때가 올 것이고, 이어서 과수원의 과일들이 붉게 익어갈 것입니다. 하나님께서는 자신의 풍성하심을 따라서 온갖 선물들로 사람의 마음을 기쁘게 만드실 것입니다. 땅도 자신의 면류관을 갖고 있다면, 성도들의 면류관은 무엇입니까? "네가 장수하다가 무덤에 이르리니 마치 곡식단을 제 때에 들어올림 같으니라"(욥 5:26). 만일 이 말씀이 여러분에게 해당되지 않는다면, 여러분은 장차 여러분을 영접하러 이 땅에 오실 주님을 뵙게 될 것입니다. 왜냐하면, 주님께서는 "내가 다시 와서 너희를 내게로 영접하여 나 있는 곳에 너희도 있게 하리라"(요 14:3)고 말씀하셨기 때문입니다.

지금 신음하며 힘들어 하는 피조세계 전체가 새롭게 태어나고, 그때에 거기에 영광이 임할 것입니다. 마지막 날에 새 땅 위에 있는 새 하늘로부터 어떤 영광이 나타날까요? 그러나 그것이 무엇이든지, 우리가 하나님의 아들의 형상으로 빚어지고 — 우리는 곧 그렇게 될 것입니다 — 그의 오른편에서 영원히 살 수 있다는 것이 가장 큰 영광입니다. 하나님과 사람 사이의 거리는 무한히 먼 것처럼 보이지만, 여러분이 하나님이자 사람이신 예수 그리스도를 볼 때, 여러분은 하나님께서 피조물인 사람을 자기 자신과 비슷하게 만드셨다는 것을 알게 됩니다. 하나님께서는 사람을 될 수 있는 대로 자기 자신과 비슷하게 만드셨고, 온갖 관계를 통해서 그 사실을 보여주셨습니다. 하나님은 우리를 자신의 아들들과 딸들로 삼으셨습니다. 하나님은 우리를 한 몸이 되게 하셔서 배우자로, 즉 어린 양의 신부로 삼으셨습니다. 주 예수께서는 우리를 형제라고 부르기를 부끄러워하지 않으십니다. 따라서 우리는 자녀이자 배우자이자 형제이고 자매입니다. 우리가 하나님과 이렇게 가까운 사이라는 것을 알게 되면, 우리는 감사와 기쁨으로 충만하지 않을 수 없습니다. 하나님께서는 다른 모든 피조물들에게 해주신 것보다 우리에게 무한히 더 많은 것을 해주셨습니다. 여러분이 그룹들과 스랍들 — 하나님의 아들은 이들보다 높이 계십니다 — 이 있는 곳에 이를 때까지 이 피조세계 속에서 더 높이 날아오르십시오. 우리는 그리스도와 하나입니다. 오, 하나님의 은혜와 영광이 그의 성도들 안에서 얼마나 풍성한지요!

3. 셋째로, 성도들은 하나님께 특별한 충성을 바칩니다.

하나님께서는 성도들이라 불리는 백성을 갖고 계시고, 그들을 첫째가는 위치에 놓으셨기 때문에, 이제 그들은 하나님께 특별한 충성을 바친다는 것을 지적하는 것으로 이 설교를 마치고자 합니다. 이러한 충성은 참된 찬송이긴 하지만, 거기에는 다소 다른 원리가 내포되어 있기 때문에, "여호와여 주께서 지으신 모든 것들이 주를 찬송할(praise) 것"이라고 말한 후에, 이어서 "주의 성도들이 주를 송축하리이다(bless)"(KJV)라고 말한 것은 시사해 주는 바가 있습니다.

찬송은 하나님께 드리기에 지극히 적절한 것이고, 그가 지으신 모든 것들과 더불어 우리도 하나님께 찬송을 드립니다. 그러나 찬송에는 하나님을 송축하는 것에 들어 있는 것과 같은 따뜻한 친밀함 같은 요소들이 들어 있지 않습니다. 예를 들어, 여러분은 어떤 사람에게 아무런 관심이 없으면서도 그를 칭송할(praise) 수 있습니다. 웰링턴(Wellington) 장군이 워털루에서 프랑스군을 대파했을 때, 나폴레옹 군대 안에서 계급을 불문하고 웰링턴을 칭송하지 않는 사람을 거의 찾아볼 수 없었을 것입니다. 그들은 "우리 군대와 같이 막강한 군대를 전멸시키다니, 그는 대단한 전사임에 틀림없어"라고 말했습니다. 그들은 웰링턴을 칭송하지 않을 수 없었지만, 그를 사랑할 수는 없었습니다. 아니, 그가 세상에 아예 존재하지 않았더라면, 그들은 진심으로 기뻐했을 것입니다. 마찬가지로, 여러분은 아마 이런 사람들을 알고 있을 것입니다. 즉, 그들에 대하여 여러분이 개인적으로는 아무런 따뜻한 감정도 느끼지 않고 있지만, 그들이 일하는 것을 볼 때, 그들을 칭찬하지 않을 수 없는 그런 사람들 말입니다. 여러분이 어떤 유명한 화가에 대하여 "그의 붓은 생기가 넘쳐"라고 칭찬할지라도, 그는 여전히 여러분의 친구는 아닙니다. 여러분은 그의 이름을 축복하는 것이 아닙니다. 그에 대한 여러분의 감정은 그런 재주가 저렇게 악한 인간에게 있어서 대단히 유감이라는 그런 감정일 수도 있습니다. 어떤 사람이 자기 직업에 있어서 대단한 기술을 보유하고 있지만, 그는 여러분을 부당하게 대우합니다. 그렇다면, 여러분은 그의 탁월한 업적을 종종 칭찬할 수는 있겠지만, 그를 축복할 수는 없을 것입니다. 여러분에게는 그렇게 해야 할 이유가 없으니까 말입니다. 내가 우려하는 것은 우리가 하나님의 위대한 솜씨, 하나님의 놀라운 능력, 하나님의 공명정대함에 찬탄을 금하지 못하면서도, 마음속으로는 하나님을 향한 따뜻한 사랑이 없는 것이 우리의 감정이면 어쩌나 하는 것입니다. 냉혈한 같은 철학자들은 마치 하나님이 우리와는 상관 없는 추상적인 존재인 양 하나님에 관해서 글을 써왔습니다. 우리에게서 경외심을 불러일으키는 그런 말들이 그들의 붓끝에서는 얼음덩어리들처럼 떨어져 나옵니다. 그런 사람들은 이스라엘 사람들처럼 경계선 밖에 서서 시내 산에서 솟아오르는 불과 연기를 두려움과 전율에 휩싸여서 응시합니다. 우리가 칠흑 같은 어둠 속에서도 하나님에게로 나아갈 수 있고, 마치 사람이 자신의 친구와 사귀듯이 하나님과 교감할 수 있다는 것은 우리의 큰 기쁨입니다. 다른 사람들도 하나님을 찬송할 수는 있지만, 마음을 다하여 그의 성호를 송축하는 것은 우리의 몫입니다. "내 영혼아 여호와를 송축하라 내 속에 있는 것들아 다 그의 거룩한 이름을 송축하라"(시 103:1).

찬송은 예배의 한 형태이긴 하지만, 그것을 통해서는 우리가 하나님과의 지극히 깊고 친밀한 사귐으로 나아갈 수는 없습니다. 그런 사귐을 위해서는 한 계단을 더 올라가서 하나님을 송축하는 것을 배워야 합니다. 성경에서 나는 하나님께서 사람들을 칭찬하신다는 말을 읽지 못했습니다. 하나님께서 "잘 하였도다 착하고 충성된 종아"라고 말씀하실 때, 그것은 어떤 의미에서는 하나님이 사람들을 칭찬하시는 것인지도 모릅니다. 그러나 나는 그런 표현이 성경에서 사용된 것을 보지 못했습니다. 하나님께서는 사람들을 축복하십니다. 모든 사람이 그것을 압니다. 따라서 우리가 하나님을 송축할 때, 우리는 하나님과의 지극히 행복한 친교에 들어갑니다. 하나님은 우리를 축복하시고(bless), 우리는 하나님을 송축(bless)합니다. 나는 송축과 축복 사이에 현격한 불균형이 존재한다는 것을 인정하지만, 그것은 동일한 단어이고, 그 의미도 상당 부분 겹칩니다.

다시 한 번 말씀드리지만, 하나님께서 지으신 것들이 모두 다 그를 찬송합니다. 백합은 그 가는 줄기로 자신을 지탱하고, 황금빛 화관과 반짝이는 상아색 잎들을 드러내서, 그 존재 자체로 하나님을 찬송합니다. 저기 보이는 깊은 바다는 태풍과 폭풍 속에서 요동치면서 자기 앞에 있는 모든 것을 휩쓸어 버리는데,

그렇게 밀려오는 모든 파도가 하나님을 찬송합니다. 어떤 새는 아침에, 그리고 어떤 새는 밤새도록 쉬지 않고 하나님을 찬송합니다. 그렇게 수천 가지 서로 다른 소리들이 어우러져서 하나님의 보좌 앞에서 합주회가 쉴 새 없이 계속됩니다. 하지만 꽃이나 바다나 새는 모두 다 찬송하려는 의도를 가지고 그렇게 하는 것은 아니라는 것을 주목하십시오. 그것들은 하나님을 알지 못하고 하나님의 위대하심을 이해하지 못하기 때문에, 그것들의 행위는 지적인 작용이 아닙니다. 심지어 그것들은 자신들이 하나님을 찬송하고 있다는 것도 알지 못합니다. 그것들은 하나님의 솜씨와 선하심 등등을 보여줍니다. 그리고 그렇게 함으로써 큰 일을 하고 있는 것입니다. 그러나 우리는 그것들이 하고 있는 것 이상의 것을 하는 법을 배워야 합니다. 여러분과 내가 하나님을 찬송할 때, 거기에는 의지적인 요소와 지적인 요소, 그리고 열망과 의도라는 요소가 들어 있습니다. 그리고 하나님의 성도들에게는 또 다른 요소가 있는데, 그것은 하나님에 대한 사랑이라는 요소, 하나님에 대한 경외와 감사의 요소입니다. 그리고 이것이 찬송을 송축으로 바꾸어 놓습니다.

여러분은 종종 하나님의 영광을 볼 때에 "그의 이름을 영원히 찬송할지로다"라고 말하고 싶은 감정을 느끼지 않으십니까? 여러분은 골고다 언덕의 기슭에 설 때에 그리스도 예수 안에서 나타난 하나님의 사랑에 놀라서, 여러분의 마음이 녹아내리고, 여러분의 심장 박동의 곡조에 맞춰 "그의 이름을 송축할지어다"라고 노래하지 않을 수 없습니다. 여러분의 영혼이 예수를 향하여 달려갑니다. 그것은 단순히 일반적으로 그가 누구이신지를 아는 것이 아니라, 그가 여러분에게 누구이신지를 인격적으로 아는 것입니다. 그는 "나를 사랑하사 나를 위하여 자기 자신을 버리신"(갈 2:20) 분입니다. 여러분에게 베풀어 주신 이러한 은혜의 결과로 그를 향한 사랑과 감사가 생겨납니다. 그래서 그에게 감사를 표현하기 위하여 무엇인가를 하고자 하는 열망을 느낍니다. 여러분은 시장하신 그리스도께서 문 앞에 서 계셔서 여러분이 그에게 음식을 대접할 수 있다면 좋겠다는 생각까지 하게 됩니다. 물론, 여러분에게 현실적으로 그런 일이 일어날 수는 없지만, 그리스도께서는 여러분이 그의 가련한 성도들에게 한 것이 바로 그에게 한 것이라고 말씀하십니다. 여러분은 이렇게 생각했습니다: '눈보라가 휘날리는 어느 추운 밤, 주님이 내 집 문 앞에 서 계셔서, 내가 주님을 나의 손님으로 맞아 문을 열어드리고 나의 식탁에서 제일 좋은 자리와 나의 가장 좋은 침대를 내드

릴 수 있다면, 나는 정말 행복한 주인이 될 거야!'

주님을 향하여 모든 것을 아낌없이 내드리는 것, 바로 그것이 주님을 송축하는 것입니다. 그것은 단순히 주님을 찬송하는 것이 아니라, 주님을 위해 무엇인가를 하고자 하는 호의와 열망을 느끼는 것입니다. 만일 여러분이 주님께 무엇인가 좋은 것을 드릴 수 있다면, 여러분은 기쁨으로 그렇게 할 것입니다. 만일 여러분이 주님을 좀 더 행복하게 해드리기 위해서 무엇인가를 할 수 있다면, 여러분은 기꺼이 그렇게 하고자 할 것입니다. 그리스도께서는 우리의 행위들의 목적과 의도를 보십니다. 하나님을 송축한다는 것의 가장 핵심적인 요소는 우리가 부르는 찬양도 아니고, 우리가 바치는 헌금도 아니며, 우리가 드리는 봉사도 아니고(이런 것들도 그 일부이기는 하지만), 하나님을 사랑하는 것입니다. 그것은 하나님의 발 밑에 머리를 조아리고 앉아서 자신의 머리채를 풀어서 눈물로 그 발을 적시고 닦는 사랑입니다. 그것은 옥합을 깨뜨려서 거기에 들어 있던 귀한 향유를 하나님께 붓는 사랑입니다. 그것은 자신의 사랑을 나타내기 위해서 무엇인가를 하지 않고는 견딜 수 없는 그런 사랑입니다. 이것이 하나님을 송축하는 것입니다! 그러한 사랑은 자신이 무엇을 하느냐에는 전혀 관심이 없습니다. 그러한 사랑은 오로지 하나님만을 생각하고, 어떻게 하면 하나님을 기쁘시게 해드릴 수 있을지만을 생각합니다. 하나님의 머리 위에 씌워드릴 면류관이 있다면 얼마나 좋을까! 하나님의 발 밑에서 불러 드릴 노래가 있다면 얼마나 좋을까! 오로지 하나님만을 위한 일편단심으로 생각할 수 있다면 얼마나 좋을까! 오직 나의 주이신 하나님만을 즐겁게 해드릴 수 있는 하늘처럼 넓은 심령이 내게 있다면 얼마나 좋을까! 아닙니다. 그것으로도 충분하지 않습니다. 하늘을 큰 입으로 바꾸어서, 그 입으로 하나님을 찬송하고, 그 찬송이 영원무궁토록 울려 퍼질 수 있게 할 수 있다면 얼마나 좋을까! 우리의 그런 소원들이 다 이루어진다고 해도, 그것은 우리의 소원 중에서 겨우 절반만 이룬 것입니다. 그래서 우리는 "내 영혼아, 여호와를 송축하라"는 고백으로 마무리할 수밖에 없습니다.

사랑하는 여러분, 골방에 들어가서, 다윗처럼 하나님 앞에 앉아서 "왜 내게 이 모든 일을 행하신 것이나이까"라고 외치십시오. 그리고 밖으로 나가서, 여러분의 친구들에게 하나님에 관해 전하시고, 하나님이 행하신 큰 일들과 놀라운 일들을 전하십시오. 그들의 귀에 영광의 하나님을 들려주십시오. 여러분에게 하나님 같은 친구나 조력자나 구주나 아버지나 형제나 남편은 있어 본 적이 없다고 그들에게 말하십시오. 여러분은 송축 받으실 하나님을 만나게 되어서 사람들 중에서 가장 행복한 사람이라고 그들에게 말해 주십시오. 여러분은 하나님의 은혜로 가장 좋은 것, 즉 예수의 발 밑에 앉는 복을 택하게 되어서 사람들 중에서 가장 만족한 사람이라는 것을 모든 사람으로 하여금 알게 하십시오. 골방에서 은밀하게 하나님을 송축하십시오. 그런 후에, 여러분이 매일같이 만나는 몇몇 친구들과 더불어 하나님을 송축하십시오. 만약 하나님께서 여러분에게 웅변가의 혀를 주셨다면, 부끄러워하지 말고 대중 앞에서 그의 이름을 송축하십시오. 하나님을 위한 삶만한 삶이 없고, 그리스도 안에 있는 기쁨만한 기쁨이 없으며, 하나님과 함께 영원히 사는 천국만한 천국은 없다고 그들에게 말하십시오. 하나님에 관해서 좋은 말을 하시고, 여러분이 하나님에 관해서 최고로 좋은 말을 한 후에는, 더 좋은 말을 하게 되기를 바라십시오. 여러분이 그렇게 해서 여러분이 할 수 있는 최선의 말을 했을 때, 그런 후에 이렇게 말하십시오: "이런 것들은 하나님이 마땅히 받으셔야 할 것에 비하면 아무것도 아닙니다. 또다시 나는 지금 내가 전할 수 있게 된 가장 좋은 말들을 뛰어넘는 말로 하나님을 전하기 위하여 더욱 애쓰고 노력할 것입니다."

제

141

장

—

자유를 주시는 하나님

—

"여호와께서는 갇힌 자들에게 자유를 주시는도다."
— 시 146:7

지난 화요일에 나는 도버(Dover)에서 설교하게 되었는데, 그 곳의 시장은 아주 친절하게도 오래된 시청 청사를 예배 장소로 빌려 주었습니다. 나는 특별 출입구를 향하여 걸어가다가, 대강당보다 낮은 곳에 나 있는 쇠창살이 달린 많은 창문들을 보게 되었습니다. 그것들은 그 도시의 관할구역 내에서 범죄를 저지른 사람들이 수감되어 있는 교도소의 방들에 달린 창문들이었습니다. 그 순간 우리 밑에는 실정법을 어긴 죄수들이 갇혀 있는데, 우리는 위층에서 자유의 복음을 선포하게 되겠구나라는 생각이 내 뇌리를 스쳐갔습니다. 우리가 하나님을 찬양할 때, 바울과 실라와 함께 옥에 갇혀 있던 죄수들처럼 그 죄수들도 우리의 찬양을 들었을 것입니다. 그러나 위에서 선포된 자유의 복음이 그들에게 자유를 주지는 않았고, 찬양 소리도 그들을 갇혀 있는 것으로부터 풀어 주지는 않았습니다. 이것은 우리 회중 가운데 있는 많은 사람들의 자화상입니다! 우리는 포로된 자들에게 자유를 설교하고 주의 은혜의 해를 선포합니다. 하지만 얼마나 많은 사람들이 여전히 사탄에게 결박되어 한 해 한 해를 죄의 종으로 살아가고 있는지 모릅니다. 우리는 하늘에 계신 아버지께 기쁨으로 찬양의 곡조를 올리지만, 우리의 찬양이 그들에게 기쁨을 주지 못합니다. 왜냐하면, 애석하게도 그들의 마음이 감사하는 데에 전혀 익숙하지 않기 때문입니다. 그들 중 일부는 자신들의 죄가 용서받지 못한 것을 애통해하고, 또 다른 일부는 자신들의 소망이 꺾인 것을 한탄합니다. 그 이유는 그들이 지금까지 전혀 위로를 찾을 수 없는 곳에서 위로를 찾았기 때문입니다. 이 아침에 설교를 시작하면서 우리 모두 이렇게 기도합시다: "하나님, 포로들의 족쇄를 부수고 그들을 풀어 주소서. 이 아침에 자신이 갇힌 자들을 풀어 주시는 여호와이심을 친히 증명하시고 영광을 받으소서."

　내가 앞에서 언급한 그 작은 일이 내 마음에 박혀서, 개인적으로 묵상할 때에 그 일이 내게 엄습해 왔습니다. 나의 생각은 알레고리를 거쳐 상상의 나래를 펴고, 나는 그 상상 속으로 빠져들었습니다. 한낮의 이 공상 속에서 어떤 천사가 교도소장이 되어서 지구라는 이 거대한 감옥의 복도로 나를 데리고 다니면서, 죄수들이 갇혀 있는 각 방을 들여다보라고 했습니다. 나는 감방들을 차례차례 들여다보면서 마음이 슬퍼졌고, 그때에 "여호와께서는 갇힌 자들에게 자유를 주시는도다"라는 말씀이 생각났습니다. 지금부터 나는 여러분에게 내가 무엇을 생각했는지를 말씀드리고자 합니다. 나는 비유들을 사용해서 설교하겠지만, 나의 유일한 목적은 우리에게 위로를 주는 하나님의 중요한 진리들을 설파하는 것입니다. 하나님께서 이러한 감옥에 갇혀 있는 나를 비롯한 여러분 중에서 어떤 사람들을 오늘 그 감옥으로부터 나오게 해주시고, 그래서 그들로 하여금 하나님이 자기를 풀어 주셨다는 것을 기뻐할 수 있게 해주시기를 기원합니다.

1. 공동 감방

　내가 첫 번째로 방문했던 감방이자 여러분이 첫 번째로 가보게 될 감방은 공동 감방(common prison)이라 불립니다. 이 공동 감방에는 그 수를 헤아리는 것 자체가 불가능할 정도로 엄청나게 많은 영혼들이 갇혀 있습니다. 그 수가 너무 많아서 "군대"라고 해야 할 정도입니다. 이곳은 죄의 감방입니다. 모든 인류가 여기에 갇혀 있었습니다. 오늘날 온전히 자유롭게 된 사람들도 한때는 거기에서 무거운 쇠사슬을 걸치고 이 거대한 감옥의 시커먼 담장 안에 갇혀 있었습니다. 나는 그 안으로 들어가 보았는데, 놀랍게도, 내가 기대했던 통곡과 탄식 소리 대신에 박장대소하는 소리가 들렸습니다. 그것은 쾌활하고 거만한 웃음소리였습니다. 속된 자들이 하나님을 욕하고 모독하고 있었습니다. 다른 사람들은 마치 큰 사냥감이라도 발견한 듯 큰 소리를 지르고 있었습니다. 나는 어떤 죄수들의 얼굴을 들여다보았는데, 거기에는 흥겨움과 유쾌함이 흘러넘치고 있었습니다. 그들의 모습은 죄수라기보다는 결혼식 하객들과 같았습니다. 나는 앞뒤로 왔다 갔다 하며 보는 동안 자신들이 자유인이라고 호언장담하는 죄수들을 목격했습니다. 내가 그들이 감옥에 갇혀 있다는 사실을 말해주고, 그 감옥에서 빠져나오라고 강권하자, 그들은 "우리는 자유인으로 태어나서 한 번도 남의 종이 된 적이 없었다"고 말하며, 나의 조언에 분개했습니다. 그들은 내게 내가 한 말을 증명해 보이라고 요구했습니다. 내가 그들의 손목에 차고 있는 수갑과 발에 찬 족쇄를 가리키자, 그들은 나를 조롱하며, 그것들은 움직일 때마다 음악 소리를 내는 장신구라고 말했습니다. 내가 그것들을 수갑과 족쇄라고 말하는 것은 나의 마음이 우매하고 염세적이기 때문일 뿐이라고 말하며, 그들은 내 말을 일축해 버렸습니다. 더럽고 부정한 악덕에 꽁꽁 묶여 있는 사람들이 있었는데, 그들은 자신들을 자유롭게 살아가는 사람들이라고 불렀습니다. 또 어떤 사람들은 그들의 영혼에 족쇄가 채워져서 그 생각이 꽉 막혀 있었는데, 그들은 허풍쟁이 같은 표정을 하고서 자신들은 자유롭게 생각하는 사람들이라고 나에게 외쳤습니다. 정말이지, 나는 내 평생에 노예라고 해도 이런 심한 노예를 본 적이 없고, 이렇게 족쇄에 꽁꽁 묶인 사람도 본 적이 없었습니다. 그러나 나는 이 감옥을 샅샅이 훑고 다니면서, 가장 심하게 묶인 자들이 스스로를 가장 자유롭다고 생각한다는 사실을 발견할 수 있었습니다. 그리고 지하 감옥의 가장 어두운 곳에 있는 자들은 자신들이 가장 많은 빛을 받고 있다고 생각했습니다. 그리고 내가 가장 비참하고 불쌍하다고 생각한 사람들이 사실은 가장 많이 웃고 좋아서 어쩔 줄 몰라 했습니다. 나는 슬프게 바라보고 있었습니다. 그런데 내가 바라보고 있을 때, 나는 어떤 빛나는 이가 한 죄수의 어깨를 다독이는 것을 보았는데, 그러자 그 즉시 그 죄수는 그 빛나는 이와 함께 감방을 빠져나와 밖으로 나왔습니다. 나는 "여호와께서는 갇힌 자들에게 자유를 주시는도다"라는 성경 말씀을 읽은 적이 있었기 때문에, 그 죄수가 감옥에서 풀려나게 된 것임을 알 수 있었습니다. 그러나 그가 그곳을 떠날 때, 나는 최근까지 그의 감방 동료였던 사람들이 조롱하고, 손가락질하고, 엄살쟁이라느니 위선자라느니 비열한 사기꾼이라고 온갖 상소리를 사용해서 욕하고, 감옥이 떠나가도록 그를 경멸하며 웃고 있는 것을 보았습니다. 그 신비로운 방문객이 다른 죄수들도 차례차례 접촉했지만, 그들이 모두 꽁무니를 빼며 하나 둘씩 자리를 뜨는 것을 나는 목격했습니다. 감옥에서 오가는 모든 대화는 그들이 미쳤다는 것을 말해주고 있었습니다. 나는 그들은 완전히 미치광이들이었지만, 그들이 아무리 미친 짓을 해도, 사람들로부터 아무런 구속이나 속박도 받지 않았고, 아주 자유롭게 그런 짓들을 할 수 있다는 것을 알았습니다. 내가 가장 놀란 사실은 구원하는 사랑의 손길에 반응을 보인 죄수들은 대체로 사람들이 가장 악한 죄인이라고 생각하는 자들이었다는 점입니다. 나는 신성모독적인 발언을 했던 한 사람을 보았는데, 하나님의 손이 그를 치자, 그는 울면서 감옥 문을 나갔습니다. 나는 또 다른 어떤 사람을 보았는데, 그는 다른 사람들이 이끌려 나가는 것을 보았을 때에 가장 큰 소리로 비웃었던 사람이었지만, 어린 양처럼 고분고분하게 나갔습니다. 나는 그들 중에서 제일 덜 타락한 사람이라고 여겨진 사람들을 주목해 보았는데, 예상과는 달리 그들은 거기에 남겨졌습니다. 반면에, 무리 중에서 가장 흉악한 죄인들이 제일 먼저 택함을 받았습니다. 그때에 나는 성경 어딘가에서 읽었던 말씀이 기억났습니다: "세리들과 창녀들이 너희보다 먼저 하나님의 나라에 들어가리라"(마 21:31). 나는 정신없이 바라보고 있다가, 한때 죄수로 있다가 나갔던 사람들 중 일부 사람들이 다시 감옥으로 들어오는 것을 보게 되었습니다. 그런데 이번에는 전에 입고 있던 죄수복을 입고 있는 것이 아니라, 마치 전혀 다른 새 사람인 양 흰 가운을 걸치고 있었습니다. 그들은 동료 죄수들에게 말을 하기 시작하는데, 그들의 말은 참으로 달콤하게 들렸습니다! 그들은 이렇게 말했습니다: "여러분은 자유를 누려야 합니다. 저기 저 문이 열릴 텐데, 여러분이 그 문을 통과해서 나가면 이 감옥을 벗어날 수 있습니다." 그들은 심지어 눈물을 흘리며 동료들에게 간청했습니다. 나는 그들이 앉아서, 목이 메어서 더 이상 말을 할 수 없게 되기까지, 이 감옥에서 빠져나갈 것을 권유하고, 마치 자신들의 목숨이 달려있는 일인 양 애원하는 것을 보았습니다. 처음에 나는 모든 죄수들이 일어나서 "우리를 자유롭게 해달라"고 외칠 것이라고 기대했습니다. 하지만 아니었습니다. 이 사람들이 간청을 하면 할수록, 죄수들은 더욱더 완고해지는 것처럼 보였습니다. 실제로 내 자신이 이 죄의 노예들에게 하나님의 대사로서의 역할을 하고자 했을 때에도, 그들의 태도는 마찬가지였습니다. "빛나는 이"의 손길을 느낀 자들만이 우리의 호소를 쉽게 받아들였습니다. 그러나 이 하늘의 사자에 의해서 감동을 받은 자들의 경우를 제외하고는, 우리의 모든 권면은 쇠귀에 경 읽기가 되었고, 우리는 "우리가 전한 것을 누가 믿었느냐 여호와의 팔이 누구에게 나타났느냐"(사 53:1)라고 부르짖으며 그 죄악의 소굴을 떠났습니다. 그런 후에, 나는 내 자신이 자유롭게 된 것이 얼마나 놀라운 은혜인지를 생각하면서 깊은 묵상에 잠기게 되었습니다. 왜냐하면, 나는 내가 사랑의 초대들을 거절했던 모든 순간들을 잘 기억하고 있기 때문이었습니다. 내가 나의 쇠사슬을 끌어안고 있었을 때, 나는 내가 입고 있던 죄수복을 왕의 옷인 곤룡포로 생각하였고, 감옥의 음식을 잘 받아먹고 있었습니다. 나는 죄의 쾌락들에 탐닉하고 있었고, 그 죄의 쾌락들을 마치 왕이 먹는 진수성찬인 양 즐기고 있었습니다. 그런 내가 어떻게 주권자의 은혜로 말미암아 자유를 얻게 되었는지를 나는 알 수 없습니다. 내가 아는 것은 오직 이것뿐입니다. 즉, 내가 살아 있는 동안은 물론이고 죽을 때에도 "여호와께서는 갇힌 자들에게 자유를 주시는도다"라고 영원토록 노래하리라는 것입니다. 자비로우신 우리 하나님께서는 어떻게 해야 우리를 죄의 포로된 자들 가운데서 끌어올리실 수 있으신지, 그리고 어떻게 해야 우리의 발걸음을 의와 자유의 길로 인도하실 수 있으신지, 그리고 어떻게 해야 우리를 그의 백성으로 삼으셔서 영원토록 그의 백성으로 있게 해주실 수 있으신지를 알고 계십니다. 슬프게도, 지금 내 앞에는 이러한 공동 감방에 갇혀 있는 죄수들이 얼마나 많이 있는지 모릅니다!

> "주권적인 은혜시여, 그들의 심령을 굴복시키셔서,
> 그들도 종살이에서 벗어나 자유하게 해주시고,
> 주의 말씀으로 자유함으로 인도하셔서,
> 기꺼이 주를 따르는 자들이 되게 하소서."

2. 참회의 감방

나는 그 공동 감방에서 풀려난 사람들이 가는 곳을 감시하는 간수에게 물었습니다. 그 간수는 그들이 석방되어 완전한 자유를 얻게 될 것이라고 내게 말하면서, 하지만 그들은 감옥에서 완전히 풀려나기 전에 한동안 감금되어 있을 곳으로 보내져야 하는데, 내게 그곳을 보여주겠다고 했습니다. 그는 나를 그곳으로 안내했는데, 그곳은 개인 감방(solitary cell)이라 불렸습니다. 나는 그 감방에 대해서 많이 들어 왔기 때문에, 그 안을 들여다보고 싶었고, 그곳은 끔찍한 곳일 것이라고 생각하고 있었습니다. 문 너머로 들여다보니 거기에는 "참회"(PENITENCE)라는 글귀가 씌어 있었습니다. 내가 감방 문을 열었을 때, 그곳은

너무나 회고 깨끗하며 향기와 빛으로 가득 차 있어서, 나는 이곳은 감옥이라기
보다는 기도실이라고 부르는 것이 더 어울릴 것이라고 말했습니다. 그러자 나를
안내하던 사람이 이렇게 말했습니다: "맞습니다. 이곳은 본래 그런 곳으로 계획
된 곳입니다. 죄수들이 꼭 닫아서 걸어놓으려고 애쓰는 불신앙이라는 철문만이
그들이 있는 곳을 감옥으로 만들 뿐입니다. 일단 그 문이 열리기만 하면, 그곳은
너무나 훌륭한 기도실이 되어서, 한때 거기에 있던 죄수들이 자기들이 있었던
방으로 돌아오고 싶어 하고, 그곳을 감옥이 아니라 기도실로 평생토록 사용할
수 있게 해달라고 간청합니다." 그는 심지어 어떤 사람이 죽을 때에 다음과 같이
말하는 것을 자기가 들었다고 말해주었습니다: "내가 죽으면서 단 한 가지 애석
한 일은 죽어서 천국에 가면 이러한 참회의 방이 없다는 점입니다." 여기에서 다
윗은 자신의 저 유명한 일곱 편의 참회시를 썼습니다. 베드로도 여기에서 통곡
했습니다. 죄인이었던 여인도 여기에서 주님의 발을 씻어드렸습니다. 하지만 지
금 나는 그곳을 감옥으로 생각하고 있었고, 그 방 안에 있는 사람들도 그렇게 생
각하고 있다고 느꼈습니다. 나는 이 방 안에 있는 모든 사람들은 혼자서 거기에
있어야 한다는 것을 알았습니다. 그들은 사람들과 어울려 사는 것에 익숙해져
있었고, 자기가 기독교 국가에서 태어나서 기독교인이 된 사실에서 위로를 찾는
데에 익숙해져 있었습니다. 하지만 그들은 자신이 구원을 받고자 한다면 전적으
로 단독자로 하나님 앞에 서서 구원을 받아야 한다는 것을 배웠습니다. 전에 그
들은 사람들과 함께 하나님의 집에 올라가는 데에 익숙해 있었고, 거기에 다니
는 것으로 충분하다고 생각했었습니다. 그러나 지금은 모든 설교가 자기를 겨냥
하는 것 같았고, 모든 경고의 말씀은 그의 양심을 때렸습니다.

　　나는 성경에서 다음과 같은 구절을 읽었던 것을 기억했습니다: "내가 다윗
의 집과 예루살렘 주민에게 은총과 간구하는 심령을 부어 주리니 그들이 그 찌
른 바 그를 바라보고 그를 위하여 애통하기를 독자를 위하여 애통하듯 하며 그
를 위하여 통곡하기를 장자를 위하여 통곡하듯 하리로다 그 날에 예루살렘에 큰
애통이 있으리니 므깃도 골짜기 하다드림몬에 있던 애통과 같을 것이라 온 땅
각 족속이 따로 애통하되 다윗의 족속이 따로 하고 그들의 아내들이 따로 하며
나단의 족속이 따로 하고 그들의 아내들이 따로 하며 레위의 족속이 따로 하고
그들의 아내들이 따로 하며 시므이의 족속이 따로 하고 그들의 아내들이 따로
하며 모든 남은 족속도 각기 따로 하고 그들의 아내들이 따로 하리라"(슥 12:10-

14). 나는 참회하는 사람이 그렇게 골방에서 홀로 많이 한숨짓고 신음하는 것을 보았는데, 그의 참회하는 말 속에는 불신앙적인 말도 간간이 섞여 나왔습니다. 만일 그가 그런 불신앙의 말을 하지만 않는다면, 그 육중한 문은 이미 오래 전에 활짝 열렸을 것입니다. 죄수들을 감옥에 가둔 것은 바로 불신앙이었기 때문에, 만일 이 감방으로부터 불신앙이 제거되었더라면, 단언하건대, 그 감방은 암담한 애곡과 탄식을 위한 장소가 아니라, 천국을 향해 올라가는 기도가 드려지는 기도실이 되었을 것입니다. 그 죄수는 지난날을 생각하며 울면서, 자신의 미래를 예언했는데, 자기가 지은 죄로 인해 자신의 영혼이 영원토록 철저히 파괴되고 망해 버렸기 때문에, 이 감옥에서 나갈 소망이 전혀 없다며 탄식했습니다. 그의 두려움과 염려가 얼마나 어리석은 것인지는 누구나 금방 알 수 있었습니다. 왜냐하면, 내가 이 희고 깨끗한 감방을 둘러보니, 그 문은 안쪽에 있는 걸쇠를 들어올려서 열게 되어 있었던 까닭에, 그가 용기를 내어 그 걸쇠를 들어올리기만 하면, 밖에는 그 문을 즉시 열어 줄 "빛나는 이"가 서서 기다리고 있었기 때문입니다. 게다가, 거기에는 믿음이라고 불리는 문을 여는 비밀장치가 되어 있어서, 그가 떨리는 손가락으로 거기에 손을 댈 수만 있다면, 감옥 문은 활짝 열리게 되어 있었습니다. 또한, 나는 이 문의 상인방과 좌우 설주에는 핏자국이 있어서, 그 피를 본 사람이나 걸쇠를 들어올린 사람이나 문 여는 비밀장치를 만진 사람은 불신앙의 문이 활짝 열리는 것을 볼 수 있었기 때문에, 사람들이 그렇게 해서 참회를 위한 개인 감방으로부터 나와서, 자신의 죄를 없애주시고 자기를 모든 불의로부터 영원토록 깨끗하게 해주신 주님을 기뻐하는 것을 보았습니다. 그래서 나는 이 참회하는 사람에게 말을 걸었고, 그 피를 믿으라고 했습니다. 어쩌면 내 말 때문에 하나님께서 나중에라도 그 죄수를 자유롭게 해주셨을지 모릅니다. 하지만 나는 내 말만으로는 이런 일이 일어날 수 없다는 것을 알았는데, 불신앙이 조금이라도 섞여 있는 이런 경우에는 오직 하나님만이 죄수들을 자유롭게 해주실 수 있기 때문입니다.

3. 침묵의 감방

나는 참회를 위한 감방에 계속 머무르고 싶기는 했지만, 다른 감방들도 돌아보기 위해서 개인 감방을 지나 한 감방 앞에서 발길을 멈추었습니다. 이 감방에도 앞에서 보았던 참회를 위한 개인 감방만큼이나 육중한 불신앙의 철문이 달려 있었습니다. 나는 간수가 오는 소리를 들었고, 그가 내게 문을 열어 주었을 때, 문 열리는 요란한 소리가 적막을 깨뜨렸는데, 이번에 내가 도착한 방은 침묵의 감방이었습니다. 여기에 갇혀 있는 불쌍한 자는 자기가 기도할 수 없다고 말한 사람이었습니다. 따라서 그가 기도할 수 있게 된다면, 그는 자유롭게 될 것입니다. 그는 기도할 수 없어서 신음하고 울부짖고 한숨 쉬고 있었습니다. 그가 고뇌에 찬 눈망울로 내게 할 수 있는 말은 오직 이것이었습니다: "나는 기도하고 싶지만, 그럴 수가 없습니다. 하나님께 간구하고 싶지만, 드릴 말씀을 찾을 수가 없습니다. 나의 죄가 나의 말문을 막아버렸습니다." 그는 그렇게 말한 후에 뒤로 물러나서 더 이상 말하기를 거부하고, 온 종일 슬프게 울부짖기만 했습니다. 이 감방에서는 어떤 목소리도 들리지 않고, 오직 울부짖는 소리만 들렸습니다. 그의 눈물방울이 차디찬 바닥에 떨어지는 소리와 그의 한숨소리, 그리고 신음소리 외에는 아무런 소리도 들리지 않았습니다. 나는 이곳은 참으로 슬프고 특이한 곳이라고 생각했습니다. 그런데 나는 내 자신이 그 감방 안에 있을 때에 내가 그곳을 이상하다고 생각하지 않았다는 사실을 기억해냈습니다. 그때에 내게 하늘은 놋쇠와 같았고, 내가 아무리 간절하게 부르짖을지라도 하나님이 나의 기도를 막아 버리실 것이라고 생각했습니다. 나는 너무 죄가 많아서 감히 기도할 수 없었습니다. 내가 감히 기도를 했을 때에도, 그것은 기도라고 보기 어려웠는데, 나는 나의 기도가 상달될 것이라는 소망을 전혀 갖고 있지 않았기 때문입니다. 나는 이렇게 말했습니다: "내가 기도한다는 것은 주제넘고 뻔뻔스러운 일이야. 내가 하나님께 호소한다니, 그건 말도 안 돼." 나는 가끔 기도하고 싶었지만, 기도할 수 없었습니다. 무엇인가가 나를 짓눌러서 아무 말도 할 수 없었고, 나의 영혼은 내가 기도할 수 있었으면 좋겠다고 생각하며 탄식하고 헐떡이며 갈망하고, 한숨만 내쉴 수 있을 뿐이었습니다. 나는 여러분 중에 이 감옥에 갇혀 있었던 분들이 있다는 것을 압니다. 이 아침에 내가 여러분에게 말씀을 전할 때, 여러분은 그때를 기억하고서 여러분을 거기에서 건져 주신 하나님을 송축하게 될 것입니다. 여러분 중에는 지금 거기에 계시는 분들도 있을 것입니다. 그리고 내가 여러분의 처지를 아주 이상한 것이라고 말할지라도, 여러분에게는 자신의 모습이 그렇게 보이지 않을 것입니다. 그러나 이 감방 안에는 작은 탁자가 있었고, 그 위에는 지극히 귀한 말씀들이 새겨진 약속의 열쇠가 놓여 있다는 것을 여러분은 아십니까? 나는 그 열쇠가 이 감방의 문을 열어 줄 것이라고 확신합니다. 만일 내가 방금 만난 그 죄수가 그 열쇠의 사용법을 알았더라면, 그는 즉시 거기에서 빠져나오는 데에 성공했을 것입니다. 열쇠에 새겨져 있던 말씀은 이것이었습니다: "여호와께서 그의 높은 성소에서 굽어보시며 하늘에서 땅을 살펴보셨으니 이는 갇힌 자의 탄식을 들으시며 죽이기로 정한 자를 해방하사"(시 102:19-20). 설령 그 죄수가 말로 기도할 수는 없을지라도, 하나님께서는 그의 신음소리를 들어주고 계시는 것이라고 나는 생각했습니다. 그가 간구할 수 없어도, 하나님께서는 그의 한숨 소리를 들으시고, 하늘에서부터 그를 굽어보시는데, 그 목적은 이 가련한 자의 상한 심령에서 나오는 세미한 고동소리라도 들으시고, 그를 풀어 주시기 위한 것입니다. 왜냐하면, 그는 자기가 기도할 수도 없고 간구할 수도 없다고 생각했지만, 그래도 기도했고, 그 기도는 응답될 것이기 때문입니다. 그는 나와 얘기하고자 하지 않았지만, 나는 그 가련한 친구와 잠깐이라도 말을 붙여보려고 했습니다. 나는 그의 방에 있는 성경책에는 예수 그리스도로부터 말하는 법을 배운 말 못하는 자들의 사례가 나온다는 사실을 그에게 상기시켜 주었습니다. 그리고 나는 그리스도께서 그에게도 말할 수 있게 해주실 수 있다고 말했습니다. 나는 요나서를 펼쳐서, 그에게 이 구절을 읽어 주었습니다: "내가 스올의 뱃속에서 부르짖었더니 주께서 내 음성을 들으셨나이다"(욘 2:2). 나는 엘리야의 말도 인용했습니다: "일곱 번까지 다시 가라"(왕상 18:43). 나는 그에게 하나님은 멋진 말을 요구하시는 것이 아니라고 말했습니다. 왜냐하면, 긍휼을 구하는 최고의 이유는 우리의 비참함이고, 하나님의 귀에 대고 말할 수 있는 최고의 입은 우리의 상처이기 때문입니다. 그리고 우리에게는 우리를 대신해서 하나님께 말씀해 주시는 대언자가 계시기 때문에, 그 대언자께서 자기 스스로 말할 수 없는 사람들을 대신해서 하나님께 고해 주실 것이라고도 말해 주었습니다. 나는 그 사람에게 그가 기도를 할 수 있든 없든, 그는 그의 문에 묻은 핏자국을 보아야 한다고 말했습니다. 세리는 "하나님이여 불쌍히 여기소서 나는 죄인이로소이다"(눅 18:13)라고 부르짖는 것 외에는 그 어떤 다른 기도도 할 수 없었지만, 그 피로 말미암아 의롭다 하심을 받았다는 말도 해주었습니다. 나는 그에게 주님께서 친히 하신 말씀을 믿으라고 간곡하게 권했습니다. 주 예수께서는 "자기를 힘입어 하나님께 나아가는 자들을 온전히 구원하실 수 있다"(히 7:25)고 하셨고, 그에게 은혜를 베풀게 될 날만을 기다리고 계시며, 그가 믿기만 하면 언제라도 그의 죄를 사해 주실 준비가 이미 다 되어 계신다고 말이죠. 그러나 결국 나는 오직 하나님만이 죄수들을 풀어 주실 수 있으시다는 것을 느꼈습니다. 오, 자비로우신 하나님, 그들을 지금 풀어 주소서!

4. 무지의 감방

우리는 어느 한 곳에 오래 머무를 시간이 없었기 때문에 서둘러서 네 번째 방으로 향했습니다. 문이 열리고, 내가 들어가자, 내 뒤에서 문이 닫혀서, 나는 혼자 서 있었습니다. 내가 무엇을 보았을까요? 나는 아무것도 보지 못했는데, 그곳은 암흑 재앙이 닥친 애굽처럼 깜깜했습니다. 이곳은 무지의 감방이라고 불리는 암흑 세상이었습니다. 나는 맹인이 벽을 더듬듯이 그렇게 더듬거렸습니다. 나는 흐느낌 소리와 신음 소리를 따라서 어떤 곳으로 나아갔는데, 거기에서는 어떤 사람이 무릎을 꿇고 고뇌에 찬 기도를 드리고 있었습니다. 나는 그에게 그의 방이 왜 이렇게 캄캄하냐고 물었습니다. 나는 감옥의 문이 불신앙으로 이루어져 있고, 그것이 모든 빛을 차단하고 있다는 것을 알고 있었지만, 왜 유독 이곳이 다른 방들보다 더 캄캄한지가 궁금했습니다. 그때에 "흑암과 사망의 그늘에 앉으며 곤고와 쇠사슬에 매인"(시 107:10) 사람들이 있다는 말씀을 읽었던 기억이 났습니다. 나는 그에게 그 감방에는 창문이 없냐고 물었습니다. 거기에는 많은 창문들이 있었고, 사람들이 그에게 그렇게 말해 주었지만, 그 창문들은 오래 전에 폐쇄되었고, 그는 그 창문들을 여는 법을 알지 못했습니다. 그는 그 창문들이 자기에게 결코 빛을 줄 수 없다는 것을 온전히 확신하고 있었습니다. 나는 빛이 들어올 만한 오래된 구멍을 더듬어서 찾았는데, 그 구멍에서는 빛이 아니라 어둠을 방출하는 것처럼 보였습니다. 나는 그 구멍을 손으로 만졌고, 전에 그 구멍은 창문이었던 것으로 내게 느껴졌습니다. 그리고 나도 전에 그 창문으로 밖을 내다보며 기뻐했던 기억이 났습니다. 그는 나에게 그를 몹시 당혹스럽게 한 것은 은혜의 교리들 중 하나였다고 말했는데, 그것은 선택(Election)에 관한 교리라 불리는 것이었습니다. 그는 이렇게 말했습니다: "만일 그 교리가 없었다면, 나는 조금이나마 빛을 가질 수 있었을 것입니다. 하지만 하나님께서는 자기 백성을 이미 선택하셨기 때문에, 나는 선택을 받지 못하고 영원히 버린 바가 되었다는 느낌을 지울 수가 없었습니다. 왜냐하면, 만일 내가 선택을 받지 않은 것이라면, 하나님의 긍휼하심을 구해 보아야, 아무런 소용이 없을 것이기 때문입니다." 나는 그 창문으로 올라가서, 거기에 있는 얼마간의 넝마들을 걷어냈습니다. 그 넝마들은 교리를 훼방하는 어떤 원수들이 그 열린 곳을 틀어막기 위해서 쑤셔 넣었던 쓰레기들이었습니다. 그것들은 선택과 관련된 교리를 묘사한 그림들과 글들로서 하나님의 주권에 관한 영광스러운 진리를 악의적으로 훼방하곤 했던 것들이었습니다. 내가 이 넝마들을 걷어냈을 때, 빛이 쏟아져 들어왔고, 내가 그 사람에게 다음과 같이 말해주자, 그는 비로소 미소를 지었습니다: "선택에 관한 교리와 같은 것이 있다는 사실이 당신에게는 유익입니다. 왜냐하면, 만일 그러한 교리가 없었다면, 당신에게는 소망이 없었을 것이기 때문입니다. 구원은 하나님의 뜻이나 사람의 공로에 의해서 이루어져야 하는데, 만약 사람의 공로에 의해서 구원을 받아야 하는 것이라면, 당신은 절대로 구원을 받을 수 없습니다. 하지만 구원은 전적으로 하나님의 뜻에 의해 이루어지고, 하나님께서는 자신이 은혜 베풀기 원하는 사람에게 은혜를 베풀기 때문에, 하나님이 당신에게 은혜를 베푸시지 않을 이유가 없습니다. 심지어 당신이 죄인의 괴수라고 할지라도 말입니다. 그렇게 하시기 위하여, 하나님께서는 당신에게 자기 아들인 예수를 믿으라고 명하시고, '내게 오는 자는 내가 결코 내쫓지 아니하리라'(요 6:37)는 말씀을 당신에게 주신 것입니다." 이렇게 해서 그 가련한 사람에게 비친 한 줄기 빛이 그로 하여금 더 많은 것을 찾을 수 있게 만들었습니다. 그래서 그는 다른 캄캄한 창문을 가리켰는데, 그것은 타락, 즉 인간의 타락이라고 불리는 것이었습니다. 그 사람이 말했습니다: "나에게는 아무런 소망이 없습니다. 나는 완전히 타락했고, 나의 본성은 극히 부도덕합니다. 나에게는 아무런 소망이 없습니다." 나는 그 창문을 가리고 있던 넝마 조각들도 치워 버리고, 그에게 말했습니다. "당신은 당신이 멸망 받을 자이기 때문에 고침을 받아야 한다는 사실을 모르시는 것입니까? 당신이 길을 잃었기 때문에, 그리스도께서 당신을 구하러 오셨습니다. 병자가 있어서 의사가 필요하고, 벌거벗은 자가 있어서 옷이 필요하며, 더러운 것이 있어서 정결하게 하는 것이 필요하고, 죄인이 있어서 죄 사함이 필요한 것입니다." 그는 별 말을 하지 않고, 또 다른 창문을 가리켰는데, 그 창문은 내가 오랫동안 내 주님의 영광을 볼 때에 사용했었던 "특정 구속"에 관한 교리를 나타내는 창문이었습니다. 그는 이렇게 말했습니다: "과연 그리스도께서 그의 보혈로 나를 속량하셨을까요? 그리스도께서 자신의 죽으심으로 말미암아 나를 사신 적이 없다면 어쩌죠?" 그 창문은 서투른 솜씨로 쌓아올려진 몇몇 오래된 벽돌들로 인해 막혀서 거기에서 빛이 들어오지 않고 있었기 때문에, 나는 그 벽돌들을 치우고서는, 성경은 "그 아들 예수의 피가 우리를 모든 죄에서 깨끗하게 하실 것이요"(요일 1:7)라고 약속하고 있기 때문에, 그리스도께서는 가짜로 대속 제사를 드리신 것이 아니고, 그가 드린 제사는 우리를 진정으로 대속할 수 있다고 그에게 말해 주었습니다. 그러자 그는 "하지만 내가 그 '우리' 중에 속한 사람이 아니면 어쩌죠?"라고 반문했습니다. 나는 그리스도를 믿고 의지하는 자는 누구든지 예수의 보혈로 구원을 받게 되어 있는 자들 중의 한 사람이기 때문에 반드시 구원을 받게 된다고 그에게 말했습니다. 또한, 나는 그에게 그리스도를 믿지 않아도 누구나 구원을 받는다는 보편적인 구속 교리는 잘못된 것이고, 모든 믿는 자에게만이 그리스도의 구속의 효력이 발생한다는 교리가 우리가 의지해야 할 확고한 토대라는 것도 그에게 말해 주었습니다. 나는 그 사람이 이런 교리들 중 하나를 이해하지 못하고 있다는 것을 발견했습니다. 그는 하나님의 진리들을 잘못 알고 있었습니다. 아마도 그는 은혜에 관한 잘못된 교리들을 들었거나, 아니면 아예 그런 교리들을 듣지 못했던 것 같았습니다. 그는 어떤 눈먼 인도자의 손에 이끌려 가다가 시궁창에 빠져 버렸던 것입니다. 그러나 이제 그 창문들이 열리자, 모든 것을 볼 수 있게 된 그는 감방 문 위에 "믿으면 살리라"고 적힌 글귀를 볼 수 있었습니다. 그는 자신이 발견한 새로운 빛 가운데서 자신의 주이자 구주이신 예수 그리스도를 믿었고, 자기가 그토록 오랫동안 죄의 종으로 살아왔던 것을 이상하게 여기면서 감옥 문을 걸어나왔습니다. 나는 그것을 이상하게 여기지는 않았지만, 사람들의 눈을 가려서 빛을 못 보게 하여 생명의 길을 찾지 못하게 하는 선생들이 얼마나 저주받은 자들인지를 다시 한 번 마음으로 통감하게 되었습니다. 구원의 계획을 알지 못하는 무지한 영혼들은 진리를 배움으로써 얼마든지 피할 수 있는 수많은 슬픔과 괴로움들을 겪을 수밖에 없습니다. 그러니 성경을 제대로 공부하십시오. 값없이 거저 주어지는 은혜를 전하는 교회에 부지런히 출석하시고, 구원의 계획을 분명하게 깨닫기 위해 애쓰십시오. 하나님의 진리를 깨닫고서, 여러분의 영혼이 위로를 얻게 되는 일이 자주 일어나게 될 것이고, 하나님은 그것을 기뻐하실 것입니다. 왜냐하면, "여호와께서는" 그의 진리의 말씀을 통해서 "갇힌 자들에게 자유를 주시기"를 기뻐하시기 때문입니다.

5. 습관의 감방

나는 계속해서 다른 감방으로 갔습니다. 5호실이라고 표시된 그 감방은 넓었고, 그 안에 많은 사람들이 있었습니다. 그들은 앞으로 걸어가려고 무진 애를 쓰고 있었지만, 그들의 발목에는 각각 쇠사슬과 쇠로 만든 큰 공이 단단히 묶여 있었는데, 그것은 고상한 지위에 있다가 변절한 자들에 대한 형벌이었습니다. 이 감방에 갇힌 사람들은 이러한 습관의 속박으로 인해서 많은 고통을 당하고 있는 것이었습니다. 내가 보니, 그들 중에는 녹슨 못들로 자신의 쇠사슬을 끊어 내려고 하는 사람들도 있었고, 참회의 눈물을 뚝뚝 떨어뜨려서 자신의 쇠사슬을 끊어내고자 하는 사람들도 있었습니다. 그러나 이 가련한 자들의 시도는 거의 성과가 없었습니다. 간수는 그들을 옭아매고 있는 것은 습관의 쇠사슬이고, 그들이 질질 끌고 다니는 쇠로 된 큰 공은 욕심과 죄에 이끌리는 옛 성향이라고 내게 말해주었습니다. 나는 간수에게 왜 그들이 쇠사슬을 끊어내지 못하는 것이냐고 묻자, 간수는 그들이 오랫동안 그 쇠사슬을 제거하기 위해 애써 왔지만, 습관의 쇠사슬을 끊어내려면 무엇보다도 감옥에서 나가야 하기 때문에, 그렇게 하지 않고 감옥 속에서 아무리 애를 써봐야 쇠사슬은 끊어지지 않는다고 말했습니다. 불신앙의 문이 열려서, 그들이 유일하신 구원자이신 주 예수를 믿어야 하고, 그럴 때에 하나님의 은혜라는 모루 위에서 하나님의 사랑이라는 망치로 그들의 쇠사슬은 다 끊어질 수 있다는 것이었습니다. 왜냐하면, 주 예수의 못 박힌 손만이 감옥의 모든 문들을 다 열 수 있기 때문입니다. 나는 잠시 서 있는 동안, 한 술주정뱅이가 하나님의 죄 사하시는 은혜를 기뻐하며 간수에게 이끌려 감옥에서 나가는 것을 보았습니다. 그 사람은 전에 술에서 벗어나기 위해서 애를 썼지만, 서너 번 자신의 맹세를 깨뜨리고서 다시 이전의 죄로 되돌아갔었습니다. 그러나 나는 그 사람이 주님의 보혈을 믿고서 그리스도인이 되었고, 그리스도인이 되자 더 이상 술을 좋아하지 않게 된 것을 알았습니다. 망치질 한 방에 그 쇠로 된 큰 공이 영원히 끊어져 버린 것이었습니다. 또 한 사람은 하나님을 욕하던 사람이었습니다. 그는 지존자를 욕하고 모독하는 것이 잘못이라는 것을 알고 있었지만, 그 잘못된 습관을 끊을 수가 없었습니다. 그러나 그가 자신의 마음을 그리스도께 드렸을 때에 다시는 하나님을 욕하거나 모독하지 않게 되었습니다. 왜냐하면, 그는 이제 그 더러운 죄를 혐오하게 되었기 때문입니다. 몇몇 사람들의 모습이 내게 보였는데, 내 생각에는 그 중 한 사람은 나 자신인 것 같았습니다. 그들의 발목에는 쇠로 된 큰 공이 묶여 있지는 않았지만, 그들의 손에 이전에 그들에게 묶여 있던 쇠사슬의 파편들이 있었습니다. 경우가 조금 다르기는 하지만 바울이 그랬듯이, 우리는 모든 것을 기뻐하고 즐거워하면서도, "이렇게 결박된 것 외에는"(행 26:29)이라고 말할 수밖에 없습니다. 전에 우리의 두 손은 쇠사슬에 묶여 있었고, 하나님의 망치가 그 연결고리들을 끊어 놓았지만, 그 파편들 중 한 두 개는 여전히 우리 손에 남아 있습니다. 그 얼마 안 되는 남은 조각으로 인해서 나는 종종 "오호라 나는 곤고한 사람이로다 이 사망의 몸에서 누가 나를 건져내랴"(롬 7:24)라고 부르짖지 않을 수 없습니다. 나는 자유롭게 되었지만, 전에 나를 묶고 있던 쇠사슬의 파편들은 내가 죽을 때까지 내게 붙어 있습니다. "선을 행하기 원하는 나에게 악이 함께 있는 것이로다"(롬 7:21). 오, 저 옛 아담의 본성이여, 부패한 육신이여! 하나님께서 우리에게서 그것을 제거해 주시기를 바라나이다! 장차 우리의 맥박이 하늘의 영광으로 쿵쾅거리며 뛰기 시작할 때, 그 사슬은 끊어져나갈 것이고, 우리는 영원히 온전하게 될 것입니다. 그렇게 해주실 하나님을 송축하나이다. 불신앙의 감옥을 나와서 그리스도께로 가는 것 외에는 옛 습관들의 쇠사슬들을 제거할 수 있는 길은 없습니다. 그리스도께로 갔을 때, 시험은 여전히 존재하지만, 악한 습관들은 필연적으로 끊어지게 됩니다. 우리가 종종 그런 쇠사슬이 우리에게 있다는 것을 느낄 수밖에 없기는 하지만, 그 쇠사슬이 우리를 꽁꽁 묶어서 옴짝달싹 못하게 하고 있는 것이 아니게 된 것은 우리가 하나님께 이루 말할 수 없이 감사해야 할 제목입니다. 하나님께서 우리에게 자유를 주실 때, 우리는 원하는 만큼 신속하게 순종의 길로 달려갈 수는 없다고 할지라도, 그 쇠사슬은 우리로 하여금 도저히 순종의 길로 나아갈 수 없게 만들 수는 없습니다. 발목에 줄이 묶여 있던 새는 여전히 끊어진 줄이 그 발목에 묶여 있다고 해도 자유롭게 날아다닐 수 있습니다. 마찬가지로, 쇠사슬이 끊어진 우리도 비록 조금 거추장스러운 파편들이 남아 있다고 할지라도 찬송의 노래를 부르며 천국을 향하여 날아오를 수 있습니다. 하나님께서는 갇힌 자들을 그들의 악한 습관들로부터 풀어 주실 것이고, 그렇게 하실 수 있으십니다! 예수께서 흘리신 피 한 방울이 그 쇠사슬을 녹여 버릴 수 있고, 예수께서 겪으신 고뇌의 땀방울이 우리를 오랫동안 꽁꽁 묶어 왔던 죄악의 사슬을 녹여 우리에게 자유를 가져다줄 수 있습니다. "여호와께서는 갇힌 자들에게 자유를 주시는도다."

6. 교만의 감방

나는 여러분을 또 다른 감방으로 안내하겠습니다. 거의 모든 감옥에서는 죄수로 들어온 부랑자들이 더 악화되지 않도록 하기 위해서 그들에게 힘든 일을 하게 합니다. 내가 한낮의 꿈속에서 방문했던 감옥에서도 중노동을 하는 감방이 있었습니다. 거기에 들어온 사람들은 대체로 아주 교만한 사람들이었습니다. 그들은 머리를 높이 쳐들고서 굽히려 하지 않았습니다. 그들은 아름다운 깃털을 지닌 새들이었고, 그들이 갇혀 있다는 것은 말도 되지 않는 일이라고 여겼습니다. 그러나 일단 감옥에 갇히게 되자, 그들은 그들만의 길을 개척해나가기로 결심했습니다. 그들은 인간의 공로 사상을 믿었고, 때가 되면, 그들 자신의 공로로 자유를 살 수 있을 것이라고 생각했습니다. 나를 안내한 천사는 그들이 하는 짓이 너무나 잘못되고 어리석은 짓임을 그들에게 분명히 밝혔지만, 그들은 옛날 화폐의 모조품들을 어느 정도 모아 왔고, 언젠가는 그 모조 화폐로 그들의 자유를 살 수 있을 것이라고 생각했습니다. 이 사람들이 그런 모조 화폐를 모으기 위해서 갖가지 일들을 하고 있는 모습을 보는 것은 한편으로는 재미있으면서도 서글픈 일이었습니다. 그들 중 어떤 사람들은 발로 돌리는 바퀴를 단조롭게 반복해서 밟는 일을 하느라 땀을 흘렸습니다. 그들은 별들 위로 올라가려는 심산으로 온 힘을 다해 밟고 또 밟고 또 밟았습니다. 하지만 몇 해가 지나도 1센티도 더 높이 올라가지 못했지만, 여전히 그들은 자신들이 하늘에 오르게 될 것이라고 확신하고 있었습니다. 또 어떤 사람들은 거미줄로 옷을 만들려고 애를 쓰고 있었습니다. 그들은 물레를 돌려서 엄청난 속도로 실을 자아내고 있었고, 거기에서 실 한 오라기도 뽑아낼 수 없었지만, 계속해서 그 일을 하고 있었습니다. 그들은 옷 한 벌을 완성하면 그 즉시 자신들이 자유의 몸이 될 것이라고 믿었습니다. 나도 그들이 그렇게만 한다면 자유인이 될 것이라고 믿습니다. 어떤 곳에서는 한 무리의 사람들이 모래로 집을 지으려고 애를 쓰고 있었습니다. 그들이 모래 집을 어느 높이까지 지으면, 늘 그 토대가 무너져 내리는 일이 반복되었지만, 그들은 이 훌륭한 집이 완성되면 감옥에서 나가게 될 것이라고 꿈꾸고 있었기 때문에, 다시 새롭게 집 짓는 일을 시작하곤 했습니다. 또 어떤 사람들은 아주 이상하게도 무화과 나뭇잎들을 엮어서 혼인 예복을 만들고자 애쓰고 있었습니다. 그러나 무화과 나뭇잎은 밤이 되면 시들어서 못쓰게 되어 버리는 특성을 지니고 있었기 때문에, 다음 날 아침이 되면, 그들이 전날에 한 일들은 헛수고가 되고, 또다시 그 일을 새로 시작해야 했습니다. 내가 보니, 어떤 사람들은 마른 우물에서 물을 길어내고자 애쓰고 있었습니다. 그들은 계속해서 헛수고를 하고 있었지만, 있는 힘을 다해서 그 일을 하다 보니, 그들의 이마 위의 혈관은 마치 채찍처럼 솟아올라와 있었습니다. 연자방아를 돌려야 했던 삼손처럼, 그들은 온 힘을 다해서 일을 하고 있었지만, 그들의 등에 살을 찢는 무시무시한 채찍질이 가해지는 소리가 들렸습니다. 나는 율법이라 불리는 열 겹으로 된 채찍을 보았습니다. 십계명의 한 계명마다 한 겹의 채찍이 되어서, 저 무시무시한 율법은 열 겹의 채찍으로 이루어져 있었습니다. 그 채찍이 거기에 갇힌 자들의 등과 양심에 사정없이 꽂혔습니다. 그런데도 그들은 아랑곳하지 않고 계속해서 일에 매진하였습니다. 그들에게는 오직 일, 일, 일만이 있었고, 그 감옥을 벗어나기 위해서 하나님의 은혜의 문을 향하여 나아갈 생각은 추호도 없었습니다. 그들 중에 누군가가 기진맥진해서 쓰러지자, 나머지 사람들은 그에게 종교예식이라는 불리는 새는 바가지에 물을 담아 와서 그에게 주어 그를 살리고자 했습니다. 제사장이라 불리는 사람들은 밑바닥이 없는 잔들을 들고 달려와서, 기진해서 쓰러진 가엾은 자로 하여금 기운을 차릴 수 있도록 하기 위해서 그들의 입에 그 잔들을 대어 주었습니다. 나는 기진해서 쓰러진 사람은 곧 죽게 될 것이라고 생각했지만, 놀랍게도 어떻게든 일어나서 엉금엉금 기어서 다시 일하러 가는 것이었습니다. 마침내 그들이 자신들의 짐에 눌려서 완전히 의욕을 상실하고 쓰러져서 더 이상 일할 수 없게 되어 자신의 공로로 감옥을 벗어날 소망을 다 포기하게 되었을 때, 나는 빛나는 영이 그들을 데리고 감옥을 벗어나서, 그들이 영원히 자유롭게 되는 것을 보았습니다. 그때에 나는 속으로 이런 생각을 했습니다: '그래, 그래, 이 사람들은 자기의를 세우고자 한 교만한 자들이어서, 하나님의 은혜로 구원 받는 것을 받아들일 수 없었기 때문에, 자신의 힘으로 애쓰다가 결국 그 심령이 무너지게 된 사람들이로구나. 그들이 넘어졌을 때, 그들을 도울 자가 아무도 없어서, 그들은 곤고함 가운데서 하나님께 부르짖었고, 마침내 하나님께서 그들을 그 곤경에서 구원하셨구나.' 나는 그들을 그런 감옥에 가두심으로써 그들로 하여금 예수께로 나아오게 하신 하나님을 기뻐하고 송축하였습니다. 그렇지만 나는 너무나 많은 사람들이 여전히 이 종살이 하는 집을 사랑해서, 거기에 한 분이 서서 자신의 손가락으로 "율법의 행위로써는 의롭다 함을 얻을 육체가 없느니라"(갈 2:16)는 말씀과 "너희는 그 은혜에 의하여 믿음으로 말미암아 구원을 받았으니 이것은 너희에게서 난 것이 아니요 하나님의 선물이라"(엡 2:8)는 말씀을 늘 가리키고 계시는데도, 그 감옥에서 벗어나는 것을 원하지 않아서 그 말씀을 외면

하고 있는 것이 몹시 슬펐습니다. 나는 그 감옥에 대해서 너무나 잘 압니다. 왜냐하면, 나는 내 자신이 거기에 있었던 것을 기억하고 있고, 그때의 상처들 중 일부가 아직도 내 심령 속에 남아 있기 때문입니다. 나는 그 감옥으로 되돌아가기를 원하지 않습니다. 나는 내 주 예수 그리스도를 영접한 그 순간에, "아들이 너희를 자유롭게 하면 너희가 참으로 자유로우리라"(요 8:36)는 것을 진정으로 알았기 때문에, 계속해서 그리스도 안에서 행하기를 원합니다.

7. 낙심의 감방

우리는 모든 감방들을 다 들여다보기 전에는 이 감옥의 복도를 떠나서는 안 됩니다. 왜냐하면, 아마도 우리는 여기에 다시 올 수 없을 것이기 때문입니다. 내가 복도를 따라 걷다 보니, 낙심의 지하 감옥이라 불리는 또 다른 감방이 있었습니다. 나는 예레미야서에서 이 감방에 대하여 읽은 적이 있습니다. 그 감방은 물 없는 구덩이였는데, 이 감방에 대하여 선지자 예레미야는 "나를 이끌어 어둠 안에서 걸어가게 하시고 빛 안에서 걸어가지 못하게 하셨으며"(애 3:2)라고 말했습니다. 나는 그 감방을 내려다보았습니다. 그곳은 깊고 어둡고 암울한 곳이었습니다. 간수가 비쳐주는 희미한 등불 빛으로 내가 아래를 보니, 거기에 아주 깊은 고뇌에 휩싸인 한 가련한 심령이 있었습니다. 나는 그에게 자신의 얘기를 해주기를 청했습니다. 그는 자기가 큰 죄를 범한 자였다고 말했습니다. 그는 그것을 알고 있었고, 자신의 죄를 깨닫고 있었습니다. 그는 누군가가 전한 복음을 들었고, 그 복음이 자기를 위한 것이 아닐까 생각하기도 했지만, 결국 그럴 리가 없다고 확신하였습니다. 그의 영혼이 그리스도를 붙잡을 수 있었던 기회들도 있었지만, 그가 감히 그런 소망을 품지 못한 때들도 있었습니다. 그는 이따금씩 빛줄기들이 자기에게 임한다고 말하였습니다. 일주일에 한 번 주일에 간수가 작은 빵하나와 물을 그에게 내려줄 때, 그는 약간 힘이 나는 것을 느끼지만, 월요일이 되면, 또다시 이전처럼 자기가 비참하다고 느꼈습니다. 나는 그에게 그 감방 옆쪽에 위로 올라오는 사다리가 있다고 소리쳐서 알려 주었습니다. 그가 그 사다리를 통해서 올라오려고 마음만 먹는다면, 얼마든지 그 감방에서 나올 수 있었습니다. 그러나 이 가련한 영혼은 그 사다리에 있는 계단들을 볼 수가 없었습니다. 나는 그에게 그가 지금 있는 곳에 있을 필요가 없다는 것을 상기시켜 주었습니다. 왜냐하면, 하나님께서 그로 하여금 위로 올라올 수 있도록 이미 부드러운 밧줄을 아래로 던져 놓으셨기 때문입니다. 그러나 그는 내가 그를 조롱하는 것처럼 느꼈고, 나는 어떤 존재들이 그를 괴롭히며 내게 "거짓말쟁이"라고 말하라고 명령하는 것을 들었습니다. 그 존재들은 "불신"과 "소심"이라는 두 악당이었습니다. 그들은 그가 천국의 상속자라는 것과 자유를 얻을 권리를 갖고 있다는 것을 뻔히 알면서도, 어떻게든 그를 그 감방에 잡아두려고 애를 쓰는 자들이었습니다. 그래서 나는 내 자신이 무력하다는 것을 느끼고, 하나님께서 갇힌 자들에게 자유를 주시지 않으면, 그들은 오랜 날 동안 갇힌 자로 있을 수밖에 없다는 것을 더욱 확실하게 깨달을 수 있었습니다. 그렇지만 내가 자기에게 그리스도가 필요하다는 것을 진정으로 느끼고서 그의 피로 말미암은 은혜를 구하는 영혼은 결코 그 지하 감옥에서 죽지 않는다는 것을 기억했을 때, 그것은 내게 큰 위로가 되었습니다. 하나님의 이름을 부른 영혼이 허망하게 죽은 적은 단 한 번도 없었습니다. 그 영혼의 눈꺼풀에 이끼가 끼고, 그 곰팡이 낀 육신을 벌레가 갉아먹는 것처럼 보일 때까지, 그 영혼이 그 감방에 있었던 적은 있지만, 결코 거기에서 허망하게 죽는 일은 없었습니다. 왜냐하면, 때가 되었을 때에 그 영혼은 결국 단순한 믿음을 통해서 그리스도께서 "끝까지 구원하실 수 있으시다"는 것을 믿게 되었기 때문입니다. 그랬을 때에 그들은 하나님의 은혜로 말미암아 그들이 있던 저 지하 감옥에서 아주 신속하게 올라와서, 다른 사람들보다 더 달콤한 노래를 부르게 됩니다: "나를 기가 막힐 웅덩이와 수렁에서 끌어올리시고 내 발을 반석 위에 두사 내 걸음을 견고하게 하셨도다"(시 40:2).

8. 절망의 감방

우리가 앞에서 본 저 끈적끈적하고 축축한 지하 감옥을 보고서 몸서리치지 마십시오. 우리는 그것보다 더 깊은 곳에 있는 지하 감옥으로 가야 하니까요. 그곳은 "깊은 옥"(행 16:24)이라 불립니다. 바울과 실라는 그런 깊은 옥에 던져졌고, 그들의 발은 차꼬에 단단히 채워졌습니다. 그렇지만 그들은 그 감옥에서 찬송하였습니다. 그러나 이 지하 감옥에서는 그런 찬송 소리가 들리지 않았습니다. 그곳은 절망의 감옥이었기 때문입니다. 이 감방에 대해서는 내가 길게 설명할 필요가 없습니다. 나는 여러분이 그 감방에는 절대 가지 않으셨기를 바라고, 앞으로도 절대 가지 않으시기를 빕니다. 어떤 영혼이 일단 그 "깊은 옥"에 들어가게 되면, 그 즉시 위로들은 참담한 것들로 변하고, 하나님의 약속들 자체도 다 함께 힘을 모아서 그 영혼을 멸망시키려 하는 것처럼 보이게 됩니다. 존 번연 (John Bunyan)은 "절망"이라는 옛 거인과 그의 손에 들린 돌능금나무로 된 몽둥이를 아주 잘 묘사하고 있습니다. 이 감방에 달려 있는 육중한 철문이 삐걱거리며 열리는 소리를 들은 귀는 소스라치게 놀라게 되고, 그 무시무시한 구덩이에서 뿜어져 나오는 차갑고 습한 냉기를 느낀 심령은 공포에 질리게 됩니다. 여러분 중에서 오늘 그 지하 감옥에 들어가 있는 분이 계십니까? 당신은 이렇게 말합니다: "내가 성령을 근심하게 해드렸더니, 성령께서 떠나 버리셨습니다. 내 은혜의 날은 끝났습니다. 나는 하나님을 아는 빛과 지식을 거슬러 범죄하였습니다. 나는 망한 것이지요?" 지금 당신은 무슨 말을 하고 있는 것입니까? 나는 당신을 그 지하 감옥에서 벗어날 수 있게 도와드릴 수 있습니다. 당신은 하나님의 은혜로 놀라운 승리를 경험하게 되실 것입니다! 내 주님은 당신 같은 큰 죄인들을 만나셔서, 그의 구원의 능력을 나타내시기를 기뻐하십니다. 하나님께서 당신 같은 큰 죄인과 싸워서 그의 사랑으로 당신을 이기실 때, 거기에 세워진 하나님의 사랑의 깃발은 얼마나 찬란하게 빛나겠으며, 또한 그 승리는 어떤 승리이겠습니까! 천하에 악인들 중에서 가장 악한 자를 사랑하시고, 절망에 빠져 있는 자를 그의 잔인한 원수들의 손에서 속하신 하나님을 보고, 천사들이 너무나 기뻐 있는 힘껏 찬송하지 않겠습니까! 나는 다른 사람들에게서보다도 당신에게서 더 큰 소망을 봅니다. 왜냐하면, 사고가 나서 많은 사람들이 다쳐서 병원에 실려 왔을 때, 의사는 늘 그 중에서 가장 심하게 다친 사람을 가장 먼저 치료하는 법이기 때문입니다. 단지 손가락 하나가 부러지는 부상을 입은 사람에게 의사는 "조금만 기다려 주세요"라고 말합니다. 그러나 여기저기 심하게 다친 사람이 있는 경우에는, 의사는 "이 사람은 즉시 치료해야 하겠어"라고 말합니다. 당신의 경우가 바로 그런 경우입니다. 그러나 하나님께서 당신을 그 지하 감옥에서 건지셔서 당신에게 자유를 주실 수 있습니다. 내가 직접 그렇게 할 수는 없지만, 나는 이것만은 압니다. 즉, 당신이 내 말을 믿고 따라주기만 한다면, 당신은 자신의 불신앙이라는 문에 달린 자물쇠를 열 수 있는 열쇠를 얻게 되리라는 것입니다. 자, 이리로 와서, 여기 있는 한 다발의 열쇠를 한 번 보십시오: 그리스도께서는 "자기를 힘입어 하나님께 나아가는 자들을 온전히 구원하실 수 있으니 이는 그가 항상 살아 계셔서 그들을 위하여 간구하심이라"(히 7:25). "미쁘다 모든 사람이 받을 만한 이 말이여 그리스도 예수께서 죄인을 구원하시려고 세상에 임하셨다 하였도다"(딤전 1:15). "그를 믿는 자는 심판을 받지 아니하는 것이요"(요 3:18). "수고하고 무거운 짐 진 자들아 다 내게로 오라 내가 너희를 쉬게 하리라"(마 11:28). 형제들이여, 이 "깊은 옥"은 주 예수 그리스도께서만이 여실 수 있습니다. 그리스도 앞에서는 놋문이 부서지고 족쇄와 차꼬가 풀립니다.

9. 시험의 감방

이제 우리는 이 어둡고 암울한 이야기의 종착지에 거의 다 왔지만, 여기에서 잠시 사탄의 고문실 앞에서 발걸음을 멈추어 봅시다. 왜냐하면, 내가 한때 거기에 있었기 때문입니다. 나는 거기에서 고문을 당한 적이 있었기 때문에, 내가 하는 이야기는 결코 꿈 이야기가 아닙니다. 자유를 주시는 하나님께서 고통하고 번민하는 내 영혼을 녹여 주실 때까지, 나는 거기에 있었습니다. 그러므로 나는 내가 풍문으로 전해 들은 것을 여러분에게 말하는 것이 아니라, 내가 직접 겪어서 알게 된 것을 말하는 것입니다. 이 방에 있는 사람들은 자신의 심령 속에서 마귀의 시험이 너무나 강해서 도저히 믿음을 가질 수 없는 그런 사람들입니다. 내가 무슨 말을 하는 것인지를 여러분이 알고자 하신다면, 존 번연(John Bunyan)의 자서전 「넘치는 은혜」라는 책을 읽어 보십시오. 존 번연은 마귀가 하나님의 존재, 성령이 진리라는 것, 그리스도께서 사람이 되셨다는 것, 그리고 마지막으로 그리스도가 하나님이시라는 것을 믿지 말라고 자기를 시험하였다고 말합니다. 또한, 그는 한 번은 마귀가 자기가 결코 쓰고자 하지 않을 것들을 말해서 다른 사람들을 오염시키고 더럽히라고 시험하였다고도 말합니다. 나는 내 자신 속에서 겪었던 어두운 시간들을 기억합니다. 나는 어려서부터 하나님을 욕하거나 모독하는 말을 한 번에 입 밖에 내지 않았음은 물론이고 들어본 적도 없었지만, 그 어두운 시간이 찾아오자, 내 심령 속에서 지극히 높으신 하나님을 저주하고 욕하고 모독하는 말이 쉴 새 없이 쏟아져 나오는 것을 들었고, 그것들이 내 입으로 발설되지 않도록 하기 위해서 내 입을 손으로 막아야 했습니다. 나는 떼굴떼굴 구르며, 나를 거기에서 건져 주시라고 긍휼에 풍성하신 하나님께 부르짖었습니다. 사탄이 내 영혼 속에 그런 더럽고 추악한 것들을 주입한 것입니다! 사탄은 자신의 소굴에서 지옥의 자식들인 저 끔찍하고 극악무도한 것들을 불러와서, 마치 그것들이 내 자신의 생각들인 양 내 심령 속에 무더기로 쓸어 넣어서, 내 영혼이 침을 삼킬 시간조차 주지 않고, 연속적으로 떼를 지어 내 심령을 휘저어 놓았습니다. 내 영혼은 그것들을 미워하고 혐오하였지만, 그것들로부터 빠져나올 수 없었습니다. 내 영혼은 시험의 감옥에 갇혀 있었으니까요. 하지만 하나님께 감사하게도, 하나님을 욕하고 모독하는 지옥의 무리들의 공격을 받고서 망한 영혼은 지금까지 단 한 명도 없었습니다. 왜냐하면, 우리가 그것들을 미워하기만 한다면, 그것들은 우리의 것이 아니기 때문입니다. 우리가 그것들을 혐오하기만 한다면, 그것들은 우리의 죄가 아니라 사탄의 죄가 됩니다. 따라서 때가 되면, 하나님께서는 우리를 그러한 끔찍한 것들로부터 벗어나 자유로울 수 있게 해주실 것입니다. 지옥의 무리들이 우리의 머리를 헤집고 다닐 때, 우리는 이렇게 외쳐야 합니다: "나의 원수야, 내가 비록 넘어질지라도, 다시 일어나게 될 것이니, 내 모습을 보고 기뻐하지 말지어다." 가련한 죄수여, 당신의 검을 사용하십시오. 당신에게는 "기록되었으되"라는 검, "성령의 검 곧 하나님의 말씀"(엡 6:17)이 있습니다. 당신의 적에게 치명적인 일격을 가하십시오. "하나님이 계시고, 또한 그가 자기를 찾는 자들에게 상을 주신다"(cf. 히 11:6)고 그 원수에게 말하십시오. 그러면 당신은 그 원수가 꽁무니를 빼며 자신의 용의 날개를 펼치고 멀리 날아가 버리는 것을 보게 될 것입니다. 이 시험의 감방도 결국 성도든 죄인이든 불신앙으로 인해서 갇히게 되는 감방입니다. 그러므로 하나님께서 이 갇힌 자들에게 자유를 주셔야만, 그들은 풀려날 수 있습니다.

10. 정죄의 감방

마지막으로, 또 하나의 지하 감옥이 있었는데, 거기에 갇힌 자들은 이 감옥을 정죄의 감방이라 불렀습니다. 나도 한때 그 감방에 들어가 있은 적이 있습니다. 그 감방에 들어간 사람은 자기 자신을 아주 비관적으로 봅니다. 그는 하나님의 진노가 자기 위에 머물러 있는 것이 절대적으로 확실하다고 느낍니다. 그는 자기 발 밑의 돌들이 열린 무덤이 되어서 자기를 집어삼키지 않는 것을 이상하게 생각합니다. 그는 감옥의 사방 벽들이 다 무너져 자기를 덮쳐서, 자기가 거기에 깔려 만신창이가 되어 죽는 일이 일어나지 않고 있는 것을 이상하게 여깁니다. 그는 자기에게 숨이 붙어 있다는 것, 또는 자신의 혈관 속의 피들이 지옥 불의 강으로 변하지 않는 것을 이상히 여깁니다. 그의 영혼은 참으로 끔찍한 상태에 있습니다. 그는 자기가 멸망 받게 될 자라고 느낄 뿐만 아니라, 그 일이 곧 일어나게 될 것이라고 생각합니다. 뉴게이트(Newgate)에 있는 사형수용 독방은 아주 구석진 곳에 있어서, 사형수는 교수대가 만들어지는 소리를 들을 수 있다고 합니다. 나를 매달 교수대가 세우기 위해 망치를 두들겨서 그 구조물을 하나하나 맞춰나가는 소리가 들렸던 기억이 지금도 내게는 생생합니다. 그때는 마치 많은 무리의 사람들과 마귀들이 내가 영원히 처형당하는 것을 보기 위해 몰려들어서, 내 영혼에 삿대질하며 욕하고 고함치는 것 같았습니다. 처형 시간을 알리는 큰 종소리가 울려 퍼졌고, 그 즉시 나는 마지막 순간이 다가왔다고 생각하였습니다. 나는 영원히 멸망 받을 곳으로 가기 위하여 교수대를 올라야 했습니다. 오, 저 사형수의 감방이여! 이 감방에 갇힌 자는 도벳으로 끌려간 자 다음으로 세상에서 가장 비참한 영혼입니다. 하지만 내가 여러분에게 상기시켜드리고자 하는 것은 자신의 양심 속에서 철저하게 정죄를 당한 사람은 결국 그 정죄함에서 벗어나 결코 정죄를 당하지 않게 되리라는 것입니다. 일단 그가 자신이 행해 온 모든 일이 정죄당하는 것을 보게 되었다면, 그의 얼굴에는 지옥 불이 타오를 수 있겠지만, 그는 처형장으로 끌려가는 것이 아니라, 도리어 거기에서 나오게 될 것입니다. 멸망당하는 것이 아니라 이끌려나오게 된다는 말입니다: "너희는 기쁨으로 나아가며 평안히 인도함을 받을 것이요 산들과 언덕들이 너희 앞에서 노래를 발하고 들의 모든 나무가 손뼉을 칠 것이며"(사 55:12). 우리는 역사책에서 교수대 위에서 목에 밧줄이 걸리는 바로 그 순간에 사면을 받은 사람에 관한 이야기를 읽은 것과 마찬가지로, 하나님께서는 가련한 영혼들을 그런 식으로 사해 주십니다. 그들이 자신의 목에 밧줄이 걸리는 것을 느낄 때에, 하나님의 판결이 의로우시다는 것을 인정하고, 자기가 죽는다고 해도 거기에 불만이나 이의가 있을 수 없다고 고백하는 순간, 주권자의 긍휼이 나타나서 이렇게 외칩니다: "내가 먹장구름 같이 시꺼멓게 너를 뒤덮고 있던 무수한 너의 죄악들을 다 없이하였노라. 너의 많은 죄가 사함을 받았느니라." 영화로우신 여호와, 우리에게 자유를 주시는 여호와여, 우리의 찬송을 받으소서! 모든 속량 받은 자들이 주를 송축하고, 오늘 이 지하 감옥들 속에 있는 자들이 주께 부르짖나이다! 능력 있으신 구원자이신 하나님이여, 주의 팔을 펴시옵소서! 우리를 속하시기 위하여 그 아들 예수를 보내셔서 우리를 위하여 피 흘리게 하신 하나님이여, 이제 주의 성령을 보내셔서 그 권능으로 우리를 자유롭게 하셔서, 이 날, 바로 이 날에 주께서 자유를 주신 많은 무리가 그 자유를 기뻐하게 하소서. 이스라엘의 한 분 구속자이신 성부와 성자와 성령께 영광이 영원토록 함께 하시기를 기원하나이다! 아멘.

제
142
장
—

소외된 자들을 위한 즐거운 잔치

—

"그가 … 이스라엘의 흩어진 자들을 모으시며"(KJV에는 "그가 이스라엘의 소외된 자들을 모으시며") — 시 147:2

오늘의 본문은 하나님께서 지극히 온유하시고 무한히 자비로우시다는 것을 우리에게 보여주지 않습니까? 우리가 우리 주 예수 그리스도 안에서 하나님을 알아갈수록, 그리스도께서 세상에 오셨을 때에 왕들과 귀인들을 찾아가지 않으시고 도리어 미천하고 소박한 사람들을 찾아오셨다는 사실은 우리를 매혹시키기에 충분한 일이 아니겠습니까? 예수께서는 "건강한 자에게는 의사가 쓸 데 없고 병든 자에게라야 쓸 데 있느니라"(마 9:12)고 말씀하시며, 자기 자신이 의롭다고 생각해서 그런 착각으로 똘똘 뭉친 바리새인들을 찾지 않으시고, 도리어 죄인들을 찾으셨습니다. 인자께서는 잃어버린 자들을 찾아서 구원하러 오셨습니다. 만일 우리 주 예수께서 이 세상에 오셨을 때에 다른 모든 사람들보다도 가장 우선적으로 지체 높은 사람들에게 이야기를 걸고, 예루살렘의 랍비들과 로마의 원로원 의원들과 헬라의 철학자들에게 자신의 메시지를 전하셨다면, 그것은 사람들에게 아주 당연한 일로 비쳤을 것입니다. 하지만 실제로는 그리스도께서는 그렇게 하지 않으셨습니다. 평범한 사람들이 그의 말씀을 기쁘게 들었고, 그는 성령으로 기뻐하시며, "천지의 주재이신 아버지여 이것을 지혜롭고 슬기 있는 자들에게는 숨기시고 어린 아이들에게는 나타내심을 감사하나이다 옳소이다 이렇게 된 것이 아버지의 뜻이니이다"(눅 10:21)라고 말씀하셨습니다.

나는 어떤 사람이 누구로부터 사랑 받기를 구하는지를 보면 그 사람의 됨됨이를 알 수 있다고 생각합니다. 만일 여러분이 오직 지체가 높은 사람들로부터 사랑 받기를 구하는 어떤 사람을 보게 된다면, 그 사람은 틀림없이 야심이 많고 이기적인 사람일 것입니다. 하지만 만일 어떤 사람이 자기를 위해서 아무것도 얻어낼 수 없고 오직 자신이 가진 모든 것을 주어야만 하는 그런 사람들의 사랑을 받고자 한다면, 그는 이기적인 사람이 아니고, 그의 마음을 움직이는 것은 순수한 자비심이라는 것을 여러분은 알 것입니다. 우리가 하나님께서 이스라엘의 흩어진 자들을 모으신다는 오늘의 본문을 읽을 때, 그리고 이 본문이야말로 주 예수 그리스도께 딱 들어맞는 말씀이라는 것을 알게 될 때(그가 하신 일이 바로 그런 일이었던 까닭에), 거기에서 나는 "나는 마음이 온유하고 겸손하니 나의 멍에를 메고 내게 배우라 그리하면 너희 마음이 쉼을 얻으리니"(마 11:29)라고 말씀하신 그리스도의 마음이 얼마나 온유하신지를 보여주는 또 하나의 예를 발견하게 됩니다. 사랑하는 친구들이여, 우리가 오늘 밤 이런 구주의 곁에 모인 것을 기뻐하십시오. 그는 교만함이나 이기심이 전혀 없으시고, 온유함과 겸손함으로 우리 가운데 오셨으며, 아무도 관심을 가져주지 않는 사람들 — 아무런 가치도 없고 개선이나 교화의 가능성도 없다고 판단된 사람들 — 을 모으러 오십니다. 그는 "이스라엘의 소외된 자들"(KJV)을 모으러 오십니다.

이 본문을 우리 주 예수 그리스도께 적용해 보면, 우리는 그의 온유하심만이 아니라, 그가 사람을 사람으로서 얼마나 사랑하시는지를 분명하게 알게 됩니다. 만약 여러분이 부자들만 따라다닌다면, 여러분은 그 사람 자체보다는 그의 부를 따르는 것이라는 의심을 벗어날 수 없습니다. 만약 여러분이 지혜로운 사람의 덕을 보려고 한다면, 여러분은 그의 사람됨이 아니라 그의 지혜에 이끌린 것임에 거의 틀림없습니다. 그러나 주 예수 그리스도께서 사람을 사랑하신 것은 그들의 상황이나 조건이 좋아서가 아니었습니다. 그의 사랑은 사람 자체를 향한 것이었습니다. 그는 자신이 택하신 사람들을 사람으로서 사랑하신 것이었고, 사람들 가운데서 이런 사람 또는 저런 사람으로서 사랑하신 것이 아니었습니다. 그는 신분이나 재산 따위는 조금도 생각하지 않으셨습니다. 그리스도에게 있어서 사람은 사람일 뿐이었습니다. 그는 어떤 명예로운 칭호나 지위를 얻으려고 죽으신 것이 아니라, 오직 사람들을 위해서 돌아가셨습니다. 우리 주님은 "나는 너희가 가진 것이 아니라 바로 너희를 사랑한다"라고 진정으로 말씀하실 수 있는 분이었습니다. 예수 그리스도께서 어떤 사람을 보실 때에, 그 사람이 쫓겨난 자이거나, 범법자이거나, 자기 나라의 법에 의해서 정죄를 받은 자인 것을 불문하고, 그 사람을 한 인간으로 보십니다. 그 사람은 끔찍한 죄악과 비참하고 곤고한 처지에 빠질 수 있지만 은혜로 새롭게 되어서 지존자께 놀라운 영광을 드릴 수 있는 그러한 피조물입니다. 우리 주 예수 그리스도께서는 소외된 자들을 모으심으로써 그의 관심사가 사람 자체이지 사람을 둘러싼 어떤 일들이 아니라는 것을 증명하십니다. 그리스도의 관심은 그가 어떤 사람이냐에 있고, 그가 어디에 있느냐에 있지 않습니다. 그가 무엇을 배웠는지, 사람들이 그를 어떻게 생각하는지, 그가 무엇을 했는지가 아니라, 그가 어떤 사람이냐 하는 것이 그리스도의 유일한 관심사입니다. 사람이 보배입니다. 좋은 진주를 찾는 상인으로서 예수께서 찾으시는 극히 값진 진주는 영원히 죽지 않을 인간의 영혼입니다.

또 한 가지 분명한 것이 있습니다. 예수께서 이스라엘의 소외된 자들을 모으신다는 것은 사람들의 심령에 대한 그의 능력을 증명해 줍니다. 어떤 사람들은 하나님께서 고귀한 성품을 주셨기 때문에 도덕적으로 선한 것을 추구합니다. 하나님은 어떤 사람들에게는 아름답고 참된 것을 추구하는 열망을 주셨습니다. 그런 사람들도 좋은 진주를 찾는 상인들이기 때문에, 그들의 마음이 그렇게 바람직한 상태에 있다면, 그 마음이 지극히 귀하고 아름다우신 예수 그리스도께 끌리는 것은 어쩌면 당연한 일입니다. 그러나 그리스도께서 힘든 싸움을 하셔야 하는 사람들도 있습니다. 그들은 여전히 죄악되고 더러운 인간 본성에 빠져 있는 사람들이고, 선한 것을 구하려는 열망이 없습니다. 그들은 오직 악을 갈망할 뿐만 아니라 끊임없이 갈망합니다. 돼지가 별을 쳐다보지도 않는 것과 마찬가지로, 그들은 고귀하고 고상한 것에는 눈길도 주지 않습니다. 그리스도의 사역자가 호소해도 아무 소용이 없습니다. 그들은 다른 사람의 죽음이나 자기 자신의 질병을 통해서 하나님의 섭리에 관한 경고를 받을 수 있지만, 그럼에도 불구하고 그들이 발붙이고 있는 땅에서 한 발자국도 떨어질 수 없습니다. 하지만 우리 주 예수 그리스도께서는 이스라엘의 소외된 자들인 그런 자들조차 모으실 수 있습니다. 그에게는 사람들 안에서 선한 열망이 생기는 것을 볼 때까지 멈추지 않으시고 계속해서 역사하셔서, 지금까지 그런 열망을 가진 적이 없던 사람들에게 기어코 그런 열망을 나누어 주시는 능력을 지니고 계십니다. 그의 십자가의 아름다움이 눈먼 자들의 눈을 뜨게 만듭니다. 그의 감미로운 목소리가 귀먹은 먼

자들로 하여금 듣게 만듭니다. 그의 존귀하신 삶은 죽은 자들로 하여금 그의 음성을 듣고 살아나게 만듭니다. 그리스도께서 어떤 사람에게 역사하시기 위해서는, 그 사람이 기본적으로 선해야 한다는 것이 요구되거나 기대되는 것이 결코 아닙니다. 그리스도께서는 멸망과 타락의 한가운데에 있는 사람을 만나셔서 바로 그 상태에서 즉시 아무런 조건 없이 그를 치료하는 일을 시작하십니다. 선한 사마리아인이 부상당한 사람을 만났을 때, 그는 그 사람이 자기에게 조금만 더 가까이 오도록 기다리지 않았습니다. 그는 그 사람이 있는 곳으로 가까이 가서, 그의 상처에 기름과 포도주를 부어 주었습니다. 마찬가지로, 주님께서는 상처 입은 영혼이 있는 곳으로 가셔서, 그 영혼의 상태가 아무리 나쁠지라도, 몸을 굽혀서 그 상처를 살펴보시고, 이스라엘의 소외된 자들을 모으십니다. 선한 것이라고는 찾아볼 수 없는 자들을 자기에게로 끌어오실 수 있는 그런 매력들이 우리 주 예수 그리스도께 있다는 것은 참으로 놀랍고 신기한 일입니다. 여러분은 죄인들에게 미덕과 선행을 설교할 수 있지만, 그들은 그러한 것들에 실제로 매력을 느끼지 않습니다. 여러분은 주정뱅이와 행실이 나쁜 자와 부도덕한 자에게 정직과 모든 덕성들과 은혜들이 얼마나 고결하고 아름다운지를 설교할 수 있지만, 그런 설교는 그들에게 거의 소용이 없어서, 성과는 극히 미미할 것입니다. 여러분은 아주 지혜롭게도 그러한 주제들에 기가 막힌 마법을 걸어서 전할 수 있겠지만, 그렇게 한다고 해도, 이 귀머거리 독사들은 그런 마법에 넘어가지 않습니다. 우리는 어떤 성직자가 이렇게 말하는 것을 들었습니다: "나는 정직에 대해서 설교했지만, 끝내 교구 안에서 한 사람의 정직한 사람도 찾을 수 없었습니다. 나는 미덕에 대해서 설교했지만, 어디에서도 그런 미덕을 찾을 수 없었습니다." 그리스도를 주제로 하지 않는 설교는 어떠한 가치 있는 미덕도 만들어 낼 수 없습니다. 여러분은 율법에 대해서 설교할 수 있고, 사람들은 그것을 듣고 잠시 두려워할 수 있겠지만, 그러한 두려움을 곧 잊을 것입니다. 그러나 여러분이 예수 그리스도를 전하면, 그가 모든 사람을 그에게로 이끄실 것입니다. 가장 사악한 인간들도 그리스도의 복음을 경청할 것입니다 — 그는 자기를 통해서 하나님께로 나아오는 모든 자들을 구원하실 수 있는 분입니다. 가장 완악한 자들도 그리스도의 고난과 사랑에 관한 이야기를 듣고 울었다는 얘기를 우리는 익히 들어 왔습니다. 가장 교만했던 자들이 그리스도의 발 아래에서 갑자기 무너져 버린 자신들의 모습을 발견하기도 했습니다. 이런 일들의 증인은 우리 중에도 꽤 있습니다. 예를 들면, 우리 중에는 그리스도의 선하심을 깨닫는 그 순간, 우리 마음의 완악함과 교만함이 갑자기 사라진 것을 알고 놀란 사람들이 있습니다. 나는 우리 설교자들이 예수 그리스도를 믿는 믿음에 있어서 합당한 믿음 분량의 2분의 1, 아니 10분의 1도 갖고 있지 않다고 생각합니다. 그런 우리가 한 무리의 흉악범들에게 설교할 수 있게 되었을 때, 그들 중 대부분이 그 자리에서 회심하리라고 기대한다면, 그것은 착각이 아니겠습니까? 반면에, 만일 우리가 그들에게 설교할 수 있을 만큼 충분한 믿음을 갖고 있고, 그들의 영혼을 구원하겠다는 분명하고도 직접적이며 확신에 찬 목표를 갖고 있다면, 그때에는 대성공을 기대해도 좋지 않겠습니까? 그러나 우리는 자신감도 없이, 그리고 심지어 의심까지 하면서 그들 앞으로 나아갑니다. 우리는 하나님께서 우리 중 일부라도 구원해 주시고, 도처에서 말씀에 복을 내려 달라고 기도합니다. 하지만 우리가 선포해야 하는 이 위대한 복음은 그렇게 설교되어서는 안 되고, 복음을 전하는 것과 관련해서 우리가 그렇게 기도해서도 안 됩니다. 모세가 광야에서 놋뱀을 들었을 때, "하나님, 뱀에 물린 이 사람들 중에서 한두 사람이라도 이 놋뱀을 쳐다보고서 살게 해주소서"라고 기도하지 않았습니다. 모세는 놋뱀을 장대 위에 높이 매달고 담대하게 나왔습니다. 그는 뱀에 물린 자마다 놋뱀을 쳐다보고 살게 될 것이라고 믿었고, 그들은 실제로 그 놋뱀을 쳐다보았습니다. 마찬가지로, 우리들도 "이스라엘의 소외된 자들을 모으시는" 예수 그리스도를 그런 식으로 선포할 수 있게 되기를 기원합니다.

서론은 이 정도로 마치고, 이제부터는 본문을 좀 더 자세히 설명하도록 하겠습니다. 첫 번째는 이 본문이 누구에게 적용되는 것인지를 간단하게 살펴볼 것입니다: "그가 이스라엘의 소외된 자들을 모으시며"(KJV). 두 번째는 하나님이 그들을 모으신다는 것이 무슨 의미인지를 생각해 보고, 세 번째는 이 본문이 우리에게 주는 교훈을 살펴보겠습니다.

1. 첫째로, 이 본문은 누구에게 적용되는가 하는 것입니다.

"그가 이스라엘의 소외된 자들을 모으신다"는 것이 오늘의 본문인데, 여기에서 "이스라엘의 소외된 자들"이 누구냐 하는 것입니다. 오늘의 본문은 여러 부류의 사람들에게 서로 다른 방식으로 적용됩니다. 첫째, 우리 주 예수께서 지극히 가난하고 천대받는 자들 중 얼마를 모으셨다는 것은 사실입니다. 그런 사람들은 몇 가지 점에서 "소외된 자들"로 여겨질 수 있습니다. 오늘날도 복음은 이 세상의 가난한 자들에게 가장 강력한 힘으로 임한다는 것은 분명한 사실입니다. 흔히 복음은 멸시받는 자들이나 비천한 자들에게 놀라운 능력으로 임합니다. 여러분도 아시다시피, 오늘날 복음의 원수들은 영국의 문화와 두뇌와 지성과 교육이 모두 무신론의 편에 서 있다고 자랑스럽게 말하지만, 나는 그렇지 않다고 확신합니다. 사람들은 자신들에게 상당한 정도의 두뇌가 있다고 말하지만, 양들이 상당한 정도의 두뇌를 지니고 있지만 세상에서 가장 지혜로운 동물은 아닌 것과 마찬가지로, 이 나라의 신사들도 원래 지혜로워야 할 정도만큼 지혜로운 것은 아니라는 것을 인정하지 않는다면, 그들의 주장은 틀린 것이라고 나는 확신합니다. 자신들은 온갖 고상한 풍모와 빛을 독점하고 있는 교양 있는 사람들이라고 아주 자신만만하게 주장하는 신사들에 대해서 나는 그들에게서 겸손이라고는 찾아볼 수 없음을 봅니다. 만일 그들이 더욱 겸손한 태도로 그렇게 말한다면, 나는 그들이 그럴 수도 있겠구나라고 생각할 것입니다. 만일 그들이 자신의 교양에 대해서는 조금 덜 말하고, 다른 사람들을 좀 더 높이는 태도를 보인다면, 우리는 그들의 그 놀라운 "교양"에 대해서 좀 더 신뢰를 갖게 될 것입니다. 우리 중에는 무신론을 신봉하는 교양인들의 저서들 속에서 사람들이 말하는 깊은 사고와 심오한 학문을 찾아보려고 해도 찾아볼 수 없었던 분들이 꽤 있습니다. 그런데도 우리의 원수들이 쉴 새 없이 자랑하고 뽐내는 말을 하는 것을 들을 때, 우리는 참기가 힘듭니다. 하지만, 그들을 내버려 둡시다. 우리는 그들과 다투지 않을 것입니다. 그들로 하여금 어리석은 사람이 아니면 어느 누구도 구식 신앙을 갖지 않을 것이라고 주장하게 내버려 둡시다. 그들은 청교도 신앙은 거의 죽은 신앙이고, 구식 복음주의는 타파되어야 하는 것이라고 조롱합니다. 그들로 하여금 우리는 지성을 거의 갖추지 못한 열등한 부류의 사람들이라고 멸시하도록 내버려 둡시다. 그렇지만, 우리는 그들의 그런 주장들 때문에 맥이 빠지지 않습니다. 왜냐하면, 세상은 우리 구주의 시대에도 그랬고, 그 후에도 내내 그랬기 때문입니다. 즉, 세상의 지혜는 항상 하나님의 원수였습니다. "하나님의 어리석음이 사람보다 지혜롭기"(고전 1:25) 때문에, 하나님께서는 "전도의 미련한 것"으로 인간의 지혜를 이기셨습니다. 지혜 있는 자들이 어리석은 것이라고 조롱하던 바로 그 복음으로 하나님께서는 육신적인 지혜를 아무것도 아닌 것으로 만들어 버리셨습니다. 사람들이 조롱과 냉소로 쳐다보는 자들을 주 예수 그리스도께서는 사랑으로 바라보십니다.

> "하나님은 어리석은 자를 취하셔서
> 자신의 목숨을 내어주신 경이로우신 그 사랑을 알게 하시고,
> 지혜를 열망하는 자를 낮추시며
> 우리의 모든 교만을 책망하신다네."

　내가 가난한 성도들을 만나서, 그들이 하나님의 약속들을 얼마나 굳게 붙들고 있는지를 볼 때마다, 나는 얼마나 감사한지 모릅니다. 노동자들이나 미천한 목자들 같은 사람들이 흔히 은혜의 신비들에 관해서는 유식한 신학박사들보다 더욱 탁월하고 깊은 통찰력을 보여주는 것을 나는 보아 왔습니다. 세상에서 크고 부유한 자들의 식탁보다도 찬장이 거의 비어 있고 식탁 위의 양식이 지극히 초라한 곳에서 하나님의 은총은 더욱 풍성했습니다. 그 크고 부유한 자들은 케케묵은 하나님의 진리를 여전히 고수하고 있는 사람들을 학문의 세계에서 쫓겨나 소외된 자들이자 당대의 지성계에 명함을 내밀 자격이 없는 자들로 치부할지 모르지만, 하나님께서 우리를 자신의 품으로 모아주시고 친히 우리에게 새 힘을 주신다면, 우리는 그것으로 만족할 것입니다. 우리 중 누군가가 지극히 궁핍해질 때, 즉 너무나 가난해서 그리스도인이라 하더라도 사람들에게 야박하게 굴 수밖에 없을 때, 또는 우리가 가족들로부터 무시와 냉대를 당하는 처지가 될 때, 우리는 오늘의 본문을 기쁨의 원천으로 삼는 것이 마땅합니다. 슬픈 일이긴 하지만, 가족들 중에는 더 훌륭한데도 불구하고 오히려 더 미움을 받는 사람들이 어디에나 있을 것입니다. 요셉이 형제들로부터 미움을 받은 것은 그가 하나님을 사랑하기 때문이었습니다. 여러분은 친형제들로부터 따돌림을 당할 수도 있고, 여러분에 대하여 좋게 말해 주는 사람이 한 사람도 없을 수 있습니다. 그러나 여러분은 "그가 이스라엘의 소외된 자들을 모으시며"라는 말씀을 달콤한 사탕처럼 늘 여러분의 입 안에서 음미할 수 있습니다. 하나님은 사람들이 가장 낮게 평가하는 사람들을 여전히 기억하고 계십니다.

　오늘의 본문은 악해서 사회로부터 쫓겨나는 것이 마땅했던 자들에게도 적용될 수 있습니다. 하나님께서 우리 중에는 그런 사람이 없게 해주시기를 빕니다. 그러나 만약 내가 지금 이 시점에서 그런 사람들에게 설교를 해야 한다면, 나는 그

들에게 들려줄 말이 있습니다. 오늘 밤 이곳에 계신 여러분 중에서 그런 분이 계셔서, 예배에 잘 나오지는 않지만 어쩌다 호기심으로 여기에 오시게 되었다면, 나는 당신이야말로 어머니의 마음을 아프게 하고 아버지의 백발이 늘어나게 만드는 사람이라고 말할 수 있습니다. 당신이 살아 온 삶으로 말미암아 당신의 친형제들조차 당신을 인정할 수 없었습니다. 당신은 끔찍하리만치 죄를 짓고 또 지었습니다. 남자나 여자나 모두 사회에서 쫓겨나 소외된 자가 될 수 있지만, 여자는 일반적으로 너무 가혹한 대접을 받고 있고, 또 남자보다 더 쉽사리 쫓겨나 소외된 자가 됩니다. 내가 그런 사람들에게 설교할 때, 우리 주 예수 그리스도께서 가장 사악한 자나 가장 타락한 자도 구원하실 수 있다는 사실은 내게 언제나 큰 기쁨입니다. 설령 당신이 밑바닥까지 타락해서, 마귀와 당신을 구별하기조차 거의 어렵게 되었을지라도 — 사실 그렇게까지 타락하는 사람들이 있습니다 — 예수 그리스도께서는 당신을 건져 올리실 수 있습니다. 당신의 인생 이야기가 듣는 것만으로도 가슴이 아프고, 그런 일이 일어났다는 사실 자체가 통탄스러울지라도, 예수 그리스도께서는 당신의 인생에 묻은 모든 때를 말끔히 씻어 주시고, 그런 당신을 구원하실 수 있으십니다. 오늘 밤 여기에 그런 사람이 딱 한 사람밖에 없을지 모르지만, 내가 그 한 사람에게 나의 온 마음을 쏟는 것에 대해서 나는 변명하고 싶은 생각이 없습니다. 예수 그리스도 안에 있는 하나님의 거저 주시는 풍성하신 은혜가 그 한 마리 잃은 양 속에서 나타나게 하기 위해서, 나는 아흔아홉 마리 양을 내버려 두고 한 마리 잃은 양을 찾으러 갑니다. 그러니, 오십시오, 쫓겨나서 소외된 자들이여. 당신의 구속자에게 와서 죄사함을 받으십시오. "너희의 죄가 주홍 같을지라도 눈과 같이 희어질 것이요 진홍 같이 붉을지라도 양털 같이 희게 되리라"(사 1:18). 예수께서는 죄에 빠져 있는 사람들의 모든 죄를 깨끗이 씻어 주실 수 있으십니다. 그의 강력한 사랑 앞에서 헤아릴 수 없이 많은 죄악들이 눈 녹듯이 사라집니다. 예수께서는 이스라엘의 쫓겨난 자들이나 소외된 자들을 모으시는 분이십니다. 세상에 도와 줄 사람이 한 사람도 없습니까? 하지만 하늘에 한 분이 계십니다. 여기에 친구가 한 명도 없습니까? 하지만 저 위에 한 친구가 계십니다. 당신을 구원해 줄 수 있는 게 아무것도 없습니까? 당신은 자살을 생각하고 있습니까? 아닙니다. 멈추십시오. 왜냐하면, 예수께서는 "자기를 힘입어 하나님께 나아가는 자들을 온전히," 정말 온전히 "구원하실 수 있는"(히 7:25) 분이시기 때문입니다. "하나님, 나 같은 죄인을 긍휼히 여기소서"

라고 기도하고, 당신의 영혼 속에 소망을 품고 당신의 길을 가십시오. 왜냐하면, "그는 이스라엘의 소외된 자들을 모으시는" 분이시기 때문입니다.

세 번째 부류의 사람들은 외적인 행위들로만 보면 결코 그렇게 불릴 사람들이 아닌데도 스스로를 쫓겨난 자들 또는 소외된 자들이라고 생각하는 사람들입니다. 존 번연에 관한 글을 쓴 많은 사람들이 번연이 자신의 생애에 대해서 말한 내용을 접하고서는 깜짝 놀랍니다. 왜냐하면, 신성모독적인 말들을 사용했다는 단한 가지를 제외하고는, 존 번연이 자기 자신에 대하여 가장 극악무도한 사람들 중 하나였다고 고백하고 있다는 사실은 도저히 믿기지 않는 일이기 때문입니다. 하지만 그는 자기 자신이 그런 인간이었다고 생각했습니다. 하나님의 성령께서 능력으로 어떤 사람의 양심에 임하셔서 흔들어 깨우면, 그 사람은 자기 자신을 죄인의 괴수라고 생각하게 되는데, 이런 일은 지금도 종종 일어납니다. 하지만 나는 언제나 그렇다고는 말하는 것이 아니라, 대체로 그렇다고 말하는 것입니다. 여러분은 실제로 악을 저지른 적이 없었을지 모릅니다. 여러분은 하나님을 모독하거나 부정직한 적이 없었을지 모릅니다. 반대로, 여러분은 어릴 때에 교육을 받을 때부터 지금까지 의의 길로 인도함을 받았습니다. 그럼에도 불구하고, 여러분은 깨어났을 때에 자기 자신을 가장 극악무도한 자라고 느낄 수 있습니다. 여러분은 모든 일에서 사람들에게서 사랑을 받아 왔고 좋은 평판을 들어왔습니다. 여러분은 사람들이 하나님을 모독하는 말을 들을 때마다 충격을 받지 않은 적이 없었습니다. 그런데도 성령께서 여러분을 깨어나게 하시면, 여러분은 자기 자신을 죄인들 중의 괴수라고 고백하게 될 것입니다. 나의 경우에도 나는 불경건한 것을 끔찍하게 싫어하고 혐오했습니다. 그런데 하나님의 영이 내게 임하였을 때, 나는 내 자신이 하나님을 욕하는 자들이나 술주정뱅이들보다 훨씬 더 악하다고 느꼈습니다. 그래서 나는 그런 명백한 죄악들에 빠진 자들 중에서 상당수는 그들의 죄악을 전혀 느끼지도 못하고 알지도 못하기 때문에 그렇게 하고 있는 것임을 알게 되었습니다. 그들은 자신들이 자라온 사회에서 사람들이 행하는 것을 보고서 멋모르고 따라서 그렇게 하다가 습관이 되어 버린 것입니다. 그러나 나는 경건한 부모 밑에서 나를 위해 눈물로 기도하시는 어머니의 양육을 받으며 어릴 때부터 성경을 읽고 성경의 내용을 문자적으로는 이해한 가운데 빛과 지식 가운데서 살아왔는데도, 그 빛과 지식을 거슬러 범죄해 왔기 때문에, 내 죄는 다른 사람들보다 더 검고 흉악하다고 느꼈습니다. 내가 생각하기에는 여러분도 나와 똑같은 것을 느꼈을 것임에 틀림없고, 아마 지금도 그렇게 느끼고 계실 것입니다. 여러분은 자신이 죄를 깨닫고서도 그것을 눌러 버린 그 밤을 기억하실 것입니다. 그때에 양심은 여러분과 치열한 싸움을 벌여서, 여러분을 하나님과 그리스도 앞에 굴복시키는 듯했습니다. 그러나 여러분은 의도적으로 그 양심을 눌러 버리고, 계속해서 죄 가운데 살기로 작정하였습니다. 그 일이 기억나십니까? 이제 여러분은 자신의 죄를 깨닫고 있기 때문에, 그 일을 생각하면, 뱀이 여러분을 무는 것처럼 느낄 것입니다. 그리고 여러분이 그동안의 삶 속에서 공공연한 죄를 저지른 적이 없었다고 할지라도, 여러분 자신이 죄인들 중의 괴수라고 느낄 것입니다. 앞에서 내가 말한 것이 여러분의 상태라면, 여러분도 하나님께서는 여러분의 어머니와 형제와 친구는 구원하시겠지만, 여러분 자신에게는 구원의 길이 없다고 생각하게 될 것이지만, 여러분이 그렇게 생각하는 것은 전혀 이상한 일이 아닙니다. 여러분은 예수의 피가 너무나 소중하고 귀하다는 것을 믿지만, 그 피가 여러분에게는 절대로 적용되지 않을 것이라고 생각합니다. 여러분은 한 친구가 회심했다는 소식을 듣고서는 한편으로는 기뻐하면서도, 다른 한편으로는 '절대로 내게는 은혜가 임하지 않을 거야'라고 생각했습니다. 설교자가 회중에게 예수 그리스도를 믿으라고 권면하였을 때, 여러분은 "나는 복음조차도 소용없는 상태에 있기 때문에, 나는 믿을 수 없고 구원 받을 수 없어"라고 말했습니다. 여러분은 자신이 쫓겨난 자 또는 소외된 자라고 생각합니다. 여러분은 자신이 그렇게 된 것이 마땅하다고 느낍니다. 여러분은 소외된 자로 살아가는 것이 만족스럽지는 않지만, 하나님이 여러분을 멸망 속에 두신다고 해도, 하나님을 탓할 수 없다고 생각합니다. 여러분은 자신의 죄가 너무나 커서, 하나님이 자신의 은혜와 구원에 관한 계획으로부터 자기를 배제시켜서 그 은혜가 다른 사람들에게는 임할지라도 자기에게는 임할 수 없기 때문에, 오직 하나님 앞에 머리를 조아리고 비통한 슬픔 가운데서, "하나님이여, 주는 의로우시나이다"라고 고백하는 것 외에는 할 수 있는 것이 없다고 느낍니다. 스스로를 정죄해 온 여러분, 내 말을 잘 들으십시오! 하나님께서는 여러분을 용서해 주십니다. 자기 자신을 소외된 자로 규정하고서 거기에서 한 발자국도 나오려 하지 않았던 여러분, 하나님께서는 여러분을 모으실 것입니다. 사람들은 여러분을 아무도 찾아주지 않는 소외된 자라 부를지라도, 하나님께서는 여러분을 "헵시바"(사 62:4)라 부를 것입니다. 왜냐하면, 하나님은 여러분을 기뻐하시기 때문입니다. 오직 예수 그리스도를 믿고, 여러분 자신을 그에게 맡기십시오.

이런 부류의 소외된 자들은 그리스도를 아주 기꺼이 기쁜 마음으로 영접하는 사람들입니다. 오직 그리스도 외에는 그 어디에도 갈 데가 없는 사람들, 자기가 해야 할 일은 하나도 하지 않고, 하지 않아야 할 일들만 해서, 그 삶이 온통 죄로 가득하여 어찌 할 바를 모르는 자들에게는 그리스도는 정말 소중하고 귀한 존재가 됩니다. 어떤 사람은 이렇게 말합니다: "나는 그렇게 느끼지 못하고 있습니다. 나는 내가 얼마나 큰 죄인인지를 느낄 수가 없어요." 좋습니다. 그렇다면, 당신은 소외된 자들 중에서 더 소외된 자입니다. 당신은 자기 자신이 일반 사람들만큼도 선하지 못하다고 생각하고 있는 것입니다. 여러분은 자기 자신의 필요조차도 느끼지 못하고 있기 때문에, 자기가 최악의 소외된 자라고 생각하는 것입니다. 당신은 이렇게 말합니다: "내 마음은 완악합니다. 남들은 자신의 죄를 깨닫고 그리스도를 만났는데, 나는 내 자신의 죄를 깨달을 수가 없습니다. 나는 내 죄를 깨닫기를 원합니다. 나는 내 가슴을 치며, 내가 애통해 할 수 없는 것을 애통해합니다. 왜냐하면, 내게 느껴지는 것이 있다면, 그것은 내가 느낄 수 없다는 것을 깨닫고 괴로워하는 것뿐입니다. 내 마음은 강철 같이 단단해져 버려서, 녹아지거나 깨뜨려질 수 없는 것처럼 보입니다." 나는 당신이 어떤 상태인지를 알겠습니다. 그러나 우리 중에도 전에 그랬던 분들이 꽤 있습니다. 우리도 우리가 아무것도 느끼지 못하는 것을 알고서, 우리가 애통할 수 없는 것을 애통해했습니다. 그러나 하나님께서는 우리를 모으셨습니다. 오늘의 본문은 이렇게 말씀합니다: "그가 이스라엘의 소외된 자를 모으시며." 여러분에게 상한 심령이 없다면, 오직 그리스도께서만이 그 상한 마음을 여러분에게 주실 수 있습니다. 여러분이 상한 마음으로 그리스도께로 나아갈 수 없다면, 그 상한 마음을 얻기 위해서 그리스도께로 나아가십시오. 여러분이 상처 입은 채로 그리스도께로 나아갈 수 없다면, 그리스도께서 여러분을 상하게 하신 후에 온전하게 만들어 주시기를 바라고, 그에게 나아가십시오. 여러분은 예수께 아무것도 가져갈 필요가 없습니다. 나는 여러분의 귀에 이렇게 속삭이고 싶습니다: 대체로 자기 자신이 아무것도 느끼지 못한다고 생각하는 사람들은 그들이 일반 사람들보다 더 민감하게 잘 느끼기 때문에 그렇게 생각한다는 것입니다. 자기가 느끼지 못한다고 생각하는 사람들은 대체로 가장 잘 느끼는 사람들입니다. 이 일과 관련해서 우리는 우리 자신이 느끼는 것을 제대로 판단하지 못합니다. 여러분이 지난날을 돌아보면서 이렇게 말할 날이 올 것입니다: "나는 내가 죄를 느끼지도 못하고 애통해하지도 않는다고 생각했지만, 사실은 그것이 죄에 대하여 애통하고 있는 것임을 알게 되었습니다. 나는 내 죄가 얼마나 검고 흉악한지를 깨닫고 있었기 때문에, 내가 깊이 애통해하고 있던 때에도, 충분히 애통해하고 있지 못하다고 느꼈던 것입니다." 형제들이여, 우리 인간은 자신의 죄에 대하여 결코 "충분히" 애통할 수 없습니다. 만일 우리가 우리 자신의 죄를 느끼고 흘린 눈물이 큰 바다를 이루었다고 한다면, 우리는 "충분히" 애통한 것일까요? 그렇지 않습니다. 감사하게도, 우리가 회개하거나 우리 죄에 대하여 애통해할 때, 하나님께서는 우리에게 일정한 기준을 충족시킬 것을 요구하시는 것이 아닙니다. 소외된 영혼들이여, 예수를 믿고 의지하십시오. 그러면 그는 여러분을 구원하실 것입니다.

나는 이 부류의 사람들에 대한 설명은 이 정도로 하고, 이 부류의 사람들보다 한층 더 이스라엘의 소외된 자들에 속하여 예수께서 모으시는 또 다른 부류의 사람들에 대하여 말씀드리고자 합니다. 그들은 배역하여 교회에서 나간 자들, 즉 그들의 거룩하지 못한 삶과 표리부동한 언행으로 인해서 교회가 병든 지체로 여기고서 출교시켜서, 그 결과로 교회 밖에 놓여 있게 된 자들입니다. 이러한 부류의 이스라엘의 소외된 자들은 하나님의 양 무리를 오염시키는 병든 양들이기 때문에 출교가 불가피합니다. 그들은 나병환자들과 같기 때문에 진 밖에 두어져야 합니다. 교회로부터 추방되어 떠도는 자들이여, 복음 속에는 배역한 자들인 여러분을 위한 말씀도 있습니다. 하나님께서는 이리저리 떠도는 자녀들을 다시 부르십니다. 하나님의 교회는 하나님의 성호를 욕되게 하는 자들을 출교시킬 권세를 가지고 있지만, 하나님께서 "배역한 자식들아 돌아오라"(렘 3:22)고 말씀하셨기 때문에, 마찬가지로 그들에게 다시 돌아오라고 권하지 않는다면, 그것은 잘못입니다. 배역한 자를 설득해서 첫 사랑을 회복시키는 것은 쉬운 일이 아닙니다. 돌아오는 길은 오르막길이고, 그 길을 오르는 데에는 사람들은 별 도움이 되지 못합니다. 새 신자들은 많이 오지만, 교회를 떠나 방황하는 사람들은 여전히 교회 밖에 있고, 그들 중에는 교회가 자신을 환영하지 않을 것이라고 생각해서 돌아오지 못하는 사람들도 있습니다. 그러나 여러분을 출교당할 수밖에 없게 만든 그 죄를 여러분이 진심으로 회개하고 있다면, 그리스도의 교회는 여러분을 기쁘게 환영할 것입니다. 비록 자기 자신을 더럽혔다고 할지라도, 여러분이 진정으로 그리스도를 믿는 자들이라면, 그리스도께서는 여러분을 잊지 않으십니다. 그리스도께서는 여러분을 늘 기억하시고서는, 여러분에게 그 더러운 모습 그대로 돌아와서 그의 대속의 피로 씻음 받으라고 명하십니다. 예수께서 열어 놓으신 샘은 예전의 그들처럼 거기에 처음 오는 사람들만을 위한 것이 아닙니다. "그 날에 죄와 더러움을 씻는 샘이 다윗의 족속과 예루살렘 주민을 위하여 열리리라"(슥 13:1). 그 샘은 하나님을 이미 아는 자들이 날마다 짓는 죄악들과 배역하여 더럽게 된 것을 깨끗하게 씻어 주기 위한 것이기도 합니다. 하나님께서는 죄에 잡혀 포로가 되어 끌려간 자들을 모으셔서, 그들을 다시 한 번 "공평한 땅에"(시 143:10) 거하게 하십니다. 하나님은 방황하며 떠도는 자신의 양들을 다시 그에게로 돌아오게 하십니다.

　오늘의 본문은 여러 해 동안 하나님을 사랑하다가 심각한 영적 침체에 빠져 있는 사람들에게도 적용될 수 있다는 것은 분명합니다. 우리는 하나님의 최고의 백성들이었던 분들 중에서 "낙심의 수렁"(Slough of Despond)에 빠져서 한 달이 지나고 일 년이 지나도 빠져나오지 못하는 분들을 여기저기에서 만납니다. 이런 부류의 신자들은 새들이 털갈이 하듯이 주기적으로 낙심에 빠지고, 일단 그들이 낙심에 빠져 있을 때에는, 여러분은 그 어떤 수로도 그들을 기쁘게 하거나 위로할 수 없습니다. 그런 상태 속에서 그들은 자기 자신에 대하여 아주 비관적이고 부정적인 생각들을 하게 되고, 그들 자신을 온갖 흉악하고 추한 이름들로 부르며 자책합니다. 우리가 그들의 그런 모습을 보며 실소를 금할 수 없게 될 정도로 말입니다. 왜냐하면, 우리는 그들이 잘못 생각하고 있다는 것을 뻔히 알고 있기 때문입니다. 우리는 그들의 한결같은 신앙에 감탄하고 있는데, 그들은 자신이 너무나 어리석다고 애통해합니다. 우리는 하나님의 진리에 대한 그들의 열심과 온갖 선한 일에 대한 그들의 헌신을 보지만, 그들은 자신 속에는 선한 것이 없다고 말합니다. 우리는 그들이 어떤 상태에 있는지를 압니다. 왜냐하면, 우리 자신도 그들과 동일한 차꼬에 단단히 묶여서 그들과 동일한 견고한 감방에 갇혀 있었던 적이 있기 때문입니다. 여러분이 "많은 두려움"이라는 이름을 지닌 자매(Miss Much-Afraid), "작심삼일" 형제(Mr. Ready-to-Halt), "연약한 심령" 형제(Mr. Feeble-Mind)처럼 그렇게 하나님을 사랑하여서 땅바닥에 주저앉아 자신의 모습에 대하여 낙심하고 의기소침하여 자신을 그토록 비관적으로 평가하고 판단할지라도, 여러분의 하나님은 결코 여러분을 그렇게 평가하지도 않으시고, 여러분을 떠나시지도 않습니다. 하나님께서는 자기 자신을 이스라엘의 소외된 자라고 생각하는 사람들을 긍휼히 여기셔서 "모으시기"를 기뻐하십니다.

끝으로, 그리스도에 대한 사랑 때문에 소외된 자들이 있는데, 그들은 두말할 필요도 없이 오늘의 본문에서 말하고 있는 그런 사람들입니다. 그들은 "만물의 찌꺼기"(고전 4:13)로 여김을 받을 정도로 의를 위하여 고난을 당하는 자들입니다. 하나님을 신실하게 섬기는 자들 중에서 잔인한 조롱거리가 되는 시험을 당하지 않은 사람이 단 한 사람이라도 있었습니까? 그런 사람들은 소외된 자들에게는 자랑이요 기쁨이지만, 일반적으로 불경건한 세상 사람들에게는 동네북입니다. 세상은 그런 사람들을 별 쓸모없는 자들이라고 탐탁지 않게 여겨서, 그런 사람들은 이 세상에서 살아 있을 가치가 거의 없는 자들이라고 생각합니다. 우리는 오늘날에는 그리스도인들이 박해 받았다는 말을 거의 듣지 못하지만, 개인적인 삶 속에서는 여전히 박해가 계속되고 있습니다. 전에는 친구였고 지인이었던 사람들이 그들에게 등을 돌리고, 전에는 그들을 칭찬하고 칭송했던 사람들이 이제는 가슴을 후벼 파는 잔인하고 심한 말들을 그에게 퍼붓습니다. 그렇게 절친했던 사람들과의 사이가 그리스도를 믿는 믿음 때문에 멀어집니다. 그리스도인들에게는 가장 큰 원수가 자기 가족이라는 말은 여전히 진실합니다. 그러나 여러분이 그리스도를 위하여 이 땅에서 소외된 자가 되었다면, 여러분에게 힘이 되고 위로가 되는 말씀이 있습니다: "여호와께서 예루살렘을 세우시며 이스라엘의 흩어진 자들을 모으시며"(KJV). 하나님께서는 그를 위하여 박해 받은 자들을 영원히 자신의 거룩한 성전의 기둥들로 세우십니다. 그리스도를 위하여 소외된 자들은 복이 있습니다. 그리스도를 위하여 가난한 자가 될 정도로 하나님에 의해 존귀하게 쓰임 받고 있는 사람들은 부요한 자들입니다. 예수 그리스도를 위하여 자신의 목숨을 버릴 수 있는 은혜를 받은 사람들은 행복한 자들입니다.

2. 둘째로, 하나님께서 그들을 모으신다는 것은 무슨 의미입니까?

이제 두 번째 대지에서 우리는 주 예수께서 이렇게 여러 다양한 부류의 사람들을 모으신다는 것이 무슨 의미인지를 잠깐 살펴보도록 하겠습니다. 물론, 나는 각각의 부류의 사람들에 맞춰서 설명을 조금씩 달리해야 하지만, 그렇게 하려면 많은 시간이 걸릴 것이기 때문에, 주 예수께서 이스라엘의 소외된 자들을 모으시는 몇 가지 방식에 대해서 설명하는 쪽을 택하고자 합니다.

예수 그리스도께서는 복음을 듣도록 하시기 위하여 그들을 모으십니다. 예수 그리스도를 전하십시오. 그러면 그들이 모여올 것입니다. 소외된 성도들이나 소외된 죄인들이나 둘 다 찬송 받으실 예수 그리스도의 이름에서 울려오는 아름다운 소리를 듣기 위하여 모여올 것입니다. 그들은 그렇게 하지 않을 수 없습니다. 예수 그리스도처럼 그들을 끌어올 수 있는 것은 아무것도 없습니다! 그런 후에, 예수 그리스도께서는 그들을 자기에게로 모으십니다. 혼인잔치에 관한 비유가 여기에서 재현됩니다: "길과 산울타리 가로 나가서 사람을 강권하여 데려다가 내 집을 채우라"(눅 14:23). "가난한 자들과 몸 불편한 자들과 맹인들과 저는 자들을 데려오라"(눅 14:21). 이런 식으로 우리가 주 예수 그리스도를 신실하게 전할 때, 그가 친히 무리들을 모으십니다. 그는 온갖 부류의 사람들을 모으시는데, 특히 사회에서 쫓겨나고 소외된 자들, 사람들로부터 멸시당하고 스스로도 자신을 멸시하는 그런 자들을 모으십니다. 그는 그들을 자기에게로 모으십니다. 그가 그들을 모으시는 곳은 그들의 더러운 것을 깨끗하게 해주고, 그들의 병을 고쳐 건강하게 해주며, 벌거벗은 그들에게 옷을 입혀 주고, 온갖 것들이 결핍되어 있던 그들에게 모든 필요한 것들을 차고 넘치게 공급해 주는 아주 복된 곳입니다. 그리스도께서는 그들을 자기에게로 모으시는데, 이것은 그들을 하나님께로 모으시는 것이기도 합니다. 그리스도께서는 그들을 모아 아버지 하나님과 화목하게 하심을 통해 그들로 복과 평안을 얻게 하십니다. "그[그리스도]에게 백성의 모임이 있으리라"(창 49:10 KJV, 한글개역개정에는 "그에게 모든 백성이 복종하리로다").

　　그리스도께서는 그렇게 하신 후에, 그들을 하나님의 **권속**으로 모으십니다. 그는 소외된 자들을 데려오셔서 하나님의 자녀들, 곧 자기와 함께 하나님의 상속자들이 되게 하십니다. 그는 그들을 거름더미에서 건져 올리셔서 왕들 가운데 앉히십니다. 그는 그들을 돼지 여물통에서 데려오셔서, 그들의 손가락에 반지를 끼워 주시고 그들의 발에 신을 신겨 주신 후에, 아버지 하나님의 잔치 자리에 앉아 기쁘게 먹게 하십니다. 선한 목자이신 예수 그리스도께서는 길 잃은 양들과 몸 불편한 양들과 저는 양들과 병든 양들을 모아서 먹이십니다. 그는 그들로 편히 눕게 하시고 그들의 영혼을 소생시키셔서, 마침내 그들을 영광의 땅의 푸른 초장으로 인도하십니다.

　　때가 무르익었을 때, 하나님께서는 이 소외된 자들을 **자신의 가시적인 교회로** 모으십니다. 다윗이 빚을 지고 도망친 사람들이나 사회에 불만을 지닌 사람들을 하나의 무리로 모았던 것과 마찬가지로, 예수 그리스도께서는 빚진 자들과 불만 있는 자들을 모으셔서 자신의 군사들로 만드십니다. 이 사람들은 전투하는 교회 (the Church militant)라 불립니다. 다윗이 "그렛 사람과 블렛 사람과 가드 사람" (삼하 15:18)과 이방 출신의 용병들을 모아서 큰 전과를 올렸듯이, 나사렛 예수 께서도 큰 죄인들에게 큰 은혜를 베풀어 그 죄를 사해 주시고 완악한 마음을 지 닌 자들을 놀랍게 변화시키셔서 자신의 군대의 초창기 군사들로 사용하셔서 큰 일들을 이루십니다. 그렇습니다. 그는 그들을 모아 자신의 교회를 이루게 하시 고, 그들을 모아 자신의 일을 하게 하십니다. 그는 이스라엘의 소외된 자들을 자신 의 영광을 위하여 사용하십니다.

　　그렇게 하신 후에, 그리스도께서는 그들을 **천국**으로 모으십니다. 그들이 전 에 자신들이 어떤 사람들이었는지를 기억한다면, 장차 그들 한 사람 한 사람이 자신이 천국에 와 있게 된 것을 알게 되었을 때, 그것은 그들에게 너무나 놀라운 일이어서 정말 생시가 아니라 꿈이라고 느껴질 것입니다. 그들 중에는 자기가 예전에 선술집에 앉아서 짐승보다 못한 존재가 될 정도로 술독에 빠져 살던 때 가 새삼스럽게 떠오르는 자들도 있을 것입니다. 그런 그들이 지금은 구속주의 피로 씻음을 받아서 천사들 가운데 앉아 있습니다. 이것은 정말 놀라운 은혜입 니다! 그들 중 어떤 사람은 이렇게 말할 것입니다: "예전에 더럽고 추악한 무리와 어울려서 말도 못하게 추잡하게 살았던 내가 지금 이렇게 면류관을 쓰고 구속주 의 발 앞에 앉아 있다니!" 형제들이여, 우리가 천국에 다다르면, 우리의 모든 과 거를 다 잊게 될 것이라고 나는 생각하지 않습니다. 우리에게는 종종 그리스도 께서 장차 우리를 천국으로 인도하셔서 천국의 백성들 가운데 우리를 앉히시리 라는 것이 하나님의 너무나 기이한 사랑으로 불현듯 느껴져서 잘 믿기지 않을 때가 있습니다. 그렇지만 하나님께서는 반드시 그렇게 하실 것입니다! "많은 두 려움" 형제와 비슷한 염려를 지닌 여러분이여, 여러분은 반드시 천국에 있게 될 것입니다! '사탄이 절대로 나를 놓아주지 않을 거야'라고 생각하는 여러분이여, 여러분도 반드시 천국에 있게 될 것입니다. 지푸라기 하나에도 걸려 넘어지는 여러분, 길에 나 있는 작은 도랑에서 발이 빠져서 더 이상 앞으로 나아가지 못할 것 같이 느끼고서는, "분명히 내 심령 속에는 은혜가 없는 거야"라고 오해하는 여러분이여, 여러분은 기진맥진하면서도 여전히 천국을 향하여 나아가고 있는 것입니다. 그리스도의 옷자락을 만지지만, 믿음이 너무 없어서 자신에게 아무런 역사도 일어날 것 같지 않다고 염려하는 여러분이여, 여러분은 저 애곡하고 신음하는 모습에서 일어나고, 낙심하고 괴로워하며 의기소침하는 것으로부터 일어나서, 여러분이 부르는 감사와 기쁨의 찬송이 천국의 가장 감미로운 음악 중 하나가 될 것입니다. "그가 이스라엘의 소외된 자를 모으시며."

3. 셋째로, 본문이 주는 교훈은 무엇입니까?

나는 오늘의 본문은 우리에게 세 가지 교훈을 준다고 생각하는데, 지금부터 그것들을 간단하게 살펴볼까 합니다.

그 교훈들 중 하나는, 본문은 자신이 무가치하고 별 볼 일 없는 사람이라고 생각하는 자들로 하여금 오늘 밤 예수 그리스도께로 나아가라고 격려하고 있다는 것입니다. 나는 낙심 가운데 있는 사람에게 기쁨과 용기를 주기 위해서, 내가 알고 있는 모든 것을 생각해 내고, 나를 인도해 주시라고 내 마음을 들어 성령을 바라보고자 했습니다. 지난 주일 밤에 나의 설교의 목적은 상한 심령을 지닌 사람들을 위로하는 것이었고, 실제로 나의 설교는 그런 목적에서 벗어나지 않았던 것으로 보입니다. 나는 오늘 이 자리에는 실제로 자기 자신에게 소망이 전혀 없다고 믿는 분들이 계셔서, 하나님께서 나를 그분들에게 보내셨다고 믿습니다. 나의 사랑하는 친구들이여, 하나님께서 소외된 자들을 모으시는데, 여러분을 모으시지 않으실 이유가 어디 있겠습니까? 예수 그리스도께서 여러분에게서 선한 것을 찾으시는 것이 아니라, 오직 여러분의 죄와 참상만을 바라보시는 것이 사실이라면, 여러분을 돌아보지 않으실 이유가 어디 있겠습니까? 나는 여러분에게 내 주님을 시험해 보라고 강권하는 바입니다. 여러분이 그리스도 앞에 나아가서, 자신의 무가치함을 고백하고 여러분 자신을 그에게 맡기는데도, 그가 여러분을 구원하지 않으신다면, 나는 도대체 그 일이 어떻게 된 것인지를 자세히 알아볼 것입니다. 왜냐하면, 만일 그렇게 된 것이 사실이라면, 여러분은 예수를 믿고 의지했다가 거부당한 최초의 인간이 된 것이기 때문입니다. 여러분의 상태가 어떠하든, 즉 여러분의 상태가 아무리 절망적인 것이라고 하더라도, 그런 일은 절대로 일어날 수 없습니다. 여러분은 내가 생각하고 설명한 것보다 자신의 상태가 훨씬 더 심각하다고 생각하고, 여러분의 상태가 얼마나 나쁘고 심각한지를 내가 모르고 있다고 생각할 것입니다. 사실 나는 여러분이 구체적으로 어떤 형태로 하나님을 배역했는지는 알지 못합니다. 그러나 여러분은 내가 생각하고 설명한 바로 그 사람이라는 것은 의심의 여지가 없습니다. 여러분의 죄가 지옥처럼 깜깜하고 검으며, 지옥의 시궁창처럼 더러우며, 셀 수 없을 정도로 많은 죄를 저질렀고, 여러분의 행실이 너무나 극악무도해서 하나님의 무한하신 진노를 받아도 아무 할 말이 없을 정도라면, 여러분은 바로 내가 앞에서 말한 사람입니다. 그렇지만 예수 그리스도 앞으로 나아오셔서, 그의 오상(五傷)을 바라보시고, 그때에 상처를 입은 저 거룩한 머리와 창에 찔린 심장을 바라보십시오. 십자가에 못 박히신 예수를 바라볼 때에 거기에 생명이 있습니다. 여러분이 한 번 해보시겠습니까? 여러분이 눈을 들어서 "의인으로서 불의한 자를 대신하신"(벧전 3:18) 이를 바라본다면, 그가 여러분을 하나님께로 데려가셔서 화목하게 하실 것입니다. 이 설교의 마지막 단어가 말해지기 전에 바로 지금 그 자리에 앉은 채로, 여러분은 하나님께로 인도되어서 화목을 이루게 될 것입니다. 왜냐하면, 주 예수 그리스도를 믿는 자는 누구든지 구원을 받게 되기 때문입니다. "모세가 광야에서 뱀을 든 것 같이 인자도 들려야 하리니 이는 그를 믿는 자마다 영생을 얻게 하려 하심이니라"(요 3:14-15). 여러분이 바로 지금 예수를 믿게 되시기를 기원합니다. 우리는 종종 이렇게 노래합니다:

> "주께 맡기되 온전히 맡겨라.
> 주 외에는 다른 것을 의지하지 말라.
> 절망 가운데 있는 죄인들이 복을 받을 수 있는 길은
> 오직 예수뿐이라네."

　젊은이들이나 나이 드신 분들이나 중년에 있는 분들이여, 오늘 밤 나는 영원히 찬송 받으실 성령께서 여러분의 마음을 촉촉히 감화시키셔서, 구원받기 위해서 여러분이 무엇인가를 하고자 하는 마음을 버리고, 예수께서 피 흘리시며 돌아가시면서 "다 이루었다"(요 19:30)라고 외치셨을 때에 여러분의 구원을 위한 모든 것이 이미 다 갖춰졌다는 것을 알게 하시기를 기도합니다. 여러분은 오직 그리스도께서 말씀하신 것을 믿고서 그 앞에 나아가, 그를 여러분의 모든 것으로 받아들이시기만 하면 됩니다. 하나님께서 도우셔서 여러분으로 하여금 그렇게 행하게 해주시기를 빕니다.

　본문 속에서 우리가 살펴볼 두 번째의 것은 이것입니다. 우리가 우리 자신을

소외된 자로 느꼈을 때, 예수 그리스도께서 우리를 받아 주셨다면, 우리는 어떤 식으로 그를 사랑해야 하는가 하는 것입니다. 먼저 우리는 우리가 어떤 구덩이에서 건져 올려졌는지를 그 구멍을 통해 되돌아보는 것이 좋습니다. 나의 형제들이여, 우리는 종종 몹시 우쭐하는 때가 있습니다. 우리가 기가 막히게 커 보입니다, 그렇지 않습니까? 우리는 지금 연륜이 깊은 그리스도인들이 아닙니까? 우리가 신앙생활을 한 지가 벌써 25년이나 되었으니까요! 그러니 우리가 얼마나 귀한 존재입니까! 아마도 우리는 교회의 집사이거나, 적어도 주일학교 교사이고, 기도회에 참석해서 기도하는 자들입니다. 그렇기 때문에, 우리는 교회에서 지위와 힘이 꽤 있고, 상당히 중요한 인물들이 되었습니다. 우리가 자신의 지난날을 되돌아보지 않게 되면, 우리는 우리 자신이 뭐라도 된 것처럼 생각하게 됩니다. 하지만 우리가 어디에서 건짐을 받았는지를 되돌아본다면, 우리는 감히 머리를 그렇게 꼿꼿이 세우고 다니지 못할 것입니다. 우리에게는 우리가 지금 무엇을 하고 있는지를 보는 것이 중요한 것이 아니라, 우리가 죄와 허물로 죽어 있었던 우리의 지난날, 우리의 벌거벗은 몸을 가릴 헝겊조각 하나 없었던 우리의 지난날, 우리가 하나님의 진노 아래 있어서 다른 사람들과 똑같이 진노의 자식들이었던 우리의 지난날을 기억하는 것이 훨씬 더 중요합니다. 우리가 본성적으로 영원히 멸망할 수밖에 없는 상태에 있었다는 것을 기억하기만 한다면, 우리의 머리를 그렇게 꼿꼿이 세우고 다니거나, 교회에서 우리 자신이 존중을 받아야 할 존재라고 생각하거나, 하나님이 우리를 우리의 마음과 같이 그렇게 부드럽게 대해 주시지 않으면 우리 자신은 그런 대우를 받아서는 안 되는 존재들이라고 생각해서 섭섭하게 생각하는 일이 사라지게 될 것이라고 나는 확신합니다. 사랑하는 친구들이여, 우리는 우리가 과거에 어떤 존재였는지를 늘 기억하여야 합니다. 그렇게 하기만 한다면, 우리 자신을 뭐라도 된 것처럼 보고 교만해지는 일은 없게 될 것입니다. 아니, 도리어 우리 주 예수 그리스도께서 우리를 어떠한 깊은 구덩이에서 건져 올리셨는지를 기억하면, 우리 안에서 그리스도를 향한 열심이 불붙듯이 타오르지 않겠습니까? 주님께서 나와 같은 망나니를 구원하신 것이 아닌가? 그러니 내가 주님을 위해 살고 주님을 위해 죽는 것이 마땅하지 않겠는가! 우리 모두의 입에서 이런 말이 나오는 것이 합당합니다. 우리는 그런 마음으로 살아야 합니다. 하나님께서 우리로 하여금 그런 마음으로 살아가게 하시기를 빕니다.

또한, 우리는 주 예수 그리스도께서 거들떠 볼 가치도 없을 정도로 형편없는 우리 같은 자들에게 다가오셔서 구원하신 것이라면, 우리도 우리와 똑같은 상태에 있는 다른 사람들에게 다가가서 그들을 그리스도께로 인도하는 일을 결코 부끄러워하지 않는 것이 마땅하다고 늘 느껴야 합니다. 우리는 세상에서 가장 타락한 자들에게 다가가는 것을 우리의 존귀함을 훼손시키는 일이라고 여겨서는 안 됩니다. 우리는 그런 사람들이 우리보다 더 나쁘거나 악한 것이 아니라고 여기고서, 그들로 하여금 회심하게 하고자 하여야 하고, 그들의 회심을 소망하며 기대해야 합니다. 이것은 지금 이 자리에 계신 그리스도인들에게 특히 해당되는 교훈입니다. 사랑하는 형제들이여, 진정으로 여러분이 전에는 소외된 자들이었지만 은혜를 입어서 하나님의 권속으로 받아들여져서 지금 천국을 향하여 나아가고 있다고 느낀다면, 나는 여러분에게 자신의 과거의 모습을 닮은 사람들을 만날 때마다 그들에게 모든 관심을 기울이시기를 부탁드립니다. 여러분이 그 영혼이 깊은 절망 속에 있는 사람을 만난다면, 속으로 이렇게 말하십시오: '나는 이 사람에게 위로자가 되어야 해. 전에 나도 이 사람과 같은 상황을 겪지 않았던가. 내가 하나님의 도우심으로 이 사람을 기쁘게 할 때까지는, 이 불쌍한 영혼을 결코 그냥 보내지 않으리라.' 여러분이 대놓고 죄를 저지르는 죄인을 만난다면, 속으로 '나도 전에 대놓고 죄를 저질렀던 죄인이었지'라고 말하거나 '나는 은밀하게 죄들을 저질렀지만, 그 죄들은 이 사람이 대놓고 저지른 죄만큼 악한 것이었으니, 이 불쌍한 영혼에게도 소망이 있는 것이 분명하기 때문에, 내가 그리스도의 사랑으로 이 사람을 그리스도께로 이끌어야 하겠구나'라고 말하십시오.

"그리스도의 사랑으로"라는 표현을 주목하십시오. 왜냐하면, 그것이 우리가 사용해야 하는 능력이기 때문입니다. 우리는 죄인들을 그리스도의 사랑으로 이끌어서 그리스도께로 인도하여야 합니다. 성령께서는 죄인들에 대한 성도들의 사랑을 사용하셔서, 그 가련한 죄인들로 하여금 그리스도의 사랑을 알게 하십니다. 그들이 멸망 받도록 그냥 내버려 두지 마시고, 그들에게 다가가서 그들을 인도하십시오. 하나님께서 여러분의 심령 속에서 그러한 결단이 이루어지게 하시기를 빕니다: "내가 이 영혼을 구원하기 위해서 예수의 이름과 내 안에 내주하시는 성령의 능력을 힘입어서 무엇인가를 할 수 있다면, 나는 그 일을 하리라. 그렇게 해야만, 장차 그 영혼이 결국 그리스도를 영접하지 않아서 멸망 받을 자로 죽는다고 해도, 조종이 울릴 때, 나는 '내가 그리스도를 그 영혼 앞에 전하였고, 그의 양심에 호소하였으며, 그 죄인을 예수께로 인도하려고 애썼습니다'라고 말할 수 있을 것이다."

소외된 자들은 돌이켜 회심하고 나서는 자기와 같은 소외된 자들을 찾아나서야 합니다. 거기에 있는 젊은이여, 당신은 전에 하나님을 욕하던 자였습니까? 그렇다면, 이제 하나님을 욕하는 자들을 찾아다니며 그들의 회심을 위해 애쓰십시오. 저기에 있는 젊은이여, 당신은 전에 카드놀이를 비롯해서 여러 가지 유흥을 즐기던 자였습니까? 그렇다면, 이제 당신과 똑같이 하고 다니는 사람들을 찾아서 회심시키는 일에 헌신하십시오. 조지 휫필드(George Whitefield)는 자기가 회심한 후에 최초의 관심사는 자기 같이 죄를 즐기는 사람들을 찾아 회심시키는 것이었다고 말합니다. 그리고 실제로 그는 그런 많은 사람들을 그리스도께로 인도하는 일을 해내는 특권을 부여받았습니다. 당신은 사업가로서 전에 다른 사람들과 손을 잡고서 나쁜 짓을 했었습니까? 그렇다면, 이제는 당신과 손을 잡고 나쁜 짓을 하고 다녔던 그 사람들의 구원을 위하여 애쓰십시오. 어떤 종류의 죄나 나쁜 짓을 저지르다가 회심한 사람들이 자기와 똑같은 짓을 하고 다니는 자들을 찾아서 회개에 이르도록 애쓰는 것은 그리스도께서 우리 모두에게 부여하신 자연스러운 의무입니다.

사랑하는 자들이여, 하나님께서 여러분에게 복 주시기를 빕니다. 우리는 곧 천국에 있게 될 것입니다. 나는 오늘 밤 이 자리에 있는 분들 중에서 나이가 많이 드셔서 머지않아 그리스도의 영광 속으로 들어가게 되실 분들이 계신다는 것을 압니다. 그리고 우리 중에서 나이가 많지 않은 분들도 건강이 좋지 않아서, 우리가 이 세상에서 그들의 얼굴을 오래 볼 수 없게 될 수도 있습니다. 그러니 오늘 밤 우리 모두는, 주 예수 그리스도는 찬송 받으시기에 지극히 합당하신 구주이시라는 것, 우리 같은 자들에게 자기 자신을 계시하신 것 자체가 그의 무한하신 사랑을 보여주신 것임을 반드시 고백하여야 합니다! 그렇게만 한다면, 우리 모두는 오늘 당장 죽더라도, 주 예수 그리스도께 가까이 가서 영원토록 그를 섬길 수 있게 될 것이 아니겠습니까? 나의 사랑하는 자들이여, 지체하지 마십시오!

제
143
장
—

우리의 왕, 우리의 기쁨

—

"시온의 주민은 그들의 왕으로 말미암아 즐거워할지어다."
— 시 149:2

성경의 시편 책은 기쁘고 즐거운 찬송의 거룩한 들썩임으로 끝납니다. 시편 책에서는 가끔 조용하고 작은 목소리가 있기도 하지만, 전체적으로는 찬송이 울려 퍼집니다. 그러다가 마지막 시편들에 오면 우렛소리 같은 찬송이 터져 나옵니다. 거기에서는 나팔 소리와 높은 소리 나는 제금을 동원하여 하나님을 찬송합니다. 거룩한 악기들이 지닌 모든 힘과 에너지는 여호와를 찬양하고 칭송하는 데에 쏟아 부어집니다. 시편 책은 그리스도인의 삶을 그대로 그려놓고 있는 책입니다. 우리가 하나님의 율법을 즐거워하는 자에게 주어지는 복으로 시작해서, 죄 사함을 받아 그 죄의 가리우심을 받는 자의 복을 얻는 것으로 나아갔고, 우리 영혼이 시냇물을 찾기에 갈급한 사슴처럼 우리 하나님을 간절히 사모하는 법을 배웠으며, 거기에서 계속 진행해서 "그가 내게 인자와 긍휼로 관을 씌우시다"(cf. 시 103:4)고 노래했다면, 우리는 거기에서 멈추는 것이 아니라, 우리 인생의 마지막 페이지들에서 할렐루야 찬송들로 나아가는 것이 마땅합니다. 이 땅에서의 삶을 하나님을 찬송하는 것으로 끝마치는 사람들은 그 동일한 기쁘고 즐거운 일로 내세를 시작하게 될 것입니다. 우리의 인생이 빛의 땅에 더 가까워질수록, 우리의 나날들은 더욱더 찬송으로 가득 차야 합니다. 우리가 영원토록 부르게 될 노래를 이 아래 세상에서 시작하여야 합니다. 우리는 우리의 인생이 끝나고 새

날이 밝아오는 것을 기뻐하여 새들처럼 노래하고 환영하여야 합니다. 이 아침에 나는 그리스도의 군대 중에서 신앙의 연륜이 깊은 분들이 이 찬송의 본분을 행하는 데에 앞장서시기를 부탁드립니다. 나는 하나님의 자비하심을 가장 오랫동안 맛보아 왔던 분들이 가장 큰 소리로 감사 찬송을 부름으로써, 젊은 순례자들이 하나님을 기뻐하고 즐거워하는 그들의 모범을 통해서 힘과 위로를 얻고 그들로부터 배우게 되기를 기도합니다. 아울러, 나는 우리 모두가 신앙생활을 오래 하였든 그렇지 않든 새 예루살렘의 시민들이요 임마누엘 왕의 신민들로서 이 날에 우리의 왕으로 말미암아 즐거워하고 기뻐할 수 있기를 기도합니다. 새들이 노래할 날이 이미 도래했다고 나는 믿습니다! 어둠 속에 거하였던 여러분, 이제 깨어나서 노래하십시오.

1. 첫째로, 본문이 권하는 기쁨은 특정한 사람들에게만 속하는 기쁨입니다.

나는 여러분에게 오늘의 본문을 잘 살펴보시기를 권하면서 가장 먼저 말하고 싶은 것은 본문이 우리에게 권하는 기쁨은 오직 특정한 사람들에게만 해당되는 기쁨이라는 것입니다. "시온의 주민은 그들의 왕으로 말미암아 즐거워할지어다." 다른 사람들은 이 왕을 기뻐할 수 없고, 기뻐할 이유도 없습니다. 시온의 주민이 아닌 자들은 하나님이 왕이라는 사실을 생각하면 도리어 낙심할 수밖에 없습니다. "여호와께서 다스리시나니 땅은 즐거워하며 허다한 섬은 기뻐할지어다"(시 97:1)라는 노래는 성도들을 위한 것이지만, 여호와의 다스리심과 관련해서 또 다른 측면도 있다는 것을 기억하십시오: "여호와께서 다스리시니 만민이 떨 것이요"(시 99:1). "하나님은 의로우신 재판장이심이여 매일 분노하시는 하나님이시로다"(시 7:11). 하나님의 아들의 영광은 그 아들을 멸시하는 자들에게는 결코 위로가 될 수 없습니다. 왜냐하면, 그가 오실 때, 그의 손에는 그들을 위한 은으로 된 규, 곧 그들을 위해 예비된 은혜의 상은 없을 것이고, 도리어 그는 철장을 가지고 오셔서, 마치 토기장이가 토기들을 부수듯이 그렇게 그들을 산산조각 내실 것이기 때문입니다. 그러므로 시온의 주민이 아닌 사람들은 그들의 왕을 기뻐할 수 없습니다. 그는 우리에게는 평화의 왕이시기 때문에, 그가 왕이시라는 것은 우리에게 너무나 달콤하고 기쁜 말이지만, 그들에게는 결코 그렇지 않습니다. 그의 통치는 그들 위에도 미치지만, 그들에게 그 통치는 자비와 긍휼을 보이시는 것이 아니라 공의를 나타내시는 것이 될 것입니다. 그의 두려운 권능

은 멸망 받기에 합당한 진노의 그릇에 대한 하나님의 의로우신 판결을 집행하는
데에 사용될 것입니다. 그들은 그를 거절하고 배척하였기 때문에, 그는 그들에
게 정말 끔찍하게 두려운 존재가 될 것입니다. "시온의 주민"인 여러분은 우리의
왕을 기뻐하는 것이 마땅한 백성들입니다. 여러분 속에는 거룩한 원리들이 자리
잡고 있어서, 여러분은 반드시 여러분의 왕을 기뻐하게 될 것입니다.

　　그 거룩한 원리 중 첫 번째는 여러분의 **충성**입니다. 시온의 주민들은 그들의
왕에게 충성합니다. 그들은 "여호와께서 다스리신다"는 것을 생각하기를 기뻐합
니다. 그들은 여호와께서 자기 왕을 거룩한 산 시온에 세우신 것을 기뻐합니다.
만일 오늘날 신자들을 대상으로 누가 교회의 머리가 되는 것이 합당한지를 묻는
투표를 실시한다면, 그들은 이구동성으로 단 한 분 예수 그리스도를 그들의 머
리이자 왕으로 선출할 것입니다. 그리고 누가 우리를 다스리는 것이 합당한지를
우리에게 묻는다면, 우리의 입에서 우리의 주님이시자 왕이신 예수의 이름 외에
그 어떤 다른 이름이 나올 수 있겠습니까? 우리는 그에게 충성하는 자들이기 때
문에, 비록 그의 은혜가 우리를 떠나면, 우리가 그를 부인하게 될지도 모른다고
두려워하는 것은 당연한 일이지만, 성령께서 우리와 함께 하시는 한, 가장 지독
한 고문으로 인한 고통과 가장 무시무시한 죽음의 공포조차도 우리를 그의 사랑
으로부터 떼어놓을 수 없을 것이라고 나는 확신합니다. 우리가 그를 따르는 자
들이라면, 아름다운 것이나 더러운 것이나, 생명이나 죽음이나, 그 어떤 것도
"우리를 우리 주 그리스도 예수 안에 있는 하나님의 사랑에서 끊을 수 없을"(롬
8:39) 것입니다. 이 날에 여러분의 충성됨을 증명하십시오. 하나님께서 우리의
육신이 거부하고 싫어하는 방식으로 그의 뜻을 이루어 가신다고 할지라도, 그의
주권적인 뜻을 기뻐하십시오. 우리는 우리에게 유익되어 보이는 것이든 해로워
보이는 것이든 그가 주시는 것이라면 무엇이든지 감사함으로 받을 것입니다. 왜
냐하면, 우리에게 해로워 보이는 것조차도 그가 정하신 것이라면 결국에는 우리
에게 유익이 되리라는 것을 우리는 확신하기 때문입니다. 충성된 신민들은 군주
의 명령들 중에서 자신의 마음에 드는 것들만을 골라서 순종하는 것이 아니라
무엇이든지 다 순종하고, 그들의 왕의 통치와 관련된 모든 것들에 흔들림 없이
확고한 지지를 보내는 법입니다. 그들에게 있어서 그들의 왕의 보좌와 왕조는
지극히 존엄한 것이기 때문에, 그들은 왕의 행위들을 기뻐합니다. 우리의 크신
주님이자 왕이신 이의 통치는 절대적인 것입니다. 그러므로 우리는 그가 명하시

는 것들은 무엇이든지 다 행하기를 원하고, 그가 원하시는 것들은 무엇이든지 다 우리도 원합니다. 우리는 하나님이 정하신 일들에 묵묵히 순종하고, 심지어 그의 섭리들 중에서 너무나 고통스럽고 괴로운 것들조차도 기뻐하고 즐거워하기를 소망합니다. 그리스도인들에게는 그들의 충성심으로 인하여 그들의 왕이신 예수의 이름이 천국의 음악과 같이 들립니다. 그들은 아무리 소리 높여, 그리고 아무리 많이 예수를 찬송할지라도 부족함을 느낍니다. 우리의 마음은 그의 영광들을 아무리 많이 생각해도 질리는 법이 없고, 우리의 귀는 그를 찬양하는 노래들을 아무리 들어도 결코 피곤하지 않습니다. 그의 통치는 너무나 선하시고 인자하시며 사랑이 넘치셔서, 인류 역사상에서 그런 왕은 단 한 사람도 없었습니다. 우리는 날마다 우리 마음의 가장 뜨거운 사랑으로 그를 우리의 왕으로 새롭게 선출하고, 반복하고 반복해서 그를 찬송합니다:

> "만왕의 왕이시고 만주의 주이신
> 그에게 면류관을, 그에게 면류관을."

시온의 주민들은 그들의 왕에게 충성하는 것에서 그치는 것이 아니라, 인격적으로 그 왕과 깊이 연결되어 있습니다. 주 예수의 보좌와 면류관이 아니라도, 우리는 예수의 인격 자체에 깊은 사랑과 애착을 느낍니다. 우리는 그를 하나님의 아들로서 예배하고 경배하며, 우리의 마음은 그를 공경하고 의뢰합니다. 하지만 다른 한편으로, 우리와 같은 뼈와 우리와 같은 살을 입으시고 우리의 형제가 되셔서 자신의 심장의 피로 우리를 사신 우리의 구속주이신 예수는 우리 영혼들이 진정으로 깊이 사랑하는 분입니다. 그는 우리의 가장 뜨거운 사랑을 한 몸에 다 받고 계시는 분이시기 때문에, 우리의 사랑을 놓고서 그 누구도 그의 경쟁자가 될 수 없습니다. 우리의 영혼은 기진맥진하여 다 죽어갈 때에 흔히 그의 이름에서 풍겨 나오는 향기를 맡고서 되살아나곤 하였고, 그의 임재를 느꼈을 때에는 새 포도주를 마신 듯 거룩한 깊은 환희로 충만하였습니다. 그는 그 자체가 우리에게 모든 것입니다. 그의 직임들, 그의 역사들, 그의 명예들 — 이 모든 것들은 유향과 몰약의 향기가 배어 있는 의복들일 뿐이지만, 그는 향기 그 자체입니다! 그래서 누구라도 그에 대하여 가볍게 얘기하는 것을 듣는 것만큼 우리를 슬프게 하는 것이 없고, 사람들이 그의 십자가(Cross)와 면류관(Crown)을 멸시하는 것을 보는 것만큼 우리를 통분하게 하는 것이 없습니다. 반면에, 영혼들이 구원을 받아서 그가 영광을 받으셨다는 말을 듣거나, 그가 사람들 가운데서 자신의 치유 권능을 나타내셔서 사람들이 그 치유 권능을 인정하고서 자신들을 낮추어 그를 섬기게 된 것을 보는 것은 우리에게 가장 큰 기쁨이 됩니다. 우리가 마음속으로 그를 생각할 때에 기쁨을 느끼는 것은 우리가 우리의 왕이신 그에게 마음이 가 있다는 것을 보여주는 것입니다. 우리의 사랑의 중심에 그가 계시고, 우리의 사랑이 오직 그를 중심으로 움직이기 때문에, 우리는 그를 기뻐합니다.

  시온의 주민이 그들의 왕을 기뻐한다는 것은 그들이 그에게 완전히 빠져 있다는 것을 보여주는 것입니다. 그들의 왕이 크고 영화로우시기만 한다면, 그리고 그들의 왕이신 주 예수께서 자신의 구원의 병거를 타시고 승승장구하시며 종횡무진하고 계시기만 한다면, 그리고 그의 이름이 거룩히 여김을 받으시고 그의 나라가 임하시기만 한다면, 하나님의 참된 자녀들에게는 그들이 어떻게 될 것인지는 전혀 중요하지도 않고 상관도 없는 것이 아니겠습니까? 다윗 집의 왕께서 영광을 받으시기만 한다면, 시온의 주민들은 이름도 없이 미천하고 가난하게 살아간다고 해도, 그것으로 만족합니다. 옛적에 시온의 주민들은 흔히 그들의 주님을 위하여 죽음도 불사했습니다. 그들은 자신들을 고소한 자들이 그들의 목숨을 찾을 때에 도망치는 쪽을 택하는 것을 경멸하였습니다. 그들은 세상의 심판대 앞에 나와서, 만일 그리스도를 섬기는 것이 범죄라면, 자신들은 그를 섬긴다는 것을 자랑스럽게 고백하겠노라고 말하였고, 만약 그에게 충성을 다한 대가가 죽음이라면, 자신들은 그에 대한 자신들의 진정한 사랑을 보여주기 위해 기꺼이 죽겠노라고 말하였습니다. 그런데 그들만큼 우리 주님께 많은 은혜를 입은 우리가 우리 자신을 부인하고, 죄에 맞서 피 흘리기까지 싸우려 하지 않는다면, 그것이 말이 되겠습니까? 성령께서 우리 안에 지극히 풍성하게 거하셔서, 우리로 하여금 우리 자신이 아니라 오직 그리스도만을 위하여 살게 해주시기를 빕니다. 우리로 하여금 그리스도를 위하여 모든 것을 분토같이 여길 수 있게 해주시기를 빕니다. 우리로 하여금 우리의 고되고 힘든 운명과 극심한 슬픔으로 인해서 결코 파리하고 수척해지지 않게 해주시고, 오로지 예수를 위하여 모든 힘들고 괴로운 것들을 다 감당해 나가게 해주시기를 빕니다. 그러나 거기에서 한 걸음 더 나아가서, 우리로 하여금 우리가 주님의 고난에 동참하기에 합당한 자들로 여기심을 받게 된 것을 기뻐하고 즐거워할 수 있게 해주시기를 빕니다. 우리의 충성됨, 그의 인격에 대한 깊은 애정, 자기 부인 ― 이 모든 것들이 우리로 하여금 우리의 왕을 기뻐할 수 있게 해주지만, 우리는 거기에 그에 대한 변함없는 신뢰라는 또 한 가지를 추가해야 합니다. 우리가 우리 왕의 미쁘심이나 지혜로우심이나 권능을 의심해서, 그의 통치 속에 그래도 약간의 잘못이나 실수들이 있을 것이라고 생각하기 시작하거나, 그가 우리를 위해서 우리에게 유익한 모든 것을 아낌없이 다 주신 것은 아닐 것이라고 생각한다면, 우리는 그를 기뻐할 수 없게 될 것입니다. 그러나 우리가 하늘과 땅이 없어진다고 해도 그의 사랑은 결코 변할 수 없다고 느끼고, 하늘의 규례들은 중단될 수 있을지라도 그의 뜻과 작정하심은 결코 땅에 떨어질 수 없다고 느낀다면, 그리고 우리가 그의 손에서는 모든 것이 형통하고 안전하다고 느끼고, 그 통치는 그의 어깨 위에 있기 때문에 결코 방해를 받을 수 없다고 느끼며, 그가 열면 닫을 자가 없고 닫으면 열 자가 없는 다윗 집의 열쇠로 모든 일에서 지혜롭고 형통하게 다스리신다고 느낀다면, 우리는 우리의 왕을 진심으로 기뻐하게 될 것입니다. 우리 주 예수를 향한 이 다양한 감정들이 합쳐져서, 여러분 속에는 그를 기뻐하고 즐거워할 수 있는 샘들이 아주 많이 자리하게 될 것입니다.

우리가 이 모든 것에 "여수룬"(신 33:5)의 저 큰 왕에 대한 우리의 열렬한 경배를 더한다면, 우리는 그를 기뻐하지 않을 이유가 결코 없게 될 것입니다. 그가 우리의 죄를 위하여 고난 받으시기 위해서 하늘로부터 내려오셨다는 것, 그의 거룩하신 삶, 우리의 죄를 대속하시기 위한 그의 고통스러운 죽으심을 생각할 때, 우리는 그를 지극히 경배하는 마음을 지니지 않을 수 없게 됩니다. 분명히 그와 같은 이는 세상에 없었고, 그의 사랑에 조금이라도 비견될 수 있는 사랑은 세상에 없었습니다. 그는 우리에게 "많은 사람 가운데에 가장 뛰어나고 그 전체가 사랑스러운 이"(cf. 아 5:10, 16)입니다. 그에 비하면, 이 땅의 모든 아름다운 것들은 추할 뿐이고, 아침의 밝음은 어둠일 뿐입니다. 우리가 오직 그에게서 나온 것들 외에는 아무것도 눈에 보이지 않을 정도로 그만을 경배하게 되고, 그러한 경배하는 마음이 그를 신뢰하고 깊이 사랑하는 마음 및 자기 부인과 충성됨과 결합된다면, 우리는 우리의 왕을 기뻐하지 않을 수 없게 되어 반드시 기뻐하게 될 것입니다. 나는 하나님의 이러한 은혜들이 서로 잘 버무려져서 희귀한 향이 되는 향료들처럼 서로 잘 어우러져서 거룩한 기름이 되어 우리 각자의 심령 속에서 차고 넘쳐서 그 향기가 교회의 모든 곳을 다 채움으로써 믿음의 모든 권속들이

다 한 마음으로 그들의 왕을 기뻐하고 즐거워하게 되었으면 좋겠습니다. 우리가 우리 안에서의 은혜의 역사를 따라 시온의 주민으로서 합당한 모습이 된 정도만큼, 필연적으로 바로 그 정도만큼 우리는 우리의 왕을 기뻐하는 즐거운 백성이 될 수밖에 없습니다. 오랫동안 주님을 알고 사랑해 온 한 나이 든 흑인이 있었습니다. 그는 배운 것은 거의 없었지만, 은혜 안에서 많이 성장해 있었기 때문에, 늘 행복하게 사는 것으로 유명했습니다. 그러자 어떤 사람이 그에게 무엇이 그렇게 늘 즐거운 것이냐고 물었습니다. 그는 "나는 늘 하나님을 기뻐하니까요"라고 대답했습니다. "하지만 당신의 주인이 당신을 때리는데도, 당신은 즐겁습니까?" "그때에는 하나님께서 나를 대신해서 매 맞고 고통당하신 것이 생각나서, 나는 하나님께 감사하게 됩니다." "당신의 주인이 당신에게 먹을 것을 주지 않을 때도 있을 텐데, 그때도 즐겁습니까?" "내게 먹을 것이 있어도 하나님께 감사하고, 먹을 것이 없어도 하나님께 감사합니다. 나는 살아도 하나님께 감사하고 죽어도 하나님께 감사합니다. 나는 늘 하나님께 감사할 것입니다. 왜냐하면, 하나님은 늘 좋으신 하나님이셔서 감사를 받아 마땅하신 분이시기 때문입니다." 우리도 바로 그 흑인과 같은 마음 상태가 되어서, 우리의 놀라우신 왕과 그가 하신 놀라운 일들만이 우리의 생각을 지배하여, 그런 왕이 우리에게 계신다는 기쁨이 우리의 다른 모든 감정을 아무것도 아니게 만들어 버리기를 빕니다. 그렇게 되었을 때, 그것은 우리가 택함 받은 족속임을 보여주는 확실한 증거가 될 것입니다. 그리고 그것을 통해서 우리는 우리가 어떤 족보에 속하는지와 우리의 시민권이 어디에 있는지도 확인하게 될 것입니다. 우리가 우리의 왕을 기뻐한다면, 우리는 하나님께서 복 주신 자손입니다.

2. 둘째로, 그들이 기뻐해야 할 분은 누구입니까.

우리는 우리의 왕을 기뻐하는 것이 마땅합니다. 우리가 그렇게 하는 것은 지극히 합당합니다. 우리가 그러한 권면을 받는 것은 전혀 불합리한 것이 아니고, 이치에 맞지 않는 것도 전혀 없습니다. 만유 가운데서 오직 우리의 왕만이 우리가 기뻐하기에 합당한 분입니다.

첫째, 우리의 왕이신 하나님의 통치를 받는 것은 우리에게 더할 나위 없이 기쁜 일입니다. 그의 법은 완전하고, 그의 통치는 자비로우며, 그의 멍에는 쉽고, 그의 짐은 가볍습니다. 만일 다른 왕이 우리를 통치한다면, 우리는 곧 불만을 갖지 않을 수 없게 될 것이고, 결국에는 반란을 일으켜서 그 폭군을 몰아내는 것이 우리에게 부여된 지고한 의무가 될 지경에까지 이르게 될 것입니다. 우리가 죄의 종살이를 하고 있었을 때에는 영적인 "바로"(Pharaoh)의 멍에를 떨쳐 버리는 것이 합당한 일이었습니다. 자유인으로 태어난 이스라엘의 자손이 폭군의 노예들이 되어 그의 욕심을 채워줄 이유가 어디에 있겠습니까? 예수를 섬기는 것은 완전한 자유인으로 살아가는 것입니다. 그리스도의 명령들 중에는 우리의 권리를 침해하거나 우리의 기쁨을 훼손하는 것이 단 하나도 없습니다. 우리가 그에게 순종하면 할수록, 우리는 그 만큼 더 자유로워집니다. 그리스도께서 우리에게 행하라고 명하시는 것들은 무엇이나 다 그의 영광을 위한 것임과 동시에 우리의 유익을 위한 것입니다. 우리가 진정으로 그리스도인들이라면, 우리는 우리 주님의 통치를 벗어나고자 원하기는커녕, 도리어 우리로 하여금 그의 뜻에 온전히 순복할 수 있게 해주시라고 요청하게 됩니다. 우리는 그의 가르침이 우리의 판단을 지배하고, 우리의 애정이 온전히 그에게만 향하며, 그가 원하는 것들이 우리가 원하는 것들이 되고, 우리의 모든 생각과 말과 행위, 즉 우리의 존재 전체가 그의 손에 의해서 빚어지기를 바라게 됩니다. 그는 봉인이 되시고, 우리는 그 봉인이 찍힌 밀랍이 되기를 원합니다. 그가 우리의 노도 같은 혈기들을 다스려 주시고, 우리의 감정과 생각들을 주관하실 때, 우리는 우리의 왕을 기뻐합니다. 우리는 단지 구주로서가 아니라 왕으로서 그를 기뻐합니다.

또한, 우리는 우리를 다스리시는 왕으로서만이 아니라 만유의 주로서도 그를 기뻐합니다. 참된 신자들에게는 그리스도의 나라가 모든 사람들과 천사들과 귀신들에게로 확장되는 것과 아버지 하나님께서 하늘과 땅의 모든 권세를 그리스도께 맡기시기를 기뻐하신 것은 늘 축하할 일입니다. 우리는 하늘의 궁정에는 우리 주 예수의 뜻을 준행하기를 거부하고자 하는 천사가 단 하나도 없고, 지옥에서 쇠사슬을 물어뜯으며 울부짖고 있는 마귀들 중에서 십자가에 못 박히신 이의 뜻을 반대해서 그 뜻을 이룰 수 있는 마귀가 단 하나도 없다는 것을 생각하고서 기뻐합니다. 물리적이고 도덕적이거나 영적인 그 어떤 세력도 그리스도를 주장할 수 없고 그리스도의 지배로부터 벗어날 수도 없습니다. 우리는 그의 통치가 끝없이 영원무궁할 것이라는 사실로 인하여 우리의 왕을 기뻐합니다. 그는 전능하신 구원자이시고, 우리는 그의 이름을 송축하고 찬송합니다:

"복과 존귀와 영광과 힘은
승리자에게 주어지는 자연스러운 권리라네.
하나님의 어린 양, 만유의 주이신 그 앞에서
보좌들과 권세들이 무너지네."

또한, 우리는 우리의 왕의 **능력**과 그 능력이 다양하게 나타나는 것들을 기뻐합니다. 우리는 지극히 연약하고 여려서, 그 없이는 아무것도 할 수 없습니다. 우리는 종종 복음이 진보가 느린 것을 보고서 많이 낙심하지만, 모든 능력이 예수의 손에 있기 때문에, 그가 원하기만 하신다면, 내일이라도 당장 온 세상을 복속시키실 수 있다는 생각에 결국 기뻐하게 됩니다. 지금은 기적들이 지나간 시대처럼 보일지라도, 예수께서는 여전히 큰 이적들을 행하실 수 있으십니다. 오순절의 주님은 지금도 여전히 사람들을 구원하시는 일에서 능하신 분입니다. 그의 팔은 짧아진 것이 아닙니다. 주여, 일어나셔서, 주의 권능의 팔을 나타내소서. 주는 라합을 베고 용을 치신 분이 아니십니까? 그 원수는 예수의 이름의 권능을 압니다. 그리스도께서는 잠시 자신의 검을 사용하시기를 보류하고 계시지만, "용사여 칼을 허리에 차십시오"(시 45:3)라고 끈질기게 부르짖는 것은 우리의 몫입니다. 왜냐하면, 그는 지금도 여전히 지극히 크신 능력을 지니고 계신 분이기 때문입니다. 만일 지금이라도 그가 자신의 무시무시한 활을 집어드시고서 자신의 대적들 가운데 죄를 자각시키는 화살들을 쏘시면, 싸움의 판세는 이내 바뀌어서, 승리는 그의 교회로 돌아가게 될 것입니다. 우리의 눈으로 지금까지 보아 왔던 것보다 훨씬 더 큰 일들을 우리가 보게 될 때가 오고 있습니다. 미래는 영광중에 오실 그의 것입니다.

"왕들이 그 앞에서 무릎 꿇고서
금과 유향을 그에게 드리게 될 것이라.
모든 나라가 그를 경배하며,
모든 족속이 그를 찬송하게 되리라.
독수리의 튼튼한 날개와
비둘기의 가벼운 날개가 솟아오를 수 있는 데까지
그가 강과 바다와 해변을 다스리게 되실 것임이라."

  그러므로 우리는 그가 이루신 모든 승리를 기뻐하고, 그가 장래의 승리를 위해 예비해 두신 모든 권능을 기뻐합니다.

  형제들이여, 이 날에 우리는 우리의 왕의 현재의 영광과 장차 나타날 영광을 기뻐하고 있습니까? 그가 나를 다스리신다는 사실 자체가 내게는 기쁨입니다. 그가 모든 현세와 내세를 비롯해서 모든 세계를 다스리신다는 것도 내게 힘을 줍니다. 그가 자신의 의로우신 뜻을 행하실 능력을 지니고 계신다는 것도 나의 기쁨입니다. 그의 영광을 생각해 보십시오. 그의 모든 수치를 함께 나누며 예루살렘 거리를 따라 그를 따라 온 여러분, 그리고 골고다 언덕 위에서 그가 십자가에 달리셔서 극심한 고통 속에서 죽어가는 것을 바라보고 서 있는 여러분, 이 날에 여러분은 그가 십자가와 가시 면류관을 통해 이루신 일들을 기억하고서 기뻐하십시오. 여러분의 침침하고 충혈된 눈으로는 아직 그의 얼굴을 정면으로 찬찬히 응시할 수 없다고 할지라도, 믿음으로 그를 바라보십시오. 그의 영광의 궁창의 해와 같이 이글이글 타오르고 있습니다! 천사들과 정사들과 권세들이 그의 밝은 빛에 넋이 나가 있습니다. 그들이 부르는 찬송들을 들어 보십시오. 그 찬송들은 모두 그를 위한 것입니다. 그 앞에서 몸을 굽혀 경배하는 그들의 모습을 보십시오. 그들은 전에 한 번 죽임을 당하신 어린 양 앞에서 경배하고 있습니다. 그룹들과 스랍들이 부르는 찬송이 한 번 죽으셨다가 살아나셔서 영원토록 사시는 이를 향해 올라가고 있습니다. 저기 저 흰 옷 입은 자들은 전에는 여러분처럼 시험에 맞서 고된 싸움을 한 자들이지만 지금은 승리한 자들로 거기에 서 있습니다. 그들이 부르는 노래는 오직 그에게 드리는 노래뿐입니다. 시온의 한복판에서 그 왕을 모든 수금이 찬양하고, 모든 심령이 경배합니다. 그의 이름이 찬송을 받으소서! 내가 그에게 가까이 나아가서 그의 발에 입맞춤할 수 있다면, 얼마나 좋겠습니까! 하나님께서 나로 하여금 장자들의 총회와 교회 가운데서 가장 낮은 자리에 슬그머니 앉아서, 나를 위하여 침 뱉음을 당하셨던 저 거룩한 얼굴을 잠시라도 직접 볼 수 있게 해주시기를 소원합니다! 내게는 전에 나 때문에 멸시받으시고 배척받으셨다가 지금은 천사들과 모든 성도들의 경배와 찬양을 받고 계시는 그분을 바라보는 것보다 더한 기쁨은 없을 것입니다. 고난 받는 성도들이여, 여러분은 이 세상에서 욕과 수치를 당하고 있지만, 그런 것을 아무렇지도 않게 여기고 있습니다. 왜냐하면, 그분이 지금 영광 중에 계시기 때문입니다. 여러분은 고난 가운데 있지만, 그분이 승리하셔서 영광 중에 계시는데, 여러분의 고난이 무슨 대수겠습니까? 시온의 주민들이여, 이 기쁨에 들어가십시오. 이 날에 여러분의 왕을 기뻐하십시오.

나는 우리의 기쁨이신 우리의 왕에 대하여 할 말이 많이 있지만, 그런 말들은 다 생략하고, 단지 시온의 주민인 우리는 우리의 왕이 우리를 위하여 행하신 모든 일들로 인하여 우리의 왕을 기뻐하는 것이 마땅하다는 말만을 다시 한 번 강조하고자 합니다. 우리가 지금 거하고 있는 하나님의 교회는 얼마나 멋진 도성입니까? 이 도성을 그가 지으셨습니다. 이 건물의 모든 돌이 다 그가 캐 오신 것이고, 주춧돌 하나하나가 다 그가 준비하신 것입니다. 이 건물에 그의 손길이 닿지 않은 것은 단 하나도 없습니다. 모든 좋은 은사가 다 그의 손에서 왔습니다. 오늘 우리가 잘 입고 있습니까? 우리가 입고 있는 의의 옷은 그가 만드신 것입니다. 우리의 성결을 이루고 있는 모든 장식들은 다 우리의 왕이신 그분의 하사품입니다. 우리는 복음의 잔치에서 배부르게 먹고 있습니까? 우리의 왕, 바로 그분 자신이 우리의 양식입니다. 우리의 크신 솔로몬의 식탁에 앉은 모든 자들을 배불리 먹일 고운 가루와 골수가 가득 찬 기름진 것들은 모두 다 그의 곳간에서 온 것입니다. 우리는 그 모든 것들을 그에게서 받았습니다. 우리는 둘째 사망으로부터 건짐을 받았고, 죄책으로부터 건짐을 받았습니까? 그것도 모두 그의 덕분입니다.

우리나라의 작가들 중 한 사람이 "로스(Ross)의 그 사람"에 대하여 노래한 옛 시가 있습니다. 이 시인은 거기에서 "로스"라는 도시의 모든 것이 그 사람의 아낌없는 기부에 의해서 만들어졌다고 밝힙니다. 여러분이 "누가 이 샘을 만들었나요?"라고 묻거나, "저 학교를 누가 세웠나요?"라고 묻는다면, 그 대답은 한결같이 "로스의 그 사람"일 것입니다. 마찬가지로, 여러분이 우리에게 우리가 지닌 특권들과 소유들과 소망들, 그리고 우리가 향유한 모든 것들에 대하여 묻는다면, 우리는 그 모든 것들이 우리의 구원의 알파이자 오메가이신 분에게서 온 것이라고 대답할 것입니다. 그가 자신의 교회를 택하시고, 정하시며, 속량하시고, 부르시며, 견고히 세우셨습니다. 우리의 주님이시자 왕이신 예수 그리스도시여, 영원토록 찬송 받으소서! 시온의 주민아, 그를 기뻐하라.

3. 셋째로, 이 기쁨은 그 원천에 있어서 영원합니다.

앞에서 나는 누가 기뻐하는지, 그리고 그들이 기뻐해야 하는 분이 누구신지를 살펴보았습니다. 이제 우리는 이 기쁨의 영원성에 대하여 살펴보고자 합니다. 하늘 아래에 영원히 지속될 수 있는 기쁨이 있다는 것은 정말 감사한 일입니다. 이 아래 세상에서는 모든 것이 불확실합니다. 우리는 어떤 것을 영원할 것이라고 생각하고서 짓지만, 그것이 한 시간도 안 지나서 무너져 내리는 것을 발견합니다. 이 땅에 있는 강이나 시내들은 속이는 것들이지만, 여기에 그 기쁨의 물결이 겨울에도 얼어붙지 않고 여름에도 마르지 않는 강이 있습니다. 오늘날 우리가 불안해할 이유들은 많습니다. 여러분은 복음을 사랑하는 자들입니다. 그렇다면, 나는 이 시대에 여러분을 괴롭게 하는 것들이 많을 것임을 압니다. 우리의 마음은 그리스도 안에서 기쁘지만, 많은 점들에서, 특히 하나님의 진리나 거룩함과 관련된 귀한 일들에서 많은 것들이 우리의 마음을 아주 무겁게 만듭니다. 오늘날 우리 주변에서 목회자들과 지도적인 인물들이 복음의 가르침들을 얼마나 많이 오용하고 악용하는지를 한 번 보십시오. 그런 사람들이 도처에서 발견됩니다. 교회의 기둥들로 보였던 사람들이 거센 폭풍 속에서 갈대 같이 요동합니다. 잘못된 가르침들이 전염병처럼 돌고 있고, 거기에서 자유로운 교회는 거의 없습니다. 인간의 지성이 우상화되어 경배받고, 그렇게 해서 교만해진 지성이 하나님의 말씀의 가르침을 왜곡하고 변질시켜서, 하나님의 말씀에 의해서 철저히 배척되는 새로운 교조적인 가르침들을 세웁니다. 그런 일들이 우리의 영혼을 누른다고 할지라도, 우리는 용기를 내야 합니다. 왜냐하면, 우리는 우리의 목회자들을 기뻐할 수는 없어도, 우리의 왕을 기뻐할 수는 있기 때문입니다. 교회의 강단이 우리를 실망시킨다고 하여도, 그 보좌에는 진리 되시는 분이 여전히 앉아 계십니다. 이 가르침의 정통성이 의심되고, 저 가르침이 이단의 의혹이 있으며, 우리가 여기에서 가룟 유다를 보고 저기에서 아히도벨을 본다고 할지라도, 예수 그리스도께서는 여전히 하나님과 함께 우리를 다스리고 계시고, 성도들에 대하여 신실하십니다. 우리의 왕은 영원하시고, 그의 진리는 대대에 미칩니다. 종종 우리 형제들의 도덕적이고 영적인 됨됨이 속에서 배교가 일어나고 있는 것을 볼 때, 우리의 마음은 낙심됩니다. 그들은 잘 달려 왔는데, 무엇이 그들로 잘못된 길로 가게 만들었습니까? 그들은 전에는 큰 열심으로 불타올라서 앞장서서 달려갔었는데, 지금은 그들이 어디에 있습니까? 왜 그들이 지금은 이렇게까지 미지근하게 되어 버린 것입니까? 도대체 그들의 열심은 어디로 사라져 버린 것입니까? 우리는 그들이 우리의 기쁨이자 면류관이기를 바랐지만, 그들은 우리에게 속하지 않아서 우리로부터 떠나가 버렸습니다. 게다가, 우리는 진정으로 성도인 사람들이 우리가 바라는 만큼 그리스도의 영을 명백하고 분명하게 나타내 보여주지 않는 것을 슬퍼합니다. 그들에게서는 간절함도 잘 보이지가 않고, 거룩한 열심도 찾아보기 힘듭니다. 하지만 우리는 우리의 형제들을 기뻐할 수 없을지라도, 우리의 왕을 기뻐할 수는 있습니다. 우리의 너무나 많은 수고가 허사가 되어 버리고, 너무나 많은 형제들이 사탄의 시험에 넘어가서 배교하는 것을 보고서, 우리의 억장이 무너지는 고통을 겪는다고 할지라도, 우리는 우리의 높이 들리신 왕의 존귀하심이 여전히 그대로이고, 그의 나라가 영원하다는 것을 기뻐합니다.

지금은 영적인 일들에서 아주 광범위하게 침체에 빠져 있는 시대입니다 ― 내게 이렇게 말하지 않을 수 없는 우려가 있습니다. 겉으로 신앙을 고백하는 사람들은 많지만, 참된 믿음을 위하여 간절하게 씨름하는 사람은 거의 없습니다. 사람들은 구제와 자선에 대하여 많은 말을 하지만, 진리에 대한 열심은 거의 없습니다. 사람들은 고상하게 경건을 위장한 일들에 대해서는 침이 마르도록 자랑하지만, 실질적인 경건은 거의 없습니다. 교회에서의 기근이 점점 더 심해져서 믿음 있는 자들이 다 없어지고, 교회가 욕을 먹고 신성모독이 판을 친다고 할지라도, 우리는 하나님을 기뻐하는 일을 멈추어서는 안 됩니다. 우리는 하나님 앞에서 우리 자신을 살펴볼 때마다 우리 자신에 대하여 탄식하며 통곡할 수밖에 없는 그런 자들입니다. 그러므로 우리는 우리의 죄를 사함 받기를 원하는 기도 외에 다른 기도를 할 수 없는 자들입니다. 우리의 믿음은 너무나 약해서, 도대체 믿음이라고 해야 하는지, 아니면 불신앙이라고 해야 하는지조차 모를 정도입니다. 우리 자신은 결점들과 연약한 점들로 똘똘 뭉친 자들입니다.

하나님, 우리의 마음은 단지 황무지 같은 우리 자신의 모습만을 생각해도 너무나 무거울 수밖에 없지만, 그래도 우리는 우리의 왕을 기뻐할 것입니다. 우리는 우리의 왕을 찬양하는 노래를 부를 것입니다 우리의 왕에게는 결함이 없고, 우리가 사랑하는 이에게는 불완전한 것이 없으며, 그에게는 냉정함도 없고 변심하는 것도 없습니다. 그의 이름이 영광을 받으시옵소서! 나의 형제들이여, 찬송 받으실 주님을 위하여 일하고 있는 여러분, 나는 여러분이 자신의 일의 성과에 늘 만족을 느끼는 것은 아님을 압니다. 내 자신도 더 많이 수확하기를 사모하고 있습니다. 나는 더 많은 사람들이 회심했다는 말을 듣고 싶습니다. 나는 많

은 사람들이 그리스도로 말미암아 시력을 회복하였다는 말을 듣는다면, 내 눈을
잃는다고 하여도 기뻐할 것입니다. 나는 구원받는 영혼들이 날로 늘어가고 있다
는 말을 듣는다면, 내가 어떤 환난을 당한다고 할지라도 환영할 것입니다. 그러
나 우리가 전한 것이 다 허사가 되어서, 우리의 입에서 "우리가 전한 것을 누가
믿었느냐"(사 53:1)는 말이 나온다고 할지라도, 우리는 "그의 손으로 여호와께서
기뻐하시는 뜻을 성취하리로다 그가 자기 영혼의 수고한 것을 보고 만족하게 여
길 것이라"(사 53:10)고 말하며 기뻐할 것입니다. 나는 내가 전한 말씀을 듣고서
회심하는 자들을 보고 기뻐할 수 없다고 할지라도, 나의 왕을 기뻐할 것입니다.
여러분 중에는 아마도 이 세상에서 깊은 물을 통과해 가고 계시는 분들이 있을
것입니다. 여러분이 자신의 형통으로 인하여서는 기뻐할 수 없는 상황이라면,
여러분의 왕을 기뻐하십시오. 여러분 중에는 아마도 자녀들이 여러분이 바라는
대로 커주지 않는 그런 일을 겪고 계시는 분들이 있을 것입니다. 여러분이 자신
의 자녀들을 위해서 그토록 많이 기도했는데도, 그들이 여러분의 고민거리가 된
것은 유감스러운 일입니다. 그러나 여러분이 자녀들을 보고 기뻐할 수 없다고
할지라도, 여러분의 왕을 기뻐하십시오. 또한, 여러분 중에는 육신의 고통이 심
하고, 앞으로 그것이 더 악화되지는 않을까 염려하시는 분들이 있을 것입니다.
여러분의 마음과 육신은 여러분을 실망시킬 수 있지만, 여러분의 왕은 결코 여
러분을 실망시키지 않으실 것입니다. 영원한 샘들은 마르는 법이 없으니까요.
여러분의 기쁨은 피조물들에 거의 의존되어 있지 않습니다! 여러분의 물병이 하
갈의 경우처럼 마를 수는 있겠지만, 여러분을 결코 실망시킬 수 없는 샘이 저기
에 있습니다. 그러므로 여러분의 왕을 기뻐할 이유는 늘 존재합니다. 여러분의
맥박이 약해지고 죽을 때가 가까웠을 때, 그때는 여러분이 이전보다 더욱 여러
분의 왕을 기뻐해야 할 때입니다. 왜냐하면, 여러분은 머지않아 그의 아름다우
신 얼굴을 뵙게 될 것이고, 그를 찬양하는 것이 여러분의 영원한 일이 될 날이 머
지않았기 때문입니다. 그러므로 여기에 하나님의 모든 백성을 위한 기쁨이 있습
니다. 그 기쁨은 언제까지나 변함없으실 그리스도를 기뻐하는 것으로서, 확고한
실체들 속에 뿌리박은 이치에 맞는 기쁨입니다. 우리의 기쁨은 반짝 했다가 사
라지는 유성이 아니라 언제까지나 변함없는 항성입니다. 악인들이 가진 것은 언
젠가는 다 없어질 수밖에 없지만, 우리의 보화는 결코 줄어드는 법이 없습니다.
우리의 왕 예수께서는 결코 변함이 없으시기 때문에, 우리가 보기에 보배로우신

그의 모습은 영원토록 변할 수 없습니다. 그의 이름은 늘 감미롭고, 그의 충만하심은 언제까지나 이어지며, 그의 사랑은 늘 차고 넘칩니다. 우리가 아무리 좋지 않은 상태에 있다고 할지라도, 우리에게는 늘 우리의 왕을 기뻐해야 할 이유가 있습니다. "성도들은 영광 중에 즐거워하며 그들의 침상에서 기쁨으로 노래할지어다"(5절).

    나는 여기에서 한 마디만 더하고자 합니다. 나는 우리가 아주 잘 나가는 날들에만 우리의 왕을 기뻐하는 것이 아니라, 괴롭고 힘든 시절에도 우리의 왕을 기뻐하는 것이 그렇게 어렵지 않다고 생각합니다. 여러분이 성공적인 목회를 하고 있다면, 여러분은 자신의 성공을 기뻐하고 계십니까? 주님의 말씀을 한 번 들어 보십시오: "그러나 귀신들이 너희에게 항복하는 것으로 기뻐하지 말고 너희 이름이 하늘에 기록된 것으로 기뻐하라"(눅 10:20). 여러분이 장사도 잘되고 부모로서도 행복하다면, 여러분이 그러한 외적으로 좋은 일들을 기뻐하고 계십니까? 그런 것들에 집착하지 마시고 거리를 두시기 바랍니다. 왜냐하면, 그런 것들은 금방 지나가는 일들이기 때문입니다. 그런 것들에 마음을 두지 마십시오. 그런 것들은 곧 사라질 것들이기 때문입니다. 러시아의 여왕처럼 얼음 궁전을 지으려고 하지 마십시오. 그 찬란함은 너무 단명할 것입니다. 가는 길이 힘들고 험할 때에 주님을 붙들었던 것처럼, 그 길이 순탄할 때에도 주님을 붙드십시오. 역경 속에서 주님 안에서 모든 것을 발견했듯이, 형통함 속에서도 모든 일 속에서 주님을 바라보십시오.

4. 넷째로, 이 기쁨이 특별히 더 강하게 나타날 때들이 있습니다.

    내가 네 번째로 말하고자 하는 것은 우리의 이 기쁨은 그 원천이 영원하기는 하지만 어떤 때에는 특히 더 강하게 나타난다는 것입니다. 요단 강 은 늘 수량이 풍부했지만, 한 해의 특정한 때들에는 범람하기도 했습니다. 마찬가지로, 우리의 기쁨의 연못도 늘 차 있지만, 잠깐 동안 봇물 터지듯이 지극한 기쁨이 용솟음칠 때가 있습니다.

    온 나라가 언제 그들의 왕을 기뻐합니까? 나라들은 왕과 관련된 일들을 경축하기 위해서 일 년에 2, 3일을 공휴일로 지정해 놓는 것이 보통입니다. 그 첫 번째는 대관식 날입니다. 그때에는 온 국민이 집집마다 국기를 게양하고, 거리거리마다 오색 리본이 걸립니다. 즐거운 노래와 종소리가 울려 퍼지고, 온 나라가 떠들썩하게 됩니다. 마찬가지로, 이 날에 우리도 우리의 왕을 기뻐합시다. 왜냐하면, 우리의 왕은 우리의 영혼 속에서 대관식을 치르신 왕이시기 때문입니다. 여러분의 심령 속에서 그가 처음으로 대관식을 치르셨던 그때를 되돌아 보십시오. 그 날은 여러분이 그의 피로 말미암은 대속을 알고서 그를 바라본 날이었고, 처음으로 구원을 받게 된 행복한 날이었습니다. 여러분은 그 대관식 날을 결코 잊지 못할 것입니다. 그 날은 이스라엘 자손들이 애굽에서 나온 그 날처럼 여러분에게는 날들 중의 날, 곧 아주 특별한 날입니다. 그 대관식의 날을 여러분의 마음속에 계속해서 새겨 두십시오. "나는 죄 사함을 받았고, 주님께 받아들여졌다." 그는 은으로 만들어진 자신의 규를 내미시면서, "내가 네 죄악을 사했노라"고 말씀하셨고, 이 일로 인해서 나는 그를 "나의 주, 나의 하나님, 나의 왕"으로 불렀습니다. 내 마음은 내 몸과 혼과 영의 왕이 되신 그에게 오늘 다시 한 번 면류관을 드리고 기뻐할 것입니다.

온 나라가 기뻐하는 또 하나의 날은 왕실의 혼인이 있는 날입니다. 여러분은 왕세자가 멀리에서 자신의 배우자를 맞이하여 왕궁으로 데려가는 날 외에 사람들이 굴뚝 꼭대기로 올라가고 창문들에 많은 이들이 몰리며 도로변에 인파들이 몰리는 날을 본 적이 있습니까? 마찬가지로, 우리도 그리스도께서 자신의 교회와 혼인하시고 우리를 사랑의 서약 가운데서 그의 배우자를 맞이하셨다는 것을 들었을 때, 우리 영혼이 우리 안에서 기뻐하고 즐거워하는 것이 마땅하지 않습니까? 지난 주일 아침에 여러분이 가르침 받은 것이 여러분의 마음속에서 이미 사라져 버리지 않았기를 나는 바라는데, 그 가르침이라는 것은 "주와 합하는 자는 한 영이니라"(고전 6:17)라는 말씀입니다. 여러분의 심령 속에서 혼인의 기쁜 종소리가 울려 퍼지게 만들 수 있는 것이 있다면, 그것은 여러분이 예수와 떼려야 뗄 수 없을 정도로 하나가 되었다는 것을 느끼는 것입니다. 여러분의 영혼 속에서 이루어졌던 여러분의 임마누엘의 혼인 예식을 계속해서 기억하십시오. 왜냐하면, 그것은 여러분에게 지극히 영광스러운 일이기 때문입니다. 여러분이 그때에 엄숙하게 행하였던 혼인 서약을 신실하게 지키십시오. 여러분의 형제들과 여러분의 아버지의 집을 잊지 마십시오. 여러분의 왕께서는 여러분이 아름답기를 몹시 원하실 것입니다. 왜냐하면, 그는 여러분의 주이시기 때문입니다. 이 날에 기쁨으로 그를 섬기십시오.

또한, 사람들은 그들의 왕이 **평화**를 이루어나갈 때에 그들의 왕을 기뻐하니다. 우리도 몇 년 전에 평화 조약이 체결되었다는 소식을 듣고서 무척 기뻐했었습니다. 예수 우리의 왕은 우리의 평화이십니다. 그는 진노하신 하나님으로부터 평화를 이끌어 내신 왕이시고, 우리의 괴로워하는 양심에 평화를 가져다주신 왕이십니다. 그리스도께서는 평화 조약을 체결하셔서, 우리에게 평화를 가져다주셨습니다. 그는 우리의 평화이십니다.

또한, 사람들은 그들의 왕이 승리했을 때에 기뻐합니다. 왕의 군대가 전투에서 승리했다는 소식이 전해지면, 사람들은 마치 축제일처럼 기뻐합니다. 옛적에 영국 왕이 프랑스 왕과의 전쟁에서 놀라운 승리를 거두었을 때에 치프사이드 (Cheapside)의 수로에 물 대신 포도주를 흘려보냈다는 일화도 있습니다. 그리스도께서 죄와 사망과 음부에 대하여 승리를 거두셨음을 생각할 때, 물처럼 흐르던 우리의 감정이 기쁨과 감사와 헌신의 포도주가 되어서, 모두 천지의 주재이신 크신 주님께 "우리의 왕이여, 만세!"라고 환호하는 것이 마땅합니다. 미리암이여, 소고를 치고, 이스라엘이여, 거기에 노래로 화답할지어다! 주님의 오른손이 기이한 일들을 행하셨음이로다. 이 일이 온 땅에 알려졌으니, 그가 사로잡힌 자들을 사로잡으셔서 높은 곳으로 오르셨도다! 천사들이여, 모든 노래로 즐거워하고 기뻐하며, 주와 함께 승리한 너희 영들아, 그에게 면류관을 드려라! 만왕의 왕이시며 만주의 주이신 그에게 면류관을 드려라!

왕이 희년을 지킬 때에 온 나라가 기뻐합니다. 나는 이것을 종종 들어 왔고, 나이가 많으신 분들은 한 번쯤 그런 일이 있었던 것을 기억하실 것입니다. 그가 오랜 세월 동안 계속해서 왕으로 있었다면, 사람들은 그가 희년을 지키는 것을 기뻐할 것입니다. 그러나 우리의 왕께서는 희년을 무수히 지키십니다. 그에게는 젊은 시절의 이슬이 있으시지만, 그는 영원 전부터 출입하신 분이시기 때문에 "옛적부터 계신 이"이시기도 합니다. 그는 옛적부터 지금까지 시온의 왕으로 계십니다. 시작도 없고 끝도 없는 우리의 크신 멜기세덱이여, 그의 이름을 영원무궁토록 찬송하나이다!

또한, 왕이 백성들을 만나거나, 자신의 위엄을 그의 친구들에게 나타내거나, 위풍당당하게 말을 타고 행차할 때에도, 온 나라가 기뻐합니다. 나는 오늘이 우리 중 많은 이들에게 바로 그런 날이 되기를 소망합니다. 여러분이 이 아침에 여러분의 심령 속에서 노래하게 되기를 바랍니다.

"왕께서 친히 가까이 오셔서,
그의 성도들을 위하여 오늘 잔치를 여신다네.
거기에 우리가 앉아서 그를 뵈오니,
사랑과 찬송과 기도가 거기에 있네.

내 사랑하는 하나님이 계시는 곳에서
하루를 지내는 것이
쾌락의 죄악을 즐기며 사는 천 날보다
더 달콤하고 즐겁다네."

오늘 오후에 왕께서 격자창들을 통해서 여러분에게 자기 자신을 보이시고, 여러분의 묵상과 개인 기도 속에서 자기 자신을 나타내시기를 기원합니다. 여러분은 주일학교에서 그 왕을 위하여 일할 때에 거기에서 그의 영광을 보게 될지도 모릅니다. 오늘 우리의 왕께서 그의 궁정에 들어간 여러분에게 사랑 가운데서 자신의 모습을 드러내서, 여러분이 사랑하는 이의 영접을 받고 그의 기쁨에 동참하는 경험을 하게 되시기를 빕니다. 그래서 우리가 우리의 왕을 기뻐하는 것은 늘 계속되는 하나의 축제이긴 하지만, 이 날에 우리가 "햇빛이 일곱 배가 되어 일곱 날의 빛과 같은"(사 30:26) 때를 경험하게 되기를 빕니다.

5. 다섯째로, 이 기쁨은 반드시 실제적인 결과들을 낳습니다.

마지막으로, 우리는 이렇게 우리가 우리의 왕을 기뻐할 때, 거기에는 반드시 실제적인 결과들이 따른다는 것을 살펴보고, 말씀을 마치겠습니다. 시간이 별로 없어서, 이 다섯 번째 대지에 대해서는 아주 짤막하게 다루어야 할 것이기 때문에, 나는 여러분에게 동방의 한 이야기를 들려드리겠습니다.

동방의 한 거상이 동방의 솜씨와 우아함을 필요로 하는 어떤 일을 하기 위해서 숙련된 장인을 한 명 고용을 했는데, 그 장인은 여러 가지 이유로 날이 갈수록 점점 더 빚의 수렁으로 깊이 빠져들었습니다. 그는 방탕하고 사치한 생활이나 손해, 또는 그 밖의 다른 많은 이유들로 인해서 처음에는 작은 빚을 졌지만, 고리대까지 쓰면서 점점 빚이 많아져서, 결국에는 도저히 갚을 수 없을 정도가 되어 버렸습니다. 그는 빚에 허덕이느라 몸과 마음이 날마다 더욱더 지쳐갔고,

마침내 중병에 걸려서, 그가 그의 주인을 위해서 사용해 왔던 기술도 퇴화되기 시작했습니다. 그의 손에서 만들어진 제품은 점점 예술성과 정교함을 잃어갔습니다. 그러다가 그의 손도 마비되고 말았습니다. 한편, 빚쟁이들은 빚을 받아내기 위해서 그를 점점 더 혹독하게 대하다가, 결국에는 만약 빚을 갚지 못하면, 그 나라의 법에 따라 그의 자녀들을 노예로 팔아 버릴 것이라고 위협하였습니다. 이것은 이 가련한 사람의 영혼을 더욱 무겁게 짓눌러서, 그는 더욱 불성실하게 일했고, 그의 기술도 더 쇠퇴해 갔습니다. 그러자 그 거상은 그 작업장의 관리인에게 이렇게 물었습니다: "그 장인이 처음에는 솜씨가 아주 좋아서 좋은 제품들이 나왔었는데, 왜 요즘에는 그의 손에서 명품들이 나오는 것을 볼 수가 없지? 요새는 그가 만드는 제품도 적고, 그것들마저 시장에서의 반응이 신통치가 않아서, 경쟁업체들은 승승장구하는데, 시장에서 우리 제품에 대한 평판은 형편이 없어."

그러자 관리인이 이렇게 말했습니다: "주인님, 그 장인은 요즘 매일같이 표정이 어둡고, 식사를 거르기 일쑤입니다. 그는 빚의 수렁에 빠져서 지독한 빚쟁이들로부터 빚 독촉을 당하느라 입맛을 잃은 지가 오래이고, 거의 식음을 전폐하다시피 해서, 그의 심령이 황무지에 있는 초목처럼 말라비틀어져 가고 있습니다. 그래서 그의 손은 가축을 기르는 자들의 손처럼 느리고, 그의 눈은 햇빛에 나온 부엉이의 눈처럼 둔하고 침침합니다. 미적 감각은 그에게서 잊혀졌고, 예술성도 그에게서 도망쳤습니다. 그는 곧 병들어 죽을 사람처럼 있습니다."

주인은 "사람을 보내서 그를 여기로 데려오라"고 말하고서는, 그가 오자, 그를 데리고 자기 방으로 가서 이렇게 말했습니다: "알리, 어디가 아픈 거야? 왜 네 눈이 침침해지고 네 손이 쇠사슬로 묶이게 된 거지? 너는 내게 예전 같지가 않아. 예전에 너는 모세를 위해 일했던 브살렐 같이 솜씨가 좋았지만, 지금은 창기가 낳은 미천한 서자보다 더 나을 것이 없어. 네가 빚더미 속에 있다는 말이 맞나? 네 빚을 다 면제해 주겠다. 네 빚은 다 청산되었다. 어떤가? 너의 오른손으로 하여금 다시 예전의 솜씨를 되찾게 해야 하지 않겠어?"

그 장인은 지금까지 살아 왔던 세월 중에서 그 어느 때보다도 더 열심히 일했습니다. 그의 마음속에 기쁨이 있었기 때문에, 그는 평원의 가젤처럼 아주 날렵하게 움직였고, 그가 만들어 낸 제품들은 인도 만에서 나는 진주들만큼이나 뛰어난 것들이 되었습니다. 상인은 그 장인의 마음을 편안하게 해준 결과 그 장인이 열심으로 땀 흘려 솜씨를 발휘한 덕분에 큰 보상을 받게 되었습니다.

예수로부터 구원의 소식을 들은 모든 속함 받은 영혼도 마찬가지가 아니겠습니까? 여러분은 눌린 마음으로는 우리의 왕을 제대로 섬길 수 없습니다. 여러분의 머리가 기쁨으로 기름 부음을 받지 않는다면, 여러분은 우리의 왕에게 자기 자신을 전적으로 드릴 수 없습니다. 마부가 기쁨으로 병거를 몰아야만, 병거 바퀴가 무겁게 굴러가지 않을 것입니다. 주 예수께서는 여러분의 모든 빚을 청산해 주시고, 자기 자신을 주셔서 영원히 여러분의 기쁨이 되게 하셨으니, 여러분은 이제부터는 그를 섬기는 것을 가장 우선순위에 두고, 그의 일에 열심을 보이며, 그가 아니었으면 여러분이 결코 얻을 수 없었을 힘과 여유와 에너지를 그를 위해 사용해야 하지 않겠습니까? 기뻐하는 영혼들이여, 여러분에게 주어진 기쁨을 언제까지나 밝고 깨끗하게 간직하는 데에 주의를 기울이십시오. 그렇게 할 때, 여러분은 여러분의 왕을 더 존귀하게 해드릴 수 있게 될 것입니다. 그는 자신의 보좌를 우아하게 해줄 노예들을 원하시는 것이 아닙니다. 우리의 심령이 기뻐할 때, 그것이 그의 기쁨이 됩니다. 지금 슬픔 가운데 있는 여러분, 왕께서 여러분에게 그 얼굴빛을 비추셔서, 여러분의 축 늘어진 손과 연약한 무릎이 힘을 얻게 되시기를 기도합니다. 신랑이 우리 곁에 있으니, 우리는 슬퍼해서는 안 됩니다. 다곤은 지금도 여전히 여호와의 법궤 앞에서 쓰러지겠지만, 우리는 그 법궤를 두려워할 필요가 없습니다. 하나님의 군대가 점점 약화되고 그 수도 줄어드는 것처럼 보일지라도, 하나님께서는 그들의 적은 수가 세상을 이기게 하실 것입니다. 하나님은 자기 앞에 무릎을 꿇고 있는 소수의 무리로 하여금 앞으로 나아가서 "여호와와 기드온의 칼"이라고 외치게 하셔서, 하나님의 원수들이 서로를 공격하여 죽이게 하실 것입니다. 우리가 두려워 떠는 모습을 보여서, 원수들이 우리를 보고 비웃고 조롱하게 하지 마십시오. 도리어, 새로운 활력으로 충천해서, 진리를 위해서, 하나님을 위해서, 그리스도를 위해서, 십자가를 위해서, 절대주권자이신 하나님의 영원한 작정을 위해서, 그러한 작정을 사람들의 마음속에서 이루실 성령의 위엄을 위하여 싸웁시다. 다시 우리의 군기를 높이 들고서, 싸우러 나갑시다. 이 날에 하나님 안에서 힘을 얻고서 싸우러 나갑시다. 이 싸움이 아무리 치열하고 혹독할수록, 결국 우리의 왕과 그를 충성되게 섬기는 우리에게 더욱더 영광스러운 승리가 돌아갈 것이기 때문에, 이 날에 우리는 그를 기뻐합니다. 모든 사람들이 이 왕의 신민이 되었으면 얼마나 좋겠습니까! 하나님께서 우리의 전능하신 왕과 화목하게 되지 않은 자들이 이 아침에 그의 얼굴을 구할 수 있게 해주시기를 기원합니다. 그가 구주 예수로 말미암아 그들에게 긍휼을 베풀어 주실 것이니, 그들이 그 긍휼하심을 구하여 얻게 해주시기를 빕니다. 아멘.

스펄전설교전집
시편 III

초판 인쇄 2013년 10월 15일
초판 발행 2013년 10월 25일

발행처   **크리스챤다이제스트**
발행인   박명곤
주소   경기도 고양시 일산동구 정발산동 1193-2
전화   031-911-9864, 070-7538-9864
팩스   031-911-9824
등록   제 396-1999-000038호
판권   ⓒ 크리스챤다이제스트 2013
총판   (주) 기독교출판유통
      전화 031-906-9191~4
      팩스 0505-365-9191